BASLER KOMMENTAR

Erwachsenenschutz

BASLER KOMMENTAR

Erwachsenenschutz

Art. 360–456 ZGB
Art. 14, 14a SchlT ZGB

Herausgeber

Thomas Geiser
Professor an der Universität St. Gallen

Ruth E. Reusser
Dr. iur., Bern
ehem. stv. Direktorin des Bundesamts für Justiz

Helbing Lichtenhahn Verlag

BASLER KOMMENTAR

begründet von
Heinrich Honsell und Nedim Peter Vogt

Bibliographische Information der Deutschen Nationalbibliothek

Die Deutsche Nationalbibliothek verzeichnet diese Publikation in der Deutschen Nationalbibliographie; detaillierte bibliographische Daten sind im Internet abrufbar: http://dnb.d-nb.de

Zitiervorschlag: BSK Erw.Schutz-BEARBEITER/IN, Art. 29 N 4

ISBN 978-3-7190-3082-7
www.helbing.ch

Vorwort zum Basler Kommentar Erwachsenenschutz

Mit dem Inkrafttreten des Erwachsenenschutzrechts am 1. Januar 2013 ist die Totalrevision des Familienrechts abgeschlossen. Das neue Recht ersetzt das bisherige Vormundschaftsrecht und bringt grundsätzliche Neuerungen. Es kennt nicht mehr Vormundschaften, Beistandschaften und Beiratschaften. Als amtsgebundene behördliche Massnahmen sieht es lediglich noch verschiedene Arten der Beistandschaft vor. An die Stelle der fürsorgerischen Freiheitsentziehung tritt die fürsorgerische Unterbringung. Die entsprechenden Bestimmungen unterscheiden sich insoweit grundlegend vom bisherigen Recht, als nicht nur die Freiheitsbeschränkung, sondern auch die Behandlung psychisch Kranker einheitlich für die ganze Schweiz geregelt wird. Das neue Recht legt überdies grossen Wert auf die eigene Vorsorge und sieht deshalb neue Institute wie den Vorsorgeauftrag vor. Zudem räumt es dem Ehegatten bzw. dem eingetragenen Partner einer urteilsunfähigen Person von Gesetzes wegen gewisse Vertretungsrechte ein und ordnet die Zustimmung zu somatischen Behandlungen urteilsunfähiger Personen. Schliesslich verbessert es die Rechtsstellung urteilsunfähiger Personen in Wohn- und Pflegeeinrichtungen. Das Erwachsenenschutzrecht betrifft damit nicht nur die bisher im Bereich der Vormundschaft tätigen Personen und ihre Klientschaft, sondern auch das gesamte Medizinalwesen und die Alters- und Pflegeheime sowie die Einrichtungen für geistig behinderte Personen. Im Übrigen gestaltet das neue Recht die Behördenorganisation vollständig um und enthält zentrale Verfahrensgrundsätze. All diese Neuerungen werden im vorliegenden Kommentar dargestellt und erläutert.

Band I des Basler Kommentars zum ZGB ist 2010 in der vierten Auflage erschienen. Weil noch nicht bekannt war, wann das am 19. Dezember 2008 verabschiedete Gesetz in Kraft treten wird, wurde noch das bisherige Vormundschaftsrecht kommentiert. Beabsichtigt war schon damals, auf das Inkrafttreten des neuen Rechts hin einen gesonderten Band zum Erwachsenenschutzrecht zu schaffen, der später in die fünfte Auflage von Band I des BSK ZGB integriert werden soll. Den Grundsätzen des Basler Kommentars verpflichtet richtet sich auch dieses Werk sowohl an die Praxis wie auch an die Wissenschaft. Unter den Autoren, die in grosser Zahl an der Entstehung des Gesetzes in irgendeiner Form beteiligt waren (Mitglieder der Expertenkommission für die Totalrevision des Vormundschaftsrechts und der Arbeitsgruppe Verfahrensbestimmungen), finden sich neben Vertretern und Vertreterinnen der Wissenschaft führende Praktiker und Praktikerinnen. Es war der Herausgeberschaft ein Anliegen, ein Werk vorzulegen, welches mit wissenschaftlichem Niveau der Praxis eine zuverlässige Anleitung zum Umgang mit dem neuen Recht bietet und damit auch die Einführung des neuen Rechts erleichtert.

Herausgeberschaft und Verlag hoffen, mit diesem Kommentar dem Bedürfnis der Praxis Rechnung zu tragen, und sind für Anregungen und Kritik dankbar. Sie danken allen Autoren und Autorinnen für ihre Mitarbeit. Dank gebührt auch dem Helbing Lichtenhahn Verlag und Frau Joëlle Monney, welche die Herstellung des Buches mit grosser Sorgfalt betreut hat.

St. Gallen und Bern im März 2012

Die Herausgeber

Thomas Geiser
Ruth E. Reusser

Verzeichnis der Autorinnen und Autoren

Kurt Affolter, lic. iur.
Fürsprecher und Notar, Ligerz
Mitglied der Arbeitsgruppe Verfahrensbestimmungen
Art. 405–414, 425 und 450g

Christoph Auer, Dr. iur., LL.M.
Vorsteher des Rechtsamtes der Justiz-, Gemeinde- und Kirchendirektion des Kantons Bern
Mitglied der Arbeitsgruppe Verfahrensbestimmungen
Art. 443–449c und 450f

Thomas Eichenberger, Dr. iur.
Rechtsanwalt in Bern
Art. 373 und 377–381

Mario Etzensberger, Dr. med.
Facharzt Psychiatrie und Psychotherapie, forensischer Psychiater, Brugg
Mitglied der Expertenkommission für die Totalrevision des Vormundschaftsrechts
Art. 426–439

Thomas Geiser, Prof. Dr. iur.
Professor an der Universität St. Gallen
Mitglied der Expertenkommission für die Totalrevision des Vormundschaftsrechts
Einl. IPRG, Art. 426–439, 450c, 450e und 451–453

Regula Gerber Jenni, Dr. iur.
Lehrbeauftragte an der Universität Freiburg i.Ü.; Kindesvertretungen, Bern
Art. 411–414

Heinz Hausheer, Prof. em. Dr. iur., Dr. h.c., MCL (University of Chicago)
em. Professor an der Universität Bern
Art. 454–456

Helmut Henkel, Dr. iur.
ehem. Geschäftsführer der Vormundschaftsbehörde Zürich
Mitglied der Expertenkommission für die Totalrevision des Vormundschaftsrechts und der Arbeitsgruppe Verfahrensbestimmungen
Art. 388–399

Theres Kohler
Rechtsanwältin in Bern
Art. 373, 377–381

Michèle Marti, Dr. iur.
Fürsprecherin in Bern
Art. 443–449c und 450f

Ruth E. Reusser, Dr. iur.
ehem. stv. Direktorin des Bundesamts für Justiz
Präsidentin der Expertenkommission für die Totalrevision des Vormundschaftsrechts und der Arbeitsgruppe Verfahrensbestimmungen
Allg. Vorbem., Art. 374–376, 400–404, 450b, 450d und Art. 14, 14a SchlT

Alexandra Rumo-Jungo, Prof. Dr. iur.
Professorin an der Universität Freiburg i.Ü.
Art. 360–369

Hermann Schmid, Dr. iur.
Rechtsanwalt, Vorsteher des Eidg. Amtes für Grundbuch- und Bodenrecht, Bern
ehem. Projektleiter Totalrevision Vormundschaftsrecht im Bundesamt für Justiz
Art. 419 und 420

Daniel Steck, Dr. iur.
alt Oberrichter, Greifensee
Verfasser des ersten VE VKE und Mitglied der Arbeitsgruppe Verfahrensbestimmungen
Art. 382–387, 450 und 450a

Urs Vogel, lic. iur., MPA idheap, Sozialarbeiter FH
Rechts- und Unternehmensberatung, Kulmerau
Art. 415–418, 421–425 und 440–442

Sabine Wyss, lic. iur.
Rechtsanwältin in Bern
Art. 370–372

Inhaltsverzeichnis

Inhaltsverzeichnis

Abkürzungsverzeichnis

a	(vor Gesetz oder Artikel) alt, d.h. früheres/r
a.A.	andere Ansicht/am Anfang
a.a.O.	am angeführten Ort
a.E.	am Ende
a.M.	andere(r) Meinung/am Main
AB	Aufsichtsbehörde; Amtsbericht (gefolgt von der amtlichen Abkürzung des Kantons)
ABGB	Allgemeines Bürgerliches Gesetzbuch für Österreich vom 1. Juni 1811
abl.	ablehnend
Abs.	Absatz, Absätze
abw.	Abweichend
AG	Aargau
AGVE	Aargauische Gerichts- und Verwaltungsentscheide
AHV	Alters- und Hinterlassenenversicherung
AHVG	Bundesgesetz vom 20. Dezember 1946 über die Alters- und Hinterlassenenversicherung (SR 831.10)
AHVV	Verordnung vom 31. Oktober 1947 über die Alters- und Hinterlassenenversicherung (SR 831.101)
AI	Appenzell Innerrhoden
AISUF	Arbeiten aus dem juristischen Seminar der Universität Freiburg Schweiz (Freiburg i.Ü.)
AJP	Aktuelle Juristische Praxis (St. Gallen/Zürich)
allg.	allgemein
AmtlBull	Amtliches stenographisches Bulletin der Bundesversammlung (vor 1967: StenBull)
Anh.	Anhang
Anm.	Anmerkung(en)
AR	Appenzell Ausserrhoden
Art.	Artikel
art.	Article
AS	Eidgenössische Gesetzessammlung. Amtliche Sammlung der Bundesgesetze und Verordnungen. Titel seit 1948: Sammlung der eidgenössischen Gesetze. Amtliche Sammlung der Bundesgesetze und Verordnungen. Seit 1969: Sammlung der Eidgenössischen Gesetze
ASR	Abhandlungen zum schweizerischen Recht (Bern)
AT	Allgemeiner Teil
ATSG	Bundesgesetz vom 6. Oktober 2000 über den Allgemeinen Teil des Sozialversicherungsrechts (SR 830.1)

Abkürzungsverzeichnis

ausf.	ausführlich
AVG	Bundesgesetz vom 6. Oktober 1989 über die Arbeitsvermittlung und den Personalverleih (*Arbeitsvermittlungsgesetz*; SR 823.11)
BBl	Bundesblatt
Bd.	Band
Bde.	Bände
BE	Bern
bearb.	bearbeitet (von …)
befürw.	befürwortend
bej.	bejahend
betr.	betreffend
BEVNAT	Statistik der natürlichen Bevölkerungsbewegung
bez.	bezüglich
BezGer	Bezirksgericht (gefolgt von der amtlichen Abkürzung des Kantons [Bsp.: BezGer ZH])
BFS	Bundesamt für Statistik
BG	Bundesgesetz
BG-HAÜ	Bundesgesetz vom 22. Juni 2001 zum Haager Adoptionsübereinkommen und über Massnahmen zum Schutz des Kindes bei internationalen Adoptionen (SR 211.221.31)
BG-KKE	Bundesgesetz vom 21. Dezember 2007 über internationale Kindesentführung und die Haager Übereinkommen zum Schutz von Kindern und Erwachsenen (SR 211.222.32)
BGB	Bürgerliches Gesetzbuch für das Deutsche Reich vom 18. August 1896
BGBB	Bundesgesetz vom 4. Oktober 1991 über das bäuerliche Bodenrecht (SR 211.412.11)
BGE	Entscheidungen des Schweizerischen Bundesgerichtes. Amtliche Sammlung (Lausanne)
BGer	Schweizerisches Bundesgericht
BGFA	Bundesgesetz vom 23. Juni 2000 über die Freizügigkeit der Anwältinnen und Anwälte (*Anwaltsgesetz*; SR 935.61)
BGG	Bundesgesetz vom 17. Juni 2005 über das Bundesgericht (*Bundesgerichtsgesetz*; SR 173.110)
BJ	Bundesamt für Justiz
BJM	Basler Juristische Mitteilungen (Basel)
BK	Berner Kommentar, s. Literaturverzeichnis
BL	Basel-Landschaft
BN	Der Bernische Notar (Bern)
BPR	Bundesgesetz vom 17. Dezember 1976 über die politischen Rechte (SR 161.1)

BR	Bundesrat
BS	Basel-Stadt
BSK	Basler Kommentar, s. Literaturverzeichnis
bspw.	beispielsweise
BT	Besonderer Teil
BTJP	Berner Tage für die juristische Praxis (Bern)
BV	Bundesverfassung der Schweizerischen Eidgenossenschaft vom 18. April 1999 (SR 101)
BVG	Bundesgesetz vom 25. Juni 1982 über die berufliche Alters-, Hinterlassenen- und Invalidenvorsorge (SR 831.40)
BVGer	Bundesverwaltungsgericht
BVK	Die Schweizerische Bundesverfassung: Kommentar (Zürich/St. Gallen), s. Literaturverzeichnis
bzw.	beziehungsweise
c.	contre
ca.	cirka
CC fr.	(französischer) Code civil vom 21. März 1804
CC it.	(italienischer) Codice civile vom 16. März 1942
CCQ	Code civil du Québec
CHK	Handkommentar zum Schweizer Privatrecht, s. Literaturverzeichnis
CJ	Cour de justice
d.h.	das heisst
dass.	dasselbe
DBG	Bundesgesetz vom 14. Dezember 1990 über die direkte Bundessteuer (SR 642.11)
ders.	derselbe (Autor)
dgl.	dergleichen
dies.	dieselbe (Autorin), dieselben (Autoren)
diesbez.	diesbezüglich
Diss.	Dissertation
DSG	Bundesgesetz vom 19. Juni 1992 über den Datenschutz (SR 235.1)
E	Entwurf
E.	Erwägung(en)
EAZW	Eidgenössisches Amt für das Zivilstandswesen
ebd.	ebenda
EG	Einführungsgesetz (gefolgt vom betreffenden Gesetz [Bsp.: EG ZGB])
EGMR	Europäischer Gerichtshof für Menschenrechte in Strassburg
eidg.	eidgenössisch

Einl.	Einleitung
EJPD	Eidgenössisches Justiz- und Polizeidepartement
ELG	Bundesgesetz vom 6. Oktober 2006 über Ergänzungsleistungen zur Alters-, Hinterlassenen- und Invalidenversicherung (SR 831.30)
ELV	Verordnung vom 15. Januar 1971 über die Ergänzungsleistungen zur Alters-, Hinterlassenen- und Invalidenversicherung (SR 831.301)
EMRK	Konvention vom 4. November 1950 zum Schutze der Menschenrechte und Grundfreiheiten (SR 0.101)
ESB	Erwachsenenschutzbehörde
et al.	et alii = und andere
etc.	et cetera = usw.
evtl.	eventuell
ExpK	Expertenkommission
f.	folgende (Seite, Note usw.)
FamPra.ch	Die Praxis des Familienrechts (Bern)
FamRZ	Zeitschrift für das gesamte Familienrecht (Bielefeld)
ff.	und folgende (Seiten, Noten usw.)
FFE	fürsorgerische Freiheitsentziehung
FMedG	Bundesgesetz vom 18. Dezember 1998 über die medizinisch unterstützte Fortpflanzung (*Fortpflanzungsmedizingesetz*; SR 810.11)
FPR	Familie, Partnerschaft, Recht. Interdisziplinäres Fachjournal für die Anwaltspraxis (München)
FR	Freiburg
franz.	französisch
FS	Festschrift
FU	fürsorgerische Unterbringung
FZG	Bundesgesetz vom 17. Dezember 1993 über die Freizügigkeit in der beruflichen Alters-, Hinterlassenen- und Invalidenvorsorge (*Freizügigkeitsgesetz*; SR 831.42)
FZR	Freiburger Zeitschrift für Rechtsprechung
g	(vor Gesetz oder Artikel) geltend
G	Gesetz
GE	Genf
gem.	gemäss
Ger	Gericht
ggf.	gegebenenfalls
GL	Glarus
gl.M.	gleicher Meinung
GR	Graubünden

GVP-SG	St. Gallische Gerichts- und Verwaltungspraxis (St. Gallen)
h.L.	herrschende Lehre
h.M.	herrschende Meinung
Habil.	Habilitation
HAÜ	Haager Übereinkommen vom 29. Mai 1993 über den Schutz von Kindern und die Zusammenarbeit auf dem Gebiet der internationalen Adoption (SR 0.211.221.311)
Hb.	Halbband
HEsÜ	Übereinkommen vom 13. Januar 2000 über den internationalen Schutz von Erwachsenen (*Haager Erwachsenenschutzübereinkommen*; SR 0.211.232.1)
HKsÜ	Übereinkommen vom 19. Oktober 1996 über die Zuständigkeit, das anzuwendende Recht, die Anerkennung, Vollstreckung und Zusammenarbeit auf dem Gebiet der elterlichen Verantwortung und der Massnahmen zum Schutz von Kindern (*Haager Kindesschutzübereinkommen*; SR 0.211.231.011)
Hrsg.	Herausgeber(innen)
i.A.	im Allgemeinen
i.c.	in casu
i.d.R.	in der Regel
i.E.	im Ergebnis
i.e.S.	im engeren Sinne
i.f.	in fine
i.K.	in Kraft
i.S.	im Sinne; in Sachen
i.S.v.	im Sinne von
i.Ü.	im Uechtland
i.V.m.	in Verbindung mit
i.w.S.	im weiteren Sinne
inkl.	inklusive
insb.	insbesondere
IPR	Internationales Privatrecht
IPRG	Bundesgesetz vom 18. Dezember 1987 über das Internationale Privatrecht (SR 291)
it.	italienisch
IV	Invalidenversicherung
IVG	Bundesgesetz vom 19. Juni 1959 über die Invalidenversicherung (SR 831.20)
JdT	Journal des Tribunaux (Lausanne)
JGK	Justiz-, Gemeinde- und Kirchendirektion

Abkürzungsverzeichnis

JU	Jura
kant.	kantonal
Kap.	Kapitel
KESB	Kindes- und Erwachsenenschutzbehörde
KGer	Kantonsgericht (gefolgt von der amtlichen Abkürzung des Kantons [Bsp.: KGer GR]
KHG	Kernenergiehaftpflichtgesetz vom 18. März 1983 (SR 732.44)
KKG	Bundesgesetz vom 23. März 2001 über den Konsumkredit (SR 221.214.1)
KLV	Verordnung des EDI vom 29. September 1995 über Leistungen in der obligatorischen Krankenversicherung (*Krankenpflege-Leistungsverordnung*; SR 832.112.31)
KOKES	Konferenz der Kantone für Kindes- und Erwachsenenschutz
Komm.	Kommentar, Kommentierung
krit.	kritisch
KS	Kreisschreiben
KSB	Kindesschutzbehörde
KVG	Bundesgesetz vom 18. März 1994 über die Krankenversicherung (SR 832.10)
KVV	Verordnung vom 27. Juni 1995 über die Krankenversicherung (SR 832.102)
LGVE	Luzerner Gerichts- und Verwaltungsentscheide (Luzern)
lit.	Litera
LS	Zürcher Loseblattsammlung (Zürcher Gesetzessammlung)
LU	Luzern
m.a.W.	mit anderen Worten
m.Bsp.	mit Beispiel(en)
m.E.	meines Erachtens
m.H.	mit Hinweis(en)
m.Nw.	mit Nachweis(en)
m.V.	mit Verweis(en)
m.w.Bsp.	mit weiteren Beispielen
m.w.H.	mit weiteren Hinweisen
m.w.N.	mit weiteren Nachweisen
MSA	Übereinkommen vom 5. Oktober 1961 über die Zuständigkeit der Behörden und das anzuwendende Recht auf dem Gebiete des Schutzes von Minderjährigen (SR 0.211.231.01)
MüKo	Münchener Kommentar zum Bürgerlichen Gesetzbuch
MVG	Bundesgesetz vom 19. Juni 1992 über die Militärversicherung (SR 833.1)

urs tz oder Artikel) neu

Randnote(n)

e

s)

rat

r(n)

ircher Zeitung (Zürich)

gesetz vom 16. Dezember 1943 über die Organisation der rechtspflege (durch Art. 131 Abs. 1 BGG aufgehoben; s. BGG: lgegesetz)

richt (gefolgt von der amtlichen Abkürzung des Kantons OGer BE])

sgesetz vom 23. März 2007 über die Hilfe an Opfer von Straftaten *hilfegesetz*; SR 312.5)

isation Internationale du Travail

esgesetz vom 30. März 1911 betreffend die Ergänzung des eizerischen Zivilgesetzbuches (Fünfter Teil: Obligationenrecht)

ss- 20)

esgesetz vom 18. Juni 2004 über die eingetragene Partnerschaft ngeschlechtlicher Paare (*Partnerschaftsgesetz*; SR 211.231)

rdnung vom 19. Oktober 1977 über die Aufnahme von Kindern zur ge und zur Adoption (SR 211.222.338)

que Juridique Actuelle (St. Gallen/Zürich)

Praxis des Kantonsgerichtes von Graubünden (Chur)

Praxis (Basel)

xiskommentar

it, Zeitschrift für juristische Ausbildung und Praxis (Bern)

pektive

idiert

vue jurassienne de jurisprudence (Pruntrut)

chtsprechung und Verwaltungspraxis Kranken- und Unfallver-cherung

andziffer(n)

eite(n)

ehe

iehe auch

iehe oben

iehe unten

Schweizerische Akademie der medizinischen Wissenschaften

Abkürzungsverzeichnis

SchKG	Bundesgesetz vom 11. April 1889 über Schuldbetreibung und Kon (SR 281.1)
SchlT	Schlusstitel
SG	St. Gallen
SG Komm	St. Galler Kommentar, s. Literaturverzeichnis
SH	Schaffhausen
SJ	La semaine judiciare (Genf)
SJK	Schweizerische Juristische Kartothek (Genf)
SJZ	Schweizerische Juristen-Zeitung (Zürich)
SLR	Sozialwissenschaftliche Literatur Rundschau
SO	Solothurn
SOG	Solothurnische Gerichtspraxis (Solothurn)
sog.	so genannt(e/s)
SR	Systematische Sammlung des Bundesrechts (Systematische Rechtssammlung)
ST	Der Schweizer Treuhänder (Zürich)
StGB	Schweizerisches Strafgesetzbuch vom 21. Dezember 1937 (SR 311.0
StPO	Schweizerische Strafprozessordnung vom 5. Oktober 2007 (*Strafproz ordnung*; SR 312.0)
StR	Ständerat
str.	streitig
SZ	Schwyz
syst. Teil	systematischer Teil
TG	Thurgau
u.	unten
u.E.	unseres Erachtens
u.U.	unter Umständen
UeB	Übergangsbestimmung
UN-KRK	UNO-Übereinkommen über die Rechte des Kindes vom 20. Novembe 1989 (SR 0.107)
UNO-Pakt II	Internationaler Pakt vom 16. Dezember 1966 über bürgerliche und politische Rechte (SR 0.103.2)
unveröff.	unveröffentlicht
usf.	und so fort
usw.	und so weiter
UVG	Bundesgesetz vom 20. März 1981 über die Unfallversicherung (SR 832.20)
ÜMB	Europäisches Übereinkommen vom 4. April 1997 über Menschenrechte und Biomedizin (SR 0.810.2)

v.a.	vor allem
VA	Vorsorgeauftrag
VBK	Konferenz der kantonalen Vormundschaftsbehörden
VD	Waadt
VE	Vorentwurf
VerwGer	Verwaltungsgericht (gefolgt von der amtlichen Abkürzung des Kantons [Bsp.: VerwGer GR])
vgl.	vergleiche
VKE	Verfahren vor den Kindes- und Erwachsenenschutzbehörden
VO	Verordnung
Vol.	Volume
vor Art.	Vorbemerkungen zu den Artikeln
Vorbem.	Vorbemerkung(en)
VormBehörde	Vormundschaftsbehörde
VPB	Verwaltungspraxis der Bundesbehörden (Bern, seit 1964/65; früher: VEB)
VRPG	Gesetz über die Verwaltungsrechtspflege vom 23. Mai 1989 (Kt. BE)
VS	Wallis
VSIV	Veröffentlichungen des Schweizerischen Instituts für Verwaltungskurse an der Hochschule St. Gallen
VVG	Bundesgesetz vom 2. April 1908 über den Versicherungsvertrag (*Versicherungsvertragsgesetz*; SR 221.229.1)
VVK	Verordnung vom 14. Februar 2007 über die Versichertenkarte für die obligatorische Krankenpflegeversicherung (SR 832.105)
VwVG	Bundesgesetz vom 20. Dezember 1968 über das Verwaltungsverfahren (*Verwaltungsverfahrensgesetz*; SR 172.021)
z.B.	zum Beispiel
z.T.	zum Teil
ZBGR	Schweizerische Zeitschrift für Beurkundungs- und Grundbuchrecht (Wädenswil)
ZBJV	Zeitschrift des Bernischen Juristenvereins (Bern)
ZBl	Schweizerisches Zentralblatt für Staats- und Gemeindeverwaltung (Zürich; bis 1988 ZSGV)
ZGB	Schweizerisches Zivilgesetzbuch vom 10. Dezember 1907 (SR 210)
ZH	Zürich
Ziff.	Ziffer(n)
zit.	zitiert
ZK	Zürcher Kommentar, s. Literaturverzeichnis
ZKE	Zeitschrift für Kindes- und Erwachsenenschutz (Zürich; bis 31.12.2009: Zeitschrift für Vormundschaftswesen ZVW)

ZPO	Schweizerische Zivilprozessordnung vom 19. Dezember 2008 (*Zivilprozessordnung*; SR 272)
ZR	Blätter für Zürcherische Rechtsprechung (Zürich)
ZSR	Zeitschrift für Schweizerisches Recht (Basel)
ZStV	Zivilstandsverordnung vom 28. April 2004 (SR 211.112.1)
ZUG	Bundesgesetz vom 24. Juni 1977 über die Zuständigkeit für die Unterstützung Bedürftiger (*Zuständigkeitsgesetz*; SR 851.1)
ZVW	Zeitschrift für Vormundschaftswesen (Zürich)
z.Zt.	zur Zeit

Literaturverzeichnis

Abt/Weibel	Daniel Abt/Thomas Weibel, Praxiskommentar Erbrecht, 2. Aufl., Basel 2011
Affolter, AJP 2006	Kurt Affolter, Die Aufwertung der Selbstbestimmung im neuen Erwachsenenschutzrecht, AJP 2006, 1057 ff.
Affolter, ZVW 2003	Kurt Affolter, Mit der Totalrevision des Vormundschaftsrechts zu einer neuen Qualität des Erwachsenenschutzes?, ZVW 2003, 393–408
Arter, Vorsorgeauftrag und Patientenverfügung	Oliver Arter, Vorsorgeauftrag und Patientenverfügung, Das neue Erwachsenenschutzrecht als erweitertes Tätigkeitsfeld für Berater und Treuhänder, ST 2007, 657 ff.
Auer/Müller/Schindler	Christoph Auer/Markus Müller/Benjamin Schindler (Hrsg.), Kommentar zum Bundesgesetz über das Verwaltungsverfahren, Zürich/St. Gallen 2008
Bericht ExpK Erwachsenenschutz 1995	Zur Revision des Schweizerischen Vormundschaftsrechts. Bericht der vom Bundesamt für Justiz im Hinblick auf die Revision des Vormundschaftsrechts eingesetzten Expertengruppe (Schnyder Bernhard/Stettler Martin/Häfeli Christoph) vom Juli 1995
Bericht ExpK Erwachsenenschutz 2003	Expertenkommission für die Gesamtrevision des Vormundschaftsrechts. Erwachsenenschutz. Bericht zum Vorentwurf für eine Revision des Zivilgesetzbuchs (Erwachsenenschutz, Personen- und Kindsrecht), Juni 2003 (Begleitbericht zum Vernehmlassungsentwurf)
Bericht VE Betreuungsrecht	Revision des Vormundschaftsrechts. Begleitbericht mit Vorentwurf für eine Änderung des ZGB (Betreuungsrecht) vom Juni 1998 (Schnyder Bernhard/Stettler Martin/Häfeli Christoph)
Bericht VE VKE 2003	Bericht mit Vorentwurf für ein Bundesgesetz über das Verfahren vor den Kindes- und Erwachsenenschutzbehörden von a.Oberrichter Dr. Daniel Steck, Greifensee, Juni 2003 (Begleitbericht zum Vernehmlassungsentwurf)
Bernhart	Christof Bernhart, Handbuch der fürsorgerischen Unterbringung. Die fürsorgerische Unterbringung und die medizinische Behandlung nach dem neuen Erwachsenenschutzrecht sowie dessen Grundsätze, Basel 2011
Biderbost, SJZ 2010	Yvo Biderbost, Der neue Erwachsenenschutz im Überblick, SJZ 2010, 309–320
Biderbost, AJP 2010	Yvo Biderbost, Beistandschaft nach Mass – das revidierte Handwerkszeug des Erwachsenenschutzes, AJP 2010, 3–13
Bienwald, FamPra.ch 2000	Werner Bienwald, Zur Revision des Vormundschaftsrechts in der Schweiz aus der Sicht eines deutschen Betreuungsrechtlers, FamPra.ch 2000, 403–433

Literaturverzeichnis

BK-BEARBEITER/IN	Berner Kommentar zum Schweizerischen Privatrecht, Bern ab 1910, unterschiedliche Auflagen, die Nachweise beziehen sich auf die laufende Auflage
Botschaft Eherecht	Botschaft über die Änderung des Schweizerischen Zivilgesetzbuches (Wirkungen der Ehe im allgemeinen, Ehegüterrecht und Erbrecht) vom 11. Juli 1979, BBl 1979 II 1191 ff.
Botschaft Erwachsenenschutz	Botschaft zur Änderung des Schweizerischen Zivilgesetzbuches (Erwachsenenschutz, Personenrecht und Kindesrecht) vom 28. Juni 2006, BBl 2006 7001 ff.
Botschaft ZPO	Botschaft zur Schweizerischen Zivilprozessordnung (ZPO) vom 28. Juni 2006, BBl 2006 7221 ff.
Botschaft ÜMB	Botschaft betreffend das Europäische Übereinkommen vom 4. April 1997 zum Schutz der Menschenrechte und der Menschenwürde im Hinblick auf die Anwendung von Biologie und Medizin (Übereinkommen über Menschenrechte und Biomedizin) und das Zusatzprotokoll vom 12. Januar 1998 über das Verbot des Klonens menschlicher Lebewesen vom 12. September 2001, BBl 2002 271 ff.
BREITSCHMID	Peter Breitschmid, Die erwachsenenschutzrechtliche Behandlung künftiger Erblasserinnen und Erblasser, successio 2008, 16 ff.
BRÜCKNER	Christian Brückner, Das Personenrecht des ZGB, Zürich 2000
AUTOR, in: Brunner/Gasser/Schwander	Alexander Brunner/Dominik Gasser/Ivo Schwander (Hrsg.), Schweizerische Zivilprozessordnung, Kommentar, Zürich/St. Gallen 2011
BSK BGG-BEARBEITER/IN	Marcel Alexander Niggli/Peter Uebersax/Hans Wiprächtiger (Hrsg.), Basler Kommentar zum Bundesgerichtsgesetz (BGG), 2. Aufl., Basel 2011
BSK DSG- BEARBEITER/IN	Urs Maurer-Lambrou/Nedim Peter Vogt (Hrsg.), Basler Kommentar zum Datenschutzgesetz (DSG), 2. Aufl., Basel 2006
BSK IPRG-BEARBEITER/IN	Heinrich Honsell/Nedim Peter Vogt/Anton K. Schnyder (Hrsg.), Basler Kommentar zum Internationalen Privatrecht, 2. Aufl., Basel 2007
BSK OR I-BEARBEITER/IN	Heinrich Honsell/Nedim Peter Vogt/Wolfgang Wiegand (Hrsg.), Basler Kommentar zum Obligationenrecht I (Art. 1–529 OR), 4. Aufl., Basel 2007
BSK OR II-BEARBEITER/IN	Heinrich Honsell/Nedim Peter Vogt/Rolf Watter (Hrsg.), Basler Kommentar zum Obligationenrecht II (Art. 530–1186 OR), 3. Aufl., Basel 2008
BSK SchKG I-BEARBEITER/IN	Adrian Staehelin/Thomas Bauer/Daniel Staehelin (Hrsg.), Basler Kommentar zum Bundesgesetz über Schuldbetreibung und Konkurs, SchKG I (Art. 1–158), 2. Aufl., Basel 2010

BSK SchKG II-Bearbeiter/in	Adrian Staehelin/Thomas Bauer/Daniel Staehelin (Hrsg.), Basler Kommentar zum Bundesgesetz über Schuldbetreibung und Konkurs, SchKG II (Art. 159–352), 2. Aufl., Basel 2010
BSK StGB I-Bearbeiter/in	Marcel Alexander Niggli/Hans Wiprächtiger (Hrsg.), Basler Kommentar zum Strafrecht I (Art. 1–110 StGB), 2. Aufl., Basel 2007
BSK StGB II-Bearbeiter/in	Marcel Alexander Niggli/Hans Wiprächtiger (Hrsg.), Basler Kommentar zum Strafrecht II (Art. 111–392 StGB), 2. Aufl., Basel 2007
BSK StPO-Bearbeiter/in	Marcel Alexander Niggli/Marianne Heer/Hans Wiprächtiger (Hrsg.), Basler Kommentar zur Schweizerischen Strafprozessordnung/Jugendstrafprozessordnung (StPO/JStPO), Basel 2010
BSK ZGB I-Bearbeiter/in	Heinrich Honsell/Nedim Peter Vogt/Thomas Geiser (Hrsg.), Basler Kommentar zum Zivilgesetzbuch I (Art. 1–456 ZGB), 4. Aufl., Basel 2010
BSK ZGB II-Bearbeiter/in	Heinrich Honsell/Nedim Peter Vogt/Thomas Geiser (Hrsg.), Basler Kommentar zum Zivilgesetzbuch II (Art. 457–977 ZGB, Art. 1–61 SchlT ZGB), 4. Aufl., Basel 2011
BSK ZPO-Bearbeiter/in	Karl Spühler/Luca Tenchio/Dominik Infanger (Hrsg.), Basler Kommentar zur Schweizerischen Zivilprozessordnung (ZPO), Basel 2010
Bucher, Natürliche Personen	Andreas Bucher, Natürliche Personen und Persönlichkeitsschutz, 4. Aufl., Basel 2009
BVK-Bearbeiter/in	Bernhard Ehrenzeller/Philippe Mastronardi/Rainer J. Schweizer/Klaus Vallender (Hrsg.), Die schweizerische Bundesverfassung: Kommentar, 2. Aufl., Zürich/St. Gallen 2008
CHK-Bearbeiter/in	Marc Amstutz/Peter Breitschmid/Andreas Furrer/Daniel Girsberger/Claire Huguenin/Markus Müller-Chen/Vito Roberto/Alexandra Rumo-Jungo/Anton K. Schnyder (Hrsg.), Handkommentar zum Schweizerischen Privatrecht, Zürich 2007
CR CC I- Bearbeiter/in	Pascal Pichonnaz/Bénédict Foëx (Hrsg.), Commentaire romand, Code civil I, Basel 2010
CR CO I-Bearbeiter/in	Luc Thévenoz/Franz Werro (Hrsg.), Commentaire romand, Code des obligations I, Basel 2003
Deschenaux/Steinauer, Personnes	Henri Deschenaux/Paul-Henri Steinauer, Personnes physiques et tutelle, 4. Aufl., Bern 2001
Deschenaux/Steinauer/Baddeley	Henri Deschenaux/Paul-Henri Steinauer/Margareta Baddeley, Les effets du mariage, 2. Aufl., Bern 2009
Druey, Erbrecht	Jean Nicolas Druey, Grundriss des Erbrechts, 5. Aufl., Bern 2002

E-Erwachsenenschutz	Schweizerisches Zivilgesetzbuch (Erwachsenenschutz, Personenrecht und Kindesrecht), Entwurf vom 28. Juni 2006, BBl 2006 7139 ff.
ELSENER	Aldo Elsener, Das Vormundschaftsgeheimnis, Diss. Zürich 1993
FamKomm Scheidung-BEARBEITER/IN	Ingeborg Schwenzer (Hrsg.), Fam Kommentar Scheidung, 2. Aufl., Bern 2010
FANKHAUSER, BJM 2010	Roland Fankhauser, Die gesetzliche Vertretungsbefugnis bei Urteilsunfähigen nach den Bestimmungen des neuen Erwachsenenschutzrechts, BJM 2010, 240–266
BEARBEITER/IN, in: Fellmann/Zindel	Walter Fellmann/Gaudenz G. Zindel (Hrsg.), Kommentar zum Anwaltsgesetz, 2. Aufl., Zürich 2011
FROWEIN/PEUKERT	Jochen Frowein/Wolfgang Peukert, Europäische Menschenrechtskonvention, EMRK-Kommentar, 3. Aufl., Kehl am Rhein 2009
FÜLLEMANN, ZVW 2009	Daniel Füllemann, Das Haager Erwachsenenschutzübereinkommen von 2000, ZVW 2009, 30–61
FÜLLEMANN, Erwachsenenschutz	Daniel Füllemann, Das internationale Privat- und Zivilprozessrecht des Erwachsenenschutzes, St. Galler Studien zum internationalen Recht, Bd. 37, Zürich/St. Gallen 2008
GASSER/RICKLI	Dominik Gasser/Brigitte Rickli, Schweizerische Zivilprozessordnung (ZPO), Kurzkommentar, Zürich/St. Gallen 2010
GAUCH/SCHLUEP/SCHMID/EMMENEGGER	Peter Gauch/Walter R. Schluep/Jörg Schmid/Susan Emmenegger, Schweizerisches Obligationenrecht, Allgemeiner Teil, Bd. I, 9. Aufl., Zürich 2008
GEHRI/KRAMER	Myriam A. Gehri/Michael Kramer (Hrsg.), ZPO Kommentar, Schweizerische Zivilprozessordnung, Zürich 2010
GEISER/LANGENEGGER/MINGER/MOSIMANN/NICOD	Thomas Geiser/Ernst Langenegger/Christian Minger/Urs Mosimann/Jacques André Nicod, Mustersammlung Erwachsenenvormundschaftsrecht, Basel 1996
GETH/MONA	Christopher Geth/Martino Mona, Widersprüche bei der Regelung der Patientenverfügung im neuen Erwachsenenschutzrecht: Verbindlichkeit, mutmasslicher Wille oder objektive Interessen?, ZSR 2009, 157 ff.
GRABENWARTER	Christoph Grabenwarter, Europäische Menschenrechtskonvention, 4. Aufl., München/Basel/Wien 2009
HÄFELI, Entwurf	Christoph Häfeli, Der Entwurf für die Totalrevision des Vormundschaftsrechts. Mehr Selbstbestimmung und ein rhetorisches (?) Bekenntnis zu mehr Professionalität, FamPra.ch 2007, 1–24
HÄFELI, Wegleitung	Christoph Häfeli, Wegleitung für vormundschaftliche Organe, 4. Aufl., Zürich 2005
HÄFELIN/HALLER/KELLER	Ulrich Häfelin/Walter Haller/Helen Keller, Schweizerisches Bundesstaatsrecht, 7. Aufl., Zürich 2008

Häfelin/Müller/Uhlmann	Ulrich Häfelin/Georg Müller/Felix Uhlmann, Allgemeines Verwaltungsrecht, 6. Aufl., Zürich 2010
Hausheer/Geiser/Aebi-Müller, Erwachsenenschutzrecht	Heinz Hausheer/Thomas Geiser/Regina E. Aebi-Müller, Das neue Erwachsenenschutzrecht, Bern 2010
Hausheer/Aebi-Müller	Heinz Hausheer/Regina E. Aebi-Müller, Das Personenrecht des Schweizerischen Zivilgesetzbuches, 2. Aufl., Bern 2008
Hausheer/Geiser/Aebi-Müller, Familienrecht	Heinz Hausheer/Thomas Geiser/Regina E. Aebi-Müller, Das Familienrecht des Schweizerischen Zivilgesetzbuches, 4. Aufl., Bern 2010
Hegnauer	Cyril Hegnauer, Grundriss des Kindesrechts und des übrigen Verwandtschaftsrechts, 5. Aufl., Bern 1999
Hegnauer/Breitschmid	Cyril Hegnauer/Peter Breitschmid, Grundriss des Eherechts, 4. Aufl., Bern 2000
Hofstetter, SPR VII/2	Josef Hofstetter, Schweizerisches Privatrecht, Bd. VII/2, Obligationenrecht – Besondere Vertragsverhältnisse, Basel 1979
Honsell	Heinrich Honsell, Schweizerisches Obligationenrecht, Besonderer Teil, 9. Aufl., Bern 2010
Huguenin	Claire Huguenin, Obligationenrecht, Allgemeiner Teil, 3. Aufl., Zürich 2008
Hürlimann/Schmid	Bettina Hürlimann/Jörg Schmid, Einleitungsartikel des ZGB und Personenrecht, 2. Aufl., Zürich/Basel/Genf 2010
Koller	AlfredKoller, Schweizerisches Obligationenrecht, Allgemeiner Teil, Grundriss des allgemeinen Schuldrechts ohne Deliktsrecht, Band I, Bern 2006
Kramer	Ernst A. Kramer, Juristische Methodenlehre, 3. Aufl., Bern 2010
KUKO ZGB-Bearbeiter/in	Andrea Büchler/Dominique Jakob (Hrsg.), Kurzkommentar ZGB, Basel 2012
KUKO ZPO-Bearbeiter/in	Paul Oberhammer (Hrsg.), Kurzkommentar ZPO, Basel 2010
Leuenberger/Uffer-Tobler	Christoph Leuenberger/Beatrice Uffer-Tobler, Schweizerisches Zivilprozessrecht, Bern 2010
Meier/Lukic	Philippe Meier/Suzana Lukic, Introduction au nouveau droit de la protection de l'adulte, Zürich 2011
Meier/Stettler	Philippe Meier/Martin Stettler, Droit de la filiation, 4. Aufl., Bruxelles/Zürich 2009
OFK-ZGB-Bearbeiter/in	Jolanta Kren Kostkiewicz/Peter Nobel/Ivo Schwander/Stephan Wolf (Hrsg.), ZGB Kommentar, 2. Aufl., Bern 2011
Palandt-Bearbeiter/in	Otto Palandt, Bürgerliches Gesetzbuch, 71. Aufl., München 2011

PIOTET, SPR IV/1	Paul Piotet, Schweizerisches Privatrecht, Bd. IV/1, Erbrecht, Basel 1978
PIOTET, SPR IV/2	Paul Piotet, Schweizerisches Privatrecht, Bd. IV/2, Erbrecht, Basel 1981
PEDRAZZINI/OBERHOLZER	Mario M. Pedrazzini/Niklaus Oberholzer, Grundriss des Personenrechts, 4. Aufl., Bern 1993
RIEMER, Vormundschaftsrecht	Hans Michael Riemer, Grundriss des Vormundschaftsrechts, 2. Aufl., Bern 1997
ROSCH, ZKE 2010,	Daniel Rosch, Die Bestimmung der Aufgabenbereiche des Beistandes nach nArt. 391 ZGB, ZKE 2010, 184–197
BEARBEITER/IN, in: Rosch/Büchler/Jakob	Daniel Rosch/Andrea Büchler/Dominique Jakob (Hrsg.), Das neue Erwachsenenschutzrecht – Einführung und Kommentar zu Art. 360 ff. ZGB, Basel 2011 (Auszug aus Büchler/Jakob, Kurzkommentar ZGB, Basel 2011)
SCHMID	Hermann Schmid, Erwachsenenschutz. Kommentar zu Art. 360–456 ZGB, Zürich/St. Gallen 2010
SCHMID/STÖCKLI	Jörg Schmid/Hubert Stöckli, Schweizerisches Obligationenrecht Besonderer Teil, Zürich 2010
SCHWENZER	Ingeborg Schwenzer, Obligationenrecht. Allgemeiner Teil, 5. Aufl., Bern 2009
SPÜHLER/DOLGE/VOCK	Karl Spühler/Annette Dolge/Dominik Vock, Kurzkommentar zum neuen Bundesgerichtsgesetz, Zürich/St. Gallen 2006
STETTLER	Martin Stettler, Représentation et protection de l'adulte, 4. Aufl., Freiburg 1997
SUTTER-SOMM/HASENBÖHLER/LEUENBERGER	Thomas Sutter-Somm/Franz Hasenböhler/Christoph Leuenberger (Hrsg.), Kommentar zur Schweizerischen Zivilprozessordnung (ZPO), Zürich 2010
TERCIER/FAVRE	Pierre Tercier/Pacal G. Favre, Les contrats spéciaux, 4. Aufl., Zürich 2009
VON TUHR/PETER	Andreas von Tuhr/Hans Peter/Hermann Schulin, Allgemeiner Teil des Schweizerischen Obligationenrechts, Bd. 1, 3. Aufl., Zürich 1979
TUOR/SCHNYDER/SCHMID/RUMO-JUNGO	Peter Tuor/Bernhard Schnyder/Jörg Schmid/Alexandra Rumo-Jungo, Das Schweizerische Zivilgesetzbuch, 13. Aufl., Zürich 2009
VE Erwachsenenschutz 2003	Schweizerisches Zivilgesetzbuch (Erwachsenenschutz, Personenrecht und Kindesrecht), Vorentwurf vom Juni 2003 (Vernehmlassungsentwurf)
VE VKE 2003	Vorentwurf für ein Bundesgesetz über das Verfahren vor den Kindes- und Erwachsenenschutzbehörden (VKE) vom Juni 2003 (Vernehmlassungsentwurf)
VE zu einem Verfahrensgesetz	Entwurf zu einem Verfahrensgesetz von a.Oberrichter Dr. Daniel Steck, Greifensee, vom Dezember 2002

VE Erwachsenenschutz/ Vernehmlassungen	Zusammenstellung der Vernehmlassungen, Vorentwurf für eine Revision des Zivilgesetzbuches (Erwachsenenschutz, Personenrecht und Kindesrecht), Oktober 2004
VE VKE/Vernehmlassungen	Zusammenstellung der Vernehmlassungen, Vorentwurf für ein Bundesgesetz über das Verfahren vor den Kindes- und Erwachsenenschutzbehörden, Oktober 2004
WALDMANN/WEISSENBERGER	Bernhard Waldmann/Philippe Weissenberger (Hrsg.), VwVG. Praxiskommentar zum Bundesgesetz über das Verwaltungsverfahren, Zürich 2009
WIDMER BLUM	Carmen Ladina Widmer Blum, Urteilsunfähigkeit, Vertretung und Selbstbestimmung – insbesondere: Patientenverfügung und Selbstbestimmung, Zürich 2010
WOLF	Stefan Wolf, Erwachsenenschutz und Notariat, ZBGR 2010, 73–108
ZIEGLER et al.	Andreas R. Ziegler/Martin Bertschi/Alexandre Curchod/ Nadja Herz/Michel Montini (Hrsg.), Rechte der Lesben und Schwulen in der Schweiz. Eingetragene Partnerschaft, faktische Lebensgemeinschaft, Rechtsfragen zur Homosexualität, Bern 2007 (zit. AUTOR, in: Ziegler et al.)
ZK-BEARBEITER/IN	Zürcher Kommentar zum Schweizerischen Zivilgesetzbuch, Zürich ab 1909, unterschiedliche Auflagen, die Nachweise beziehen sich auf die laufende Auflage
ZK PartG-BEARBEITER/IN	Thomas Geiser/Philipp Gremper (Hrsg.), Zürcher Kommentar zum Partnerschaftsgesetz, Zürich 2007
ZSR 2003	Sonderheft zum VE Erwachsenenschutzrecht 2003, 271–406
ZVW 2003	Sonderheft zum VE Erwachsenenschutzrecht 2003 und VE VKE 2003, 179–408

Erwachsenenschutz

Allgemeine Vorbemerkungen

Inhaltsübersicht

I. Das Vormundschaftsrecht des ZGB

Die Art. 360–456, die im vorliegenden Band des Basler Kommentars erläutert werden, bilden die dritte Abteilung des Familienrechts. Sie standen bis zur Ablösung durch das Erwachsenenschutzrecht, das am 1.1.2013 in Kraft trat, unter dem Titel «Die Vormundschaft» und wurden als **Vormundschaftsrecht im engeren Sinne** bezeichnet. Zum **Vormundschaftsrecht im weiteren Sinne** gehörten auch alle Aufgaben, die den vormundschaftlichen Organen (aArt. 360 und 361) ausserhalb der dritten Abteilung des Familienrechts übertragen wurden (BK-SCHNYDER/MURER, Syst. Teil, N 3 ff. und 6 ff.). 1

Das Vormundschaftsrecht war im **Randgebiet zwischen Privatrecht und öffentlichem Recht** angesiedelt, wie bereits in der Botschaft von 1904 zum ZGB festgestellt wurde 2

(BBl 1904 IV 22 f.). Es enthielt neben Privatrechtsnormen (z.B. die Normen, welche das Handlungsfähigkeitsrecht von Art. 12–19 vervollständigten) auch Bestimmungen, die rechtstheoretisch unzweifelhaft zum öffentlichen Recht zu zählen waren (dazu BK-SCHNYDER/MURER, Syst. Teil, N 50 ff. und 66 ff.; SCHNYDER, Formelles Bundeszivilrecht – am Beispiel der fürsorgerischen Freiheitsentziehung, in: Mélanges Paul Piotet, Bern 1990, 121 ff.). Trotzdem war – entsprechend dem Vorbild der grossen Privatrechtskodifikationen des 19. Jahrhunderts – das Vormundschaftsrecht ins ZGB integriert worden. Eine Begründung dafür findet sich im Ursprung des Vormundschaftsrechts: dieses wuchs aus der Familie heraus (BK-SCHNYDER/MURER, Syst. Teil, N 55 f. und zur Geschichte des Vormundschaftsrechts N 150 ff.). Es sah mit den amtsgebundenen Massnahmen denn auch eine der elterlichen Gewalt (heute elterliche Sorge) nachgebildete individuelle Fürsorge für hilfsbedürftige Erwachsene vor.

3 Das ZGB von 1912 kannte folgende Massnahmen zum Schutz hilfsbedürftiger erwachsener Personen, für die andere Hilfen nicht ausreichten:

- Die **Entmündigung** (aArt. 369 ff.), d.h. den Entzug der Handlungsfähigkeit mit der anschliessenden Möglichkeit für die Vormundschaftsbehörde, die entmündigte Person entweder unter die verlängerte elterliche Sorge (aArt. 385 Abs. 3) oder unter Vormundschaft zu stellen und einen Vormund zu ernennen (aArt. 385 Abs. 1). Die Vormundschaft umfasste – wie die elterliche Sorge – die ganze Person- und Vermögenssorge sowie die Vertretung im Rechtsverkehr (aArt. 367 Abs. 1).
- Die **Beiratschaft**, die sich in die Mitwirkungsbeiratschaft mit einem abschliessend umschriebenen Katalog von zustimmungsbedürftigen Geschäften (aArt. 395 Abs. 1) und die Verwaltungsbeiratschaft (aArt. 395 Abs. 2) gliederte. Die beiden Formen, die keinen Entzug, wohl aber eine Einschränkung der Handlungsfähigkeit mit sich brachten (aArt. 417 Abs. 1), konnten miteinander kombiniert werden. Obwohl die Massnahme grundsätzlich dem Schutz des Vermögens diente, erfasste die Beiratschaft nur einen Teil des Vermögens: die Vermögenserträgnisse und der Lohn sowie anderes Einkommen blieben in der freien Verfügung der verbeirateten Person (BK-SCHNYDER/MURER, aArt. 395 N 29 ff.).
- Die **Beistandschaft**, bei der die Vertretungsbeistandschaft (aArt. 392), die Vermögensverwaltungsbeistandschaft (aArt. 393) und die Beistandschaft auf eigenes Begehren (aArt. 394) zu unterscheiden waren, betraf einzelne Geschäfte oder die Vermögensverwaltung (aArt. 367 Abs. 2). Die Vertretungs- und die Vermögensverwaltungsbeistandschaft konnten miteinander kombiniert werden. Die Beistandschaft schränkte die Handlungsfähigkeit der betroffenen Person nicht ein (aArt. 417 Abs. 1).

Das Vormundschaftsrecht unterstellte zudem Minderjährige bei fehlender elterlicher Sorge der Vormundschaft (aArt. 368), regelte die Vertretung, wenn eine erwachsene Person oder der gesetzliche Vertreter vorübergehend am Handeln gehindert waren (aArt. 392 Ziff. 1 und 3), sah bei Interessenkollision des gesetzlichen Vertreters eine Ersatzlösung vor (aArt. 392 Ziff. 2 ZGB) und sorgte für die Verwaltung nicht verwalteter Vermögen, ohne dass es sich um hilfsbedürftige Erwachsene handeln musste (aArt. 393 Ziff. 1, 3, 4 und 5).

II. Die Teilrevisionen seit dem Inkrafttreten des ZGB

4 Das Vormundschaftsrecht des ZGB von 1912 erwies sich als flexibel und anpassungsfähig. Es erfuhr deshalb **seit seinem Inkrafttreten nur wenige Änderungen**:

5 Die grösste Anpassung erfolgte im Zusammenhang mit dem Anliegen, das Vormundschaftsrecht EMRK-konform auszugestalten und den bei der Ratifikation der EMRK am 28. 11. 1974 angebrachten Vorbehalt zu Art. 5 EMRK betreffend das kantonale Verfahrensrecht zur vormundschaftsrechtlichen Freiheitsentziehung (aArt. 284, 386, 406 und 421 Ziff. 13 in der Fassung von 1912) und die kantonalen Versorgungsgesetze mit Zuständigkeit einer Verwaltungsbehörde (AS 1974, 2148 und BBl 1974 I 1043) zurückzuziehen. Durch das Bundesgesetz vom 6.10.1978, in Kraft seit dem 1.1.1981 (AS 1980 I 31; BBl 1977 III 1), wurden die **Bestimmungen über die FFE** (aArt. 397a ff. und 405a; aArt. 406 rev.; Aufhebung von aArt. 421 Ziff. 13) ins Vormundschaftsrecht integriert und damit der Massnahmenkatalog erweitert. Gleichzeitig wurde die direkte Staatshaftung für widerrechtliche fürsorgerische Freiheitsentziehungen eingeführt (aArt. 429a). In der Folge konnte der Vorbehalt zur EMRK mit Wirkung ab dem 1.1.1982 zurückgezogen worden (AS 1982, 292).

6 Die Revision des SchKG, die am 1.1.1997 in Kraft trat (AS 1995, 1227, 1307; BBl 1991 III 1, 284 f.), gab den Rahmen, um in aArt. 375 Abs. 2 die **Pflicht zur Veröffentlichung einer Bevormundung zu relativieren**. Gleichzeitig wurden in aArt. 397 und in aArt. 435 je ein neuer Abs. 3 sowie in aArt. 440 Abs. 2 eingefügt, um eine bessere Koordination zwischen Vormundschaftsbehörde und Betreibungsamt zu sichern, und aArt. 456 aufgehoben.

7 Mit der Revision des Scheidungsrechts wurde im Vormundschaftsrecht die **Ungleichbehandlung von Mann und Frau** beseitigt (AS 1999, 1118, 1141; BBl 1996 I 1, 167, 218). aArt. 382 Abs. 1 in der Fassung des ZGB von 1912 verpflichtete nur die männlichen Verwandten und den Ehemann der zu bevormundenden Person zur **Übernahme eines vormundschaftlichen Amtes**. Gleichzeitig wurde – allerdings erst in der parlamentarischen Beratung – ein Versehen bei der Herabsetzung des Mündigkeitsalters (AS 1995, 1126) korrigiert und aArt. 422 Ziff. 6 betr. die Zustimmung der vormundschaftlichen Aufsichtsbehörde zur Mündigerklärung aufgehoben.

8 Ein kleiner, aber grundsätzlicher Revisionsschritt erfolgte mit der Reform des Rechts der GmbH, in Kraft seit dem 1.1.2008. **aArt. 393 Ziff. 4, wonach einer juristischen Person ein Beistand ernannt werden konnte, wurde aufgehoben** und durch eine umfassende Neuordnung des Vorgehens bei Mängeln in der Organisation ersetzt (Art. 731b OR, Art. 69c und 83d ZGB; AS 2007, 4791, 4827 f., 4841 f.; BBl 2002, 3148, 3231 ff. und 3243 f.; vgl. N 44).

9 Weitere kleine Anpassungen wurden 1973 beim Inkrafttreten des neuen Adoptionsrechts (Neufassung von aArt. 422 Ziff. 1; AS 1972, 2819, 2829; BBl 1971 I 1200, 1268) und 1996 bei der Herabsetzung des Mündigkeitsalters (Aufhebung von aArt. 431 Abs. 2; AS 1995 1126) vorgenommen.

10 Eine wichtige Verbesserung des Rechtsschutzes brachte das Inkrafttreten des **Bundesgerichtsgesetzes** (BGG) vom 17.6.2005 (SR 173.110; BBl 2001, 4202). Während das Vorgängergesetz, das Bundesgesetz über die Organisation der Bundesrechtspflege (Bundesrechtspflegegesetz, OG) in Art. 44 den Rechtsweg ans Bundesgericht nur bei Entmündigung und Anordnung einer Beistandschaft (aArt. 369–372, 392–395) und Aufhebung dieser Massnahme sowie bei der FFE (aArt. 397a–397f, 405a und 406 Abs. 2) öffnete, **erweiterte das neue BGG** die bundesgerichtliche Zuständigkeit über die Anordnung und Aufhebung von Massnahmen hinaus grosszügig **auf das ganze Gebiet der Aufsicht über die Vormundschaftsbehörden** (Art. 72 Abs. 2 Ziff. 5 und 6).

III. Vormundschaftsstatistik

11 Leider fehlt eine Statistik des Bundesamtes für Statistik zum Vormundschaftsrecht. Die Konferenz der kantonalen Vormundschaftsbehörden (VBK), heute Konferenz der Kantone für Kindes- und Erwachsenenschutz (KOKES), übernahm es deshalb verdienstvoller-

weise, eine Vormundschaftsstatistik aufzubauen, die heute etabliert ist und zuverlässige Angaben zu den Erwachsenenschutz- und Kindesschutzmassnahmen (ohne FFE) liefert. Die **Daten werden in der ZKE publiziert**, letztmals in der ZKE 2011 Nr. 5 vom Oktober 2011, 414–423. Zu hoffen ist, dass mit dem Inkrafttreten des revidierten Rechts das Bundesamt für Statistik endlich die Lücke schliesst und eine eidgenössische Statistik zum neuen Erwachsenenschutz führt.

12 Bestehende Massnahmen für Erwachsene am 31.12.2010 (ZKE 2011, 415; in Klammer die im Jahr 2010 neu angeordneten Massnahmen, ZKE 2011, 419):

Total Massnahmen	82 181	(11 496)
davon Frauen*	37 160	(5 501)
davon Männer*	37 814	(4 995)

(*Zahlen ohne VD und Oberamt Reg. SO)

Entmündigungen

Total	26 181	(1 611)
Entmündigung nach aArt. 369	17 610	(971)
Entmündigung nach aArt. 370	1 055	(82)
Entmündigung nach aArt. 371	39	(5)
Entmündigung nach aArt. 372	7 477	(553)
Ernennung eines Vormundes	21 215	(1 310)
Elterliche Sorge	4 966	(301)

Beiratschaften, aArt. 395, total	4 502	(395)

Beistandschaften

Total	51 498	(9 490)
Vertretungsbeistandschaft, aArt. 392	3 804	(1 179)
Verwaltungsbeistandschaft, aArt. 393	4 103	(506)
Kombinierte Beistandschaft, aArt. 392/393	17 181	(3 575)
Eigenes Begehren, aArt. 394	26 410	(4 230)

13 Das **Total** der am Ende des Jahres bestehenden vormundschaftlichen Massnahmen für Erwachsene **nahm** im Laufe der 15 letzten Jahre **ständig zu** (vgl. BBl 2006, 7124 und ZKE 2011, 422):

1996	50 926
2000	57 510
2005	67 424
2006	70 087
2007	71 110
2008	73 615
2009	76 079
2010	82 116

IV. Stichworte zur Revisionsbedürftigkeit des Vormundschaftsrechts

Bei einem Gesetz, das grossmehrheitlich über hundert Jahre in Kraft war und im ausgehenden 19. Jahrhundert konzipiert wurde, braucht die Revisionsbedürftigkeit wohl nicht besonders begründet zu werden. Nur stichwortartig werden hier folgende Revisionsgründe erwähnt: 14

- Die amtsgebundenen Massnahmen mit einem relativ festen Inhalt und vorgegebenen Auswirkungen auf die Handlungsfähigkeit respektierten das **Verfassungsgebot der Verhältnismässigkeit** nicht ausreichend: den individuellen Bedürfnissen und Möglichkeiten der schutzbedürftigen Person konnte zu wenig Rechnung getragen werden. 15
- Wichtige Punkte, wie die Behandlung ohne Zustimmung im Rahmen einer FFE oder die Vertretung von urteilsunfähigen Personen bei medizinischen Massnahmen, wurden **uneinheitlich** vom kantonalen Recht geregelt.
- Das Vormundschaftsrecht wurde von der Praxis stark weiterentwickelt. **Zwischen Gesetz und Rechtswirklichkeit klaffte** deshalb zum Teil **ein tiefer Graben**. Eine kreative Gesetzesinterpretation stiess zudem auch an Grenzen.
- Die **Menschenrechte** wurden immer weiter **ausgebaut**. Beim Erlass des Vormundschaftsrechts gab es noch keinen umfassenden Grundrechtskatalog in der Bundesverfassung, keine EMRK und keine UN-Menschenrechtspakte.
- Die **Wertvorstellungen änderten sich** und wurden bedeutend vielfältiger als zu Beginn des 20. Jahrhunderts. Die pluralistische und multikulturelle Gesellschaft führte zu neuen Problemstellungen.
- Das **Selbstbestimmungsrecht** hat heute einen viel höheren Stellenwert und das hoheitliche Handeln hat eine geringere Akzeptanz als früher. Angestrebt werden partnerschaftliche Verhältnisse.
- Die zunehmende Lebenserwartung führt zu einer immer grösser werdenden Zahl hochbetagter Menschen. Damit wird auch der Personenkreis, der unter Umständen Schutzmassnahmen nötig hat, immer grösser. Im Hinblick darauf müssen das vorhandene soziale Umfeld und die entsprechenden **Betreuungsressourcen besser geschützt und mobilisiert werden**.
- Die vormundschaftliche **Organisation** wies Mängel und Lücken auf.
- Das Vormundschaftsrecht von 1912 verwendete Begriffe, die aus heutiger Sicht **stigmatisierend** wirken (vgl. N 67).

V. Totalrevision des Vormundschaftsrechts

1. Die Reform des Vormundschaftsrechts als Teil der Gesamterneuerung des Familienrechts

Das EJPD setzte am 13.12.1957 – in Anschluss an die Verhandlungen des Schweizerischen Juristentags von 1957 zum Ehegüterrecht – eine **Studienkommission** mit dem Auftrag ein, die parlamentarischen und ausserparlamentarischen Anregungen zum Familienrecht zu prüfen (BBl 1971 I 1201) und je nach Ergebnis der Prüfung Revisionsvorschläge auszuarbeiten. 1962 und 1965 legte die Studienkommission zwei Berichte vor, die Empfehlungen zum Ehe-, Adoptions-, Ausserehelichen- und Vormundschaftsrecht enthielten. Sie befürwortete eine grundlegende Reform des Ehegüterrechts und beschränkte sich im Übrigen auf punktuelle Verbesserungsvorschläge. 16

1966 wurde zu den Vorschlägen der Studienkommission ein breit angelegtes **Vernehmlassungsverfahren** eröffnet. Dabei gingen viele kritische Bemerkungen und weitergehende Revisionswünsche ein. Insbesondere zeigte sich, dass eine punktuelle Revision 17 nicht zu befriedigen vermochte, sondern das gesamte Familienrecht umfassend überprüft werden musste. Der Bundesrat beschloss deshalb 1968, das Familienrecht im Hinblick auf seine unterschiedliche Komplexität und Reformbedürftigkeit **etappenweise** zu revidieren. Das Prinzip der etappenweisen Revision kam auch in unseren Nachbarstaaten zur Anwendung. Eine Neukodifikation des gesamten Familienrechts nach dem Muster der Oststaaten hätte den Gesetzgeber überfordert (BBl 1971 I 1205).

18 In der Reihenfolge ihres Inkrafttretens wurden revidiert:

1973 **Adoptionsrecht (Art. 264 ff.)**. Die bisherige einfache Adoption wurde durch die Volladoption abgelöst.

1978 **Übriges Kindesrecht (Art. 252 ff. und 270 ff.)**. Mit der Reform wurde u.a. die Unterscheidung zwischen ehelichen und ausserehelichen Kindern aufgehoben, ein Schritt, der in Europa bahnbrechend war. In Deutschland sind diese Kategorien z.B. erst 1998 gestrichen worden. Gegen das Gesetz wurden Unterschriften gesammelt; die damals für ein Referendum erforderlichen 30 000 Unterschriften kamen aber nicht zustande.

1981 Die **FFE** (aArt. 397 ff.) wurde neu abschliessend im Vormundschaftsrecht geregelt (s. N 5).

1988 **Eherecht** (Wirkungen der Ehe im allgemeinen und Ehegüterrecht). Das revidierte Recht (Art. 159 ff.) brachte – bis auf den Namen und das Bürgerrecht – die Gleichberechtigung der Ehegatten, verankerte die partnerschaftliche Ehe und verzichtete auf eine gesetzliche Aufgabenteilung. Das Referendum gegen das Gesetz kam zustande. In der Volksabstimmung vom 22. 9. 1985 wurde das Gesetz mit 54,7 % Zustimmung angenommen.

2000 **Scheidungs- und Trennungsrecht** (Art. 111 ff.). Realisiert wurde ein möglichst verschuldensunabhängiges Recht, das die Verständigung der Ehegatten über ihre Scheidung förderte. Gleichzeitig wurden die Bestimmungen über die Beurkundung des Personenstandes (Art. 39 ff.), die Eheschliessung (Art. 90 ff.) und die Eheungültigkeit (Art. 104 ff.) erneuert. Zudem wurden die erforderlichen Anpassungen im Kindesrecht vorgenommen, die Verwandtenunterstützungspflicht unter Geschwistern (Art. 328) und die Bestimmungen über die Heimstätten (Art. 349 ff.) aufgehoben sowie die Ehe- und Partnerschaftsvermittlung im OR (Art. 406a ff. OR) geregelt. Das Scheidungsrecht ist inzwischen schon wiederholt punktuell revidiert worden. Zurzeit berät das Parlament eine Neuregelung der elterlichen Sorge mit dem Ziel, die gemeinsame elterliche Sorge zum Regelfall für geschiedene und unverheiratete Eltern zu erklären (BBl 2011, 9077 ff.).

Letzte Etappe der grossen Familienrechtsrevision bildete die Erneuerung des Vormundschaftsrechts.

2. Geschichte der Totalrevision des Vormundschaftsrechts

a) Vorarbeiten

19 An Vorentwürfen zu Gesetzgebungsprojekten wird in aller Regel sehr viel Feinarbeit geleistet. Aber der im ersten Vorentwurf einmal eingeschlagene konzeptuelle Pfad wird kaum mehr verlassen, um grundlegend neue Wege zu suchen. Im Hinblick auf diese Erfahrungen erteilte das Bundesamt für Justiz im Jahr 1993 **drei Experten** den Auftrag, in einem ersten Schritt vorerst einmal **Richtlinien und ein Thesenpapier** mit einem erläuternden Begleitbericht für eine grundlegende Reform des schweizerischen Vormundschaftsrechts zu erarbeiten, unter Berücksichtigung der Rechtsentwicklung in Europa (Botschaft Erwachsenenschutz, 7008 f.).

Das Vormundschaftsrecht war zwar wissenschaftlich – insb. im hervorragenden Berner Kommentar von 1984 (Syst. Teil und Komm. zu Art. 360–397) von Prof. BERNHARD SCHNYDER und DR. ERWIN MURER – sehr gründlich bearbeitet worden. Zu Beginn der 90iger Jahre hatten die grossen **Ziele der Vormundschaftsrechtsrevision aber noch wenig klare Konturen** (vgl. BK-SCHNYDER/MURER, Syst. Teil N 384 ff.). Vorreiter der Reformbewegung war Österreich, wo 1983 das Sachwalterrecht ins ABGB aufgenommen und die Entmündigung aufgehoben wurde (§§ 268 ff.). Mit dem Sachwalterrechts-Änderungsgesetz von 2006 – SWRÄG 2006, in Kraft seit dem 1.7.2007, wurde das Sachwalterrecht u.a. durch eine Vertretungsbefugnis für nächste Angehörige (§ 284b ff. ABGB) und einer Vorsorgevollmacht (§ 284 ff. ABGB) erweitert. Deutschland folgte mit dem Gesetz zur Reform des Rechts der Vormundschaft und der Pflegschaft für Volljährige (Betreuungsgesetz – BtG, § 1896 ff. BGB) vom 12.9.1990, das am 1.1.1992 in Kraft trat. Mit diesem Gesetz wurden die Entmündigung, die Vormundschaft und die Gebrechlichenpflegschaft abgeschafft und durch das einheitliche Institut der Betreuung ersetzt. Das Betreuungsgesetz ist inzwischen dreimal revidiert worden. Die Änderung von 2006 verankerte die Vorsorgevollmacht im Gesetz, diejenige von 2009 die Patientenverfügung. Die Reformen anderer Staaten waren zurückhaltender. In Frankreich wurde am 5.3.2007 la «Loi no 2007–308 portant réforme de la protection juridique des majeurs» verabschiedet, das grundlegende Neuerungen vorsah, insb. in den Art. 415 ff. CC fr. das Verhältnismässigkeitsprinzip verankerte und ein «mandat de protection future» (Art. 477 ff. CC fr.) einführte. Die Vormundschaft ist neben der Beistandschaft (Art. 440 ff. CC fr.) und der «sauvegarde de justice» (Art. 433 ff. CC fr.) aber weiterhin als Massnahme vorgesehen. 20

Im Juli **1995** unterbreiteten die drei Experten ihren **Grundlagenbericht «Zur Revision des schweizerischen Vormundschaftsrechts»**, der einen ausgebauten rechtsvergleichenden Teil enthielt und viele Diskussionen in Fachverbänden mitberücksichtigte. Im Sinne einer mündlichen Vernehmlassung von Fachkreisen und weiteren Interessierten organisierte das Bundesamt für Justiz daraufhin im September 1995 eine **grosse interdisziplinäre öffentliche Tagung**, an der die Reformvorschläge vorgestellt und anschliessend in Arbeitsgruppen diskutiert wurden. Diese Diskussionen wurden protokolliert. Zudem gingen nach der Tagung verschiedene Stellungnahmen ein. 21

Gestützt auf diese Vorarbeiten wurden die drei Experten im November 1996 beauftragt, zuhanden einer Expertenkommission einen ersten Vorentwurf für eine grundlegende Reform des Vormundschaftsrechts zu erarbeiten. **1998** wurde der Begleitbericht mit **Vorentwurf für eine Änderung des ZGB (Betreuungsrecht)** abgeliefert. 22

b) Expertenkommission

Zur Bereinigung dieses Gesetzesentwurfs setzte das EJPD Ende 1998 eine **interdisziplinäre Expertenkommission** für die Totalrevision des Vormundschaftsrechts ein (9 Frauen und 11 Männer; zur Zusammensetzung im Einzelnen Botschaft Erwachsenenschutz, 7009), die ihre Beratungen am 23.2.1999 aufnahm. Diese organisierte verschiedenste Hearings mit Betroffenen (Zentrum für selbstbestimmtes Leben, Verband der Psychiatrieerfahrenen, Vereinigung der Angehörigen von Schizophrenie/Psychisch-Kranken) und Experten, insb. der Psychiatrie und Psychotherapie, Gerontologie und Alterspflege, aber auch des Polizeirechts. Ferner liess sie sich ausführlich von einem Universitätsprofessor, drei Familienrichtern und einem Vertreter des Instituts für Sozialdienste in Feldkirch über die Erfahrungen mit dem österreichischen Sachwalterrecht und dem deutschen Betreuungsgesetz unterrichten. Die Ergebnisse des Nationalfondsprojekts «La fourniture de soins personnels et médicaux à la personne âgée» gab den Anstoss, die Leiterin des Projekts punktuell zu den Beratungen beizuziehen und ein Kapitel über urteilsunfähige Perso- 23 nen in Wohn- und Pflegeeinrichtungen (Art. 382–387) aufzunehmen. Unterstützung erhielt die Expertenkommission schliesslich vom Direktor des Instituts für Medizinrecht, Neuenburg, bei der Ausarbeitung der Bestimmungen über die fürsorgerische Unterbringung. Die Expertenkommission beschränkte sich nicht nur darauf, den Vorentwurf der drei Experten, die Kommissionsmitglieder waren, zu diskutieren, sondern erweiterte den Vorentwurf um die Kapitel über die eigene Vorsorge und die Massnahmen von Gesetzes wegen für Urteilsunfähige.

24 An insgesamt 31 Sitzungen, darunter waren 14 zweitägige Sitzungen, wurde der Vorentwurf beraten und im Herbst 2002 verabschiedet.

c) Justizreform

25 Das Vormundschaftsrecht des ZGB schrieb den Kantonen zwar eine bestimmte vormundschaftliche Organisation vor, regelte aber – neben der örtlichen Zuständigkeit – die verschiedenen **vormundschaftlichen Verfahren nur punktuell** (insb. aArt. 373 Abs. 2, 374, 375, 385 Abs. 2, 386, 387, 388 ff., 397, 397c–397f, 420, 435, 436, 440, 446 ff.).

26 **Kein Kanton erliess ein spezifisches und umfassendes Verfahrensgesetz** zum Kindes- und Erwachsenenschutz. Vielmehr wurden nur bestimmte Aspekte geregelt. Zum Teil wurde das Verwaltungsverfahren sinngemäss für anwendbar erklärt, zum Teil wurde auf die sinngemässe Anwendung des kantonalen Zivilprozessrechts verwiesen. In Einzelfällen kamen sogar beide Gesetze zur Anwendung (Botschaft Erwachsenenschutz, 7021 f.). Dieser Zustand war unbefriedigend, weil weder das Verwaltungsverfahren noch das Zivilprozessrecht den spezifischen Bedürfnissen der Eingriffsfürsorge besonders Rechnung trägt.

27 Mit der sog. **Justizreform** bekamen deshalb die Revisionsarbeiten eine neue Dimension. Im Jahr **2000** stimmten Volk und Stände u.a. einer Änderung von Art. 122 BV zu, mit der die Kompetenz im Bereich des Zivilprozessrechts dem Bund übertragen wurde. Das eröffnete die Möglichkeit, ein eigenes Gesetz für das Verfahren vor der neuen KESB vorzuschlagen und damit auch das Zivilgesetzbuch von Verfahrensbestimmungen zu entlasten (zur Frage der Verfassungsmässigkeit s. AUER, Bundeskompetenzen in Verfahren vor vormundschaftlichen Behörden, ZVW 2003, 188 ff.; Art. 450f N 3 m.V. auf **a.M.**).

28 Im Zusammenhang mit der Gesamterneuerung des Vormundschaftsrechts wurde deshalb von einem Experten kurzfristig ein erster Entwurf zu einem eigenständigen Verfahrensgesetz (Dezember 2002, 136 Artikel) ausgearbeitet. Dieser wurde von einer kleinen Arbeitsgruppe Verfahrensbestimmungen, bestehend aus dem Autor des ersten Vorentwurfs, weiteren externen Experten und Mitarbeitern der Verwaltung, in rund zehn Sitzungen diskutiert und bereinigt. Der Vernehmlassungs-**VE für ein Bundesgesetz über das Verfahren vor den Kindes- und Erwachsenenschutzbehörden (VKE) vom Juni 2003** umfasste – ohne Schlussbestimmungen – 57 Artikel. In einem Einleitungskapitel wurden die örtliche und sachliche Zuständigkeit und der Ausstand geregelt. Dann wurden gemeinsame Verfahrensgrundsätze für die KESB und die gerichtliche Beschwerdeinstanz aufgestellt. Ein weiteres Kapitel ordnete das Verfahren vor der KESB und enthielt spezielle Bestimmungen für die FU. Schliesslich wurde in 12 Bestimmungen das Verfahren vor der gerichtlichen Beschwerdeinstanz geordnet. Das letzte Kapitel sah nur einen Artikel über die Vollstreckung vor, der inhaltlich praktisch identisch war mit dem neuen Art. 450g.

d) Vernehmlassungsverfahren

29 Am **25.6.2003** eröffnete der Bundesrat das **Vernehmlassungsverfahren** zum VE der Expertenkommission für eine Revision des Schweiz. Zivilgesetzbuchs (Erwachsenenschutz, Personenrecht- und Kindesrecht) und zum VE für ein Bundesgesetz über das Verfahren vor den Kindes- und Erwachsenenschutzbehörden (VKE). Schon im Begleitschreiben an die Vernehmlassungsteilnehmer gab der Bundesrat bekannt, dass er die von der Expertenkommission vorgeschlagene Beteiligung des Bundes an den Kosten der Aus- und Weiterbildung der Behördenmitglieder und der Personen, die Massnahmen vollziehen (Art. 446 Abs. 2 VE), sowohl aus grundsätzlichen wie auch aus finanziellen Gründen ablehne. Die **Vernehmlassungsfrist dauerte bis zum 15.1.2004**.

Angeschrieben wurden das Bundesgericht, das Eidgenössische Versicherungsgericht, die Kantone, die in der Bundesversammlung vertretenen Parteien und die Katholische Volkspartei sowie 103 interessierte Organisationen. Stellung nahmen das Bundesgericht, 25 Kantone, 6 politische Parteien und 41 Organisationen. Ausserdem reichten 43 nicht offizielle Teilnehmer eine Eingabe ein. **30**

Eine **grosse Mehrheit der Vernehmlasser befürwortete eine Gesamtrevision des Vormundschaftsrechts** (siehe Zusammenstellung der Vernehmlassungen, VE für eine Revision des ZGB [Erwachsenenschutz, Personenrecht und Kindesrecht], Oktober 2004, 448 Seiten, und Zusammenfassung der Vernehmlassungen zum Vorentwurf vom Juni 2003 für eine Revision des ZGB [Erwachsenenschutz, Personenrecht und Kindesrecht] vom September 2004, 14 Seiten). Es gab aber auch Stellungnahmen, die den VE ablehnten (von den Kantonen: AI, SG, VS, ZG und ZH). Andere beanstandeten die Regelungsdichte und die Kosten, welche die Reform verursache. Zudem greife der VE zu stark in die kantonale Organisationsautonomie ein. Insbesondere der Vorschlag, als KESB ein interdisziplinäres Gericht einzusetzen, war höchst umstritten. Mehrheitlich abgelehnt wurden auch die primäre Pflicht der Kantone, die Entschädigung des Beistandes zu bezahlen, die Pflicht der Kantone, Wohn- und Pflegeeinrichtungen unangemeldet zu inspizieren und die Beschränkung der Zuständigkeit zur FU auf «geeignete» Ärzte. Zu den einzelnen Bestimmungen gab es im Übrigen viel Detailkritik. **31**

Ein **spezielles Verfahrensgesetz** wurde nur von einer **Minderheit** ausdrücklich befürwortet (von den Kantonen: AG, AR, GL, NE, OW und UR; vgl. Zusammenstellung der Vernehmlassungen, VE für ein BG über das Verfahren vor den Kindes- und Erwachsenenschutzbehörden, Oktober 2004, 133 Seiten, und Zusammenfassung der Vernehmlassungen zum VE vom Juni 2003 für ein BG über das Verfahren vor den Kindes- und Erwachsenenschutzbehörden, September 2004, 14 Seiten). Andere Vernehmlasser waren kritisch (von den Kantonen: BS, GE, GR, LU, TI, SZ, SH) und verlangten insb. eine Integration der Bestimmungen in andere Verfahrensgesetze. Von weiteren Vernehmlassern wurde die Bundeskompetenz oder die Notwendigkeit einer eingehenden bundesrechtlichen Verfahrensregelung bestritten (von den Kantonen: AI, JU, LU, SG, SO, TG, VS, ZH). Das Bundesgericht machte geltend, dass die freie Überprüfung der Rechtmässigkeit einer ärztlich angeordneten psychiatrischen Behandlung an Grenzen stosse. Zum einen fehle den Mitgliedern des Gerichts der notwendige medizinische Sachverstand, zum anderen sei ein solcher Entscheid binnen kürzester Frist zu fällen. **32**

e) Überarbeitung des Vorentwurfs und Übersicht über die Änderungen

Am 27.10.2004 nahm der Bundesrat vom Ergebnis des Vernehmlassungsverfahrens Kenntnis und entschied, den Kantonen **kein Gericht als neue KESB** vorzuschreiben, weil die unbestrittene Professionalisierung auch mit anderen Mitteln gewährleistet werden könne. Das EJPD wurde beauftragt, in der ersten Jahreshälfte 2006 die Botschaft dem Bundesrat zum Entscheid vorzulegen. **33**

Die Überarbeitung des Vorentwurfs zum ZGB im Lichte des Vernehmlassungsverfahrens erfolgte durch das Bundesamt für Justiz unter punktuellem Beizug einzelner Experten. **34**

Insbesondere wurden **folgende materielle Änderungen am Vorentwurf ZGB angebracht**:

- Art. 360 Abs. 3 des bundesrätlichen Entwurfs sieht neu die Möglichkeit von Ersatzverfügungen vor (vgl. Art. 360 VE).
- Nach Art. 361 Abs. 1 und 2 wird der Vorsorgeauftrag nicht mehr durch Erklärung gegenüber einer vom kantonalen Recht vorgesehenen Stelle (Art. 361 VE), sondern analog zum Testament eigenhändig errichtet.
- Art. 361 Abs. 3 verzichtet auf ein spezielles Register der Vorsorgeaufträge (Art. 362 VE) und sieht dafür die Möglichkeit vor, den Hinterlegungsort in der Datenbank des Zivilstandswesens eintragen zu lassen.
- Keine Einschränkung der Gültigkeitsdauer des Vorsorgeauftrags auf zehn Jahre (Art. 363 Abs. 1 VE).
- Art. 363 Abs. 3: Zur Erleichterung des Rechtsverkehrs händigt die ESB dem Vorsorgebeauftragten eine Urkunde aus, die seine Befugnisse wiedergibt (vgl. Art. 364 Abs. 3 VE).
- Art. 365 Abs. 2 und 3 regelt die Interessenkollision (vgl. Art. 366 VE).
- Art. 366 Abs. 1: Bei der Festlegung einer Entschädigung ist auch der Umfang der Aufgaben zu berücksichtigen (vgl. Art. 367 Abs. 1 VE).
- Nach Art. 367 erfolgt die Kündigung nicht analog Auftragsrecht (Art. 368 VE), sondern durch schriftliche Mitteilung an die ESB.
- Art. 368 Abs. 2 erweitert die Eingriffsmöglichkeiten der ESB im Vergleich zu Art. 369 VE.
- Art. 369 über die Wiedererlangung der Urteilsfähigkeit ist neu.
- Statt einer Dreiteilung: Vorsorgeauftrag im Allgemeinen (Art. 360–369 VE), Vorsorgeauftrag für medizinische Massnahmen (Art. 370–372 VE) und Patientenverfügung (Art. 373 VE) gibt es nur noch den Vorsorgeauftrag und die Patientenverfügung. In dieser kann neu eine Person bestimmt werden, welche bei Urteilsunfähigkeit die Zustimmung erteilt (Art. 370 Abs. 2, vgl. Art. 373 VE); Möglichkeit von Ersatzverfügungen (Art. 370 Abs. 3).
- Art. 371 Abs. 2 i.V.m. Art. 372 Abs. 1 erlaubt, den Hinterlegungsort der Patientenverfügung auf der Versichertenkarte eintragen zu lassen (vgl. Art. 373 Abs. 4 VE).
- Nach Art. 372 Abs. 3 muss der Arzt neu im Patientendossier festhalten, warum einer Patientenverfügung nicht entsprochen wird.
- Art. 373 über das Einschreiten der ESB ist neu (s. aber Art. 369 VE).
- Art. 374: Einbezug des eingetragenen Partners (vgl. Art. 431 VE). Zudem wird die Subsidiarität der gesetzlichen Vertretung im Verhältnis zum Vorsorgeauftrag und zur Beistandschaft im Gesetz festgehalten. Schliesslich wird Abs. 1 Ziff. 3 einerseits auf die Erledigung der Post erweitert, andererseits durch ein «nötigenfalls» beschränkt.
- Art. 376 Abs. 1 sieht neu die Möglichkeit einer Urkunde vor, welche die Befugnisse wiedergibt (vgl. Art. 433 Abs. 1 VE).
- Art. 376 Abs. 2 sieht die gleichen Voraussetzungen für das Einschreiten der ESB vor wie Art. 368 Abs. 1, 373 Abs. 1 Ziff. 2 und 381 Abs. 2 Ziff. 3 (vgl. Art. 433 Abs. 2 VE).
- Art. 377 verlangt anstelle von Information und Zustimmung (Art. 435 VE) einen Behandlungsplan.
- Art. 378 Abs. 1 präzisiert die Zuständigkeit und erweitert die Bestimmung auf bestimmte Hausgenossen (Ziff. 4; vgl. Art. 434 VE).
- Art. 378 Abs. 2 ist neu und will die Situation bei mehreren Vertretungsberechtigten vereinfachen.
- Art. 380 will Art. 434 Abs. 4 VE verdeutlichen.
- Art. 385 Abs. 1 präzisiert die örtliche Zuständigkeit (vgl. Art. 440 VE).

- Art. 385 Abs. 2 umschreibt neu die Eingriffsmöglichkeiten der ESB.
- Art. 387 verlangt nicht mehr ausdrücklich unangemeldete Besuche.
- Art. 388 erwähnt nicht mehr, dass die behördlichen Massnahme die Menschenwürde gewährleisten sollen (Art. 374 Abs. 1 VE). Auch ein Rechtsanspruch auf behördliche Massnahmen (Art. 376 VE) ist nicht mehr vorgesehen.
- Art. 389 Abs. 1 Ziff. 2 stellt das Verhältnis zum Vorsorgeauftrag und zu den Massnahmen von Gesetzes wegen klar (vgl. Art. 375 VE).
- Art. 389 Abs. 2 ist neu.
- Art. 392 Ziff. 3 trägt dem Umstand Rechnung, dass eine Begleitbeistandschaft nur noch mit Zustimmung des Betroffenen angeordnet werden darf (Art. 393 Abs. 1; vgl. Art. 380 VE).
- Auf die Unterscheidung zwischen Privat-, Fach- und Berufsbeistand wird verzichtet (Art. 387 VE).
- Art. 400: Dass die Mitglieder der ESB und ihre Hilfspersonen nicht als Beistand ernannt werden dürfen (Art. 387 Abs. 3 VE), ist aus heutiger Sicht eine Selbstverständlichkeit und wird deshalb nicht mehr erwähnt.
- Art. 402 bestimmt nicht mehr ausdrücklich, dass Eltern das Amt des Beistandes i.d.R. gemeinsam ausüben (Art. 389 Abs. 2 VE). Dafür verlangt Abs. 2 – wie das bisherige Recht – die Zustimmung zur gemeinsamen Führung einer Beistandschaft.
- Verzicht auf ein besonderes Verfahren für den Fall der Anfechtung der Wahl des Beistandes (Art. 390 VE).
- Art. 404 regelt die Entschädigung des Beistandes analog dem bisherigen Recht. Nach Art. 392 VE war in erster Linie der Staat für die Entschädigung verantwortlich.
- Art. 409: Ein angemessener Betrag wird von Amtes wegen zur Verfügung gestellt (vgl. Art. 397 VE).
- Art. 410 sieht keine Ausführungsbestimmungen des Bundesrates über die Rechnungsführung vor (Art. 398 Abs. 3 VE).
- Art. 417: Der Beistand kann Geschäfte von grosser Tragweite nicht mehr von sich aus der ESB zur Zustimmung unterbreiten, damit die Verantwortlichkeit nicht verwischt wird (Art. 405 Abs. 2 VE).
- Art. 419 schliesst auch Drittpersonen oder Stellen, denen die ESB gestützt auf Art. 392 einen Auftrag erteilt, ein (vgl. Art. 407 VE).
- Art. 420 sieht keine Befreiung des Ehegatten und der Eltern von Gesetzes wegen vor (Art. 408 VE).
- Art. 421 enthält für den Berufsbeistand eine neue Ziff. 3 (vgl. Art. 410 VE).
- Art. 424 verpflichtet den Berufsbeistand nicht zur Weiterführung der Geschäfte (vgl. Art. 413 VE).
- Art. 425 Abs. 1 Satz 2 betr. den Berufsbeistand ist neu (vgl. Art. 414 VE).
- Keine Bestimmung über die Vermögensübergabe am Ende des Amtes des Beistandes (Art. 415 VE).
- Art. 427 Abs. 1 erstreckt die Frist für die Zurückbehaltung von zwei (Art. 419 Abs. 1 VE) auf drei Tage.
- Art. 429 Abs. 1 und 2: Neu regeln die Kantone im Rahmen einer vom Bundesrecht vorgegebenen Maximalfrist, wie lange ein Arzt einweisen darf (vgl. Art. 421 VE).
- Art. 425 VE über die allgemeine Rechtsmittelbelehrung beim Eintritt in eine Einrichtung wurde gestrichen.
- Art. 434 verschärft die Voraussetzungen für die Behandlung ohne Zustimmung (vgl. Art. 429 VE).
- Art. 436 über das Austrittsgespräch ist neu.
- Art. 437 über die Nachbetreuung und die ambulanten Massnahmen ist neu. Der VE wollte ambulante Massnahmen ausschliessen.

- Art. 438 über die Massnahmen zur Einschränkung der Bewegungsfreiheit ist neu.
- Art. 440 Abs. 1: Die KESB ist eine Fachbehörde und nicht ein interdisziplinär zusammengesetztes Fachgericht (Art. 443 VE).
- Keine Verpflichtung der Kantone, unter Kostenbeteiligung des Bundes für die geeignete Aus- und Weiterbildung der Behördenmitglieder und der Personen, die Massnahmen durchführen, zu sorgen. An die Stelle von Art. 446 VE tritt neu Art. 400 Abs. 3.
- Die Verpflichtung der Kantone, die Zusammenarbeit der Organe des Erwachsenenschutzes mit den Sozial- und Psychiatriediensten sowie nötigenfalls mit der Polizei, den Strafverfolgungs- und den Strafvollzugsbehörden zu fördern, wurde gestrichen (Art. 447 Abs. 1 VE).
- Die Verschwiegenheitspflicht wird für den Beistand und die Behörde separat geregelt (Art. 413 Abs. 2 und 3 sowie Art. 451; vgl. Art. 448 VE).
- Art. 453 Abs. 1 wurde auf die Selbstgefährdung erweitert (vgl. Art. 447 Abs. 2 VE).
- Nach Art. 454 Abs. 4 regelt neu der Kanton den Rückgriff (vgl. Art. 453 VE).

35 Im Übrigen wurden verschiedene systematische Änderungen vorgenommen und der Entwurf in Zusammenarbeit mit der verwaltungsinternen Redaktionskommission redaktionell bereinigt.

36 Für das weitere Vorgehen bei den verfahrensrechtlichen Bestimmungen reaktivierte und erweiterte das Bundesamt für Justiz die Arbeitsgruppe Verfahrensbestimmungen (N 28). Der Versuch, die Bestimmungen des Verfahrensgesetzes in die Zivilprozessordnung zu überführen, überzeugte nicht. Man beschloss deshalb, die **zentralen Grundsätze** gestützt auf die Ergebnisse des Vernehmlassungsverfahrens zu bereinigen und **ins ZGB zu integrieren** (18 Bestimmungen). Ergänzend wurde die Schweizerische ZPO für anwendbar erklärt, soweit die Kantone nichts anderes bestimmen (Art. 450f).

37 Am 28.6.2006 verabschiedete der Bundesrat die Botschaft (BBl 2006, 7001 ff.).

f) Parlamentarische Beratung

38 Ursprünglich war der Nationalrat Erstrat. Weil aber die RK-N überlastet war und nicht dazu kam, das Geschäft zu behandeln, wurde der Ständerat nachträglich zum Erstrat erklärt. Am 2.7.2007 nahm die RK-S die Beratungen auf (Prot. RK-S vom 2./3.7.2007 und vom 27./28.8.2007). In der Herbstsession 2007 erfolgten die Beratungen im Plenum des Ständerates (AmtlBull StR 2007, 820 ff., 829 ff.). Die RK-N beschloss am 3.4.2008 Eintreten und schloss an einer zweiten Sitzung ihre Beratungen ab (Prot. RK-N vom 3./4.4.2008 und vom 24./25.4.2008). Die Plenumsdiskussionen wurden für die Herbstsession 2008 traktandiert (AmtlBull NR 2008, 1509 ff., 1515 ff.).

39 **Differenzen** gab es bei Art. 362 Abs. 2, Art. 372 Abs. 1, Art. 430 Abs. 6 (neu), und 450e Abs. 5. Diese Differenzen konnten rasch bereinigt werden: Prot. RK-S vom 27./28.10.2008, AmtlBull StR 2008, 882 f.; Prot. RK-N vom 9.12.2008, AmtlBull NR 2008, 1796 f.).

40 Die **Schlussabstimmung** fand am 19.12.2008 statt. Im Ständerat wurde das Gesetz mit 43 gegen 0 Stimmen und im Nationalrat mit 191 gegen 2 Stimmen angenommen (AmtlBull StR 2008, 1058; AmtlBull NR 2008, 1975). Mit der Totalrevision des Vormundschaftsrechts mussten verschiedene andere Bestimmungen des ZGB wie auch eine Vielzahl weiterer Gesetze den neuen Massnahmen und der neuen Terminologie angepasst werden. Zudem wurde die Gelegenheit benutzt, um auch einzelne Neuerungen im ZGB vorzusehen. Diese werden in Ziff. VIII. kurz vorgestellt (N 69 ff.).

Nach unbenutztem Ablauf der Referendumsfrist beschloss der Bundesrat am 12.1.2011, das Gesetz auf den 1.1.2013 in Kraft zu setzen. Ein Gesuch der Kantone Zürich, Waadt und Graubünden, das Inkrafttreten um ein Jahr zu verschieben, lehnte der Bundesrat am 12.10.2011 ab.

Text des Erlasses mit Datum des Inkrafttretens: AS 2011, 725 ff.

g) Änderungen gegenüber dem bundesrätlichen Entwurf

In der **parlamentarischen Beratung** wurden am bundesrätlichen Entwurf zum Erwachsenenschutzrecht (Art. 360–456) letztlich nur **wenige Änderungen** angebracht: 41
- In Art. 362 Abs. 2 wurde der 2. Satz («Hat sie den Auftrag öffentlich beurkunden lassen, so muss sie die Urkundsperson benachrichtigen») zusammen mit dem Parallelsatz in Art. 510 Abs. 1 gestrichen.
- Art. 377 Abs. 1 wurde vom Parlament umformuliert.
- Art. 429 Abs. 1 spricht statt von «geeigneten» nur noch von Ärzten.
- Nach Art. 444 Abs. 4 wird nicht mehr «die Angelegenheit», sondern «die Frage ihrer Zuständigkeit» der gerichtlichen Beschwerdeinstanz unterbreitet.
- In Art. 450e Abs. 5 heisst es statt «Sie entscheidet ohne Verzug» nun «Sie entscheidet in der Regel innert fünf Arbeitstagen seit Eingang der Beschwerde».
- Art. 454 Abs. 1: der französische Text wurde dem deutschen angepasst.

An einzelnen Bestimmungen nahm die parlamentarische Redaktionskommission noch redaktionelle Bereinigungen vor. Insbesondere in Art. 404 Abs. 1 Satz 2 wurde in Anlehnung an den französischen Text des bundesrätlichen Entwurfs der Spesenersatz eingefügt. 42

Die Botschaft ist – unter Vorbehalt dieser Änderungen – weiterhin massgebend.

Obwohl das Gesetz in den Art. 360–387 einen neuen Massnahmenkatalog ausserhalb des klassischen Erwachsenenschutzrechts vorsieht und zudem die Kernstücke des geplanten Verfahrensgesetzes ins ZGB aufgenommen wurden (18 Bestimmungen), enthält es lediglich 10 Einschaltartikel. Diese finden sich allesamt bei den Verfahrensbestimmungen, weil dort wohl am ehesten wieder grössere Änderungen möglich sind. Erst die Zukunft wird zeigen, ob die Idee eines eigenständigen Verfahrensgesetzes zum Kindes- und Erwachsenenschutz endgültig begraben ist. 43

VI. Die zentralen Revisionsanliegen

1. Beschränkung auf natürliche Personen

Im Sinne eines Notbehelfs sah aArt. 393 Ziff. 4 in der Fassung von 1912 vor, dass die Vormundschaftsbehörde einer juristischen Person einen Beistand ernannte, solange die erforderlichen Organe fehlten und nicht auf andere Weise für die Verwaltung gesorgt war. Ferner war nach Ziff. 5 dieser Bestimmung ein Beistand zu bestellen, solange für die Verwaltung oder Verwendung von Geldern, die zu wohltätigen oder anderen dem öffentlichen Wohl dienenden Zwecke gesammelten wurden, nicht gesorgt war. Diese beiden Vorschriften, welche in der Praxis nur selten zur Anwendung kamen, waren ein Fremdkörper im Vormundschaftsrecht. Wie schon der Titel zum Ausdruck bringt, beschränkt sich deshalb das Erwachsenenschutzrecht auf die **Hilfe für natürliche Personen**. Für juristische Personen wurde bereits im Rahmen der Revision des GmbH-Rechts Ersatzlösungen gefunden (Art. 69c und 83d ZGB und Art. 731b OR) und Art. 393 Ziff. 4 aufgehoben (s. N 8). Dagegen musste im Rahmen der Totalrevision des Vormundschaftsrechts für die **Sammelvermögen** eine staatliche Eingriffsmöglichkeit geschaffen werden, da im Hinblick auf die Bedeutung der Sammeltätigkeit in der Schweiz und eine fehlende Aufsicht in einem Teil der Kantone eine ersatzlose Streichung von aArt. 393 Ziff. 5 nicht zweck- 44 mässig erschien. Die neuen Art. 89b und 89c enthalten nun eine Minimallösung zur Kontrolle öffentlicher Sammlungen zu gemeinnützigen Zwecken (Botschaft Erwachsenenschutz, 7097 f.).

2. Förderung des Selbstbestimmungsrechts

45 Einer urteilsfähigen hilfsbedürftigen Person steht es frei, sich in vielfältiger Weise durch Aufträge und Vollmachten die erforderliche Unterstützung zu organisieren, so dass staatliche Fürsorgemassnahmen solange entbehrlich sind, als der Auftraggeber die Erfüllung seiner Aufträge kontrollieren kann (s. Art. 360 N 1 ff.). Dagegen war unter bisherigem Recht wenig klar, ob überhaupt und wieweit sich eine urteilsfähige Person insb. für den Fall ihrer dauernden Urteilsunfähigkeit zum Voraus die nötige Hilfe selber sichern konnte. Anliegen der Reform war es, diesen unbefriedigenden Zustand zu beseitigen und dem Selbstbestimmungsrecht, das aus dem Grundrecht der persönlichen Freiheit und der Garantie der Menschenwürde fliesst, auch für den Fall der Urteilsunfähigkeit zum Durchbruch zu verhelfen. Das **neue Institut des Vorsorgeauftrags** erlaubt es einer urteilsfähigen Person, eine natürliche oder juristische Person zu beauftragen, im Fall ihrer Urteilsunfähigkeit die Personsorge oder die Vermögenssorge zu übernehmen oder sie im Rechtsverkehr zu vertreten (Art. 360 ff.). Vom Konzept her handelt es sich aus der Sicht des Auftraggebers um eine einseitige «Offerte», die erst nach Eintritt der Urteilsunfähigkeit mit der Annahmeerklärung des Beauftragten gegenüber der ESB (Art. 363 Abs. 3) zum eigentlichen Auftrag wird. Dieser ist durch besondere Schutzvorschriften des Erwachsenenschutzrechts überlagert, indem die ESB die Wirksamkeit des Vorsorgeauftrags feststellen muss (Art. 363) und bei Gefährdung der Interessen der urteilsunfähigen Person einschreiten kann (Art. 368). Das trägt insb. dem Umstand Rechnung, dass zwischen der Auftragserteilung und der Wirksamkeit des Vorsorgeauftrags eine lange Zeit liegen kann, so dass sich unter Umständen die Verhältnisse geändert haben, und der Urteilsunfähige die Erfüllung des Auftrags weder kontrollieren noch den Auftrag widerrufen kann.

46 Unter dem Titel «Eigene Vorsorge» wird neben dem Vorsorgeauftrag auch die **Patientenverfügung** bundesrechtlich verankert (Art. 370 ff.) und damit deren Voraussetzungen und Wirkungen vereinheitlicht (s. Art. 370 N 2). Viele kantonale Gesundheitsgesetze sahen dieses Rechtsinstitut bereits vor, wurden aber mit dem Inkrafttreten des Erwachsenenschutzrechts in diesem Punkt obsolet. In der Praxis ist die Patientenverfügung weit verbreitet.

3. Stärkung der Solidarität in der Familie

47 Das Vormundschaftsrecht von 1912 sah keine speziellen Massnahmen für Personen vor, die durch Unfall, Krankheit oder als Folge von Altersgebrechen ihre Urteilsfähigkeit verlieren. Zu deren Schutz musste an sich eine Entmündigung erfolgen. In jüngerer Zeit begnügten sich die Vormundschaftsbehörden allerdings zum Teil auch mit einer sog. Altersbeistandschaft (aArt. 392/393). Diese Rechtslage wurde aber recht häufig von den Angehörigen der urteilsunfähigen Person als unbefriedigend empfunden und in der Familie informell die nötige Unterstützung organisiert, was das Umfeld auch tolerierte. Mit dem **neuen Rechtsinstitut der Vertretung von Gesetzes wegen durch den Ehegatten oder eingetragenen Partner** (Art. 374 ff.) soll nun gewährleistet werden, dass ohne Vorsorgeauftrag und ohne Einschreiten der ESB die grundlegenden persönlichen und materiellen Bedürfnisse einer urteilsfähigen Person (Sorge für den Unterhalt, ordentliche Vermögensverwaltung, Erledigung der Post) durch deren Ehegatten oder eingetragenen Partner sichergestellt werden können (zu Grundgedanken und Zweck ausf. vor Art. 374–377 N 1 ff.). Damit werden die bisherigen informellen Betreuungsverhältnisse rechtlich abge-

sichert und die Solidarität in der Familie gestärkt (Botschaft Erwachsenenschutz, 7013 f.). Gleichzeitig wird der staatliche «Apparat» entlastet.

Für **medizinische Massnahmen bei Urteilsunfähigen ohne dauernden gesetzlichen Vertreter** schlossen zum Teil die Kantone die Lücke, allerdings in unterschiedlicher Weise (Botschaft Erwachsenenschutz, 7013). Ein Teil sah in ihren Gesundheitsgesetzen vor, dass eine nahestehende Person oder ein Familienmitglied für eine urteilsunfähige Person die Zustimmung zur Behandlung geben konnte. Ein anderer Teil der Kantone räumte dem Arzt das Entscheidungsrecht ein, allenfalls mit der Verpflichtung, die Angehörigen zu konsultieren. Diese Lösung widersprach indessen Art. 6 der Biomedizinkonvention des Europarates (SR 0.810.2), der verlangt, dass eine unabhängige Person oder Behörde der vom behandelnden Arzt vorgeschlagenen Massnahme zustimmen muss, sofern nicht ein Notfall vorliegt (BBl 2002, 271 ff. Ziff. 3.3.3.3). War im kantonalen Recht nichts geregelt, so musste an sich – unter Vorbehalt von Notfällen – für den Urteilsunfähigen nach Vormundschaftsrecht ein Beistand ernannt werden. Mit der Revision (Art. 377 ff.) ist eine einheitliche bundesrechtliche Regelung geschaffen worden, welche die kantonalen Vorschriften ersetzt. In einer Kaskade werden die Personen bestimmt, die von Gesetzes wegen zur Vertretung des Urteilsunfähigen bei medizinischen Massnahmen befugt sind, sofern kein Vorsorgeauftrag bzw. keine Patientenverfügung vorliegt und kein Beistand ernannt ist. Dieses gesetzliche Vertretungsrecht lässt sich verantworten, weil es um eine Massnahme geht, die von einem Arzt nach bestem Wissen und Gewissen entsprechend dem Stand der medizinischen Wissenschaft vorgeschlagen wird. Die Angehörigen können somit nicht allein handeln und stehen auch unter Kontrolle, weil das medizinische Personal die ESB anrufen kann, wenn die Angehörigen das Vertretungsrecht nicht korrekt ausüben. Im Übrigen bleiben spezialgesetzliche Regelungen – bspw. im Heilmittelgesetz (SR 812.21) bzw. Humanforschungsgesetz vom 30.9.2011 (BBl 2011, 7415) oder im BG über die Transplantation (SR 810.21) oder Sterilisation (SR 211.111.1) – vorbehalten (dazu auch Art. 378 N 15 ff.). 48

4. Besserer Schutz für urteilsunfähige Personen in Wohn- und Pflegeeinrichtungen

Während das Vormundschaftsrecht für Personen, die aufgrund einer FFE in eine Einrichtung eingewiesen werden, vielfältige Garantien vorsah, blieb der Schutz von urteilsunfähigen Personen, die in Wohn- und Pflegeeinrichtungen lebten, unter dem ZGB von 1912 dem kantonalen Recht anheimgestellt. Ein Nationalfondsprojekt (s. N 23) wies indessen auf empfindliche **Mängel in der stationären Betreuung** hin, die insb. die Qualität der Leistungen, die persönliche Betreuung und die fehlende Transparenz bei den vertraglichen Beziehungen zwischen Einrichtung und Insassen aufzeigte. Aufmerksam gemacht wurde auch auf das Problem der Vereinsamung. 49

Das neue Erwachsenenschutzrecht versucht deshalb mit den Art. 382 ff. die Situation **punktuell zu verbessern**, ohne dass in jedem Fall eine behördliche Erwachsenenschutzmassnahme ergriffen werden muss (zur Entstehungsgeschichte ausf. vor Art. 382–387 N 1 ff.). 50

- Es verlangt im Interesse der Transparenz einen schriftlichen Betreuungsvertrag, in welchem festgelegt wird, welche Leistungen die Einrichtung erbringt und welches Entgelt dafür geschuldet ist.
- Es legt die Rahmenbedingungen für freiheitsbeschränkende Massnahmen fest.
- Es garantiert grundsätzlich die freie Arztwahl.
- Es verpflichtet die Einrichtung zur Förderungen von Kontakten zu Personen ausserhalb der Einrichtung und zur Meldung von Personen, um die sich niemand ausserhalb der Einrichtung kümmert.

– Und es verlangt eine Aufsicht durch die Kantone. Anders als bei Pflegekindern werden die Einzelheiten aber nicht vom Bund, sondern durch die Kantone geregelt.

5. Behördliche Massnahmen nach Mass

51 Schon das bisherige Recht kannte eine Stufenfolge von Massnahmen (N 3). Diese waren aber zu einem guten Teil standardisiert, d.h. in ihrem Inhalt und in ihren Wirkungen festgelegt und gewährleisteten deshalb nicht die erforderliche Flexibilität, um im Einzelfall den konkreten Bedürfnissen einer hilfsbedürftigen Person Rechnung zu tragen (s. vor Art. 388–399 N 1 ff.). Nach dem Vorbild des österreichischen und deutschen Rechts (s. N 20) wurden deshalb die bisherigen Massnahmen aufgehoben und durch das **einheitliche Rechtsinstitut der Beistandschaft** ersetzt. Um dem Verhältnismässigkeitsprinzip von Art. 5 der Bundesverfassung Rechnung zu tragen, ist fortan – abgesehen von der umfassenden Beistandschaft – **Massarbeit** gefordert, indem die ESB die Aufgaben des Beistandes im Einzelfall umschreiben muss (Art. 391), damit nur so viel staatliche Betreuung angeordnet wird, wie wirklich nötig ist (Botschaft Erwachsenenschutz, 7015 f.). Das Selbstbestimmungsrecht und die Selbständigkeit der betroffenen Person sollen auch im Rahmen der behördlichen Massnahmen soweit wie möglich gewahrt und gefördert werden. Die Handlungsfähigkeit darf deshalb immer nur soweit eingeschränkt werden, als dies im Hinblick auf die zu erreichenden Ziele nötig ist. Damit wird auch der Empfehlung des Ministerkomitees des Europarates von 1999 R (99) 4 betreffend den gesetzlichen Schutz hilfsbedürftiger Personen Rechnung getragen.

52 Die Reform des schweizerischen Rechts ist aber weniger radikal als die ausländischen Vorbilder. Denn die Art. 393–398 sehen in Anlehnung an das bisherige Recht immer noch eine **gewisse Typisierung** vor: Die Begleitbeistandschaft (Art. 393) setzt die Zustimmung der betroffenen Person voraus und lehnt sich an die bisherige Beistandschaft auf eigenes Begehren an (aArt. 394). Die Vertretungsbeistandschaft (Art. 394 und 395) schränkt nicht von Gesetzes wegen die Handlungsfähigkeit ein. Damit gleicht sie der Vertretungs- und Verwaltungsbeistandschaft (aArt. 392 und 393). Die Handlungsfähigkeit kann aber auch je nach Situation bedarfsgerecht eingeschränkt werden. Die Mitwirkungsbeistandschaft (Art. 396) entspricht in ihren Wirkungen der heutigen Mitwirkungsbeiratschaft (aArt. 395 Abs. 1), ist aber nicht mehr auf einen im Gesetz abschliessend festgelegten Katalog von Geschäften festgelegt. Diese Beistandschaftstypen können miteinander auch kombiniert werden. Die umfassende Beistandschaft (Art. 398) schliesslich ist das Nachfolgeinstitut zur Entmündigung, indem sie von Gesetzes wegen die ganze Personen- und Vermögenssorge sowie die Vertretung im Rechtsverkehr umfasst und die Handlungsfähigkeit entfallen lässt. Sie steht aber unter engeren Voraussetzungen als die bisherige Entmündigung.

6. Verdeutlichung der Grundsätze für die Ernennung des Beistandes und die Führung der Beistandschaft; Verzicht auf die erstreckte elterliche Sorge

53 Neben den Bestimmungen über die FFE (s. N 57) lehnt sich auch das **Kapitel über die Ernennung des Beistandes und die Führung der Beistandschaft noch relativ stark an das bisherige Recht an**. Bei der Vorbereitung des Gesetzes war unbestritten, dass es neben professionellen weiterhin auch private Amtsträger gibt. Die neu im Gesetz festgehaltene Unterscheidung zwischen dem Berufsbeistand und dem gewöhnlichen Beistand führt zu Differenzierungen bei der Entschädigung (Art. 404 Abs. 1 Satz 2) und am Ende des Amtes (Art. 421 Ziff. 3, Art. 424 Satz 2, Art. 425 Abs. 1 Satz 2). Der Beistand muss das Amt persönlich ausüben, so dass das Institut des sog. tuteur général nicht mehr zulässig ist (Art. 400 N 29 f.). Die Wünsche der betroffenen Person werden bei der Ernennung des Beistandes entsprechend dem Anliegen, das Selbstbestimmungsrecht zu fördern, stärker gewichtet als bisher (Art. 401 Abs. 1 und 3; aArt. 381), dafür das Vorrecht der Verwandten (aArt. 380 und 381) abgeschwächt.

Die besondere Vormundschaftsbeschwerde gem. aArt. 388 ff. gibt es nicht mehr; die Wahl des Beistandes ist im gewöhnlichen Verfahren nach Art. 450 ff. anzufechten (Art. 400 N 6 und 50 ff.). Die **Amtsübernahmepflicht** wird zwar beibehalten, aber durch die Generalklausel der wichtigen Gründe relativiert (Art. 400 Abs. 2; vgl. aArt. 382 ff.). **54**

Die Zahl der Bestimmungen über die Führung der Beistandschaft ist reduziert worden, wobei die neuen Art. 19 ff. mitzuberücksichtigen sind (s. N 70). **Die persönliche Fürsorge und das Selbstbestimmungsrecht der betroffenen Person erhalten ein grösseres Gewicht** (Art. 406 Abs. 1, Art. 409). Angestrebt wird ein Vertrauensverhältnis zwischen Beistand und Betroffenem (Art. 406 Abs. 2). Die Vermögensverwaltung wird im Gesetz nicht mehr so extensiv wie bisher geregelt, dafür aber der Bundesrat verpflichtet, eine Verordnung über die Anlage und die Aufbewahrung des Vermögens zu erlassen (Art. 408 Abs. 3). **55**

Wurde eine Person unter bisherigem Recht entmündigt, so konnte die Vormundschaftsbehörde sie entweder unter **erstreckte elterliche Sorge** stellen oder ihr einen Vormund ernennen (aArt. 385 Abs. 1 und 3). In der Praxis gab es viel mehr Bevormundungen als erstreckte elterliche Sorgen (s. N 12). Trotzdem erfreute sich das Institut der erstreckten elterlichen Sorge vor allem bei Eltern von Kindern mit einer geistigen Behinderung, die das Mündigkeitsalter erreicht hatten, recht grosser Beliebtheit. Es hatte den Vorteil, dass die Eltern gleich wie die Eltern unmündiger Kinder nicht der Inventarpflicht unterlagen und der Vormundschaftsbehörde weder Bericht erstatten noch Rechnung ablegen mussten und für bestimmte Geschäfte auch nicht der Zustimmung der vormundschaftlichen Behörden bedurften. Im revidierten Recht soll das Prinzip der Massnahmen nach Mass auch für Personen mit einer geistigen Behinderung gelten. Das heisst, dass im Einzelfall sorgfältig abzuwägen ist, wie weit die Kompetenzen eines Beistandes gehen müssen. Eine umfassende Beistandschaft soll nur dort angeordnet werden, wo es nicht anders geht. Im System der Beistandschaft nach Mass hätte deshalb die erstreckte elterliche Sorge zu einer elterlichen Sorge nach Mass umgewandelt und atypischerweise auf die Aufgaben beschränkt werden müssen, welche die ESB nach Art. 391 umschreibt. Auf eine solche Umgestaltung der elterlichen Sorge wurde verzichtet. Damit entfällt auch die Unterscheidung zwischen den Eltern, denen volles Vertrauen geschenkt wurde und die deshalb als Inhaber der elterlichen Sorge eingesetzt wurden, und den Eltern, denen nur beschränkt Vertrauen entgegengebracht wurde und die deshalb nur das Amt eines Vormundes erhielten. Wird eine Beistandschaft errichtet, ist immer ein Beistand zu ernennen. Dafür wird in Art. 420 die Möglichkeit von Erleichterungen für die Eltern, die das Amt des Beistandes übernehmen, vorgesehen. Der Flexibilität des neuen Rechts dient es ferner, wenn auch weitere Angehörige in den Genuss dieser Erleichterungen kommen können. **56**

7. Schliessung von Lücken und Verbesserung des Rechtsschutzes bei der FFE

Die Regelung der FFE von 1981 (aArt. 397a ff.; s. N 5 und vor Art. 426–439 N 1 ff.) hatte sich im Grossen und Ganzen bewährt, auch wenn da und dort Kritik zu hören war. Die Bestimmungen sind denn auch nicht total revidiert worden. Insbesondere die Einweisungsvoraussetzungen stimmen mit dem bisherigen Recht praktisch überein (aArt. 397a und Art. 426). Die Reform bot aber die Gelegenheit, Lücken zu schliessen und den Rechtsschutz der betroffenen Personen weiter auszubauen. **57**

58 Da nach der jüngeren Rechtsprechung des Bundesgerichts (BGE 130 I 16 E. 3 und 4.1; 127 I 6 E. 2.a; 126 I 116 E. 3.c; 125 III 169) die FFE grundsätzlich keinen Rechtfertigungsgrund für die Behandlung der psychischen Störung einer eingewiesenen Person ohne Zustimmung miteinschloss, schufen verschiedene Kantone Rechtsgrundlagen in ihren kantonalen Gesundheitsgesetzen. Indessen war die kantonale Rechtslage uneinheitlich und wenig übersichtlich. Ziel der neuen einheitlichen Bundesregelung ist es, auf die Wünsche der betroffenen Person soweit wie möglich Rücksicht zu nehmen, die **Behandlung ohne Zustimmung aber als ultima ratio** zuzulassen (Art. 433–435; Botschaft Erwachsenenschutz, 7019). Gleichzeitig wurden auch die Rahmenbedingungen für die **Einschränkung der Bewegungsfreiheit** in einer Einrichtung festgelegt (Art. 438 i.V.m. Art. 383 und 384).

59 Als weitere Neuerungen sind zu erwähnen:
- Entsprechend dem Grundprinzip, dass eine Person, die freiwillig in eine Einrichtung eingetreten ist, sie auch wieder verlassen darf, wird eine Zurückbehaltung nur unter engen Voraussetzungen zugelassen (Art. 427).
- Die Kantone können eine ärztliche Einweisungszuständigkeit nur noch für maximal sechs Wochen vorsehen (Art. 429).
- Für die ärztliche Einweisung werden in Art. 430 Verfahrensbestimmungen aufgestellt (Art. 430), die sicherstellen sollen, dass das Verfahren rechtsstaatlich korrekt erfolgt. Zentral ist, dass der einweisende Arzt sich selber ein Bild der Situation macht.
- Unterbringungen sind periodisch zu überprüfen (Art. 431).
- Die betroffene Person hat den Anspruch, eine Vertrauensperson beizuziehen (Art. 432).
- Besteht Rückfallgefahr, ist in einem Austrittsgespräch zu versuchen, Behandlungsgrundsätze für den Fall einer erneuten Unterbringung zu vereinbaren (Art. 436).
- Die Kantone sind verpflichtet, die nach der Entlassung erforderliche Nachbetreuung zu regeln (Art. 437 Abs. 1).
- Bei Behandlung einer psychischen Störung und bei Massnahmen zur Einschränkung der Bewegungsfreiheit kann das Gericht angerufen werden (Art. 439).
- Auf eine prophylaktische Rechtsmittelbelehrung bei Eintritt in eine Einrichtung wird verzichtet (aArt. 397e Ziff. 2).

8. Professionalisierung der KESB

60 Da das ZGB von 1912 den Kantonen zwar eine gewisse Behördenstruktur vorgab (aArt. 361), ihnen jedoch in der Organisation der Behörden freie Hand liess, bildete sich eine Vielfalt von Organisationsformen. Sie konnten in **drei Grundtypen** zusammengefasst werden (Häfeli/Voll, Die Behördenorganisation im Kindes- und Erwachsenenschutz aus rechtlicher und sozialwissenschaftlicher Sicht, ZVW 2007, 51 ff., insb. 55):
- 70% der Vormundschaftsbehörden waren kommunal-generalistisch organisiert.
- Bei 16% handelte es sich um kommunal-spezialisierte Behörden.
- In 14% der Fälle waren die Vormundschaftsbehörden regional, beruflich oder justiziell organisiert.

Im Welschland amteten überwiegend Gerichte (GE, NE) bzw. Friedensgerichte (VD, FR) als Vormundschaftsbehörden, in vielen Teilen der deutschen Schweiz war die **Vormundschaftsbehörde** dagegen noch **mit der Gemeindeexekutive identisch**. Diese setzte sich aus Laien zusammen, die für politische Aufgaben demokratisch gewählt wurden und keine fachlichen Vorgaben im Hinblick auf das Vormundschaftswesen erfüllen mussten. Dass Laienbehörden ein rechtsstaatlich einwandfreies Verfahren nur schwer garantieren konnten, und kommunal organisierte Behörden grossmehrheitlich über ein zu kleines Einzugsgebiet verfügten, um die nötigen Erfahrungen zu sammeln, war evident, aber umso bedenklicher, als es bei der hoheitlichen Fürsorge häufig um Eingriffe in die grundrechtlich geschützte persönliche Freiheit der Betroffenen geht.

Kommt hinzu, dass nach der Totalrevision des Vormundschaftsrechts die **Aufgaben in dreifacher Hinsicht erweitert** sind: **61**
- Zum einen sind **alle Massnahmenentscheide in der Hand der neuen KESB** konzentriert. Eine behördliche Sonderzuständigkeit für heikle Entscheide wie der bestrittene Entzug der elterlichen Sorge (aArt. 311), die FFE (aArt. 397b) sowie die Entmündigung (aArt. 373) oder die Einschränkung der Handlungsfähigkeit einer erwachsenen Person (aArt. 395) gibt es nicht mehr.
- Im Hinblick auf die Rechtsinstitute unter dem Titel der eigenen Vorsorge (Art. 360 ff.) und der Massnahmen von Gesetzes wegen (Art. 374 ff.) und die neuen Vorschriften zum Schutz Urteilsunfähiger in Wohn- und Pflegeeinrichtungen (Art. 382 ff.) hat die KESB **neue Interventions- und Schutzaufgaben**.
- Schliesslich ist der **Vollzug** des neuen Rechts **anspruchsvoller**. Die Behörde muss die Beistandschaft den Bedürfnissen der betroffenen Person anpassen. Die Handlungsfähigkeit darf nur soweit eingeschränkt werden, als dies zum Schutz des Betroffenen unerlässlich ist.

Im Hinblick auf die unbefriedigende Ausgangslage, die gestiegenen rechtlichen Anforderungen wie auch den Umstand, dass die psycho-sozialen Problemlagen immer vielfältiger und komplizierter werden, war deshalb eine **Professionalisierung der KESB unumgänglich**. Sie blieb auch im Vernehmlassungsverfahren unbestritten, denn die Qualität des Kindes- und Erwachsenenschutzes hängt nicht nur von der Gesetzgebung, sondern in weit grösserem Masse von der Qualität der Personen ab, die das Recht vollziehen. Der neue Art. 440 schreibt deshalb den Kantonen als KESB eine Fachbehörde (frz. «autorité interdisciplinaire»; it. «autorità specializzata») vor. Der Bund vertraut darauf, dass die Kantone sich bundestreu verhalten und Behörden einsetzen, welche die Bezeichnung «Fachbehörde» auch wirklich verdienen. Die Kantone werden durch das neue Haftungsregime denn auch stärker in die Verantwortung genommen (dazu N 66). **62**

Beschwerden gegen die KESB sind von Bundesrechts wegen zwingend durch ein **Gericht** zu beurteilen (Art. 450). Die Aufgabe der Aufsichtsbehörde, die wie bis anhin zweistufig organisiert werden dürfen, beschränkt sich auf die rein administrative Aufsicht (Art. 441). **63**

9. Verankerung der wesentlichen Verfahrensgrundsätze im ZGB

Dass das Verfahrensrecht für den Rechtsschutz der Betroffenen eine zentrale Rolle spielt, erkannten schon die Schöpfer des Zivilgesetzbuches. Der Gesetzgeber von 1978, der das Kapitel über die FFE (aArt. 397 ff.) ins ZGB einfügte, baute dann getreu dem **Motto «Rechtsschutz durch Verfahren»** die verfahrensrechtlichen Garantien weiter aus (vgl. oben N 25). Trotz klassischer Aufgabenteilung – der Bund ist für das materielle Recht, die Kantone sind für das Verfahrensrecht zuständig – wurden bundesrechtliche Verfahrensbestimmungen gestützt auf die Zivilrechtskompetenz des Bundes (aArt. 64 BV, aArt. 122 Abs. 1 BV) für zulässig erachtet, soweit sie zur Durchsetzung des materiellen Rechts als notwendig angesehen wurden (vgl. EICHENBERGER, ZSR 1969 II, insb. 490 und 512; AUER, ZVW 2003, 190 ff.). Hinzu kamen wichtige Verfahrensvorschriften, die direkt aus der Bundesverfassung abgeleitet werden. Im Übrigen konnten die Kantone das Verfahren vor den vormundschaftlichen Behörden bis zur Justizreform frei regeln. **64**

65 Mit der Übertragung der Zivilprozessrechtskompetenz an den Bund in Art. 122 BV im Rahmen der Justizreform 2000 änderte sich indessen die Ausgangslage, da die **Zivilprozessrechtskompetenz die freiwillige Gerichtsbarkeit, zu der auch die vormundschaftlichen bzw. kindes- und erwachsenenschutzrechtlichen Verfahren grossmehrheitlich gehören** (AUER, ZVW 2003, 195 ff.; BK-SCHNYDER/MURER, Syst. Teil, N 72), miteinschliesst. Im Hinblick auf Art. 1 lit. b ZPO wäre zumindest in all den Kantonen, in welchen die KESB oder die gerichtliche Beschwerdeinstanz Zivilgerichte sind, direkt die ZPO für die kindes- und erwachsenenschutzrechtlichen Verfahren anwendbar geworden. Die ZPO – zumindest in ihrer aktuellen Fassung – trägt indessen den Besonderheiten des Kindes- und Erwachsenenschutzes nicht Rechnung. Die im VE VKE 2003 enthaltenen wesentlichen Verfahrensgrundsätze (N 28 und 32) wurden deshalb für den Kindes- und Erwachsenenschutz als bundesrechtlich vereinheitlichter gesamtschweizerischer Standard im ZGB verankert (Art. 443 ff.; Botschaft Erwachsenenschutz, 7022). Im Sinne einer bundesrechtlichen Vermutung findet die ZPO ergänzend Anwendung (Botschaft zur Schweiz. ZPO vom 28.6.2006, BBl 2006, 7258), sofern die Kantone nichts anderes bestimmen (Art. 450f). Der Vorbehalt des kantonalen Rechts trägt einerseits der Freiheit der Kantone Rechnung, die KESB als Verwaltungsbehörde und die gerichtliche Beschwerdeinstanz als Verwaltungsgericht zu organisieren (Art. 440), und erlaubt den Kantonen andererseits, auch dort, wo die ZPO naturgemäss anwendbar wäre, spezifische Normen für das Verfahren aufzustellen. Auf lange Sicht dürfte diese Lösung aber kaum befriedigen. Im Übrigen bleibt die Frage offen, ob die von den Kantonen als Verwaltungsbehörden organisierten KESB nicht doch dem materiellen Gerichtsbegriff von Art. 6 EMRK genügen, indem sie unabhängig, d.h. nicht weisungsgebunden arbeiten, unparteiisch sind, die rechtserheblichen Tatsachen selber ermitteln, die einschlägigen Rechtsnormen auf diesen Sachverhalt anwenden und einen verbindlichen Entscheid fällen (vgl. Bericht der Expertenkommission zum VE für eine Revision des ZGB [Erwachsenenschutz, Personen- und Kindesrecht], Juni 2003, 79).

10. Direkte Staatshaftung

66 Die Kaskadenhaftung der vormundschaftlichen Organe gem. aArt. 426 ff. – unter Vorbehalt der Haftung bei der FFE, aArt. 429a – war kompliziert und wenig befriedigend. Entsprechend dem heutigen Verständnis für hoheitliches Handeln und nach dem Vorbild des Zivilstands- (Art. 46), Grundbuch- (Art. 955) und Betreibungswesens (Art. 5 ff. SchKG) wurde sie deshalb im Bereich des Erwachsenen- und Kindesschutzes durch die **direkte Staatshaftung der Kantone** ersetzt, die nicht an die Gemeinden delegiert werden darf (Botschaft Erwachsenenschutz, 7092). Ob und wieweit die Kantone Rückgriff auf den oder die Fehlbaren nehmen können, bestimmt das kantonale Recht (Art. 454 Abs. 4).

11. Terminologie

67 Bei der Terminologie geht es um eine kosmetische Frage, deren Bedeutung man aber nicht unterschätzen darf. Die Wortwahl des Gesetzgebers hat durchaus Einfluss auf die Art und Weise, wie ein Gesetz in der Bevölkerung aufgenommen wird. Zwar können sich auch neue Begriffe rasch wieder abnützen. Das darf aber den Reformgesetzgeber nicht hindern, sich genau zu überlegen, welche Begriffe er verwenden will (vgl. Botschaft Erwachsenenschutz, 7023 f.). Insbesondere die Ausdrücke Entmündigung und Bevormundung bzw. Vormundschaft werden für erwachsene Personen auf jeden Fall in der deutschen Sprache als paternalismusbehaftet und etikettierend empfunden und haben deshalb in einem modernen Gesetz keinen Platz mehr. Allerdings ist es nicht immer einfach, neue Ausdrücke zu finden, die problemlos in allen drei Amtssprachen verwendet werden können. Eine Übernahme der Begriffe des deutschen Betreuungsgesetzes oder der österreichischen Sachwalterrechts, die als Vorbild der schweizerischen Reform dienten, kam deshalb schon aus diesem Grund nicht in Frage. Die Art. 360 ff. sind deshalb neu mit «Der Erwachsenenschutz» überschrieben, was den Schutzgedanken betont. Die Vormundschaftsbehörde wird folgerichtig zur KESB. Besonders bedenklich ist der Ausdruck «das Mündel», der sich zwar nicht im ZGB selber findet, sich aber insb. in der Umgangssprache und der Rechtsliteratur eingebürgert hat. Neu wird häufig die Wendung «die betroffene Person» gebraucht. Für die einzige amtsgebundene Massnahme, die das revidierte Recht vorsieht, wurde aus dem bisherigen Recht der vertraute Begriff der Beistandschaft übernommen, die inskünftig aber unterschiedliche Eingriffsstufen abdeckt, was im Hinblick auf eine Etikettierung allerdings auch nicht ganz unproblematisch ist. Der Mandatsträger ist der Beistand. Auch Begriffe wie Geisteskrankheit, Geistesschwäche, lasterhafter Lebenswandel, Verschwendung, Misswirtschaft und Trunksucht sind als Voraussetzung für eine Massnahme eliminiert worden. Das neue Gesetz spricht von Personen mit einem Schwächezustand oder von Personen mit einer geistigen Behinderung oder einer psychischen Störung, die gemäss der Terminologie der Weltgesundheitsorganisation auch die Drogen-, Alkohol-, Medikamentensucht und weitere Süchte miterfasst. Auch die fürsorgerische Freiheitsentziehung, die sich an die Terminologie von Art. 5 EMRK anlehnt, ist umgetauft worden und heisst neu fürsorgerische Unterbringung, was die Massnahme auch besser vom Freiheitsentzug des Strafgesetzbuches abgrenzt. Mit Freiheitsentziehung wird das Negative der Massnahme betont. Übersehen wird dabei, dass es im vorliegenden Kontext um Personen geht, deren Freiheit durch eine Krankheit schon lange schwer beeinträchtigt worden ist und denen die Massnahme helfen soll, soweit wie möglich wieder autonom zu werden oder zumindest in Würde zu leben. Kommt hinzu, dass die Art. 426 ff. nicht nur Fälle erfassen, die in den Anwendungsbereich der EMRK fallen (vgl. Urteil des EGMR vom 26.2.2002 i.S. H.M. c Schweiz).

Anders als im Erwachsenenschutz wird im **Kindesschutz** der **Begriff der Vormundschaft (Art. 327a ff.) beibehalten**, da er sich dort nicht auf einen Schwächezustand der betroffenen Person bezieht, sondern lediglich zum Ausdruck bringt, dass Inhaber der elterlichen Sorge fehlen. Zudem wird der Begriff in verschiedenen internationalen Übereinkommen, insb. auch in der UN-Kinderkonvention (SR 0.107) verwendet. Parallel zur Erwachsenenschutzbehörde wird die zuständige Behörde neu Kindesschutzbehörde genannt. 68

VII. Neuerungen im ZGB ausserhalb des Erwachsenenschutzrechts

1. Handlungsfähigkeitsrecht des Personenrechts

Traditionsgemäss hat das Vormundschaftsrecht bzw. heute das Erwachsenenschutzrecht einen engen Bezug zum Handlungsfähigkeitsrecht. Da dieses keine Entmündigung mehr vorsieht, mussten die Art. 13 ff. (wie manche andere Gesetzesbestimmungen) **an die neuen Massnahmen und die neue Terminologie des Erwachsenenschutzrechts angepasst** werden. Statt von Mündigen, Unmündigen und Entmündigten spricht das Gesetz neu von Volljährigen (Art. 13, 14), Minderjährigen (Art. 17) und Personen unter umfassender Beistandschaft (Art. 17 i.V.m. Art. 398). Art. 16 wurde in Übereinstimmung mit Art. 390 Abs. 1 Ziff. 1 und Art. 426 gebracht, indem Geisteskrankheit und Geistesschwäche durch geistige Behinderung und psychische Störung ersetzt wurden. Zudem ist neu von Rausch und nicht mehr von Trunkenheit die Rede. Darunter fallen vorübergehende toxische Bewusstseinsstörungen, also insb. der Alkohol- oder der Drogenrausch. Erfasst 69 werden aber auch etwa Willensbeeinträchtigungen durch Hypnose (Botschaft Erwachsenenschutz, 7094).

70 aArt. 19 über das eigene Handeln von urteilsfähigen Handlungsunfähigen war lückenhaft, so dass wichtige Grundsätze nicht dem Gesetz entnommen werden konnten. Die Reform des Erwachsenenschutzrechts bot deshalb die Gelegenheit, die Transparenz zu verbessern. Die Ausübung der **höchstpersönlichen Rechte** durch Unmündige und Personen unter umfassender Beistandschaft wird **neu in Art. 19c** geregelt, der die von Doktrin und Praxis entwickelte wichtige Unterscheidung zwischen absolut und relativ höchstpersönlichen Rechten zum Ausdruck bringt und auch festhält, dass der Gesetzgeber die Ausübung von höchstpersönlichen Rechten der Zustimmung des gesetzlichen Vertreters unterstellen kann (vgl. Art. 90 Abs. 2, 260 Abs. 2 und 468 Abs. 2). **Art. 19d** weist darauf hin, dass die Handlungsfähigkeit durch eine Massnahme des Erwachsenenschutzes eingeschränkt werden kann. Ferner wurden **aArt. 410 und 411 über das eigene Handeln einer bevormundeten Person verallgemeinert und als Art. 19a und 19b ins Personenrecht integriert**. Materiell stimmt die Regelung mit dem bisherigen Recht überein. Schliesslich wurde in der parlamentarischen Beratung beschlossen, in Art. 19 Abs. 1 die Wendung von aArt. 410 Abs. 1 zu übernehmen («Verpflichtungen eingehen und Rechte aufgeben»), weil sie präziser und vollständiger ist (vgl. Prot. RK-S vom 2./3. 7. 2007, zweite Eingabe im Anhang und Prot. RK-S vom 27./28. 8. 2007, 33 f.).

71 Neu ist der Zusatz von Art. 19 Abs. 2, wonach eine urteilsfähige handlungsunfähige Person auch **geringfügige Angelegenheiten des täglichen Lebens** selbständig besorgen kann. Dieser Zusatz will den Bedürfnissen der Praxis Rechnung tragen und ist vom deutschen Recht (§ 1903 Abs. 3 Satz 2 BGB) inspiriert (Botschaft Erwachsenenschutz, 7095).

2. Formelle Neuregelung des Wohnsitzes

72 Im Interesse einer verbesserten Systematik, aber auch zur Vermeidung eines Einschaltartikels wurde aArt. 26 – redaktionell überarbeitet – in Art. 23 Abs. 1 integriert und ein «für sich allein» eingefügt. Das verdeutlicht, dass eine Person nach Doktrin und langjähriger Bundesgerichtspraxis in gewissen Fällen trotzdem Wohnsitz am Sitz der Einrichtung begründen kann, insb. wenn sie freiwillig in ein Alters- und Pflegeheim eintritt, um dort den Lebensabend zu verbringen (Botschaft Erwachsenenschutz, 7096; BGE 135 III 49 E. 6.2; 134 V 236 E. 2.3; BSK ZGB I-Staehelin, aArt. 26 N 2). Zu beachten ist indessen, dass **der öffentlich-rechtliche Unterstützungswohnsitz nicht mit dem zivilrechtlichen Wohnsitz übereinstimmen muss** (Art. 5 ZUG, SR 851.1). Neu werden der Wohnsitz eines Minderjährigen und der Wohnsitz eines Volljährigen unter umfassender Beistandschaft (Art. 398) in Art. 25 und 26 getrennt geregelt. Materiell bleibt der abhängige Wohnsitz aus Praktikabilitätsüberlegungen bestehen.

3. Eherecht

73 Anders als bisher eine entmündigte Person braucht eine urteilsfähige erwachsene Person unter umfassender Beistandschaft weder beim **Verlöbnis** noch bei der **Eheschliessung** die Zustimmung des Beistandes. Art. 90 Abs. 2 wird deshalb auf Minderjährige beschränkt und Art. 94 Abs. 2 aufgehoben. Zudem braucht es für den Abschluss eines Ehevertrages nicht mehr der Zustimmung der KESB (vgl. aArt. 421 Ziff. 9 und Art. 416). Neben dem Beistand muss immer auch die urteilsfähige verbeiständete Person mit dem Abschluss eines Ehevertrages einverstanden sein. Im Übrigen geht es im Eherecht um

rein terminologische Anpassungen (minderjährig, volljährig, Beistandschaft, die den Abschluss eines Ehevertrages umfasst).

4. Kindesrecht

Kindesrecht und Vormundschafts- bzw. Erwachsenenschutzrecht stehen in mannigfachen Wechselbeziehungen schon allein wegen der Tatsache, dass analog zur Vormundschaftsbehörde die Erwachsenenschutzbehörde in Personalunion auch die Funktion der Kindesschutzbehörde ausübt (Art. 440 Abs. 3). Daraus ergibt sich, dass für den Kindesschutz im engeren (Art. 307 ff. und 324 f.) und im weiteren Sinn (Art. 265 Abs. 3, Art. 265a Abs. 2, Art. 265c i.V.m. 265d Abs. 1, Art. 273 Abs. 2, Art. 274 Abs. 2, Art. 274a, 275, 275a Abs. 3, Art. 287, 288, 290, 298 Abs. 2, Art. 298a Abs. 2, Art. 318 Abs. 3) die relativ ausführlich geregelten **Verfahren vor der ESB** (Art. 443 ff.) und **vor der gerichtlichen Beschwerdeinstanz** (Art. 450 ff.) **sinngemäss auch gelten müssen** (Art. 314 Abs. 1). **74**

Die erwachsenenschutzrechtlichen Verfahrensbestimmungen werden allerdings durch **spezifische Bestimmungen für das Verfahren vor der Kindesschutzbehörde** ergänzt: **75**
- Analog zu Art. 297 Abs. 2 ZPO können die Eltern zu einem Mediationsversuch aufgefordert werden (Art. 314 Abs. 2).
- Wird eine Beistandschaft errichtet (Art. 308 und 325), so müssen im Entscheiddispositiv die Aufgaben des Beistandes (vgl. Art. 391 Abs. 1) und allfällige Beschränkungen der elterlichen Sorge angegeben werden (Art. 314 Abs. 3). Damit werden klare Verhältnisse geschaffen und eine korrekte Durchführung und Vollziehung der angeordneten Massnahme gefördert.
- Entsprechend Art. 298 ZPO, der für Eheschutzverfahren sowie bei Trennung, Scheidung und Ungültigerklärung der Ehe gilt, wird auch in kindesschutzrechtlichen Verfahren eine Anhörung des Kindes verlangt (Art. 314a).
- Im parlamentarischen Verfahren ist anstelle von Art. 449a eine eigene Bestimmung über die Kindesvertretung aufgenommen worden (Art. 314a^{bis}, vgl. Art. 299 ZPO).
- Schliesslich wird aArt. 314a, der bei der FFE auf die Bestimmungen über die gerichtliche Zuständigkeit und das Verfahren verwies, mit einer neuen Formulierung zu Art. 314b.

Die behördlichen **Kindesschutzmassnahmen** werden neu **abschliessend im Kindesrecht** geregelt. An die Stelle von aArt. 368 treten die Art. 327a–c. Sie verdeutlichen, dass – anders als in gewissen ausländischen Staaten – die elterliche Sorge immer nur den Eltern zustehen kann. Fehlt ein Inhaber der elterlichen Sorge, so ist dem Kind ein Vormund zu ernennen. Die Bestimmungen des Erwachsenenschutzrechts über die Ernennung des Beistandes (Art. 400 ff.), die Führung der Beistandschaft (Art. 405 ff.) und die Mitwirkung der ESB (Art. 415 ff.) sind sinngemäss anwendbar. Das Gleiche gilt für den nach Art. 308, 309 oder 325 ernannten Beistand des Kindes, auch wenn dies nicht ausdrücklich im Gesetz erwähnt wird. **76**

Entsprechend dem Grundprinzip, dass das Erwachsenenschutzrecht das Kindesrecht ergänzt, **haften die Organe des Kindesschutzes** nach Art. 454 und 455 (Botschaft Erwachsenenschutz, 7092). **77**

Wird das Kind von der Kindesschutzbehörde in einer **geschlossenen Einrichtung oder in einer psychiatrischen Klinik** untergebracht werden, so finden die Bestimmungen des Erwachsenenschutzes über die FU sinngemäss Anwendung (Art. 314b Abs. 1 und 327c Abs. 3). «Geschlossene Einrichtung» ersetzt den bisherigen Begriff der Anstalt (aArt. 314a Abs. 1) und will präzisieren, was unter «Haft zum Zwecke überwachter Erziehung» i.S.v. **78**

Art. 5 Abs. 1 lit. d EMRK zu verstehen ist. Die Präzisierung trägt auch dem Umstand Rechnung, dass sich die Verfahrensgarantien bei gewöhnlichen Kindesschutzmassnahmen und FU einander angenähert haben: das Kind ist bei allen Kindesschutzmassnahmen anzuhören, eine Vertretung ist immer, wenn dies nötig ist, anzuordnen (Art. 314a^{bis}) und nach Art. 450 ff. kann gegen den Entscheid der Kindesschutzbehörde immer unmittelbar ein Gericht angerufen werden (vgl. zum bisherigen Recht BGE 121 III 6). Neu kann zudem das urteilsfähige Kind selber das Gericht anrufen, während bisher die Vollendung des 16. Altersjahres vorausgesetzt wurde (aArt. 314a Abs. 2 und 405a Abs. 3). Art. 314b Abs. 2 ist aber lediglich eine Wiederholung von dem, was sich ohnehin aus Art. 450 über die Beschwerdelegitimation in allgemeiner Weise ergibt (vgl. Art. 11 Abs. 2 BV). Eine ärztliche Zuständigkeit (Art. 429) ist bei Kindern und Jugendlichen nur im Falle von psychischen Störungen sinnvoll. **Materielle Grundlage für die Unterbringung eines Unmündigen in einer geschlossenen Einrichtung oder einer psychiatrischen Klinik ist wie im bisherigen Recht Art. 310 Abs. 1** (Botschaft Erwachsenenschutz, 7102; SCHMID, vor Art. 426–439 N 2; **a.M.** GEISER, vor Art. 426–439 N 7 und Art. 426 N 4). Art. 314b steht wie aArt. 314a unter dem Oberrandtitel «Verfahren» und verweist deshalb nicht auf die Unterbringungsvoraussetzungen von Art. 397a. Der Verweis von Abs. 1 wurde umformuliert und verallgemeinert, weil er unter neuem Recht bei urteilsfähigen Unmündigen in psychiatrischen Kliniken auch die Bestimmungen über die Behandlung einer psychischen Störung und die Einschränkung der Bewegungsfreiheit erfassen muss. Statt alle anwendbaren Bestimmungen einzeln aufzuzählen, wurde eine allgemeine Formulierung gewählt. Das Gleiche gilt für einen Unmündigen, der unter Vormundschaft steht (vgl. Botschaft Erwachsenenschutz, 7104). Der Verweis von Art. 327c Abs. 3 ist identisch mit Art. 314b Abs. 1. Auch beim Vormund wird durch die materielle Massnahme der Unterbringung in einer geschlossenen Einrichtung oder einer psychiatrischen Klinik in sinngemässer Anwendung von Art. 310 dessen Kompetenzen gegenüber dem Kind eingeschränkt (vgl. Art. 327c Abs. 1).

79 Neuerungen finden sich ferner in Art. 318. Das **obligatorische Inventar über das Kindesvermögen gilt nur noch im Falle des Todes eines Elternteils** (Abs. 2). Dagegen ist bei Kindern unverheirateter Eltern i.d.R. im Zeitpunkt der Geburt kein Kindesvermögen vorhanden. Auch bei Zuteilung der elterlichen Sorge an einen Elternteil durch das Eheschutz- oder Scheidungsgericht macht das obligatorische Inventar keinen Sinn. Wenn dies aber nach Art und Grösse des Kindesvermögens und nach den persönlichen Verhältnissen der Eltern angezeigt ist, kann die Kindesschutzbehörde neu die Inventaraufnahme anordnen (Abs. 3).

80 Schliesslich ist auf folgende **weitere Neuerungen** hinzuweisen:

- Art. 298a Abs. 3 präzisiert, dass in den Fällen der gemeinsamen elterlichen Sorge unverheirateter Eltern beim Tod des einen Elternteils die elterliche Sorge dem überlebenden allein zusteht.
- Art. 304 Abs. 3 beschränkt sich darauf, parallel zu Art. 412 Abs. 1 die verbotenen Geschäfte aufzuzählen (vgl. Botschaft Erwachsenenschutz, 7101).
- Art. 305 Abs. 1 verweist nicht mehr auf das Vormundschaftsrecht, sondern neu auf das Personenrecht (Art. 19–19c).
- In Art. 306 Abs. 2 und 3 wird die Interessenkollision parallel zu Art. 403 geregelt.
- Art. 327b: Der Verweis erfasst auch Art. 323 Abs. 1 betr. Arbeitserwerb, Berufs- und Gewerbevermögen. Die durch die Doktrin kontrovers beurteilte Frage, ob diese Bestimmung auch für Minderjährige unter Vormundschaft gilt, wird damit positiv entschieden (Botschaft Erwachsenenschutz, 7103).

5. Erbrecht

Als Neuerungen sind zu erwähnen: 81

- Art. 468: Der Abschluss eines **Erbvertrages** setzt bei der Partei, die als Erblasser verfügt, nicht mehr Mündigkeit, sondern neu Volljährigkeit und Urteilsfähigkeit voraus. Bei Personen unter umfassender Beistandschaft oder einer anderen Beistandschaft, welche den Abschluss eines Erbvertrags erfasst, muss der gesetzliche Vertreter, nicht aber die ESB dem Erbvertrag zustimmen (Botschaft Erwachsenenschutz, 7104 f.).
- Art. 492a und 531: Diese Artikel tragen insb. einem Anliegen der Eltern von Kindern mit einer schweren geistigen Behinderung Rechnung. Diese möchten häufig erbrechtlich für ihr Kind gut vorsorgen, erachten es aber als wenig sinnvoll, wenn nach dem Tod des Kindes das verbleibende Vermögen an seine gesetzlichen Erben geht, die sich vielleicht nie um es gekümmert haben. Deshalb wird bei einem dauernd urteilsunfähigen pflichtteilsgeschützten Erben eine **Nacherbeneinsetzung auf den Überrest** ermöglicht, wenn dieser weder einen Ehegatten noch Nachkommen hinterlässt. Damit können die Eltern in einer Verfügung von Todes wegen ihr Kind als Vorerben und eine oder mehrere weitere Personen als Nacherben einsetzen. Die Nacherbeneinsetzung fällt aber von Gesetzes wegen dahin, wenn der Nachkomme wider Erwarten urteilsfähig wird (zum Ganzen Botschaft Erwachsenenschutz, 7105).
- Statt nach aArt. 393 Ziff. 3 ernennt die Kindesschutzbehörde dem nasciturus neu nach Art. 544 Abs. 1bis einen Beistand.
- An die Stelle von aArt. 553 Abs. 1 Ziff. 1 treten Art. 553 Ziff. 1 für minderjährige und Ziff. 4 (neu) für volljährige Erben. Materiell ist damit keine Änderung verbunden.
- Bei Art. 554 Abs. 3 geht es lediglich um eine Anpassung an die neue Terminologie.

VIII. IPR

1. Übersicht über die kollisionsrechtlichen Bestimmungen

Art. 85 Abs. 2 IPRG verweist für den Erwachsenenschutz auf das Haager Übereinkommen 82
vom 13.1.2000 über den internationalen Schutz von Erwachsenen (Haager Erwachsenenschutzübereinkommen; HEsÜ SR 0.211.232.1). Dieses Abkommen regelt sowohl die direkte wie auch die indirekte Zuständigkeit und das anzuwendende Recht (Art. 1 Abs. 2 HEsÜ). Das Übereinkommen wirkt bezüglich der Zuständigkeitsfragen nur zwischen den Vertragsstaaten (BBl 2007 2629). Nur bezüglich des anwendbaren Rechts wirkt es erga omnes (Art. 18 HEsÜ). Art. 85 Abs. 2 IPRG erweitert aber die Anwendbarkeit des HEsÜ auch bezüglich der Zuständigkeit über die völkerrechtliche Bindung hinaus. Die Regeln des HEsÜ bezüglich der schweizerischen Zuständigkeit gelten nach dieser Bestimmung des IPRG auch für Personen ohne Beziehung zu einem anderen Vertragsstaat als der Schweiz. Die Anerkennung ausländischer Entscheidungen von Nichtvertragsstaaten regelt Art. 85 Abs. 4 IPRG selbständig. Überdies findet sich in Art. 85 Abs. 3 IPRG eine Notzuständigkeit der schweizerischen Gerichte und Behörden, welche unabhängig von den staatsvertraglichen Verpflichtungen angerufen werden kann (vgl. ZK-Siehr, Art. 85 IPRG N 4).

Eine der wesentlichen Änderungen des Erwachsenenschutzrechts gegenüber dem frühe- 83
ren Vormundschaftsrecht besteht darin, dass es nicht nur behördliche Massnahmen vorsieht, sondern auch die **eigene Vorsorge und Massnahmen von Gesetzes wegen** kennt (Art. 360–387 ZGB). Das Abkommen regelt indessen ausdrücklich, welches Recht auf den Vorsorgeauftrag anwendbar ist (Art. 15 f. HEsÜ). Ob Massnahmen von Gesetzes wegen Gegenstand des HEsÜ bilden, ist demgegenüber bis anhin nicht abschliessend geklärt (vgl. BBl 2007, 2612; A. Bucher, La Convention de La Haye sur la protection inter-

nationale des adultes, SZIER, Bd. 1/2000, 41). Wenig hilfreich sind diesbezüglich die Ausführungen in der Botschaft zur Ratifikation des HEsÜ, wo sich einerseits Ausführungen zur Massgeblichkeit der behördlichen Anordnung und andererseits die Aussage findet, dass auch die Vertretung einer hilfebedürftigen Person durch den Ehegatten unter das Abkommen falle (BBl 2007 2611 f.). Entscheidendes Kriterium für die Anwendung des HEsÜ sollte aber sein, ob es um die Veranlassung oder Anordnung einer Massnahme durch eine staatliche Behörde und die entsprechenden Folgen geht oder nicht (BBl 2007, 2611 f.), so dass eine Anwendung auf die gesetzlichen Vertretungsrechte auf Grund eines familienrechtlichen Verhältnisses nicht in Frage kommt.

2. Zuständigkeit schweizerischer Behörden

84 Gemäss Ziff. 5 Abs. 1 HEsÜ sind in erster Linie die schweizerischen Behörden am **gewöhnlichen Aufenthaltsort** der betroffenen Person zuständig, die notwendigen behördlichen Anordnungen zu deren Schutz zu treffen. Ob sich der gewöhnliche Aufenthalt in der Schweiz oder im Ausland befindet, richtet sich nach dem Übereinkommen. Massgeblich ist der jeweilige gewöhnliche Aufenthalt (Art. 5 Abs. 2 HEsÜ). Ein Wechsel des Aufenthaltsortes führt somit auch zu einem Wechsel der Zuständigkeit. Für den jeweiligen Behördenentscheid sind die Verhältnisse im Zeitpunkt der Eröffnung des Verfahrens massgeblich.

85 Nach Art. 7 HEsÜ sind die schweizerischen Behörden und Gerichte überdies zuständig, für einen **Schweizer Bürger mit gewöhnlichem Aufenthalt im Ausland** das Notwendige vorzukehren, wenn die ausländische Behörde nicht handelt. Allerdings müssen die Behörden am Aufenthaltsort vorgängig kontaktiert worden sein. Art. 85 Abs. 3 IPRG erlaubt es den schweizerischen Behörden zudem, Massnahmen zu ergreifen, wenn dies zum Schutz der betroffenen Person oder deren Vermögen unerlässlich ist. Das kann namentlich zutreffen, wenn eine **Person mit ausländischer Staatsangehörigkeit** ohne nähere Angaben **ins Ausland gezogen** ist und in der Schweiz Vermögen zurückgelassen hat.

86 Das Übereinkommen regelt **nur die internationale, nicht auch die örtliche Zuständigkeit innerhalb des entsprechenden Staates**. Die Verweise auf das Recht eines bestimmten Staates beziehen sich immer nur auf das materielle Recht, nicht auch auf das Kollisionsrecht (BBl 2007 2614). Fraglich ist, ob Art. 85 IPRG zur Folge hat, dass die Zuständigkeit am Ort des gewöhnlichen Aufenthaltes auch innerstaatlich gilt oder ob sich die Zuständigkeit innerstaatlich nach Art. 442 ZGB richtet, so dass in erster Linie die Behörde am Wohnsitz zuständig ist. Wenn die betroffene Person ihren Wohnsitz in der Schweiz hat, ist sinnvollerweise von der wohnörtlichen Zuständigkeit auch dann auszugehen, wenn es sich um einen Ausländer handelt. Dieser Wohnsitz bestimmt sich für die Zuständigkeit der Erwachsenenschutzbehörde auch für einen Ausländer nach den Bestimmungen des ZGB und nicht nach jenen des IPRG. Wird bspw. eine urteilsunfähige Person mit ausländischer Staatsangehörigkeit durch die Erwachsenenschutzbehörde in einem Pflegeheim untergebracht, so ändert dies an der örtlichen Zuständigkeit der Erwachsenenschutzbehörde nichts, auch wenn das Pflegeheim sich in einem anderen Erwachsenenschutzkreis befindet (Art. 24 und 26 ZGB).

3. Von den schweizerischen Behörden anzuwendendes Recht

87 Die schweizerischen Behörden wenden im Bereich des Erwachsenenschutzrechts grundsätzlich ihr eigenes Recht an, d.h. die **lex fori** (Art. 13 Abs. 1 HEsÜ). Ausländisches Recht ist u.U. mitzuberücksichtigen, wenn der Sachverhalt zum Recht eines anderen Staates einen engeren Zusammenhang hat (Art. 13 Abs. 2 HEsÜ). Das kann insb. der Fall sein, wenn eine Massnahme bereits im Ausland angeordnet und nunmehr in der Schweiz durchzuführen ist oder umgekehrt (BBl 2007 2614).

Diese Grundsätze gelten allerdings nicht für den **Vorsorgeauftrag**. Das HEsÜ hat diesbezüglich eine differenzierende Sonderregerregel geschaffen. Wohl wenden die Schweizerischen Behörden bei der Prüfung, ob die in einem Vorsorgeauftrag getroffenen Anordnungen ausreichen oder ob weitere Massnahme zu ergreifen sind, das eigene Recht an (Art. 13 Abs. 1 HEsÜ), wobei sie u.U. auch hier ausländische Rechte mitberücksichtigen müssen (Art. 16 HEsÜ). Demgegenüber kommt auf den Vorsorgeauftrag selber unter Umständen ein anderes Recht zur Anwendung: Die Gültigkeit des Vorsorgeauftrages richtet sich nach dem Recht des Staates, in dem der Auftraggeber im Zeitpunkt der Errichtung seinen gewöhnlichen Aufenthalt hatte (Art. 15 Abs. 1 HEsÜ). Allerdings ist auch eine Rechtswahl möglich. Der Auftraggeber kann statt des Rechts seines derzeitigen gewöhnlichen Aufenthaltes, das Recht eines früheren gewöhnlichen Aufenthaltes, sein Heimatrecht oder das Recht eines Staates, in dem sich Vermögen des Erwachsenen befindet, als anwendbar bezeichnen (Art. 15 Abs. 2 HEsÜ). Letzteres allerdings nur, soweit sich der Vorsorgeauftrag ausschliesslich auf dieses Vermögen bezieht. **88**

4. Anerkennung ausländischer Entscheide

Einen Entscheid eines anderen Vertragsstaates des HEsÜ im Bereich des Erwachsenenschutzes hat die Schweiz anzuerkennen, wenn er von einem nach dem Bestimmungen des HEsÜ zuständigen Staat ergangen ist (Art. 22 HEsÜ). Die Anerkennung kann aus Gründen des formellen oder materiellen Ordre Public verweigert werden (Art. 22 Abs. 2 lit. b und c HEsÜ). Die Anerkennung kann auch verweigert werden, wenn sie inzwischen von einer Behörde eines Nichtvertragsstaates aufgehoben oder abgeändert worden ist, und diese nach den Regeln des HEsÜ für diesen Entscheid auch zuständig wäre, wenn der entsprechende Staat dem Übereinkommen beigetreten wäre (Art. 22 Abs. 2 lit. d HEsÜ). Eine Verweigerung der Anerkennung kann sich schliesslich auch darauf stützen, dass eine nach dem Abkommen notwendige Konsultation der schweizerischen Behörden vor dem Entscheid nicht erfolgt ist (Art. 22 Abs. 2 lit. e i.V.m. Art. 33 HEsÜ). **89**

Zu beachten ist allerdings, dass sich die Anerkennung einer ausländischen Entscheidung in der Schweiz namentlich dann stellt, wenn die betroffene Person ihren gewöhnlichen Aufenthalt in die Schweiz verlegt, nachdem im Ausland eine Massnahme angeordnet worden ist. Dann muss die Schweiz zwar unter den genannten Vorbehalten die ausländische Anordnung anerkennen. Weil aber inzwischen die betroffene Person ihren gewöhnlichen Aufenthalt in der Schweiz hat, sind inzwischen die Behörden hier für die Abänderung der Massnahme zuständig. Die im Ausland getroffenen Vorkehren zum Schutze der betroffenen Person sind zwar in formelle Rechtskraft erwachsen. Sie können aber – wie eine von den schweizerischen Behörden angeordnete Massnahme – jederzeit neu überprüft und abgeändert oder aufgehoben werden. Für diese Abänderung ist schweizerisches Recht anwendbar. **90**

Hat die schweizerische Behörde eine im **Ausland angeordnete Massnahme zu vollstrecken**, so richten sich die Bedingungen, unter denen sie durchgeführt wird, wiederum nach der schweizerischen Lex fori (Art. 14 HEsÜ). Die Massnahme ist somit zu konvertieren. Allerdings wird regelmässig das ausländische Recht mitberücksichtigt werden müssen. **91**

Für Entscheidungen, welche in einem Staat ergangen sind, der dem HEsÜ nicht beigetreten ist, enthält schliesslich Art. 85 Abs. 4 IPRG eine weitere Anerkennungsregel. Solche **92**

Entscheide sind anzuerkennen, wenn sie entweder im Staat ergangen sind, in dem die betroffene Person ihren gewöhnlichen Aufenthalt hat, oder von diesem Staat anerkannt werden. Voraussetzung ist selbstverständlich, dass überhaupt ein anerkennbarer Entscheid vorliegt, namentlich dass er weder gegen den materiellen noch den formellen Ordre Public verstösst.

Dritte Abteilung: Der Erwachsenenschutz

Zehnter Titel: Die eigene Vorsorge und Massnahmen von Gesetzes wegen*

Erster Abschnitt: Die eigene Vorsorge

Erster Unterabschnitt: Der Vorsorgeauftrag

Art. 360

A. Grundsatz

1 Eine handlungsfähige Person kann eine natürliche oder juristische Person beauftragen, im Fall ihrer Urteilsunfähigkeit die Personensorge oder die Vermögenssorge zu übernehmen oder sie im Rechtsverkehr zu vertreten.

2 Sie muss die Aufgaben, die sie der beauftragten Person übertragen will, umschreiben und kann Weisungen für die Erfüllung der Aufgaben erteilen.

3 Sie kann für den Fall, dass die beauftragte Person für die Aufgaben nicht geeignet ist, den Auftrag nicht annimmt oder ihn kündigt, Ersatzverfügungen treffen.

A. Principe

1 Toute personne ayant l'exercice des droits civils (mandant) peut charger une personne physique ou morale (mandataire) de lui fournir une assistance personnelle, de gérer son patrimoine ou de la représenter dans les rapports juridiques avec les tiers au cas où elle deviendrait incapable de discernement.

2 Le mandant définit les tâches qu'il entend confier au mandataire et peut prévoir des instructions sur la façon de les exécuter.

3 Il peut prévoir des solutions de remplacement pour le cas où le mandataire déclinerait le mandat, ne serait pas apte à le remplir ou le résilierait.

A. Principio

1 Chi ha l'esercizio dei diritti civili può incaricare una persona fisica o giuridica di provvedere alla cura della propria persona o dei propri interessi patrimoniali o di rappresentarlo nelle relazioni giuridiche, nel caso in cui divenga incapace di discernimento.

2 Egli definisce i compiti attribuiti al mandatario e può impartire istruzioni sull'adempimento degli stessi.

3 Può prendere disposizioni alternative per il caso in cui il mandatario non sia idoneo a svolgere il compito, non accetti il mandato o lo disdica.

---

* Die Verfasserin dankt MLaw Tabea Jenny und MLaw Nadja Majid, wissenschaftliche Mitarbeiterinnen am Lehrstuhl für Zivilrecht an der Universität Freiburg/CH, herzlich für die Vorbereitungsarbeiten sowie die formelle Bereinigung des Textes.

Inhaltsübersicht

Literatur

ABT, Die Ungültigkeitsklage im schweizerischen Erbrecht. Unter besonderer Berücksichtigung von Zuwendungen an Vertrauenspersonen. Basler Studien zur Rechtswissenschaft, Reihe A, Privatrecht, Bd. 61, Basel/Genf/München 2002 (Diss. Basel 2002); AEBI-MÜLLER/BIENZ, Vorsorgeauftrag und Patientenverfügung in der Schweiz, in: Löhnig et al. (Hrsg.), Vorsorgevollmacht und Erwachsenenschutz in Europa, Beiträge zum europäischen Familienrecht, Bd. 13, Bielefeld 2011, 57–86; BAUMANN, Vorsorgeauftrag für medizinische Massnahmen und Patientenverfügung, ZVW 2005, 58–69; BREITSCHMID, Vorsorgevollmacht, Allgemeiner Vorsorgeauftrag, medizinischer Vorsorgeauftrag, Patientenverfügung, Vertrauenspersonen und persönliches Umfeld – ein dicht gewobenes Netz mit Knoten- und Reissgefahr, ZVW 2003, 269–279 (zit. ZVW 2003); DERS., Formvorschriften im Testamentsrecht, de legal lata – rechtsvergleichend – de lege ferenda, dargestellt insbesondere am Beispiel des eigenhändigen Testaments, Diss. Zürich, Zürich 1982 (zit. Diss); BRÜCKNER, Die Beurkundung von Vorsorgeaufträgen – eine kommende Aufgabe für Urkundspersonen in der Schweiz, BN 2011, 36–50 (zit. BN 2011); EBERBACH, Ausgewählte zivilrechtliche Aspekte des Arzt-Patienten-Verhältnisses am Ende des Lebens, in: Wienke/Lippert (Hrsg.), Der Wille des Menschen zwischen Leben und Sterben – Patientenverfügung und Vorsorgevollmacht, Ausgewählte medizinische Aspekte, Berlin/Heidelberg/New York 2001, 13–10; FERRAND, Vorsorgeauftrag und Patientenverfügung in Frankreich, in: Löhnig et al. (Hrsg.), Vorsorgevollmacht und Erwachsenenschutz in Europa, Beiträge zum europäischen Familienrecht, Bd. 13, Bielefeld 2011, 223–244; FOUNTOULAKIS/GAIST, Le mandat pour cause d'inaptitude dans le nouveau droit de la protection de l'adulte, in: Zufferey/Dubey/Previtali (Hrsg.), L'homme et son droit, Mélanges en l'honneur de Marco Borghi, Zürich/Basel/Genf 2011, 153–163; GALLI-WIDMER, Überlegungen einer Praktikerin zum Vorentwurf für ein Bundesgesetz über das Verfahren vor den Kindes- und Erwachsenenschutzbehörden, ZVW 2003, 387–392; GAUCH, Art. 404 OR – Sein Inhalt, seine Rechtfertigung und die Frage seines zwingenden Charakters, recht 1992, 9–21; GMÜR, Die Vergütung des Beauftragten. Ein Beitrag zum Recht des einfachen Auftrages, Diss., Freiburg i.Ü. 1994; GUILLOD/HELLE, Mandat d'inapitiude, directives anticipées et représentation de la personne incapable: porte ouverte à la confusion? (Art. 360–373 AP), ZSR 2003, 291–309; GUTZWILLER, Zur Bedeutung der Urteilsfähigkeit im Rahmen des «Vorsorgeauftrags» (Zum Vorschlag des Bundesrates vom 28.6.2006), AJP 2007, 556–560 (zit. AJP 2007); DERS., Über die Substanz der Urteilsfähigkeit, AJP 2008, 1223–1232 (zit. AJP 2008); HOTZ, Zum Selbstbestimmungsrecht des Vorsorgenden de lege lata und de lege ferenda, ZKE 2011, 102–115; JOOS, Testamentsformen in der Schweiz und in den USA, Diss. Zürich 2001; KÄLIN, Das neue Erwachsenenschutzrecht – Pflegefall, Demenz und Vermögen, Dispute Resolutionen und ausgewählte Probleme, ST 2008, 1048–1054 (zit. ST 2008); KÜNZLE, Berner Kommentar zum schweizerischen Privatrecht, Das Erbrecht, Bd. III, 1. Abt.: Die Erben, 2. Teilbd.: Die Verfügungen von Todes wegen, 2. Teil: Die Willensvollstrecker, Art. 517–518 ZGB, Bern 2011; LEUBA, Le mandat pour cause d'inaptitude dans le projet de récision du code civil, in: Baddeley (Hrsg.), La protection de la personne par le droit, Journée de droit civil 2006, en l'honneur du Professeur Martin Stettler, Genf/Zürich/Basel 2007, 27–46; LÖHNIG, Probleme der Vorsorgevollmacht nach deutschem Recht, Löhnig et al. (Hrsg.), Vorsorgevollmacht und Erwachsenenschutz in Europa, Bielefeld 2011, 15–26;

DERS. Perte du discernement et planification du patrimonie – droit actuel et droit futur, in: Baddeley/Foëx (Hrsg.), La planification du patrimoine, Journée de droit civil 2008, en l'honneur du Professeur Andreas Bucher, Genf/Zürich/Basel 2009, 39–74 (zit. FS Bucher); MINGER, Die Haftung der Erwachsenenschutzorgane nach dem neuen Erwachsenenschutzrecht, ZKE 2010, 21–33; MOOSER, Le droit notarial en Suisse, Bern 2005; PLOTKE, Weitergeltung einer Vollmacht trotz Handlungsunfähigkeit des Vollmachtgebers?, recht 2005, 151–152; ROSCH, Auflösung der organisationsrechtlichen Grundlagen und Ende des vormundschaftlichen Mandates, ZVW 2009, 357–370 (zit. ZVW 2009); RUMO-JUNGO, Tafeln und Fälle zum Erbrecht: unter Berücksichtigung des internationalen Erbrechts, des Ehegüterrechts und des Partnerschaftsgesetzes, 3. Aufl., Zürich 2010; STEINAUER, Le droit des successions, Bern 2006; STETTLER, Les limites juridiques de l'aide extratutélaire apportée aux personnes âgées, ZVW 1983, 1-15 (zit. ZVW 1983); WEDEMANN, Vorsorgevollmachten im internationalen Rechtsverkehr, FamRZ 2010, 785–790 (zit. FamRZ 2010); DERS., Le mandat et ses effets, Une étude sur le contrat d'activité indépendent selon le Code suisse des obligations, Analyse critique et comparative, Habil. Freiburg i.Ü., Freiburg i.Ü. 1993 (zit. Mandat); WOLF/EGGEL, Zum Beurkundungsverfahren beim Vorsorgeauftrag – aus der Sicht der Urkundsperson, Jusletter vom 6.12.2010; WOLF/WILD, Zur Aufhebung der letztwilligen Verfügung durch Vernichtung, successio 2010, 77–84.

Materialien

Art. 360–369 VE Erwachsenenschutz 2003 (im VE Betreuungsrecht 1998 noch nicht enthalten); VE Erwachsenenschutz/Vernehmlassungen, 105–134; Botschaft Erwachsenenschutz, 7011 f., 7025–7030, 7139–7142; Prot. RK-S vom 2./3.7.2007, 15–25; AmtlBull StR 2007, 829 ff.; Prot. RK-N vom 24./25.4.2008, 1–9 und 48–50; AmtlBull NR 2008, 1514 und 1515 ff.; Prot. RK-S vom 27./28.10.2008, 1; AmtlBull StR 2008, 882.

I. Allgemeines

1. Entstehungsgeschichte und internationaler Kontext

a) Entstehungsgeschichte

Aufgrund des medizinischen Fortschritts ist auch die durchschnittliche Lebenserwartung 1
der Menschen gestiegen. Steigendes Alter erhöht auch das Risiko der Altersdemenz (Botschaft Erwachsenenschutz, 7011; vgl. BAUMANN, ZVW 2005, 60). In unserer Gesellschaft wuchs deshalb das Bedürfnis, für den Fall der eigenen Urteilsunfähigkeit eigene Vorkehrungen zu treffen und selber entscheiden zu können, wer sich um die eigenen Angelegenheiten kümmern soll, wenn man selber nicht mehr dazu imstande ist. Mit dem neuen Erwachsenenschutzrecht wurde eine Stärkung der Selbstbestimmung der schutzbedürftigen Menschen angestrebt. Der Selbstbestimmung dienten zwar schon bisher die obligationenrechtlichen Vollmachten, Aufträge (N 12 f.) und Patientenverfügungen (N 38; Art. 361 N 4). Trotz entsprechender Konkretisierungen durch die Rechtsprechung (wonach bei Verlust der Handlungsfähigkeit eine vorher erteilte Vollmacht weiter gelten kann: BGE 132 III 222) und den Gesetzgeber (durch Neuformulierung von Art. 35 Abs. 1 OR; vgl. HAUSHEER/GEISER/AEBI-MÜLLER, Erwachsenenschutzrecht, Rz 2.05) blieb eine erhebliche Rechtsunsicherheit. Namentlich wurde von einigen Autoren (BK-BUCHER, aArt. 19 ZGB N 334; BK-ZÄCH, aArt. 35 OR N 16) die Gültigkeit der Vollmacht über die Urteilsunfähigkeit hinaus abgelehnt. Aus diesem Grund wurden ins neue Erwachsenenschutzrecht spezifische Instrumente zur eigenen Vorsorge aufgenommen (HAUSHEER/GEISER/AEBI-MÜLLER, Erwachsenenschutzrecht, Rz 1.08). Diese Rechtsgeschäfte sollen nicht bereits während noch bestehender Urteilsfähigkeit, sondern überhaupt erst beim Verlust der Urteilsfähigkeit Wirksamkeit erlangen. Es handelt sich dabei um die Institute des Vorsorgeauftrags und der Patientenverfügung (Botschaft Erwachsenenschutz, 7012; HAUSHEER/GEISER/AEBI-MÜLLER, Erwachsenenschutzrecht, Rz 2.06; für das Verhältnis zwischen Vorsorgeauftrag und Patientenverfügung vgl. BAUMANN, ZVW 2005, 59 ff.).

b) Internationaler Kontext

2 Der Gesetzgeber konnte sich für die Regelung des Vorsorgeauftrags von ausländischen Vorbildern inspirieren lassen, namentlich von den Reglungen in Quebec, Deutschland, Frankreich, Italien, Österreich und Spanien (Botschaft Erwachsenenschutz, 7024): Der **Code civil québécois (CCQ)** kennt bereits seit dem 15.4.1990 das Recht, vertraglich einer oder mehreren Personen die Personen- und oder die Vermögenssorge im Fall der Urteilsunfähigkeit zu übertragen (Art. 2166 CCQ). Der Vertrag wird öffentlich beurkundet oder vor zwei Zeugen abgeschlossen und bedarf zu seiner Wirksamkeit der gerichtlichen Genehmigung. Im Rahmen dieser wird die Urteilsunfähigkeit der Vollmachtgeberin überprüft und gegebenenfalls bestätigt (GUILLOD/HELLE, ZSR 2003, 295). Der Auftrag endet mit der Wiedererlangung der Urteilsfähigkeit der Vollmachtgeberin. Der Bevollmächtigte seinerseits kann nur zurücktreten, wenn er durch eine andere Person ersetzt wird, wenn es so im Vertrag vorgesehen ist oder wenn eine Erwachsenenschutzmassnahme eintritt (GUILLOD/HELLE, ZSR 2003, 295).

3 Im **deutschen BGB** ist ein Vorsorgeauftrag im Rahmen des Vormundschafts- und Betreuungsrechts (§ 1773 ff.) nicht vorgesehen. Das in § 1896 Abs. 2 Satz 2 BGB (N 4) festgehaltene Selbstbestimmungsrecht ermöglicht aber die private Vorsorge durch Vorsorgeverfügung und Vorsorgevollmacht (als Ergebnis einer Bevollmächtigung). Beiden Instrumenten liegt ein Treuhandvertrag nach § 670 als Schuldvertrag zugrunde (LÖHNIG, 16 f.; s. zu dieser Rechtslage in der Schweiz N 11 f.). Das BGB schreibt hierfür keine besondere Form vor, mit einer Einschränkung: Umfasst die Vorsorgevollmacht auch den Entscheid über ärztliche Massnahmen gem. § 1904 Abs. 1 BGB, so muss die Vollmacht schriftlich erfolgen und ferner durch das Vormundschaftsgericht genehmigt werden (§ 1904 Abs. 5 i.V.m. Abs. 1 BGB; s. dazu EBERBACH, 15). Zur besseren Beweiskraft und Akzeptanz empfiehlt sich jedoch Schriftlichkeit oder sogar notarielle Beurkundung bei Geschäften, die über die alltäglichen Angelegenheiten hinausgehen (LÖHNIG, 21).

4 Laut § 1896 Abs. 2 BGB kommt der Bevollmächtigung grundsätzlich Vorrang vor der rechtlichen Betreuung zu. Es braucht somit keinen rechtlichen Betreuer, wenn die Angelegenheiten ebenso gut durch einen Bevollmächtigten erledigt werden können.

5 Inhaltlich sollte festgesetzt werden, ab wann die Vorsorgevollmacht Wirkung entfalten soll und welche Kompetenzen der Bevollmächtigte hat, in welchen Bereichen er an die Entscheidungen der Vollmachtgeberin gebunden ist und wo er selber entscheiden darf (LÖHNIG, 18). Anders als der rechtliche Betreuer (§ 1896 BGB) steht der Bevollmächtigte nicht unter gerichtlicher Aufsicht. Um den Missbrauch durch den Bevollmächtigten zu verhindern, kann ein Überwachungsbetreuer bestellt (vgl. § 1896 Abs. 3 BGB) oder ein Überwachungstreuhänder eingesetzt werden (LÖHNIG, 24 f.). Widerruf und Kündigung der Vorsorgevollmacht können jederzeit und ohne Einhaltung einer Form erfolgen (§ 168, 671 BGB), bedürfen jedoch – wie die Errichtung – die Geschäftsfähigkeit des Vollmachtgebers (vgl. § 104 BGB). Weitere Beendigungsgründe der Vorsorgevollmacht sind der Tod des Bevollmächtigen (§ 673 BGB), der Ablauf der Geltungsfrist und der Eintritt einer auflösenden Bedingung (Palandt-ELLENBERGER, § 168 N 1 f.).

6 In **Frankreich** können seit dem Jahr 2007 mit dem mandat de protection future Vorkehrungen für den Fall getroffen werden, dass eigene Angelegenheiten in Zukunft nicht mehr selber geregelt werden können (FERRAND, 223 f.). Der Auftrag wird schriftlich oder in Form der öffentlichen Beurkundung erteilt (Art. 448 CCfr.; FERRAND, 229). Er umfasst die Personen- und/oder die Vermögenssorge (FERRAND, 230 f.). Die Wirkung entfaltet sich, sobald feststeht, dass die Auftraggeberin nicht mehr in der Lage ist, ihre Interessen selbst wahrzunehmen (Art. 481 CCfr.). Der Auftrag endet mit dem Wiedererlangen der

Fähigkeit der Auftraggeberin, sich um ihre eigenen Angelegenheiten zu kümmern, dem Tod der Auftraggeberin oder dem Tod des Beauftragten (FERRAND, 236 f.).

7 Die Rechtslage im internationalen Kontext regelt das **Haager Übereinkommen zum Schutz Erwachsener** (ESÜ). Es verhilft der Vorsorgevollmacht auch im internationalen Kontext vermehrt zur Anwendung (WEDEMANN, FamRZ 2010, 785). Nach Art. 15 Abs. 1 ESÜ ist eine Vorsorgevollmacht die «von einem Erwachsenen entweder durch eine Vereinbarung oder ein einseitiges Rechtsgeschäft eingeräumte Vertretungsmacht, die ausgeübt werden soll, wenn dieser Erwachsene nicht in der Lage ist, seine Interessen zu schützen». Dabei werden insb. die Fragen des Bestehens, des Umfangs, der Änderung und der Beendigung der Vollmacht geregelt (Art. 15 Abs. 1 ESÜ; vgl. WEDEMANN, FamRZ 2010, 787 f). Grundsätzlich ist das Recht desjenigen Staates massgeblich, in welchem die Vollmachtgeberin ihren gewöhnlichen Aufenthalt hat (Art. 15 Abs. 1 ESÜ; WEDEMANN, FamRZ 2010, 790). Art. 15 Abs. 1 ESÜ bietet den betroffenen Personen aber auch die Möglichkeit, eine Rechtswahl vorzunehmen. Dabei wird die Art und Weise der Vollmachtausübung vom Recht desjenigen Staates bestimmt, in dem sie ausgeübt wird (Art. 15 Abs. 1 und 3 ESÜ; WEDEMANN, FamRZ 2010, 788). Das ESÜ enthält ferner Schutzbestimmungen, welche die Vollmachtgeberin vor Eingriffen in ihre Person oder ihr Vermögen schützen soll (Art. 16 ESÜ; WEDEMANN, FamRZ 2010, 789 f.).

2. Selbstbestimmung und Selbstbindung

8 Das neue Erwachsenenschutzrecht (dritte Abteilung des ZGB) unterscheidet zwei Gruppen von Massnahmen: die eigene Vorsorge sowie die gesetzlichen Massnahmen im zehnten Titel (also die «nicht behördlichen Massnahmen») einerseits und die behördlichen Massnahmen im elften Titel andererseits (Allgemeine Einführung vor Art. 360 ff. N 45, 51 f.). Die **eigene Vorsorge** erfolgt entweder durch den Vorsorgeauftrag (Art. 360 ff.) oder die Patientenverfügung (Art. 369 ff.). Tertium non datur. Das Gesetz kennt also namentlich die Möglichkeit einer blossen Vollmacht nicht (zur Unterscheidung s. N 17 ff.).

9 Dem medizinischen Fortschritt ist es zu verdanken, dass die Menschen immer älter werden. Dabei kommen sie aber auch häufiger als früher in die Situation des Verlustes der Urteilsfähigkeit. Durch den Vorsorgeauftrag wird ein Instrument ins Gesetz aufgenommen, welches es einer Person erlaubt, mit Blick auf den Fall schwindender Urteilsfähigkeit selber eine natürliche oder juristische Person zu bestimmen, welche die Personen- oder Vermögenssorge oder die Rechtsvertretung übernehmen soll. Damit wird die **Selbstbestimmung** pro futuro der jetzt noch handlungsfähigen Person gestärkt, was einem Ziel des neuen Erwachsenenschutzes entspricht (BIDERBOST, SJZ 2010, 310; GALLI-WIDMER, ZVW 2003, 388; HOTZ, ZKE 2011, 103; MEIER, Jusletter 17.11.2008, Rz 11; WIDMER BLUM, 7 ff.). Das Selbstbestimmungsrecht kann durch den Vorsorgeauftrag (oder die Patientenverfügung) über die Zeit der Urteilsunfähigkeit hinaus gewahrt werden. Das entspricht auch dem grundrechtlichen Schutz der Menschenwürde (Botschaft Erwachsenenschutz, 7012; HAUSHEER/GEISER/AEBI-MÜLLER, Erwachsenenschutzrecht, Rz 2.03; WIDMER BLUM, 13 f.). Die Auftraggeberin wird im Zeitpunkt ihrer Handlungsunfähigkeit nicht völlig fremdbestimmt sein, sondern kann in dreifacher Hinsicht selbstbestimmt entscheiden: Sie kann erstens die Person bestimmen, die für sie handeln soll, zweitens die Tätigkeitsfelder umschreiben, in denen der Beauftragte handeln soll und drittens Handlungs- und Entscheidrichtlinien aufstellen, nach denen sich der Beauftragte richten soll.

10 Die Auftraggeberin errichtet einen bedingten Vorsorgeauftrag (zu dessen Rechtsnatur s. N 14): Dieser entfaltet seine Wirkung nur, sofern und soweit die Urteilsunfähigkeit eintritt (SCHMID, Art. 360 N 2). Die Auftraggeberin kann vor Eintritt ihrer Urteilsunfähigkeit den

Vorsorgeauftrag jederzeit widerrufen (Art. 362 ZGB, s. auch Art. 404 OR). Nach Eintritt ihrer Urteilsunfähigkeit kann sie ihn dagegen nicht mehr widerrufen. Damit entsteht eine starke **Selbstbindung**, welche jedoch nicht sittenwidrig (Art. 27 Abs. 2) ist (LANGENEGGER, in: Rosch/Büchler/Jakob, Art. 360 N 25, Art. 363 N 7), denn die ESB kann von Amtes wegen oder auf Antrag einer nahestehenden Person eingreifen, sofern die Interessen der Auftraggeberin nicht mehr gewahrt sein sollten (Art. 368). Mit diesem Schutzvehikel wird die im Zeitpunkt der Urteilsunfähigkeit praktisch definitive Einschränkung der Selbstbestimmung als zulässig erachtet (WIDMER BLUM, 295 ff.; LANGENEGGER, in: Rosch/Büchler/Jakob, Art. 360 N 25).

3. Vom alten zum neuen Recht

11 Die Institute der eigenen Vorsorge sind im bis Ende 2012 geltenden Gesetz nicht vorgesehen. Das heisst aber nicht, dass sie faktisch nicht gleichwohl eine Bedeutung hatten und haben. Bekanntlich waren viele urteilsunfähige ältere Menschen nicht von einer behördlichen Massnahme betroffen (Botschaft Erwachsenenschutz, 7011). Entsprechend dem Subsidiaritätsprinzip werden behördliche Massnahmen nur da angeordnet, wo keine anderen Hilfestellungen vorhanden sind, um den Schwächezustand der Urteilsunfähigkeit zu kompensieren (LANGENEGGER, in: Rosch/Büchler/Jakob, Art. 360 N 4). Die tatsächlichen und rechtlichen Hilfestellungen sind sehr vielfältig. Sie reichen von der einfachen Vollmacht gem. Art. 32 ff. OR bis hin zu umfassenden Aufträgen gem. Art. 394 ff. OR. Im Bereich der faktischen Hilfestellung steht jene durch die Ehegatten oder andere nahestehende Personen im Vordergrund. Sie werden teils durch eine extensive Auslegung des Art. 166 ZGB, teils durch die Geschäftsführung ohne Auftrag (Art. 419 ff. OR) legitimiert (Botschaft Erwachsenenschutz, 7013; LANGENEGGER, in: Rosch/Büchler/Jakob, Art. 360 N 4; BSK ZGB I-LANGENEGGER, vor aArt. 360–456 N 8). Diese Hilfestellungen reichen in vielen Fällen völlig aus und erfüllen den Zweck der Vertretung der urteilsunfähigen Person. Mangels behördlicher Kenntnis dieser Auftragsverhältnisse sowie mangels Kontrolle sind indessen Missbräuche durch die Beauftragten oder der zur Vertretung Ermächtigten nicht ausgeschlossen.

12 Sind mithin bereits unter dem bis Ende 2012 geltendem Recht **Vorsorgeaufträge nach den obligationenrechtlichen Bestimmungen** erteilt worden, stellt sich die Frage nach ihrer Bedeutung im künftigen Erwachsenenschutzrecht. Die Beantwortung dieser Frage hängt davon ab, ob neben dem Vorsorgeauftrag nach Art. 360 im künftigen Recht ein Auftrag nach Art. 394 OR möglich ist, der den restriktiven Voraussetzungen des Erwachsenenschutzrechts nicht entspricht. Denkbar ist bspw., dass der Auftrag auch bei bloss vorübergehender Urteilsunfähigkeit oder bei bloss reduzierter Urteilsfähigkeit gelten soll. Dafür kommt einzig der Auftrag nach Art. 394 OR in Frage. Dieser ist grundsätzlich von der Kontrolle der ESB ausgenommen. Sobald aber die Auftraggeberin voraussichtlich dauernd urteilsunfähig wird, ist der Beauftragte verpflichtet, die ESB am Wohnsitz der Auftraggeberin zu benachrichtigen, sofern eine solche Meldung zur Interessenwahrung angezeigt erscheint (Art. 397a OR). Diese Pflicht kann bereits de lege lata aus der Sorgfaltspflicht des Beauftragten abgeleitet werden (MEIER, FS Bucher, Rz 30; STETTLER, ZVW 1983, 8; LANGENEGGER, in: Rosch/Büchler/Jakob, Art. 360 N 9). Aufgrund dieser Benachrichtigung entstehen das Recht und die Pflicht der ESB, die Situation zu überprüfen (Art. 363). Damit wird dem Schutzbedürfnis der Auftraggeberin Rechnung getragen: Errichtet sie einen Vorsorgeauftrag, untersteht dieser der Kontrolle der ESB, errichtet sie einen Auftrag, der ohne die erwachsenenschutzrechtlichen Voraussetzungen Geltung haben, aber gleichwohl über die Urteilsunfähigkeit der Auftraggeberin hinaus wirksam sein soll, untersteht auch dieser der behördlichen Kontrolle, sobald die betroffene Person

voraussichtlich voll handlungsunfähig wird, also die Voraussetzungen eines Vorsorgeauftrags (Art. 363 N 12) erfüllt sind. Damit wird einerseits dem Bedürfnis Genüge getan, neben dem erwachsenenschutzrechtlichen Vorsorgeauftrag auch einen rein obligationenrechtlichen Auftrag zuzulassen, sofern die erwachsenenschutzrechtlichen Voraussetzungen nicht erfüllt sind. Andererseits wird dem erwachsenenschutzrechtlichen Gedanken der Kontrolle dadurch Rechnung getragen, dass bei Vorliegen der entsprechenden Voraussetzungen ein Kontrollmechanismus greift (Art. 397a OR). Neben dem eigentlichen Vorsorgeauftrag unter der Kontrolle der ESB (Art. 363) bleibt mithin durchaus Raum für einen Auftrag nach Art. 394 OR. Damit ist gleichzeitig auch gesagt, dass Aufträge gem. Art. 394 OR, die **bereits vor Inkrafttreten** des neuen Rechts **erstellt** wurden, weiterhin Geltung haben können. Dabei ist zu differenzieren: (a) Sofern sie (auch) nach Eintritt der Urteilsunfähigkeit der Auftraggeberin Geltung haben sollen (Art. 35 und 405 OR) und diese Urteilsunfähigkeit bereits vor dem 1.1.2013 eingetreten ist, können die Aufträge nach Massgabe des bisherigen Rechts sowie im Licht der neuen Art. 35 und 405 OR weiterhin Geltung haben. Die ESB kann aber prüfen (sofern sie gem. Art. 397a OR Kenntnis vom Auftrag erhält), ob der Schutzbedürftigkeit der betroffenen Person Genüge getan ist (LANGENEGGER, in: Rosch/Büchler/Jakob, Art. 360 N 7; MEIER/LUKIC, Rz 195), was faktisch darauf hinausläuft, dass sie die Geeignetheit des Beauftragten überprüfen kann. (b) Sofern die altrechtlich erteilten Aufträge vor dem 1.1.2013 noch keine Wirksamkeit erlangt haben (also die Urteilsunfähigkeit noch nicht eingetreten ist), untersteht ihre Wirksamkeit ab dem 1.1.2013 den Wirksamkeitsvoraussetzungen von Art. 363 (MEIER/LUKIC, Rz 195). Ferner können **auch inskünftig** solche Verträge abgeschlossen werden. Sie können aber nur Geltung haben, sofern die Voraussetzungen des Vorsorgeauftrags nicht erfüllt sind. Mit anderen Worten kann ein Auftrag nach Art. 394 OR im Regelungsbereich des Vorsorgeauftrags nach Art. 360 ff. diesen nicht verdrängen. Der Geltungsbereich des Auftrags nach Art. 394 OR ist mithin auf jene Fälle beschränkt, in denen die Auftraggeberin gerade noch nicht (voll) urteilsunfähig ist. Sobald die Urteilsunfähigkeit dagegen eingetreten und voraussichtlich dauernd ist (Art. 363 N 13 ff.), ist das rechtsgültige Handeln für die Auftraggeberin nur noch unter den Voraussetzungen des Vorsorgeauftrags möglich (MEIER/LUKIC, Rz 195; zur – regelmässigen – Prüfung des Vorliegens der Urteilsunfähigkeit durch die ESB s. WIDMER BLUM, 282 f.; s. auch GUTZWILLER, AJP 2007, 559).

Umgekehrt stellt sich die Frage, ob **bereits heute Vorsorgeaufträge** nach den Regeln von Art. 360 ff. erstellt werden können. Dies ist zu bejahen. Mit Blick auf die Wirkungen ist zu unterscheiden: Treten die einschlägigen Voraussetzungen (Art. 363 N 12 ff.), namentlich die Urteilsunfähigkeit der Auftraggeberin erst nach Inkrafttreten des neuen Rechts ein, so entfaltet der früher erteilte Auftrag automatisch seine Wirkungen nach neuem Recht. Die materiellen Voraussetzungen für die Wirksamkeit des Vertrags sowie die formellen Gültigkeitsvoraussetzungen werden dabei nach neuem Recht beurteilt (Art. 1 Abs. 3 SchlT). Wird dagegen die Auftraggeberin bereits früher urteilsunfähig, so kann vor dem Inkrafttreten des neuen Rechts zwar nicht ein Vorsorgeauftrag nach Art. 360, jedoch ein Auftrag nach Art. 394 OR entstehen. Vorausgesetzt ist, dass die Auftraggeberin explizit die entsprechenden Anordnungen trifft, also namentlich die erforderlichen Ermächtigungen bzw. Vollmachten ausstellt, damit sich der Beauftragte Dritten gegenüber ausweisen kann (LANGENEGGER, in: Rosch/Büchler/Jakob, Art. 360 N 13; MEIER/LUKIC, Rz 195). Nach Inkrafttreten des neuen Rechts kann die ESB prüfen, ob dem Schutzbedürfnis der betroffenen Person Genüge getan ist (s. N 12 zum Auftrag nach Art. 394 OR, der vor Inkrafttreten erstellt wurde). Soll der Vorsorgeauftrag nach Inkrafttreten des neuen Rechts den Regeln von Art. 360 ff. unterstellt werden (was durchaus dem Willen des Betroffenen entsprechen kann), so ist eine Prüfung der entsprechenden Voraussetzungen durch die ESB (Art. 363) erforderlich. **13**

II. Rechtsnatur und Abgrenzungen*

14 Die gesetzliche Ausgestaltung des Vorsorgeauftrags (Art. 360 ff.) weist einerseits Parallelen zum obligationenrechtlichen Auftrag und andererseits solche zur letztwilligen Verfügung (mit Einsetzung eines «Willensvollstreckers») auf. Da die Wortwahl des Gesetzgebers erheblich an den obligationenrechtlichen Auftrag erinnert (s. nur schon Art. 360), wurde der Vorsorgeauftrag verschiedentlich als Auftrag im Sinn des Obligationenrechts (AmtlBull StR 2007, 830 [Votum WICKI]; SCHMID, Art. 360 N 3) bezeichnet, mit der Folge, dass nebst den Bestimmungen des Erwachsenenschutzrechts sinngemäss die Bestimmungen des Auftrags (Art. 394 ff. OR) anzuwenden seien (AEBI-MÜLLER/BIENZ, 75; SCHMID, Art. 360 N 3). Die Tatsache, dass sinngemäss Auftragsrecht zur Anwendung kommt, sagt allerdings noch nichts über die Rechtsnatur des Vorsorgeauftrags aus. Denn erstens ordnet das Gesetz selber im Bereich der Sorgfaltspflicht die sinngemässe (analoge) Anwendung an (Art. 365) und zweitens ist die sinngemässe Anwendung von Rechtsnormen gestützt auf Art. 1 ZGB ohnehin das primäre Instrument, wenn eine gesetzliche Regel fehlt. So wird Auftragsrecht etwa auch auf das Rechtsverhältnis des Willensvollstreckers (analog) angewendet (BK-KÜNZLE, vor Art. 517–518 ZGB N 27, 58; BK-FELLMANN, vor Art. 394–406 OR N 21 und Art. 405 OR N 72 ff.). Aus der Systematik des Gesetzes ergibt sich klar, dass der Vorsorgeauftrag jedenfalls vor der Annahme durch den Beauftragten eine **einseitige Willenserklärung** ist (s.a. Allg. Vorbem. vor Art. 360 N 45): Eine handlungsfähige Person beauftragt eine andere Person mit der Wahrnehmung ihrer Interessen im Fall ihrer Urteilsunfähigkeit (Art. 360). Im Fall der eigenhändigen Errichtung wird der Vorsorgeauftrag von der Auftraggeberin niedergeschrieben (Art. 361). Diese (alleine) kann ihre eigene Willenserklärung vor Eintritt der Urteilsunfähigkeit jederzeit widerrufen (Art. 362). Nach Prüfung der Gültigkeits- und Wirksamkeitsvoraussetzungen durch die ESB (Art. 363 Abs. 2), kann der Beauftragte den Auftrag annehmen (Art. 363 Abs. 3). Mit der Annahme des Vorsorgeauftrags durch den Beauftragten kommt ein **vertragsähnliches Rechtsverhältnis** zustande. Ob es sich um einen privatrechtlichen Vertrag zwischen der Vorsorgeauftraggeberin und dem Beauftragten handelt, ist fraglich, kann aber letztlich offenbleiben, denn massgeblich sind die Rechtswirkungen des vertragsähnlichen Verhältnisses und diese hängen nicht von der Qualifikation als Vertrag ab. Gegen einen Vertrag zwischen der Auftraggeberin und dem Beauftragten spricht der Umstand, dass nach der gesetzlichen Konzeption die Annahme nach Eintritt der Urteilsunfähigkeit der erfolgt (Art. 363 Abs. 3, s. N 27). Die Annahmeerklärung kann sich daher nicht an die Auftraggeberin richten (FOUNTOULAKIS/GAIST, 156; BRÜCKNER, BN 2011, 40). Selbst wenn die Annahmeerklärung gegenüber der ESB (die gleichsam in Vertretung der urteilsunfähigen Auftraggeberin handeln würde) zu einem Vertrag führen würde, so wäre fraglich, ob ein Vertragsverhältnis mit einer urteilsunfähigen Person nach der geltenden Konzeption des schweizerischen Personenrechts (Art. 13, 17) überhaupt möglich ist. Ferner zeigen die Bestimmungen in Art. 364 ff., dass nach Eintritt der Urteilsunfähigkeit der Auftraggeberin die ESB die Ansprechperson des Beauftragten ist und namentlich die Kündigung des Auftrags ihr gegenüber zu erklären ist. Gleichwohl ist daraus nicht etwa auf ein Vertragsverhältnis zwischen dem Beauftragten und der ESB zu schliessen, denn die Rechtswirkungen der Handlungen des Beauftragten treten im Rechtsbereich der Auftraggeberin ein (Art. 365, 366), und der Vorsorgeauftrag verliert seine Wirkungen ex lege, wenn die Auftraggeberin ihre Urteilsfähigkeit wieder erlangt (Art. 369). Obwohl somit das Vor-

* Meiner Freundin und meinen Freunden, Prof. Dr. Susan Emmenegger, Prof. Dr. Peter Gauch und Prof. Dr. Hubert Stöckli danke ich für erhellende Gespräche zu diesem Thema.

liegen eines klassischen Auftrags i.S.v. Art. 394 OR abzulehnen ist, hindert nichts daran, ein vertragsähnliches Rechtsverhältnis bzw. eine vertragsähnliche rechtliche Sonderbeziehung anzunehmen (so auch für den Willensvollstrecker: BK-KÜNZLE, vor Art. 517–518 N 27). Daran ändert auch die Tatsache nichts, dass der Vorsorgeauftrag letztlich eine privat initiierte **Erwachsenenschutzmassnahme** ist, welche andere Erwachsenenschutzmassnahmen verdrängt, die ohne Vorsorgeauftrag erforderlich wären.

Der Vorsorgeauftrag steht unter der Suspensivbedingung des Eintritts der Urteilsunfähigkeit der Auftraggeberin. Erst ab diesem Zeitpunkt kann er durch den Beauftragten angenommen werden. Bis dahin handelt es sich bloss um eine bedingte Willensklärung, die als solche jederzeit widerrufen werden kann. Ist der Vorsorgeauftrag als Willensklärung einmal wirksam geworden (die Urteilsunfähigkeit also eingetreten), kann er nicht mehr widerrufen werden, weil dazu die Urteilsfähigkeit fehlt (WIDMER BLUM, 277 ff.). Als Ersatz für die fehlende Widerrufsmöglichkeit sind zum Schutz der urteilsunfähigen Auftraggeberin verschiedene gesetzliche Regeln getroffen worden, so z.B. in Art. 361 Abs. 3 Satz 1, Art. 363 Abs. 1 und 2, Art. 364, Art. 366, Art. 368 und Art. 454 Abs. 2. Darin zeigt sich die erwachsenenschutzrechtliche Rechtsnatur des Vorsorgeauftrags. **15**

Der Vorsorgeauftrag als einseitiges Rechtsgeschäft weist gleichzeitig auch **Verwandtschaft** mit dem Testament und der darin enthaltenen **Einsetzung eines Willensvollstreckers** auf: Er unterliegt zunächst der Formvorschrift des Testaments (Art. 499 ff.). Zudem ist der Beauftragte mit einem Willensvollstrecker vergleichbar. Beide werden unter einer Suspensivbedingung ernannt (Tod für den Willensvollstrecker, Urteilsunfähigkeit für den Vorsorgebeauftragten) und können erst nach Eintritt der Bedingung den Auftrag annehmen oder ablehnen (MEIER/LUKIC, Rz 202; s. N 14). Zudem erklärt auch der Willensvollstrecker seine Annahme gegenüber einer Behörde und erhält von dieser seinen Ausweis (BK-KÜNZLE, vor Art. 517–518 N 35; Art. 517–518 N 29 ff., 34 ff.). Und schliesslich kann in Anlehnung an den erbrechtlichen letzten Willen der Vorsorgeauftrag als zweitletzter Wille bezeichnet werden (WOLF, 76). **16**

Der Vorsorgeauftrag betrifft die Selbstbestimmung des Rechtsträgers und ist mithin ein absolut **höchstpersönliches Rechtsgeschäft**. Es kann nicht von einer anderen Person in Vertretung abgeschlossen werden (FOUNTOULAKIS/GAIST, 156). Die Vertretung der Auftraggeberin ist einzig die Rechtsfolge des Vorsorgeauftrags (N 41). **17**

Der Beauftragte tritt im Rechtsverkehr regelmässig als Rechtsvertreter der Auftraggeberin auf (Art. 365 Abs. 1). Unabhängig von der Rechtsnatur des Vorsorgeauftrags – und ebenso wie ein klassischer Auftrag – ist er aber zu **unterscheiden** von der Bevollmächtigung (1.) sowie von der Vollmacht (2.): **18**

1. Durch die **Bevollmächtigung** (als Hauptfall einer Ermächtigung: GAUCH/SCHLUEP/SCHMID, Rz 1342) erklärt der Vertretene dem Vertreter, dass dieser berechtigt ist, ihn gegenüber Dritten zu vertreten (GAUCH/SCHLUEP/SCHMID, Rz 1342 f.). Es handelt sich dabei um ein einseitiges empfangsbedürftiges Rechtsgeschäft (BSK OR I-WEBER, Art. 396 N 6; BSK OR I-WATTER, Art. 33 N 8; GAUCH/SCHLUEP/SCHMID, Rz 1344; HOFSTETTER, SPR VII/2, 40; HUGUENIN, Rz 1104; KOLLER, § 18 Rz 14, 354; BK-ZÄCH, Art. 33 OR N 28). Durch dieses Rechtsgeschäft wird dem Vertreter eine Vertretungsmacht erteilt (HUGUENIN, Rz 1107; BSK OR I-WATTER, Art. 32 N 13). Die Vollmacht (Art. 32 ff. OR) ist sozusagen das Ergebnis der Bevollmächtigung (HUGUENIN, Rz 1107 f.; BK-ZÄCH, Art. 33 OR N 28). Die Bevollmächtigung stellt also den Rechtsgrund der Vollmacht dar (GAUCH/SCHLUEP/SCHMID, Rz 1344). Und die Vollmacht stellt umgekehrt die Rechtsfolge der Bevollmächtigung dar (HUGUENIN, Rz 1107;

BK-Zäch, Art. 33 OR N 28). Der Vorsorgeauftrag kann eine Bevollmächtigung enthalten, geht aber über diese hinaus, ist umfassender und erfasst die gesamte Vermögensverwaltung und oder Personensorge sowie Rechtsvertretung.

19 2. Die **Vollmacht** wird grundsätzlich im Zusammenhang mit einem zugrunde liegenden Rechtsverhältnis (Grundverhältnis) erteilt. In vielen Fällen handelt es sich bei diesem Rechtsverhältnis um einen Auftrag (Huguenin, Rz 762). In Art. 396 Abs. 2 OR wird die gesetzliche Vermutung aufgestellt, dass im Auftrag eine Ermächtigung zu Rechtshandlungen, also eine Vollmacht, mit enthalten ist (BK-Weber, Art. 369 OR N 1; Hofstetter, SPR VII/2, 39). Mit der Auftragserklärung ist nach dieser Vermutung als stillschweigender Inhalt auch die für die Ausführung des Auftrags erforderliche Vollmacht erteilt (Gauch/Schluep/Schmid, Rz 1352). Durch den Auftrag wird das Innenverhältnis zwischen den Vertragsparteien geregelt (Schmid/Stöckli, Rz 1891 f.; Huguenin, Rz 765), während durch die Vollmacht das Aussenverhältnis zwischen den Vertragsparteien und Dritten bestimmt wird (Schmid/Stöckli, Rz 1891). Zwischen dem Vertreter und dem Vertretenen besteht, wie erwähnt, grundsätzlich ein Vertragsverhältnis (bspw. Auftrag, Einzelarbeitsvertrag), welches als Grundverhältnis bezeichnet wird (BK-Zäch, Art. 32 OR N 160). Die Vollmacht ist jedoch im Verhältnis zum Grundgeschäft abstrakt. Das bedeutet, dass sie nicht mit dem Kausalgeschäft steht und fällt, sondern unabhängig von jenem ist (BGE 78 II 369, 722 E. 2a; BK-Weber, Art. 396 OR N 6). Die Vollmacht kann also auch ohne gültiges Kausalgeschäft (bspw. wenn das Grundgeschäft mit einem Mangel behaftet ist) bestehen (Hofstetter, SPR VII/2, 42; BK-Watter, Art. 33 OR N 12). Im Unterschied zur Vollmacht stellt der Auftrag ein kausales (BK-Weber, Art. 396 OR N 6) und zwar ein unvollkommen zweiseitiges Rechtsgeschäft dar (Huguenin, Rz 765).

Vollmachten können vereinbarungsgemäss den Tod oder die Urteilsunfähigkeit des Vollmachtgebers überdauern (BGE 132 III 222 E. 2; Gauch/Schluep/Schmid, Rz 1371; Plotke, recht 2005, 151; Langenegger, in: Rosch/Büchler/Jakob, Art. 350 N 6; Meier, FS Bucher, Rz 29). Insofern hat der Beauftragte eines Vorsorgeauftrags regelmässig auch eine Vollmacht inne und kann gegenüber Dritten (Aussenverhältnis) für die Auftraggeberin (als Bevollmächtigter) Rechtsgeschäfte mit Wirkungen für diese (Innenverhältnis) tätigen. Der Vorsorgeauftrag als solcher ist das umfassende Grundverhältnis, welches sich nach aussen regelmässig in einer Vollmacht äussert (s. N 17).

III. Beteiligte Personen

1. Auftraggeberin

20 Der (gültige) Vorsorgeauftrag wird von einer **handlungsfähigen Person** errichtet. Diese Person ist folglich im Zeitpunkt der Erreichung volljährig und urteilsfähig (Art. 13) und steht nicht unter umfassender Beistandschaft (Art. 17, Art. 398 Abs. 3). Ist auch nur eine dieser Voraussetzungen nicht erfüllt, so kann ein Vorsorgeauftrag nicht gültig errichtet werden.

21 Die **Urteilsfähigkeit** ist die Fähigkeit, vernunftgemäss zu handeln (Art. 16). Diese besteht aus der Erkenntnisfähigkeit, der Wertungsfähigkeit, der Fähigkeit zur Willensbildung sowie der Fähigkeit, den gebildeten Willen umzusetzen (BGE 117 II 231 E. 2a; BK-Bucher, aArt. 16 ZGB N 44 ff.; Hausheer/Aebi-Müller, Rz 06.24; Hürlimann/Schmid, Rz 602 ff.). Die Urteilsfähigkeit wird aufgrund der allgemeinen Lebenserfahrung vermutet (BGE 124 III 5 E. 1b; Hürlimann/Schmid, Rz 609). Diese Vermutung kann ab einem bestimmten höheren Alter umkippen und sich in eine Vermutung der Urteilsunfähigkeit

wandeln (BGE 124 III 5 E. 1b). Das Vorliegen eines Vorsorgeauftrags darf nicht zur Annahme verleiten, die Auftraggeberin sei nicht mehr urteilsfähig. Vielmehr geniesst auch sie die Vermutung des Vorliegens ihrer Urteilsfähigkeit. Wird Urteilsunfähigkeit behauptet, ist sie nur dann rechtlich relevant, wenn sie auf das Kindesalter, eine geistige Behinderung, eine psychische Störung, auf Rausch oder ähnliche Zustände zurückzuführen ist (Art. 16; MEIER/LUKIC, Rz 205; SCHMID, Art. 360 N 2). Ähnliche Zustände sind z.B. Schlaf, Hypnose, Narkose, nicht aber Stress, eine grosse Leidenschaft oder ein Wutanfall (soweit diese nicht zu einer psychischen Störung führen) (DESCHENAUX/STEINAUER, Personnes, Rz 92 f.).

Die Urteilsfähigkeit ist **relativ**. Ihr Vorliegen ist jeweils im Einzelfall und mit Bezug auf die in Frage stehende Handlung zu beurteilen (BGE 134 II 235 E. 4.3.2; 124 III 5 E. 1a). Vorliegend ist somit nach der Tragweite des Vorsorgeauftrags und der Komplexität der delegierten Aufgabe zu differenzieren (GUTZWILLER, AJP 2007, 557; DERS., AJP 2008, 1227; LANGENEGGER, in: Rosch/Büchler/Jakob, Art. 360 N 14; vgl. auch WIDMER BLUM, 274 ff.). Die Umschreibung des Vorsorgeauftrags (z.B. sehr allgemeine Anordnungen) alleine spricht nicht für oder gegen besonders niedrige oder besonders hohe Anforderungen an die Urteilsfähigkeit (**a.M.** GUTZWILLER, AJP 2007, 557; DERS., AJP 2008, 1227). Die Auftraggeberin muss in jedem Fall im Zeitpunkt der Auftragserteilung die Einsicht in die Komplexität der möglichen Rechtsgeschäfte und deren Tragweite haben (s. auch WIDMER BLUM, 274 ff.). Da diese Frage im Zeitpunkt der Wirksamkeitsüberprüfung (Art. 363 N 12 ff.) zu Streit Anlass geben könnte, ist es ratsam, das Vorliegen der Urteilsfähigkeit mit Bezug auf den konkreten Vorsorgeauftrag im Zeitpunkt des Verfassens ärztlich attestieren zu lassen (MEIER/LUKIC, Rz 209). Die Urteilsfähigkeit muss mithin **im Zeitpunkt der Auftragserteilung vorliegen**. Der Umstand, dass die Urteilsfähigkeit womöglich vorher oder nachher eingeschränkt oder aufgehoben war, ist nicht relevant (MEIER/LUKIC, Rz 206). 22

Weiter setzt die Handlungsfähigkeit die **Volljährigkeit** voraus (Art. 13). Urteilsfähige Minderjährige sind nur beschränkt handlungsfähig und können mithin keinen Vorsorgeauftrag erteilen. Schliesslich darf die betreffende Person **nicht unter umfassender Beistandschaft** stehen, denn diese ist handlungsunfähig (Art. 398 Abs. 3; SCHMID, Art. 360 N 6; AEBI-MÜLLER/BIENZ, 70; BREITSCHMID, ZVW 2003, 273). Ist die Handlungsfähigkeit der Auftraggeberin durch eine Massnahme des Erwachsenenschutzes lediglich in bestimmten Tätigkeitsbereichen eingeschränkt, so bleibt die für den Vorsorgeauftrag erforderliche Handlungsfähigkeit in den übrigen Tätigkeitsbereichen bestehen. In diesem Umfang kann die verbeiständete Person einen gültigen Vorsorgeauftrag errichten (LANGENEGGER, in: Rosch/Büchler/Jakob, Art. 360 N 15; BREITSCHMID, ZVW 2003, 274; WIDMER BLUM, 273 f.; **a.M.** SCHMID, Art. 360 N 7). Die Frage, ob der Vorsorgeauftrag die von der Beistandschaft nicht betroffenen Bereiche beschlägt, also im Bereich der (bestehenden) Handlungsfähigkeit der Auftraggeberin erteilt wurde, prüft die ESB im Rahmen der Gültigkeits- und Wirksamkeitsprüfung (Art. 363 N 9, 13 ff.). 23

2. *Beauftragter*

Mit einem Vorsorgeauftrag wird eine natürliche oder eine juristische Person beauftragt. Da diese alsdann für die Auftraggeberin handeln und für diese gegebenenfalls Rechtsgeschäfte abschliessen können muss, ist vorausgesetzt, dass der Beauftragte – ebenso wie die Auftraggeberin – voll **handlungsfähig** ist (SCHMID, Art. 360 N 8; HAUSHEER/GEISER/ 24

AEBI-MÜLLER, Erwachsenenschutzrecht, Rz 2.10). Dies ergibt sich aus den allgemeinen Regeln zur Handlungsfähigkeit (Art. 12 ff.).

25 Vorausgesetzt sind somit **Volljährigkeit** und **Urteilsfähigkeit** (MEIER/LUKIC, Rz 223). Ein Minderjähriger kann nicht Beauftragter sein, auch wenn er urteilsfähig ist (**a.M.** HOTZ, ZKE 2011, 107 f.). Die Zustimmung der Eltern des Beauftragten kompensieren diesen Mangel nicht (**a.M.** HOTZ, ZKE 2011, 108). Eine Ausnahme wäre nur dann angebracht, wenn die Volljährigkeit in wenigen Wochen erreicht wird. Hier könnte allenfalls für eine Übergangszeit der Minderjährige mit Zustimmung seiner Eltern den Vorsorgeauftrag erfüllen. Ob der Minderjährige bzw. der bald Volljährige für seine Aufgaben geeignet ist, wird die ESB im Rahmen der Wirksamkeits- und Gültigkeitsprüfung zu klären haben (Art. 363 N 21 ff.). In Frage kommen auch unter Beistandschaft stehende Personen, soweit der Vorsorgeauftrag Tätigkeitsbereiche beschlägt, für die sie voll handlungsfähig sind. In vielen Fällen wird aber diesen Personen die Eignung als Beauftragte fehlen (Art. 363 Abs. 2 Ziff. 3).

26 Beauftragt wird regelmässig eine Vertrauensperson wie ein Familienmitglied, eine Freundin, ein langjähriger Bankberater, Treuhänder oder eine Anwältin (ARTER, Vorsorgeauftrag und Patientenverfügung, 658). Es kann sich um eine **natürliche oder juristische Person** handeln. Wird ein Bankberater oder ein Treuhänder ernannt, ergeht der Auftrag regelmässig an die juristische Person (die Bank oder die Treuhandfirma), die jeweils durch einen im Vorsorgeauftrag bestimmten Angestellten handelt. In Frage kommen auch private Institutionen, die im Bereich der Personensorge Hilfeleistungen anbieten, z.B. Pro Senectute, Pro Infirmis. Sofern der Tätigkeitsbereich medizinische Massnahmen umfasst, kann einzig eine natürliche Person beauftragt werden, denn in diesem Bereich kommt es ganz besonders auf die persönliche Geschäftsführung an (MEIER/LUKIC, Rz 196, m.H. auf Botschaft Erwachsenenschutz, 7025).

27 Der Beauftragte muss zwar nicht namentlich genannt (**a.M.** AEBI-MÜLLER/BIENZ, 69; MEIER/LUKIC, Rz 197; Botschaft Erwachsenenschutz, 7025), aber **klar bestimmbar** sein (BREITSCHMID, 25; SCHMID, Art. 360 N 14; BRÜCKNER, BN 2011, 39). Das trifft zu, wenn der (nicht namentlich genannte) «Chef-Vermögensberater der Bank X», die «Pro Senectute» oder «mein ältester» Sohn als Beauftragte/r eingesetzt wird (**a.M.** FOUNTOULAKIS/GAIST, 156). Es genügt aber nicht, wenn «ein Angestellter einer Grossbank» beauftragt wird. Denn entgegen anderslautender Meinung (BREITSCHMID, 25; SCHMID, Art. 360 N 14), kommt es beim Vorsorgeauftrag auf die persönliche Geschäftsbesorgung an (AEBI-MÜLLER/BIENZ, 69; MEIER/LUKIC Rz 196, mit Bezug auf die medizinischen Massnahmen). Das gilt auch für einen Vorsorgeauftrag im Bereich der Vermögenssorge, wenn auch in geringerem Ausmass. Daher kann eine konkrete juristische Person als solche eingesetzt werden, was die rein persönliche Beziehung zwischen der Auftraggeberin und dem Beauftragten etwas in den Hintergrund drängt. Aber auch hier kann der Wunsch bestehen, einen bestimmten Angestellten einer Bank zu beauftragen. Das Vorliegen einer besonderen Vertrauensbeziehung zu einer bestimmten Person ist regelmässig auch der Grund für die Errichtung des Vorsorgeauftrags. Die Wahrung der Selbstbestimmung erfordert, dass man sein persönliches oder vermögensrechtliches Schicksal nicht irgendeiner Person überlässt, sondern einer bestimmten, selbst ausgewählten (natürlichen oder juristischen) Person. Wesentlich ist mithin, dass die Auswahl selbst vorgenommen und nicht einem Dritten überlassen wird (Botschaft Erwachsenenschutz, 7025).

28 Die Auftraggeberin kann ferner **Ersatzverfügungen** treffen, für den Fall, dass die primär bezeichnete (natürliche oder juristische) Person für den Auftrag nicht geeignet ist, den Auftrag nicht annimmt oder ihn kündigt (Abs. 3). Auch hier muss der Beauftragte klar bestimmbar sein. Für den Fall, dass auch er den Auftrag nicht annehmen kann oder nicht dafür geeignet ist, können weitere Ersatzverfügungen vorgenommen werden. Eine Grenze ist an sich nicht gesetzt, weshalb eine ganze Kaskade von Ersatzverfügungen denkbar ist, solange die konkrete Anordnung der Wirksamkeitsprüfung der ESB standhält. Diese Ersatzverfügungen gewährleisten die Fortdauer des Vorsorgeauftrags. Denn fällt der bezeichnete Beauftragte weg und liegt keine Ersatzverfügung vor, kann die ESB keinen Vertreter ernennen, sondern muss eine Beistandschaft errichten (MEIER/LUKIC, Rz 197).

Der Beauftragte kann für die Ausführung des Auftrags **Hilfspersonen** beiziehen (MEIER/LUKIC, Rz 199). Dabei bleibt er aber allein für die richtige und sorgfältige Ausführung des Auftrags verantwortlich. Eine **Substitution** (i.S.v. Art. 398 Abs. 3 OR), also die Übertragung des Auftrags an eine andere Person, ist dagegen nicht zulässig, da zwischen dem Beauftragten und der Auftraggeberin immer ein besonderes Vertrauensverhältnis besteht und der Beauftragte gerade aus diesem Grund berufen wurde (LEUBA, 34; MEIER/LUKIC Rz 199; MEIER, FS Bucher, Rz 48; FOUNTOULAKIS/GAIST, 156; **a.M.** SCHMID, Art. 360 N 14). 29

IV. Gültigkeit und Wirksamkeit des Vorsorgeauftrags

Der Vorsorgeauftrag enthält Dispositionen der Auftraggeberin für den Fall ihrer Urteilsunfähigkeit. Die Wirksamkeit des Vorsorgeauftrags (als einsitiges Rechtsgeschäft, s. N 14) setzt demnach den **Eintritt der Urteilsunfähigkeit** der Auftraggeberin voraus. Es handelt sich hierbei um eine **suspensive Bedingung** (MEIER/LUKIC, Rz 190). Die Urteilsunfähigkeit kann einerseits eine umfassende oder eine teilweise und andererseits eine dauernde oder vorübergehende sein (SCHMID, Art. 360 N 12). Sie muss somit nicht im Sinn eines Dauerzustandes vorliegen. Sie hat aber gleichwohl von einer gewissen Dauer zu sein, denn andernfalls ist ein Handlungsbedarf durch den Beauftragten nicht wirklich sinnvoll und auch nicht nötig. Eine rein ephemere (flüchtige) Urteilsunfähigkeit reicht somit grundsätzlich nicht aus, um die Wirksamkeit des Vorsorgeauftrags zu begründen (HAUSHEER/GEISER/AEBI-MÜLLER, Erwachsenenschutzrecht, Rz 2.22 und 2.30; SCHMID, Art. 360 N 12). Erforderlich ist ferner, dass die Urteilsunfähigkeit genau in jenen Tätigkeitsbereichen eintritt, für welche der Vorsorgeauftrag Anweisungen enthält (AEBI-MÜLLER/BIENZ, 74). 30

Die **Feststellung des Eintritts** der Urteilsunfähigkeit ist grundsätzlich die Aufgabe der ESB, welche dafür regelmässig ärztliche Fachkunde beizieht (WIDMER BLUM, 280). Die Auftraggeberin kann zwar auch selber bestimmen, von wem ihre Urteilsunfähigkeit zu gegebener Zeit geprüft werden soll (GUTZWILLER, AJP 2007, 557; **a.M.** WIDMER BLUM, 280). Die entsprechenden Ergebnisse dienen der ESB gegebenenfalls (einzig) als Entscheidgrundlage, denn die rechtsverbindliche Feststellung der Urteilsunfähigkeit der Auftraggeberin kann ausschliesslich durch die ESB erfolgen (LANGENEGGER, in: Rosch/Büchler/Jakob, Art. 363 N 23; WIDMER BLUM, 272; HAUSHEER/GEISER/AEBI-MÜLLER, Erwachsenenschutzrecht, Rz 2.30). Mit Eintritt der Urteilsunfähigkeit der Auftraggeberin wird mithin der Vorsorgeauftrag als einseitiges Rechtsgeschäft ex lege wirksam (Gestaltungswirkung). Die Feststellung der ESB ist eine blosse Feststellungsverfügung. 31

V. Inhalt

1. Inhaltliche Minimalanforderungen

32 Damit der Vorsorgeauftrag (i.S. eines einseitigen Rechtsgeschäfts, s. N 14) gültig errichtet (Art. 363 Abs. 2 Ziff. 1) werden kann, muss dieser inhaltlich gewissen Minimalanforderungen genügen. In **personeller Hinsicht** ist wesentlich, dass sowohl die Auftraggeberin wie auch der Beauftragte klar bestimmt sind (N 27). In **gegenständlicher Hinsicht** muss klar hervorgehen, dass der Auftrag für den Fall des Eintritts einer dauernden oder länger andauernden Urteilsunfähigkeit Wirkung entfaltet. Der Begriff der Urteilsunfähigkeit muss jedoch nicht ausdrücklich verwendet werden; der Zustand kann auch mit anderen Worten umschrieben werden. Ferner muss der Aufgabenbereich des Beauftragten mindestens in genereller Weise bezeichnet und umschrieben werden (LANGENEGGER, in: Rosch/Büchler/Jakob, Art. 360 N 21), sofern er eingeschränkt werden soll. Es muss also gegebenenfalls wenigstens ersichtlich sein, ob die Auftraggeberin eine Personen- oder eine Vermögenssorge wünscht. Eine möglichst genaue Aufgabenumschreibung (Botschaft Erwachsenenschutz, 7025) wird zwar empfohlen, gilt aber nicht als Minimalanforderung und ist somit auch nicht zwingend (LANGENEGGER, in: Rosch/Büchler/Jakob, Art. 360 N 21; SCHMID, Art. 360 N 13). Wird nämlich der Aufgabenbereich nicht umschrieben (also nicht eingeschränkt), wird ein umfassender Vorsorgeauftrag aufgenommen, der mithin i.S.v. Art. 360 Abs. 1 die Personen- und Vermögenssorge sowie die Vertretung im Rechtsverkehr umfasst (MEIER/LUKIC, Rz 192; MEIER, FS Bucher, Rz 50 f.; **a.M.** LANGENEGGER, in: Rosch/Büchler/Jakob, Art. 360 N 21). Eine unklare Formulierung im Vorsorgeauftrag kann von der ESB ausgelegt, eine lückenhafte Umschreibung kann ergänzt werden (Art. 364 N 1 ff.; BREITSCHMID, 24).

2. Weitere Inhalte

33 Durch unterschiedlichste inhaltliche Dispositionsmöglichkeiten hat die Auftraggeberin die Möglichkeit, ihre Vorsorge auf sich und ihre Wünsche zuzuschneiden (LANGENEGGER, in: Rosch/Büchler/Jakob, Art. 360 N 22). Insbesondere kann die Auftraggeberin dem Beauftragten **Weisungen** betreffend die Erfüllung der Aufgaben erteilen, um bereits im Voraus Einfluss auf die Ausführung zu nehmen (Art. 360 Abs. 2; LANGENEGGER, in: Rosch/Büchler/Jakob, Art. 360 N 22; MEIER/LUKIC, Rz 191). Die Erteilung von Weisungen und Bedingungen für die Erfüllung von Einzelaufgaben ist auch da möglich, wo der Beauftragte einen umfassenden Auftrag wahrzunehmen hat (vgl. LANGENEGGER, in: Rosch/Büchler/Jakob, Art. 360 N 23).

34 Im Vorsorgeauftrag können die **Aufgaben** des Beauftragten sehr präzis **definiert** und bestimmte Bereiche oder Aufträge aus dem Tätigkeitsbereich ausgeschlossen werden (MEIER/LUKIC, Rz 191). Damit wird dessen Handlungsfähigkeit limitiert (vgl. Botschaft Erwachsenenschutz, 7028; HAUSHEER/GEISER/AEBI-MÜLLER, Erwachsenenschutzrecht, Rz 2.23; AEBI-MÜLLER/BIENZ, 75). In diesem vom Vorsorgeauftrag ausgeschlossenen Bereich ist eine Beistandschaft zu errichten (LANGENEGGER, in: Rosch/Büchler/Jakob, Art. 360 N 22) oder kann die gesetzliche Vertretung gem. Art. 374 ff. eintreten. Umfasst der Vorsorgeauftrag nicht sämtliche Bereiche (Personensorge, Vermögenssorge und Vertretung im Rechtsverkehr), bleibt in Bezug auf die nicht betroffenen Bereiche Raum für eine gesetzliche Vertretung (Art. 374 ff.; FANKHAUSER, 243; Art. 376 N 14 f.) oder ist allenfalls eine Beistandschaft zu errichten (Art. 390 ff.).

35 Ferner können **mehrere Beauftragte**, je für verschiedene Aufgaben oder alle gemeinsam für dieselben Aufgaben, bestellt werden (LANGENEGGER, in: Rosch/Büchler/Ja-

kob, Art. 360 N 20; SCHMID, Art. 360 N 11; Botschaft Erwachsenenschutz, 7025). Sind die Aufgaben im Fall von mehreren Beauftragten nicht präzisiert, müssen sie den Auftrag gemeinsam wahrnehmen und jeden Entscheid gemeinsam (also einstimmig) fällen (LANGENEGGER, in: Rosch/Büchler/Jakob, Art. 360 N 20; MEIER, FS Bucher, Rz 47; MEIER/LUKIC Rz 198, m.H. auf Art. 402 und Art. 518 Abs. 3; SCHMID, Art. 360 N 11). Das kann allerdings in der Praxis sehr umständlich sein. Daher können sich die Beauftragten mit einstimmig gefälltem Beschluss gegenseitig ermächtigen, dass jeder einzelne zur Vertretung in allen Aufgaben und zur Wahrnehmung aller Aufgaben befugt ist (vgl. auch LANGENEGGER, in: Rosch/Büchler/Jakob, Art. 360 N 20). Sie können aber auch gemeinsam und einstimmig die Aufgaben untereinander verteilen und abgrenzen. Was die Erbengemeinschaft kann (Art. 602 Abs. 2; BSK ZGB II-SCHAUFELBERGER/KELLER LÜSCHER, Art. 602 N 24; PraxKomm-WEIBEL, Art. 603 N 32), soll grundsätzlich auch für die Gemeinschaft der Vorsorgebeauftragten möglich sein. Im Unterschied dazu können nach h.L. mehrere Willensvollstrecker, deren Kompetenzaufteilung nicht vom Erblasser bestimmt wurde, nicht untereinander die gemeinsame und einstimmige Beschlussfassung wegbedingen (BSK ZGB II-KARRER/VOGT/LEU, Art. 518 N 92; PraxKomm-CHRIST/EICHNER, Art. 518 N 18; BK-KÜNZLE, Art. 517 f. ZGB N 13). Die Beschlüsse müssen grundsätzlich einstimmig gefällt werden. Nur in Notfällen kann jeder einzelne Willensvollstrecker alleine handeln und entscheiden. Die gemeinsam gefällten Beschlüsse können alsdann aber von jedem einzelnen Willensvollstrecker ausgeführt werden (BSK ZGB II-KARRER/VOGT/LEU, Art. 518 N 92 f.). Die Beauftragten können sich mithin einstimmig auf eine Aufgabenverteilung oder eine generelle Kompetenz aller einigen. Vorbehalten bleibt eine andere Anordnung der Auftraggeberin.

Von der Bestellung mehrerer Beauftragter in einem Vorsorgeauftrag ist die **Ausstellung mehrerer Vorsorgeaufträge** und die Bestellung je unterschiedlicher Beauftragter **zu unterscheiden**: In diesem zweitgenannten Fall kann zweifelhaft sein, welche Vorsorgevollmacht wirksam ist. Diese Frage ist gegebenenfalls von der ESB im Rahmen der Wirksamkeitsprüfung zu klären (Art. 363 N 12 ff.). Kann die Frage nicht geklärt werden, tritt entweder die gesetzliche Vertretung in Kraft (Art. 374 ff.) oder es muss eine Erwachsenenschutzmassnahme (Art. 388 ff.) angeordnet werden (s. für Deutschland: Beschluss des BayObLG vom 14.08.2003 – 3Z BR 149/03, z.T. publiziert in FamRZ 2004, 402). 36

Die Auftraggeberin kann den Vorsorgeauftrag auch von der gesetzlichen Vertretung durch den Ehegatten oder die eingetragene Partnerin i.S.v. Art. 374 ff. abgrenzen und unter die **Suspensivbedingung** stellen, dass die gesetzliche Vertretung (z.B. wegen Vorversterbens des Ehegatten) nicht möglich ist oder nicht eintreten kann (LANGENEGGER, in: Rosch/Büchler/Jakob, Art. 360 N 22). 37

Die Auftraggeberin kann dem Vorsorgeauftrag ferner Elemente einer **Patientenverfügung** i.S.v. Art. 370 ff. beifügen, wenn es sich beim Beauftragten um eine natürliche Person (Botschaft Erwachsenenschutz, 7026; MEIER/LUKIC, Rz 193, 196) handelt. Denn bei den Massnahmen i.S.v. Art. 370 handelt es sich auch gleichzeitig um Massnahmen, die durch die Personensorge im Sinn des Vorsorgeauftrags miterfasst werden (SCHMID, Art. 360 N 16e). Dazu ist keine separate Urkunde erforderlich; empfohlen wird jedoch ein Eintrag auf der Versichertenkarte (Art. 371 Abs. 2) (Botschaft Erwachsenenschutz, 7026; LANGENEGGER, in: Rosch/Büchler/Jakob, Art. 360 N 26). Beauftragt die Auftraggeberin in ihrem Vorsorgeauftrag und in einer separaten Patientenverfügung nicht die gleiche Person mit der Vertretung bei medizinischen Massnahmen, so liegen zwei unterschiedliche Patientenverfügungen vor. Diesfalls ist das Ein- 38 schreiten der ESB erforderlich, welche entweder vom Arzt oder von einer der Patientin nahestehenden Person informiert wird (Art. 373). Die ESB hat abzuklären, ob sich die Patientenverfügungen widersprechen oder ob allenfalls die eine die andere widerruft oder ergänzt. Bei unauflösbarem Widerspruch tritt entweder die gesetzliche Vertretung in Kraft (Art. 374 ff.) oder es ist eine Beistandschaft (Art. 390 ff.) anzuordnen.

39 Ordnet die Auftraggeberin im Vorsorgeauftrag Aufträge an, die **über ihren Tod hinaus** gelten sollen, sind die Bestimmungen des OR und des Erbrechts anwendbar (Art. 35 Abs. 1, 405 Abs. 1 OR, Art. 518) (SCHMID, Art. 360 N 18).

40 Gewisse (Sorgfalts-) **Pflichten gelten von Gesetzes** wegen und unabhängig von der Anordnung der Auftraggeberin. Dazu gehören namentlich die persönliche Erfüllung des Auftrags (allenfalls unter Beizug von Hilfspersonen), die Diskretionspflicht und die sorgfältige Wahrnehmung der Interessen der betroffenen Person (HAUSHEER/GEISER/AEBI-MÜLLER, Erwachsenenschutzrecht, Rz 2.27; AEBI-MÜLLER/BIENZ, 75). Für die Umschreibung der Aufgaben und der Sorgfaltspflicht im Rahmen der Aufgabenerfüllung verweist Art. 365 auf das Auftragsrecht (s. Art. 365 N 5 ff.). Ebenfalls von Gesetzes wegen hat der Beauftragte Aufträge, Anordnungen und Weisungen, die **gegen die Rechtsordnung verstossen**, sowie solche, die eine Vertretung in höchstpersönlichen Angelegenheiten vorsehen, nicht zu beachten (LANGENEGGER, in: Rosch/Büchler/Jakob, Art. 360 N 24).

3. Aufgabenbereiche

41 Aufgaben, die im Rahmen eines Vorsorgeauftrages angeordnet werden, lassen sich unter die **Vermögenssorge**, die **Personensorge** und die **Rechtsvertretung** subsumieren. Es ist möglich, diese Aufgabenbereiche kumulativ oder alternativ zu übertragen (LANGENEGGER, in: Rosch/Büchler/Jakob, Art. 360 N 23; MEIER/LUKIC, Rz 191). Werden sämtliche Aufgabenbereiche einer Person übertragen, so wird eine **umfassende Betreuung und Vertretung** der Auftraggeberin sichergestellt, was einer umfassenden Beistandschaft nach Art. 398 sehr nahekommt (Botschaft Erwachsenenschutz, 7025; HAUSHEER/GEISER/AEBI-MÜLLER, Erwachsenenschutzrecht, Rz 2.07; AEBI-MÜLLER/BIENZ, 69; LANGENEGGER, in: Rosch/Büchler/Jakob, Art. 360 N 23; SCHMID, Art. 360 N 11; FOUNTOULAKIS/GAIST, 157). Die Vertretungsbefugnis des Beauftragten ist meist eine notwendige Voraussetzung für die ordentliche Wahrung der Betreuungs- und/oder Vertretungsinteressen der Auftraggeberin. Regelt diese die **Vertretungsbefugnis** nicht selbst im Vorsorgeauftrag, gilt sie gestützt auf Art. 365 Abs. 1 von Gesetzes wegen im Rahmen der durch den Vorsorgeauftrag erteilten Aufgaben. Häufig sind für die Ausübung der Betreuung ärztliche Auskünfte erforderlich. Die Entbindung vom Arztgeheimnis gehört zu den absolut höchstpersönlichen Rechten. Fraglich ist daher, ob ein genereller Betreuungsauftrag diese Entbindung enthält oder ob es dazu einer zusätzlichen expliziten Entbindung im Vorsorgeauftrag bedarf (denn nach Eintritt des Vorsorgefalls ist eine solche wegen Urteilsunfähigkeit nicht mehr möglich). Da ein Betreuungsauftrag im Einzelfall gar nicht korrekt und sorgfältig ausgeführt werden kann, wenn ärztliche Angaben fehlen, ist davon auszugehen, dass ein genereller Betreuungsauftrag auch die Entbindung vom Arztgeheimnis beinhaltet (**a.M.** wohl KÄLIN, ST 2008, 1050, wonach die Entbindung im Vorsorgeauftrag explizit erwähnt werden muss).

Art. 361

B. Errichtung und Widerruf

I. Errichtung

[1] Der Vorsorgeauftrag ist eigenhändig zu errichten oder öffentlich zu beurkunden.

[2] Der eigenhändige Vorsorgeauftrag ist von der auftraggebenden Person von Anfang bis Ende von Hand niederzuschreiben, zu datieren und zu unterzeichnen.

[3] Das Zivilstandsamt trägt auf Antrag die Tatsache, dass eine Person einen Vorsorgeauftrag errichtet hat, und den Hinterlegungsort in die zentrale Datenbank ein. Der Bundesrat erlässt die nötigen Bestimmungen, namentlich über den Zugang zu den Daten.

B. Constitution et révocation

I. Constitution

[1] Le mandat pour cause d'inaptitude est constitué en la forme olographe ou authentique.

[2] Le mandant olographe doit être écrit en entier, daté et signé de la main du mandant.

[3] Le mandat peut demander à l'office de l'état civil d'inscrire la constitution et le lieu de dépôt du mandat dans la banque de données centrale. Le Conseil fédéral édicte les dispositions nécessaires, notamment en matière d'accès aux donnés.

B. Costituzione e revoca

I. Costituzione

[1] Il mandato precauzionale è costituito per atto olografo o per atto pubblico.

[2] Dall'inizio alla fine il mandato olografo è redatto, datato e firmato a mano dal mandate.

[3] Su domanda, l'ufficio dello stato civile iscrive nella banca dati centrale la costituzione del mandato e il luogo in cui lo stesso è depositato. Il Consiglio federale emana le disposizioni necessarie, segnatamente sull'accesso ai dati.

Inhaltsübersicht

Literatur und Materialien

Vgl. die Hinweise zu Art. 360.

I. Allgemeines (Abs. 1)

Das Gesetz gibt vor, dass der Vorsorgeauftrag entweder **eigenhändig errichtet** oder **öffentlich beurkundet** werden muss (entgegen HOTZ, ZKE 2011, 108, ist die mündliche Errichtung nicht formgültig und wird sich daher auch nicht einbürgern). Somit kommt die Formfreiheit des obligationsrechtlichen Auftrags (Art. 394 ff. OR) nicht zum Tragen (SCHMID, Art. 361 N 1). Die Formvorschriften sollen leichtsinniges und unüberlegtes Handeln verhindern (Botschaft Erwachsenenschutz, 7026; LANGENEGGER, in: Rosch/Büchler/Jakob, Art. 362 N 1). Das ist gerechtfertigt, werden doch mit der Errichtung eines Vorsorgeauftrags wichtige persönliche Entscheide an eine Drittperson delegiert, und zwar i.d.R. definitiv, denn nach dem Wirksamwerden des Vorsorgeauftrags kann dieser mangels Urteilsfähigkeit naturgemäss nicht mehr (jederzeit) widerrufen werden. WOLF (WOLF, 76) spricht denn auch im Zusammenhang mit dem Vorsorgeauftrag (und der Patientenverfü- 1 gung) vom «zweitletzten Willen», in Anlehnung an den erbrechtlichen letzten Willen. Dieser Tatsache wird durch die zur letztwilligen Verfügung analogen Formvorschriften (vgl. Botschaft Erwachsenenschutz, 7026) Rechnung getragen. Das Gesetz nennt die eigenhändige Errichtung sowie die Errichtung durch öffentliche Beurkundung. Damit ist kein Verweis auf die bundesrechtlichen Beurkundungsregeln von Art. 499 ff. impliziert, sondern wird auf die Beurkundung nach kantonalem Recht verwiesen (Art. 55 SchlT). Somit gilt hier – im Unterschied zur öffentlichen Beurkundung einer letztwilligen Verfügung – die bundesrechtliche Vorschrift des Beizugs zweier Zeugen nicht (so auch AEBI-MÜLLER/BIENZ, 71; MEYER/LUKIC, Rz 210; LANGENEGGER, in: Rosch/Büchler/Jakob, Art. 361 N 2; SCHMID, Art. 361 N 1; BRÜCKNER, BN 2011, 47 ff.; FOUNTOULAKIS/GAIST, 161; **a.M.** WOLF, 93 ff.; WOLF/EGGEL, Jusletter 2010, 2 f.).

2 Das Gesetz selber regelt die Form der öffentlichen Beurkundung im Zusammenhang mit dem Vorsorgeauftrag nicht in allen Einzelheiten. Die **Kantone** können innerhalb ihres Gebiets selber bestimmen, wie eine öffentliche Beurkundung zu erfolgen hat (Art. 55 Abs. 1 SchlT). Sie müssen dabei jedoch die aus dem Begriff und dem Zweck der öffentlichen Beurkundung fliessenden Mindestanforderungen einhalten und dürfen nicht die Wirksamkeit des Bundeszivilrechts beeinträchtigen oder sogar verunmöglichen (SCHMID, Art. 361 N 3; HAUSHEER/GEISER/AEBI-MÜLLER, Erwachsenenschutzrecht, Rz 2.14; AEBI-MÜLLER/BIENZ, 71). Gestützt auf die kantonalen Notariatsgesetze muss die **Urkundsperson** die Identität (HAUSHEER/GEISER/AEBI-MÜLLER, Erwachsenenschutzrecht, Rz 2.14) und die Urteilsfähigkeit der Auftraggeberin abklären (MOOSER, Rz 187 ff., m.H. auf die kantonalen Gesetze). Das ergibt sich aber auch aus der für die Gültigkeit des Vertrags vorausgesetzten Handlungsfähigkeit (welche die Urteilsfähigkeit einschliesst) und somit aus dem Bundesrecht (GAUCH/SCHLUEP/SCHMID, Rz 301 f.). Das Vorliegen der Urteilsfähigkeit ist sodann auch von der **ESB** im Rahmen der Wirksamkeitsprüfung zu klären (Art. 363 Abs. 2 Ziff. 1). Die öffentliche Beurkundung eines Vorsorgeauftrags ist ein Hinweis auf das damalige Vorliegen der Urteilsfähigkeit. Die ESB kann aber zu einem anderen Ergebnis gelangen. Nicht in die Kompetenz der Urkundsperson, sondern ausschliesslich in jene der ESB fällt die Frage, ob der Beauftragte zur Annahme des Auftrags geeignet ist (vgl. Art. 363; Botschaft Erwachsenenschutz, 7026; SCHMID, Art. 361 N 4). Diese Frage ist im Zeitpunkt der Prüfung der Wirksamkeit des Vorsorgeauftrags zu klären (Art. 363 N 21 ff.). Besonders in Fällen, in denen bereits ein körperliches Gebrechen eingetreten ist, welches es verunmöglicht, den Vorsorgeauftrag von Hand zu schreiben und wo Widerstände gegen den Vorsorgeauftrag zu befürchten sind, empfiehlt es sich, den Vorsorgeauftrag durch eine öffentliche Beurkundung errichten zu lassen (BRÜCKNER, BN 2011, 45; s. auch Art. 360 N 20 ff.).

3 Die Einhaltung der Formvorschriften ist **Gültigkeitsvoraussetzung** (Art. 363 Abs. 2 Ziff. 1): Formfehler führen daher zur Ungültigkeit des Vorsorgeauftrags (LANGENEGGER, in: Rosch/Büchler/Jakob, Art. 361 N 4; HAUSHEER/GEISER/AEBI-MÜLLER, Erwachsenenschutzrecht, Rz 2.14). Allerdings lässt das Gesetz selbst die Ergänzung von Nebenpunkten durch die ESB zu (Art. 364). Diese behördliche Vertragsergänzung ist somit nicht vom Formzwang erfasst. Eine gerichtliche Vertragsergänzung in Hauptpunkten ist in Anlehnung an die Ergänzung anderer formbedürftiger Verträge ebenfalls denkbar (s. BGE 127 III 529 E. 3, zur richterlichen Ergänzung eines Ehevertrags). Ferner kann die ESB Weisungen der Auftraggeberin aus dem – ungültigen – Vorsorgeauftrag als «Wünsche» des Betroffenen berücksichtigen (s. AEBI-MÜLLER/BIENZ, 71; BREITSCHMID, 24 f.; FOUNTOULAKIS/GAIST, 161; HAUSHEER/GEISER/AEBI-MÜLLER, Erwachsenenschutzrecht, Rz 2.14). In diesem Rahmen können auch formlos, u.U. sogar nur mündlich oder konkludent geäusserte Wünsche berücksichtigt werden (BREITSCHMID, 25).

4 Ein formungültiger Vorsorgeauftrag kann **als Patientenverfügung** Wirkung entfalten, sofern inhaltlich entsprechende Anordnungen getroffen wurden und die erforderliche Form (Art. 371 Abs. 1) eingehalten ist (LANGENEGGER, in: Rosch/Büchler/Jakob, Art. 361 N 4).

5 Aus der Sicht der Formerfordernisse kann ein Vorsorgeauftrag **im Rahmen einer letztwilligen Verfügung** beurkundet werden. Da jedoch mit dem Vorsorgeauftrag eine Regelung zu Lebzeiten und mit der letztwilligen Verfügung eine Regelung auf den Tod hin getroffen wird, sollten die beiden Rechtsgeschäfte auch bei gleichzeitiger Beurkundung auseinander genommen werden (WOLF, 93; MEIER, Jusletter 17.11.2008, Rz 46, hält eine Kombination im gleichen Dokument für unproblematisch). Die Interessenlage ist unterschiedlich, was auch einen Widerruf unterschiedlich motivieren kann. Ferner kann der Notar selber zwar als Willensvollstrecker einer letztwilligen Verfügung eingesetzt werden, nicht dagegen zwingend auch als Vorsorgebeauftragter. Da nämlich bei einer Verfügung von Todes wegen die öffentliche Beurkundung bundesrechtlich geregelt ist (Art. 499 ff.), bestimmt sich auch die Ausstandspflicht des beurkundenden Notars für das Amt des Willensvollstreckers nach Bundesrecht (Art. 503). Das gilt nicht für den Vorsorgebeauftragten. Die öffentliche Beurkundung des Vorsorgeauftrags richtet sich nach kantonalem Recht (N 2), weshalb sich auch die Ausstandspflichten des beurkundenden Notars nach kantonalem Recht richten. Es ist daher möglich, dass dieses für den Notar eine Ausstandspflicht für das Amt des Vorsorgebeauftragten vorsieht (WOLF, 98).

II. Eigenhändige Errichtung (Abs. 2)

6 Die Formerfordernisse der eigenhändigen Errichtung des Vorsorgeauftrags sind dieselben, wie beim eigenhändigen Testament nach Art. 505 Abs. 1. Dadurch wollte man verhindern, dass betagte Personen «blind» ein von einer Drittperson verfasstes Papier unterschreiben, ohne dass dessen Inhalt ihrem Willen entspricht oder sie überhaupt wissen, was darin steht (LANGENEGGER, in: Rosch/Büchler/Jakob, Art. 361 N 1; SCHMID, Art. 361 N 6). Es liegt an der Auftraggeberin dafür zu sorgen, dass der Vorsorgeauftrag «im entscheidenden Moment» gefunden wird (BIDERBOST, SJZ 2010, 312).

III. Zentrale Datenbank (Abs. 3)

7 Bei der von Art. 361 Abs. 3 genannten zentralen Datenbank handelt es sich um das von den Zivilstandsämtern geführte elektronische Personenstandsregister (seit dem 1.7.2004 ersetzt dieses die früheren Einzelregister und das Familienregister) **«Infostar»** (‹http://www.bj.admin.ch/bj/de/home/themen/gesellschaft/zivilstand.html› [16.4.2012]). Die Möglichkeit der Eintragung in die zentrale Datenbank soll sicherstellen, dass im Fall des Eintretens der Urteilsunfähigkeit die ESB **Kenntnis vom Vorsorgeauftrag** erhält (Art. 363 Abs. 1). Denn ein Vorsorgeauftrag, von dem niemand weiss, nützt der Auftraggeberin nichts.

8 Der Antrag für die Eintragung in die zentrale Datenbank muss von der Vorsorgeauftraggeberin selbst stammen (LANGENGEGGER, Art. 361 N 5; MEIER/LUKIC, Rz 213; SCHMID, Art. 361 N 7). Sie muss dabei ihre Identität und den Hinterlegungsort des Vorsorgeauftrags angeben. Den Vorsorgeauftrag selbst muss sie jedoch nicht vorweisen oder hinterlegen, denn es ist lediglich die Tatsache, dass ein Vorsorgeauftrag errichtet wurde und der Hinterlegungsort eintragungsfähig (Botschaft Erwachsenenschutz, 7027; LANGENEGGER, in: Rosch/Büchler/Jakob, Art. 361 N 5). Die Eintragung ist eine blosse Möglichkeit und kein Gültigkeitserfordernis (Botschaft Erwachsenenschutz, 7026; LANGENEGGER, in: Rosch/Büchler/Jakob, Art. 361 N 5). Abgesehen von der Eintragung muss die Auftraggeberin auch die Löschung oder die Änderung bzw. Ergänzung der Eintragung verlangen

können (LANGENEGGER, in: Rosch/Büchler/Jakob, Art. 361 N 5, der auch den Widerruf für eintragungsfähig hält). Die nötigen Ausführungsbestimmungen erlässt der Bundesrat in Ergänzung der ZStV (SCHMID, Art. 361 N 9), welche mit dem neuen Erwachsenenschutzrecht in Kraft treten sollen (Auskunft Eidg. Amt für Zivilstandswesen).

9 Erfährt die ESB, dass jemand urteilsunfähig geworden ist, so **fragt** sie beim Zivilstandsamt **nach**, ob ein Registereintrag über einen Vorsorgeauftrag vorhanden ist (AEBI-MÜLLER/BIENZ, 72; HAUSHEER/GEISER/AEBI-MÜLLER, Erwachsenenschutzrecht, Rz 2.15; WIDMER BLUM, 109). Sie erhält vom Zivilstandsamt Zugang zu den Daten (Art. 363 Abs. 1 implizit), sobald der Vorsorgeauftrag Wirkungen entfaltet (die Auftraggeberin also urteilsunfähig geworden ist). Dasselbe gilt gegebenenfalls für die Aufsichtsbehörde (LANGENEGGER, in: Rosch/Büchler/Jakob, Art. 361 N 5). Vorher hat nur die Auftraggeberin (solange sie urteilsfähig ist) Zugang zu den Daten (AmtlBull StR 2007, 830 [Votum WICKI]).

Art. 362

II. Widerruf

[1] Die auftraggebende Person kann ihren Vorsorgeauftrag jederzeit in einer der Formen widerrufen, die für die Errichtung vorgeschrieben sind.

[2] Sie kann den Vorsorgeauftrag auch dadurch widerrufen, dass sie die Urkunde vernichtet.

[3] Errichtet sie einen neuen Vorsorgeauftrag, ohne einen früheren ausdrücklich aufzuheben, so tritt der neue Vorsorgeauftrag an die Stelle des früheren, sofern er nicht zweifellos eine blosse Ergänzung darstellt.

II. Révocation

[1] Le mandant peut révoquer le mandat en tout temps dans l'une des formes prévues pour sa constitution.

[2] Il peut également le révoquer par la suppression de l'acte.

[3] Le mandat pour cause d'inaptitude qui ne révoque pas expressément un mandat précédent le remplace dans la mesure où il n'en constitue pas indubitablement le complément.

II. Revoca

[1] Il mandate può revocare il mandato precauzionale in ogni tempo rispettando una delle forme prescritte par la sua costituzione.

[2] Egli può revocare il mandato anche distruggendo il documento.

[3] Un nuovo mandato sostituisce il precedente, anche senza revoca espressa, eccetto che se ne riveli un indubbio complemento.

Inhaltsübersicht

Literatur und Materialien

Vgl. die Hinweise zu Art. 360.

I. Widerruf oder oder gesetzlich beschränkte Wirkungsdauer?

Art. 362 nimmt die **erbrechtlichen Bestimmungen zum Widerruf** in den Art. 509 ff. auf. Hier wie dort ist der Widerruf im engeren, formellen Sinn (die Widerrufserklärung; Art. 362 Abs. 1, vgl. Art. 509) vom Widerruf im weiteren Sinn (Widerruf durch Vernichtung [Art. 362 Abs. 2, vgl. Art. 510] oder spätere Verfügung [Art. 362 Abs. 3, vgl. Art. 511]) zu unterscheiden (MEIER/LUKIC, Rz 217). 1

Der Vorsorgeauftrag (i.S. eines einseitigen Rechtsgeschäfts) kann grundsätzlich jederzeit widerrufen werden, solange der Vorsorgefall noch nicht eingetreten, der Auftrag also noch keine Wirkung entfaltet hat. Vorausgesetzt ist jedoch, dass die **Auftraggeberin urteilsfähig** ist (AEBI-MÜLLER/BIENZ, 72; KÄLIN, ST 2008, 1049; MEIER/LUKIC, Rz 216; SCHMID, Art. 362 N 1; zum Widerruf einer letztwilligen Verfügung: ZK-ESCHER, Art. 509 ZGB N 2; BSK ZGB II-BREITSCHMID, Art. 509–511 N 1; LENZ, in: Abt/Weibel, Art. 509 N 3). Sie alleine ist berechtigt, ihren Vorsorgeauftrag zu widerrufen, denn das Widerrufsrecht ist höchstpersönlich i.S.v. Art. 19c Abs. 1 (LANGENEGGER, in: Rosch/Büchler/Jakob, Art. 362 N 6) und stellt ein unverzichtbares Recht dar (BGE 108 II 405 E. 3; BSK ZGB II-BREITSCHMID, Art. 509–511 N 1). 2

Der Widerruf (im engeren oder im weiteren Sinn) kann **umfassend** sein und die gesamte Anordnung betreffen oder auch nur **Teile** davon (BGE 78 II 348, E. 5; ZK-ESCHER, Art. 509 ZGB N 3; BSK ZGB II-BREITSCHMID, Art. 509–511 N 1; LENZ, in: Abt/Weibel, Art. 509 N 2). Solche «Teilwiderrufe» können als eigenständige Anordnungen vorgenommen werden, so dass sie eine Änderung des ursprünglichen Vorsorgeauftrags zur Folge haben. Es ist aber auch möglich einen Teilwiderruf in einer Ergänzung des ursprünglichen Vorsorgeauftrags zu integrieren (LANGENEGGER, in: Rosch/Büchler/Jakob, Art. 362 N 2). 3

Ein **Erlöschen** des Vorsorgeauftrags **von Gesetzes wegen** ist **nicht** vorgesehen. Ein solches Erlöschen des Vorsorgeauftrags von Gesetzes wegen sah der Vorentwurf vor, für den Fall, dass die Auftraggeberin innert zehn Jahren seit Auftragserteilung nicht urteilsunfähig und damit der Vorsorgeauftrag nicht wirksam wird oder sie den Vorsorgeauftrag vor Ablauf von zehn Jahren nicht erneuert. Diese Regelung sollte der Tatsache Rechnung tragen, dass sich die Umstände innerhalb von zehn Jahren doch stark verändern können. Aufgrund der Befürchtung, die Auftraggeberin könnte die Auftragserneuerung vergessen, wurde die Zehnjahresfrist aufgrund der Kritik im Vernehmlassungsverfahren gestrichen (SCHMID, Art. 362 N 2; MEIER, Jusletter 17.11.2008, Rz 47; WIDMER BLUM, 304; Botschaft Erwachsenenschutz, 7027). Nichts desto trotz ist der Vorsorgeauftraggeberin zu empfehlen, ihren Vorsorgeauftrag periodisch zu überprüfen, damit er gegebenenfalls an die veränderten Lebensumstände oder finanziellen Verhältnisse angepasst werden kann. 4

II. Widerruf im engeren Sinn (Abs. 1)

Der Widerruf im engeren, formellen Sinn bedeutet, dass die Auftraggeberin ausdrücklich in einer der Errichtungsformen des Vorsorgeauftrags erklären muss, dass sie den Vorsorgeauftrag widerrufen will (SCHMID, Art. 362 N 1). Der Widerruf oder die Ergänzung kann auf der ursprünglichen Urkunde angebracht werden (s. dazu aber unten zum Annullations- oder Widerrufsvermerk) oder in einer eigens dafür errichteten **Widerrufs- oder Ergänzungserklärung** enthalten sein: Da es für die Auftraggeberin möglich sein muss, ihren Vorsorgeauftrag ohne grossen Aufwand veränderten Verhältnissen anzupassen (N 4), ist es zulässig, einen Vorsorgeauftrag zu errichten, der einzig den Zweck hat, einen früheren Vorsorgeauftrag zu ändern oder ergänzen, ohne die ursprüngliche Formulierung des Vorsorgeauftrags völlig neu zu überarbeiten (vgl. LANGENEGGER, in: Rosch/Büchler/Jakob, 5

Art. 362 N 2). Rechtsprechung und Lehre zum Widerrufstestament sind analog anwendbar (s. dazu Art. 509 i.V.m. Art. 505; BSK ZGB II-Breitschmid, Art. 509–511 N 3 f.; ZK-Escher, Art. 509 ZGB N 5; Steinauer, Rz 724).

6 Der Widerruf hat in einer der Errichtungsformen zu erfolgen. Es ist jedoch nicht nötig, dass er in derselben Form wie die Errichtung erfolgt (Langenegger, in: Rosch/Büchler/Jakob, Art. 362 N 1; Schmid, Art. 362 N 3; ZK-Escher, Art. 509 ZGB N 4; Lenz, in: Abt/Weibel, Art. 509 N 3). So kann ein Vorsorgeauftrag, der durch öffentliche Beurkundung errichtet wurde (s. Art. 361 Abs. 1) auch durch eine handschriftliche Erklärung (s. Art. 361 Abs. 2) widerrufen werden. Unter Umständen kann es jedoch ratsam sein, einen öffentlich beurkundeten Vorsorgeauftrag auch durch eine öffentliche Beurkundung zu widerrufen. Dies gilt etwa in Fällen, in denen die Auftraggeberin ihren widerrufenen Vorsorgeauftrag nicht mehr beschaffen und vernichten kann oder will (vgl. Langenegger, in: Rosch/Büchler/Jakob, Art. 362 N 1). Damit ist sichergestellt, dass der widerrufene Vorsorgeauftrag nicht wegen Formungültigkeit des Widerrufs Wirkungen entfaltet (so zu Art. 509: Lenz, in: Abt/Weibel, Art. 509 N 2). Aus denselben Überlegungen ist es ratsam, neben der Widerrufserklärung den widerrufenen Vorsorgeauftrag gleichzeitig zu vernichten (Lenz, in: Abt/Weibel, Art. 509 N 2).

7 Dem Widerrufswillen, der formlos geäussert wird, kommt keine Wirkung zu (BGE 73 II 144 E. 3, wonach ein gegenüber dem Notar erklärter Widerruf auch dann keine Wirkung entfaltet, wenn dieser klar festgestellt werden könnte. Denn ein mündlich erklärter Widerruf erfolgt nicht in einer Form, die für die Errichtung einer letztwilligen Verfügung vorgesehen ist; ZK-Escher, Art. 509 ZGB N 5).

III. Widerruf im weiteren Sinn

8 Unter dem Widerruf im weiteren Sinn versteht man den Widerruf durch konkludentes Verhalten der Auftraggeberin. Ein konkludenter Widerruf eines Vorsorgeauftrags erfolgt durch Vernichtung der Urkunde (a.) oder durch Errichtung eines neuen Vorsorgeauftrags (b.).

1. Physische Vernichtung (Abs. 2)

9 Durch physische Vernichtung der Urkunde des Vorsorgeauftrags wird dieser gültig widerrufen. Entsprechend den Regeln der letztwilligen Verfügung (Art. 510 Abs. 1) kann dies u.a. durch Zerreissen, Verbrennen, Wegwerfen, Unleserlichmachen der Urkunde oder durch Vernichten des Textes (etwa durch Übermalen, das zur Unleserlichkeit des Textes führt) geschehen (BGE 73 II 144 E. 3; BSK ZGB II-Breitschmid, Art. 509–511 N 5; ZK-Escher, Art. 510 ZGB N 1; Lenz, in: Abt/Weibel, Art. 510 N 4; BK-Weimar, Art. 509–511 ZGB N 12; Steinauer, Rz 726 f.). Wie bei der eigentlichen Widerrufserklärung kann auch hier die Vernichtung (durch Unleserlichmachen, Vernichten des Textes) bloss einen Teil der Urkunde umfassen (BGE 78 II 348 E. 5). Wie das Unleserlichmachen des Textes gehört auch das blosse Durchstreichen bei bleibender Leserlichkeit zur Vernichtung. Es sind mithin nicht die Formvorschriften der Errichtung erforderlich (BGE 116 II 411 E. 4–8; BGer vom 25.7.2005, 5C.98/2005, E. 2.2); **a.M.** Langenegger, in: Rosch/Büchler/Jakob, Art. 362 N 3; BK-Weimar, Art. 509–511 ZGB N 17). Es ist sogar möglich, auf der Urkunde lediglich den Vermerk «widerrufen» oder «annulliert» anzubringen (vgl. Botschaft Erwachsenenschutz, 7027). Auch dieser ist nach h.L. ohne Einhaltung der Formerfordernisse der Errichtung (Art. 361) zulässig (Breitschmid, Diss., 459; BSK ZGB II-Breitschmid, Art. 509 ff. N 6; ZK-Escher, Art. 510 ZGB N 1; Joos, 199 f.; Lenz, in: Abt/Weibel, Art. 510 N 7; CHK-Bolliger/Good, Art. 509–511 ZGB N 5;

Steinauer, Rz 726a; **a.M.** Langenegger, in: Rosch/Büchler/Jakob, Art. 361 N 3; Piotet, SPR IV/1, 247 f.; BK-Weimar, Art. 509–510 ZGB N 15; Wolf/Wild, successio 2010, 79 f.). Da die Frage vom Bundesgericht aber noch offen gelassen wurde (BGE 116 II 411 E. 8), ist es empfehlenswert, den Annullations- oder Widerrufsvermerk formgültig zu erlassen.

Die Vernichtung setzt eine physische Einwirkung auf den Vorsorgeauftrag voraus. Ein reines Ablegen des Vorsorgeauftrags bei alten Akten reicht hingegen für einen Widerruf nicht aus (BGE 73 II 144 E. 3; Lenz, in: Abt/Weibel, Art. 510 N 4). **10**

Die Vernichtung erfolgt grundsätzlich durch die Auftraggeberin selber, da sie – wie die Errichtung – ein höchstpersönlicher Akt ist. Die Vernichtung der Urkunde hat mithin **animo revocandi** zu erfolgen. Das bedeutet, dass die Auftraggeberin bei der Vernichtung mit Aufhebungsabsicht handeln muss. Ihre Handlung muss somit voll und ganz von ihrem Willen getragen werden (Schmid, Art. 362 N 4). Dafür besteht jedoch keine gesetzliche Vermutung (ZK-Escher, Art. 510 N 3). **11**

Besteht eine Kopie des Vorsorgeauftrages, so ist zu beachten, dass der Widerruf erst gültig ist, wenn das **Original vernichtet** wurde. Die Vernichtung der blossen Kopie reicht nicht aus (Botschaft Erwachsenenschutz, 7027; zum Widerruf einer letztwilligen Verfügung s. BGE 83 II 504). So muss bei einem öffentlich beurkundeten Vorsorgeauftrag die Urschrift vernichtet werden (Wolf, 99). Dabei sollte das Augenmerk des Notars darauf gerichtet sein, ob nebst der Urschrift auch sämtliche Ausfertigungen des Vorsorgeauftrags vernichtet werden. Am besten sind auch alle Kopien oder Abschriften zu vernichten, denn so besteht keine Gefahr, dass der ESB eine Kopie eines vernichteten Vorsorgeauftrags eingeliefert wird (Langenegger, in: Rosch/Büchler/Jakob, Art. 362 N 3; Schmid, Art. 362 N 5; ZK-Escher, Art. 510 ZGB N 2; Wolf, 99 f.). **12**

Erfolgt die Vernichtung (des Originaldokuments) **gegen den Willen** der Auftraggeberin, gilt sie nur (aber immerhin) dann, wenn der Inhalt des Vorsorgeauftrags nicht mehr «genau und vollständig festgestellt» werden kann. Diese Regelung von Art. 510 Abs. 2 ist aufgrund der Vergleichbarkeit der Regelungen und der Konstellationen hier sinngemäss anwendbar, obwohl sich der Gesetzgeber in Art. 362 dazu nicht äussert. Ist mithin der Inhalt des Vorsorgeauftrags trotz Vernichtung des Originaldokuments genau und vollständig feststellbar (vgl. Art. 510 Abs. 2), so kommt es zur Aufrechterhaltung des Vorsorgeauftrags. Dabei reicht es aus, dass nur noch ein Teil des Inhalts des Vorsorgeauftrags festgestellt oder zumindest dem Sinn nach rekonstruiert werden kann. Der Rest des Vorsorgeauftrags, bei dem der Inhalt nicht mehr festgestellt werden kann, fällt dahin (vgl. BGer vom 31.3.2003, 5C.133/2002, E. 2.3; ZK-Escher, Art. 510 ZGB N 7 ff.; Lenz, in: Abt/Weibel, Art. 510 N 7). Vernichtet der Dritte den Vorsorgeauftrag schuldhaft, so kommt allenfalls ein Schadenersatzanspruch in Frage (Art. 41 OR) (ZK-Escher, Art. 510 ZGB N 10). Eine Rekonstruktion des Inhalts ist typischerweise durch eine Kopie möglich (BK-Weimar Art. 509–511 ZGB N 17; BSK ZGB II-Breitschmid, Art. 509–511 N 10; BGE 101 II 211 E. 4b; BGer vom 31.3.2003, 5C.133/2002). Beim Nichtauffinden des Originaldokuments und fehlendem animus revocandi der Auftraggeberin kann somit eine formgültige Kopie Wirkungen entfalten (BGer vom 4.12.2009, 5A_571/2009, E. 2). Ist dagegen der Inhalt des Vorsorgeauftrags nicht mehr rekonstruierbar, gilt nach Art. 510 die Vernichtung auch dann, wenn ein Dritter sie (gegen den Willen der Auftraggeberin) vornimmt. Folglich kann die Auftraggeberin den Dritten auch mit der gültigen Vernichtung beauftragen (im Ergebnis ebenso: Piotet, SPR IV/1, 248; BK-Weimar, Art. 509–511 ZGB N 12; ZK-Escher, Art. 510 ZGB N 4; Lenz, in: Abt/Weibel, Art. 510 N 5; Joos, 201; **a.M.** BSK ZGB II-Breitschmid, Art. 509–511 N 5; Wolf/Wild, successio 2010, 80 f.). Das gilt auch für die blosse Streichung (oben N 9; Lenz, in: Abt/Weibel, Art. 510 N 7). **13**

2. Neuer Vorsorgeauftrag

14 Ein Vorsorgeauftrag kann (konkludent) durch die Errichtung eines neuen (gültig errichteten [ZK-Escher, Art. 511 N 5]) Vorsorgeauftrags widerrufen werden, welcher den alten Vorsorgeauftrag ersetzen soll. Wird von der Auftraggeberin ein neuer Vorsorgeauftrag errichtet, ohne dass der frühere ausdrücklich aufgehoben wurde, so sind grundsätzlich zwei kollidierende Vorsorgeaufträge vorhanden. Art. 362 Abs. 3 stellt dazu die Vermutung auf, dass der alte Vorsorgeauftrag durch den neuen komplett **ersetzt** und nicht bloss ergänzt wird (Meier/Lukic, Rz 217; Schmid, Art. 362 N 8; BSK ZGB II-Breitschmid, Art. 509–511 N 7; ZK-Escher, Art. 509–511 ZGB N 7). Eine Ergänzung des alten Vorsorgeauftrags wird nur dann angenommen, wenn zweifellos feststeht, dass dies dem Willen der Auftraggeberin entspricht. An den Nachweis des «zweifellosen Feststehens», dass die jüngere Anordnung als blosse Ergänzung einer älteren Anordnung gilt, sind hohe Anforderungen zu stellen. Das gilt für den Vorsorgeauftrag ebenso wie für das Testament (BGE 82 II 513 E. 3 f.; 79 II 36 E. 2; BSK ZGB II-Breitschmid, Art. 509–511 N 7; ZK-Escher, Art. 511 ZGB N 3; Lenz, in: Abt/Weibel, Art. 511 N 2).

Art. 363

C. Feststellung der Wirksamkeit und Annahme

[1] Erfährt die Erwachsenenschutzbehörde, dass eine Person urteilsunfähig geworden ist, und ist ihr nicht bekannt, ob ein Vorsorgeauftrag vorliegt, so erkundigt sie sich beim Zivilstandsamt.

[2] Liegt ein Vorsorgeauftrag vor, so prüft die Erwachsenenschutzbehörde, ob:

1. dieser gültig errichtet worden ist;
2. die Voraussetzungen für seine Wirksamkeit eingetreten sind;
3. die beauftragte Person für ihre Aufgaben geeignet ist; und
4. weitere Massnahmen des Erwachsenenschutzes erforderlich sind.

[3] Nimmt die beauftragte Person den Vorsorgeauftrag an, so weist die Behörde sie auf ihre Pflichten nach den Bestimmungen des Obligationenrechts über den Auftrag hin und händigt ihr eine Urkunde aus, die ihre Befugnisse wiedergibt.

C. Constatation de la validité et acceptation

[1] Lorsque l'autorité de protection de l'adulte apprend qu'une personne est devenue incapable de discernement et qu'elle ignore si celle-ci a constitué un mandat pour cause d'inaptitude, elle s'informe auprès de l'office de l'état civil.

[2] S'il existe un mandat pour cause d'inaptitude, elle examine:

1. si le mandat a été constitué valablement;
2. si les conditions de sa mise en œuvre sont remplies;
3. si le mandataire est apte à le remplir;
4. si elle doit prendre d'autres mesures de protection de l'adulte.

[3] Si le mandataire accepte le mandat, l'autorité de protection de l'adulte le rend attentif aux devoirs découlant des règles du code des obligations sur le mandat et lui remet un document qui fait état de ses compétences.

C. Convalida e accettazione

[1] Quando apprende che una persona è divenuta incapace di discernimento e ignora se sussiste un mandato precauzionale, l'autorità di protezione degli adulti si informa presso l'ufficio dello stato civile.

[2] Qualora il mandato sussista, l'autorità di protezione degli adulti verifica se:
1. è stato validamente costituito;
2. ne sono adempiute le condizioni per l'efficacia;
3. il mandatario è idoneo ai suoi compiti; e
4. sono necessarie ulteriori misure di protezione degli adulti.

[3] Se il mandatario accetta il mandato, l'autorità lo rende attento agli obblighi derivanti dalle disposizioni del Codice delle obbligazioni sul mandato e gli consegna un documento che attesta i poteri conferitigli.

Inhaltsübersicht

Literatur und Materialien

Vgl. die Hinweise zu Art. 360.

I. Gültigkeit und Wirksamkeit des Vorsorgeauftrags

1a Der Randtitel von Art. 363 stellt klar, dass die ESB die Wirksamkeit des Vorsorgeauftrags (als einseitiges Rechtsgeschäft) überprüft. Genau genommen, geht es nicht nur um die Wirksamkeits- sondern auch um die Gültigkeitsprüfung (Art. 363 Abs. 2 Ziff. 1). Diese Prüfung ist insofern konstitutiv, als die Gültigkeits- und Wirksamkeitsvoraussetzungen, namentlich der Eintritt der Urteilsunfähigkeit der Auftraggeberin, zu prüfen und festzustellen sind, was nur durch die ESB **rechtsverbindlich** erfolgen kann (LANGENEGGER, in: Rosch/Büchler/Jakob, Art. 363 N 23; WIDMER BLUM, 272; HAUSHEER/GEISER/AEBI-MÜLLER, Erwachsenenschutzrecht, Rz 2.30). Das Prüfungsprogramm mündet in eine **Feststellungsverfügung** (Art. 360 N 31), welche den betroffenen Personen, namentlich den gesetzlichen Vertretern (Art. 374) sowie dem Beauftragten, zugestellt wird. Das ändert nichts daran, dass die Wirksamkeit des gültigen Vorsorgeauftrags als einseitiges Rechtsgeschäft nicht von der behördlichen Feststellung abhängt, sondern **ex lege** eintritt, sobald die erforderlichen Voraussetzungen gegeben sind (namentlich die Suspensivbedingung der Urteilsunfähigkeit der Auftraggeberin eingetreten ist, s. Art. 360 N 31) (HAUSHEER/GEISER/AEBI-MÜLLER, Erwachsenenschutzrecht, Rz 2.22; LANGENEGGER, in: Rosch/Büchler/Jakob, Art. 363 N 23). Damit verbunden ist auch das Erlöschen des Vorsorgeauftrags ex lege, sobald die betroffene Person die Urteilsfähigkeit wieder erlangt (Art. 369 N 1).

1b Die Feststellung der Gültigkeit und Wirksamkeit des Vorsorgeauftrags bildet die **Voraussetzung der Annahme durch den Beauftragten** gemäss Art. 363 Abs. 3. Dieser kann den Auftrag nach der Konzeption des Gesetzes erst annehmen, wenn Gültigkeit und Wirksamkeit sowie seine eigene Geeignetheit klar feststehen. Dazu bedarf es des Validierungsentscheids (Feststellungsverfügung) der ESB (s. auch FOUNTOULAKIS/GAIST, 156;

BRÜCKNER, BN 2011, 40). Die Rechtsgültigkeit der Handlungen des Beauftragten (unter dem Titel des Vorsorgeauftrags) unterliegen mithin der Voraussetzung eines wirksamen Vorsorgeauftrags, worüber erst mit Erlass des Validierungsentscheids Klarheit besteht. Könnte er bereits vorher rechtsgültig annehmen und würde seine Geeignetheit im Nachhinein verneint, stellten sich seine Rechtshandlungen im Nachhinein als ungültig heraus, womit der Auftraggeberin nicht gedient ist. Soweit bereits vor der Annahme des Vorsorgeauftrags Handlungen im Interesse der urteilsunfähigen Person erforderlich sind, ist (vorübergehend) der Ehegatte oder der eingetragene Partner vertretungsberechtigt, falls die entsprechenden Voraussetzungen erfüllt sind (Art. 374). Andernfalls muss die ESB im Sinne einer vorsorglichen Massnahme eine Beistandschaft errichten, was ja auch beim Fehlen eines Vorsorgeauftrags erforderlich ist.

1c Nicht davon betroffen sind dringende Handlungen, deren Vornahme nicht bis zum Erlass des Validierungsentscheids zuwarten kann, denn hierfür wären wohl die Voraussetzungen einer Geschäftsführung ohne Auftrag erfüllt (Art. 419 ff. OR; s. dazu auch WIDMER BLUM, 282 f., welche die Vertretungskompetenz unter Voraussetzung der Dringlichkeit auf alltägliche Rechtshandlungen sowie auf die ordentliche Vermögensverwaltung beschränkt). Das hat zur Folge, dass sich der Beauftragte vor dem Validierungsentscheid auf die absolut notwendigen und dringenden Handlungen beschränken muss. Dagegen könnte er weitreichende und nicht notwendige Dispositionen vor Erlass des Validierungsentscheides nachträglich nicht rechtfertigen und würde er für einen allfälligen Schaden nach Art. 456 haftbar. Abgesehen davon bedarf der Beauftragte für das Handeln gegenüber Dritten (Banken, Versicherungen) faktisch einer **Legitimationsurkunde** (Art. 363 Abs. 3). Auch aus diesem Grund wird er – sofern möglich – die Feststellungsverfügung abwarten, bevor er tätig wird.

1d Eine andere Frage ist die nach den Wirkungen der Handlungen des nicht validierten «Beauftragten» gegenüber Dritten. Diese Frage ist nach den Regeln des Stellvertretungsrechts (Art. 32 ff. OR) zu beurteilen, insb. nach den Regeln über die Stellvertretung ohne Ermächtigung (Art. 38 f. OR).

II. Erkundigung beim Zivilstandsamt (Abs. 1)

2 Erfährt die ESB vom Eintritt der Urteilsunfähigkeit einer Person und ist ihr nicht bekannt, ob ein Vorsorgeauftrag vorliegt, erkundigt sie sich beim Zivilstandsamt. Dieser Vorschrift liegt die Tatsache zugrunde, dass die Auftraggeberin ihren Vorsorgeauftrag in die von den Zivilstandsämtern geführte zentralen Datenbank «Infostar» eintragen kann (Art. 361 Abs. 3). Wörtlich genommen bedeutet diese Vorschrift zweierlei: Erstens hat die ESB bei Kenntnis der Urteilsunfähigkeit einer Person einzig und allein eine **Erkundigung beim Zivilstandsamt** vorzunehmen und nichts anderes vorzukehren. Zweitens hat sie die Erkundigung beim Zivilstandsamt nur bei **Unkenntnis des Vorliegens eines Vorsorgeauftrags** vorzunehmen. Beide Aussagen sind zu **präzisieren**:

3 1. Beschränkung auf die Erkundigung beim Zivilstandsamt: Erfährt die ESB von der Urteilsunfähigkeit einer Person, hat sie zunächst einmal das **Vorliegen der Urteilsunfähigkeit** zu prüfen. Sie kann nicht unbesehen eigener Prüfung und Nachforschung auf die blosse Meldung abstellen. Das ergibt sich auch aus Art. 363 Abs. 2 Ziff. 2 (N 7 ff.), wonach die ESB das Vorliegen der Voraussetzungen für die Wirksamkeit des Vorsorgeauftrags und mithin auch das Vorliegen der Urteilsunfähigkeit zu prüfen hat (LANGENEGGER, in: Rosch/Büchler/Jakob, Art. 363 N 1; WIDMER BLUM, 280). Steht die Urteilsunfähigkeit fest, kann sie sich nicht auf die Erkundigung beim Zivilstandsamt beschränken, denn der Vorsorgeauftrag deckt möglicherweise nicht alle erforderlichen Massnahmen ab, kann formungültig oder unauffindbar sein. Um zu verhindern, dass während einer längeren Dauer der Abklärung dieser Fragen ein negativer Kompetenzkonflikt entsteht und notwendige vorsorgliche Massnahmen nicht vorgenommen werden können, hat sie grundsätzlich (neben der Erkundigung beim Zivilstandsamt) ein Verfahren zur **Prüfung der Notwendigkeit einer erwachsenenschutzrechtlichen Massnahme** i.S.v. Art. 444 ff. durchzuführen. Im Rahmen dieses Verfahrens stellt die Anfrage an das Zivilstandsamt und die Erkundigung nach einem Eintrag eines Vorsorgeauftrags ein Element der Sachverhaltserforschung nach Art. 446 dar (LANGENEGGER, in: Rosch/Büchler/Jakob, Art. 363 N 1).

2. Erkundigung ausschliesslich bei Unkenntnis des Vorliegens eines Vorsorgeauftrags: Tatsächlich kann sich die ESB in keinem Fall darauf verlassen, sie verfüge (aufgrund von Angaben Dritter) über sämtliche aktuellen Informationen betreffend Errichtung, Ergänzung oder Widerruf eines Vorsorgeauftrags oder mehrerer Vorsorgeaufträge. Daher ist eine **Erkundigung** beim Zivilstandsamt grundsätzlich **routinemässig** vorzunehmen, selbst wenn ein formgültiger Vorsorgeauftrag vorliegt und die Sachlage klar erscheint (LANGENEGGER, in: Rosch/Büchler/Jakob, Art. 363 N 2). Gleichzeitig ist es die Pflicht der ESB, Hinweisen von Dritten auf die Existenz eines Vorsorgeauftrags nachzugehen. In gewissen Situationen kann es von der ESB auch angebracht sein, aktiv bei nahestehenden Personen nach einem Vorsorgeauftrag nachzufragen (LANGENEGGER, in: Rosch/Büchler/Jakob, Art. 363 N 3; MEIER, FS Bucher, Rz 58). 4

Liegt ein Vorsorgeauftrag vor, hat die aufbewahrende Person oder Stelle diesen der ESB **herauszugeben**. Die in Art. 556 für das Testament geregelte Einlieferungspflicht muss sinngemäss auch für den Vorsorgeauftrag gelten. Hier wie dort liegt es nicht an der aufbewahrenden Person, die Gültigkeit des Vorsorgeauftrags oder den Eintritt der Voraussetzungen für deren Wirksamkeit zu beurteilen. Vielmehr obliegen diese Aufgaben der ESB, die hierfür die Herausgabe des Vorsorgeauftrags verlangen darf und muss (LANGENEGGER, in: Rosch/Büchler/Jakob, Art. 363 N 4; SCHMID, Art. 363 N 2). 5

Stellt sich nach Erkundigung beim Zivilstandsamt heraus, dass kein Vorsorgeauftrag vorhanden ist, dass ein Schutzbeholfener vermutlich während einer längeren Dauer urteilsunfähig bleiben wird und eine Vertretung von Gesetzes wegen nach Art. 374 alleine nicht zu genügen vermag, so ordnet die ESB eine behördliche Massnahme nach Art. 388 ff. an (SCHMID, Art. 363 N 1). 6

III. Überprüfung durch die ESB (Abs. 2)

Hat die ESB Kenntnis von einem Vorsorgeauftrag, so beschafft sie sich diesen (N 5). Die Prüfung seiner Gültigkeits- und Wirksamkeitsvoraussetzungen (Ziff. 1–4) erfolgt grundsätzlich im Rahmen des Verfahrens betreffend die Prüfung der Notwendigkeit erwachsenenschutzrechtlicher Massnahmen (Art. 444 ff.) (LANGENEGGER, in: Rosch/Büchler/Jakob, Art. 363 N 8). Abgesehen von den Voraussetzungen betreffend Formgültigkeit und Wirksamkeit (Abs. 2), hat der Vorsorgeauftrag auch den allgemeinen Gültigkeitserfordernissen eines Rechtsgeschäfts zu entsprechen. Er darf somit weder widerrechtlich oder unmöglich, noch sittenwidrig oder persönlichkeitsverletzend sein (Art. 27 ZGB, Art. 19/20 OR). Diese Fragen hat die ESB von Amtes wegen zu prüfen und zu klären. Ihre Prüfung wird durch einen schriftlichen Feststellungsentscheid (= Validierungsentscheid) abgeschlossen, welcher gegebenenfalls inhaltliche Präzisierungen des Vorsorgeauftrags enthält (SCHMID, Art. 363 N 9; LANGENEGGER, in: Rosch/Büchler/Jakob, Art. 363 N 22; Art. 364). Die Prüfung führt zur Feststellung der vollen oder teilweisen Gültigkeit oder aber der vollen Ungültigkeit des Vorsorgeauftrags (LANGENEGGER, in: Rosch/Büchler/Jakob, Art. 363 N 7; zur Teilnichtigkeit von letztwilligen Verfügungen, die ebenfalls aus 7

Art. 20 Abs. 2 OR abgeleitet wird, vgl. BGE 119 II 208 E. 3 bb; ABT, 172 f.; DRUEY, Erbrecht, § 12 Rz 58; ZK-ESCHER, Die Verfügung von Todes wegen, Einleitung N 14; PraxKomm-SCHRÖDER, Art. 467 N 16, Art. 469 N 49; RUMO-JUNGO, 103).

8 Das Prüfungsprogramm der ESB umfasst die Gültigkeits- (Ziff. 1) sowie die Wirksamkeitsvoraussetzungen im weiteren Sinn. Diese bestehen aus den eigentlichen Wirksamkeitsvoraussetzungen, nämlich dem Vorliegen der Urteilsunfähigkeit und der Sorgebedürftigkeit der Auftraggeberin (Ziff. 2) sowie aus den weiteren Wirksamkeitsvoraussetzungen, nämlich der Eignung des Beauftragten (Ziff. 3) und der Koordination mit allfälligen behördlichen Massnahmen (Ziff. 4).

1. Gültige Errichtung

9 Die Gültigkeit des Vorsorgeauftrags setzt voraus, dass dieser **formgültig** errichtet wurde (Art. 361), dass die Auftraggeberin im Zeitpunkt der Errichtung **handlungsfähig** war und schliesslich der **Inhalt** des Vorsorgeauftrags weder widerrechtlich noch sittenwidrig oder sonst wie gegen die Rechtsordnung verstösst (Art. 27 ZGB, Art. 19/20 OR; zu den inhaltlichen Mindestanforderungen s. Art. 360 N 32). Diese Fragen hat die ESB von Amtes wegen abzuklären. Mit Bezug auf die Handlungsfähigkeit darf sie für den Zeitraum der Errichtung grundsätzlich von der Vermutung der Urteilsfähigkeit ausgehen, ausser es sind Umstände bekannt, die gegen diese Vermutung sprechen (BGE 124 III 5). Ist die Frage zu klären, ob der Auftraggeberin im Zeitpunkt der Errichtung die Handlungsfähigkeit entzogen war, hat die ESB die damals zuständige Behörde zu befragen (LANGENEGGER, in: Rosch/Büchler/Jakob, Art. 363 N 6).

10 Wurde der Vorsorgeauftrag nicht gültig errichtet, weil er an einem Formmangel leidet (Art. 361 Abs. 1 und 2), so ist er unwirksam (Art. 11 Abs. 2 OR) und entfaltet auch keine Wirkung. Dasselbe gilt, wenn der Auftrag unmöglich, widerrechtlich oder sittenwidrig ist. Ein solcher Auftrag ist nichtig (Art. 20 Abs. 1 OR). Diese **Nichtigkeit** ist eine Unwirksamkeit bzw. Ungültigkeit, die von Amtes wegen zu beachten ist und auf die sich jedermann berufen kann (GAUCH/SCHLUEP/SCHMID, Rz 681). Auch Vorsorgeaufträge, mit denen sich eine Partei in sittenwidriger Weise selbst übermässig gebunden hat (Art. 27 Abs. 2), sind nichtig (GAUCH/SCHLUEP/SCHMID, Rz 685; zur differenzierten Anwendung von Art. 20 OR auf die Schutznorm von Art. 27 Abs. 2; s. DIES., Rz 687). Wie andere Rechtsgeschäfte kann auch der Vorsorgeauftrag ganz oder teilweise nichtig sein. Die Regel über die **Teilnichtigkeit** in Art. 20 Abs. 2 OR ist mithin auch hier anwendbar. Objektiv ist vorausgesetzt, dass der Mangel (Formmangel oder Inhaltsmangel) bloss einzelne Teile des Vorsorgeauftrags betrifft. Subjektiv ist erforderlich, dass der Vorsorgeauftrag auch ohne den nichtigen Teil erteilt worden wäre (GAUCH/SCHLUEP/SCHMID, Rz 691). Gegebenenfalls besteht die Rechtsfolge darin, dass nur die mangelhaften Teile des Auftrags nichtig sind. Im Übrigen ist und bleibt der Vorsorgeauftrag gültig. Die gesetzliche Regel, wonach ein Vertrag entweder voll nichtig oder teilnichtig ist (Art. 20 Abs. 1 und 2 OR), geht davon aus, dass die Parteien den Vertrag entweder gar nicht oder jedenfalls ohne den mangelhaften Teil abgeschlossen hätten. Obwohl gesetzlich nicht so vorgesehen, ist aber heute anerkannt, dass anstelle des nichtigen Teils des Vertrags auch eine Ersatzregel gelten kann. Diese sog. **modifizierte Teilnichtigkeit** greift dann, wenn die Vertragsparteien (als vernünftige und korrekte Menschen) anstelle des nichtigen Teils eine andere Regel vereinbart hätten (hypothetischer Parteiwille), wenn sie von der Nichtigkeit Kenntnis gehabt hätten (GAUCH/SCHLUEP/SCHMID, Rz 703). Die modifizierte Teilnichtigkeit ist auch im Fall von formbedürftigen (BGE 127 III 529) und einseitigen Rechtsgeschäften (BGE 119 II 211 E. 3bb; 98 II 84 f. E 3b/cc; 94 II 140, je zu Testamenten; ABT, 172 f.; ZK-ESCHER, Art. 519 N 7; RUMO-JUNGO, 101) anwendbar.

Ist der Vorsorgeauftrag **voll ungültig** und hat daher die ESB eine Beistandschaft (Art. 390 ff.) anzuordnen, so prüft diese, ob die vom ungültig errichteten Vorsorgeauftrag genannte Person allenfalls als Beistand in Frage kommt (Art. 401 Abs. 1; vgl. SCHMID, Art. 363 N 3). Insofern kann dem Willen der schutzbedürftigen Person gleichwohl Rechnung getragen werden. 11

2. Eintritt der Voraussetzungen der Wirksamkeit

Die Wirksamkeitsvoraussetzungen sind der Eintritt der Urteilsunfähigkeit (a.), das Vorliegen einer Sorgebedürftigkeit (b.) sowie die inhaltlichen Mindestanforderungen im Vorsorgeauftrag (c.). 12

a) Urteilsunfähigkeit

Damit die Wirksamkeit des Vorsorgeauftrags eintritt, muss die Auftraggeberin in Bezug auf den durch den Vorsorgeauftrag umschriebenen Bereich urteilsunfähig geworden sein (vgl. Art. 360 Abs. 1). Vorausgesetzt ist somit die Urteilsunfähigkeit. Eine **Beschränkung der Handlungsfähigkeit** durch die ESB nach Art. 394 Abs. 2 oder die bei einer umfassenden Beistandschaft von Gesetzes wegen eingetretene **Handlungsunfähigkeit** nach Art. 398 Abs. 3 und Art. 17 setzen nicht zwingend die Urteilsunfähigkeit voraus, **genügen** also **nicht** als Wirksamkeitsvoraussetzung (LANGENEGGER, in: Rosch/Büchler/Jakob, Art. 363 N 15; **a.M.** WIDMER BLUM, 128 und 277). 13

Die Urteilsfähigkeit muss von einer **gewissen Dauer** sein (HAUSHEER/GEISER/AEBI-MÜLLER, Erwachsenenschutzrecht, Rz 2.22). Handelt es sich lediglich um eine vorübergehende Urteilsunfähigkeit, die voraussichtlich bloss wenige Tage oder allenfalls auch wenige Wochen dauert, ohne dass ein Handeln des Beauftragten notwendig wäre, so ist die Wirksamkeitsvoraussetzung noch nicht erfüllt. Erforderlich und gleichzeitig genügend ist mithin, dass die Urteilsunfähigkeit so lange dauert, dass ein Handeln des Beauftragten erforderlich wird (LANGENEGGER, in: Rosch/Büchler/Jakob, Art. 363 N 9; MEIER/LUKIC, Rz 221). 14

Die Urteilsfähigkeit ist **relativ**, bezieht sich also immer auf bestimmte Rechtsgeschäfte und auf bestimmte Situationen. Es ist mithin möglich, dass die Urteilsfähigkeit nicht in allen Bereichen fehlt, sondern nur mit Bezug auf bestimmte Rechtsgeschäfte oder Situationen. Liegt nun genau für diese Rechtsgeschäfte bzw. diese Situationen ein Vorsorgeauftrag vor, wird er voll wirksam, selbst wenn die Urteilsunfähigkeit nicht umfassend ist. Wurde der Vorsorgeauftrag für eine umfassende Betreuung und Vertretung errichtet, so genügt es, wenn die Auftraggeberin erste Geschäfte nicht mehr tätigen kann. Es ist mithin nicht erforderlich, dass ihre Urteilsunfähigkeit sämtliche Geschäfte umfasst (WIDMER BLUM, 281; GUTZWILLER, AJP 2007, 558; MEIER, FS Bucher, Rz 51; MEIER/LUKIC, Rz 221). Im Einzelfall wird die ESB entscheiden müssen, ob und gegebenenfalls in welchem Zeitpunkt ein bestimmter Vorsorgeauftrag wirksam werden kann (vgl. LANGENEGGER, in: Rosch/Büchler/Jakob, Art. 363 N 10; HOTZ, ZKE 2011, 108). 15

Die Abklärung des Eintritts der Urteilsunfähigkeit kann eine gewisse Zeit in Anspruch nehmen. Wird ihr Eintritt bejaht, so wird der Vorsorgeauftrag rückwirkend auf den Zeitpunkt der Urteilsunfähigkeit wirksam. Der Beauftragte (dessen Geeignetheit nun festgestellt ist) kann nun annehmen und rechtsverbindlich handeln (Art. 360 N 14 ff.; Art. 363 N 27). Zwischen Eintritt und Feststellung der Wirksamkeit des Vorsorgeauftrags (als einseitiges Rechtsgeschäft) kann es mithin zu einem **Kompetenzvakuum** kommen, weil der Beauftragte noch nicht handeln kann und will. Diesem Kompetenzvakuum kann die Auftraggeberin dadurch begegnen, dass sie für die Zeit der noch bestehenden Urteilsfähigkeit bereits einen obligationenrechtlichen Auftrag erteilt (LANGENEGGER, in: Rosch/Büchler/ 16

Jakob, Art. 363 N 11, s. Art. 360 N 12). Andernfalls sind für die Zeit bis zur Feststellung der Urteilsunfähigkeit vorsorgliche Massnahmen zu treffen (LANGENEGGER, in: Rosch/Büchler/Jakob, Art. 363 N 1; WIDMER BLUM, 283). Sofern der Beauftragte handeln will und (trotz fehlendem Legitimationsausweis) gegenüber Dritten auch kann, sind seine Handlungen voll gültig, wenn der Vorsorgeauftrag später von der Behörde validiert wird. Fehlt es allerdings an einer Wirksamkeitsvoraussetzung, erweisen sich die Handlungen im Nachhinein als ungültig, weshalb sich der Beauftragte auf die notwendigen und dringenden Handlungen beschränken sollte (N 1 ff.).

17 Die **Feststellung** der Urteilsunfähigkeit ist eine **Aufgabe der ESB**. Sie kann dazu einen Arzt oder andere fachkompetente Personen beiziehen. Nicht zulässig ist dagegen, dass die Auftraggeberin anordnet, wer den Zeitpunkt des Eintritts der Urteilsunfähigkeit bestimmen soll (LANGENEGGER, in: Rosch/Büchler/Jakob, Art. 363 N 12; MEIER/LUKIC, Rz 222; WIDMER BLUM, 280 f.; **a.M.** GUTZWILLER, AJP 2007, 559). Dem steht nicht entgegen, dass die ESB die von der Auftraggeberin angegebene Person um eine Stellungnahme bittet oder konsultiert (LANGENEGGER, in: Rosch/Büchler/Jakob, Art. 363 N 12). Ist die voraussichtlich dauernde Urteilsunfähigkeit festgestellt, erfolgt laut Art. 449c Ziff. 2 eine Mitteilung durch die ESB an das Zivilstandsamt (SCHMID, Art. 363 N 10).

b) Sorgebedürftigkeit

18 Ein Vorsorgeauftrag ist nur dann wirksam, wenn tatsächlich ein Tätigkeitsfeld für den Beauftragten vorliegt, dieser also einen Auftrag zu erfüllen hat. Im Bereich der **Personensorge** dürfte dies i.d.R. unproblematisch sein, weil eine urteilsunfähige Person generell hilfsbedürftig ist, also der persönlichen Sorge bedarf. Im Bereich der **Vermögenssorge** kann dagegen der Vorsorgeauftrag gegenstandslos werden, etwa dann, wenn der von der Auftraggeberin bestimmte Aufgabenbereich wegfällt, weil der zu verwaltende Vermögenswert veräussert wurde. Besteht in den vom Vorsorgeauftrag erfassten Aufgabenbereichen keine Sorgebedürftigkeit (mehr), so ist dem Vorsorgeauftrag die Wirkung versagt, weil er gegenstandslos ist bzw. geworden ist (LANGENEGGER, in: Rosch/Büchler/Jakob, Art. 363 N 13).

19 Ist die Sorgebedürftigkeit gegeben, wurde sie aber bereits durch eine andere erwachsenenschutzrechtliche Massnahme aufgefangen, ist und bleibt ein im Übrigen gültig errichteter Vorsorgeauftrag wirksam, selbst wenn er erst lange Zeit nach Errichtung der anderen erwachsenenschutzrechtlichen Massnahme auftaucht (LANGENEGGER, in: Rosch/Büchler/Jakob, Art. 363 N 14).

c) Inhaltliche Mindestanforderungen

20 Wie bereits erwähnt (N 9 und Art. 360 N 32) setzt die Wirksamkeit des Vorsorgeauftrags (als einseitiges Rechtsgeschäft) gewisse inhaltliche Mindestanforderungen voraus:

- Sowohl die Auftraggeberin wie auch der Beauftragte müssen im Vorsorgeauftrag klar bestimmt sein (Art. 360 N 27 f. und 32).
- Aus dem Vorsorgeauftrag selbst muss klar hervorgehen, dass der Auftrag auf den Fall des Eintritts einer länger dauernden (jedenfalls nicht nur ephemeren) Urteilsunfähigkeit gerichtet ist. Dabei muss der Begriff der Urteilsunfähigkeit nicht ausdrücklich verwendet werden, eine Umschreibung des Zustands genügt.
- Der Aufgabenbereich des Beauftragten muss mindestens in genereller Weise umschrieben und festgelegt worden sein (LANGENEGGER, in: Rosch/Büchler/Jakob, Art. 360 N 21). Dabei muss immerhin erkennbar sein, ob die Auftraggeberin eine Personen- und/oder eine Vermögenssorge wünscht. Eine möglichst genaue Aufgabenumschreibung ist nicht vorausgesetzt (Botschaft Erwachsenenschutz, 7025), wird jedoch empfohlen (LANGENEGGER, in: Rosch/Büchler/Jakob, Art. 360 N 21; SCHMID, Art. 360 N 13).

3. Eignung des Beauftragten

21 Erweist sich ein Vorsorgeauftrag als gültig (N 9 ff.) und wirksam (N 12 ff.; Art. 360 N 30 f.), ist weiter zu prüfen, ob der Beauftragte für die Ausführung des Auftrags geeignet ist. Dabei ist es durchaus möglich, dass dieser erst durch die Prüfung der ESB etwas von seinem Auftrag erfährt (SCHMID, Art. 363 N 7). Im Unterschied zum Beistand (Art. 400 N 21) können als Vorsorgebeauftragte nicht nur natürliche, sondern auch juristische Personen ernannt werden:

22 Für die Eignung einer **natürlichen Person** massgebend sind vor allem deren individuellen persönlichen und fachlichen Kompetenzen, aber auch ihre zeitlichen sowie emotionalen Ressourcen. Auch die Schwierigkeit der Aufgaben und deren Umfang haben Einfluss auf die Eignung einer Person. Über die Eignung des Beauftragten ist prognostisch aufgrund von objektiv feststellbaren Kriterien zu entscheiden. Dazu gehören namentlich der strafrechtliche und betreibungsrechtliche Leumund, die Ausbildung und die beruflichen Erfahrungen (LANGENEGGER, in: Rosch/Büchler/Jakob, Art. 363 N 16). Die ESB hat die entsprechenden Informationen von Amtes wegen einzuholen (HAUSHEER/GEISEER/AEBI-MÜLLER, Erwachsenenschutz, Rz 2.30). Beim Beauftragten wird volle Handlungsfähigkeit vorausgesetzt (LANGENEGGER, in: Rosch/Büchler/Jakob, Art. 363 N 16; WIDMER BLUM, 284; HAUSHEER/GEISER/AEBI-MÜLLER, Erwachsenenschutzrecht, Rz 2.10; **a.M.** in Bezug mit dem nur zur Personensorge Beauftragten ROSCH, ZVW 2009, 361). Wesentlich ist ferner, dass sich der Beauftragte bereit erklärt, den Vorsorgeauftrag persönlich zu erfüllen und dazu auch tatsächlich (zeitlich, örtlich) in der Lage ist (LANGENEGGER, in: Rosch/Büchler/Jakob, Art. 363 N 16). Werden mehrere Personen zur Aufgabenübernahme bestimmt, ist schliesslich auch deren Kooperationsfähigkeit in die Beurteilung einzuschliessen (LANGENEGGER, in: Rosch/Büchler/Jakob, Art. 363 N 16).

23 Bei einer **juristischen Person** ist die Eignung abhängig von den persönlichen und fachlichen Kompetenzen der natürlichen Person, die für die konkrete Erfüllung des Vorsorgeauftrags eingesetzt wird. Dabei liegt die Verantwortung für eine ordnungsgemässe Besorgung nicht bei der «handelnden» Person, sondern bei der Geschäftsführung der juristischen Person (LANGENEGGER, in: Rosch/Büchler/Jakob, Art. 363 N 16).

24 Sowohl bei natürlichen wie auch bei juristischen Personen kann eine **Interessenkollision** zur Auftraggeberin vorliegen. Da der Vorsorgeauftrag stark im Dienst der Selbstbestimmung steht, hat die ESB mit Blick auf diese Frage Zurückhaltung zu üben. Dies gilt ganz besonders da, wo die Auftraggeberin die Interessenkollision bei der Auftragserteilung bereits gekannt hat.

25 Die ESB hat die Eignung des Beauftragten **von Amtes wegen abzuklären** (**a.M.** GUTZWILLER, AJP 2007, 559, nach welchem die Behörde nur in gravierenden Fällen einschreiten soll). Gleichwohl liegt die Verantwortung für dessen Eignung grundsätzlich bei der Auftraggeberin und nicht bei der ESB (Botschaft Erwachsenenschutz, 7027; LANGENEGGER, in: Rosch/Büchler/Jakob, Art. 363 N 17). Solange der Ernannte geeignet ist, darf die Behörde aufgrund des Selbstbestimmungsrechts der Auftraggeberin nicht einschreiten, selbst wenn es besser geeignete Personen gäbe (s. im Unterschied dazu die weit strengeren Voraussetzungen der Geeignetheit eines Beistands, Art. 400 N 24, 26). Erkennt die ESB von Anfang an triftige Mängel und Risiken in der Wahl des Beauftragten, so darf sie diese nicht gestützt auf das Selbstbestimmungsrecht der Auftraggeberin in Kauf nehmen, denn dies würde dem Schutzzweck des Vorsorgeauftrags widersprechen. Fällt die Eignung erst im Laufe des Vorsorgeauftrags weg, hat die ESB eine den Umständen des Einzelfalls angemessene Entscheidung zu treffen. Dabei kann sie dem Beauftragten die Eignung in Verbindung mit flankierenden erwachsenenschutzrechtlichen Massnahmen zuerkennen oder ihm die Eignung vollständig

absprechen (LANGENEGGER, in: Rosch/Büchler/Jakob, Art. 363 N 17; MEIER/LUKIC, Rz 223; HAUSHEER/GEISER/AEBI-MÜLLER, Erwachsenenschutzrecht, Rz 2.36).

4. Weitere Massnahmen

26 Erweist sich ein Vorsorgeauftrag ganz oder teilweise als ungültig oder unwirksam, so sind weitere Massnahmen des Erwachsenenschutzrechts erforderlich (AFFOLTER, AJP 2006, 1060; AEBI-MÜLLER/BIENZ, 76; HAUSHEER/GEISER/AEBI-Müller, Erwachsenenschutzrecht, Rz 2.35). Dasselbe gilt da, wo die ESB im Zug ihrer Abklärungen zur Überzeugung gelangt, dass der Vorsorgeauftrag zur Interessenwahrung der Auftraggeberin nicht genügt, sondern dazu weitere Massnahmen erforderlich sind. Diesfalls hat sie anstelle oder in Ergänzung des Vorsorgeauftrags (weitere) Massnahmen des Erwachsenenschutzes, namentlich eine Beistandschaft anzuordnen (Art. 390 ff.). Als Beistand kann der Vorsorgebeauftragte oder ein Dritter eingesetzt werden (HAUSHEER/GEISER/AEBI-MÜLLER, Erwachsenenschutzrecht, Rz 2.31; SCHMID, Art. 363 N 8). Wird eine Beistandschaft neben dem Vorsorgeauftrag angeordnet, sind die beiden Massnahmen inhaltlich klar voneinander abzugrenzen. Das gilt auch dann, wenn Beauftragter und Beistand dieselbe Person sind, denn die Wirkungen der beiden Rechtsverhältnisse unterscheiden sich voneinander.

IV. Annahme durch den Beauftragten (Abs. 3)

27 Die ESB informiert den Beauftragten zunächst darüber, dass er in einem Vorsorgeauftrag als Beauftragter eingesetzt wurde. Da der Vorsorgeauftrag (jedenfalls vor der Annahme durch den Beauftragten) ein einseitiges Rechtsgeschäft darstellt, kann es – anders als beim Auftrag nach dem Obligationenrecht – durchaus vorkommen, dass der Beauftragte erst bei Eintritt der Urteilsunfähigkeit der Auftraggeberin bzw. erst aufgrund der Mitteilung durch die ESB von der Existenz des Vorsorgeauftrags erfährt. Sobald er vom Bestehen des Vorsorgeauftrags sowie vom Validierungentscheid der ESB Kenntnis hat, kann er völlig frei darüber entscheiden, ob er ihn annehmen oder ablehnen will (Botschaft Erwachsenenschutz, 7027; s. SCHMID, Art. 363 N 11; HAUSHEER/GEISER/AEBI-MÜLLER, Erwachsenenschutzrecht, Rz 2.21). Mit Blick auf diese **Entscheidung** informiert ihn die ESB über die wesentlichen Resultate ihrer Auftragsprüfung und klärt ihn über alle Rechte und Pflichten gemäss den Bestimmungen des Auftrags auf (Art. 365 ZGB; Art. 397 ff. insb. 400 OR; vgl. SCHMID, Art. 363 N 12; AFFOLTER, AJP 2006, 1060; HAUSHEER/GEISER/AEBI-MÜLLER, Erwachsenenschutzrecht, Rz 2.34; AEBI-MÜLLER/BIENZ, 77; LANGENEGGER, in: Rosch/Büchler/Jakob, Art. 363 N 21). Die Orientierung über die Pflichten des Beauftragten nach OR kann mündlich oder schriftlich und gegebenenfalls auch durch Aushändigung eines Merkblatts erfolgen (LANGENEGGER, in: Rosch/Büchler/Jakob, Art. 363 N 22). Gestützt darauf fällt der Beauftragte seinen Entscheid über die Annahme oder die Ablehnung des Auftrags. Die Behörde sollte dem Beauftragten für seine Erklärung eine Frist ansetzen. Eine Frist von 14 Tagen erscheint (in Anlehnung an Art. 517 Abs. 2) als angemessen. Stillschweigen gilt allerdings (anders als nach Art. 517 Abs. 2) nicht von Gesestzes wegen als Annahme (MEIER/LUKIC, Rz 225). Der Beauftragte gibt seine **Annahmeerklärung gegenüber der ESB** ab. Eine Annahmeerklärung an die noch handlungsfähige Auftraggeberin ist dagegen verfrüht und richtet sich nicht an den korrekten Adressaten (Art. 360 N 27; Art. 363 N 1b; BRÜCKNER, BN 2011, 40; FOUNTOULAKIS/GAIST, 156). Es steht dem Beauftragten auch offen, den Vorsorgeauftrag nur zu einem Teil anzunehmen. Enthält der Vorsorgeauftrag keine Regelungen für eine solche Situation, so liegt es an der ESB, diesen auszulegen und zu ermitteln (Art. 364), ob eine allfällige Teilwirksamkeit durch den Willen der Auftraggeberin gedeckt wird (Verweis auf Teilungültigkeit N 10; LANGENEGGER, in: Rosch/Büchler/Jakob, Art. 363 N 21). Mit der Annahmeerklärung **entsteht ein vertragsähnliches Rechtsverhältnis** zwischen der Auftraggeberin und dem Beauftragten.

Nimmt der Beauftragte den Auftrag an, hält die ESB in einer **Feststellungsverfügung** die Person des Beauftragten sowie den Inhalt des Vorsorgeauftrags fest (HAUSHEER/GEISER/AEBI-MÜLLER, Erwachsenenschutzrecht, Rz 2.34). Die vom Vorsorgeauftrag betroffenen Personen (z.B. Ehegatten, eingetragene Partner, andere Personen, die sich bisher den Angelegenheiten der urteilsunfähigen Person angenommen haben) werden über die Verfügung der ESB ebenso informiert wie der Beauftragte (LANGENEGGER, in: Rosch/Büchler/Jakob, Art. 363 N 22). Die Information kann durch Zustellung einer Kopie der Feststellungsverfügung erfolgen. 28

Als Ausweis gegenüber Dritten benötigt der Beauftragte grundsätzlich eine **Legitimationsurkunde**, um sich als vorsorgebeauftragte Person ausweisen zu können. Diese Urkunde wird dem Beauftragten von der ESB ausgestellt (HAUSHEER/GEISER/AEBI-MÜLLER, Erwachsenenschutzrecht, Rz 2.34; MEIER, FS Bucher, 62). Der Inhalt der Urkunde ist von deren Wirkung zu unterscheiden: **Inhalt** der Urkunde sind alle Aufgaben und Rechte des Beauftragten. Enthält das Dispositiv des Vorsorgeauftrags keine Informationen, welche nicht an Dritte weitergegeben werden dürfen, so kann dieses Dispositiv als Urkunde für den Beauftragten dienen. Anderenfalls hat die ESB eine separate Urkunde zu erstellen (vgl. LANGENEGGER, in: Rosch/Büchler/Jakob, Art. 363 N 23). Womöglich sind auch mehrere Urkunden zu erstellen, damit die entsprechenden Adressaten einzig die sie betreffenden Aspekte des Auftrags zur Kenntnis erhalten. So benötigt etwa eine Bank keine Informationen über die persönliche Fürsorge. Die **Wirkung** der Urkunde ist nur aber immerhin die der Legitimation. Sie dient mithin als Legitimationsausweis gegenüber Dritten, begründet aber keine Rechte oder Pflichten, sondern stellt diese bloss fest. Liegt eine Legitimationsurkunde vor, fehlt aber ein gültiger Vorsorgeauftrag oder ist die Urkunde inhaltlich falsch ausgestellt, vermag sie den Mangel nicht zu heilen. Fehlt umgekehrt eine Legitimationsurkunde, wird dadurch das Handeln des Beauftragten bei Vorliegen eines gültigen und wirksamen Vorsorgeauftrags nicht ungültig (N 1; zur vergleichbaren Legitimationswirkung der Erbbescheinigung gem. Art. 559 s. BSK ZGB II-KARRER/VOGT/LEU, Art. 559 N 45; ZK-ESCHER, Art. 559 ZGB N 1). Ein Dritter darf sich jedoch auf die Urkunde verlassen, auch wenn sie materiell falsch ist (Art. 9). Das Gesetz selbst sowie die Materialien sagen zwar nichts zu einem allfälligen **Gutglaubensschutz** (Botschaft Erwachsenenschutz, 7025 ff.; vgl. WIDMER BLUM, 316). Dieser ist aber gleichwohl zu bejahen, und zwar aus drei Gründen: Er beruht zunächst auf der Tatsache, dass die Urkunde (anders als die Erbbescheinigung, BSK ZGB II-KARRER/VOGT/LEU, Art. 559 N 10 ff.) nicht einfach durch eine Bestreitung angefochten werden kann und ihre Ausstellung auf einer eingehenden Prüfung durch die ESB beruht. Sodann drängt sich der Gutglaubensschutz nur schon aus Gründen des Verkehrsschutzes auf, wird der Urkunde in der Praxis doch eine ganz erhebliche Bedeutung zukommen (WIDMER BLUM, 317). Schliesslich rechtfertigt sich der Gutglaubensschutz aufgrund der Tatsache, dass der Vorsorgeauftrag auf dem Willen der Auftraggeberin beruht (WIDMER BLUM, 318. – Bei der Erbbescheinigung ist die Frage des Gutglaubensschutzes noch nicht abschliessend geklärt [offengelassen in BGE 95 II 109 E. 5b; nicht eindeutig ZK-ESCHER, Art. 559 ZGB N 8, 9a], wird jedoch nunmehr durch die h.L. bejaht: BSK ZGB II–KARRER/VOGT/LEU, Art. 559 N 49; PraxKomm-EMMEL, Art. 559 N 3). 29

Gegen die Feststellungsverfügung steht das ordentliche **Rechtsmittel** der Beschwerde zur Verfügung: Nach Art. 450 können die betroffenen Personen, namentlich auch der im Vorsorgeauftrag genannte Beauftragte (vgl. Art. 450 Abs. 2 Ziff. 1), beim zuständigen Gericht **Beschwerde** erheben. Mit dem neuen Erwachsenenschutzrecht werden die Entscheidungen der ESB nicht mehr an eine Verwaltungsbehörde, sondern an ein Gericht weiter gezo- 30 gen (SCHMID, Art. 450 N 9). Die Beschwerde nach Art. 450 ff. ist nicht mit der zivilprozessualen Beschwerde nach Art. 319 ff. ZPO zu vergleichen (Art. 450 N 9 f.), denn hier erlangen die Entscheide materielle und formelle Rechtskraft, während im Erwachsenenschutzrecht einmal getroffene Entscheide zum Schutz der Betroffenen jederzeit abgeändert werden können, selbst wenn keine Sachverhaltsänderung eingetreten ist. Eine Massnahme kann mithin abgeändert werden, wenn sich dies als erforderlich erweist, auch wenn ein Entscheid in Rechtskraft erwachsen ist. Aus diesem Grund kann auch auf das Rechtsmittel der Revision verzichtet werden (vgl. Art. 383, 414 f., 426 Abs. 3 und Art. 431; Botschaft Erwachsenenschutz, 7083 f.; HAUSHEER/GEISER/AEBI-MÜLLER, Erwachsenenschutzrecht, Rz 1.91; STECK, in: Rosch/Büchler/Jakob, Art. 450 N 5). Einem Beschwerdeentscheid kommt gegebenenfalls nur zeitlich beschränkte Bedeutung zu.

31 Die Beschwerde wirkt devolutiv: Mit der Beschwerde geht die Angelegenheit an das zuständige Gericht und wird der ESB entzogen (Art. 450 N 11; Botschaft Erwachsenenschutz, 7083; SCHMID, Art. 450 N 1; STECK, in: Rosch/Büchler/Jakob, Art. 450 N 6). Das Gericht fällt in der Sache selbst einen neuen Entscheid. Die blosse Kassation der angefochtenen Verfügung soll die Ausnahme bleiben. Es handelt sich mithin auch um ein vollkommenes Rechtsmittel (SCHMID, Art. 450 N 3 ff.; STECK, in: Rosch/Büchler/Jakob, Art. 450 N 6). Zu den Beschwerdegründen s. Art. 450a.

V. Herausgabe des Vorsorgeauftrags

32 Hat die ESB Kenntnis von einem Vorsorgeauftrag, so beschafft sie sich diesen (N 5 und 7). Sie wendet sich dazu an das Zivilstandsamt, wo sie gegebenenfalls den Hinterlegungsort erfährt (Art. 361 Abs. 3). Alle Personen – natürliche und juristische – die im Besitz der Originalurkunde eines Vorsorgeauftrags sind, haben eine gesetzlich nicht festgeschriebene Herausgabepflicht. Diese Pflicht dürfte i.d.R. aus dem Vertragsverhältnis zwischen der auftraggebenden und der aufbewahrenden Person abgeleitet werden. Grundsätzlich wird es sich dabei um einen gemischten Vertrag (Hinterlegung und Auftrag) handeln (BSK OR I-KOLLER, Art. 472 N 12, 16; LANGENEGGER, in: Rosch/Büchler/Jakob, Art. 363 N 4). Wird der Vorsorgeauftrag durch den Beauftragten aufbewahrt, so muss auch er diesen herausgeben, selbst wenn er den Auftrag gar nicht annehmen will (LANGENEGGER, in: Rosch/Büchler/Jakob, Art. 363 N 4).

33 Kommt die aufbewahrende Person ihrer Herausgabepflicht nicht von selbst nach, so hat die ESB sie vom Verfahren in Kenntnis zu setzen und sie aufzufordern den Vorsorgeauftrag herauszugeben (LANGENEGGER, in: Rosch/Büchler/Jakob, Art. 363 N 5). Verweigert die aufbewahrende Person die Herausgabe wegen Bestreitung der Urteilsunfähigkeit, so hat die ESB diese strittige Frage zu prüfen. Verweigert die aufbewahrende Person die Herausgabe nach Meinung der ESB unbegründeterweise, so bestellt sie der Auftraggeberin einen Beistand, der den Herausgabeanspruch durchsetzt (LANGENEGGER, in: Rosch/Büchler/Jakob, Art. 363 N 5).

Art. 364

D. Auslegung und Ergänzung

Die beauftragte Person kann die Erwachsenenschutzbehörde um Auslegung des Vorsorgeauftrags und dessen Ergänzung in Nebenpunkten ersuchen.

D. Interprétation et complètement

Le mandataire peut demander à l'autorité de protection de l'adulte d'interpréter le mandat et de le compléter sur des points accessoires.

D. Interpretazione e completamento — Il mandatario può chiedere all'autorità di protezione degli adulti di interpretare il mandato e di completarlo per quanto concerne punti secondari.

Inhaltsübersicht

Literatur und Materialien

Vgl. die Hinweise zu Art. 360.

I. Grundsatz

1 Jeder Text bedarf der Auslegung, denn «[der] Wortlaut ist stets nur der unvollkommene Ausdruck des wiederzugebenden gesetzgeberischen Gedankens» (BK-MEIER-HAYOZ, Art. 1 ZGB N 132). Häufig geschieht die Auslegung eines Textes automatisch bei der Lektüre des Textes durch die Leserin. In Einzelfällen kann die Inhalt eines Textes fraglich sein. Diesfalls ist zu prüfen, ob der Text subjektiv (nach dem subjektiven Verständnis des Verfassers: Willensprinzip, s. N 10 ff.) oder objektiv (nach dem Verständnis einer hypothetischen, verständigen Person: Vertrauensprinzip; BK-MEIER-HAYOZ, Art. 1 ZGB N 144 ff.; BK-KRAMER/SCHMIDLIN, Art. 1 OR N 37 ff., Art. 18 OR N 15; ZK-SCHÖNENBERGER/JÄGGI, Art. 1 OR N 181 ff.; s. N 8 f. und 12 f.) auszulegen ist. Auslegungsziel ist dabei stets die Ermittlung des wirklichen Willens (N 8; zum normativen Willen s. N 9; s.a. BSK ZGB II-BREITSCHMID, Art. 469 N 3, 24). Da die Rechtswirklichkeit immer reichhaltiger ist als die sprachliche Erfassung eines bestimmten Sachverhalts, kann sich ein Text nachträglich als lückenhaft erweisen. Diesfalls ist die Lücke zu füllen bzw. der Text zu ergänzen. Die Abgrenzung zwischen der Auslegung eines Textes und dessen Ergänzung ist fliessend (vgl. KRAMER, 53 f., 62 f. und 174; BK-MEIER-HAYOZ, Art. 1 ZGB N 139): Ob bei der Argumentation per analogiam eine reine **Auslegung oder** bereits eine **Ergänzung** vorliegt, ist eine Frage der Sicht (ZK-DÜRR, Art. 1 ZGB N 71; BK-KRAMER/SCHMIDLIN, Art. 18 OR N 220 ff.; BSK OR I-WIEGAND, Art. 18 N 60 f.). In beiden Fällen handelt es sich aber um **Methoden der Rechtsanwendung** (ZK-DÜRR, vor Art. 1 und 4 ZGB N 198 ff., Art. 1 N 7), soweit es um das Gesetz geht bzw. um Methoden der Sinnermittlung soweit es um eine Willenserklärung geht. Indem Art. 364 beide Methoden nebeneinander erwähnt, stellt er klar, dass erstens eine Abgrenzung unnötig und zweitens beide Methoden gleichberechtigt zum Zuge kommen können.

2 Die Auslegung und Ergänzung eines Vorsorgeauftrags erfolgt **durch die ESB** und nicht etwa durch den Beauftragten. Damit wird einerseits dem Schutzbedürfnis der Auftraggeberin, andererseits aber auch dem Bedürfnis des Beauftragten nach Verlässlichkeit einer bestimmten Auslegung oder Ergänzung Rechnung getragen.

3 Die ESB wird gem. Art. 364 **auf Gesuch** des Beauftragten hin tätig. Dieser kann (und muss) sich mithin an die Behörde wenden, wenn nach der Annahme des Auftrags dessen

Inhalt oder Umfang (Art. 360 N 32 ff.; LANGENEGGER, in: Rosch/Büchler/Jakob, Art. 364 N 1; HAUSHEER/GEISER/AEBI-MÜLLER, Erwachsenenschutzrecht, Rz 2.32; WIDMER BLUM, 311) unklar ist. Das ändert aber nichts daran, dass die ESB bereits im Zusammenhang mit der Erstellung der Legitimationsurkunde (Art. 363 Abs. 3) den Vorsorgeauftrag auslegen und gegebenenfalls ergänzen muss. Hier wird sie **von Amtes wegen** tätig (s. N 5).

II. Auslegung

1. Zeitpunkt

4 Es gibt grundsätzlich zwei Phasen, in denen es zu einer Auslegung des Vorsorgeauftrags kommen kann:

5 1. Nach der Feststellung der Wirksamkeit des Vorsorgeauftrags (Art. 363 Abs. 2) prüft die ESB, ob der Beauftragte den Auftrag annimmt. Gegebenenfalls händigt sie ihm eine Urkunde aus, auf welcher die Befugnisse des Beauftragten festgehalten sind. Bereits in diesem Stadium muss die ESB den Vorsorgeauftrag auslegen (Art. 363; WIDMER BLUM, 311). Denn ohne Auslegung des Vorsorgeauftrags kann gar nicht ermittelt werden, welche Befugnisse in der Urkunde festgehalten werden müssen. Hier erfolgt die Auslegung durch die Erwachsenschutzbehörde von Amtes wegen (SCHMID, Art. 364 N 1; LANGENEGGER, in: Rosch/Büchler/Jakob, Art. 364 N 1).

6 2. Nach Annahme des Vorsorgeauftrags durch den Beauftragten kann eine (weitere) Auslegung des Vorsorgeauftrags erforderlich sein. In diesem Stadium wird die ESB tätig, wenn sie vom Beauftragten darum ersucht wird (Art. 364). Da der Vorsorgeauftrag oft viele Jahre vor seinem Inkrafttreten erstellt wurde und sich im Lauf der Zeit die Verhältnisse u.U. geändert haben, ist es zweckdienlich, dass ein Vorsorgeauftrag durch die ESB (nachträglich) ausgelegt und allenfalls ergänzt werden kann. Vor allem in Fällen, in denen der Umfang des Vorsorgeauftrags ermittelt (vgl. Art. 360 N 32 ff.) und unklare Punkte präzisiert oder ergänzt werden müssen (LANGENEGGER, in: Rosch/Büchler/Jakob, Art. 364 N 1; HAUSHEER/GEISER/AEBI-MÜLLER, Erwachsenenschutzrecht, Rz 2.32; WIDMER BLUM, 311), kommt der Auslegung und der Ergänzung eine grosse praktische Bedeutung zu. Sie ermöglichen es auch, dass eine geringfügige Lücke im Vorsorgeauftrag (durch Ergänzung) gefüllt und so im Einzelfall auf eine behördliche Massnahme verzichtet werden kann (AFFOLTER, AJP 2006, 1060; KÄLIN, ST 2008, 1049).

2. Willens- oder Vertrauensprinzip

7 Bei der Auslegung und Ergänzung des Vorsorgeauftrags ist dem Umstand Rechnung zu tragen, dass die Auftraggeberin urteilsunfähig geworden ist und deshalb kaum mehr feststellbar ist, ob der damals errichtete Vorsorgeauftrag immer noch dem mutmasslichen Willen der Auftraggeberin entspricht (WIDMER BLUM, 296). Denn aufgrund der Urteilsfähigkeit kann die Auftraggeberin nicht mehr um Erklärungen und Erläuterungen angefragt werden. Der Vorsorgeauftrag ist insofern vergleichbar mit einer letztwilligen Verfügung. WOLF (WOLF, 76) nennt sie daher die zweitletztwillige Verfügung. Dieser Umstand spricht für die Geltung des Willensprinzips (unten a). Umgekehrt ist zu berücksichtigen, dass es sich beim Vorsorgeauftrag nach dessen Annahme durch den Beauftragten um ein auftragsähnliches Rechtsverhältnis handelt und die Bestimmungen des OR sinngemäss anzuwenden sind (Art. 360 N 14). Das spricht für die Anwendung des Vertrauensprinzips (unten b). Aufgrund der Besonderheiten des Vorsorgeauftrags ist mit Bezug auf die Anwendbarkeit der beiden Auslegungsprinzipien zu unterscheiden (c).

a) Willensprinzip

Die Auslegung nach dem Willensprinzip wird vor allem bei Auslegungen von letztwilligen Verfügungen angewendet. Das Willensprinzip hat bei letztwilligen Verfügungen deshalb Vorrang, weil im Gegensatz zu einem Vertrag für den Erblasser keine Bindung entsteht und deshalb der Gesichtspunkt des Vertrauens dahinfällt, der für das Vertrauensprinzip von entscheidender Bedeutung ist. Die Auslegung muss sich deshalb auf den **subjektiven (wirklichen) Willen des Erblassers** stützen (STEINAUER, Rz 331; TUOR/SCHNYDER/SCHMID/RUMO-JUNGO, § 71 Rz 4; BK-KRAMER/SCHMIDLIN, Art. 18 OR N 50 ff.; BSK OR I-WIEGAND, Art. 18 N 1 und 53). Es spielt folglich keine Rolle, was eine vernünftige und korrekt handelnde Person mit den fraglichen Worten ausgedrückt und gewollt haben würde; allein der subjektive Wille des Erblassers ist massgebend. 8

Bei einem Vorsorgeauftrag steht grundsätzlich die **Selbstbestimmung** der Auftraggeberin im Vordergrund. Will man diesem Grundsatz Rechnung tragen, so muss grundsätzlich auch der Wille der Auftraggeberin dahingehend ins Zentrum gerückt werden, als dann bei einer allfälligen Auslegung nicht das als massgeblich bezeichnet wird, was vernünftigterweise verstanden werden kann, sondern das, was die Auftraggeberin mutmasslich auch gewollt hat. (Da sie nicht mehr befragt werden kann und weil mithin ihre Willensklärung durch eine Drittperson ausgelegt werden muss, kommt hier ein «objektives» Element zum Zug, indem mit dem Verständnis der auslegenden Behörde zu prüfen ist, was die Auftraggeberin mit dem Vorsorgeauftrag gewollt hat). 9

b) Vertrauensprinzip

Bei der Vertragsauslegung steht der streitige Inhalt eines Vertrags im Zentrum, der durch das Gericht ermittelt werden soll (GAUCH/SCHLUEP/SCHMID, Rz 1196). Das Zustandekommen eines Vertrags steht dabei ausser Frage, denn lediglich der Inhalt des Vertrags ist Streitgegenstand (GAUCH/SCHLUEP/SCHMID, Rz 1197). Primäres Ziel der Auslegung ist die «Feststellung des übereinstimmenden wirklichen Willes, den die Parteien ausdrücklich oder stillschweigend erklärt haben (subjektive Auslegung)» (GAUCH/SCHLUEP/SCHMID, Rz 1200). Dabei darf durchaus vom Wortlaut Abstand genommen werden, um herauszufinden, was damals von den Parteien tatsächlich gewollt war (**= subjektiver Wille**). Denn steht fest, dass sich bei Vertragsabschluss die Vertragsparteien wirklich einig waren, so spielt es keine Rolle, ob dieser übereinstimmende Wille in Einklang mit dem Vertragswortlaut steht (GAUCH/SCHLUEP/SCHMID, Rz 213; KRAMER, 143; BK-KRAMER/SCHMIDLIN, Art. 18 OR N 15 und 83 ff.; BSK OR I-BUCHER, Art. 1 N 6; BSK OR I-WIEGAND, Art. 18 N 46). 10

In vielen Fällen ist es jedoch nicht mehr möglich, den wirklichen Willen (= subjektiven Willen) der Parteien zu ermitteln. In solchen Fällen kommt es zur objektiven (normativen) Auslegung (KRAMER, 143 f.). Bei dieser Auslegung geht es darum, den mutmasslichen Willen der Parteien (bzw. in Bezug auf den Vorsorgeauftrag den mutmasslichen Willen der Auftraggeberin) zu ermitteln. Bei der normativen Auslegung geht man von dem aus, was «*vernünftig und redlich (korrekt) handelnde Parteien* unter den gegebenen (auch persönlichen) Umständen durch die Verwendung der auszulegenden Worte oder ihr sonstiges Verhalten ausgedrückt und folglich gewollt haben würden» (GAUCH/SCHLUEP/SCHMID, Rz 1201; BK-KRAMER/SCHMIDLIN, Art. 1 OR N 27 und 126 ff.). Bei dieser Auslegung nach dem Vertrauensprinzip werden der Wortlaut (GAUCH/SCHLUEP/SCHMID, Rz 1206 ff.), die Umstände (GAUCH/SCHLUEP/SCHMID, Rz 1212 ff.) und die Verkehrsübung (GAUCH/SCHLUEP/SCHMID, Rz 1218 f.) als Auslegungsmittel herangezogen (ZK-SCHÖNENBERGER/JÄGGI, Art. 1 OR N 195; BSK OR I-BUCHER, Art. 1 N 6). Wendet man dieses Prinzip auf den Vorsorgeauftrag an, so wird das, was die Auftraggeberin u.U. gewollt hat, in den Hintergrund gedrängt zugunsten von dem, was eine fiktive vernünftige 11 und korrekt handelnde Person mit dem fraglichen Text des Vorsorgeauftrags ausgedrückt und gewollt haben würde.

c) Anwendung des Willens- und des Vertrauensprinzips in zwei Phasen

12 Der Vorsorgeauftrag ist zunächst ein einseitiges Rechtsgeschäft, dessen Wirksamkeit unter der aufschiebenden Bedingung der Urteilsunfähigkeit der Auftraggeberin steht. Mit der Annahme des Vorsorgeauftrags durch den Beauftragten entsteht ein vertragsähnliches Rechtsverhältnis nach dem Vorbild des obligationenrechtlichen Auftrags, weshalb grundsätzlich die auftragsrechtlichen Bestimmungen analog anwendbar sind, soweit die Art. 360 ff. nichts anderes regeln (Art. 7). Der Vorsorgeauftrag weist allerdings namentlich zwei Besonderheiten auf: Erstens dient er mit Blick auf die künftige Urteilsunfähigkeit der Auftraggeberin der Selbstbestimmung und verhindert so gegebenenfalls behördliche Schutzmassnahmen. Im Zeitpunkt, in dem der Vorsorgeauftrag (als einseitiges Rechtsgeschäft) seine Wirkungen entfaltet, ist die betroffene Person urteilsunfähig, und zwar regelmässig definitiv. Mit dem Vorsorgeauftrag gibt sie somit ihr Schicksal im Bereich der Personen- und/oder der Vermögenssorge voll in die Hand des Beauftragten. Anders als beim obligationenrechtlichen Auftrag kann sie mithin nicht einschreiten, wenn der Beauftragte ihre Interessen nach ihrer Meinung nicht (mehr) richtig wahrnimmt. Zweitens wird der Vorsorgeauftrag u.U. lange Zeit vor seiner Annahme erstellt und erst nach Eintritt der Urteilsunfähigkeit der Auftraggeberin sowie erst nach Mitteilung durch die ESB vom Beauftragten angenommen. Vor der Annahme durch den Beauftragten muss der Vorsorgeauftrag von Amtes wegen ausgelegt werden (N 5). Darüber hinaus kann es **während der Dauer** des Vorsorgeauftrags (als vertragsähnliches Rechtsverhältnis) zu Unsicherheiten über den Inhalt bzw. den Umfang des Vorsorgeauftrags kommen, was ebenso nach einer Auslegung oder Ergänzung ruft (N 6).

13 Diese Besonderheiten rücken den Vorsorgeauftrag sehr nahe an die letztwillige Verfügung. Das gilt ganz besonders **vor Annahme des Auftrags**, denn hier liegt erst eine einseitige Willenserklärung vor, die auszulegen ist. Eine andere Vertragspartei ist (noch) nicht impliziert, ebensowenig ein Vertrauen, das mittels Auslegung durch Vertrauensprinzip zu schützen wäre. Daher hat sich die Behörde an das **Willensprinzip** zu halten und den hypothetischen Willen der Auftraggeberin zu ermitteln (so, aber ohne Differenzierung mit Bezug auf die verschiedenen Phasen: MEIER, FS Bucher, Rz 64; SCHMID, Art. 364 N 4). **Nach Annahme des Auftrags** durch den Beauftragten ist zu differenzieren: Sofern er die Behörde präventiv um Auslegung und Ergänzung ersucht, hat sich diese weiterhin am subjektiven Willen der Auftraggeberin zu orientieren, also nach dem **Willensprinzip** auszulegen (N 10 f.). Denn auch hier ist kein Vertrauen entstanden, das zu schützen wäre. Vielmehr wendet sich der Beauftragte (präventiv) an die Behörde, um Klarheit zu erhalten und um allenfalls falsches Vertrauen zu verhindern. Ist der Beauftragte mit der Auslegung oder Ergänzung nicht einverstanden, kann er den Auftrag niederlegen. Hat der Beauftragte dagegen bereits nach dem eigenen Verständnis des Vorsorgeauftrags gehandelt, also bereits Dispositionen getroffen, und stellt sich nachträglich die Frage nach dem Inhalt und/oder dem Umfang des Vorsorgeauftrags oder nach der (richtigen) Erfüllung des Vorsorgeauftrags, ist auf das **Vertrauensprinzip** abzustellen. Denn in diesem Fall steht der Vertragscharakter im Vordergrund, und beim Beauftragten ist auch bereits ein Vertrauen entstanden, das es zu schützen gilt (so, aber ohne Differenzierung mit Bezug auf die verschiedenen Phasen: WIDMER BLUM, 311 f.; zu den unterschiedlichen Anwendungsbereichen von Willens- und Vertrauensprinzip s. auch KRAMER, 143 f.; BK-KRAMER/SCHMIDLIN, Art. 1 OR N 120; BK-KRAMER/SCHMIDLIN, Art. 18 OR N 50 ff.). Das äussert sich namentlich bei der Frage nach der Haftung des Beauftragten: Hat er in Ausübung des Auftrags einen Schaden verursacht, so ist zu prüfen, ob seine Handlungen vom Vorsorgeauftrag, so wie er ihn vernünftigerweise verstehen durfte und musste (Vertrauensprinzip), gedeckt sind.

III. Ergänzung

1. Zeitpunkt

14 Wie die Auslegung kann auch die Ergänzung grundsätzlich sowohl vor der Annahme des Auftrags durch den Beauftragen **im Rahmen der Wirksamkeitsprüfung** von Amtes wegen durch die ESB erfolgen (gl.M. WIDMER BLUM, 311) als auch nach der Annahme auf **Gesuch des Beauftragten** an die ESB hin (s. N 4 ff.) (Art. 364; WIDMER BLUM, 311). Die Auffassung, wonach eine Ergänzung nur mit Zustimmung des Beauftragten möglich ist (AEBI-MÜLLER/BIENZ, 76; LANGENEGGER, in: Rosch/Büchler/Jakob, Art. 364 N 1; **a.M.** HAUSHEER/GEISER/AEBI-MÜLLER, Erwachsenenschutzrecht, Rz 2.33), spricht nicht gegen eine Ergänzung durch die ESB vor Annahme des Vorsorgeauftrags, denn der Beauftragte hat ja die Möglichkeit, den Auftrag abzulehnen. Richtigerweise ist aber eine nachträgliche Ergänzung und mithin Erweiterung des Auftrags gegen den Willen des Beauftragten abzulehnen.

2. Willens- oder Vertrauensprinzip

15 Die Ergänzung eines Vorsorgeauftrags erfolgt nach denselben Methoden wie dessen Auslegung. Demnach ist auch hier zu differenzieren: Vor Annahme des Vorsorgeauftrags durch den Beauftragten erfolgt die Ergänzung nach dem **Willensprinzip**. Nach Annahme gilt weiterhin das Willensprinzip, sofern es sich um eine Ergänzung durch die ESB handelt. Eine Ergänzung durch den Beauftragten ist an sich ausgeschlossen, hat sich dieser hierfür doch an die ESB zu wenden. Im Einzelfall kann aber fraglich sein, ob eine Auslegung oder eine Ergänzung vorliegt. Diese Abgrenzung kann aber offen bleiben. Denn tatsächlich ist im Ergebnis einzig die Antwort auf die Frage wesentlich, ob der Beauftragte in seinem Vertrauen in sein Verständnis des Vorsorgeauftrags zu schützen sei. Hat der Beauftragte seinen Entscheiden und Handlungen ein bestimmtes Verständnis des Vorsorgeauftrags zugrunde gelegt, ist auf das **Vertrauensprinzip** abzustellen: Durfte eine vernünftige, verständige Person in der gleichen Lage und unter denselben Umständen den Auftrag so verstehen, wie ihn der Beauftragte verstanden hat, so ist diese Auslegung massgeblich. Gegebenenfalls ist darin auch eine Auslegung per analogiam eingeschlossen, welche streng genommen bereits als Ergänzung verstanden werden könnte.

3. Umfang

16 Die Ergänzung darf nur **Nebenpunkte** berühren. Neue Aufgaben für den Beauftragten dürfen dadurch nicht geschaffen werden (AFFOLTER, AJP 2006, 1060; BIDERBOST, SJZ 2010, 313; AEBI-MÜLLER/BIENZ, 76; LANGENEGGER, in: Rosch/Büchler/Jakob, Art. 364 N 3; HAUSHEER/GEISER/AEBI-MÜLLER, Erwachsenenschutzrecht, Rz 2.33). Ist anzunehmen, dass die Auftraggeberin sich absichtlich zu einer Sache nicht geäussert hat (sog. qualifiziertes Schweigen), so darf diesbezüglich keine Ergänzung des Vorsorgeauftrags erfolgen, auch nicht in Nebenpunkten (LANGENEGGER, in: Rosch/Büchler/Jakob, Art. 364 N 3). Ziel der Ergänzung ist es, zu verhindern, dass für jede Nebensächlichkeit, die keine Regelung im Vorsorgeauftrag erfahren hat, eine behördliche Massnahme angeordnet werden muss. Für die Frage, ob ein Nebenpunkt vorliegt, ist allerdings nicht auf Art. 2 OR abzustellen (**a.M.** SCHMID, Art. 365 N 3, der auch nach den essentialia negotii unterscheiden will), da die Ergänzung u.U. bereits vor Annahme des Vorsorgeauftrags durch den Beauftragten und mithin nach dem Willensprinzip erfolgen muss (soeben N 14). So dürfte etwa eine Ergänzung möglich sein, wenn die Auftraggeberin die Vermögensverwaltung generell in den Vorsorgeauftrag einschliesst, und dafür die meisten Vermögenswerte explizit aufzählt, aber

von zehn Vermögenswerten einen oder zwei nicht explizit erwähnt, z.B. ein Bankkonto, und dazu auch nicht erklärt, wer statt dessen dafür verantwortlich sei. Wesentlich ist, dass nach Sinn und Geist des Vorsorgeauftrags das gesamte Vermögen eingeschlossen ist. Daher kann der Einschluss nicht erwähnter Vermögenswerte auch unter dem Titel der Auslegung erfolgen. Hier zeigt sich, dass Auslegung und Ergänzung nicht immer klar abgegrenzt werden können.

17 Keine Ergänzung erfolgt mit Bezug auf die **Person des Beauftragten**: Erwähnt der Vorsorgeauftrag keinen Beauftragten, ist er unwirksam (Art. 360 N 27; Art. 363 N 20). Fehlt eine Regelung zum **Honorar**, ist keine Ergänzung erforderlich, denn Art. 366 enthält für diesen Fall eine dispositive Regel.

18 Ist eine Ergänzung i.S.v. Art. 364 nicht möglich, kann die ESB in Anwendung von Art. 392 Ziff. 2 einer Drittperson einen **besonderen Auftrag erteilen**. Diese Drittperson könnte durchaus der Vorsorgebeauftragte sein. Allerdings sind die beiden Aufträge zu unterscheiden: Beim Vorsorgeauftrag ist die betroffene Person die Auftraggeberin, und der Beauftragte haftet in Anwendung des Auftragsrechts für Verschulden (Art. 456 ZGB, Art. 398 OR). Beim behördlichen Auftrag nach Art. 392 Ziff. 2 haftet der Kanton kausal für das Verhalten des Beauftragten (Art. 454).

Art. 365

E. Erfüllung

1 Die beauftragte Person vertritt im Rahmen des Vorsorgeauftrags die auftraggebende Person und nimmt ihre Aufgaben nach den Bestimmungen des Obligationenrechts über den Auftrag sorgfältig wahr.

2 Müssen Geschäfte besorgt werden, die vom Vorsorgeauftrag nicht erfasst sind, oder hat die beauftragte Person in einer Angelegenheit Interessen, die denen der betroffenen Person widersprechen, so benachrichtigt die beauftragte Person unverzüglich die Erwachsenenschutzbehörde.

3 Bei Interessenkollision entfallen von Gesetzes wegen die Befugnisse der beauftragten Person.

E. Exécution

1 Le mandataire représente le mandant dans les limites du mandat pour cause d'inaptitude et s'acquitte de ses tâches avec diligence et selon les règles du code des obligations sur le mandat.

2 S'il y a lieu de régler des affaires qui ne sont pas couvertes par le mandat ou s'il existe un conflit d'intérêts entre le mandant et le mandataire, celui-ci sollicite immédiatement l'intervention de l'autorité de protection de l'adulte.

3 En cas de conflit d'intérêts, les pouvoirs du mandataire prennent fin de plein droit.

E. Adempimento

1 Il mandatario rappresenta il mandante nei limiti del mandato conferitogli e adempie i suoi compiti con diligenza e conformemente alle disposizioni del Codice delle obbligazioni sul mandato.

2 Se devono essere compiuti atti o negozi non contemplate dal mandato o se in un determinato affare gli interessi del mandatario sono in collisione con quelli del mandante, il mandatario ne informa senza indugio l'autorità di protezione degli adulti.

3 In caso di collisione di interessi, i poteri del mandatario decadono per legge.

Inhaltsübersicht

Note

Literatur und Materialien

Vgl. die Hinweise zu Art. 360.

I. Vorbemerkungen

Der Art. 365 handelt von der Erfüllung des Vorsorgeauftrags (als vertragsähnliches Rechtsverhältnis). Dafür stellt er folgende Handlungsrichtlinien auf: Der Beauftragte vertritt die Auftraggeberin im Rahmen des Vorsorgeauftrags (II.). Er ist also ihr direkter Stellvertreter. Als solcher nimmt er seine Aufgaben nach den auftragsrechtlichen Bestimmungen wahr (III.). Das Auftragsrecht ist mithin sinngemäss anwendbar. Dabei bleibt stets zu berücksichtigen, dass die Auftraggeberin im Zeitpunkt der Erfüllung des Vorsorgeauftrags nicht mehr urteilsfähig ist, also den Beauftragten weder überwachen noch den Auftrag (jederzeit) widerrufen kann. Diese Funktion übernimmt (in beschränktem Umfang) die ESB. Der Beauftragte hat diese denn auch zu informieren, wenn er in einer Interessenkollision zur Auftraggeberin steht oder wenn Geschäfte wahrzunehmen wären, die vom Vorsorgeauftrag nicht erfasst sind (IV.). 1

II. Vertretung

Im Rahmen der vom Vorsorgeauftrag definierten Kompetenzen vertritt der Beauftragte die Auftraggeberin. Der Beauftragte ist im Rahmen des Vorsorgeauftrags **zur Vertretung berechtigt** (Vertretungsmacht), aber auch dazu **verpflichtet** (Vertretungspflicht). Die Vertretungswirkungen entstehen im Rahmen der Vertretungsmacht, das heisst: Soweit sich der Beauftragte an seine Kompetenzen hält, wird durch seine Handlungen im Namen der Auftraggeberin diese selber berechtigt und verpflichtet, nicht der Beauftragte (Art. 32 Abs. 1 OR). Diese Vertretungsmacht ist ein Teil des Vorsorgeauftrags i.S. eines einseitigen Rechtsgeschäfts. Da der Beauftragte den Auftrag aber erst nach der Prüfung durch die ESB (Art. 360 N 14; Art. 363 N 1b) annehmen kann, entstehen Vertretungsmacht und -pflicht auch erst in diesem Zeitpunkt, zeitgleich mit dem zugrunde liegenden Rechtsverhältnis … 2

Es handelt sich insofern um eine **rechtsgeschäftliche** und nicht um eine gesetzliche **Vertretung**, als sie durch den Vorsorgeauftrag (und nicht von Gesetzes wegen) begründet wird. Als Besonderheit dazu fällt die Vertretungsmacht aber von Gesetzes wegen dahin, wenn zwischen Auftraggeberin und Beauftragtem eine Interessenkollision auftritt (Art. 365 Abs. 3; hinten N 21 ff.; HAUSHEER/GEISER/AEBI-MÜLLER, Erwachsenenschutzrecht, Rz 2.25). In einem solchen Fall muss der Beauftragte die ESB umgehend informieren (Art. 365 Abs. 2; N 24; Botschaft Erwachsenenschutz, 7028; HAUSHEER/GEISER/AEBI-MÜLLER, Erwachsenenschutzrecht, Rz 2.25). Bei Interessenkollision entfällt die Vertretungsmacht beim Vorsorgeauftrag ebenso ex lege (Art. 365 Abs. 3) wie bei der gesetzlichen Vertretung des Kindes durch seine Eltern (Art. 306 Abs. 3). 3

4 Der Beauftragte übt sein Vertretungsrecht **direkt und unmittelbar** aus; er bedarf dazu grundsätzlich keiner Zustimmung der ESB. Die Ausnahmen von diesem Grundsatz sind in Art. 416 aufgelistet. Hier handelt es sich um Rechtsgeschäfte von besonderer Tragweite, worüber die Entscheidkompetenz nicht allein dem Beauftragten obliegen soll. Dazu gehören etwa die Auflösung des bisherigen Haushalts der Auftraggeberin, inklusive Kündigung des Mietvertrags (Ziff. 1), die dauerhafte Unterbringung der Auftraggeberin (Ziff. 2), die Annahme oder Ausschlagung einer Erbschaft (Ziff. 3) oder der Erwerb oder Verkauf von Grundstücken (Ziff. 4).

III. Aufgaben

1. Auftragsrechtliche Pflichten und Haftung

5 Der Beauftragte hat den Vorsorgeauftrag nach den **Bestimmungen über den Auftrag** auszuführen (Art. 365 Abs. 1). Das bedeutet zunächst, dass die auftragsrechtlichen Bestimmungen **sinngemäss anwendbar** sind (N 6 ff.). Ganz allgemein ist der Vorsorgebeauftragte zur gleichen Sorgfalt verpflichtet ist wie ein Beauftragter i.S.v. Art. 394 ff. OR. Dementsprechend haftet er grundsätzlich auch nach denselben Kriterien (SCHMID, Art. 365 N 2). Bei der Konkretisierung der Pflichten im Einzelnen bleibt aber stets zu berücksichtigen, dass der Beauftragte sich strikte an den Interessen der Auftraggeberin zu orientieren hat, deren höchstpersönlichen Willen zu beachten und diesen auszuführen hat (zur Interessenkollision s. N 21 ff.). Nur so wird dem Prinzip der Selbstbestimmung der Auftraggeberin genügende Beachtung geschenkt. Diese legt ja schliesslich die gesamte Entscheid- und Handlungskompetenz im Bereich der Personen- und/oder der Vermögenssorge in die Hände des Beauftragten. In Bezug auf die Interessenwahrung der Auftraggeberin kommt mithin dem Beauftragten eine besondere Sorgfaltspflicht zu.

6 Die sinngemässe Anwendung des Auftragsrechts bedeutet im Einzelnen Folgendes (s. auch LANGENEGGER, in: Rosch/Büchler/Jakob, Art. 365 N 3 und 9; HAUSHEER/GEISER/AEBI-MÜLLER, Erwachsenenschutzrecht, Rz 2.27; BSK OR I-WEBER, Art. 394–406; BK-FELLMANN, Art. 394 ff. OR):

7 1. **Begriff und Entstehung** (Art. 394 f. OR):
- Die Bestimmungen über Gegenstand, Errichtung und Widerruf des Vorsorgeauftrags (Art. 360 ff.) schliessen die auftragsrechtlichen Bestimmungen über Begriff und Entstehung des Auftrags (Art. 394 f. OR; vgl. dazu BSK OR I-WEBER, Art. 394 N 1 ff. und Art. 395 N 1 ff.; BK-FELLMANN, Art. 394 OR N 14 ff. und Art. 395 OR N 13 ff.) aus.

8 2. **Wirkungen**:
- Umfang des Auftrags (Art. 396 OR; vgl. BSK OR I-WEBER, Art. 396 N 1 ff.; BK-FELLMANN, Art. 396 OR N 14 ff.): Die Auftraggeberin bestimmt im Vorsorgeauftrag den Umfang des Auftrags. Sie hat dies zwar nicht zwingend ausdrücklich zu tun. Doch müssen die Sorgebereiche (Personensorge, Vermögenssorge und/oder Vertretung im Rechtsverkehr) des Beauftragten (bei dessen Annahme des Vorsorgeauftrags) klar definiert sein. Bei Unklarheiten ist der Vorsorgeauftrag auszulegen und notfalls zu ergänzen (Art. 364 N 4 ff.), und zwar nach Massgabe der vorsorgeauftragsrechtlichen Prinzipien (Art. 360 N 8 ff.) und nicht primär «nach der Natur des Geschäfts» i.S.v. Art. 396 Abs. 1 OR. Wie nach Art. 396 Abs. 2 OR umfasst der Vorsorgeauftrag grundsätzlich auch die Ermächtigung zu den Rechtshandlungen, die zur Ausführung des Vorsorgeauftrags gehören (vgl. BSK OR I-WEBER, Art. 396 N 4 ff.). Andernfalls müsste für diese jeweils ein Beistand eingesetzt werden, weil ja die urteilsunfähige Auftraggeberin selbst nicht dazu in der Lage ist. Aus diesem Grund ist im Vorsorgeauftrag – anders

als im obligationenrechtlichen Auftrag (Art. 396 Abs. 3 OR) – grundsätzlich auch die Ermächtigung zum Abschluss eines Vergleichs, zur Annahme eines Schiedsgerichts, zum Eingehen wechselseitiger Verbindlichkeiten, zur Veräusserung oder Belastung von Grundstücken oder zur Vornahme von Schenkungen eingeschlossen. Vorbehalten bleibt allerdings die Zustimmung der ESB gem. Art. 416 Abs. 1 Ziff. 4, 6 und 9 (ebenso WIDMER BLUM, 289 f.; **a.M.** m.H. auf den Schutzzweck der Norm LEUBA, 45; LANGENEGGER, in: Rosch/Büchler/Jakob, Art. 365 N 7).

- Verpflichtungen des Beauftragten (für obligationsrechtliche Verpflichtungen vgl. WERRO, Mandat, Rz 488 ff.): **9**

  - 10 Vorschriftsgemässe Ausführung (Art. 397 OR; vgl. BSK OR I-WEBER, Art. 397 N 1 ff.): Will der Beauftragte eines Vorsorgeauftrags von den Vorschriften der Auftraggeberin abweichen, kann er (anders als gem. Art. 397 Abs. 1 OR; BSK OR I-WEBER, Art. 397 N 11; BK-FELLMANN, Art. 397 OR N 196 ff.) nicht deren Einverständnis einholen, da diese urteilsunfähig ist. Vielmehr hat er sich an die ESB zu wenden, die den Vorsorgeauftrag auslegen und ergänzen kann (Art. 364). Damit wäre allenfalls eine Präzisierung der Vorschriften der Auftraggeberin im Einzelfall möglich. In sinngemässer Anwendung von Art. 397 Abs. 2 OR gilt sodann: Weicht der Beauftragte ohne diese Voraussetzungen von den Vorgaben der Auftraggeberin ab und erwächst der Auftraggeberin daraus ein Nachteil, so hat der Beauftragte diesen Nachteil zu übernehmen. Andernfalls gilt der Vorsorgeauftrag als nicht erfüllt, was zur Haftung des Beauftragten führt. Diese richtet sich nach den auftragsrechtlichen Bestimmungen (Art. 456 ZGB, der auf Art. 398 ff. OR verweist; vgl. BSK OR I-WEBER, Art. 398 ff.; BK-FELLMANN, Art. 398 ff. OR).

  - 11 Haftung (Art. 398 f. OR; vgl. BSK OR I-WEBER, Art. 398 f.; BK-FELLMANN, Art. 398 f. OR): Art. 456 verweist ausdrücklich auf die Haftungsbestimmungen des OR. Hier wie dort haftet der Beauftragte mithin ganz allgemein wie ein Arbeitnehmer im Arbeitsverhältnis (Art. 398 Abs. 1 OR verweist auf Art. 321e OR). Das bedeutet: Er haftet für die Sorgfalt, die das konkrete Rechtsgeschäft, die Rechtshandlung, die Aufgabe voraussetzen, unter Berücksichtigung seiner Eigenschaften und Fähigkeiten, die der Auftraggeberin bekannt waren oder bekannt sein mussten (ARTER, Vorsorgeauftrag und Patientenverfügung, 659). Sodann haftet er für getreue und sorgfältige Ausführung des übertragenen Geschäfts (Art. 398 Abs. 2 OR; BSK OR I-WEBER, Art. 398 N 8 ff.; BK-FELLMANN, Art. 398 OR N 16 ff.). Dem Beauftragten kommt ferner eine Diskretions- und Geheimhaltungspflicht zu, die sich aus der obligationsrechtlichen Treuepflicht (Art. 398 Abs. 2 OR; BSK OR I-WEBER, Art. 398 N 11 ff.; BK-FELLMANN, Art. 398 OR N 23 ff.) ergibt (LANGENEGGER, in: Rosch/Büchler/Jakob, Art. 365 N 5). Der Vorsorgeauftrag als solcher ist stets persönlich auszuführen. Eine Delegation des Vorsorgeauftrags als Ganzes ist ausgeschlossen. Im Sinne von Art. 398 Abs. 3 OR können aber für einzelne Geschäfte Dritte beigezogen werden, wenn dies nötig, üblich oder wenn die Ermächtigung der Auftraggeberin vorliegt. Die Haftung für die Handlungen des beigezogenen Dritten richtet sich nach Art. 399 OR (vgl. BSK OR I-WEBER, Art. 399 N 1 ff.; BK-FELLMANN, Art. 399 OR N 10 ff.). Dabei beurteilt sich die Zulässigkeit der Substitution (Notwendigkeit, Übung oder Ermächtigung) durch einen Dritten nach Massgabe des konkreten Vorsorgeauftrags, dessen Auslegung und gegebenenfalls gegebenenfalls dessen Ergänzung (Art. 364 ZGB).

  - 12 Rechenschaftsablegung (Art. 400 OR; vgl. BSK OR I-WEBER, Art. 400 N 1 ff.; BK-FELLMANN, Art. 400 OR N 13 ff.): Der Vorsorgebeauftragte hat in Anwendung von Art. 400 OR über seine Geschäftsführung Rechenschaft abzulegen und die Gegenstände oder Mittel, die ihm zugekommen sind, herauszugeben. Aus diesem Grund hat der Beauftragte die Erfüllung seiner Aufgaben zu dokumentieren. Diese Rechenschaft und Herausgabe schuldet er zwar durchaus der Auftraggeberin. Die Erfüllung der Pflichten kann aber nicht von der Auftraggeberin selber geprüft werden. An ihrer Stelle handelt während der Dauer des Vorsorgeauftrags gegebenenfalls die ESB (Art. 368 Abs. 2). Bei Beendigung des Vorsorgeauftrags schuldet der Beauftragte entweder der Auftraggeberin selber Rechenschaft (wenn sie wieder urteilsfähig geworden ist: Art. 369 Abs. 1) oder deren Erben (wenn sie gestorben ist) oder dem Beistand, der an die Stelle des Beauftragten tritt.

13 o Übergang der erworbenen Rechte (Art. 401 OR; vgl. BSK OR I-Weber, Art. 401 N 1 ff.; BK-Fellmann, Art. 401 OR N 12 ff.): Forderungen und dingliche Rechte, die der Beauftragte im Namen der Auftraggeberin erworben hat, gehen gem. Art. 401 OR auf diese über bzw. kann diese herausverlangen.

14 – Verpflichtungen der Auftraggeberin (Art. 402 OR; vgl. BSK OR I-Weber, Art. 402 N 1 ff.; BK-Fellmann, Art. 402 OR N 11 ff.): Art. 402 OR regelt zunächst den Ersatz von Auslagen und «Verwendungen», welche die Auftraggeberin in Ausführung des Auftrags tätigen musste. Der Ersatz von notwendigen Spesen ist in Art. 366 Abs. 2 explizit geregelt. Soweit die Auslagen gem. Art. 402 OR umfassender zu verstehen sind (s. Art. 366 N 7; BSK OR I-Weber, Art. 402 N 4; Werro, Mandat, Rz 669 ff.), geht Art. 366 Abs. 2 vor. Darüber hinaus regelt Art. 402 OR die Befreiung von Verbindlichkeiten sowie den Ersatz von schuldlos eingetretenem Schaden gegenüber dem Beauftragten. Diese Regelungen gelten auch für den Vorsorgeauftrag.

15 – Haftung mehrerer (Art. 403 OR; BSK OR I-Weber, Art. 403 N 1 ff.; BK-Fellmann, Art. 403 OR N 11 ff.): Die gemeinschaftliche Erteilung eines Vorsorgeauftrags kommt naturgemäss nicht in Frage. Die Anwendung von Art. 403 Abs. 1 OR ist damit ausgeschlossen. Dagegen kann ein Vorsorgeauftrag durchaus mehrere Beauftragte vorsehen (Art. 360 N 35). Sie haften gegebenenfalls solidarisch (dazu Art. 456 ZGB).

16 **3. Beendigung** (Art. 404 ff. OR; vgl. BSK OR I-Weber, Art. 404 ff.; BK-Fellmann, Art. 404 ff. OR):

Zur Beendigung des Vorsorgeauftrags kennt das ZGB drei leges speciales, die Art. 404 ff. OR verdrängen: Es handelt sich um den Widerruf des Vorsorgeauftrags gem. Art. 362, die Kündigung gem. Art. 367 sowie um die Wiedererlangung der Urteilsfähigkeit gem. Art. 369. Nicht im ZGB geregelt ist die Beendigung bei Tod der Auftraggeberin oder des Beauftragten. Hierfür ist Art. 405 OR einschlägig. Beim Tod des Beauftragten sind gem. Art. 368 die erforderlichen Massnahmen zu treffen.

17 **Zusammenfassend** richten sich nicht nur die (Sorgfalts-) **Pflichten**, sondern auch die **Haftung** des Beauftragten nach dem Auftragsrecht (insb. Art. 397 Abs. 2, 398 Abs. 1 und 2, 399 und 404 Abs. 2 OR; vgl. Langenegger, in: Rosch/Büchler/Jakob, Art. 365 N 4; Minger, ZKE 2010, 31 f.; Hausheer/Geiser/Aebi-Müller, Erwachsenenschutzrecht, Rz 2.28; Widmer Blum, 289 und 318 ff.). Bei der Haftung des Beauftragten handelt es sich um eine **Haftung aus Vertrag**. Gemäss Art. 97 Abs. 1 OR haftet der Beauftragte mithin bei Vorliegen von Verschulden (Absicht oder Fahrlässigkeit). Das Verschulden wird in Art. 97 Abs. 1 OR insofern vermutet, als die Haftung nur dann entfällt, wenn der Verursacher des Schadens beweisen kann, dass ihm keinerlei Verschulden zur Last gelegt werden kann (Gauch/Schluep/Schmid, Rz 2980; ebenfalls Minger, ZKE 2010, 32). Zudem beträgt die Verjährungsfrist bei vertraglicher Haftung grundsätzlich zehn Jahre (Art. 127 OR) und nicht – wie bei ausservertraglicher Haftung – ein Jahr (Art. 60 OR; Minger, ZKE 2010, 32).

2. Aufgaben im Einzelnen

Zu unterscheiden sind die Aufgaben im Bereich der Personensorge einerseits (1.) und der Vermögenssorge andererseits (2.). In beiden Bereichen sollen die Handlungen und Entscheidungen des Beauftragten die Hilfsbedürftigkeit und Schutzbedürftigkeit der betroffenen Person kompensieren. Alle Aufgaben hat der Beauftragte grundsätzlich persönlich zu erfüllen (Hausheer/Geiser/Aebi-Müller, Erwachsenenschutzrecht, Rz 2.27; Aebi-Müller/Bienz, 75), was ihn aber nicht hindert, gegebenenfalls Hilfspersonen aufgrund deren Fachwissen oder Fachkompetenz beizuziehen (Art. 360 N 29). **18**

1. **Personensorge**: Die Personensorge umfasst die persönliche Fürsorge, also die Sorge und Entscheidung in allen persönlichen Angelegenheiten (Widmer Blum, 285). Der Umfang der Hilfeleistungen richtet sich nach den individuellen Bedürfnissen (Schmid, Art. 391 N 4), namentlich nach dem Gesundheitszustand und dem bisherigen Lebensstandard der betroffenen Person. Zur Fürsorge gehört die Sorge um das psychische und physische Wohl der hilfsbedürftigen Person, die Entscheidung über eine Heimeinweisung (Schmid, Art. 391 N 6) nach Rücksprache mit den Angehörigen, Ermöglichen von Sozialkontakten (Brückner, BN 2011, 44; Fountoulakis/Gaist, 157), Teilnahme an gesellschaftlichen Anlässen, usw. Diese Hilfeleistungen in persönlichen Angelegenheiten sind durch den Beauftragten nicht zwingend selber zu erbringen. Regelmässig zieht er dazu Hilfspersonen bei, etwa Ärzte und andere medizinische Fachpersonen, Hauspflegedienste, Angehörige usw. **19**

2. **Vermögenssorge**: Die Vermögenssorge umfasst den Erhalt und die Verwaltung des Vermögens (inkl. Einkommensverwaltung) (Widmer Blum, 285 f.; Langenegger, in: Rosch/Büchler/Jakob, Art. 360 N 23; Schmid, Art. 391 N 4). Die Vermögenssorge setzt auch das Öffnen der Post voraus (Hausheer/Geiser/Aebi-Müller, Erwachsenenschutzrecht, Rz 2.27; Aebi-Müller/Bienz, 75), sodann die Begleichung laufender Rechnungen und den Abschluss von Bankgeschäften. Bei Wertschriften erfolgt die Verwaltung regelmässig durch die Delegation an die Bank oder den Treuhänder, die insofern als Hilfspersonen amten. Die mit den Wertschriften, namentlich mit Aktien, verbundenen Rechte kann ein Urteilsunfähiger nicht mehr selber ausüben, weshalb diese Rechte ebenfalls vom Beauftragten ausgeübt werden. In den Personengesellschaften spielt die persönliche Implikation des Gesellschafters eine grosse Rolle. Daher wird bei umfassender Beistandschaft eines Gesellschafters z.B. eine einfache Gesellschaft aufgelöst (Art. 545 Ziff. 3 OR). Es stellt sich mithin die Frage nach den Konsequenzen, wenn der Vorsorgeauftrag an sich die gleichen Wirkungen hat wie eine umfassende Beistandschaft. In diesem Fall müsste analog dasselbe gelten wie bei behördlich angeordneter Beistandschaft, da der Vorsorgebeauftragter gleichsam an der Stelle eines Beistandes handelt. Eine sorgfältige Vermögenssorge setzt sodann eine jederzeit mögliche Berichterstattung und Rechenschaftsablegung und mithin eine sorgfältige Dokumentation der betreuten Geschäfte und erfüllten Aufgaben voraus (Art. 404 OR). Diese Dokumente können von der betroffenen Person (bei Wiedererlangen der Urteilsfähigkeit), von deren Erben (nach deren Tod), von der ESB und gegebenenfalls vom Beistand herausverlangt werden (Hausheer/Geiser/Aebi-Müller, Erwachsenenschutzrecht, Rz 2.27; Aebi-Müller/Bienz, 75). **20**

IV. Vom Auftrag nicht gedeckte Geschäfte und Interessenkollision

Der Beauftragte handelt für und vertritt die Auftraggeberin im Rahmen des Vorsorgeauftrags. Fallen aber Geschäfte an, die vom Vorsorgeauftrag nicht gedeckt sind, oder tritt eine Interessenkollision ein, wird der Rahmen des Vorsorgeauftrags überschritten. Diesfalls benachrichtigt der Beauftragte die ESB. Diese Aussage ist zu präzisieren: **21**

22 1. Der Beauftragte muss die ESB über den Wortlaut von Art. 365 Abs. 2 hinaus und ganz allgemein auch dann benachrichtigen, wenn seines Erachtens Massnahmen des Erwachsenenschutzes erforderlich sind. Das ergibt sich aus der Sorgfalts- und Treuepflicht (Botschaft Erwachsenenschutz, 7028; s. auch LANGENEGGER, in: Rosch/Büchler/Jakob, Art. 365 N 9).

23 2. Eine Interessenkollision erfordert nur dann die Benachrichtigung, wenn sie von der Auftraggeberin nicht bewusst in Kauf genommen wurde. Denn das Vertrauensverhältnis zwischen ihr und dem Beauftragten kann gewisse Interessenkollisionen einschliessen, die erstere u.U. bewusst in Kauf genommen hat.

24 Die sorgfältige Ausführung des Vorsorgeauftrags umfasst die unverzügliche **Benachrichtigung der ESB**, wenn der Beauftragte feststellt, dass Geschäfte besorgt werden müssen, welche nicht von seinem Auftrag abgedeckt sind, oder wenn aus anderen Gründen weitere Massnahmen des Erwachsenenschutzes zur Wahrung der Interessen des Urteilsunfähigen notwendig sind (Art. 365 Abs. 2; vgl. für den einfachen Auftrag auch Art. 397a OR). Unverzüglich bedeutet zu einem Zeitpunkt, in dem allenfalls noch keine konkreten Geschäfte zu besorgen sind, aber die abstrakte Interessenkollision oder die nicht geregelte Aufgabe bereits erkennbar sind (LANGENEGGER, in: Rosch/Büchler/Jakob, Art. 365 N 10). Sind **vom Vorsorgeauftrag nicht gedeckte Geschäfte** zu tätigen und handelt es sich nicht bloss um eine Lücke in Nebenpunkten, die durch eine blosse Ergänzung des Vorsorgeauftrags gefüllt werden könnte (Art. 364), so hat die Behörde eine Massnahme anzuordnen. Sie kann den Vorsorgebeauftragten für die erweiterten Aufgaben als Beistand einsetzen (Botschaft Erwachsenenschutz 7028; HAUSHEER/GEISER/AEBI-MÜLLER, Erwachsenenschutzrecht, Rz 2.27; AEBI-MÜLLER/BIENZ, 75; MEIER/LUKIC, Rz 232). Liegt dagegen eine (von der Auftraggeberin nicht bewusst in Kauf genommene) Interessenkollision vor, entfallen die Befugnisse des Beauftragten von Gesetzes wegen (Art. 365 Abs. 3; LANGENEGGER, in: Rosch/Büchler/Jakob, Art. 365 N 8; SCHMID, Art. 365 N 4; HAUSHEER/GEISER/AEBI-MÜLLER, Erwachsenenschutzrecht, Rz 2.25), jedoch einzig für jene Angelegenheit, in der sich die Kollision ergibt. In allen anderen Bereichen bleibt der Beauftragte unverändert zum Handeln befugt (SCHMID, Art. 365 N 4).

Art. 366

F. Entschädigung und Spesen

[1] Enthält der Vorsorgeauftrag keine Anordnung über die Entschädigung der beauftragten Person, so legt die Erwachsenenschutzbehörde eine angemessene Entschädigung fest, wenn dies mit Rücksicht auf den Umfang der Aufgaben als gerechtfertigt erscheint oder wenn die Leistungen der beauftragten Person üblicherweise entgeltlich sind.

[2] Die Entschädigung und die notwendigen Spesen werden der auftraggebenden Person belastet.

F. Rémunération et frais

[1] Lorsque le mandat pour cause d'inaptitude ne contient pas de disposition sur la rémunération du mandataire, l'autorité de protection de l'adulte fixe une indemnisation appropriée si cela apparaît justifié au regard de l'ampleur des tâches à accomplir ou si les prestations du mandataire font habituellement l'objet d'une rémunération.

[2] La rémunération et le remboursement des frais justifiés sont à la charge du mandant.

F. Compenso e spese

[1] Qualora il mandato precauzionale non contenga disposizioni sul compenso del mandatario, l'autorità di protezione degli adulti stabilisce un com-

penso adeguato, se ciò appare giustificato dell'estensione dei compiti o se le prestazioni del mandatario sono abitualmente fornite a titolo oneroso.

[2] Il compenso e le spese necessarie sono a carico del mandante.

Inhaltsübersicht

Literatur und Materialien

Vgl. die Hinweise von Art. 360.

I. Entschädigung

1 Das Gesetz unterscheidet zwischen der Entschädigung im Sinn der Abgeltung des Arbeitsaufwands (Honorar) einerseits und den (notwendigen) Spesen andererseits.

Im Zusammenhang mit der Entschädigung stellen sich zwei Fragen: erstens die Frage der Entgeltlichkeit des Vorsorgeauftrags im Grundsatz (1.) und zweitens gegebenenfalls jene nach der Höhe der Entschädigung (2.).

1. Grundsatz

2 Die Frage der **Entgeltlichkeit** des Vorsorgeauftrags wird in Art. 366 Abs. 1 nicht grundsätzlich geklärt (vgl. auch Botschaft Erwachsenenschutz, 7029). Diese Entscheidung ist somit im Einzelfall zu treffen. Sie obliegt **primär der Auftraggeberin** (s.a. Art. 404 N 14). Äussert sich der Vorsorgeauftrag nicht zur Frage der Entschädigung, ist zunächst durch Auslegung zu ermitteln, ob die Auftraggeberin die Regelung der Frage vergessen hat oder ob sie sich bewusst für die Unentgeltlichkeit entschieden hat. Nur im ersten Fall lässt Art. 366 die Ergänzung durch die ESB zu. Will dagegen die Auftraggeberin für die Bemühungen des Beauftragten kein Entgelt bezahlen, liegt eine Regelung vor, gegen die nicht verstossen werden darf. Der Beauftragte kann den Vorsorgeauftrag so annehmen. Nimmt er ihn (wegen der Unentgeltlichkeit) nicht an, bleibt der ESB nichts anderes übrig, als einen Beistand zu ernennen und dessen Entschädigung gem. Art. 404 festzulegen. Dieser hat stets Anspruch auf Entschädigung und Spesenersatz. Als Beistand kann dabei die im Vorsorgeauftrag bezeichnete Vertrauensperson ernannt werden. Im Ergebnis trägt die betroffene Person die Kosten ohnehin (s. N 8 f.).

3 Hat die ESB die Frage der Entschädigung i.S.v. Art. 366 zu regeln, so legt sie eine Entschädigung nur dann fest, wenn eine solche mit Rücksicht auf den **Umfang des Auftrages** gerechtfertigt erscheint oder die Leistungen des Beauftragten **üblicherweise entgeltlich** sind. Gestützt auf diese Formulierung des Gesetzes ist Unentgeltlichkeit anzunehmen, wenn nicht der Umfang der Leistungen oder die Übung im konkreten Geschäftsbereich etwas anderes nahelegen bzw. verlangen (Arter, Vorsorgeauftrag und Patientenverfügung, 659; Hausheer/Geiser/Aebi-Müller, Erwachsenenschutzrecht, Rz 2.28; s. auch Langenegger, in: Rosch/Büchler/Jakob, Art. 366 N 2; **a.M.** Schmid, Art. 366 N 2). Wie der Auftrag gem. Art. 394 ff. OR ist mithin auch der Vorsorgeauftrag

nur dann entgeltlich, wenn dies vereinbart oder üblich ist. Für die Frage der Üblichkeit eines Entgelts kann mithin auf Lehre und Rechtsprechung zum Auftrag abgestellt werden (BGE 120 V 515 E. 4; 117 II 282 E. 4a und b; BK-FELLMANN, Art. 394 OR N 373 ff. m.w.H.; CHK-GEHRER/GIGER, Art. 394 OR N 23; GMÜR, Rz 228 ff.; BSK OR I-WEBER, Art. 394 N 35 ff.; CR CO I-WERRO, Art. 394 N 37 ff.). Im heutigen Geschäftsverkehr gilt die faktische Vermutung für die Entgeltlichkeit eines Auftrags (BK-FELLMANN, Art. 394 OR N 366 und 388; CHK-GEHRER/GIGER, Art. 394 OR N 23; BSK OR I-WEBER, Art. 394 N 16 und 35). Mit Bezug auf den Vorsorgeauftrag gilt diese faktische Vermutung nicht nur im Bereich der Vermögenssorge, sondern auch im Bereich der Personensorge, ist diese doch häufig weitaus aufwändiger als eine Vermögenssorge und ist die Personensorge heute ja ebenso ein Geschäftsbereich (Spitex, Heime) wie die Vermögenssorge. Liegen die Voraussetzungen für die Entgeltlichkeit vor, spricht der Umstand, dass der Beauftragte mit der Auftraggeberin verwandt ist, nicht gegen die Entschädigung (LANGENEGGER, in: Rosch/Büchler/Jakob, Art. 366 N 2).

2. Höhe

4 Ist der Vorsorgeauftrag entgeltlich, weil die Auftraggeberin es so bestimmt hat, weil es mit Rücksicht auf den Umfang der Leistungen gerechtfertigt ist oder weil die erforderlichen Leistungen üblicherweise entgeltlich erbracht werden, so ist die Höhe der Entschädigung festzulegen. Auch hierfür ist in erster Linie auf die **Angaben der Auftraggeberin** im Vorsorgeauftrag abzustellen. Wurde durch die Auftraggeberin eine zu hohe Entschädigung festgesetzt, so dass deren Interessen gefährdet sind, ist es an der ESB, diese Entschädigung gestützt auf Art. 368 Abs. 1 zum Schutz der Auftraggeberin zu reduzieren, und zwar bereits im Rahmen der Prüfung der Wirksamkeitsvoraussetzungen (Art. 363; ProtKomm. StR, 2./3.7.2007, 19; SCHMID, Art. 366 N 4) und nicht gestützt auf Art. 366 Abs. 1 i.V.m. Art. 364 (LANGENEGGER, in: Rosch/Büchler/Jakob, Art. 366 N 3). Eine nach Ansicht des Beauftragten zu tiefe Entschädigung kann dagegen i.d.R. nicht erhöht werden, weil der Wille der Auftraggeberin zu berücksichtigen ist. Liegt eine Erhöhung ausnahmsweise im Interesse der Auftraggeberin und widerspricht er ihrem (mutmasslichen) Willen nicht, darf ausnahmsweise von der Anordnung der Auftraggeberin abgewichen und eine Erhöhung angeordnet werden (bei veränderten Verhältnissen s. N 5).

5 Äussert sich die Auftraggeberin nicht dazu, so wird die Höhe der Entschädigung **durch die ESB** festgelegt, wobei sie sich von der Angemessenheit des Einzelfalls, insb. Zeitaufwand und Umfang der Aufgabe, Komplexität und Verantwortung sowie wirtschaftlichen Verhältnissen der Auftraggeberin leiten lässt (vgl. Botschaft Erwachsenenschutz, 7029; LANGENEGGER, in: Rosch/Büchler/Jakob, Art. 366 N 2; SCHMID, Art. 366 N 5 und 7). Dieselben Kriterien werden auch im Auftragsrecht des OR angewendet (BGE 101 II 109; 83 II 151; 92 II 168; BK-FELLMANN, Art. 394 OR N 395 ff. m.w.H.; CHK-GEHRER/GIGER, Art. 394 OR N 23; GMÜR, Rz 313 ff.; **a.M.** BSK OR I-WEBER, Art. 394 N 39, der auch für die Höhe primär auf die Übung abstellen will; s. auch BGE 117 II 282 E. 4a). Die ESB berücksichtigt ebenfalls, ob die Tätigkeit des Beauftragten in vergleichbaren Situationen entgeltlich wäre. So wird einem Verwandten u.U. weniger zugesprochen als einem professionellen Beauftragten (SCHMID, Art. 366 N 8). Daher können für verschiedene Aufgaben auch verschiedene Honoraransätze gelten. Bei deren Festlegung wird sich die ESB von einheitlichen Kriterien leiten lassen und wohl Richtlinien erlassen bzw. sich von den Richtlinien inspirieren lassen, die von den Kantonen für die Beistandschaften erlassen werden (Art. 404; LANGENEGGER, in: Rosch/Büchler/Jakob, Art. 366 N 3) oder für andere Berufsverbände mit ähnlichen Aufgaben (Anwaltstarif bei anwaltlichen Tätigkeiten; Spitex-Tarif bei Pflegeleistungen) bereits bestehen. Im Rahmen von Art. 366 Abs. 1 erlässt

die ESB mithin eine eigene Regel. Diese Regel ist ihrerseits i.S.v. Art. 364 auslegungsbedürftig und ergänzungsfähig. Insbesondere kann die (einmal festgelegte) Entschädigung oder auch die einmal angenommene Unentgeltlichkeit veränderten Verhältnissen angepasst werden (HAUSHEER/GEISER/AEBI-MÜLLER, Erwachsenenschutzrecht, Rz 2.28; MEIER, FS Bucher, 64 f.; WIDMER BLUM, 288; LANGENEGGER, in: Rosch/Büchler/Jakob, Art. 366 N 3).

Der **Beauftragte entscheidet**, ob er den Vorsorgeauftrag annehmen will, wie er angeordnet wird, mit oder ohne Entschädigung: Wird eine Entschädigung angeordnet, kann der Beauftragte die ESB darum ersuchen, die Entschädigungsregel des Vorsorgeauftrags auszulegen oder zu ergänzen, z.B. bei veränderten Verhältnissen (HAUSHEER/GEISER/AEBI-MÜLLER, Erwachsenenschutzrecht, Rz 2.28; WIDMER BLUM, 288; LANGENEGGER, in: Rosch/Büchler/Jakob, Art. 366 N 3). Er kann auf die Entschädigung auch ganz oder teilweise verzichten (LANGENEGGER, in: Rosch/Büchler/Jakob, Art. 366 N 4). Fehlt eine Anordnung mit Bezug auf die Entschädigung (und liegt auch keine implizite Anordnung der Unentgeltlichkeit vor), hat sich die ESB zur Entgeltlichkeit sowie gegebenenfalls zur Höhe des Entgelts zu äussern. Es liegt auch hier am Beauftragten, darüber zu entscheiden, ob er gegebenenfalls einen unentgeltlichen Auftrag oder einen entgeltlichen Auftrag mit einem bestimmten Honorar annehmen will (LANGENEGGER, in: Rosch/Büchler/Jakob, Art. 366 N 1; HAUSHEER/GEISER/AEBI-MÜLLER, Erwachsenenschutzrecht, Rz 2.28). Erscheint ihm das Honorar zu niedrig, kann er gegebenenfalls den Entscheid der ESB gem. Art. 450 mit **Beschwerde** anfechten oder aber den Auftrag schlicht ablehnen. Im letzteren Fall hat die ESB einen Beistand zu ernennen und ebenfalls dessen Honorar festzulegen (Art. 404 N 18 ff.). 6

II. Spesen

Spesen sind Auslagen und Aufwendungen, die mit der Erfüllung des Auftrags zusammenhängen (z.B. Reisespesen, Verpflegungsspesen, Porti, Telefonkosten). Nach Art. 366 Abs. 2 werden «notwendige» Spesen ersetzt, während nach Auftragsrecht des OR sämtliche Spesen ersatzpflichtig sind, die in «richtiger Ausführung des Auftrages» getätigt worden sind (Art. 402 Abs. 1 OR). Trotz der unterschiedlichen Formulierung geht es in beiden um den objektiv sinnvollen Aufwand ohne Verursachung unnötiger Kosten. Fallen bei der Erfüllung des Vorsorgeauftrags nach den Umständen gebotene Spesen an, werden sie unabhängig von der «richtigen» Erfüllung ersetzt (BGE 59 II 245 E. 5; BK-FELLMANN, Art. 402 OR N 29 ff., insb. 37 und 76; BSK OR I-WEBER, Art. 402 N 6; CHK-GEHRER/GIGER, Art. 394 OR N 18 ff.). Sie werden ferner auch dann ersetzt, wenn der Vorsorgeauftrag unentgeltlich ist, also keine Entschädigung geschuldet ist (SCHMID, Art. 366 N 10; DESCHENAUX/STEINAUER, Personnes, Rz 953; BK-FELLMANN, Art. 402 OR N 26 f.; CHK-GEHRER/GIGER, Art. 394 OR N 19). 7

III. Schuldnerin

Sowohl die Entschädigung als auch die Spesen gehen **zulasten der Auftraggeberin**. Sie wird von Gesetzes wegen Schuldnerin dieser Kosten, welche folglich aus ihrem Vermögen bzw. aus ihren Einkünften zu begleichen sind. Kann die Auftraggeberin diese Schulden nicht oder nicht vollumfänglich decken, sind grundsätzlich zwei Wege denkbar: Entweder verzichtet der Beauftragte ganz oder teilweise auf die Entschädigung. Oder aber das Gemeinwesen hat die Kosten unter dem Titel der Unterhaltskosten im Sinne des Sozialhilferechts zu tragen (LANGENEGGER, in: Rosch/Büchler/Jakob, Art. 366 N 4; SCHMID, Art. 366 N 12). Sind die Mittel der Auftraggeberin beschränkt, wird die ESB bzw. das Gemeinwesen mit dem Beauftragten die Kosten aushandeln. Häufig wird sich eine Fallpau- 8 schale aufdrängen, damit die Kosten überblickbar bleiben. Die Übernahme dieser Kosten ist gerechtfertigt, erspart sich doch das Gemeinwesen damit die Kosten für die Beistandschaft (s. auch LANGENEGGER, in: Rosch/Büchler/Jakob, Art. 366 N 4).

9 Nimmt der Beauftragte den Vorsorgeauftrag mit der von der Auftraggeberin oder der ESB festgelegten Honorarregelung an, so kann er sich die **Entschädigung** aufgrund dieser Ansätze aus dem Vermögen der Auftraggeberin **selber auszahlen**. Eine Kontrolle erfolgt erst am Ende des Auftrags durch die Auftraggeberin selber, wenn sie wieder urteilsfähig wird, durch die Erben der Auftraggeberin, wenn diese gestorben ist, oder durch die Behörde, falls ein Beistand ernannt werden musste. Ein Streit über die Honorarforderung des Beauftragten mit der Auftraggeberin oder deren Erben ist eine zivilrechtliche Angelegenheit, die von den Zivilgerichten und nicht von der ESB oder der Beschwerdeinstanz gem. Art. 450 zu entscheiden ist. Die ESB kann allerdings zum Schutz der Auftraggeberin stets eingreifen, wenn Unregelmässigkeiten befürchtet werden müssen. Dazu ernennt sie einen Beistand, der den Sachverhalt abklärt.

Art. 367

G. Kündigung

[1] Die beauftragte Person kann den Vorsorgeauftrag jederzeit mit einer zweimonatigen Kündigungsfrist durch schriftliche Mitteilung an die Erwachsenenschutzbehörde kündigen.

[2] Aus wichtigen Gründen kann sie den Auftrag fristlos kündigen.

G. Résiliation

[1] Le mandataire peut résilier le mandat en tout temps, en informant par écrit l'autorité de protection de l'adulte, moyennant un délai de deux mois.

[2] Il peut le résilier avec effet immédiat pour de justes motifs.

G. Disdetta

[1] Il mandatario può disdire il mandato precauzionale in ogni tempo mediante comunicazione scritta all'autorità di protezione degli adulti e preavviso di due mesi.

[2] Per motivi gravi il mandatario può disdire il mandato senza preavviso.

Inhaltsübersicht

Literatur und Materialien

Vgl. die Hinweise zu Art. 360.

I. Ordentliche Kündigung

1 Während der obligationenrechtliche Auftrag nach Art. 404 Abs. 1 OR von beiden Parteien jederzeit (also fristlos) kündbar ist (zur Frage des zwingenden Charakters dieser Bestimmung: pro: BGE 117 II 392; 115 II 464; 109 II 467; BGer vom 29.7.2008, 4A.213/2008; BGer vom 31.2.2005, 4C.447/2004; contra: BK-FELLMANN, Art. 404 OR N 105 f.; GAUCH, recht 1992, 14; CR CO I-WERRO, Art. 404 N 16; CHK-GEHRER/GIGER, Art. 404 OR N 7; BSK OR I-WEBER, Art. 404 N 9 ff.), besteht beim Vorsorgeauftrag auf der Seite

des Beauftragten (zur Auftraggeberin s. N 4) zu Recht eine **zweimonatige Kündigungsfrist** (Art. 367 Abs. 1). Die zweimonatige Frist muss ab dem **Zeitpunkt des Eintreffens** der Kündigung bei der ESB eingehalten werden. Die Frist endet an jenem Tag des zweiten Monats, der durch seine Zahl dem Tag des Eintreffens der Kündigung entspricht, und, wenn dieser Tag im zweiten Monat fehlt, auf den letzten Tag dieses Monats (Art. 77 Abs. 1 Ziff. 3 i.V.m. Abs. 2 OR). Kündigt der Beauftragte auf den 15. März, muss sein Schreiben der ESB am 15. Januar zugehen. Soll die Kündigung auf den 30. September wirksam werden, muss sie der Behörde am 31. Juli zugehen. Geht sie später zu, verschiebt sich die Wirkung um die entsprechende Anzahl Tage. Durch die zweimonatige Kündigungsfrist soll der ESB genügend Zeit zur Verfügung gestellt werden, um die notwendigen Massnahmen zu ergreifen und allenfalls einen Beistand zu ernennen (SCHMID, Art. 367 N 3). Es handelt sich mithin um eine Minimalfrist. Wird eine längere Frist eingehalten, ist dies im Normalfall zu akzeptieren, weil davon grundsätzlich alle profitieren (LANGENEGGER, in: Rosch/Büchler/Jakob, Art. 367 N 1).

Es bestehen **keine Kündigungstermine**. Die Kündigung kann vielmehr jederzeit erfolgen und muss auch nicht per Ende eines Monats ausgesprochen werden. 2

Empfängerin der Kündigung ist die ESB am Wohnsitz der betroffenen Person (Art. 442). Eine unzuständige Behörde hat das Kündigungsschreiben an die zuständige Behörde weiterzuleiten. Trifft dieses rechtzeitig bei der zuständigen Behörde ein (z.B. am 31. Juli für eine Kündigung per 30. September), ist die Kündigung wirksam. Trifft sie nicht rechtzeitig ein (z.B. am 1. August für eine Kündigung per 30. September), so wird sie erst per 1. Oktober wirksam. 3

Die einfache schriftliche **Form** (vgl. Art. 13–15 OR) ist für die Kündigung des Vorsorgeauftrags ausreichend. Eine **Begründung** ist **nicht** erforderlich (Botschaft Erwachsenenschutz, 7029; SCHMID, Art. 367 N 4; HAUSHEER/GEISER/AEBI-MÜLLER, Erwachsenenschutzrecht, Rz 2.21). 4

Das **Kündigungsrecht** steht alleine dem Beauftragten zu. Die Auftraggeberin kann nicht kündigen, da sie ja naturgemäss während der Dauer des Vorsorgeauftrags urteilsunfähig ist. Die Auftraggeberin selber kann den Vorsorgeauftrag (als einseitiges Rechtsgeschäft) nur solange widerrufen, als sie urteilsfähig ist. Dafür ist sie an keine Frist gebunden (Art. 362). Nach Eintritt der Urteilsunfähigkeit kann sie selber den Vorsorgeauftrag (der nunmehr ein vertragsähnliches Rechtsverhältnis ist, da der Beauftragte den Auftrag angenommen hat) nicht mehr kündigen. Als Kompensation dafür kann die ESB einschreiten und die erforderlichen Massnahmen treffen (Art. 368 N 12). Auch die Angehörigen der Auftraggeberin können nicht kündigen. Ihnen steht nur (aber immerhin) eine Mitteilung an die ESB zu, welche die erforderlichen Massnahmen trifft (Art. 368 N 12). Dazu kann auch die Entlassung des Beauftragten gehören. 5

Wurden **mehrere Personen** durch den Vorsorgeauftrag beauftragt, so kann jeder für sich alleine kündigen, ohne dass die Kündigung Wirkungen für die anderen entfalten würde (SCHMID, Art. 367 N 2). Sollten mit der Kündigung eines von mehreren Beauftragten die Interessen der Auftraggeberin nicht mehr gewahrt sein, kann die ESB nach Art. 368 handeln (SCHMID, Art. 367 N 2). 6

II. Fristlose Kündigung

Eine fristlose Kündigung kann nur erfolgen, wenn **wichtige Gründe** vorliegen. Analog zu Art. 337 Abs. 2 OR geht es dabei um Gründe, die nach Treu und Glauben die Fortführung des Vorsorgeauftrags verunmöglichen (vgl. BSK OR I-PORTMANN, Art. 337 N 1 ff.) und 7 das Einhalten der Kündigungsfrist als unzumutbar erscheinen lassen. Dies ist etwa der Fall bei Entstehung von nicht voraussehbaren Interessenkollisionen, bei Verschlechterung des Gesundheitszustandes des Beauftragten (Langenegger, in: Rosch/Büchler/Jakob, Art. 367 N 2), bei dessen Verreisen ins Ausland, bei unmöglichem Verhalten der Auftraggeberin oder deren Umfeld. Die Frage, ob wichtige Gründe vorliegen, entscheidet die zuständige ESB. **Fehlen wichtige Gründe**, ist die Kündigung primär als ordentliche Kündigung zu qualifizieren und der Beauftragte erst nach zwei Monaten aus dem Auftrag zu entlassen. Legt dieser ungeachtet des Fehlens der Gründe seinen Auftrag sofort nieder, wird er der Auftraggeberin für den daraus entstehenden Schaden verantwortlich und hat ihn zu ersetzen (Art. 404 Abs. 2 OR; Langenegger, in: Rosch/Büchler/Jakob, Art. 367 N 2; Schmid, Art. 367 N 5).

8 **Streitigkeiten** über die Beendigung des Vorsorgeauftrags und allfälligen Schadenersatz sind zivilrechtlicher Natur und somit vom Zivilgericht zu entscheiden.

9 Die ESB hat die Möglichkeit, auf eine fristlose Kündigung zu reagieren, indem sie **vorsorglich eine Erwachsenenschutzmassnahme** anordnet (vgl. Art. 445 Abs. 1 Satz 2; Schmid, Art. 367 N 6).

Art. 368

H. Einschreiten der Erwachsenenschutzbehörde

[1] Sind die Interessen der auftraggebenden Person gefährdet oder nicht mehr gewahrt, so trifft die Erwachsenenschutzbehörde von Amtes wegen oder auf Antrag einer nahestehenden Person die erforderlichen Massnahmen.

[2] Sie kann insbesondere der beauftragten Person Weisungen erteilen, diese zur Einreichung eines Inventars, zur periodischen Rechnungsablage und zur Berichterstattung verpflichten oder ihr die Befugnisse teilweise oder ganz entziehen.

H. Intervention de l'autorité de protection de l'adulte

[1] Si les intérêts du mandant sont compromis ou risquent de l'être, l'autorité de protection de l'adulte prend les mesures nécessaires d'office ou sur requête d'un proche du mandant.

[2] Elle peut notamment donner des instructions au mandataire, lui ordonner d'établir un inventaire des biens du mandant, de présenter périodiquement des comptes et des rapports ou lui retirer ses pouvoirs en tout ou en partie.

H. Intervento dell'autorità di protezione degli adulti

[1] Se gli interessi del mandante sono esposti a pericolo o non sono più salvaguardati, l'autorità di protezione degli adulti prende le misure necessarie, d'ufficio o su domanda di una persona vicina al mandante.

[2] Essa può in particolare impartire istruzioni al mandatario, obbligarlo a compilare un inventario, a presentare periodicamente i conti e a fare rapporto oppure può privarlo in tutto o in parte dei poteri.

Inhaltsübersicht

Literatur und Materialien

Vgl. die Hinweise zu Art. 360.

I. Zweck der Bestimmung

Nach Eintritt der Urteilsunfähigkeit kann die betroffene Person den Vorsorgeauftrag nicht mehr selber beenden (vgl. LANGENEGGER, in: Rosch/Büchler/Jakob, Art. 368 N 1; HAUSHEER/GEISER/AEBI-MÜLLER, Erwachsenenschutzrecht, Rz 2.35). Gleichzeitig legt die Auftraggeberin mit dem Vorsorgeauftrag ihr gesamtes persönliches und vermögensrechtliches Schicksal in die Hände des Beauftragten. Diesem kommt mithin eine grosse Einflussmöglichkeit, mitunter eine gleichsam unbeschränkte Macht zu. Die Auftraggeberin ist daher darauf angewiesen, dass gegebenenfalls die ESB tätig wird: von Amtes wegen oder auf Gesuch ihrer Angehörigen. Die ESB soll im Interesse der betroffenen Person einschreiten und die erforderlichen Massnahmen treffen können (N 3 ff.). Die Regelung dient mithin dem Schutz der betroffenen Person nach Eintritt der Urteilsunfähigkeit. 1

II. Voraussetzungen

Da die Bestimmung den Interessen der betroffenen Person dienen soll, darf die ESB nicht ohne Weiteres einschreiten, sondern nur unter bestimmten Voraussetzungen (HOTZ, ZKE 2011, 112). Vorausgesetzt ist die **Gefährdung** der Interessen der Auftraggeberin oder die **fehlende Wahrung** der Interessen. Eine tatsächliche Gefahr ist mithin nicht erforderlich. Es genügt, wenn die Interessen überhaupt nicht mehr oder nicht mehr richtig wahrgenommen werden, der Beauftragte also bloss passiv bleibt oder nachlässig, unaufmerksam handelt (ohne dass bereits eine Interessengefährdung vorliegen würde). Hauptanwendungsfälle werden Situationen sein, in denen **der Beauftragte** seine Befugnisse überschreitet oder aus persönlichen, gesundheitlichen, zeitlichen oder anderen Gründen nicht mehr in der Lage oder nicht mehr geeignet ist, den Vorsorgeauftrag zu erfüllen (SCHMID, Art. 368 N 2). Eine Sorgfaltspflichtverletzung ist nicht erforderlich. Es genügt, wenn die Interessen der Auftraggeberin nicht mehr gewahrt werden oder in Gefahr sind (SCHMID, Art. 368 N 3). Liegt eine «blosse» Interessenkollision vor, ist Art. 368 Abs. 1 hingegen nicht anwendbar, denn diese Situation wird von Art. 365 Abs. 2 und 3 erfasst (SCHMID, Art. 368 N 2). Möglich ist auch, dass sich die Verhältnisse auf der Seite der **Auftraggeberin** so verändern, dass der Vorsorgeauftrag nicht mehr die angemessene Massnahme ist, sondern andere oder zusätzliche Massnahmen erforderlich sind. 2

III. Erforderliche Massnahmen

Bei der Anordnung der erforderlichen Massnahmen hat sich die ESB an das Subsidiaritäts- (Art. 389; SCHMID, Art. 368 N 5) und das Verhältnismässigkeitsprinzip zu halten (LANGENEGGER, in: Rosch/Büchler/Jakob, Art. 368 N 1). Aus diesem Grund haben die angeordneten Massnahmen sowohl erforderlich und geeignet als auch zumutbar zu sein. Das Gesetz selber zählt in Abs. 2 mögliche Massnahmen – nicht abschliessend – auf. Zu unterscheiden sind Massnahmen im Rahmen des bestehenden Vorsorgeauftrags (1.), Massnahmen in Ergänzung des Vorsorgeauftrags (2.) sowie Massnahmen zur Aufhebung des Vorsorgeauftrags (3.). 3

4 So ist in Fällen, in denen der Beauftragte für den Vorsorgeauftrag nicht mehr geeignet ist, z.B. an die Bestellung einer Beistandschaft zu denken (SCHMID, Art. 368 N 6). Weitere Möglichkeiten sind eigenes Handeln durch die ESB oder Anordnung eines Zustimmungserfordernis bei gewissen Geschäften (SCHMID, Art. 368 N 7).

1. Massnahmen im Rahmen des Vorsorgeauftrags

5 Die mildesten Massnahmen stellen jene dar, die im Rahmen des bestehenden Vorsorgeauftrags Geltung haben können. Es sind dies **Weisungen** an den Beauftragten über die Ausführung des Vorsorgeauftrags. Diese Weisungen verstärken, unterstützen und ergänzen grundsätzlich jene der Auftraggeberin. Können die Interessen der Auftraggeberin nicht anders geschützt werden, ist auch der Ersatz der eigenen Weisungen denkbar. Im Interesse und zum Schutz der Auftraggeberin können auch von ihr erteilte Weisungen und Ermächtigungen aufgehoben oder abgeändert werden (LANGENEGGER, in: Rosch/Büchler/Jakob, Art. 368 N 5). Das ist aber nur zulässig, wenn gleichzeitig Sinn und Geist des Vorsorgeauftrags gewahrt bleiben. Muss davon abgewichen werden, genügen Weisungen nicht, sondern sind Massnahmen ausserhalb des Vorsorgeauftrags zu treffen (N 8). Hat etwa die Auftraggeberin den Beauftragten angewiesen, (aus Kostengründen) für die Vermögensverwaltung keinesfalls eine Hilfsperson beizuziehen, hat sich aber ihre Vermögensstruktur erheblich kompliziert, weil sie mehrere Mehrheitsbeteiligungen von Unternehmen geerbt hat, so darf die ESB den Beauftragten durchaus anweisen, für die Bewirtschaftung dieser Mehrheitsbeteiligungen einen Berater beizuziehen, wenn davon auszugehen ist, dass dies im Interesse und dem Willen der Auftraggeberin entspricht, hätte sie damals Kenntnis von den späteren Erbschaften gehabt.

6 Der Beauftragte kann ferner zur **Einreichung eines Inventars** oder zur **periodischen Rechnungsstellung** sowie zur (periodischen) **Berichterstattung** verpflichtet werden.

7 Zu den Massnahmen im Rahmen des Vorsorgeauftrags kann auch die **Erhöhung** bzw. **die Senkung des von der** Auftraggeberin festgelegten **Honorars** wegen Veränderung der Verhältnisse, namentlich der erheblichen Erhöhung oder Senkung des Aufwands und der Komplexität des Auftrags gehören. Vorausgesetzt ist, dass das Abweichen von einer Anordnung der Auftraggeberin in deren Interesse liegt und ihrem (mutmasslichen) Willen nicht widerspricht (Art. 366 N 4 f.). Nicht zulässige Massnahmen sind dagegen die Ernennung eines neuen Beauftragten oder die Verlängerung eines (von der Auftraggeberin) befristeten Vorsorgeauftrags, denn diese würden gegen das Selbstbestimmungsrecht verstossen.

2. Massnahme in Ergänzung des Vorsorgeauftrags

8 Ergänzend zum Vorsorgeauftrag und grundsätzlich ohne Einfluss auf diesen kann die Massnahme der **FU** (Art. 426 ff.) angeordnet werden. Sie ist dann erforderlich, wenn die betroffene Person aus gesundheitlichen Gründen einer stationären Pflege bedarf, sich aber dem Rat des Beauftragten, in ein Heim einzutreten, widersetzt. Hier kann eine behördliche Anordnung den Rat des Beauftragten hoheitlich unterstützen. Betrifft ein Vorsorgeauftrag einzig die Personensorge, so kann in Ergänzung dazu für die Vermögenssorge eine **Beistandschaft** errichtet werden oder umgekehrt. Unter Umständen kann der Beauftragte als Beistand ernannt werden. Er hat alsdann zwei Funktionen: Er ist einerseits Beauftragter der betroffenen Person (und ist ihr gegenüber verantwortlich; Art. 456) und andererseits behördlich eingesetzter Beistand (und ist der ESB [Art. 415 ff.] und dem Kanton gegenüber verantwortlich [Art. 454 Abs. 3 und 4]).

3. Massnahmen in Aufhebung des Vorsorgeauftrags

Genügen die Anordnungen im Vorsorgeauftrag nicht (mehr) oder ist der Beauftragte nicht (mehr) in der Lage, die Aufgaben (pflichtgemäss) zu erfüllen, so ist ihm der Auftrag ganz oder teilweise zu entziehen. Ist keine taugliche Ersatzverfügung (Art. 360 N 28) vorhanden, führt der **Entzug** zu einem teilweisen oder gar vollständigen **Wirksamkeitsverlust** des Vorsorgeauftrags (LANGENEGGER, in: Rosch/Büchler/Jakob, Art. 368 N 4), weil es – im Nachhinein – an einem geeigneten Beauftragten fehlt. Das entspricht einer fristlosen (Teil-) Entlassung des Beauftragten. An dessen Stelle kann allerdings nicht eine andere Person als Beauftragte ernannt werden, vielmehr ist eine Beistandschaft zu errichten und ein Beistand zu ernennen. Der Vorsorgeauftrag kann **wieder aufleben** und der Beauftragte wieder in sein Amt eingesetzt werden, wenn die Voraussetzungen, die zu dessen Wirksamkeitsverlust führten, nachträglich wieder wegfallen. 9

Zulässig ist der **teilweise oder der vollständige Entzug** der Befugnisse, wobei Letzterer der Aufhebung des Vorsorgeauftrags entspricht. Der teilweise Entzug rechtfertigt sich dann, wenn sich der Beauftragte für gewisse Geschäfte nicht mehr eignet oder sich die Verhältnisse derart ändern, dass er den neuen Aufgaben nicht gewachsen ist. Daher können ihm einzelne Geschäfte entzogen werden, etwa die Grundstückverwaltung, die Verwaltung von Mehrheitsbeteiligungen usw. Im Sinne des Subsidiaritätsprinzips können die betreffenden Geschäfte auch bloss einem **Zustimmungserfordernis** durch die ESB unterstellt werden (MEIER/LUKIC, Rz 236; **a.M.** MEIER, FS Bucher, Rz 71). 10

Theoretisch ist vorstellbar, dass der vormalige Beauftragte als **Beistand** ernannt wird, weil seine stärkere Beaufsichtigung durch die ESB den Interessen der betroffenen Person genügt. Praktisch wird wohl kaum eine Person als Beiständin ernannt, der gegenüber Weisungen oder die Anordnung einer periodischen Rechnungsstellung und Berichterstattung (oben N 6) ungenügend sind und eine stärkere Beaufsichtigung erforderlich ist. 11

IV. Verfahren

Die ESB wird **von Amtes wegen oder auf Antrag** einer nahestehenden Person tätig (Art. 368). Der vom Gesetz verwendete Begriff der nahestehenden Person entspricht demjenigen in Art. 390 Abs. 3 (LANGENEGGER, in: Rosch/Büchler/Jakob, Art. 368 N 3) und in Art. 450 Abs. 2 Ziff. 2 (SCHMID, Art. 368 N 4). Da die ESB jeden Hinweis aufnehmen muss, ist zur (blossen) **Anzeige** jede Person berechtigt, selbst die Auftraggeberin, wenn sie diesbezüglich urteilsfähig ist, aber auch der Beauftragte selbst (LANGENEGGER, in: Rosch/Büchler/Jakob, Art. 368 N 3; MEIER/LUKIC, Rz 235). Der Unterschied zwischen dem Antrags- und dem blossen Anzeigerecht liegt in der Parteistellung: Während eine antragsberechtigte Person den Entscheid der ESB anfechten kann, vermittelt das blosse Anzeigerecht keine Parteistellung (LANGENEGGER, in: Rosch/Büchler/Jakob, Art. 368 N 3; ROSCH, in: Rosch/Büchler/Jakob, Art. 443 N 1; BK-SCHNYDER/MURER, aArt 373 ZGB N 9 ff., N 116). 12

Erfährt die ESB von einer Gefährdung der Interessen der auftraggebenden Person, so **klärt sie den Sachverhalt** in einem nach Art. 444 ff. geregelten Verfahren **von Amtes wegen ab** (LANGENEGGER, in: Rosch/Büchler/Jakob, Art. 368 N 3). Bei pflichtwidrigem Nichteinschreiten der ESB wird diese für den daraus entstandenen Schaden haftbar (Art. 454; LANGENEGGER, in: Rosch/Büchler/Jakob, Art. 368 N 6). Nach Abklärung des Sachverhalts erlässt die Behörde einen **Entscheid**. Dieser hält entweder fest, dass die Interessen der betroffenen Person gewahrt und nicht gefährdet sind, oder er trifft die erfor- 13 derlichen Massnahmen. Dabei ist die ESB durch ihre eigenen früheren Entscheide nicht gebunden. So wird sie auch nicht durch einen früheren positiven Validierungsentscheid davon abgehalten, bei gegebenen Voraussetzungen einzugreifen und die erforderlichen Massnahmen zu ergreifen (LANGENEGGER, in: Rosch/Büchler/Jakob, Art. 368 N 4). Ändern sich durch die getroffenen Massnahmen Befugnisse des Beauftragten, ist diesem eine neue Urkunde auszustellen.

Art. 369

I. Wiedererlangen der Urteilsfähigkeit

1 Wird die auftraggebende Person wieder urteilsfähig, so verliert der Vorsorgeauftrag seine Wirkung von Gesetzes wegen.

2 Werden dadurch die Interessen der auftraggebenden Person gefährdet, so ist die beauftragte Person verpflichtet, so lange für die Fortführung der ihr übertragenen Aufgaben zu sorgen, bis die auftraggebende Person ihre Interessen selber wahren kann.

3 Aus Geschäften, welche die beauftragte Person vornimmt, bevor sie vom Erlöschen ihres Auftrags erfährt, wird die auftraggebende Person verpflichtet, wie wenn der Auftrag noch bestehen würde.

I. Recouverement de la capacité de discernement

1 Le mandat pour cause d'inaptitude cesse de produire ses effets de plein droit en cas de rétablissement de la capacité de discernement du mandant.

2 Si les intérêts du mandant sont de ce fait compromis, le mandataire est tenu de continuer à remplir les tâches qui lui ont été confiées jusqu'à ce que le mandant puisse défendre ses intérêts lui-même.

3 Le mandant est lié par les opérations que le mandataire fait avant d'avoir connaissance de l'extinction de son mandat, comme si le mandat produisait encore ses effets.

I. Ricupero della capacità di discernimento

1 Se il mandante ricupera la capacità di discernimento, il mandato precauzionale si estinque per legge.

2 Se l'estinzione del mandato espone a pericolo gli interessi del mandante, il mandatario continua a svolgere i compiti assegnatigli fino a quando il mandante può salvaguardare da sé i propri interessi.

3 Il mandante permane obbligato dagli atti e negozi che il mandatario compie prima di apprendere l'estinozione del mandato.

Inhaltsübersicht

Literatur und Materialien

Vgl. die Hinweise zu Art. 360.

I. Beendigung

1 Da die Urteilsunfähigkeit eine Wirksamkeitsvoraussetzung für den Vorsorgeauftrag ist (Art. 363 N 13 ff.), **verliert** der Vorsorgeauftrag seine **Wirkung von Gesetzes** wegen mit der Wiedererlangung der Urteilsfähigkeit (SCHMID, Art. 369 N 2; HAUSHEER/GEISER/AEBI-MÜLLER, Erwachsenenschutzrecht, Rz 2.18). Die ursprüngliche Wirksamkeitsvoraussetzung (Art. 363 Abs. 2 Ziff. 2) fällt mit Wiedererlangen der Urteilsfähigkeit dahin. Ein lucidum intervallum genügt dazu nicht. Die Wiedererlangung der Urteilsfähigkeit muss von einer gewissen Dauer sein (ebenso wie die Urteilsunfähigkeit beim Eintritt der Wirksamkeit des Vorsorgeauftrags: Art. 363 N 14; MEIER/LUKIC, N 242). Der Vorsorgeauftrag endet mithin als Ganzer ohne Einschreiten der ESB. Dieser Beendigungsgrund ist vom behördlichen Entzug des Vorsorgeauftrags (Art. 368 Abs. 2) zu unterscheiden. Stirbt die Auftraggeberin, erfolgt die Beendigung nicht nach Art. 369, sondern in sinngemässer Anwendung von Art. 405 Abs. 1 OR. Diese Bestimmung regelt auch die Beendigung des Vorsorgeauftrags beim Tod des Beauftragten. In diesem Fall muss die ESB unverzüglich die erforderlichen Massnahmen treffen oder gegebenenfalls eine durch Ersatzverfügung bezeichnete Person als neue Beauftragte einsetzen (LANGENEGGER, in: Rosch/Büchler/Jakob, Art. 369 N 3).

2 Erlangt dagegen die Auftraggeberin ihre Urteilfähigkeit wieder, so entfällt der Vorsorgeauftrag von Gesetzes wegen. Weitere Handlungen, die Kenntnisnahme oder gar ein (Feststellungs-)Entscheid über die Wiedererlangung der Urteilsfähigkeit sind dazu nicht erforderlich. Gegebenenfalls haben sie bloss deklaratorische (feststellende) Wirkung. Die Legitimatikonsurkunde i.S.v. Art. 363 Abs. 3 hat mithin **im Zeitpunkt** der Wiedererlangung der Urteilsfähigkeit keine Bedeutung mehr. Gleichwohl ist es sinnvoll, **den Beauftragten zu informieren** und die Legitimationsurkunde von ihm zurückzuverlangen. Damit wird erstens sichergestellt, dass der Beauftragte vom Ende des Vorsorgeauftrags Kenntnis erhält und nicht mehr mit Wirkung für die Auftraggeberin handelt und handeln kann (Art. 363 Abs. 3 ZGB; vgl. auch Art. 37 und 406 OR; SCHMID, Art. 369 N 5). Zweitens wird verhindert, dass der Beauftragte sich mit der Legitimationsurkunde gegenüber Dritten weiterhin als solcher ausweist und so den guten Glauben Dritter begründet. Der gute Glauben Dritter wird allerdings zerstört, wenn diese vom Erlöschen des Vorsorgeauftrags Kenntnis haben (vgl. auch Art. 37 Abs. 2 OR, dessen Nichtaufnahme in Art. 369 und in die Parallelbestimmung in Art. 406 OR kein qualifiziertes Schweigen darstellt).

3 Ebenso empfiehlt es sich für die Auftraggeberin, **die ESB zu informieren** und von ihr die Originalurkunde des Vorsorgeauftrags herauszuverlangen (LANGENEGGER, in: Rosch/Büchler/Jakob, Art. 369 N 29). Dies ist zwar nicht zwingend, aber empfehlenswert (HAUSHEER/GEISER/AEBI-MÜLLER, Erwachsenenschutzrecht, Rz 2.18, vgl. Botschaft Erwachsenenschutz, 7029). Insbesondere werden damit klare Verhältnisse geschaffen. Bei Zweifeln über die Wiedererlangung der Urteilsfähigkeit ist es denn auch Aufgabe der ESB, die Frage zu überprüfen und darüber mittels Feststellungsverfügung zu entscheiden (vgl. AmtlBull StR 2007, 831 [Votum WICKI]; SCHMID, Art. 369 N 2).

II. Nachwirkungen

4 Aufgrund seiner Treuepflicht muss der Beauftragte den Vorsorgeauftrag weiterführen, bis die betroffene Person selber in der Lage ist die Geschäfte zu besorgen oder betreffende obligationsrechtliche Aufträge anzuordnen (SCHMID, Art. 369 N 3; s. auch Art. 405 Abs. 2 OR). Für die Pflicht zur **Überbrückungstätigkeit** ist kein Notstand vorausgesetzt. Eine Gefährdung der Interessen der betroffenen Person ist bereits ausreichend (SCHMID,

Art. 369 N 4). Denkbar ist etwa, dass diese sich zunächst Überblick über ihre Geschäfte verschaffen oder zuerst aus dem Ausland zurückkehren muss und inzwischen gewisse Handlungen keinen Aufschub dulden (SCHMID, Art. 369 N 4). Keine Überbrückungstätigkeit, gleichwohl aber eine **nachwirkende Vertragspflicht** (vgl. MIDDENDORF, Nachwirkende Vertragspflichten, Diss. Freiburg, Freiburg 2002) ist die Geheimhaltungs- und Diskretionspflicht. Diese Pflichten überdauern den Vorsorgeauftrag.

5 Keine Nachwirkung, sondern eine **Folge der Beendigung** des Vorsorgeauftrags, ist das Erstellen und Vorlegen der Schlussabrechnung sowie die Rückgabe aller sich im Besitz des Beauftragten befindlichen Vermögenswerte, Zugangscodes und Informationen, namentlich auch der Legitimationsurkunde (MEIER/LUKIC, Rz 243). Eine Folge der Beendigung ist auch die **nachvertragliche Haftung** (Art. 37 und 406 OR) für Geschäfte, die der Beauftragte nach Erlöschen der Wirkungen, aber noch vor Kenntnis davon erledigt hat (MEIER/LUKIC, Rz 243).

Zweiter Unterabschnitt: Die Patientenverfügung

Art. 370

A. Grundsatz

[1] Eine urteilsfähige Person kann in einer Patientenverfügung festlegen, welchen medizinischen Massnahmen sie im Fall ihrer Urteilsunfähigkeit zustimmt oder nicht zustimmt.

[2] Sie kann auch eine natürliche Person bezeichnen, die im Fall ihrer Urteilsunfähigkeit mit der behandelnden Ärztin oder dem behandelnden Arzt die medizinischen Massnahmen besprechen und in ihrem Namen entscheiden soll. Sie kann dieser Person Weisungen erteilen.

[3] Sie kann für den Fall, dass die bezeichnete Person für die Aufgaben nicht geeignet ist, den Auftrag nicht annimmt oder ihn kündigt, Ersatzverfügungen treffen.

A. Principe

[1] Toute personne capable de discernement peut déterminer, dans des directives anticipées, les traitements médicaux auxquels elle consent ou non au cas où elle deviendrait incapable de discernement.

[2] Elle peut également désigner une personne physique qui sera appelée à s'entretenir avec le médecin sur les soins médicaux à lui administrer et à décider en son nom au cas où elle deviendrait incapable de discernement. Elle peut donner des instructions à cette personne.

[3] Elle peut prévoir des solutions de remplacement pour le cas où la personne désignée déclinerait le mandat, ne serait pas apte à le remplir ou le résilierait.

A. Principo

[1] Chi è capace di discernimento può, in direttive vincolanti, designare i provvedimenti medici ai quali accetta o rifiuta di essere sottoposto nel caso in cui divenga incapace di discernimento.

[2] Egli può anche designare una persona fisica che discuta i provvedimenti medici con il medico curante e decida in suo nome nel caso in cui divenga incapace di discernimento. Può impartire istruzioni alla persona designata.

[3] Può prendere disposizioni alternative per il caso in cui la persona designata non sia idonea a svolgere il compito, non accetti il mandato o lo disdica.

Inhaltsübersicht

Literatur

BAUMANN, Vorsorgeauftrag für medizinische Massnahmen und Patientenverfügung, ZVW 2005, 59–69, (zit. ZVW 2005); Schweizerische Akademie für medizinische Wissenschaft (SAMW), Patientenverfügungen, Medizinisch-ethische Richtlinien und Empfehlungen (zit. SAMW, Patientenverfügungen).

Materialien

Art. 370 und 373 VE Erwachsenenschutz 2003; VE Erwachsenenschutz/Vernehmlassungen, 134 ff. und 148 ff.; Botschaft Erwachsenenschutz, 7012, 7030 f. und 7142; Prot. RK-S vom 2./3.7.2007, 25 f.; AmtlBull StR 2007, 831; Prot. RK-N vom 24./25.4.2008, 9 ff.; AmtlBull NR 2008, 1518.

I. Vorbemerkungen

Eine ärztliche Massnahme, die in die körperliche Integrität eingreift, stellt grundsätzlich eine **Verletzung der Persönlichkeit** des Patienten dar, unerheblich ist, ob sie nach den Regeln der ärztlichen Kunst ausgeführt wird. Die ärztliche Massnahme ist rechtswidrig, es sei denn, es liege ein Rechtfertigungsgrund vor. Eine Persönlichkeitsverletzung (Art. 28 Abs. 2) ist nur rechtmässig, sofern sie durch Einwilligung des Verletzten, durch ein überwiegendes privates oder öffentliches Interesse oder durch Gesetz gerechtfertigt ist. Die Einwilligung als wichtigster Rechtfertigungsgrund setzt voraus, dass der Patient urteilsfähig ist. Bei Urteilsunfähigkeit einer Person kann deren gesetzlicher Vertreter einwilligen (Botschaft Erwachsenenschutz, 7030; HAUSHEER/GEISER/AEBI-MÜLLER, Erwachsenenschutzrecht, Rz 2.38 f.). 1

Nachdem in der Lehre und Praxis lange Zeit umstritten war, ob eine Person im Voraus festlegen können soll, wie sie nach Eintritt ihrer Urteilsunfähigkeit zu behandeln ist, hat sich die Überzeugung durchgesetzt, dass Patientenverfügungen grundsätzlich zulässig und wirksam sein müssen. Die Behandlung einer urteilsunfähigen Person hat nach deren mutmasslichen Willen zu erfolgen (HAUSHEER/GEISER/AEBI-MÜLLER, Erwachsenenschutzrecht, Rz 2.40). In einigen Kantonen enthalten die Gesundheitsgesetze Regelungen, wie bei urteilsunfähigen Personen bspw. vorzugehen ist (Botschaft Erwachsenenschutz, 7012, 7030). Diese kantonalen Regelungen sind jedoch uneinheitlich und die Bedeutung einer Patientenverfügung wird unterschiedlich beurteilt. 2

Das Selbstbestimmungsrecht wird durch eine Patientenverfügung erweitert, indem die verfügende Person eine mögliche künftige Krankheitssituation oder Unfallsituation vorwegnehmen kann. Sie kann in einer Patientenverfügung für den Fall, dass sie mangels Urteilsfähigkeit nicht mehr selber entscheiden kann, bestimmen, wie sie behandelt werden will bzw. welchen medizinischen Massnahmen sie zustimmt oder nicht zustimmt oder dass in bestimmten Situationen nicht mehr alle zur Verfügung stehenden Behandlungs- 3 möglichkeiten ausgeschöpft werden sollen (Botschaft Erwachsenenschutz, 7012, 7031; SAMW, Patientenverfügung, 15). Das Selbstbestimmungsrecht jedes Einzelnen ist insofern begrenzt, dass niemand mit einer Patientenverfügung mehr verlangen kann als gesetzlich zulässig ist (z.B. ist die Anordnung, dass der verfügenden Person Beihilfe zum Selbstmord zu leisten ist, unzulässig [Botschaft Erwachsenenschutz, 7012 f.]).

II. Voraussetzungen und Inhalt einer Patientenverfügung (Art. 370 Abs. 1)

1. Die verfügende Person

a) Urteilsfähigkeit: Grundsatz

4 Im Unterschied zum Vorsorgeauftrag nach Art. 360 ff., welcher einzig durch eine handlungsfähige Person erteilt werden kann, genügt für den Erlass einer Patientenverfügung, die Urteilsfähigkeit (vgl. Art. 370 Abs. 1).

5 Bei der Einwilligung in medizinische Massnahmen handelt es sich um die Ausübung eines höchstpersönlichen Rechts, weshalb Urteilsfähigkeit ausreicht (vgl. Art. 19c; Botschaft Erwachsenenschutz, 7031). Die unmittelbare Einwilligung in medizinische Massnahmen und die vorgängig mittels einer Patientenverfügung kommunizierte Einwilligung in medizinische Massnahmen sind als Ausübung eines **höchstpersönlichen Rechts** zu qualifizieren. Diese beiden Anordnungen unterscheiden sich einzig betreffend dem zeitlichen Aspekt; ansonsten sind sie gleichen Inhalts (Widmer Blum, 156). Diese Voraussetzungen auf Seiten der verfügenden Personen haben zur Folge, dass somit urteilsfähige Minderjährige eine Patientenverfügung errichten können (Botschaft Erwachsenenschutz, 7031).

6 Wie für die Erteilung der Einwilligung in medizinische Massnahmen genügt auch zur Bezeichnung einer Vertretungsperson Urteilsfähigkeit. Dies entspricht auch den allgemeinen Grundsätzen zum Vertretungsrecht, wonach eine Vertreterbefugnis in demjenigen Umfang eingeräumt werden kann, in dem die betroffene Person selbst zur Rechtsausübung fähig ist (BK-Zäch, Art. 33 OR N 31; Widmer Blum, 157).

b) Anforderungen an die Urteilsfähigkeit

7 Die verfügende Person muss in der Lage sein, die Tragweite ihrer Anordnungen zu verstehen und muss so weit wie möglich auch abschätzen können, welche Folgen diese in einem bestimmten Krankheitszustand hätten (SAMW, Patientenverfügung, 6; Gassmann, in: Rosch/Büchler/Jakob, Art. 370 N 6). Die verfügende Person muss fähig sein, die verschiedenen Möglichkeiten gegeneinander abzuwägen, «welche ihr in einer bestimmten zukünftigen, konkret voraussehbaren Situation offenstehen würden» (Widmer Blum, 157).

8 Urteilsunfähigkeit wird in der Lehre und Rechtsprechung demgegenüber angenommen, wenn einer Person «die Fähigkeit fehlt, eine bestimmte Lage richtig zu beurteilen und in Angelegenheiten der in Frage stehenden Art ein vernünftiges Urteil zu bilden sowie die Beweggründe und Folgen eines bestimmten Verhaltens richtig zu erkennen» (BGE 127 I 6, 19; vgl. dazu detailliert BK-Bucher, Art. 16 ZGB N 12).

9 Lehnt die verfügende Person eine nach Ansicht der Ärzte vernünftige medizinische Massnahme ab, darf daraus nicht ohne Weiteres gefolgert werden, diese Person sei nicht urteilsfähig. Auch das Vorliegen einer Geisteskrankheit hat nicht zwangsläufig Urteilsunfähigkeit zur Folge, sondern sie ist stets mit der konkret zu beurteilenden Handlung in Beziehung zu setzen (BGE 127 I 6, 20).

10 Weiter muss sich die verfügende Person auch bezüglich der Konsequenzen im Zusammenhang mit der Bezeichnung einer Vertretungsperson bewusst sein, bspw. wenn im Zeit-

punkt ihrer Urteilsunfähigkeit die Befugnis zur Zustimmung resp. Verweigerung von medizinischen Massnahmen der von ihr eingesetzten Person zukommt. Hat die verfügende Person jedoch keine konkreten Weisungen in der Patientenverfügung aufgenommen, so kann die eingesetzte Person grundsätzlich nur unter Berücksichtigung der medizinischen Indikation(en) Anordnungen treffen. Das Medizinalpersonal darf die vom Vertreter in medizinischen Angelegenheiten getroffene Anordnung nämlich nur ausführen, wenn sie medizinisch indiziert, nicht unsinnig oder rechtswidrig ist (Bericht ExpK Erwachsenenschutz 03, 21; WIDMER BLUM, 157).

Hat eine Person eine Patientenverfügung verfasst, wird deren Urteilsfähigkeit vermutet. **11** Im Weiteren wird betreffend die Urteilsfähigkeit auf die in der Lehre und Rechtsprechung entwickelten Grundsätze zu aArt. 16 verwiesen (vgl. dazu detailliert BK-BUCHER, Art. 16 ZGB N 12).

Sofern im Nachhinein Zweifel am Bestehen der **Urteilsfähigkeit auftreten** könnten, emp- **12** fiehlt es sich «zum Zeitpunkt des Erstellens die Urteilsfähigkeit von einer Fachperson bestätigen zu lassen» (SAMW, Patientenverfügungen, 6). Die Zuständigkeit, ob im Verfügungszeitpunkt Urteilsfähigkeit vorlag und damit die Beurteilung, ob die Patientenverfügung rechtsgültig verfasst wurde, obliegt gestützt auf den Wortlaut von Art. 372 Abs. 2 primär dem behandelnden Arzt, der die Patientenverfügung anwendet und nicht der ESB («Die Ärztin oder der Arzt entspricht der Patientenverfügung […]») (vgl. WIDMER BLUM, 159).

2. Anordnung medizinischer Massnahmen

Die verfügende Person kann für den Fall ihrer Urteilsunfähigkeit in einer Patientenverfü- **13** gung verbindlich festlegen, welchen medizinischen Massnahmen sie in einer bestimmten Situation zustimmt und/oder welchen sie nicht zustimmt und/oder welche Vertrauensperson in ihrem Namen über eine medizinische Massnahme entscheiden soll, sofern sie sich selber nicht mehr äussern kann (vgl. Art. 372; HAUSHEER/GEISER/AEBI-MÜLLER, Erwachsenenschutzrecht, Rz 2.41). Es können somit die Fälle der Zustimmung (Einleitung und Fortsetzung einer bestimmten Behandlung) und die Fälle der Nichtzustimmung (Verzicht auf und die Beendigung von bestimmten Behandlungen) in einer Patientenverfügung bezeichnet werden (GASSMANN, in: Rosch/Büchler/Jakob, Art. 370 N 8).

Die medizinischen Massnahmen umfassen einerseits die ärztliche Behandlung und ande- **14** rerseits auch etwa diagnostische, therapeutische und pflegerische Massnahmen. Letztere Massnahmen können sich auf kurative oder palliative Methoden beziehen (GASSMANN, in: Rosch/Büchler/Jakob, Art. 370 N 7).

In einer Patientenverfügung können neben der Anordnung von medizinischen Massnah- **15** men auch die Werthaltung der verfügenden Person oder weitere Themen (z.B. Beschreibung von Therapiezielen, Transplantation, Obduktion, organisatorische Anweisungen) aufgenommen werden (SAMW, Patientenverfügung, 7 f.; GASSMANN, in: Rosch/Büchler/Jakob, Art. 370 N 8). Die Umschreibung der Werthaltung dient der Ärzteschaft und dem gesetzlichen Vertreter bei der Ermittlung ihres mutmasslichen Willens (vgl. dazu auch Art. 372 N 23 ff.). Weiter kann die verfügende Person festlegen, ob sie grundsätzlich einer Spende zustimmt, ob sie die Zustimmung auf bestimmte Organe, Gewebe, Zellen beschränken oder eine Spende generell ablehnen will (vgl. Art. 8 Abs. 1 lit. a Transplantationsgesetz [SR 810.21]: «Organe, Gewebe oder Zellen dürfen einer verstorbenen Person entnommen werden, wenn: a. sie vor ihrem Tod einer Entnahme zugestimmt hat; […]», Zustimmungsprinzip; GASSMANN, in: Rosch/Büchler/Jakob, Art. 370 N 10). Die Reichweite und die Verbindlichkeit der Patientenverfügung werden nicht auf bestimmte Phasen einer Erkrankung beschränkt, sondern sie steht für alle Fälle von Urteilsunfähigkeit zur Verfügung (Botschaft Erwachsenenschutz, 7012).

16 Die verfügende Person muss in einer Patientenverfügung **bestimmt und klar** ihren Willen kundgeben, gilt dieser doch als tatsächlicher, aktueller Wille der verfügenden Person (Bericht ExpK Erwachsenenschutz 03, 29; WIDMER BLUM, 161, 204). Inhaltlich entspricht die Patientenverfügung einer unmittelbaren Einwilligung resp. Verweigerung einer urteilsfähigen Person; eine Patientenverfügung ist eine im Voraus verfasste Verfügung resp. ein vorweggenommens Surrogat der unmittelbaren Einwilligung oder Verweigerung. Die unmittelbare Einwilligung und die Patientenverfügung müssen sich grundsätzlich auf eine konkret vorhergesehene Situation und spezifische medizinische Massnahmen beziehen (weiterführend WIDMER BLUM, 204 ff.).

17 Ist die konkrete Situation in der Patientenverfügung **zu wenig genau bestimmt**, lässt sich aber durch Auslegung der Anordnungen ohne Zweifel ermitteln, dass die verfügende Person Anordnungen für eine bestimmte Situation oder eine bestimmte Krankheitssituation treffen oder alle Krankheitssituationen einschliessen wollte, so ist die Patientenverfügung genügend bestimmt (WIDMER BLUM, 206). Ist hingegen die gewünschte oder unerwünschte Massnahme nicht oder zu wenig genau bestimmt, so kommt der Patientenverfügung keine absolut verbindliche Wirkung zu (vgl. Art. 372; WIDMER BLUM, 205).

18 Je präziser die Anordnungen in einer Patientenverfügung hinsichtlich der Situation und der medizinischen Massnahme(n) formuliert sind, desto eher sind sie vom Willen der verfügenden Person getragen. Auf diese Weise kann sichergestellt werden, dass sich die verfügende Person mit einer allfälligen künftigen konkreten Situation im Einzelnen auseinandergesetzt hat und für genau diese Situation eine bestimmte Massnahme anordnen wollte. Die Zeitspanne zwischen dem Verfassen einer Patientenverfügung und deren Wirksamkeit ist bezogen auf die Deutlichkeit der Anordnungen von grosser Bedeutung. Je nachdem dürfte jedenfalls fraglich sein, ob die konkrete Situation und die medizinischen Massnahmen zum Zeitpunkt des Verfassens der Patientenverfügung überhaupt voraussehbar waren und damit die Anordnungen in der Patientenverfügung genügend bestimmt sind (WIDMER BLUM, 207).

III. Bezeichnung und Beauftragung einer natürlichen Person als Vertretung (Art. 370 Abs. 2)

1. Bezeichnung einer Vertretungsperson

19 In einer Patientenverfügung kann gestützt auf Art. 370 Abs. 2 Satz 2 auch eine Person bezeichnet werden, die für den Fall der Urteilsunfähigkeit der verfügenden Person in deren Namen die notwendigen Entscheidungen in Bezug auf eine medizinische Massnahme treffen soll (Botschaft Erwachsenenschutz, 7031). Die beauftragte Person ist jedoch nicht verpflichtet, die Aufgabe anzunehmen (SCHMID, Art. 370 N 8). Die Vertretungsberechtigung entsteht erst mit der Annahme des Auftrages (GASSMANN, in: Rosch/Büchler/Jakob, Art. 370 N 13).

20 Aufgrund des persönlichen Charakters dieses Auftrages kann einzig eine **natürliche** Person, nicht aber eine juristische Person, mit der Aufgabe betraut werden (GASSMANN, in: Rosch/Büchler/Jakob, Art. 370 N 11; SCHMID, Art. 370 N 8). Diese Person muss nicht zwingend namentlich genannt werden, doch muss sie klar **bestimmbar** sein (SCHMID, Art. 370 N 8). Zur Verhinderung von Unklarheiten empfiehlt es sich, diese Person, wenn immer möglich, namentlich zu nennen. Werden in der Patientenverfügung mehrere Personen als Vertreter bezeichnet und gefährdet deren Uneinigkeit die Interessen der verfügenden Person, so kann die ESB angerufen werden (vgl. Art. 373 und Art 381; SCHMID, Art. 370 N 8). Die verfügende Person kann Angehörige oder andere Bezugspersonen oder auch ihren Hausarzt als Vertretungsperson einsetzen (SAMW, Patientenverfügung, 8). Da die verfügende Person die Ausübung eines höchstpersönlichen Rechts auf die Vertretungsperson überträgt, ist unter Berücksichtigung der allgemeinen Grundsätze des Vertretungsrechts (Art. 32 ff. OR) bei der als Vertretungsperson bezeichneten Person – im Gegensatz zum Vorsorgeauftrag – nicht die Handlungsfähigkeit, sondern lediglich die **Urteilsfähigkeit** vorausgesetzt (so GASSMANN, in: Rosch/Büchler/Jakob, Art. 370 N 11; WIDMER BLUM, 162 f.).

Wird eine Patientenverfügung in einen Vorsorgeauftrag integriert, so untersteht sie den gleichen strengen Formvorschriften wie der Vorsorgeauftrag selbst (Art. 361 Abs. 1 und 2; Botschaft Erwachsenenschutz, 7031). Sieht der Vorsorgeauftrag vor, dass eine juristische Person mit der Wahrung einer umfassenden Personensorge beauftragt wird, so sind davon medizinische Entscheidungen ausgeschlossen, handelt es sich dabei inhaltlich doch um eine Patientenverfügung i.S.v. Art. 370 (GASSMANN, in: Rosch/Büchler/Jakob, Art. 370 N 11). **21**

2. Beauftragung einer Vertretungsperson

Die verfügende Person kann in der Patientenverfügung der Vertretungsperson konkrete Anweisungen geben (z.B. Einwilligung oder Ablehnung spezifischer Massnahmen; Art. 370 Abs. 2 Satz 2). Die verfügende Person kann sich aber auch darauf beschränken, einzig eine Vertretungsperson zu bestimmen, so dass diese in einer konkreten Situation entscheiden muss (SAMW, Patientenverfügung, 8; vgl. auch Art. 377). Es ist aber zu beachten, dass die Ausübung des Vertretungsrechts gegenüber formell und materiell gültigen Anordnungen der verfügenden Person einzig subsidiären Charakter hat; der tatsächliche Wille der verfügenden Person geht dem Entscheid der Vertretungsperson somit vor (WIDMER BLUM, 133 f.). **22**

Erteilt jedoch die verfügende Person keine konkreten Weisungen (Art. 370 Abs. 2 Satz 2), so umfasst der Auftrag der Vertretungsperson gemäss Wortlaut von Art. 370 Abs. 2 Satz 1 die Befugnis, im Namen der urteilsunfähigen Person über medizinische Massnahmen zu entscheiden. Damit sie überhaupt diesen Auftrag ausführen kann, hat ihr der behandelnde Arzt alle relevanten Informationen über die vorgeschlagene(n) medizinische(n) Massnahme(n) zu geben, die für eine Entscheidung erheblich sind (Botschaft Erwachsenenschutz, 7031). **23**

Die ESB kann im Gegensatz zu ihren Aufgaben beim Vorsorgeauftrag **keine Entschädigung** der Vertretungsperson festsetzen (vgl. Art. 366). Die Vertretungsperson nimmt somit die Aufgaben unentgeltlich war (HAUSHEER/GEISER/AEBI-MÜLLER, Erwachsenenschutzrecht, Rz 2.52). In der Lehre wird zum Teil die Meinung vertreten, dass der Auftrag mit einem grossen zeitlichen Aufwand verbunden ist und damit eine analoge Anwendung der Regelung wie beim Vorsorgeauftrag (Art. 366) gerechtfertigt sein dürfte (so etwa GASSMANN, in: Rosch/Büchler/Jakob, Art. 370 N 13). Jedenfalls dürften zumindest in Anwendung von Art. 422 OR die Spesen der beauftragten Person zu ersetzen sein (GASSMANN, in: Rosch/Büchler/Jakob, Art. 370 N 13). **24**

IV. Ersatzverfügung (Art. 370 Abs. 3)

In einer Patientenverfügung kann die verfügende Person Ersatzverfügungen für den Fall treffen, dass die bezeichnete Person für die Aufgabe nicht geeignet ist, den Auftrag nicht annimmt oder ihn kündigt (Botschaft Erwachsenenschutz, 7031). **25**

26 Die verfügende Person kann in der Ersatzverfügung eine Ersatzperson bezeichnen. Sie kann jedoch auch vorsehen, dass die gesetzliche Regelung (welche auch ohne spezielle Anordnung zur Anwendung kommen würde), d.h. die Kaskadenregelung von Art. 378, zur Anwendung gelangen soll (Botschaft Erwachsenenschutz, 7031).

27 Im Gegensatz zum Vorsorgeauftrag hat der Gesetzgeber bei der Patientenverfügung die Voraussetzungen nicht geregelt, unter welchen die beauftragte Person ihren Auftrag **niederlegen** kann, wenn sie ihn einmal angenommen hat. Es dürfte wohl Art. 404 OR zur Anwendung gelangen, wonach jederzeit mit sofortiger Wirkung das Amt niedergelegt werden kann (so auch GASSMANN, in: Rosch/Büchler/Jakob, Art. 370 N 13; HAUSHEER/GEISER/AEBI-MÜLLER, Erwachsenenschutzrecht, Rz 2.43).

Art. 371

B. Errichtung und Widerruf

1 Die Patientenverfügung ist schriftlich zu errichten, zu datieren und zu unterzeichnen.

2 Wer eine Patientenverfügung errichtet hat, kann diese Tatsache und den Hinterlegungsort auf der Versichertenkarte eintragen lassen. Der Bundesrat erlässt die nötigen Bestimmungen, namentlich über den Zugang zu den Daten.

3 Die Bestimmung über den Widerruf des Vorsorgeauftrags ist sinngemäss anwendbar.

B. Constitution et révocation

1 Les directives anticipées sont constituées en la forme écrite; elles doivent être datées et signées par leur auteur.

2 L'auteur de directives anticipées peut faire inscrire la constitution et le lieu du dépôt des directives sur sa carte d'assuré. Le Conseil fédéral édicte les dispositions nécessaires, notamment en matière d'accès aux données.

3 La disposition régissant la révocation du mandat pour cause d'inaptitude s'applique par analogie aux directives anticipées.

B. Costituzione e revoca

1 Le direttive del paziente sono costituite in forma scritta, nonché datate e firmate.

2 L'autore delle direttive può farne registrare la costituzione sulla tessera di assicurato con la menzione del luogo dove sono depositate. Il Consiglio federale emana le disposizioni necessarie, segnatamente sull'accesso ai dati.

3 La disposizione sulla revoca del mandato precauzionale si applica per analogia.

Inhaltsübersicht

Literatur

Schweizerische Akademie für medizinische Wissenschaft (SAMW), Patientenverfügungen, Medizinisch-ethische Richtlinien und Empfehlungen (zit. SAMW, Patientenverfügungen).

Materialien

Art. 370, 371 und 373 Abs. 1 VE Erwachsenenschutz 2003; VE Erwachsenenschutz/Vernehmlassungen, 140 ff. und 148 ff.; Botschaft Erwachsenenschutz, 7031 f. und 7142; Prot. RK-S vom 2./3.7.2007, 25 ff.; AmtlBull StR 2007, 831; Prot. RK-N vom 24./25.4.2008, 9 ff.; AmtlBull NR 2008, 1518.

I. Formelle Voraussetzungen (Art. 371 Abs. 1)

Eine Patientenverfügung muss **schriftlich** abgefasst, **datiert** und von der verfügenden Person eigenhändig **unterzeichnet** werden (Botschaft Erwachsenenschutz, 7031). 1

Eine Patientenverfügung kann individuell formuliert werden, doch muss sie nicht eigenhändig niedergeschrieben sein. Die Verwendung von standardisierten vorformulierten Formularen ist zulässig, werden heute doch solche von verschiedenen Organisationen (z.B. FMH, Krebsliga, Schweizerische Stiftung SPO Patientenschutz etc.) in unterschiedlichen Ausgestaltungen angeboten. Diese Patientenverfügungen sind meist ganz oder teilweise vorformuliert, so dass sie nur noch unterzeichnet werden oder teilweise noch eigene Texte eingefügt oder Optionen ausgewählt werden können. Individuell formulierte Patientenverfügungen können demgegenüber genauer auf die Lebenssituation der verfügenden Person angepasst werden und lassen damit weniger Interpretationsspielraum offen (SAMW, Patientenverfügungen, 6). 2

Die Patientenverfügung ist unabhängig von der gewählten Form (vorformuliert oder individuell verfasst) zu datieren und eigenhändig (Art. 14 Abs. 1 OR) zu unterzeichnen (Botschaft Erwachsenenschutz, 7031). Für den Fall, dass eine Person nicht eigenhändig unterzeichnen kann, so kann ein beglaubigtes Handzeichen die Unterschrift ersetzen oder die Unterschrift kann durch eine öffentliche Beurkundung ersetzt werden (Art. 15 OR). Die formellen Anforderungen an eine Patientenverfügung sind somit gewahrt, wenn das Formerfordernis der **einfachen Schriftlichkeit** nach Art. 13 ff. OR erfüllt und die Verfügung **zusätzlich datiert** wird (HAUSHEER/GEISER/AEBI-MÜLLER, Erwachsenenschutzrecht, Rz 2.44, welche die Einführung einer weiteren Schriftform neben der einfachen Schriftlichkeit nach Art. 13 OR und der qualifizierten Schriftlichkeit für das Testament kritisieren). 3

Bei der Errichtung einer Patientenverfügung gelten somit weniger strenge Formvorschriften als beim Vorsorgeauftrag (vgl. Art. 361). Im Gegensatz zum Vorsorgeauftrag muss zudem die Wirksamkeit der Patientenverfügung nicht von der ESB festgestellt werden (vgl. Art. 363). Da die Patientenverfügung auf den medizinischen Bereich beschränkt ist, kommt ihr weniger Gewicht für den Rechtsverkehr zu, so dass eine Kontrolle durch das Medizinalpersonal ausreichend ist (Bericht ExpK Erwachsenenschutz 03, 27; Botschaft Erwachsenenschutz, 7031). Das Medizinalpersonal legt nach Erhebung der Diagnose die indizierten medizinische(n) Massnahme(n) fest, informiert und berät möglicherweise die vertretungsberechtigte Person und kann nötigenfalls die ESB anrufen (Art. 373; Botschaft Erwachsenenschutz, 7031). 4

Eine Patientenverfügung kann jedoch auch in einen Vorsorgeauftrag, der strengeren Formvorschriften untersteht, integriert werden (vgl. Art. 361 Abs. 1 und 2; Botschaft Erwachsenenschutz, 7031). Sind jedoch medizinische Massnahmen formell in einem Vorsorgeauftrag integriert, so handelt es sich dabei materiell um eine Patientenverfügung, welche folglich nicht den allgemeinen strengeren Voraussetzungen des Vorsorgeauftrages untersteht, sondern jenen der Patientenverfügung (WIDMER BLUM, 108). 5

Gestützt auf Art. 371 ist für die Verbindlichkeit einer Patientenverfügung **keine Befristung** vorgesehen (AmtlBull StR 2007, 831), doch empfiehlt es sich, bei Veränderung der gesundheitlichen Situation oder der Lebensumstände die Patientenverfügung regelmässig zu prüfen und zum Zeichen, dass sie nach wie vor dem Willen der verfügenden Person entspricht, diese erneut zu datieren und zu unterzeichnen (SAMW, Patientenverfügungen, 6). 6

II. Kenntnisnahme der Patientenverfügung (Art. 371 Abs. 2)

1. Gezielte Streuung und Registrierung auf der Versichertenkarte

7 Eine Patientenverfügung kann ihre **Wirkungen** nur **entfalten**, wenn sie im massgebenden Zeitpunkt bekannt ist (HAUSHEER/GEISER/AEBI-MÜLLER, Erwachsenenschutzrecht, Rz 2.45). Wer eine Patientenverfügung errichtet, muss deshalb selber dafür sorgen, dass die Adressaten der Verfügung zu gegebener Zeit Kenntnis davon erhalten. Die Verfügung kann bspw. beim behandelnden Arzt hinterlegt werden. Die verfügende Person kann sie aber auch bei sich tragen oder sie einer vertretungsberechtigten Person oder einer Vertrauensperson übergeben (GASSMANN, in: Rosch/Büchler/Jakob, Art. 371 N 3).

8 Zudem besteht die Möglichkeit, einerseits die Tatsache, dass eine Patientenverfügung besteht und andererseits deren Hinterlegungsort auf der **Versichertenkarte** eintragen zu lassen (Art. 371 Abs. 2 erster Satz). Der Bundesrat hat gestützt auf Art. 42a KVG (SR 832.10) in der Verordnung über die Versichertenkarte für die obligatorische Krankenpflegeversicherung die nötigen Ausführungsbestimmungen vorgesehen (VVK, SR 832.105; Botschaft Erwachsenenschutz, 7032).

9 Der Eintrag ist aber weder Gültigkeitserfordernis noch besteht von Gesetzes wegen eine Pflicht für einen solchen Eintrag. Der Eintrag wird nur im Einverständnis der verfügenden resp. versicherten Person auf der Versichertenkarte abgespeichert und erfolgt im Auftrag der verfügenden Person durch die im Anhang der Verordnung über die Versichertenkarte für die obligatorische Krankenpflegeversicherung aufgeführten medizinischen Fachpersonen (Art. 6 Abs. 1 lit. i und Art. 7 VVK). Ein Eintrag ist jedoch zu empfehlen, dürften die Ärzte auf diese Weise wohl rasche Kenntnis über eine allfällige Patientenverfügung erhalten (WIDMER BLUM, 109 f.; GASSMANN, in: Rosch/Büchler/Jakob, Art. 371 N 4). Dringende Fälle bleiben aber vorbehalten (vgl. Art. 372 Abs. 1). Da gem. Art. 372 Abs. 2 die und Ärzte «lediglich» angehalten sind, anhand der Versichertenkarte zu klären, ob eine Patientenverfügung besteht, dürfte es insb. auch bei Patientenverfügungen, welche in einen Vorsorgeauftrag integriert sind, sinnvoll sein, neben der zivilstandsamtlichen Registrierung (vgl. Art. 361 Abs. 3) einen Eintrag auf der Versichertenkarte vorzunehmen (vgl. Art. 371 N 11 ff.).

10 Ist keine gezielte Streuung (z.B. an die zur Vertretung bezeichneten Personen, Hausarzt etc.) erfolgt und hat die verfügende Person die Eintragung auf der Versichertenkarte nicht vorgenommen, so liegt das Risiko der Nichtkenntnisnahme auf Seiten der verfügenden resp. der urteilsunfähigen Person (vgl. Botschaft Erwachsenenschutz, 7032).

2. Zentrale Datenbank des Zivilstandsamtes

11 Werden Anordnungen betreffend medizinische Massnahmen in einem Vorsorgeauftrag integriert, besteht die Möglichkeit, das Vorhandensein des Vorsorgeauftrags durch das Zivilstandsamt in eine zentrale Datenbank eintragen zu lassen (Art. 361 Abs. 3). Wird jemand urteilsunfähig und erhält die ESB davon Kenntnis, so wird sie sich beim Zivilstandsamt erkundigen, ob ein Vorsorgeauftrag errichtet wurde. Dadurch erhält sie Kenntnis vom Vorsorgeauftrag und einer allenfalls integrierten Patientenverfügung, welche sodann dem behandelnden Arzt zur Kenntnis gebracht werden kann (WIDMER BLUM, 109).

12 Wie in N 9 hiervor erwähnt, müssen Ärzte gestützt auf Art. 371 Abs. 2 «lediglich» zur Abklärung auf der Versichertenkarte angehalten werden, weshalb es bei einem Vorsorgeauftrag mit integrierter Patientenverfügung sinnvoll sein dürfte, **zusätzlich** zur **zivilstandesamtlichen Registrierung** die Tatsache, dass eine Patientenverfügung besteht und deren

Hinterlegungsort auf der **Versichertenkarte eintragen** zu lassen. Neben einer wohl rascheren Kenntnisnahme können so die Anordnungen betreffend medizinische Massnahmen auch umgesetzt werden (WIDMER BLUM, 110).

III. Widerruf (Art. 371 Abs. 3)

Die Bestimmung über den Widerruf des Vorsorgeauftrags (Art. 362) ist auf den Widerruf einer Patientenverfügung sinngemäss anwendbar, wobei die entsprechenden Formvorschriften (vgl. 371 N 1 ff.) zu beachten sind (Botschaft Erwachsenenschutz, 7032; HAUSHEER/GEISER/AEBI-MÜLLER, Erwachsenenschutzrecht, Rz 2.46). 13

Die verfügende Person kann grundsätzlich jederzeit eine Patientenverfügung widerrufen. 14 Diese Möglichkeit entfällt erst dann, wenn die verfügende Person urteilsunfähig ist (HAUSHEER/GEISER/AEBI-MÜLLER, Erwachsenenschutzrecht, Rz 2.46; Botschaft Erwachsenenschutz, 7027). Die verfügende Person kann die Patientenverfügung **schriftlich widerrufen** oder aber zur Vermeidung von Unklarheiten wohl besser **vernichten** (vgl. Art. 371 i.V.m. Art. 362 Abs. 1 und Art. 362 Abs. 2 erster Satz; SAMW, Patientenverfügung, 15). So kann sie diese zerreissen, verbrennen oder darauf den Vermerk «widerrufen» anbringen. Wichtig ist, dass das Original und nicht eine Kopie vernichtet werden muss (Botschaft Erwachsenenschutz, 7027).

Keine Aufhebung der bestehenden Patientenverfügung bewirkt aber ein **mündlicher Widerruf**; er genügt den Formerfordernissen nicht (vgl. Art. 371 N 1 ff.). Erhält jedoch der 15 behandelnde Arzt davon Kenntnis, wird er der Patientenverfügung wohl kaum entsprechen, entspricht diese doch nicht mehr dem mutmasslichen Willen der verfügenden Person (Art. 372 Abs. 2). Vorausgesetzt, jemand erhält von einem mündlichen Widerruf Kenntnis, kann folglich selbst ein mündlicher Widerruf indirekt Wirkungen entfalten (GASSMANN, in: Rosch/Büchler/Jakob, Art. 371 N 5).

Art. 372

C. Eintritt der Urteilsunfähigkeit

[1] Ist die Patientin oder der Patient urteilsunfähig und ist nicht bekannt, ob eine Patientenverfügung vorliegt, so klärt die behandelnde Ärztin oder der behandelnde Arzt dies anhand der Versichertenkarte ab. Vorbehalten bleiben dringliche Fälle.

[2] Die Ärztin oder der Arzt entspricht der Patientenverfügung, ausser wenn diese gegen gesetzliche Vorschriften verstösst oder wenn begründete Zweifel bestehen, dass sie auf freiem Willen beruht oder noch dem mutmasslichen Willen der Patientin oder des Patienten entspricht.

[3] Die Ärztin oder der Arzt hält im Patientendossier fest, aus welchen Gründen der Patientenverfügung nicht entsprochen wird.

C. Survenance de l'incapacité de discernement

[1] Lorsqu'un médecin traite un patient incapable de discernement et qu'il ignore si celui-ci a rédigé des directives anticipées, il s'informe de leur existence en consultant la carte d'assuré du patient. Les cas d'urgence sont réservés.

[2] Le médecin respecte les directives anticipées du patient, sauf si elles violent des dispositions légales, ou si des doutes sérieux laissent supposer qu'elles ne sont pas l'expression de sa libre volonté ou qu'elles ne correspondent pas à sa volonté présumée dans la situation donnée.

[3] Le cas échéant, le médecin consigne dans le dossier médical du patient les motifs pour lesquels il n'a pas respecté les directives anticipées.

C. Verificarsi dell'incapacità di discernimento

[1] Se il paziente è incapace di discernimento e non è noto se sussistono sue direttive, il medico curante si informa consultando la tessera di assicurato. Sono fatte salve le situazioni d'urgenza.

[2] Il medico ottempera alle direttive del paziente, salvo che violino le prescrizioni legali o sussistano dubbi fondati che esse esprimano la volontà libera o presumibile del paziente.

[3] Il medico iscrive nel fascicolo del paziente le ragioni per le quali non ha ottemperato alle direttive di costui.

Inhaltsübersicht

Literatur

BAUMANN, Vorsorgeauftrag für medizinische Massnahmen und Patientenverfügung, ZVW 2005, 59–69 (zit. ZVW 2005); HAAS, Die Einwilligung in eine Persönlichkeitsverletzung nach Art. 28 Abs. 2 ZGB, Diss. Luzern 2007; Schweizerische Akademie für medizinische Wissenschaft (SAMW), Patientenverfügungen, Medizinisch-ethische Richtlinien und Empfehlungen (zit. SAMW, Patientenverfügungen); TAG, Strafrecht im Alltag, in: Kuhn/Poledna (Hrsg.), Arztrecht in der Praxis, 2. Aufl., Zürich 2007 (zit. Arztrecht).

Materlialien

Art. 373 Abs. 2–4 VE Erwachsenenschutz 2003; VE Erwachsenenschutz/Vernehmlassungen, 148 ff.; Botschaft Erwachsenenschutz, 7032 f. und 7142 f.; Prot. RK-S vom 2./3.7.2007, 25 ff.; AmtlBull StR 2007, 831; Prot. RK-N vom 24./25.4.2008, 11 ff.; AmtlBull NR 2008, 1518 f.; Prot. RK-S vom 27./28.10.2008, 1 f.; AmtlBull StR 2008, 882; Prot. RK-N vom 9.12.2008, 1 f.; AmtlBull NR 2008, 1796 f.

I. Abklärung durch den Arzt (Art. 372 Abs. 1)

1. Grundsatz

1 Eine Patientenverfügung kommt erst zum Tragen, wenn die verfügende Person urteilsunfähig ist und dies nur für die Dauer der **Urteilsunfähigkeit**. Die Urteilsunfähigkeit ist durch den Arzt festzustellen. Die ESB wird erst dann involviert resp. sie schreitet erst dann ein, wenn sie von einer der verfügenden Person nahestehenden Person schriftlich angerufen wird (vgl. Art. 373).

2 Wird eine medizinische Massnahme bei einer urteilsunfähigen Person notwendig, so hat der Arzt zu klären, ob eine Patientenverfügung vorliegt. Vorbehalten bleiben dringliche Fälle (Art. 372 Abs. 1).

2. *Versichertenkarte*

Gestützt auf Art. 42a KVG (SR 832.10), welcher die Grundlage für die Versichertenkarte bildet, und Art. 6 der Verordnung über die Versichertenkarte für die obligatorische Krankenpflegeversicherung (VVK; SR 832.105) vom 14.2.2007 können Personen gemäss Anhang zur Verordnung zwecks Verbesserung der Effizienz, der Sicherheit und der Qualität der medizinischen Behandlung den Hinweis auf eine Patientenverfügung in elektronischer Form auf der Versichertenkarte abspeichern. 3

Wird eine medizinische Massnahme notwendig, so hat der behandelnde Arzt anhand der Versichertenkarte abzuklären, ob eine Patientenverfügung errichtet wurde (Art. 372 Abs. 1) und wo diese hinterlegt ist (Art. 371 Abs. 2). In den Räten war die Frage des Umfangs der Abklärungspflicht der Ärzte umstritten. Der Nationalrat, nicht aber der Ständerat, wollte anfänglich den Ärzten eine weitergehende Aufklärungspflicht auferlegen als es der bundesrätliche Entwurf vorsah (vgl. AmtlBull NR 2008, 1518 f. und AmtlBull NR 2008, 1796 f.). 4

3. *Dringende Fälle*

Art. 372 Abs. 1 sieht für dringende Fälle eine Ausnahme von der Abklärungspflicht der Ärzte vor. In dringenden Fällen ist es meist nicht möglich abzuklären, ob eine Patientenverfügung errichtet wurde, müssen doch die zur Lebensrettung oder zur Abwehr schwerer Folgeschädigungen unaufschiebbaren Massnahmen (meist) sofort eingeleitet werden. Sobald aber die Patientenverfügung vorliegt, muss sie in die weitere Behandlung einbezogen werden (SAMW, Patientenverfügungen, 15). 5

Kennt hingegen der behandelnde Arzt den Inhalt der Patientenverfügung zweifelsfrei, so wird er die Patientenverfügung auch in dringenden Fällen zu beachten haben und kann sich nicht darüber hinweg setzen (so auch GASSMANN, in: Rosch/Büchler/Jakob, Art. 372 N 1). 6

II. Wirkungen der Patientenverfügung (Art. 372 Abs. 2)

1. *Grundsatz*

Das Europäische Übereinkommen vom 4.4.1997 über Menschenrechte und Biomedizin [Übereinkommen über Menschenrechte und Biomedizin (ÜMB), SR 0.810.2] – in Kraft getreten für die Schweiz am 1.11.2008 – hat die Grundrechte, die auf dem Gebiet der Humanmedizin zu berücksichtigen sind, weiterentwickelt und konkretisiert. Dieses Übereinkommen zeigt die Globalisierung des Medizinrechts und «markiert die Wende von der direkten Medizin» hin zum verstärkten Schutz der Menschenwürde und zum Selbstbestimmungsrecht des Individuums (Botschaft ÜMB, 273 und 284). In Art. 5 ÜMB ist sodann auch der allgemeine Grundsatz des Medizinalrechts, das Selbstbestimmungsrecht des Patienten resp. der Grundsatz der Zustimmung, welcher sich zur tragenden Säule des Arzt-Patienten-Verhältnis entwickelt hat, explizit festgehalten (Botschaft ÜMB, 291). Dieser Grundsatz ist u.a. bereits in internationalen Übereinkommen (Art. 8 EMRK [SR 0.101], Art. 17 UNO-Pakt II [SR 0.103.2]) und der Schweizerischen Bundesverfassung (Art. 10 Abs. 2 BV [SR 101]) verankert, weshalb Art. 5 ÜMB lediglich deklaratorische Bedeutung hat. 7

Art. 9 ÜMB sieht vor, dass die zu einem früheren Zeitpunkt geäusserten Wünsche im Hinblick auf eine medizinische Intervention zu **berücksichtigen** sind. Insofern ist gestützt auf die Regelung im Übereinkommen über Menschenrechte und Biomedizin den Wünschen 8 nicht ohne Weiteres Folge zu leisten. Vielmehr müssen die Ärzte sich immer vergewissern, ob die Patientenverfügung auf die konkrete Situation anwendbar ist und im Hinblick auf die medizinische Entwicklung noch gültig ist (Botschaft Erwachsenenschutz, 7032).

9 Art. 372 geht weiter als die Regelung von Art. 9 ÜMB. Eine Patientenverfügung i.S.v. Art. 372 gilt als **wirklicher (und aktueller) Wille** der verfügenden Person im Moment des fraglichen Eingriffs, sofern sie hinreichend klar ist. Der gesetzliche Vertreter muss nicht zustimmen resp. einwilligen (Botschaft Erwachsenenschutz, 7033; WIDMER BLUM, 172). Gestützt auf die Botschaft des Bundesrates soll die Patientenverfügung nicht lediglich zur Ermittlung des mutmasslichen Willens der urteilsunfähigen Person herangezogen oder berücksichtigt werden – dies in Abweichung zum Übereinkommen über Menschenrechte und Biomedizin –, sondern sie ist zunächst (vgl. nachfolgend N 12 ff.) verbindlich (Botschaft Erwachsenenschutz, 7033).

10 Im Sinne der Verwirklichung der Selbstbestimmung geht folglich das Erwachsenenschutzrecht davon aus, dass jede verfügende Person über die für die Willensbildung erheblichen Informationen verfügt und auf zusätzliche Aufklärung verzichtet und damit die (genügend bestimmte) Patientenverfügung zunächst **verbindlich** ist (Botschaft Erwachsenenschutz, 7033). Rechtmässig ist aber ein medizinischer Eingriff nur dann, wenn er medizinisch auch indiziert ist (HAUSHEER/GEISER/AEBI-MÜLLER, Erwachsenenschutzrecht, Rz 2.49).

11 Jeder ärztliche Eingriff in die körperliche Integrität oder die biologische bzw. seelische Gesundheit erfüllt den Straftatbestand der Körperverletzung, bei rein physischen Einwirkungen ohne die Schwelle des Art. 123 Ziff. 1 StGB zu erreichen, den der Tätlichkeit (Art. 126 StGB). Unerheblich ist dabei, ob der ärztliche Eingriff ein Heileingriff und medizinisch indiziert ist, ob er lege artis und erfolgreich durchgeführt wurde (TAG, Arztrecht, 677). Massgebend ist einzig, ob der Eingriff mittels einer unmittelbaren Einwilligung oder im Fall der bereits eingetretenen Urteilsunfähigkeit gestützt auf eine konkrete Anordnung in einer Patientenverfügung gerechtfertigt ist. Weicht der behandelnde Arzt von der Anweisung in der Patientenverfügung ab, so kann der Eingriff zivil- und strafrechtliche Folgen nach sich ziehen, es sei denn, die Patientenverfügung verstosse gegen das Gesetz oder es bestehen begründete Zweifel an der Massgeblichkeit der Patientenverfügung (vgl. N 16 ff.).

2. Verstoss gegen das Gesetz

12 Der Arzt beurteilt primär, ob die Urteilsfähigkeit als Voraussetzung für die Errichtung einer Patientenverfügung (vgl. betreffend Rechtsfolgen bei fehlender Urteilsfähigkeit N 20) und die Urteilsunfähigkeit im Zeitpunkt einer allfälligen Umsetzung der Patientenverfügung gegeben sind. Leidet die Patientenverfügung an einem Formmangel (vgl. Art. 371 Abs. 1) oder verstösst sie sonstwie gegen das Gesetz, so ist die Verfügung immer zugunsten der Person auszulegen, welche sie erstellt hat. Soweit die Patientenverfügung zulässig ist, soll die Patientenverfügung umgesetzt werden; der unzulässige Teil macht den zulässigen Teil nicht etwa hinfällig (AmtlBull StR 2007, 831).

13 Grundsätzlich gehören zum Selbstbestimmungsrecht i.S.v. Art. 8 Ziff. 1 EMRK und Art. 10 Abs. 2 BV auch das Recht über Art und Zeitpunkt der Beendigung des eigenen Lebens zu entscheiden. Das Recht auf Selbstbestimmung findet jedoch seine Grenzen, wenn der Staat oder Dritte zu Beihilfe zum Suizid oder direkter aktiver Sterbehilfe verpflichtet werden (vgl. dazu etwa BGer vom 3.11.2006, 2A.48/2006 und 2A.66/2006 und EGMR, 20.1.2011, No. 31322/07, Haas/Schweiz). Ein Verstoss gegen das Gesetz liegt bspw. vor, wenn die verfügende Person einen Eingriff in die körperliche Integrität verlangt, der die Verkürzung ihres Lebens bezweckt oder auch wenn sie das Abstellen der lebenserhaltenden Apparaturen verlangt, was ein Abbruch einer (vorläufig) rettenden Kausalität darstellt (direkte aktive Sterbehilfe, Art. 114 StGB; [BSK StGB II-SCHWARZENEGGER, vor Art. 111 N 24]).

Verstösst die Patientenverfügung gegen das Gesetz, so hat der behandelnde Arzt von ihr abzuweichen. **14**

Die indirekte aktive Sterbehilfe (z.B. die Verabreichung von schmerzlindernden Medikamenten, wobei aber eventualvorsätzlich der Eintritt des Todes in Kauf genommen wird; so auch SAMW, Palliative Care, 15: «Angesichts des Sterbeprozesses kann der Verzicht auf lebenserhaltende Massnahmen oder deren Abbruch gerechtfertigt oder geboten sein.») und die passive Sterbehilfe (d.h. Nichttreffen der erforderlichen Massnahmen, die notwendig wären, um den Eintritt des Todes eines anderen Menschen, der im Sterben liegt, chronisch krank oder schwer verletzt ist, zu verhindern oder zumindest hinauszuzögern [BSK StGB II-SCHWARZENEGGER, vor Art. 111 N 21]) sind demgegenüber zulässig. **15**

3. Begründete Zweifel

Eine Patientenverfügung, welche bspw. vor längerer Zeit verfasst wurde, birgt oft das Risiko, dass sie nicht oder nicht mehr dem Willen der verfügenden Person entspricht. Grundsätzlich dürfen aber Anweisungen in Patientenverfügungen nicht per se stets hinterfragt werden, wenn sie bspw. eine Massnahme vorsehen, welche vom behandelnden Arzt als unpassend beurteilt wird. Bestehen jedoch begründete Zweifel, dass die Patientenverfügung auf dem freien Willen der verfügenden Person beruht, so kann von ihr abgewichen werden. **16**

Diese Zweifel müssen sich aber auf konkrete Anhaltspunkte stützen, etwa wenn Hinweise darauf bestehen, dass die verfügende Person im Zeitpunkt des Verfassens der Patientenverfügung nicht urteilsfähig war und damit die Verfügung nicht auf freiem Willen beruht (vgl. N 18 ff.) oder wenn die verfügende Person einige Zeit nach Errichtung der Patientenverfügung eine andere Meinung äussert (vgl. N 23 ff.) oder etwa die Entwicklung in der Medizin Massnahmen ermöglicht, welche die verfügende Person bei Errichtung der Patientenverfügung nicht vorhersehen konnte (Botschaft Erwachsenenschutz, 7033; BAUMANN, ZVW 2005, 62). Diese Zweifel müssen sich somit auf konkrete Elemente stützen und von einer gewisser Intensität sein, kommen sie doch von Drittpersonen und nicht von der verfügenden Person selbst. Insofern haftet diesen Zweifeln ein subjektives Element an, weshalb nicht auszuschliessen ist, dass sie auch von der Interessenlage der zweifelnden Person abhängen können. Geäusserte Zweifel an einer früheren Anordnung müssen deshalb begründet sein, wozu nicht ausreichend sein dürfte, sich einzig auf die Meinung der zweifelnden Person abzustützen, sondern es vielmehr Indizien gewisser Intensität bedarf (BAUMANN, ZVW 2005, 62). **17**

a) Fehlender freier Wille

Eine Patientenverfügung muss auf einem «freien Willen» beruhen. Der Wille muss somit **mängelfrei** gebildet worden und die Patientenverfügung muss **freiwillig**, d.h. ohne äusseren Druck oder Zwang, verfasst worden sein (i.S.v. Art. 23 ff. OR). **18**

Wie die unmittelbare Einwilligung in eine Persönlichkeitsverletzung können auch medizinische Anordnungen in einer Patientenverfügung grundsätzlich einzig von der **aufgeklär-** **19**

ten urteilsfähigen (Art. 370 Abs. 1) **Person** erteilt werden (vgl. N 21 ff.; BUCHER, Natürliche Personen, 520 und 528; HAAS, Diss., 727 ff.).

20 Die **Urteilsfähigkeit** der verfügenden Person ist bereits für die Rechtsgültigkeit einer Patientenverfügung erforderlich und nicht erst für deren Verbindlichkeit (vgl. Art. 370 Abs. 1). Die von einer urteilsunfähigen Person errichtete Patientenverfügung kann keine Wirkungen entfalten (vgl. Art. 18a bzw. Art. 17).

21 Gestützt auf den Grundsatz der Selbstbestimmung ist bei der Errichtung der Patientenverfügung davon auszugehen, dass die verfügende Person über die für die Willensbildung erheblichen Informationen verfügt und/oder auf zusätzliche Informationen verzichtet (Botschaft Erwachsenenschutz, 7033). Selbst wenn somit die verfügende Person im Zeitpunkt des Verfassens der Patientenverfügung nicht oder zu wenig aufgeklärt war, zeitigt dies keine Rechtsfolgen; die **Aufklärung des Patienten** ist im Gegensatz zu den Grundsätzen zur Einwilligung (BUCHER, Natürliche Personen, 520 ff.) nicht Gültigkeitsvoraussetzung der Patientenverfügung. Die Patientenverfügung bleibt grundsätzlich auch dann gültig und verbindlich (Botschaft Erwachsenenschutz, 7033; WIDMER BLUM, 209).

22 Begründet sind Zweifel am freien Willen zusätzlich jedoch erst dann, wenn konkrete Hinweise betreffend **Grundlagen- oder Erklärungsirrtum** vorliegen (WIDMER BLUM, 181). Da einerseits die Verbindlichkeit einer Patientenverfügung vermutet wird und jener die Beweislast trägt, der Zweifel an deren Verbindlichkeit hat und andererseits eine Patientenverfügungen eindeutig und bestimmt abgefasst sein muss, dürften wohl nur selten entsprechende konkrete Hinweise vorliegen. Insofern dürfte nur in eindeutigen Fällen fehlenden freien Willens von der Patientenverfügung abgewichen werden. Jedenfalls wird eine Patientenverfügung bei fehlendem freiem Willen **keine Wirkung** entfalten. Da der aktuelle Wille der verfügenden Person nach Eintritt der Urteilsunfähigkeit nicht mehr ermittelt werden kann, muss dann in solchen Fällen vom mutmasslichen Willen des Patienten ausgegangen werden (Botschaft Erwachsenenschutz, 7034).

b) Mutmasslicher Wille

23 Hat der behandelnde Arzt im Anwendungszeitpunkt begründete Zweifel, dass die Patientenverfügung noch dem mutmasslichen Willen der verfügenden Person entspricht, so wird er sie nicht mehr anwenden.

24 Zweifel sind aber nicht schon dann begründet, wenn zwischen dem Zeitpunkt des Verfassens und dem Anwendungszeitpunkt eine grosse Zeitspanne liegt, denn die Gültigkeit einer Patientenverfügung wurde nicht befristet (AmtlBull StR 2007, 831). Sofern zusätzlich zum zeitlichen Element ein sachlicher Aspekt hinzukommt, könnte je nachdem die Patientenverfügung dem mutmasslichen Willen nicht mehr entsprechen.

25 Begründete Zweifel können auftreten, weil sich die verfügende Person im Zeitpunkt ihrer Urteilsfähigkeit ausdrücklich anders, als sie schriftlich in der Patientenverfügung festgehalten hat, äussert. In einem solchen Fall ist es sinnvoll, die verfügende Person darauf anzusprechen und ihr zu empfehlen, die bestehende Patientenverfügung zu widerrufen und eine neue zu verfassen. Ist die verfügende Person aber bereits urteilsunfähig, ist fraglich, ob ihre von der Patientenverfügung abweichenden Äusserungen überhaupt beachtlich sind und v.a. «begründete Zweifel» erwecken können. Dagegen spricht, dass eine Patientenverfügung Urteilsfähigkeit voraussetzt (Art. 370 Abs. 1). Das Selbstbestimmungsrecht des Patienten sowie die Regelung von Art. 377 Abs. 3, wonach «auch die urteilsunfähige Person in die Entscheidfindung einbezogen» wird, sprechen demgegenüber für die Berücksichtigung abweichender Äusserungen, selbst wenn diese im Zustand der Urteilsunfähigkeit erfolgten (Widmer Blum, 186). Dieser zweiten nicht formalistischen Ansicht ist der Vorrang zu geben.

Von der Patientenverfügung abweichende Äusserungen oder auch Handlungen führen bei bereits eingetretener Urteilsunfähigkeit somit dazu, dass sie als wichtiger Hinweis für einen geänderten mutmasslichen Willen aufzufassen sind und die Anordnungen in der Patientenverfügung deshalb zu hinterfragen sind und nicht unbesehen befolgt werden dürfen. **26**

Allfällige Zweifel können sich auch daraus ergeben, dass die ursprünglichen Gründe für die Errichtung einer Patientenverfügung völlig vom heutigen mutmasslichen Willen der verfügenden Person abweichen. Dies setzt aber voraus, dass die Beweggründe bekannt sind (Widmer Blum, 186). Sofern diese Gründe und damit auch ein abweichender mutmasslicher Wille nicht feststellbar sind, so sind die Anordnungen in der Patientenverfügung grundsätzlich zu befolgen. **27**

Setzt die verfügende Person eine Vertretungsperson ein, so kann der mutmassliche Wille ebenfalls von der Anordnung in der Patientenverfügung abweichen, so etwa wenn sich diese beiden Personen zerstreiten. Je nachdem bestehen konkrete Anhaltspunkte. Sofern keine konkreten Hinweise bestehen, so besteht ein potenzielles Risiko, dass keine Zweifel am geänderten mutmasslichen Willen aufkommen und die Vertretungsperson kann – vorbehältlich konkreter Anordnungen – entscheiden. In diesem Zusammenhang ist jedoch zu beachten, dass grundsätzlich der mutmassliche Wille der verfügenden Person massgebend ist und die Vertretungsperson – vorbehältlich konkreter Anordnungen oder Äusserungen – auf die objektiven Interessen (v.a. medizinisch indizierte Massnahmen) der verfügenden Person abstellen muss. **28**

Bestehen sodann aber begründete Zweifel, so entfaltet die Patientenverfügung keine Wirkung. Da der aktuelle Wille aufgrund der eingetretenen Urteilsunfähigkeit nicht mehr zu ermitteln ist, wird auf den mutmasslichen Willen des Patienten abzustellen sein (Botschaft Erwachsenenschutz, 7034). **29**

Unter Berücksichtigung des im Erwachsenenschutzrecht geltenden Grundsatzes der Selbstbestimmung wird künftig bei allfälligen Zweifeln, ob die Patientenverfügung noch dem mutmasslichen Willen entspricht, eher zugunsten der Patientenverfügung und zuungunsten der bestehenden Zweifel von Dritten, welche zumindest teilweise subjektiver Natur sein dürften, zu entscheiden sein. Ansonsten besteht ein gewisses Risiko, dass die Verbindlichkeit von Patientenverfügungen unterlaufen würde (vgl. auch Geth/Mona, 171; Widmer Blum, 190 f.). **30**

III. Vermerk im Patientendossier (Art. 372 Abs. 3)

Wenn der behandelnde Arzt von den Anweisungen des Patienten abweicht, müssen die Gründe dafür im Patientendossier festgehalten werden (Art. 372 Abs. 3). Wird in der Folge die ESB angerufen, weil der Patientenverfügung nicht entsprochen wird (vgl. Art. 373), so bilden diese Angaben im Patientendossier die Grundlage für die Beurteilung der ärztlichen Entscheidung (Botschaft Erwachsenenschutz, 7034). **31**

Art. 373

D. Einschreiten der Erwachsenenschutzbehörde

[1] Jede der Patientin oder dem Patienten nahestehende Person kann schriftlich die Erwachsenenschutzbehörde anrufen und geltend machen, dass:
1. der Patientenverfügung nicht entsprochen wird;
2. die Interessen der urteilsunfähigen Person gefährdet oder nicht mehr gewahrt sind;
3. die Patientenverfügung nicht auf freiem Willen beruht.

[2] Die Bestimmung über das Einschreiten der Erwachsenenschutzbehörde beim Vorsorgeauftrag ist sinngemäss anwendbar.

D. Intervention de l'autorité de protection de l'adulte

[1] Tout proche du patient peut en appeler par écrit à l'autorité de protection de l'adulte lorsque:
1. les directives anticipées du patient ne sont pas respectées;
2. les intérêts du patient sont compromis ou risquent de l'être;
3. les directives anticipées ne sont pas l'expression de la libre volonté du patient.

[2] La disposition régissant l'intervention de l'autorité de protection de l'adulte dans le cadre du mandat pour cause d'inaptitude s'applique par analogie aux directives anticipées.

D. Intervento dell'autorità di protezione degli adulti

[1] Ognuna delle persone vicine al paziente può adire per scritto l'autorità di protezione degli adulti facendo valere che:
1. non è stato ottemperato alle direttive del paziente;
2. gli interessi del paziente incapace di discernimento sono esposti a pericolo o non sono più salvaguardati;
3. le direttive del paziente non esprimono la sua libera volontà.

[2] La disposizione sull'intervento dell'autorità di protezione degli adulti in caso di mandato precauzionale si applica per analogia.

Inhaltsübersicht

Materialien

Art. 369 VE Erwachsenenschutz 2003; VE Erwachsenenschutz/Vernehmlassungen, 133 f. und 148 f.; Botschaft Erwachsenenschutz, 7034 und 7143; Prot. RK-S vom 2./3.7.2007, 27; AmtlBull StR 2007, 831 f.; Prot. RK-N vom 24./25.4.2008, 14; AmtlBull NR 2008, 1519.

I. Allgemeines

1 Die Patientenverfügung richtet sich in erster Linie an die behandelnden Ärzte. Der ESB kommt hier deshalb eine **wesentlich geringere Rolle zu als beim Vorsorgeauftrag**. Die Aufgabe der ESB beschränkt sich darauf einzuschreiten, wenn sie erfährt, dass der Verfügung nicht entsprochen wird, die Interessen der urteilsunfähigen Person gefährdet sind oder eine Patientenverfügung befolgt wird, welche gar nicht dem Willen der betroffenen Person entspricht (HAUSHEER/GEISER/AEBI-MÜLLER, Erwachsenenschutzrecht, Rz 2.51).

2 Die ESB handelt auf schriftlichen **Antrag** einer **nahestehenden Person**. Der Begriff der nahestehenden Person richtet sich nach den unter dem geltenden Recht entwickelten

Grundsätzen und umfasst diejenigen Personen, welche mit der betroffenen Person **faktisch verbunden** sind; d.h. diese gut kennen, und kraft ihrer Eigenschaften sowie ihrer Beziehungen zur betroffenen Person als geeignet erscheinen, deren Interessen wahrzunehmen (Botschaft Erwachsenenschutz, 7084; WIDMER BLUM, 223). Als nahestehende Person gelten auch **der behandelnde Arzt** sowie das Pflegepersonal (Botschaft Erwachsenenschutz, 7034). Anlässlich der parlamentarischen Beratungen haben diesbezüglich aber noch Zweifel bestanden (vgl. Votum Wicki, AmtlBull StR 2007, 832).

Ein Teil der Lehre stellt sich m.E. zu Recht auf den Standpunkt, dass die ESB – entgegen dem Wortlaut der Bestimmung – analog zu Art. 368 Abs. 1 auch **von Amtes wegen** tätig werden kann (GASSMANN, in: Rosch/Büchler/Jakob, Art. 373 N 2; HAUSHEER/GEISER/AEBI-MÜLLER, Erwachsenenschutzrecht, Rz 2.51; **a.M.** SCHMID, Art. 373 N 2). 3

Bezüglich der von der ESB zu ergreifenden **Massnahmen** ist die Bestimmung über das Einschreiten der ESB beim Vorsorgeauftrag (Art. 368), auf welche in Art. 373 Abs. 2 verwiesen wird, **sinngemäss anwendbar**. Danach kann die ESB als erforderliche Massnahme z.B. Weisungen erteilen. 4

Für das Verfahren vor der ESB gem. Art. 373 sind die **erstinstanzlichen Verfahrensvorschriften** (Art. 443 ff.) anwendbar (SCHMID, Art. 373 N 13). 5

II. Anwendungsfälle der behördlichen Intervention

Das Gesetz nennt **drei Gründe** (Art. 373 Abs. 1 Ziff. 1), bei deren Vorliegen eine nahestehende Person des Patienten die ESB schriftlich anrufen kann, oder die ESB von Amtes wegen interveniert. 6

Der **erste Grund** besteht darin, dass einer **Patientenverfügung nicht entsprochen** wird **(Ziff. 1)**. Gemeint ist damit, dass einer Patientenverfügung – durch wen auch immer – keine Nachachtung verschafft wird. Wird die Patientenverfügung nicht umgesetzt, obwohl sie nicht gegen gesetzliche Vorschriften verstösst, auf freiem Willen beruht und dem mutmasslichen Willen entspricht (Art. 372 Abs. 2), kann eine nahestehende Person deren Befolgung verlangen. (SCHMID, N 3; GASSMANN, in: Rosch/Büchler/Jakob, Art. 373 N 1). 7

Als **zweiten Grund** nennt das Gesetz die Tatsache, dass **die Interessen der urteilsunfähigen Person gefährdet sind oder nicht mehr gewahrt** sind **(Ziff. 2)**. Dieser Anrufungsgrund ist u.a. dann gegeben, wenn eine Patientenverfügung befolgt wird, obwohl sie rechtlich nicht wirksam ist. Zu denken ist in diesem Zusammenhang z.B. an einen **Formmangel** oder das **Fehlen der Urteilsfähigkeit** im Zeitpunkt der Errichtung. Weiter lässt sich unter diesen Anrufungsgrund auch das Vorliegen einer Patientenverfügung mit **widerrechtlichem Inhalt** subsumieren (GASSMANN, in: Rosch/Büchler/Jakob, Art. 373 N 1; SCHMID, N 4). Im Gegensatz zur Regelung beim Vorsorgeauftrag (Art. 365 Abs. 3), führt bei der Patientenverfügung eine **Interessenkollision** nicht zum Untergang der Vertretungsmacht von Gesetzes wegen, sondern bedarf eines Einschreitens der ESB gestützt auf Art. 373 Abs. 1 Ziff. 2 (SCHMID, N 6). 8

Der **dritte Grund** für eine Anrufung der ESB oder Intervention von Amtes wegen liegt dann vor, wenn die Patientenverfügung **nicht auf freiem Willen** beruht **(Ziff. 3)**. Zum Begriff des freien Willens vgl. die Ausführungen zu Art. 372 N 18 ff. Von diesem Anrufungsgrund sind die Mängel bei der Willensbildung wie Drohung, Zwang, Täuschung und Irrtum erfasst (GASSMANN, in: Rosch/Büchler/Jakob, Art. 373 N 1; **a.M.** SCHMID, N 5 und 9, gemäss welchem der Begriff des «freien Willens» nur die Täuschung und Furchterregung betrifft). 9

Zweiter Abschnitt: Massnahmen von Gesetzes wegen für urteilsunfähige Personen

Erster Unterabschnitt: Vertretung durch den Ehegatten, die eingetragene Partnerin oder den eingetragenen Partner

Vorbemerkungen zu Art. 374–376

Inhaltsübersicht

I. Grundgedanken und Zweck der Bestimmungen

1 Personen können infolge von Geburtsgebrechen die Urteilsfähigkeit nie erlangen oder sie im Laufe ihres Lebens durch Unfall oder Krankheit vorübergehend oder dauernd verlieren. Namentlich steigt mit zunehmendem Alter die Gefahr, an Demenz zu erkranken. Von den über 65-Jährigen leiden ca. 8% an Alzheimer oder anderer Demenz, bei den über 85-Jährigen beträgt der Anteil rund 30% (Botschaft Erwachsenenschutz, 7011 FN 4). Alzheimer ist aber nicht nur eine Krankheit, deren Risiko mit dem Alter zunimmt. Vielmehr kann Alzheimer schon im frühen Erwachsenenalter bei Personen im Alter zwischen 30 und 50 auftreten. Insgesamt wird die Gesamtzahl von Personen mit Alzheimer oder anderer Demenz heute auf 107 000 geschätzt. Infolge der demographischen Entwicklung und insb. der zunehmenden Lebenserwartung soll sich diese Zahl bis 2030 verdoppeln. 2050 ist mit über 300 000 Demenz-Kranken zu rechnen (Angaben der Schweizerischen Alzheimervereinigung, ‹http://www.alz.ch/d/html/gesellschaft.html› [besucht am 16.9.2011]). Während im Jahr 1900 ein Mann bei der Geburt mit einer Lebenserwartung von 46,2 Jahren und eine Frau mit einer Lebenserwartung von 48,9 Jahren rechnen konnten, ist die Lebenserwartung 2010 bei Männern 80,1 Jahren und bei Frauen 84,5 Jahren. Ein 65-jähriger Mann hat heute noch eine Lebenserwartung von 18,8 Jahren, eine 65-jährige Frau eine solche von 22,1 Jahren (Angaben des Bundesamtes für Statistik, Tabelle Todesfälle, Sterblichkeit und Lebenserwartung). Von 100 000 Frauen werden immerhin 5 617 und von 100 000 Männern noch 1 262 hundert Jahre alt (GEISER, ZVW 2003, 98 unter Verweis auf STAUFFER/SCHAETZLE, Barwerttafeln, Leonardo I, Zürich 2001, Tafel 40). Demenzkranke bekunden infolge ihrer Krankheit immer mehr Mühe, ihre Geschäfte zu besorgen, bis sie eines Tages die Urteilsfähigkeit umfassend verlieren.

2 Mit dem Verlust der Urteilsfähigkeit – aus welchen Gründen auch immer – entfällt von Gesetzes wegen, d.h. automatisch die Handlungsfähigkeit (Art. 17). Deshalb muss der **Gesetzgeber bestimmen, wie eine handlungsunfähige Person am Rechtsverkehr teilnehmen** kann und wer für sie sorgt. Nach dem Vormundschaftsrecht von 1912 war ein Entmündigungsverfahren durchzuführen, damit die zuständige Vormundschaftsbehörde anschliessend für die urteilsunfähige Person einen Vormund ernennen (aArt. 385 Abs. 1) oder sie unter elterliche Sorge stellen konnte (aArt. 385 Abs. 3). Die jüngere Praxis begnügte sich zum Teil aber auch mit einer kombinierten Beistandschaft (aArt. 392 Ziff. 1 und 393 Ziff. 2; BK-SCHNYDER/MURER, aArt. 393 ZGB N 46; BSK ZGB I-LANGENEGGER,

aArt. 392 N 13; zur sog. kombinierten Altersbeistandschaft BGer vom 10.6.2009, 5A_222/2009, E. 3.1 und 3.3 m.V. auf BGE 135 III 385 E. 4.3). Besondere Massnahmen für Urteilsunfähige sah das ZGB von 1912 nicht vor.

Die Gesamtzahl der **amtsgebundenen Massnahmen für Erwachsene** (ohne FFE) ist seit 2000 **laufend gestiegen**, und zwar von 58 980 im Jahr 2001 auf 82 116 Ende 2010 (ZKE 2011, 422, vgl. auch 415, wo eine leicht höhere Gesamtzahl angegeben wird). Vergleicht man aber diese Zahl mit der geschätzten Zahl von Demenzkranken, so liegt die Vermutung nahe, dass lange nicht alle Hilfsbedürftigen im Rahmen einer behördlichen Massnahme des Vormundschaftsrechts geschützt wurden. Denn die Demenzkranken machen nur einen Teil der Klientel der vormundschaftlichen Behörden aus. 3

In der Tat bestätigen die **Erfahrungen in der Praxis**, dass es recht viele Angehörige von Urteilsunfähigen gab, die insb. im Hinblick auf die für den Betroffenen als stigmatisierend und erniedrigend empfundene Wirkung von vormundschaftlichen Massnahmen den Gang zu den Behörden scheuten und die **Betreuung eines urteilsunfähigen Angehörigen auf informelle Weise sicherstellten**. Vor allem wenn eine Person im hohem Alter stand und das Lebensende abzusehen war, wurde der bürokratische Aufwand, der mit behördlichen Massnahmen verbunden war, verständlicherweise gescheut. Auch kam es den Angehörigen kaum in den Sinn, bei einer Person, die wegen Unfall oder Krankheit für längere Zeit im Koma lag, irgendetwas Besonderes vorzukehren. Ein Eingreifen der vormundschaftlichen Behörden wurde als Einmischung in die privaten Angelegenheiten der Familie empfunden. Das Umfeld tolerierte das informelle Handeln der Angehörigen eines Urteilsunfähigen, da dabei kaum je Schwierigkeiten auftraten. Zum Teil berief man sich auch auf die Bestimmungen über die Geschäftsführung ohne Auftrag (Art. 419 ff. OR), indem man vorgab, ein Rechtsgeschäft sei dringend nötig und würde dem mutmasslichen Willen des Urteilsunfähigen entsprechen. Die Geschäftsführung ohne Auftrag hilft aber nur beschränkt weiter. Zum Teil wurden deshalb auch die Bestimmung über die Vertretung der ehelichen (Art. 166) oder partnerschaftlichen (Art. 15 PartG) Gemeinschaft herangezogen, um zumindest das Handeln eines Ehegatten oder eines eingetragenen Partners zu rechtfertigen. Eine solch extensive Auslegung ist aber juristisch nicht zulässig. Die Bestimmungen sind nicht gedacht, um Handlungen im Interesse eines Urteilsunfähigen eine rechtliche Basis zu geben, insb. wenn dieser in einer Einrichtung untergebracht ist. Schliesslich gingen Banken auch davon aus, dass die früher erteilten Aufträge und Vollmachten weitergelten, wenn sie überhaupt vom Eintritt der Urteilsunfähigkeit des Vollmachtgebers erfuhren (vgl. zum Ganzen Botschaft Erwachsenenschutz, 7013). Indessen war nach der Doktrin nicht klar, wie weit Aufträge und Vollmachten, welche die urteilsunfähig gewordene Person zur Zeit ihrer Urteilsfähigkeit ausstellte, über den Eintritt der Urteilsunfähigkeit hinaus wirken konnten (dazu a. Art. 360 N 12). Nach ZÄCH (BK- ZÄCH, Art. 35 OR N 16, 41 und 83) führte der Verlust der Handlungsfähigkeit automatisch zum Erlöschen des Auftrags und der Vollmacht und eine gegenteilige Vereinbarung war unzulässig. Allerdings präzisierte ZÄCH nicht, was unter Verlust der Handlungsfähigkeit zu verstehen war. BUCHER (BK-BUCHER, Art. 19 N 334) dagegen ging davon aus, dass mit dem Verlust der Handlungsfähigkeit i.S.v. Art. 35 OR nicht der Verlust der Urteilsfähigkeit, sondern wohl ausschliesslich der Fall der Entmündigung gemeint sei (s. GEISER, ZVW 2003, 99 ff., m.V. auf verschiedene Meinungsäusserungen in der Doktrin; vgl. auch WIDMER BLUM, 72 ff.). Das Bundesgericht griff mit BGE 132 III 222 E. 2 insofern klärend ein, als eine Vollmacht bei Eintritt der Urteilsunfähigkeit des Vollmachtgebers nicht erlischt, wenn der Weiterbestand vorgängig vereinbart wurde. 4

Dass sich unter neuem Recht die Einstellung zu behördlichen Massnahmen grundlegend ändert, ist kaum zu erwarten, auch wenn die ESB eine professionalisierte Behörde ist und 5

Massnahmen nach Mass angeordnet werden müssen, die auf keinen Fall mehr zu veröffentlichen sind (vgl. aArt. 375 und 397 Abs. 2). Anliegen des neuen Erwachsenenschutzrechts ist es deshalb, das geschilderte «Durchwursteln» einzugrenzen und **mit dem neuen Rechtsinstitut der Vertretung einer urteilsunfähigen Person von Gesetzes wegen** durch den Ehegatten oder den eingetragenen Partner (Art. 374–376) zu **gewährleisten, dass** ohne Vorsorgeauftrag und ohne behördliches Einschreiten **die grundlegenden persönlichen und materiellen Bedürfnisse einer urteilsunfähigen Person sichergestellt werden können** (Botschaft Erwachsenenschutz, 7034). Damit werden im Verhältnis unter Ehegatten oder eingetragenen Partnern als der engsten Nahbeziehung die unter bisherigem Recht existierenden informellen Betreuungsverhältnisse rechtlich abgesichert und die Solidarität in der Familie gestärkt (Botschaft Erwachsenenschutz, 7013 f.). Für Geschäfte, die mit keinem grossen Risiko verbunden sind (Art. 374 Abs. 2), soll der Ehegatte oder der eingetragene Partner – ähnlich wie die Eltern eines Kindes (Art. 296 ff.) – durch das Gesetz ermächtigt werden, als gesetzlicher Vertreter für den Urteilsunfähigen rechtsverbindlich zu handeln. Bei Geschäften von grösserer Tragweite i.S.v. Art. 374 Abs. 3 braucht es dagegen zum Schutz des Betroffenen die Zustimmung der ESB, obwohl keine behördliche Schutzmassnahme angeordnet ist. Für die Vertretung einer urteilsunfähigen Person bei medizinischen Massnahmen s. Art. 374 N 35 bzw. Art. 377 ff.

6 Man kann sich fragen, warum die Art. 374–376 das gesetzliche **Vertretungsrecht** auf den Ehegatten oder den eingetragenen Partner beschränken und **nicht auch anderen Angehörigen wie insb. dem faktischen Lebenspartner oder den Nachkommen ermöglichen**, auf unbürokratische Weise für den Urteilsunfähigen in dem von Art. 374 Abs. 2 und 3 vorgegebenen Umfang rechtsverbindlich zu handeln. Die Einräumung von Vertretungsrechten von Gesetzes wegen nach dem Vorbild der elterlichen Sorge für unmündige Kinder ohne Einschaltung einer Behörde für einen weiten Kreis von Personen ist aber keineswegs unproblematisch. Bei Ehegatten und eingetragenen Partnern geht es materiell lediglich um eine sinnvolle Weiterentwicklung des Ehe- bzw. Partnerschaftsrechts. Diese Personen sind gegenseitig verpflichtet, für den Unterhalt der Gemeinschaft zu sorgen (Art. 163 ZGB bzw. Art. 13 PartG), und sie sind berechtigt, die Gemeinschaft gegenüber Dritten im Rahmen von Art. 166 ZGB bzw. Art. 15 PartG für laufende Bedürfnisse und in dringlichen Fällen auch für die übrigen Bedürfnisse der Familie zu vertreten. Einen Ehegatten oder einen eingetragenen Partner zu ermächtigen, den Urteilsunfähigen bei allen Rechtshandlungen zur Deckung des üblichen Unterhaltsbedarfs zu vertreten, ist deshalb materiell nur eine Ergänzung der bestehenden Rechte und Pflichten in einer spezifischen Situation. Zwischen Ehegatten und zwischen eingetragenen Partnern besteht auch eine gesetzliche Pflicht, einander über Einkommen, Vermögen und Schulden zu orientieren (Art. 170 ZGB bzw. Art. 16 PartG). Durch das von Art. 374 Abs. 2 Ziff. 2 und Abs. 3 eingeräumte Recht zur Vermögensverwaltung bekommen sie deshalb nicht Informationen, auf die sie bisher keinen Anspruch hatten. Das Öffnen und Erledigen der Post, soweit dies nötig ist, kann zudem aus der ehelichen bzw. partnerschaftlichen Beistandspflicht abgeleitet werden. Das gesetzliche Vertretungsrecht von Art. 374 ff. ist deshalb in eine rechtlich abgesicherte Gemeinschaft eingebettet, bei deren inhaltlichen Ausgestaltung der Gesetzgeber Sondersituationen Rechnung tragen soll und muss. Im Verhältnis zu faktischen Lebenspartnern, Nachkommen oder anderen Personen fehlt dagegen ein rechtlicher Rahmen, wie er vom Eherecht und vom Partnerschaftsgesetz vorgegeben ist. Deshalb ist es nach Auffassung des Gesetzgebers vorzuziehen, dass die Person, die urteilsunfähig geworden ist, zur Zeit ihrer Urteilsfähigkeit durch Vollmachten bzw. einen Vorsorgeauftrag klar zum Ausdruck bringt, dass sie von einer oder mehreren dieser Personen vertreten sein möchte (Botschaft Erwachsenenschutz, 7014). Zwar ist der Kreis der von Gesetzes wegen Vertretungsberechtigten bei medizinischen Massnahmen, die gesondert geregelt werden, bedeutend weiter gezogen (Art. 378 Abs. 1). Die Begründung dafür findet sich im Umstand, dass es sich dort nur darum handelt, den von einem Arzt nach dem Stand der medizinischen Wissenschaft vorgeschlagenen Massnahmen zuzustimmen oder sie abzulehnen. Es geht nicht darum, in eigener Verantwortung ohne Kontrolle für den Urteilsfähigen zu sorgen, wie dies bei Art. 374 ff. der Fall ist.

II. Entstehungsgeschichte

Der VE Betreuungsrecht von 1998 beschränkte sich auf eine grundlegende Erneuerung des klassischen Vormundschaftsrechts und damit auf die behördlichen Massnahmen, sah allerdings bereits ein neues Kapitel über therapeutische Massnahmen bei verbeiständeten Personen vor (Art. 201–210 VE Betreuungsrecht). Erst die interdisziplinär zusammengesetzte Expertenkommission, die 1999 ihre Beratungen aufnahm, erweiterte das Konzept und fügte einen neuen Abschnitt über die eigene Vorsorge (Vorsorgeauftrag im Allgemeinen, Vorsorgeauftrag für medizinische Massnahmen und Patientenverfügung, Art. 360 ff. VE Erwachsenenschutz 2003) und einen Abschnitt über Massnahmen von Gesetzes wegen für urteilsunfähige Personen (Vertretung durch den Ehegatten, Vertretung bei medizinischen Massnahmen und Aufenthalt in Wohn- oder Pflegeeinrichtungen, Art. 431 ff. VE Erwachsenenschutz 2003) hinzu. Während sich für den Vorsorgeauftrag Vorbilder im ausländischen Recht finden liessen (Pionier war Quebec, Kanada (Art. 360 N 2), wo der Vorsorgeauftrag eine echte Erfolgsgeschichte geschrieben hat) und die Patientenverfügung bereits in vielen kantonalen Gesundheitsgesetzen verankert war, ist die Vertretung eines Urteilsunfähigen durch den Ehegatten eine **Eigenschöpfung der Expertenkommission**. Diese konnte sich bei ihren Arbeiten nicht auf ausländische Modelle stützen, sondern entwickelte das neue Rechtsinstitut in eigener Regie. 7

Im **Vernehmlassungsverfahren**, das im Sommer 2003 eröffnet wurde, fanden die drei Bestimmungen über das gesetzliche Vertretungsrecht des Ehegatten (es gab noch kein Partnerschaftsgesetz) **breite Zustimmung**. Nur in wenigen der insgesamt 73 Stellungnahmen wurde grundsätzliche Kritik geübt (kritisch auch MEIER, Le nouveau droit de protection, in: Jusletter 17.11.2008, Rz 59). So wurde bezweifelt, dass die Beziehungen in Familie und Verwandtschaft in der heutigen Zeit noch derart von moralischer oder rechtlicher Beistandspflicht geprägt seien, wie dies in der Vorlage angenommen werde (VE Erwachsenenschutz/Vernehmlassungen, 57). Es werde von einem zu idealisierenden Bild der Familie ausgegangen (VE Erwachsenenschutz/Vernehmlassungen, 74). Innerhalb des familiären Rahmens würden auch Spannungen und Konflikte bestehen und Abhängigkeiten könnten ausgenutzt werden (VE Erwachsenenschutz/Vernehmlassungen, 81). Mit dem Prinzip der Familiensolidarität suggeriere das Gesetz eine Ideologie, welche an der gesellschaftlichen Entwicklung – weg von den traditionalen Familienstrukturen zu einer Gesellschaft der Alleinstehenden – vorbeiziele (VE Erwachsenenschutz/Vernehmlassungen, 61). Es seien geeignete Massnahmen zu treffen, um urteilsunfähige Familienmitglieder vor möglichem Missbrauch der gesetzlichen Vertretungsrechte durch nahe Angehörige zu schützen (VE Erwachsenenschutz/Vernehmlassungen, 67). Der Staat entlaste sich zum Nachteil von Urteilsunfähigen (VE Erwachsenenschutz/Vernehmlassungen, 76). Die vorgeschlagenen Vertretungsrechte zusammen mit der eigenen Vorsorge dürfte in der vorgeschlagenen Ausgestaltung zu einer nicht zu vernachlässigenden Mehrbelastung der Behörden führen (VE Erwachsenenschutz/Vernehmlassungen, 72). Die Regelung sei lückenhaft (VE Erwachsenenschutz/Vernehmlassungen, 79). Angesichts des insgesamt aber positiven Vernehmlassungsergebnisses wurde im bundesrätlichen Entwurf am neuen Institut festgehalten und die vorgeschlagenen Bestimmungen lediglich in Einzelpunkten überarbeitet (s. die Entstehungsgeschichte bei den einzelnen Artikeln). Den Einwänden aus dem Vernehmlassungsverfahren ist insofern Rechnung getragen, als der Ehegatte 8 oder der eingetragene Partner ein Vertretungsrecht, nicht aber eine Vertretungspflicht hat (Art. 374 N 22). Zudem ist das Vertretungsrecht sachlich begrenzt, um die Missbrauchsmöglichkeiten zu minimalisieren (Art. 374 Abs. 2 und 3). Schliesslich kann die ESB einschreiten und das Vertretungsrecht beschränken oder aufheben, wenn die Interessen der urteilsunfähigen Person gefährdet sind (Art. 376 Abs. 2).

III. Systematische Einordnung

9 Der Vernehmlassungsentwurf von 2003 stellte die eigene Vorsorge an die Spitze des neuen Erwachsenenschutzrechts. Die Massnahmen von Gesetzes wegen für urteilsunfähige Personen wurden dagegen nach den behördlichen Massnahmen unmittelbar vor dem Schlusskapitel mit dem Titel «Organisation des Erwachsenenschutzes, Verschwiegenheitspflicht und Verantwortlichkeit» eingeordnet. Im bundesrätlichen Entwurf wurden sie dann nach vorne verschoben, so dass die **Subsidiarität der behördlichen Massnahmen** (vgl. Art. 389 Abs. 1 Ziff. 2) gegenüber der eigenen Vorsorge und den Massnahmen von Gesetzes wegen nun auch in der Systematik des Gesetzes ihren Ausdruck findet.

IV. Rechtsvergleich

10 Soweit ersichtlich wurde ein gesetzliches Vertretungsrecht bis jetzt neben der Schweiz in Deutschland und Österreich diskutiert. Im Betreuungsrecht **Deutschlands** gibt es allerdings auch heute noch nur die Varianten Vorsorgebevollmächtigter oder behördlich eingesetzter Betreuer. Im Entwurf zum zweiten Betreuungsänderungsgesetz vom 21.4.2005 war zwar eine Vertretungsmacht für nahe Angehörige vorgesehen. Sie wurde aber mit dem Hinweis auf Missbrauchsgefahr, mangelnde Praktikabilität und die Möglichkeit der Vorsorgevollmacht vom Rechtsausschuss des Bundestages abgelehnt (FANKHAUSER, BJM 2010, 262 f. m.V. in FN 86 und 87 auf STAUDINGER/BIENWALD, Kommentar zum Bürgerlichen Gesetzbuch, Berlin 2006, vor § 1896 BGB N 78 sowie § 1896 BGB N 7).

11 **In Österreich** wurden im Herbst 2004 Revisionsarbeiten zum Sachwalterrecht des ABGB eingeleitet, die zum Sachwalterrechts-Änderungsgesetz (SWRÄG) 2006 führten (Bundesgesetzblatt vom 23.6.2006 Nr. 92). Die Revision sollte der Eindämmung der expansiven Entwicklung der Sachwalterschaft (seit dem Jahr 2000 praktisch Verdoppelung der Fallzahlen) dienen und führte als neue Rechtsinstitute die Vorsorgevollmacht (§ 284 f ff. ABGB) und – in Anlehnung an die eheliche «Schlüsselgewalt» (§ 96 ABGB) – eine Vertretungsbefugnis nächster Angehöriger (§ 284b ff. ABGB) ins österreichische Recht ein (dazu BARTH/GANNER, Handbuch des Sachwalterrechts, 2. Aufl., 2010). In Fällen, die kein besonderes Risikopotential bergen, sollen damit die bürokratischen Abläufe vereinfacht werden. Vermag eine volljährige Person aufgrund einer psychischen Krankheit oder geistigen Behinderung Rechtsgeschäfte des täglichen Lebens nicht selbst zu besorgen, so kann sie bei diesen Rechtsgeschäften, soweit sie ihren Lebensverhältnissen entsprechen, von einem nächsten Angehörigen vertreten werden. Gleiches gilt für Rechtsgeschäfte zur Deckung des Pflegebedarfs, bei der Entscheidung über medizinische Behandlungen sowie bei der Beantragung von sozialversicherungsrechtlichen Leistungen und der Geltendmachung von Ansprüchen auf Pflegegeld und Sozialhilfe sowie Gebührenbefreiungen und andere Begünstigungen. Nächste Angehörige sind die Eltern, volljährige Kinder, der im gemeinsamen Haushalt mit der vertretenen Person lebende Ehegatte oder eingetragene Partner und der Lebensgefährte, wenn dieser mit der vertretenen Person seit mindestens drei Jahren im gemeinsamen Haushalt lebt. Sind mehrere Angehörige vertretungsberechtigt, so genügt die Erklärung einer Person. Zur Vermeidung von Missbräuchen kann jedermann das Pflegschaftsgericht anrufen, das dann abklären muss, ob die Bestellung eines Sachwalters erfor-

derlich ist. Der nächste Angehörige hat die vertretene Person von der Wahrnehmung seiner Vertretungsbefugnis zu informieren. Diese kann ungeachtet des Verlusts ihrer Geschäftsfähigkeit oder Einsichts- und Urteilsfähigkeit widersprechen, so dass die Vertretungsbefugnis nicht eintritt oder endet. Der nächste Angehörige hat seine Vertretungsbefugnis vor der Vornahme einer Vertretungshandlung im Österreichischen Zentralen Vertretungsverzeichnis registrieren zu lassen. Ein Dritter darf auf die Vertretungsbefugnis vertrauen, wenn ihm der nächste Angehörige eine Bestätigung über die Registrierung vorlegt.

12 Die **Auswirkungen des Reformgesetzes** wurde vom Institut für Rechts- und Kriminalsoziologie **untersucht** (Kreissl/Pilgram/Hanak/Neumann, Auswirkungen des Sachwalterrechtsänderungsgesetzes 2006 (SWRÄG) unter Berücksichtigung der neueren Alternativen zur Sachwalterschaft auf die Betroffenen und ihr Umfeld, auf die Praxis der Gerichte und den Bedarf an Sachwalterschaft, Wien, März 2009 [http:/www.irks.at/downloads/SWAEG%20final.pdf>, besucht am 14.9.2011]). Im Bericht wurde festgehalten, dass Widersprüche gegen die gesetzliche Vertretung selten sind. Der Aufwand bei der Überführung von bisherigen Sachwalterschaften in gesetzliche Vertretung sei gross, so dass noch nicht von einem eigentlichen Entlastungseffekt gesprochen werden könne (S. 56). Von den Praktikern wurde insb. der enge Spielraum kritisiert, wenn es darum geht, im Rahmen der Betreuung des Hilfsbedürftigen höhere Ausgaben zu tätigen, da die Vertretungskompetenz auf Geschäfte des täglichen Lebens beschränkt ist. Eine Feinjustierung sei erforderlich (S. 55). Im Bundesministerium für Justiz geht man davon aus, dass bei der nächsten Sachwalterrechtsänderung die Angehörigenvertretung sowohl personell wie auch inhaltlich ausgedehnt werden wird.

Art. 374

A. Voraussetzungen und Umfang des Vertretungsrechts

¹ Wer als Ehegatte, eingetragene Partnerin oder eingetragener Partner mit einer Person, die urteilsunfähig wird, einen gemeinsamen Haushalt führt oder ihr regelmässig und persönlich Beistand leistet, hat von Gesetzes wegen ein Vertretungsrecht, wenn weder ein Vorsorgeauftrag noch eine entsprechende Beistandschaft besteht.

² Das Vertretungsrecht umfasst:

1. **alle Rechtshandlungen, die zur Deckung des Unterhaltsbedarfs üblicherweise erforderlich sind;**
2. **die ordentliche Verwaltung des Einkommens und der übrigen Vermögenswerte; und**
3. **nötigenfalls die Befugnis, die Post zu öffnen und zu erledigen.**

³ Für Rechtshandlungen im Rahmen der ausserordentlichen Vermögensverwaltung muss der Ehegatte, die eingetragene Partnerin oder der eingetragene Partner die Zustimmung der Erwachsenenschutzbehörde einholen.

A. Conditions et étendue du pouvoir de représentation

¹ Lorsqu'une personne frappée d'une incapacité de discernement n'a pas constitué de mandat pour cause d'inaptitude et que sa représentation n'est pas assurée par une curatelle, son conjoint ou son partenaire enregistré dispose du pouvoir légal de représentation s'il fait ménage commun avec elle ou s'il lui fournit une assistance personnelle régulière.

² Le pouvoir de représentation porte:

1. sur tous les actes juridiques habituellement nécessaires pour satisfaire les besoins de la personne incapable de discernement;
2. sur l'administration ordinaire de ses revenus et de ses autres biens;

3. si nécessaire, sur le droit de prendre connaissance de sa correspondance et de la liquider.

[3] Pour les actes juridiques relevant de l'administration extraordinaire des biens, le conjoint ou le partenaire enregistré doit requérir le consentement de l'autorité de protection de l'adulte.

A. Condizioni ed estensione del diritto di rappresentanza

[1] Il coniuge o partner registrato che vive in comunione domestica con una persona che diviene incapace di discernimento o le presta di persona regolare assistenza ha per legge un diritto di rappresentanza se non sussiste un mandato precauzionale né una corrispondente curatela.

[2] Il diritto di rappresentanza comprende:
1. tutti gli atti giuridici abitualmente necessari al mantenimento;
2. l'amministrazione ordinaria del reddito e dei rimanenti beni; e
3. se necessario, il potere di aprire e sbrigare la corrispondenza.

[3] Per gli atti giuridici inerenti all'amministrazione straordinaria dei beni il coniuge o il partner registrato deve ottenere il consenso dell'autorità di protezione degli adulti.

Inhaltsübersicht

Literatur

BALESTRIERI, Die Vermögensverwaltung im neuen Erwachsenenschutzrecht, ZKE 2011, 201, 205 ff.; BIDERBOST, Vom Vormundschaftsrecht zum Erwachsenenschutz. Eine Revision im Überblick, Jusletter vom 29.9.2003; BINDER, Die Urteilsfähigkeit in psychologischer, psychiatrischer und juristischer Sicht, Zürich 1964; GEISER, Demenz und Recht. Regulierung – Deregulierung, ZVW 2003, 97 ff.; HAUSHEER/SPYCHER (Hrsg.), Handbuch des Unterhaltsrechts, 2. Aufl., Bern 2010; KOEPPEL, Verbotene Geschäfte (insbesondere Art. 408 ZGB): ein Beitrag zum Handlungsfähigkeitsrecht, Widnau 1989; MEIER, Perte de discernement et planification du patrimoine – droit actuel et droit futur, in:

Baddeley/Foëx (Hrsg.) La planification du patrimoine, Journée de droit civil 2008, Genf/Zürich/Basel 2009, 39 ff.; DERS., Le nouveau droit de protection de l'adulte – Présentation générale, in: Jusletter 17. November 2008; PLOTKE, Weitergeltung einer Vollmacht trotz Verlust der Handlungsfähigkeit des Vollmachtgebers?, recht 2005, 151 f.; REETZ, Die Urteilsunfähigkeit. Eine Lotterie?, in: Gauch/Pichonnaz (Hrsg.), Figures juridiques, Rechtsfiguren, K(l)eine Festschrift für Pierre Tercier, Zürich 2003, 199 ff.; SCHNYDER, Die Entstehung und die Inhalte des neuen Erwachsenenschutzrechts, Jusletter vom 3.5.2004; STETTLER, L'accompagnement socio-juridique de la personne très âgée de lege lata et de lege ferenda, in: Geiser/Koller/Reusser/Walter/Wiegand, Privatrecht im Spannungsfeld zwischen gesellschaftlichem Wandel und ethischer Verantwortung, Festschrift für Heinz Hausheer, Bern 2002, 717 ff.; DERS., La protection des adultes incapables de discernement: Les mesures appliquées de plein droit (Art. 431–442 AP), ZSR 2003 I, 369 ff.(zit. ZSR 2003 I); DERS., La sauvegarde des intérêts des personnes incapables de discernement dans le nouveau droit de la protection de l'adulte, ZVW 2003, 258 ff.

Materialien

Art. 431 VE Erwachsenenschutz 2003; VE Erwachsenenschutz/Vernehmlassungen, 320 ff.; Botschaft Erwachsenenschutz, 7013 f., 7034 f. und 7143; Prot. RK-S vom 2./3.7.2007, 27 f.; AmtlBull StR 2007, 832 f.; Prot. RK-N vom 3./4.4.2008, 3 f. und vom 24./25.4.2008, 14 ff.; AmtlBull NR 2008, 1518 ff.

I. Entstehungsgeschichte

Der neue Art. 374 entspricht weitgehend Art. 431 VE Erwachsenenschutz 2003, der sich aber nur auf Ehegatten bezog. Nachdem das Parlament 2004 das Partnerschaftsgesetz (SR 211.231) verabschiedete und dieses in einer Volksabstimmung von 2005 angenommen wurde, erweiterte der bundesrätliche Entwurf von 2006 die Bestimmung auf eingetragene Partner. Zudem wurde – einem Wunsch aus dem Vernehmlassungsverfahren entsprechend (VE Erwachsenenschutz/Vernehmlassungen, 324) – das Verhältnis der gesetzlichen Vertretung zum Vorsorgeauftrag und zur Beistandschaft in Abs. 1 klargestellt. Art. 431 Abs. 2 VE hatte sich darauf beschränkt, die Subsidiarität der gesetzlich umschriebenen Aufgaben des Ehegatten zur gewillkürten Mandatierung des Ehegatten im Rahmen eines Vorsorgeauftrags festzuhalten. Ebenfalls im Hinblick auf Anliegen aus dem Vernehmlassungsverfahren (VE Erwachsenenschutz/Vernehmlassungen, 322 und 323 f.) wurde Art. 374 Abs. 2 Ziff. 3 durch ein «soweit nötig» eingeschränkt und neben dem Öffnen auch die Erledigung der Post erwähnt. Das Parlament stimmte dem bundesrätlichen Entwurf in der Folge ohne Änderung zu. Ein Minderheitsantrag im Nationalrat, die Bestimmung auf Konkubinatspartner auszuweiten, wurde abgelehnt (AmtlBull NR 2008, 1518 ff.). 1

II. Die Voraussetzungen des Vertretungsrechts (Abs. 1)

1. Übersicht über die Voraussetzungen

Damit das Vertretungsrecht i.S.v. Art. 374 wirksam wird, müssen fünf Voraussetzungen erfüllt sein: 2

1. eine erwachsene Person muss urteilsunfähig werden (N 3 ff.);
2. die urteilsunfähige Person muss verheiratet sein oder in eingetragener Partnerschaft leben (N 8 f.);
3. die Ehe oder die eingetragene Partnerschaft darf nicht nur eine Formalbeziehung sein (N 10 ff.);

4. es darf kein Vorsorgeauftrag und keine Beistandschaft bestehen, die dem Vorsorgebeauftragten bzw. dem Beistand die Befugnisse i.S.v. Art. 374 Abs. 2 und 3 einräumt (N 13 ff.); und
5. die urteilsunfähige Person darf das Vertretungsrecht zur Zeit ihrer Urteilsfähigkeit nicht ausgeschlossen haben (N 18 f.).

2. Urteilsunfähige Person

3 Damit Art. 374 Abs. 1 anwendbar ist, muss eine Person urteilsunfähig werden, also die Urteilsfähigkeit verlieren. Eine bestimmte Dauer der Urteilsunfähigkeit wird nicht verlangt. Voraussetzung für das Vertretungsrecht ist lediglich, dass Geschäfte sinnvollerweise nicht aufgeschoben werden dürfen, sondern gehandelt werden muss (vgl. Art. 363 N 14). Zum Ende des Vertretungsrechts s. N 28 ff.

4 Die **Urteilsunfähigkeit** bestimmt sich nach Art. 16 und setzt voraus, dass eine Person infolge geistiger Behinderung, psychischer Störung, Rausch oder ähnlicher Zustände nicht mehr fähig ist, «vernunftgemäss zu handeln». Das heisst, sie kann Sinn, Zweckmässigkeit und Wirkungen einer bestimmten Handlung nicht mehr erkennen und keinen eigenen vernünftigen Willen bilden (Willensbildungsfähigkeit als intellektuelle Komponente) und sie kann auch nicht mehr gemäss der vernünftigen Erkenntnis nach freien Willen handeln und allfälliger fremder Willensbeeinflussung in normaler Weise widerstehen (Willensumsetzungsfähigkeit im Sinne eines Willens- bzw. Charakterelements) (BGE 124 III 5 E. 1a; im Einzelnen: BK-Bucher, Art. 16 ZGB N 44 ff., insb. N 72 ff.; BSK ZGB I-Bigler-Eggenberger, Art. 16 N 6 ff.; CHK-Breitschmid, Art. 16 ZGB N 1 ff.; Widmer Blum, 38 ff.; s.a. Art. 360 N 21). Die Urteilsunfähigkeit beurteilt sich immer in Bezug auf eine bestimmte Handlung und ist damit relativ (Art. 363 N 13 ff.). Die Urteilsfähigkeit kann umfassend für sämtliche Fragen oder nur für einen Teil von Fragen fehlen. In gewissen Fällen ist die Urteilsunfähigkeit evident. In anderen Fällen dagegen gibt es eine gewisse Grauzone beim Übergang von der Urteilsfähigkeit zur Urteilsunfähigkeit. Trotzdem geht das Recht davon aus, dass eine Person für eine bestimmte Frage entweder urteilsfähig oder nicht urteilsfähig ist (Widmer Blum, 32 f. und 38). Wer nicht mehr urteilsfähig ist, kann nicht mehr rechtsgültig handeln (Art. 17). Nur über einen Vertreter kann diese Person am Rechtsleben teilnehmen.

5 Damit die Art. 374 ff. zur Anwendung kommen, muss **nicht zwingend eine umfassende Urteilsunfähigkeit** vorliegen, auch wenn dies die Regel sein dürfte. Es genügt, wenn ein Ehegatte oder ein eingetragener Partner in den Fragen oder allenfalls in einem Teil der Fragen, die von Art. 374 Abs. 2 und 3 aufgezählt werden, seine Urteilsfähigkeit verloren hat und deswegen nicht mehr für sich selber sorgen kann, mit der Vermögensverwaltung bzw. der Kontrolle eines allfälligen Vermögensverwaltungsbeauftragten überfordert ist und auch nicht mehr seine Post erledigt (vgl. Art. 363 N 15). Dagegen kann die betroffene Person bspw. für die Zustimmung zu einer einfachen medizinischen Behandlung wie etwa Grippe unter Umständen noch als urteilsfähig gelten. Sollte in Ausnahmefällen die urteilsunfähige Person kurze luzide Intervalle haben (BGE 124 III 5 E. 1b; N 6), so entfällt das Vertretungsrecht nicht, sondern besteht parallel zur Handlungsfähigkeit der vorübergehend urteilsfähigen Person.

6 Die Urteilsfähigkeit ist die Regel und wird bei einer erwachsenen Person aufgrund der allgemeinen Lebenserfahrung vermutet. Der Ehegatte oder der eingetragene Partner, der sich somit auf die Urteilsunfähigkeit seines Partners beruft, muss diese **beweisen** (Art. 8; vgl. BGE 124 III 5 E. 1b; 117 II 231 E. 2b; BGer vom 25.3.2009, 5A_12/2009, E. 2.2; BK-Bucher, Art. 16 ZGB N 125 ff.; Hausheer/Aebi-Müller, Rz 06.54). Der Beweis

ist keiner besonderen Vorschrift unterstellt (s. aber Art. 376 Abs. 1). Eine sehr grosse Wahrscheinlichkeit, dass eine Person urteilsunfähig ist, welche ernsthafte Zweifel ausschliesst, genügt i.d.R. (zum Einfluss des Greisenalters BK-Bucher, Art. 16 ZGB N 134; BSK ZGB I-Bigler-Eggenberger, Art. 16 N 22 f.). Liegt ein Patient nach einem Unfall im Koma, so ist die (vorübergehende) Urteilsunfähigkeit evident. Auch bei bestimmten psychischen Erkrankungen und bei altersschwachen Personen mit Demenz kann die Urteilsunfähigkeit offensichtlich sein. Bestehen aber Zweifel, ob die Urteilsunfähigkeit gegeben ist, hat die ESB die Situation nötigenfalls unter Beizug von Sachverständigen abzuklären (Art. 376 Abs. 1). Führt die Lebenserfahrung etwa bei bestimmten psychischen Störungen zur umgekehrten Vermutung, «dass die handelnde Person ihrer allgemeinen Verfassung nach im Normalfall und mit Wahrscheinlichkeit als urteilsunfähig gelten muss», ist die Vermutung der Urteilsfähigkeit umgestossen. In diesem Fall steht der Gegenbeweis offen, «dass die betreffende Person trotz ihrer grundsätzlichen Urteilsunfähigkeit aufgrund ihrer allgemeinen Gesundheitssituation in einem luziden Intervall gehandelt hat» (BGE 124 III 5 E. 1b m.V. auf BGE 117 II 231 E. 2b und BK-Bucher, Art. 16 ZGB N 127).

In einem Teil der Lehre wird – unter Berufung auf einen Satz in der Botschaft– davon ausgegangen, dass die gesetzliche Vertretungsbefugnis nach dem Willen des Gesetzgebers nur bei vorübergehender Urteilsunfähigkeit zur Anwendung kommen soll, also nur eine Übergangslösung darstelle (Meier, Jusletter 17.11.2008, Rz 60; Widmer Blum, 62 f. und 132; Balestrieri, ZKE 2011, 205; weniger apodiktisch Hausheer/Geiser/Aebi-Müller, Erwachsenenschutzrecht, Rz 2.57; kritisch: Fankhauser, BJM 2010, 242 und 246 ff.). Der fragliche Satz in der Botschaft Erwachsenenschutz (7034) lautet: «Ist eine Person ... nicht nur vorübergehend, sondern dauernd urteilsunfähig, so soll grundsätzlich eine Beistandschaft angeordnet werden.» Mit der Verwendung des Verbes «soll» bringt der Bundesrat einmal zum Ausdruck, dass es sich nur um eine Empfehlung handelt. Zudem stellt das Wort «grundsätzlich» klar, dass es selbstverständlich Ausnahmen vom Grundsatz gibt (Schmid, Art. 374 N 3). Art. 389 Abs. 1 Ziff. 2 als massgebende Norm bestimmt nämlich ausdrücklich, dass eine Beistandschaft nur anzuordnen ist, wenn *die Massnahmen von Gesetzes wegen nicht genügen*. Insbesondere bei einfachen Vermögensverhältnissen – die Ehegatten oder die eingetragenen Partner verfügen z.B. nur über ein Sparkonto und das Paar lebt von den Renten aus AHV und beruflicher Vorsorge – **kann die gesetzliche Vertretung durchaus auf Dauer die Bedürfnisse des Urteilsunfähigen sichern**, wenn nicht unerwartete Ereignisse eintreten (gl.M. OFK-ZGB-Fassbind, Art. 374 N 2; Langenegger, in: Rosch/Büchler/Jakob, Art. 374 N 4; Meier/Lukic, Rz 312). Dagegen dürfte sich bei komplexen Vermögensverhältnissen in vielen Fällen die Errichtung einer Beistandschaft empfehlen, da bei einer Vermögensverwaltungsbeistandschaft nicht mehr zwischen ordentlicher und ausserordentlicher Verwaltung unterschieden werden muss, sondern Art. 416 die zustimmungsbedürftigen Rechtsgeschäfte umschreibt. Die konkreten Umstände des Einzelfalls bestimmen aber immer, ob die gesetzliche Vertretung genügt oder eine Beistandschaft errichtet werden muss. Gerade bei hochbetagten Personen mit Demenz, die einen jüngeren noch rüstigen, fähigen Ehegatten oder eingetragenen Partner haben, der verantwortungsvoll für den anderen sorgt, sollte die Errichtung einer Beistandschaft (Art. 390 ff. und 420) nur in Betracht gezogen werden, wenn sich insb. immer wieder Fragen ausserhalb des Anwendungsbereichs von Art. 374 oder bei der Abgrenzung der ordentlichen von der ausserordentlichen Vermögensverwaltung stellen, so dass die Errichtung einer Beistandschaft und Ernennung des Ehegatten oder des eingetragenen Partners als Beistand die einfachere Lösung ist. 7

3. Ehe oder eingetragene Partnerschaft

8 Die urteilsunfähige Person muss verheiratet sein (Art. 159 ff.) oder in einer eingetragenen Partnerschaft leben (Art. 2 und 12 ff. PartG). Zwischen den beiden Partnern muss somit im Interesse der **Rechtssicherheit** eine Formalbeziehung bestehen (HAUSHEER/GEISER/AEBI-MÜLLER, Erwachsenenschutzrecht, Rz 2.59). Die Bestimmung darf auf verschiedengeschlechtliche oder gleichgeschlechtliche Konkubinatspaare nicht sinngemäss übertragen werden. Der Gesetzgeber hat sich bewusst für die Beschränkung des Vertretungsrechts auf Ehegatten und eingetragene Partner entschieden (ausf. dazu vor Art. 374–376 N 6). Ein Antrag, das Vertretungsrecht auf verschieden- und gleichgeschlechtliche Konkubinatspartner auszuweiten, wurde im Nationalrat mit 99 gegen 57 Stimmen abgelehnt (AmtlBull NR 2008, 1518 ff.; s. auch Botschaft Erwachsenenschutz, 7014).

9 Dass der vertretungsberechtigte Ehegatte oder der eingetragene Partner **handlungsfähig** sein muss (Art. 13), damit er das Vertretungsrecht ausüben darf, versteht sich im vorliegenden Kontext von selbst. Nur wer handlungsfähig ist, hat die Fähigkeit, im Rahmen einer gesetzlichen Vertretung durch seine Handlungen für einen Urteils- bzw. Handlungsunfähigen Rechte und Pflichten zu begründen (Art. 12; vgl. Art. 296 Abs. 2, Art. 421 Ziff. 4 sowie Art. 400 N 19; aArt. 379). Besteht für den Ehegatten oder den eingetragenen Partner des Urteilsunfähigen eine **Beistandschaft**, so kann unabhängig davon, ob die Handlungsfähigkeit eingeschränkt worden ist oder nicht, analog zu Art. 421 Ziff. 4 das gesetzliche Vertretungsrecht ebenfalls nicht entstehen oder es endet von Gesetzes wegen (Art. 421–424 N 14). Die Behörde hat deshalb für die urteilsunfähige Person grundsätzlich eine Beistandschaft anzuordnen. Wer nicht für sich selber sorgen kann, ist nach Auffassung des Gesetzgebers nicht in der Lage, sich insb. um die Vermögensverwaltung für eine urteilsunfähige Person zu kümmern.

4. Gemeinsamer Haushalt oder regelmässiger Beistand

10 Die Ehe oder die eingetragene Partnerschaft als Formalbeziehung genügt nicht, um das gesetzliche Vertretungsrecht entstehen zu lassen, denn sie sagt noch nichts darüber aus, wie weit die Ehegatten bzw. die eingetragenen Partner tatsächlich Verantwortung für einander übernehmen. Es gibt bekannterweise Ehen, die nur noch dem Bande nach bestehen und innerlich längst zerbrochen sind. Der Gesetzgeber verlangt deshalb neben der Formalbeziehung, die der Rechtssicherheit dient, eine gelebte aktive Beziehung bzw. eine **Realbeziehung** (HAUSHEER/GEISER/AEBI-MÜLLER, Erwachsenenschutzrecht, Rz 2.59; BIDERBOST, Jusletter 29.9.2003, Rz 17; MEIER, Jusletter 17.11.2008, Rz 57; STETTLER, ZSR 2003 I 372; WIDMER BLUM, 61), d.h. dass sich der Ehegatte bzw. der eingetragene Partner im Sinne von Wahrnehmung von Verantwortung gemäss der ehelichen oder partnerschaftlichen Beistandspflicht tatsächlich um den Urteilsunfähigen kümmert. Diese Voraussetzung ist nach dem Gesetzgeber erfüllt, wenn die Ehegatten oder die eingetragenen Partner einen gemeinsamen Haushalt führen und damit einander natürlicherweise beistehen, oder – wenn die Ehegatten oder die Partner nicht mehr zusammen leben – der eine dem anderen regelmässig und persönlich Beistand leistet.

11 Der Begriff des gemeinsamen Haushaltes wird im ZGB ebenfalls in Art. 175 und 176 verwendet und erfasst auch das Zusammenleben der Ehegatten in verschiedenen Wohnungen (BK-HAUSHEER/REUSSER/GEISER, Art. 175 ZGB N 5a; vgl. auch Art. 17 PartG). Einer urteilsunfähigen Person i.S.v. Art. 374 ist eine selbständige Haushaltführung grundsätzlich nicht mehr möglich, so dass der gemeinsame Haushalt im wörtlichen Sinne zu verstehen ist: die Ehegatten oder die eingetragenen Partner **leben zusammen** in einer gemeinsamen Wohnung (zum Begriff der Wohnung s. BK-HAUSHEER/REUSSER/GEISER, Art. 162 ZGB

N 11). In dieser Situation darf der Gesetzgeber davon ausgehen, dass der Urteilsunfähige nicht einfach seinem Schicksal überlassen wird, sondern der Partner natürlicherweise für ihn sorgt. Deshalb soll er auch die dafür nötigen rechtlichen Kompetenzen bekommen. Das Gleiche muss aber auch gelten, wenn das Zusammenleben der Partner sich in Ausnahmesituationen weiterhin in zwei Wohnungen abspielt.

Die Betreuung der urteilsunfähigen Person im gemeinsamen Haushalt kann den Ehegatten oder den eingetragenen Partner aber aus verschiedenen Gründen überfordern, so dass eine Unterbringung in einer Einrichtung unumgänglich wird. Der Begriff der Einrichtung ist in einem weiten Sinne zu verstehen und umfasst bspw. auch spezielle Wohngemeinschaften für Menschen mit einer Behinderung. Denkbar ist ferner, dass ein Paar in einer Alterswohnung lebt und ein Ehegatte bzw. ein eingetragener Partner nach Eintritt der Urteilsunfähigkeit in die Pflegeabteilung verlegt werden muss. Das Vertretungsrecht allein wegen der Aufhebung des gemeinsamen Haushaltes untergehen zu lassen, macht keinen Sinn. Vielmehr leistet der Ehegatte oder der eingetragene Partner dem Urteilsunfähigen, der in einer Einrichtung lebt, in aller Regel auch weiterhin «durch Rat und Tat» Beistand i.S.v. Art. 159 Abs. 3 (allgemein dazu: Deschenaux/Steinauer/Baddeley, Rz 47 f.) bzw. Art. 12 PartG (Montini, in: Ziegler et al., 137 f.). Die Beistandspflicht kann je nach der konkreten Situation materielle wie immaterielle Leistungen (z.B. moralische, seelische, psychologische Unterstützung) erfordern (Fankhauser, BJM 2010, 250). So kann der Ehegatte oder der eingetragene Partner für den Urteilsunfähigen sorgen, indem er bspw. als Ansprechperson für die Einrichtung dient, den Urteilsunfähigen besucht (für den Fall fehlender Besuche s. Art. 386 Abs. 2), ihm insb. die notwendigen Kleider und Kosmetiksachen kauft, für Abwechslungen sorgt, sich immer wieder vergewissert, dass es dem Urteilsunfähigen in der Einrichtung gut geht, medizinische Fragen mit dem Arzt bespricht und gem. Art. 378 die Zustimmung zu medizinischen Massnahmen gibt und Rechnungen insb. der Einrichtung begleicht, u.a.m. Auch in dieser Situation darf der Gesetzgeber von einer gelebten Beziehung im Sinne der Wahrnehmung von Verantwortung ausgehen, die das gesetzliche Vertretungsrecht rechtfertigt (Langenegger, in: Rosch/Büchler/Jakob, Art. 374 N 6). Einen klaren Katalog, was der Ehegatte oder der eingetragene Partner unter dem Titel des regelmässigen und persönlichen Beistandes alles tun muss, gibt es aber nicht. Entscheidend ist, dass er für Dritte, die den Urteilsunfähigen betreuen, die **massgebende Ansprechperson** für Fragen ist und sich auch persönlich darum kümmert. Selbstverständlich darf der Ehegatte auch Drittpersonen beauftragen, Dienstleistungen für den Urteilsunfähigen zu erbringen, ohne dass das Vertretungsrecht untergeht. Eine umfassende Delegation des Beistandes an Dritte ist aber nicht zulässig. Um die wesentlichen Fragen muss sich der Ehegatte oder der eingetragene Partner persönlich kümmern. Wer sich nach einer Trennung auf Unterhaltszahlungen beschränkt, leistet keinen regelmässigen und persönlichen Beistand mehr. 12

5. Verhältnis zum Vorsorgeauftrag und zur Beistandschaft

Das neue Recht räumt dem Selbstbestimmungsrecht der hilfsbedürftigen Person einen grossen Stellenwert ein. Folgerichtig ist es deshalb, dass ein **Vorsorgeauftrag** (Art. 360 ff.), den der Urteilsunfähige noch zur Zeit seiner Urteilsfähigkeit errichtet hat, dem gesetzlichen Vertretungsrecht des Ehegatten oder des eingetragenen Partners vorgeht (Art. 374 Abs. 1 i.f.). Die Errichtung eines Vorsorgeauftrags für sich allein genügt aber nicht, um die gesetzliche Vertretung ausser Kraft zu setzen. Denkbar ist z.B., dass ein Vorsorgeauftrag suspensiv bedingt wird und nach dem Willen des Auftraggebers nur wirksam werden soll, wenn die gesetzliche Vertretung i.S.v. Art. 374 nicht ausreicht oder entfällt (vgl. Langenegger, in: Rosch/Büchler/Jakob, Art. 374 N 5). Zudem wird in der Doktrin die Auffassung vertreten, 13 dass für die Wirksamkeit eines Vorsorgeauftrags eine Urteilsunfähigkeit von einer gewissen Dauer nötig ist (LANGENEGGER, in: Rosch/Büchler/Jakob, Art. 363 N 9 und Art. 374 N 6; MEIER/LUKIC, Rz 315 und 242; s.a. Art. 363 N 14). Auf jeden Fall kann ein Vorsorgeauftrag das gesetzliche Vertretungsrecht nur hindern, wenn er fgültig errichtet ist (Art. 361 und Art. 363 Abs. 2 Ziff. 1), der Auftraggeber urteilsunfähig geworden ist (Art. 363 Abs. 2 Ziff. 2) und eine geeignete Person (Art. 363 Abs. 2 Ziff. 3 und 360) als Vorsorgebeauftragten bezeichnet hat, die das Mandat auch annimmt (Art. 363 Abs. 3), so dass der Vorsorgeauftrag wirksam wird und für die urteilsunfähige Person gesorgt wird. Das gesetzliche Vertretungsrecht des Ehegatten oder des eingetragenen Partners im vollen Umfang aufheben kann deshalb nur der provisorische (Art. 445) oder rechtskräftige **Amtsantritt des Vorsorgebeauftragten** und nicht bereits der Vorsorgeauftrag als solcher (vgl. Art. 363 N 1b; **a.M.** FANKHAUSER, BJM 2010, 243, der auf den nach Art. 361 formgültig errichteten Vorsorgeauftrag abstellt). Bis zu diesem Zeitpunkt ist es sinnvoll, dass der Ehegatte oder der eingetragene Partner im Rahmen der ihm von Art. 374 übertragenen Kompetenzen den Urteilsunfähigen vertreten darf, sofern die ESB nicht vorsorgliche Massnahmen anordnet (**a.M.** WIDMER BLUM, 282 f., die davon ausgeht, dass der Vorsorgebeauftragte für Handlungen, die unter Art. 374 fallen können und keinen Aufschub dulden, direkt handlungs- bzw. vertretungsberechtigt sei und den Entscheid der ESB nicht abwarten müsse). Man kann sich zwar fragen, ob der Ehegatte oder der eingetragene Partner mit der Errichtung eines nicht suspensiv bedingten Vorsorgeauftrags, der einen anderen Vorsorgebeauftragten als den Ehegatten oder den eingetragenen Partner vorsieht und die von Art. 374 umschriebenen Aufgaben umfasst, das gesetzliche Vertretungsrecht in jedem Fall ausschliessen will. Da aber die Anwendung von Art. 374 nicht nur eine Formal-, sondern auch eine Realbeziehung (N 10 ff.) voraussetzt und es um eine Konkretisierung der ehelichen bzw. partnerschaftlichen Beistandspflicht in einer ganz besonderen Situation geht, ist diese Auslegung abzulehnen. Wenn der Vorsorgebeauftragte auf keinen Fall will, dass sein Ehegatte oder sein eingetragener Partner ihn vertritt, obwohl er mit diesem zusammenlebt oder von ihm regelmässig und persönlich Beistand erhält, dann muss er dies ausdrücklich sagen (dazu unten N 18 f.). Das gilt umso mehr, als es bei einem Vorsorgeauftrag – auch wenn man zur Vermeidung eines Kompetenzvakuums der Meinung von WIDMER BLUM (oben) auch im Fall, dass ein Ehegatte oder ein eingetragener Partner vorhanden ist, folgt – immer zu Verzögerungen kommen kann, sei es, dass die beauftragte Person über ihr Mandat noch gar nicht orientiert worden ist, sei es, dass sie das Mandat noch nicht annehmen konnte, so dass in dringlichen Fällen auf einfache Art und Weise eine Lösung gefunden werden muss.

14 Weitere Voraussetzung für das Dahinfallen der gesetzlichen Vertretung ist ferner, dass der Vorsorgeauftrag die Rechtsgeschäfte und Handlungen, die Art. 374 Abs. 2 und 3 aufzählt, erfasst. Ist dies nicht der Fall, können **gesetzliche Vertretung und Vorsorgeauftrag** ohne Weiteres **nebeneinander** bestehen (gl.M. FANKHAUSER, BJM 2010, 243 f. und 247 f.; LANGENEGGER, in: Rosch/Büchler/Jakob, Art. 374 N 2; MEIER/LUKIC, Rz 315). Denkbar ist bspw., dass die Vermögensverwaltung im Vorsorgeauftrag einem Treuhänder übertragen wird, dagegen der Ehegatte oder der eingetragene Partner weiterhin für den Unterhalt und die Erledigung der Post sorgen soll. Zwar bezieht sich das Wort «entsprechende» in Art. 374 Abs. 1 nur auf die Beistandschaft und nicht auf den Vorsorgeauftrag. Das ist aber ein Versehen des Gesetzgebers, dessen Grund darin liegen dürfte, dass es in der Praxis für den Auftraggeber meist zweckmässig ist, im Vorsorgeauftrag die Befugnisse des Vorsorgebeauftragten analog zur umfassenden Beistandschaft (Art. 398 Abs. 2) zu umschreiben, die sowohl die Personsorge, wie auch die Vermögenssorge und den Rechtsverkehr ganzheitlich erfasst. Wird aber differenziert und nur ein Teil der Aufgaben, die für eine urteilsunfähige Person zu erledigen sind, geregelt, so macht eine unterschiedliche Behandlung des Verhältnisses der gesetzlichen Vertretung zum Vorsorgeauftrag und zur Beistandschaft keinen Sinn (HAUSHEER/GEISER/AEBI-MÜLLER, Erwachsenenschutzrecht, Rz 2.58). In Ausnahmefällen ist es ferner auch denkbar, dass neben dem Vorsorgeauftrag und der gesetzlichen Vertretung für bestimmte Geschäfte noch ein Beistand ernannt werden muss (LANGENEGGER, in: Rosch/Büchler/Jakob, Art. 374 N 2).

Der Ehegatte oder der eingetragene Partner, der nicht weiss, ob ein Vorsorgeauftrag errichtet worden ist oder nicht, muss sich an die ESB wenden (LANGENEGGER, in: Rosch/Büchler/Jakob, Art. 374 N 6), welche die nötigen Abklärungen auch von Amtes wegen vorzunehmen hat (vgl. Art. 363 Abs. 1 N 2 ff.). Ein **direktes Auskunftsrecht gegenüber der Zentralen Datenbank des Zivilstandswesens** (Art. 361 Abs. 3) steht dem Ehegatten oder dem eingetragenen Partner aus datenschutzrechtlichen Gründen nicht zu. **15**

Nicht nur ein Vorsorgeauftrag, sondern auch eine **Beistandschaft** geht der gesetzlichen Vertretung vor (Art. 374 Abs. 1 i.f.; vgl. auch Art. 389 Abs. 1 Ziff. 2). Das gilt unabhängig davon, ob die Beistandschaft vor, mit oder nach (Art. 376 Abs. 2) Eintritt der Urteilsunfähigkeit angeordnet wird. Aber auch hier ist Voraussetzung, dass die Beistandschaft die in Art. 374 Abs. 2 und 3 aufgezählten Aufgaben vollumfänglich umfasst. Andernfalls können Beistandschaft und gesetzliche Vertretung nebeneinander bestehen. **16**

Die Beistandschaft lässt das Vertretungsrecht des Ehegatten oder des eingetragenen Partners entweder **nicht entstehen oder untergehen**. Ein ausdrücklicher Entzug des Vertretungsrechts im Umfang der dem Beistand übertragenen Aufgaben ist bei nachträglicher Errichtung einer Beistandschaft nicht nötig (Art. 376 Abs. 2 N 28). Die ESB hat den Ehegatten oder den eingetragenen Partner des Urteilsunfähigen über die Errichtung einer Beistandschaft, welche seinem Vertretungsrecht entgegensteht oder es einschränkt, von Amtes wegen sofort zu unterrichten. Das schafft Klarheit und gehört zu den Sorgfaltspflichten dieser Behörde. **17**

6. Gewillkürter Ausschluss des Vertretungsrechts ohne Errichtung eines Vorsorgeauftrags

Die Errichtung eines Vorsorgeauftrags (bzw. der Amtsantritt des Vorsorgenehmers, N 13) lässt das gesetzliche Vertretungsrecht des Ehegatten oder des eingetragenen Partners dahinfallen, wenn die von Art. 374 vorgesehenen Geschäfte erfasst sind. Es stellt sich die Frage, ob es möglich ist, die **Vertretungsbefugnis** des Ehegatten oder des eingetragenen Partners auch **ohne Vorsorgeauftrag** nach freiem Willen ganz oder teilweise **aufzuheben**. Dies ist zu bejahen (gl.M. FANKHAUSER, BJM 2010, 244; LANGENEGGER, in: Rosch/Büchler/Jakob, Art. 374 N 5). Art. 374 ist nicht zwingend, was sich aus dem Vorrang des Vorsorgeauftrages und damit des Selbstbestimmungsrechts klar ergibt. Es ist deshalb nicht einzusehen, warum das Gesetz es einem Ehegatten oder einem eingetragenen Partner verweigern soll, in Ausübung seines Selbstbestimmungsrechts die Errichtung einer Beistandschaft dem Vorsorgeauftrag und dem gesetzlichen Vertretungsrecht vorzuziehen. Im Unterschied zu diesen beiden Rechtsinstituten stellt die Beistandschaft eine laufende Kontrolle des Amtsträgers sicher und gewährleistet auf jeden Fall eine angemessene Entschädigung, die subsidiär je nach kantonalem Recht aus der Kantons- oder Gemeindekasse zu bezahlen ist (Art. 404 N 43; vgl. Art. 366 N 8). Für widerrechtliches Handeln oder Unterlassen des Beistandes ist direkt der Kanton haftbar (Art. 454 Abs. 3) und nicht der Beauftragte selber (Art. 456). Zudem ist bei der Ernennung des Beistandes den Wünschen der betroffenen Person zu entsprechen, wenn die vorgeschlagene Person geeignet ist (Art. 401 N 8 ff.). Bei der Prüfung des Vorschlags für einen Beistand hat die ESB insb. im Hinblick auf die Staatshaftung allerdings ein etwas grösseres Ermessen als bei der Ablehnung eines Vorsorgebeauftragten (Art. 363 Abs. 2 Ziff. 3). Aus einer ganzheitlichen Sicht indessen **18** kann die Beistandschaft durchaus eine echte Alternative zu einem Vorsorgeauftrag sein. Deshalb darf ein Ehegatte oder ein eingetragener Partner, der sich gegen den Vorsorgeauftrag entscheidet, nicht schlechter gestellt sein als der Ehegatte oder der eingetragene Partner, der einen Vorsorgeauftrag errichtet.

19 Die Aufhebung der Vertretungsbefugnis von Gesetzes wegen ist zwar kein Vorsorge»auftrag», aber ebenfalls – wie der Vorsorgeauftrag und die Patientenverfügung – eine **Verfügung im Rahmen der eigenen Vorsorge**. Materiell bedeutet die Aufhebung, dass sich der Verfügende im Falle seiner Urteilsunfähigkeit für eine Beistandschaft und gegen einen Vorsorgeauftrag entschieden hat, unabhängig davon, ob er gleichzeitig i.S.v. Art. 401 Abs. 1 einen oder mehrere Vorschläge für einen Beistand unterbreitet. Die Tragweite dieser Vorsorgeverfügung ist aber grundlegend anders als bei einem Vorsorgeauftrag, bei dem eine Person Kompetenzen erhält, deren Ausführung nicht mehr laufend kontrolliert werden, während der Beistand unter der Aufsicht der ESB steht. Einfache Schriftlichkeit parallel zur Patientenverfügung (Art. 371 Abs. 1) – versehen mit dem Datum und der Unterschrift – muss deshalb genügen (FANKHAUSER, BJM 2010, 244 FN 9). Da es sich um eine Vorsorgeverfügung handelt, kann der Hinterlegungsort analog zum Vorsorgeauftrag (Art. 361 Abs. 3) ebenfalls in der zentralen Datenbank des Zivilstandswesens angemerkt werden. Eine unterschiedliche rechtliche Behandlung wäre willkürlich. Zudem haben die Zivilstandsbeamten ohnehin keine Möglichkeit, den Inhalt eines sog. «Vorsorgeauftrags» zu kontrollieren.

III. Vertretungsrecht

1. Vertretungsrecht und keine Vertretungspflicht

20 Sind die gesetzlichen Voraussetzungen erfüllt, so ist der Ehegatte oder der eingetragene Partner berechtigt, den Urteilsunfähigen zu vertreten, aber nur in den von Abs. 2 beschriebenen Geschäften, welche sowohl Rechts- wie Tathandlungen betreffen können (N 34 ff. und 49). Das Vertretungsrecht gilt zudem nach Abs. 3 auch für die ausserordentliche Vermögensverwaltung, dort aber unter der Bedingung, dass die ESB die Zustimmung erteilt. Es ist somit **sachlich beschränkt**. Die **Aufzählung in Art. 374 Abs. 2 und 3 ist abschliessend**. Im vom Gesetz vorgegebenen Rahmen stimmt die Vertretungsbefugnis mit der Vertretungsmacht überein.

21 Der Ehegatte oder der eingetragene Partner, der das Vertretungsrecht ausübt, ist – wie z.B. der Beistand gem. Art. 398 oder die Eltern als Inhaber der elterlichen Sorge (Art. 296 ff.) – **«gesetzlicher Vertreter»**. Das heisst, dass ihm die direkte Vertretung des Urteilsunfähigen gegenüber Dritten unmittelbar aufgrund des Zivilgesetzbuches zukommt (vgl. BK-ZÄCH, vor Art. 32–40 OR N 33 ff.) und nicht vom Willen der vertretenen Person und einer persönlichen Bevollmächtigung abhängt. Ziel ist es u.a., die urteilsunfähige Person durch das Vertretungsrecht am Rechtsverkehr teilnehmen zu lassen. Das gesetzliche Vertretungsrecht dient den Interessen und dem Wohl der urteilsunfähigen Person und nicht der ehelichen oder partnerschaftlichen Gemeinschaft. Handelt der Ehegatte oder der eingetragene Partner als gesetzlicher Vertreter, treten deshalb die Rechtswirkungen des Geschäfts – wie beim Handeln des Beistandes – ausschliesslich beim Urteilsunfähigen ein und dieser wird unmittelbar aus dem Geschäft verpflichtet. Im Gegensatz zu Art. 166 Abs. 3 ZGB bzw. Art. 15 Abs. 3 PartG entsteht **keine solidarische Verpflichtung** (vgl. aber N 24). Für das Innenverhältnis zwischen Ehegatten oder eingetragenem Partner und Urteilsunfähigen s. N 38, Art. 375 N 5 und Art. 456.

22 Art. 374 räumt dem Ehegatten oder dem eingetragenen Partner ein **Vertretungs«recht»** ein. Auch wenn es sich um eine Konkretisierung der ehelichen bzw. partnerschaftlichen

Beistandspflicht i.S.v. Art. 159 ZGB bzw. Art. 12 PartG handelt, besteht rechtlich **keine Vertretungs«pflicht»** (HAUSHEER/GEISER/AEBI-MÜLLER, Erwachsenenschutzrecht, Rz 2.61; SCHMID, Art. 374 N 6; LANGENEGGER, in: Rosch/Büchler/Jakob, Art. 375 N 1; BALESTRIERI, ZKE 2011, 206). Der Ehegatte oder der eingetragene Partner kann frei entscheiden, ob er das Vertretungsrecht ausüben will. Eine «Amtspflicht» gibt es, anders als wenn der Ehegatte zum Beistand ernannt wird (Art. 400 N 39 ff.), nicht. Lehnt er die Vertretung aus welchen Gründen auch immer ab, so darf er aber nicht einfach nichts tun. Vielmehr ist er aufgrund der ehelichen oder partnerschaftlichen Beistandspflicht i.V.m. Art. 398 Abs. 2 OR verpflichtet, die ESB zu benachrichtigen, damit eine Beistandschaft für die urteilsunfähige Person errichtet wird. Gegenüber der ESB ist der Ehegatte oder der eingetragene Partner keine Begründung schuldig. Übt der Ehegatte aber weder das Vertretungsrecht aus noch benachrichtigt er die ESB, so kann er der urteilsunfähigen Person gegenüber aus Art. 456 verantwortlich werden.

2. Abgrenzungen

Bei Ehegatten unter dem Güterstand der **Gütergemeinschaft** (Art. 221 ff.) findet Art. 374 nur teilweise Anwendung. Schon nach den Bestimmungen des Güterrechts kann ein Ehegatte allein in den Schranken der ordentlichen Verwaltung die Gemeinschaft verpflichten und über das Gesamtgut verfügen (Art. 227 Abs. 2). Das Vertretungsrecht i.S.v. Art. 374 Abs. 2 Ziff. 2 beschränkt sich deshalb auf das Eigengut des urteilsunfähigen Ehegatten. Die eherechtliche Regelung geht der erwachsenenschutzrechtlichen vor. Wird aber ein Ehegatte urteilsunfähig, so ist für Rechtsgeschäfte, welche die ordentliche Verwaltung übersteigen, fortan nicht mehr seine Zustimmung (Art. 228), sondern gem. Art. 374 Abs. 3 die Zustimmung der ESB erforderlich. Die Vertretungsmacht des handelnden Ehegatten beruht aber weiterhin auf Eherecht. **23**

Der Vorrang des Eherechts gilt auch für Art. 166 über die **Vertretung der ehelichen Gemeinschaft**. Soweit der urteilsfähige Ehegatte während der Dauer des Zusammenlebens im Rahmen dieser Bestimmung für die *laufenden* Bedürfnisse der Gemeinschaft und nicht für den Urteilsunfähigen allein sorgt, werden grundsätzlich beide Ehegatten verpflichtet und es entstehen von Gesetzes wegen Solidarschulden (BK-HAUSHEER/REUSSER/GEISER, Art. 166 ZGB N 86 f.). Will der Ehegatte nur sich selbst verpflichten, so muss er den entsprechenden Willen der Drittperson kundtun und diese muss der Beschränkung auch zustimmen (BK-HAUSHEER/REUSSER/GEISER, Art. 166 ZGB N 88; BSK ZGB I-ISENRING/KESSLER, Art. 166 N 25). Dagegen ist es ihm im Hinblick auf eine Interessenkollision (unten N 26) nicht möglich, bei einem Rechtsgeschäft im Rahmen von Art. 166 nur den Urteilsunfähigen zu verpflichten. Die Regelung für Ehegatten gilt analog auch bei eingetragenen Partnern (Art. 15 PartG). **24**

Hat ein Ehegatte oder ein eingetragener Partner dem anderen bereits vor dem Eintritt der Urteilsunfähigkeit die Verwaltung seines Vermögens übertragen (Art. 195 bzw. Art. 21 PartG), so bestimmt, wenn nichts anderes angeordnet ist, das Auftragsrecht bzw. die für die Vermögensverwaltung ausgestellten Vollmachten den Umfang des Vertretungsrechts, sofern sie nach Eintritt der Urteilsunfähigkeit weitergelten (Art. 35 Abs. 1 OR, s. hinten N 48). Das gewillkürte Vertretungsrecht geht dem gesetzlichen Vertretungsrecht vor. **25**

3. Interessenkollision

Es kann durchaus sein, dass in einer bestimmten Angelegenheit die Interessen des vertretungsberechtigten Ehegatten oder des eingetragenen Partners denjenigen der urteilsunfähigen **26**

Person widersprechen, insb. wenn es um die Vermögensverwaltung geht. Das Gesetz regelt diesen Fall, im Gegensatz zum Vorsorgebeauftragten, nicht. Es ist aber ein **allgemeiner Grundsatz der gesetzlichen Vertretung** für hilfsbedürftige Personen, dass bei direkten oder indirekten, konkreter oder abstrakter Interessenkollisionen als Rechtsfolge von Gesetzes wegen die **Vertretungsmacht entfällt**. Art. 403 hält dies ausdrücklich für den Beistand einer erwachsenen Person fest (Art. 403 N 13 ff. und 28 ff.). Die Bestimmung findet aber auch auf den Vormund (Art. 327a ff.) oder Beistand (Art. 308, 309 und 325) einer unmündigen Person Anwendung (Art. 403 N 9). Zudem präzisiert die Parallelnorm von Art. 306 Abs. 2 und 3, dass die Inhaber der elterlichen Sorge den Unmündigen bei Interessenkollision nicht mehr vertreten dürfen. Das Gleiche gilt nach Art. 365 Abs. 2 und 3 für den Vorsorgebeauftragten. Es kann deshalb keinen Zweifel geben, dass bei der gesetzlichen Vertretung des Ehegatten oder des eingetragenen Partners, die bedeutend umfangreicher ist als die Vertretung bei medizinischen Massnahmen gestützt auf eine Patientenverfügung (dazu Art. 373 N 8) oder Art. 377 ff. und insb. auch den Vermögensbereich erfasst, die gleichen Regeln gelten müssen. Zweckmässig ist es, Art. 365 Abs. 2 und 3 über den Vorsorgeauftrag sinngemäss anzuwenden: Der Ehegatte oder der eingetragene Partner hat die ESB zu informieren und die vom Gesetz eingeräumten Befugnisse entfallen, soweit die Interessenkollision besteht.

4. Handeln ohne Vertretungsrecht

27 Handelt der Ehegatte oder der eingetragene Partner in der irrigen Annahme, die Voraussetzungen von Art. 374 Abs. 1 seien erfüllt oder ein Geschäft falle in seinen Kompetenzbereich gem. Art. 374 Abs. 2 oder 3, so finden die Bestimmungen über die Stellvertretung ohne Ermächtigung (Art. 38 und 39 OR) entsprechend Anwendung. Da dem Ehegatten oder dem eingetragenen Partner die Vertretungsmacht fehlt, ist das Rechtsgeschäft ungültig (vgl. DESCHENAUX/STEINAUER, Personnes, Rz 985; BK-ZÄCH, vor Art. 32–40 OR N 13; WIDMER BLUM, 63 f.). Auch die Zustimmung der ESB nach Art. 374 Abs. 3 kann den Rechtsmangel nicht heilen (BGE 107 II 105, 117 E. 6b). Bereits erbrachte Leistungen müssen rückabgewickelt werden (BK-ZÄCH, Art. 39 OR N 14 f.). Der fälschlicherweise als urteilsunfähig beurteilte Vertretene bzw. ein Vorsorgebeauftragter oder ein Beistand kann das an sich ungültige Geschäft aber allenfalls gem. Art. 38 OR genehmigen. Bei Geschäften von untergeordneter Bedeutung kann auch die ESB die Genehmigung gestützt auf Art. 392 erteilen (vgl. Art. 403 N 28 f.). Für den Fall, dass der Ehegatte oder der eingetragene Partner vom nachträglichen Erlöschen des Vertretungsrechts (N 28) nichts wusste, bleibt die sinngemässe Anwendung von Art. 37 und 406 OR vorbehalten. Zur Rechtsfolge bei fehlender Zustimmung gem. Art. 374 Abs. 3 s. N 63 ff. Zur Pflicht, die Vertretung über das Erlöschen des gesetzlichen Vertretungsrechts hinaus wahrzunehmen, s. N 28 lit. a und N 31.

IV. Ende des Vertretungsrechts

28 Das gesetzliche Vertretungsrecht des Ehegatten oder des eingetragenen Partners **entfällt**, wenn

a) die urteilsunfähige Person ihre Urteilsfähigkeit wiedererlangt (Art. 374 Abs. 1 e contrario; vgl. Art. 369 betr. den Vorsorgeauftrag; zu luziden Intervallen oben N 5 und 6). In sinngemässer Anwendung von Art. 405 Abs. 2 OR und Art. 369 Abs. 2 sowie Art. 424 ZGB ist der Ehegatte oder der eingetragene Partner aber verpflichtet, so lange für die Fortführung der ihm nach Art. 374 übertragenen Aufgaben zu sorgen, bis der andere seine Interessen selber wahren kann;
b) die Ehe oder die eingetragene Partnerschaft durch Tod oder rechtskräftiges gerichtliches Urteil aufgelöst wird (Art. 374 Abs. 1 e contrario, unten N 30; bei Auflösung der Ehe durch Tod auch analog Art. 405 Abs. 1 OR und Art. 421 Ziff. 4 ZGB);

c) der gemeinsame Haushalt aufgehoben und nicht mehr persönlich und regelmässig Beistand geleistet wird (Art. 374 Abs. 1 e contrario; s. N 10 ff. und insb. N 31);
d) der vertretungsberechtigte Ehegatte oder der eingetragene Partner den gesetzlichen «Auftrag» von sich aus niederlegt (Art. 375 i.V.m. Art. 404 OR; s. N 31) oder vom gesetzlichen Vertretungsrecht überhaupt nicht Gebrauch macht, sondern bei der ESB die Errichtung einer Beistandschaft beantragt (N 22);
e) der vertretungsberechtigte Ehegatte oder eingetragene Partner seine Urteilsfähigkeit und damit seine Handlungsfähigkeit verliert (N 9; vgl. auch Art. 405 Abs. 1 OR) oder für ihn eine Beistandschaft errichtet wird (analog Art. 421 Ziff. 4; s. N 9 und Art. 400 N 19 sowie Art. 421–424 N 14 ff.);
f) die ESB die Vertretungsbefugnis einschränkt oder entzieht (Art. 376 Abs. 2); oder
g) die ESB eine Beistandschaft mit Aufgaben anordnet, die Art. 374 Abs. 2 und 3 umfassen (Art. 376 Abs. 2; Art. 398, 394 oder 395).

Aus der ehelichen oder partnerschaftlichen Beistandspflicht ergibt sich eine Verpflichtung des handlungsfähigen Ehegatten oder eingetragenen Partners, der ESB unverzüglich **Meldung** zu erstatten, wenn er nicht (mehr) für den Urteilsunfähigen und sein Vermögen sorgen will oder kann und noch keine Beistandschaft errichtet ist. **29**

Mit der Auflösung der Ehe bzw. der eingetragenen Partnerschaft durch Tod, Ungültigerklärung (Art. 104 ff. bzw. Art. 9 ff. PartG) oder Scheidung (Art. 111) bzw. Auflösung der Partnerschaft (Art. 29 f. PartG) **endet das Vertretungsrecht von Gesetzes** wegen, da die zentrale Voraussetzung dafür entfällt. Aber bereits mit der Einreichung der Scheidungs- oder Auflösungsklage gibt der Ehegatte oder der eingetragene Partner zu erkennen, dass er sich von seinen Pflichten gegenüber dem Urteilsunfähigen befreien will. Interessenkonflikte sind zudem in dieser Situation vorprogrammiert. Die ESB, die durch den Ehegatten bzw. den eingetragenen Partner oder das Gericht zu benachrichtigen ist, hat deshalb nicht nur die Vertretung der urteilsunfähigen Person im Prozess zu ordnen, sondern i.d.R. sofort – in Würdigung der gesamten Bedürfnisse – eine Beistandschaft gem. Art. 393 ff. zu errichten und dem Beistand die erforderlichen Aufträge (Art. 391) auch für die Zeit nach der Scheidung zu erteilen. Mit der Errichtung der Beistandschaft entfällt das entsprechende Vertretungsrecht nach Art. 374 von Gesetzes wegen (Art. 376 N 28). Ein formeller Entzug ist nicht erforderlich. **30**

Gemäss Art. 375 sind auf die Ausübung des Vertretungsrechts die Bestimmungen über den Auftrag (Art. 394 ff. OR) sinngemäss anwendbar. In einem weiteren Sinn gehört dazu auch die Frage, wie die gesetzliche Vertretung, nachdem sie ausgeübt wird, durch Willenserklärung beendet wird. Gemäss Art. 404 Abs. 1 OR könnte der Ehegatte oder der eingetragene Partner den Auftrag jederzeit niederlegen. Die eheliche bzw. partnerschaftliche Beistandspflicht überlagert aber das Auftragsrecht und verbietet es dem Ehegatten oder dem eingetragenen Partner, dies zur Unzeit zu tun. Unzeit ist im vorliegenden Kontext solange anzunehmen, als die ESB nicht Vorkehrungen zum Schutz des Urteilsunfähigen treffen kann. Ausser wenn ein wichtiger Grund vorliegt, um das Mandat sofort niederzulegen (analog Art. 367 Abs. 2), ist deshalb in sinngemässer Anwendung von Art. 405 Abs. 2 OR sowie Art. 369 Abs. 2 und Art. 424 davon auszugehen, dass der Ehegatte oder der eingetragene Partner verpflichtet ist, sein Vertretungsrecht so lange auszuüben, bis die ESB einen Beistand ernennt oder vorsorgliche Massnahmen anordnet (Art. 445). Nach Eingang der Mitteilung des Ehegatten, er wolle das Vertretungsrecht nicht mehr länger ausüben, hat die ESB unverzüglich zu handeln. Dagegen passt die für den Vorsorgebeauftragten in Art. 367 Abs. 2 vorgesehene Kündigung mit zweimonatiger Kündigungsfrist durch schriftliche Mitteilung an die ESB nicht zum gesetzlichen Vertretungsrecht, bei dem der Vertretungsberechtigte keine Annahmeerklärung gegenüber der ESB abgeben **31** muss (vgl. Art. 363 Abs. 3). Entsteht durch vorzeitige Niederlegung des Vertretungsrechts Schaden, so haftet der Ehegatte oder der eingetragene Partner dafür gem. Art. 456.

Diese Ausführungen müssen sinngemäss auch gelten, wenn der Ehegatten oder der eingetragene Partner, der das gesetzliche Vertretungsrecht ausgeübt hat, nach Aufhebung des gemeinsamen Haushaltes nicht mehr regelmässig und persönlich Beistand leisten will oder kann. Materiell handelt es sich dabei ebenfalls um eine Niederlegung des vom Gesetzgeber erteilten Mandats.

32 Laut Art. 405 Abs. 1 rev. OR erlischt ein Auftrag grundsätzlich durch den Konkurs des Beauftragten (dazu im Einzelnen BK-FELLMANN, Art. 405 OR N 103 ff.). Diese Regelung ist aber auf das gesetzliche Vertretungsrecht nicht sinngemäss anwendbar. Auch für den Privatbeistand sieht das Erwachsenenschutzrecht – anders als das frühere Recht in aArt. 445 Abs. 1 mit dem Verweis auf die Zahlungsunfähigkeit – keinen solchen Beendigungsgrund vor (vgl. Art. 421). Entsprechend dem Verhältnismässigkeitsprinzip hat die ESB gestützt auf Art. 376 Abs. 2 nur dann Massnahmen zu ergreifen, wenn die Interessen der urteilsunfähigen Person durch die Zahlungsunfähigkeit des Ehegatten oder des eingetragenen Partners gefährdet sind.

V. Der sachliche Umfang des Vertretungsrechts (Abs. 2)

33 Art. 374 Abs. 2 und ergänzend Abs. 3 umschreiben die Kompetenzen des Ehegatten oder des eingetragenen Partners. Das Vertretungsrecht ist somit im Rahmen dieser Vorgaben zum Schutz der urteilsunfähigen Person **beschränkt**. Damit wird auch dem Umstand Rechnung getragen, dass es – anders als bei einem Vorsorgeauftrag (Art. 363 Abs. 2) – keine präventive behördliche Kontrolle der Geeignetheit des Ehegatten oder des eingetragenen Partners gibt. Sind für den Urteilsunfähigen Geschäfte zu besorgen, die von der gesetzlichen Vertretung nicht gedeckt sind, so ist der Ehegatte oder der eingetragene Partner entsprechend der familien- und obligationenrechtlichen Treuepflicht (vgl. Art. 375 N 8 f.) verpflichtet, die ESB zu benachrichtigen (analog Art. 365 Abs. 2), damit für diese Geschäfte entweder eine Beistandschaft errichtet wird oder die ESB gestützt auf Art. 392 direkt für das Nötige sorgt.

1. Übliche Rechtshandlungen zur Deckung des Unterhaltsbedarfs (Ziff. 1)

34 Nach Art. 374 Abs. 2 Ziff. 1 darf der Ehegatte oder der eingetragene Partner alle Rechtshandlungen vornehmen, die zur Deckung des Unterhaltsbedarfs **üblicherweise** erforderlich sind. Es geht dabei um den **Unterhaltsbedarf der urteilsunfähigen Person** und nicht um denjenigen der Familie oder des Paares (dazu N 24 und 43 f.). Der Unterhaltsbedarf ist im umfassenden Sinne zu verstehen. Alles, was der Urteilsunfähige zum Leben benötigt, wird erfasst. Rechtsgeschäfte dürfen aber nur soweit abgeschlossen werden, als sie üblicherweise in der Bevölkerung nach der Lebenserfahrung für eine urteilsunfähige Person in der konkreten Situation erforderlich sind, unabhängig davon, ob es sich um wiederkehrende oder um einmalige bzw. spezielle Geschäfte handelt (zu eng OFK-ZGB-FASSBIND, Art. 374 N 3, der eine Kongruenz zu Art. 166 annimmt, dafür aber davon ausgeht, dass in Notfällen das Vertretungsrecht analog zu Art. 166 Abs. 2 Ziff. 2 bzw. Art. 15 Abs. 2 lit. b PartG auch Rechtshandlungen erfassen kann, die zur Deckung des Unterhaltsbedarfs nicht üblich sind). Unübliche, aussergewöhnliche, exzentrische bzw. Luxusgeschäfte sind vom Vertretungsrecht höchstens in ausserordentlich guten Vermögensverhältnissen gedeckt. Der Kompetenzbereich des vertretungsberechtigten Ehegatten oder eingetragenen Partners ist bedeutend weiter als bei der Vertretung der ehelichen Gemeinschaft (Art. 166), bei der das Vertretungsrecht zwar die Bedürfnisse der ganzen Gemeinschaft erfasst, aber grundsätzlich auf die laufenden Bedürfnisse, also auf einen Teilbereich beschränkt ist. Unter laufenden Bedürfnissen sind mehr oder weniger regelmässig wiederkehrende Rechtsgeschäfte für den alltäglichen Unterhaltsbedarf zu verstehen (BK-HAUSHEER/REUSSER/GEISER, Art. 166 ZGB N 45 ff.).

Für die Vertretung bei medizinischen Massnahmen gilt die Sonderregelung von Art. 377 ff. Unter Vorbehalt einer Patientenverfügung bzw. eines Vorsorgeauftrags oder einer Beistandschaft ist der Ehegatte oder der eingetragene Partner unter den gleichen Voraussetzungen wie nach Art. 374 Abs. 1 vertretungsberechtigt (Art. 378 Abs. 1 Ziff. 3). Diese Vertretungsbefugnis schliesst auch das Recht ein, für den Urteilsunfähigen, der in einer Wohn- oder Pflegeeinrichtung betreut wird, einen Betreuungsvertrag abzuschliessen (Art. 382 Abs. 3). **35**

Zum Unterhaltsbedarf zählt alles, was die urteilsunfähige Person benötigt, insb. Wohnung, Nahrungsmittel, Kleidung, Betreuung, Körper- und Gesundheitspflege bzw. -vorsorge, Krankenkasse und weitere Versicherungen, Beiträge an die Altersvorsorge, Sport, kulturelle und gesellige Bedürfnisse, kleinere Geschenke, bspw. den Blumenstrauss für die Pflegerin etc. (vgl. zum eherechtlichen Unterhalt im Einzelnen BK-HAUSHEER/REUSSER/GEISER, Art. 163 ZGB N 8 ff.; ZK-HASENBÖHLER, Art. 163 ZGB N 8 ff.; HAUSHEER/SPYCHER, 103 Rz 03.55 ff.; BSK ZGB I-ISENRING/KESSLER, Art. 163 N 7 ff.; DESCHENAUX/STEINAUER/BADDELEY, Rz 418 ff.; zum partnerschaftlichen Unterhalt ZK PartG-WOLF/GENNA, Art. 13 N 54 ff.; SCHMID, Art. 374 N 9). Die Deckung dieser Bedürfnisse kann auf aufwändige oder einfache Weise erfolgen. Massstab ist grundsätzlich der **bisherige Lebensstandard** der Ehegatten oder der eingetragene Partner i.S.v. Art. 163 bzw. Art. 13 PartG (vgl. FANKHAUSER, BJM 2010, 245; MEIER/LUKIC, Rz 316 FN 344). Im Hinblick auf die Urteilsunfähigkeit eines Ehegatten oder eines eingetragenen Partners und den damit verbundenen Betreuungsbedarf erhöhen sich aber in aller Regel die Unterhaltskosten. Zu sichern ist **die nach den Umständen angemessene und bestmögliche Lebensqualität** der betroffenen Person (LANGENEGGER, in: Rosch/Büchler/Jakob, Art. 374 N 7). **36**

Zu den Rechtshandlungen, die zur Deckung des Unterhaltsbedarfs erforderlich sind, gehört **bspw.** der Einkauf von Waren jeglicher Art, die der urteilsunfähigen Person dienen, der Abschluss eines Vertrags etwa mit Spitex oder einer Tages- bzw. Ferienbetreuungsstätte, die Beauftragung eines Physiotherapeuten, der Abschluss von Versicherungsverträgen, Besorgen von Kostengutsprachen z.B. der Invalidenversicherung, etc. Der Ehegatte oder der eingetragene Partner ist befugt, alle Rechtshandlungen vorzunehmen, die üblicherweise nötig sind, d.h. sich nach der Lebenserfahrung und gesellschaftlichem Konsens bei einer urteilsunfähigen Person ergeben und den wirtschaftlichen Verhältnissen der Ehegatten oder der eingetragenen Partner angemessen sind. **37**

Da der Ehegatte bzw. der eingetragene Partner bei den Rechtsgeschäften zur Deckung des Unterhaltsbedarfs i.S.v. Art. 374 Abs. 1 Ziff. 1 den Urteilsunfähigen vertritt, wird dieser im **Aussenverhältnis** allein verpflichtet (s. aber N 24). Wie sich im Innenverhältnis die Unterhaltskosten aufteilen, bestimmt sich dagegen nach Art. 163 ZGB bzw. nach Art. 13 PartG. **38**

2. *Ordentliche Verwaltung des Vermögens (Ziff. 2)*

Das Gesetz spricht vom «Einkommen und übrigen Vermögen» und meint damit das gesamte Vermögen, das der urteilsunfähigen Person gehört. Die Differenzierung zwischen Einkommen und übrigen Vermögen spielt insofern eine Rolle, als der Unterhalt der Familie bzw. der Gemeinschaft (Art. 163 und Art. 13 PartG) in erster Linie aus dem Einkommen beider Partner und erst in zweiter Linie aus dem übrigen Vermögen finanziert wird. Das Einkommen umfasst insb. den Arbeitsverdienst, Erwerbsersatzeinkommen (Leistungen von Personalfür- **39** sorgeeinrichtungen, Sozialversicherungen und Sozialfürsorgeeinrichtungen), die Erträge des übrigen Vermögens, freiwillige Leistungen Dritter sowie Sozialhilfebeiträge (vgl. Art. 197; HAUSHEER/SPYCHER, 13 Rz 01.30 ff.). Zum Vermögen gehören Forderungen jeglicher Art, Eigentum an Sachen sowie beschränkte dingliche Rechte und vermögenswerte Immaterialgüterrechte. Das Vermögen besteht sowohl aus **Aktiven wie Passiven**.

40 Zur Unterscheidung von **Art und Umfang** der ordentlichen und der ausserordentlichen Vermögensverwaltung ist massgebend, was Lehre und Rechtsprechung zu Art. 227 und 228 betr. die Verwaltung des Gesamtgutes beim ehelichen Güterstand der Gütergemeinschaft entwickelt haben (Botschaft Erwachsenenschutz, 7035) Eine ähnliche Unterscheidung findet sich übrigens auch bei der Nutzungs- und Verwaltungsordnung von Miteigentum (Art. 647a f.), wobei das Gesetz dort von «gewöhnlichen» und «wichtigeren» Verwaltungshandlungen spricht.

41 Die ordentliche Verwaltung umfasst alle (Rechts- und Tat-)Handlungen, die eine **sorgfältige und gewissenhafte Vermögensverwaltung nach allgemeiner Lebenserfahrung gewöhnlich mit sich bringt**. Es handelt sich um jene Geschäfte, die nach dem gewöhnlichen Lauf der Dinge nötig und zweckmässig sind, um das Vermögen zu erhalten und zu mehren, und von relativ geringer Bedeutung, d.h. ohne besonderes Risiko für den urteilsunfähigen Ehegatten oder den eingetragenen Partner sind (BK-HAUSHEER/REUSSER/GEISER, Art. 227 und 228 ZGB N 22 ff.; DESCHENAUX/STEINAUER/BADDELEY, Rz 1501; BSK ZGB I-HAUSHEER/AEBI-MÜLLER, Art. 227/228 N 8 ff.; CHK-RUMO-JUNGO, Art. 227–228 ZGB N 6; OFK-ZGB-FASSBIND, Art. 374 N 3; LANGENEGGER, in: Rosch/Büchler/Jakob, Art. 374 N 11). Der Umfang der ordentlichen Vertretungsbefugnis ist je nach den Vermögensverhältnissen im konkreten Einzelfall verschieden. Dabei kommt es nicht darauf an, ob die entsprechende Handlung häufig oder selten vorgenommen wird, sondern es ist auf ihre Bedeutung im Gesamtzusammenhang des zu verwaltenden Vermögens abzustellen. Nur was aus dieser Sicht eine Handlung von relativ geringer Tragweite ist, zählt zur ordentlichen Verwaltung. Was darüber hinausgeht, gehört zur ausserordentlichen Verwaltung und wird von Art. 374 Abs. 3 erfasst. Darunter fallen auf jeden Fall auch die in Art. 416 aufgezählten Geschäfte, soweit sie die Vermögensverwaltung betreffen (LANGENEGGER, in: Rosch/Büchler/Jakob, Art. 374 N 11; MEIER/LUKIC, Rz 316). Dass der Beistand diese Geschäfte nicht allein vornehmen darf, zeigt, dass es sich um heikle Geschäfte handelt, bei denen es eine doppelte Absicherung braucht (vgl. für den gewillkürten Beauftragten Art. 396 Abs. 3 OR).

42 Zur ordentlichen Vermögensverwaltung (zur ausserordentlichen Vermögensverwaltung s. unten N 52) gehören **bspw**. das Einziehen von fälligen Forderungen aller Art, die Geltendmachung von Lohn- oder sozialversicherungs- und anderen versicherungsrechtlichen Ansprüchen sowie von Entschädigungen für den Urteilsunfähigen, die Entgegennahme von Zahlungen sowie den Abschluss und Kündigung von üblichen Versicherungsverträgen. Besitzt der Urteilsunfähige eine Miet- oder Geschäftsliegenschaft, so kann der Ehegatte oder der eingetragene Partner Rechte aus dem Mietverhältnis geltend machen, etwa einen Mieter, der die Miete nicht pünktlich zahlt, in Verzug setzen, und die Mietzinse eintreiben sowie die nötigen Reparaturen vornehmen lassen. Bei einem landwirtschaftlichen Betrieb sind bspw. Früchte zu ernten und für die Tiere zu sorgen. Werden bei Wertschriften Guthaben zurückbezahlt, so darf das Geld neu angelegt werden, wenn damit keine wesentliche Veränderung des Anlageverhaltens verbunden ist, also die gleiche Risikogruppe gewählt wird. Nicht zur ordentlichen Verwaltung gehört, wenn Gelder in spekulative Vermögensanlagen investiert werden. Reparaturen, die zur Sacherhaltung von Vermögensgegenständen jeglicher Art nötig sind, sind selbstverständlich zulässig. Auch die Einleitung einer Betreibung oder das Erheben von Rechtsvorschlag gegen eine den Urteilsunfähigen betreffenden Betreibung gehört zur ordentlichen Verwaltung (vgl. Botschaft Eherecht, BBl 1997 II 1191 ff.,

Ziff. 223.311, Anm. 342), ebenso das Gesuch um Vollstreckung von Sachforderungen, der Verkauf von Vermögensgegenständen von geringem Wert und Ersatzanschaffungen für Mobiliar (ausf. BK-Hausheer/Reusser/Geiser, Art. 227 und 228 ZGB N 23; Deschenaux/Steinauer/Baddeley, Rz 1500 ff.; CHK-Rumo-Jungo, Art. 227–228 ZGB N 6; vgl. Langenegger, in: Rosch/Büchler/Jakob, Art. 374 N 11).

Zur ordentlichen Verwaltung zählt die Verwendung von Vermögenswerten nicht nur für den Unterhalt der urteilsunfähigen Person, sondern auch für den **Unterhalt der weiteren Familienmitglieder bzw. des eingetragenen Partners**, soweit dies der bisher praktizierten Aufgabenteilung gem. Art. 163 bzw. Art. 13 PartG entspricht (vgl. BK-Hausheer/Geiser/Reusser, Art. 227 und 228 ZGB N 23, letztes Lemma). Ist schon vor Eintritt der Urteilsunfähigkeit der Unterhalt der Familie bzw. der beiden eingetragenen Partner ganz oder teilweise bspw. aus dem Einkommen oder anderem Vermögen der inzwischen urteilsunfähig gewordenen Person bestritten worden, so darf dies auch weiterhin so gehandhabt werden, sofern nicht eine wesentliche Veränderung der Verhältnisse eintritt. Wichtig ist, dass nicht nur der Unterhalt der urteilsunfähigen Person, sondern auch derjenige ihres Ehegatten und allfälliger Kinder oder ihres eingetragenen Partners weiterhin sichergestellt ist. Hiefür genügt Art. 166 ZGB bzw. Art. 15 PartG nicht, zumal die Anwendung dieser Bestimmung in jedem Fall ein Zusammenleben der Ehegatten oder der eingetragenen Partner voraussetzt. **43**

Der verwaltungsberechtigte Ehegatte oder der eingetragene Partner darf seinen **Lebensstandard** und denjenigen der Kinder **nicht** von sich aus auf Kosten des urteilsunfähigen Partners **erhöhen**. Vielmehr ist im Verhältnis unter den Ehegatten bzw. den Partnern hiefür ein Gerichtsentscheid (Art. 173 oder 176 ZGB bzw. Art. 13 Abs. 2 PartG) erforderlich, da der verwaltungsberechtigte Ehegatte oder der eingetragene Partner nicht in eigener Sache bzw. in Sachen gemeinsamer Kinder seinen Partner vertreten darf (Interessenkollision). Soweit es dagegen nicht um eine Erhöhung des Lebensstandards, sondern um den objektiv ausgewiesenen erhöhten Unterhaltsbedarf eines Angehörigen der urteilsunfähigen Person geht (ein Kind beginnt nach Abschluss des Gymnasiums z.B. ein Studium ausserhalb des bisherigen Wohnortes), sollte die Bezahlung der entsprechenden Kosten zur ordentlichen Verwaltung gezählt werden. Dem volljährigen Kind steht es aber auf jeden Fall frei, gestützt auf Art. 279 gegen den urteilsunfähigen Elternteil zu klagen. **44**

Die Abgrenzung zwischen ordentlicher und ausserordentlicher Verwaltung kann im Einzelfall schwierig sein. Der Ehegatte oder der eingetragene Partner hat deshalb die Möglichkeit, zur Klärung die **ESB** anzurufen, die auch eine **Urkunde** mit den ihm zustehenden Befugnissen ausstellen kann (Art. 376 Abs. 1; Fankhauser, BJM 2010, 245). **45**

Die **Kosten** der Vermögensverwaltung werden dem Vermögen des Urteilsunfähigen belastet (Art. 375 N 28). Unter Verwaltungskosten sind nicht nur die Verwaltungskosten im engeren Sinn, sondern alle Aufwendungen zu verstehen, die dem **Unterhalt, der Sicherung und der Nutzbarmachung** des Vermögens des Urteilsunfähigen unmittelbar dienen und üblicherweise aus dem Ertrag des Vermögens bezahlt werden (BK-Hausheer/Reusser/Geiser, Art. 231 ZGB N 24). **46**

Der Ehegatte oder der eingetragene Partner hat die ordentliche Verwaltung des Vermögens sorgfältig nach **Treu und Glauben** (Art. 2 und 375 ZGB i.V.m. Art. 398 Abs. 2 OR) auszuüben. Allgemein ist die Verwaltung so zu besorgen, wie es dem **Willen des Betroffenen vermutlich entsprechen würde**. Anordnungen, welche die inzwischen urteilsunfähige Person getroffen hat, dürfen nicht ohne Not in Frage gestellt werden. Hat diese bspw. ihr Vermögen einer Bank zur Verwaltung anvertraut und eine Vollmacht ausgestellt, die über den Eintritt der Urteilsunfähigkeit hinaus gültig bleibt (Art. 35 Abs. 1 rev. OR), so hat der Ehegatte oder der eingetragene Partner dies grundsätzlich zu respektieren. Aber anstelle **47** der urteilsunfähigen Person hat nun der Ehegatte oder der eingetragene Partner den Vollmachtnehmer zu kontrollieren. Damit hat er auch das Recht, die Vollmacht zu widerrufen. Tut er dies, so ist er dem Vollmachtnehmer keine Rechenschaft über seine Gründe schuldig.

3. Exkurs: Das Erlöschen einer Vollmacht (Art. 35 Abs. 1 rev. OR)

48 Mit der Revision des Erwachsenenschutzrechtes ist auch der Wortlaut von Art. 35 Abs. 1 OR neu gefasst worden. Während im bisherigen Recht der Verlust der Handlungsfähigkeit das Erlöschen der Vollmacht zur Folge hatte (zur umstrittenen Interpretation in der bisherigen Doktrin s. vor Art. 374–374 N 4), erklärt das neue Recht den Verlust der «entsprechenden» Handlungsfähigkeit für massgebend. Darunter fällt nach der Botschaft Erwachsenenschutzrecht (7112 f.) «neben der umfassenden Beistandschaft (Art. 398) eine Vertretungsbeistandschaft (Art. 394) die gerade jenen Bereich abdeckt, der im konkreten Fall Gegenstand der Vollmacht bildet». Im Hinblick auf diese Ausführungen stellt sich die Frage, ob der Gesetzgeber davon ausging, dass im Sinne von Bucher (BK-Bucher, Art. 19 ZGB N 334) nur noch eine behördliche Massnahme eine Vollmacht zum Erlöschen bringen soll. Dem ist aber nicht so. Bis zur letzten Sitzung der Expertenkommission für die Revision des Vormundschaftsrechts lautete der Revisionsvorschlag zu Art. 35 Abs. 1 wie folgt:

«Die durch Rechtsgeschäft erteilte Ermächtigung erlischt, sofern nicht das Gegenteil vereinbart ist oder aus der Natur des Geschäfts hervorgeht, mit dem voraussichtlich dauernden Verlust der Urteilsunfähigkeit, dem Konkurs, dem Tod oder der Verschollenerklärung des Vollmachtgebers oder des Bevollmächtigten. Sie erlischt auch mit der Anordnung einer umfassenden Beistandschaft für den Vollmachtgeber oder den Bevollmächtigten» (Prot. der 31. Sitzung vom 11.11.2002, 3978).

Diese Formulierung wurde aus zwei Gründen kritisiert (Prot. der 31. Sitzung vom 11.11.2002, 3934 f.): Einmal sei die Neufassung auf natürliche Personen zugeschnitten. Die Norm gelte aber auch für juristische Personen, bei denen der Verlust der Handlungsfähigkeit mit dem Eintritt in das Liquidationsstadium eintritt (BK-Zäch, Art. 35 OR N 20 ff., insb. N 25). Zudem müsse die Anordnung einer Vertretungsbeistandschaft mit Beschränkung der Handlungsfähigkeit im Bereich, der Gegenstand der Vollmacht bildet, ebenfalls zu deren Erlöschen führen. Vorgeschlagen wurde deshalb, zum bisherigen Text zurückzukehren, aber ein «entsprechenden» einzufügen. Gleichzeitig sei auch Art. 405 Abs. 1 OR anzupassen. Die Expertenkommission stimmte diesem Vorschlag in der Folge zu (Prot. der 31. Sitzung vom 11.11.2002, 3918 f.). Dass auch der ohne behördliche Anordnung eingetretene voraussichtlich dauernde Verlust der Handlungsfähigkeit durch fehlende Urteilsunfähigkeit zum Erlöschen der Vollmacht führt, war nicht bestritten. Wie aus dem ursprünglichen Revisionsvorschlag der Expertenkommission klar hervorging, sollte aber die Vollmacht beim Verlust der Urteilsfähigkeit nur erlöschen, wenn nichts anderes angeordnet war (vgl. BGE 132 III 222 E. 2). Dagegen führte die Anordnung einer umfassenden Beistandschaft bzw. einer Vertretungsbeistandschaft zwingend zum Erlöschen der Vollmacht (zur Frage der Notwendigkeit von behördlichen Massnahmen trotz Erteilung einer Generalvollmacht wegen fehlender Kontrollmöglichkeit des Vollmachtgebers: BGE 134 III 385 E. 3 und 4). Das gleiche muss gelten, wenn ein Vorsorgeauftrag erteilt wurde, der die Geschäfte erfasst, die bisher von der Vollmacht gedeckt waren.

Im Vernehmlassungsverfahren wurde die neue Fassung von Art. 35 Abs. 1 OR nicht kritisiert, so dass sie unverändert Eingang in die Botschaft und ohne weitere Diskussion die Zustimmung des Parlaments fand. Im Übrigen verpflichtet der neue Art. 397a OR den Beauftragten, bei voraussichtlich dauernder Urteilsunfähigkeit des Auftraggebers die ESB am Wohnsitz des Auftraggebers zu benachrichtigen, wenn eine solche Meldung zur Interessenwahrung angezeigt erscheint. Damit wird die Sorgfalts- und Treuepflicht des Beauftragten i.S.v. Art. 398 Abs. 2 OR konkretisiert (zum bisherigen Recht WIDMER BLUM, 74) und der Schutz des Hilfsbedürftigen verbessert.

4. Das Öffnen und Erledigen der Post (Ziff. 3)

Im Gegensatz zum Vernehmlassungsentwurf spricht das Gesetz nicht mehr nur vom «Öffnen» der Post, sondern vom «Öffnen und Erledigen» der Post (N 1). Damit wird zum Ausdruck gebracht, dass das von Art. 374 Abs. 2 Ziff. 3 gewährte Recht nicht der Neugier dient, sondern nur **zielgerichtet** in Anspruch genommen werden darf, wenn der Ehegatte oder der eingetragene Partner davon ausgehen muss, dass Post zu erledigen ist, also eine Person oder Behörde auf Antwort wartet oder Rechnungen zu bezahlen sind. Das Öffnen der Post ist kein Selbstzweck, sondern der Ehegatte oder der eingetragene Partner, der die Post öffnet, muss auch bereit sein, sie im Interesse der urteilsunfähigen Person zu erledigen. Nach dem Vernehmlassungsverfahren ist zudem im Gesetzestext ein «nötigenfalls» eingefügt worden (vgl. für den Beistand Art. 391 Abs. 3, der die Post nur öffnen darf, wenn er von der ESB ausdrücklich dazu ermächtigt worden ist). Das Öffnen und Erledigen der Post muss somit **«nötig»** sein, darf also **nicht mehr aufgeschoben** werden. Konkret bedeutet dies bspw.: Verunfallt ein Ehegatte oder ein eingetragener Partner und liegt er im Koma im Spital, so darf nicht bereits in den ersten Tagen seine Post geöffnet werden (Botschaft Erwachsenenschutz, 7035; SCHMID, Art. 374 Rz 14; OFK-ZGB-FASSBIND, Art. 374 N 3; MEIER/LUKIC, Rz 316). Denn ist der Patient nach relativ kurzer Zeit wieder urteilsfähig, kann er selber die erforderlichen Anordnungen treffen. Wie lange zuzuwarten ist, beurteilt sich nach Treu und Glauben bzw. nach dem prognostizierten Krankheitsverlauf. Das «nötigenfalls» erfasst auch Fälle, in welchen die **Post mit «Persönlich»** überschrieben ist. Wer eine Postsendung so adressiert, will ausdrücklich, dass niemand anderes als der Adressat die Sendung öffnet und nimmt damit in Kauf, dass bei Verhinderung des Adressaten – aus welchen Gründen auch immer – er keine Antwort erhält. Nach Treu und Glauben darf der Ehegatte oder der eingetragene Partner solche Sendungen nicht öffnen. Auch eine urteilsunfähige Person hat grundsätzlich Anspruch auf Vertraulichkeit ihres Postverkehrs (Art. 13 Abs. 1 BV; HAUSHEER/GEISER/AEBI-MÜLLER, Erwachsenenschutzrecht, Rz 2.60). Die gesetzlichen Einschränkungen wollen deshalb sicherstellen, dass das Postgeheimnis nach Möglichkeit nur insoweit aufgehoben wird, als dies in der konkreten Situation erforderlich ist. Der Treuepflicht des Ehegatten oder des eingetragenen Partners entspricht es auch (Art. 375 N 8 f.), wenn er eine Postsendung an den Absender zurückschickt oder die absendende Person sonstwie kontaktiert (LANGENEGGER, in: Rosch/Büchler/Jakob, Art. 374 N 12) mit dem Hinweis, dass der Adressat auf nicht absehbare Zeit verhindert ist, zu antworten. 49

Der Begriff der Post erfasst auch die **elektronische Post**, z.B. E-Mail (Botschaft Erwachsenenschutz, 7035 m.V. auf Art. 13 BV). 50

Das Recht, die Post zu öffnen und zu erledigen, schliesst das Recht ein, eingeschriebene Sendungen für die urteilsunfähige Person **entgegenzunehmen oder bei der Post abzuholen**. Die Post wird dafür wohl regelmässig die Vorlage einer Urkunde der ESB i.S.v. Art. 376 Abs. 1 verlangen, soweit nicht bereits vorher eine entsprechende Vollmacht ausgestellt worden ist. Bei einer Sendung, die eingeschrieben zugestellt wird, darf der Ehegatte oder der eingetragene Partner im Übrigen davon ausgehen, dass Handlungsbedarf besteht. 51

VI. Zustimmung zu Rechtshandlungen im Rahmen der ausserordentlichen Vermögensverwaltung (Abs. 3)

1. Ausserordentliche Vermögensverwaltung

52 Zur Abgrenzung von ordentlicher und ausserordentlicher Vermögensverwaltung s. N 40 ff. Zur **ausserordentlichen Verwaltung** gehören insb. wertvermehrende Umbauten und die Errichtung von Pfandrechten an Grundstücken, die Begründung und Aufhebung von Dienstbarkeiten, der Verzicht auf die Zuteilung einer Liegenschaft zum Ertragswert, die Liquidation eines Geschäftes, Verpfändung von Mobiliar, Veräusserung von Liegenschaften und Wertgegenständen wie Bilder oder gute Antiquitäten, aber auch der Verkauf von Wertpapieren (vgl. die Liste von Geschäften in der Botschaft Eherecht, BBl 1979 II 1191 ff., Ziff. 223.311, Anm. 343 m.V. auf das ZGB von 1907 und verschiedene BGE; DESCHENAUX/STEINAUER/BADDELEY, Rz 1506 ff.; CHK-RUMO-JUNGO, Art. 227–228 ZGB N 9; OFK-ZGB-FASSBIND, Art. 374 N 4). Auch die Prozessführung um vermögensrechtliche Fragen gehört immer zur ausserordentlichen Verwaltung, unabhängig von der Tragweite des Prozessgegenstandes (vgl. Art. 416 Abs. 1 Ziff. 9; BK-HAUSHEER/REUSSER/GEISER, Art. 227 und 228 ZGB N 23, letzter Absatz; BSK ZGB I-HAUSHEER/AEBI-MÜLLER, Art. 227/228 N 10 i.f.; vgl. auch BK-LEMP, Art. 216 ZGB von 1912 N 20).

2. Zustimmung der ESB

53 Für alle Rechtshandlungen im Rahmen der ausserordentlichen Vermögensverwaltung muss der Ehegatte oder der eingetragene Partner die Zustimmung der ESB einholen, damit das Rechtsgeschäft für die urteilsunfähige Person rechtsverbindlich wird (Art. 374 Abs. 3). Damit sollen Missbräuche und Fehler vermieden und die Interessen des Urteilsunfähigen durch die behördliche Kontrolle bestmöglich geschützt werden. Ob es sich bei dem Rechtsgeschäft um einen Vertragsabschluss oder um die Ausübung eines Gestaltungsrechts handelt, ist unerheblich, ebenso, ob es um privatrechtliche oder öffentlich-rechtliche Rechtsgeschäfte geht oder ob ein Geschäft bedingungsfeindlich ist oder nicht (BSK ZGB I-GEISER, aArt. 424 N 1 und 6). **Mit der rechtsgültigen Genehmigung** wird das Rechtsgeschäft für beide Vertragspartner **verbindlich**. Fehlt dem Ehegatten oder dem eingetragenen Partner allerdings die Vertretungsmacht, insb. weil eine der Voraussetzungen von Art. 374 nicht erfüllt ist oder eine Interessenkollision vorliegt, so wird der Mangel durch die allfällige Zustimmung der ESB nicht geheilt (N 27).

54 Die ESB hat nur ein **Mitwirkungsrecht** und kann deshalb im Rahmen der gesetzlichen Vertretung nach Art. 374 ff. ein Rechtsgeschäft für den Urteilsunfähigen nicht selber abschliessen. Sie hat auch nicht ein Weisungsrecht in dem Sinne, dass sie den Ehegatten oder den eingetragenen Partner zu einem bestimmten Handeln anweisen kann. Vielmehr muss dieser selber über ein Geschäft entscheiden. Auch für Rechtsgeschäfte der ausserordentlichen Vermögensverwaltung steht die Vertretungsmacht dem Ehegatten oder dem eingetragenen Partner zu. Die Gültigkeit des Rechtsgeschäfts für die urteilsunfähige Person unterliegt aber der Bedingung, dass die ESB die Zustimmung erteilt (vgl. BSK ZGB I-GEISER, aArt. 421/422 N 2 und 3). Anders sieht es nur aus, wenn die ESB von Amtes wegen oder auf Antrag die Voraussetzungen für die Anordnung einer Beistandschaft prüft und bejaht (Art. 376 Abs. 2, 389 Abs. 1 Ziff. 2 und 390). In diesem Fall kann die ESB gestützt auf Art. 392 Ziff. 1 selber handeln, wenn die Errichtung einer Beistandschaft wegen des Umfangs des Geschäfts offensichtlich unverhältnismässig wäre.

55 Die Zustimmung der ESB zur Handlung des Ehegatten oder des eingetragenen Partners kann **vorausgehend oder nachträglich** erteilt werden (vgl. Art. 19a betr. die Zustimmung des gesetzlichen Vertreters zu Handlungen eines urteilsfähigen Handlungsunfähigen). GEISER (BSK ZGB I-GEISER, aArt. 421/422 N 3) geht allerdings davon aus, dass die Zustimmung regelmässig erst nach Abschluss des Rechtsgeschäfts erfolgt. Sicher ist, dass die ESB nur gültig zustimmen kann, wenn sie die wesentlichen Elemente eines Rechtsgeschäftes kennt. Will der Ehegatte oder der eingetragene Partner aber bspw. im Interesse der urteilsunfähigen Person eine Liegenschaft verkaufen, kann es wichtig sein, zumindest dem Grundsatze nach zu wissen, ob der Verkauf an sich und insb. der in Aussicht genommene Verkaufspreis und der Vertragspartner genehmigt werden, bevor der Grundstücksverkauf öffentlich verurkundet wird. Nötigenfalls kann die ESB ihre Zustimmung immer noch von der Bedingung abhängig machen, dass der abgeschlossene Vertrag ihr noch einmal zur Kontrolle vorgelegt wird.

Ist das zu genehmigende Rechtsgeschäft an eine bestimmte Form gebunden (z.B. öffentliche Beurkundung für einen Grundstückverkauf), so gilt dieses **Formerfordernis** für die Zustimmung der ESB **nicht** (BGE 117 II 18 E. 4.b), da der Behörde ja nur ein Mitwirkungsrecht zusteht (N 54). 56

Die Behörde darf das Verfahren nicht unnötig in die Länge ziehen. Dass das Rechtsgeschäft in der Schwebe bleibt, ist dem Vertragspartner des Urteilsunfähigen nicht beliebig lange zumutbar. Vielmehr hängt es von den gesamten Umständen des konkreten Falles ab, wie lange das Verfahren dauern darf und ab wann der Vertragspartner nicht mehr gebunden ist (Art. 19a und Art. 38 Abs. 2 OR; BGE 117 II 18 E. 5a und 7; 102 II 376, 382 f.; DESCHENAUX/STEINAUER, Personnes, Rz 1005a). Der Vertragspartner, der bis zur Genehmigung des Geschäfts durch die ESB grundsätzlich gebunden bleibt, hat eine **Frist** i.S.v. Art. 19a Abs. 2 nicht gegenüber der Behörde, sondern **gegenüber dem vertretungsberechtigten Ehegatten oder dem eingetragenen Partner** anzusetzen oder durch das Gericht ansetzen zu lassen. Erfährt er erst nachträglich, dass das Geschäft der Zustimmung der ESB bedarf, so muss er keine Frist ansetzen, sondern wird frei, wenn die Genehmigung nicht sofort erteilt wird (BGE 117 II 18 E. 5b m.V. auf BK-BUCHER, Art. 19 ZGB N 135 ff.). Handelt allerdings der Ehegatte oder der eingetragene Partner anstelle des urteilsunfähigen Vertragsschliessenden, ohne eine Vollmacht oder eine Urkunde über seine Befugnisse (Art. 376 Abs. 1) vorzulegen, ist fraglich, wie weit sich der Vertragspartner auf seine Gutgläubigkeit bzw. auf die Unkenntnis der Rechtslage berufen kann. 57

Die dem Beistand nach Art. 412 Abs. 1 **verbotenen Geschäfte**, nämlich Bürgschaften, die Errichtung von Stiftungen und Schenkungen – unter Vorbehalt der üblichen Gelegenheitsgeschenke – sind sinngemäss auch bei der gesetzlichen Vertretung zu beachten (vgl. bei der elterlichen Sorge die neue Parallelnorm von Art. 304 Abs. 3). Selbst mit Zustimmung der ESB dürfen solche Rechtsgeschäfte nicht vorgenommen werden. Zudem dürfen Vermögenswerte, die für den Urteilsunfähigen einen besonderen Wert haben, wenn immer möglich nicht veräussert werden (vgl. Art. 412 Abs. 2). Auch rechtswidrige und unsittliche Verträge dürfen von der ESB nicht genehmigt werden (Art. 20 Abs. 1 OR). 58

Wird die urteilsunfähige Person, die bspw. wegen eines Unfalls im Koma lag, **wieder urteilsfähig** und hat die ESB das Geschäft noch nicht rechtsgültig genehmigt, so ist der Betroffene und nicht die ESB für die Zustimmung zuständig. Er kann frei entscheiden, ob das Geschäft dahinfallen soll oder nicht (vgl. BSK ZGB I-GEISER, aArt. 424 N 5). 59

3. Verfahren

Im Gegensatz zur Zustimmung des gesetzlichen Vertreters zu Rechtsgeschäften einer urteilsfähigen handlungsunfähigen Person (Art. 19 Abs. 1) ist die Zustimmung der ESB kein Rechtsgeschäft, sondern ein **behördlicher Verwaltungs- oder ein Gerichtsakt** (Art. 440), der in der Form eines schriftlichen Entscheides erfolgt, im Hinblick auf die Haftung die wich- 60 tigsten Argumente enthalten muss und empfangsbedürftig ist (vgl. BSK ZGB I-Geiser, aArt. 421/422 N 4). Die Behörde muss dem Geschäftspartner die Zustimmung mitteilen oder den Ehegatten bzw. den eingetragenen Partner mit der Mitteilung beauftragen. Bis zur Mitteilung an den Geschäftspartner kann die Behörde die Zustimmung noch widerrufen.

61 Die ESB wird nicht von sich aus oder auf Gesuch eines Dritten tätig. Vielmehr ist es gemäss dem Wortlaut von Art. 374 Abs. 3 Aufgabe des Ehegatten oder des eingetragenen Partners, der ESB den **Antrag auf Zustimmung** zu unterbreiten und die nötigen Unterlagen für die Beurteilung des Geschäfts zu liefern (vgl. für einen Grundstücksverkauf bei behördlichen Massnahmen BGE 126 III 309 E. 3a). Die ESB ist zur umfassenden Prüfung des Geschäftes verpflichtet. Sie hat alle Aspekte abzuwägen und nur zuzustimmen, wenn das Geschäft im Interesse der urteilsunfähigen Person liegt (vgl. BSK ZGB I-Geiser, aArt. 421/422 N 38). Vorfrageweise muss sie nötigenfalls abklären, ob die Voraussetzungen des Vertretungsrechts erfüllt sind und das Geschäft zum Zuständigkeitsbereich des Ehegatten oder des eingetragenen Partners gehört und im Übrigen unter die ausserordentliche Vermögensverwaltung fällt.

62 Örtlich zuständig ist die ESB am **Wohnsitz der urteilsunfähigen Person** (Art. 442 Abs. 1), da das Zustimmungserfordernis eine Schutzmassnahme des Erwachsenenschutzes im weiteren Sinne ist.

4. Rechtsfolge bei fehlender Zustimmung

63 Schliesst der Ehegatte oder der eingetragene Partner ein Verpflichtungsgeschäft ab, ohne dass die erforderliche Genehmigung der ESB vorliegt, so können die Regeln für Rechtsgeschäfte, die der Beistand ohne die erforderliche Zustimmung der ESB vorgenommen hat (Art. 416 f.), sinngemäss herangezogen werden (Widmer Blum, 64 f.; zum Handeln ohne Vertretungsmacht N 27). Art. 418 verweist auf das Handlungsfähigkeitsrecht des Personenrechts und damit auf Art. 19a und 19b (Art. 418 N 2; Schmid, Art. 374 Rz 16). Das Geschäft ist **hinkend bzw. in der Schwebe** (BGE 117 II 18 E. 4c; 102 II 376 E. 4a), bis die ESB ihre Genehmigung erteilt (Art. 418 N 6 f.). Wird sie verweigert, ist das Geschäft für den Urteilsunfähigen unverbindlich und fällt ex tunc dahin (Art. 418 N 8 ff.; für Ausnahmefälle, in welchen der Mangel geheilt werden kann, s. BSK ZGB I-Geiser, aArt. 424 N 13). Es muss somit rückabgewickelt werden, soweit dies noch möglich ist. Die urteilsunfähige Person haftet jedoch nur insoweit, als sie noch bereichert ist oder Leistungen zu ihrem Nutzen verwendet worden sind (BSK ZGB I-Geiser, aArt. 424 N 9).

64 Der **gute Glaube der Drittperson** wird nicht geschützt (vgl. Art. 452 N 11 ff. und Art. 403 N 32 ff.; für einen beschränkten Gutglaubensschutz wohl Art. 418 N 11 unter Berufung auf BGE 107 II 105 E. 6). Auch die Vertretung eines Urteilsunfähigen durch den Ehegatten bzw. den eingetragenen Partner ist eine Massnahme des Erwachsenenschutzes. Die Interessen des Urteilsunfähigen verdienen den Vorrang gegenüber den Interessen der Drittperson, mit der der Ehegatte oder der eingetragene Partner als gesetzlicher Vertreter des Urteilsunfähigen ohne Zustimmung der ESB ein Rechtsgeschäft abgeschlossen hat, sofern die ESB nicht ausdrücklich festgestellt hat, das Geschäft bedürfe nicht ihrer Zustimmung. In diesem Fall ist in einem späteren gerichtlichen Feststellungsverfahren das Gericht an diesen Entscheid der ESB gebunden (BSK ZGB I-Geiser, aArt. 424 N 12 m. V. auf BGE 107 II 117). Vom Dritten darf erwartet werden, dass er abklärt, wie weit die gesetzlichen Vertretungsbefugnisse des Ehegatten oder des eingetragenen Partners nach Art. 374 Abs. 2 reichen, wenn dieser im Namen des andern Partners ein Geschäft abschliesst und weder eine Vollmacht noch die Zustimmung der ESB vorliegt.

65 Eine **Verfügung** über Vermögenswerte, die gestützt auf ein unverbindliches Verpflichtungsgeschäft erfolgt, ist grundsätzlich **nichtig** (vgl. BSK ZGB I-Hausheer/Aebi-Mül-

LER, Art. 227/228 N 14; DESCHENAUX/STEINAUER/BADDELEY, Rz 1512; BK-HAUSHEER/REUSSER/GEISER, Art. 227 und 228 ZGB N 31). Alle Beteiligten können die Nichtigkeit geltend machen. Vorbehalten bleibt das Rechtsmissbrauchsverbot.

Art. 375

B. Ausübung des Vertretungsrechts	**Auf die Ausübung des Vertretungsrechts sind die Bestimmungen des Obligationenrechts über den Auftrag sinngemäss anwendbar.**
B. Exercice du pouvoir de représentation	Les dispositions du code des obligations sur le mandat sont applicables par analogie à l'exercice du pouvoir de représentation.
B. Esercizio del diritto di rappresentanza	Le disposizioni del Codice delle obbligazioni sul mandato si applicano per analogia all'esercizio del diritto di rappresentanza.

Inhaltsübersicht

Literatur

Vgl. die Literaturhinweise zu Art. 374; BARBATTI, Verwaltung des Vermögens eines Ehegatten durch den andern, Zürich 1991.

Materialien

Art. 432 VE Erwachsenenschutz 2003; VE Erwachsenenschutz/Vernehmlassungen, 327; Botschaft Erwachsenenschutz, 7035 und 7144; Prot. RK-S vom 2./3.7.2007, 29 f.; AmtlBull StR 2007, 832; Prot. RK-N vom 24./25.4.2008, 17; AmtlBull NR 2008, 1521.

I. Entstehungsgeschichte

Der Verweis auf das Auftragsrecht fand sich bereits in Art. 432 VE 2003 (Vernehmlassungsentwurf) und wurde mit kleinen redaktionellen Modifikationen Gesetz. 1

II. Ergänzende Anwendung des Auftragsrechts als allgemeiner Grundsatz der gesetzlichen Vertretung

Dass bei der **gesetzlichen Vertretung** (dazu Art. 374 N 21) **Auftragsrecht ergänzend** Anwendung finden kann, ist ein **allgemeiner Grundsatz**, obwohl der Gesetzgeber bzw. die 2

KESB und nicht die vertretene Person zur Vertretung ermächtigt. Trotzdem entsteht ein auftragsähnliches Verhältnis, so dass die sinngemässe Anwendung der Bestimmungen des Auftragsrechts in grösserem oder kleinerem Umfang sinnvoll ist. Der Grundsatz gilt sowohl für die Eltern als Inhaber der elterlichen Sorge (Art. 327 Abs. 1) wie auch für den Vorsorgebeauftragten (Art. 365 Abs. 1; hier gilt Auftragsrecht direkt und nicht nur sinngemäss, da es sich zwar um einen sehr besonderen, aber letztlich doch um einen Auftrag handelt), und für den Beistand eines Erwachsenen (Art. 413 Abs. 1). Die Regelung für den Beistand eines Erwachsenen findet ferner auf den Vormund (Art. 327a ff.) oder den Beistand (Art. 308, 309 und 325) eines Minderjährigen Anwendung (Art. 327c Abs. 2). Der Umfang des anwendbaren Auftragsrechts ist jedoch je nach Kontext verschieden. Im Übrigen findet Auftragsrecht auch Anwendung, wenn ein Ehegatte oder ein eingetragener Partner dem anderen die Vermögensverwaltung anvertraut und nichts anderes verabredet wird (Art. 195 Abs. 1).

3 Bei der **Haftung** wird allerdings differenziert: Bei den behördlichen amtsgebundenen Massnahmen, gleichgültig ob sie im Erwachsenen- oder im Kindesschutzrecht ihre Grundlage haben, besteht neu eine direkte Staatshaftung, wobei für den Rückgriff auf die Person, die den Schaden angerichtet hat, das kantonale Recht massgebend ist (Art. 454 Abs. 3 und 4), während beim Vorsorgebeauftragten (Art. 360 ff.) und beim Ehegatten bzw. eingetragenen Partner (Art. 374 ff.), aber auch beim Vertreter bei medizinischen Massnahmen (Art. 370 Abs. 2 und Art. 377 ff.) sich die Haftung gem. Art. 456 nach Auftragsrecht richtet. Das Gleiche gilt für die Haftung der Inhaber der elterlichen Sorge im Rahmen der Verwaltung des Kindesvermögens (Art. 327 Abs. 1).

III. Sinngemässe Anwendung des Auftragsrechts

4 Der Verweis von Art. 375 betrifft «die Ausübung des Vertretungsrechts». Das heisst, dass **Auftragsrecht** (Art. 394 ff. OR) anwendbar ist, **wenn die Voraussetzungen des gesetzlichen Vertretungsrechts erfüllt sind** und der Ehegatte oder der eingetragene Partner davon auch Gebrauch macht, d.h. für den Urteilsunfähigen handelt oder und damit ein auftragsähnliches Verhältnis begründet. Zur Ausübung des Vertretungsrechts in einem weiteren Sinn gehört auch die Frage, wie die gesetzliche Vertretung durch Willenserklärung beendet wird (N 7 und Art. 374 N 31). Pflichtwidriges Nichtausüben des Vertretungsrechts kann eine Haftung nach Art. 456 zur Folge haben.

5 Das Auftragsrecht regelt grundsätzlich das **Innenverhältnis** zwischen der urteilsunfähigen Person und dem Ehegatten bzw. dem eingetragenen Partner. Besondere Bedeutung haben Art. 398 OR über die getreue und sorgfältige Geschäftserledigung und Art. 400 OR über die Rechenschaftsablegung. Soweit Bestimmungen des Auftragsrechts anwendbar sind (s. die Übersicht in N 7), können grundsätzlich Doktrin und Praxis dazu herangezogen werden. Welche Kompetenzen dem Ehegatten oder dem eingetragenen Partner im Aussenverhältnis zustehen, bestimmen dagegen die Abs. 2 und 3 von Art. 374. Nur punktuell kommt hier ergänzend Auftragsrecht zum Zuge (insb. Art. 406 OR).

6 Die Anwendung des Auftragsrechts erfolgt aber nur **sinngemäss**. Auftragsrecht ist also nur soweit heranzuziehen, als sich daraus im vorliegenden Kontext eine sachgerechte Lösung ergibt. Bei der Auslegung ist insb. zu berücksichtigen, dass es sich bei der gesetzlichen Vertretung i.S.v. Art. 374 ff. nicht um einen klassischen gewillkürten Auftrag gemäss OR handelt, sondern dass es um die Ausübung von Befugnissen geht, die dem Ehegatten oder dem eingetragenen Partner vom Gesetz eingeräumt werden, die er aber nicht zwingend ausüben muss (Art. 374 N 22). Die urteilsunfähige Person hat den Vertretungsberechtigten – unter Vorbehalt eines Vermögensverwaltungsauftrags nach Art. 195 – nicht selber für die Erledigung der in Art. 374 Abs. 2 und 3 umschriebenen Aufgaben aus-

gelesen. Er hat ihn aber im Rahmen der rechtlich geordneten Formalbeziehung Ehe oder eingetragene Partnerschaft bewusst zum Partner gewählt mit der damit verbundenen Beistands- und Unterhaltspflicht, dem Recht zur Vertretung der ehelichen Gemeinschaft, der Auskunftspflicht und den vom Gesetz vorgesehenen Vermögenswirkungen. Zudem hat er ihn nicht von der gesetzlichen Vertretung ausgeschlossen (Art. 374 N 18).

IV. Übersicht über die anwendbaren und nicht anwendbaren Bestimmungen des Auftragsrechts

7

Art. 394 Abs. 1 und 2 OR	Nicht anwendbar. Das Vertretungsrecht des Ehegatten oder des eingetragenen Partners entsteht von Gesetzes wegen, wenn die Voraussetzungen von Art. 374 Abs. 1 erfüllt sind. Auftragsrecht ist nach dem Wortlaut des Gesetzes ergänzend nur auf die «Ausübung» des Vertretungsrechts (Art. 374 N 20 f. und 33 ff.) sinngemäss anwendbar.
Art. 394 Abs. 3 OR	Nur beschränkt anwendbar, s. N 27.
Art. 395 OR	Nicht anwendbar.
Art. 396 OR	Nicht anwendbar. Der Umfang des gesetzlichen Vertretungsrechts (Art. 374 N 20), in welchem die Ermächtigung zu den erforderlichen Rechtshandlungen eingeschlossen ist, ergibt sich aus Art. 374 Abs. 2 und 3. Die in Art. 396 Abs. 3 OR aufgezählten Rechtshandlungen – unter Vorbehalt der Schenkung – finden sich auch in der Liste der Geschäfte, für welche der Beistand nach Art. 416 die Zustimmung der ESB einholen muss. Diese Geschäfte gehören bei der Vertretung durch den Ehegatten bzw. den eingetragenen Partner zur ausserordentlichen Vermögensverwaltung, für welche ebenfalls die Zustimmung der ESB verlangt wird (Art. 374 N 41). Schenkungen – mit Ausnahme der üblichen Gelegenheitsgeschenke – sind nach Art. 412 Abs. 1, der sinngemäss auf die gesetzliche Vertretung Anwendung findet, verboten (Art. 374 N 58).
Art. 397 OR	Grundsätzlich nicht anwendbar, da es sich um eine gesetzliche Vertretung handelt. Hat allerdings der Urteilsunfähige noch zur Zeit seiner Urteilsfähigkeit den Ehegatten oder den eingetragenen Partner mit der Verwaltung seines Vermögens beauftragt (Art. 195 ZGB bzw. Art. 21 PartG) oder einen Dritten bevollmächtigt, so sollte von den dabei erteilten Weisungen nur abgewichen werden, wenn der Auftraggeber vermutlich in der vorliegenden Situation damit einverstanden wäre. Siehe N 9 und Art. 374 N 47.
Art. 397a OR (neu)	Die Bestimmung ist auf den gewillkürten Auftrag zugeschnitten und betrifft Personen, welche die inzwischen urteilsunfähige Person zur Zeit ihrer Urteilsfähigkeit beauftragt hat (Botschaft Erwachsenenschutz, 7112 f.). Die Pflicht zur Benachrichtigung der ESB, die dem Ehegatten oder dem eingetragenen Partner insb. bei Nichtausübung des Vertretungsrechts (Art. 374 N 22), bei Interessenkollision (Art. 374 N 26), bei Niederlegung des Vertretungsrechts (Art. 374 N 28 und 31) wie auch in Fällen obliegt, in denen ausserhalb des Kompetenzbereichs von Art. 374 Abs. 2 und 3 Geschäfte zu besorgen sind (Art. 374 N 33), ergibt sich bereits aus der ehelichen bzw. partnerschaftlichen Beistandspflicht bzw. aus der Pflicht zur getreuen Geschäftsführung gem. Art. 398 Abs. 2 OR.

Art. 398 OR	Anwendbar, s. N 8 ff. und 12 ff. und Art. 456.
Art. 399 OR	Siehe N 13 ff. Anwendbar auch bei der Beurteilung der Haftung gem. Art. 456.
Art. 400	Anwendbar, zur Rechenschaftsablegungspflicht s. N 16 ff. und zur Ablieferungspflicht s. N 20 ff.
Art. 401 OR	Anwendbar, s. N 21.
Art. 402 Abs. 1 OR	Anwendbar, s. N 28 und Art. 374 N 46.
Art. 402 Abs. 2 OR	Eine Konstellation, in welcher diese Bestimmung sinngemäss anwendbar sein könnte, ist bei der gesetzlichen Vertretung nur in besonderen Situationen denkbar.
Art. 403 OR	Nicht anwendbar. Im Rahmen von Art. 374 ff. geht es immer um Einzelpersonen.
Art. 404 OR	Anwendbar, s. Art. 374 N 31.
Art. 405 OR	Die Gründe für das Erlöschen des Vertretungsrechts von Gesetzes wegen ergeben sich nicht in erster Linie aus Art. 405 Abs. 1 OR, der zu eng ist, sondern e contrario aus Art. 374 bzw. aus der analogen Anwendung der Bestimmungen über den Beistand, vgl. Art. 374 N 9, 28 und 32. Für Abs. 2 gibt es dagegen einen Anwendungsbereich (Art. 374 N 28 lit. a und Art. 31; vgl. Art. 424 für den Beistand und Art. 369 Abs. 2 für den Vorsorgebeauftragten).
Art. 406 OR	Sinngemäss anwendbar, s. Art. 374 N 27.

V. Getreue und sorgfältige Geschäftserledigung (Art. 398 Abs. 1 und 2 OR)

8 Der Ehegatte oder der eingetragene Partner hat nach den **Grundsätzen getreuer und sorgfältiger Geschäftsführung** zu handeln (Art. 398 Abs. 2 OR; dazu BK-Fellmann, Art. 398 OR N 12 und 16 ff.; Tercier/Favre, Rz 5114 ff.; BSK OR I-Weber, Art. 398 N 8 ff. und 18 ff.). Er hat bei der Vertretung des Urteilsunfähigen sich also so zu verhalten, wie dies Treu und Glauben gebieten (vgl. auch Art. 374 N 47) und die ihm übertragenen Aufgaben nach Art. 374 Abs. 2 und 3 sorgfältig, d.h. gut zu erledigen.

9 Die obligationenrechtliche **Treuepflicht** (vgl. BK-Fellmann, Art. 398 OR N 23 ff.; Tercier/Favre, Rz 5140 ff.; BSK OR I-Weber, Art. 398 N 8 ff.) – ergänzt durch die ehe- bzw. partnerschaftsrechtliche Beistands- und Treue- bzw. Rücksichtnahmepflicht (Art. 159 ZGB und Art. 12 PartG) – verlangt, dass der Ehegatte oder der eingetragene Partner als gesetzlicher Vertreter der urteilsunfähigen Person immer in deren Interesse und zu deren Wohl handelt (vgl. Art. 406 Abs. 1) und alles unterlässt, was dem Urteilsunfähigen schaden könnte. Zur Treuepflicht gehört auch die Pflicht zur Diskretion, welche zusammen mit Art. 28, Art. 321 StGB und Art. 35 DSG häufig zu einer ähnlichen Verschwiegenheitspflicht führen kann, wie sie dem Beistand gem. Art. 413 Abs. 2 obliegt (Meier/Lukic, Rz 146). Die Diskretionspflicht ist insb. im Hinblick auf das Postgeheimnis wichtig ist (Art. 374 Abs. 2 Ziff. 3, N 45 dazu). Aber auch die Vermögensverhältnisse der urteilsunfähigen Person sind nicht unbeteiligten Dritten gegenüber offenzulegen. Dagegen können

überwiegende Interessen der Diskretionspflicht entgegenstehen. Das Vertretungsrecht ist so auszuüben, wie es vermutlich dem Willen des Vertretenen zur Zeit der Urteilsfähigkeit entsprochen hätte, wenn er sich in der aktuellen Situation befinden würde (vgl. Art. 397 Abs. 1 OR). Somit sind die von diesem erteilte und über den Eintritt der Urteilsunfähigkeit hinaus gültigen Vollmachten grundsätzlich zu respektieren und nicht grundlos zu widerrufen (Art. 374 N 47). Allerdings kann der Vollmachtnehmer beim Widerruf keine Angabe der Gründe verlangen. Stellt ein Ehegatte fest, dass ihn einzelne Aufgaben überfordern, so hat er sich beraten zu lassen. Nötigenfalls muss er Unterstützung holen und eine fachkundige Person mit der Erledigung beauftragen. Ist es angesichts der Grösse und Komplexität der Vermögensverhältnisse gerechtfertigt, dass ein berufsmässiger Vermögensverwalter beauftragt wird, so muss der Ehegatte oder der eingetragene Partner zumindest in der Lage sein, den Auftragnehmer sorgfältig auszusuchen, ihn zu instruieren und auch zu überwachen (Art. 399 Abs. 2 OR; N 14). Zur Treuepflicht gehört somit auch, seine eigenen Grenzen bei der gesetzlichen Vertretung zu erkennen und danach zu handeln. Dieses Prinzip ist insb. bei «Amtsantritt» wichtig. Da das Vertretungsrecht nicht verpflichtend ist (Art. 374 N 22), muss der Ehegatte oder der eingetragene Partner aufgrund der Treuepflicht selber beurteilen, ob er fähig und in der Lage ist, die in Art. 374 umschriebenen Aufgaben zu erfüllen. Bei **Überforderung** aus welchen Gründen auch immer (Gesundheitszustand, Bildungsstand, berufliche Belastung etc.) ist davon Abstand zu nehmen, das Vertretungsrecht auszuüben, und die ESB ist zu benachrichtigen (zum Übernahmeverschulden vgl. BSK OR I-Weber, Art. 398 N 28; Tercier/Favre, Rz 5123; BK-Fellmann, Art. 398 OR N 358 f.), damit eine Beistandschaft errichtet und ein Beistand ernannt wird. Aus der Treuepflicht ergibt sich im Übrigen auch die Pflicht zur Benachrichtigung der ESB, wenn eine Interessenkollision vorliegt (Art. 374 N 26) oder Geschäfte zu besorgen sind, die von Art. 374 Abs. 2 und 3 nicht gedeckt sind (Art. 374 N 33), oder wenn das «Mandat» niedergelegt wird (Art. 374 N 31).

Sorgfalt bei der Erledigung der von Art. 374 Abs. 2 und 3 umschriebenen Aufgaben heisst, dass zweckgerecht, zweckmässig und unter Berücksichtigung der vom Gesetzgeber angestrebten Ziele zu handeln ist (vgl. BSK OR I-Weber, Art. 398 N 24). Konkret geht es im vorliegenden Kontext um die Sicherung der nach den Umständen bestmöglichen Lebensqualität der urteilsunfähigen Person, um die Erhaltung und – soweit möglich – Mehrung deren Vermögens und um die Erledigung der Post des Urteilsunfähigen, soweit dies nötig ist (Art. 374 N 33 ff.). Diese Aufgaben hat der Ehegatte bzw. der eingetragene Partner nach bestem Wissen und Gewissen unter vollem Einsatz seiner Fähigkeiten und zeitlichen Möglichkeiten zu erfüllen. 10

Für das **Mass der Sorgfalt**, das auf die Geschäftserledigung anzuwenden ist und dessen Nichteinhalten zur **Verantwortlichkeit** nach Art. 456 führt, verweist Art. 398 Abs. 1 OR auf das Arbeitsvertragsrecht und damit auf Art. 321e OR (kritisch dazu BK-Fellmann, Art. 398 OR N 14 und 480 ff.; BSK OR I-Weber, Art. 398 N 22). Nach Tercier/Favre (Rz 5116) hat dieser Verweis nur eine beschränkte Tragweite. Er betreffe lediglich Art. 321e Abs. 1 OR, wonach sowohl für absichtliche wie fahrlässige Schadensverursachung gehaftet wird. Auch nach Fellmann (BK-Fellmann, Art. 398 OR N 484 ff.) ist der Verweis nicht wörtlich zu verstehen. Gemeint sei bloss, dass nach der gleichen Regel wie im Arbeitsvertragsrecht gehaftet wird. Zur Anwendung kommt somit bei der gesetzlichen Vertretung ein bereichsspezifischer Sorgfaltsmasstab, der berücksichtigt, dass der Ehegatte oder der eingetragene Partner – anders als ein Beistand (Art. 400 Abs. 1) – nicht im Einzelfall wegen seiner persönlichen und fachlichen Geeignetheit, sondern allein aufgrund der gelebten Beziehung Ehe bzw. eingetragenen Partnerschaft zum gesetzlichen Vertreter bestimmt wird. Angemessen zu berücksichtigen sind die gesamten Umstände (Tercier/Favre, Rz 5117) und insb. die Situation eines Ehegatten oder eines eingetrage- 11 nen Partners, der vom Gesetz aufgefordert wird, für den Urteilsunfähigen zu handeln, seine Fähigkeiten sowie die unterschiedlichen Anforderungen, welche die Aufgabenerledigung nach Art. 374 Abs. 2 und 3 im Einzelfall stellt (zum Übernahmeverschulden N 9; vgl. auch BSK ZGB I-HAUSHEER/AEBI-MÜLLER, Art. 195 N 16). Bei der Festlegung der Höhe des Schadenersatzes ist im Übrigen in Rechnung zu stellen, dass die gesetzliche Vertretung die partnerschaftliche Beistandspflicht konkretisiert und für den Handelnden nicht unmittelbar Vorteile bezweckt, obwohl das Vermögen des Urteilsunfähigen grundsätzlich auch seinem Unterhalt dient (Art. 99 Abs. 2 OR; TERCIER/FAVRE, Rz 5117).

VI. Persönliche Besorgung der Geschäfte (Art. 398 Abs. 3 und Art. 399 OR)

12 Das Vertretungsrecht des Ehegatten oder des eingetragenen Partners (wobei es keine Vertretungspflicht gibt, Art. 374 N 22), ist **grundsätzlich persönlich** zu erfüllen (Art. 398 Abs. 3 und 399 OR; Botschaft Erwachsenenschutz, 7035; vgl. auch Art. 400 Abs. 1 für den Beistand). Das heisst, dass der Ehegatte oder der eingetragene Partner die Aufgaben, die ihm Art. 374 Abs. 2 und 3 übertragen, nicht tel quel und auf Dauer an einen Dritten delegieren darf (vgl. Art. 456 N 5). Vielmehr hat das Gesetz als Vertrauensträger nur den Ehegatten oder den eingetragenen Partner ausgewählt. Will sich dieser nicht persönlich um die Aufgaben, die das Gesetz vorsieht, kümmern, so muss er die ESB benachrichtigen, damit diese eine Beistandschaft errichtet und einen geeigneten Beistand ernennt (Art. 374 N 22; vgl. OFK-ZGB-FASSBIND, Art. 375 N 1).

13 Indessen kann ein Ehegatte oder ein eingetragener Partner nicht schlechter gestellt sein als ein Beistand, der nach Art. 400 Abs. 1 ebenfalls zur persönlichen Auftragserfüllung verpflichtet ist (Art. 400 N 30). Art. 398 Abs. 3 OR sieht denn auch vor, dass die **Übertragung eines Geschäftes auf einen Dritten zulässig** ist, wenn der Ehegatte oder der eingetragene Partner durch die **Umstände dazu genötigt** wird oder wenn eine Vertretung **übungsgemäss** als zulässig betrachtet wird (SCHMID, Art. 375 N 2). Dementsprechend darf bei Verhinderung, z.B. durch Ferienabwesenheit oder bei längerer Krankheit, der Ehegatte oder der eingetragene Partner einen Stellvertreter einsetzen (vgl. für den Beistand Art. 403 N 12 m.H.). Ernennt er keinen Stellvertreter oder kann er dies nicht tun, so muss die ESB für die Geschäfte, die während der Zeit der Verhinderung zu erledigen sind und nicht aufgeschoben werden können, eine Beistandschaft errichten und einen Beistand bezeichnen oder gestützt auf Art. 392 selber das Nötige vorkehren (Art. 376 N 22).

14 Selbstverständlich darf der Ehegatte oder der eingetragene Partner aber auch ohne Verhinderung für gewisse **Teilaufgaben**, die insb. spezielle fachliche oder zeitliche Anforderungen stellen, Hilfspersonen im Sinne eines Erfüllungsgehilfen beiziehen (Art. 101 OR) oder sie durch Dritte selbständig erledigen lassen (vgl. für den Beistand Art. 400 N 30 m.H.; BK-FELLMANN, Art. 398 OR N 525 ff., zum Erfüllungsgehilfen N 529 ff., zur Substitution N 535 ff.). So kann der Ehegatte oder der eingetragene Partner z.B. bei grösseren oder komplexen Vermögensverhältnissen bspw. eine Bank mit der *ordentlichen* Vermögensverwaltung von Wertpapieren beauftragen, die Verwaltung einer Liegenschaft einem professionellen Liegenschaftsverwalter übertragen oder – mit Zustimmung der ESB (Art. 374 N 52) – für eine Prozessführung einen Anwalt beiziehen, wenn um vermögensrechtliche Fragen gestritten wird. Der Ehegatte oder der eingetragene Partner ist in diesem Fall für die gehörige Sorgfalt bei der Wahl und Instruktion von Hilfspersonen und Beauftragten verantwortlich (Art. 399 Abs. 2 OR) und muss auch die erforderliche Kontrolle ausüben. Die einzelnen Geschäfte sind aber nur übertragbar, soweit eine persönliche Erfüllung nicht zwingend ist. So muss der Ehegatte oder der eingetragene Partner die private Post des Urteilsunfähigen, soweit dies nötig ist, grundsätzlich selber öffnen und erledigen

(vgl. Art. 374 N 49 ff.). Das Postgeheimnis verbietet es, einen Dritten damit zu beauftragen. Allerdings kann klar erkennbare Geschäftspost der urteilsunfähigen Person auch von Dritten geöffnet und erledigt werden, wenn dies schon bisher so gehandhabt wurde.

Hat der Ehegatte oder der eingetragene Partner ein Geschäft **unbefugterweise** einem Dritten übertragen, so haftet er für dessen Handlungen, wie wenn es seine eigenen wären (Art. 399 Abs. 1 OR). **Gebietet** dagegen die sorgfältige Wahrnehmung des gesetzlichen Auftrags den **Beizug eines Dritten**, so haftet der Ehegatte bzw. der eingetragene Partner nur für die gehörige Sorgfalt bei der Auswahl, Instruktion und Kontrolle des Dritten (Art. 399 Abs. 2 OR; vgl. BSK ZGB I-BREITSCHMID, Art. 327 N 3). Die Haftung für den Erfüllungsgehilfen richtet sich nach Art. 101 OR. 15

VII. Pflicht zur Rechenschaftsablegung (Art. 400 Abs. 1 erster Satzteil OR)

Der Ehegatte oder der eingetragene Partner muss über das, was er im Rahmen der gesetzlichen Vertretung unternommen hat, **«jederzeit» Rechenschaft** ablegen können (Art. 400 Abs. 1 OR; TERCIER/FAVRE, Rz 5160 ff.; vgl. auch BK-HAUSHEER/REUSSER/GEISER, Art. 195 ZGB N 30). Die Rechenschaftsablegung umfasst alle wesentlichen Vorgänge bzw. Handlungen des gesetzlichen Vertreters und muss vollständig, verständlich und wahrheitsgetreu erfolgen (BK-FELLMANN, Art. 400 OR N 20). Sie wird im vorliegenden Kontext aktuell gegenüber dem Urteilsunfähigen, wenn dieser wieder urteilsfähig wird, oder gegenüber der ESB in einem Verfahren nach Art. 376 Abs. 2, aber auch gegenüber den Erben, wenn die urteilsunfähige Person stirbt. 16

Die Rechenschaftsablegungspflicht soll die **Kontrolle** ermöglichen, ob der Ehegatte oder der eingetragene Partner sich gesetzeskonform verhalten hat. Zudem ist sie Voraussetzung für die Geltendmachung und Substanziierung der Forderung nach Ablieferung der verwalteten Vermögenswerte gem. Art. 400 Abs. 1 und Art. 401 Abs. 1 OR (N 20 ff.). Schliesslich ist sie Grundlage für die Geltendmachung von Schadenersatzforderungen nach Art. 456 (BK-FELLMANN, Art. 400 OR N 14 f.; BSK OR I-WEBER, Art. 400 N 3). Die Rechenschaftspflicht betrifft sämtliche Aufgabenbereiche nach Art. 374 Abs. 2 und 3. 17

Für die Vermögensverwaltung (Art. 374 N 39 ff.) wie auch für die Ausgaben, die im Rahmen der Sorge für den Unterhalt der urteilsunfähigen Person getätigt worden sind (Art. 374 N 34 ff.), bedeutet die Rechenschaftspflicht, dass eine **eigentliche schriftliche Rechnung geführt** werden muss, aus welcher die einzelnen Einnahmen und Ausgaben und der Saldo ersichtlich sind (BK-FELLMANN, Art. 400 OR N 8). Über Verwendungen für den Unterhalt der urteilsunfähigen Person bzw. der Familie (Art. 374 N 43 f.) muss allerdings nicht bis ins letzte Detail abgerechnet werden. Die Gesamtsumme, die in den Unterhalt geflossen ist, muss aber auf jeden Fall festgehalten werden und grössere Ausgaben sind einzeln zu verbuchen und zu belegen. 18

Gestützt auf die Rechenschaftspflicht können der Urteilsunfähige, der wieder urteilsfähig geworden ist, oder – im Rahmen von Art. 376 – die ESB oder die Erben nach dem Tod der urteilsunfähigen Person auch **Einzelauskünfte** zu den Handlungen, die als gesetzlicher Vertreter vorgenommen worden sind, verlangen (BK-FELLMANN, Art. 400 OR N 23 ff.). 19

VIII. Ablieferungspflicht (Art. 400 Abs. 1 zweiter Satzteil und Abs. 2 sowie Art. 401 OR)

Der Ehegatte oder der eingetragene Partner handelt bei der gesetzlichen Vertretung im Interesse der urteilsunfähigen Person, also fremdnützig. Er hat deshalb alles, was ihm im 20

Rahmen der Erledigung der Aufgaben nach Art. 374 Abs. 2 und 3 zukommt und nicht für den Unterhalt des Urteilsunfähigen oder der Familie (s. N 24) verbraucht wird, nach Art. 400 Abs. 1 zweiter Satzteil OR abzuliefern. Die **Ablieferungspflicht** (ausführlich dazu BK-Fellmann, Art. 400 OR N 113 ff.; vgl. auch Tercier/Favre, Rz 5166 ff.; BK-Hausheer/Reusser/Geiser, Art. 195 ZGB N 31) besteht nicht erst bei Beendigung der gesetzlichen Vertretung, auch wenn sie dort besonders aktuell wird, sondern **für jede einzelne Sache bzw. Geldsumme**, die der Ehegatte oder der eingetragene Partner als gesetzlicher Vertreter des Urteilsunfähigen erhält (BSK OR I-Weber, Art. 400 N 11 f.). Hat der Vertretungsberechtigte bspw. Geldforderungen bei Dritten eingetrieben, so ist das Geld auf ein Konto des Urteilsunfähigen einzubezahlen oder in seinem Namen bspw. in Obligationen anzulegen. Kommt der Ehegatte oder der eingetragene Partner mit der Ablieferung in Verzug, so ist ein Verzugszins i.S.v. Art. 104 OR geschuldet (Art. 400 Abs. 2 OR).

21 Art. **401 Abs. 1 und 2 OR** sieht für den Fall, dass der Ehegatte oder der eingetragene Partner als indirekter Stellvertreter, d.h. in eigenem Namen, aber auf Rechnung des Urteilsunfähigen handelt, eine **Spezialregelung** vor, welche die Position der vertretenen Person verstärkt. Forderungsrechte, welche der Ehegatte oder der eingetragene Partner erwirbt, gehen durch **Legalzession** auf den Urteilsunfähigen über, sobald die Auslagen und Aufwendungen dem Ehegatten oder dem eingetragenen Partner bzw. der Konkursmasse erstattet sind (BK-Fellmann, Art. 401 OR N 12 ff. und N 84). Zudem kann **für bewegliche Sachen** die **Aussonderung** nach Art. 401 Abs. 3 OR verlangt werden, wenn der Ehegatte oder der eingetragene Partner in Konkurs fällt. Entgegen dem Wortlaut des Gesetzes sind nach herrschender Lehre die Sonderregeln von Art. 401 Abs. 2 und 3 OR auch bei Pfändung, Arrest und Nachlassverfahren anwendbar (BK-Fellmann, Art. 401 OR N 80 ff., 133 ff.; BSK OR I-Weber, Art. 401 N 6; CHK-Gehrer/Giger, Art. 401 OR N 12; Tercier/Favre, Rz 5186).

22 **Endet die Vertretung** des Urteilsunfähigen durch den Ehegatten oder den eingetragenen Partner (zu den Beendigungsgründen Art. 374 N 28), so hat er dem nachfolgenden Beistand oder allenfalls dem wieder urteilsfähig gewordenen Partner oder – bei Tod des Urteilsunfähigen – der Erbengemeinschaft die verwalteten Vermögenswerte, die sich in seinem Besitz befinden, und alles, was ihm im Rahmen der Vermögensverwaltung zugefallen ist und noch nicht abgeliefert ist, zu übergeben (Art. 400 Abs. 1 und 401 Abs. 1 OR).

23 Die **Ablieferungspflicht** ist **umfassend**. Sie erfasst auch alle Arten von Dokumenten (Bankbelege, Korrespondenz) und insb. die Verträge, die für den Unterhaltsbedarf des Urteilsunfähigen abgeschlossen worden sind.

24 Für das, was vom Vermögen befugtermassen für den **Unterhalt** der urteilsunfähigen Person und der übrigen Familienmitglieder bzw. des handlungsfähigen Partners verwendet worden ist, ist kein Ersatz geschuldet (Art. 374 N 34 ff. und 43 f.; vgl. Art. 327 Abs. 3 betr. das Kindesvermögen). Das gleiche gilt für Mittel, die für den Unterhalt von Vermögensgegenständen verbraucht worden sind (Art. 374 N 46).

25 **Art. 195 Abs. 2 ZGB bzw. Art. 23 PartG über die Tilgung von Schulden** zwischen Ehegatten oder eingetragenen Partnern ist am Ende des gesetzlichen Vertretungsrechts **nicht anwendbar**. Diese beiden Bestimmungen sehen eine Sonderregel für die Ablieferungs-, Rückgabe- und Entschädigungsansprüche vor (BSK ZGB I-Hausheer/Aebi-Müller, Art. 195 N 25 f.). Sie gründen im Ehe- bzw. Partnerschaftsrecht und finden nur bei der gewillkürten Vermögensverwaltung Anwendung. Es gibt keinen Grund, den Urteilsunfähigen, der von Gesetzes wegen durch seinen Ehegatten oder seinen eingetragenen

Partner vertreten worden ist, anders zu behandeln, als wenn ihm ein Beistand ernannt worden wäre.

26 Die **Forderungen**, die sich aus der Ablieferungspflicht ergeben, **verjähren** grundsätzlich nach zehn Jahren seit Beendigung der gesetzlichen Vertretung i.S.v. Art. 374 (BSK OR I-Weber, Art. 400 N 23; Art. 127 OR). Indessen steht die Verjährung gem. Art. 134 Abs. 1 Ziff. 3 bzw. 3bis OR während der Dauer der Ehe bzw. der eingetragenen Partnerschaft still.

IX. Entschädigung und Spesen (Art. 394 Abs. 3 und Art. 402 Abs. 1 OR)

27 Eine Entschädigung ist nur geschuldet, wenn diese üblich ist (Art. 394 Abs. 3 OR) oder mit Rücksicht auf den Umfang der zu erledigenden Aufgaben Geschäfte gerechtfertigt erscheint (analog Art. 366 Abs. 1 betr. den Vorsorgeauftrag). Bei Ehegatten und eingetragenen Partnern ist die Üblichkeit einer speziellen Entschädigung – abgesehen vom Anspruch auf Unterhalt entsprechend Art. 163 ZGB bzw. Art. 13 PartG – grundsätzlich zu verneinen, insb. wenn die Vertretungsbefugnis nur vorübergehend ausgeübt werden muss (zur Kommerzialisierung des Auftragsrechts in der heutigen Zeit BSK OR I-Weber, Art. 394 N 35). Das gesetzliche Vertretungsrecht ist eine Konkretisierung der ehelichen (Art. 159 Abs. 2 und 3 sowie Art. 163 ZGB) oder partnerschaftlichen (Art. 12 und 13 PartG) Beistands- und Unterhaltspflicht sowie eine sinnvolle Erweiterung des Rechts zur Vertretung der ehelichen (Art. 166 ZGB) oder partnerschaftlichen (Art. 15 PartG) Gemeinschaft). Wenn es sich deshalb im Rahmen der Unterhaltspflicht hält, wird es **nicht gesondert entschädigt**. Ist allerdings die Vermögensverwaltung gem. Art. 374 Abs. 2 Ziff. 2 und Abs. 3, die Sorge für den Unterhaltsbedarf (Art. 374 Abs. 2 Ziff. 1) oder allenfalls sogar die Posterledigung (Art. 374 Abs. 2 Ziff. 3) mit **erheblichem Aufwand** verbunden, der über die eheliche bzw. partnerschaftliche Beistands- und Unterhaltspflicht hinausgeht, so ist in sinngemässer Anwendung von Art. 165 eine **angemessene Entschädigung** aus dem Vermögen der urteilsunfähigen Person zu leisten (vgl. BK-Hausheer/Reusser/Geiser, Art. 195 ZGB N 29; BSK ZGB I-Hausheer/Aebi-Müller, Art. 195 N 20 f.; Deschenaux/Steinauer/Baddeley, Rz 879; ZK PartG-Gremper, Art. 21 N 13 f. m.H.). Diese ist nicht vom Gericht, sondern von der ESB zu bestimmen (Art. 404 Abs. 2 und Art. 366 Abs. 1 analog). Der Ehegatte oder der eingetragene Partner darf nicht von sich aus eine Entschädigung festlegen und dem Vermögen des Urteilsunfähigen entnehmen. Für die Höhe und die Abrechnungsperioden können die Grundsätze über die Entschädigung des Beistandes sinngemäss herangezogen werden (Art. 404 N 18 ff. und 27).

28 Der geschäftsführende Ehegatte oder eingetragene Partner hat analog zum Beistand (Art. 404 Abs. 1) und gleich wie eine beauftragte Person gem. Art. 402 Abs. 1 OR **Anspruch auf Ersatz der Spesen und anderer Aufwendungen**, soweit diese «in richtiger Ausführung» des Auftrages anfallen (BSK OR I-Weber, Art. 402 N 3 ff., insb. N 6 m.H.). Das heisst, dass nur ein objektiv sinnvoller Aufwand bei der Mandatserfüllung betrieben werden darf. Der Ehegatte oder der eingetragene Partner muss ein zweckmässiges Vorgehen wählen und unnötige Kosten vermeiden. Die Spesen und andere Aufwendungen sind in der Rechnung zu belegen. Nur für die notwendigen Auslagen (vgl. Art. 366 Abs. 2) besteht ein Anspruch auf Ersatz. Zu den Kosten der Vermögensverwaltung (z.B. Kosten für eine Betreibung oder für eine professionelle Liegenschaftsverwaltung), die dem Vermögen des Urteilsunfähigen zu belasten sind, s. Art. 374 N 46.

Art. 376

C. Einschreiten der Erwachsenenschutzbehörde

1 Bestehen Zweifel, ob die Voraussetzungen für eine Vertretung erfüllt sind, so entscheidet die Erwachsenenschutzbehörde über das Vertretungsrecht und händigt gegebenenfalls dem Ehegatten, der eingetragenen Partnerin oder dem eingetragenen Partner eine Urkunde aus, welche die Befugnisse wiedergibt.

2 Sind die Interessen der urteilsunfähigen Person gefährdet oder nicht mehr gewahrt, so entzieht die Erwachsenenschutzbehörde dem Ehegatten, der eingetragenen Partnerin oder dem eingetragenen Partner auf Antrag einer nahestehenden Person oder von Amtes wegen die Vertretungsbefugnisse teilweise oder ganz oder errichtet eine Beistandschaft.

C. Intervention de l'autorité de protection de l'adulte

1 S'il existe des doutes sur la réalisation des conditions de la représentation, l'autorité de protection de l'adulte statue sur le pouvoir de représentation; le cas échéant, elle remet au conjoint ou au partenaire enregistré un document qui fait état de ses compétences.

2 Si les intérêts de la personne incapable de discernement sont compromis ou risquent de l'être, l'autorité de protection de l'adulte retire, en tout ou en partie, le pouvoir de représentation au conjoint ou au partenaire enregistré ou institue une curatelle, d'office ou sur requête d'un proche de la personne incapable de discernement.

C. Intervento dell'autorità di protezione degli adulti

1 Se sussistono dubbi sull'adempimento delle condizioni per la rappresentanza, l'autorità di protezione degli adulti pronuncia in merito e, se del caso, consegna al coniuge o al partner registrato un documento che ne attesta i poteri.

2 Se gli interessi della persona incapace di discernimento sono esposti a pericolo o non sono più salvaguardati, l'autorità di protezione degli adulti, su domanda di una persona vicina o d'ufficio, revoca in tutto o in parte i poteri di rappresentanza del coniuge o del partner registrato oppure istituisce una curatela.

Inhaltsübersicht

Literatur

Vgl. die Literaturhinweise zu Art. 374.

Materialien

Art. 433 VE Erwachsenenschutz 2003; VE Erwachsenenschutz Vernehmlassungen, 327; Botschaft Erwachsenenschutz, 7035 f. und 7144; Prot. RK-S vom 2./3.7.2007, 29; AmtlBull StR 2007, 832; Prot. RK-N vom 24./25.4.2008, 17; AmtlBull NR 2008, 1521.

I. Entstehungsgeschichte

Der VE Erwachsenenschutz 2003 beschränkte sich in Art. 433 Abs. 1 auf die Kompetenz 1
der ESB, über das Vertretungsrecht zu entscheiden, wenn Zweifel bestanden, ob die Voraussetzungen erfüllt waren. Einem Wunsch aus dem Vernehmlassungsverfahren Rechnung tragend (VE Erwachsenenschutz/Vernehmlassungen, 326) wurde im bundesrätlichen Entwurf (Art. 376 Abs. 1) – parallel zu Art. 363 Abs. 3 über den Vorsorgeauftrag – **neu** die Möglichkeit vorgesehen, dass die ESB dem Ehegatten oder dem eingetragenen Partner eine **Urkunde** aushändigt, welche dessen Kompetenzen wiedergibt. Im Übrigen wurden nach dem Vernehmlassungsverfahren der **Randtitel** und die **Voraussetzungen** für das Einschreiten der ESB beim Vorsorgeauftrag (Art. 368 Abs. 1), der Patientenverfügung (Art. 373 Abs. 1 Ziff. 2) und der Vertretung von Gesetzes wegen (Art. 376 Abs. 2 und 381 Abs. 2 Ziff. 3) **vereinheitlicht**. Der VE Erwachsenenschutz 2003 hatte in Art. 433 Abs. 2 die Voraussetzungen noch parallel zu Art. 174 über den Entzug der Befugnis zur Vertretung der ehelichen Gemeinschaft (Art. 166) umschrieben. Zudem wurde in Art. 376 Abs. 2 die Errichtung einer Beistandschaft als Massnahme speziell erwähnt mit dem Ziel, dass es hier keinen ausdrücklichen Entzug der Vertretungsbefugnis braucht. Dem bundesrätlichen Entwurf stimmte das Parlament unverändert zu.

II. Zweck der Bestimmung

Die **Voraussetzungen** des gesetzlichen Vertretungsrechts des Ehegatten oder des einge- 2
tragenen Partners (N 4 und Art. 374 N 2) sind nicht nur formalisiert, sondern **enthalten auch subjektive Elemente**, indem neben einem gemeinsamen Haushalt der persönliche und regelmässige Beistand das Vertretungsrecht entstehen lässt (Art. 374 N 10 ff.). Zudem kann unsicher sein, ob der Partner wirklich urteilsunfähig geworden ist, denn der Eintritt der Urteilsunfähigkeit erfolgt in vielen Fällen schleichend und kann auch Schwankungen unterliegen, indem luzide Intervalle möglich sind (Art. 374 N 5 f.). Kommt hinzu, dass die Urteilsfähigkeit selbstverständlich auch bei betagten und hochbetagten Personen vermutet wird. Nur in Ausnahmefällen darf man von einer Umkehr der Beweislast ausgehen (BGE 124 III 5 E. 1b). Schliesslich ist nicht immer klar, ob ein Vorsorgeauftrag oder ein gewillkürter Ausschluss des gesetzlichen Vertretungsrechts vorliegt. Sowohl für den Ehegatten bzw. den eingetragenen Partner wie auch für Dritte können somit erhebliche Unsicherheiten über das Vertretungsrecht bestehen, obwohl dieses – anders als das Vertretungsrecht des Vorsorgebeauftragten (Art. 363) – ohne behördliche Kontrolle von Gesetzes wegen entsteht. Handelt der Ehegatte bzw. der eingetragene Partner, ohne dass die Voraussetzungen von Art. 374 Abs. 1 erfüllt sind, so fehlt ihm die Vertretungsmacht und ein Rechtsgeschäft ist in sinngemässer Anwendung der Regeln des Obligationenrechts über die Stellvertretung ohne Ermächtigung ungültig (Art. 38 und 39 OR; Art. 374 N 27 m.H.). Der Gesetzgeber muss deshalb die Möglichkeit zur Verfügung stellen, dass eine Behörde verbindlich abklärt, ob die Voraussetzungen erfüllt sind oder nicht, und dem Ehegatten bzw. dem eingetragenen Partner bei Bejahung des Vertretungsrechts eine Urkunde ausstellt, welche dessen Befugnisse wiedergibt (Art. 376 Abs. 1). Damit kann sich dieser gegenüber Dritten ausweisen und Beweisprobleme entfallen.

3 Wie auch im Vernehmlassungsverfahren geltend gemacht worden ist (s. vor Art. 374–376 N 8), sind nicht alle Ehen und eingetragenen Partnerschaften harmonisch und ohne Konflikte. Es können Abhängigkeiten ausgenützt oder das Vertretungsrecht missbraucht werden. Der Ehegatte oder der eingetragene Partner kann mit der gesetzlichen Vertretung auch überfordert sein, ohne dass er sich dies selber eingesteht (Art. 375 N 9). Eine Behörde muss deshalb in solchen Fällen **zum Schutz der urteilsunfähigen Person einschreiten** können. Art. 376 Abs. 2 erlaubt der ESB, entsprechend dem Entzug der Vertretung der ehelichen oder der partnerschaftlichen Gemeinschaft (Art. 166 i.V.m. Art. 173 sowie Art. 15 Abs. 4 PartG) die Vertretungsbefugnis ganz oder teilweise zu entziehen, sei es ausdrücklich, sei es durch Errichtung einer Beistandschaft, welche die Kompetenzen nach Art. 374 Abs. 2 und 3 umfasst. Beim Vorsorgeauftrag, bei der Patientenverfügung und der Vertretung für medizinische Massnahmen finden sich analoge Bestimmungen (Art. 368, 373 und 381).

III. Abklärung des Vertretungsrechts (Abs. 1)

1. Zweifel, ob die Voraussetzungen für eine Vertretung erfüllt sind

4 Bei den **Zweifeln** des Ehegatten bzw. des eingetragenen Partners, anderer Angehöriger oder einer Drittperson (Botschaft Erwachsenenschutz, 7035) geht es nach dem Wortlaut des Gesetzes um die **Voraussetzungen des Vertretungsrechts** i.S.v. Art. 374 Abs. 1 (im Einzelnen N 3 ff. dazu). Die Zweifel können grundsätzlich **jede einzelne Voraussetzung** des Vertretungsrechts betreffen:

- Ist der Partner urteilsunfähig?
- Liegt tatsächlich eine Ehe oder eine eingetragene Partnerschaft vor?
- Besteht ein gemeinsamer Haushalt oder, wenn nein, leistet der Ehegatte oder der eingetragene Partner dem Urteilsunfähigen regelmässig und persönlich Beistand?
- Hat der Urteilsunfähige zur Zeit der Urteilsfähigkeit keinen Vorsorgeauftrag errichtet oder auf andere Weise das Vertretungsrecht ausgeschlossen?
- Hat die ESB allenfalls eine Beistandschaft angeordnet, welche dem Vertretungsrecht entgegensteht? Hier ist allerdings zu beachten, dass jedermann, der ein Interesse glaubhaft macht, bei der ESB gestützt auf Art. 451 Abs. 2 über das Vorliegen einer Massnahme und deren Wirkungen Auskunft verlangen kann.

5 Der **Ehegatte oder der eingetragene Partner**, der als gesetzlicher Vertreter des Urteilsunfähigen auftritt, ist gegenüber dem Dritten **beweispflichtig**, dass die entsprechenden Voraussetzungen erfüllt sind (Art. 8). Dieser wird bei wichtigen Geschäften sich in aller Regel nicht mit einer blossen Zusicherung durch den Ehegatten oder den eingetragenen Partner bzw. der Vorlage eines zivilstandsamtlichen Dokumentes über die Heirat bzw. die Eintragung der Partnerschaft begnügen, sondern mit Blick auf Art. 376 Abs. 1 wohl häufig die Vorlage einer Urkunde der ESB, welche das Vertretungsrecht bestätigt und die Befugnisse umschreibt, verlangen, wenn nicht eine früher ausgestellte Vollmacht zugunsten des Ehegatten oder des eingetragenen Partners über den Eintritt der Urteilsunfähigkeit hinaus wirksam ist. Im Interesse des Rechtsverkehrs besteht somit ein evidentes Interesse des Ehegatten bzw. des eingetragenen Partners, sich auf eine einfache Art und Weise anhand eines Dokuments über das Bestehen des Vertretungsrechts ausweisen zu können. Im Hinblick auf dieses Bedürfnis der Praxis dürfen deshalb an die Zweifel, welche erlauben, die ESB gestützt auf Art. 376 Abs. 1 anzurufen, keine hohen Anforderungen gestellt werden. Der Zweifel bezüglich einer der oben aufgezählten Voraussetzungen muss genügen, damit die ESB die Voraussetzungen des Vertretungsrechts umfassend abzuklären hat und, wenn sie das Vertretungsrecht bejaht, eine Urkunde über die Vertretungsbefugnisse ausstellt. Da

indessen ein Ehegatte oder ein eingetragener Partner nie mit absoluter Sicherheit wissen kann, ob der andere Partner einen Vorsorgeauftrag errichtet oder das gesetzliche Vertretungsrecht ausgeschlossen hat (Art. 374 N 18), **kann er die ESB praktisch voraussetzungslos anrufen** (ebenso OFK-ZGB-Fassbind, Art. 376 N 1). Denn nur sie kann gegenüber der zentralen Datenbank des Zivilstandswesens Auskunft verlangen (Art. 374 N 15), ob eine Vorsorgeverfügung errichtet wurde und an welchem Ort sie gegebenenfalls hinterlegt ist (Art. 361 Abs. 3).

Die Zweifel, welche erlauben, die ESB anzurufen, können nicht nur die Voraussetzungen des Vertretungsrechts, sondern zusätzlich oder für sich allein auch den **Umfang des Vertretungsrechts** betreffen, d.h. die Frage, ob eine bestimmte Rechtshandlung zu den von Art. 374 Abs. 2 oder 3 aufgezählten Geschäftsbereichen gehört oder nicht (OFK-ZGB-Fassbind, Art. 376 N 1). Die Vertretungsbefugnis ist bekanntlich beschränkt (Art. 374 N 33), so dass Abgrenzungsprobleme durchaus möglich sind. So kann fraglich sein, ob eine Rechtshandlung von grosser Tragweite noch die üblichen Unterhaltsbedürfnisse eines Urteilsunfähigen deckt (Art. 374 N 34 ff.) oder ein Prozess mit Zustimmung der ESB (Art. 374 N 52) durch den Ehegatten geführt werden darf oder hiefür eine Beistandschaft zu errichten ist. Die ESB, welche eine Urkunde über die Befugnisse ausstellen muss, ist somit auch zur Klärung des Zuständigkeitsbereichs verpflichtet, wenn der Ehegatte bzw. der eingetragene Partner im Hinblick auf ein konkretes Rechtsgeschäft ein entsprechendes Rechtsschutzinteresse hat (vgl. N 18). 6

Das Gleiche gilt für die **Abgrenzung der ausserordentlichen von der ordentlichen Vermögensverwaltung** (Art. 374 N 40 ff. und 52). Gehört eine Rechtshandlung zur ausserordentlichen Vermögensverwaltung, so wird sie nur gültig, wenn die ESB die Zustimmung erteilt. Der Ehegatte oder der eingetragene Partner kann deshalb für ein bestimmtes Geschäft die Zustimmung der ESB beantragen. Diese muss dann als Vorfrage immer abklären, ob die Voraussetzungen des Vertretungsrechts erfüllt sind, wenn dies nicht schon in einem separaten Verfahren bereits geschehen ist. Anschliessend hat die ESB zu entscheiden, ob das Geschäft zur ausserordentlichen Vermögensverwaltung gehört und wenn ja, ob sie ihre Zustimmung erteilt. Auch ein Dritter kann an der Abgrenzung zwischen ordentlicher und ausserordentlicher Vermögensverwaltung ein berechtigtes Interesse haben, bspw. wenn sich der Ehegatte oder der eingetragene Partner auf die einseitige Unverbindlichkeit eines Geschäftes beruft, weil es zur ausserordentlichen Vermögensverwaltung gehöre, während der Dritte davon ausgeht, dass es unter die ordentliche Vermögensverwaltung fällt. 7

2. Eröffnung des Verfahrens vor der ESB

Im Gegensatz zu Art. 376 Abs. 2 **präzisiert Abs. 1 nicht, wie das Verfahren vor der ESB in Gang kommt**. Schmid (Art. 376 N 3) vertritt die Auffassung, dass die Regelung von Abs. 2 analog auch für Abs. 1 gilt, das Verfahren somit von Amtes wegen oder auf Antrag einer nahestehenden Person eröffnet wird. Langenegger (in: Rosch/Büchler/Jakob, Art. 376 N 1) weist darauf hin, dass der potentiell vertretungsberechtigte (Ehe-)Partner, andere Angehörige oder Dritte Zweifel haben können, ob die Voraussetzungen von Art. 374 erfüllt sind. Werde die ESB um Klärung der Frage angegangen, habe sie von Amtes wegen ein Verfahren um Prüfung der Notwendigkeit erwachsenenschutzrechtlicher Massnahmen einzuleiten. Nach Meier/Lukic (Rz 320) kann der von Langenegger beschriebene Personenkreis die Intervention des Gerichts verlangen. Fassbind (OFK-ZGB-Fassbind, Art. 376 N 1) spricht von Dritten mit einem Rechtsschutzinteresse und subsumiert darunter auch nahestehende Personen und Vertragspartner, lässt aber letztlich offen, ob diesen Personen ein Antragsrecht zusteht. Das Gleiche gilt für Hausheer/Geiser/Aebi-Müller (Erwachsenenschutzrecht, Rz 2.62 ff.). 8

9 Im Hinblick auf ihre systematische Einordnung ist zweifelhaft, ob die Antragsberechtigung gem. Art. 376 Abs. 2 einfach analog auf Abs. 1 übertragen werden darf (zur Unterscheidung Antragsrecht und Melderecht s. Art. 443 N 6 und Art. 368 N 12). Gesetzestechnisch hätte die Regelung in Abs. 1 oder einem separaten Abs. 3 eingefügt werden müssen, wenn sie für den ganzen Artikel gelten sollte. Aus dem Schweigen des Gesetzgebers in Abs. 1 ist deshalb zu schliessen, dass das **Verfahren grundsätzlich den Personen dient, die ein eigenes Rechtsschutzinteresse daran haben**. Daneben kann die ESB immer von Amtes wegen ein Verfahren nach Art. 443 eröffnen, wenn sie Zweifel hat, ob die Voraussetzungen von Art. 374 Abs. 1 für eine gesetzliche Vertretung erfüllt sind, und abklären, ob behördliche Erwachsenenschutzmassnahmen nach Art. 388 anzuordnen sind (s. Art. 389 Abs. 1 Ziff. 2). Im Übrigen muss die ESB die Vertretungsbefugnis des Ehegatten bzw. des eingetragenen Partners immer von Amtes wegen **vorfrageweise** abklären, wenn dieser für ein Geschäft der ausserordentlichen Vermögensverwaltung die Zustimmung gem. Art. 374 Abs. 3 beantragt.

10 Das Verfahren vor der ESB nach Art. 376 Abs. 1 muss auf jeden Fall auf **Antrag des Ehegatten bzw. des eingetragenen Partners** eröffnet werden, da diese Personen an der Klärung der Voraussetzungen des Vertretungsrechts ein grosses Interesse haben können. Das Ausstellen der Urkunde über die Vertretungsbefugnis ist in diesem Fall nicht separat zu beantragen, sondern erfolgt von Amtes wegen, wenn die Voraussetzungen des Vertretungsrechts vorliegen. Auch die betroffene Person selber kann sich an die ESB wenden und das Vertretungsrecht klären lassen. Bringt sie gegenüber der Behörde ihre Ablehnung zum Ausdruck, so muss sie für das Antragsrecht als urteilsfähig betrachtet werden.

11 Nur in besonderen Fällen dürfte das eigene **Rechtsschutzinteresse eines Dritten** an einem Verfahren nach Art. 376 Abs. 1 zu bejahen sein, da dem Ehegatten bzw. dem eingetragenen Partner gegenüber Dritten die Beweislast (Art. 8) für das Vorliegen der Vertretungsberechtigung obliegt. Somit kann sich dieser grundsätzlich darauf beschränken, das Vertretungsrecht des Ehegatten oder des eingetragenen Partners zu bestreiten, bis ihm eine Urkunde, welche die Befugnisse des Ehegatten bzw. des eingetragenen Partners wiedergibt, vorgelegt wird. Ein Rechtsschutzinteresse des Dritten an einem Verfahren vor der ESB kann aber bspw. vorliegen, wenn der Ehegatte bzw. der eingetragene Partner sich wegen mangelnder Vertretungsmacht auf die Unverbindlichkeit eines Rechtsgeschäftes beruft.

12 Wird in einem Zivilprozess auf Feststellung der Nichtigkeit eines Rechtsgeschäftes wegen mangelnder Vertretungsmacht des Ehegatten bzw. des eingetragenen Partners geklagt, so hat das Gericht vorfrageweise abzuklären, ob zur Zeit des Abschlusses des Rechtsgeschäftes die Voraussetzungen des Vertretungsrechts erfüllt gewesen sind, sofern nicht eine Urkunde der ESB vorliegt, in welcher das Vertretungsrecht bestätigt wird. Diese **Urkunde ist auch für das Zivilgericht verbindlich**, sofern sich die Verhältnisse bis zum Abschluss des Rechtsgeschäfts nicht geändert haben.

13 **Nahestehende Personen** (zum Begriff Art. 450 N 32 ff.) ohne eigenes Rechtsschutzinteresse, welche die betroffene Person schützen wollen und davon ausgehen, dass der Ehegatte oder der eingetragene Partner sich auf das Vertretungsrecht beruft, obwohl die Voraussetzungen nicht erfüllt sind, können der ESB **nach Art. 443 Meldung** erstatten. Diese hat dann bei Vorliegen ausreichender Verdachtsgründe ein Verfahren zu eröffnen und zu prüfen, ob behördliche Erwachsenenschutzmassnahmen nötig sind (z.B. weil der Partner zwar hilfsbedürftig, aber noch nicht urteilsunfähig ist) oder ob die Voraussetzungen des gesetzlichen Vertretungsrechts erfüllt sind und dieses für den Schutz des Urteilsunfähigen auch genügt. Im Hinblick auf die beschränkten Vertretungsbefugnisse des Ehegatten bzw. des eingetragenen Partners sollten sich nahestehende Personen nicht mit einem eigenen Antragsrecht in die Familienverhältnisse einmischen, da sie i.d.R. auch nicht wissen kön-

nen, wie weit Aufträge erteilt und Vollmachten unter den Partnern ausgestellt worden sind.

3. Entscheid der ESB über das Vertretungsrecht

Auch wenn der Antragsteller nur Zweifel bezüglich einer der Voraussetzungen äussert, muss die ESB, bevor sie dem Ehegatten oder dem eingetragenen Partner eine Urkunde über sein Vertretungsrecht und die damit zusammenhängenden Befugnisse (N 17 ff.) aushändigt, **sich von Amtes wegen** selber davon **überzeugen, dass alle Voraussetzungen gem. Art. 374 Abs. 1 erfüllt sind**. Ist die Urteilsfähigkeit der betroffenen Person zweifelhaft, müssen Sachverständige beigezogen werden. Das Einholen von teuren Gutachten ist aber zu vermeiden. In der Regel dürfte das Zeugnis eines Hausarztes genügen. Die Behörde kann sich nicht darauf beschränken, die Zweifel des Antragstellers auszuräumen und im Übrigen auf die Erklärungen des Ehegatten oder des eingetragenen Partners abstellen. Insbesondere muss die ESB sich beim Zivilstandsamt erkundigen, ob in der zentralen Datenbank des Zivilstandswesens die Errichtung eines Vorsorgeauftrags oder einer anderen Vorsorgeverfügung (Art. 374 N 18 f.) eingetragen ist und an welchem Hinterlegungsort die Verfügung gegebenenfalls zu finden ist (Art. 363 N 2 ff.), sofern sie nicht auf anderem Weg die erforderlichen Kenntnisse erhalten hat. Betreffen die Zweifel des Antragstellers den Kompetenzbereich des gesetzlichen Vertreters i.S.v. Art. 374 Abs. 2 Ziff. 2 oder Abs. 3, so hat die ESB bei der Auslegung des Gesetzes Doktrin und Praxis zur Gütergemeinschaft mitzuberücksichtigen, soweit es um die Abgrenzung der ordentlichen von der ausserordentlichen Verwaltung geht. 14

Stellt die ESB fest, dass die gesetzlichen Voraussetzungen des Vertretungsrechts erfüllt sind, so empfiehlt es sich, bei vermutlich dauernder Urteilsunfähigkeit der betroffenen Person von Amtes wegen analog zu Art. 363 Abs. 2 Ziff. 4 auch gleich zu prüfen, ob neben dem Vertretungsrecht des Ehegatten oder des eingetragenen Partners **weitere Massnahmen des Erwachsenenschutzes im Interesse des Urteilsunfähigen** notwendig sind (Hausheer/Geiser/Aebi-Müller, Erwachsenenschutzrecht, Rz 2.63; Langenegger, in: Rosch/Büchler/Jakob, Art. 376 N 1). Bejaht sie dies und ordnet sie neben der gesetzlichen Vertretung noch eine Beistandschaft für bestimmte Fragen, die von der gesetzlichen Vertretung nicht erfasst sind, an, so sollte der Ehegatte oder der eingetragene Partner als Beistand eingesetzt werden, wenn nicht wichtige Gründe dagegen sprechen. Damit stellt sich aber auch die Frage, ob es unter Umständen nicht einfacher wäre, die gesetzliche Vertretung – zumindest soweit es um die Vermögensverwaltung geht – durch eine Beistandschaft abzulösen und zugunsten des Ehegatten oder des eingetragenen Partners, der als Beistand eingesetzt wird, von Art. 420 Gebrauch zu machen. Damit entfällt die Unterscheidung zwischen ordentlicher und ausserordentlicher Verwaltung und die Zustimmung der ESB ist nach Art. 416 erforderlich, was die Situation übersichtlicher machen kann. Eine solche Lösung setzt aber das Einverständnis des Ehegatten bzw. des eingetragenen Partners voraus. 15

Im Verfahren nach Art. 376 Abs. 1 steht die **Frage**, ob der Ehegatte oder der eingetragene Partner zur Ausübung des Vertretungsrechts **geeignet ist** (vgl. Art. 400 Abs. 1), **nicht zur Diskussion**. Der ESB steht es aber frei, von Amtes wegen ein Verfahren nach Art. 376 Abs. 2 zu eröffnen, wenn sie eine Gefährdung der Interessen des Urteilsunfähigen befürchtet, weil der Ehegatte oder der eingetragene Partner unfähig ist oder die ernsthafte Gefahr besteht, dass er seine Kompetenzen überschreitet. 16

4. Ausstellung einer Urkunde über die Befugnisse

17 Wie beim Vorsorgeauftrag (Art. 363 Abs. 3, N 29 dazu) hat die ESB dem Ehegatten oder dem eingetragenen Partner **von Amtes wegen eine Urkunde über seine Befugnisse** auszuhändigen, wenn sie die Voraussetzungen des Vertretungsrechts bejaht. Einen speziellen Antrag braucht es hiefür nicht (vgl. LANGENEGGER, in: Rosch/Büchler/Jakob, Art. 376 N 2). Unter dem Begriff der Urkunde ist ein Schriftstück zu verstehen, in welchem die ESB bestätigt, dass der Ehegatte oder der eingetragene Partner zur gesetzlichen Vertretung des Urteilsunfähigen befugt ist, und gleichzeitig präzisiert, welchen Umfang das Vertretungsrecht hat. Da es sich um eine öffentliche Urkunde handelt, die von einer öffentlichen Behörde im Rahmen ihrer Amtsbefugnisse ausgestellt wird, erbringt sie **vollen Beweis für das Vertretungsrecht**. Das gilt dem gutgläubigen Dritten gegenüber auch für den Fall, dass sich die Verhältnisse seit der Ausstellung der Urkunde verändert haben sollten (vgl. Art. 363 N 29). Deshalb ist es wichtig, dass die ESB die Urkunde zurückverlangt, wenn das Vertretungsrecht beendet wird (Art. 374 N 28 ff.; HAUSHEER/GEISER/AEBI-MÜLLER, Erwachsenenschutzrecht, Rz 2.62; LANGENEGGER, in: Rosch/Büchler/Jakob, Art. 376 N 2). Es empfiehlt sich zudem, vor der Aushändigung der Urkunde den Ehegatten bzw. den eingetragenen Partner über die Rechtslage zu informieren und ihn aufzufordern, die Urkunde von sich aus zurückzuschicken, wenn das Vertretungsrecht entfällt. Gleichzeitig ist der Ehegatte bzw. der eingetragene Partner in sinngemässer Anwendung von Art. 363 Abs. 3 auf seine Pflichten nach den Bestimmungen des Obligationenrechts über den Auftrag (Art. 376) hinzuweisen.

18 Die Urkunde bestätigt nicht nur das Vertretungsrecht, sondern umschreibt auch die Befugnisse des Ehegatten oder des eingetragenen Partners. Dabei geht es **nicht** darum, die **Befugnisse im Einzelnen aufzuzählen**. Vielmehr genügt es grundsätzlich, die gesetzlichen Aufgaben i.S.v. Art. 374 Abs. 2 und 3 in allgemeiner Weise zu beschreiben und darauf hinzuweisen, dass für ausserordentliche Verwaltungsmassnahmen die Zustimmung der ESB erforderlich ist, wenn nicht besondere Verhältnisse vorliegen (LANGENEGGER, in: Rosch/Büchler/Jakob, Art. 376 N 2). Wird das Vertretungsrecht durch einen Vorsorgeauftrag oder eine Beistandschaft nur teilweise aufgehoben (Art. 374 N 14 und 16), so hat die Urkunde indessen die Kompetenzen zu präzisieren, die dem Ehegatten oder dem eingetragenen Partner als Vertreter von Gesetzes wegen verbleiben. Ist die ESB angerufen worden, um den Umfang des Vertretungsrechts zu klären, so muss die Urkunde – bzw. vorzugsweise eine separate Urkunde – auch über die Befugnisse des Ehegatten bzw. des eingetragenen Partners bezüglich eines bestimmten Geschäfts oder bestimmter Geschäfte Auskunft geben. Geht es um eine Frage der Vermögensverwaltung, so ist insb. zu präzisieren, ob der Ehegatte oder der eingetragene Partner zur Vornahme bestimmter Geschäfte allein befugt ist oder der Zustimmung der ESB gem. Art. 374 Abs. 3 bedarf.

19 Die Gültigkeit der Urkunde kann **befristet** werden, insb. wenn offen ist, ob der Urteilsunfähige die Urteilsfähigkeit wiedererlangt (HAUSHEER/GEISER/AEBI-MÜLLER, Erwachsenenschutzrecht, Rz 2.62; LANGENEGGER, in:Rosch/Büchler/Jakob, Art. 376 N 2). Die Befristung bezieht sich aber nur auf das Ausweispapier und nicht auf die Vertretungsbefugnis als solche. Auch nach Ablauf der Gültigkeitsdauer der Urkunde bleibt der Ehegatte oder der eingetragene Partner vertretungsberechtigt, wenn die Voraussetzungen von Art. 374 Abs. 1 weiterhin erfüllt sind. Selbstverständlich kann er in diesem Fall bei der ESB die Ausstellung einer neuen Urkunde verlangen.

IV. Entzug der Vertretungsbefugnisse (Abs. 2)

1. Abgrenzungen

Art. 376 Abs. 2 kommt nur zur Anwendung, wenn die Voraussetzungen des gesetzlichen Vertretungsrechts nach Art. 374 Abs. 1 erfüllt sind und der **Ehegatte oder der eingetragene Partner das Vertretungsrecht auch tatsächlich ausübt** oder zumindest erklärt, es ausüben zu wollen. Denn ein (ganzer oder allenfalls teilweiser) Entzug eines Vertretungsrechts ist nur nötig gegenüber einer Person, die gestützt darauf Handlungen vornimmt oder zumindest vornehmen will. Verzichtet der Ehegatte oder der eingetragene Partner aus welchen Gründen auch immer auf die Ausübung des Vertretungsrechts, so hat er die ESB zu benachrichtigen, damit diese in einem Verfahren nach Art. 444 ff. die erforderlichen Massnahmen anordnet (Art. 374 N 22). Ein prophylaktischer Entzug der Vertretungsbefugnis im Hinblick auf eine spätere Meinungsänderung des Ehegatten bzw. des eingetragenen Partners ist insofern nicht erforderlich, als eine Beistandschaft, welche die Kompetenzen nach Art. 374 Abs. 2 und 3 ganz oder teilweise umfasst, das Vertretungsrecht im entsprechenden Umfang ohnehin von Gesetzes wegen ausschliesst (Art. 374 Abs. 1 N 16 f.). Sieht die ESB aber in Ausnahmefällen insb. im Hinblick auf eine voraussichtlich nur sehr kurzfristige Urteilsunfähigkeit der betroffenen Person – zumindest vorläufig – von der Errichtung einer Beistandschaft ab und ordnet sie gestützt auf Art. 392 das Nötige an, so muss sie das Vertretungsrecht im Interesse der Rechtssicherheit entsprechend einschränken. 20

Bei **Interessenkollision** (Art. 374 N 26) entfällt die Vertretungsmacht des Ehegatten bzw. des eingetragenen Partners von Gesetzes wegen für die entsprechenden Geschäfte (OFK-ZGB-Fassbind, Art. 376 N 2). Deshalb ist auch hier ein formeller Entzug der Vertretungsbefugnis nicht nötig. Vielmehr hat die ESB in analoger Anwendung von Art. 365 Abs. 2 und 3 (s.a. Art. 403 Abs. 1 und 2) eine Beistandschaft zu errichten oder entsprechend dem Verhältnismässigkeitsprinzip nach Art. 392 das Erforderliche anzuordnen. 21

Ist der vertretungsberechtigte Ehegatte oder der eingetragene Partner bspw. durch Unfall **verhindert, das Vertretungsrecht auszuüben** (vgl. Art. 403 N 11 f.), so muss die ESB für dringliche, nicht aufschiebbare Geschäfte eine zeitlich auf die Verhinderung beschränkte Beistandschaft anordnen oder selber das Nötige vorkehren (analog Art. 403 Abs. 1), sofern der Ehegatte oder der eingetragene Partner für diesen Fall nicht vorgesorgt hat. Ein Entzug der Vertretungsbefugnis für diese Geschäfte ist nicht nötig. Vielmehr sind sowohl der Beistand wie der Ehegatte bzw. der eingetretene Partner vertretungsberechtigt. Indessen ist der letztere an der Ausübung des Vertretungsrechts verhindert. 22

Zur Beendigung des Vertretungsrechts s. im Übrigen Art. 374 N 28 ff. 23

2. Voraussetzungen für Massnahmen

Die ESB kann nicht nur einschreiten, wenn die Interessen der urteilsunfähigen Person nicht mehr gewahrt sind, sondern bereits beim Vorliegen einer Gefährdung (vgl. Art. 368 N 2). Eine solche ist anzunehmen, sobald nach den Umständen die **ernstliche und unmittelbare Möglichkeit einer Beeinträchtigung der Interessen des Urteilsunfähigen** besteht. Nicht nötig ist, dass diese Möglichkeit sich schon verwirklicht hat (vgl. Hegnauer, Rz 27.14). Die fehlende Interessenwahrung wie auch die Gefährdung kann sowohl durch Tun wie auch durch Unterlassen eintreten. **Unerheblich sind die Ursachen**. Sie können in Überforderung, charakterlichen Mängeln, persönlichen Eigenschaften, Pflichtwidrigkeiten etc. des Ehegatten bzw. des eingetragenen Partners oder auch in objektiven Gründen wie z.B. Krankheit liegen. Im Hinblick auf das Verhältnismässigkeitsprinzip muss der 24

Mangel oder die Gefährdung erheblich sein, damit sich behördliche Massnahmen rechtfertigen (OFK-ZGB-FASSBIND, Art. 376 N 2). Bei unerheblichen Beeinträchtigungen der Interessen der urteilsunfähigen Person ist von Massnahmen abzusehen. Besteht ein Missstand, so ist nur einzugreifen, wenn Wiederholungsgefahr nicht auszuschliessen ist. Hat der Ehegatte oder der eingetragene Partner unter verschiedenen Lösungsmöglichkeiten nicht die beste oder einmal sogar eine ungünstige gewählt, so besteht allein deswegen noch kein Anlass zum Eingreifen. Dem Ehegatten bzw. dem eingetragenen Partner muss ein relativ breiter Ermessensspielraum zugestanden werden. Die Tatsache, dass ein professioneller Beistand die Aufgaben vielleicht besser erledigen würde, genügt für sich allein sicher nicht.

25 Der VE Erwachsenenschutz 2003 hatte in Art. 433 Abs. 2 die Voraussetzungen zum Einschreiten der ESB noch analog zu **Art. 174** umschrieben. Erforderlich war somit, dass der Ehegatte bzw. der eingetragene Partner seine Vertretungsbefugnis überschritt oder unfähig war, sie auszuüben. Diese Gründe sind in Art. 376 Abs. 2 **selbstverständlich miteingeschlossen**.

3. Die Massnahmen der ESB

26 Beim Vorsorgeauftrag sind die Massnahmen, welche die ESB anordnen kann, flexibel umschrieben. So kann sie gem. Art. 368 Abs. 2 insb. Weisungen erteilen oder die beauftragte Person zur Errichtung eines Inventars sowie zur periodischen Rechnungsstellung und Berichterstattung anhalten. Damit will der Gesetzgeber sicherstellen, dass der Wille, welchen die inzwischen urteilsunfähige Person durch Errichtung eines Vorsorgeauftrags geäussert hat, so weit wie möglich respektiert wird und nur als ultima ratio das Vertretungsrecht dem Beauftragten ganz oder teilweise entzogen wird (Botschaft Erwachsenenschutz, 7029). Bei der Vertretung durch den Ehegatten bzw. den eingetragenen Partner dagegen geht es um den Entzug von beschränkten Kompetenzen, welche ihm das Gesetz unabhängig vom Willen des Betroffenen (s. aber Art. 374 N 18 f.) einräumt. Analog zu Art. 174 ZGB bzw. Art. 15 Abs. 4 PartG betr. den Entzug der Befugnis zur Vertretung der ehelichen bzw. partnerschaftlichen Gemeinschaft ist deshalb **nur vorgesehen, dass die Vertretungsbefugnis ganz oder teilweise entzogen wird** (OFK-ZGB-FASSBIND, Art. 376 N 2, hält ohne Begründung Weisungen für möglich). Besteht ein Missstand, so muss nicht noch alles versucht werden, um des Vertretungsrecht aufrechtzuerhalten. Die ESB hat aber – zumindest theoretisch – die Möglichkeit, die Vertretungsbefugnis nach Art. 376 zu entziehen, eine Beistandschaft anzuordnen und den Ehegatten bzw. den eingetragenen Partner als Beistand einzusetzen, ohne von Art. 420 Gebrauch zu machen (vgl. LANGENEGGER, in: Rosch/Büchler/Jakob, Art. 376 N 4). Damit wird die Inventarpflicht nach Art. 405 Abs. 2, die Rechnungslegungspflicht nach Art. 410 und die Berichterstattungspflicht nach Art. 411 begründet. Zusätzlich kann die ESB dem Beistand bei pflichtwidrigem Verhalten Weisungen erteilen. Im Übrigen besteht die Möglichkeit, dass sich der Ehegatte bzw. der eingetragene Partner freiwillig gegenüber der ESB verpflichtet, ein Inventar aufzunehmen, die Rechnung zur Kontrolle vorzulegen und regelmässig Bericht zu erstatten, wenn das genügen sollte, um vom Entzug der Vertretungsbefugnis abzusehen (LANGENEGGER, in: Rosch/Büchler/Jakob, Art. 376 N 4).

27 Die **Massnahme**, die im konkreten Einzelfall angeordnet werden soll, muss entsprechend dem Verhältnismässigkeitsprinzip (Art. 389 Abs. 2) **erforderlich und geeignet** sein, den Missstand oder die Gefährdung zu beseitigen. Ein teilweiser Entzug ist sachlich angebracht, wenn die Interessen des Urteilsunfähigen nur bei bestimmten Aufgaben gefährdet oder nicht mehr gewahrt sind. So ist es bspw. denkbar, dass der Ehegatte oder der eingetragene Partner mit der Vermögensverwaltung (Art. 374 Abs. 2 Ziff. 2) überfordert ist, aber für den Unterhaltsbedarf des Urteilsunfähigen sorgen sowie die Post soweit nötig öffnen und erledigen kann (Art. 374 Abs. 2 Ziff. 1 und 3). Denkbar ist es aber auch, das Vertretungsrecht nur für bestimmte, konkret zu bezeichnende Rechtsgeschäfte zu entziehen.

Die Vertretungsbefugnis muss nicht formell entzogen werden, wenn die ESB eine **Beistandschaft** errichtet. Vielmehr entfällt die Vertretungsmacht des Ehegatten bzw. des eingetragenen Partners von Gesetzes wegen mit Eintritt der Rechtskraft des Entscheids, soweit die Beistandschaft die Kompetenzen nach Art. 374 Abs. 2 und 3 umfasst (Botschaft Erwachsenenschutz, 7036). Auch eine **Vollmacht**, welche der inzwischen urteilsunfähige Partner zugunsten seines Ehegatten oder seines eingetragenen Partners ausgestellt und die über den Eintritt der Urteilsunfähigkeit hinaus fortbestanden hat, verliert mit der Anordnung einer entsprechenden Beistandschaft ihre Wirksamkeit gem. Art. 35 Abs. 1 OR neu (Botschaft Erwachsenenschutz, 7112; Art. 374 N 48). **28**

Der ganze oder teilweise Entzug des Vertretungsrechts, **ohne** für den Urteilsunfähigen eine **Beistandschaft** anzuordnen, ist insb. möglich, wenn es sich um vorsorgliche Massnahmen handelt (LANGENEGGER, in: Rosch/Büchler/Jakob, Art. 376 N 3) oder wenn die Urteilsunfähigkeit bspw. nach einem Unfall voraussichtlich nur von relativ kurzer Dauer ist, trotzdem aber die Gefahr besteht, dass der Ehegatte oder der eingetragene Partner Handlungen vornimmt, welche die Interessen des Urteilsunfähigen ernsthaft gefährden. Denkbar ist in einem solchen Fall, dass eine Bank oder ein anderer Vermögensverwalter gestützt auf eine weiterhin wirksame Vollmacht für das Vermögen sorgen kann oder dass die ESB von der Errichtung einer Beistandschaft absieht und nach Art. 392 das Nötige vorkehrt. **29**

4. Verfahren

Die ESB wird **von Amtes wegen** oder auf **Antrag einer nahestehenden Person** tätig (zum Begriff s. Art. 450 N 32 ff.). **Meldeberechtigt** ist gem. Art. 443 jedermann (Art. 443 N 5 ff.). **Meldepflichtig** ist ein Auftragnehmer der inzwischen voraussichtlich dauernd urteilsunfähig gewordenen Person, wenn er feststellt, dass eine Meldung zur Interessenwahrung angezeigt erscheint (Art. 397a OR neu). Nicht auszuschliessen ist, dass sich die **vertretene Person** selber einmal an die ESB wendet, um sich über den Ehegatten bzw. den eingetragenen Partner zu beklagen. Macht sie dies, so ist sie für das Antragsrecht als urteilsfähig zu betrachten, da in dieser Frage keine hohen Anforderungen an die Urteilsfähigkeit gestellt werden dürfen. **30**

Das Verfahren bestimmt sich nach Art. 444 ff. Ist Gefahr im Verzug, kann der ganze oder teilweise Entzug der Vertretungsbefugnis ohne Anhörung des betroffenen Ehegatten bzw. eingetragenen Partners **superprovisorisch** angeordnet werden (Art. 445 Abs. 2). **31**

Wird die Vertretungsbefugnis ganz oder teilweise entzogen oder eine Beistandschaft errichtet, so muss die ESB eine **Urkunde**, die sie allenfalls früher gestützt auf Art. 376 Abs. 1 ausgestellt hat, **zurückfordern** und – bei einem teilweisen Entzug – neu ausstellen, wenn ein Bedürfnis dafür besteht. **32**

5. Haftung

Unterlässt die ESB es pflichtwidrig, gestützt auf Art. 376 Abs. 2 einzuschreiten, obwohl die Interessen der urteilsunfähigen Person gefährdet oder nicht mehr gewahrt sind, so wird sie für den Schaden, der dadurch entsteht, nach **Art. 454** haftbar (s. N 24 ff. dazu). **33**

Zweiter Unterabschnitt: Vertretung bei medizinischen Massnahmen

Art. 377

A. Behandlungsplan

[1] Hat sich eine urteilsunfähige Person zur Behandlung nicht in einer Patientenverfügung geäussert, so plant die behandelnde Ärztin oder der behandelnde Arzt unter Beizug der zur Vertretung bei medizinischen Massnahmen berechtigten Person die erforderliche Behandlung.

[2] Die Ärztin oder der Arzt informiert die vertretungsberechtigte Person über alle Umstände, die im Hinblick auf die vorgesehenen medizinischen Massnahmen wesentlich sind, insbesondere über deren Gründe, Zweck, Art, Modalitäten, Risiken, Nebenwirkungen und Kosten, über Folgen eines Unterlassens der Behandlung sowie über allfällige alternative Behandlungsmöglichkeiten.

[3] Soweit möglich wird auch die urteilsunfähige Person in die Entscheidfindung einbezogen.

[4] Der Behandlungsplan wird der laufenden Entwicklung angepasst.

A. Plan de traitement

[1] Lorsqu'une personne incapable de discernement doit recevoir des soins médicaux sur lesquels elle ne s'est pas déterminée dans des directives anticipées, le médecin traitant établit le traitement avec la personne habilitée à la représenter dans le domaine médical.

[2] Le médecin traitant renseigne la personne habilitée à représenter la personne incapable de discernement sur tous les aspects pertinents du traitement envisagé, notamment sur ses raisons, son but, sa nature, ses modalités, ses risques et effets secondaires, son coût, ainsi que sur les conséquences d'un défaut de traitement et sur l'existence d'autres traitements.

[3] Dans la mesure du possible, la personne incapable de discernement est associée au processus de décision.

[4] Le plan de traitement doit être adapté à l'évolution de la médecine et à l'état de la personne concernée.

A. Piano terapeutico

[1] Se una persona incapace di discernimento deve ricevere un trattamento medico sul quale non si è pronunciata in direttive vincolanti, il medico curante definisce il trattamento necessario in collaborazione con la persona che ha diritto di rappresentarla in caso di provvedimenti medici.

[2] Il medico informa la persona con diritto di rappresentanza su tutte le circostanze essenziali riguardo ai provvedimenti medici previsti, in particolare sui motivi, l'obiettivo, il genere, le modalità, i rischi, gli effetti secondari e i costi dei provvedimenti, sulle conseguenze di un mancato trattamento nonché su eventuali trattamenti alternativi.

[3] Per quanto possibile, la persona incapace di discernimento è coinvolta nel processo decisionale.

[4] Il piano terapeutico è adeguato in funzione degli sviluppi della situazione.

Inhaltsübersicht

Materialien

Art. 435 VE Erwachsenenschutz 2003; VE Erwachsenenschutz/Vernehmlassungen, 342 ff.; Botschaft Erwachsenenschutz, 7036 f, und 7144; Prot. RK-S vom 2./3.7.2007, 27 f., 30 ff. und vom 27./28.8.2007, 1 f.; AmtlBull StR 2007, 832; Prot. RK-N vom 24./25.4.2008, 17 f.; AmtlBull NR 2008, 1521.

I. Vergleich zum geltenden Recht

1 Was die Vertretung von Gesetzes wegen bei medizinischen Massnahmen betrifft, sieht das geltende Recht – gleich wie bei der Vertretung im Bereich der allgemeinen vermögensrechtlichen Angelegenheiten – **keine einheitliche Regelung** vor, die spezifisch auf **urteilsunfähige Personen** zugeschnitten ist. Es erstaunt deshalb nicht, dass die Vertretung bei medizinischen Massnahmen nach der jeweiligen kantonalen Praxis und dem Gesundheitsrecht in den Kantonen sehr unterschiedlich gehandhabt wird (WIDMER BLUM, 53).

2 Grundsätzlich gestaltet sich die Rechtslage in den Kantonen unterschiedlich, je nachdem, ob es sich um die Vertretung einer habituell oder kasuell urteilsunfähigen Person handelt. Eine habituell urteilsunfähige Person zeichnet sich durch eine **dauernde Urteilsunfähigkeit** aus; dies ist z.B. vorerst im Kindesalter der Fall. Weitere Gründe für eine habituelle Urteilsunfähigkeit können in einer Geisteskrankheit oder Geistesschwäche bzw. in einer geistigen Behinderung oder psychischen Störung liegen. Die kasuelle Urteilsunfähigkeit hingegen ist bloss **vorübergehender Natur**. Art. 16 nennt in diesem Zusammenhang Trunkenheit, Rausch, oder ähnliche Zustände. Im Hinblick auf die medizinischen Massnahmen ist insb. an eine Bewusstlosigkeit zu denken (WIDMER BLUM, 44 ff.).

3 Wenn beim Patienten eine **habituelle Urteilsunfähigkeit** vorliegt, macht sich das Fehlen einer einheitlichen gesetzlichen Regelung für die Vertretung bei medizinischen Massnahmen in der Schweiz zurzeit insofern nicht bemerkbar, als die urteilsunfähige Person in diesem Fall in der Regel über einen **gesetzlichen Vertreter** verfügt, welcher befugt ist, stellvertretend für die urteilsunfähige Person zu handeln. Die Vertretungsbefugnis des gesetzlichen Vertreters umfasst auch die Einwilligung in medizinische Massnahmen (WIDMER BLUM, 99 f.).

4 Bei **kasuell urteilsunfähigen Personen** sowie Personen, deren Bevormundungsverfahren noch nicht eingeleitet worden ist und deshalb (noch) keinen gesetzlichen Vertreter haben, gestaltet sich die Rechtslage in den Kantonen bezüglich der Vertretung jedoch komplex und uneinheitlich. Je nach Kanton wird entweder dem **Ärzteteam oder den Angehörigen** ein höherer Stellenwert hinsichtlich des Entscheidungsrechts betreffend die medizinischen Massnahmen für den urteilsunfähigen Patienten eingeräumt; bei einer dritten Gruppe von

Kantonen muss in diesem Fall ein Beistand ernannt werden (SCHMID, Art. 377 N 1; WIDMER BLUM, 100; Botschaft ÜMB, 296).

5 Art. 378 räumt nun für die Einwilligung in medizinische Massnahmen verschiedenen **Bezugspersonen der urteilsunfähigen Person** ein verbindliches **Vertretungsrecht in gesetzlich festgelegter Reihenfolge** ein. Den Angehörigen ist in den Kantonen bisher z.T. bloss ein Recht auf Anhörung zugekommen.

Im Vernehmlassungsverfahren ist diese **Kaskadenregelung** insb. **bei den Ärzten auf Kritik gestossen** (VE Erwachsenenschutz/Vernehmlassungen, 333 ff.). Die FMH kritisierte in ihrer Stellungnahme zum Vorentwurf, dass die dem urteilsunfähigen Patienten am nächsten stehende Person nun allein über medizinische Massnahmen entscheiden müsse, ohne die Verantwortung mit dem medizinischen Betreuungsteam oder weiteren Angehörigen teilen zu können. Begründet wurde die Kritik einerseits damit, dass Entscheidungen betreffend Behandlungsmassnahmen die Angehörigen **mangels Sachkenntnissen häufig überfordern** und diese deshalb in hohem Masse von der Beratung des Betreuungsteams abhängig sind. Andererseits wurde auch auf die Problematik von **Interessenskonfliktsituationen** zwischen Angehörigen hingewiesen. Geltend gemacht wurde überdies, dass der Paradigmenwechsel sich einzig und alleine darauf abzustützen scheine, dass die Schweiz Konformität mit dem **Übereinkommen über Menschenrechte und Biomedizin des Europarates** herstellen wolle: Art. 6 Abs. 3 des ÜMB untersagt nämlich, dass die Vertretung für die Einwilligung in eine medizinische Massnahme von derselben Person wahrgenommen wird, welche die medizinische Massnahme ausführt (Botschaft ÜMB, 297; Botschaft Erwachsenenschutz, 7036). Seitens der Ärzteschaft wurde im Vernehmlassungsverfahren sodann ein Konzept des **Shared Decision Making** (zwischen Ärzten und Angehörigen) vorgeschlagen, bei welchem jedoch die rechtliche **Letztverantwortung beim betreuenden medizinischen Team** liegen solle (VE Erwachsenenschutz/Vernehmlassungen, 335).

6 Mit der Einführung von Art. 377 wurde den im Vernehmlassungsverfahren von den Ärzten vorgebrachten Anliegen nur teilweise Rechnung getragen. Gegenüber Art. 435 VE (Information und Zustimmung), welcher lediglich eine Informationspflicht des behandelnden Arztes gegenüber der vertretungsberechtigten Person vorsah, wird den Ärzten in Art. 377 aber im Vergleich zum Vorentwurf eine **aktivere Rolle** eingeräumt. In Art. 377 wird klargestellt, dass die Ärzte die **Verantwortung für die Planung** der erforderlichen Behandlung tragen und ihnen somit letztlich auch die **Verantwortung für die angemessene medizinische Versorgung bzw. Behandlung** zukommt. Bei Erstellung des Behandlungsplans wird die **zur Vertretung berechtigte Person lediglich beigezogen**. Dies ändert aber nichts an der Tatsache, dass es für einen zulässigen ärztlichen Eingriff in die körperliche Integrität des urteilsunfähigen Patienten letztlich eine Einwilligung braucht. Die Vertretungsbefugnis hinsichtlich dieser Einwilligung steht – teilweise im Gegensatz zur Rechtslage unter dem kantonalen Recht – aber nicht (mehr) dem behandelnden Arzt zu, sondern ausschliesslich der nach Art. 378 vertretungsberechtigten Person. Zumindest im Hinblick auf die **Einwilligung in die (vom Arzt geplante) Behandlung** bzw. den medizinischen Eingriff, kann somit nicht von einem Shared Decision Making gesprochen werden.

II. Geltungsbereich der Art. 377 ff.

1. Allgemeines

7 Der Wortlaut des Titels des zweiten Unterabschnitts *«Vertretung bei medizinischen Massnahmen»* ist inhaltlich zu eng gefasst und deshalb missverständlich. In den Art. 377 ff. wird nicht nur bestimmt, wer zur Vertretung der urteilsunfähigen Person berechtigt ist,

sondern vielmehr das grundsätzliche Vorgehen bei der **Entscheidfindung** bei medizinischen Massnahmen geregelt. So räumt Art. 377 dem Arzt kein Vertretungsrecht für die Einwilligung in eine medizinische Massnahme ein, sondern bestimmt die **Rolle des behandelnden Arztes in der Entscheidfindung bezüglich der zu ergreifenden medizinischen Massnahmen für den urteilsunfähigen Patienten**, indem festgehalten wird, dass in erster Linie der Arzt die Verantwortung für die Planung der erforderlichen Behandlung trägt. Den vom Arzt vorgesehenen ambulanten oder stationären medizinischen Massnahmen muss jedoch anschliessend vom Vertreter des urteilsunfähigen Patienten zustimmt werden.

Der Unterabschnitt «*Vertretung bei medizinischen Massnahmen*» statuiert überdies auch die **Vorrangstellung der materiellen Anordnungen des Patienten** gegenüber dem Entscheid eines allfälligen Vertreters. Wenn eine Patientenverfügung in der Form von konkreten Anordnungen mit Blick auf bestimmte medizinische Massnahmen vorhanden ist, und die Patientenverfügung sämtliche formellen und materiellen Voraussetzungen erfüllt und genügend konkrete Anordnungen enthält, ist ein Entscheid durch eine Vertretungsperson nicht notwendig. Auch in diesem Fall ist jedoch der Arzt für die Planung der Behandlung zuständig; er wird dafür aber nicht die zur Vertretung berechtigte Person beiziehen und informieren (Art. 377 Abs. 1 und 2), sondern sich an der Patientenverfügung des urteilsunfähigen Patienten orientieren, welche als dessen tatsächlicher Wille gilt. Für den Beizug bzw. die Einwilligung durch die zur Vertretung berechtigte Person bleibt somit kein Raum (FANKHAUSER, 251; WIDMER BLUM, 133 f.). 8

2. *Urteilsunfähige Erwachsene*

Die Bestimmungen über die gesetzliche «Vertretung bei medizinischen Massnahmen» beziehen sich auf **urteilsunfähige Erwachsene**. Die Einwilligung in medizinische Massnahmen gehört zu den **höchstpersönlichen Rechten**. Bei **urteilsfähigen Personen** ist deshalb stets ihr eigener Wille massgebend und sie können auch dann selbst über medizinische Massnahmen bestimmen, wenn sie nicht voll handlungsfähig sind. M.E. ist eine gesetzliche Vertretung in diesen Fällen unzulässig; die **urteilsfähige Person muss selbst in den medizinischen Eingriff einwilligen** (in diesem Sinne auch BGE 134 II 235 sowie Botschaft ÜMB, 295 und WIDMER BLUM, 44 ff., wobei im Bereich der relativ höchstpersönlichen Rechte unter Umständen eine *gewillkürte* Vertretung bei fortdauernder Urteilsfähigkeit zulässig ist). 9

Unter dem geltenden Recht gestaltet sich die Rechtlage unterschiedlich, je nachdem, ob eine **habituelle oder kasuelle Urteilsunfähigkeit** vorliegt (vgl. Art. 377 N 2). Sobald eine erwachsene urteilsunfähige Person unter vormundschaftlichen Massnahmen steht, ist die Situation klar: **Der gesetzliche Vertreter** muss der Intervention zustimmen. Ist jedoch kein gesetzlicher Vertreter vorhanden ist, gestaltet sich die Rechtslage je nach Kanton unterschiedlich (Botschaft ÜMB, 295 f.; vgl. Art. 377 N 4). Mit dem neuen Erwachsenenschutzrecht wird die Unterscheidung zwischen habitueller und kasueller Urteilsunfähigkeit bzw. zwischen Vorhandensein oder Fehlen eines gesetzlichen Vertreters für die Vertretung von urteilunfähigen Erwachsenen bei medizinischen Massnahmen aber überflüssig: Die Art. 377 ff. regeln die Vertretungsbefungnis sowohl bei habitueller wie auch bei kasueller Urteilsunfähigkeit. Für die Rolle und Verantwortung des Arztes im Rahmen der Entscheidfindung bei medizinischen Massnahmen gem. Art. 377, spielt es somit keine Rolle, ob der urteilsunfähige Patient durch einen Beistand mit einem Vertretungsrecht bei medizinischen Massnahmen (Art. 378 Abs. 1 Ziff. 2) oder von einem Angehörigen oder einer nahestehenden Person (Art. 378 Abs. 1 Ziff. 1 und 3–7) vertreten wird. 10

11 Der Vollständigkeit halber ist darauf hinzuweisen, dass die Frage der Vertretung eines urteilsunfähigen Minderjährigen nicht vom Erwachsenenschutz geregelt wird, sondern auch unter dem neuen Recht eine Frage der elterlichen Sorge und des Kindesschutzes darstellt).

3. Umfang der Vertretungsbefugnis

12 Beim rechtlichen **Verhältnis zwischen Arzt und Patient** in medizinischen Angelegenheiten ist zwischen dem **Behandlungsvertrag**, als Auftrag oder auftragsähnliches Verhältnis, und der **Einwilligung in die medizinischen Massnahmen**, als Rechtfertigung der Persönlichkeitsverletzung, zu unterscheiden (WIDMER BLUM, 77 ff.). Es stellt sich die Frage, ob die Art. 377 ff. lediglich die stellvertretende Einwilligung in medizinische Massnahmen erfassen, oder auch den stellvertretenden Abschluss des Behandlungsvertrags mit dem Arzt.

13 Art. 377, welcher die Rolle und Verantwortung des Arztes in der Entscheidfindung und Planung der medizinischen Massnahmen für einen urteilsunfähigen Patienten statuiert, lässt diese Frage offen. Zur Planung der Behandlung werden die vertretungsberechtigten Personen gem. Art. 377 Abs. 1 zwar beigezogen; es bleibt jedoch unklar, ob der Arzt mit der gem. Art. 378 vertretungsberechtigten Person auch den Behandlungsvertrag an und für sich abschliessen kann. Gemäss dem Wortlaut der Bestimmungen über die Vertretung bei medizinischen Massnahmen, scheinen sich die Art. 377 ff. auf **die stellvertretende Einwilligung in den Eingriff in die Persönlichkeit der urteilsunfähigen Person zu beschränken**. Eine solche Interpretation würde aber zu Situationen führen, wo die Kompetenzen für den stellvertretenden Abschluss des Behandlungsvertrags und für die stellvertretende Einwilligung auseinanderfallen (z.B. wenn eine durch Patientenverfügung bezeichnete und somit lediglich zur Einwilligung berechtigte Personen in Konkurrenz zu einem Beistand steht, welcher dann für den Abschluss des Behandlungsvertrags zuständig wäre). Vor dem Hintergrund, dass sich der Gesetzgeber mit dem Erwachsenenschutzrecht Rechtssicherheit und Praktikabilität zum Ziel gesetzt hat (Botschaft Erwachsenenschutz, 7036), sind unnötige Abgrenzungsschwierigkeiten zu vermeiden. Es ist deshalb m.E. der Auffassung, wonach **die Vertretung bei medizinischen Massnahmen auch diejenige zum Abschluss des Behandlungsvertrags erfasst**, den Vorzug zu geben (so auch WIDMER BLUM, 137; SCHMID, Art. 378 N 9).

14 Eine Schranke der Vertretung bilden die **absolut höchstpersönlichen Rechte** der urteilsunfähigen Person. Darunter fallen diejenigen Rechte, welche ausnahmslos vertretungsfeindlich sind. Die **Abgrenzung** zwischen den absolut höchstpersönlichen Rechten und den relativ höchstpersönlichen Rechten, bei welchen eine Vertretung im Falle der Urteilsunfähigkeit einer Person zulässig ist, erfolgt durch Lehre und Rechtsprechung nach rechtspolitischen Überlegungen und Wertungen. Nach herrschender Lehre und Rechtsprechung gelten **ärztliche Heileingriffe** – im Unterschied zu solchen ohne therapeutischen Zweck – grundsätzlich als **relativ höchstpersönliche Rechte** (HAUSHEER/AEBI-MÜLLER, Rz 07.21 ff.; WIDMER BLUM, 50; GASSMANN, in: Rosch/Büchler/Jakob, Art. 377/378 N 11).

15 Unzulässig ist sodann eine Einwilligung (und somit auch Vertretung) in Eingriffe, die **widerrechtlich** sind oder **gegen die guten Sitten** verstossen (Art. 20 OR). Zu denken ist dabei z.B. an die aktive Sterbehilfe, oder die Vornahme eines risikoreichen Eingriffs, wenn eine weniger riskante Massnahme mit identischem therapeutischem Zweck zur Verfügung steht (GASSMANN, in: Rosch/Büchler/Jakob, Art. 373 N 7 m.w.H.).

4. Medizinische Massnahmen

Medizinische Massnahmen umfassen alle diagnostischen, therapeutischen und pflegerischen Massnahmen, die der medizinischen Behandlung einer Person dienen. Nicht bei allen medizinischen Massnahmen muss jedoch die zur Vertretung berechtigte Person beigezogen werden (Art. 377 Abs. 1) bzw. ihre ausdrückliche Einwilligung erteilen (Art. 378). Bei **alltäglichen Massnahmen** im Rahmen der medizinischen Personensorge genügt es, wenn die vertretungsberechtigte Person ausdrücklich oder durch konkludentes Verhalten ihr grundsätzliches Einverständnis (z.B. durch den Abschluss eines Behandlungsvertrages) für die im Alltag notwendigen pflegerischen und ärztlichen Massnahmen erteilt (GASSMANN, in: Rosch/Büchler/Jakob, Art. 377/378 N 4). **16**

III. Grundlagen der Entscheidfindung bei medizinischen Massnahmen

1. Behandlungsplan (Abs. 1)

Art. 377 hält fest, dass der Arzt für die angemessene Behandlung die Verantwortung trägt und unter Beizug der bei medizinischen Massnahmen zur Vertretung berechtigten Person den Behandlungsplan erstellt (Botschaft Erwachsenenschutz, 7036). **17**

Die Botschaft führt aus, dass der Behandlungsplan **nicht schriftlich** festgelegt werden muss. Damit soll unnötiger Formalismus vermieden werden. Im bundesrätlichen Entwurf zum Erwachsenenschutzgesetz wurde im Gesetzestext in Art. 377 Abs. 1 noch der Begriff «Behandlungplan» verwendet. Der Ständerat hat aber ausdrücklich auf diesen Begriff verzichtet, um klarzustellen, dass bei der Planung der Behandlung keine Schriftlichkeit erfordert ist (AmtlBull StR 2007, 832). Aufgrund der ärztlichen Dokumentationspflicht, sollte der Behandlungsplan aber trotzdem mehrheitlich in schriftlicher Form in die Krankengeschichte des Patienten Eingang finden (GASSMANN, in: Rosch/Büchler/Jakob, Art. 377/378 N 6). **18**

Der Behandlungsplan wird der laufenden Entwicklung der Medizin sowie dem Zustand des Patienten (vgl. französische Version) angepasst (Art. 377 Abs. 4). **19**

2. Aufklärungspflicht (Abs. 2)

In Art. 377 Abs. 2 werden die **von Lehre und Rechtsprechung entwickelten Grundsätze zur ärztlichen Aufklärungspflicht**, die zu den allgemeinen Berufspflichten des Arztes gehört, festgehalten (WIDMER BLUM, 88 ff.). Damit die vertretungsberechtigte Person den vorgesehenen medizinischen Massnahmen zustimmen oder diese ablehnen kann, muss sie vorgängig zu der von ihr zu treffenden Entscheidung vom behandelnden Arzt hinreichend aufgeklärt werden. Der Umfang der Aufklärungspflicht gegenüber der vertretungsberechtigten Person **entspricht der Aufklärungspflicht gegenüber dem Patienten** selbst (WIDMER BLUM, 92). Die Aufzählung der Punkte in Art. 377 Abs. 2, über welche die vertretungsberechtigte Person aufgeklärt werden muss, ist **nicht abschliessend** (Botschaft Erwachsenenschutz, 7036). **20**

3. Partizipationsrecht des Patienten (Abs. 3)

Obwohl es in der Praxis bei der Urteilsfähigkeit Grauzonen gibt, lässt die rechtliche Beurteilung der Urteilsfähigkeit keine Stufen oder Zwischenkategorien zu. Um der Tatsache Rechnung zu tragen, dass eine Person, die nicht als urteilsfähig gilt, trotzdem über einen **natürlichen Willen** verfügen und diesen zum Ausdruck bringen kann, sieht Art. 377 **21**

Abs. 3 ein Partizipationsrecht der urteilsunfähigen Person bei der Entscheidfindung der sie betreffenden medizinischen Massnahmen vor. Damit soll die Kluft zwischen Selbst- und Fremdbestimmung verkleinert werden und dem **Recht zur Selbstbestimmung** – welches gemäss der aktuellen Tendenz weiter gehen kann als die Urteilsfähigkeit – angemessen Rechnung getragen werden (GASSMANN, in: Rosch/Büchler/Jakob, Art. 377/378 N 8 m.w.H.).

Art. 378

B. Vertretungsberechtigte Person

[1] Die folgenden Personen sind der Reihe nach berechtigt, die urteilsunfähige Person zu vertreten und den vorgesehenen ambulanten oder stationären Massnahmen die Zustimmung zu erteilen oder zu verweigern:

1. die in einer Patientenverfügung oder in einem Vorsorgeauftrag bezeichnete Person;
2. der Beistand oder die Beiständin mit einem Vertretungsrecht bei medizinischen Massnahmen;
3. wer als Ehegatte, eingetragene Partnerin oder eingetragener Partner einen gemeinsamen Haushalt mit der urteilsunfähigen Person führt oder ihr regelmässig und persönlich Beistand leistet;
4. die Person, die mit der urteilsunfähigen Person einen gemeinsamen Haushalt führt und ihr regelmässig und persönlich Beistand leistet;
5. die Nachkommen, wenn sie der urteilsunfähigen Person regelmässig und persönlich Beistand leisten;
6. die Eltern, wenn sie der urteilsunfähigen Person regelmässig und persönlich Beistand leisten;
7. die Geschwister, wenn sie der urteilsunfähigen Person regelmässig und persönlich Beistand leisten.

[2] Sind mehrere Personen vertretungsberechtigt, so dürfen die gutgläubige Ärztin oder der gutgläubige Arzt voraussetzen, dass jede im Einverständnis mit den anderen handelt.

[3] Fehlen in einer Patientenverfügung Weisungen, so entscheidet die vertretungsberechtigte Person nach dem mutmasslichen Willen und den Interessen der urteilsunfähigen Person.

B. Représentants

[1] Sont habilités à représenter la personne incapable de discernement et à consentir ou non aux soins médicaux que le médecin envisage de lui administrer ambulatoirement ou en milieu institutionnel, dans l'ordre:

1. la personne désignée dans les directives anticipées ou dans un mandat pour cause d'inaptitude;
2. le curateur qui a pour tâche de la représenter dans le domaine médical;
3. son conjoint ou son partenaire enregistré, s'il fait ménage commun avec elle ou s'il lui fournit une assistance personnelle régulière;
4. la personne qui fait ménage commun avec elle et qui lui fournit une assistance personnelle régulière;
5. ses descendants, s'ils lui fournissent une assistance personnelle régulière;
6. ses père et mère, s'ils lui fournissent une assistance personnelle régulière;
7. ses frères et sœurs, s'ils lui fournissent une assistance personnelle régulière.

[2] En cas de pluralité des représentants, le médecin peut, de bonne foi, présumer que chacun d'eux agit avec le consentement des autres.

[3] En l'absence de directives anticipées donnant des instructions, le représentant décide conformément à la volonté présumée et aux intérêts de la personne incapable de discernement.

B. Persone con diritto di rappresentanza

[1] Le seguenti persone hanno diritto, nell'ordine, di rappresentare la persona incapace di discernimento e di dare o rifiutare il consenso per i provvedimenti ambulatoriali o stazionari previsti:

1. la persona designata nelle direttive del paziente o nel mandato precauzionale;
2. il curatore con diritto di rappresentanza in caso di provvedimenti medici;
3. il coniuge o partner registrato che vive in comunione domestica con la persona incapace di discernimento o le presta di persona regolare assistenza;
4. la persona che vive in comunione domestica con la persona incapace di discernimento e le presta di persona regolare assistenza;
5. i discendenti, se prestano di persona regolare assistenza alla persona incapace di discernimento;
6. i genitori, se prestano di persona regolare assistenza alla persona incapace di discernimento;
7. i fratelli e le sorelle, se prestano di persona regolare assistenza alla persona incapace di discernimento.

[2] Se più persone hanno diritto di rappresentanza, il medico di buona fede può presumere che ciascuna agisca di comune accordo con le altre.

[3] Se mancano istruzioni nelle direttive del paziente, la persona con diritto di rappresentanza decide secondo la volontà presumibile e conformemente agli interessi della persona incapace di discernimento.

Inhaltsübersicht

Materialien

Art. 434 Abs. 1 VE Erwachsenenschutz 2003; VE Erwachsenenschutz/Vernehmlassungen, 328 ff.; Botschaft Erwachsenenschutz, 7036 f. und 7144 f.; Prot. RK-S vom 2./3.7.2007, 30 ff. und vom 27./28.8.2007, 2; AmtlBull StR 2007, 832; Prot. RK-N vom 24./25.4.2008, 17 f.; AmtlBull NR 2008, 1521.

I. Gesetzliche Vertretung bei medizinischen Massnahmen

1. Subsidiaritätsprinzip

Wenn der Patient bereits im Rahmen einer Patientenverfügung genügend konkrete Anordnungen hinterlassen hat, gelten diese als dessen erklärter Wille und es bleibt kein Raum für eine gesetzliche Vertretung. Es stellt sich die Frage, ob dies auch dann der Fall ist, wenn die Anord- 1 nungen des Patienten nicht in einer formellen Patientenverfügung enthalten sind, sondern lediglich in einer materiellen Patientenverfügung, welche die äussere Form einer Vorsorgevollmacht annimmt. Art. 378 Abs. 3 hält fest, dass die vertretungsberechtigte Person nach dem mutmasslichen Willen und den Interessen der urteilsfähigen Person entscheidet, wenn in einer *Patientenverfügung* Weisungen fehlen. Die Vorsorgevollmacht wird in diesem Zusammenhang nicht vorbehalten. Dies erstaunt vor dem Hintergrund, dass auch der Vorsorgeauftrag durchaus Anordnungen im Hinblick auf allfällige medizinische Massnahmen zum Inhalt haben kann (Personensorge). Es wäre aber m.E. falsch, aufgrund dieser Gesetzeslücke darauf zu schliessen, dass nur der in einer formellen Patientenverfügung erklärte Wille des Betroffenen einer gesetzlichen Vertretung gem. Art. 378 vorgeht. Vielmehr ist davon auszugehen, dass Anordnungen, die medizinische Massnahmen betreffen, auch wenn sie in einem Vorsorgeauftrag enthalten sind, materiell stets als Patientenverfügung qualifiziert werden können und in formeller Hinsicht den niedrigeren Anforderungen der Patientenverfügung unterstehen. Zusammenfassend kann somit festgehalten werden, dass das Subsidiaritätsprinzip im Hinblick auf die gesetzliche Vertretung sowohl bei Vorliegen einer formellen als auch einer materiellen – in einer Vorsorgevollmacht enthaltenen – Patientenverfügung zum Zug kommt (vgl. Art. 377 N 8; WIDMER BLUM, 108 und 133 ff.; FANKHAUSER, 251 f.).

2. Vertretungsberechtigte Personen

a) Allgemeines

2 Art. 378 legt **der Reihe nach** fest, welche Personen berechtigt sind die urteilsunfähige Person zu vertreten, wenn sich diese nicht in einer Patientenverfügung geäussert hat (Botschaft Erwachsenenschutz, 7036). Die Vertretungsberechtigung für medizinische Massnahmen ist in einer siebenstufigen **Kaskadenordnung im Sinne einer klaren Hierarchie** geregelt. Das Vorliegen einer oder mehrerer vertretungsberechtigten Personen auf einer Stufe schliesst alle weiteren Personen auf den nachfolgenden Stufen in der Kaskadenordnung von der Vertretungsmacht aus. Die gesetzliche Kaskadenordnung soll Rechtssicherheit und Praktikabilität garantieren. Der Vorentwurf hatte indessen noch vorgesehen, dass unter den Nachkommen, Eltern und Geschwistern der urteilsunfähigen Person das Vertretungsrecht derjenigen Person zukommt, zu der die **engste Beziehung** besteht; solche Abklärungen hätten die Ärzteschaft aber überfordert (Botschaft Erwachsenenschutz, 7036).

3 Analog zur elterlichen Sorge (Art. 296 Abs. 2) muss die vertretungsberechtigte Person **handlungsfähig** sein. Urteilsfähigkeit alleine genügt nicht, um die Vertretung eines Urteilsunfähigen gem. Art. 377 ff. wahrzunehmen (SCHMID, N 7).

4 Der Entscheid der vertretungsberechtigten Person unterliegt **keiner Form**. Die Zustimmung kann deshalb – unter Vorbehalt allfälliger Formvorschriften **für bestimmte Massnahmen in Spezialgesetzen** auch **konkludent** erteilt werden (Botschaft Erwachsenenschutz, 7037).

b) Aufgrund eigener Vorsorge

5 Aus dem **Subsidiaritätsprinzip** (vgl. N 1) und dem **Selbstbestimmungsrecht** ergibt sich, dass in erster Linie die in einer Patientenverfügung oder in einem Vorsorgeauftrag bezeichneten Personen zur Vertretung berechtigt sind (Botschaft Erwachsenenschutz, 7037). Der Gesetzgeber hat jedoch darauf verzichtet zu regeln, welche der beiden Formen der eigenen Vorsorge vorgeht, wenn in einem Vorsorgeauftrag und in einer Patientenverfügung unterschiedliche Vertreter bezeichnet werden. In einem solchen Fall ist wohl aber der in der **Pa-**

tientenverfügung als Spezialauftrag bezeichneten Person der Vorrang zu geben (GASSMANN, in: Rosch/Büchler/Jakob, Art. 377/378 N 14 m.w.H.).

c) Aufgrund behördlicher Anordnung

An zweiter Stelle in der Kaskadenordnung steht die Vertretungsbefugnis des Beistands, welche über ein Vertretungsrecht bei medizinischen Massnahmen verfügen. Eine Vertretungsbeistandschaft kann von der ESB unabhängig von der konkreten Entscheidungssituation errichtet worden sein, oder aber weil ein behördliches Einschreiten gem. Art. 381 erforderlich war. Im letzteren Fall wird die ESB gleichzeitig mit der Errichtung der Beistandschaft die in einer Patientenverfügung oder in einem Vorsorgeauftrag ernannte Person ihres Amtes entheben (GASSMANN, in: Rosch/Büchler/Jakob, Art. 377/378 N 15; HAUSHEER/GEISER/AEBI-MÜLLER, Erwachsenenschutzrecht, Rz 2.71). Die Vertretungsbefugnis aufgrund behördlicher Anordnung (Art. 378 Abs. 1 Ziff. 2) wird deshalb wohl trotz der Rangordnung gem. Art. 378 oftmals derjenigen gemäss eigener Vorsorge (Art. 378 Abs. 1 Ziff. 3) vorgehen. 6

d) Aufgrund gelebter Beziehung zum Patienten

In dritter bis siebter Linie sind die **Angehörigen** in der Reihenfolge ihrer **angenommenen Beziehungsintensität** zur urteilsunfähigen Person zur Vertretung berechtigt. Das Gesetz statuiert dabei Voraussetzungen, die sicherstellen sollen, dass **eine tatsächlich gelebte Beziehung** die Grundlage des Vertretungsrechts bildet (FANKHAUSER, 257; GASSMANN, in: Rosch/Büchler/Jakob, Art. 377/378 N 16). 7

An dritter Stelle können der **Ehegatte** oder der **eingetragene Partner** den Patienten vertreten. Vorausausgesetzt wird, dass ein gemeinsamer Haushalt besteht **oder** der urteilsunfähigen Person regelmässig und persönlich Beistand geleistet wird (Botschaft, 7037). 8

An vierter Stelle vertretungsberechtigt ist die Person, die mit dem urteilsunfähigen Patienten einen gemeinsamen Haushalt führt **und** ihr regelmässig und persönlich Beistand leistet. Davon erfasst werden in erster Linie die **Konkubinatspartner**. Denkbar ist aber auch die Vertretung durch **einen Mitbewohner**, wenn gleichzeitig zum gemeinsamen Haushalt eine **Verantwortungsgemeinschaft** mit dem Patienten besteht, welche die Beziehung von einer gewöhnlichen Wohngemeinschaft unterscheidet. In der Lehre wird m.E. teilweise zu Recht kritisiert, dass bei den Konkubinatspartnern kumulativ ein gemeinsamer Haushalt und regelmässiger persönlicher Beistand gegeben sein müssen. Da es auch bei langjährigen nicht-ehelichen Lebensgemeinschaften zu Situationen kommen kann, wo die Partner keinen gemeinsamen Haushalt führen, z.B. wenn ein Partner in ein Pflegeheim ziehen muss, erscheint diese Lösung nicht sachgerecht. Im Vorentwurf waren die Konkubinatspartner den Ehegatten im Hinblick auf die Vertretungsbefugnis noch gleichgestellt gewesen (vgl. Art. 434 Abs. 1 Ziff. 2 VE; Bericht VE Erwachsenenschutz, 72; FANKHAUSER, 257 und FN 65; BREITSCHMID, 23 FN 21). 9

An fünfter bis siebter Stelle folgt in der Kaskadenordnung das Vertretungsrecht der **Nachkommen** (Ziff. 5), der **Eltern** (Ziff. 6) und der **Geschwister** (Ziff. 7). In all diesen Fällen wird lediglich vorausgesetzt, dass der urteilsunfähigen Person **regelmässig und persönlich Beistand geleistet** wird. Die Führung eines gemeinsamen Haushalts stellt hier keine Voraussetzung dar. 10

3. Mehrere Vertretungsberechtigte

11 Sind mehrere Personen vertretungsberechtigt, so darf der gutgläubige Arzt voraussetzen, dass jede im Einverständnis mit den anderen handelt (Art. 378 Abs. 2). Mehrere Vertretungsberechtigte gleichen Rangs müssen sich untereinander absprechen und gemeinsam entscheiden (SCHMID, Art. 378 N 11; GASSMANN, in: Rosch/Büchler/Jakob, Art. 377/378 N 17). Können sie sich nicht einigen, bestimmt die ESB den Vertretungsberechtigten oder errichtet eine Vertretungsbeistandschaft (Art. 381 Abs. 2 Ziff. 2; vgl. Art. 381 N 3 und 5 ff.).

4. Ausübung des Vertretungsrechts

12 In Art. 378 Abs. 3 werden die Kriterien festgelegt, an welchen sich der gesetzliche Vertreter bei seiner Entscheidung zu orientieren hat. In erster Linie kommt das **Subsidiaritätsprinzip** zum Zug. Wenn der Patient im Rahmen einer Patientenverfügung oder eines Vorsorgeauftrags seinen Willen mittels genügend konkreter Anordnungen zum Ausdruck gebracht hat, bleibt gar kein Raum für eine gesetzliche Vertretung (vgl. N 1). Wenn jedoch keine solche Anordnungen vorliegen und es zu einer Entscheidung des gesetzlichen Vertreters der urteilsunfähigen Person kommt, überlässt der Gesetzgeber dem Vertreter **keine Entscheidungsfreiheit**, sondern sieht ausdrücklich vor, dass sich der Vertreter in erster Linie nach dem **mutmasslichen Willen** (subjektive Komponente) und den **objektiven Interessen** (objektive Komponente) der urteilunfähigen Person entscheiden muss. Es handelt sich somit um ein **konditioniertes Vertretungsrecht** (FANKHAUSER, 258 f.; GASSMANN, in: Rosch/Büchler/Jakob, Art. 377/378 N 12; WIDMER BLUM, 113)

13 Der Gesetzgeber hat es unterlassen zu bestimmen, welches der beiden Kriterien (subjektive oder objektive Komponente) den **Vorrang** geniesst, wenn sich der mutmassliche Wille des Patienten und seine objektiven Interessen **widersprechen**. Zur Ermittlung der **subjektiven Komponente** sind insb. **frühere Willensäusserungen oder Werthaltungen** zu beachten, die der Patient durch die Art der Lebensführung zum Ausdruck gebracht hat. Bei den **objektiven Interessen** stehen die **Gesundheitsinteressen** der urteilsunfähigen Person und deren Grundrecht der **Menschenwürde** im Vordergrund. Grundsätzlich ist davon auszugehen, dass rein objektive Interessen wie die medizinische Indikation nur dann alleine massgebend sind, wenn der mutmassliche Wille des urteilsunfähigen Patienten nicht ermittelbar ist. (GASSMANN, in: Rosch/Büchler/Jakob, Art. 377/378 N 12; WIDMER BLUM, 113). Andererseits gilt aber auch bei der gesetzlichen Vertretung der allgemeine Grundsatz, dass nicht in Massnahmen einwilligt werden kann, die **kontraindiziert** sind (HAUSHEER/GEISER/AEBI-MÜLLER, Erwachsenenschutzrecht, Rz 2.69; GASSMANN, in: Rosch/Büchler/Jakob, Art. 377/378 N 12; SCHMID, N 12). In der Lehre wird deshalb von gewissen Autoren nach der Art der Entscheidung differenziert und postuliert, dass bei einer **Eingriffszustimmung** die objektiven Interessen eine Eingriffsschranke darstellen, hingegen beim **Eingriffsveto** dem mutmasslichen Willen Vorrang zu geben sei. Im Ergebnis führt dies dazu, dass der gesetzliche Vertreter keine nicht medizinisch (objektiv) indizierten Massnahmen zulassen darf, hingegen die Vornahme medizinisch (objektiv) gebotener Massnahmen ablehnen kann (GETH/MONA, 175 f.; FANKHAUSER, 259). Von grosser Bedeutung wird in diesem Zusammenhang Art. 381 Abs. 2 Ziff. 3 sein, wonach die ESB auf Antrag des Arztes, eines anderen Nahestehenden oder von Amtes wegen einen anderen Vertretungsberechtigten bestimmt oder eine Vertretungsbeistandschaft errichtet, wenn die **Interessen des Urteilsunfähigen gefährdet** oder nicht mehr gewahrt sind. Im Gegensatz zu den Anordnungen in einer Patientenverfügung i.S.v. Art. 370 Abs. 1, ist der Arzt nämlich an die Entscheidung des Vertretungsberechtigten gebunden, auch wenn begründete Zweifel bestehen, dass diese nicht dem mutmasslichen Willen des Patienten entspricht (SCHMID, 13).

Zur **Aufklärung** des gesetzlichen Vertreters und **Miteinbezug des Urteilsunfähigen** in die Entscheidung. Der natürliche Wille der urteilsunfähigen Person ist nicht nur im Rahmen der Planung der Behandlung durch den Arzt (Art. 377 Abs. 3) zu berücksichtigen, sondern auch bei der Zustimmung bzw. Ablehnung der geplanten medizinischen Massnahmen durch die vertretungsberechtigte Person. Diese Interpretation drängt sich auch aufgrund der Biomedizin-Konvention auf, welche in Art. 6 Abs. 3 Satz 2 verlangt, dass die betroffene Person so weit wie möglich in das Einwilligungsverfahren einzubeziehen ist. Überdies müssen für den gesetzlichen Vertreter dieselben Voraussetzungen gelten wie für den Beistand, der gem. Art. 406 Abs. 1 dazu gehalten ist, die Wünsche, Meinung und den Willen des Urteilsunfähigen in seiner Entscheidfindung zu berücksichtigen (Fankhauser, 259 ff.). 14

II. Spezialgesetzliche Regelungen

Für gewisse medizinische Behandlungen bestehen spezialgesetzliche Regelungen, die auch die Vertretungsbefugnis betreffen und somit einen Vorbehalt gegenüber der gesetzlichen Vertretung gem. Art. 378 darstellen (Botschaft Erwachsenenschutz, 7014). 15

Art. 13 Abs. 2 **Transplantationsgesetz** (SR 810.21) sieht sehr enge Voraussetzungen vor, unter welchen bei Urteilsunfähigen Gewebe oder Zellen als Lebendspende entnommen werden dürfen. Gemäss Art. 14 Abs. 2 lit. f Transplantationsgesetz muss der gesetzliche Vertreter der urteilsunfähigen Person umfassend informiert werden und frei und **schriftlich** zustimmen. Als gesetzlicher Vertreter ist die vertretungsberechtigte Person gem. Art. 378 zu verstehen. Der eigentliche Entscheid ergeht aber durch eine von den Kantonen bezeichnete **unabhängige Instanz** (Art. 14 Abs. 2 lit. i Transplantationsgesetz). Bei **vorbereitenden medizinischen Massnahmen** für die Spende nach dem Tod ist eine Vertretung bei Urteilsunfähigen absolut ausgeschlossen; hier wird in Art. 10 Abs. 1 Transplantationsgesetz die eigene freie Zustimmung des Betroffenen verlangt (Fankhauser, 255). 16

Eine Sterilisation von minderjährigen und vorübergehend urteilsunfähigen Personen ist verboten (Art. 3 und 4 Sterilisationsgesetz [SR 211.111.1]). Für eine **Sterilisation dauernd Urteilsunfähiger** verlangt das Sterilisationsgesetz in Art. 7 Abs. 2 lit. g Sterilisationsgesetz die **Zustimmung der** vormundschaftlichen Aufsichtsbehörde (neu **Erwachsenenschutzbehörde ESB**), weshalb in diesem Bereich keine eigentliche Vertretungsbefugnis möglich ist. Die ESB prüft auf Antrag der betroffenen Person oder einer ihr nahestehenden Person, ob die Voraussetzungen der Sterilisation erfüllt sind (Art. 8 Abs. 1 Sterilisationsgesetz). Zwar können gesetzliche Vertreter gem. Art. 378 auch als nahestehende Personen gem. Art. 8 Abs. 1 Sterilisationsgesetz gelten; zu einer expliziten Nennung der gesetzlichen Vertreter und somit eigentlichen Angleichung an die Bestimmungen des neuen Erwachsenenschutzgesetzes ist es aber nicht gekommen. Dies womöglich deshalb, weil davon ausgegangen wurde, dass bei dauernd Urteilsunfähigen (worauf sich Art. 7 und 8 des Sterilisationsgesetzes beziehen) immer eine Beistandschaft errichtet werden muss und es somit im Anwendungsbereich des Sterilisationsgesetzes gar nie zu einer gesetzlichen Vertretung kommt. Diese Überlegung ist aber insofern falsch, als die Art. 377 ff. die Vertretung bei medizinischen Massnahmen umfassend regeln und im Bereich der medizinischen Massnahmen die gewillkürte Vertretung gem. Art. 378 Abs. 1 Ziff. 1 auch bei Vorliegen einer Beistandschaft der Vertretung durch den Beistand (Art. 378 Abs. Ziff. 2) vorgeht, wenn sie nicht von der ESB aufgehoben wurde. 17

Gemäss Art. 52 Abs. 1 lit. b des **Heilmittelgesetzes** (SR 812.21) dürfen klinische Versuche an minderjährigen Personen und an volljährigen Personen, die unter umfassender Beistandschaft stehen oder urteilsunfähig sind, nur durchgeführt werden, wenn die gesetzlichen Vertreter der Versuchsperson aufgeklärt worden sind und ihre Zustimmung erteilt 18 haben. Während sich die restlichen Voraussetzungen grundsätzlich nach dem Heilmittelgesetz richten, ist der gesetzliche Vertreter i.S.v. Art. 52 Abs. 1 lit. b Heilmittelgesetz nach Art. 378 zu bestimmen (FANKHAUSER, 255 f.).

Art. 379

C. Dringliche Fälle	**In dringlichen Fällen ergreift die Ärztin oder der Arzt medizinische Massnahmen nach dem mutmasslichen Willen und den Interessen der urteilsunfähigen Person.**
C. Cas d'urgence	En cas d'urgence, le médecin administre les soins médicaux conformément à la volonté présumée et aux intérêts de la personne incapable de discernement.
C. Situazioni d'urgenza	Nelle situazioni d'urgenza il medico prende provvedimenti medici conformi alla volontà presumibile e agli interessi della persona incapace di discernimento.

Inhaltsübersicht

Materialien

Art. 436 VE Erwachsenenschutz 2003; VE Erwachsenenschutz/Vernehmlassungen, 347 f.; Botschaft Erwachsenenschutz, 7037 und 7145; Prot. RK-S vom 2./3.7.2007, 32; AmtlBull StR 2007, 832; Prot. RK-N vom 24./25.4.2008, 17 f.; AmtlBull NR 2008, 1521.

I. Vergleich zum bisherigen Recht

1 Das ärztliche Handeln in Notfallsituationen richtet sich in der Schweiz grundsätzlich nach Art. 419 OR über die **Geschäftsführung ohne Auftrag**. Aufgrund dieser Bestimmung ist der Arzt verpflichtet, das Geschäft so zu führen, wie es dem Vorteil und der mutmasslichen Absicht des Patienten entspricht. Die Führung des Geschäfts zum Vorteil der betroffenen Person entspricht in diesem Kontext einem Handeln im Interesse der Gesundheit. Im Anwendungsbereich des **öffentlichen kantonalen Rechts** sehen zahlreiche kantonale Gesetze für Notfälle ausdrücklich eine Ausnahme vom Zustimmungsprinzip vor. Diese Bestimmungen stehen im Einklang mit **Art. 8 ÜMB** (Botschaft ÜMB, 302 f.). Eine dem Art. 8 ÜMB entsprechende Regelung wurde nun mit Art. 379 auch ins neue Erwachsenenschutzrecht aufgenommen.

II. Voraussetzung der Dringlichkeit

2 Gemäss Art. 379 ergreift der Arzt in **dringlichen Fällen** medizinische Massnahmen nach dem mutmasslichen Willen und den Interessen der urteilsunfähigen Person. Die erforderte Dringlichkeit beinhaltet sowohl eine **zeitliche** wie auch eine **sachliche** Komponente. Es handelt sich somit um Situationen, in denen die Information der vertretungsberechtigten Person sowie die Einholung deren Entscheide zu einer **zeitlichen Verzögerung der Behandlung** führen würde, die sich für urteilsunfähige Person in einem **gesundheitlichen Nachteil** auswirkt (GASSMANN, in: Rosch/Büchler/Jakob, Art. 379/380 N 1).

Zu denken ist dabei aber gemäss den Ausführungen in der Botschaft **nicht nur an eigentliche Notfallsituationen**. Vielmehr ist die Voraussetzung der Dringlichkeit auch dann erfüllt, wenn die Vertretungsberechtigung objektiv unklar ist und eine medizinische Massnahme zum Wohl des Patienten nicht aufgeschoben werden sollte, bis die ESB entschieden hat (Botschaft Erwachsenenschutz, 7037). Es stellt sich in diesem Zusammenhang die Frage, ob – der Argumentation der Botschaft folgend – dann nicht auch in den anderen Fällen, in welchen die ESB angerufen wird und diese nicht rechtzeitig entscheiden kann, ein ärztliches Entscheidungsrecht angenommen werden müsste. Problematisch würde sich eine solche Interpretation insb. bei der Konstellation erweisen, wo ein Arzt die ESB anruft, weil die Interessen der urteilsunfähigen Person gefährdet oder nicht gewahrt sind (Art. 381 Abs. 2 Ziff. 3). Damit wäre es den für die Anrufung der ESB gem. Art. 381 Abs. 3 antragsberechtigten Ärzten stets möglich, eine Dringlichkeitslage selbst herbeizuführen, indem sie sich auf den Standpunkt stellen, die Interessen seien durch den Entscheid des Vertreters gefährdet. Im Gegensatz zur Patientenverfügung (Art. 373 Abs. 2) wollte der Gesetzgeber den Ärzten bei der gesetzlichen Vertretung aber gerade keine solche korrektive Interventionsmöglichkeit einräumen (Fankhauser, 252 f.). 3

Die Ärzte stützen sich bei ihrem Entscheid auf den mutmasslichen Willen und die Interessen des urteilsunfähigen Patienten (vgl. Art. 378 N 12 ff.). 4

Art. 380

D. Behandlung einer psychischen Störung

Die Behandlung einer psychischen Störung einer urteilsunfähigen Person in einer psychiatrischen Klinik richtet sich nach den Bestimmungen über die fürsorgerische Unterbringung.

D. Traitement des troubles psychiques

Le traitement des troubles psychiques d'une personne incapable de discernement placée dans un établissement psychiatrique est régi par les règles sur le placement à des fins d'assistance.

D. Trattamento di una turba psichica

Il trattamento in una clinica psichiatrica della turba psichica di una persona incapace di discernimento è retto dalle disposizioni sul ricovero a scopo di assistenza.

Inhaltsübersicht

Materialien

Art. 434 Abs. 4 VE Erwachsenenschutz 2003; VE Erwachsenenschutz/Vernehmlassungen, 329 ff.; Botschaft Erwachsenenschutz, 7037 f. und 7145; Prot. RK-S vom 27./28.7.2007, 3 f.; AmtlBull StR 2007, 832; Prot. RK-N vom 24./25.4.2008, 17 f.; AmtlBull NR 2008, 1521.

I. Vorbehalt FU

Art. 380 übernimmt das Konzept des Art. 7 ÜMB, welches eine von den allgemeinen Grundsätzen abweichende Regelung für die Behandlung von Personen mit schweren psychischen Störungen vorsieht, und statuiert entsprechend den **Vorrang der Bestimmungen über die FU** (Art. 426 ff.) gegenüber der Regelung über die Vertretung bei medizini- 1 schen Massnahmen (Art. 377 ff.) für die Behandlung einer psychischen Störung einer urteilsunfähigen Person in einer psychiatrischen Klinik.

2 Dieser Vorbehalt bezieht sich nicht nur auf die **Einweisung** in die psychiatrische Klinik, sondern auch auf die in der psychiatrischen Klinik vorgenommenen **medizinischen Massnahmen**, die sich auf die **Behandlung der psychischen Störung** beziehen. Die herrschende Lehre geht jedoch zu Recht davon aus, dass für die **Behandlung einer somatischen Krankheit** bei einem psychisch Kranken in einer psychiatrischen Klinik die Art. 377 ff. anwendbar bleiben (HAUSHEER/GEISER/AEBI-MÜLLER, Erwachsenenschutzrecht, Rz 2.67; GASSMANN, in: Rosch/Büchler/Jakob, Art. 379/380 N 3; SCHMID, Art. 380 N 3).

II. Gründe und Kritik

3 Die Botschaft begründet die Schaffung des Sonderrechts für die Behandlung einer psychischen Störung eines Urteilsunfähigen mit dem **Schutz der betroffenen Personen**. Sie soll davor geschützt werden, ohne weitere Umstände von Angehörigen psychiatrisch versorgt zu werden. Unabhängig davon, ob die urteilsunfähige Person Widerstand leistet oder nicht, sollen die gleichen Verfahrensgarantien gelten, so dass heikle Abgrenzungsfragen entfallen. Zudem soll sichergestellt werden, dass die Klinik bei der Behandlung urteilsunfähiger Personen nicht unterschiedliche Regelungen anwenden muss (Botschaft Erwachsenenschutz, 7037 f.).

4 In der Lehre ist der Vorbehalt in Art. 380 und dessen Begründung teilweise auf Kritik gestossen. So wird z.B. geltend gemacht, dass die unterschiedliche rechtliche Klassifikation von körperlichen und psychischen Erkrankungen zu **Abgrenzungsschwierigkeiten** führt und mit der verfassungsrechtlichen Gewährleistung der **Rechtsgleichheit** (Art. 8 BV) nur schwer vereinbar ist (GASSMANN, in: Rosch/Büchler/Jakob, Art. 379/380 N 2 m.w.H.). Kritisiert wird weiter, dass mit diesem Vorbehalt im Ergebnis in Kauf genommen wird, dass bei psychischen Störungen und entsprechenden Massnahmen dem Selbstbestimmungsrecht des Patienten weit weniger Gewicht eingeräumt wird und in diesem Bereich somit weiterhin das Verständnis einer **paternalistischen bzw. direktiven Medizin** vorherrscht (FANKHAUSER, 254). So wird zwar gem. Art. 433 Abs. 3 für die Behandlung einer psychischen Störung eine Patientenverfügung des urteilsunfähigen Patienten berücksichtigt, gemäss den Ausführungen in der Botschaft aber nur soweit, wie dadurch eine sinnvolle Behandlung nicht vereitelt wird (Botschaft Erwachsenenschutz, 7068). Eine Patientenverfügung der urteilsunfähigen Person kann im Rahmen einer FU auf jeden Fall immer dann missachtet werden, wenn die Voraussetzungen für eine Behandlung ohne Zustimmung des Patienten i.S.v. Art. 434 gegeben sind, weil ohne Behandlung der betroffenen Person ein ernsthafter gesundheitlicher Schaden droht oder das Leben oder die körperliche Integrität Dritter ernsthaft gefährdet ist und keine angemessene Massnahme zur Verfügung steht, die weniger einschneidend ist. Eine gesetzliche Vertretung existiert bei der FFE nicht; die betroffene Person kann lediglich eine Vertrauensperson beiziehen (Art. 432).

Art. 381

E. Einschreiten der Erwachsenenschutzbehörde

[1] **Die Erwachsenenschutzbehörde errichtet eine Vertretungsbeistandschaft, wenn keine vertretungsberechtigte Person vorhanden ist oder das Vertretungsrecht ausüben will.**

[2] **Sie bestimmt die vertretungsberechtigte Person oder errichtet eine Vertretungsbeistandschaft, wenn:**
1. **unklar ist, wer vertretungsberechtigt ist;**
2. **die vertretungsberechtigten Personen unterschiedliche Auffassungen haben; oder**

3. die Interessen der urteilsunfähigen Person gefährdet oder nicht mehr gewahrt sind.

[3] Sie handelt auf Antrag der Ärztin oder des Arztes oder einer anderen nahestehenden Person oder von Amtes wegen.

E. Intervention de l'autorité de protection de l'adulte

[1] L'autorité de protection de l'adulte institue une curatelle de représentation lorsqu'il n'y a pas de personne habilitée à représenter la personne incapable de discernement ou qu'aucune personne habilitée à le faire n'accepte de la représenter.

[2] Elle désigne le représentant ou institue une curatelle de représentation lorsque:
1. le représentant ne peut être déterminé clairement;
2. les représentants ne sont pas tous du même avis;
3. les intérêts de la personne incapable de discernement sont compromis ou risquent de l'être.

[3] Elle agit d'office ou à la demande du médecin ou d'une autre personne proche de la personne incapable de discernement.

E. Intervento dell'autorità di protezione degli adulti

[1] L'autorità di protezione degli adulti istituisce una curatela di rappresentanza se non vi è una persona con diritto di rappresentanza o se la stessa non vuole esercitare il suo diritto.

[2] L'autorità di protezione degli adulti designa la persona con diritto di rappresentanza o istituisce una curatela di rappresentanza se:
1. è incerto a chi spetti la rappresentanza;
2. i pareri delle persone con diritto di rappresentanza divergono; o
3. gli interessi della persona incapace di discernimento sono esposti a pericolo o non sono più salvaguardati.

[3] L'autorità di protezione degli adulti interviene su domanda del medico, di un'altra persona vicina o d'ufficio.

Inhaltsübersicht

Materialien

Art. 434 Abs. 2 und 3VE Erwachsenenschutz 2003; VE Erwachsenenschutz/Vernehmlassungen, 329 ff.; Botschaft Erwachsenenschutz, 7038 und 7145 f.; Prot. RK-S vom 27./28.8.2007, 4; AmtlBull StR 2007, 832; Prot. RK-N vom 24./25.4.2008, 17 f.; AmtlBull NR 2008, 1521.

I. Allgemeines

Die Vertretungsbefugnis bei medizinischen Massnahmen gem. Art. 377 ff. entsteht **von Gesetzes wegen**; es braucht somit grundsätzlich keine behördliche Verfügung. Ein Einschreiten der ESB ist deshalb nur dann notwendig, wenn die **Vertretung an und für sich oder die Interessen der urteilsunfähigen Person nicht sichergestellt** sind. 1

Gemäss Art. 381 Abs. 3 handelt die ESB auf **Antrag des Arztes** oder einer **nahestehenden Person** oder **von Amtes wegen**. Der Begriff der nahestehenden Person richtet sich nach den unter dem geltenden Recht entwickelten Grundsätzen und umfasst diejenigen Personen, welche mit der betroffenen Person **faktisch verbunden** sind; d.h. diese gut kennen, und kraft ihrer Eigenschaften sowie ihrer Beziehungen zur betroffenen Person als geeignet erscheinen, deren Interessen wahrzunehmen (Botschaft Erwachsenenschutz, 7084; WIDMER BLUM, 223). 2

3 Interveniert die ESB, so kommt ihr ein **relativ grosser Ermessensspielraum** zu. Ohne an die Reihenfolge nach Art. 378 Abs. 1 gebunden zu sein, kann sie das Vertretungsrecht der geeignetsten Person unter den Vertretungsberechtigten übertragen oder aber eine Vertretungsbeistandschaft errichten. Im letzteren Fall fällt das Vertretungsrecht der Angehörigen von Gesetzes wegen weg, wogegen diese Beschwerde gem. Art. 450 ff. führen können (Botschaft Erwachsenenschutz, 7038).

4 Für das Verfahren vor der ESB gem. Art. 381 sind die **erstinstanzlichen Verfahrensvorschriften** (Art. 443 ff.) anwendbar (Schmid, Art. 381 N 1).

II. Anwendungsfälle der behördlichen Intervention

5 Wenn **keine vertretungsberechtigte Person** gem. Art. 378 Abs. 1 **vorhanden** ist, muss die ESB eine **Vertretungsbeistandschaft** errichten und eine Person als Beistand einsetzen (Art. 381 Abs. 1). Zur Vertretungsbeistandschaft vgl. die Ausführungen zu Art. 394.

6 Gemäss Art. 381 Abs. 2 **Ziff. 1** schreitet die ESB ein, wenn **unklar** ist, wer **vertretungsberechtigt** ist. Zu einer solchen Situation kann es z.B. kommen, wenn nicht feststeht, welche Angehörigen der urteilsunfähigen Person tatsächlich regelmässig Beistand geleistet haben und somit zur Vertretung berechtigt sind (Mösch Payot, in: Rosch/Büchler/Jakob, Art. 381 N 2 m.w.H.).

7 Ein weiterer Grund für das Einschreiten der ESB liegt gem. Art. 381 Abs. 2 **Ziff. 2** vor, wenn die vertretungsberechtigten Personen **unterschiedliche Auffassungen** haben. Dieser Konflikt kann immer dann eintreten, wenn gemäss der Kaskadenregelung in Art. 378 Abs. 1 gleichzeitig mehrere Personen zur Vertretung berechtigt sind und gemeinsam entscheiden müssen.

8 Schliesslich kommt es gem. Art. 381 Abs. 2 **Ziff. 3** zu einer Intervention der ESB, wenn die **Interessen** der urteilsunfähigen Person **gefährdet oder nicht mehr gewahrt** sind. Diese Bestimmung stellt ein wichtiges Mittel gegen den Missbrauch der Vertretungsmacht durch die vertretungsberechtigte Person dar. Eine Interessengefährdung liegt z.B. dann vor, wenn die Zustimmung zu einer notwendigen, medizinisch indizierten Massnahme von der vertretungsberechtigten Person verweigert wird, oder ihr Entscheid auf einer fehlerhaften Ermittlung des mutmasslichen Willens der betroffenen Person beruht (Widmer Blum, 113). Im Gegensatz zur Regelung beim Vorsorgeauftrag (Art. 365 Abs. 3) führt eine **Interessenkollision** bei der Vertretung für medizinische Massnahmen nicht zu einem Untergang der Vertretungsmacht **von Gesetzes wegen**. Ein Einschreiten der ESB und eine behördliche Verfügung gem. Art. 381 sind hier zur Wahrung der Interessen der urteilsunfähigen Person unerlässlich (Schmid, Art. 382, N 6; kritisch: Fankhauser, 265).

Dritter Unterabschnitt: Aufenthalt in Wohn- oder Pflegeeinrichtungen

Vorbemerkungen zu Art. 382–387

Literatur

Bericht zur Alterspolitik im Kanton Zürich [Oktober 2005]; Botschaft zum BG über die die Neuordnung der Pflegefinanzierung, BBl 2005, 2003 ff.; Breitschmid, Ersatzlösungen anstelle der Errichtung einer Vormundschaft oder von vormundschaftlichen Massnahmen, ZVW 2003, 47 ff. (zit. ZVW 2003); Bollier, Die Funktion der Hilflosenentschädigung in der Pflegefinanzierung, in: Breitschmid/Gächter (Hrsg.), Rechtsfragen zum Heimaufenthalt und dessen Finanzierung, Zürich/St. Gallen 2010, 123–147; BREITSCHMID/STECK/WITTWER, Der Heimvertrag, FamPra.ch 2009, 867 ff.; DIES., Der Heimvertrag, in: Breitschmid/Gächter (Hrsg.), Rechtsfragen zum Heimaufenthalt und dessen Finanzierung, Zürich/St. Gallen 2010, 19–59; BÜHRER-STIERLIN, Das Altersheim im Kanton Zürich, Rechtsgrundlagen, Subventionierung, Aufsicht, Diss., ZH 1994; BUNDESAMT FÜR STATISTIK, Statistik der sozialmedizinische Institutionen, Definitive Standardtabellen 2009 gemäss Stand der Daten am 24.3.2011 (‹http://www.bfs.admin.ch/bfs/portal/de/index/themen/14/03/02.html›, besucht am 20.10.2011, zit. BFS 2009); GEISER, Demenz und Recht, Regulierung – Deregulierung, ZVW 2003, 97–114; GENNA, Fremdbestimmter Eintritt ins Alters- und Pflegeheim – Fürsorge versus Menschenwürde, ZVW 2004, 193 ff.; HAAS, Die Einwilligung in eine Persönlichkeitsverletzung nach Art. 28 Abs. 2 ZGB, Diss., ZH 2007; HEGNAUER, Struktur der vormundschaftlichen Aufsicht, ZVW 2003, 361 ff. (zit. ZVW 2003); HÖPFLINGER, Age Report 2009. Einblicke und Ausblicke zum Wohnen im Alter, Zürich und Genf 2009; LEUBA/TRITTEN, La protection de la personne incapable de discernement séjournant en institution, ZVW 2003, 284–298; MARKUS/KECK, Ihre Rechte als Heimbewohnerinnen und Heimbewohner (Hrsg. Bundesministerium für Familie, Senioren, Frauen und Jugend, 2008), www.bmfsfj.de, besucht am 27.10.2011); NÄGELI, Die ärztliche Behandlung handlungsunfähiger Patienten aus zivilrechtlicher Sicht, Diss., ZH 1984; PETERHANS, Ergänzungsleistungen, AHV/IV und Heimaufenthalt, in: Breitschmid/Gächter (Hrsg.), Rechtsfragen zum Heimaufenthalt und dessen Finanzierung, Zürich/St. Gallen 2010, 109–121; REUSSER, Auf dem Weg zu einem neuen Erwachsenenschutzrecht – Überblick über die Totalrevision des Vormundschaftsrechts, ZSR 2003, 271 ff. (zit. ZSR 2003); DIES., Vom Vormundschaftsrecht zum Erwachsenenschutzrecht, ZVW 2003, 179 ff. (zit. ZVW 2003); RIEMER, Die Vertretung bei der Ausübung von Rechten, die unmündigen oder unter einer vormundschaftlichen Massnahme stehenden Personen «um ihrer Persönlichkeit willen zustehen», ZVW 1998, 216 ff. (zit. ZVW 1998); DERS.,Vormundschaftliche Hilfe für Betagte, ZVW 1982, 121 ff. (zit. ZVW 1982); RÜETSCHI, Die Medizinisch-ethischen Richtlinien der SAMW aus juristischer Sicht, Schweizerische Ärztezeitung, 2004, 1222 ff.; SAMW, Richtlinie: Recht der Patientinnen und Patienten auf Selbstbestimmung. Medizinisch-ethische Grundsätze, 2. Aufl., Basel 2006 (zit. SAMW Selbstbestimmung); SAMW, Richtlinie: Behandlung und Betreuung von älteren, pflegebedürftigen Menschen. Medizinisch-ethische Richtlinien und Empfehlungen, 6. Aufl., Basel 2010 (zit. SAMW, Behandlung und Betreuung); SCHNYDER, Die Entstehung und die Inhalte des neuen Erwachsenenschutzrechts, Jusletter vom 3. Mai 2004; SCHWAB, Selbstbestimmung im Alter, ZBJV 2006, 561 ff.; STETTLER, La protection des adultes incapables de discernement: Les mesures appliquées de plein droit (art. 431–442 AP), ZSR 2003 I, 369 ff. (zit. ZSR 2003); DERS., La sauvegarde des intérêts des personnes incapables de discernement dans le nouveau droit de la protection de l'adulte, ZVW 2003, 258 ff. (zit. ZVW 2003); DERS., L'accompagnement socio-juridique de la personne très agée, de lege lata et de lege ferenda, in: Geiser et al. (Hrsg.), Privatrecht im Spannungsfeld, FS für Heinz Hausheer, Bern 2002, 717 ff. (zit. FS Hausheer); DERS., Les limites juridiques de l'aide extratutélaire apportée aux personnes très agées, ZVW 1983, 1 ff. (zit. ZVW 1983); WIDMER, Alters- und Pflegeheimfinanzierung im Kanton Zürich (inkl. Entwicklung), in: Breitschmid/Gächter [Hrsg.], Rechtsfragen zum Heimaufenthalt und dessen Finanzierung, Zürich/St. Gallen 2010, 61–89 (zit. WIDMER).

Inhaltsübersicht

I. Revisionsgeschichte

1. Ausgangslage

1 Mit den Bestimmungen des dritten Unterabschnittes (Art. 382–387 ZGB) wird eine Verbesserung des Schutzes von **urteilsunfähigen Personen**, die in einer **Wohn- oder Pflegeeinrichtung** betreut werden, angestrebt (Botschaft Erwachsenenschutz, 7014 f.). Der Anwendungsbereich ist nicht auf betagte Menschen beschränkt (LEUBA/TRITTEN, ZVW 2003, 285), doch hat die demographische Entwicklung gezeigt, dass vor allem hier Reformbedarf bestand. Im Jahre 2010 waren in der Schweiz bei einer Gesamtbevölkerung von 7 870 100 Menschen 372 900 (4,7 %) 80 Jahre und älter. Davon waren 28,7 % bei Lang- oder Kurzzeitaufenthalten in insgesamt 1 595 sozialmedizinischen Institutionen (Altersheime, Pflegeheime) untergebracht (vgl. BFS 2009). Eine zentrale Ursache für Pflegebedürftigkeit im hohen Alter sind hirnorganische Störungen (HÖPFLINGER, 29). Im hohen Alter steigt das Risiko, an Alzheimer zu erkranken oder an einer Altersdemenz zu leiden und dadurch dauernd urteilsunfähig zu werden. In der Schweiz leiden 8 % der über 65-jährigen und 30 % der über 85-jährigen an der Alzheimer-Krankheit oder einer anderen Form von Demenz (vgl. Botschaft Erwachsenenschutz, 7011 m.H.). Das Durchschnittsalter der in Heimen untergebrachten Menschen liegt schweizweit bei über 80 Jahren (Männer: 80,8; Frauen: 85,0; vgl. BFS 2009). Alters- und Pflegeheime sind heute oft Orte, wo hochaltrig gewordene Menschen ihre letzte Lebenszeit verbringen (HÖPFLINGER, 29). Vgl. auch vor Art. 374–376 N 1 ff.

2. Die Vorarbeiten der Expertenkommissionen

2 Im Rahmen der Vorarbeiten zur Revision des Vormundschaftsrechtes wurde unter dem Titel «Betreuung in der stationären Einrichtung» eine **gesetzliche Regelung der Betreuung von Patienten** – als Ergänzung zu den Bestimmungen über die FFE – postuliert (Bericht ExpK Erwachsenenschutz 95, 119, 124). Dieses Anliegen wurde konkretisiert, indem der letzte Titel des Erwachsenenschutzes der «therapeutischen Betreuung» gewidmet wurde. Vorgeschlagen wurde dabei ein erster «allgemeiner Teil» und ein zweiter Teil über die FFE. Zur Begründung wurde angeführt, es habe sich immer mehr erwiesen, dass die Regelung der «Betreuung in der Anstalt» Lücken aufweise (Begleitbericht mit VE 98, 41 ff.).

3 Der VE Erwachsenenschutz 03 übernahm das Reformpostulat und vertiefte es. In einem zwölften Titel wurden **«Massnahmen von Gesetzes wegen für urteilsunfähige Personen»** vorgesehen (Art. 431–442 VE), wobei hier in einem dritten Abschnitt der **«Aufenthalt in Wohn- und Pflegeeinrichtungen»** geregelt werden sollte (Art. 437–442 VE). Damit sollten «neue und spezifische Schutzmassnahmen für vorübergehend oder dauernd urteilsunfähig gewordene Personen», die von Gesetzes wegen gelten, geschaffen werden (Bericht ExpK Erwachsenenschutz 03, 70). Als Begründung wurde ausgeführt, dass urteilsunfähige Personen, die in Einrichtungen leben, nicht immer den rechtlichen und psychosozialen Schutz, den sie benötigen, geniessen. In der Öffentlichkeit werde von Zeit zu Zeit auf Mängel in der stationären Betreuung hingewiesen, und in gewissen Regionen der Schweiz könne man im Hinblick auf den Umfang der Beanstandungen schon fast von einer Krise sprechen. Dabei gehe es nicht so sehr um unerlaubte FFE. Am häufigsten angesprochen würden vielmehr die Qualität der Leistungen, der Mangel an persönlicher Betreuung und fehlende Transparenz bei den vertraglichen Beziehungen zwischen Bewohnern einerseits und der Einrichtung andererseits. Die neuen Bestimmungen hätten insb. den Schutz hochbetagter Personen zum Ziel, doch gehe es auch um Menschen mit einer allenfalls angeborenen geistigen Behinderung (Bericht ExpK Erwachsenenschutz 03, 16 f.; vgl. dazu auch GEISER, ZVW 2003, 97 ff., 105 f., 109, der auf die unzulängliche

und unbefriedigende Regelung im bisherigen Recht hinwies; ferner STETTLER, FS Hausheer, 717, 729 f.; STETTLER, ZSR 2003 I, 369, 378 ff.; LEUBA/TRITTEN, ZVW 2003, 284, 286; OFK-ZGB-FASSBIND, Art. 382 N 1).

3. Das Vernehmlassungsverfahren

Die vorgeschlagenen neuen Bestimmungen (Art. 437–442 VE) wurden im **Vernehmlassungsverfahren** grundsätzlich begrüsst. Kritisch wurde zum Teil ausgeführt, die Minimalforderungen des neuen Rechts sollten ganz generell auch für urteilsfähige und handlungsfähige Betreute anwendbar erklärt und die entsprechenden Betreuungseinrichtungen grundsätzlich einer Aufsichts- und Betriebsbewilligungspflicht unterstellt werden, etwa nach dem Vorbild der umfassenden Bestimmungen des deutschen Heimgesetzes (zur Rechtslage in Deutschland vgl. auch MARKUS/KECK, 24 ff.). Von anderer Seite wurde aber auch bemängelt, «die heraufbeschwörte ‹Krise› in der stationären Betreuung und die Beanstandung der rechtlichen und psychosozialen Rahmenbedingungen» seien «nicht nachvollziehbar». Mit den Qualitätsanforderungen des Bundes würden den Institutionen klare Standards gesetzt, die eingehalten werden müssten und beaufsichtigt würden. Die vorgeschlagenen zusätzlichen Bestimmungen im ZGB führten zu einer unnötigen Doppel- oder Mehrspurigkeit, die entschieden abzulehnen sei (vgl. VE Erwachsenenschutz/Vernehmlassungen, 48 f.). 4

4. Der bundesrätliche Entwurf

Im bundesrätlichen Entwurf wurde die **Gesetzessystematik** geändert. Die «Massnahmen von Gesetzes wegen für urteilsunfähige Personen» wurden neu im zweiten Abschnitt des zehnten Titels des revidierten ZGB eingegliedert. Die Bestimmungen, welche den Aufenthalt in Wohn- oder Pflegeeinrichtungen regeln, wurden hier in einem dritten Unterabschnitt untergebracht (Art. 382–387 E ZGB, Botschaft Erwachsenenschutz, 7038 ff., 7146 ff.). Der bessere Schutz urteilsunfähiger Personen in Wohn- oder Pflegeeinrichtungen stellt eines von mehreren zentralen Revisionsanliegen dar (Botschaft Erwachsenenschutz, 7011, 7014 f.). In der Botschaft wurden die im VE Erwachsenenschutz 03 für die Notwendigkeit einer Gesetzesrevision in diesem Bereich aufgeführten Gründe (N 3) wiederholt und insb. darauf hingewiesen, dass der Bund das Pflegerecht im Erwachsenenschutzrecht nicht abschliessend regeln könne, das neue Recht indessen versuchen müsse, den Schutz von Personen, die in einer Wohn- oder Pflegeeinrichtung leben, punktuell zu verbessern (Botschaft Erwachsenenschutz, 7014 f.). 5

5. Die parlamentarischen Beratungen

Die vom Bundesrat vorgesehene Gesetzessystematik wurde beibehalten. Die Bestimmungen von Art. 382–387 E ZGB (Botschaft Erwachsenenschutz, 7038 ff., 7146 ff.) haben unverändert als **Art. 382–387 ZGB** Eingang ins Gesetz gefunden. Im Einzelnen ist für die Beratungen in den eidgenössischen Räten auf die Kommentierung der einzelnen Gesetzesbestimmungen zu verweisen. 6

II. Verhältnis zum bisherigen Recht

Die gesetzliche Regelung von Art. 382–387 wurde **neu ins ZGB** aufgenommen. Im bisherigen Recht fehlten entsprechende bundesrechtliche Bestimmungen. Der Interpellation Gutzwiller mit Vorschlag einer Änderung und Ergänzung des OR wurde keine Folge ge- 7 geben (Interpellation 03.3549, erledigt am 19.12.2003). Damit war der Erlass eines Heimbetreuungsgesetzes angestrebt worden für Personen, «welche in einem hilflosen Zustand von Dritten betreut werden, ..., das für private und öffentliche Einrichtungen gilt». Danach hätten die Kantone verpflichtet werden sollen, Regelungen über Einrichtungen für Kinder, Jugendliche, betagte, kranke, behinderte und weitere Personen zu erlassen, die einer solchen Betreuung bedürfen. Sie wären befugt gewesen, dabei auch zivilrechtliche Bestimmungen zu erlassen. Der Bundesrat teilte zwar die Sorge des Interpellanten, soweit es um den Schutz von abhängigen erwachsenen Personen gehe, die sich in Alters-, Pflege- oder anderen Einrichtungen befinden, und die Auffassung, dass die kantonalen Schutzvorkehren unterschiedlich und nicht immer genügend seien. Er verwies aber auf das Ergebnis des Vernehmlassungsverfahrens zum neuen Erwachsenenschutzrecht, das es abzuwarten gelte, bevor über das weitere Vorgehen entschieden werden könne.

8 Diese Materie ist somit grundsätzlich weiterhin **Gegenstand der kantonalen Gesetzgebung** im Bereich des **Gesundheitswesens und der Sozialhilfe** (vgl. z.B. die Regelung für den Kanton Zürich im Patientinnen- und Patientengesetz vom 5. April 2004, LS 813.13 und im Sozialhilfegesetz vom 14.8.1981, LS 851.1, die dazu einschlägige Bestimmungen enthalten). Dieser Umstand vermag den Bund aber nicht daran zu hindern, gestützt auf Art. 42 Abs. 2 BV im Rahmen des ZGB zum Schutz der urteilsunfähigen Personen einheitliche Bestimmungen zu erlassen (GEISER, ZVW 2003, 109). Grundlage für das Zusammenwirken von Bundesrecht und kantonalem Recht in diesem Bereich ist Art. 41 Abs. 1 lit. b und Art. 118 BV (BVK-BIGLER-EGGENBERGER, Art. 41 BV N 37 ff.). Die kantonalen gesetzlichen Regelungen über die Betreuung von urteilsunfähigen Personen in Wohn- oder Pflegeheimen müssen deshalb neu dem durch die **bundesrechtlichen Vorgaben** (Art. 382–387) verlangten Standard i.S.v. **Mindestanforderungen** (Art. 382 N 20) genügen und soweit erforderlich angepasst werden. In diesem Zusammenhang kann immerhin festgestellt werden, dass das neue Bundesrecht vielfach an die bewährte Praxis anknüpft, wie sie in fortschrittlich geführten Wohn- oder Pflegeeinrichtungen, zum Teil aufgrund der neueren kantonalen Gesetzgebung, gehandhabt wurde (LEUBA/TRITTEN, ZVW 2003, 284, 289 ff.).

III. Internationales Recht

9 Der **Schutz von Kindern und Erwachsenen** richtet sich nach Art. 85 IPRG. Danach wird in Bezug auf die Zuständigkeit der schweizerischen Gerichte oder Behörden, auf das anwendbare Recht sowie auf die Anerkennung und Vollstreckung ausländischer Entscheidungen oder Massnahmen auf die Bestimmungen der Haager Übereinkommen vom 19.10.1996 (HKsÜ; SR 0.211.231.011, in Kraft getreten am 1.7.2009) bzw. vom 13.1.2000 (HEsÜ; SR 0.211.232.1, in Kraft getreten am 1.7.2009) verwiesen (Art. 85 Abs. 1 und 2 IPRG). Massnahmen, die in einem Staat ergangen sind, der nicht Vertragsstaat der beiden Übereinkommen ist, werden anerkannt, wenn sie im Staat des **gewöhnlichen Aufenthaltes des Kindes oder des Erwachsenen** ergangen sind oder dort anerkannt werden (Art. 85 Abs. 4 IPRG).

10 Die schweizerischen Gerichte oder Behörden sind ausserdem zuständig, wenn es für **den Schutz einer Person oder von deren Vermögen unerlässlich ist** (Art. 85 Abs. 3 IPRG).

IV. Übergangsrecht

11 Nach Art. 14 Abs. 1 SchlT gilt für den Erwachsenenschutz das **neue Recht**, sobald die Revision des ZGB (Änderung vom 19.12.2008, AS 2011 725 ff.) in Kraft getreten ist, mithin

auf den 1.1.2013 (AS 2011 767). In Bezug auf die Anordnung von Massnahmen hat die ESB von Amtes wegen die erforderlichen Anpassungen an das neue Recht *«so bald wie möglich»* vorzunehmen (Abs. 2). Dieser Grundsatz muss sinngemäss auch auf den Anwendungsbereich von Art. 382–387 gelten.

Auf bei Inkrafttreten des neuen Rechts **hängige Verfahren** findet das neue Verfahrensrecht Anwendung (Art. 14a Abs. 1 und 2 SchlT). **12**

Art. 382

A. Betreuungsvertrag

[1] Wird eine urteilsunfähige Person für längere Dauer in einer Wohn- oder Pflegeeinrichtung betreut, so muss schriftlich in einem Betreuungsvertrag festgelegt werden, welche Leistungen die Einrichtung erbringt und welches Entgelt dafür geschuldet ist.

[2] Bei der Festlegung der von der Einrichtung zu erbringenden Leistungen werden die Wünsche der betroffenen Person so weit wie möglich berücksichtigt.

[3] Die Zuständigkeit für die Vertretung der urteilsunfähigen Person beim Abschluss, bei der Änderung oder bei der Aufhebung des Betreuungsvertrags richtet sich sinngemäss nach den Bestimmungen über die Vertretung bei medizinischen Massnahmen.

A. Contrat d'assistance

[1] L'assistance apportée à une personne incapable de discernement résidant pendant une période prolongée dans un établissement médicosocial ou dans un home (institutions) doit faire l'objet d'un contrat écrit qui établit les prestations à fournir par l'institution et leur coût.

[2] Les souhaits de la personne concernée doivent, dans la mesure du possible, être pris en considération lors de la détermination des prestations à fournir par l'institution.

[3] Les dispositions sur la représentation dans le domaine médical s'appliquent par analogie à la représentation de la personne incapable de discernement lors de la conclusion, de la modification ou de la résiliation du contrat d'assistance.

A. Contratto d'assistenza

[1] Se per un lungo periodo una persona incapace di discernimento riceve assistenza in un istituto di accoglienza o di cura, un contratto di assistenza scritto deve stabilire quali siano le prestazioni fornite dall'istituto e quale ne sia il prezzo.

[2] Per la determinazione delle prestazioni fornite dall'istituto si considerano per quanto possibile i desideri dell'interessato.

[3] Il potere di rappresentare la persona incapace di discernimento per la conclusione, la modifica e la risoluzione del contratto di assistenza è retto per analogia dalle disposizioni sulla rappresentanza in caso di provvedimenti medici.

Inhaltsübersicht

Literatur

Vgl. die Literaturhinweise bei den Vorbem. zu Art. 382–387.

Materialien

Art. 437 VE Erwachsenenschutz 2003; VE Erwachsenenschutz/Vernehmlassungen, 49 f.; Botschaft Erwachsenenschutz, 7014 f., 7038 f. und 7146; Prot. RK-S vom 27./28. 8. 2007, 4 f.; AmtlBull StR 2007, 833; Prot. RK-N vom 24./25. 4. 2008, 18 f.; AmtlBull NR 2008, 1521.

I. Inhalt und Zweck der Norm

1. Inhalt

1 Art. 382 entspricht wörtlich der Fassung von Art. 382 E ZGB (Botschaft Erwachsenenschutz, 7038 f., 7146). Zur Entstehungsgeschichte vgl. vor Art. 382–387 N 1 ff.

2 Nach Art. 382 müssen für die Betreuung urteilsunfähiger Menschen, die für längere Dauer in einer Wohn- oder Pflegeeinrichtung untergebracht werden, **drei Voraussetzungen** erfüllt sein:
- Abschluss eines **schriftlichen Betreuungsvertrags** (Abs. 1, N 4 ff.);
- möglichst weitgehende **Berücksichtigung der Wünsche der betroffenen Person** (Abs. 2, N 41 f.);
- Regelung der **Zuständigkeit für die Vertretung** bei Abschluss, Änderung oder Aufhebung des Betreuungsvertrags (Abs. 3, N 43 ff.).

2. Zweck

3 Mit den Bestimmungen von Art. 382–387 wird angestrebt, den **Schutz von Personen**, die urteilsunfähig sind und in einer Wohn- oder Pflegeeinrichtung leben und deren Interessen deswegen durch andere Personen wahrgenommen werden müssen, **punktuell zu verbes-**

sern (vgl. vor Art. 382–387 N 3 ff., 5; OFK-ZGB-Fassbind, Art. 382 N 1). Zu diesem Zweck wird für diese Personen in Art. 382 zur Schaffung von Transparenz der Abschluss eines Betreuungsvertrags (vgl. auch Randtitel) vorgeschrieben, der die Leistung der Wohn- oder Pflegeeinrichtung und das dafür geschuldete Entgelt festlegt und auch den Wünschen der betroffenen Personen gerecht werden soll (N 19 ff.). Damit wird auch dem Grundsatz der Subsidiarität und der Verhältnismässigkeit (Art. 389 f.; Breitschmid, ZVW 2003, 48 f.: Verhältnismässigkeit verstanden als *«präventives, subsidiäres und komplementäres Eingreifen»*) Rechnung getragen und für die Unterbringung und Betreuung eine Lösung ermöglicht, bei welcher oft auf behördliche Massnahmen verzichtet werden kann (Botschaft Erwachsenenschutz, 7015; vgl. auch Breitschmid, ZVW 2003, 47 ff.).

II. Abs. 1

1. Urteilsunfähige Personen

Die Bestimmung ist nur auf **urteilsunfähige Personen** anwendbar. Im Vernehmlassungsverfahren wurde dies zum Teil kritisiert und postuliert, dass die Minimalanforderungen des neuen Rechts ganz generell auch auf urteilsfähige und handlungsfähige Betreute ausgedehnt werden sollten (VE Erwachsenenschutz/Vernehmlassungen, 48; vor Art. 382–387 N 4). Der Gesetzgeber hat dieses Anliegen nicht übernommen. Sind Heimbewohner handlungsfähig, obliegt ihnen selbst, den wesentlichen Vertragsinhalt zu vereinbaren (Botschaft Erwachsenenschutz,7038; Hausheer/Geiser/Aebi-Müller, Erwachsenenschutzrecht, Rz 2.193; Geiser, ZVW 2003, 112; vgl. aber N 49). Dieser gesetzgeberische Entscheid steht im Einklang mit dem in Art. 388 Abs. 2 festgelegten allgemeinen Grundsatz, dass die Selbstbestimmung der betroffenen Personen *«so weit wie möglich»* erhalten und gefördert werden soll (vgl. dazu auch SAMW-Richtlinie, Selbstbestimmung, 2; zur rechtlichen Bedeutung der SAMW-Richtlinien vgl. Rüetschi, 1222 ff.). 4

Die Bestimmung von Art. 382 bezieht sich primär auf urteilsunfähige Erwachsene. Nach ihrem Wortlaut und ihrem Zweck ist sie aber grundsätzlich ebenso auf **minderjährige Kinder** anwendbar (**a.M.** wohl Meier/Lukic, Rz 343). Dies ist auch aus Art. 327c Abs. 2 abzuleiten. Die Formulierung in Art. 314b Abs. 1 und 327c Abs. 3, wo nur auf die sinngemässe Anwendung der Bestimmungen des Erwachsenenschutzes über die FU verwiesen wird, erscheint insofern als zu eng (vgl. auch vor Art. 382–387 N 1). 5

Auf **handlungsunfähige, aber urteilsfähige Personen**, wie z.B. bevormundete Kinder (Art. 327b), und u.U. unter Beistandschaft stehende Personen (Personen unter Vertretungsbeistandschaft, Art. 394 Abs. 2, unter Verwaltungsbeistandschaft, Art. 395 Abs. 3, und unter Mitwirkungsbeistandschaft, Art. 396 Abs. 2) ist die Bestimmung **nicht** anwendbar (vgl. auch N 8). 6

Der **Begriff der Urteilsunfähigkeit** richtet sich nach den gesetzlichen Bestimmungen von Art. 16 (e contrario) und 17 und die durch Lehre und Rechtsprechung dazu geschaffene Konkretisierung (vgl. dazu ausführlich Hausheer/Aebi-Müller, Rz 06.41–06.64; Widmer Blum, 32 ff.). 7

Zu beachten ist jedoch die **Relativität der Urteilsunfähigkeit**; sie kann auch bloss *parziell* (BGE 124 III 5, 7 f. E. 1a; BGer vom 17.1.2005, 5C.193/2004, E. 2.3.1; vgl. Schwab, ZBJV 2006, 565) oder *nur vorübergehend* (BGE 124 III 5, 8 E. 1b; 117 II 231, 234 f. E. 2b) gegeben sein (Hausheeer/Aebi-Müller, Rz 6.50 ff.; Geiser, ZVW 2003, 98; Widmer Blum 44 ff.). Oft ist der Übergang von Urteilsfähigkeit zu einer dauernden Urteilsunfähigkeit schleichend (Geiser, ZVW 2003, 101). 8

9 Dem Grundsatz nach ist ausserhalb der Vorbehalte von Art. 16 die Urteilsfähigkeit von Gesetzes wegen zu vermuten und hat die **Urteilsunfähigkeit zu beweisen**, wer sie behauptet (so BGer vom 17.1.2005, 5C.193/2004, E. 4.1; HAUSHEER/AEBI-MÜLLER, Rz 06.54; WIDMER BLUM, 42 ff.). Nach neuerer Auffassung gilt die (bloss natürliche) Vermutung jedoch nicht mehr, wenn objektive Zweifel an der Urteilsfähigkeit einer bestimmten Person angezeigt sind (BGE 124 III 5, 8 E. 1b; HAUSHEER/AEBI-MÜLLER, Rz 06.55). Namentlich im Zusammenhang mit hochbetagten Personen muss davon ausgegangen werden, dass an der Vermutung nicht durchwegs festgehalten werden kann (HAUSHEER/AEBI-MÜLLER, Rz 06.54, wo aber zu Recht darauf hingewiesen wird, dass das nicht zu einer generellen Umkehr der Beweislast bei Erreichen einer bestimmten Altersgrenze führen dürfe).

10 Angesichts der Schutzfunktion von Art. 382 sollten hier bei der Feststellung der Urteilsunfähigkeit an das **Beweismass** keine hohen Anforderungen gestellt werden. Der Zweck der Bestimmung erfordert oft ein rasches Handeln und steht umfangreichen Abklärungen (z.B. durch Gutachten) entgegen. *Glaubhaftmachen* (z.B. mit einem Arztzeugnis) sollte hinreichend sein. Im Zweifel ist – unter Würdigung aller Umstände, insb. der Schutzbedürftigkeit der betroffenen Person – eher von der Urteilsunfähigkeit auszugehen.

2. Längere Dauer der Betreuung

11 Der **Begriff der längeren Dauer** der Betreuung wird im Gesetz nicht näher bestimmt. Er ist unter Würdigung der konkreten Umstände nach Art. 4 auszulegen. Eine längere Dauer liegt immer vor, wenn eine Betreuung ohne zeitliche Befristung gesucht wird. Keine längere Dauer besteht, wenn nur eine vorübergehende Betreuung – z.B. für einen Erholungsurlaub (so Botschaft Erwachsenenschutz, 7038; SCHMID, Art. 382 N 2; vgl. auch OFK-ZGB-FASSBIND, Art. 382 N 2: keine längere Dauer bei Aufenthalten bis zu ca. drei Monaten) – beabsichtigt wird. Wenn zunächst eine provisorische Lösung gesucht wird, die solange gelten soll, bis eine definitive Unterbringung in der gleichen oder einer anderen Einrichtung gefunden wird, ist die längere Dauer zu bejahen (vgl. auch BGE 132 V 321, 326 ff. E. 6,7, wo der Heimbegriff [unter sozialversicherungsrechtlichen Aspekten im Zusammenhang mit Art. 42ter Abs. 2 IVG] näher bestimmt und festgelegt wurde, dass sich eine versicherte Person dann in einem Heim aufhält, wenn sie mehr als 15 Nächte pro Kalendermonat dort verbringt).

3. Wohn- oder Pflegeeinrichtung

12 Nach Art. 382 wird vorausgesetzt, dass die Betreuung in einer **Institution** (Einrichtung) erfolgt. Diese wird im deutschen Gesetzestext mit dem weiten Begriff der **Wohn- oder Pflegeeinrichtung** (vgl. im französischen Text mit *«établissement médico-social ou … home»*, bzw. im italienischen Text mit *«istituto di accoglienza o di cura»*) umschrieben (SCHMID, Art. 382 N 3), aber nicht näher definiert (LEUBA/TRITTEN, ZVW 2003, 296; N 14). Infrage kommt jede Art von Institution, die dazu bestimmt, dafür eingerichtet und in der Lage ist, die Pflege und Betreuung auch von *urteilsunfähigen Personen* zu gewährleisten.

13 Der **rechtlich-wirtschaftliche Status** der Wohn- oder Pflegeeinrichtung ist unter dem Gesichtspunkt von Art. 382 ohne Bedeutung (GEISER, ZVW 2003, 106; DESCHENAUX/STEINAUER, Personnes, Rz 1179). Es kann sich sowohl um eine *öffentlich-rechtliche Institution*, eine *private subventionierte Institution* (Subventionsgarantie für die Betriebskosten und/oder eine Defizitgarantie eines Gemeinwesens) oder eine ganz *private Institution*

(weder Subventionsgarantie für die Betriebskosten noch Defizitgarantie eines Gemeinwesens) handeln. Auf die 1595 in der Schweiz statistisch erfassten Einrichtungen (vgl. vor Art. 382–387 N 1) entfielen 483 auf öffentliche, 489 auf private subventionierte und 623 auf private Einrichtungen (Einteilung gemäss BFS 2009; N 37 ff.).

Nicht jede Einrichtung, die landläufig als Heim bezeichnet wird, fällt in die Kategorie der Wohn- oder Pflegeeinrichtung i.S.v. Art. 382. Der **Begriff des Heims** findet sich im Bundesrecht in mehreren Gesetzen und wird nicht einheitlich verwendet (BÜHRER-STIERLIN, 3 ff.; BERNHART, Rz 643 ff.). Beim Ausdruck Heim (home, casa) handelt es sich zwar um einen bundesrechtlichen Begriff, der aber in der Gesetzgebung nicht definiert wird und je nach Rechtsgebiet eine unterschiedliche Bedeutung haben kann (vgl. z.B. Art. 10 Abs. 2 ELG und die Rechtsprechung [zu aArt. 2 Abs. 1bis ELG] in BGE 122 V 12, 15 f. E. 4; 118 V 142, 146 f. E. 2: Danach gelten als Heime *«Einrichtungen, die im Rahmen der kantonalen Ordnung Kranke, Betagte oder Invalide aufnehmen und eine adäquate Betreuung gewähren»*; dagegen werden nach Art. 39 Abs. 3 KVG Pflegeheime als Einrichtungen bezeichnet, die der Pflege und medizinischen Betreuung sowie der Rehabilitation von Langzeitpatienten dienen). 14

Wohn- oder Pflegeeinrichtungen i.S.v. Art. 382 werden meist *sog. Alters- und Pflegeheime* sein (vgl. etwa die Umschreibung in § 1 des zürcherischen Heimbeitragsgesetzes: Danach gelten Altersheime als Einrichtungen, die der dauernden Unterbringung, Verpflegung und persönlichen Betreuung von Betagten dienen; diese können auch Pflegeabteilungen für stark pflegebedürftige Langzeitpatienten führen; inhaltlich ähnlich die ausführlichere Umschreibung in § 1 Abs. 1 Satz 2 des deutschen Heimgesetzes i.d.F. vom 5.11.2001 [BGBl. I S. 2970]: *«Heime … sind Einrichtungen, die dem Zweck dienen, ältere Menschen oder pflegebedürftige oder behinderte Volljährige aufzunehmen, ihnen Wohnraum zu überlassen sowie Betreuung und Verpflegung zur Verfügung zu stellen oder vorzuhalten, und die in ihrem Bestand von Wechsel und Zahl der Bewohnerinnen und Bewohner unabhängig sind und entgeltlich betrieben werden.»*). Im Vordergrund steht nicht die medizinische Behandlung (d.h. eine «therapeutische, dynamische Einflussnahme» zur Verbesserung des Gesundheitszustandes), sondern die «Pflege im Sinne einer statisch konservativen Zuwendung», mithin die Sorge und Unterstützung hilfsbedürftiger Personen (BERNHART, Rz 646 unter Hinweis auf BGE 127 V 154, 158 E. 3d). Eine solche Pflege und Betreuung wird benötigt, weil die betroffene urteilsunfähige Person den Alltag nicht mehr selbständig bewältigen kann (vgl. dazu auch Art. 9 ATSG). 15

In einem **Spital** werden i.d.R. Akutkranke betreut, deren Aufenthalt nicht von Dauer ist Schliesst man die wenigen Fälle von Kranken aus, die länger als ein Jahr im Spital waren, liegt die mittlere Spitalaufenthaltszeit bei rund zehn Tagen (vgl. Gesundheit im Kanton Zürich 2000–2006, Serie Gesundheit, Gesundheitsförderung und Gesundheitswesen im Kanton Zürich, Nr. 13 Februar 2007; abrufbar unter ‹http://www.alter.zh.ch/internet/sk/alter/de/alter04›). In der Regel wird deshalb Art. 382 auf solche Patienten, die urteilsunfähig sind, **nicht anwendbar** sein. 16

Anders verhält es sich hingegen bei einem Aufenthalt in einem **Krankenheim**, in welchem grundsätzlich chronisch kranke Patienten betreut werden, die bereits beim Eintritt dauernder, intensiver Krankenpflege und regelmässig ärztlicher Betreuung bedürfen (vgl. zum Begriff BÜHRER-STIERLIN, 8; zur rechtlich heiklen Abgrenzung der Akutspitalbedürftigkeit von der Pflegebedürftigkeit vgl. BGE 124 V 362, 366 f. E. 2c). 17

Grundsätzlich nicht anwendbar ist Art. 382, wenn die Unterbringung und Betreuung der urteilsunfähigen Person **in der eigenen Wohnung oder im Rahmen einer Wohngemeinschaft** erfolgt, was praktisch wohl vielfach nur unter Mithilfe einer spitalexternen Pflege 18

(Spitex) oder eines Netzes zusätzlicher Dienstleistungen möglich sein dürfte (z.B. Gemeindekrankenpflege, Hauspflege, Haushilfedienst, Mahlzeitendienst etc.; vgl. dazu BÜHRER-STIERLIN, 3 ff. sowie HÖPFLINGER 199 ff., mit ausführlicher Darstellung von Wohnformen im Alter für verschiedenene Bedürfnisse). In solchen Fällen kann sich aber, wenn eine adäquate Betreuung nicht oder nicht mehr gewährleistet ist, die Frage stellen, ob die KESB von Amtes wegen einschreiten und die erforderlichen Massnahmen treffen muss (Art. 389).

4. Betreuungsvertrag

a) Inhalt

aa) Allgemeines

19 Zum Schutz der urteilsunfähigen Person müssen bei der Gestaltung des Rechtsverhältnisses mit der Wohn- oder Pflegeeinrichtung transparente Verhältnisse geschaffen werden (N 3). Das soll dadurch erreicht werden, dass das Gesetz einen **schriftlichen Betreuungsvertrag** vorschreibt, der die gegenseitigen Pflichten und Rechte klar regelt (GEISER, ZVW 2003, 112; LEUBA/TRITTEN, ZVW 2003, 289). Dessen Inhalt wird indessen nur ganz rudimentär umschrieben. In Abs. 1 wird bloss verlangt, dass festgelegt wird, welche Leistungen die Einrichtung erbringt (N 22 f.) und welches Entgelt dafür geschuldet ist (N 24 ff.).

20 Der mit der Bestimmung angestrebte Schutz beschränkt sich auf **bundesrechtliche Mindestanforderungen** (LEUBA/TRITTEN, ZVW 2003, 289 f.). Das Gesetz gibt keine Auskunft darüber, welche Leistungen im Einzelnen die Wohn- oder Pflegeeinrichtung zu erbringen hat. Fest steht, dass medizinische Leistungen davon nicht erfasst werden (SCHMID, Art. 382 N 4; kritisch MÖSCH PAYOT, in: Rosch/Büchler/Jakob, Art. 383–385 N 2 mit Bezug auf medizinische Massnahmen, die bewegungs- und freiheitsbeschränkende Wirkungen entfalten; vgl. auch MEIER/LUKIC, Rz 346; Art. 383 N 10). Die für die Gesetzgebung im Gesundheitswesen und in der Sozialhilfe zuständigen Kantone können jedoch in Bezug auf die Betreuung und Pflege auch weitergehende Regelungen vorschreiben (LEUBA/TRITTEN, ZVW 2003, 290; vgl. auch SAMW-Richtlinie Behandlung und Betreuung, 2 ff.; vor Art. 382–387 N 8; N 34).

21 Die bundesrechtlichen Mindestanforderungen sind auch für rein **öffentlich-rechtlich konstituierte Wohn- oder Pflegeeinrichtungen** verbindlich (N 13, 36 f.).

bb) Leistung der Wohn- oder Pflegeeinrichtung

22 Die Leistungen, welche die Wohn- oder Pflegeeinrichtung erbringt, bestehen aus mehreren Komponenten (BREITSCHMID/STECK/WITTWER, 19, 29 ff.; DIES. FamPra.ch 2009, 867, 875 ff.). Es sind typischerweise **Sachleistungen**. Dazu gehören insb.die Gewährung von Logis und Unterkunft (Zimmer, Wohnung, Verpflegung), Leistungen des Pflegedienstes (Organisation von Pflege, ärztlicher Betreuung und Angebot von medizinisch-therapeutischen Therapien und Beschäftigungstherapien) sowie allgemeine Betreuung (soziale Kontakte und Aktivitäten wie Ausflüge und Ferien, Unterhaltung; vgl. auch LEUBA/TRITTEN, ZVW 2003, 289; MÖSCH PAYOT, in: Rosch/Büchler/Jakob, Art. 382 N 1 f.). Dies setzt die Bereitstellung einer entsprechenden Infrastruktur voraus (BERNHART, Rz 649).

23 In der Praxis sind vielfach Betreuungsverträge im Gebrauch, in denen ein detailliertes Leistungsangebot festgelegt wird. Solche Pensionsverträge (sowohl für öffentliche als auch private Heime, N 13) basieren oft auf ähnlich gestalteten, **typisierten Vertragsformularen** (vgl. z.B. die von der CURAVIVA [Dachorganisation der Heime und Institutio-

nen der Schweiz] entwickelten Musterverträge). Bei öffentlichen und bei subventionierten Alters- und Pflegeheimen sind jedoch die Möglichkeiten einer vertragsautonomen Gestaltung des Pflegeverhältnisses eingeschränkt. Faktische Grenzen ergeben sich hier vielfach aus finanziellen Gründen. Bei rein privaten Heimen sind sie dagegen viel grösser, sofern die Bewohner in der Lage sind, die damit verbundenen hohen Kosten zu bezahlen.

cc) Festlegung und Bezahlung der Gegenleistung der betreuten Person

Die von der betreuten Person der Wohn- oder Pflegeeinrichtung geschuldete **Gegenleistung** erfolgt in **Geld**. **24**

Damit der vom Gesetz angestrebte Schutzzweck und die vorgeschriebene **Transparenz** (N 3, 19) erreicht wird, genügt es jedoch nicht, dass als Entgelt ein pauschaler Geldbetrag festgelegt wird. Vielmehr ist im Betreuungsvertrag festzulegen, wie das Heim über die verschiedenen Leistungskomponenten abrechnet und mit welchen Mitteln die Bezahlung zu erfolgen hat. Grundlage dafür ist ein **System der Pflegefinanzierung**, wie sie grundsätzlich vom Bundesrecht vorgeschrieben und vom kantonalen Recht konkretisiert und ergänzt wird (vgl. dazu BG über die Neuordnung der Pflegefinanzierung vom 13.6.2008, in Kraft seit 1.7.2010, AS 2009 3517 ff., und als Beispiel Kanton ZH: Pflegegesetz vom 27.9.2010, in Kraft seit dem 1.1.2011; LS 855.1). **25**

In Bezug auf die **Finanzierung der Heimkosten** enthält das **Bundesrecht** Regelungen im Bereich des AHVG (SR 831.10), ELG (SR 831.30) und KVG (SR 832.10): **26**

- Ist eine betreute Person in mittlerem oder schwerem Grad hilflos, hat sie gegebenenfalls Anspruch auf eine *Hilflosenentschädigung* (Art. 43bis Abs. 1 und Abs. 1bis AHVG).
- Bei der Festlegung der *Ergänzungsleistungen* wird nach Art. 10 Abs. 2 lit. a ELG für in Heimen oder Spitälern lebende Personen die Tagesstaxe als Ausgabe anerkannt. Die Kantone können jedoch die Kosten begrenzen, die wegen des Aufenthaltes in einem Heim oder Spital berücksichtigt werden. Sie haben aber dafür zu sorgen, dass durch den Aufenthalt in einem anerkannten Pflegeheim i.d.R. keine Sozialhilfe-Abhängigkeit begründet wird.
- Bestimmte Untersuchungen und Behandlungen, die ambulant, stationär oder in einem Pflegeheim durchgeführt werden, fallen unter die Kosten, welche von der *obligatorischen Krankenpflegeversicherung* zu übernehmen sind (Art. 25 Abs. 1 und 2 lit. a KVG). Die obligatorische Krankenpflegeversicherung leistet zudem einen Beitrag an die Pflegeleistungen, welche aufgrund einer ärztlichen Anordnung und eines ausgewiesenen Pflegebedarfs ambulant, auch in Tages- oder Nachtstrukturen, oder im Pflegeheim erbracht werden (Art. 25a Abs. 1 KVG).
- Schliesslich wird bundesrechtlich festgelegt, dass *der versicherten Person* von den nicht von Sozialversicherungen gedeckten Pflegekosten höchstens 20% des höchsten vom Bundesrat festgesetzten Pflegebeitrages überwälzt werden dürfen (Art. 25a Abs. 5 KVG).

Nach Art. 25a Abs. 5 KVG haben die **Kantone** die **Restfinanzierung** zu regeln. Vgl. dazu als Beispiel die Regelung im Kanton ZH: Nach § 5 des Pflegegesetzes (N 25) sorgen die Gemeinden für eine bedarfs- und fachgerechte stationäre und ambulante Pflegeversorgung ihrer Einwohner und betreiben zu diesem Zweck eigene Einrichtungen oder beauftragen von Dritten betriebene Pflegeheime und Spitex-Institutionen oder selbständig tätige Pflegefachpersonen. Sie haben u.a. Pflegeleistungen gemäss der Sozialversicherungsgesetzgebung des Bundes sowie notwendige Leistungen für Unterkunft, Verpflegung und Betreuung in Pflegeheimen sicherzustellen. Nach § 9 und 11 gehen die Kosten der Pflegeleistungen und anderer Pflichtleistungen im von der Bundesgesetzgebung über die Sozial- **27** versicherung vorgeschriebenen Umfang zulasten der Versicherer. Die verbleibenden Kosten werden bei Pflegeleistungen von Pflegeheimen im gem. Art. 25a Abs. 5 KVG höchstzulässigen Umfang den Leistungsbebezügern überbunden. Die Kosten für andere Leistungen des Pflegeheims wie Unterkunft, Verpflegung und Betreuung gehen zulasten des Leistungsbezügers, soweit diese nicht von den Gemeinden ganz oder teilweise übernommen werden (§ 12). Wählt eine Person ein nicht von der Gemeinde betriebenes oder beauftragtes Pflegeheim, das auf einer kantonalen Pflegeheimliste aufgeführt ist, leistet die Gemeinde einen pro Tag und Pflegebedarfsstufe pauschalierten Beitrag an die ungedeckten Kosten der Pflegeleistungen (§ 15 Abs. 1).

28 Die Festlegung des Entgelts nach Art. 382 setzt voraus, dass die konkrete **Finanzierung des Aufenthalts** im Betreuungsvertrag geklärt wird. Von besonderer Wichtigkeit ist die Angabe, welche Leistungen in den Kosten für die Pflege inbegriffen sind, nämlich die KVG-pflichtigen Pflegeleistungen sowie die nicht KVG-pflichtigen Pflege- und Betreuungskosten. Dazu gehört der ebenfalls wichtige Hinweis, dass die Leistungen für die Pflege mit dem vom Heim zur Anwendung gebrachten Erfassungs- und Abrechnungssystem (BESA-System oder allenfalls RAI/RUG-System) ermittelt werden und die Krankenversicherungen davon nur einen Teil dieses Pflegeaufwandes vergüten. Sodann ist festzulegen, was unter die privaten Auslagen fällt (z.B. Flicken der persönlichen Wäsche, Zimmerservice, der über das übliche Mass hinausgeht, Fahrdienste, Krankenmobilien, Zahnarzt, Coiffeur, Pédicure und gegebenenfalls weitere Leistungen nach Aufwand und Absprache).

29 Nach der ratio legis von Art. 382 muss insb. nachvollziehbar sein, für welche **Kosten die betreute Person selber aufkommen muss**. Das muss im Betreuungsvertrag festgelegt werden. Vgl. als Beispiel die Regelung im Kanton ZH ab 2011: Danach muss sich die betreute Person auch an den Pflegekosten beteiligen. Der Anteil beträgt höchstens CHF 21.60 pro Tag. Dieser Betrag wird zusätzlich zum Selbstbehalt und zur Franchise erhoben. Falls nur wenig Pflege benötigt wird und dementsprechend eine Einteilung in eine niedrige Stufe der Pflegebedarfssysteme BESA- oder RAI-RUG besteht, ist der Beitrag allenfalls geringer, denn der Beitrag der Krankenkasse und der eigene Beitrag dürfen zusammen nicht höher sein als die tatsächlichen Kosten der Pflege. Bleiben nach Abzug des Beitrages der Krankenkassen und des eigenen Beitrages noch ungedeckte Pflegekosten übrig, übernimmt diese die Wohngemeinde. Die Kosten für Unterkunft und Verpflegung und für die Betreuung im Heim (z.B. Gehbegleitung im Garten) hingegen muss die betreute Person grundsätzlich selbst tragen, sofern die Gemeinde diese nicht freiwillig übernimmt. In einem Pflegeheim mit Leistungsauftrag der Gemeinde sind für Unterkunft, Verpflegung und Betreuung höchstens kostendeckende Tarife zu bezahlen. Das Pflegeheim darf hier keinen Gewinn machen. Pflegeheime müssen deshalb ihre Kosten in der Abrechnung transparent darlegen und die Rechnung für ihre Klienten entsprechend gestalten. Heimbewohner haben Anrecht auf eine Rechnung, auf der die Kosten für Pflege sowie für Unterkunft, Verpflegung und Betreuung separat ausgewiesen sind. Auf der Rechnung muss auch ersichtlich sein, wer welchen Beitrag an die Leistungen zahlt, die bezogen wurden (vgl. dazu Kanton Zürich, Gesundheitsdirektion. Die neue Pflegefinanzierung, Informationen für Patientinnen und Patienten, Angehörige, Institutionen und Gemeinden).

30 Der Anspruch auf **Hilflosenentschädigung** (N 26) steht zwingend der betreuten Person persönlich zu und ist weder abtretbar noch pfändbar (Art. 22 ATSG; Bollier, 134 f.). Das Heim darf deshalb die Hilflosenentschädigung nicht direkt mit den in Rechnung gestellten Kosten verrechnen (Bollier, 135; vgl. dazu auch Kanton Zürich, Gesundheitsdirektion. Die neue Pflegefinanzierung, Informationen für Patientinnen und Patienten, Angehörige, Institutionen und Gemeinden). Eine teilweise geübte Praxis, wonach Pflegeheime zur Abgeltung eines erhöhten Pflege- und Betreuungsaufwands von den Bewohnern, welche eine

Hilflosenentschädigung beziehen, einen Zuschlag in dieser Höhe verlangen, mit der Begründung, die Heimtarife seien nicht kostendeckend, stellt daher i.d.R. eine unzulässige Taxerhöhung dar. Grundsätzlich gilt, dass die durch die obligatorische Krankenpflegeversicherung bezahlten Grundpflegeleistungen (vgl. Art. 7 Abs. 2 lit. c KLV) mit den durch die Hilflosenentschädigungen abgedeckten (betreuungsähnlichen) Leistungen kumuliert werden können (BGE 125 V 297, 304 ff. E. 5) und deshalb bei Ermittlung des Anspruchs auf Ergänzungsleistungen nicht als Einnahmen anzurechnen sind. Nach Art. 11 Abs. 4 ELG bestimmt aber der Bundesrat die Ausnahmefälle, in denen die Hilflosenentschädigungen der Sozialversicherungen als Einnahmen angerechnet werden. Gemäss Art. 15b ELV trifft dies zu, wenn die Tagestaxe eines Heims oder Spitals auch die Kosten für die Pflege einer hilflosen Person enthält (vgl. auch MAURER/SCARTAZZINI/HÜRZELER, § 13 Rz 25 f.). In einem solchen Falle reduziert sich somit die Ergänzungsleistung um den Betrag der Hilflosenentschädigung.

Auch für die **Ergänzungsleistungen** gilt, dass der Anspruch der betreuten Person persönlich zusteht und weder abtretbar noch pfändbar ist (Art. 22 ATSG). 31

Die Vergütung von **Pflichtleistungen für die Krankenpflege** erfolgt nach den Bestimmungen des KVG (N 26). Für alle Typen von Heimen gilt mit Bezug auf Leistungen, die die Pflegeheime im Rahmen der obligatorischen Krankenpflegeversicherung erbringen, grundsätzlich das Gleiche: Haben Versicherer (Krankenpflegeversicherung) und Leistungserbringer (Pflegeheim) nichts anderes vereinbart, so schulden die Versicherten (Heimbewohner) die Vergütung der Leistung von Gesetzes wegen den Leistungserbringern. Sie haben in diesem Fall gegenüber dem Versicherer einen Anspruch auf Rückerstattung *(System des Tiers garant)*. Versicherer und Leistungserbringer können aber vereinbaren, dass der Versicherer die Vergütung dem Leistungserbringer schuldet (*System des Tiers payant*; Art. 42 Abs. 1 und 2 KVG; «Tiers» ist der Versicherer; vgl. BGE 131 V 191, 195 E. 5; 132 V 18, 23 f. E. 5.2). Im Betreuungsvertrag ist deshalb festzulegen, welche Regelung gelten soll. 32

Nach der geltenden gesetzlichen Regelung über die neue Pflegefinanzierung (N 25 ff.) wird somit der für die **Kosten des Heimaufenthaltes der betreuten Person** erforderliche Finanzbedarf durch das Renteneinkommen aus der ersten und zweiten Säule, einer allfälligen Hilflosenentschädigung, aus den Leistungen der Krankenpflegeversicherung und schliesslich – soweit dieses Einkommen nicht ausreicht – aus den Ergänzungsleistungen gedeckt. Damit fällt im Bereich der Ergänzungsleistungen die frühere Leistungsbegrenzung weg, so dass nach Meinung des Gesetzgebers die Beanspruchung der Sozialhilfe nicht mehr nötig ist (Botschaft zum BG über die die Neuordnung der Pflegefinanzierung, 2017, 2092). Die Hilflosenentschädigung sowie Ergänzungsleistungen stellen grundsätzlich sicher, dass niemand aufgrund seiner finanziellen Situation auf eine angemessene Pflege oder Betreuung im Alter verzichten muss (vgl. dazu auch Kanton Zürich, Gesundheitsdirektion. Die neue Pflegefinanzierung, Informationen für Patientinnen und Patienten, Angehörige, Institutionen und Gemeinden). 33

dd) Weitere vertragliche Regelungen

Das Bundesrecht schreibt den **Abschluss eines Vertrags** vor, regelt diesen aber nur ganz rudimentär (N 19; kritisch LEUBA/TRITTEN, ZVW 2003, 289). In den von der CURAVIVA entwickelten Musterverträgen (N 23) wird zu Recht empfohlen, zusätzlich weitere Punkte vertraglich festzulegen (vgl. auch LEUBA/TRITTEN, ZVW 2003, 287). Solche sind auch für die Betreuung von urteilsunfähigen Personen von praktischer Bedeutung, weil sie die Höhe der Heimkosten beeinflussen (vgl. auch N 22). Zu denken ist an Regelungen über Vertragsbeginn, Unterkunft (z.B. Frage der Einrichtung mit persönlichen Gegenständen), Umzug innerhalb des Heims, Zimmerzustand bei Übergabe, Leistung eines Depots und 34 dessen Verzinsung. Empfehlenswert ist auch die Bezeichnung von Leistungen im Einzelnen, die in den Kosten für Hotellerie (Grundtarif) inbegriffen sind, wie Unterkunft, Vollpension, Besorgung der Wäsche, Anlässe und Veranstaltungen, die allen Bewohnern gemeinsam angeboten werden, freie Arztwahl (allfällige Modifikationen), Ermächtigung der behandelnden Ärzte zur Auskunftserteilung, Datenschutz (allfällige Regelung des Einsichtsrechts in Akten, Krankengeschichten), Besuchsregelung, Vertragsauflösung (Kündigung, Todesfall). Solche Regelungen findet man in der Praxis in den abgeschlossenen Heimverträgen oft heute schon, wenn auch in unterschiedlicher Ausgestaltung.

b) Schriftform

35 Das Gesetz schreibt in Abs. 1 für den Betreuungsvertrag die **Schriftform** vor. Diese dient der *Transparenz*. Sie soll *Missbrauchsrisiken vorbeugen* und bezieht sich auf die bundesrechtlichen Mindestanforderungen. In der Botschaft wird dazu ausgeführt, die Schriftform sei nicht Gültigkeitserfordernis, sondern nur Beweisform (Botschaft Erwachsenenschutz, 7038; **gl.M.** Leuba/Tritten, ZVW 2003, 289; Mösch Payot, in: Rosch/Büchler/Jakob, Art. 383–385 N 1; OFK-ZGB-Fassbind, Art. 382 N 2; Bernhart, Rz 653; Meier/Lukic, Rz 345). Dagegen geht Schmid davon aus, die Schriftform sei Gültigkeitserfordernis. Er verweist auf die allgemeine Regelung von Art. 11 Abs. 2 OR, wonach die Gültigkeit eines Vertrags stets von der Beobachtung der gesetzlich vorgeschriebenen Form abhängt, wenn über deren Bedeutung und Wirkung nichts anderes bestimmt wird. Eine solche Ausnahme sei dem Gesetz nicht zu entnehmen (Schmid, Art. 382 N 5). Nach dem mit Art. 382 verfolgten Schutzzweck (N 3) muss wohl in Bezug auf Betreuungsverträge mit urteilsunfähigen Personen davon ausgegangen werden, dass ein formfrei abgeschlossener Vertrag die Voraussetzungen von Art. 382 nicht erfüllt, was grundsätzlich zur Nichtigkeit führt. Dies kann im Konfliktsfall allenfalls zu Schwierigkeiten führen (N 55 f.). Falls jedoch der formungültige Vertrag beiderseits erfüllt worden ist, besteht eine «De-facto-Gültigkeit» (vgl. Honsell, 100 Jahre Schweizerisches Obligationenrecht, ZSR 2011 II, 5 ff., 78), weil nach der Rechtsprechung des Bundesgerichts und einem Teil der Lehre der Rückforderung der Leistung das Verbot des Rechtsmissbrauchs entgegenstehen würde (BGE 112 II 330, 333 E. 2; 92 II 323, 325 E. 3–6), bzw. – nach neuerer Auffassung – eine Rückabwicklung des Vertrags vom Schutzweck der Formvorschrift nicht gefordert wäre (Honsell, a.a.O., 79). In der Praxis dürfte das Problem keine grosse Bedeutung erlangen, weil ohnehin Betreuungsverträge meistens schriftlich abgeschlossen werden (N 23, 34). Nach deutschem Heimgesetz können Heimverträge auch mündlich «oder durch eindeutiges Verhalten» zustande kommen, werden in der Praxis aber in aller Regel schriftlich abgeschlossen. «Um die Verlässlichkeit eines schriftlichen Vertrags in jedem Fall herzustellen», muss der Vertragsinhalt der betroffenen Person unter Beifügung einer Ausfertigung des Heimvertrags schriftlich bestätigt werden (vgl. Markus/Keck, 26).

c) Rechtliche Qualifikation

aa) Das Rechtsverhältnis der betreuten Person zur Wohn- oder Pflegeeinrichtung

36 Art. 382 ist eine **zwingende Bestimmung**, die bundesrechtliche Mindestanforderungen statuiert und auf alle Wohn- und Pflegeeinrichtungen Anwendung findet (N 13, 20 f.).

37 Bei einer **öffentlichen Institution** ist das Rechtsverhältnis zwischen Heim und Pensionär grundsätzlich **öffentlich-rechtlicher Natur** (Bührer-Stierlin, 12 ff.). Es wird i.d.R. als Pensionsvertrag bezeichnet, wobei es sich nicht um einen Vertrag im privatrechtlichen Sinne handelt, sondern um ein Verhältnis des öffentlichen Rechts, d.h. um ein Rechtsverhältnis, das durch verwaltungsrechtlichen Vertrag begründet wird. Die Pensionäre haben sich einer gewissen, meist liberal ausgestalteten Heimordnung zu unterziehen. Da für gleiche Umstände gleiche Regelungen getroffen werden müssen, bleibt grundsätzlich für eine den individuellen Bedürfnissen angepasste, freiheitliche Vertragsgestaltung kein Raum. Das Gemeinwesen erlässt ein Reglement, in welchem Aufgabe und Zweck des Heims sowie die Aufnahmebedingungen, die zu erbringenden Leistungen und andere Dinge (z.B. Arztwahl, Seelsorge, Mitwirkung der Bewohner etc.) generell geregelt werden. Für die Grundsätze der Pflege und Betreuung und diejenigen des Zusammenlebens und anderer wichtiger Regelungen im Einzelnen wird häufig auf das Leitbild der Institution bzw. auf die Heimordnung hinwiesen. Die von den Bewohnern geschuldete *Heimtaxe* ist eine *Gebühr*, welche für die vom Gemeinwesen erbrachte Leistung zu entrichten ist. Für die Bemessung dieser Gebühr sind nach den allgemeinen Grundsätzen des Verwaltungsrechts das Kostendeckungsprinzip und das Äquivalenzprinzip zu beachten (vgl. BGE 126 I 180, 188 f. E. 3a). Die Bestimmung von Art. 382 wirkt sich jedoch auch auf solche, grundsätzlich dem kantonalen öffentlichen Recht unterstehende Wohn- und Pflegeeinrichtungen aus, indem die Bedingungen für die Aufnahme urteilsunfähiger Personen den bundesrechtlichen Mindestanforderungen (N 20) entsprechen müssen.

Beim **rein privatrechtlich organisierten privaten Heim**, ist die Rechtsbeziehung zwi- 38
schen dem Heim und dem Pensionär ausschliesslich **privatrechtlicher Natur**. Für die Gestaltung des Heimvertrags besteht grundsätzlich volle *Privatautonomie*, soweit diese nicht durch zwingende öffentlich-rechtliche Bestimmungen und nunmehr auch durch die zwingende Bestimmung von Art. 382 eingeschränkt wird. Bei einer solchen Institution kann das Leistungsangebot des Heims beliebig angehoben werden. Die Bewohner haben für die Kosten der vertraglich festgelegten Leistungen vollumfänglich mit ihrem Einkommen und Vermögen aufzukommen.

Bei der **privatrechtlichen Institution**, die öffentlich-rechtlich subventioniert wird, liegt 39
zwar auch ein privatrechtliches Verhältnis vor, doch wird hier die Privatautonomie weiter eingeschränkt, indem das Gemeinwesen, welches finanzielle Beiträge gewährt, im Rahmen der Gesetzgebung des Bundes und der Kantone sowie kommunaler Erlasse Bedingungen und Auflagen vorschreiben kann.

bb) Rechtliche Qualifikation des Betreuungsvertrages mit privatrechtlich organisierten Wohn- oder Pflegeeinrichtungen

Der privatrechtliche sog. **Heimvertrag** wird im OR nicht ausdrücklich gesetzlich geregelt 40
(vgl. vor Art. 382–387 N 7). Er wurde im bisherigen Recht als **Innominatvertrag** aufgefasst, der sich aus Elementen verschiedener Vertragstypen zusammensetzt. Dazu gehören Miete, Auftrag, werkvertragliche und kaufvertragliche Aspekte, doch überwiegen die mietählichen und auftragsrechtlichen Elemente (BREITSCHMID/STECK/WITTWER, 19, 38 ff.; DIES. FamPra.ch 2009, 867, 885 ff.). Im neuen Recht bleibt sich das grundsätzlich gleich, doch ergibt sich insofern eine Änderung, als die Privatautonomie durch die in Art. 382 zwingend vorgeschriebenen bundesrechtlichen Mindestanforderungen eingeschränkt wird (N 20 f.).

III. Abs. 2

Mit dieser Bestimmung werden im Verfassungsrecht formulierte **Sozialziele** konkretisiert 41
und verwirklicht (vgl. Art. 41 Abs. 1 lit. b BV; bspw. sollten nach Art. 19 Abs. 1 lit. c KV/ZH ältere Menschen ihr Leben nach ihren Kräften selbstbestimmt gestalten und an der gesellschaftlichen Entwicklung teilhaben können; vgl. auch vor Art. 382–387 N 8). Es geht insb. darum, die Würde sowie die Interessen und Bedürfnisse der urteilsunfähigen Bewohner in Wohn- oder Pflegeeinrichtungen vor Beeinträchtigungen zu schützen (Art. 7 und 10

Abs. 2 BV; vgl. auch SAMW-Richtlinie Behandlung und Betreuung, 17; ferner die im deutschen Heimgesetz in § 2 umschriebene Zweckbestimmung [Heimgesetz i.d.F. vom 5.11.2001, BGBl. I, 2970]; ferner Ingress zum HEsÜ, wonach das Wohl des Erwachsenen und die Achtung seiner Würde und Selbstbestimmung vorrangig zu berücksichtigen sind). Damit wird anerkannt, dass das Recht auf Selbstbestimmung auch bestehen kann, wo die Urteilsfähigkeit fehlt. Vertragliche Beschränkungen von Freiheiten dürfen deshalb gegen den Wunsch der betroffenen Person nur zurückhaltend und insofern vorgenommen werden, als sie mit Blick auf überwiegende Sicherheits- und Schutzinteressen notwendig und unabdingbar sind (LEUBA/TRITTEN, ZVW 2003, 289; MEIER/LUKIC, Rz 347; MÖSCH PAYOT, in: Rosch/Büchler/Jakob, Art. 382 N 8 m.w.H.; vgl. insb. auch SCHWAB, ZBJV 2006, 565, m.H. auf das Urteil BayObLG, FamRZ 2003, 121, 125: *«Die freie Willensbestimmung fehlt … nur dann, wenn die Willensbestimmung nicht nur geschwächt oder gemindert, sondern völlig ausgeschlossen ist. Bestimmte krankhafte Vorstellungen und Empfindungen müssen derart übermächtig geworden sein, dass eine Bestimmung des Willens durch vernünftige Erwägungen ausgeschlossen ist.»* Das wird vom deutschen Bundesgerichtshof angenommen, wenn «infolge der Geistesstörung Einflüsse dritter Personen den Willen übermässig beherrschen», BGH NJW 1996, 918).

42 Solche **Wünsche der betroffenen Personen** können auch zu einem Zeitpunkt geäussert worden sein, als die Urteilsfähigkeit noch gegeben war. Sie betreffen z.B. die Lebensgestaltung (Zimmereinrichtung, Essensgewohnheiten, Schlafgewohnheiten, Körperpflege u.ä.). Auch Seelsorge, Sterbebegleitung und andere Bereiche gehören dazu (Botschaft Erwachsenenschutz, 7038; LEUBA/TRITTEN, ZVW 2003, 289; SCHMID, Art. 382 N 7; MEIER/LUKIC, Rz 347; OFK-ZGB-FASSBIND, Art. 382 N 3; BERNHART, Rz 653).

IV. Abs. 3

1. Allgemeines

43 Das Problem der **Vertretung von urteilsunfähigen Personen**, die in einer Wohn- oder Pflegeeinrichtung untergebracht werden müssen, ist in erster Linie dann gelöst, wenn die betroffene noch handlungsfähige Person in einem Vorsorgeauftrag (Art. 360–369) oder in einer Patientenverfügung (Art. 370–373) dafür eine Person bezeichnet hatte (Art. 378 Abs. 1 Ziff. 1) oder wenn durch Anordnung der KESB für diesen Zweck ein Beistand bestimmt wurde (Art. 378 Abs. 1 Ziff. 2). Wurde bei einer bestehenden Beistandschaft im Zusammenhang mit der Errichtung oder später das besondere Vertretungsrecht bei medizinischen Massnahmen nicht eingeräumt, sind grundsätzlich die Voraussetzungen für eine Vertretung durch den Bestand als gesetzliche Vertretung nach Abs. 3 nicht gegeben (HAUSHEER/GEISER/AEBI-MÜLLER, Erwachsenenschutzrecht, Rz 2.193; im gleichen Sinn LEUBA/TRITTEN, ZVW 2003, 287; N 46).

44 Der Gesetzgeber geht indessen davon aus, dass der Erwachsenenschutz bei fehlender Selbstvorsorge schwerfällig ist und die Behörden stark belasten würde, wenn im Falle der Unterbringung von urteilsunfähigen Personen immer eine Vertretungsbeistandschaft zu errichten wäre. Er nimmt Rücksicht darauf, dass ein solcher «Formalismus» bei den Angehörigen der betroffenen Personen kaum auf grosses Verständnis stossen würde (Botschaft Erwachsenenschutz, 7015; vgl. auch GEISER, ZVW 2003, 99; LEUBA/TRITTEN, ZVW 2003, 287; MEIER/LUKIC, Rz 348; OFK-ZGB-FASSBIND, Art. 382 N 4; BERNHART, Rz 654). Diese gesetzgeberische Entscheidung steht im Einklang mit dem Grundsatz, dass auf die **Errichtung einer förmlichen Beistandschaft durch behördliche Anordnung dann verzichtet werden kann**, wenn dies wegen des Umfangs der Aufgaben als offensichtlich unverhältnismässig erscheinen würde (vgl. Art. 389 Abs. 1 Ziff. 2 und Abs. 2 so-

wie Art. 392). Indessen verlangt der Schutz der urteilsunfähigen Person, dass die Vertretungsfrage nicht ungeregelt bleiben darf (SCHMID, Art. 382 N 8).

Die gesetzliche Vertretung wird grundsätzlich auch aktuell, wenn die in eine Wohn- und Pflegeeinrichtung eingetretene Person **später im Verlaufe des Aufenthalts urteilsunfähig wird** und für diesen Fall keine Vertretung vorgesehen wurde. Die Modalitäten des Betreuungsvertrags sind dann zu überprüfen und zu bestätigen oder abzuändern. 45

2. Zuständigkeit zur Vertretung der urteilsunfähigen Person

Die analoge Anwendung von Art. 374–376 würde den faktischen Gegebenheiten nicht gerecht, denn viele Bewohner von Wohn- oder Pflegeeinrichtungen sind verwitwet oder ledig. Erforderlich ist eine gesetzliche Vertretung, die frühere vertragliche Beziehungen und familiäre Bindungen nach Möglichkeit berücksichtigt (MÖSCH PAYOT, in: Rosch/Büchler/Jakob, Art. 383–385 N 7). Nach Abs. 3 werden deshalb von Gesetzes wegen diejenigen Personen zum Abschluss eines Betreuungsvertrags ermächtigt, **die zur Vertretung bei medizinischen Massnahmen berechtigt sind** (Botschaft Erwachsenenschutz 7015, 7038). Die **Zuständigkeit** dazu richtet sich sinngemäss nach der Kaskadenordnung im Sinne der Bestimmungen über die Vertretung bei medizinischen Massnahmen (Art. 378–381; LEUBA/TRITTEN, ZVW 2003, 287; MÖSCH PAYOT, in: Rosch/Büchler/Jakob, Art. 382 N 6; OFK-ZGB-FASSBIND, Art. 382 N 4; vgl. dazu auch WIDMER BLUM, 102 ff.). Nur wenn keine vertretungsberechtigte Person vorhanden oder bereit ist, die urteilsunfähige Person zu vertreten, muss eine Beistandschaft mit einem entsprechenden Vertretungsrecht errichtet werden (Botschaft Erwachsenenschutz, 7039; MEIER/LUKIC, Rz 348; BERNHART, Rz 654; N 44). 46

Diese gesetzliche Vertretungsmacht setzt voraus, dass die **betroffene Person** sich der Unterbringung **nicht widersetzt**. Sie fehlt, wenn die hilfsbedürftige Person gegen ihren Willen in einer Wohn- oder Pflegeeinrichtung untergebracht werden soll. In einem solchen Fall gelangen die Bestimmungen über die FU (Art. 426–436) zur Anwendung (Botschaft Erwachsenenschutz, 7015, 7039; LEUBA/TRITTEN, ZVW 2003, 288; MEIER/LUKIC, Rz 349; MÖSCH PAYOT, in: Rosch/Büchler/Jakob, Art. 382 N 5; OFK-ZGB-FASSBIND, Art. 382 N 4; BERNHART, Rz 654; GENNA, ZVW 2004, 197). 47

Schwieriger zu lösen ist die Frage, ob **fehlender Widerstand als Einverständnis zur Unterbringung interpretiert** werden darf. Für diesen Fall ist wohl davon auszugehen, dass die gesetzliche Regelung der Vertretungsmacht nicht nur den Abschluss des Betreuungsvertrags (N 46), sondern auch die Entscheidung, ins Heim einzutreten, mitumfasst (so LEUBA/TRITTEN, ZVW 2003, 288, die in diesem Zusammenhang auf die nicht zu unterschätzende Gefahr von Interessenkonflikten hinweisen, denen möglicherweise nicht rechtzeitig durch Eingreifen der KESB [Art. 376] begegnet werden kann; vgl. auch Art. 385 N 18). 48

Abs. 3 ist auch anwendbar, wenn eine Person für einen freiwilligen Eintritt in eine Wohn- oder Pflegeeinrichtung noch als **urteilsfähig** angesehen werden kann, der Abschluss eines Betreuungsvertrags aber ihre intellektuellen Fähigkeiten übersteigt (Botschaft Erwachsenenschutz, 7039; LEUBA/TRITTEN, ZVW 2003, 288; OFK-ZGB-FASSBIND, Art. 382 N 4). 49

3. Umfang und Rechtsfolgen der Vertretung

Die Vertretung umfasst von Gesetzes wegen den **Abschluss, die Änderung oder die Aufhebung des Betreuungsvertrags** (vgl. aber auch N 48). Die vertretungsberechtigte Person ist selber nicht Vertragspartei. Sie schliesst den Betreuungsvertrag im Namen der betroffenen Person, die dadurch berechtigt und verpflichtet wird (Art. 33 Abs. 1 OR). Durch 50 die eingegangenen Verpflichtungen wird allein die vertretene Person gebunden (Botschaft Erwachsenenschutz, 7039; MEIER/LUKIC, Rz 350; MÖSCH PAYOT, in: Rosch/Büchler/Jakob, Art. 382 N 7; BERNHART, Rz 654).

51 Die gesetzliche Vertretung hat nach dem **mutmasslichen Willen** und den **wohlverstandenen Interessen der betroffenen urteilsunfähigen Person** zu handeln. Dabei sind die gleichen Grundsätze massgebend sind wie nach Art. 377–381 (vgl. insb. Art. 378 Abs. 3, ferner SAMW-Richtlinie Behandlung und Betreuung, 10). Zur Eruierung des mutmasslichen Willens sind frühere Willensäusserungen, Werthaltungen sowie die Art der Lebensführung zu beachten (MÖSCH PAYOT, in: Rosch/Büchler/Jakob, Art. 382 N 7; vgl. auch GEISER, ZBJV 2003, 104 f.; WIDMER BLUM, 102 ff., 111 ff.; SCHWAB, ZBJV 2006, 567, welcher die Frage, ob auch dem Willen einer urteilsunfähigen Person noch eine rechtliche Bedeutung zukommen kann, als Beginn einer schwierigen Gratwanderung *«zwischen Schutz und Gewährenlassen, zwischen Wille und Wohl, zwischen der Freiheit des natürlichen Willens und Freiheit der Person als rechtlich organisiertem Raum»* beschreibt).

52 Die zur Vertretung berechtigte Person erfüllt regelmässig die Voraussetzungen einer nahestehenden Person (Art. 385 Abs. 1) oder einer Vertrauensperson (Art. 432). Sie ist bei **Massnahmen zur Einschränkung der Bewegungsfreiheit** stets zu informieren und kann auch entsprechende Protokolle einsehen (Art. 384 N 8 f.).

4. Rechtsschutz

53 Bei Massnahmen zur **Einschränkung der Bewegungsfreiheit** (Art. 383) kann nach Art. 385 die KESB angerufen werden (Art. 385 N 6 ff.). Die analoge Möglichkeit der Anrufung der KESB besteht auf anderer rechtlicher Grundlage auch bei Meinungsverschiedenheiten zwischen der urteilsunfähigen Person (bzw. ihrer Vertretung) und der Wohn- und Pflegeeinrichtung über andere Fragen der Betreuung, welche nicht gütlich beigelegt werden können (vgl. dazu Art. 385 N 8).

54 Die Vertretungsmacht der gesetzlichen Vertretung bei medizinischen Massnahmen umfasst hingegen nach dem Wortlaut von Abs. 3 nicht auch allfällige **Streitigkeiten finanzieller Natur**. Eine Mitwirkung bei einer aussergerichtlichen Vermittlung ist in solchen Fällen wohl nicht ausgeschlossen, doch wenn diese nicht zum Ziel führt, ist die KESB anzurufen, welche entsprechend eine Beistandschaft (Art. 396, 398) anzuordnen und gegebenenfalls zur Prozessführung die Zustimmung zu erteilen hat (Art. 409 Ziff. 9).

55 **Sachlich zuständig** zur **Beurteilung von finanziellen Streitigkeiten** sind die Zivilgerichte, wenn die Wohn- oder Pflegeeinrichtung privatrechtlich organisiert ist (N 38 f.). Handelt es sich um eine Institution des öffentlichen Rechts (N 37), kann das Gemeinwesen durch Verfügung entscheiden und wird der Rechtsschutz über die Verwaltungsgerichtsbarkeit gewährt (vgl. dazu Entscheid des Verwaltungsgerichts des Kantons Zürich vom 7.4.2005, Geschäftsnummer VB 2004.00465).

56 Zur **Haftung der gesetzlichen Vertretung** vgl. die Kommentierung von Art. 456.

V. Übergangsrecht

57 Nach Art. 14 Abs. 1 SchlT gilt für den Erwachsenenschutz das **neue Recht mit Inkrafttreten des revidierten ZGB**, mithin ab dem 1.1.2013 (AS 2011 767; vgl. vor Art. 382–387 N 11 f.). Bestehende Betreuungsverhältnisse sind deshalb in analoger Anwendung von Art. 14 Abs. 2 SchlT *«so bald wie möglich»* an die vom Bundesrecht vorgeschriebenen Neuerungen anzupassen.

Art. 383

B. Einschränkung der Bewegungsfreiheit

I. Voraussetzungen

[1] Die Wohn- oder Pflegeeinrichtung darf die Bewegungsfreiheit der urteilsunfähigen Person nur einschränken, wenn weniger einschneidende Massnahmen nicht ausreichen oder von vornherein als ungenügend erscheinen und die Massnahme dazu dient:

1. eine ernsthafte Gefahr für das Leben oder die körperliche Integrität der betroffenen Person oder Dritter abzuwenden; oder
2. eine schwerwiegende Störung des Gemeinschaftslebens zu beseitigen.

[2] Vor der Einschränkung der Bewegungsfreiheit wird der betroffenen Person erklärt, was geschieht, warum die Massnahme angeordnet wurde, wie lange diese voraussichtlich dauert und wer sich während dieser Zeit um sie kümmert. Vorbehalten bleiben Notfallsituationen.

[3] Die Einschränkung der Bewegungsfreiheit wird so bald wie möglich wieder aufgehoben und auf jeden Fall regelmässig auf ihre Berechtigung hin überprüft.

B. Mesures limitant la liberté de mouvement

I. Conditions

[1] L'institution ne peut restreindre la liberté de mouvement d'une personne incapable de discernement que si des mesures moins rigoureuses ont échoué ou apparaissent a priori insuffisantes et que cette restriction vise:

1. à prévenir un grave danger menaçant la vie ou l'intégrité corporelle de la personne concernée ou d'un tiers;
2. à faire cesser une grave perturbation de la vie communautaire.

[2] La personne concernée doit être informée au préalable de la nature de la mesure, de ses raisons, de sa durée probable, ainsi que du nom de la personne qui prendra soin d'elle durant cette période. Le cas d'urgence est réservé.

[3] La mesure doit être levée dès que possible; dans tous les cas, sa justification sera reconsidérée à intervalles réguliers.

B. Restrizione della libertà di movimento

I. Condizioni

[1] L'istituto di accoglienza o di cura può restringere la libertà di movimento soltanto se misure meno incisive sono o appaiono a priori insufficienti e se la misura serve a:

1. evitare di esporre a grave pericolo la vita o l'integrità fisica dell'interessato o di terzi; oppure a
2. eliminare un grave disturbo alla convivenza in seno all'istituto.

[2] All'interessato è spiegato cosa stia per accadere, perché sia stata ordinata la misura e quale ne sia la presumibile durata; gli è pure indicato chi si prenderà cura di lui durante questo periodo. Sono fatte salve le situazioni d'urgenza.

[3] La restrizione della libertà di movimento è soppressa non appena possibile e in ogni caso la sua legittimità è riesaminata a intervalli regolari.

Inhaltsübersicht

Literatur

Vgl. die Literaturhinweise bei den Vorbem. zu Art. 382–387.

Materialien

Art. 438 VE Erwachsenenschutz 2003; VE Erwachsenenschutz/Vernehmlassungen, 50 f.; Botschaft Erwachsenenschutz, 7039 f. und 7146 f.; Prot. RK-S vom 27./28.8.2007, 6; AmtlBull StR 2007, 833; Prot. RK-N vom 24./25.4.2008, 18 f.; AmtlBull NR 2008, 1521.

I. Entstehungsgeschichte

1 Vgl. vor Art. 382–387 N 1 ff. Die Bestimmung basiert inhaltlich auf der Fassung von Art. 438 VE Erwachsenenschutz 03. Dessen Wortlaut wurde im bundesrätlichen Entwurf in den Abs. 1 und 2 leicht verändert (Art. 383 Abs. 1 und 2 E-Erwachsenenschutz; N 12), Abs. 3 wurde unverändert beibehalten. Während in Art. 438 Abs. 2 VE Erwachsenenschutz 03 noch der Passus *«jede freiheitsbeschränkende Massnahme»* figurierte, wurde dieser in Art. 383 Abs. 2 E-Erwachsenenschutz ersetzt durch den nun einheitlich verwendeten engeren Begriff «Einschränkung der Bewegungsfreiheit» (vgl. dazu auch N 7). Der Gesetzestext von Art. 383 entspricht wörtlich der Fassung im bundesrätlichen Entwurf (Art. 383 E ZGB, Botschaft Erwachsenenschutz, 7146 f.).

II. Sinn und Zweck der Norm

2 Die **Bewegungsfreiheit ist Teil der persönlichen Freiheit** und stellt ein verfassungsrechtlich garantiertes Recht dar (Art. 10 Abs. 2 und 31 BV; BGE 134 I 209, 211 E. 2.3.1; 124 I 40, 42 E. 3a). Sie wird zudem durch Art. 5 Ziff. 1 EMRK und auf Gesetzesstufe durch Art. 28 ff. ZGB geschützt. Dieses Recht gilt aber nicht absolut, doch erfordert eine Beschränkung die Grundlage in einem formellen Gesetz (BGE 124 I 40, 42 f. E. 3b). Dabei ist das Verhältnismässigkeitsprinzip (N 6) zu beachten (Botschaft Erwachsenenschutz, 7039; vgl. auch Votum von StR Wicki, AmtlBull StR 2007, 833; Leuba/Tritten, ZVW 2003, 292; Schmid, Art. 383 N 5; OFK-ZGB-Fassbind, Art. 383 N 1; Bernhart, Rz 658 ff.).

3 Zum Schutz urteilsunfähiger Personen ist eine Einschränkung der Bewegungsfreiheit oft unentbehrlich, z.B. wenn sie verwirrt sind, sich nicht mehr orientieren können und sich dadurch selber gefährden (Schmid, Art. 383 N 1; Bernhart, Rz 659; N 12). Die Art. 383–385 bilden die **gesetzliche Grundlage für Einschränkungen der Bewegungsfreiheit** von urteilsunfähigen Personen, die in Wohn- oder Pflegeeinrichtungen untergebracht sind. Sie enthalten für diesen Bereich eine Konkretisierung der in der Verfassung statuierten Grundsätze. In Art. 383 werden die Voraussetzungen geregelt (vgl. auch N 6).

III. Anwendungsbereich

Verschiedene Kantone haben schon in ihrer bisherigen Gesetzgebung im Gesundheitswesen Vorschriften erlassen über freiheitseinschränkende Massnahmen (vgl. z.B. Kanton ZH: § 25 des Patientinnen- und Patientengesetzes vom 5.4.2004, LS 813.13). Für urteilsunfähige Personen, die in Wohn- oder Pflegeeinrichtungen untergebracht sind, gilt nunmehr eine **einheitliche bundesrechtliche Regelung** (Botschaft Erwachsenenschutz, 7039). Entgegen einer Anregung im Vernehmlassungsverfahren (vgl. VE Erwachsenenschutz/Vernehmlassungen, 50) erfolgte im Gesetz keine generelle Ausdehnung des Anwendungsbereichs auf Spitäler, psychiatrische Kliniken und auf die ambulante Behandlung (vgl. auch vor Art. 382–387 N 4). 4

In Art. 438 wird für den Bereich der **FU** bei Massnahmen zur Einschränkung der Bewegungsfreiheit auf die Bestimmungen über die Einschränkung der Bewegungsfreiheit in Wohn- oder Pflegeeinrichtungen verwiesen, die sinngemäss zur Anwendung gelangen. Dabei ist zu beachten, dass nach den Materialien nicht jede Einschränkung der Bewegungsfreiheit, die bei der FU in den Anwendungsbereich von Art. 438 fallen würde (wo Urteilsunfähigkeit nicht vorausgesetzt wird und deren Zulässigkeit nach Art. 439 Abs. 1 Ziff. 5 durch eine gerichtliche Beschwerdeinstanz überprüft werden könnte), auch bei urteilsunfähigen Personen unter dem Aspekt von Art. 383 als solche zu behandeln wäre. Vielmehr wird an die Rechtsprechung des EMRG angeknüpft, wonach je nach Stärke des Eingriffs zwischen *Freiheitsentziehung* (Art. 5 EMRK) und *Freiheitsbeschränkung* unterschieden wird (EGMR, 6.11.1980, Serie A 39, Guzzardi/Italien). Deshalb soll nach dem Konzept des Gesetzgebers bei einer urteilsunfähigen Person nicht für jede Einschränkung der Bewegungsfreiheit ein förmliches Verfahren in der Art von Art. 438 anwendbar sein, weil dies *«wenig sachgerecht wäre und zu einem grossen Arbeitsaufwand der Behörden führen würde, ohne dass für die betroffene Person viel gewonnen wäre»*. Aus diesem Grunde wurde in Art. 383–385 ein spezielles Verfahren geschaffen (vgl. auch Art. 385 N 5), so dass *«die gewünschte Transparenz sowohl für die Angehörigen wie für die Aufsichtsbehörden gewährleistet»* ist (Botschaft Erwachsenenschutz, 7039; vgl. auch Bericht ExpK Erwachsenenschutz 03, 75; SCHMID, Art. 383 N 2; MEIER/LUKIC, Rz 352; OFK-ZGB-FASSBIND, Art. 383 N 1; BERNHART, Rz 659). Einem im Vernehmlassungsverfahren geäusserten Anliegen, es sei jede dauerhafte Massnahme zur Einschränkung der Bewegungsfreiheit den formellen Erfordernissen einer FU zu unterstellen, wurde nicht entsprochen. Deswegen musste auch der Randtitel nicht in «freiheitsbeschränkende Massnahmen» geändert werden (vgl. VE Erwachsenenschutz/Vernehmlassungen, 50). Regelungen über freiheitsbeschränkende Massnahmen, die von Art. 383–385 nicht erfasst werden, finden sich zum Teil in den kantonalen Gesundheitsgesetzgebungen (vgl. dazu z.B. Kanton ZH: Patientinnen- und Patientengesetz vom 5.4.2004, LS 813.13, § 1 Abs. 1 lit. b, 10 Abs. 2, 25 Abs. 2, 27 Abs. 1; N 4). 5

IV. Inhalt und Tragweite der Bestimmung

1. Abs. 1

a) Grundsatz

Die Einschränkung der Bewegungsfreiheit durch die Wohn- oder Pflegeeinrichtung darf nach Abs. 1 nur erfolgen, wenn weniger einschneidende Massnahmen nicht ausreichen oder von vornherein als ungenügend erscheinen und die Massnahme unter den in Ziff. 1 oder 2 festgehaltenen Voraussetzungen erfolgt. Damit wird im Gesetz klar zum Ausdruck gebracht, dass der in der Verfassung verankerte **Grundsatz der Verhältnismässigkeit** zu 6 beachten ist (Art. 36 Abs. 3 BV; Botschaft Erwachsenenschutz, 7040; Geiser, ZVW 2003, 108; OFK-ZGB-Fassbind, Art. 383 N 1; zum Grundsatz der Verhältnismässigkeit vgl. BGE 134 I 209, 211 E. 2.3.1; 124 I 40, 44 f. E. 3e; BGer vom 2.6.2008, 5A_197/2008, E. 2.1; BGer vom 23.7.2007, 5A_396/2007, E. 2.1., 2.2; BGer vom 10.7.2007, 5A_312/2007, E. 2.1; BGer vom 9.2.2004, 5P.16/2004, E. 5.1). Nach der bundesgerichtlichen Rechtsprechung sind *«der Schutzbereich der persönlichen Freiheit samt ihren Ausprägungen sowie die Grenzen der Zulässigkeit von Eingriffen (...) jeweils im Einzelfall – angesichts der Art und Intensität der Beeinträchtigung sowie im Hinblick auf eine allfällige besondere Schutzbedürftigkeit des Betroffenen – zu konkretisieren»* (BGE 126 I 112, 115 E. 3a).

b) Begriff

7 Der **Begriff der Einschränkung der Bewegungsfreiheit** ist in einem weiten Sinn zu verstehen (Botschaft Erwachsenenschutz, 7039; Leuba/Tritten, ZVW 2003, 292 f.; Schmid, Art. 383 N 3; Meier/Lukic, Rz 354; OFK-ZGB-Fassbind, Art. 383 N 1; Bernhart, Rz 659). Es geht dabei allein um die *Beschränkung der körperlichen Bewegungsmöglichkeiten.* Diese kann durch mechanische oder andere Mittel erfolgen. Von einer umfassenden Regelung sämtlicher Zwangsmassnahmen (d.h. auch der nichttherapeutischen medikamentösen Einschränkung der Bewegungsfreiheit [vgl. dazu N 10] sowie der Behandlung ohne Zustimmung) wurde indessen in Art. 383 bewusst abgesehen, was im Vernehmlassungsverfahren kritisiert wurde (VE Erwachsenenschutz/Vernehmlassungen, 50).

8 Der Begriff erfasst **Sicherungsmassnahmen** wie das Abschliessen von Türen, Anbringen von Bettgittern und anderen Schranken, Angurten zur Vermeidung von Stürzen, Betreuungshandlungen wie z.B. zwangsweises Waschen, Baden oder Haare schneiden. Auch *elektronische Überwachungsmassnahmen* (z.B. mit Codes gesicherte Türen und Fenster) können darunter fallen (Botschaft Erwachsenenschutz, 7039; BGE 134 I 209, 211 E. 2.3.2; Schmid, Art. 383 N 3; Hausheer/Geiser/Aebi-Müller, Erwachsenenschutzrecht, Rz 2.190; Geiser, ZVW 2003, 107; Leuba/Tritten, ZVW 2003, 293; Meier/Lukic, Rz 354; OFK-ZGB-Fassbind, Art. 383 N 1; Bernhart, Rz 659).

9 Unter Umständen kann auch das **Schaffen eines geschlossenen Milieus** darunter fallen, wenn der betroffenen Person **subjektiv** der Eindruck erweckt wird, sie sei eingesperrt oder sonstwie in ihrer Bewegungsfreiheit beschränkt (Leuba/Tritten, ZVW 2003, 293). Das gilt z.B. für mündliche oder schriftliche Anordnungen, wenn damit Bewegungsbeschränkungen verbunden sind (Ausgehverbot oder Verbot, den Raum zu verlassen; vgl. Mösch Payot, in: Rosch/Büchler/Jakob, Art. 383–385 N 8).

10 Fraglich ist, ob auch das **Ruhigstellen einer urteilsunfähigen Person** durch Medikamente als **Einschränkung der Bewegungsfreiheit** i.S.v. Art. 383 zu qualifizieren ist. Nach der Botschaft wird das verneint und soll hier die Regelung über medizinische Massnahmen zur Anwendung gelangen (Art. 377 ff. und 433 ff.; Botschaft Erwachsenenschutz 7039; Schmid, Art. 383 N 3; Leuba/Tritten, ZVW 2003, 293; Bernhart, Rz 659). Diese Auffassung ist jedoch nicht unbestritten (kritisch Mösch Payot, in: Rosch/Büchler/Jakob, Art. 383–385 N 7, wo postuliert wird, dass sich der Umfang des Persönlichkeitsschutzes an den Folgen für die Betroffenen und nicht an den Instrumenten der Bewegungsbeschränkung orientieren sollte; vgl. auch Geiser, ZVW 2003, 107, der ausführt, vom Zweck der Massnahme lasse sich kaum eine sinnvolle Unterscheidung zwischen Behandlung und Betreuung vornehmen; N 7). Wird die Anwendbarkeit von Art. 383 verneint, hat dies zur Konsequenz, dass für die betroffene Person insoweit ein stärkerer Rechtsschutz besteht, als bei der Planung der entsprechenden Behandlung – vorbehältlich von dringenden Fällen (Art. 379) und bei Behandlung einer psychischen Störung (Art. 380) –

stets die zur Vertretung bei medizinischen Massnahmen berechtigte Person beizuziehen ist (Art. 377 Abs. 1; vgl. auch LEUBA/TRITTEN, ZVW 2003, 293, die darauf hinweisen, dass aus diesem Grunde in Wohn- oder Pflegeeinrichtungen vom Gebrauch der medikamentösen Ruhigstellung nur sehr zurückhaltend Gebrauch gemacht werden sollte).

Auch Massnahmen, welche die betroffene Person **weder objektiv noch subjektiv direkt in der Bewegungsfreiheit beschränken** (z.B. Sitz- oder Nachtwachen, elektronische Melder, Überwachungskameras und dgl.) fallen nicht darunter (MÖSCH PAYOT, in: Rosch/Büchler/Jakob, Art. 383–385 N 5). Das Gleiche gilt für Freiheitsbeschränkungen wie Kommunikationsverbote, Konsumationsverbote, Rauchverbote (MÖSCH PAYOT, in: Rosch/Büchler/Jakob, Art. 383–385 N 9) und – entgegen der Vorschläge diverser Organisationen – für Einschränkungen der Besuchsmöglichkeiten oder der Privatsphäre (vgl. dazu VE Erwachsenenschutz/Vernehmlassungen, 51; N 7). Hier stellt sich aber die Frage, ob für die Anordnung solcher Massnahmen, welche die persönliche Freiheit auch beschränken, die Zustimmung der zur Vertretung berechtigten Person einzuholen ist (vgl. auch LEUBA/TRITTEN, ZVW 2003, 293). 11

c) Abs. 1 Ziff. 1

Die **Zulässigkeit** einer Beschränkung der Bewegungsfreiheit der urteilsunfähigen Person ist gegeben, wenn die Massnahme dazu dient, *«eine ernsthafte Gefahr für das Leben oder die körperliche Integrität der betroffenen Person oder Dritter abzuwenden»*. Die Formulierung im Gesetz ist damit weniger restriktiv als in Art. 438 Abs. 1 Ziff. 1 VE Erwachsenenschutz 03 (*«schwere Gefährdung des Lebens oder der Gesundheit»*). Vorausgesetzt ist, dass damit auf eine aussergewöhnliche Situation reagiert werden muss, was in jedem Fall die Einhaltung des Grundsatzes der Verhältnismässigkeit erfordert (LEUBA/TRITTEN, ZVW 2003, 294; MEIER/LUKIC, Rz 355; N 6; OFK-ZGB-FASSBIND, Art. 383 N 1). 12

d) Abs. 1 Ziff. 2

Die **Zulässigkeit** einer Beschränkung der Bewegungsfreiheit der urteilsunfähigen Person ist ebenfalls zu bejahen, wenn die Massnahme dazu dient, *«eine schwerwiegende Störung des Gemeinschaftslebens zu beseitigen»*. In diesem Fall ist das Mass an Verständnis und Toleranz, das von anderen Bewohnern der Einrichtung verlangt werden kann, entscheidend. Durch Schaffung eines guten Betriebsklimas sowie eine zweckmässige und adäquate betriebliche Organisation (fachgerechte und möglichst schonende Überwachung durch das Pflegepersonal) können oft unzumutbare Störungen des Gemeinschaftslebens vermieden werden. Unzulässig wäre es, Massnahmen zur Einschränkung der Bewegungsfreiheit mit dem primären Ziel anzuordnen, aus Kostengründen die Überwachungsintensität zu reduzieren und mit einem minimalen Personalbestand auszukommen (Bericht ExpK Erwachsenenschutz 03, 76; Botschaft Erwachsenenschutz, 7040; LEUBA/TRITTEN, ZVW 2003, 294; SCHMID, Art. 383 N 6; MÖSCH PAYOT, in: Rosch/Büchler/Jakob, Art. 383–385 N 11; MEIER/LUKIC, Rz 355; OFK-ZGB-FASSBIND, Art. 383 N 1; BERNHART, Rz 660; vgl. auch den in BGer vom 6.2.2005, 4P.244/2005, E. 4 beurteilten Sachverhalt). 13

Eine blosse – auch wiederholte – **Verletzung der Hausordnung** dürfte meist nicht genügen (MÖSCH PAYOT, in: Rosch/Büchler/Jakob, Art. 383–385 N 11). Erforderlich ist vielmehr eine Intensität der Störung, die sich in einer unerträglichen Weise auf die ganze Gemeinschaft in der Einrichtung auswirkt. Auch hier kommt deshalb dem Grundsatz der Verhältnismässigkeit besondere Bedeutung zu (Botschaft Erwachsenenschutz, 7040; LEUBA/TRITTEN, ZVW 2003, 294; N 6). 14

e) Zuständigkeit zur Anordnung der Massnahme

15 Anders als bei der FU (Art. 426 ff., 433 f.) enthält das Gesetz keine Regelung darüber, wer zum **Entscheid über die Einschränkung der Bewegungsfreiheit** befugt ist. Es liegt in der Verantwortung der Einrichtung, in einem internen Reglement festzulegen, wer solche Massnahmen treffen darf. Der Entscheid kann der Direktion vorbehalten bleiben oder auch an einen Abteilungsleiter delegiert werden (Botschaft Erwachsenenschutz, 7040; LEUBA/TRITTEN, ZVW 2003, 296; SCHMID, Art. 383 N 4; OFK-ZGB-FASSBIND, Art. 383 N 1; BERNHART, Rz 660). Verbindlich sind hier gegebenenfalls auch kantonalrechtliche Regelungen über die Anordnung von Zwangsmassnahmen, soweit diese auch auf Wohn- oder Pflegeeinrichtungen Anwendung finden (vgl. z.B. ZH: Patientinnen- und Patientengesetz vom 5.4.2004, LS 813.13, § 1 Abs. 1 lit. b und § 27 Abs. 1, wonach die verantwortlichen Ärzte sowie in Notsituationen bis zum Eintreffen der verantwortlichen Ärzte das mit der Betreuung und Pflege befasste Fachpersonal zuständig sind).

2. Abs. 2

16 Die Bestimmung stützt sich auf die Verfassungsnorm von Art. 31 Abs. 2 BV und statuiert eine **Informations- und Aufklärungspflicht** der Wohn- oder Pflegeeinrichtung und als Korrelat ein entsprechendes **Recht der betroffenen Person** (vgl. auch Art. 5 Ziff. 2 EMRK). Sie stellt zugleich eine Konkretisierung des Anspruchs auf rechtliches Gehör dar (Art. 29 Abs. 2 BV; BVK-VEST, Art. 31 BV N 16).

17 **Gegenstand der Orientierung**, die vorbehältlich von Notfallsituationen (N 21) von Gesetzes wegen *vor der Anordnung der Massnahme* zu erfolgen hat, sind eine Erklärung über Vorgang, Art, Grund und voraussichtliche Dauer der Massnahme sowie die Bekanntgabe der Personen, welche während dieser Zeit für die direkte Betreuung und Pflege der betroffenen Person zuständig sind (LEUBA/TRITTEN, ZVW 2003, 295; MEIER/LUKIC, Rz 356 f.; OFK-ZGB-FASSBIND, Art. 383 N 2).

18 **Zweck der Informations- und Aufklärungspflicht** ist, das Pflegepersonal anzuhalten, vor der Anordnung die Umstände jedes Einzelfalls vertieft zu prüfen und nicht voreilig eine Massnahme anzuordnen (Botschaft Erwachsenenschutz, 7040; SCHMID, Art. 383 N 7; BERNHART, Rz 660).

19 Im Hinblick auf die bestehende Urteilsunfähigkeit erfolgt diese Orientierung **mündlich** in Form eines auf die besonderen Bedürfnisse ausgerichteten formlosen, in verständlicher Sprache geführten Gesprächs mit der betroffenen Person. Sofern die konkreten Umstände das zulassen (N 17), sollte die zur Vertretung berechtigte Person benachrichtigt und dieser wenn möglich die Teilnahme ermöglicht werden (HAUSHEER/GEISER/AEBI-MÜLLER, Erwachsenenschutzrecht, Rz 2.197; vgl. auch Art. 384 N 8).

20 Das Gespräch soll auch dazu dienen, bei der betroffenen Person Stress und Frustration abzubauen, denn Urteilsunfähigkeit bewirkt nicht notwendigerweise, dass jemand die Gründe einer solchen Massnahme nicht verstehen, sich kein Bild von der möglichen Dauer machen und die Person, die sie während dieser Zeit pflegt, nicht erkennen kann (Bericht ExpK Erwachsenenschutz 03, 76; Botschaft Erwachsenenschutz, 7040; LEUBA/TRITTEN, ZVW 2003, 295). Sinnvoll dürfte deshalb sein, dass das Gespräch seitens der Einrichtung von einer dazu geeigneten Fachperson geführt wird, die der betroffenen Person aus der konkreten Pflegesituation bekannt ist und die ihrerseits in die aktuelle Pflege und Betreuung involviert ist.

21 Im Falle einer **Notsituation** kann die Information und Aufklärung aus Dringlichkeitsgründen nicht vor der Anordnung der Massnahme erfolgen (OFK-ZGB-FASSBIND, Art. 383

N 2). Sie ist dann unverzüglich nachzuholen, sobald die Umstände das zulassen. Eine Notsituation liegt dann vor, wenn die Gründe von Abs. 1 Ziff. 1 erfüllt sind und zur Vermeidung von gesundheitlichen Schädigungen ein sofortiges Handeln unausweichlich ist.

3. Abs. 3

Die **Dauer der Massnahme** muss den Umständen des Einzelfalls angepasst werden (Botschaft Erwachsenenschutz, 7040). Entsprechend dem **Grundsatz der Verhältnismässigkeit** schreibt Abs. 3 vor, dass die Massnahme *«so bald als möglich»* wieder aufgehoben werden muss. Solche Massnahmen führen nicht immer zu einer Reduktion der Gefährdung, sondern können diese u.U. noch erhöhen. Eine Massnahme zur Einschränkung der Bewegungsfreiheit muss deshalb grundsätzlich die Ausnahme bleiben (LEUBA/TRITTEN, ZVW 2003, 294; SAMW-Richtlinie Behandlung und Betreuung, 14 f.). Wenn sie angeordnet wird, muss regelmässig eine Überprüfung stattfinden, ob sie noch begründet und berechtigt ist, d.h. ob die Gründe dafür (Abs. 1 Ziff. 1 oder 2) entfallen sind und ob gegebenenfalls weniger einschneidende Massnahmen ausreichen (LEUBA/TRITTEN, ZVW 2003, 294; SCHMID, Art. 383 N 8; HAUSHEER/GEISER/AEBI-MÜLLER, Erwachsenenschutzrecht, Rz 2.197; N 12, 18; MEIER/LUKIC, Rz 355; OFK-ZGB-FASSBIND, Art. 383 N 3). Trifft dies zu, hat die Aufhebung oder Änderung der Massnahme sofort zu erfolgen. 22

Art. 384

II. Protokollierung und Information

1 Über jede Massnahme zur Einschränkung der Bewegungsfreiheit wird Protokoll geführt. Dieses enthält insbesondere den Namen der anordnenden Person, den Zweck, die Art und die Dauer der Massnahme.

2 Die zur Vertretung bei medizinischen Massnahmen berechtigte Person wird über die Massnahme zur Einschränkung der Bewegungsfreiheit informiert und kann das Protokoll jederzeit einsehen.

3 Ein Einsichtsrecht steht auch den Personen zu, welche die Wohn- oder Pflegeeinrichtung beaufsichtigen.

II. Protocole et devoir d'information

1 Toute mesure limitant la liberté de mouvement fait l'objet d'un protocole. Celui-ci contient notamment le nom de la personne ayant décidé la mesure ainsi que le but, le type et la durée de la mesure.

2 La personne habilitée à représenter la personne concernée dans le domaine médical doit être avisée de la mesure; elle peut prendre connaissance du protocole en tout temps.

3 Les personnes exerçant la surveillance de l'institution sont également habilitées à prendre connaissance du protocole.

II. Verbalizzazione e informazione

1 È steso verbale riguardo a ciascuna misura restrittiva della libertà di movimento. Il verbale contiene in particolare il nome di chi ha ordinato la misura, nonché lo scopo, il genere e la durata della stessa.

2 La persona con diritto di rappresentanza in caso di provvedimenti medici è informata sulla misura restrittiva della libertà di movimento e può consultare il verbale in ogni tempo.

3 Il diritto di consultare il verbale spetta anche alle persone preposte alla vigilanza sull'istituto di accoglienza o di cura.

Inhaltsübersicht

Literatur

Vgl. die Literaturhinweise bei den Vorbem. zu Art. 382–387.

Materialien

Art. 439 VE Erwachsenenschutz 2003; VE Erwachsenenschutz/Vernehmlassungen, 51; Botschaft Erwachsenenschutz, 7040 f. und 7147; Prot. RK-S vom 27./28.8.2007, 6 f.; AmtlBull StR 2007, 833; Prot. RK-N vom 24./25.4.2008, 18 f.; AmtlBull NR 2008, 1521.

I. Entstehungsgeschichte

1 Vgl. vor Art. 382–387 N 1 ff. Die Bestimmung basiert inhaltlich auf der Fassung von Art. 439 VE Erwachsenenschutz 03. Dessen Wortlaut wurde im bundesrätlichen Entwurf leicht geändert (Art. 384 E ZGB; Botschaft Erwachsenenschutz, 7147; N 4). Der Gesetzestext von Art. 384 entspricht wörtlich der Fassung im bundesrätlichen Entwurf.

II. Sinn und Zweck der Norm

2 Die Bestimmung bezweckt, den zur Gewährleistung der Persönlichkeitsrechte der betroffenen Person in Art. 383 geschaffenen **Schutz sicherzustellen**. Um einen wirksamen Schutz vor Missbrauch zu gewährleisten, muss die erforderliche Transparenz geschaffen werden. Daher ist die Wohn- oder Pflegeeinrichtung verpflichtet, über die getroffene Massnahme Protokoll (Abs. 1; N 4 ff.) zu führen und die zur Vertretung befugte Person zu orientieren (Abs. 2; N 8 ff.). Zur Sicherstellung dieses Schutzes gehört auch, dass den Organen, welche die kantonale Aufsicht ausüben (Art. 387 N 5 ff.), von Bundesrechts wegen ein Akteneinsichtsrecht zukommt (Abs. 3; N 11).

3 Die Bestimmung schafft die Voraussetzungen dafür, dass die zur Vertretung bei medizinischen Massnahmen befugte Person ihre Aufgabe, **die Wohn- oder Pflegeeinrichtung zu überwachen und nötigenfalls den in Art. 385 vorgesehenen Rechtsschutz zu verlangen**, wahrnehmen kann (Bericht ExpK Erwachsenenschutz 03, 76; Botschaft Erwachsenenschutz, 7040; LEUBA/TRITTEN, ZVW 2003, 294 f.).

III. Inhalt und Tragweite der Bestimmung

1. Abs. 1

4 Über jede Massnahme zur **Einschränkung der Bewegungsfreiheit** ist ein **Protokoll** zu führen. In Abs. 1 wird festgelegt, was zum formellen Mindeststandard der vorgeschriebenen Aufzeichnung gehört (Bericht ExpK Erwachsenenschutz 03, 76). Das Protokoll ist schriftlich zu erstellen und muss mindestens über den Namen der anordnenden Person (vgl. dazu Art. 383 N 16 ff.), den Zweck, die Art und die Dauer der Massnahme Auskunft

geben (Art. 383 N 17; LEUBA/TRITTEN, ZVW 2003, 295; MEIER/LUKIC, Rz 357; OFK-ZGB-FASSBIND, Art. 384 N 1; vgl. auch SAMW-Richtlinie Behandlung und Betreuung, 15). Nach Art. 439 Abs. 1 VE Erwachsenenschutz 03 wurde zusätzlich auch die Angabe des Namens der betroffenen Person verlangt. Im Wortlaut von Abs. 1 fehlt jedoch ein solcher Zusatz, weil er offensichtlich unnötig ist. Es ist selbstverständlich, dass im Protokoll festgehalten werden muss, gegen welche Person eine Beschränkung der Bewegungsfreiheit angeordnet werden musste.

Nach ihrem Zweck (N 2 f.) muss die Bestimmung nicht nur im Zusammenhang mit der Anordnung der Massnahme, sondern auch in Bezug auf das **Ergebnis der regelmässigen Überprüfung der Berechtigung der Massnahme** (Art. 383 N 22; N 3) anwendbar sein. 5

Sinnvollerweise sollte im Protokoll auch festgehalten werden, wann und auf welchem Weg die in Abs. 2 vorgeschriebene **Orientierung erfolgt** ist (N 4). 6

Das **Protokoll** ist ein vom Bundesrecht vorgeschriebenes Dokument, das vergleichbar ist mit der **Patientendokumentation**, wie sie teilweise schon bisher nach den Bestimmungen des kantonalen Rechts für die medizinische Versorgung Patienten in Spitälern und in Alters- und Pflegeheimen gesetzlich geregelt ist (vgl. dazu z.B. Kanton ZH: Patientinnen- und Patientengesetz vom 5.4.2004, LS 813.13, § 1 Abs. 1 und 27 Abs. 3, wonach die Beschreibung und der Ablauf der Zwangsmassnahmen separat dokumentiert und in die Patientendokumentation aufgenommen werden; vgl. auch SAMW-Richtlinie Behandlung und Betreuung, 12 f.). Das Protokoll ist Teil des über die betroffene Person in der Wohn- oder Pflegeeinrichtung geführten Dossiers, in dem auch allfällige medizinische Massnahmen – nach den einschlägigen kantonalrechtlichen Vorschriften – festgehalten werden. Es untersteht dem Datenschutzrecht des Bundes und der Kantone und verbleibt in den Händen der Einrichtung (Bericht ExpK Erwachsenenschutz 03, 76; Botschaft Erwachsenenschutz, 7040; BERNHART, Rz 662). 7

2. Abs. 2

Der Schutz der betroffenen Person und das Gebot der Transparenz erfordert, dass die zur Vertretung bei medizinischen Massnahmen berechtigte Person ein **Informationsrecht** hat. Soweit die konkreten Umstände das zulassen, ist sie schon vor Anordnung der Massnahme anzuhören (Art. 383 N 19). Jedenfalls aber ist sie nach Anordnung und Durchführung der Massnahme sofort zu benachrichtigen (Art. 383 N 21, N 2). 8

Aufgrund der gesetzlichen Vertretungsmacht (Art. 382 N 46 ff.) steht ihr ein allgemeines **Akteneinsichtsrecht** zu (vgl. auch Art. 449b). In Abs. 2 wird sie insb. für berechtigt erklärt, das Protokoll *jederzeit* einzusehen (LEUBA/TRITTEN, ZVW 2003, 296; MEIER/LUKIC, Rz 358; OFK-ZGB-FASSBIND, Art. 384 N 2; BERNHART, Rz 662). 9

Fehlt eine gesetzliche Vertretung, muss die Einrichtung die KESB sofort benachrichtigen, die dann von Amtes wegen über die Anordnung einer Beistandschaft (Art. 394 ff.) zu entscheiden hat (Bericht ExpK Erwachsenenschutz 03, 77; Botschaft Erwachsenenschutz, 7040 f.; SCHMID, Art. 384 N 1; OFK-ZGB-FASSBIND, Art. 384 N 2; BERNHART, Rz 662; vgl. auch Art. 382 N 46). 10

3. Abs. 3

Die Wohn- oder Pflegeeinrichtungen, in denen urteilsunfähige Personen betreut werden, sind einer **Aufsicht** durch die Kantone unterstellt (Art. 387 N 3 ff.). Das Einsichtsrecht nach Abs. 2 (N 9) steht deshalb ausdrücklich auch den Organen zu, welche diese Auf- 11 sichtsfunktion wahrzunehmen haben (LEUBA/TRITTEN, ZVW 2003, 296; MEIER/LUKIC, Rz 358; OFK-ZGB-FASSBIND, Art. 384 N 2; BERNHART, Rz 661; N 2).

Art. 385

III. Einschreiten der Erwachsenenschutzbehörde

1 Die betroffene oder eine ihr nahestehende Person kann gegen eine Massnahme zur Einschränkung der Bewegungsfreiheit jederzeit schriftlich die Erwachsenenschutzbehörde am Sitz der Einrichtung anrufen.

2 Stellt die Erwachsenenschutzbehörde fest, dass die Massnahme nicht den gesetzlichen Vorgaben entspricht, so ändert sie die Massnahme, hebt sie auf oder ordnet eine behördliche Massnahme des Erwachsenenschutzes an. Nötigenfalls benachrichtigt sie die Aufsichtsbehörde der Einrichtung.

3 Jedes Begehren um Beurteilung durch die Erwachsenenschutzbehörde wird dieser unverzüglich weitergeleitet.

III. Intervention de l'autorité de protection de l'adulte

1 La personne concernée ou l'un de ses proches peut, en tout temps, en appeler par écrit à l'autorité de protection de l'adulte au siège de l'institution contre la mesure limitant la liberté de mouvement.

2 Si l'autorité de protection de l'adulte constate que la mesure n'est pas conforme à la loi, elle la modifie, la lève, ou ordonne une autre mesure. Si nécessaire, elle en informe l'autorité de surveillance de l'institution.

3 Toute requête sollicitant une décision de l'autorité de protection de l'adulte doit lui être transmise immédiatement.

III. Intervento dell'autorità di protezione degli adulti

1 Contro una misura restrittiva della libertà di movimento l'interessato o una persona a lui vicina può adire per scritto in ogni tempo l'autorità di protezione degli adulti del luogo in cui ha sede l'istituto.

2 Se constata che la misura restrittiva non soddisfa le condizioni legali, l'autorità di protezione degli adulti la modifica o la revoca oppure ordina una misura ufficiale di protezione degli adulti. Se necessario informa l'autorità preposta alla vigilanza sull'istituto.

3 Ogni domanda che solleciti una decisione dell'autorità di protezione degli adulti deve esserle trasmessa senza indugio.

Inhaltsübersicht

Literatur

Vgl. die Literaturhinweise bei den Vorbem. zu Art. 382–387.

Materialien

Art. 440 VE Erwachsenenschutz 2003; VE Erwachsenenschutz/Vernehmlassungen, 51 f.; Botschaft Erwachsenenschutz, 7041 und 7147; Prot. RK-S vom 27./28.8.2007, 7; AmtlBull StR 2007, 833; Prot. RK-N vom 24./25.4.2008, 18 f.; AmtlBull NR 2008, 1521.

I. Entstehungsgeschichte

Vgl. vor Art. 382–387 N 1 ff. Die ExpK machte den Vorschlag, für die an die Stelle der bisherigen vormundschaftlichen Behörden tretende KESB neu ein von Bundesrechts wegen interdisziplinär zusammengesetztes Fachgericht einzusetzen (Art. 443 Abs. 1 VE Erwachsenenschutz 03; Bericht ExpK Erwachsenenschutz 03, 79). Dieser Konzeption folgend wurde gegen Massnahmen zur Einschränkung der Bewegungsfreiheit ein an die KESB gerichtetes Rechtsmittel vorgesehen (Art. 440 VE Erwachsenenschutz 03). Aufgrund der massiven Kritik im Vernehmlassungsverfahren (VE Erwachsenenschutz/Vernehmlassungen, 53 ff.) wurde im bundesrätlichen Entwurf auf diese Lösung verzichtet und für die KESB eine **Fachbehörde** vorgeschlagen (Art. 440 E ZGB), wobei das kantonale Recht bestimmen sollte, ob diese als Gericht oder als Verwaltungsbehörde zu konstituieren sei (Botschaft Erwachsenenschutz, 7010 f.). Dieser Änderung musste bei der Ausgestaltung des Rechtsschutzes Rechnung getragen werden. In Art. 385 E ZGB wurde deshalb neu vorgesehen, dass gegen eine Massnahme zur Beschränkung der Bewegungsfreiheit die KESB angerufen werden könne, um diese gegebenenfalls zum *«Einschreiten»* (vgl. Randtitel) zu veranlassen (Botschaft Erwachsenenschutz, 7147). Der Gesetzestext von Art. 385 entspricht wörtlich der Fassung im bundesrätlichen Entwurf. 1

II. Sinn und Zweck der Norm

Jede Beschränkung der Bewegungsfreiheit stellt einen schwerwiegenden Eingriff in das von der Verfassung garantierte Recht auf persönliche Freiheit und insb. auf Bewegungsfreiheit dar (Art. 383 N 2 f., 6). Dieser muss – wie jede Art eines Freiheitsentzuges – nach Massgabe von Art. 31 Abs. 4 BV **durch ein Gericht auf seine Rechtmässigkeit überprüft werden** können (BVK-Vest, Art. 31 BV N 30; vgl. auch Art. 5 Ziff. 4 EMRK). 2

Der in Art. 385 vorgesehene Rechtsschutz stellt kein Rechtsmittel im technischen Sinne, sondern einen **Rechtsbehelf** dar. Er ist in seiner Funktion vergleichbar mit der Einsprache, wie sie im Sozialversicherungsverfahren zur Anwendung gelangt (Art. 52 ATSG; vgl. aber N 12). Der gleiche Rechtsbehelf kommt im Kindes- und Erwachsenenrecht auch an anderer Stelle vor, wo ebenfalls der Begriff des Einschreitens der KESB verwendet wird (Art. 368, 373, 376 und 381), bzw. wonach die KESB *«angerufen»* werden kann (Art. 419). 3

Mit der Anrufung der KESB – die auch eine Verwaltungsbehörde sein kann (N 1) – wird erreicht, dass **erstinstanzlich** darüber entschieden wird, ob die von der Wohn- oder Pflegeeinrichtung angeordneten Massnahmen aufrechtzuerhalten sind (N 14). Zudem wird die KESB in die Lage versetzt, von Amtes wegen die Anordnung von behördlichen Massnahmen zu prüfen (Art. 388 ff.; N 15). 4

Hier wird der Unterschied zur Behandlung der Massnahmen zur Einschränkung der Bewegungsfreiheit im Falle einer **FU** deutlich (Art. 438; Art. 383 N 5). Wenn dort die Einrichtung Massnahmen zur Einschränkung der Bewegungsfreiheit angeordnet hat, kann mittels einer **besonderen Beschwerde** das zuständige Gericht angerufen werden, das nach den Bestimmungen über das Verfahren vor der gerichtlichen Beschwerdeinstanz ent- 5 scheidet (Art. 439 Abs. 1 Ziff. 5 sowie Abs. 2 und 3). Die KESB wird in einem solchen Fall nur dann mit der Beschwerde befasst, wenn sie nach dem kantonalen Recht als Gericht konstituiert ist und ihr vom Gesetz die Behandlung solcher Beschwerden zugewiesen wird.

III. Inhalt und Tragweite der Bestimmung

1. Allgemeines

6 In der Regel wird die zur Vertretung befugte Person der Wohn- oder Pflegeeinrichtung bekannt sein, da sie beim Abschluss des Betreuungsvertrags mitgewirkt hat. Wenn diese ordnungsgemäss über angeordnete Massnahmen informiert worden ist (Art. 384 N 8 ff.), kann sie nötigenfalls zugunsten der urteilsunfähigen Person **intervenieren** (N 8 ff.; MEIER/LUKIC, Rz 358 f.).

7 Falls eine **gesetzliche Vertretung** (Art. 382 N 43 ff.) **fehlt**, z.B. weil die urteilsunfähige Person keine Angehörigen mehr hat, muss der KESB Meldung erstattet werden (Art. 384 N 10; vgl. auch N 18). Das Gleiche muss gelten, wenn die Vertretung ihre Überwachungspflichten (Art. 384 N 3) nicht genügend oder gar nicht wahrnimmt.

2. Abs. 1

8 Von Abs. 1 werden ausdrücklich nur **Massnahmen zur Einschränkung der Bewegungsfreiheit** erfasst. Für von der Einrichtung gegen urteilsunfähige Personen angeordnete freiheitsbeschränkende Massnahmen anderer Art, die nicht die Bewegungsfreiheit betreffen (vgl. Art. 383 N 11), hat grundsätzlich eine Mitwirkung der nach Art. 378 Abs. 1 zur Vertretung befugten Person zu erfolgen (Art. 382 N 46 ff.). Auch hier ist der analoge Rechtsbehelf gegeben und im Gesetz eine Anrufung der KESR vorgesehen, jedoch nicht auf der Grundlage von Art. 385, sondern von Art. 419 (vgl. auch N 3).

9 Die **Regelung der Legitimation** zur Anrufung der KESB nach Abs. 1 stimmt mit der Beschwerdelegitimation nach Art. 439 überein (Botschaft Erwachsenenschutz, 7041; vgl. auch N 5). Legitimiert ist einerseits **die betroffene Person** selber (MEIER/LUKIC, Rz 359). Da nach den Bestimmungen von Art. 382 ff. Urteilsunfähigkeit vorausgesetzt ist, handelt für sie grundsätzlich die bei medizinischen Massnahmen zur Vertretung befugte Person (Art. 382 N 46). Nicht ausgeschlossen ist aber, dass die betroffene Person selber in der Lage ist, schriftlich festzuhalten, dass sie mit der Massnahme nicht einverstanden ist. Dann ist für die Anrufung der KESB insoweit die Urteilsfähigkeit zu bejahen, so dass – für die Anrufung als solche – eine Vertretung nicht erforderlich ist (Bericht ExpK Erwachsenenschutz 03, 77; Botschaft Erwachsenenschutz, 7041; SCHMID, Art. 385 N 3; OFK-ZGB-FASSBIND, Art. 385 N 1; BERNHART, Rz 664).

10 Zur Anrufung der KESB legitimiert ist andererseits auch eine **nahestehende Person**. Der Begriff der nahestehenden Person ist weit auszulegen (LEUBA/TRITTEN, ZVW 2003, 295 f.; MEIER/LUKIC, Rz 359; OFK-ZGB-FASSBIND, Art. 385 N 1). Als nahestehend wird nach konstanter Rechtsprechung eine Person bezeichnet, «die kraft ihrer Eigenschaft und regelmässig kraft ihrer Beziehungen (Verwandtschaft, Freundschaft) als geeignet erscheint, die Interessen der betroffenen Person wahrzunehmen» (BGE 114 II 213, 217 E. 3; 122 I 18, 29 ff. E. 2c/bb; 137 III 67, 70 ff. E. 3.4.–3.6; BGer vom 12.1.2011, 5A_857/2010, E. 1.3; BGer vom 25.3.2009, 5A_837/2008, E. 5.2; vgl. auch aArt. 397d ZGB; BSK ZGB I-GEISER, aArt. 397d N 13). Die nahestehende Person kann, muss aber

mit der Person, welche für den Abschluss des Betreuungsvertrags die gesetzliche Vertretung übernommen hat (Art. 382 N 43 ff.), nicht identisch sein.

Aus Gründen der Rechtssicherheit hat die Anrufung der KESB zwingend **schriftlich** zu erfolgen (Botschaft Erwachsenenschutz, 7041; LEUBA/TRITTEN, ZVW 2003, 295; OFK-ZGB-FASSBIND, Art. 385 N 1; BERNHART, Rz 664). In Analogie zu Art. 450e Abs. 1 muss es genügen, wenn aus der Eingabe hervorgeht, dass die betroffene Person mit der angeordneten Massnahme nicht einverstanden ist. Ein formeller Antrag und eine Begründung sind nicht erforderlich (OFK-ZGB-FASSBIND, Art. 385 N 1). 11

Die Anrufung der KESB ist **jederzeit** möglich. Da die Anordnung der Massnahme durch die Einrichtung nicht in einem formellen Verfahren ergeht und der betroffenen Person nicht im verfahrensrechtlichen Sinn schriftlich eröffnet wird (vgl. auch N 3), sieht das Gesetz dafür **keine Frist** vor (Botschaft Erwachsenenschutz, 7041; LEUBA/TRITTEN, ZVW 2003, 295; SCHMID, Art. 385 N 2; MEIER/LUKIC, Rz 360; OFK-ZGB-FASSBIND, Art. 385 N 1; BERNHART, Rz 663 f.). 12

Örtlich zuständig ist die KESB am Sitz der Einrichtung (MEIER/LUKIC, Rz 360; OFK-ZGB-FASSBIND, Art. 385 N 1). 13

3. Abs. 2

Die Bestimmung regelt zwei Eingriffstatbestände. Die KESB überprüft einerseits, ob die von der Wohn- oder Pflegeeinrichtung angeordnete Massnahme den gesetzlichen Voraussetzungen entspricht und rechtlich zulässig ist. Sie trifft darüber einen Entscheid und ändert gegebenenfalls die Massnahme; sie hebt sie ganz auf, sofern diese sich als unzulässig erweist (MEIER/LUKIC, Rz 361; OFK-ZGB-FASSBIND, Art. 385 N 2; BERNHART, Rz 663; N 4). 14

Andererseits muss die KESB von Amtes wegen prüfen (Art. 446 Abs. 1), ob die **Anordnung einer behördlichen Massnahme des Kindes- oder Erwachsenenschutzes** (Art. 388 ff., 314 ff., 327c; MEIER/LUKIC, Rz 361; BERNHART, Rz 664; N 4) angezeigt ist und nötigenfalls darüber entscheiden. Dies ist insb. dann der Fall, wenn eine hinreichende gesetzliche Vertretung der betroffenen Person nicht mehr gewährleistet ist (Art. 384 N 10; N 7). 15

In beiden Fällen entscheidet die KESB **erstinstanzlich** nach den für sie anwendbaren Verfahrensbestimmungen (Art. 443 ff. und Verfahrensbestimmungen des kantonalen Rechts; SCHMID, Art. 385 N 1; OFK-ZGB-FASSBIND, Art. 385 N 1). Erst dieser Entscheid, der schriftlich begründet werden muss, ist dann mit dem Rechtsmittel der Beschwerde bei der gerichtlichen Beschwerdeinstanz anfechtbar (Art. 450 ff.; HAUSHEER/GEISER/AEBI-MÜLLER, Erwachsenenschutzrecht, Rz 2.198; OFK-ZGB-FASSBIND, Art. 385 N 1; vgl. auch N 3 und 19 f.). 16

Nach Abs. 2 Satz 2 benachrichtigt die KESB nötigenfalls die **Aufsichtsbehörde der Einrichtung**. Ein Anlass dazu besteht, wenn schwere und wiederholte Verstösse gegen die gesetzlichen Vorschriften vorliegen (Botschaft Erwachsenenschutz, 7041; SCHMID, Art. 385 N 4; OFK-ZGB-FASSBIND, Art. 385 N 3). Zur Aufsicht vgl. Art. 387 N 5 ff., 10. 17

4. Abs. 3

Die betroffene urteilsunfähige Person ist stark von ihrer Umgebung und von der Interessenwahrung durch nahestehende Personen abhängig. Es muss deshalb sichergestellt werden, 18 dass ein Begehren der betroffenen Person ans richtige Ziel gelangt. Aus diesem Grund schreibt das Gesetz ausdrücklich vor, dass ein solches Begehren **unverzüglich an die KESB weiterzuleiten ist** (Botschaft Erwachsenenschutz, 7041; LEUBA/TRITTEN, ZVW 2003, 295; MEIER/LUKIC, Rz 362; OFK-ZGB-FASSBIND, Art. 385 N 3; BERNHART, Rz 663). In diesem Sinne besteht für die Wohn- oder Pflegeeinrichtung und insb. auch für das mit der Pflege betraute Personal sowie für die Angehörigen eine gesetzliche **Mitwirkungspflicht** (vgl. auch Art. 448 Abs. 1).

IV. Rechtsmittel

19 Der Entscheid der KESB über die Zulässigkeit der angeordneten Massnahme stellt einen **erstinstanzlichen Endentscheid** dar (N 16), der mit **Beschwerde** bei der gerichtlichen Beschwerdeinstanz angefochten werden kann (Art. 450 ff.). Das Gleiche gilt in Bezug auf die Anordnung einer behördlichen Massnahme (Art 388 ff.), die in diesem Zusammenhang getroffen wird (N 15 f.).

20 In beiden Fällen ist gegen den Entscheid der gerichtlichen Beschwerdeinstanz – d.h. den Entscheid des letztinstanzlich entscheidenden oberen kantonalen Gerichts (Art. 75 Abs. 2 BGG) – die **Beschwerde in Zivilsachen an das BGer** zulässig (Art. 72 Abs. 2 lit. b Ziff. 6 BGG; BSK BGG-KLETT/ESCHER, Art. 72 N 13).

Art. 386

C. Schutz der Persönlichkeit

1 Die Wohn- oder Pflegeeinrichtung schützt die Persönlichkeit der urteilsunfähigen Person und fördert so weit wie möglich Kontakte zu Personen ausserhalb der Einrichtung.

2 Kümmert sich niemand von ausserhalb der Einrichtung um die betroffene Person, so benachrichtigt die Wohn- oder Pflegeeinrichtung die Erwachsenenschutzbehörde.

3 Die freie Arztwahl ist gewährleistet, soweit nicht wichtige Gründe dagegen sprechen.

C. Protection de la personnalité

1 L'institution protège la personnalité de la personne incapable de discernement et favorise autant que possible ses relations avec des personnes de l'extérieur.

2 Lorsque la personne concernée est privée de toute assistance extérieure, l'institution en avise l'autorité de protection de l'adulte.

3 Le libre choix du médecin est garanti, à moins que de justes motifs ne s'y opposent.

C. Protezione della personalità

1 L'istituto di accoglienza o di cura protegge la personalità della persona incapace di discernimento e ne incoraggia per quanto possibile i contatti con persone fuori dell'istituto.

2 Se nessuno fuori dell'istituto si cura dell'interessato, l'istituto informa l'autorità di protezione degli adulti.

3 La libera scelta del medico è garantita, eccetto che motivi gravi vi si oppongano.

Inhaltsübersicht

Literatur

Vgl. die Literaturhinweise bei den Vorbem. zu Art. 382–387.

Materialien

Art. 441 VE Erwachsenenschutz 2003; VE Erwachsenenschutz/Vernehmlassungen, 52; Botschaft Erwachsenenschutz, 7041 f. und 7147; Prot. RK-S vom 27./28.8.2007, 7; AmtlBull StR 2007, 833; Prot. RK-N vom 24./25.4.2008, 18 f.; AmtlBull NR 2008, 1521.

I. Entstehungsgeschichte

Vgl. vor Art. 382–387 N 1 ff. Die Bestimmung basiert inhaltlich auf der Fassung von Art. 441 VE 2003. Im bundesrätlichen Entwurf erfuhr die Formulierung von Abs. 2 eine rein redaktionelle Änderung. In Abs. 3 (N 12 ff.) wurde der Passus *«sofern nicht besondere Umstände vorliegen»* ersetzt durch *«soweit nicht wichtige Gründe dagegen sprechen»*. Der Text von Art. 386 entspricht wörtlich der Fassung im bundesrätlichen Entwurf. 1

II. Sinn und Zweck der Norm

Die Bestimmung bezweckt den **Schutz der Persönlichkeitsrechte** (vgl. Randtitel) und konkretisiert für die Bedürfnisse der in Wohn- oder Pflegeeinrichtungen untergebrachten urteilsunfähigen Personen die allgemeine gesetzliche Regelung von Art. 28 ff. Diese bedürfen in besonderem Masse des Schutzes durch die Rechtsordnung (vgl. Art. 10 Abs. 2 BV; sowie vor Art. 382–387 N 3, 5). Es ist eine der Zielsetzungen der Reform, für diese Personen den Schutz der Persönlichkeit zu verbessern und im Kindes- und Erwachsenenschutzrecht gesetzlich zu verankern (Botschaft Erwachsenenschutz, 7014 f.). In diesem Sinne knüpft Art. 386 insb. an das Vorbild der Fürsorgepflicht im Arbeitsvertragsrecht an (Art. 328 Abs. 1 OR; Bericht ExpK Erwachsenenschutz 03, 77; Botschaft Erwachsenenschutz, 7041; SCHMID, Art. 386 N 1; MEIER/LUKIC, Rz 363; MÖSCH PAYOT, in: Rosch/Büchler/Jakob, Art. 386 N 2; OFK-ZGB-FASSBIND, Art. 386 N 1; BERNHART, Rz 650 f.; allgemein zur Fürsorgepflicht nach Art. 328 Abs. 1 OR vgl. BGE 132 III 257, 259). Die Bestimmung steht zudem im Einklang mit dem im Gesetz für die behördlichen Massnahmen festgelegten allgemeinen Grundsatz, dass die Selbstbestimmung der betroffenen Person so weit wie möglich erhalten und gefördert werden soll (Art. 388 Abs. 2). Ziel muss auch hier sein: *«Wahrung der Selbstbestimmung, so lange und so weit wie möglich»* SCHWAB, ZBJV 2006, 578; vgl. auch Art. 382 N 2 f., 41). 2

Dieses Ziel wird in **Abs. 1** in allgemeiner Form zum Ausdruck gebracht (N 6 ff.). Soweit höchstpersönliche Rechte der urteilsunfähigen Personen das zulassen, erfolgt deren Gel- 3 tendmachung gegenüber der Wohn- oder Pflegeeinrichtung durch die nach Art. 434 zur Vertretung befugten Personen (Art. 382 N 46 ff.).

4 Der Schutz der Persönlichkeit muss sodann nach **Abs. 2** auch dann gewährleistet sein, wenn die betroffene Person ausserhalb der Einrichtung über keine Kontakte verfügt und eine gesetzliche Vertretung nicht besteht oder nicht richtig wahrgenommen wird (N 9 ff.).

5 **Abs. 3** befasst sich schliesslich mit dem Problem der freien Arztwahl (N 12 ff.).

III. Inhalt und Tragweite der Bestimmung

1. Abs. 1

6 Zum Persönlichkeitsrecht der in einer Wohn- oder Pflegeeinrichtung untergebrachten urteilsunfähigen Person gehört auch, dass sie weiterhin **Kontakte mit Personen ausserhalb der Einrichtung** unterhalten kann. Die Einrichtung ist von Gesetzes wegen verpflichtet, solche Kontakte nach Möglichkeit zu **fördern**. Insbesondere hat sie *«sich um das tägliche Wohl ihrer Bewohner und Bewohnerinnen zu kümmern»…, «deren besonderen Bedürfnissen Rechnung zu tragen und alles in ihrer Macht Stehende zu tun, um Einsamkeit zu verringern und körperliches oder seelisches Leiden zu lindern»* (Bericht ExpK Erwachsenenschutz 03, 77 f.; Botschaft Erwachsenenschutz, 7041; Leuba/Tritten, 290 f.; Meier/Lukic, Rz 365; Schmid, Art. 386 N 1; OFK-ZGB-Fassbind, Art. 386 N 1; vgl. auch Art. 382 N 41 f.).

7 Die Förderung durch die Wohn- oder Pflegeeinrichtung kann sich nicht darin erschöpfen, dass die betroffenen Personen bloss nicht daran gehindert werden, solche Kontakte zu pflegen. Aus dem Wortlaut der Formulierung «fördert so weit wie möglich Kontakte» geht deutlich hervor, dass eine **Pflicht zu aktivem Handeln** besteht (vgl. dazu die im Vernehmlassungsverfahren aufgeworfene Frage, VE Erwachsenenschutz/Vernehmlassungen, 52; vgl. auch Leuba/Tritten, 291; OFK-ZGB-Fassbind, Art. 386 N 1). Zur Aufrechterhaltung solcher sozialer Kontakte kann die Information der Angehörigen über kulturelle Aktivitäten innerhalb der Institution dienen oder der Versuch, die Angehörigen zu integrieren. Die Wohn- oder Pflegeeinrichtung sollte ferner dafür sorgen, dass vertrauliche Gespräche und Begegnungen in einem ungestörten Rahmen möglich sind. Zum externen Kontakt, der zu gewährleisten ist, gehört auch das Recht der betroffenen Person auf Briefe, Besuche, Zeitungen, Telefon und Fernsehen (vgl. dazu auch SAMW-Richtlinie Behandlung und Betreuung, 18).

8 Im Vernehmlassungsverfahren wurde angeregt, im Gesetzestext oder in der Botschaft ausdrücklich festzuhalten, dass die «Persönlichkeit» auch unter dem Aspekt der sexuellen Integrität geschützt sei (VE Erwachsenenschutz/Vernehmlassungen, 52). Dem Anliegen wurde nicht entsprochen. Aus Sinn und Zweck der Bestimmung, aus der gesamten Rechtsordnung und insb. auch aus dem Hinweis auf die Analogie zur Fürsorgepflicht nach Art. 328 Abs. 1 OR (N 2), ergibt sich aber ohne jeden Zweifel, dass die **sexuelle Integrität** der betroffenen Person selbstverständlich geschützt ist und gewahrt werden muss (zum Schutz der sexuellen Integrität vgl. auch BGE 126 III 395, 397 f.; SAMW-Richtlinie Behandlung und Betreuung, 17; ferner Streiff/von Kaenel, Arbeitsvertrag, 6. Aufl. 2006, Art. 328 N 5; zum strafrechtlichen Schutz vgl. Art. 187 ff. StGB; N 11).

2. Abs. 2

9 Die erwünschte Kontaktnahme nach aussen wird insb. auch dadurch gewährleistet, dass die zur Vertretung bei medizinischen Massnahmen befugte Person sich regelmässig persönlich um die betroffene Person kümmert (MEIER/LUKIC, Rz 366). Fehlen solche Beziehungen der urteilsunfähigen Person nach aussen, ist auch eine hinreichende **gesetzliche Vertretung** (Art. 382 N 43 ff.) **nicht mehr gewährleistet**. In diesem Falle ist die Wohn- oder Pflegeeinrichtung verpflichtet, die KESB zu benachrichtigen. Diese hat von Amtes wegen für Abhilfe zu sorgen und die aktuell gebotenen behördlichen Massnahmen anzuordnen (Art. 381; Art. 388 ff.; Bericht VE 2003, 78; Botschaft Erwachsenenschutz, 7041; SCHMID, Art. 386 N 2; MEIER/LUKIC, Rz 366; MÖSCH PAYOT, in: Rosch/Büchler/Jakob, Art. 386 N 3; OFK-ZGB-FASSBIND, Art. 386 N 2).

Das Gleiche gilt, wenn eine **gesetzliche Vertretung** zwar besteht, aber ihre **Aufgabe nicht oder nur ungenügend erfüll**t. Dies ist insb. auch der Fall, wenn berechtigte Wünsche der betroffenen Person (Art. 382 N 41 f.; Art. 388 Abs. 2) nicht ernstgenommen oder überhaupt nicht wahrgenommen werden. 10

Ältere, pflegebedürftige Personen sind in besonderem Masse verletzlich und müssen vor **jeder Form von Gewaltanwendung** (auch durch das Pflegepersonal), sei dies durch körperliche oder psychische Gewalt, Machtmissbrauch oder Vernachlässigung, geschützt werden. Gute Kontakte nach aussen sind deshalb auch geeignet, solchen Gefährdungen präventiv entgegenzuwirken (LEUBA/TRITTEN, 291; vgl. dazu auch SAMW-Richtlinie Behandlung und Betreuung, 15 f.). 11

3. Abs. 3

a) Allgemeines

Die persönliche Freiheit im Sinne der Grundgarantie von Art. 10 Abs. 2 BV umfasst all jene Freiheiten, «die elementare Erscheinungen der Persönlichkeitsentfaltung darstellen und ein Mindestmass an persönlicher Entfaltungsmöglichkeit erlauben» (BGE 127 I 6, 12). Dazu gehört grundsätzlich auch das **Recht auf freie Arztwahl** (Botschaft Erwachsenenschutz, 7041; LEUBA/TRITTEN, 291). In der bisherigen Praxis wurde dieses in öffentlichen oder privaten subventionierten Einrichtungen (Art. 382 N 13, 36 ff.) oft stark eingeschränkt (z.B. auf die ambulante Behandlung reduziert) oder gar nicht gewährt (LEUBA/TRITTEN, 291). 12

Der freien Arztwahl sind jedoch auch weiterhin **faktisch Grenzen** gesetzt, weil die Kostenübernahme durch die obligatorische Krankenpflegeversicherung gesetzlichen Beschränkungen unterliegt (vgl. Art. 25a, 39 Abs. 3, 41 und 50 KVG). Die Versicherten können unter den zugelassenen Leistungserbringern (Art. 35 Abs. 2 und 36 KVG) zwar frei wählen, sofern diese für die Behandlung ihrer Krankheit geeignet sind. Sie haben jedoch nur Anspruch auf Übernahme der vollen, in den Tarifen festgelegten Kosten (Art. 44 KVG) durch den Versicherer, wenn sie ihre Wahl innerhalb der vom Gesetz gezogenen örtlichen Grenzen treffen. Falls diese Grenzen überschritten werden, geniessen sie nicht mehr den vollen, sondern nur noch einen reduzierten Tarifschutz und müssen u.U. einen Teil der Kosten selbst tragen (Art. 41 KVG; MAURER/SCARTAZZINI/HÜRZELER, § 15 Rz 171 ff.). 13

b) Gewährleistung der freien Arztwahl nach Abs. 3 im Besonderen

Im **Vernehmlassungsverfahren** wurde die Bestimmung über die freie Arztwahl namentlich vom Schweiz. Berufs- und Fachverband der Geriatrie-, Rehabilitations- und Langzeitpflege (SBGRL) begrüsst. Die Schweiz. Gesellschaft für Gerontolgie (SGG) schlug als neue Formulierung vor: *«In Pflege-Institutionen ist die ärztliche Betreuung in der Regel durch einen oder mehrere dafür qualifizierte Heimärzte zu gewährleisten.»* Andererseits 14 wurde auch die Streichung von Abs. 3 verlangt, weil «ein solches Recht angesichts steigender Gesundheitskosten immer mehr relativiert» werde (VE Erwachsenenschutz/Vernehmlassungen, 52).

15 Nach Abs. 3 wird am **Grundsatz der freien Arztwahl** festgehalten. Auch eine urteilsunfähig gewordene Person soll ihren Hausarzt namentlich dann behalten können, wenn über Jahre hinweg ein Vertrauensverhältnis aufgebaut worden ist. Davon darf nur abgewichen werden, sofern **wichtige Gründe** dagegen sprechen (Botschaft Erwachsenenschutz, 7041; LEUBA/TRITTEN, 292; MEIER/LUKIC, Rz 367; OFK-ZGB-FASSBIND, Art. 386 N 3; BERNHART, Rz 651). Ein Entscheid darüber ist unter Berücksichtigung aller konkreten Umstände nach Recht und Billigkeit zu treffen (Art. 4).

16 **Wichtige Gründe**, die einer freien Arztwahl entgegenstehen, müssen stichhaltig begründet sein (Bericht ExpK Erwachsenenschutz 03, 78). Sie dürfen sich nicht allein aus der Interessensphäre der Einrichtung ergeben (MÖSCH PAYOT, in: Rosch/Büchler/Jakob, Art. 386 N 3). Sie können gegeben sein, wenn die geographische Distanz zur Einrichtung gross ist und einem Arzt bei einem Notfall nicht möglich wäre, sofort zu reagieren und rechtzeitig bei der betroffenen Person in der Wohn- oder Pflegeeinrichtung einzutreffen (Botschaft Erwachsenenschutz, 7041 f.; LEUBA/TRITTEN, 292; SCHMID, Art. 386 N 3; MEIER/LUKIC, Rz 367; OFK-ZGB-FASSBIND, Art. 386 N 3). Ein wichtiger Grund liegt auch vor, wenn die finanziellen Mittel der betroffenen Person nicht ausreichen, um für nicht durch die obligatorische Krankenpflegeversicherung gedeckte Arztkosten aufzukommen.

17 Der Umstand, dass die Wohn- oder Pflegeeinrichtung über einen **hauseigenen Arztdienst** verfügt, darf eine freie Arztwahl nicht grundsätzlich ausschliessen. Wenn aber die betroffene Person in einem solchen Fall die freie Arztwahl beansprucht, wird zwischen dem medizinischen Pflegedienst im Hause, der trotzdem für alltägliche Dienstleistungen zuständig ist (z.B. Abgabe und Dosierung von Medikamenten etc.), und der externen ärztlichen Betreuung eine Absprache unumgänglich sein. Dies sollte sinnvollerweise im Betreuungsvertrag (Art. 382 N 34) geklärt werden.

18 Im Betreuungsvertrag (Art. 382 N 19 ff., 34) kann vereinbart werden, dass die ärztliche Betreuung der betroffenen Person durch den hauseigenen medizinischen Dienst erfolgt und auf **freie Arztwahl verzichtet** wird. Mangels Vereinbarung ist davon auszugehen, dass die freie Arztwahl gewollt und möglich ist.

Art. 387

D. Aufsicht über Wohn- und Pflegeeinrichtungen	**Die Kantone unterstellen Wohn- und Pflegeeinrichtungen, in denen urteilsunfähige Personen betreut werden, einer Aufsicht, soweit nicht durch bundesrechtliche Vorschriften bereits eine Aufsicht gewährleistet ist.**
D. Surveillance des institutions	Les cantons assujettissent les institutions qui accueillent des personnes incapables de discernement à une surveillance, à moins que celle-ci ne soit déjà prescrite par une réglementation fédérale.
D. Vigilanza sugli istituti di accoglienza e di cura	I Cantoni vigilano sugli istituti di accoglienza e di cura che assistono persone incapaci di discernimento, sempre che la vigilanza già non sia assicurata da altre prescrizioni del diritto federale.

Inhaltsübersicht

Literatur

Vgl. die Literaturhinweise bei den Vorbem. zu Art. 382–387.

Materialien

Art. 442 VE Erwachsenenschutz 2003; VE Erwachsenenschutz/Vernehmlassungen, 52 f.; Botschaft Erwachsenenschutz, 7015, 7042 und 7148; Prot. RK-S vom 27./28.8.2007, 7 ff.; AmtlBull StR 2007, 833 ff.; Prot. RK-N vom 24./25.4.2008, 19 f.; AmtlBull NR 2008, 1521 f.

I. Entstehungsgeschichte

1 Vgl. vor Art. 382–387 N 1 ff. Im Expertenentwurf war vorgesehen worden, dass die Einrichtungen **unangemeldet von Fachpersonen besucht werden** sollten (Art. 442 Abs. 2 VE Erwachsenenschutz 03). Eine solche Bestimmung, die schon in der ExpK umstritten war (vgl. LEUBA/TRITTEN, ZVW 2003, 298), wurde jedoch im Vernehmlassungsverfahren mehrheitlich abgelehnt (VE Erwachsenenschutz/Vernehmlassungen, 53), weshalb sie im bundesrätlichen Entwurf keinen Eingang mehr fand. Demnach hätten – anders als bei den Pflegekindern (vgl. VO vom 19. 10. 1977 über die Aufnahme von Kindern zur Pflege und zur Adoption [PAVO; SR 211.222.338], die sich auf Art. 316 stützt) – allein die Kantone die Einzelheiten der Aufsicht, insb. deren Form, die Häufigkeit der Kontrollen und die möglichen Sanktionen bestimmen sollen (Botschaft Erwachsenenschutz, 7042; LEUBA/TRITTEN, ZVW 2003, 297).

2 In der **parlamentarischen Beratung** nahm eine Mehrheit der ständerätlichen Kommission das Anliegen wieder auf und stellte den Antrag, die Bestimmung durch einen Abs. 2 wie folgt zu ergänzen: *«Im Rahmen dieser Aufsicht sind von der Aufsichtsbehörde bestimmte Personen ermächtigt, die Einrichtung auch unangemeldet zu besuchen.»* Zur Begründung wurde dazu ausgeführt, urteilsunfähige Personen in Institutionen seien in einem besonderen Mass ausgeliefert und könnten sich häufig nicht selber wehren. Deshalb seien sie auf unangemeldete Besuche angewiesen (vgl. das Votum von StR Sommaruga, AmtlBull StR 2007, 834). Eine Minderheit der Kommission und der Bundesrat bekämpften den Antrag. Sie vertraten die Auffassung, dass eine Aufsichtsbehörde auch ohne diese Gesetzesbestimmung das Recht habe, unangemeldete Besuche zu machen oder Besuche durch eine Fachperson zu veranlassen. Die Ausübung der Aufsicht sei Sache der Kantone. Viele Einrichtungen seien zudem der öffentlichen Hand unterstellt oder gehörten Kantonen oder Gemeinden (vgl. die Voten von StR Schiesser und BR Blocher, AmtlBull StR 2007, 834). Die Auffassung der Minderheit setzte sich schliesslich durch (AmtlBull StR 2007, 835) und wurde in der Folge auch vom NR mehrheitlich angenommen (AmtlBull NR 2008, 1522). Die Bestimmung von Art. 387 entspricht damit wörtlich der bundesrätlichen Fassung in Art. 387 E ZGB.

II. Sinn und Zweck der Norm

3 Die Notwendigkeit der Bestimmung ergibt sich aus dem **besonderen Schutzbedürfnis** der in Wohn- oder Pflegeeinrichtungen untergebrachten urteilsunfähigen Personen (HEG-

NAUER, ZVW 2003, 361, 368; SCHMID, Art. 387 N 1; BERNHART, Rz 666). Die Wirksamkeit des Schutzes hängt von der Regelmässigkeit und der Qualität der durchgeführten Kontrollen ab (Bericht ExpK Erwachsenenschutz 03, 78; Botschaft Erwachsenenschutz, 7042; LEUBA/TRITTEN, ZVW 2003, 298; MÖSCH PAYOT, in: Rosch/Büchler/Jakob, Art. 387 N 1; N 8 ff.). Im Gegensatz zu der individuell-konkreten Kontrolle im Verfahren nach Art. 383–385 soll die Aufsicht präventiv und generell-abstrakt den Schutz der betroffenen Personen sicherstellen (MÖSCH PAYOT, in: Rosch/Büchler/Jakob, Art. 387 N 1; OFK-ZGB-FASSBIND, Art. 387 N 1).

4 Mit dem Vorbehalt zugunsten einer Aufsicht, die **durch andere bundesrechtliche Vorschriften gewährleistet** sind (vgl. Art. 387, zweiter Teil des Satzes), sollen «Konkurrenzfälle» vermieden werden. Damit wird auf die im Rahmen des Sozialversicherungsrechts geregelte Aufsicht Bezug genommen (vgl. Art. 76 ATSG, Art. 64 IVG, Art. 72 AHVG), die insb. dann aktuell wird, wenn Einrichtungen von der IV finanzielle Beiträge erhalten (vgl. Bericht ExpK Erwachsenenschutz 03, 78; Botschaft Erwachsenenschutz, 7042; SCHMID, Art. 387 N 4; OFK-ZGB-FASSBIND, Art. 387 N 2). Zudem untersteht auch die Erfassung von Daten der Aufsicht der Datenschutzbehörden (vgl. Bericht ExpK Erwachsenenschutz 03, 78; Botschaft Erwachsenenschutz, 7042; MÖSCH PAYOT, in: Rosch/Büchler/Jakob, Art. 387 N 4; BERNHART, Rz 666).

III. Tragweite der Bestimmung

5 Das Bundesrecht schreibt vor, dass die Wohn- oder Pflegeeinrichtungen einer Aufsicht zu unterstellen sind, ohne diese im Gesetz näher zu bestimmen. Die Ausgestaltung dieser Aufsicht im Einzelnen ist **Sache der kantonalen Gesetzgebung** (SCHMID, Art. 387 N 1; MEIER/LUKIC, Rz 369; OFK-ZGB-FASSBIND, Art. 387 N 1; vgl. dazu die kritischen Ausführungen von HEGNAUER, ZVW 2003, 361, 368, der bundesrechtliche Ausführungsbestimmungen mit Mindestanforderungen an die Aufsicht für notwendig erachtet und auf die Gefahr hinweist, dass die Aufsicht von Kanton zu Kanton recht unterschiedlich ausfallen werde; im gleiche Sinne MÖSCH PAYOT, in: Rosch/Büchler/Jakob, Art. 387 N 6). Die Kantone können hier an die bestehenden Rechtsgrundlagen anknüpfen (vgl. z.B. für den Kanton Zürich Gesundheitsgesetz vom 2.4.2007 [GesG, LS 810.1] und Gesetz über Invalideneinrichtungen für erwachsene Personen vom 1.10.2007 [IEG LS 855.2]).

6 Die Kantone sind frei zu bestimmen, welche Behörde die Aufsicht wahrzunehmen hat. Sie können diese Aufgabe der **KESR** oder einer **anderen Behörde** (z.B. der administrativen Aufsichtsbehörde i.S.v. Art. 441 Abs. 1) übertragen (SCHMID, Art. 387 N 3; MÖSCH PAYOT, in: Rosch/Büchler/Jakob, Art. 387 N 1; kritisch HEGNAUER, ZVW 2003, 361, 368, der entschieden für die Notwendigkeit einer bundesrechtlichen Oberaufsicht eintritt und dafür hält, dass die Aufsicht besser im ZGB zu regeln wäre und damit entweder die KESB oder die kantonale Aufsichtsbehörde betraut werden sollte). BERNHART, Rz 667, hält nur die kantonale Aufsichtsbehörde oder die kantonale Heimaufsichtsbehörde für zulässig, weil die KESB wegen möglicher Vorbefassung nicht in Frage komme. Dies trifft indessen nach der hier vertretenen Auffassung nicht zu, denn die nach Art. 387 zu bestimmende kantonale Behörde befasst sich nicht mit materiell zu beurteilenden Einzelfällen, sondern handelt rein aufsichtsrechtlich i.S. einer allgemeinen Aufsicht (N 3, 8).

7 Die Pflicht zur Beaufsichtigung bezieht sich auf **alle Wohn- oder Pflegeeinrichtungen**, die urteilsunfähige Personen (auch Kinder) aufnehmen. Auch **kleine Einrichtungen** werden davon erfasst. Kantonale Regelungen, wonach Einrichtungen mit sehr kleiner Bewohnerzahl nicht beaufsichtigt werden (z.B. Betreuung von höchstens fünf Personen wie im Kanton ZH, § 37 Abs. 1 GesG und § 12 IEG i.V.m. § 2 IEV), sind mit Art. 387 nicht mehr

vereinbar (vgl. dazu auch Kanton ZH, EG KESR, Antrag des Regierungsrates vom 31.8.2011, 67 f.). Dafür spricht die Regelung von Art. 316 ZGB i.V.m. Art. 10 PAVO, die dem Grundsatz der Bestimmung von Art. 387 als Vorbild diente (Bericht ExpK Erwachsenenschutz 03, 78; Botschaft Erwachsenenschutz, 7042), wonach eine Aufsicht bereits bei einem einzigen Pflegekind vorgeschrieben ist.

Anders als in Art. 10 PAVO wird in Art. 387 die Aufsicht nicht näher umschrieben. Es ist Sache des kantonalen Rechts, die Einzelheiten bezüglich **Form und Häufigkeit der Kontrollen sowie der möglichen Sanktionen** festzulegen (Botschaft Erwachsenenschutz, 7042; Leuba/Tritten, ZVW 2003, 297; Mösch Payot, in: Rosch/Büchler/Jakob, Art. 387 N 3; OFK-ZGB-Fassbind, Art. 387 N 1; Bernhart, Rz 666). Die Aufsicht soll nicht nur Missbräuche verhindern oder aufdecken, sondern auch dazu dienen, Massnahmen gegen Mängel und schlechte Stimmung in einer Einrichtung zu ergreifen (Botschaft Erwachsenenschutz, 7015). Es geht jedoch nicht nur darum zu rügen; auch positive Betreuungsansätze sollen gewürdigt und gefördert werden (Bericht ExpK Erwachsenenschutz 03, 78; Leuba/Tritten, ZVW 2003, 296 f.; OFK-ZGB-Fassbind, Art. 387 N 1). Der Bund kann das Pflegerecht im Kindes- und Erwachsenenschutzrecht zwar nicht abschliessend regeln (vor Art. 382–387 N 7 f.), doch muss das neue Recht bestrebt sein, die Voraussetzungen dafür zu schaffen, dass die vielen Menschen, die in den Wohn- oder Pflegeeinrichtungen leben, rechtlich und psychosozial ausreichend geschützt werden (Botschaft Erwachsenenschutz, 7015). Dazu gehört auch, dass die Aufsichtsbehörde im Rahmen von Art. 387 – nach Massgabe des kantonalen Rechts – für die Wohn- oder Pflegeeinrichtungen generelle Weisungen erlassen kann (Mösch Payot, in: Rosch/Büchler/Jakob, Art. 387 N 8; betr. Qualitätskriterien vgl. auch die Empfehlungen in der SAMW-Richtlinie Behandlung und Betreuung, 17 ff. und Leuba/Tritten, ZVW 2003, 297 f.). **8**

Obwohl eine ausdrückliche Regelung über **unangemeldete Besuche** von den Räten abgelehnt wurde (N 2), geht doch aus den parlamentarischen Beratungen deutlich hervor, dass die Befugnis dazu allgemein als selbstverständlich anerkannt wird, weil *«unangemeldete Besuche zum grundlegenden Instrumentarium einer wirksamen Aufsicht gehören»* (Votum von NR Amherd, AmtlBull NR 2008, 1522; vgl. auch AmtlBull StR 2007, 833 ff. und AmtlBull NR 2008, 1521 ff.; Mösch Payot, in: Rosch/Büchler/Jakob, Art. 387 N 7). **9**

Nach Art. 387 ist die **mit der Aufsicht befasste Behörde** nicht nur befugt, sondern **von Amtes wegen verpflichtet**, in geeigneter und verhältnismässiger Weise aktiv zu werden, wenn sie aus eigener Wahrnehmung oder aufgrund von Meldungen (Art. 443) Anhaltspunkte für Missstände und Verletzungen von Schutzinteressen urteilsunfähiger Bewohner von Wohn- oder Pflegeeinrichtungen hat. Bleibt sie untätig, kann dies zu Verantwortlichkeitsansprüchen gegen den Kanton führen (Art. 454 Abs. 2; Mösch Payot, in: Rosch/Büchler/Jakob, Art. 387 N 8). **10**

Elfter Titel: Die behördlichen Massnahmen

Erster Abschnitt: Allgemeine Grundsätze

Vorbemerkungen zu Art. 388–399

Literatur

AFFOLTER, Mehr Rechte für Handlungsunfähige, plädoyer 1/2007, 22–25 (zit. plädoyer 1/2007); BIDERBOST, Die Erziehungsbeistandschaft (Art. 308 ZGB), Diss. Freiburg 1996 (zit. Diss.); DERS., Vom Vormundschaftsrecht zum Erwachsenenschutz, Jusletter vom 29. September 2003 (zit. Jusletter 2003); DERS., Eine Beistandschaft ist eine Beistandschaft?!?, ZVW 2003, 299–316 (zit. ZVW 2003); DERS., Debatte um den Verlust der Handlungsfähigkeit, plädoyer 6/2004, 38–46 (zit. pläoyer 6/2004); ETZENSBERGER, Die «Fürsorgerische Unterbringung» und «Behandlung einer psychischen Störung» aus der Sicht eines praktischen Psychiaters (Art. 416–430 VE), ZSR 2003 I, 361–368; GEISER, Amtsgeheimnis und Verantwortlichkeit, ZSR 2003 I, 385–406 (zit. ZSR 2003); DERS., Erwachsenenschutzrecht. Die Revision im Überblick, ZVW 2003, 227– 235 (zit. ZVW 2003); HENKEL, Die Anordnung von Kindesschutzmassnahmen gemäss Art. 307 rev.ZGB, Diss. Zürich 1977; HOTZ, Zum Selbstbestimmungsrecht des Vorsorgenden de lege lata und de lege ferenda, ZKE 2011, 102–115; LANGENEGGER, Aspekte des Systems der amtsgebundenen behördlichen Massnahmen des neuen Erwachsenenschutzrechts, ZVW 2003, 317–330; MEIER, La curatelle protéiforme dans le projet de révision du droit de protection de l'adulte: une proposition de simplification, in: Baddeley (Hrsg.), La protection de la personne par le droit, Journée de droit civil 2006, FS Martin Stettler, Zürich 2007, 47–62 (zit. FS Stettler); DERS., Le nouveau droit de protection de l'adulte – Présentation générale, Jusletter vom 17. November 2008 (zit. protection); REUSSER, Auf dem Weg zu einem neuen Erwachsenenschutzrecht – Überblick über die Totalrevision des Vormundschaftsrechts, ZSR 2003 I, 271–289; ROSCH, Die Begleitbeistandschaft – Per apsspera ad astra?, FamPra.ch 2010, 268–293; SCHMID, Einführung in die Beistandschaften (Art. 377–384 VE), ZSR 2003 I, 311–329 (zit. Einführung); DERS., Ende der Beistandschaft und Ende des Amts des Beistands (Art. 385 und 410–415 VE), ZSR 2003 I, 331–335 (zit. Ende der Beistandschaft); SCHNYDER, Die Stufenfolge vormundschaftlicher Massnahmen und die Verhältnismässigkeit des Eingriffes, ZVW 1971, 41–52 (zit. ZVW 1971); DERS., Die Entstehung und die Inhalte des neuen Erwachsenenschutzrechts, Jusletter vom 3. Mai 2004 (zit. Jusletter 2004); STETTLER, La mesure de protection doit être «ciblée»: évidence ou utopie?, in: Baddeley (Hrsg.), La protection de la personne par le droit, Journée de droit civil 2006, FS Martin Stettler, Zürich 2007, 15–26 (zit. FS Stettler).

Auch wenn das neue Recht mit den Institutionen der eigenen Vorsorge und den gesetzlichen Vertretungsrechten die private Unterstützung einer hilfsbedürftigen Person stark aufgewertet hat, werden **behördliche Massnahmen** auch in Zukunft immer wieder notwendig sein. Solche Massnahmen nötigenfalls **anzuordnen**, ist daher eine der **zentralen Aufgaben der ESB** (HAUSHEER/GEISER/AEBI-MÜLLER, Erwachsenenschutzrecht, Rz 2.75). 1

Im Zentrum der behördlichen Anordnungen stehen die sog. amtsgebundenen Massnahmen. Bisher waren dies die starren Institute der Vormundschaft (aArt. 369–372) und der Beiratschaft (aArt. 395) sowie die etwas flexibler anwendbare Beistandschaft (aArt. 392–394). Anstelle dieser standardisierten Massnahmen kennt das neue Erwachsenenschutzrecht – ähnlich der Regelungen in Deutschland und Österreich – als amtsgebundene behördliche Massnahme einzig noch eine «Einheitsmassnahme nach Mass», die Beistandschaft (REUSSER, 276). Diese ist in **vier Beistandschaftsarten** gegliedert: Die **Begleitbeistandschaft** (Art. 393), die **Vertretungsbeistandschaft** ohne oder mit Vermögensverwaltung (Art. 394 bzw. Art. 394 i.V.m. Art. 395), die **Mitwirkungsbeistandschaft** (Art. 396) sowie die **umfassende Beistandschaft** (Art. 398), welche als Nachfolgeinstitut der Vormundschaft die einzige starr typengebundene Beistandschaft des neuen Rechts darstellt. Auf dieser sehr flexiblen Basis kann die ESB entsprechend den jeweiligen Bedürfnissen des Einzelfalls massgeschneiderte Anordnungen treffen. 2

3 Das sog. Mündelwohl war der primäre Zweck des bisherigen Vormundschaftsrechts. Das «Wohl der Schwachen» ist weiterhin Leitgedanke des neuen Rechts, insb. auch für die Anordnung einer behördlichen Massnahme (Botschaft Erwachsenenschutz, 7042). Ziel ist demnach, das **Wohl und den Schutz hilfsbedürftiger Menschen unter** bestmöglicher **Wahrung des Selbstbestimmungsrechts** sicherzustellen (Art. 388). Es geht also um Beistand im eigentlichen Sinn des Wortes, um Unterstützung mit Rat und Tat für Menschen, die den Überblick und die Kontrolle über ihre Angelegenheiten verloren haben oder gar nie hatten, sowie um Schutz vor Ausnützung oder unsachgemässem oder selbstschädigendem Handeln (BIDERBOST, SJZ 2010, 309).

4 Um unnötige Anordnungen zu vermeiden, ist zunächst eine sorgfältige und umsichtige Abklärung der Situation der hilfsbedürftigen Person zur Frage erforderlich, ob es überhaupt eine behördliche Massnahme braucht. Denn für eine solche besteht kein Raum, wenn die Unterstützung der betroffenen Person durch die Familie, andere nahestehende Personen oder private oder öffentliche Dienste ausreicht, wenn ausreichende eigene Vorsorge getroffen worden ist (z.B. Vorsorgeauftrag gem. Art. 360 ff.) oder Massnahmen von Gesetzes wegen (z.B. Vertretung Urteilsunfähiger durch den Ehegatten bzw. eigetragenen Partner gem. Art. 374 ff.) genügen. Dieser bewährte **Grundsatz der Subsidiarität** ist **im neuen Recht ausdrücklich verankert** (Art. 389 Abs. 1).

5 **Voraussetzungen** für die Anordnung behördlicher Massnahmen **sind** – wie im bisherigen Recht – eine **rechtlich relevante Gefährdung** des Wohls der betroffenen Person **als Folge eines Schwächezustandes** (aber nicht mehr Geisteskrankheit, Geistesschwäche etc. genannt, sondern als geistige Behinderung, psychische Störung oder ähnlicher in der Person liegender Schwächezustand bezeichnet) **sowie** als soziale Auswirkung **das daraus resultierende Unvermögen**, die eigenen **Angelegenheiten hinreichend zu besorgen** bzw. entsprechende Vollmachten zu erteilen, wobei auch die Belastung und der Schutz von Angehörigen und Dritten zu berücksichtigen sind (Art. 390).

6 Diese Voraussetzungen gelten grundsätzlich für alle Arten von Beistandschaften. **Zusätzlich** sind aber auch die für die Anordnung der einzelnen Arten der Beistandschaft **unterschiedlichen Prägungen des Schutzbedarfs zu beachten**, auf welche jeweils im Gesetz präzisierend hingewiesen wird. Daher ist an Schwächezustand und Unvermögen kein absoluter Massstab anzulegen. Vielmehr besteht eine enge Wechselwirkung zwischen der Natur der Gefährdung einerseits sowie dem Wesen der anzuordnenden Beistandschaft andererseits, d.h. für eine milde Massnahme genügt eine entsprechend wenig ausgeprägte Gefährdung als Voraussetzung (vgl. Art. 390 N 6).

7 Sind – auch unter Berücksichtigung des Subsidiaritätsprinzips – die Voraussetzungen für eine behördliche Massnahme erfüllt, ist gestützt auf das Instrumentarium des neuen Rechts für den konkreten Einzelfall eine **Beistandschaft nach Mass** zu gestalten. Dabei ist der Fokus nicht einzig auf die **auszugleichenden Defizite**, sondern **ebenso** sehr auf die **Ressourcen**, über welche die betroffene Person verfügt, zu richten. Denn nur so wird dem zentralen Grundsatz, die Selbstbestimmung der betroffenen Person so weit wie möglich zu erhalten und zu fördern (Art. 388 Abs. 2), hinreichend Rechnung getragen sowie der gesetzlichen Vorgabe entsprochen, den Willen der betroffenen Person, das Leben entsprechend ihren Fähigkeiten nach eigenen Wünschen und Vorstellungen zu gestalten, zu achten (Art. 406 Abs. 1).

8 Aufgrund einer ganzheitlichen Würdigung der Situation der hilfsbedürftigen Person kann erkannt werden, welche Anordnungen erforderlich sind, um festgestellte Defizite auszugleichen, also den bestehenden Schwächezustand möglichst zu beheben, zu lindern oder eine Verschlechterung zu verhüten (Art. 406 Abs. 2). **Entsprechend** diesen **Bedürfnissen**

ist die adäquate behördliche Massnahme masszuschneidern. Zu diesem Zweck ist zuerst die **geeignete Beistandschaftsart** zu **bestimmen**. Dann ist diese durch **Zuordnung von** praxistauglich umschriebenen **Aufgabenbereichen oder Einzelaufgaben** so zu gestalten, dass sie den Bedürfnissen der hilfsbedürftigen Person voll entspricht. Falls erforderlich, können zudem verschiedene **Beistandschaftsarten** mit unterschiedlichen Aufgabenbereichen **miteinander kombiniert** werden (Art. 397). Nötigenfalls kann zusätzlich noch die **Handlungsfähigkeit in bestimmten Bereichen eingeschränkt werden** (Art. 394 Abs. 2). Bei besonders ausgeprägter Hilfsbedürftigkeit kann stattdessen als ultima ratio eine umfassende Beistandschaft angezeigt sein (Art. 398). Da die Beistandschaften entsprechend den Bedürfnissen des Einzelfalles in einer Unsumme von Konkretisierungen (SCHNYDER, Jusletter 2004, Rz 20) auch hinsichtlich der Intensität des Eingriffs ausgestaltet werden können, ist es – im Gegensatz zum bisherigen Recht – **nicht möglich**, sie alle in eine **verbindliche Stufenfolge** einzugliedern (Art. 389 N 14).

Wie unter dem bisherigen ist auch nach neuem Recht bei der Anordnung einer Massnahme der verfassungsmässige **Grundsatz der Verhältnismässigkeit** (Art. 389 Abs. 2) zu beachten: Die Massnahme soll so wenig wie möglich, aber doch so stark wie nötig in die Privatsphäre und in die Rechtsstellung von Betroffenen eingreifen. Bei dementen Betagten etwa, die auf umfassende Hilfe angewiesen sind, ist demnach nicht unbesehen eine umfassende Beistandschaft anzuordnen, wenn eine Vertretungsbeistandschaft mit besonders breit gefächertem Aufgabenbereich, aber ohne Einschränkung der Handlungsfähigkeit genügt (vgl. Art. 394 N 15 ff.; 398 N 17 f.). **9**

Unter der Herrschaft des bisherigen Rechts hat sich gezeigt, dass die Behörde in einfachen, liquiden Fällen durch punktuelles eigenes Handeln die Anordnung einer behördlichen Massnahme und damit unnötigen Verwaltungsaufwand vermeiden kann (Botschaft Erwachsenenschutz, 7044). Das neue Recht trägt diesem Bedürfnis Rechnung und regelt die Fälle, in welchen durch **eigenes Handeln der ESB** auf die Errichtung einer Beistandschaft verzichtet werden kann (Art. 392 Ziff. 1–3). **10**

Die Anordnung einer **Erwachsenenschutzmassnahme** sowie eine allenfalls damit verbundene Einschränkung oder ein Wegfall der Handlungsfähigkeit werden – im Gegensatz zum bisherigen Recht (aArt. 375, 377 Abs. 3, Art. 397 Abs. 2) – entsprechend dem Vorbild ausländischer Rechtsordnungen **nie veröffentlicht** (vgl. dazu Botschaft Erwachsenenschutz, 7018 f., 7090; GEISER, ZSR 2003, Rz 2.10 f.). Die Veröffentlichung würde nämlich einen Eingriff in die persönliche Freiheit (Art. 10 Abs. 2 BV) und in das Recht auf Achtung des Privatlebens (Art. 8 EMRK) bedeuten, der in einem krassen Missverhältnis zum hypothetischen Nutzen stünde (vgl. dazu Botschaft Erwachsenenschutz, 7018 f., 7090 f.). **11**

Trotz Verzicht auf Veröffentlichung können die Massnahmen des Erwachsenenschutzes grundsätzlich auch **gutgläubigen Dritten entgegengehalten** werden (Art. 452 Abs. 1). Der Beistand orientiert aber Dritte über die Beistandschaft, soweit dies zur gehörigen Erfüllung seiner Aufgaben erforderlich ist (Art. 413 Abs. 3; vgl. dazu GEISER, ZSR 2003, Rz 2.13.). Auch kann, wer ein Interesse glaubhaft macht, von der ESB Auskunft über das Vorliegen einer Massnahme verlangen (Art. 451 Abs. 2; vgl. dazu MEIER/LUKIC, Rz 389; GEISER, ZSR 2003, Rz 2.15). **12**

Zudem bringt das neue Recht eine gewichtige **Ausnahme zugunsten gutgläubiger Schuldner**. Diesen kann eine entsprechende Einschränkung der Handlungsfähigkeit erst entgegengehalten werden, nachdem sie davon Kenntnis erhalten haben (Art. 452 Abs. 2). Sie entgehen somit der Gefahr, die gleiche Schuld zweimal bezahlen zu müssen (Botschaft Erwachsenenschutz, 7018 f., 7090 f.). Ausserdem ist die verbeiständete Person **13**

Dritten für den verursachten Schaden verantwortlich, wenn sie diese zur irrtümlichen Annahme ihrer Handlungsfähigkeit verleitet hat (Art. 452 Abs. 3).

14 Im Gegensatz zum bisherigen Recht (aArt. 393 Ziff. 4 und 5) kennt das neue Recht **Beistandschaften nur** noch **für natürliche Personen** (vgl. dazu Botschaft Erwachsenenschutz, 7017).

15 **Übersicht: Beistandschaftsarten und deren Wirkungen**

(Schema nach Biderbost, KOKES-Praxisanleitung Erwachsenenschutz)

kombinierbar

	Begleitbeistandschaft	**Vertretungsbeistandschaft**	**Mitwirkungsbeistandschaft**	**umfassende Beistandschaft**
Aufgabenbereich(e)	bedarfsorientierte Umschreibung	bedarfsorientierte Umschreibung	bedarfsorientierte Umschreibung	von Gesetzes wegen umfassend
Handlungsfähigkeit	von Gesetzes wegen keine Einschränkung	punktuelle behördliche Einschränkung möglich*	von Gesetzes wegen eingeschränkt bezüglich des Aufgabenbereiches	entfällt von Gesetzes wegen*
Vertretungsmacht des Beistands**	keine Vertretung; nur (aufgabenbezogene) Begleitung	aufgabenbezogene Vertretung (im Bereich punktueller Beschränkung der Handlungsfähigkeit Alleinzuständigkeit, sonst Parallelvertretung)	keine Vertretung; nur aufgabenbezogene Mitwirkung	umfassende Alleinvertretung

* soweit urteilsfähig: beschränkte Handlungsunfähigkeit im Rahmen der Einschränkung

** vorbehältlich höchstpersönlicher Rechte (Art. 19c), verbotener Geschäfte (Art. 412 Abs. 1), eingeschränkter Vertretungsmacht bei zustimmungsbedürftigen Geschäften (Art. 416 f.)

Art. 388

A. Zweck

1 Die behördlichen Massnahmen des Erwachsenenschutzes stellen das Wohl und den Schutz hilfsbedürftiger Personen sicher.

2 Sie sollen die Selbstbestimmung der betroffenen Person so weit wie möglich erhalten und fördern.

A. But

1 Les mesures prises par l'autorité de protection de l'adulte garantissent l'assistance et la protection de la personne qui a besoin d'aide.

2 Elles préservent et favorisent autant que possible leur autonomie.

A. Scopo

1 Le misure ufficiali di protezione degli adulti salvaguardano il benessere delle persone bisognose di aiuto e ne assicurano la protezione.

2 Per quanto possibile conservano e promuovono l'autodeterminazione dell'interessato.

Inhaltsübersicht

Literatur

Vgl. die Literaturhinweise bei den Vorbem. zu Art. 388–399.

Materialien

Art. 374 VE Erwachsenenschutz 2003; VE Erwachsenenschutz/Vernehmlassungen, 162 ff.; Botschaft Erwachsenenschutz, 7042 und 7148; Prot. RK-S vom 27./28.8.2007, 10; AmtlBull StR 2007, 835; Prot. RK-N vom 24./25.4.2008, 20 f.; AmtlBull NR 2008, 1522.

I. Allgemeines

1 Das **Wohl** und den **Schutz** hilfsbedürftiger Personen sicherzustellen ist auch im neuen Erwachsenenschutzrecht zentraler Zweck (Abs. 1). Basis ist das **Selbstbestimmungsrecht** des Menschen als Ausdruck seiner Würde (Botschaft Erwachsenenschutz, 7042). Es soll soweit wie möglich erhalten und gefördert werden (Abs. 2).

2 Zur Wahrung des Wohls Betroffener ist unter bestimmten Voraussetzungen immer wieder auch Fremdbestimmung erforderlich. Dabei hat der Erwachsenenschutz einen **Ausgleich zwischen Freiheit und Betreuung** herzustellen (TUOR/SCHNYDER/SCHMID/RUMO-JUNGO, § 49 Rz 3; MEIER/LUKIC, Rz 376). Hier die optimale Balance zu finden, ist eine der grossen Herausforderungen bei der praktischen Anwendung der gesetzlichen Vorgaben.

3 Die Behörde hat dabei auch die **Belastung und den Schutz Angehöriger und Dritter** zu berücksichtigen Art. 390 Abs. 2).

4 Diese **im Gesetz umschriebenen Ziele sind** primär bei der Anordnung behördlicher Massnahmen zu beachten. Sie dienen aber auch als **Leitlinie** für deren Führung durch Beistände oder Beauftragte (Art. 392 Ziff. 2 und 3) sowie bei Auslegungsfragen (Botschaft Erwachsenenschutz, 7042).

II. Wohl und Schutz hilfsbedürftiger Personen

5 Sind die Interessen hilfsbedürftiger Personen in relevanter Weise gefährdet (vgl. Art. 390 N 4), stellen die behördlichen Massnahmen des Erwachsenenschutzes deren Wohl und Schutz sicher (Abs. 1). Ziel ist, der bestehenden **Gefährdung adäquat** zu **begegnen**, diese wenn möglich zu beheben oder zu mindern sowie Verschlechterung oder zusätzliche Beeinträchtigungen zu verhindern (Art. 406 Abs. 2).

6 Die **Gefährdung** kann **persönliche oder vermögensrechtliche Bereiche oder** den **Rechtsverkehr** betreffen.

7 Ein allfälliges **Verschulden** der betroffenen Person oder Dritter ist in diesem Zusammenhang **irrelevant**. Die Ursachen der Gefährdung bzw. der Schutz- und Hilfsbedürftigkeit werden nicht abgeklärt, um zu eruieren, wem allenfalls welches Verschulden anzulasten ist, sondern hat mit Blick auf allenfalls erforderliche Massnahmen zu erfolgen (KUKO ZGB-ROSCH, N 2). Ergibt die Abklärung, dass die Voraussetzungen für behördliche Vorkehrungen erfüllt sind, darf die Behörde nicht untätig bleiben mit dem Argument, die be-

troffene Person sei an ihrer misslichen Situation selber schuld und müsse nun eben die Konsequenzen tragen.

8 Obwohl im Gesetz nicht ausdrücklich festgehalten (vgl. dazu SCHMID, N 2), zwingt Abs. 1 zum Schluss, dass ein **Anspruch der Betroffenen** darauf besteht, **dass behördliche Massnahmen** tatsächlich **angeordnet und durchgeführt** werden, **und zwar rechtzeitig**, wenn die Voraussetzungen dafür erfüllt sind, was in Art. 376 VE Erwachsenenschutz 03 noch ausdrücklich festgehalten war. Denn nur so können das Wohl und die Interessen von schutz- und hilfsbedürftigen Erwachsenen (vgl. Art. 390) hinreichend gewahrt werden. Das Nicht- oder nicht rechtzeitige Anordnen erforderlicher behördlicher Massnahmen muss vielmehr als eine pflichtwidrige Unterlassung qualifiziert werden (SCHMID, N 2), welche Verantwortlichkeitsansprüche gem. Art. 454 f. begründen kann.

III. Selbstbestimmung

9 Die behördlichen Massnahmen sollen die **Selbstbestimmung** der betroffenen Person als Ausdruck der Menschenwürde (Art. 7 BV; Botschaft Erwachsenenschutz, 7042; AFFOLTER, AJP 2006, 1058) so weit wie möglich **erhalten und fördern** (Abs. 2), also auf **bestehenden Ressourcen** aufbauen und diese **stärken**. Sie sind daher komplementär (KUKO ZGB-ROSCH, N 4) zu den eigenen Ressourcen anzuordnen und sollen diesbezügliche Defizite kompensieren. Dies ist einerseits bei der Errichtung von behördlichen Massnahmen zu berücksichtigen, indem die Grundsätze der Subsidiarität und der Verhältnismässigkeit (Art. 389 und 392) streng beachtet und die behördlichen Anordnungen sorgfältig auf die Bedürfnisse der hilfsbedürftigen Person ausgerichtet werden (Art. 391). Andererseits ist auch im Rahmen der Führung der Beistandschaft dem Selbstbestimmungsrecht der verbeiständeten Person stets Rechnung zu tragen. So ist – soweit tunlich – auf die Meinung der verbeiständeten Person Rücksicht zu nehmen und deren Willen zu achten, das Leben entsprechend ihren Fähigkeiten nach eigenen Wünschen und Vorstellungen zu gestalten (Art. 406 Abs. 1). Eine Massnahme ist nämlich immer dann am wirkungsvollsten, wenn sie sich im Rahmen des Möglichen durch ihre sinnvolle Umsetzung – etwa durch Hilfe zur Selbsthilfe (OFK-ZGB-FASSBIND, N 2) – mit der Zeit selbst überflüssig macht, und die betroffene Person anschliessend wieder autonom leben kann (Botschaft Erwachsenenschutz, 7049; HAUSHEER/GEISER/AEBI-MÜLLER, Erwachsenenschutzrecht, Rz 2.76). Unter Umständen ist jedoch von vornherein klar, dass die Autonomie nie (wieder) erlangt werden kann, weshalb das Gesetz lediglich verlangt, dass die angeordnete Massnahme die Selbstbestimmung der betroffenen Person *so weit wie möglich* erhalten und fördern soll (Abs. 2).

10 Indessen ist zur Wahrung des Wohls und zum Schutz der Betroffenen – abgesehen von der Begleitbeistandschaft (Art. 393) – **regelmässig auch Fremdbestimmung** in irgendeiner Form **erforderlich**. Fremdbestimmung erfolgt bspw. im Rahmen einer Vertretungsbeistandschaft für die Vermögensverwaltung (Art. 394 i.V.m. 395) bereits mit dem Verkauf bestimmter Wertpapiere durch den Beistand, da der Verbeiständete sich dessen Handlungen anrechnen lassen muss, selbst wenn seine Handlungsfähigkeit nicht eingeschränkt ist (Art. 394 Abs. 3). Muss die Fremdbestimmung so weit gehen, dass die Handlungsfähigkeit der verbeiständeten Person hinsichtlich bestimmter Aufgabenbereiche oder Handlungen einzuschränken ist, z.B. durch Anordnung einer Mitwirkungsbeistandschaft (Art. 396) oder im Rahmen einer Vertretungsbeistandschaft (Art. 394 Abs. 2), um zu vermeiden, dass der Verbeiständete ausgenützt werden kann oder selbstschädigend handelt, setzt dies jeweils eine entsprechende erhebliche Gefährdung seiner Interessen voraus. Bei der Führung der Beistandschaft tritt die Fremdbestimmung dann in den Vordergrund, wenn die Meinung des Verbeiständeten nicht mehr eruiert werden kann, weil er urteilsun-

fähig ist oder wenn es im Einzelfall nicht «tunlich» ist (Art. 406 Abs. 1), auf dessen Meinung Rücksicht zu nehmen, z.B. wenn im Rahmen einer Mitwirkungsbeistandschaft die Zustimmung zur Aufnahme eines Darlehens verweigert werden muss, um eine Überschuldung des Betroffenen zu verhindern. Am ausgeprägtesten ist die Fremdbestimmung sodann zweifellos bei der umfassenden Beistandschaft (Art. 398).

Sowohl bei der Anordnung der behördlichen Massnahmen als auch bei deren Führung das **richtige Mass an Selbst- bzw. Fremdbestimmung** zu finden, setzt einerseits sorgfältige Abklärung der gesamten Umstände und andererseits umsichtiges und einfühlendes Handeln voraus. Sollte dagegen bei der Anordnung oder der Führung behördlicher Massnahmen hinsichtlich Fremdbestimmung über das notwendige Mass hinausgegangen werden, würde die Fürsorge zum Eingriff in die Freiheitsrechte des Betroffenen (SCHMID, N 4), was Verantwortlichkeitsansprüche gem. Art. 454 f. zur Folge haben könnte. Auch würde dadurch nicht der Förderung und Erhaltung der Selbstbestimmung der betroffenen Person gedient (Abs. 2; OFK-ZGB-FASSBIND, N 1). **11**

Art. 389

B. Subsidiarität und Verhältnismässigkeit

[1] Die Erwachsenenschutzbehörde ordnet eine Massnahme an, wenn:

1. die Unterstützung der hilfsbedürftigen Person durch die Familie, andere nahestehende Personen oder private oder öffentliche Dienste nicht ausreicht oder von vornherein als ungenügend erscheint;

2. bei Urteilsunfähigkeit der hilfsbedürftigen Person keine oder keine ausreichende eigene Vorsorge getroffen worden ist und die Massnahmen von Gesetzes wegen nicht genügen.

[2] Jede behördliche Massnahme muss erforderlich und geeignet sein.

B. Subsidiarité et proportionnalité

[1] L'autorité de protection de l'adulte ordonne une mesure:

1. lorsque l'appui fourni à la personne ayant besoin d'aide par les membres de sa famille, par d'autres proches ou par des services privés ou publics ne suffit pas ou semble a priori insuffisant;
2. lorsque le besoin d'assistance et de protection de la personne incapable de discernement n'est pas ou pas suffisamment garanti par une mesure personnelle anticipée ou par une mesure appliquée de plein droit.

[2] Une mesure de protection de l'adulte n'est ordonnée par l'autorité que si elle est nécessaire et appropriée.

B. Sussidiarietà e proporzionalità

[1] L'autorità di protezione degli adulti ordina una misura se:

1. il sostegno fornito dalla famiglia, da altre persone vicine alla persona bisognosa di aiuto o da servizi privati o pubblici è o appare a priori insufficiente;
2. la persona bisognosa di aiuto è incapace di discernimento, non aveva adottato misure precauzionali personali, o non ne aveva adottate di sufficienti, e le misure applicabili per legge sono insufficienti.

[2] Ogni misura ufficiale deve essere necessaria e idonea.

Inhaltsübersicht

Literatur

Vgl. die Literaturhinweise bei den Vorbem. zu Art. 388–399.

Materialien

Art. 375 VE Erwachsenenschutz 2003; VE Erwachsenenschutz/Vernehmlassungen, 164 f.; Botschaft Erwachsenenschutz, 7042 f. und 7148; Prot. RK-S vom 27./28.8.2007, 10; AmtlBull StR 2007, 835; Prot. RK-N vom 24./25.4.2008, 20 f.; AmtlBull NR 2008, 1522.

I. Allgemeines

1 **Subsidiarität und Verhältnismässigkeit** waren schon unter bisherigem Recht **zentrale Grundsätze** (vgl. dazu MEIER/LUKIC, Rz 377). Sie sind sowohl bei der Anordnung als auch bei der Führung behördlicher Massnahmen zu beachten (ROSCH, in: Rosch/Büchler/Jakob, N 1). Der nun ausdrücklich im Gesetz verankerte generelle Grundsatz der Subsidiarität (vgl. Marginalie zu Art. 389) hat schon unter dem bisherigen Recht manchem Hilfsbedürftigen eine behördliche Massnahme und dem Gemeinwesen erhebliche Kosten erspart.

2 Das **Subsidiaritätsprinzip** konkretisiert den Grundsatz der Verhältnismässigkeit der Erwachsenenschutzmassnahmen in Bezug auf alternative Vorkehren zur persönlichen Unterstützung. Es besagt, dass Erwachsenenschutzmassnahmen nur angeordnet werden dürfen, wenn den negativen **Folgen eines Schwächezustandes nicht anders begegnet** werden kann (HAUSHEER/GEISER/AEBI-MÜLLER, Erwachsenenschutzrecht, Rz 1.39). Somit besteht für behördliche Massnahmen kein Raum, wenn die Unterstützung der hilfsbedürftigen Person durch Angehörige oder Dritte hinreichend gewährleistet werden kann oder bereits hinreichend gewährleistet ist (Abs. 1).

3 Zudem kommen nur Massnahmen in Frage, die verhältnismässig, also erforderlich und geeignet sind (Abs. 2). Dies steht im Einklang mit Art. 388 Abs. 2, denn nur subsidiäre und verhältnismässige Unterstützung oder Schutzmassnahmen erlauben es, die Selbstbestimmung der betroffenen Person soweit wie möglich zu erhalten und zu fördern. Das **Verhältnismässigkeitsprinzip** wird **durch** die Umschreibung der **Voraussetzungen der behördlichen Massnahmen** noch **zusätzlich konkretisiert** (Art. 390 ff., 426; Botschaft Erwachsenenschutz, 2043).

4 Die beiden **Ziffern von Abs. 1** sind nicht als zwei voneinander getrennte Bereiche (Urteilsunfähige und andere Hilfsbedürftige) zu verstehen, sondern als sich **gegebenenfalls überschneidende Sachverhalte** (gl.M. KUKO ZGB-ROSCH, N 5).

II. Subsidiarität

1. Subsidiarität bezüglich Unterstützung durch Angehörige und Dritte

5 **Behördliche Massnahmen** sind nur dann anzuordnen, wenn die Unterstützung der hilfsbedürftigen Person durch die Familie, andere nahestehende Personen oder private oder öffentliche Dienste nicht ausreicht oder von vorneherein als ungenügend erscheint (Abs. 1 Ziff. 1). Denn hoheitlich angeordnete behördliche Massnahmen **bewirken** selbst in der

mildesten Form der Begleitbeistandschaft, die ja nur mit Zustimmung der betroffenen Person errichtet werden darf (Art. 393 Abs. 1), weitergehende **Einmischung in die Privatsphäre** als die Unterstützung durch das Umfeld oder private oder öffentliche Stellen und Dienste, welche von der betroffenen Person sofort unterbunden werden kann (ROSCH, in: Rosch/Büchler/Jakob, Art. 393 N 2). Daher hat letztere grundsätzlich Vorrang.

Hilfe leisten neben Angehörigen, Freunden und Bekannten insb. auch Nachbarn, Freiwillige aus Vereinen, kirchlichen oder gemeinnützigen Organisationen, Mitarbeitende privater oder öffentlicher Sozialdienste oder von Amtsstellen etc. Dabei ist im vorliegenden Zusammenhang ohne Bedeutung, ob sich die Unterstützung auf eine schriftliche Vollmacht oder einen entsprechenden Auftrag stützt, auf mündliche Bitte hin erfolgt, auf konkludentem Handeln basiert oder rein faktisch geleistet wird. Indessen muss solche **Unterstützung durch Angehörige oder Dritte aktuell sichergestellt** sein, also bspw. eine früher erteilte Vollmacht oder ein Auftrag zufolge entsprechender Bestimmung bzw. Vereinbarung gegebenenfalls auch nach Eintritt von Urteilsunfähigkeit noch gültig sein (Art. 35 Abs. 1 bzw. Art. 405 Abs. 1 OR). Somit genügt es nicht, wenn erst in entfernter Zukunft mit der jetzt schon erforderlichen Unterstützung bzw. dem nötigen Schutz für die betroffene Person gerechnet werden kann (Botschaft Erwachsenenschutz, 7042). Umgekehrt führt ein vorübergehender Unterbruch bei solchen Hilfeleistungen jedoch nicht zwingend zur Anordnung einer Beistandschaft (SCHMID, N 2), sei es, weil die entsprechende Lücke das Wohl und den Schutz der hilfsbedürftigen Person nicht in relevanter Weise gefährdet, sei es, weil die ESB von sich aus das Erforderliche vorkehrt (Art. 392 Ziff. 1) bzw. einer Drittperson für einzelne Aufgaben selber den erforderlichen Auftrag erteilt (Art. 392 Ziff. 2) und die Anordnung einer Beistandschaft wegen des Umfangs der Aufgaben offensichtlich unverhältnismässig wäre. 6

2. *Subsidiarität bezüglich eigener Vorsorge*

Mit einem **Vorsorgeauftrag** (Art. 360 ff.) kann eine handlungsfähige Person eine natürliche oder juristische Person beauftragen, im Fall ihrer Urteilsunfähigkeit die Personensorge oder die Vermögenssorge zu übernehmen oder sie im Rechtsverkehr zu vertreten. Hat die hilfsbedürftige Person auf diese Weise hinreichend vorgesorgt, besteht bei Urteilsunfähigkeit kein Raum für eine Massnahme des Erwachsenenschutzes (Abs. 1 Ziff. 2). Analoges gilt in Bezug auf Entscheide über medizinische Massnahmen, wenn die nun urteilsunfähig gewordene Person mittels **Patientenverfügung** (Art. 370 ff.) oder Vorsorgeauftrag entsprechend vorgesorgt hat (Art. 378 Abs. 1 Ziff. 1). 7

Die eigene Vorsorge kann aber auch darin bestehen, dass jemand rechtzeitig, d.h. solange noch uneingeschränkte Handlungsfähigkeit besteht, einer vertrauenswürdigen Person für wichtige Bereiche **Vollmachten bzw. Aufträge** erteilt, **welche bei Eintritt von Urteilsunfähigkeit nicht erlöschen** (Art. 35 Abs. 1 OR, Art. 397a OR, Art. 405 Abs. 1 OR). Diese Ermächtigungen bzw. Aufträge behalten ihre Gültigkeit, selbst wenn die Vollmacht bzw. Auftrag erteilende Person die Handlungen der Bevollmächtigten bzw. Beauftragten nicht mehr überwachen kann (BGE 132 III 222; HAUSHEER/GEISER/AEBI-MÜLLER, Erwachsenenschutzrecht, Rz 2.04 f.; HOTZ, ZKE 2011, 111, 113, die sich auch mit entsprechenden Formerfordernissen befasst; **a.M.** ROSCH, in: Rosch/Büchler/Jakob, N 5 unter Hinweis auf BGE 134 III 385 [bestätigt in BGer vom 17.11.2008, 5A_588/2008, E. 3.3.2]; beide Entscheide betreffen jedoch je eine Beistandschaft nach bisherigem Recht), was sich eindeutig aus dem Wortlaut der zitierten Gesetzesartikel ergibt, insb. auch aus Art. 397a OR, welcher ausdrücklich festhält, dass beim Eintritt voraussichtlich dauernder Urteilsunfähigkeit des Auftraggebers die ESB lediglich dann zu benachrichti- 8 gen ist, «wenn eine solche Meldung zur Interessenwahrung angezeigt erscheint». Dies steht im Einklang mit dem neuen Rechtsinstitut des Vorsorgeauftrags (Art. 360 ff.), der ja gerade erst im Fall der Urteilsunfähigkeit (Art. 360 Abs. 1) wirksam werden soll, also in einem Zeitpunkt, in welchem eine Überwachung der beauftragten Person durch den Auftraggeber per definitionem nicht mehr möglich ist. Auch Art. 390 Abs. 1 Ziff. 2 geht davon aus, dass die hilfsbedürftige Person die zur Stellvertretung Berechtigten nicht überwachen können muss, ist die Vollmacht bzw. Auftrag erteilende Person in diesen Fällen ja definitionsgemäss urteilsunfähig oder abwesend.

3. Subsidiarität bezüglich Massnahmen von Gesetzes wegen

9 Das neue Erwachsenenschutzrecht hält für Urteilsunfähige verschiedene Massnahmen bereit, die ohne behördliche Anordnung von Gesetzes wegen Wirkungen entfalten: **Vertretung durch den Ehegatten, den eingetragenen Partner** (Art. 374 ff.), **Vertretung bei medizinischen Massnahmen** (Art. 377 ff.) sowie **Schutzbestimmungen bei Aufenthalt in Wohn- oder Pflegeeinrichtungen** (Art. 382 ff.). Genügen diese zur Wahrung des Wohls und zum Schutz der hilfsbedürftigen Person, fehlen zufolge des Subsidiaritätsprinzips die Voraussetzungen für behördliche Massnahmen hinsichtlich der entsprechenden Aufgabenbereiche (Abs. 1 Ziff. 2).

III. Verhältnismässigkeit

10 Weil das Erwachsenenschutzrecht (im Sinne materiellen öffentlichen Rechts) Eingriffsnormen zum Zweck der Personenfürsorge zum Gegenstand hat, ist bei der Anwendung der erwachsenenschutzrechtlichen Normen der **verfassungsrechtliche Grundsatz** der Verhältnismässigkeit zu beachten (HAUSHEER/GEISER/AEBI-MÜLLER, Erwachsenenschutzrecht, Rz 1.31). Das Verhältnismässigkeitsprinzip ist zwar schon in Art. 5 Abs. 2 BV verankert, wird aber wegen seiner zentralen Bedeutung im Erwachsenenschutz nochmals besonders hervorgehoben, indem das Gesetz ausdrücklich festhält, dass jede behördliche Massnahme erforderlich und geeignet sein muss (Abs. 2; vgl. auch Marginalie zu Art. 389). Zudem wird der Verhältnismässigkeitsgrundsatz bei der Umschreibung der Voraussetzungen der behördlichen Massnahmen jeweils konkretisiert (Botschaft Erwachsenenschutz, 7043; vgl. Art. 390–392 und 426).

11 Verhältnismässig ist eine Massnahme, wenn sie einerseits **so wenig wie möglich, aber doch so stark wie nötig** in die Privatsphäre und in die Rechtsstellung von Betroffenen eingreift, als es für das Erreichen des angestrebten Ziels – das Beheben, Ausgleichen oder Mildern der negativen Folgen des Schwächezustandes – erforderlich ist (HAUSHEER/GEISER/AEBI-MÜLLER, Erwachsenenschutzrecht, Rz 1.31; Botschaft Erwachsenenschutz, 7016; SCHNYDER, ZVW 1971, 42), und wenn sie andererseits den Bedürfnissen der betroffenen Person entspricht (vgl. Art. 391 Abs. 1; MEIER/LUKIC, Rz 382), bestmöglich auf die konkreten Verhältnisse ausgerichtet ist und optimalen Schutz bietet (OFK-ZGB-FASSBIND, N 2), also geeignet ist, das angestrebte Ziel zu erreichen (HAUSHEER/GEISER/AEBI-MÜLLER, Erwachsenenschutzrecht, Rz 1.32; KUKO ZGB-ROSCH, N 4; BK-SCHNYDER/MURER, Systematischer Teil N 275 ff.). Die Befugnisse des Beistands sind folglich so begrenzt wie möglich zu halten, sollen sich aber nicht auf einzelne Angelegenheiten beschränken, wenn weitere Bedürfnisse absehbar sind. Umgekehrt dürfen aber nicht Massnahmen auf Vorrat angeordnet werden (SCHMID, N 5). Zudem muss der mit der Massnahme einhergehende Eingriff in einer vernünftigen Relation zum Ziel desselben stehen, d.h. es muss zwischen den öffentlichen und privaten Interessen an der Massnahme und dem privaten Interesse, keinen Eingriff erdulden zu müssen, abgewogen werden (HAUSHEER/GEISER/AEBI-MÜL-

LER, Erwachsenenschutzrecht, Rz 1.32; vgl. CHK-AFFOLTER/STECK/VOGEL, aArt. 360 ZGB N 5). Dieser Aspekt wird auch als «Zumutbarkeit» umschrieben und hat nach Lehre und Rechtsprechung Verfassungsrang, ist also auch im Erwachsenenschutz zu beachten (KUKO ZGB-ROSCH, N 6). Da aber eine nicht erforderliche oder ungeeignete behördliche Massnahme klar nicht zumutbar ist, wurde das Erfordernis der Zumutbarkeit nicht eigens im Gesetz festgehalten (Botschaft Erwachsenenschutz, 7043).

Eine **eingreifendere behördliche Massnahme** darf nach dem Gesagten also nur angeordnet werden, **wenn** eine **mildere Massnahme** für das angestrebte Ziel **nicht ausreichend** ist (KUKO ZGB-ROSCH, N 5), d.h. es ist jeweils die schwächste der *hinreichend wirksamen* Anordnungen zu treffen. Dabei ist auch zu prüfen, ob eine Beistandschaft wegen des Umfangs der Aufgaben nicht offensichtlich unverhältnismässig wäre und Anordnungen der ESB gem. Art. 392 Ziff. 1–3 hinreichend sind. Umgekehrt ist aber auch eine zu schwache Massnahme nicht verhältnismässig (BIDERBOST, AJP 2010, 11; RIEMER, Vormundschaftsrecht, § 3 Rz 6). Es soll also weder mit Kanonen auf Spatzen geschossen noch mit Schrot auf Elefanten gefeuert werden (SCHNYDER, ZVW 1971, 42). **12**

Verhältnismässigkeit bedeutet auch **möglichst frühzeitig** einzuschreiten, denn in einem frühen Zeitpunkt können u.U. **mildere Vorkehren** genügen und sich spätere weitergehende Eingriffe erübrigen (OFK-ZGB-FASSBIND, N 2). **13**

Im Zusammenhang mit dem Verhältnismässigkeitsprinzip ist auch ein Blick auf die sog. **Stufenfolge der behördlichen Massnahmen** zu werfen. Dabei kann nicht einfach auf die Stufenfolge des bisherigen Rechts (vgl. BSK ZGB I-LANGENEGGER, aArt. 369 N 18; SCHNYDER, ZVW 1971, 41 ff.) abgestellt werden, denn das neue Recht bringt – mit Ausnahme der unabänderlich typengebundenen umfassenden Beistandschaft – Massnahmen nach Mass, die je nach Ausgestaltung im Einzelfall milder oder einschneidender sein können. Fest steht jedoch, dass die Begleitbeistandschaft (Art. 393) stets als mildeste und die umfassende Beistandschaft (Art. 398) immer als einschneidendste amtsgebundene Massnahme zu qualifizieren ist. Dazwischen sind die Mitwirkungsbeistandschaft (Art. 396) sowie die Vertretungsbeistandschaft (Art. 394 f.) einzureihen, wobei letztere je nachdem, ob die Handlungsfähigkeit eingeschränkt wird (Art. 394 Abs. 2) oder nicht, eingreifendere oder mildere Wirkungen entfaltet. Zudem dürfte eine Vertretungsbeistandschaft, welche die Handlungsfähigkeit hinsichtlich mehrerer Aufgabenbereiche einschränkt, regelmässig einschneidender sein als eine solche mit lediglich einer derartigen Anordnung, wobei auch die Bedeutung der fraglichen Aufgabenbereiche zu einer stärkeren oder milderen Gewichtung der Massnahme führen kann, die Einschränkung der Handlungsfähigkeit bezüglich der Aufnahme von Darlehen bspw. milder ist, als die Verwaltung der Einkünfte durch den Beistand gegen den Willen der verbeistandeten Person. Analoge Überlegungen führen zum Schluss, dass eine Vertretungsbeistandschaft ohne Einschränkung der Handlungsfähigkeit mit lediglich einer Aufgabe (z.B. Vertretung in einer Nachlassangelegenheit) regelmässig den milderen Eingriff bedeuten dürfte als eine solche mit mehreren Aufgabenbereichen (z.B. Vertretung beim Erledigen der finanziellen Angelegenheiten samt Verwaltung der Einkünfte und eines Grossteils des Vermögens gem. Art. 394 i.V.m. 395). Entsprechendes gilt auch für die Mitwirkungsbeistandschaft (Art. 396), wobei auch hier die Bedeutung der Angelegenheiten, für welche die Zustimmung des Beistandes erforderlich ist, eine unterschiedliche Schwere des Eingriffs zur Folge haben kann, bspw. ein Zustimmungserfordernis für den Verkauf eines Mehrfamilienhauses schwerer wiegt, als ein solches lediglich für das Eingehen von Bürgschaften. Im Verhältnis von Mitwirkungs- zu Vertretungsbeistandschaft dürfte sich die Frage nach der Gewichtung des Eingriffs in der Praxis wohl nur ausnahmsweise stellen, da es sich um grundlegend verschiedene Beistandschaften handelt, bei welchen der Verbeiständete im einen Fall (Mitwirkungsbeistandschaft) selber handeln **14** muss, im andern (Vertretungsbeistandschaft) dagegen vom Beistand vertreten wird. Werden behördliche Massnahmen miteinander kombiniert, resultieren daraus – je nach Ausgestaltung – Massnahmenpakete von wiederum unterschiedlicher Eingriffsintensität. Damit werden die möglichen Varianten so mannigfaltig, dass diese **nicht mehr**, wie unter dem bisherigen Recht, in eine **treppenartige Stufenfolge** eingeordnet werden können. **Vielmehr** kann man sich diese – bildlich gesprochen – an unterschiedlichsten Positionen in einer wenig übersichtlichen **«Kletterwand»** befindlich vorstellen.

15 Zusammenfassend kann somit als Regel gelten, dass eine **Massnahme umso milder** ist, **je weniger bzw. weniger gewichtige Aufgabenbereiche** sie umfasst **bzw. je geringer die Auswirkungen auf die Handlungsfähigkeit (bzw. die Handlungsfreiheit)** der betroffenen Person sind. Analoges gilt bei der Kombination von Beistandschaften sowie hinsichtlich der behördlichen Vorkehren gem. Art. 392 Ziff. 1–3.

16 Der Grundsatz der Verhältnismässigkeit begrenzt zudem auch die **Dauer einer Massnahme**: Die Beistandschaft ist aufzuheben oder zu ersetzen, sobald für die Fortdauer kein Grund mehr besteht (Art. 399 Abs. 2 und Art. 414).

Zweiter Abschnitt: Die Beistandschaften

Erster Unterabschnitt: Allgemeine Bestimmungen

Art. 390

A. Voraussetzungen

[1] Die Erwachsenenschutzbehörde errichtet eine Beistandschaft, wenn eine volljährige Person:

1. **wegen einer geistigen Behinderung, einer psychischen Störung oder eines ähnlichen in der Person liegenden Schwächezustands ihre Angelegenheiten nur teilweise oder gar nicht besorgen kann;**
2. **wegen vorübergehender Urteilsunfähigkeit oder Abwesenheit in Angelegenheiten, die erledigt werden müssen, weder selber handeln kann noch eine zur Stellvertretung berechtigte Person bezeichnet hat.**

[2] Die Belastung und der Schutz von Angehörigen und Dritten sind zu berücksichtigen.

[3] Die Beistandschaft wird auf Antrag der betroffenen oder einer nahestehenden Person oder von Amtes wegen errichtet.

A. Conditions

[1] L'autorité de protection de l'adulte institue une curatelle lorsqu'une personne majeure:

1. est partiellement ou totalement empêchée d'assurer elle-même la sauvegarde de ses intérêts en raison d'une déficience mentale, de troubles psychiques ou d'un autre état de faiblesse qui affecte sa condition personnelle;
2. est, en raison d'une incapacité passagère de discernement ou pour cause d'absence, empêchée d'agir elle-même et qu'elle n'a pas désigné de représentant pour des affaires qui doivent être réglées.

[2] L'autorité de protection de l'adulte prend en considération la charge que la personne concernée représente pour ses proches et pour les tiers ainsi que leur besoin de protection.

[3] Elle institue la curatelle d'office ou à la requête de la personne concernée ou d'un proche.

A. Condizioni

[1] L'autorità di protezione degli adulti istituisce una curatela se una persona maggiorenne:
1. non è in grado di provvedere ai propri interessi, o lo è solo in parte, a causa di una disabilità mentale, di una turba psichica o di un analogo stato di debolezza inerente alla sua persona;
2. a causa di un'incapacità di discernimento temporanea o di assenza, non è in grado di agire lei stessa e non ha designato un rappresentante per provvedere ad affari che occorre sbrigare.

[2] L'onere che sopportano i congiunti e i terzi e la loro protezione devono essere considerati.

[3] La curatela è istituita su domanda dell'interessato, di una persona a lui vicina o d'ufficio.

Inhaltsübersicht

Literatur

Vgl. die Literaturhinweise bei den Vorbem. zu Art. 388–399.

Materialien

Art. 377 VE Erwachsenenschutz 2003; VE Erwachsenenschutz/Vernehmlassungen, 167 ff. und 173 ff.; Botschaft Erwachsenenschutz, 7043 f. und 7148 f.; Prot. RK-S vom 27./28.8.2007, 10; AmtlBull StR 2007, 835; Prot. RK-N vom 24./25.4.2008, 21 f.; AmtlBull NR 2008, 1522.

I. Allgemeines

Im Gegensatz zum bisherigen Vormundschaftsrecht beschränkt sich das neue Erwachsenenschutzrecht bei den behördlichen Massnahmen auf **Beistandschaften für volljährige natürliche Personen** (Abs. 1 Ingress). Beistandschaften für juristische Personen und Sammelvermögen sind im neuen Erwachsenenschutzrecht nicht mehr zu finden. 1

Damit eine Beistandschaft errichtet werden kann, muss ein **Schwächezustand** vorliegen, der diese Massnahme für die Interessenwahrung und den Schutz der hilfsbedürftigen Person als angezeigt erscheinen lässt. Ein solcher, in der Person liegender Schwächezustand allein genügt für die Anordnung einer Beistandschaft jedoch nicht. Vielmehr braucht es als soziale Voraussetzung **zusätzlich** stets ein **daraus resultierendes** teilweises oder gänzliches **Unvermögen**, die eigenen Angelegenheiten hinreichend zu besorgen bzw. entsprechende Vollmachten zu erteilen (Abs. 1 Ziff. 1 und 2). 2

3 Das Gesetz definiert **drei dauerhafte Schwächezustände** (geistige Behinderung, psychische Störung, ähnlicher in der Person liegender Schwächezustand, Abs. 1 Ziff. 1) sowie **zwei nicht dauerhafte** (vorübergehende Urteilsunfähigkeit oder Abwesenheit, Abs. 1 Ziff. 2). Das neue Recht kennt somit inhaltlich im Wesentlichen die gleichen Schwächezustände wie das bisherige Recht. Es hat sie aber neu umschrieben und auf gewisse (wie z.B. lasterhaften Lebenswandel oder längere Freiheitsstrafe) gänzlich verzichtet (HAUSHEER/GEISER/AEBI-MÜLLER, Erwachsenenschutzrecht, Rz 2.84), denn das Erwachsenenschutzrecht hat nicht der moralischen Umerziehung zu dienen bzw. ein Gesinnungsrecht zu sein (OFK-ZGB-FASSBIND, N 1) oder als Disziplinierungsinstrument unangepasstes, eigensinniges bzw. dissoziales Verhalten zu beseitigen (BIDERBOST, SJZ 2010, 309; AFFOLTER, plädoyer 1/2007, 24).

4 Als Voraussetzung für die Anordnung behördlicher Massnahmen müssen Schwächezustand und Unvermögen (als soziale Voraussetzung) zusammen eine **relevante Gefährdung des Wohls der betroffenen Person** bewirken (MEIER/LUKIC, Rz 405), zu deren Behebung (vgl. Art. 388 Abs. 1) ein Eingreifen der ESB auch unter den Aspekten Selbstbestimmung (Art. 388 Abs. 2), Subsidiarität und Verhältnismässigkeit (Art. 389) unumgänglich erscheint. Schwächezustand sowie Unvermögen können auch lediglich punktueller Natur sein, der Schwächezustand also lediglich einzelne Bereiche betreffen bzw. das Unvermögen sich nur hinsichtlich einzelner Angelegenheiten auswirken.

5 Die in Art. 390 aufgeführten Voraussetzungen gelten grundsätzlich **für alle Arten von Beistandschaften**, während die darauf abgestützten behördlichen Massnahmen dann aufgrund der konkreten Bedürfnisse bzw. der erwünschten Wirkungen im Einzelfall massgeschneidert angeordnet werden. Dabei sind für die einzelnen Arten der Beistandschaft **unterschiedliche Prägungen des Schutzbedarfs** zu beachten, auf welche das Wesen der jeweiligen Beistandschaftsart ausgerichtet ist und die im Gesetz jeweils auch festgehalten sind. So ist für die Begleitbeistandschaft erforderlich, dass die betroffene Person für die Erledigung bestimmter Angelegenheiten begleitende Unterstützung braucht (Art. 393 Abs. 1), für die Vertretungsbeistandschaft (Art. 394 f.) muss Vertretungsbedürftigkeit vorliegen und für die Mitwirkungsbeistandschaft (Art. 396) die Notwendigkeit der Zustimmung durch den Beistand für die Gültigkeit einer Handlung. Sodann erfordert eine umfassende Beistandschaft, dass eine Person besonders hilfsbedürftig ist, namentlich wegen dauernder Urteilsunfähigkeit (Art. 398 Abs. 1). Ferner ist bei der Begleitbeistandschaft als zusätzliche Voraussetzung die Zustimmung der betroffenen Person unumgänglich (Art. 393 Abs. 1).

6 An Schwächezustand und Unvermögen und mithin an die «Eingriffsschwelle» ist **kein absoluter Massstab** anzulegen. Vielmehr ist im Hinblick auf die Anordnung massgeschneiderter Massnahmen die enge **Wechselwirkung** zwischen der **Art und** dem **Schweregrad der Gefährdung einerseits** und der **Art der anzuordnenden Beistandschaft** sowie deren **Aufgabenbereichen** und der allfälligen **Einschränkung der Handlungsfähigkeit andererseits** von grundlegender Bedeutung (OFK-ZGB-FASSBIND, N 1). So setzt bspw. die Begleitbeistandschaft (Art. 393) definitionsgemäss einen Schwächezustand sowie ein Unvermögen von lediglich geringer Intensität voraus, denn der Verbeiständete muss ja selbst handeln, also handlungsfähig sein, wird er doch nur begleitend dabei unterstützt. Dies zeigt, dass ein rechtlich relevanter Schwächezustand keineswegs voraussetzt, dass die betroffene Person hinsichtlich der fraglichen Belange urteilsunfähig sein muss. Umgekehrt sind die Voraussetzungen für eine umfassende Beistandschaft als ultima ratio sehr hoch anzusetzen, verlangt das Gesetz dafür doch besondere Hilfsbedürftigkeit (Art. 398).

7 Die Voraussetzungen gem. Abs. 1 und 2 gelten analog auch für **behördliche Vorkehren**, welche gestützt auf **Art. 392 Ziff. 1–3** getroffen werden. Denn in diesen Fällen sind ja definitionsgemäss die Voraussetzungen für eine Beistandschaft erfüllt und es wird lediglich

auf deren Anordnung verzichtet, weil eine solche *wegen des Umfangs der Aufgaben* offensichtlich unverhältnismässig wäre (Art. 392 Ingress).

II. Schwächezustand

Voraussetzung für die Anordnung einer Beistandschaft ist zunächst das Vorliegen eines **Schwächezustandes**, also einer **geistigen Behinderung**, einer **psychischen Störung** oder eines **«ähnlichen in der Person liegenden Schwächezustands»** (Abs. 1 Ziff. 1) bzw. **vorübergehende Urteilsunfähigkeit** oder **Abwesenheit** (Abs. 1 Ziff. 2). 8

Ob ein Schwächezustand i.S.v. Art. 390 Abs. 1 Ziff. 1 bzw. Urteilsunfähigkeit (Art. 390 Abs. 1 Ziff. 2) vorliegt, muss i.d.R. von **Fachpersonen beurteilt** werden (Meier/Lukic, Rz 403). Das gilt insb. im Hinblick auf eine Einschränkung der Handlungsfähigkeit (Botschaft Erwachsenenschutz, 7078). Indessen ist selbst für die Errichtung einer umfassenden Beistandschaft nicht zwingend ein förmliches Gutachten einzuholen, wie dies aArt. 374 Abs. 2 für die Entmündigung wegen Geisteskrankheit oder Geistesschwäche verlangte. Vielmehr räumt Art. 446 Abs. 2 der ESB den Spielraum ein, nach eigenem Ermessen über die erforderlichen Abklärungen zu befinden. Sie hat demnach nur *nötigenfalls* das Gutachten einer sachverständigen Person einzuholen. Zudem muss im Verfahren *vor der ESB* nicht zwingend ein externer Experte beigezogen werden, falls ein Mitglied der Behörde, das beim Entscheid mitwirkt, über das erforderliche Fach- und Sachwissen verfügt (Botschaft Erwachsenenschutz, 7078 f.). 9

1. Schwächezustand gem. Abs. 1 Ziff. 1

Unter **geistiger Behinderung** werden angeborene oder erworbene Intelligenzdefekte verschiedener Schweregrade verstanden, was im bisherigen Recht mit «Geistesschwäche» umschrieben wurde (Botschaft Erwachsenenschutz, 7043). 10

Der stigmatisierende Begriff der Geisteskrankheit des bisherigen Rechts wird neu durch denjenigen der **psychischen Störung** ersetzt (Hausheer/Geiser/Aebi-Müller, Erwachsenenschutzrecht, Rz 2.84). Der Schwächezustand «psychische Störung» umfasst die anerkannten Krankheitsbilder der Psychiatrie (vgl. «Internationale statistische Klassifikation der Krankheiten und verwandter Gesundheitsprobleme», ICD-10, Kapitel V Psychische und Verhaltensstörungen, F00–F99), d.h. Psychosen und Psychopathien, seien sie körperlich begründbar oder nicht, sowie Demenz, insb. Altersdemenz (Botschaft Erwachsenenschutz, 7043). Auch Neurosen und Persönlichkeitsstörungen können bspw. darunter subsumiert werden. Nicht eigens erwähnt werden im Gesetz die Suchtkrankheiten, z.B. Alkohol-, Drogen- oder Medikamentenabhängigkeit, weil auch diese unter den Begriff der psychischen Störung fallen (ICD-10 F10–F19; BGE 137 III 289, 291 E. 4.2; Hausheer/Geiser/Aebi-Müller, Erwachsenenschutzrecht, Rz 2.84; Botschaft Erwachsenenschutz, 7043; vgl. dazu Etzensberger, 362 f.). 11

Ein **schubweiser Krankheitsverlauf** schliesst die dauernde Natur des Leidens begrifflich nicht aus (Schmid, N 2). Demgemäss ist bei solchen psychischen Störungen nicht jeweils für jede akute Krankheitsphase eine Beistandschaft anzuordnen und diese in symptomfreien Intervallen wieder aufzuheben, sofern Letztere nicht von langer Dauer sind. Vielmehr ist die Massnahme so auszugestalten, dass sie entsprechend dem Krankheitsverlauf flexibel den jeweiligen Bedürfnissen gerecht wird. 12

Der weite Ausdruck eines **«ähnlichen in der Person liegenden Schwächezustands»** ermöglicht **als Auffangtatbestand** insb. den Schutz Betagter, bei denen gleichartige Defi- 13 zite wie bei Menschen mit einer geistigen Behinderung oder einer psychischen Störung auftreten (Botschaft Erwachsenenschutz, 7043). Erfasst sind auch extreme Fälle von Unerfahrenheit, Unwilligkeit (bspw. Ablehnung der unbedingt erforderlichen Reinigung der Wohnung samt Bekämpfung von Schädlingen sowie Desinfektion), Verschwendung oder Misswirtschaft sowie schwerste Erscheinungsformen körperlicher Beeinträchtigungen (z.B. schwere Lähmung) oder multiple Behinderungen (z.B. Verbindung von Blindheit und Taubheit) (Botschaft Erwachsenenschutz, 7043; vgl. dazu MEIER/LUKIC, Rz 404).

14 Dank diesem Auffangtatbestand ermöglicht das neue Recht beiständliche Hilfe auch in Fällen, in welchen der **Schwächezustand nicht eindeutig** unter die Begriffe **«geistige Behinderung» oder «psychische Störung»** subsumierbar ist (ROSCH, in: Rosch/Büchler/Jakob, N 2), die betroffene Person aber gleichwohl daran hindert, ihre Angelegenheiten hinreichend besorgen zu können. Dadurch können in der Praxis energieraubende Auseinandersetzungen darüber vermieden werden, ob ein Schwächezustand sämtliche Kriterien einer der genannten beiden Beeinträchtigungen umfassend erfüllt, denn es genügt, wenn der Schwächezustand diesen ähnlich ist (Abs. 1 Ziff. 1).

2. Vorübergehende Urteilsunfähigkeit oder Abwesenheit (Abs. 1 Ziff. 2)

a) Vorübergehende Urteilsunfähigkeit

15 Auch lediglich vorübergehende Urteilsunfähigkeit in Bezug auf eine aktuell zu erledigende Angelegenheit kann einen Verbeiständungsgrund bilden. Solche ist dann anzunehmen, wenn die **Wiedererlangung der Urteilsfähigkeit absehbar** ist, bspw. wenn die betroffene Person im Rahmen einer medizinischen Behandlung in ein künstliches Koma versetzt werden muss (vgl. zu den Aspekten vorübergehender Urteilsunfähigkeit MEIER/LUKIC, Rz 410 f.). Zeigt sich, dass die Urteilsunfähigkeit nicht wie zunächst angenommen bloss vorübergehender, sondern dauernder Natur ist, kann die bestehende Beistandschaft – nötigenfalls mit entsprechender Anpassung der Aufgabenbereiche – gleichwohl weitergeführt werden, denn die Hilfsbedürftigkeit, die Grund für die Anordnung der Beistandschaft bildete, besteht ja weiterhin.

b) Abwesenheit

16 Eine Beistandschaft wegen Abwesenheit setzt voraus, dass die betroffene Person in der Zeit, in welcher Angelegenheiten erledigt werden müssen, **an einem unbekannten Ort** weilt **oder** aus andern Gründen **nicht rechtzeitig erreichbar** ist und auch keine Stellvertretung bezeichnet wurde (MEIER/LUKIC, Rz 409). Dies ist etwa der Fall, wenn eine Person nach einem Badeausflug nicht zurückkehrt oder nach einer Naturkatastrophe am Ferienort vermisst wird oder in einem fernen Land als Geisel gefangen genommen und verschleppt worden ist. Die zufolge der Abwesenheit angeordnete Massnahme ist solange weiterzuführen, als dies aufgrund der Umstände erforderlich ist, unterliegt also keiner zeitlichen Limitierung.

III. Unvermögen als soziale Voraussetzung

1. Unvermögen, eigene Angelegenheiten zu besorgen

17 Als soziale Voraussetzung für die Anordnung einer Beistandschaft ist zusätzlich zum Schwächezustand erforderlich, dass die betroffene Person **als Folge des Schwächezustandes** die eigenen **Angelegenheiten nur teilweise oder gar nicht oder nicht zweckmässig besorgen kann** (Abs. 1 Ziff. 1), also ihr die Fähigkeit zur Ausübung des Selbstbestimmungsrechts in Bezug auf die zu erledigende Angelegenheit fehlt oder diese derart beeinträchtigt ist, dass eigenverantwortliches Entscheiden nicht mehr möglich oder zumindest erschwert ist (KUKO ZGB-Rosch, N 3).

Diese Unfähigkeit zum Handeln kann auch darin bestehen, dass der **Betroffene nicht** zweckmässig **in seinem wohlverstandenen Interesse tätig** zu werden vermag, es bspw. aufgrund seines Schwächezustandes unterlässt, einen berechtigten Anspruch auf Sozialhilfeleistungen geltend zu machen (Schmid, N 8), sei es aus Nachlässigkeit oder Überforderung, sei es aus Unwilligkeit, und so in eine finanzielle Notlage gerät. 18

Der Begriff «ihre Angelegenheiten» ist derart weit gefasst, dass er konturlos wirkt (KUKO ZGB-Rosch, N 3). Das Verhältnismässigkeitsprinzip grenzt ihn aber ein, so dass **nur** das Unvermögen, **relevante** eigene **Angelegenheiten** hinreichend zu besorgen, als Voraussetzung für eine Beistandschaft genügt. Eigene Angelegenheiten sind solche, die im Interesse der Betroffenen liegen und in Bezug auf ihre gegenwärtige Lebenssituation stehen (KUKO ZGB-Rosch, N 3). Sie können die Personensorge, die Vermögenssorge oder den Rechtsverkehr betreffen. 19

In den Sonderfällen von vorübergehender Urteilsunfähigkeit oder Abwesenheit ist erforderlich, dass die betroffene Person in **Angelegenheiten, die** während dieser Zeitspanne **erledigt werden müssen**, weder selber handeln kann noch eine zur Stellvertretung berechtigte Person bezeichnet hat (Abs. 1 Ziff. 2). Mit dieser Formulierung wird zum Ausdruck gebracht, dass es um **anstehende notwendige Geschäfte** geht, die – im Gegensatz zum bisherigen Recht (aArt. 392 Ziff. 1) – zeitlich nicht dringlich zu sein brauchen (Botschaft Erwachsenenschutz, 7043), aber dennoch nicht beliebig aufgeschoben werden können (Meier, Jusletter 17.11.2008, Rz 70). Zudem müssen diese Geschäfte relevant sein, um die Anordnung einer Beistandschaft zu rechtfertigen. 20

2. Unfähigkeit, Vertretung zu bezeichnen

Auch wenn die hilfsbedürftige Person ihre Angelegenheiten nicht selbst hinreichend besorgen kann, sind die Voraussetzungen für eine Beistandschaft nur dann erfüllt, wenn sie auch nicht in der Lage ist, einer geeigneten Person oder Stelle eine entsprechende Vollmacht zu erteilen (Botschaft Erwachsenenschutz, 7043) bzw. wenn sie **nicht** vorgängig **eine zur Stellvertretung berechtigte Person** (Abs. 1 Ziff. 2) **oder Stelle bezeichnet** hat, also keine oder keine ausreichende Vorsorge getroffen hat, sowie wenn **Massnahmen von Gesetzes wegen nicht genügen** (Art. 389 Abs. 1 Ziff. 2) und die Unterstützung durch bevollmächtigte Dritte nicht ausreicht oder von vornherein als ungenügend erscheint (Art. 389 Abs. 1 Ziff. 1). 21

Insbesondere bei vorübergehender Verhinderung kann es u.U. genügen, einer Drittperson für einzelne Aufgaben Aufträge zu erteilen (Art. 392 Ziff. 2) oder/und durch **direktes Handeln der ESB** das Erforderliche vorzukehren (Art. 392 Ziff. 1), statt eine Beistandschaft anzuordnen. 22

IV. Belastung und Schutz Angehöriger und Dritter

Hilfsbedürftige Menschen leben regelmässig in einem sozialen Umfeld (Angehörige, Bekannte, Arbeitsort, Betreuungseinrichtung usw.). Die **Belastung und** der **Schutz dieses Umfelds** können **für sich allein** die Errichtung einer **Beistandschaft nicht rechtfertigen** (Botschaft Erwachsenenschutz, 7043), denn das Erwachsenenschutzrecht hat keine polizeiliche Ordnungsfunktion zu erfüllen. Sie sind aber beim Entscheid zu berücksichtigen (Abs. 2). Denn eine übermässige Belastung des Umfeldes – sei es zeitlich, fachlich, kräftemässig oder psychisch – kann sich sehr nachteilig auch auf die hilfsbedürftige Person auswirken, indem bspw. Angehörige ohne Unterstützung der betroffenen Person in administ- 23 rativen Belangen durch einen Beistand nicht mehr zu deren weiteren persönlichen Betreuung bereit sind oder es als Folge der Überbeanspruchung zu Fehlverhalten bis hin zu strafbaren Handlungen (z.B. Betagtenmisshandlung) kommt. Abs. 2 verdeutlicht daher, dass die Unterstützung durch die Angehörigen Grenzen hat und nicht in eine Überforderung münden darf (Botschaft Erwachsenenschutz, 7043). Das Subsidiaritätsprinzip (Art. 389 Abs. 1) darf daher nicht zu Lasten des Umfelds «auf die Spitze getrieben» werden. Die soziale Verantwortlichkeit der betroffenen Personen und das Bedürfnis nach deren sozialen Integration sind angemessen zu berücksichtigen und können letztlich deren Selbstbestimmungsrecht zurückdrängen (AFFOLTER, AJP 2006, 1062).

24 Der **Schutz Dritter vor Übergriffen des Betroffenen** wird im Vergleich zur Regelung der FU (Art. 426 Abs. 2) als Gesichtspunkt für die Anordnung einer Beistandschaft weniger ins Gewicht fallen, denn solch gravierende Belastungen des Umfelds resultieren oft aus Umständen (z.B. Gewalttätigkeit der hilfsbedürftigen Person oder deren Weigerung, sich in stationäre psychiatrische Betreuung zu begeben), denen **durch eine Beistandschaft kaum** Einhalt geboten werden kann. Die Probleme in diesem Zusammenhang sind jeweils komplex und erfordern oft ein interdisziplinäres Vorgehen (SCHMID, N 14).

V. Anordnung auf Antrag oder von Amtes wegen

25 Eine Beistandschaft wird auf **Antrag der betroffenen oder einer ihr nahestehenden Person oder von Amtes wegen** errichtet (Abs. 3). Diese Gesetzesbestimmung gilt für alle Beistandschaftsarten und bringt damit zum Ausdruck, dass es – im Gegensatz zum bisherigen Vormundschaftsrecht (Vormundschaft auf eigenes Begehren (aArt. 372) oder Beistandschaft auf eigenes Begehren (aArt. 394) – im neuen Recht **für** die Wahl der **Beistandschaftsart ohne Belang ist, wer den Anstoss** für eine Massnahme **gegeben** hat, unterscheiden sich doch die Beistandschaften diesbezüglich in keiner Weise.

26 Das **Antragsrecht ist** für die hilfsbedürftige Person **höchstpersönlich** (ROSCH, in: Rosch/Büchler/Jakob, Art. 426 N 16). Um das Antragsrecht ausüben zu können, ist entsprechende Urteilsfähigkeit erforderlich (KUKO ZGB-ROSCH, N 7). Andernfalls hat die ESB den Antrag als Meldung gem. Art. 443 Abs. 1 entgegenzunehmen und die Anordnung einer Beistandschaft von Amtes wegen zu prüfen.

27 **Nahestehend** ist eine **Person**, die «kraft ihrer Eigenschaft und regelmässig kraft ihrer Beziehungen (Verwandtschaft, Freundschaft) als geeignet erscheint, die Interessen der betroffenen Person wahrzunehmen». Hierzu gehören die Eltern, die Geschwister, die Kinder des Betroffenen, Verwandte, Ehepartner und Lebensgefährte, Arzt, Sozialarbeiter, Pfarrer, eine sich seit längerem um den Betroffenen kümmernde Person etc. (BGer vom 25.3.2009, 5A_837/2008, E. 5.2).

28 Gemäss Art. 443 Abs. 1 kann **jede Person der ESB Meldung erstatten**, wenn jemand hilfsbedürftig erscheint. Zudem ist gem. Art. 443 Abs. 2 meldepflichtig, wer in amtlicher Tätigkeit von einer solchen Situation erfährt, und die Kantone können weitere Meldepflichten vorsehen.

29 Aus Abs. 3 i.V.m. Art. 446 Abs. 1 ergibt sich sodann, dass hinsichtlich der Anordnung sämtlicher Beistandschaftsarten von Bundesrechts wegen die Offizialmaxime gilt, entsprechende **Verfahren** also **von Amtes wegen einzuleiten und durchzuführen** sind (vgl. Art. 444 ff.), sobald die ESB in irgendeiner Weise von der mutmasslichen Gefährdung des Wohls einer hilfsbedürftig scheinenden Person Kenntnis erhält (vgl. dazu Art. 443). Es wäre somit klar widerrechtlich, erst aufgrund einer förmlichen Meldung tätig werden zu wollen und bspw. eine schriftliche Gefährdungsmeldung zu verlangen (OFK-ZGB-FASSBIND, N 4).

Art. 391

B. Aufgabenbereiche

[1] Die Erwachsenenschutzbehörde umschreibt die Aufgabenbereiche der Beistandschaft entsprechend den Bedürfnissen der betroffenen Person.

[2] Die Aufgabenbereiche betreffen die Personensorge, die Vermögenssorge oder den Rechtsverkehr.

[3] Ohne Zustimmung der betroffenen Person darf der Beistand oder die Beiständin nur dann deren Post öffnen oder deren Wohnräume betreten, wenn die Erwachsenenschutzbehörde die Befugnis dazu ausdrücklich erteilt hat.

B. Tâches

[1] L'autorité de protection de l'adulte détermine, en fonction des besoins de la personne concernée, les tâches à accomplir dans le cadre de la curatelle.

[2] Ces tâches concernent l'assistance personnelle, la gestion du patrimoine et les rapports juridiques avec les tiers.

[3] Sans le consentement de la personne concernée, le curateur ne peut prendre connaissance de sa correspondance ni pénétrer dans son logement qu'avec l'autorisation expresse de l'autorité de protection de l'adulte.

B. Sfere di compiti

[1] L'autorità di protezione degli adulti definisce le sfere di compiti della curatela secondo i bisogni dell'interessato.

[2] Le sfere di compiti riguardano la cura della persona, quella degli interessi patrimoniali o le relazioni giuridiche.

[3] Il curatore può aprire la corrispondenza o accedere all'abitazione dell'interessato senza il suo consenso soltanto se l'autorità di protezione degli adulti gliene ha espressamente conferito il potere.

Inhaltsübersicht

Literatur

Vgl. die Literaturhinweise bei den Vorbem. zu Art. 388–399.

Materialien

Art. 379 Abs. 1 und 2 VE Erwachsenenschutz 2003; VE Erwachsenenschutz/Vernehmlassungen, 178 ff.; Botschaft Erwachsenenschutz, 7044 und 7149; Prot. RK-S vom 27./28.8.2007, 10; AmtlBull StR 2007, 835; Prot. RK-N vom 24./25.4.2008, 21 f.; AmtlBull NR 2008, 1522.

I. Allgemeines

1 Zentrale Aufgabe der ESB ist das **Bestimmen der geeigneten Massnahme**, denn im Gegensatz zum bisherigen Recht mit seinem wenig flexiblen Massnahmesystem (HAUSHEER/GEISER/AEBI-MÜLLER, Erwachsenenschutzrecht, Rz 1.41; BIDERBOST, AJP 2010, 8) räumt das neue Recht der ESB diesbezüglich einen grossen Gestaltungsspielraum ein. Dabei ist zunächst – soweit eine solche Massnahme überhaupt notwendig ist – eine bestimmte **Art der Beistandschaft bzw. Kombination von Beistandschaften** unter Berücksichtigung der konkreten Verhältnisse festzulegen. So kann z.B. in Bezug auf den Lohn Verwaltung (Vertretungsbeistandschaft für die Vermögensverwaltung, Art. 394 i.V.m. Art. 395) und in Bezug auf Schenkungen Mitwirkung (Art. 396) angeordnet werden (Botschaft Erwachsenenschutz, 7044). Sodann hat die ESB bei jeder Beistandschaftsart in ihrem Errichtungsentscheid die **Aufgabenbereiche des Beistandes** zu umschreiben (Abs. 1). Denn die Beistandschaften nach neuem Recht bilden – mit Ausnahme der umfassenden Beistandschaft (Art. 398) – flexible Grundlagen für «Massnahmen nach Mass» und stellen – abgesehen von der umfassenden Beistandschaft – nicht abschliessend vorgefertigte, typengebundene Rechtsinstitute dar (Botschaft Erwachsenenschutz, 7044). Schliesslich ist – bei Anordnung einer Vertretungsbeistandschaft (Art. 394 oder Art. 394 i.V.m. 395) – auch darüber zu befinden, ob und inwieweit eine **Einschränkung der Handlungsfähigkeit** (Art. 394 Abs. 2) erforderlich ist (z.B. bezüglich der Vermögensverwaltung, um Verschwendung zu verhindern).

2 Die ESB hat die **Aufgabenbereiche** der Beistandschaft **von Fall zu Fall entsprechend den Bedürfnissen** der betroffenen Person zu umschreiben (Abs. 1). Sie gestaltet somit die Beistandschaft unter Berücksichtigung der gesamten Umstände des konkreten Einzelfalls, unter Achtung des Selbstbestimmungsrechts (Art. 388 Abs. 2) sowie des Verhältnismässigkeitsprinzips (Art. 389 Abs. 2). Mit der Zeit werden sich zwar für gleichartige Bedürfnisse typische Standardumschreibungen herausbilden, z.B. als «Altersbeistandschaft» für Betagte, die in nahezu allen Belangen zufolge entsprechender stark eingeschränkter Urteilsfähigkeit auf Unterstützung, Schutz und Vertretung angewiesen sind, denn **für eine Standardsituation** ist eine **Standardanordnung** falladäquat (BIDERBOST, SJZ 2010, 311). Indessen sind solche Standardmassnahmen im Zusammenhang mit jeder Anordnung im konkreten Einzelfall kritisch zu hinterfragen (OFK-ZGB-FASSBIND, N 2; MEIER/LUKIC, Rz 419). Die Behörde ist nämlich in keinem Fall an einen bestimmten Massnahmen-Katalog gebunden (Botschaft Erwachsenenschutz, 7044).

3 Das Zauberwort **«Massschneidern»**, das im Zusammenhang mit der Anordnung von Massnahmen nach neuem Erwachsenenschutzrecht zentrale Bedeutung erlangt hat, obwohl es im Gesetz gar nicht verwendet wird (BIDERBOST, SJZ 2010, 310), birgt die Gefahr grosser Missverständnisse. Seine Bildhaftigkeit kann Assoziationen zu «eng auf den Körper geschnittenen Kleidern» bewirken, obwohl es sich – um bildhaft zu bleiben – bei den Beistandschaften des neuen Rechts zwar um massgeschneiderte, aber keineswegs um einengende Kleider handelt, sondern um solche, welche sowohl den Betroffenen als auch dem Beistand die erforderliche Bewegungsfreiheit lassen. Daher muss die ESB die **Aufgaben**, die im Rahmen der Beistandschaft zu erledigen sind, **i.d.R. nicht einzeln aufführen**, **sondern** sie kann sich auf einen oder mehrere **Aufgabenbereiche** beschränken (Botschaft Erwachsenenschutz, 7044; MEIER/LUKIC, Rz 419). Die Umschreibung der Aufgabenbereiche muss zudem nur wirklich erforderliche Details umfassen, denn wenn sie zu eng und zu detailliert ist, muss sie immer wieder angepasst werden. Ist sie umgekehrt jedoch zu weit, entspricht sie nicht den Vorgaben des neuen Rechts (OFK-ZGB-FASSBIND, N 2).

4 Je nach den konkreten Verhältnissen sind **hinsichtlich des Umfangs des Aufgabenbereichs** einer Beistandschaft sehr **grosse Unterschiede möglich**, kann es doch um Dauer-

oder Einzelaufgaben oder um ein Bündel von Angelegenheiten wie die Sorge um das gesundheitliche Wohl oder die Vertretung gegenüber Behörden und Versicherungen gehen (Botschaft Erwachsenenschutz, 7044).

II. Umschreiben der Aufgabenbereiche

1. Bedürfnisse der betroffenen Person (Abs. 1)

Die ESB muss die Aufgabenbereiche der Beistandschaft entsprechend den Bedürfnissen 5 der betroffenen Person umschreiben (Abs. 1). Dazu muss sie zunächst deren Lebenssituation sorgfältig abklären. Dabei ist nach neuem Recht der Hilfebedarf im Einzelfall mit Blick auf die Massschneiderung der Massnahmen noch umfassender, detaillierter und vertiefter als bisher zu ergründen (Geiser, ZVW 2003, 231). So können die eigenen Ressourcen der betroffenen Person erkannt werden, welche es mit Rücksicht auf ihr Selbstbestimmungsrecht soweit wie möglich zu erhalten und zu stärken gilt (Art. 388 Abs. 2, 406). Diese Situationsanalyse zeigt zudem die bestehenden Beeinträchtigungen auf sowie **in welcher Hinsicht das Wohl der betroffenen Person gefährdet ist**, **wo sie Hilfe und Schutz benötigt** (Art. 388 Abs. 1), wobei immer auch eine Prognose zur mutmasslichen weiteren Entwicklung in absehbarer Zukunft erforderlich ist (Rosch, in: Rosch/Büchler/Jakob, Art. 389 N 3). Die so erkennbaren entsprechenden Defizite sind dann jeweils durch geeignete Anordnungen auszugleichen, vergleichbar mit dem Einsetzen fehlender Puzzleteilchen, mit dem Ziel, den Schwächezustand zu lindern oder eine Verschlimmerung zu verhüten (Art. 406 Abs. 2). Im Vordergrund stehen dabei die Angelegenheiten, welche die betroffene Person nur teilweise oder gar nicht oder nicht zweckmässig besorgen kann (Art. 390 Abs. 1) und der Schutz vor selbstschädigendem Handeln. Umgekehrt besteht kein Bedürfnis nach behördlichen Anordnungen in den Bereichen, in welchen anderweitige Unterstützung genügt (Art. 389 Abs. 1), denn es soll nur so viel staatliche Betreuung angeordnet werden, wie wirklich nötig ist (Botschaft Erwachsenenschutz, 7016).

2. Aufgabenbereiche (Abs. 2)

a) Allgemeines

Die **Aufgabenbereiche betreffen** die **Personensorge**, die **Vermögenssorge** oder den 6 **Rechtsverkehr** (Abs. 2). Diese Aufgabenbereiche lassen sich kaum strikt abgrenzen. Zu schützende Rechtsgüter sind die Person oder das Vermögen der Betroffenen, doch besteht eine Wechselwirkung zwischen den Bereichen. Letztlich geht es aber um die Person des Betroffenen, d.h. die Wahrung der Gesamtheit der auf seine Persönlichkeit bezogenen Interessen (Schmid, N 4).

Da die **Aufgabenbereiche** entsprechend den konkreten Bedürfnissen festzulegen sind 7 (Abs. 1), **müssen** sie inhaltlich **mit dem Schwächezustand und der Schutzbedürftigkeit korrelieren** (KUKO ZGB-Rosch, N 2). Zudem müssen sie erforderlich, geeignet und zumutbar sein (Art. 389 Abs. 2; Bericht ExpK Erwachsenenschutz 03, 34).

Es sind i.d.R. **nicht einzelne Aufgaben, sondern Aufgabenbereiche** (französisch ist al- 8 lerdings zufolge von Übersetzungsproblemen nur von «tâches» die Rede) festzulegen (Schmid, N 1). Eine detaillierte Festlegung von Aufgaben würde nämlich zu einem bedenklichen Verwaltungsaufwand führen, ständige Anpassungen an auch nur geringe Veränderungen der Umstände nach sich ziehen und der Massnahmeführung durch den Beistand zu wenig Raum lassen (Botschaft Erwachsenenschutz, 7044; Meier/Lukic, Rz 419).

9 **Es genügen allgemeine Angaben über den jeweiligen Aufgabenbereich** (HAUSHEER/GEISER/AEBI-MÜLLER, Erwachsenenschutzrecht, Rz 2.86), soweit die Beistandschaft diesen umfassend beinhalten soll (OFK-ZGB-FASSBIND, N 2). Ausreichend detailliert ist bspw. die Umschreibung mit «Wohnungs-, vermögensrechtliche Angelegenheiten oder solche, welche die Gesundheit betreffen» (KUKO ZGB-ROSCH, N 2). Sie muss nur dort genaue Anweisungen enthalten, wo sich diese als angezeigt erweisen, etwa Leitlinien für die anstehende Renovation der Eigentumswohnung der verbeiständeten Person. Die Umschreibung der Aufgabenbereiche hat somit so zu erfolgen, dass die Bedürfnisse der betroffenen Person abgedeckt sind, der umsichtigen Amtsausübung durch den Beistand der erforderliche Spielraum eingeräumt wird und der Verwaltungsaufwand sich in Grenzen hält (OFK-ZGB-FASSBIND, N 2).

10 Der Umfang der Aufgabenbereiche beschränkt sich **nicht nur** auf **akut zu erledigende Angelegenheiten**. Auch aufgrund einer **sorgfältigen Prognose** konkret absehbare Bedürfnisse sind zu berücksichtigen (KUKO ZGB-ROSCH, N 2). Dies kann bei schubartig verlaufenden Krankheiten, welche immer wieder befristet einen akuten Handlungsbedarf auslösen, von Bedeutung sein. Dagegen können rein hypothetische Eventualitäten, Aufgabenbereiche auf Vorrat oder präventive Bedürfnisse nicht berücksichtigt werden (KUKO ZGB-ROSCH, N 2; ROSCH, ZKE 2010, 186 f.).

11 Die **Aufgabenbereiche** sind so zu umschreiben, dass **klar, verständlich und eindeutig** ersichtlich ist, welche **Funktion** der **Beistand** in diesem Rahmen zu erfüllen hat (OFK-ZGB-FASSBIND, N 2; KUKO ZGB-ROSCH, N 2; ROSCH, ZKE 2010, 185, 188 ff.), sowohl bei Einzelaufgaben als auch bei grossen und komplexen Aufgabenbereichen, ob er bloss begleitend unterstützen (Art. 393) oder die Zustimmung zu bestimmten Handlungen des Verbeiständeten erteilen bzw. verweigern (Art. 396) oder diesen vertreten soll (Art. 394 und 395). Zwar ergibt sich dies i.d.R. schon aus der Art der angeordneten Beistandschaft (Begleit-, Mitwirkungs- oder Vertretungsbeistandschaft, allenfalls mit Einschränkung der Handlungsfähigkeit in *bestimmten* Bereichen), doch können in Ausnahmefällen nötigenfalls klärende Hinweise erforderlich sein.

12 Die **Kompetenzen des Beistandes sind i.d.R. im Anordnungsentscheid nicht besonders aufzuführen (a.M.** KUKO ZGB-ROSCH, N 2; ROSCH, ZKE 2010, 189), denn diese ergeben sich meist eindeutig aus den übertragenen Aufgabenbereichen in Verbindung mit der Art der Beistandschaft, was bei der Begleit-, Mitwirkungs- und umfassenden Beistandschaft offensichtlich ist. Einzig bei der Vertretungsbeistandschaft hat die anordnende Behörde die Wahl, die Handlungsfähigkeit einzuschränken oder nicht (Art. 394 Abs. 2). Ohne solche förmlich angeordnete Einschränkung der Handlungsfähigkeit – also im «Normalfall» – hat der Beistand konkurrierende Kompetenz zum Verbeiständeten, was dementsprechend im Entscheid nicht besonders festzuhalten ist. Daraus ergibt sich, dass höchstens dann ein Hinweis auf die Kompetenzen des Beistandes angezeigt sein könnte, wenn die ESB die Handlungsfähigkeit des Verbeiständeten hinsichtlich bestimmter Angelegenheiten gestützt auf Art. 394 Abs. 2 förmlich einschränkt und der Beistand daher mit ausschliesslicher Kompetenz handelt. Doch auch das muss aus dem Entscheid betreffend Einschränkung der Handlungsfähigkeit hinsichtlich bestimmter Aufgabenbereiche klar hervorgehen. Somit sind kaum Fälle denkbar, in welchen ein besonderer Hinweis auf die Kompetenzen des Beistandes angezeigt wäre.

13 Die **umfassende Beistandschaft** (Art. 398) ist typengebunden und **unveränderbar** gesetzlich festgelegt. Sie ist umfassend, weshalb für eine Umschreibung von Aufgabenbereichen kein Raum bleibt.

b) Personensorge

Die **Personensorge umfasst die Fürsorge in persönlichen Angelegenheiten** und richtet sich nach den individuellen Bedürfnissen der Betroffenen (SCHMID, N 4). Dies kann bspw. Beratung in persönlichen Belangen sein, Vermittlung geeigneter Unterkunft oder hinreichender medizinischer und sozialer Betreuung oder der erforderlichen Pflege und Ernährung (z.B. durch Spitex-Dienste), Unterstützung bei den Bemühungen um Ausbildung, Arbeit in einem geschützten Rahmen, Wiedereinstieg ins Erwerbsleben, soziale Integration etc. (HAUSHEER/GEISER/AEBI-MÜLLER, Erwachsenenschutzrecht, Rz 2.124; ROSCH, FamPra.ch 2010, 283). 14

Dem Beistand kann auch die Kompetenz eingeräumt werden, die verbeiständete Person **vor schädlichem Einwirken oder Übergriffen Dritter zu schützen** und diesen z.B. zu verbieten, die schutzbedürftige Person mit Alkohol zu versorgen, oder ihnen den Kontakt mit der verbeiständeten Person zu untersagen, wenn deren Schutz dies erfordert (so auch SCHMID, N 10, für den Fall, dass der Beistand gem. Abs. 3 behördlich ermächtigt worden ist, die Wohnräume der betroffenen Person zu betreten). 15

Dem Beistand kann auch die Befugnis erteilt werden, den **urteilsunfähigen** Verbeiständeten beim **Entscheid über ambulante oder stationäre medizinische Massnahmen** zu vertreten und die Zustimmung dazu zu erteilen oder zu verweigern (Art. 378 Abs. 1 Ziff. 2), vorausgesetzt, dass nicht ein entsprechender Vorsorgeauftrag bzw. eine Patientenverfügung besteht (Art. 378 Abs. 1 Ziff. 1) oder Angehörige ihre gesetzliche Befugnis wahrnehmen (Art. 378 Abs. 1 Ziff. 3–7 i.V.m. Art. 389 Abs. 1) und sofern es nicht um die Behandlung einer psychischen Störung in einer psychiatrischen Klinik geht (Botschaft Erwachsenenschutz, 7037), denn dieser letztere Fall richtet sich nach den Bestimmungen über die FU (Art. 380). 16

Personensorge kann auch **gegen den Widerstand der betroffenen Person** angeordnet werden. So kann der Beistand von der ESB nötigenfalls beauftragt werden, deren Wohnung entmüllen, von Ungeziefer befreien, desinfizieren oder reinigen zu lassen. Dem Beistand kann auch die Aufgabe übertragen werden, entgegen dem Willen der verbeiständeten Person für geeignetes Mobiliar (z.B. Pflegebett) sowie Ess- und Kochgeschirr besorgt zu sein, um eine fachgerechte Betreuung und Unterstützung durch Spitex-Dienste zu Hause zu ermöglichen. 17

Eingriffe in Grundrechte bedürfen einer ausdrücklichen Gesetzesgrundlage und müssen verhältnismässig sein (Art. 36 BV; Botschaft Erwachsenenschutz, 7044). Dies ist bei der Ausgestaltung behördlicher Mannahmen strikt zu beachten. Ohne gesetzliche Ermächtigung gem. Art. 437 im kantonalen Recht dürfen weder Nachbetreuung nach FU noch ambulante Massnahmen gegen den Willen der betroffenen Person angeordnet werden, diese also bspw. nicht zur Medikamenteneinnahme verpflichtet werden (Botschaft Erwachsenenschutz, 7071). 18

Auch **Aufenthaltsbestimmung** ist Personensorge, namentlich im Zusammenhang mit dem Abschluss oder der Kündigung von Mietverträgen (vgl. Art. 416 Abs. 1 Ziff. 1 und 2). Leistet die betroffene Person gegen die Unterbringung Widerstand oder kann die nötige Behandlung einer psychischen Störung einer urteilsunfähigen Person nur im Rahmen stationärer Betreuung erfolgen, ist allerdings nach den Bestimmungen über die FU (Art. 426 ff.) vorzugehen (SCHMID, N 6). Dem Beistand darf also bspw. bei der Umschreibung der Aufgabenbereiche einer Vertretungsbeistandschaft nicht das Recht erteilt werden, in eigener Kompetenz über den Eintritt des urteilsunfähigen Verbeiständeten zur Behandlung einer psychischen Störung in eine psychiatrische Klinik zu entscheiden (Art. 380). 19

c) Vermögenssorge

20 Die Vermögenssorge bezweckt die Erhaltung und sachgerechte Verwendung des Vermögens (Schmid, N 4). Sie kann Verwaltung von **Einkommen und Vermögen** betreffen, aber auch Abwehr von «Angriffen» auf das Vermögen (z.B. unberechtigte Forderungen) sowie Bemühungen zur Durchsetzung vermögensrechtlicher Ansprüche (z.B. bei Erbteilung, gegenüber Sozialversicherungen, Meier/Lukic, Rz 422).

d) Rechtsverkehr

21 Wirksame Wahrnehmung der Personen- und Vermögenssorge ist kaum denkbar ohne Vertretungsbefugnis in den entsprechenden Angelegenheiten (Schmid, N 5). Es geht um rechtsgeschäftliche oder rechtsgeschäftsähnliche Handlungen, die den Bereich der Vermögens- und Personensorge betreffen können (KUKO ZGB-Rosch, N 2). Dazu gehört etwa die **Vertretung der verbeiständeten Person** gegenüber Amtsstellen, Gerichten, Versicherungen, privaten oder öffentlichen Einrichtungen, Vermietern etc. (vgl. Meier/Lukic, Rz 423).

III. Post öffnen und Wohnräume betreten (Abs. 3)

1. Allgemeines

22 Im Rahmen der Beistandschaft kann es nötig werden, die **Post der betroffenen Person zu öffnen oder deren Wohnräume zu betreten**, bspw. um «nach ihr zu sehen», wenn sie Besprechungstermine nicht eingehalten hat, oder um Müll zu entsorgen (Botschaft Erwachsenenschutz, 7044) oder um «unter der Matratze versteckte» Gelder sicherzustellen und der Verwaltung durch den Beistand (Art. 394 i.V.m. 395) zuzuführen. **Ohne Einwilligung** oder gar gegen den Widerstand **der verbeiständeten Person** darf der Beistand dies jedoch **nur, wenn** ihn die **ESB hierzu ausdrücklich ermächtigt** hat (Abs. 3). Dies trägt dem Umstand Rechnung, dass die Privatsphäre, insb. die Achtung der Wohnung sowie des Brief-, Post- und Fernmeldeverkehrs (Art. 13 Abs. 1 BV), grundrechtlich geschützt sind und Eingriffe in Grundrechte nach Art. 36 BV einer ausdrücklichen Gesetzesgrundlage bedürfen (Botschaft Erwachsenenschutz, 7044). Abs. 3 entspricht dieser Anforderung (KUKO ZGB-Rosch, N 3).

23 **Ob** im Einzelfall eine derartige **behördliche Ermächtigung angezeigt** erscheint, ist **im Rahmen der Abklärungen** im Hinblick auf die Anordnung einer behördlichen Massnahme zu **eruieren**. Gegebenenfalls ist im Anordnungsentscheid darüber zu befinden und die Ermächtigung ins Dispositiv aufzunehmen. Dies ist unabhängig von der Beistandschaftsart zulässig (Meier/Lukic, Rz 426). Die Befugnis kann auch eingeschränkt erteilt werden, z.B. die Ermächtigung, die Post nur bezüglich bestimmter Absender zu öffnen (etwa Banken, Versicherungen, Kleinkreditinstitute, Versandhäuser etc.) oder das Recht zum Betreten der Wohnräume, lediglich zeitlich befristet (Meier/Lukic, Rz 427). Zeigt sich die Notwendigkeit einer derartigen Anordnung erst im Laufe der Zeit, ist dannzumal förmlich darüber zu entscheiden (OFK-ZGB-Fassbind, N 3). Besteht dagegen – und dies dürfte in der überwiegenden Zahl der Fälle zutreffen – kein Anlass für eine entsprechende behördliche Ermächtigung, erübrigen sich entsprechende Ausführungen im Anordnungsentscheid (**a.M.** Hausheer/Geiser/Aebi-Müller, Erwachsenenschutzrecht, Rz 2.87).

24 Die **Zustimmung** zum Öffnen der Post und zum Betreten der Wohnräume ist höchstpersönlicher Natur und **setzt entsprechende Urteilsfähigkeit** der betroffenen Person **voraus**, an welche diesbezüglich aber keine hohen Anforderungen zu stellen sind. Sie ist nicht an eine bestimmte Form gebunden, kann insb. auch mündlich oder durch konkludentes Handeln erteilt werden. In diesem Fall ist eine behördliche Ermächtigung nicht erforderlich.

Kann die betroffene Person dagegen mangels hinreichender Urteilsfähigkeit oder wegen Abwesenheit (vgl. Art. 390 Abs. 1 Ziff. 2) nicht rechtsgültig zustimmen, hat die ESB eine entsprechende Ermächtigung mit der Einschränkung «soweit erforderlich» förmlich zu erteilen, sofern dafür überhaupt eine Notwendigkeit besteht.

Abs. 3 schränkt die Handlungsfähigkeit der betroffenen Person nicht **ein**, wohl aber deren **Handlungs*freiheit***, da sie sich diese Eingriffe in ihre Grundrechte gefallen lassen muss (KUKO ZGB-ROSCH, N 3). **25**

2. Post öffnen

In der Praxis wird ein Beistand **üblicherweise** z.B. die AHV-Ausgleichskasse, Pensionskasse, Bank, PostFinance etc. sowie Liegenschaftsverwaltung, Heimleitung und andere Adressaten über die ihm zustehende Vertretungsbefugnis als Beistand gem. Art. 394, 395 oder 398 informieren und gestützt darauf die direkte Abwicklung der Geschäfte mit ihm anordnen, statt die Post beim Verbeiständeten zu behändigen oder zu sich umleiten zu lassen. Ein solch direktes Korrespondieren mit den Geschäftspartnern fällt einerseits nicht unter den Begriff «Post öffnen» und andererseits besteht bei einem solchen Vorgehen auch faktisch für den Beistand **kein Anlass, die Post des Verbeiständeten zu öffnen**, weshalb er auch keine entsprechende Ermächtigung benötigt, weder von der verbeiständeten Person noch von der Behörde. **26**

Post umfasst den gesamten Briefverkehr inkl. elektronische Formen wie E-Mail, geschützte Facebook-Einträge etc. (KUKO ZGB-ROSCH, N 4). **27**

Ist es im Ausnahmefall unumgänglich, die **Post** der verbeiständeten Person mit entsprechender Ermächtigung zu **öffnen**, hat der Beistand **mit grösstmöglicher Zurückhaltung** vorzugehen, die Post möglichst in Anwesenheit der verbeiständeten Person zu öffnen (MEIER/LUKIC, Rz 429) und darauf zu achten, dass das **Schriftgeheimnis** (Art. 13 Abs. 1 BV, Art. 179 StGB) nicht verletzt wird, d.h. nach aussen erkennbar sehr persönliche Briefe dürfen nicht ohne Zustimmung der verbeiständeten Person oder einen anderen Rechtfertigungsgrund geöffnet werden. **28**

Keine Zustimmung der ESB zum Öffnen der Post **benötigt** der **Ehegatte**, der **eingetragene Partner eines Urteilsunfähigen**, denn unter den in Art. 374 Abs. 1 genannten Voraussetzungen besteht die entsprechende Ermächtigung von Gesetzes wegen (Art. 374 Abs. 2 Ziff. 3). **29**

3. Wohnräume betreten

Lebt die verbeiständete Person noch in der eigenen Wohnung, wird sie dem Beistand i.d.R. ohne weiteres Einlass gewähren und so durch konkludentes Handeln die **Zustimmung zum Betreten ihrer Wohnräume** erteilen. Dass sie diesbezüglich hinreichend urteilsfähig ist, darf angesichts ihrer Lebenssituation vermutet werden, sind doch diesbezüglich keine hohen Anforderungen an die Urteilsfähigkeit zu stellen. In den Ausnahmefällen, in welchen das Betreten der Wohnräume unumgänglich scheint, die verbeiständete Person jedoch die Zustimmung verweigert oder diesbezüglich urteilsunfähig ist, hat die ESB eine entsprechende Ermächtigung zu prüfen und gegebenenfalls zu erteilen. Dies kann im Rahmen der Anordnung der Massnahme erfolgen oder in einem späteren Zeitpunkt mit separatem Entscheid. **30**

Wird der **Beistand** durch die ESB förmlich zum Betreten der Wohnräume ermächtigt, **darf** er aufgrund seiner generellen Befugnis, Einzelaufgaben zur Erfüllung des beiständli- **31** chen Auftrags zu delegieren, **nötigenfalls Personen oder Stellen** (z.B. Spitex, Reinigungsdienst, «Kammerjäger» oder Handwerker) im Zusammenhang mit entsprechenden Aufträgen **zum (selbständigen) Betreten der Wohnräume ermächtigen** und ihnen gar einen Schlüssel aushändigen. Eine Zustimmung der Behörde ist dafür nicht erforderlich. Indessen trägt der Beistand im Rahmen seiner Sorgfaltspflicht die Verantwortung dafür, dass solche Aufträge nur vertrauenswürdigen Personen oder Stellen erteilt werden. Auch muss er im Zweifelsfall für die erforderliche Überwachung besorgt sein.

32 **Wohnräume** sind neben Wohnungen auch Büros, Hotelzimmer oder Wohnwagen bzw. Wohnmobile (KUKO ZGB-ROSCH, N 4).

33 Verzichtet die Behörde **gestützt auf Art. 392** auf Anordnung einer Beistandschaft und erteilt stattdessen einer geeigneten Person einen einmaligen **Entmüllungs- oder Reinigungsauftrag**, kann sie den Auftragnehmer dennoch gestützt auf Abs. 3 ermächtigen, die Wohnräume der betroffenen Person auch ohne deren Zustimmung zu diesem Zweck zu betreten.

Art. 392

C. Verzicht auf eine Beistandschaft

Erscheint die Errichtung einer Beistandschaft wegen des Umfangs der Aufgaben als offensichtlich unverhältnismässig, so kann die Erwachsenenschutzbehörde:
1. von sich aus das Erforderliche vorkehren, namentlich die Zustimmung zu einem Rechtsgeschäft erteilen;
2. einer Drittperson für einzelne Aufgaben einen Auftrag erteilen; oder
3. eine geeignete Person oder Stelle bezeichnen, der für bestimmte Bereiche Einblick und Auskunft zu geben sind.

C. Renonciation à instituer une curatelle

Lorsque l'institution d'une curatelle paraît manifestement disproportionnée, l'autorité de protection de l'adulte peut:
1. assumer elle-même les tâches à accomplir, notamment consentir à un acte juridique;
2. donner mandat à un tiers d'accomplir des tâches particulières;
3. désigner une personne ou un office qualifiés qui auront un droit de regard et d'information dans certains domaines.

C. Rinuncia a una curatela

Se l'istituzione di una curatela appare manifestamente sproporzionata rispetto all'estensione dei compiti, l'autorità di protezione degli adulti può:
1. provvedere di moto proprio a quanto necessario, segnatamente dando il consenso a un negozio giuridico;
2. conferire a un terzo l'incarico di provvedere a singoli compiti; oppure
3. designare una persona o un servizio idonei con diritto di controllo e informazione in determinati ambiti.

Inhaltsübersicht

Literatur

Vgl. die Literaturhinweise bei den Vorbem. zu Art. 388–399.

Materialien

Art. 379 Abs. 3 VE Erwachsenenschutz 2003; VE Erwachsenenschutz/Vernehmlassungen, 178 ff.; Botschaft Erwachsenenschutz, 7044 f. und 7149; Prot. RK-S vom 27./28.8.2007, 10; AmtlBull StR 2007, 835; Prot. RK-N vom 24./25.4.2008, 21 f.; AmtlBull NR 2008, 1522.

I. Allgemeines

In der Praxis besteht ein grosses Bedürfnis danach, dass die Behörde die erforderliche Unterstützung für eine hilfsbedürftige Person ohne unnötigen Verwaltungsaufwand, aus welchem für die betroffene Person kein Mehrwert resultiert (OFK-ZGB-Fassbind, N 2), möglichst effizient und speditiv erbringen kann. Dieses Ziel kann zum einen erreicht werden, indem die ESB in unkomplizierten, gut überblickbaren und liquiden Fällen, die keine aufwendigen Abklärungen oder Verhandlungen und auch keinen in der **Behörde** nicht vorhandenen Sachverstand erfordern (OFK-ZGB-Fassbind, N 1; Botschaft Erwachsenenschutz, 7044), von sich aus **das Erforderliche vorkehrt**, namentlich die Zustimmung zu einem Rechtsgeschäft erteilt (Ziff. 1) statt eine Beistandschaft zu errichten, welche angesichts des Umfanges der Aufgaben offensichtlich unverhältnismässig wäre (Art. 392 Ingress). Ausserdem kann die ESB einer Drittperson für einzelne Aufgaben **direkt einen Auftrag erteilen** und auf Anordnung einer Beistandschaft verzichten (Ziff. 2). Als dritte Möglichkeit, eine offensichtlich unverhältnismässige Beistandschaft zu vermeiden, ermächtigt das Gesetz die Behörde, eine geeignete **Person oder Stelle** zu **bezeichnen**, **der** für bestimmte Bereiche **Einblick und Auskunft zu geben ist** (Ziff. 3). 1

Da es sich bei Art. 392 um eine **Kann-Vorschrift** handelt, kann die ESB bei Vorliegen der gesetzlichen Voraussetzungen Anordnungen gem. Ziff. 1–3 treffen oder eine Beistandschaft anordnen, je nachdem, was ihr angezeigt erscheint. 2

Da die Massnahmen gem. Ziff. 1–3 an die Stelle einer offensichtlich unverhältnismässigen Beistandschaft treten (Art. 392 Ingress), können sie wie diese – von der Begleitbeistandschaft abgesehen – **auch gegen den Willen der hilfsbedürftigen Person** angeordnet werden. 3

Vorkehren gem. Ziff. 1–3 sind beim Vorliegen der gesetzlichen Voraussetzungen **hinsichtlich aller Aufgabenbereiche zulässig** (Botschaft Erwachsenenschutz, 7044), also sowohl bezüglich Personensorge, Vermögenssorge als auch Vertretung im Rechtsverkehr (KUKO ZGB-Rosch, N 1). 4

Die Anordnungen gem. Ziff. 1–3 sind nur möglich, wenn die ***Errichtung*** einer Beistandschaft *wegen des Umfangs der Aufgaben* offensichtlich **unverhältnismässig** erscheint (Art. 392 Ingress). Daraus ergibt sich, dass sie mit Rücksicht auf den *Umfang* der Aufgaben an die Stelle einer Beistandschaft treten können, **aber** nur, wenn die generellen **Voraussetzungen für eine Beistandschaft erfüllt** sind (Meier/Lukic, Rz 430). Sie können somit nicht als Ersatzlösung getroffen werden, weil die Voraussetzungen für eine Beistandschaft fehlen. Sonst wären solche Anordnungen mangels Erfüllen der Voraussetzungen in gleicher Weise unzulässig, wie die Errichtung einer entsprechenden Beistandschaft. 5

Zudem müsste die Anordnung einer Beistandschaft *offensichtlich* unverhältnismässig sein. Da die Frage der Verhältnismässigkeit in Bezug auf die jeweilige (zu vermeidende) Beistandschaft zu beurteilen ist, sich insb. auf die Art des Eingriffs bezieht und damit auch der Aufgabenumfang i.S.v. Art. 392 Ingress in Korrelation zum Eingriff steht, ist die Fokussierung auf kleine, punktuelle Angelegenheiten nicht zwingend (KUKO ZGB-Rosch, 6

N 4). **Im Zweifelsfall** ist aber eine **Beistandschaft** anzuordnen (KUKO ZGB-ROSCH, N 3).

7 **Dringlich muss die Angelegenheit nicht sein** (**a.M.** SCHMID, N 2), doch kann Dringlichkeit einen zusätzlichen Grund für eigenes Handeln der Behörde darstellen (OFK-ZGB-FASSBIND, N 1).

8 Der **Wortlaut** der Bestimmung ist insofern **etwas zu eng**, als die Behörde nicht nur dann handeln darf, wenn dadurch auf eine Beistandschaft verzichtet werden kann. Ein solches Eingreifen der ESB rechtfertigt sich nämlich allenfalls auch dann, wenn ein Beistand aus irgendeinem Grund am Handeln verhindert ist oder für die betreffende Handlung als ungeeignet erscheint und es unsinnig wäre, bloss dafür einen weiteren Beistand, einen sog. Ersatzbeistand, zu ernennen (Art. 403 Abs. 1; HAUSHEER/GEISER/AEBI-MÜLLER, Erwachsenenschutzrecht, Rz 2.174).

9 Zudem können Vorkehren nach Ziff. 1–3 auch **ergänzend zu anderen Massnahmen, auch solchen von Gesetzes wegen für urteilsunfähige Personen** (Art. 374 ff.) angezeigt sein.

10 Mit Rücksicht auf das **Subsidiaritätsprinzip** sind Anordnungen nach Ziff. 1–3 nur dann zu treffen, wenn die Unterstützung durch das persönliche Umfeld, private oder öffentliche Dienste etc. nicht ausreicht oder von vornherein als ungenügend erscheint oder wenn keine ausreichende Vorsorge getroffen worden ist und die gesetzlichen Vertretungsrechte nicht genügen (Art. 389 Abs. 1). Zudem müssen auch die Vorkehren gem. Ziff. 1–3 **verhältnismässig** sein (Art. 389 Abs. 2).

11 Verzichtet die Behörde auf die Anordnung einer Beistandschaft und trifft sie gestützt auf Ziff. 1–3 Vorkehrungen, indem sie bspw. direkt einer geeigneten Person einen einmaligen Entmüllungs- oder Reinigungsauftrag erteilt (Ziff. 2), kann sie nötigenfalls den Auftragnehmer gestützt auf Art. 391 Abs. 3 ermächtigen, die **Wohnräume** der betroffenen Person auch ohne deren Zustimmung zu diesem Zweck zu **betreten**. Erforderlichenfalls kann sie diese Befugnis auch der nachfragenden Person oder Stelle gem. Ziff. 3 erteilen oder beim direkten eigenen Handeln (Ziff. 1) selbst wahrnehmen.

12 Vorkehren der ESB nach Art. 392 sind behördliche Massnahmen i.S.v. Art. 454 Abs. 1 und **können** daher eine entsprechende **Verantwortlichkeit begründen**. Das Gleiche gilt für Unterlassungen.

II. Eigenes Handeln der Behörde

13 Namentlich wenn sich nur punktuelles Eingreifen als notwendig erweist, kann es unverhältnismässig sein, die betroffene Person unter Beistandschaft zu stellen, den Aufgabenbereich einer bestehenden Beistandschaft zu erweitern oder bei Interessenkollision bzw. Verhinderung des Beistands einen Ersatzbeistand zu bestellen. Unter diesen Umständen kann die **ESB** von sich aus das Erforderliche vorkehren (Ziff. 1), namentlich **selber** für die betroffene Person **handeln**. In diesem Umfang kann sie dann gesetzlicher Vertreter sein (HAUSHEER/GEISER/AEBI-MÜLLER, Erwachsenenschutzrecht, Rz 2.147).

14 Die ESB hat das **Erforderliche vorzukehren** (Ziff. 1). Was darunter zu verstehen ist, hat die Behörde im Einzelfall selber festzulegen. Das Gesetz nennt nur eine der möglichen Massnahmen (Ziff. 1): «Das Erforderliche vorkehren» kann **namentlich** darin bestehen, die **Zustimmung zu einem Rechtsgeschäft** zu erteilen (Ziff. 1). So kann sie bspw. namens einer urteilsunfähigen Mutter selbst einen Darlehensvertrag mit der betreuenden Tochter als Darlehensgeberin abschliessen, um so die Finanzierung eines Treppenlifts für

die behinderte Mutter sicherzustellen, statt dafür eine Beistandschaft anzuordnen. Oder die ESB kann z.B. auch, statt gem. Art. 381 Abs. 1 eine Beistandschaft zu errichten, selber die Zustimmung zu einer ärztlich empfohlenen und offensichtlich erforderlichen medizinischen Massnahme für eine urteilsunfähige Person erteilen, sofern der Entscheid nicht derart dringend ist, dass er den Ärzten überlassen werden muss (Art. 379). Direktes behördliches Handeln kann auch beim Einschreiten im Zusammenhang mit einem Vorsorgeauftrag (Art. 368), einer Patientenverfügung (Art. 373) sowie den gesetzlichen Vertretungsrechten des Ehegatten oder des eingetragenen Partners (Art. 376 Abs. 2) angezeigt sein (OFK-ZGB-Fassbind, N 2).

«Das Erforderliche vorkehren» kann aber neben dem im Gesetz erwähnten Beispiel auch irgendeine andere Intervention bedeuten, wie etwa das Veranlassen einer Grundbuchsperre (Rosch, in: Rosch/Büchler/Jakob, N 4). Indessen kann die Behörde gestützt auf Ziff. 1 nicht beliebige Vorkehren treffen, sondern nur solche, welche der Anordnung einer Beistandschaft entsprechen (Art. 392 Ingress). **Hauptanwendungsgebiet** werden dabei **punktuelle Vertretungshandlungen unter Verzicht auf Anordnung einer Vertretungsbeistandschaft** (Art. 394 bzw. 394 i.V.m. 395) sein, wie etwa die in Ziff. 1 genannte Zustimmung zu einem Rechtsgeschäft. «Das Erforderliche vorkehren» kann bspw. auch das Entziehen des Zugriffs auf ein vom Vorsorgebeauftragten (Art. 360 ff.) verwaltetes Bankkonto i.S.v. Art. 395 Abs. 3 sein, um zu verhindern, dass die demente Kontoinhaberin laufend Geld von diesem Konto bezieht, um es dem sie ausnützenden Enkel zu schenken. Dagegen kann durch Vorkehren gem. Ziff. 1 in der Praxis wohl kaum je eine Begleitbeistandschaft (Art. 393) oder eine Mitwirkungsbeistandschaft (Art. 396; vgl. N 20) vermieden werden. Ganz ausgeschlossen ist sodann, dass eine bloss punktuelle behördliche Anordnung eine umfassende Beistandschaft (Art. 398), welche alle Angelegenheiten der Personensorge, der Vermögenssorge und des Rechtsverkehrs beinhaltet, ersetzen könnte. 15

Die Vorkehrungen gem. Ziff. 1–3 sind **nicht** als **Alternative zu vorsorglichen Massnahmen** (Art. 445) gedacht (OFK-ZGB-Fassbind, N 2). 16

Ist die **Einschränkung der Handlungsfähigkeit** erforderlich, kann wohl kaum je auf die Anordnung einer Beistandschaft verzichtet werden. Denn die konkreten Umstände des Einzelfalls werden unter solchen Umständen regelmässig mehr als lediglich punktuelles Handeln angezeigt erscheinen lassen. 17

Eigenes Handeln der ESB kann auch **neben** einer bestehenden **Beistandschaft** angezeigt sein, wenn deren Ergänzung durch zusätzliche Aufgabenbereiche offensichtlich unverhältnismässig wäre. Besteht bspw. eine Vertretungsbeistandschaft mit Vermögensverwaltung (Art. 394 i.V.m. 395) und ist die Zustimmung zu einer ärztlich empfohlenen medizinischen Massnahme für den vorübergehend urteilsunfähigen Verbeiständeten zu erteilen, aber keine der berechtigten Personen bereit, die betroffene Person diesbezüglich zu vertreten, müsste der Aufgabenbereich der Beistandschaft entsprechend erweitert werden (Art. 381 Abs. 1). Stattdessen kann die Behörde bei spruchreifen Verhältnissen in dieser einmaligen Angelegenheit gestützt auf Ziff. 1 selber entscheiden und so unnötigen Zeit- und Verwaltungsaufwand vermeiden. 18

Allerdings ist eine gewisse Zurückhaltung am Platze, weil ein direktes Handeln der Behörde die betroffene Person um eine **weitere Kontrollinstanz** bringt. Handelt der Beistand, wird dieser von der Behörde kontrolliert. Handelt die Behörde selbst, **entfällt** diese Kontrolle (Hausheer/Geiser/Aebi-Müller, Erwachsenenschutzrecht, Rz 2.150). Zudem darf die Behörde den Beistand nicht systematisch von gewissen Angelegenheiten ausschliessen (Schmid, N 2; Meier/Lukic, Rz 430). 19

20 Ist der Beistand zufolge Interessenkollision oder aus andern Gründen verhindert, im Rahmen einer Mitwirkungsbeistandschaft (Art. 396) einer Handlung des Verbeiständeten die erforderliche Zustimmung zu erteilen, kann die **ESB** an seiner Stelle zustimmen oder die Zustimmung verweigern, **statt** einen **Ersatzbeistand** (Art. 403 Abs. 1) zu ernennen (KUKO ZGB-Rosch, N 5; Schmid, N 5). Dagegen kann direkte Zustimmung der Behörde gem. Ziff. 1 zu einem Rechtsgeschäft eine *Mitwirkungs*beistandschaft kaum je ersetzen (**a.M.** Botschaft Erwachsenenschutz, 7045). Stimmt die Behörde nämlich einem Geschäft zu, weil die hilfsbedürftige Person diesbezüglich urteilsunfähig ist, kann sie so u.U. auf eine *Vertretungs*beistandschaft verzichten. Ist die betroffene volljährige Person jedoch urteilsfähig, ist sie handlungsfähig, weshalb ein Rechtsgrund für eine behördliche Zustimmung fehlt. Einzig folgende (sehr theoretische) Konstruktion wäre denkbar: Gestützt auf Ziff. 1 könnte die Behörde – in analoger Anwendung von Art. 396 Abs. 1 – für ein bestimmtes Geschäft anordnen, dass dieses nur mit Zustimmung der Behörde gültig abgeschlossen werden könne, und später – ebenfalls gestützt auf Ziff. 1 – selber über die Erteilung oder Verweigerung der Zustimmung zu diesem Geschäft entscheiden, um so eine Mitwirkungsbeistandschaft unnötig zu machen.

21 Hat der Beistand als Vertreter der verbeiständeten Person (Vertretungsbeistandschaft nach Art. 394 f. oder umfassende Beistandschaft nach Art. 398) eigene Interessen in einer Angelegenheit und **entfällt** deshalb seine **Vertretungsmacht** (Art. 403 Abs. 2; vgl. Hausheer/Geiser/Aebi-Müller, Erwachsenenschutzrecht, Rz 2.126), **kann** dieser Mangel nicht durch die Zustimmung der ESB zu dessen Handeln ersetzt werden. Vielmehr hat die **ESB** diesfalls die **verbeiständete Person direkt** zu **vertreten** und damit selber die Verantwortung für das Geschäft zu übernehmen, wenn sie nicht einen zusätzlichen Beistand als Ersatzbeistand (Art. 403 Abs. 1) einsetzen will (Hausheer/Geiser/Aebi-Müller, Erwachsenenschutzrecht, Rz 2.152). Selbstverständlich kann die ESB dann auch zustimmungsbedürftige Geschäfte gem. Art. 416 bzw. 417 selbständig vornehmen (Meier/Lukic, Rz 433).

III. Aufträge der Behörde

22 Die Behörde kann einer natürlichen oder juristischen Person (Botschaft Erwachsenenschutz, 7045) für einzelne Aufgaben einen **Auftrag** erteilen, falls die Errichtung einer Beistandschaft wegen des Umfangs der Aufgaben offensichtlich unverhältnismässig wäre (Ziff. 2). Ein solches Vorgehen ist aber nur **für einzelne Geschäfte** zulässig, wie der Gesetzestext ausdrücklich festhält. Die gesamte Vermögensverwaltung kann auf diese Weise ebenso wenig sichergestellt werden wie die Vertretung der betroffenen Person in allen Angelegenheiten (Hausheer/Geiser/Aebi-Müller, Erwachsenenschutzrecht, Rz 2.153). Dagegen kann die ESB bspw. jemanden beauftragen, die verwahrloste Wohnung eines betagten Menschen zu reinigen, falls abgesehen von diesem Problem keine behördlichen Massnahmen angezeigt erscheinen (vgl. N 11).

23 Es geht dabei nicht um Aufträge im Sinn eines Amtes, sondern um einen **Aufträge nach Obligationenrecht** (Art. 394 ff. OR) für eine bestimmte, genau umschriebene Aufgabe (Botschaft Erwachsenenschutz, 7045). Solche Aufträge müssen klar definiert sein.

24 **Auch wenn bereits** eine **Beistandschaft** besteht, kann die Behörde bezüglich Angelegenheiten, die nicht in einen Aufgabenbereich des Beistands fallen, im Namen des Verbeiständeten (Hausheer/Geiser/Aebi-Müller, Erwachsenenschutzrecht, Rz 2.153) Drittpersonen oder Einrichtungen direkt einen Auftrag gem. Ziff. 2 erteilen. Voraussetzung ist auch hier, dass die Errichtung einer ergänzenden Beistandschaft oder die Erweiterung der bisherigen Aufgabenbereiche wegen des Umfangs der Aufgaben offensichtlich unverhält-

nismässig wäre (Art. 392 Ingress). Durch diese Einschränkung soll erreicht werden, dass die Behörde nicht zu viel anordnet und die Beistände nicht über den Weg unmittelbarer behördlicher Vorkehren oder obligationenrechtlicher Aufträge umgangen oder ausgeschlossen werden (Botschaft Erwachsenenschutz, 7045; MEIER/LUKIC, Rz 430).

Erteilt die ESB **Aufträge** gem. Ziff. 2, darf sie **nicht in die Kompetenz des Beistandes eingreifen** (KUKO ZGB-ROSCH, N 6), denn bezüglich Aufgabenbereichen, die bereits einem Beistand übertragen worden sind, besteht kein Bedarf zusätzlichen behördlichen Handelns (Art. 392 Ingress). Ist die Behörde mit der Amtsführung des Beistandes nicht einverstanden, darf sie nicht auf diese Weise intervenieren, sondern muss das im Gesetz für solche Situationen vorgesehen Vorgehen wählen (vgl. Art. 415, 423). **25**

«*Dritt*personen» (Ziff. 2) sind weder bereits involvierte Beistände (KUKO ZGB-ROSCH, N 6) noch Mitglieder der Behörde. **26**

Zusätzliche Aufträge an Beistände wären vielmehr im Rahmen der **Erweiterung** ihrer Aufgabenbereiche oder Anordnung einer ergänzenden **Beistandschaft** (Art. 397) zu erteilen. **27**

Aufträge an Behördenmitglieder könnten sich ebenfalls **nicht auf Ziff. 2 abstützen**, da Behördenmitglieder offensichtlich keine Drittpersonen sind. Denkbar wäre aber, dass statt Erteilen eines Auftrags gem. Ziff. 2 direktes eigenes Handeln der Behörde (Ziff. 1) in Frage kommen könnte, um die Anordnung einer unverhältnismässigen Beistandschaft zu vermeiden. **28**

Dagegen sind **Aufträge** gem. Ziff. 2 **an Mitarbeitende aus dem Sekretariat der Behörde** wohl zulässig. Doch dürfte sich ein solches Vorgehen in der Praxis wohl nur äusserst selten aufdrängen. Zudem legt der enge Bezug einer Hilfsperson zur Auftraggeberin entsprechende Zurückhaltung nahe, bildet aber keinen Ausschlussgrund. So könnte es sich in einem Ausnahmefall bspw. aufdrängen, dass ein Spezialist aus dem Behördensekretariat für eine leicht geistig behinderte und mittellose Person, der entsprechende Unterstützung fehlt (Art. 389 Abs. 1), überprüfen würde, ob diese im Rahmen einer Erbteilung zu Recht nicht nur nichts erhalten soll, sondern noch Schulden des Erblassers übernehmen muss. **29**

Geht es um die **Ernennung** eines Beistandes, hat die hilfsbedürftige Person ein recht weitgehendes Vorschlags- bzw. Ablehnungsrecht (Art. 401). Da jedoch die **«Drittperson»** gem. Ziff. 2 nicht Beistand, sondern Beauftragte der Behörde ist, findet Art. 401 keine Anwendung. Indessen versteht es sich von selbst, dass die **betroffene Person** im Rahmen der **Anhörung** (Art. 447 Abs. 1) auch zur Frage Stellung nehmen kann, wer gem. Ziff. 2 beauftragt werden soll. **30**

Gegen Handlungen oder Unterlassungen einer Drittperson oder Stelle, der die **ESB** einen Auftrag erteilt hat, kann diese **angerufen werden** (Art. 419). **31**

IV. Einblick und Auskunft

Die Behörde kann – in Anlehnung an Art. 307 Abs. 3 über den Kindesschutz (Botschaft Erwachsenenschutz, 7045; vgl. zu dieser Kindesschutzmassnahme: BIDERBOST, Diss., 452 ff.; Henkel, 77 ff.) – eine **geeignete Person oder Stelle** bezeichnen, der **für bestimmte Bereiche Einblick und Auskunft** zu geben sind, falls die Errichtung einer Beistandschaft wegen des Umfangs der Aufgaben offensichtlich unverhältnismässig wäre (Ziff. 3). Die beauftragte Person oder Stelle soll sich zwar primär an die betroffene Person selbst wenden, soll aber bspw. auch bei der Krankenkasse nachfragen können, ob die Prämien bezahlt seien, oder Auskünfte von einer Bank oder vom Vermieter erhalten, ob die **32**

Wohnungsmiete regelmässig bezahlt werde (OFK-ZGB-Fassbind, N 2), ohne dass die betroffene Person hierfür eine Vollmacht ausstellen muss (Botschaft Erwachsenenschutz, 7045). Die Massnahme kann insb. nützlich sein, wenn eine formelle Beistandschaft zwar aufgehoben werden kann, eine gewisse Kontrolle aber nach wie vor erforderlich ist (Botschaft Erwachsenenschutz, 7045) oder diese Kontrollmöglichkeit die Entlassung aus der Beistandschaft erst verantwortbar macht (OFK-ZGB-Fassbind, N 2). Auch kann durch diese Massnahme u.U. in unsicheren Situationen kontrolliert werden, ob die Hilfe von Dritten auch über eine längere Zeitspanne ausreichend ist und sich eine Beistandschaft daher erübrigt (Meier/Lukic, Rz 438). Oder es kann – in Kombination mit einer Begleitbeistandschaft (Art. 393) – der Beistand gestützt auf Ziff. 3 ermächtigt werden, beim Betroffenen selbst sowie bei Dritten abzuklären, ob seine begleitende Unterstützung in den von der Behörde bestimmten Bereichen die gewünschte Wirkung zeitige oder ob eine gestützt auf Ziff. 1 erfolgte behördliche Anordnung korrekt umgesetzt wurde. Da die Begleitbeistandschaft indessen nur mit Zustimmung der hilfsbedürftigen Person errichtet werden kann (Art. 393 Abs. 1), dürfte die Kombination mit einer Massnahme gem. Ziff. 3 in aller Regel jedoch nur dann möglich sein, wenn die betroffene Person auch damit einverstanden ist (Meier, Jusletter 17.11.2008, Rz 74).

33 Die **Behörde muss** im Dispositiv ihres Entscheids den Umfang der **«bestimmten Bereiche»** (Ziff. 3), die vom Einsichts- und Auskunftsrecht erfasst sind, möglichst **genau umschreiben** (Botschaft Erwachsenenschutz, 7045; Schmid, N 7), denn dieser Eingriff kann sehr weit gehen. Bei entsprechender behördlicher Ermächtigung kann gar in vertrauliche bzw. persönliche Dokumente Einsicht genommen werden (Hausheer/Geiser/Aebi-Müller, Erwachsenenschutzrecht, Rz 2.153). Indessen darf kein allgemeines Einsichts- und Auskunftsrecht angeordnet werden (Botschaft Erwachsenenschutz, 7045; OFK-ZGB-Fassbind, N 2). Die Behörde hat bei der Erteilung des Einblicks- und Auskunftsrechts mit Rücksicht auf den Datenschutz dem Verhältnismässigkeitsprinzip besondere Beachtung zu schenken.

34 Die **«Person oder Stelle»** gem. Ziff. 3 ist Gehilfe der Behörde, nicht Beistand, denn eine Beistandschaft gilt es ja gerade zu vermeiden (Art. 392 Ingress). Sie hat im Rahmen von Ziff. 3 – abgesehen vom Recht, Einblick und Auskunft zu verlangen – keine selbständigen Befugnisse. Sie hat **beobachtende und rapportierende Funktion** (Meier/Lukic, Rz 439; OFK-ZGB-Fassbind, N 2; KUKO ZGB-Rosch, N 7; vgl. zur analogen Situation bei der Kindesschutzmassnahme «vormundschaftliche Aufsicht» bzw. «Erziehungsaufsicht» Biderbost, Diss., 453 f. und Henkel, 78 f.). Sie muss über entsprechende Fachkompetenz verfügen und die Privatsphäre der betroffenen Person möglichst schonen (Meier/Lukic, Rz 441 f.).

35 Stellt die nachfragende Person oder Stelle bspw. fest, dass die Krankenkassenprämien nicht bezahlt werden oder dass sich das auf der Bank liegende Vermögen in besorgniserregender Weise verringert, so kann sie **nicht selber die erforderlichen Vorkehren** (z.B. Kontosperre veranlassen) **treffen**. Vielmehr muss sie die ESB informieren und gegebenenfalls geeignete Anordnungen beantragen. Falls nicht von vornherein aussichtslos, hat sie aber die betroffene Person zuerst auf die Probleme anzusprechen, sie zu beraten und zu versuchen, mit ihr – im Sinne des Subsidiaritätsprinzips (Art. 389 Abs. 1 Ziff. 1) – eine Lösung der Probleme ohne behördliche Anordnungen auf freiwilliger Basis herbeizuführen.

36 Bezüglich des Vorschlags- bzw. Ablehnungsrechts gilt das zu Ziff. 2 Ausgeführte: Da die «Person oder Stelle» gem. Ziff. 3 nicht Beistand, sondern Hilfsperson der Behörde ist, findet Art. 401 keine Anwendung. Hingegen kann die betroffene Person im Rahmen der **Anhörung** (Art. 447 Abs. 1) Stellung nehmen **zur Frage, welche «Person oder Stelle»** für die Aufgabe gem. Ziff. 3 bezeichnet werden soll.

Zweiter Unterabschnitt: Die Arten von Beistandschaften

Art. 393

A. Begleitbeistandschaft

[1] Eine Begleitbeistandschaft wird mit Zustimmung der hilfsbedürftigen Person errichtet, wenn diese für die Erledigung bestimmter Angelegenheiten begleitende Unterstützung braucht.

[2] Die Begleitbeistandschaft schränkt die Handlungsfähigkeit der betroffenen Person nicht ein.

A. Curatelle d'accompagnement

[1] Une curatelle d'accompagnement est instituée, avec le consentement de la personne qui a besoin d'aide, lorsque celle-ci doit être assistée pour accomplir certains actes.

[2] La curatelle d'accompagnement ne limite pas l'exercice des droits civils de la personne concernée.

A. Amministrazione di sostegno

[1] Se la persona bisognosa di aiuto necessita di un sostegno per provvedere a determinati affari, con il suo consenso è istituita un'amministrazione di sostegno.

[2] L'amministrazione di sostegno non limita l'esercizio dei diritti civili dell'interessato.

Inhaltsübersicht

Literatur

Vgl. die Literaturhinweise bei den Vorbem. zu Art. 388–399.

Materialien

Art. 380 VE Erwachsenenschutz 2003; VE Erwachsenenschutz/Vernehmlassungen, 182 ff.; Botschaft Erwachsenenschutz, 7045 und 7149; Prot. RK-S vom 27./28.8.2007, 10 f.; AmtlBull StR 2007, 835; Prot. RK-N vom 24./25.4.2008, 22; AmtlBull NR 2008, 1522.

I. Wesen der Begleitbeistandschaft

Die Begleitbeistandschaft bezweckt, eine **hilfsbedürftige Person bei der Erledigung bestimmter Angelegenheiten begleitend zu unterstützen**, ohne deren Handlungsfähigkeit und Handlungsfreiheit einzuschränken (Botschaft Erwachsenenschutz, 7045). Die verbeiständete Person handelt selbständig, es schaut ihr bloss jemand beratend «etwas über die Schultern». Die Begleitbeistandschaft kann daher geeignet sein, junge Menschen mit einer geistigen Behinderung auf dem Weg in die Selbständigkeit zu begleiten, oder Betagten, die allein nicht mehr ganz zurechtkommen, unterstützend beizustehen (Bericht ExpK Erwachsenenschutz 03, 35). Sie kann aber auch im Hinblick auf die Aufhebung einer andern Massnahme, z.B. einer Vertretungsbeistandschaft (Art. 394) angeordnet werden, um die während einer Übergangsphase bis zur vollständigen Ablösung von behördlicher Be- 1 treuung noch erforderliche Unterstützung sicherzustellen. Es besteht eine gewisse Verwandtschaft mit der Erziehungsbeistandschaft nach Art. 308 Abs. 1, bei welcher der Aufgabenbereich des Beistandes auf «Rat und Tat» beschränkt ist. Hingegen unterscheidet sich die Begleitbeistandschaft – abgesehen vom Zustimmungserfordernis der hilfsbedürftigen Person – grundlegend von der Beistandschaft auf eigenes Begehren des bisherigen Rechts (aArt. 394) (**a.M.** Botschaft Erwachsenenschutz, 7045), welche dem Beistand als *Vertreter* Befugnisse zu einer *umfassenden* Personen- und Vermögenssorge einräumt (BSK ZGB I-Langenegger, aArt. 394 N 4).

2 Die Begleitbeistandschaft bildet die **mildeste Form der Beistandschaften**, denn die betroffene Person benötigt bloss begleitende Unterstützung. Dementsprechend sind an die Voraussetzungen für diese Massnahme keine hohen Anforderungen zu stellen. Dennoch gehen Angebote der Sozialhilfe oder privater oder öffentlicher Dienste der Begleitbeistandschaft stets vor (Subsidiaritätsprinzip gem. Art. 389 Abs. 1).

3 Die Begleitbeistandschaft kann **nur mit Zustimmung der hilfsbedürftigen Person** errichtet werden (Abs. 1).

4 Da Begleitung der Sache nach in allen Beistandschaften ein Stück weit automatisch enthalten ist (Schmid, N 6), kommt der Begleitbeistandschaft v.a. dann besondere Bedeutung zu, wenn sie für sich allein angeordnet wird. Sie **kann** aber auch **mit anderen Beistandschaften sowie mit Vorkehren gem. Art. 392 Ziff. 1–3** (direktes eigenes Handeln der Behörde, obligationenrechtliche Aufträge an Dritte, Einblicks- und Auskunftsrecht für bestimmte Bereiche) **kombiniert werden** (vgl. N 13; Art. 397 N 7; abl. bezüglich Einblicks- und Auskunftsrecht: Häfeli, Entwurf, 11).

II. Voraussetzungen

5 Wie bei jeder Beistandschaft müssen zunächst die **generellen Voraussetzungen gem. Art. 390** (Gefährdung des Wohls der betroffenen Person zufolge Schwächezustand und den daraus resultierenden sozialen Auswirkungen) erfüllt sein und entsprechend dem Subsidiaritätsprinzip muss anderweitige Abhilfe nicht möglich sein (Art. 389 Abs. 1).

6 Sodann ist für die Begleitbeistandschaft erforderlich, dass die hilfsbedürftige Person zwar selber handeln kann, also **handlungsfähig** ist**, aber für die Erledigung bestimmter Angelegenheiten begleitende Unterstützung braucht**, etwa wegen entsprechender Unerfahrenheit, Gleichgültigkeit oder fehlender Entscheidungskraft. Dieses zusätzliche Erfordernis widerspricht auf den ersten Blick Art. 390 Abs. 1 Ziff. 1, wonach als Voraussetzung für eine Beistandschaft verlangt wird, dass die betroffene Person «ihre Angelegenheiten nur teilweise oder gar nicht besorgen kann». Diese Bestimmung, welche eher mit Blick auf Vertretungsbeistandschaften formuliert wurde, deckt aber auch ein Schutzbedürfnis ab, welches darin begründet liegt, dass die betroffene Person ihre Angelegenheiten ohne begleitende Unterstützung nicht hinreichend erledigen kann. Die Begleitbeistandschaft ist demnach eine sehr niederschwellige Massnahme (KUKO ZGB-Rosch, N 2), weshalb die Hürde für die Errichtung einer Begleitbeistandschaft nicht hoch angesetzt werden darf (AmtlBull StR 2007, 835).

7 Zusätzliches **zwingendes Erfordernis** ist die **Zustimmung der betroffenen Person** (Abs. 1), die gegebenenfalls aus deren Antrag hervorgeht (Art. 390 Abs. 3). Das Erteilen der Zustimmung ist absolut höchstpersönlicher Natur (KUKO ZGB-Rosch, N 3) und setzt entsprechende Urteilsfähigkeit voraus (Rosch, FamPra.ch 2010, 278), welche bei der betroffenen Person aber stets gegeben ist, da die Begleitbeistandschaft ja nur für Handlungsfähige angeordnet werden kann. Die Zustimmung muss im Zeitpunkt des Entscheids vorliegen, also vorgängig erteilt worden sein. Auch kann sie – formell betrachtet – bis zum Entscheid

der Behörde widerrufen werden (SCHMID, N 5; gemäss MEIER/LUKIC, Rz 449, Widerruf bis zur Rechtskraft möglich). Faktisch ist aber auch ein späterer (sinngemässer) Widerruf wirksam, denn wenn die verbeiständete Person die begleitende Unterstützung nicht zumindest akzeptiert, bleibt diese wirkungslos und es macht keinen Sinn, die Massnahme gegen den Willen des Verbeiständeten aufrecht zu erhalten, da sie so nicht führbar und damit nicht mehr geeignet ist (Art. 389 Abs. 2). Ein späterer **Widerruf der Zustimmung** ist auch als Aufhebungsantrag zu verstehen und die Begleitbeistandschaft gem. Art. 399 Abs. 2 auf Verlangen des Verbeiständeten aufzuheben, selbst wenn die anderen Voraussetzungen für die Massnahme weiterhin gegeben sind (KUKO ZGB-ROSCH, N 6), wobei im Rahmen des Aufhebungsverfahrens allerdings auch zu prüfen ist, ob andere Massnahmen des Erwachsenenschutzes notwendig sind (MEIER/LUKIC, Rz 518; SCHMID, N 5; ROSCH, FamPra.ch 2010, 293). Somit kommt die Begleitbeistandschaft nur bei kooperationswilligen und -fähigen Personen in Frage, die froh sind, wenn ein Beistand ihnen unterstützend zur Seite steht (Botschaft Erwachsenenschutz, 7045), oder die diese Hilfe zumindest akzeptieren.

Mit Rücksicht auf das Subsidiaritätsprinzip ist eine Begleitbeistandschaft nur anzuordnen, wenn die Unterstützung durch das persönliche Umfeld oder private oder öffentliche Dienste nicht ausreicht oder von vornherein als ungenügend erscheint (Art. 389 Abs. 1 Ziff. 1). Letzteres kann dann der Fall sein, wenn die **hilfsbedürftige Person sich selbst nicht genügend aktiv um Unterstützung bemüht** und bspw. als Folge von Unzuverlässigkeit die Besprechungstermine bei solchen Diensten nicht oder nur ungenügend einhält. Denn im Unterschied zu diesen Stellen muss sich der Beistand im Rahmen seines behördlichen Auftrags *proaktiv* um den Verbeiständeten bemühen, ihn nötigenfalls auch zu Hause aufsuchen. Daher ist die Begleitbeistandschaft keineswegs eine überflüssige amtsgebundene Massnahme (vgl. zur Kritik an der Begleitbeistandschaft MEIER/LUKIC, Rz 445, 454 m.w.H.). 8

Subsidiär ist die Anordnung einer **Begleitbeistandschaft** auch **zur automatisch mitenthaltenen Begleitung** hinsichtlich Personensorge, Vermögenssorge oder Rechtsverkehr **im Rahmen anderer Beistandschaften**. Diese enthalten nämlich stets einen Anteil an Begleitung im Sinne der Personensorge, wie etwa Kontaktpflege, Beratung, vertrauensbildende Massnahmen etc. (KUKO ZGB-ROSCH, N 2; vgl. auch Art. 406). Aber auch in Belangen der Vermögenssorge und des Rechtsverkehrs kann der Beistand – auch ausserhalb der ihm übertragenen Aufgabenbereiche – dem Betroffenen begleitend und beratend zur Seite stehen (SCHMID, Einführung, 317). Dazu braucht es weder ein besonderes Verfahren, noch die förmliche Zustimmung des Verbeiständeten; faktische Kooperation genügt und lässt eine zusätzliche Begleitbeistandschaft oft überflüssig erscheinen. Zu beachten ist indessen Art. 416 Abs. 3, wonach allfällige Verträge des Beistandes mit der verbeiständeten Person immer der Zustimmung der ESB bedürfen, ausser wenn es sich um einen unentgeltlichen Auftrag handelt (vgl. N 22). 9

Bei **Kombination von Begleitbeistandschaft und Vertretungsbeistandschaft** ist zu beachten, dass Begleitung und Vertretung **hinsichtlich derselben Angelegenheit** nur ausnahmsweise möglich ist (vgl. Art. 394 N 21; Art. 397 N 10, 12). So ist etwa denkbar, im Rahmen eines breit gefassten Aufgabenbereichs der Begleitbeistandschaft für einen Teilbereich Vertretung anzuordnen, also bspw. begleitende Unterstützung bei den administrativen und finanziellen Angelegenheiten, aber Vertretung durch den Beistand hinsichtlich des Teilbereichs Versicherungsverträge, welcher Teilbereich dann aber von der Begleitbeistandschaft auszuklammern ist. 10

Die **Kombination von Begleitbeistandschaft und Mitwirkungsbeistandschaft** kann dagegen auch **hinsichtlich identischer Aufgabenbereiche** Sinn machen (vgl. Art. 397 N 3 f.). 11

12 Werden **Begleit-, Vertretungs- und Mitwirkungsbeistandschaft** jedoch **für je unterschiedliche Aufgabenbereiche** angeordnet, steht einer Kombination i.d.R. nichts im Wege (vgl. Art. 397 N 3 ff.).

13 Auch die **Verbindung der Begleitbeistandschaft mit direktem Handeln der ESB** (Art. 392 Ziff. 1 und 2) kann in Einzelfällen die angemessene Massnahme bilden, **desgleichen** die ergänzende **Anordnung**, dass dem Beistand **für bestimmte Bereiche Einblick und Auskunft** zu geben ist (Art. 392 Ziff. 3; abl. bezüglich Einblicks- und Auskunftsrecht: HÄFELI, Entwurf, 11). Dadurch kann i.S.v. Art. 392 Ingress auf die Anordnung einer *ergänzenden* Vertretungsbeistandschaft verzichtet werden. Zudem ermöglicht die Kombination mit dem Einsichtsrecht gem. Art. 392 Ziff. 3, dass der Beistand nötigenfalls aufgrund entsprechender Abklärungen den Erfolg seiner unterstützenden Begleitung überprüfen kann.

14 Das Erfordernis der Zustimmung der betroffenen Person zur Anordnung einer **Begleitbeistandschaft** bewirkt, dass die **Kombination mit einer** andern, **gegen** deren **Willen errichteten Massnahme** praktisch **ausgeschlossen** ist (MEIER, FS Stettler, 53).

III. Bestimmte Angelegenheiten

15 Die Begleitbeistandschaft ermöglicht begleitende Unterstützung der hilfsbedürftigen Person für die **Erledigung bestimmter Angelegenheiten** (Abs. 1). Die Formulierung «bestimmter Angelegenheiten» in Abs. 1 ist von Art. 380 Abs. 1 VE Erwachsenenschutz 03 übernommen worden. Danach konnte die Begleitbeistandschaft jedoch auch gegen den Willen der betroffenen Person errichtet und gem. Art. 380 Abs. 2 VE Erwachsenenschutz 03 angeordnet werden, dass dem Beistand «Einblick in *diese* Angelegenheiten und Auskunft *darüber* zu geben» sei. Deshalb war das Umschreiben einzeln bestimmter Angelegenheiten bei der Begleitbeistandschaft in der Fassung des VE Erwachsenenschutz 2003 unumgänglich. In der Folge wurde die Begleitbeistandschaft jedoch von der Zustimmung der betroffenen Person abhängig gemacht und der Inhalt von Art. 380 Abs. 2 VE Erwachsenenschutz 03 (Recht auf Einblick und Auskunft selbst gegen den Willen der betroffenen Person) in Art. 392 Ziff. 3 verschoben, so dass diesbezüglich kein Zusammenhang mit der heutigen Begleitbeistandschaft mehr besteht. Einzig die Formulierung «bestimmter Angelegenheiten» ist (wohl aus Versehen) geblieben. Daraus ergibt sich, dass sich die Begleitbeistandschaft in der jetzigen Fassung nicht zwingend auf *konkret* bestimmte Angelegenheiten fokussieren muss (**a.M.** ROSCH, FamPra.ch 2010, 283 FN 67).

16 Benötigt die betroffene Person umfassende Unterstützung, so ist ein **umfassender Begleitauftrag ohne Umschreibung von Aufgabenbereichen** i.S.v. Art. 391 Abs. 1 «massgeschneiderte Massnahme» (so auch OFK-ZGB-FASSBIND, N 1; HÄFELI, FamPra.ch 2004, 924; HÄFELI, Entwurf, 11). Nur dann ist die Massnahme in dieser Situation verhältnismässig (vgl. Art. 389 N 12, wonach auch eine zu wenig weit gehende Massnahme unverhältnismässig ist), zumal die Begleitbeistandschaft nur bei kooperationswilligen Personen in Frage kommt (Botschaft Erwachsenenschutz, 7045) und weder die Handlungsfähigkeit noch die Handlungsfreiheit einschränkt (vgl. N 27), und auch nicht gegen den Willen der verbeiständeten Person angeordnet oder weitergeführt werden kann (vgl. N 7). Ein genereller Auftrag dient zudem der hilfsbedürftigen Person am besten, weil es in einer solchen Situation um «Hilfe für alles Mögliche geht» (vgl. BIDERBOST, Diss., 264, der sich in der vergleichbaren Problematik der Erziehungsbeistandschaft gem. Art. 308 Abs. 1 gegen die Umschreibung von Aufgaben ausspricht). Die begleitende Unterstützung kann so auch ohne weiteres in nicht voraussehbaren Angelegenheiten gewährt werden, wie auch die Selbstbestimmung der betroffenen Person am besten gefördert werden kann (Art. 388 Abs. 2), indem der Beistand ohne ständige Massnahme-Anpassungen zu Beginn intensiv

begleiten, dann aber die Unterstützung gegebenenfalls Schritt für Schritt reduzieren kann. Die Vorteile einer solch generellen Hilfestellung, die ja kaum eine Beschwer ist, überwiegen die Nachteile einer allenfalls lückenhaften oder immer wieder anpassungsbedürftigen Auflistung von konkreten Aufgabenbereichen offensichtlich.

17 Ist es im Einzelfall dagegen angezeigt, nach sorgfältiger Abklärung der Situation **konkret bestimmte Aufgabenbereiche** des Beistandes zu bezeichnen, müssen diese «bestimmten Angelegenheiten» mit der Hilfsbedürftigkeit korrelieren und relevant sein (KUKO ZGB-Rosch, N 3). Dabei wäre aber eine zu enge Umschreibung offensichtlich wenig hilfreich, ja gar kontraproduktiv.

18 Die Begleitbeistandschaft kann für die Bereiche **Personensorge, Vermögenssorge sowie Rechtsverkehr** oder Teile davon angeordnet werden (OFK-ZGB-Fassbind, N 2; gemäss Rosch, FamPra.ch 2010, 282 f., lediglich für Personensorge).

IV. Begleitende Unterstützung

19 Die Begleitbeistandschaft nach Art. 393 beinhaltet lediglich **begleitende Unterstützung** durch die Beistandsperson. Diese erhält durch die Anordnung dieser Massnahme **keine Vertretungskompetenzen**.

20 Begleitende Unterstützung ist im Sinne von «Rat und Tat» gem. Art. 308 Abs. 1 auszulegen (vgl. dazu Biderbost, Diss., 264 ff.). Im Vordergrund steht somit Beratung und Vermittlung von **Hilfe zur Selbsthilfe**, um die Selbstbestimmung der betroffenen Person zu erhalten und zu fördern (Art. 388 Abs. 2). Diese muss aber selber handeln, also handlungsfähig sein, damit die Begleitbeistandschaft überhaupt angeordnet werden kann. Angesprochen sind somit nicht völlig hilflose Menschen, die vom Beistand bei der Bewältigung des Alltags persönlich umsorgt werden müssen. Falls derartige Unterstützung erforderlich sein sollte, hat der Beistand diese lediglich durch entsprechenden Rat zu vermitteln. Er kann jedoch solche Hilfe nicht namens der verbeiständeten Person organisieren, da er nicht deren Vertreter ist, ausser sie erteile ihm einen entsprechenden Auftrag (vgl. N 22). Auch wäre – zumindest für einen Berufsbeistand – in der Praxis völlig undenkbar, die verbeiständete Person beim Kochen oder Putzen selber begleitend unterstützen zu müssen (**a.M.** Rosch, in: Rosch/Büchler/Jakob, N 4; Rosch, FamPra.ch 2010, 283).

21 Begleitende Unterstützung für die Erledigung bestimmter Angelegenheiten beinhaltet u.a. **Beratungsgespräche, konkrete Unterstützung** bei der Erledigung von finanziellen und administrativen Angelegenheiten (z.B. beim Ausfüllen von Vergütungsaufträgen), **Begleitung** bei der sozialen Integration zur Verhinderung von Isolation, Beratung in Bezug auf Rechtsgeschäfte, **Ermunterung** in Bezug auf persönliche Hygiene, ärztliche Betreuung oder Inanspruchnahme von Nachbarschaftshilfe etc. (Rosch, FamPra.ch 2010, 283; Meier/Lukic, Rz 452).

22 **Möglich** ist auch, dass die hilfsbedürftige Person dem Begleitbeistand – dessen Einverständnis vorausgesetzt – unentgeltliche **Aufträge i.S.v. Art. 416 Abs. 3** erteilt (Schmid, N 8), etwa in ihrem Namen mit einem Gläubiger zu verhandeln oder erforderliche Hilfe zu organisieren und geeigneten Personen oder Stellen entsprechende Aufträge zu erteilen. Entgeltliche Aufträge der verbeiständeten Person dürfte der Beistand jedoch nur mit Zustimmung der ESB übernehmen.

23 Der Beistand berät die verbeiständete Person nicht nur, sondern übt dabei **auch eine gewisse Kontrolle** aus (Hausheer/Geiser/Aebi-Müller, Erwachsenenschutzrecht, Rz 2.89; AmtlBull StR 2007, 835). Indessen ist er nur dann berechtigt, für bestimmte Bereiche Ein-

blick und Auskunft zu verlangen, um die Wirksamkeit seiner Amtsführung zu überwachen, wenn die verbeiständete Person damit einverstanden ist oder wenn er von der ESB gestützt auf Art. 392 Ziff. 3 förmlich entsprechend ermächtigt worden ist. Dagegen stehen dem Beistand keine «zur Ausführung des Mandates notwendige Informationskompetenzen gegenüber Dritten» zu, welche die betroffene Person dulden müsste (**a.M.** KUKO ZGB-Rosch, N 5; Rosch, FamPra.ch 2010, 284 f.; OFK-ZGB-Fassbind, N 2), ist seine Funktion doch lediglich begleitend unterstützend, ohne jegliche eigene Handlungskompetenz, analog eines obligationenrechtlichen Beratungsauftrags.

24 **Begleitende Unterstützung ist einerseits** eine **«Bringschuld»**, indem der Beistand sich aktiv um den Kontakt zur verbeiständeten Person bemüht, sie nötigenfalls auch zu Hause aufsucht, und **anderseits «Holschuld»**, indem die verbeiständete Person darlegt, bei der Erledigung welcher Angelegenheiten sie Unterstützung benötigt, und indem sie dem Beistand die entsprechenden Informationen vermittelt. Der Beistand wird also in die Pflicht genommen und kann im Gegensatz zu einem Sozialdienst nicht einfach zuwarten, bis die betroffene Person sich meldet. Umgekehrt hat ein Begleitbeistand nicht die Aufgabe, detektivisch abzuklären, wo allenfalls beratende Unterstützung erforderlich sein könnte. Vielmehr müsste bei stets sehr passivem Verhalten der verbeiständeten Person geprüft werden, ob die Begleitbeistandschaft die adäquate Massnahme sei, oder ob weitergehende Anordnungen angezeigt seien.

25 Auch im Rahmen der Begleitbeistandschaft ist es rechtlich möglich, dass die ESB den Beistand ermächtigt, die **Wohnräume der betroffenen Person** zu **betreten** (Hausheer/Geiser/Aebi-Müller, Erwachsenenschutzrecht, Rz 2.88).

26 Ist der **Verbeiständete nicht kooperativ** oder erfordert es seine Situation, dass weitere oder andere behördliche Anordnungen getroffen werden, **verständigt der Beistand die ESB** (Art. 414), gegebenenfalls verbunden mit entsprechenden Anträgen.

V. Handlungsfähigkeit und Handlungsfreiheit

27 Die **Begleitbeistandschaft schränkt** die **Handlungsfähigkeit** des Verbeiständeten **nicht ein** (Abs. 2), **auch nicht** dessen **Handlungsfreiheit** (Botschaft Erwachsenenschutz, 7045; OFK-ZGB-Fassbind, N 2; vgl. zur Handlungsfreiheit Schnyder, Jusletter 2004, Rz 22), da der Begleitbeistand weder Vertretungs- noch Mitwirkungskompetenz noch Zwangsmittel hat (OFK-ZGB-Fassbind, N 2; **a.M.** offenbar KUKO ZGB-Rosch, N 5; Rosch, FamPra.ch 2010, 283, der Durchsetzung des Verbots von persönlichem Kontakt zu Drittpersonen als mögliche Aufgabe des Begleitbeistands erachtet), nicht für die betroffene Person handeln kann und diese sich somit Handlungen des Beistandes weder gefallen noch anrechnen lassen muss. Zwar handelt es sich um eine behördliche Massnahme, so dass sich die betroffene Person dieser (theoretisch!) nicht vollständig entziehen kann (vgl. Schmid, Einführung, 317). Indessen muss die verbeiständete Person sich einzig begleitende Unterstützung, insb. gesprächsweise Einmischung des Beistandes gefallen lassen (Schmid, N 8), bleibt aber in ihrem Handeln trotzdem frei. Daher kann die Begleitbeistandschaft effektiv nur wirksam sein, wenn die verbeiständete Person bereit ist, mit dem Beistand zusammenzuarbeiten (Hausheer/Geiser/Aebi-Müller, Erwachsenenschutzrecht, Rz 2.88).

Art. 394

B. Vertretungsbeistandschaft

I. Im Allgemeinen

[1] Eine Vertretungsbeistandschaft wird errichtet, wenn die hilfsbedürftige Person bestimmte Angelegenheiten nicht erledigen kann und deshalb vertreten werden muss.

[2] Die Erwachsenenschutzbehörde kann die Handlungsfähigkeit der betroffenen Person entsprechend einschränken.

[3] Auch wenn die Handlungsfähigkeit nicht eingeschränkt ist, muss die betroffene Person sich die Handlungen des Beistands oder der Beiständin anrechnen oder gefallen lassen.

B. Curatelle de représentation

I. En général

[1] Une curatelle de représentation est instituée lorsque la personne qui a besoin d'aide ne peut accomplir certains actes et doit de ce fait être représentée.

[2] L'autorité de protection de l'adulte peut limiter en conséquence l'exercice des droits civils de la personne concernée.

[3] Même si la personne concernée continue d'exercer tous ses droits civils, elle est liée par les actes du curateur.

B. Curatela di rappresentanza

I. In genere

[1] Se la persona bisognosa di aiuto non può provvedere a determinati affari e deve pertanto essere rappresentata, è istituita una curatela di rappresentanza.

[2] L'autorità di protezione degli adulti può limitare di conseguenza l'esercizio dei diritti civili dell'interessato.

[3] Anche se non sono posti limiti al suo esercizio dei diritti civili, l'interessato è obbligato dagli atti del curatore.

Inhaltsübersicht

Literatur

Vgl. die Literaturhinweise bei den Vorbem. zu Art. 388–399.

Materialien

Art. 381 VE Erwachsenenschutz 2003; VE Erwachsenenschutz/Vernehmlassungen, 187 f.; Botschaft Erwachsenenschutz, 7045 f. und 7149 f.; Prot. RK-S vom 27./28.8.2007, 11; AmtlBull StR 2007, 835; Prot. RK-N vom 24./25.4.2008, 22; AmtlBull NR 2008, 1522.

I. Wesen der Vertretungsbeistandschaft

Die Vertretungsbeistandschaft bezweckt, eine **hilfsbedürftige Person bei der Erledigung bestimmter Angelegenheiten**, die sie selbst nicht oder nicht zweckmässig erledigen kann, zu **vertreten**. Die Angelegenheiten, in denen der Beistand die betroffene Per- 1 son zu vertreten hat, ergeben sich aus den ihm **übertragenen Aufgabenbereichen** (Art. 391 Abs. 1). Sie können die Personensorge, die Vermögenssorge oder den Rechtsverkehr betreffen (Art. 391 Abs. 2), soweit sie einer Vertretung zugänglich sind (Art. 19c, Art. 412). In diesem Umfang ist der **Beistand gesetzlicher Vertreter** und handelt mit Wirkung für den Betroffenen (SCHMID, N 1).

2 Erstreckt sich die Vertretungsbeistandschaft auch auf die **Vermögensverwaltung**, findet **Art. 395 zusätzlich** Anwendung.

3 Die Vertretungsbeistandschaft schränkt die **Handlungsfähigkeit** der verbeiständeten Person grundsätzlich nicht ein. Falls erforderlich kann sie aber im Rahmen der dem Beistand übertragenen Aufgabenbereiche durch förmliche Anordnung der ESB eingeschränkt werden (Abs. 2). Umfasst die Vertretungsbeistandschaft auch die Vermögensverwaltung (Art. 395), ist auch in diesem Aufgabenbereich eine Einschränkung der Handlungsfähigkeit zulässig.

4 Die Vertretungsbeistandschaft wird **nicht veröffentlicht**. Trotzdem kann sie grundsätzlich auch gutgläubigen Dritten entgegengehalten werden. Dritte sind aber, soweit angezeigt, über die Beistandschaft zu informieren (vgl. dazu vor Art. 388–399 N 11 ff.). Zudem kann Auskunft über das Vorliegen einer Massnahme verlangen, wer ein Interesse glaubhaft macht (vgl. vor Art. 388–399 N 11 ff.).

5 Im Rahmen der Vertretungsbeistandschaft ist es rechtlich möglich, dass die ESB den Beistand ermächtigt, die **Wohnräume der betroffenen Person** zu **betreten** und **deren Post** zu **öffnen** (Art. 391 Abs. 3).

II. Voraussetzungen

6 Wie bei jeder Beistandschaft müssen zunächst die **generellen Voraussetzungen gem. Art. 390** (Gefährdung des Wohls der betroffenen Person zufolge Schwächezustand und den daraus resultierenden sozialen Auswirkungen) erfüllt sein und entsprechend dem Subsidiaritätsprinzip darf anderweitige Abhilfe nicht möglich sein (Art. 389 Abs. 1).

7 Sodann müssen hinsichtlich der Vertretungsbeistandschaft **Schwächezustand und Unvermögen bewirken**, dass die hilfsbedürftige Person bestimmte **Angelegenheiten nicht oder nicht zweckmässig** erledigen kann, ihr Wohl dadurch in relevanter Weise gefährdet ist, und sie deshalb **vertreten werden muss** (Abs. 1). Die Vertretungsbefugnis des Beistandes darf also nicht Geschäfte umfassen, welche die betroffene Person selbst hinreichend besorgen kann (MEIER/LUKIC, Rz 463; Botschaft Erwachsenenschutz, 7016). Auch muss es sich um relevante Angelegenheiten handeln, deren Erledigung notwendig ist (vgl. auch Art. 390 Abs. 1 Ziff. 2), bspw. um wichtige administrative Angelegenheiten oder um die Verwaltung der Einkünfte oder anderer Vermögenswerte (dann i.V.m. Art. 395).

8 Mit Rücksicht auf das **Subsidiaritätsprinzip** ist eine Vertretungsbeistandschaft nur anzuordnen, wenn die **Unterstützung durch** das persönliche **Umfeld oder private oder öffentliche Dienste** nicht ausreicht oder von vornherein als **ungenügend** erscheint (Art. 389 Abs. 1 Ziff. 1). Letzteres kann bspw. darum der Fall sein, weil die hilfsbedürftige Person sich als Folge des Schwächezustandes völlig passiv verhält oder sich nicht genügend aktiv um Unterstützung bemüht und auch niemanden rechtsgenügend zur Vertretung in den fraglichen Belangen bevollmächtigen kann oder will, oder weil sie als Folge von Unzuverlässigkeit nötige Besprechungstermine nicht oder nur ungenügend einhält, ihre Post nicht öffnet etc.

Bei **Urteilsunfähigkeit** ist aufgrund des Subsidiaritätsprinzips Voraussetzung, dass die hilfsbedürftige Person «in guten Zeiten» keine oder **keine ausreichende eigene Vorsorge** (etwa durch einen Vorsorgeauftrag oder Erteilen entsprechender Vollmachten) getroffen hat und die Massnahmen von Gesetzes wegen (z.B. das Vertretungsrecht des Ehegatten oder eingetragenen Partners) nicht genügen (Art. 390 Abs. 1 Ziff. 2). 9

Nicht erforderlich ist die **Zustimmung der betroffenen Person**. Die Massnahme kann auch gegen ihren Willen angeordnet werden (OFK-ZGB-Fassbind, N 1). 10

III. Bestimmte Angelegenheiten

Der Beistand vertritt die hilfsbedürftige Person im Rahmen der ihm übertragenen Aufgabenbereiche (Art. 391 Abs. 1). Diese können die **Personensorge**, die **Vermögenssorge** und den **Rechtsverkehr** betreffen (Art. 391 Abs. 2). Sie müssen klar und verständlich umschrieben werden. 11

Keiner Vertretung zugänglich sind **höchstpersönliche Rechte, soweit die betroffene Person urteilsfähig** ist (Art. 19c). Urteilsfähige Handlungsunfähige üben die Rechte, die ihnen um ihrer Persönlichkeit willen zustehen, nämlich selbständig aus, eingeschränkte Handlungsfähigkeit in einem solchen Bereich hindert sie also nicht daran. Ausnahmen bilden lediglich Angelegenheiten, in denen das *Gesetz* die Zustimmung des gesetzlichen Vertreters vorsieht (Art. 19c Abs. 1). Dies ist etwa der Fall für die Anerkennung eines Kindes durch einen diesbezüglich Handlungsunfähigen (Art. 260 Abs. 2). Vertretung in höchstpersönlichen Angelegenheiten ist aber möglich, falls die hilfsbedürftige Person diesbezüglich urteilsunfähig ist und es nicht um die Ausübung *absolut* höchstpersönlicher Rechte geht (vgl. dazu BSK ZGB I-Bigler-Eggenberger, aArt. 19 N 36 ff.; Meier/Lukic, Rz 463), bspw. um die Errichtung einer letztwilligen Verfügung (Art. 19c Abs. 2). 12

Die Vertretungsbeistandschaft beinhaltet **im Rahmen der übertragenen Aufgabenbereiche** bis **zu einem gewissen Grad automatisch auch begleitende Personensorge** im Zusammenhang mit der Kontaktaufnahme, der Abklärung von Meinung und Willen der verbeiständeten Person, dem Aufbau eines Vertrauensverhältnisses (Art. 405 und 406) und bei den Beratungshandlungen, ohne dass diese im Entscheid als Aufgaben ausdrücklich angeordnet werden müsste oder analog der Begleitbeistandschaft (Art. 393 Abs. 1) der Zustimmung des Betroffenen bedürfte (OFK-ZGB-Fassbind, N 1; Rosch, FamPra.ch 2010, 289 f.; Rosch, ZKE 2010, 189 f.). Mit der Ausübung der Vertretung ist oft automatisch auch eine gewisse Kontrolle der verbeiständeten Person verbunden, u.U. ohne oder gegen deren Willen (OFK-ZGB-Fassbind, N 1 f.). 13

Ist die Hilfsbedürftigkeit umfassend, etwa im Fall einer **Person im Koma**, ist eine **Vertretungsbeistandschaft für alle relevanten Angelegenheiten**, die im Entscheid als Aufgabenbereiche aufzuführen sind, ohne Einschränkung der Handlungsfähigkeit anzuordnen, damit sie nach dem Erwachen aus diesem Zustand und Wiedererlangung der Urteilsfähigkeit noch vor Aufhebung der Massnahme wieder handlungsfähig ist, während sie bei Anordnung einer umfassenden Beistandschaft völlig unnötigerweise ihre Handlungsfähigkeit von Gesetzes wegen verlieren und erst bei Aufhebung der Massnahme wieder erlangen würde (Art. 398 Abs. 3; vgl. dazu Schmid, N 2), womit sich eine umfassende Beistandschaft in einer solchen Situation als klar unverhältnismässig erweisen würde. 14

Eine ebenfalls **umfassende Hilfsbedürftigkeit besteht oft bei Betagten**, deren Urteilsfähigkeit als Folge einer dementiellen Entwicklung zeitweise in vielen Belangen nicht mehr gegeben ist, in lichten Momenten oder in einzelnen Bereichen oder generell in beschränktem Umfang aber noch besteht. Auch sie sind aus diesem Grunde – gesamthaft betrachtet 15

– auf Vertretung in praktisch allen relevanten Angelegenheiten angewiesen. Das heisst die Vertretung durch den Beistand muss die Aufgabenbereiche der Sorge um eine geeignete Wohnsituation, gesundheitliches Wohl, medizinische Betreuung und soziale Integration, der Besorgung der administrativen und finanziellen Angelegenheiten sowie der Verwaltung von Einkommen und Vermögen, i.d.R. gesamthaft, umfassen.

16 Da **betagte Menschen** beiständliche Hilfe meist dankbar annehmen oder zumindest akzeptieren, ohne die Handlungen des Beistandes zu durchkreuzen oder auf selbstschädigende Weise von der allenfalls oder teilweise noch bestehenden Handlungsfähigkeit Gebrauch zu machen, drängt sich für sie **regelmässig** eine **Vertretung für praktisch alle relevanten Angelegenheiten**, die im Entscheid als Aufgabenbereiche aufzuführen sind, gestützt auf Art. 394 i.V.m. 395 auf (so auch LANGENEGGER, ZVW 2003, 323), jedoch **ohne** die Notwendigkeit von **Einschränkung oder** gar **Wegfall der Handlungsfähigkeit** (vgl. Art. 398 N 18). Damit wird dem Grundsatz der Verhältnismässigkeit (vgl. Art. 389 N 12) Rechnung getragen, denn die Vertretung in praktisch allen relevanten Angelegenheiten gem. Art. 394 i.V.m. 395 ist die mildere Massnahme als eine umfassende Beistandschaft, bei welcher die Handlungsfähigkeit von Gesetzes wegen generell entfällt (Art. 398 Abs. 3).

17 Ja selbst bei besonderer Hilfsbedürftigkeit wegen **dauernder Urteilsunfähigkeit** ist – entsprechend dem Gebot der Verhältnismässigkeit – nicht zwingend eine umfassende Beistandschaft (Art. 398) anzuordnen (Art. 398 N 14). Genügt zum Schutz und zur Wahrung des Wohls der betroffenen Person eine Beistandschaft i.S.v. Art. 394 i.V.m. 395 für praktisch alle relevanten Angelegenheiten, ist dieser als milderer Massnahme der Vorrang einzuräumen (vgl. Art. 389 N 12). Denn eine umfassende Beistandschaft wäre nämlich nicht massgeschneidert, sondern zielüberschiessend, da sie den in solchen Fällen unnötigen Verlust der Handlungsfähigkeit (Art. 398 Abs. 3) bewirken würde. Wollte man dagegen alle dauernd urteilsunfähigen und darum besonders hilfsbedürftigen Menschen ohne zwingenden Grund unter umfassende Beistandschaft stellen, würde dies dem Geist des neuen Rechts widersprechen, welches die umfassende Beistandschaft viel weniger häufig als die Vormundschaft unter bisherigem Recht und nur als ultima ratio angeordnet sehen will (Botschaft Erwachsenenschutz, 7015 ff., 7048). Denn dann würden unzählige demente alte Menschen wie auch jüngere, schwer geistig Behinderte unnötigerweise praktisch «bevormundet», während die unbestrittene Praxis unter bisherigem Vormundschaftsrecht ihnen das erspart hat und stattdessen ihre Interessen im Rahmen der «kombinierten Beistandschaft» (aArt. 392 Ziff. 1 i.V.m. aArt. 393 Ziff. 2) ohne weiteres wahren konnte. Somit darf auch bei dauernder Urteilsunfähigkeit keine umfassende Beistandschaft (Art. 398) angeordnet werden, solange die angestrebte Wirkung auch mit einer auf Art. 394 i.V.m. 395 abgestützten Vertretung in allen erforderlichen Angelegenheiten erreicht werden kann (vgl. auch Art. 398 N 17 ff.).

IV. Vertretung

18 Bei der Erfüllung der Aufgaben **im Rahmen der übertragenen Aufgabenbereiche** handelt der Beistand für die verbeiständete Person und mit Wirkung für diese (Botschaft Erwachsenenschutz, 7045 f.). Er ist in diesem Umfang ihr **gesetzlicher Vertreter** (Botschaft Erwachsenenschutz, 7045) Daher kommt die Vertretungsbeistandschaft nur für Rechtsbereiche in Frage, in denen eine Vertretung überhaupt möglich ist.

19 Im Unterschied zu anderweitiger Unterstützung muss sich der Beistand im Rahmen seines behördlichen Auftrags nicht nur um die Erledigung der ihm übertragenen Aufgabenbereiche, sondern auch – soweit im Rahmen seines Auftrags angezeigt – **aktiv um die verbei-**

ständete Person persönlich bemühen, sie nötigenfalls zu Hause aufsuchen, sei es, um persönlich Kontakt aufzunehmen und ein Vertrauensverhältnis aufzubauen, sei es, um sich die zur Erfüllung der Aufgaben nötigen Kenntnisse zu verschaffen oder um ihre Meinung zu sich stellenden Fragen zu erfahren (Art. 405 und 406).

Der **Beistand vertritt** die verbeiständete Person im Rahmen der ihm übertragenen Aufgabenbereiche **selbständig und direkt** (KUKO ZGB-Rosch, N 2). Er ist nicht auf das Einverständnis des Verbeiständeten angewiesen, kann auch ohne dieses und gar gegen den Willen des Betroffenen handeln (vgl. auch BSK ZGB I-Biderbost, aArt. 417 N 17), denn er hat den *behördlichen* Auftrag zu erfüllen. Für die Vornahme der in Art. 416 Abs. 1 aufgeführten Geschäfte benötigt er jedoch die Zustimmung der ESB, es sei denn, der urteilsfähige Verbeiständete erteile sein Einverständnis. Dies kann aber nur dann die behördliche Zustimmung ersetzen, wenn dessen Handlungsfähigkeit im fraglichen Geschäftsbereich durch die Beistandschaft nicht eingeschränkt ist (Art. 416 Abs. 2; Botschaft Erwachsenenschutz, 7057 f.). Gemäss Art. 412 Abs. 1 darf der Beistand in Vertretung der betroffenen Person jedoch keine Bürgschaften eingehen, keine Stiftungen errichten und keine Schenkungen vornehmen, mit Ausnahme der üblichen Gelegenheitsgeschenke. Der urteilsfähige Verbeiständete ist dagegen befugt, im Rahmen seiner Parallelzuständigkeit solche Geschäfte selbst zu tätigen, soweit seine Handlungsfähigkeit diesbezüglich nicht eingeschränkt ist. 20

Gemäss Art. 397 kann die **Vertretungsbeistandschaft mit** der **Begleitbeistandschaft** (Art. 393) **und/oder mit** der **Mitwirkungsbeistandschaft** (Art. 396) **kombiniert** werden. Dabei dürften sich solche Kombinationen hinsichtlich identischer Aufgabenbereiche (Art. 391) in vielen Fällen ausschliessen. Denn wo die verbeiständete Person selber handelt, wie bei der Begleit- bzw. der Mitwirkungsbeistandschaft, sind bezüglich der identischen Aufgabenbereiche die Voraussetzungen für eine Vertretungsbeistandschaft nur ausnahmsweise erfüllt (vgl. dazu Art. 397 N 10 ff.). Beinhalten die Beistandschaften dagegen je unterschiedliche Aufgabenbereiche, können sie kreativ entsprechend den Bedürfnissen im Einzelfall kombiniert werden. So kann bspw. die Vertretungsbeistandschaft nach Art. 394 i.V.m. 395 für einen noch sehr unerfahrenen jungen Menschen dessen Vertretung gegenüber dem Vermieter und in einem Erbteilungsverfahren sowie die Verwaltung seines Bankguthabens sicherstellen, während er im Rahmen einer Begleitbeistandschaft im Hinblick auf den Einstieg ins Erwerbsleben und bei der zweckmässigen Verwendung seines Einkommens vom Beistand unterstützend begleitet wird. Letztere zwei Aufgabenbereiche könnten wohl auch im Rahmen der automatisch mitenthaltenen begleitenden Personen- und Vermögenssorge abgedeckt werden, also ohne Anordnung einer Begleitbeistandschaft. 21

Oder es können im Rahmen einer **Vertretungsbeistandschaft** nach Art. 394 i.V.m. 395 unter entsprechender Einschränkung der Handlungsfähigkeit (Art. 394 Abs. 2) die Renten eines spielsüchtigen Menschen gegen dessen Widerstand vom Beistand zweckmässig verwaltet werden, und durch **Kombination mit einer zusätzlichen Mitwirkungsbeistandschaft** (Art. 396) die allfällige Aufnahme von Darlehen von der Zustimmung des Beistandes abhängig gemacht werden. 22

V. Handlungsfähigkeit und Handlungsfreiheit

1. Ohne behördliche Einschränkung der Handlungsfähigkeit

Die Vertretungsbeistandschaft **schränkt** die **Handlungsfähigkeit** der verbeiständeten Person **grundsätzlich nicht ein**, **belässt** ihr also hinsichtlich Verpflichtungs- und Verfü- 23 gungsfähigkeit den **Status**, den sie **vor Errichtung der Beistandschaft** hatte (Abs. 2 e contrario; Botschaft Erwachsenenschutz, 7016; OFK-ZGB-FASSBIND, N 2). Eine allfällige Einschränkung der Handlungsfähigkeit müsste ausdrücklich zusätzlich angeordnet werden. Ohne eine solche Einschränkung kann der Verbeiständete auch in den dem Beistand übertragenen Aufgabenbereichen weiterhin selbst handeln (Parallel- bzw. konkurrierende Zuständigkeit), wie wenn er selbst einen Vertreter bevollmächtigt hätte, was seine eigene Handlungsfähigkeit ja auch nicht ausschliessen würde (SCHMID, N 3; BSK ZGB I-BIDERBOST, aArt. 417 N 10 zum bisherigen Recht).

24 Ohne anderslautende Anordnung der Behörde beschränkt die Vertretungsbeistandschaft zudem weder die **Prozessfähigkeit** der verbeiständeten Person, noch deren **Betreibungsfähigkeit**. Lediglich werden Betreibungsurkunden auch dem Beistand zugestellt (Art. 68d SchKG), damit er die ihm übertragenen Aufgaben wahrnehmen kann, sofern die Behörde dem Betreibungsamt die Anordnung der Beistandschaft mitgeteilt hat (Art. 68d Abs. 1 SchKG).

25 Die verbeiständete Person kann die behördlich angeordnete **Vertretungsbefugnis des Beistandes** weder beschränken noch entziehen (SCHMID, N 8). Diese tritt **kumulativ** als Parallelzuständigkeit zur unveränderten Handlungsfähigkeit des Verbeiständeten hinzu (BSK ZGB I-BIDERBOST, aArt. 417 N 14; BK-BUCHER, aArt. 14 ZGB N 95).

26 Indessen muss die betroffene Person sich die Handlungen des Beistands trotz bestehender Handlungsfähigkeit anrechnen oder gefallen lassen (Abs. 3). Insofern ist ihre ***Handlungsfreiheit***, nicht aber ihre Handlungs*fähigkeit* **beschränkt** (**a.M.** KUKO ZGB-ROSCH, N 2; vgl. zur Handlungsfreiheit SCHNYDER, Jusletter 2004, Rz 22).

27 Soweit die Handlungsfähigkeit der verbeiständeten Person nicht eingeschränkt ist, besteht das Risiko, dass der Beistand und der Verbeiständete in derselben Angelegenheit inhaltlich verschiedene Willenserklärungen abgeben, also in ihrem Handeln kollidieren (SCHMID, N 5). Dies kann aber auch in Fällen vorkommen, in denen die Vertretungsmacht auf einer obligationenrechtlichen Vollmacht beruht. Indessen verzichtet das revidierte – wie schon das bisherige – Recht darauf, dieses Problem in einer Sondernorm zu regeln. Die bisherigen Erfahrungen haben nämlich gezeigt, dass die Praxis mit dieser Problematik gut zurecht kommt (Botschaft Erwachsenenschutz, 7046). Sie ist in gleicher Weise zu beurteilen, wie wenn die **kollidierenden Handlungen** vom Vertretenen selbst vorgenommen worden wären. Die Bestimmungen des Stellvertretungsrechts (Art. 32 ff. OR) und des Auftragsrechts (Art. 394 ff. OR) sind analog anwendbar (Botschaft Erwachsenenschutz, 7046; OFK-ZGB-FASSBIND, N 1, 3;SCHMID, N 5; BSK ZGB I-BIDERBOST, aArt. 417 N 22 f.).

28 **Kollidierendes Handeln** sollte **in der Praxis** eigentlich **nicht häufig** vorkommen, da ja die massgeschneiderte Anordnung einer Vertretungsbeistandschaft meist darum erfolgt, weil die betroffene Person die entsprechenden Angelegenheiten nicht selbst erledigen, also nicht selbst handeln kann. Anders ist die Situation, wenn die Vertretungsbeistandschaft als Schutzmassnahme gegen unzweckmässiges oder gar unsinniges Handeln dienen soll, doch dann ist in risikobelasteten Fällen regelmässig die Handlungsfähigkeit des Verbeiständeten entsprechend einzuschränken (Abs. 2) womit rechtswirksames kollidierendes Handeln vermieden wird (vgl. N 29).

2. Mit behördlicher Einschränkung der Handlungsfähigkeit

29 Muss damit gerechnet werden, dass die verbeiständete Person die Handlungen des Beistandes absichtlich oder ungewollt hindert oder durchkreuzt und so die ordnungsgemässe

Erledigung der dem Beistand übertragenen Aufgaben vereitelt, ist die **Handlungsfähigkeit des Verbeiständeten** entsprechend **einzuschränken** (Abs. 2), dem Beistand also diesbezüglich die ausschliessliche Vertretungsbefugnis einzuräumen (Botschaft Erwachsenenschutz, 7046). So kann bspw. der verbeiständeten Person in Bezug auf den Abschluss von Kreditkäufen die Handlungsfähigkeit eingeschränkt werden, um zu verhindern, dass sie weiterhin wahllos und unsinnig auf Kredit Waren – z.B. aus Katalogen – bestellt und sich so in «finanzielle Schieflage» manöveriert (vgl. N 31; vgl. dazu auch Art. 397 N 11).

Die **Handlungsfähigkeit kann nur** «***entsprechend***» (Abs. 2) **eingeschränkt werden**, also hinsichtlich ausgewählter oder aller dem Beistand übertragenen Angelegenheiten, nicht aber darüber hinaus (KUKO ZGB-ROSCH, N 5; BIDERBOST, Jusletter 2003, Rz 24). Die Handlungsfähigkeit könnte theoretisch also nur dann vollständig entzogen werden, wenn dem Beistand die Vertretung in allen Angelegenheiten übertragen würde. Dafür aber sieht das Gesetz die umfassende Beistandschaft (Art. 398) vor, und es gibt keinen Grund, diese unter solchen Umständen nicht anzuordnen. **30**

Die ESB kann die **Handlungsfähigkeit** des Betroffenen bezüglich der dem Beistand übertragenen Aufgaben **auch lediglich punktuell einschränken**. Dies ermöglicht es, dem besonderen Schwächezustand einer hilfsbedürftigen Person «massgeschneidert» Rechnung zu tragen und überschiessende Massnahmen zu vermeiden, was gegenüber dem bisherigen Vormundschaftsrecht einen grossen Fortschritt und Vorteil bedeutet (OFK-ZGB-FASSBIND, N 2). So könnte die ESB etwa anordnen, dass die betroffene Person, die Eigentümerin eines Mehrfamilienhauses ist, keine Mietverträge mehr abschliessen kann. Damit bliebe das Verfügungsrecht der verbeiständeten Person über das Haus aber bestehen (Botschaft Erwachsenenschutz, 7046). Oder sie könnte die Handlungsfähigkeit einer Person gezielt nur in Bezug auf Kreditgeschäfte einschränken und deren Handlungsfähigkeit ansonsten unberührt lassen (OFK-ZGB-FASSBIND, N 2). **31**

Da die Zulässigkeit des Mehreren das Geringere in sich schliesst, lässt sich die Einschränkung aber auch zusätzlich begrenzen, so etwa auf Vornahme von einzeln genannten Verpflichtungsgeschäften (SCHMID, N 6). **Abzulehnen** ist dagegen eine **Einschränkung lediglich der Verfügungsfähigkeit**, obwohl das Gesetz dies nicht expressis verbis verbietet. Dadurch könnte der Betroffene nämlich keine Haftung des seiner Verfügung entzogenen Vermögens begründen, aber weiterhin alle Verpflichtungsgeschäfte tätigen. Das der Verfügungsunfähigkeit unterliegende Vermögen würde so zu Sondervermögen entsprechend der bisherigen Verwaltungsbeiratschaft (aArt. 395 Abs. 2 ZGB). Die Schaffung von Sondervermögen bringt aber eine Schlechterstellung der Gläubiger mit sich und darf nicht einfach in Abs. 2 hineininterpretiert werden (SCHMID, N 7; SCHMID, Einführung, 326; LANGENEGGER, ZVW 2003, 324). **32**

Die **Handlungsfähigkeit** der betroffenen Person **darf nur soweit eingeschränkt werden, als** dies **unbedingt erforderlich** ist, also «wohldosiert» und falladäquat (BIDERBOST, AJP 2010, 11). Andernfalls wäre die Anordnung unverhältnismässig (Art. 389 Abs. 2). Eine Einschränkung der Handlungsfähigkeit muss zudem eindeutig umschrieben und im Dispositiv des Anordnungsentscheides ausdrücklich festgehalten werden (Botschaft Erwachsenenschutz, 7046; OFK-ZGB-FASSBIND, N 2). Denn im Erwachsenenschutz soll Klarheit darüber bestehen, ob und inwiefern die Handlungsfähigkeit durch eine Massnahme berührt ist (SCHMID, N 4). **33**

Als Folge der Einschränkung der Handlungsfähigkeit kommt der verbeiständeten Person in Bezug auf die davon betroffenen Geschäfte grundsätzlich keine Verpflichtungs- und Verfügungsbefugnis mehr zu (Botschaft Erwachsenenschutz, 7046). Sie ist aber **in den** **34**

Angelegenheiten, hinsichtlich welcher ihre **Handlungsfähigkeit eingeschränkt** ist (Art. 394 Abs. 2) – **sofern** sie diesbezüglich **urteilsfähig** ist (Art. 407) – **nur beschränkt handlungs*un*fähig** und kann mit Zustimmung des Beistands Rechtshandlungen vornehmen (Art. 19 Abs. 1) bzw. ohne dessen Zustimmung höchstpersönliche Rechte ausüben (Art. 19c) sowie unentgeltliche Vorteile erlangen oder geringfügige Angelegenheiten des täglichen Lebens besorgen (Art. 19 Abs. 2), analog einer Person unter umfassender Beistandschaft (vgl. Art. 398 N 30).

Art. 395

II. Vermögensverwaltung

1 Errichtet die Erwachsenenschutzbehörde eine Vertretungsbeistandschaft für die Vermögensverwaltung, so bestimmt sie die Vermögenswerte, die vom Beistand oder von der Beiständin verwaltet werden sollen. Sie kann Teile des Einkommens oder das gesamte Einkommen, Teile des Vermögens oder das gesamte Vermögen oder das gesamte Einkommen und Vermögen unter die Verwaltung stellen.

2 Die Verwaltungsbefugnisse umfassen auch die Ersparnisse aus dem verwalteten Einkommen oder die Erträge des verwalteten Vermögens, wenn die Erwachsenenschutzbehörde nichts anderes verfügt.

3 Ohne die Handlungsfähigkeit der betroffenen Person einzuschränken, kann ihr die Erwachsenenschutzbehörde den Zugriff auf einzelne Vermögenswerte entziehen.

4 Untersagt die Erwachsenenschutzbehörde der betroffenen Person, über ein Grundstück zu verfügen, so lässt sie dies im Grundbuch anmerken.

II. Gestion du patrimoine

1 Lorsque l'autorité de protection de l'adulte institue une curatelle de représentation ayant pour objet la gestion du patrimoine, elle détermine les biens sur lesquels portent les pouvoirs du curateur. Elle peut soumettre à la gestion tout ou partie des revenus ou de la fortune, ou l'ensemble des biens.

2 A moins que l'autorité de protection de l'adulte n'en décide autrement, les pouvoirs de gestion du curateur s'étendent à l'épargne constituée sur la base des revenus et du produit de la fortune gérée.

3 Sans limiter l'exercice des droits civils de la personne concernée, l'autorité de protection de l'adulte peut la priver de la faculté d'accéder à certains éléments de son patrimoine.

4 Si l'autorité de protection de l'adulte prive la personne concernée de la faculté de disposer d'un immeuble, elle en fait porter la mention au registre foncier.

II. Amministrazione dei beni

1 Se istituisce una curatela di rappresentanza per l'amministrazione dei beni, l'autorità di protezione degli adulti designa i beni che devono essere amministrati dal curatore. Può porre sotto amministrazione del curatore determinati elementi del reddito o del patrimonio, l'intero reddito o l'intero patrimonio o l'insieme di reddito e patrimonio.

2 Salvo che l'autorità di protezione degli adulti disponga altrimenti, i poteri d'amministrazione del curatore si estendono anche ai risparmi realizzati sul reddito o alle rendite maturate sul patrimonio.

3 L'autorità di protezione degli adulti può privare l'interessato dell'accesso a dati beni senza limitarne l'esercizio dei diritti civili.

[4] Se vieta all'interessato di disporre di un fondo, ne ordina la menzione nel registro fondiario.

Inhaltsübersicht

Literatur

Vgl. die Literaturhinweise bei den Vorbem. zu Art. 388–399.

Materialien

Art. 382 VE Erwachsenenschutz 2003; VE Erwachsenenschutz/Vernehmlassungen, 188 ff.; Botschaft Erwachsenenschutz, 7046 f. und 7150; Prot. RK-S vom 27./28.8.2007, 12; AmtlBull StR 2007, 835; Prot. RK-N vom 24./25.4.2008, 22; AmtlBull NR 2008, 1522.

I. Wesen der Vertretungsbeistandschaft für die Vermögensverwaltung

Ist die hilfsbedürftige Person im Bereich der Vermögensverwaltung zu vertreten, so ist die Vertretungsbeistandschaft (Art. 394) gestützt auf Art. 395 entsprechend zu ergänzen, denn die **Vermögensverwaltung ist nicht einer eigenständigen Beistandschaftsart zugeordnet** (OFK-ZGB-FASSBIND, N 1; MEIER/LUKIC, Rz 460; MEIER, ZVW 2003, 218 f.). In Art. 104 VE 1998 (vgl. Bericht VE Erwachsenenschutz, 17 f., 66) war Vermögensverwaltung noch als selbständige Beistandschaft vorgesehen. Doch die Expertenkommission integrierte diese Aufgabe in die Vertretungsbeistandschaft, da Verwaltung von Vermögen durch den Beistand kaum denkbar ist ohne Vertretung der hilfsbedürftigen Person (Botschaft Erwachsenenschutz, 7046). Dies widerspiegelt sich nun in der Systematik des Gesetzes, welches Art. 395 in den Marginalien nicht etwa als Verwaltungsbeistandschaft, sondern lediglich als «II. Vermögensverwaltung» bezeichnet und auch nicht als eigenständige Beistandschaft aufführt neben «A. Begleitbeistandschaft», «B. Vertretungsbeistandschaft», «C. Mitwirkungsbeistandschaft, «E. Umfassende Beistandschaft». Desgleichen bleibt die Vermögensverwaltung in Art. 397 (Kombination von Beistandschaften) unerwähnt. Dementsprechend ist Art. 395 auch als «Torso» gestaltet. So fehlt – im Gegensatz zu den genannten Beistandschaftsarten – eine Präzisierung bezüglich der Voraussetzungen der Massnahme. Diese findet sich, ebenso wie die Umschreibung der Auswirkungen auf die Handlungsfähigkeit (mit entsprechender Einschränkungsmöglichkeit) sowie auf die Handlungsfreiheit, in Art. 394. Daher bildet Art. 395 nur zusammen mit Art. 394 eine vollständige Beistandschaftsart. Damit übereinstimmend wird die Massnahme in Abs. 1 denn auch als «*Vertretungs*beistandschaft für die Vermögensverwaltung» und nicht als *Verwaltungs*beistandschaft (wie in aArt. 393 und Art. 104 VE 1998 in Bericht VE Erwachsenenschutz, 17 f., 66) bezeichnet. 1

Vermögensverwaltung ist in einem weiten Sinn zu verstehen, beinhaltet also auch Verwaltung von Einkommen (Abs. 1). Die Verwaltungsbefugnisse umfassen zudem die Ersparnisse aus dem verwalteten Einkommen oder die Erträge des verwalteten Vermögens, wenn die ESB nichts anderes verfügt (Abs. 2). 2

3 Die **Handlungsfähigkeit** der betroffenen Person **kann** erforderlichenfalls auch **hinsichtlich der Vermögensverwaltung** gestützt auf Art. 394 Abs. 2 **eingeschränkt werden** (vgl. Art. 394 N 29 ff.).

4 Die Vertretungsbeistandschaft für die Vermögensverwaltung wird **nie publiziert**, auch nicht eine allfällige diesbezügliche Einschränkung der Handlungsfähigkeit. Dritte sind aber, soweit angezeigt, von Amtes wegen zu informieren, insb. Schuldner und das Betreibungsamt. Ferner kann Auskunft über das Vorliegen einer Massnahme verlangen, wer ein Interesse glaubhaft macht (vgl. N 24 ff.; vor Art. 388–399 N 11 ff.).

II. Voraussetzungen

5 Vermögensverwaltung durch einen Beistand erfolgt im Rahmen der Vertretungsbeistandschaft und ist nur dann möglich, wenn die **Voraussetzungen für eine Vertretungsbeistandschaft** (vgl. Art. 394 N 6 ff.) erfüllt sind **und** zwar in der Weise, dass die hilfsbedürftige Person die **Verwaltung** ihres **Vermögens i.w.S. teilweise oder ganz nicht besorgen kann**, ihr Wohl dadurch in relevanter Weise gefährdet ist und sie deshalb vertreten werden muss.

6 Entscheidend für die Anordnung dieser Massnahme ist in erster Linie das entsprechende Unvermögen der hilfsbedürftigen Person, nicht die **Grösse und Zusammensetzung des Vermögens** i.w.S. (Meier/Lukic, Rz 473). Jedoch können letztere Aspekte Ursache für die Überforderung der betroffenen Person bilden. Auch muss die Anordnung einer behördlichen Massnahme mit Rücksicht auf die Bedeutung des Vermögens im konkreten Einzelfall verhältnismässig sein.

7 Nicht erforderlich ist die Zustimmung der betroffenen Person. Die Massnahme kann **auch gegen** ihren **Willen** angeordnet werden (Art. 394 N 10; OFK-ZGB-Fassbind, N 1).

8 Die Massnahme muss auch **bezüglich der Verwaltungsaufgaben den konkreten Bedürfnissen angepasst** werden. Wenn eine Person zwar mit ihrem Einkommen umgehen kann und mit den alltäglichen Handlungen und Rechtsgeschäften zurechtkommt, daneben aber über grössere Vermögenswerte verfügt, zu deren Verwaltung sie nicht in der Lage ist, genügt eine einzig auf die Verwaltung des Vermögens i.e.S. ausgerichtete Beistandschaft (Hausheer/Geiser/Aebi-Müller, Erwachsenenschutzrecht, Rz 2.93). Eine solchermassen beschränkte Beistandschaft ist aber dennoch auf Art. 394 i.V.m. 395 abzustützen, da Art. 395 keine eigenständige Beistandschaft beinhaltet (vgl. N 1). Analoges gilt, wenn lediglich Erwerbseinkommen verwaltet werden muss, weil die betroffene Person ausserstande ist, dieses selbst vernünftig einzuteilen und entsprechend zu verwenden und sie keine geeignete Drittperson oder Stelle mit dieser Aufgabe betrauen kann (vgl. Art. 389 Abs. 1). Würde die verbeiständete Person jedoch durch Obstruktion die Lohn- oder Rentenverwaltung zu verhindern trachten, müsste gestützt auf Art. 394 Abs. 2 ihre Handlungsfähigkeit entsprechend eingeschränkt und dem Beistand diesbezüglich ausschliessliche Vertretungsbefugnis eingeräumt werden, was im bisherigen Recht im Rahmen einer Beistandschaft nicht möglich war (Geiser, ZVW 2003, 232).

9 Ist die hilfsbedürftige Person überschuldet, kann eine auf Art. 394 i.V.m. 395 abgestützte Beistandschaft **auch für die Schuldensanierung** (negatives Vermögen) angeordnet werden (OFK-ZGB-Fassbind, N 1).

III. Vermögen

10 Gemäss dem Wortlaut von Art. 395 Abs. 1 fallen unter den **Begriff «Vermögen» sowohl das Einkommen** (etwa Lohn, Rente, Einkünfte aus selbständiger Erwerbstätigkeit etc.) **als auch das Vermögen i.e.S.** Es geht also gesamthaft um Vermögen i.w.S., wozu neben Guthaben **auch allfällige Schulden** («negatives Vermögen») gehören (vgl. Art. 408 Abs. 2 Ziff. 2; OFK-ZGB-Fassbind, N 1). Da das neue Recht auch hinsichtlich der Vermögensverwaltung flexibel den Bedürfnissen im konkreten Einzelfall anzupassen ist, muss die Behörde jeweils klar und eindeutig **im Dispositiv des Entscheides festhalten, welche Vermögenswerte** im konkreten Einzelfall vom Beistand zu verwalten sind (Abs. 1; Botschaft Erwachsenenschutz, 7047). Sie darf nicht einfach Verwaltung schlechthin anordnen (Schmid, N 6).

11 Die ESB kann – im Gegensatz zum bisherigen Recht (OFK-ZGB-Fassbind, N 1) – **Teile** des Einkommens **oder das gesamte Einkommen**, Teile des Vermögens **oder** das gesamte **Vermögen** jeweils in der erforderlichen Kombination unter Verwaltung stellen. Dabei umfassen die Verwaltungsbefugnisse auch die Ersparnisse aus dem verwalteten Einkommen oder die Erträge des verwalteten Vermögens, sofern die ESB nichts anderes verfügt (Abs. 2).

12 Der Beistand ist verpflichtet, **dem Betroffenen angemessene Beträge** aus seinem Vermögen (i.w.S.) **zur freien Verfügung** zu überlassen (Art. 409), insb. als Taschengeld, sofern ihm nicht anderweitig hinreichende Vermögenswerte zugänglich sind.

13 Die **zu verwaltenden Vermögenswerte** sind im **Inventar** aufzuführen (Art. 405 Abs. 2).

IV. Verwaltung

14 **Verwaltung** ist hier **in einem weiten Sinn** zu verstehen. In der Botschaft des Bundesrates (Botschaft Erwachsenenschutz, 7046 f.) wird Verwaltung «als jedes tatsächliche oder rechtliche Handeln, das nach seiner typischen Beschaffenheit dazu bestimmt ist, das verwaltete Vermögen zu erhalten, zu mehren oder der seinem Zweck entsprechenden Verwendung zuzuführen» verstanden, das in Verpflichtung oder Verfügung, aber auch in Prozessführung bestehen könne. Die entsprechenden Rechte und Pflichten des Beistands sind in Art. 408–410 sowie in Art. 412 und 413 aufgeführt. Insbesondere kann der Beistand mit befreiender Wirkung die von Dritten geschuldete Leistung für die verbeiständete Person entgegennehmen und – soweit angezeigt – Schulden bezahlen (Art. 408 Abs. 2 Ziff. 1 und 2).

15 **Dritte sind** über die Beistandschaft **zu orientieren, soweit** dies zur gehörigen Erfüllung der Aufgaben des Beistandes **erforderlich** ist (Art. 413 Abs. 3; vgl. N 4, 24 ff.).

16 Da die Vertretungsbeistandschaft die Handlungsfähigkeit der **verbeiständeten Person grundsätzlich** nicht einschränkt, bleibt diese **weiterhin berechtigt, über ihr Vermögen zu verfügen** und bspw. bei der Bank Geld abzuheben. Da somit sowohl der Verbeiständete als auch sein Beistand «über einen Schlüssel zum Hinterlegungsort der Vermögenswerte» verfügen, spricht die Botschaft hinsichtlich dieser Berechtigungen von einem «Zweischlüssel-Modell» (Botschaft Erwachsenenschutz, 7047).

17 Soll verhindert werden, dass der urteilsfähige Verbeiständete im Rahmen seiner Parallelzuständigkeit auch auf vom Beistand verwaltete Vermögenswerte zugreifen kann, ist entweder gestützt auf Art. 394 Abs. 2 dessen **Handlungsfähigkeit** entsprechend **einzuschränken oder** ihm gestützt auf Abs. 3 und 4 der **Zugriff auf einzelne Vermögenswerte** zu **entziehen**, ohne seine Handlungsfähigkeit einzuschränken (vgl. N 20 ff.).

V. Handlungsfähigkeit und Handlungsfreiheit

18 Art. 395 befasst sich ausschliesslich mit den Besonderheiten der Vermögensverwaltung im Rahmen einer Vertretungsbeistandschaft, was sich aus dessen Wortlaut (Abs. 1), der Gesetzessystematik und den Marginalien zu den Art. 394 und 395 ergibt. Sie beinhaltet also keine eigenständige Beistandschaft (vgl. N 1). Die **Auswirkungen auf Handlungsfähigkeit und Handlungsfreiheit sind** daher **diejenigen einer Vertretungsbeistandschaft** gem. Art. 394 (vgl. Art. 394 N 23 ff.).

19 Die Vertretungsbeistandschaft **schränkt** die **Handlungsfähigkeit** der verbeiständeten Person **grundsätzlich nicht ein** (Art. 394 Abs. 2 e contrario), also auch nicht **bezüglich der Vermögensverwaltung** (Abs. 3 e contrario). Somit sind sowohl der Beistand als auch die betroffene Person berechtigt, Leistungen von Schuldnern (Lohn, Renten, Kapitalzahlungen etc.) entgegenzunehmen oder auf das verwaltete Vermögen zuzugreifen, also z.B. bei Bank oder Post Geld vom Konto der Verbeiständeten abzuheben (konkurrierende Kompetenz).

20 Falls erforderlich und verhältnismässig kann die ESB jedoch – etwa um Unklarheiten hinsichtlich der Kontoführung zu vermeiden – der betroffenen Person den **Zugriff auf einzelne Vermögenswerte entziehen, ohne** ihre **Handlungsfähigkeit zu beschränken** (Art. 395 Abs. 3; kritisch zu dieser Neuerung: Meier/Lukic, Rz 477; Meier, ZVW 2003, 219; Meier, FS Stettler, 59 ff.), z.B. hinsichtlich des «Verkehrskontos» des Beistands, indem sie die Bank anweist, der verbeiständeten Person den Zugriff auf dieses Konto zu verwehren. Damit wird allerdings nicht verhindert, dass die betroffene Person Schulden eingeht, für die das auf diesem Konto liegende Vermögen haftet (Hausheer/Geiser/Aebi-Müller, Erwachsenenschutzrecht, Rz 2.96), denn es wird hinsichtlich solcher, dem Zugriff des Verbeiständeten entzogenen Vermögenswerte, kein Sondervermögen begründet (Schmid, N 7). Die Anordnung entspricht also lediglich einem rechtlich geschützten Faktum, das auch als Kontosperre umschrieben werden kann und lediglich den Entzug der faktischen Verfügungsmöglichkeit bewirkt (Botschaft Erwachsenenschutz, 7047).

21 Der Zugriff kann zudem lediglich hinsichtlich *einzelner* Vermögenswerte – soweit dies unumgänglich ist (OFK-ZGB-Fassbind, N 3) – entzogen werden und muss **von der *ESB* angeordnet** werden, liegt also nicht in der Kompetenz des Beistandes (Art. 395 Abs. 3). Der Gesetzeswortlaut beschränkt die Möglichkeit, dem Verbeiständeten den Zugriff auf einzelne Vermögenswerte zu entziehen, nicht auf besondere Gelder oder Bankkonten. Auch ist nicht von Bedeutung, ob es sich um Vermögen i.e.S. handelt oder um ein Konto, das aus Einkünften der verbeiständeten Person geäufnet wurde (Geiser, ZVW 2003, 232). Die dem Zugriff entzogenen Vermögenswerte müssen im Anordnungsentscheid genau bezeichnet werden (Meier/Lukic, Rz 479; OFK-ZGB-Fassbind, N 3; KUKO ZGB-Rosch, N 4).

22 Die Behörde kann der betroffenen Person auch den Besitz einer **beweglichen Sache vorenthalten** (OFK-ZGB-Fassbind, N 3) oder ihr lediglich den **Zugriff darauf verwehren**, indem sie z.B. einer dementen, nicht mehr fahrtauglichen Person den Zündschlüssel zu deren Oldtimer-Cadillac vorenthält. **Oder** sie kann der verbeiständeten Person **untersagen, über ein Grundstück zu verfügen**, was im Grundbuch anzumerken ist (Art. 395 Abs. 4; vgl. dazu OFK-ZGB-Fassbind, N 4; Meier/Lukic, Rz 482 ff.). Dies entspricht einer sichernden Massnahme i.S.v. Art. 178 Abs. 3, also einer Grundbuch- bzw. Kanzleisperre (Schmid, N 9). Diese verhindert aber weder die Eintragung gesetzlicher Ansprüche Dritter, z.B. ein Bauhandwerkerpfandrecht, noch eine Zwangsvollstreckung der Liegenschaft (Schmid, N 9). In diesem Zusammenhang ist der Begriff «Grundstück» im Sinne der Legaldefinition gem. Art. 655 zu verstehen (KUKO ZGB-Rosch, N 4).

Gemäss Art. 394 Abs. 2 kann die ESB die **Handlungsfähigkeit** der betroffenen Person **in Bezug auf bestimmte Angelegenheiten einschränken**, auch hinsichtlich der Verwaltung der Einkünfte und des Vermögens oder von Teilen davon (Abs. 3 e contrario), nötigenfalls **auch gegen den Willen** der verbeiständeten Person, da die Vermögensverwaltung ja im Rahmen der Vertretungsbeistandschaft erfolgt, welche dies ermöglicht. Eine entsprechende Einschränkung der Handlungsfähigkeit kann z.B. unumgänglich sein, wenn die betroffene Person mit der dringend erforderlichen Verwaltung ihres Vermögens oder ihrer Einkünfte durch den Beistand nicht (mehr) einverstanden ist und ihr Vermögen herausverlangt bzw. fordert, dass ihre Einkünfte nicht dem Beistand, sondern ihr direkt ausbezahlt werden. **23**

Schränkt die ESB die Handlungsfähigkeit der verbeiständeten Person bezüglich der Vermögensverwaltung entsprechend ein (Art. 394 Abs. 2), so ist die **Leistung des Schuldners an den Beistand** grundsätzlich zwingend, sofern er eine entsprechende Mitteilung erhalten hat (Botschaft Erwachsenenschutz, 7047). Vorher kann die Massnahme gutgläubigen Schuldnern nicht entgegengehalten werden (Art. 452 Abs. 2). **24**

Die **Mitteilung an die Schuldner** oder – soweit angezeigt – an sonstige Dritte gehört zu den Pflichten des Beistands (Art. 413 Abs. 3). Sie kann aber auch durch die ESB erfolgen (Art. 451 Abs. 2, Art. 452 Abs. 2). Zudem entfällt der Schutz des guten Glaubens i.S.v. Art. 452 Abs. 2, wenn der Schuldner auf andere Weise von der entsprechenden Einschränkung des Handlungsfähigkeit des Gläubigers erfahren hat (OFK-ZGB-Fassbind, N 1; Botschaft Erwachsenenschutz, 7090 f.; vgl. dazu vor Art. 388–399 N 11 ff.). **25**

Aus Art. 68d SchKG ist ferner zu folgern, dass die ESB auch **dem Betreibungsamt Mitteilung** zu machen hat, falls der Beistand für die Vermögensverwaltung zuständig ist, insb. wenn die Handlungsfähigkeit entsprechend eingeschränkt wurde, damit allfällige Betreibungsurkunden korrekt zugestellt werden können. **26**

Art. 396

C. Mitwirkungsbeistandschaft

[1] Eine Mitwirkungsbeistandschaft wird errichtet, wenn bestimmte Handlungen der hilfsbedürftigen Person zu deren Schutz der Zustimmung des Beistands oder der Beiständin bedürfen.

[2] Die Handlungsfähigkeit der betroffenen Person wird von Gesetzes wegen entsprechend eingeschränkt.

C. Curatelle de coopération

[1] Une curatelle de coopération est instituée lorsque, pour sauvegarder les intérêts d'une personne qui a besoin d'aide, il est nécessaire de soumettre certains de ses actes à l'exigence du consentement du curateur.

[2] L'exercice des droits civils de la personne concernée est limité de plein droit par rapport à ces actes.

C. Curatela di cooperazione

[1] Una curatela di cooperazione è istituita se occorre che il curatore acconsenta a determinati atti della persona bisognosa d'aiuto, per proteggerla.

[2] L'esercizio dei diritti civili dell'interessato è limitato di conseguenza per legge.

Inhaltsübersicht

Literatur

Vgl. die Literaturhinweise bei den Vorbem. zu Art. 388–399.

Materialien

Art. 383 VE Erwachsenenschutz 2003; VE Erwachsenenschutz/Vernehmlassungen, 190 ff.; Botschaft Erwachsenenschutz, 7047 f. und 7150; Prot. RK-S vom 27./28.8.2007, 12; AmtlBull StR 2007, 835; Prot. RK-N vom 24./25.4.2008, 22; AmtlBull NR 2008, 1522.

I. Wesen der Mitwirkungsbeistandschaft

1 Die Mitwirkungsbeistandschaft bezweckt den **Schutz** der verbeiständeten Person **vor sich selber oder vor Dritten, indem bestimmte Handlungen nur mit Zustimmung des Beistandes gültig** sind (Abs. 1) und die Handlungsfähigkeit von Gesetzes wegen entsprechend eingeschränkt ist (Abs. 2). Sie ist somit für Personen bestimmt, bei welchen die Gefahr besteht, dass sie Rechtshandlungen zu ihrem eigenen Schaden vornehmen oder sich von Dritten zu solchen verleiten lassen (HAUSHEER/GEISER/AEBI-MÜLLER, Erwachsenenschutzrecht, Rz 2.98), die also etwa vor ruinösen Abzahlungsgeschäften oder vor leichtfertiger Gewährung von Darlehen oder Schenkungen an dubiose Bekannte geschützt werden müssen.

2 Im Rahmen der Mitwirkungsbeistandschaft handelt die verbeiständete Person selbst. Sie muss somit hinsichtlich der fraglichen Angelegenheiten urteilsfähig sein. Die Mitwirkungsbeistandschaft räumt dem **Beistand keinerlei Vertretungsbefugnisse** ein, sondern lediglich die Kompetenz, den Handlungen der verbeiständeten Person zuzustimmen oder die Zustimmung zu verweigern.

3 Die Mitwirkungsbeistandschaft entspricht demnach in weiten Teilen der Mitwirkungsbeiratschaft des bisherigen Vormundschaftsrechts (aArt. 395 Abs. 1). Im Gegensatz zu dieser sind die **mitwirkungsbedürftigen Geschäfte** neu aber nicht mehr unabänderlich im Gesetz aufgelistet. Vielmehr **bestimmt die Behörde entsprechend den jeweiligen Bedürfnissen** (Art. 391) die Handlungen, welche zu ihrer Gültigkeit der Zustimmung des Beistandes bedürfen, ohne sich dabei an einen vorgegebenen Katalog von Möglichkeiten halten zu müssen.

4 Die **Mitwirkungsbeistandschaft** wird **nie publiziert**. Dritte sind aber, soweit angezeigt, zu informieren bzw. können Auskunft über das Vorliegen einer Massnahme verlangen, wenn sie ein Interesse glaubhaft machen (vgl. auch N 28 sowie vor Art. 388–399 N 11 ff.).

II. Voraussetzungen

5 Wie bei jeder Beistandschaft müssen zunächst die **generellen Voraussetzungen gem. Art. 390** (Gefährdung des Wohls der betroffenen Person zufolge Schwächezustand und

den daraus resultierenden sozialen Auswirkungen) erfüllt sein und entsprechend dem Subsidiaritätsprinzip darf anderweitige Abhilfe nicht möglich sein (Art. 389 Abs. 1).

Sodann ist für die Mitwirkungsbeistandschaft erforderlich, dass die hilfsbedürftige Person zwar selber handeln kann, aber in der Weise vor sich selber oder vor Dritten geschützt werden muss, dass sie gewisse Handlungen nur mit Zustimmung des Beistandes rechtsgültig vornehmen kann (Abs. 1). Dieses zusätzliche Erfordernis widerspricht auf den ersten Blick Art. 390 Abs. 1 Ziff. 1, wonach als Voraussetzung für eine Beistandschaft verlangt wird, dass die betroffene Person «ihre Angelegenheiten nur teilweise oder gar nicht besorgen kann». Diese Bestimmung, welche eher mit Blick auf Vertretungsbeistandschaften formuliert wurde, deckt aber auch ein Schutzbedürfnis ab, welches darin begründet liegt, dass die betroffene Person ihre **Angelegenheiten nicht zweckmässig besorgt**, ja sogar gegen ihre wohlverstandenen Interessen handelt, sich z.B. ausnützen lässt. 6

Dabei muss es sich um **relevante Angelegenheiten** handeln, bspw. um ungerechtfertigte Kreditaufnahmen oder das Ausrichten von Schenkungen in nicht alltäglichem Umfang. Dagegen wäre es unverhältnismässig, übliche Gelegenheitsschenkungen der Mitwirkung zu unterstellen. 7

Da die **verbeiständete Person** selber handelt, **muss** sie **für den betroffenen Bereich urteilsfähig sein**. Fehlt die Urteilsfähigkeit, kann sie nicht selbst handeln, aber auch der Beistand nicht, denn seine Kompetenz beschränkt sich auf die Mitwirkung. Er kann also fehlende Urteilsfähigkeit des Verbeiständeten nicht «überbrücken» (Botschaft Erwachsenenschutz, 7048). 8

In Bezug auf die **Art und Schwere des erforderlichen Schwächezustandes** ist aus Abs. 1 zu folgern, dass er ein derart ausgeprägtes Schutzbedürfnis bewirken muss, dass unter Berücksichtigung des **Verhältnismässigkeitsprinzips** (Art. 389 Abs. 2) eine Einschränkung der Handlungsfähigkeit, welche zwingend aus der Mitwirkungsbeistandschaft resultiert (Abs. 2), unumgänglich erscheint. Umgekehrt darf die Beeinträchtigung jedoch nicht so gravierend sein, dass sie Urteilsunfähigkeit hinsichtlich der betreffenden Angelegenheiten zur Folge hat, muss die betroffene Person im Rahmen der Mitwirkungsbeistandschaft ja selber handeln können (Abs. 1). 9

Aus dem gleichen Grund kann die Mitwirkungsbeistandschaft bei **vorübergehender Urteilsunfähigkeit oder Abwesenheit** (Art. 390 Abs. 1 Ziff. 2) **nie die geeignete Massnahme** sein. 10

Zur Errichtung der **Mitwirkungsbeistandschaft** ist **keine Zustimmung der betroffenen Person erforderlich**. Die Mitwirkungsbeistandschaft kann selbst gegen deren Willen angeordnet werden (OFK-ZGB-Fassbind, N 1). 11

III. «Bestimmte Handlungen»

Die Mitwirkungsbeistandschaft bezweckt den Schutz der verbeiständeten Person hinsichtlich «bestimmter Handlungen» (Art. 396 Abs. 1). Diese Handlungen, d.h. die mitwirkungsbedürftigen Geschäfte, sind somit **entsprechend der Schutzbedürftigkeit im Einzelfall von der Behörde zu bestimmen** (Art. 391) und im Dispositiv des Anordnungsentscheides ausdrücklich festzuhalten (OFK-ZGB-Fassbind, N 1; Botschaft Erwachsenenschutz, 7048). 12

Sie können die **Personen- und Vermögenssorge sowie den Rechtsverkehr**, also Rechtsgeschäfte oder rechtsgeschäftsähnliche Handlungen, betreffen (Art. 391 Abs. 2). Hauptsächlich wird es sich dabei wie bei der bisherigen Mitwirkungsbeiratschaft (aArt. 395 13

Abs. 1 Ziff. 1–9) vornehmlich um Fälle des Rechtsverkehrs handeln, bspw. um Prozessführung, Abschluss von Vergleichen, Abschluss eines Erbteilungsvertrages, Abschluss von (Lebens-)Versicherungen (soweit diese nicht im Rahmen der beruflichen Vorsorge mit einem Arbeitsvertrag zusammenhängen), Einräumen eines Wohnrechts, Verkauf oder Belastung von Grundstücken, Aufnahme oder Gewähren von Darlehen, Aufnahme von Kleinkrediten, Ausrichten von Schenkungen, Abzahlungs- oder Leasinggeschäfte, Kauf auf Kredit, Kauf oder Verkauf von Wertpapieren, Eingehen von Bürgschaften, Abschluss oder Kündigung von Miet- oder Pachtverträgen etc. (vgl. auch Art. 412, 416 Abs. 1).

14 Handlungen der **Personensorge der Mitwirkung eines Beistandes zu unterstellen**, ist zwar – unter Vorbehalt der höchstpersönlichen Rechte (vgl. N 15 ff.) – zulässig, aber in der Praxis wohl **selten zwecktauglich** (KUKO ZGB-Rosch, N 5). Eine Ausnahme bildet dabei etwa die Anerkennung eines Kindes (Art. 260 Abs. 2; vgl. N 16). Sind Eingriffe in die Handlungsfähigkeit im Bereich Personensorge erforderlich, dürfte jeweils eine Vertretungsbeistandschaft angezeigter sein, als blosse Mitwirkung bei eigenem Handeln des Verbeiständeten, denn in aller Regel wird in solchen Fällen aktives Handeln des Beistandes erforderlich sein, etwa zur Sicherstellung der Spitex-Dienste trotz Ablehnung durch die hilfsbedürftige Person (vgl. Art. 391 N 17).

15 Im Bereich der **höchstpersönlichen Rechte kann grundsätzlich keine Mitwirkung angeordnet werden** (Botschaft Erwachsenenschutz, 7048, 7095 f.; KUKO ZGB-Rosch, N 2; OFK-ZGB-Fassbind, N 1; Schmid, N 9 für den Bereich der absolut höchstpersönlichen Rechte). Das ergibt sich analog aus Art. 19c Abs. 1. Dieser hält fest, dass handlungsunfähige urteilsfähige Personen die höchstpersönlichen Rechte selbständig ausüben. Dies muss umso mehr für Personen gelten, deren Handlungsfähigkeit – je nach Anordnung der Behörde – lediglich in kleinerem oder grösserem Umfang eingeschränkt wurde, denn sie sind nicht generell handlungsunfähig (Art. 17), sondern in ihren Rechten weniger eingeschränkt.

16 Als **Ausnahmen** von diesem Grundsatz (N 15) nennt Art. 19c Abs. 1 (2. Halbsatz) Fälle, **in welchen *das Gesetz* die Zustimmung des gesetzlichen Vertreters vorsieht**. Entsprechendes gilt, wenn das *Gesetz* ein analoges Zustimmungserfordernis im Rahmen einer Massnahme des Erwachsenenschutzes zulässt. Daher darf lediglich in den vom *Gesetz* vorgesehenen Fällen Mitwirkung hinsichtlich höchstpersönlicher Angelegenheiten angeordnet werden, also z.B. für den Abschluss eines Ehevertrages (Art. 183 Abs. 2), die Anerkennung des Kindes (Art. 260 Abs. 2) oder den Abschluss eines Erbvertrages als Erblasser (Art. 468 Abs. 2). Die im Gesetz festgehaltenen Ausnahmen dürfen nicht durch Anordnungen der ESB erweitert werden (Botschaft Erwachsenenschutz, 7095).

17 **Kaum vorstellbar ist die Anordnung von Mitwirkung bei allen Handlungen** (Schmid, N 7) bzw. bei praktisch allen relevanten Angelegenheiten. Voraussetzung dafür wäre ja einerseits Urteilsfähigkeit, um selber handeln zu können, bei gleichzeitiger Schutzbedürftigkeit in allen oder praktisch allen relevanten Belangen, was kaum je vorkommen dürfte.

18 Die Mitwirkungsbeistandschaft umfasst bis zu einem gewissen Grad **automatisch auch begleitende Personen- oder Vermögenssorge** im Rahmen der übertragenen Aufgabenbereiche, ohne dass sie im Anordnungsentscheid als Aufgaben ausdrücklich erwähnt werden müssen (OFK-ZGB-Fassbind, N 1). So kann im Zusammenhang mit den Bemühungen um den Aufbau eines Vertrauensverhältnisses und um die Interessenwahrung durch den Beistand (Art. 406) etwa Beratung in persönlichen oder finanziellen Belangen sowie im Rechtsverkehr angeboten werden, ohne dass die Mitwirkungsbeistandschaft zusätzlich mit einer Begleitbeistandschaft kombiniert werden müsste (OFK-ZGB-Fassbind, N 1).

IV. Zustimmung des Beistandes

Im Rahmen der Mitwirkungsbeistandschaft **handelt die hilfsbedürftige Person**, nicht der Beistand. Er wirkt lediglich insofern mit, als er der Handlung des Verbeiständeten zustimmt oder die Zustimmung verweigert. Die verbeiständete Person kann also nicht allein gültig handeln, der Beistand allein aber auch nicht, denn er ist nicht Vertreter des Verbeiständeten (Botschaft Erwachsenenschutz, 7048). **19**

Da die Mitwirkungsbeistandschaft dem **Beistand** keine Vertretungsbefugnisse einräumt, ist dieser gestützt auf die Massnahme nicht selber zu aktivem Handeln verpflichtet. Er hat einzig mitzuwirken, wenn ihn die betroffene Person in einer zustimmungsbedürftigen Angelegenheit zuzieht. Dann **hat** er **zu prüfen, ob das Geschäft im Interesse der verbeiständeten Person** liegt, und zu entscheiden, ob er ihm zustimmen kann oder nicht (HAUSHEER/GEISER/AEBI-MÜLLER, Erwachsenenschutzrecht, Rz 2.134; OFK-ZGB-FASSBIND, N 1). **20**

Die Zustimmung des Beistandes ist erforderlich, damit die betreffende Handlung der verbeiständeten Person rechtsgültig wird. Ohne diese ist das zustimmungsbedürftige Geschäft ungültig (Botschaft Erwachsenenschutz, 7047). Die **Zustimmung ist an keine Form gebunden** und auch nicht empfangsbedürftig (OFK-ZGB-FASSBIND, N 1). Sie kann daher ausdrücklich oder stillschweigend erfolgen, im Voraus (sog. Einwilligung) oder nachträglich (sog. Genehmigung) erteilt werden. Der andere Teil wird frei, wenn die Zustimmung nicht innerhalb einer angemessenen Frist erfolgt, die er selber ansetzt oder durch das Gericht ansetzen lässt (anlog Art. 19a). Die rechtzeitige nachträgliche Genehmigung lässt das Rechtsgeschäft ex tunc, also rückwirkend auf den Zeitpunkt des Abschlusses, gültig werden (OFK-ZGB-FASSBIND, N 1). **21**

Erfolgt die Zustimmung des Beistandes nicht, so kann jeder Teil die vollzogenen Leistungen zurückfordern. Die verbeiständete Person haftet jedoch nur insoweit, als die Leistung in ihrem Nutzen verwendet worden ist oder als sie zur Zeit der Rückforderung noch bereichert ist oder sich böswillig der Bereicherung entäussert hat (analog Art. 19b Abs. 1). Hat die verbeiständete Person den andern Teil zur irrtümlichen Annahme ihrer uneingeschränkten Handlungsfähigkeit verleitet, so ist sie ihm für den Schaden verantwortlich (Art. 452 Abs. 3). **22**

Eine **Verweigerung der Zustimmung** durch den Beistand **kann die verbeiständete Person** bei der ESB **anfechten** (Art. 419). **23**

Entsprechend dem Wortlaut des Gesetzes genügt bei der Mitwirkungsbeistandschaft die Zustimmung des Beistandes (Abs. 1). Es braucht auch in Fällen gem. Art. 416 Abs. 1 **nicht zusätzlich** die **Mitwirkung der ESB** (HÄFELI, Entwurf, 12). Der Art. 416 (wie auch Art. 417) bezieht sich nämlich auf Handlungen des *Beistandes als Vertreter* der verbeiständeten Person, während dem Mitwirkungsbeistand eben gerade keine Vertretungsbefugnis zusteht (**a.M.** hinsichtlich der Anwendbarkeit von Art. 417: MEIER, protection, Rz 81). **24**

Werden **Mitwirkung und Vertretung für verschiedene Aufgabenbereiche miteinander kombiniert**, so ist behördliche Zustimmung nach Art. 416 Abs. 1 für den «Mitwirkungsbereich» weiterhin nicht erforderlich (vgl. N 24), für den «Vertretungsbereich» dagegen schon, sofern entsprechende Geschäfte dazu gehören. Statt behördlicher Zustimmung kann der urteilsfähige Verbeiständete seine Zustimmung gestützt auf Art. 416 Abs. 2 aber auch selbst erteilen, sofern er diesbezüglich in seiner Handlungsfähigkeit nicht eingeschränkt ist. **25**

Gemäss Art. 397 kann die **Mitwirkungsbeistandschaft** mit **Begleit- und/oder Vertretungsbeistandschaft** kombiniert werden. Betreffen die zu kombinierenden Beistand- **26** schaften je unterschiedliche Aufgabenbereiche, ist dies problemlos möglich (vgl. Art. 397 N 3 ff.). Hinsichtlich identischer Aufgabenbereiche kann eine solche **Kombination** jedoch an Grenzen stossen (vgl. Art. 397 N 10 f.).

V. Einschränkung der Handlungsfähigkeit

27 Die **Handlungsfähigkeit** der betroffenen Person wird **im Umfang der mitwirkungsbedürftigen Geschäfte** (Abs. 1) **von Gesetzes wegen eingeschränkt** (Abs. 2), ohne dass es – im Gegensatz zur Vertretungsbeistandschaft (vgl. Art. 394 Abs. 2) – einer entsprechenden behördlichen Anordnung bedarf. Die Einschränkung der Handlungsfähigkeit von Gesetzes wegen ist unabdingbare Voraussetzung dafür, dass die Mitwirkungsbeistandschaft ihre Schutzwirkungen überhaupt entfalten kann. Zudem betrifft sie ausnahmslos alle der Mitwirkung unterstellten Geschäfte (Abs. 2).

28 Besteht Gefahr, dass der Verbeiständete **Dritte** zur irrtümlichen Annahme seiner Handlungsfähigkeit verleiten könnte, um bspw. trotz verweigerter Zustimmung des Beistandes ein Darlehen aufzunehmen und das Geld in der Folge verprassen zu können, sind diese **über** die **Massnahme** zu **informieren** (Art. 413 Abs. 3, Art. 451 Abs. 2; vgl. dazu vor Art. 388–399 N 11 ff.).

Art. 397

D. Kombination von Beistandschaften	**Die Begleit-, die Vertretungs- und die Mitwirkungsbeistandschaft können miteinander kombiniert werden.**
D. Combinaison de curatelles	Les curatelles d'accompagnement, de représentation et de coopération peuvent être combinées.
D. Combinazione di curatele	L'amministrazione di sostegno e le curatele di rappresentanza e di cooperazione possono essere combinate.

Inhaltsübersicht

Literatur

Vgl. die Literaturhinweise bei den Vorbem. zu Art. 388–399.

Materialien

Art. 378 Abs. 2 VE Erwachsenenschutz 2003; VE Erwachsenenschutz/Vernehmlassungen, 177 f.; Botschaft Erwachsenenschutz, 7048 und 7150; Prot. RK-S vom 27./28. 8. 2007, 12; AmtlBull StR 2007, 835; Prot. RK-N vom 24./25. 4. 2008, 22; AmtlBull NR 2008, 1522.

I. Zweck der Kombination von Beistandschaften

1 Der Idee der massgeschneiderten Massnahmen entspricht es, dass **für die gleiche Person je nach Notwendigkeit** für diesen oder jenen Bereich Begleitung, Vertretung oder Mitwirkung angeordnet werden kann (Botschaft Erwachsenenschutz, 7048). Diese Möglich-

keit, verschiedene **Beistandschaften miteinander zu kombinieren** und so eine Gesamtmassnahme (individuelles Massnahmenpaket) flexibel und kreativ gestalten zu können, ist eine der zentralen Errungenschaften des neuen Erwachsenenschutzrechts. Eine solche Kombination bildet dann eine Beistandschaft i.w.S., welche mehrere Beistandschaften i.e.S. umfasst (BIDERBOST, Jusletter 2003, Rz 24). Dementsprechend müssen die Voraussetzungen jeder in die Kombination einbezogenen Massnahmeart vollumfänglich erfüllt sein (z.B. auch die Zustimmung der betroffenen Person zur Begleitbeistandschaft (393 Abs. 1) vorliegen) und natürlich weiterhin die Erfordernisse der Subsidiarität (Art. 389 Abs. 1) und der Verhältnismässigkeit (Art. 389 Abs. 2). Zudem sind bei der Führung einer solchen Massnahme-Kombination allfällige Zustimmungserfordernisse (z.B. Zustimmung der ESB gem. Art. 416 zu bestimmten Handlungen des Beistandes) entsprechend der jeweiligen Beistandschaftsart zu beachten (vgl. etwa Art. 396 N 25).

Zusammen mit der Umschreibung der Aufgabenbereiche entsprechend den Bedürfnissen 2 (Art. 391) und den Möglichkeiten zur Einschränkung der Handlungsfähigkeit im Rahmen einer Vertretungsbeistandschaft (Art. 394 Abs. 2) oder durch Kombination mit einer Mitwirkungsbeistandschaft (Art. 396 Abs. 2) können die Wirkungen der **Massnahme optimal auf die Schutz- und Hilfsbedürfnisse der betroffenen Person ausgerichtet** werden.

Es kann bspw. im Rahmen einer **Kombination von Begleit- und Mitwirkungsbeistandschaft** (Art. 393 bzw. 396) eine leicht geistig behinderte Person bei der Bewältigung des Alltags sowie der Verwaltung von Einkommen und Erspartem begleitend unterstützt und durch ein entsprechendes Mitwirkungserfordernis für Schenkungen und Gewährung von Darlehen vor verschwenderischem Umgang mit dem Vermögen bzw. vor Ausnützung geschützt werden. Dass die Begleitbeistandschaft und die Mitwirkungsbeistandschaft in dieser Kombination bezüglich der Vermögensverwaltung teilweise identische Aufgabenbereiche umfassen (begleitende Unterstützung bei der Verwaltung von Ersparnissen einerseits, Mitwirkung bei der Ausrichtung von Schenkungen und Gewährung von Darlehen andererseits) stört dabei praktisch nicht, ist doch begleitende Unterstützung ein Stück weit automatisch auch in der Mitwirkungsbeistandschaft enthalten (vgl. Art. 393 N 4, 9). Indessen geht die Mitwirkungsbeistandschaft als die Handlungsfähigkeit einschränkende Massnahme (Art. 396 Abs. 2) in der vorliegenden Kombination hinsichtlich der von ihr betroffenen Aufgabenbereiche der Begleitbeistandschaft vor. 3

Benötigt eine unzuverlässige und leichtgläubige, aber auf ihre Selbständigkeit pochende, 4 eben erst volljährig gewordene Person im Zusammenhang mit einer pendenten Erbteilung Beratung, und ist sie davor zu schützen, beim Abschluss des Erbteilungsvertrags übervorteilt zu werden, kann eine **Begleitbeistandschaft** (Art. 393) zur begleitenden Unterstützung in der fraglichen Nachlassangelegenheit angeordnet **und** mit einer **Mitwirkungsbeistandschaft** (Art. 396), welche den Abschluss eines Erbteilungsvertrags nur mit Zustimmung des Beistandes gestattet, kombiniert werden, obwohl die **Aufgabenbereiche** der beiden Beistandschaften teilweise identisch sind, denn Begleitung und Mitwirkung schliessen sich hier nicht gegenseitig aus, da die betroffene Person ja bei beiden Beistandschaftsarten selber handelt. Dabei kommt hinsichtlich des sich **überschneidend** angeordneten Aufgabenbereichs auch hier derjenigen Beistandschaft der Vorrang zu, welche diesbezüglich als «Spezialregelung» (mit einschneidenderer Wirkung) errichtet worden ist. Dies ist im genannten Beispiel die Mitwirkungsbeistandschaft, denn in deren Aufgabenbereich ist die Handlungsfähigkeit der verbeiständeten Person ja von Gesetzes wegen entsprechend eingeschränkt (Art. 396 Abs. 2).

Vertretung (Art. 394 i.V.m. Art. 395) kann – um ein weiteres Beispiel zu nennen – hin- 5 sichtlich der Verwaltung eines Mehrfamilienhauses notwendig sein, weil die betroffene

Person zufolge leichter geistiger Behinderung mit dieser Aufgabe überfordert wäre. **Zusätzlich** kann sich **Mitwirkung** hinsichtlich Gewährung von Darlehen und Ausrichten von Schenkungen aufdrängen, weil offensichtliche Gefahr besteht, dass der über erhebliche Bankguthaben verfügende, leicht beeinflussbare Verbeiständete entsprechend bedrängt werden könnte. Sind nun an der vom Beistand verwalteten Liegenschaft Umbauarbeiten, die über ordentliche Verwaltungshandlungen hinausgehen (z.B. Anbau von Balkonen), geplant, kann – entsprechende Urteilsfähigkeit vorausgesetzt – der Verbeiständete gestützt auf Art. 416 Abs. 2 anstelle der ESB die Zustimmung selbst erteilen, da seine Handlungsfähigkeit durch die Beistandschaft in diesem Bereich nicht eingeschränkt ist und er parallel zum Beistand sogar selber rechtsgültig handeln könnte.

6 Die **Vertretungsbeistandschaft** kann **problemlos mit** einer **Begleitbeistandschaft** (Art. 393) **und/oder** mit einer **Mitwirkungsbeistandschaft** (Art. 396) **kombiniert werden, wenn** diese **jeweils unterschiedliche Aufgabenbereiche** betreffen. Diese Beistandschaften können sich dann ideal ergänzen (vgl. die Beispiele unter Art. 394 N 21 f.) Hinsichtlich identischer Aufgabenbereiche ist eine Kombination dagegen nur ausnahmsweise möglich (vgl. N 10 ff.).

7 Analog zur gesetzlich ausdrücklich vorgesehenen Kombination von Beistandschaften kann aber auch die **Kombination** einer oder mehrerer **Beistandschaften mit eigenen Vorkehren der ESB gem. Art. 392** angezeigt sein. Denn diese Anordnungen entsprechen ja grundsätzlich einer Beistandschaft, auf deren Errichtung jedoch zufolge offensichtlicher Unverhältnismässigkeit verzichtet wird (Art. 392 Ingress). So können behördliche Massnahmen noch flexibler und verhältnismässiger den Bedürfnissen im konkreten Einzelfall angepasst werden. Es kann bspw. eine **Begleitbeistandschaft** (Art. 393) **mit der Anordnung**, dass dem Beistand für bestimmte Bereiche **Einblick und Auskunft** zu geben ist (Art. 392 Ziff. 3), **verbunden** werden (**a.M.** Häfeli, Entwurf, 11). Das erlaubt dann eine engmaschige Kontrolle des Erfolgs der begleitenden Unterstützung in diesen Bereichen und lässt so u.U. diese sehr milde, die Selbstbestimmung fördernde (Art. 388 Abs. 2) Massnahme – anstelle einer einschneidenderen Vertretungsbeistandschaft – überhaupt erst verantwortbar erscheinen. Auch die **Verbindung der Begleitbeistandschaft mit direktem Handeln der ESB** (Art. 392 Ziff. 1 und 2), kann in Einzelfällen die angemessene Massnahme bilden.

8 Die verschiedenen **Beistandschaften oder behördlichen Anordnungen, die miteinander kombiniert** werden, sowie deren Aufgabenbereiche sind **im Dispositiv des Anordnungsentscheides aufzuführen** (Schmid, N 2), ebenso allfällige damit verbundene Einschränkungen der Handlungsfähigkeit im Rahmen einer Vertretungsbeistandschaft.

II. Grenzen

9 **Nicht kombinierbar** mit anderen Beistandschaften ist die **umfassende Beistandschaft** (Art. 398). Sie fehlt daher in der Aufzählung von Art. 397. Denn es bleibt neben ihr einerseits kein Raum für die Anordnung einer Vertretungsbeistandschaft (Art. 394 f.), da Vertretung sowie Vermögensverwaltung bereits Gegenstand der umfassenden Beistandschaft bilden. Andererseits können auch Begleit- oder Mitwirkungsbeistandschaft (Art. 393 bzw. 396) nicht neben einer umfassenden Beistandschaft angeordnet werden, denn bei jenen müsste die verbeiständete Person selber handeln, was die umfassende Beistandschaft zufolge Wegfalls der Handlungsfähigkeit (Art. 398 Abs. 3) aber verhindert.

10 Aber auch die in Art. 397 genannten **Beistandschaften können nicht unbesehen miteinander kombiniert werden**. So schliessen sich **Mitwirkung** (Art. 396) **und Vertretung**

(Art. 394 f.) hinsichtlich identischer Aufgabenbereiche – abgesehen von speziellen Konstellationen (vgl. N 11) – grundsätzlich aus. Denn Voraussetzung für die Anordnung von Vertretung bildet ein Schwächezustand, der die hilfsbedürftige Person daran hindert, bestimmte Angelegenheiten zu erledigen, weshalb sie vertreten werden muss (Art. 394 Abs. 1). Umgekehrt muss der Verbeiständete (mit Zustimmung des Beistandes) bei der Mitwirkungsbeistandschaft selber handeln (Art. 396 Abs. 1). Kann er das, fehlt es aber an der zentralen Voraussetzung für die Vertretungsbeistandschaft; kann er es nicht, ist eine Mitwirkungsbeistandschaft nicht möglich. Analoge Überlegungen führen zum Schluss, dass sich auch **Begleitbeistandschaft** (Art. 393) **und Vertretungsbeistandschaft** (Art. 394 f.) hinsichtlich identischer Aufgabenbereiche grundsätzlich ausschliessen (vgl. N 12).

Muss im Rahmen einer **Vertretungsbeistandschaft mit Vermögensverwaltung** 11
(Art. 394 i.V.m. Art. 395) verhindert werden, dass die verbeiständete Person sich gestützt auf ihre konkurrierende Zuständigkeit (vgl. Art. 394 N 23, 27 f.) durch **unbedachtes Ausrichten von Schenkungen** aus ihrem Vermögen finanziell ruiniert, ist dies grundsätzlich durch entsprechende **Einschränkung** ihrer **Handlungsfähigkeit** (Art. 394 Abs. 2) zu bewirken **oder** durch **Entzug des Zugriffs auf** die fraglichen **Vermögenswerte** (ohne Einschränkung der Handlungsfähigkeit, Art. 395 Abs. 3 und 4), sofern diese mildere Massnahme ausreichend erscheint. Das gleiche Ziel könnte **aber auch** durch **Anordnung einer zusätzlichen Mitwirkungsbeistandschaft** erreicht werden. Zwar scheint dies auf den ersten Blick widersprüchlich, denn bezüglich der Aufgaben, die die verbeiständete Person selber erledigen kann, wie dies bei der Mitwirkungsbeistandschaft vorausgesetzt wird, fehlen die Voraussetzungen für eine Vertretungsbeistandschaft. Anders präsentiert sich die Situation dagegen, wenn die schutzbedürftige Person ihre Angelegenheiten zwar erledigen könnte, dies aber nicht zweckmässig, sie vielmehr in selbstschädigender Weise handeln würde und darum vertreten werden muss (vgl. Art. 394 N 7). Insbesondere dann stünde die Mitwirkungsbeistandschaft (Art. 396) nicht mehr im generellen Widerspruch zur Vertretungsbeistandschaft. Zudem wäre die Anordnung einer Mitwirkungsbeistandschaft in einer solchen Situation – verglichen mit der Einschränkung der Handlungsfähigkeit gemäss Art. 394 Abs. 2 – die mildere, noch hinreichend wirksame Schutzmassnahme, welcher aus Gründen der Verhältnismässigkeit der Vorrang einzuräumen wäre (vgl. Art. 389 N 12). Diese Kombination von Vertretungs- und Mitwirkungsbeistandschaft würde es der verbeiständeten Person bspw. auch ermöglichen, im Rahmen ihrer Parallelzuständigkeit (vgl. Art. 394 N 23) – mit Zustimmung des Beistands – ihrer Tochter eine aufgrund der gesamten Umstände gerechtfertigte erhebliche Schenkung auszurichten, was dagegen bei Einschränkung der Handlungsfähigkeit gestützt auf Art. 394 Abs. 2 nicht möglich wäre (Art. 412 Abs. 1).

Benötigt eine hilfsbedürftige Person begleitende Unterstützung beim Erledigen der admi- 12
nistrativen und finanziellen Angelegenheiten und muss sie im Verkehr mit dem Steueramt und der Krankenkasse durch einen Beistand vertreten werden, überschneiden sich die Aufgabenbereiche der **Vertretungsbeistandschaft und** der mit Rücksicht auf die Bedürfnisse der verbeiständeten Person weit gefasste Aufgabenbereich der **Begleitbeistandschaft**. Um Unklarheiten zu vermeiden, empfiehlt es sich in einer solchen Situation, den Aufgabenbereich der Begleitbeistandschaft generell im Umfang der überschneidenden Aufgabenbereiche einzuschränken. Andernfalls hat für den Beistand hinsichtlich der identischen Aufgabenbereiche der behördliche Vertretungsauftrag im Rahmen der Vertretungsbeistandschaft Vorrang. Umgekehrt hindert die Vertretungsbeistandschaft den urteilsfähigen Verbeiständeten nicht daran, auch bezüglich deren Aufgabenbereiche gestützt auf seine Parallelzuständigkeit (vgl. Art. 394 N 23) selber zu handeln, sofern seine Handlungsfähigkeit diesbezüglich nicht eingeschränkt wurde (Art. 394 N 29; vgl. dazu auch Art. 393 N 10).

Art. 398

E. Umfassende Beistandschaft

[1] Eine umfassende Beistandschaft wird errichtet, wenn eine Person, namentlich wegen dauernder Urteilsunfähigkeit, besonders hilfsbedürftig ist.

[2] Sie bezieht sich auf alle Angelegenheiten der Personensorge, der Vermögenssorge und des Rechtsverkehrs.

[3] Die Handlungsfähigkeit der betroffenen Person entfällt von Gesetzes wegen.

E. Curatelle de portée générale

[1] Une curatelle de portée générale est instituée lorsqu'une personne a particulièrement besoin d'aide, en raison notamment d'une incapacité durable de discernement.

[2] Elle couvre tous les domaines de l'assistance personnelle, de la gestion du patrimoine et des rapports juridiques avec les tiers.

[3] La personne concernée est privée de plein droit de l'exercice des droits civils.

E. Curatela generale

[1] Una curatela generale è istituita se una persona ha un particolare bisogno d'aiuto, segnatamente a causa di durevole incapacità di discernimento.

[2] La curatela generale comprende tutto quanto concerne la cura della persona e degli interessi patrimoniali e le relazioni giuridiche.

[3] L'interessato è privato per legge dell'esercizio dei diritti civili.

Inhaltsübersicht

Literatur

Vgl. die Literaturhinweise bei den Vorbem. zu Art. 388–399.

Materialien

Art. 384 VE Erwachsenenschutz 2003; VE Erwachsenenschutz/Vernehmlassungen, 192 ff.; Botschaft Erwachsenenschutz, 7048 f. und 7150; Prot. RK-S vom 27./28.8.2007, 12; AmtlBull StR 2007, 835; Prot. RK-N vom 24./25.4.2008, 22; AmtlBull NR 2008, 1522.

I. Wesen der umfassenden Beistandschaft

1 Die umfassende Beistandschaft ist dann gerechtfertigt, wenn eine Person **ganz besonders des Beistandes, der Fürsorge oder des Schutzes bedarf** (Abs. 1).

2 Der umfassenden Beistandschaft kommen im Wesentlichen **zwei Funktionen** zu: Ihre **Schutzfunktion** kommt einerseits dann zum Tragen, wenn die betroffene Person ihre Angelegenheiten derart unzweckmässig besorgt, etwa krass gegen ihre eigenen wohlverstandenen Interessen handelt, dass es nicht verantwortet werden kann, dass sie weiterhin Rechtshandlungen vornimmt, und ihr deshalb die Handlungsfähigkeit nicht belassen werden kann. Anderseits bietet die umfassende Beistandschaft als ultima ratio – also wenn

andere Massnahmen nicht genügen – umfassenden **Beistand und Fürsorge** für Personen, die überhaupt nicht mehr handeln können (Botschaft Erwachsenenschutz, 7048 f.; HAUSHEER/GEISER/AEBI-MÜLLER, Erwachsenenschutzrecht, Rz 2.105; OFK-ZGB-FASSBIND, N 1).

Die umfassende Beistandschaft ist unter den amtsgebundenen behördlichen Massnahmen diejenige, welche die Rechte der Betroffenen maximal einschränkt. Sie greift in alle Angelegenheiten der verbeiständeten Person ein und lässt ihr – entgegen Art. 388 Abs. 2 – kaum Raum zur Selbstbestimmung. Sie bezieht sich auf **alle Angelegenheiten der Personensorge, der Vermögenssorge und des Rechtsverkehrs** (Abs. 2). 3

Unter Vorbehalt der «verbotenen Geschäfte» (Art. 412) und der absolut höchstpersönlichen Rechte, bspw. Heiraten oder Testieren, bei denen jede Vertretung ausgeschlossen ist (Art. 19c Abs. 2), ist der **Beistand** ausschliesslicher **gesetzlicher Vertreter** der betroffenen Person in sämtlichen Belangen. Insbesondere hat er auch deren Einkünfte und Vermögen gesamthaft zu verwalten. Die **Handlungsfähigkeit** der betroffenen Person **entfällt von Gesetzes wegen** (Abs. 3), mit Ausnahme der Ausübung höchstpersönlicher Rechte (Art. 19c) sowie der Teilnahme am Rechtsleben als beschränkt Handlungs*un*fähige (Art. 19). 4

Angesichts ihrer einschneidenden Rechtsfolgen darf die umfassende Beistandschaft **nur als ultima ratio** angeordnet werden, falls deren umfassende Wirkungen zwingend erforderlich sind. Andernfalls wäre sie unverhältnismässig und somit unzulässig (Art. 389 Abs. 2). Es ist daher in jedem Einzelfall abzuwägen, ob anstelle der umfassenden Beistandschaft eine Vertretungsbeistandschaft (Art. 394 f.) mit besonders breit gefasstem Auftrag den konkreten Bedürfnissen nicht auch gerecht wird (BIDERBOST, AJP 2010, 10; MEIER/LUKIC, Rz 510; OFK-ZGB-FASSBIND, N 1; HAUSHEER/GEISER/AEBI-MÜLLER, Erwachsenenschutzrecht, Rz 2.104; KUKO ZGB-ROSCH, N 1; Botschaft Erwachsenenschutz, 7048), nötigenfalls mit Einschränkung der Handlungsfähigkeit hinsichtlich einzelner Aufgabenbereiche (Art. 394 Abs. 2). Diese mildere Variante wird regelmässig alten Menschen hinreichend Schutz und Unterstützung bieten können und oft auch geistig Behinderten (vgl. N 16 ff.). 5

Die umfassende Beistandschaft ersetzt die bisherige Vormundschaft (Bericht ExpK Erwachsenenschutz 03, 12), ohne jedoch die diskriminierenden und stigmatisierenden Begriffe Vormund und Vormundschaft zu verwenden. Sie ist die **einzige unabänderlich typengebundene Beistandschaft** des neuen Rechts, auch die einzige mit zwingend vollumfänglichem Verlust der Handlungsfähigkeit (MEIER/LUKIC, Rz 313). «Es gibt sie nur so und nicht anders» (SCHNYDER, Jusletter 2004, Rz 20). 6

Uneinigkeit herrscht, ob es die umfassende Beistandschaft überhaupt braucht (ablehnend: LANGENEGGER, ZVW 2003, 329 f.; kritisch: BIDERBOST, ZVW 2003, 308 ff.; ROSCH, in: Rosch/Büchler/Jakob, N 1; befürwortend HÄFELI, Entwurf, 12 f.; SCHMID, Einführung, 322 ff.; MEIER, FS Stettler, 61 f.). Durch eine umfassend ausgestaltete Vertretungsbeistandschaft mit Vermögensverwaltung und nötigenfalls entsprechender Einschränkung der Handlungsfähigkeit (Art. 394 f.) könnte man nämlich dasselbe Ergebnis erreichen, aber ohne die starren Folgeerscheinungen der umfassenden Beistandschaft (so auch BIDERBOST, AJP 2010, 10; KUKO ZGB-ROSCH, N 1). 7

Die umfassende Beistandschaft wird **nie publiziert**. Dritte sind aber, soweit angezeigt, von Amtes wegen zu informieren, insb. Schuldner, Zivilstandsamt und Betreibungsamt. Ferner kann Auskunft über das Vorliegen einer Massnahme verlangen, wer ein Interesse glaubhaft macht (N 31 ff.; vor Art. 388–399 N 11 ff.). 8

II. Voraussetzungen

9 Wie bei jeder Beistandschaft müssen zunächst die **generellen Voraussetzungen gem. Art. 390** (Gefährdung des Wohls der betroffenen Person zufolge Schwächezustand und den daraus resultierenden sozialen Auswirkungen) erfüllt sein und dem Subsidiaritätsprinzip entsprechend ist anderweitige Abhilfe nicht möglich (Art. 389 Abs. 1).

10 Ergänzend zu den Voraussetzungen gem. Art. 390 wird hinsichtlich der umfassenden Beistandschaft im Gesetz ausgeführt, dass diese errichtet wird, wenn eine Person, namentlich wegen dauernder Urteilsunfähigkeit, besonders hilfsbedürftig ist (Abs. 1). Mit Rücksicht auf die einschneidenden Rechtsfolgen muss die **Hilfsbedürftigkeit in besonders qualifizierter Form** vorliegen (BIDERBOST, ZVW 2003, 309) und darf die umfassende Beistandschaft nur angeordnet werden, falls deren umfassende Wirkungen zwingend erforderlich sind, wobei auch die Belastung und der Schutz von Angehörigen und Dritten zu berücksichtigen sind (Art. 390 Abs. 2). Andernfalls wäre diese Massnahme nicht verhältnismässig und daher unzulässig (Art. 389 Abs. 2). Mit der exemplarisch aufgeführten «dauernden Urteilsunfähigkeit» soll nämlich verdeutlicht werden, dass die umfassende Beistandschaft wirklich **nur als ultima ratio** bei besonders ausgeprägter Hilfsbedürftigkeit anzuordnen ist (Botschaft Erwachsenenschutz, 7048).

11 **Zur Errichtung** der umfassenden Beistandschaft ist **keine Zustimmung der hilfsbedürftigen Person erforderlich**. Sie kann selbst gegen deren Willen angeordnet werden.

12 Besonders hilfsbedürftige Personen sind bspw. solche, welche aufgrund einer psychischen Störung (z.B. massive Wahnvorstellungen, Ängste, Suchterkrankung), einer geistigen Behinderung oder ähnlichen Schwächezuständen (z.B. qualifizierte Kooperationsverweigerung wie stark ausgeprägte Widerspenstigkeit) keine adäquaten Realitätsvorstellungen mehr haben und damit auch die Gesamtheit ihrer Interessen falsch einschätzen (BIDERBOST, ZVW 2003, 310; KUKO ZGB-ROSCH, N 2), also vor sich selber und vor dem Ausgenütztwerden durch Dritte derart umfassend geschützt werden müssen, dass der Rahmen einer Vertretungsbeistandschaft mit punktueller Einschränkung der Handlungsfähigkeit gesprengt würde. In solchen Fällen steht die **Schutzfunktion der umfassenden Beistandschaft** im Vordergrund, indem die Massnahme insb. darum angeordnet wird, um der schutzbedürftigen Person die Handlungsfähigkeit – im Sinne der bisherigen Entmündigung – abzusprechen (Botschaft Erwachsenenschutz, 7048), weil es nicht mehr verantwortet werden kann, dass sie weiterhin Rechtshandlungen vornimmt (Botschaft Erwachsenenschutz, 7048 f.; HAUSHEER/GEISER/AEBI-MÜLLER, Erwachsenenschutzrecht, Rz 2.105; OFK-ZGB-FASSBIND, N 1).

13 Auch eine **schubweise verlaufende psychische Störung**, wie etwa eine schwere manisch-depressive Krankheit, geprägt durch regelmässige ausgeprägte selbstschädigende Handlungen, auf die umgehend reagiert werden muss, kann eine umfassende Beistandschaft erfordern (SCHMID, N 5).

14 Besonders hilfsbedürftig sind gem. Abs. 1 auch **dauernd urteilsunfähige Personen**. Dazu ist zu bemerken, dass Urteilsfähigkeit i.d.R. relativ, d.h. in Bezug auf eine bestimmte Rechtshandlung zu verstehen ist, nicht aber als Eigenschaft, die einem Menschen an sich zukommt. Vorliegend wird der Begriff der Urteilsunfähigkeit indes zur Bezeichnung eines Dauerzustands des Betroffenen verwendet (SCHMID, N 6). Dauernd Urteilsunfähige sind jedoch nicht handlungsfähig (Art. 17), weshalb ihre Handlungsfähigkeit mit der Anordnung einer umfassenden Beistandschaft nicht zusätzlich von Gesetzes wegen zu entfallen braucht (Botschaft Erwachsenenschutz, 7048). Im Gegenteil: Bei dauernder Urteilsunfähigkeit, etwa bei Patienten im Koma oder mit schwerster dementieller Erkrankung, ist die

Hilfsbedürftigkeit derart, dass keinerlei Gefahr besteht, sie könnten selbstschädigend handeln. Der Entzug der Handlungsfähigkeit oder deren Wegfall von Gesetzes wegen bewirkt für sie keinen zusätzlichen Nutzen, ist daher nicht erforderlich und somit nicht verhältnismässig (Art. 389 Abs. 2). Die Behörde wird deshalb regelmässig abzuwägen haben, ob sich eine umfassende Beistandschaft rechtfertigt oder ob eine Vertretungsbeistandschaft mit einem besonders breit gefassten Auftrag ausreicht (Botschaft Erwachsenenschutz, 7048; HAUSHEER/GEISER/AEBI-MÜLLER, Erwachsenenschutzrecht, Rz 2.104). Eine **umfassende Beistandschaft** ist **nur** dann zu errichten, **wenn die betroffene Person aus weiteren Gründen eines besonderen Schutzes bedarf** oder durch den mit ihr verbundenen Wegfall der Handlungsfähigkeit Klarheit geschaffen werden soll (HAUSHEER/GEISER/AEBI-MÜLLER, Erwachsenenschutzrecht, Rz 2.105), etwa weil die Urteilsunfähigkeit nicht offenkundig ist und die hilfsbedürftige Person immer wieder Gefahr läuft, ausgebeutet zu werden.

Zur Beurteilung der Frage, ob eine besondere Hilfsbedürftigkeit i.S.v. Abs. 1 vorliegt, ist **15** nicht in jedem Falle eine **psychiatrische Begutachtung** erforderlich, sondern nur, wenn sich diese im Rahmen der Abklärungen aufdrängt (Art. 446 Abs. 2). Die betroffene Person kann dafür im Extremfall in eine geeignete Einrichtung eingewiesen werden (Art. 449).

Da die umfassende Beistandschaft nur als ultima ratio zulässig ist, muss bei ihrer Errich- **16** tung das Prinzip der Verhältnismässigkeit (Art. 389 Abs. 2) besonders sorgfältig beachtet werden. Die **umfassende Beistandschaft soll** nämlich – wie in der Botschaft des Bundesrates wiederholt betont wird (Botschaft Erwachsenenschutz, 7015 ff., 7048) – **weniger häufig angeordnet werden, als im bisherigen Recht die Vormundschaft**. Dem ist insb. bei der Anordnung behördlicher Massnahmen für alte Menschen und geistig Behinderte Rechnung zu tragen (SCHNYDER, Jusletter 2004, Rz 21).

An die Voraussetzungen für die umfassende Beistandschaft ist **insb.** auch **bei Betagten** **17** ein **strenger Massstab anzulegen**, damit nicht die bewährte positive Errungenschaft der Praxis unter bisherigem Recht über Bord geworfen wird, wonach diesen – wenn immer möglich – eine Bevormundung zu ersparen ist. Denn im Rahmen der «kombinierten Beistandschaft» gem. aArt. 392 Ziff. 1 und aArt. 393 Ziff. 2, welche die Handlungsfähigkeit rechtlich in keiner Weise einschränkte, konnten deren Interessen – abgesehen von sehr wenigen Ausnahmen – jeweils hinreichend gewahrt werden. Es würde daher dem Geist des neuen Rechts widersprechen, für demente alte Menschen jeweils unter Hinweis auf dauernde Urteilsunfähigkeit unbesehen eine umfassende Beistandschaft anzuordnen, wenn nicht ausnahmsweise eine zwingende Notwendigkeit dafür besteht.

Vielmehr dürfte auch **bei dementen alten Leuten regelmässig eine Vertretungsbei-** **18** **standschaft mit einem besonders breit gefassten Auftrag** ausreichen (Botschaft Erwachsenenschutz, 7048; HAUSHEER/GEISER/AEBI-MÜLLER, Erwachsenenschutzrecht, Rz 2.104). Denn einerseits entwickelt sich eine dementielle Erkrankung regelmässig erst im Verlauf einer längeren Zeitspanne und keineswegs gleichförmig. Es folgen auf Phasen von Verwirrtheit immer wieder solche mit recht klarer geistiger Verfassung, so dass umfassende Hilfe schon in einem Zeitpunkt erforderlich ist, in welchem noch keineswegs von dauernder Urteilsunfähigkeit (in sämtlichen Belangen) gesprochen werden kann. Dazu kommt, dass die Anordnung der einschneidenderen umfassenden Beistandschaft unverhältnismässig wäre, wenn die angestrebte Wirkung auch im Rahmen einer milderen behördlichen Massnahme erreicht werden kann (vgl. Art. 389 N 12). Auch ist eine Vertretungsbeistandschaft mit umfassenden Aufgabenbereichen sehr wohl massgeschneidert im Sinne des neuen Rechts: Wo die Bedürfnisse im Einzelfall umfassend sind, sind entsprechend breit definierte Aufgabenbereiche unumgänglich, also massgeschneidert. Und wo keine Einschränkung der Handlungsfähigkeit zum Schutz der betroffenen Person erforderlich ist, ist eine solche Vertretungsbeistandschaft angemessener als eine noch weitergehende umfassende Beistandschaft. Mit Rücksicht auf den Grundsatz der Verhältnismässigkeit (Art. 389 Abs. 2) ist somit selbst bei besonderer Hilfsbedürftigkeit bzw. dauernder Urteilsunfähigkeit eine umfassende Beistandschaft lange nicht immer angezeigt Diese Zurückhaltung steht auch im Einklang mit dem vom Gesetz neu geschaffenen Institut «Vorsorgeauftrag» (Art. 360 ff), dessen zentrales Ziel die Vermeidung behördlicher Massnahmen bei dauernder Urteilsunfähigkeit ist, indem Personen, welche die erforderlichen Anordnungen im Hinblick auf ihre Urteilsunfähigkeit getroffen haben, gemäss Subsidiaritätsprinzip nicht verbeiständet werden können (Art. 389 Abs. 1 Ziff. 2). Analoges gilt hinsichtlich der gesetzlichen Vertretungsbefugnis des Ehegatten oder des eingetragenen Partners einer urteilsunfähigen Person (Art. 374).

19 Auch **für geistig Behinderte** ist eine **umfassende Beistandschaft** – die ja stets nur als ultima ratio anzuordnen ist – **keineswegs in jedem Fall erforderlich** und sinnvoll, denn auch sie sind verhältnismässig zu schützen (Botschaft Erwachsenenschutz, 7048). So können je nach Grad und Art der Behinderung oft mildere Massnahmen oder Kombinationen von Massnahmen für die erforderliche Unterstützung und hinreichenden Schutz genügen, wobei allenfalls die Handlungsfähigkeit – soweit angezeigt – bezüglich einzelner Aufgabenbereiche einzuschränken ist (Art. 394 Abs. 2).

20 Analoge Überlegungen führen zum Schluss, dass auch **für schwer geistig Behinderte** – trotz dauernder Urteilsunfähigkeit – eine den umfassenden Bedürfnissen entsprechend **breit definierte Vertretungsbeistandschaft gem. Art. 394 f. oft genügen kann**. Eine umfassende Beistandschaft muss auch in diesen Fällen nur dann errichtet werden, wenn die betroffene Person aus weiteren Gründen eines besonderen Schutzes bedarf oder durch den mit dieser Massnahme verbundenen Wegfall der Handlungsfähigkeit Klarheit geschaffen werden soll (Hausheer/Geiser/Aebi-Müller, Erwachsenenschutzrecht, Rz 2.105).

III. Aufgaben und Befugnisse

21 Die umfassende Beistandschaft erstreckt sich von Gesetzes wegen auf **alle Angelegenheiten der Personensorge, der Vermögenssorge und des Rechtsverkehrs** (Abs. 2). Daher muss der Beistand sich in umfassender Weise um die Belange der verbeiständeten Person kümmern (Hausheer/Geiser/Aebi-Müller, Erwachsenenschutzrecht, Rz 2.102). Insbesondere hat er auch ihre gesamten Einkünfte und ihr gesamtes Vermögen zu verwalten.

22 Der Beistand ist – unter Vorbehalt der absolut höchstpersönlichen Rechte (Art. 19c Abs. 2) – **in allen Bereichen gesetzlicher Vertreter** des Verbeiständeten **mit ausschliesslicher Vertretungsbefugnis**. Er handelt also für diesen und mit Wirkung für ihn. Seine Vertretungsbefugnis ist von Gesetzes wegen umfassend, dennoch unterliegt sie gewichtigen Einschränkungen hinsichtlich bestimmter «verbotener Geschäfte» (Art. 412) sowie bei Geschäften, für welche die Zustimmung der ESB erforderlich ist (Art. 416). Auch hat er der verbeiständeten Person aus deren Vermögen angemessene Beiträge zur Verfügung zu stellen (Art. 409).

23 Da die Beistandschaft von Gesetzes wegen alle Aufgabenbereiche umfasst, **erübrigt** es **sich** – im Gegensatz zu allen andern Beistandschaften – diese i.S.v. Art. 391 im Anordnungsentscheid aufzuführen (so auch Meier/Lukic, Rz 516; KUKO ZGB-Rosch, N 3; **a.M.** OFK-ZGB-Fassbind, N 2). Abgesehen davon müsste eine solche **Auflistung der Aufgabenbereiche** nämlich umfassend sein und wäre daher schwerfällig. Andernfalls bestünde die Gefahr eines «effet pervers», indem das Missverständnis entstehen könnte, die Pflichten bzw. Rechte des Beistandes seien gar nicht umfassend, sondern hätten nur die im

Entscheid erwähnten Aufgabenbereiche zum Gegenstand, was beim Verbeiständeten sowie bei Dritten zu Unklarheiten über den Umfang der Vertretungsbefugnis führen könnte.

Es besteht zudem auch **kein praktisches Bedürfnis für eine Auflistung der Aufgabenbereiche** im Anordnungsentscheid. Die ESB hat nämlich dafür zu sorgen, dass der Beistand die erforderliche Instruktion, Beratung und Unterstützung erhält (Art. 400 Abs. 3), also spätestens dann über seine Rechte und Pflichten eingehend informiert wird. Auch kann der Beistand der Begründung des Entscheides die Gründe und Hintergründe, die zum Entscheid geführt haben, sowie Schwerpunkte oder allfällige besondere Ziele der Mandatsführung entnehmen (KUKO ZGB-Rosch, N 3). Dritte – insb. Geschäftsleute oder Mitarbeitende öffentlicher und privater Stellen – wissen i.d.R., welche Wirkungen dieser unabänderlich typengebundenen Beistandschaft zukommen oder sie können sich bei der Behörde oder beim Beistand erkundigen. 24

Entsprechend der Praxis unter bisherigem Recht (Geiser/Langenegger/Minger/Mosimann/Nicod, 16) kann es in Einzelfällen jedoch angezeigt sein, **gegebenenfalls besondere Anweisungen an den Beistand** ins Dispositiv des Entscheides aufzunehmen, etwa um ihn speziell darauf aufmerksam zu machen, dass die Abklärung der Ansprüche gegenüber Schuldnern wegen drohender Verjährung sofort anhand zu nehmen sei. Von solchen Ausnahmefällen abgesehen sollten aus den soeben aufgeführten Gründen lediglich noch **administrative Aufgaben** des Beistandes ins Dispositiv des Entscheides aufgenommen werden, bspw. betreffend Inventaraufnahme, Berichterstattung etc. 25

Das neue Recht kennt die sog. **erstreckte elterliche Sorge** (Entmündigung mit anschliessender Unterstellung unter die elterliche Sorge) **nicht mehr** (vgl. dazu Botschaft Erwachsenenschutz, 7017 f.). Stattdessen können die Eltern neu im Rahmen einer umfassenden Beistandschaft oder einer weniger einschneidenden massgeschneiderten Massnahme die für ihre erwachsenen Nachkommen erforderliche Unterstützung in angemessener Form gewährleisten, wobei sie – bei Vorliegen der entsprechenden Voraussetzungen – von den grosszügigen administrativen Vereinfachungen für Angehörige (Art. 420) profitieren. 26

IV. Handlungsfähigkeit

Das neue Recht bestimmt, dass die **Handlungsfähigkeit von Gesetzes wegen vollumfänglich entfällt** (Abs. 3 und Art. 17), bei schubweise sich manifestierenden Beeinträchtigungen also auch in lichten Zwischenräumen (Schmid, N 10). 27

Als **Alternative zum generellen Entfallen der Handlungsfähigkeit** von Gesetzes wegen wäre für die umfassende Beistandschaft auch eine punktuelle Einschränkung oder der förmliche Entzug der Handlungsfähigkeit im Bedarfsfall denkbar gewesen (Biderbost, plädoyer 6/2004, 43 ff.). Dies wäre im Einklang gewesen mit dem System der flexiblen behördlichen Anordnungen des neuen Rechts. Als Argumente gegen diese Variante wird ins Feld geführt, dass dies kaum sinnvoll gewesen wäre, weil einem dauernd Urteilsunfähigen die Handlungsfähigkeit ohnehin nicht eigens entzogen zu werden brauche (Art. 17) und weil ein Entzug der Handlungsfähigkeit infolge behördlicher Anordnung von Fall zu Fall stigmatisierender sei als eine Wirkung ex lege (Schmid, N 10). Indessen lässt es das flexible Massnahmesystem des neuen Rechts zu, statt einer umfassenden Beistandschaft gestützt auf Art. 394 i.V.m. 395 eine **Vertretungsbeistandschaft für praktisch alle relevanten Angelegenheiten**, nötigenfalls mit punktueller Einschränkung der Handlungsfähigkeit (Art. 394 Abs. 2), anzuordnen, wenn im Einzelfall eine umfassende Hilfestellung erforderlich ist, das generelle Entfallen der Handlungsfähigkeit jedoch unverhältnismässig wäre. 28

29 Der generelle Verlust der Handlungsfähigkeit zeitigt weitere Auswirkungen, welche **Fragen der Rechtsgleichheit im Vergleich mit Beistandschaften nach Mass** aufwerfen, namentlich in Bezug auf den automatischen Ausschluss von der elterlichen Sorge (Art. 296 Abs. 2 und Art. 298 Abs. 2), die politischen Rechte (vgl. N 33), den Wohnsitz (Art. 26) etc. (vgl. dazu KUKO ZGB-Rosch, N 5; Meier/Lukic, Rz 517).

30 Obwohl bei der umfassenden Beistandschaft die Handlungsfähigkeit von Gesetzes wegen entfällt (Abs. 3), verbleibt der **verbeiständeten Person – soweit** sie **urteilsfähig** ist – trotzdem eine gewisse Handlungsfähigkeit im Rahmen des Personenrechts (Art. 407). Sie ist dann nur **beschränkt handlungs*un*fähig** (Botschaft Erwachsenenschutz, 7095 f.; Hausheer/Geiser/Aebi-Müller, Erwachsenenschutzrecht, Rz 2.103; OFK-ZGB-Fassbind, N 2) und kann mit Zustimmung des Beistands Rechtshandlungen vornehmen (Art. 19 Abs. 1) bzw. ohne dessen Zustimmung höchstpersönliche Rechte ausüben (Art. 19c), selbständig rechtsgeschäftliche Handlungen gültig vornehmen und am Rechtsleben teilnehmen, soweit sie durch diese Geschäfte unentgeltliche Vorteile erlangt oder es sich um geringfügige Angelegenheiten des täglichen Lebens handelt (Art. 19 Abs. 2; Hausheer/Geiser/Aebi-Müller, Erwachsenenschutzrecht, Rz 1.45). Umgekehrt brauchen Verbeiständete unter umfassender Beistandschaft zufolge entsprechender gesetzlicher Spezialvorschriften selbst zur Ausübung gewisser höchstpersönlicher Rechte die Zustimmung des Beistandes (Art. 19c Abs. 1), etwa zur Anerkennung der Vaterschaft (Art. 260 Abs. 2), zum Abschluss eines Ehevertrages (Art. 183 Abs. 2; Botschaft Erwachsenenschutz, 7099) oder eines Erbvertrages als Erblasser (Art. 468 Abs. 2; Botschaft Erwachsenenschutz, 7104 f.). Zeitpunkt, Formfreiheit und Folgen fehlender Zustimmung des Beistandes sind in den Art. 19a und 19b geregelt, die Schadenersatzpflicht beschränkt Handlungs*un*fähiger in Art. 19 Abs. 3.

31 Die Anordnung der **umfassenden Beistandschaft** und damit der Wegfall der Handlungsfähigkeit wird – im Gegensatz zur Entmündigung nach bisherigem Recht (aArt. 375) – **nie veröffentlicht**, kann aber trotzdem grundsätzlich auch gutgläubigen Dritten entgegengehalten werden (vgl. dazu vor Art. 388–399 N 11 ff.).

32 Wer ein Interesse glaubhaft macht, kann jedoch von der ESB **Auskunft über das Vorliegen einer Massnahme** verlangen (Art. 451 Abs. 2). Zudem orientiert der Beistand Dritte über die Anordnungen, soweit dies zur gehörigen Erfüllung seiner Aufgaben erforderlich ist (Art. 413 Abs. 3).

33 Wird die hilfsbedürftige Person **wegen dauernder Urteilsunfähigkeit** unter umfassende Beistandschaft gestellt, ist sie nach Art. 136 Abs. 1 BV i.V.m. Art. 2 BG über die politischen Rechte (SR 161.1) **vom Stimm- und Wahlrecht ausgeschlossen**. Mit Rücksicht darauf verpflichtet Art. 449c die ESB, in solchen Fällen **dem Zivilstandsamt Mitteilung** zu machen. Nicht erfasst vom Stimm- und Wahlrechtsausschluss werden dagegen alle anderen urteilsunfähigen Stimm- und Wahlberechtigten (Botschaft Erwachsenenschutz, 7082).

34 Aus Art. 68d SchKG ist ferner zu folgern, dass die ESB auch **dem Betreibungsamt Mitteilung** zu machen hat, falls eine umfassende Beistandschaft angeordnet worden ist, damit allfällige Betreibungsurkunden korrekt zugestellt werden können.

Dritter Unterabschnitt: Ende der Beistandschaft

Art. 399

[1] Die Beistandschaft endet von Gesetzes wegen mit dem Tod der betroffenen Person.

[2] Die Erwachsenenschutzbehörde hebt eine Beistandschaft auf Antrag der betroffenen oder einer nahestehenden Person oder von Amtes wegen auf, sobald für die Fortdauer kein Grund mehr besteht.

[1] La curatelle prend fin de plein droit au décès de la personne concernée.

[2] L'autorité de protection de l'adulte lève la curatelle si elle n'est plus justifiée, d'office ou à la requête de la personne concernée ou de l'un de ses proches.

[1] La curatela prende fine per legge con la morte dell'interessato.

[2] Appena non vi sia più motivo di mantenerla, l'autorità di protezione degli adulti revoca la curatela su domanda dell'interessato, di una persona a lui vicina o d'ufficio.

Inhaltsübersicht

Literatur

Vgl. die Literaturhinweise bei den Vorbem. zu Art. 388–399.

Materialien

Art. 385 VE Erwachsenenschutz 2003; VE Erwachsenenschutz/Vernehmlassungen, 195 ff.; Botschaft Erwachsenenschutz, 7049 und 7151; Prot. RK-S vom 27./28.8.2007, 12; AmtlBull StR 2007, 835; Prot. RK-N vom 24./25.4.2008, 22; AmtlBull NR 2008, 1522.

I. Beendigung von Gesetzes wegen

Die Beistandschaft endet von Gesetzes wegen mit dem **Tod der verbeiständeten Person** 1
(Abs. 1), also ohne Aufhebungsentscheid der Behörde (vgl. dazu MEIER/LUKIC, Rz 521). Erfahren Beistand und ESB erst mit zeitlicher Verzögerung vom Hinschied der verbeiständeten Person, haben sich die Erben die bis zum Bekanntwerden des Todes vorgenommenen Vertretungshandlungen des Beistandes sowie allfällige Mitwirkungshandlungen der Behörde anrechnen zu lassen (KUKO ZGB-ROSCH, N 1).

Dem Tod gleichzusetzen ist die rechtskräftige **Verschollenerklärung** (Art. 38 Abs. 1). De- 2
ren Wirkung wird gem. Art. 38 Abs. 2 auf den Zeitpunkt der Todesgefahr oder der letzten Nachricht zurückbezogen. Es wird also vermutet, dass die verschollene Person in jenem Zeitpunkt verstorben ist. Die Beistandschaft hätte somit bereits dannzumal von Gesetzes wegen geendet. Indessen kann aus praktischen Gründen für das Ende der gesetzlichen Vertretungsmacht keine Rückwirkung gelten (BSK ZGB I-GEISER, vor aArt. 431–456 N 2). Dies würde insb. dann zu völlig unakzeptablen Resultaten führen, wenn die Beistandschaft gerade wegen Abwesenheit mit unbekanntem Aufenthaltsort in Anwendung von Art. 390

Abs. 1 Ziff. 2 überhaupt angeordnet wurde und im Nachhinein der Zeitpunkt der Todes aufgrund der Verschollenerklärung vor die Anordnung der Massnahme zu liegen käme. Für die Wirkung der Verschollenerklärung muss daher in analoger Anwendung von Art. 369 Abs. 3 gelten, dass aus Vertretungshandlungen, welche der Beistand vornimmt, bevor er vom Erlöschen der Beistandschaft erfährt, die verbeiständete Person bzw. deren Rechtsnachfolger verpflichtet wird, wie wenn die Beistandschaft noch bestehen würde. Zum gleichen Resultat führen auch die analoge Anwendung der Art. 37 und 406 OR betreffend Erlöschen von Vollmacht und Auftrag (so auch KUKO ZGB-Rosch, N 1), oder die Annahme, dass die Verschollenerklärung die behördliche Massnahme ex nunc beendet und die gesetzliche Vertretungsbefugnis des Beistandes erst ab diesem Zeitpunkt entfällt (BSK ZGB I-Geiser, vor aArt. 431–456 N 2).

II. Beendigung durch Aufhebung

3 Abgesehen vom Tod der verbeiständeten Person endet die Beistandschaft erst mit dem **förmlichen Aufhebungsentscheid der ESB**. Ein solcher ist nach Abs. 2 auch dann erforderlich, wenn die Beistandschaft z.B. wegen vorübergehender Urteilsunfähigkeit (Art. 390 Abs. 1 Ziff. 2) nur für deren Dauer angeordnet worden oder wenn die dem Beistand übertragene Aufgabe (z.B. Vertretung in einem Erbteilungsprozess) erledigt ist (vgl. dazu Meier/Lukic, Rz 532; vgl. zum nicht Gesetz gewordenen Vorschlag, Erwachsenenschutzmassnahmen generell nur befristet anzuordnen und dann jeweils zu überprüfen: Stettler, 23 f.).

4 Die Aufhebung kann **auf Antrag** der betroffenen oder einer nahestehenden Person **oder von Amtes wegen geprüft** werden (Abs. 2). Zu den nahestehenden Personen gehören Eltern, Kinder, andere durch Verwandtschaft oder Freundschaft mit der verbeiständeten Person Verbundene, ihr Lebensgefährte, aber auch Personen, welche sie betreut und begleitet haben, insb. der Beistand (Botschaft Erwachsenenschutz, 7084), der gem. Art. 414 die ESB unverzüglich über Umstände zu informieren hat, die eine Aufhebung der Beistandschaft ermöglichen. Die ESB ist aber nicht auf einen Antrag angewiesen. Kommt sie bspw. aufgrund des Rechenschaftsberichts des Beistandes zum Schluss, die Prüfung der Aufhebung der Massnahme sei angezeigt, kann sie das entsprechende Verfahren von Amtes wegen einleiten (Abs. 2).

5 Die ESB hebt eine Beistandschaft ohne Verzug (Art. 414 analog) auf, **sobald** für die Fortdauer **kein Grund mehr** besteht (Abs. 2). Dies ist bspw. der Fall, wenn die dem Beistand übertragene Aufgabe, etwa die Vertretung der verbeiständeten Person in einem Erbteilungsverfahren, ordnungsgemäss erledigt ist oder wenn die Unterstützung durch Familie oder Umfeld (Art. 389 Abs. 1) hinreichend geworden ist. Desgleichen, wenn die betroffene Person nun in der Lage ist, künftig ihre Angelegenheiten selbst hinreichend zu besorgen oder eine Vertretung zu bestellen, etwa weil sich ihr Schwächezustand zum Positiven verändert hat (Art. 390 Abs. 1 Ziff. 1) oder weil die vorübergehende Urteilsunfähigkeit überwunden oder ihre Abwesenheit beendet oder sie am auswärtigen Aufenthaltsort nun erreichbar ist und von dort aus ihre Angelegenheiten besorgen oder entsprechende Aufträge erteilen kann (Art. 390 Abs. 1 Ziff. 2). Gleiches gilt, wenn ihre Interessen im Rahmen eines Vorsorgeauftrages wieder hinreichend gewahrt werden können, nachdem ein vom Vorsorgeauftrag nicht erfasstes Geschäft durch den Beistand erledigt worden ist.

6 Eine Beistandschaft ist ebenfalls aufzuheben, wenn sich im Nachhinein zeigt, dass deren **Anordnung ohne hinreichenden Grund erfolgt** ist.

7 Nicht einfach aufzuheben, sondern anzupassen ist die behördliche Massnahme, wenn der Grund für deren Anordnung zwar weggefallen, aber ein **neuer Grund für die Weiterfüh-**

rung der behördlichen Massnahme hinzugekommen ist (KUKO ZGB-ROSCH, N 3). Daher muss die Behörde, wenn sie die Aufhebung einer bestimmten Beistandschaft prüft, weil für deren Fortdauer der bisherige Grund nicht mehr besteht, immer auch klären, ob die betroffene Person nicht aus einem sonstigen Grund weiterhin Unterstützung im Rahmen der bisherigen oder einer andern behördlichen Massnahme benötigt. Dies kann z.B. der Fall sein, wenn die Begleitbeistandschaft mangels Kooperation der verbeiständeten Person aufgehoben werden muss. Oder auch, wenn die betroffene Person aus dem Koma erwacht und die vorübergehende Urteilsunfähigkeit überwunden ist, aber andere Beeinträchtigungen als Folge der gesundheitlichen Probleme auftreten, oder wenn eine nachrichtenlos abwesende Person aus der Geiselhaft befreit werden konnte, nun aber eine psychische Störung sie an der hinreichenden Besorgung ihrer Angelegenheiten hindert.

Die ESB kann die **Massnahme jederzeit ändern**, wenn eine Erweiterung oder Einschränkung angezeigt erscheint, denn Massnahmen des Erwachsenenschutzes erwachsen nicht in materielle Rechtskraft (Art. 414 analog; HAUSHEER/GEISER/AEBI-MÜLLER, Erwachsenenschutzrecht, Rz 1.91; Botschaft Erwachsenenschutz, 7083 f.). Es ist nicht erforderlich, dass sich die Verhältnisse geändert haben. Es genügt, dass die ESB zu einer anderen Sichtweise gelangt (HAUSHEER/GEISER/AEBI-MÜLLER, Erwachsenenschutzrecht, Rz 2.82). **8**

Eine Anpassung der Massnahme ist i.d.R. angezeigt, wenn der **Grund** für die Fortdauer der Beistandschaft **teilweise weggefallen** ist. Im Rahmen des Möglichen sollen sich nämlich behördliche Massnahmen dank erfolgreicher Umsetzung mit der Zeit selbst überflüssig machen (Art. 388 Abs. 2; Botschaft, Erwachsenenschutz, 7049) oder sie sollen durch mildere Vorkehren ersetzt werden können (Botschaft Erwachsenenschutz, 7049; OFK-ZGB-FASSBIND, N 2). **9**

Erweist sich die angeordnete **Beistandschaft** jedoch als **zu schwach oder entspricht** sie in anderer Weise **nicht (mehr) den Bedürfnissen** im konkreten Einzelfall, besteht jederzeit die Möglichkeit, die Massnahme durch zusätzliche Aufgabenbereiche des Beistandes oder durch Kombination mit anderen behördlichen Massnahmen zu ergänzen oder durch eine andere, nötigenfalls einschneidendere Anordnung zu ersetzen. Denn die behördlichen Massnahmen des Erwachsenenschutzes stellen das Wohl und den Schutz der Betroffenen sicher (Art. 388 Abs. 1) und sollen daher – zwar so wenig wie möglich – aber dennoch so viel wie nötig in seine Rechtsstellung eingreifen (Art. 389 Abs. 2; SCHMID, N 6). **10**

Wird eine bestehende Beistandschaft – etwa eine Vertretungsbeistandschaft (Art. 394) – vollständig durch eine andere Massnahme – etwa eine umfassende Beistandschaft (Art. 398) – ersetzt, ist jene förmlich aufzuheben, um **mit Rücksicht auf die Rechtssicherheit klare Verhältnisse** zu schaffen. Ebenso ist eine Beistandschaft, die vollständig aus einer Kombination von Beistandschaften eliminiert wird, förmlich aufzuheben. Dagegen ist eine Beistandschaft nicht aufzuheben und durch eine neue zu ersetzen, wenn es lediglich um eine Änderung ihrer Aufgabenbereiche (Aufhebung, Ergänzung oder Anpassung) geht. **11**

III. Folgen der Beendigung

Die Beendigung der Beistandschaft bewirkt grundsätzlich, dass das **Amt des Beistandes** von Gesetzes wegen **endet** (Art. 421 Ziff. 2) und dessen Befugnisse mit sofortiger Wirkung entfallen (zu den Ausnahmen bei verzögertem Bekanntwerden des Todes und bei Verschollenerklärung vgl. N 1 f.). Indessen hat er noch der ESB den Schlussbericht zu erstatten und gegebenenfalls die Schlussrechnung einzureichen (Art. 425), welche von dieser zu prüfen und – falls in Ordnung – zu genehmigen ist (Art. 425). **12**

13 Endet die Massnahme **durch Aufhebung**, **entfallen** ihre **Wirkungen gegenüber der verbeiständeten Person** – etwa auch eine Einschränkung der Handlungsfähigkeit – ebenfalls von Gesetzes wegen (MEIER/LUKIC, Rz 530).

14 Für den Fall, dass die Beistandschaft mit dem **Tod des Verbeiständeten** endet und sie auch die Vermögensverwaltung umfasste, enthält Art. 554 Abs. 3 einen unverbindlichen Hinweis an die mit der Nachlassangelegenheit befasste Behörde, dass für den Fall einer Erbschaftsverwaltung die Einsetzung des Beistandes – dessen Einverständnis vorausgesetzt – naheliegend sein dürfte (OFK-ZGB-FASSBIND, N 1) und die zuständige Instanz dies zu prüfen habe (SCHMID, Ende der Beistandschaft, 331). Indessen ist der Beistand für die Abwicklung der Erbschaft grundsätzlich nicht zuständig (HAUSHEER/GEISER/AEBI-MÜLLER, Erwachsenenschutzrecht, Rz 2.81; OFK-ZGB-FASSBIND, N 1). Er hat jedoch den Erben oder Dritten wichtige Informationen noch zukommen zu lassen, z.B. Bestattungswünsche der verbeiständeten Person, wichtige Adressen etc. (MEIER/LUKIC, Rz 522).

Vierter Unterabschnitt: Der Beistand oder die Beiständin

Art. 400

A. Ernennung

I. Allgemeine Voraussetzungen

[1] Die Erwachsenenschutzbehörde ernennt als Beistand oder Beiständin eine natürliche Person, die für die vorgesehenen Aufgaben persönlich und fachlich geeignet ist, die dafür erforderliche Zeit einsetzen kann und die Aufgaben selber wahrnimmt. Bei besonderen Umständen können mehrere Personen ernannt werden.

[2] Die ernannte Person ist verpflichtet, die Beistandschaft zu übernehmen, wenn nicht wichtige Gründe dagegen sprechen.

[3] Die Erwachsenenschutzbehörde sorgt dafür, dass der Beistand oder die Beiständin die erforderliche Instruktion, Beratung und Unterstützung erhält.

A. Nomination

I. Conditions générales

[1] L'autorité de protection de l'adulte nomme curateur une personne physique qui possède les aptitudes et les connaissances nécessaires à l'accomplissement des tâches qui lui seront confiées, qui dispose du temps nécessaire et qui les exécute en personne. Elle peut nommer plusieurs personnes si des circonstances particulières le justifient.

[2] Sous réserve de justes motifs, la personne nommée est tenue d'accepter la curatelle.

[3] L'autorité de protection de l'adulte veille à ce que le curateur reçoive les instructions, les conseils et le soutien dont il a besoin pour accomplir ses tâches.

A. Nomina

I. Condizioni generali

[1] L'autorità di protezione degli adulti nomina quale curatore una persona fisica che sia idonea, dal profilo personale e delle competenze, ad adempiere i compiti previsti, disponga del tempo necessario e svolga personalmente i suoi compiti. In circostanze particolari possono essere nominati più curatori.

[2] La persona nominata deve investirsi della curatele, salvo che motivi gravi vi si oppongano.

[3] L' autorità di protezione degli adulti si adopera affinché siano forniti al curatore l'istruzione, la consulenza e il sostegno necessari.

Inhaltsübersicht

Literatur

AFFOLTER, Doppelunterstellung von professionellen vormundschaftlichen Mandatsträger(inne)n in öffentlichen Verwaltungen am Beispiel der Stadt Luzern, ZVW 2006, 232 ff. (zit. ZVW 2006); BALESTRIERI, Die Vermögensverwaltung im neuen Erwachsenenschutzrecht, ZKE 2011, 201 ff., 212; BRACK, Das Arbeitspensum in der Sozialarbeit, 3. Aufl., Bern 1994; FLÜCKIGER, L'obligation d'être tuteur: un principe de subsidiarité à l'épreuve de l'article 4 CDEH, in: Caroni/Heselhaus/Mathis/Norer (Hrsg.), Auf der Scholle und in lichten Höhen, FG zum 65. Geburtstag von Raul Richli, Zürich 2011, 179 ff. bzw. ZKE 2011, 263 ff.; HÄFELI, Die Organe des neuen Erwachsenenschutzrechtes und ihre Aufgaben im Rahmen der Beistandschaften (Art. 386–409 und 443–447 VE), ZSR 2003 I, 337 ff.; LANGENEGGER, Amtsvormunde, ihre Vorgesetzten und ihre unterstellten Mitarbeiterinnen und Mitarbeiter, ZVW 2004, 51 ff.; MOSER, Das Projekt «Heimbeistand» der Vormundschaftsbehörde Basel-Stadt, ZVW 2009, 95 ff.; STAUB-BERNASCONI, Systemtheorie, soziale Probleme und Soziale Arbeit: lokal, national, international oder: vom Ende der Bescheidenheit, Bern etc. 1995; VOGEL, Die Person des Beistandes, ZVW 2003, 331 ff.

Zum bisherigen Recht: BARMETTLER, Erfahrungen eines Privatbeistandes, ZVW 1996, 170 ff.; BALTHASAR, Die Amtsvormundschaft in der Schweiz, Diss., Freiburg i.Ü. 1941; BOKSTALLER, Die mehrfache Vormundschaft (Art. 379 II ZGB), Diss., Freiburg i.Ü. 1977; DAMI, Système tutélaire dans les cantons romands. Tutelle officielle dans les cantons romands, ZVW 1980, 1 ff.; DELACHAUX, Le choix du tuteur par l'autorité tutélaire, ZVW 1995, 21 ff.; DISCHLER, Die Wahl des geeigneten Vormunds, Diss., Freiburg i.Ü. 1984; FISCHER, Die Vorteile der Amtsvormundschaft, ZVW 1949, 1 ff.; HÄFELI, Ausbildung von Amts- und Privatvormunden: Organisation der Amtsvormundschaft, ZVW 1995, 4 ff.; HEGNAUER, Zum Begriff der nahestehenden Person im Sinne von Art. 397d ZGB, ZVW 1984, 26 ff.; JULMY, Die elterliche Gewalt über Entmündigte (Art. 385 Abs. 3 ZGB), Diss., Freiburg i.Ü. 1991; BK-KAUFMANN, Familienrecht, Art. 360–456, 2. Aufl., 1924; KISSLING, Die Stellung des Vormundes, insbesondere seine Auswahl, Eignung, Wahl und die Beendigung seines Amtes, Diss. Zürich 1954; LE FORT, Essai historique sur la tutelle en droit romain, Genf 1850; MATHIS, Die Betreuung von Privatvormunden in der Gemeinde Kriens, ZVW 1997, 1 ff.; PFLÜGER, Die Amtsvormundschaft in der Schweiz. Separat-Abdruck aus der Schweizerischen Zeitschrift für Gemeinnützigkeit, Heft 10/1917, Zürich 1917; SPÖRRI, Die Frau als Vormund, ZVW 1957, 1 ff.; STAUFFER, Verwandte als Vormund, ZVW 1957, 121 ff.; WOLF, Paternalismus und andere ethische Konflikte im Alltag der Amtsvormunde und Amtsvormundinnen, ZVW 2000, 1 ff.

Materialien

Art. 386, 387, 390 und 445 VE Erwachsenenschutz 2003; VE Erwachsenenschutz/Vernehmlassungen, 198 ff., 209 ff. und 403; Botschaft Erwachsenenschutz, 7049 f. und 7151; Prot. RK-S vom 27./28.8.2007, 12 f.; AmtlBull StR 2007, 835; Prot. RK-N vom 24./25.4.2008, 22; AmtlBull NR 2008, 1522.

I. Verhältnis zum bisherigen Recht

1 Wurde eine Person unter bisherigem Recht entmündigt (aArt. 369 ff.), so hatte die Vormundschaftsbehörde grundsätzlich zwei Möglichkeiten: sie konnte einerseits die **verlängerte elterliche Sorge** anordnen (aArt. 385 Abs. 3) **oder** einen **Vormund** ernennen (aArt. 385 Abs. 1). In beiden Fällen hatte der Amtsträger die Aufgabe, die umfassende Person- und Vermögenssorge sowie die Vertretung gegenüber Dritten wahrzunehmen. Ferner konnte die Vormundschaftsbehörde unter besonderen Voraussetzungen ausnahmsweise eine Familienvormundschaft errichten (aArt. 362–366).

2 Im neuen System der Massnahmen nach Mass hätte die erstreckte elterliche Sorge «atypischerweise zu einer **elterlichen Sorge nach Mass** umgebaut» (Botschaft Erwachsenenschutz, 7017 f.; Allg. Vorbem. vor Art. 360 N 56) und auf die Aufgaben beschränkt werden müssen, die von der ESB bezeichnet werden (Art. 391). Darauf wurde zu Recht verzichtet. Errichtet die ESB eine Beistandschaft, so ist immer ein Beistand zu ernennen (Art. 400). Dafür sieht das neue Recht in Art. 420 die Möglichkeit vor, nahe Angehörige, die als Beistand eingesetzt werden, nur einer beschränkten Aufsicht zu unterstellen. Macht die ESB bei einer umfassenden Beistandschaft (Art. 398) von den Dispensmöglichkeiten vollen Gebrauch, entspricht die Rechtsstellung des Beistandes praktisch derjenigen der Eltern bei der erstreckten elterlichen Sorge unter bisherigem Recht, obwohl es formell um die Führung einer Beistandschaft und nicht um elterliche Sorge geht. Auch das Institut der Familienvormundschaft (aArt. 362 ff.), das in der Praxis kaum eine Bedeutung gehabt hat, gibt es im neuen Recht nicht mehr.

3 Nach aArt. 379 Abs. 1 hatte die Vormundschaftsbehörde eine **geeignete mündige Person als Vormund** zu wählen. Die Regelung galt sinngemäss auch für den Beistand und den Beirat. Nicht wählbar als Amtsträger waren, wer selbst bevormundet war, nicht im Besitz der bürgerlichen Ehren und Rechte stand oder einen unehrenhaften Lebenswandel führte, wer Interessen hatte, die derjenigen der bevormundeten Person in erheblicher Weise widersprachen oder wer mit ihr verfeindet war sowie die Mitglieder der beteiligten vormundschaftlichen Behörden, solange andere taugliche Personen vorhanden waren (aArt. 384). Das neue Recht verzichtet auf einen Katalog von Ausschliessungsgründen und präzisiert in Art. 400 Abs. 1 Satz 1, was unter «geeignet» zu verstehen ist. Sowohl bisher wie auch neu können bei besonderen Umständen mehrere Personen als Amtsträger gewählt werden (aArt. 379 Abs. 2; Art. 400 Abs. 1 Satz 2).

4 Verwandte und der Ehegatte sowie alle Personen, die im Vormundschaftskreis wohnten, waren nach aArt. 382 Abs. 1 zur Übernahme des Amtes verpflichtet (zur geschichtlichen Entwicklung Flückiger, ZKE 2011, 266 ff.). Das ZGB von 1912 zählte **sechs konkrete Ablehnungsgründe** auf (aArt. 383: Alter von mehr als 60 Jahren, körperliches Gebrechen, elterliche Sorge über mehr als vier Kinder, andere Vormundschaften, Mitglieder des Bundesrates und des Bundesgerichts sowie der Bundeskanzler, die vom Kanton bezeichneten Beamten und Mitglieder kantonaler Behörden). Nach Ablauf von vier Jahren war zudem jeder Amtsträger berechtigt, die Weiterführung des Amtes abzulehnen (aArt. 415 Abs. 3). Laut der allerdings nicht unumstrittenen Doktrin war neben den im Gesetz konkretisierten Gründen Unzumutbarkeit als Ablehnungsgrund zu bejahen, «wenn ein offensichtliches

Missverhältnis der Interessen zwischen dem Sonderopfer des Berufenen und den Mündelinteressen besteht» (BK-SCHNYDER/MURER, aArt. 382/383 ZGB N 28 m.w.H.).

Das neue Recht behält die Pflicht zur Amtsübernahme bei, erweitert aber die Ablehnungsgründe mit der **Generalklausel der wichtigen Gründe** (Art. 400 Abs. 2) und mildert damit die Übernahmepflicht. Dafür wird die Übernahmepflicht nicht mehr auf Personen, die im Amtskreis wohnen, beschränkt. 5

Die Ablehnungsgründe waren nach bisherigem Recht nicht von Amtes wegen zu berücksichtigen. Vielmehr konnte eine (vorläufige) Wahl vorgenommen werden, wenn das Vorliegen von solchen Gründen nicht evident war oder wenn die Vormundschaftsbehörde hoffte, der Gewählte mache einen Ablehnungsgrund nicht geltend (BK-SCHNYDER/MURER, aArt. 388 ZGB N 11). Sowohl für die Ablehnung der Wahl durch den Gewählten wie auch für die Anfechtung des Ernennungsbeschlusses wegen Gesetzwidrigkeit durch jedermann, der ein Interesse hatte, sah das bisherige Recht in aArt. 388 ein **besonderes Verfahren** vor: die Vormundschaftsbeschwerde sui generis (BK-SCHNYDER/MURER, vor aArt. 379–391 ZGB N 29 und aArt. 388 N 43; BSK ZGB I-HÄFELI, vor aArt. 379–391 N 10) war nicht bei der vormundschaftlichen Aufsichtsbehörde, sondern bei der Vormundschaftsbehörde, welche die Wahl getroffen hatte, zu erheben. Erachtete die Vormundschaftsbehörde die Ablehnung oder Anfechtung für unbegründet, so unterbreitete sie die Angelegenheit der vormundschaftlichen Aufsichtsbehörde zur Entscheidung. Hielt die Vormundschaftsbehörde dagegen die Anfechtung für begründet, so annullierte sie die Wahl. Dies konnte die Vormundschaftsbehörde nach der Doktrin auch tun, wenn sie die Anfechtung zwar für unbegründet erachtete, im Mündelinteresse aber doch eine andere Person mit dem Amt beauftragen wollte (BK-SCHNYDER/MURER, aArt. 388 ZGB N 14). Der Gewählte war trotz Ablehnung oder Anfechtung bei seiner Verantwortlichkeit verpflichtet, die Vormundschaft zu führen, bis er des Amtes enthoben wurde (aArt. 389). Dieses Sonderverfahren entfällt im neuen Recht (vgl. die materielle Kritik im Vernehmlassungsverfahren, VE Erwachsenenschutz/Vernehmlassungen, 209 ff.). Die Anfechtung des formellen Beschlusses der ESB erfolgt im ordentlichen Verfahren gem. Art. 450 ff. bei der gerichtlichen Beschwerdeinstanz. Die ESB hat bereits im Ernennungsverfahren das rechtliche Gehör umfassend zu gewähren. 6

II. Entstehungsgeschichte

Der Vernehmlassungsentwurf der Expertenkommission von 2003 regelte in Art. 386 VE die allgemeinen Voraussetzungen der Ernennung eines Beistandes. Zudem sah er in Art. 387 Abs. 1 VE vor, dass als Beistand eine Privatperson, eine Fachperson eines privaten oder öffentlichen Sozialdienstes oder ein Berufsbeistand ernannt werden konnte. Die Mitglieder der ESB und ihre Hilfspersonen durften nach Art. 387 Abs. 3 VE nicht zum Beistand gewählt werden. Der Beistand hatte die übertragenen Aufgaben grundsätzlich persönlich wahrzunehmen (Art. 387 Abs. 2 VE). Nach dem Vorbild des bisherigen Rechts wurde für die Anfechtung der Wahl ein Sonderverfahren vorgesehen (Art. 390 VE): Die Anfechtung war bei der ESB einzureichen und hatte keine aufschiebende Wirkung. Die ESB konnte aber die aufschiebende Wirkung anordnen und für die Dauer des Verfahrens nötigenfalls einen anderen Beistand ernennen. Schliesslich verpflichtete Art. 445 VE die ESB zur Unterstützung der Personen, die Massnahmen durchführen. 7

Art. 386 und 387 Abs. 2 VE stimmten mit Art. 400 Abs. 1 und 2 des bundesrätlichen Entwurfs zwar nicht wörtlich, wohl aber materiell weitestgehend überein. Im Hinblick auf die im Vernehmlassungsverfahren beanstandete unklare Abgrenzung zwischen Privatperson, Fachperson und Berufsbeistand verzichtete der bundesrätliche Entwurf auf diese Katego- 8 risierung und verwendete nur noch die Unterscheidung zwischen Privat- und Berufsbeistand. Auch der Privatbeistand kann eine Fachperson sein, bspw. wenn ein Vermögensverwalter als Beistand eingesetzt und mit der Vermögensverwaltung beauftragt wird. Für den Berufsbeistand sah der bundesrätliche Entwurf Sonderregeln bei der Entschädigung (Art. 404 Abs. 1 Satz 2) und neu für das Ende des Amtes vor (Art. 421 Ziff. 3, Art. 424 Satz 2, Art. 425 Abs. 1 Satz 2). Für alle Beistände galten dagegen dieselben allgemeinen Wahlvoraussetzungen (Art. 400). Auch Art. 387 Abs. 3 VE wurde, weil er aus heutiger Sicht eine selbstverständliche Regel enthielt, gestrichen (N 20). Dafür wurde Art. 400 Abs. 3 über Instruktion, Beratung und Unterstützung aufgenommen, der Art. 445 VE 2003 ersetzte. Der bundesrätliche Entwurf verzichtete im Übrigen bei der Beistandsernennung auf ein besonderes Anfechtungsverfahren i.S.v. aArt. 388 ff. bzw. Art. 390 VE und erklärte das ordentliche Verfahren (Art. 450 ff.) für anwendbar.

9 In der anschliessenden parlamentarischen Beratung wurde dem Entwurf des Bundesrates ohne Änderung zugestimmt. Ein Antrag, in Art. 400 Abs. 3 das Wort «Beratung» durch «Ausbildung» zu ersetzen, wurde in der ständerätlichen Kommission zurückgezogen (Prot. RK-S vom 27./28. 8. 2007, 12 f. und Anhang Antrag Nr. 3).

III. Voraussetzungen der Ernennung eines Beistandes (Abs. 1 Satz 1)

1. Allgemeines

10 Errichtet die ESB gem. Art. 390 ff. eine Beistandschaft, so hat sie von Amtes wegen **immer** einen **Beistand** zu ernennen (Art. 400 ff.), da die Beistandschaft eine amtsgebundene Massnahme ist. Auf die Einsetzung eines Beistandes kann nur unter den Voraussetzungen von Art. 392 verzichtet werden, wenn wegen der Geringfügigkeit der zu besorgenden Angelegenheiten die Errichtung einer Beistandschaft offensichtlich unverhältnismässig wäre und deshalb davon abgesehen wird. Die Kombination von Auftragserteilung einerseits an einen Beistand und andererseits an eine Drittperson oder an eine Stelle i.S.v. Art. 392 Ziff. 2 und 3 ist – unter Vorbehalt der Fälle von Verhinderung und Interessenkollision (vgl. Art. 403 N 26) – innerhalb der Beistandschaft (s.a. Art. 392 N 18 f.) unzulässig, da das Gesetz vom Grundsatz der **Einheit des Amtes** eines Beistandes ausgeht (Deschenaux/Steinauer, Personnes, Rz 915): Für alle zu erledigenden Aufgaben (Art. 391 Abs. 1 und Art. 398 Abs. 2) ist der Beistand zuständig (Art. 400 Abs. 1 Satz 1; zum Beizug von Hilfspersonen N 30). Bei Vorliegen besonderer Umstände können allerdings auch mehrere Beistände ernannt (Art. 400 Abs. 1 Satz 2, unten N 31 ff.) und die Aufgaben unter diesen Beiständen aufgeteilt werden (Art. 402 Abs. 1).

11 Damit eine amtliche Massnahme des Erwachsenenschutzes ihren Zweck erreicht, ist es nicht nur wichtig, dass die Behörde die richtige Massnahme anordnet, sondern noch entscheidender ist in vielen Fällen die **Ernennung der richtigen Person** als Beistand (Affolter, AJP 2006, 1064 Ziff. 4.4 unter Hinweis auf Freivogel, Möglichkeiten und Grenzen des geltenden Rechts in der Betreuung urteilsunfähiger Personen aus der Sicht der Vormundschaftsbehörden, Referat anlässlich der Fachtagung VBK/VSAV 2002, 7). Das Gesetz enthält in Art. 400 Abs. 1 die allgemeinen Voraussetzungen für die Wahl des Beistandes: Neben zeitlicher Disponibilität und persönlicher Auftragserfüllung wird eine persönliche und fachliche Eignung für das Amt verlangt (vgl. Riemer, Vormundschaftsrecht, § 4 Rz 130). Damit ist eine umfassende Eignung im Sinne von Sozial-, Selbst- und Fachkompetenz gemeint (Botschaft Erwachsenenschutz, 7049; Biderbost, AJP 2010, 12). Das Gesetz umschreibt nicht im Einzelnen, was unter «geeignet» zu verstehen ist. Die ESB hat deshalb bei der Konkretisierung ein grosses Ermessen (Art. 4; Hausheer/Geiser/Aebi-Müller, Erwachsenenschutzrecht, Rz 2.106; OFK-ZGB-Fassbind,

Art. 400 N 1). Massgebend ist, was im Einzelfall den Interessen und dem Wohl der betroffenen Person dient.

Bei der Beurteilung der Geeignetheit des Mandatsträgers geht es in weiten Bereichen um Indizien, Prognosen, Erfahrungswerte und Werturteile (DISCHLER, Rz 125, 248 und 270), denn jeder Mensch, der Hilfe braucht, ist wieder anders. Nach SCHNYDER/MURER (BK, aArt. 379 ZGB N 56) sind folgende **Kategorien** zu unterscheiden: Personen, die sich als Beistand auf keinen Fall eignen (absolut ungeeignete); solche, die an sich geeignet sind, im konkreten Fall aber nicht in Frage kommen (relativ ungeeignete); Personen, die im konkreten Fall geeignet sind (geeignete) und unter diesen solche, die besser oder weniger gut geeignet sind. Stehen mehrere Personen zur Auswahl, so ist grundsätzlich die am besten geeignete Person zu ernennen (s. aber Art. 401 N 12). Die ESB darf keine ungeeignete Person mit dem Mandat beauftragen. Sie hat alles Zumutbare vorzukehren, um eine möglichst gut geeignete Person zu finden. 12

Die Wahl des Beistandes richtet sich **immer** nach den **Voraussetzungen von Art. 400**, unabhängig davon, ob es sich um eine Beistandsernennung im Rahmen von vorsorglichen Massnahmen (Art. 445 Abs. 1 Satz 2), um eine ordentliche Massnahme oder um einen Ersatzbeistand gem. Art. 403 handelt. Über den Verweis von Art. 327c Abs. 2 ist die Bestimmung auch auf den Vormund eines Unmündigen anwendbar, ebenso auf den Beistand nach Art. 308, 309 oder 325. Die Regeln über die Bestellung gelten auch, wenn der bisherige Amtsträger wegfällt und ein neuer ernannt werden muss. Unerheblich ist, ob die betroffene Person eine Vertrauensperson bezeichnet (Art. 401 Abs. 1 und 3), ob Angehörige oder andere nahestehende Personen Wünsche äussern (Art. 401 Abs. 2) oder eine Gemeinschaft von Beiständen begründet wird (Art. 400 Abs. 1 Satz 2): Der Beistand muss in jedem Fall für die ihm übertragenen Aufgaben (Art. 391 und 398 Abs. 2) geeignet sein. Kommen mehrere Personen als Beistand in Frage, müssen deren Vor- und Nachteile gegeneinander abgewogen werden; die am besten geeignete Person ist zu ernennen. Äussert der Betroffene indessen Wünsche, so sind diese soweit wie möglich zu respektieren (Art. 401 N 12). Auch die Amtseinsetzung einer im Vergleich zu einer anderen Person weniger geeigneten kann in Erwägung gezogen werden, weil sie das besondere Vertrauen der Angehörigen des Verbeiständeten geniesst (Art. 401 Abs. 2). 13

2. Privat- oder Berufsbeistand

Das Gesetz unterscheidet zwischen **Berufsbeiständen** und den **übrigen Beiständen**, den sog. Privatbeiständen (vgl. Art. 404 Abs. 1 Satz 2, Art. 421 Ziff. 3, Art. 424 Satz 2, Art. 425 Abs. 1 Satz 2; zur Abgrenzung der Aufsicht durch die ESB bei der konkreten Mandatsführung und der Aufsicht durch den Vorgesetzten innerhalb der Organisationseinheit: AFFOLTER, ZVW 2006, 232 ff.; LANGENEGGER, ZVW 2004, 51 ff.). Im Rahmen der Vorbereitung des neuen Erwachsenenschutzrechts war unbestritten, dass weiterhin Privatpersonen mit der Mandatsführung beauftragt werden können. «Damit wird verhindert, dass jede mitmenschliche Hilfe an Institutionen und professionelle Helferinnen und Helfer delegiert wird» (Botschaft Erwachsenenschutz, 7050). 14

Ein **«Privatbeistand»** ist eine Person, die i.d.R., aber nicht immer ohne direkten Bezug zu ihrem Beruf einmalig bzw. gelegentlich, freiwillig oder aufgrund der Amtspflicht (Art. 400 Abs. 2) als Beistand ernannt wird. Dazu gehören Angehörige und andere dem Verbeiständeten nahestehende Personen sowie weitere Privatpersonen, die ein oder mehrere Mandate übernehmen. Diese Personen können unter Umständen als «Fachbeistand» im Sinne des Vernehmlassungsentwurfs (oben N 7) bezeichnet werden, bspw. wenn ein Vermögensverwalter privat als Beistand ernannt wird und das Vermögen der betroffenen 15

Person zu verwalten hat. Unter **«Berufsbeistand»** (kritisch zu diesem Begriff LANGENEGGER, ZVW 2004, 60) ist dagegen eine Person zu verstehen, die im Rahmen ihrer beruflichen Tätigkeit die Führung von Beistandschaften übernimmt. Dabei kann es sich um einen «Amtsbeistand» analog zum früheren Amtsvormund handeln, der von der öffentlichen Hand angestellt und der ESB zur Verfügung gestellt wird, um Mandate des Erwachsenenschutzes zu übernehmen. Unter Berufsbeistand kann aber auch ein Mitarbeiter eines öffentlichen oder privaten Sozialdienstes verstanden werden, der im Angestelltenverhältnis hauptberuflich oder neben anderen Aufgaben auch die Führung von Beistandschaften übernimmt. Dies trifft schon heute bei kommunalen und regionalen polyvalenten Sozialdiensten sowie bei privaten Sozialdiensten, namentlich der Pro Senectute, zu (zu den verschiedenen Organisationsformen von Amtsvormundschaften/Berufsbeistandschaften HÄFELI, in: Rosch/Büchler/Jakob, Art. 400 N 5). Wenig empfehlenswert, aber nicht ausgeschlossen ist, dass sich – wie in Deutschland – eine freiberuflich tätige Person als Berufsbeistand für die Übernahme von Mandaten zur Verfügung stellt. Übernimmt diese eine Mehrzahl von Mandaten, ist der rückwärtigen Organisation (Administration, Buchhaltung) und der Stellvertretung bei Verhinderung besondere Beachtung zu schenken (Kriterien der Eignung). Der Berufsbeistand muss über die erforderliche Aus- und Weiterbildung verfügen (N 56), die ihn befähigt, eine Vielzahl von Mandaten zu betreuen. Persönliche und fachliche Eignung heisst bei ihm **professionelle Handlungskompetenz**, die sich aus Fach-, Methoden,- Sozial- und Selbstkompetenz ergibt (ausführlicher dazu HÄFELI, in: Rosch/Büchler/Jakob, Art. 400 N 9 ff., der nicht zwischen Berufs- und Privatbeistand differenziert). Trotzdem bleibt die Geeignetheit des Berufsbeistandes für die konkrete Beistandschaft im Lichte von Art. 400 Abs. 1 immer zu prüfen: betroffene Person und Beistand müssen zueinander passen.

16 Vor Inkrafttreten des revidierten Rechts wurden schätzungsweise **zwei Drittel** der vormundschaftlichen Mandate von **Amtsvormunden** erledigt, während in einem Drittel der Fälle eine Privatperson mit der Mandatsführung beauftragt wurde (STETTLER, Rz 413; HÄFELI, in: Rosch/Büchler/Jakob, Art. 400 N 6).

17 Zwischen Privat- (zum interessanten Projekt eines Heimbeistandes: MOSER, ZVW 2009, 95) und Berufsbeistand gibt es **keine Hierarchie** (Botschaft Erwachsenenschutz, 7049 letzter Abschnitt; BK-SCHNYDER/MURER, aArt. 379 ZGB N 76; OFK-ZGB-FASSBIND, Art. 400 N 1; SCHMID, Art. 400 N 2; MEIER/LUKIC, Rz 541 FN 643). Alle Regeln, die das Verhältnis zur hilfsbedürftigen Person betreffen, gelten unterschiedslos für Privat- wie Berufsbeistände. Hauptkriterium für die Wahl zwischen Privat- und Berufsbeistand ist, wer für das konkrete Mandat besser geeignet ist. Dabei spielt insb. die Vielfalt und Schwierigkeit der Aufgaben eine Rolle (MEIER/LUKIC, Rz 541). Mitentscheidend sind aber auch die Wünsche der betroffenen Person und ihrer Angehörigen oder anderer nahestehender Personen (Art. 401). Angesichts der Komplexität vieler Betreuungsaufgaben bleibt der Einsatz von Privatpersonen allerdings beschränkt, selbst wenn diese gut auf ihre Aufgabe vorbereitet und während der Ausübung ihres Amtes begleitet werden (Botschaft Erwachsenenschutz, 7050; OFK-ZGB-FASSBIND, Art. 400 N 1). Nach der Lehre, die sich auf die Praxis der Stadt Zürich stützt (zitiert bei FLÜCKIGER, ZKE 2011, 280), sollten die Beistandschaften für folgende Personen grundsätzlich nicht einem Privatbeistand übertragen werden: Drogenabhängige; Personen mit schweren psychischen Störungen; Personen, die nicht fähig sind, mit ihrem Geld umzugehen; sehr überschuldete Personen; Personen, die sich einer Massnahme widersetzen; Personen in sehr konfliktbeladenen Familiensituationen. Das Verhältnis zwischen dem Aufwand, der bei der Behörde für die Betreuung der privaten Mandatsträger entsteht, und der effektiven Entlastung der Berufsbeistände muss im Übrigen auch geprüft werden. Erfahrungsgemäss erfordert bspw. die Prüfung der Rechnung eines privaten Mandatsträgers einen grösseren Aufwand gegenüber dem Be-

richt einer Berufsperson (Moser, ZVW 2009, 96). Zu berücksichtigen sind ferner die Lohnkosten für einen Berufsbeistand und die Entschädigung, die der Privatbeistand erhält (Moser, ZVW 2009, 95 f.).

3. Natürliche Person

18 Wie bisher (vgl. aArt. 379 Abs. 1: «mündige Person») kann nur eine natürliche Person mit dem Amt des Beistandes betraut werden. Ob die natürliche Person das Schweizer Bürgerrecht besitzt oder Ausländer ist, spielt keine Rolle (BK-Schnyder/Murer, aArt. 379 ZGB N 49 [unter Verweis auf BK-Bucher, Art. 11 ZGB N 132] und aArt. 382/383 ZGB N 15). Auch Personen mit **Wohnsitz im Ausland** sind wählbar, wenn wichtige Gründe vorliegen (BK-Schnyder/Murer, aArt. 379 ZGB N 50; Dischler, Rz 334 ff., insb. 343; BSK ZGB I-Häfeli, aArt. 379 N 6; Häfeli, in: Rosch/Büchler/Jakob, Art. 400 N 2; OFK-ZGB-Fassbind, Art. 400 N 1; **a.M.** Zürcher Bezirksrat, ZVW 1981, 155 Nr. 16, E. 1). Eine Person mit Wohnsitz im Ausland sollte aber nur in Betracht gezogen werden, wenn die betroffene Person dies ausdrücklich wünscht oder sonst besondere Umstände für diese Lösung sprechen, bspw. wenn die verbeiständete Person eine Liegenschaft im Ausland hat und deswegen die Einsetzung von mehreren Beiständen, einer davon im Ausland, sinnvoll ist (vgl. auch Deschenaux/Steinauer, Personnes, Rz 921). Aufsicht und aufsichtsrechtlicher Durchgriff auf den Beistand sind diesfalls von der internationalen Kooperation der Behörden abhängig (Art. 25–27 HEsÜ). Neu ist aber für allfälligen Schaden, den der Beistand mit Wohnsitz im Ausland anrichtet, immer der Kanton haftbar (Art. 454 Abs. 3).

19 Dass die natürliche Person **handlungsfähig** (Art. 13; vgl. auch Art. 374 N 24 f.) sein muss, wird im Gesetz nicht ausdrücklich präzisiert (zum bisherigen Recht BK-Schnyder/Murer, aArt. 379 N 10 und 46 ff.). Eine Person ohne oder mit eingeschränkter Handlungsfähigkeit fällt für das Amt des Beistandes zum vornherein ausser Betracht, was sich indirekt aus Art. 421 Ziff. 4 ableitet (Balestrieri, ZKE 2011, 212; OFK-ZGB-Fassbind, Art. 400 N 1). Wer seine eigenen Angelegenheiten nicht mehr selbständig besorgen kann, ist für die Fürsorge für eine andere Person nicht geeignet. Das gilt auch für Personen unter Beistandschaft, deren Handlungsfähigkeit zwar nicht eingeschränkt ist, die aber doch Unterstützung durch eine behördliche Massnahme brauchen (vgl. Art. 421 Ziff. 4, wonach die Verbeiständung ex lege zur Beendigung des Amtes des Beistandes führt; etwas relativierend Art. 421–424 N 14; vgl. auch Häfeli, in: Rosch/Büchler/Jakob, Art. 400 N 3).

20 Im Hinblick auf ihre Aufsichtsaufgaben (Art. 410, 411, 415, 416, 417, 419) kommen Mitglieder der ESB und ihre Hilfspersonen, die an der Entscheidvorbereitung mitbeteiligt sind, als Beistand nicht in Frage (vgl. Art. 387 Abs. 3 VE Erwachsenenschutz 2003; Botschaft Erwachsenenschutz, 7050; Hausheer/Geiser/Aebi-Müller, Erwachsenenschutzrecht, Rz 2.110; Schmid, Art. 400 N 7; Häfeli, in: Rosch/Büchler/Jakob, Art. 400 N 8; OFK-ZGB-Fassbind, Art. 400 N 1; Vogel, ZVW 2003, 333 f.). Amtsführung und Kontrollaufgaben dürfen nicht miteinander vermischt werden, sondern müssen voneinander unabhängig sein. Problematisch ist auch, wenn eine Person ausserhalb der ESB im Vorfeld der Errichtung einer Beistandschaft für die Abklärungen zuständig ist. Auch sie sollte nicht mit der späteren Mandatsführung beauftragt werden, da es zumindest bei bestrittenen Beistandschaften wohl schwierig sein dürfte, ein Vertrauensverhältnis zur betroffenen Person aufzubauen. Zudem ist bei einer Verbindung von Abklärungs- und späteren Betreuungskompetenzen die Gefahr einer Interessenkollision nicht auszuschliessen.

21 Anders als beim Vorsorgebeauftragten (Art. 360 Abs. 1) kommen **öffentliche Institutionen und juristische Personen** als Beistand nicht in Frage, unabhängig davon, ob es sich um eine juristische Person des Privatrechts oder des öffentlichen Rechts handelt (Bot-

schaft Erwachsenenschutz, 7049; DISCHLER, Rz 56 m.w.H. in FN 121; krit. OFK-ZGB-FASSBIND, Art. 400 N 2). Da der Vorsorgeauftrag unter Umständen Jahre zum Voraus erteilt wird, will die Möglichkeit, im Sinne einer Ausnahmeregelung eine juristische Person zu beauftragen, u.a. sicherstellen, dass im Zeitpunkt, in welchem die Person urteilsunfähig wird, tatsächlich eine oder mehrere Personen vorhanden sind, welche die vorgesehenen Aufgaben erledigen. Diese werden von der juristischen Person, die für den Vorsorgeauftrag verantwortlich ist, bezeichnet. Der Vorsorgeauftraggeber selber hat – anders als bei der Ernennung eines Ersatzbeauftragten (Art. 360 Abs. 3) – keinen Einfluss auf die Person oder die Personen, die sich dann tatsächlich um ihn und sein Vermögen kümmern. Vielmehr vertraut er der juristischen Person, dass sie geeignete Personen beauftragt. Bei der Beistandschaft ist es dagegen die ESB, die dafür verantwortlich ist, dass im Einzelfall eine für den Hilfsbedürftigen geeignete Person eingesetzt wird. Auch wenn damit Umtriebe verbunden sein können, darf diese Aufgabe nicht an eine juristische Person delegiert werden.

4. Persönliche Eignung

22 Das Gesetz unterscheidet zwischen der persönlichen und der fachlichen Eignung der natürlichen Person, die Beistand werden soll. Bei der persönlichen Eignung geht es einmal um die grundsätzliche Eignung, ohne deren Vorhandensein eine Person **zum vornherein als Beistand ausser Betracht** fällt (DISCHLER, Rz 103 und 128 ff.; BK-SCHNYDER/MURER, aArt. 379 ZGB N 57 ff.; SCHMID, Art. 400 N 5; zu den Mitgliedern der ESB und ihren Hilfspersonen s. oben N 20). Ähnlich wie im bisherigen Recht (oben N 3) darf eine unmündige Person, die noch unter elterlicher Sorge steht, oder eine erwachsene Person unter Beistandschaft nicht als Beistand gewählt werden (vgl. Art. 421 Ziff. 4; oben N 19). Ausser Betracht fallen auch Personen, die wegen schwerwiegender Delikte und insb. wegen Vermögensdelikten verurteilt worden sind oder die sonst ihre Finanzen nicht in Ordnung halten (einwandfreies Betreibungs- und Strafregister, guter Leumund: OFK-ZGB-FASSBIND, Art. 400 N 1). Ihnen eine hilfsbedürftige Person und namentlich eine Vermögensverwaltungsbeistandschaft anzuvertrauen, ist nicht verantwortbar, ausser die ESB komme zum Schluss, dass es sich um eine einmalige Verfehlung handelt. Es gibt aber auch Personen, die körperlich oder psychisch nicht belastbar sind (DISCHLER, Rz 147 ff.;), denen die charakterliche Reife (DISCHLER, Rz 133 ff.; STETTLER, Rz 409; OFK-ZGB-FASSBIND, Art. 400 N 1) und die Zuverlässigkeit fehlen, die allgemein kein Vertrauen verdienen (DISCHLER, Rz 135), die wenig kommunikativ sind, kein sicheres Auftreten haben oder die einfach nicht bereit sind, für eine andere Person zu sorgen (DISCHLER, Rz 144 ff.). Sind diese Schwächen ausgeprägt, so hat die ESB in diesen Fällen auch kein Ermessen mehr.

23 Neben Personen, die absolut nicht geeignet sind, gibt es auch Personen, die aus **persönlichen Gründen im Einzelfall** nicht als Beistand in Frage kommen, unabhängig davon, welche Aufgaben zu erledigen sind. Darunter fallen z.B. Personen, bei denen wiederholte erhebliche Interessenkonflikte vorprogrammiert sind (vgl. aArt. 384 Ziff. 3), die zum Streit in der Familie der verbeiständeten Person führen können oder die mit dem Hilfsbedürftigen verfeindet sind (vgl. aArt. 384 Ziff. 3), den schwierigen Charakter des Hilfsbedürftigen ablehnen (ZVW 1948, 141 Nr. 37) oder zu weit vom Wohnort der betroffenen Person leben (CHK-AFFOLTER/STECK/VOGEL, aArt. 380–381 ZGB N 1; OFK-ZGB-FASSBIND, Art. 400 N 1). Für eine trunksüchtige Person ist es wenig sinnvoll, eine Person als Beistand zu ernennen, die selber gerne über den Durst trinkt. Auch der Ehegatte oder andere nahe Angehörige sind in solchen Fällen kaum geeignet, da sie nicht über professionelle Kenntnisse im Umgang mit Suchtkranken und die erforderliche Distanz verfügen, so dass sie sachgerechte Entscheide mit Rücksicht auf die Gefühle des Betroffenen unterlassen können (CHK-Affolter/Steck/Vogel, aArt. 380–381 ZGB N 2; Beispiele für Probleme, die auftreten können, wenn nahe Angehörige ernannt werden: Delachaux, ZVW 1997, 24). Hat sich eine Person mit Hilfe eines Rechtsanwaltes entschieden gegen die Errichtung einer Beistandschaft gewehrt, ist es nicht opportun, diesen Rechtsanwalt als Beistand einzusetzen (BGer vom 28. 8. 2007, 5A_221/2007, E. 3 und ZVW 2008, 237 f.). Generell ungeeignet sind selbstverständlich auch Personen, bei denen ein Entlassungsgrund i.S.v. Art. 423 Abs. 1 Ziff. 2 vorliegen würde (Art. 421–424 N 24 ff.; OFK-ZGB-Fassbind, Art. 400 N 1).

Liegen keine Ausschliessungsgründe vor, ist positiv zu prüfen, wer im konkreten Fall am besten geeignet ist, das Pflichtenheft, das dem Beistand übertragen werden soll, zu erfüllen. Zu beachten ist, dass der Beistand nach einem Vertrauensverhältnis zur hilfsbedürftigen Person streben sollte (Art. 406 Abs. 2). Im Hinblick darauf ist wichtig, dass **hilfsbedürftige Person und Beistand möglichst zueinander passen**. Das gilt sowohl bei einem Privat- wie auch bei einem Berufsbeistand. Der Beistand hat «die Rolle eines geachteten Partners ... und nicht die eines alles besser wissenden Erziehers und Übermenschen anzustreben» (Dischler, Rz 238; Wolf, ZVW 2000, 14 f.). Trotz guter persönlicher Beziehung zum Hilfsbedürftigen muss eine Person aber auch genügend objektiv und unabhängig sein und eine ausreichende emotionale Distanz einhalten (OFK-ZGB-Fassbind, Art. 400 N 1), um die Aufgaben eines Beistandes zu bewältigen. Für die Betreuung einer suchtkranken Person ist ein anderes Persönlichkeitsprofil erforderlich als bei der reinen Vermögensverwaltung. Ob ein Mann oder eine Frau als Beistand gewählt wird, spielt grundsätzlich keine Rolle. Trotzdem gibt es Fälle, in welchen das eine oder andere Geschlecht aus der Sicht der betroffenen Person den Vorzug verdient (Dischler, Rz 256 f.). Wer stark religiös ist, sollte einen Beistand bekommen, der auf die konfessionellen Bedürfnisse Rücksicht nimmt oder sogar der gleichen Konfession angehört (Dischler, Rz 253 ff.), was umgekehrt auch bei Konfessionslosigkeit gilt oder jedenfalls auch diesbezüglich Rücksicht erheischt. Auch die Herkunft aus ähnlichen sozialen Verhältnissen (Dischler, Rz 252) oder kein allzugrosser Altersunterschied (Dischler, Rz 249) kann für das Gelingen der Beistandschaft von Vorteil sein. Pflegt die hilftsbedürftige Person einen unkonventionellen Lebensstil, ist sie ein «bunter Vogel», so ist ein Beistand zu wählen, der vorurteilslos damit umgehen kann. **24**

5. Fachliche Eignung

Bei der fachlichen Eignung geht es um die für die Ausübung des konkreten Mandates (Art. 391 und 398 Abs. 2) nötigen Fachkompetenzen. Das Gesetz geht davon aus, dass es nach wie vor einfache oder **einfachere Beistandschaften** gibt, bei denen eine **Privatperson ohne spezielles Fachwissen**, aber mit Lebenserfahrung, gesundem Menschenverstand, Sozialkompetenz und gutem Willen als Beistand in Frage kommt, insb. wenn sie die erforderliche Unterstützung bekommt (Art. 400 Abs. 3). Wer lediglich ein kleines Sparkonto besitzt und von einer unterhaltsdeckenden Rente lebt, stellt bezüglich der Vermögensverwaltung ganz andere Anforderungen als bspw. eine hilfsbedürftige Person, die ein Unternehmen besitzt, das geführt werden muss, oder die auf die Geltendmachung von sozialversicherungsrechtlichen Ansprüchen angewiesen ist. Eine Person, die im hohen Alter dement wird und in einem Alters- und Pflegeheim lebt, ist nicht zu vergleichen mit einer Person im aktiven Alter mit Suchterkrankung. Viele Beistandschaften sind in psychologischer, sozialer, medizinischer Hinsicht und/oder nach Grösse und Art des zu verwaltenden Vermögens aber so komplex, dass es ein **besonderes Fachwissen** braucht und deshalb in aller Regel ein **Berufsbeistand** mit dem Mandat zu betrauen ist. Allerdings können auch die ausserhalb ihres Berufes eingesetzten sog. Privatpersonen über ein spezi- **25** elles Fachwissen verfügen, z.B. wenn es sich um Ärzte, Psychologen, Vermögensverwalter, Juristen oder Sozialarbeiter handelt.

26 Aufgabe der ESB ist es, anhand der im Rahmen einer konkreten Beistandschaft zu erledigenden Aufgaben, zu denen nach Möglichkeit auch die Linderung oder die Verhütung einer Verschlimmerung des Schwächezustandes der betroffenen Person gehört (Art. 406 Abs. 2), ein **fachliches Anforderungsprofil** für den Beistand zu erstellen. Die diesem Profil möglichst gut entsprechende Person ist als Beistand zu ernennen. Sind die fachlichen Anforderungen sehr vielfältig, ist die Ernennung von mehreren Beiständen in Betracht zu ziehen (N 31 und 35 ff.).

6. Zeitliche Disponibilität

27 Die für das Amt als Beistand in Aussicht genommene Person muss die **erforderliche Zeit für die persönliche Mandatsführung** einsetzen können. Persönliche und fachliche Fähigkeiten allein genügen nicht, um die Beistandschaft im wohlverstandenen Interesse und zum Wohl der betroffenen Person zu führen. Wer z.B. beruflich sehr beansprucht ist oder grosse familiäre Verpflichtungen hat, eignet sich als Beistand kaum. Die zeitliche Disponibilität steht in engem Zusammenhang mit der persönlichen Mandatsführung und ist an sich ein Aspekt der persönlichen Eignung. Sie wird aber im Gesetz wegen ihrer Bedeutung vor allem im Hinblick auf die Berufsbeistände ausdrücklich erwähnt. In der Vergangenheit kam es nicht selten vor, dass sich Amtsvormünder um mehrere Hundert Personen kümmern mussten. Wie viel Zeit da für das einzelne Mandat bleibt, ist bei einem 100%-Pensum und einer geschätzten Nettoarbeitszeit von durchschnittlich 1 500–1 600 Stunden (VOGEL, ZVW 2003, 336 FN 11) leicht auszurechnen. Der Missstand der mangelnden Zeit für eine korrekte Amtsführung ist von Fachleuten immer wieder kritisiert worden. Das neue Recht gibt hier deshalb bewusst Gegensteuer, auch wenn heute professionelle Mandatsträger i.d.R. nur noch zwischen 70 und 100 Mandaten führen (AFFOLTER, ZVW 2006, 240). Der Praxis bleibt es überlassen, die Bestimmung zu konkretisieren. Absolute Zahlen oder Normzeiten festzulegen ist im Hinblick auf die unterschiedliche Art von Mandaten und die unterschiedlichen Rahmenbedingungen für Berufsbeistände in der Schweiz kaum möglich. «Wünschenswert wäre daher, dass Anforderungen an die Qualität der Mandatsführung (Struktur, Prozess und Ergebnisqualität) formuliert würden, um die Begriffe wie erforderliche Zeit und genügende Anzahl interpretieren zu können» (VOGEL, ZVW 2003, 335).

28 Wird eine Person als Berufsbeistand ernannt, die objektiv bereits **mit anderen Mandaten überlastet** ist, so kann sie den Ernennungsentscheid der ESB mit der Begründung, sie sei nicht geeignet, bei der gerichtlichen Beschwerdeinstanz anfechten (Art. 450 ff.), sofern dies mit dem Anstellungsverhältnis vereinbar ist. Grundsätzlich ist es aber Aufgabe der ESB, dafür zu sorgen, dass eine Person als Beistand eingesetzt wird, die für das Amt genügend Zeit zur Verfügung hat. Macht sie das nicht, begeht sie eine Pflichtverletzung.

7. Persönliche Wahrnehmung der Aufgaben durch den Beistand

29 Die Pflicht des Beistandes, die übertragenen Aufgaben i.S.v. Art. 391 Abs. 1 und Art. 398 Abs. 2 selber wahrzunehmen, bringt zum Ausdruck, dass die von einer Massnahme betroffene Person grundsätzlich ein **Recht auf persönliche Aufgabenerfüllung** durch den Beistand hat (VOGEL, ZVW 2003, 334 f.). Die Vorschrift richtet sich gegen das in der Romandie verbreitete Institut des Tuteur général (STETTLER, Rz 413). Dieser führt im öffentlich-rechtlichen Anstellungsverhältnis eine riesige Zahl von Mandaten, ohne persönlichen

Kontakt zu den betreuten Personen zu pflegen, weil die Erfüllung des gesamten Auftrags an Mitarbeiter ohne eigene Entscheidungsbefugnis delegiert wird, die unter der Aufsicht des Tuteur général arbeiten (Botschaft Erwachsenenschutz, 7050). Dieses Institut ist mit dem neuen Recht nicht mehr vereinbar, das vom Beistand u.a. verlangt, soweit wie möglich ein Vertrauensverhältnis zur betroffenen Person aufzubauen (Art. 406 Abs. 2). Die bisherigen Mitarbeiter des Tuteur général sind – sofern «geeignet» – selber als Beistand einzusetzen (MEIER/LUKIC, Rz 542).

Die Pflicht zur persönlichen Wahrnehmung der Aufgaben entspricht dem Auftragsrecht des OR (Art. 394 ff. OR) und heisst nicht, dass der Beistand nicht für Teilaufgaben, die spezielle zeitliche oder fachliche Anforderungen stellen, **Hilfspersonen** beiziehen oder eine bestimmte Aufgabe durch Substitution an einen Dritten delegieren darf (Art. 68, 101, 398 Abs. 3 und 399 OR; Botschaft Erwachsenenschutz, 7050; HÄFELI, in: Rosch/Büchler/Jakob, Art. 400 Rz 14; OFK-ZGB-FASSBIND, Art. 400 N 1; BALESTRIERI, ZKE 2011, 213; VOGEL, ZVW 2003, 335; zum bisherigen Recht BOKSTALLER, 38 f. Ziff. 1.2.3; hinten Art. 413 N 2 ff.). So muss der Beistand die hilfsbedürftige Person im Rahmen der Personsorge selbstverständlich nicht selber betreuen, sondern kann z.B. Spitex und andere Hilfen organisieren. Der Beistand ist aber – wie die Inhaber der elterlichen Sorge – verantwortlich dafür, dass eine gute Pflege und Betreuung gewährleistet ist. Im Rahmen der Vermögensverwaltung können gewisse Geschäfte an eine Bank oder eine andere Fachperson (z.B. an einen Häusermakler beim Verkauf eines Hauses) delegiert werden und für eine Prozessführung, welche nach Art. 416 Ziff. 9 der Zustimmung der ESB bedarf, ist unter Umständen ein Anwalt beizuziehen. Auch die Hilfsdienste der Organisationseinheit sind bei Berufsbeiständen wichtig. Die einzelnen Geschäfte sind aber nur übertragbar, soweit dies mit einer sorgfältigen Mandatsführung vereinbar ist und eine persönliche Erfüllung nicht zwingend ist. Gegenüber der ESB (bzw. dem Kanton, Art. 454 Abs. 4) ist der Beistand verantwortlich (BALESTRIERI, ZKE 2011, 213). Er haftet bei berechtigter Delegation von Aufgaben bzw. beim Beizug einer Hilfsperson für die gehörige Sorgfalt bei der Wahl und Instruktion (vgl. Art. 399 Abs. 2 OR) und auch für die erforderliche Kontrolle (BOKSTALLER, 39; CAVIEZEL, Die Vermögensverwaltung durch den Beistand, Diss. 1988, 183 f.; ZK-EGGER, aArt. 413 ZGB N 9). **30**

IV. Ernennung von mehreren Beiständen (Abs. 1 Satz 2)

1. Allgemeines

Für eine hilfsbedürftige Person wird i.d.R. nur ein Beistand ernannt. Bei Vorliegen besonderer Umstände, insb. in besonders komplexen Fällen, kann es aber sinnvoll sein, mehrere Personen mit der Führung der Beistandschaft zu beauftragen (Art. 400 Abs. 1 Satz 2), sei es, dass diese das Amt gemeinsam ausüben, sei es, dass die ESB die verschiedenen für den Hilfsbedürftigen zu erledigenden **Aufgaben auf mehrere Personen aufteilt** (Art. 402 Abs. 1). Jeder der Amtsträger gilt in diesem Fall als Beistand und untersteht damit der Aufsicht der Erwachsenschutzbehörde. Es handelt sich somit um eine besondere Form der längerfristigen auf eine bestimmte Person bezogenen Sozialarbeit im Team. Durch den Verweis von Art. 327c Abs. 2 gilt die Regelung auch für die Vormundschaft sowie die Beistandschaft (Art. 308 und 325) für Unmündige. Hier kann es ebenfalls je nach Situation im Interesse des betroffenen Unmündigen liegen, dass mehrere Vormünder ernannt werden, weil bspw. persönliche Betreuung und Vermögensverwaltung an unterschiedlichen Orten erfolgen müssen. Mit einer gemeinsamen Mandatsführung können sowohl Privatbeistände wie Berufsbeistände beauftragt werden. Auch eine Kombination der beiden Kategorien ist selbstverständlich zulässig. **31**

2. Abgrenzungen

32 Nicht von Art. 400 Abs. 1 Satz 2 erfasst werden Fälle, in welchen ein Beistand im Rahmen seiner Amtsführung auf den Beizug Dritter angewiesen ist (N 30). Der Dritte hat indessen nicht die Stellung eines Beistandes. Gegenüber der ESB ist einzig der Beistand verantwortlich.

33 Von der Ernennung mehrerer Beistände zu unterscheiden sind auch die Fälle, in welchen der Beistand am Handeln verhindert ist und keinen Stellvertreter bezeichnet (Art. 403 N 11 f.) oder eine Interessenkollision vorliegt (Art. 403 N 13 ff.). Hier wird grundsätzlich ein **Ersatzbeistand** ernannt, der aber nur soweit handeln darf, als der ordentliche Beistand am Handeln verhindert ist oder eine Interessenkollision besteht, so dass von Gesetzes wegen die Befugnisse des Beistandes entfallen (Art. 403 Abs. 2). Eine gemeinsame Amtsführung zur gleichen Zeit liegt hier nicht vor.

34 Schliesslich kommt es in der Praxis häufig vor, dass eine Person eine Beistandschaft bzw. – bei Unmündigen – eine Vormundschaft (Art. 327a ff.) für **mehrere Hilfsbedürftige** übernimmt (BK-Schnyder/Murer, aArt. 379 ZGB N 78). Insbesondere kann es den Interessen von unmündigen Geschwistern dienen, wenn eine einzige Person für alle zuständig ist (Bokstaller, 40 f.). Bei Berufsbeiständen ist es sogar eine Selbstverständlichkeit, dass sie eine Vielzahl von Mandaten ausüben. Für jedes der Mandate gelten die ordentlichen Regeln und die Amtsführung wird durch die ESB für jede der betreuten Personen selbständig kontrolliert. Sondervorschriften gibt es nicht. Rechtlich bestehen in diesen Fällen so viele Beistandschaften bzw. Vormundschaften, wie es hilfsbedürftige Personen gibt.

3. Besondere Umstände

35 Ob besondere Umstände (Art. 4) vorliegen, welche die Ernennung von mehreren Beiständen rechtfertigen, beurteilt sich nach dem **Umfang und der Komplexität der Aufgaben**, die zu erfüllen sind (Art. 391 und 398 Abs. 2) sowie den **gesamten persönlichen und vermögensrechtlichen Verhältnissen** der betroffenen Person. Mitzuberücksichtigen sind die Wünsche des Betroffenen und seiner Angehörigen (Art. 401) sowie die Kapazitäten und Fähigkeiten der Personen, die als Beistand zur Verfügung stehen. Mit dem Hinweis auf die besonderen Umstände bringt der Gesetzgeber zum Ausdruck, dass die Ernennung einer einzigen Person die Regel ist. Aber immer dann, wenn den Interessen des Betroffenen mit der Amtseinsetzung von mehreren Personen längerfristig besser gedient ist als wenn nur eine Person ernannt wird, ist diese Lösung vorzuziehen (BK-Schnyder/Murer, aArt. 379 ZGB N 79; Dischler, Rz 75; s.a. Art. 402 N 3). Für die Ernennung von mehreren Personen braucht es nicht eine ausserordentliche Situation.

36 Es sind **viele Varianten der Aufteilung** der Aufgaben möglich. Sinnvoll kann insb. die Trennung von persönlicher Fürsorge und Vermögensverwaltung sein (BK-Schnyder/Murer, aArt. 379 ZGB N 79; Bockstaller, 54; ZK-Egger, aArt. 379 N 14; BK-Kaufmann, aArt. 379 ZGB N 13 und 20). Denkbar ist auch, dass die betroffene Person an einem bestimmten Ort wohnt und eine Liegenschaft weit entfernt besitzt, die zu verwalten ist. Es gibt aber auch Sachzwänge, die es rechtfertigen, die Vermögensverwaltung aufzuteilen, weil die zu verwaltenden Vermögenskomplexe an unterschiedlichen Orten liegen oder gewisse Teile des Vermögens, wie z.B. Unternehmen, sinnvollerweise separat zu verwalten sind. Bei der gemeinsamen Amtsführung (Art. 402 N 5 ff.) ist bspw. eine laufende gegenseitige Kontrolle sichergestellt. Auch persönliche Rücksichtnahmen können zur Einsetzung von mehreren Personen führen, insb. wenn die Eltern der betroffenen Person das Amt des Beistandes übernehmen oder wenn spezielle kulturelle Kenntnisse erforderlich sind (DESCHENAUX/STEINAUER, Personnes, Rz 915). Siehe im Übrigen die Beispiele zur gemeinsamen und getrennten Amtsführung unter Art. 402 N 14 und 19.

Wenn mehrere Beistände für die gleiche Person tätig sind, können sich heikle Schnittstellen ergeben. Insbesondere kann auch die getrennte Amtsführung zu Überschneidungen führen, so dass für bestimmte Bereiche praktisch doch eine gemeinsame Amtsführung erforderlich wird (Art. 402 N 18). Als Alternative zur Einsetzung von mehreren Beiständen hat deshalb die ESB auch zu prüfen, ob die Einsetzung eines einzigen Beistandes im Sinne eines Managers sinnvoller ist, der sich im Rahmen des Auftragsrechts durch Subaufträge die Unterstützung durch weitere Personen sichert. So ist bspw. denkbar, dass unter der Kontrolle des Beistandes die Spitex sich um das persönliche Wohl der verbeiständeten Person kümmert, die Wertschriften von einer Bank verwaltet werden, die Verwaltung einer Liegenschaft einer Liegenschaftsverwaltung übertragen wird und ein Jurist Unterstützung in rechtlichen Fragen leistet. **37**

4. Anzahl Beistände

Wieviele Beistände ernannt werden, bleibt dem freien Ermessen der ESB überlassen. Massgebend für die Zahl der Beistände sind insb. die besonderen **Umstände des Einzelfalles und die Zweckmässigkeit**. Die Aufgabenbereiche der einzelnen Beistände sollten nicht zu klein sein. Bei der gemeinsamen Amtsführung (Art. 402 Abs. 1) dürfte es sich wohl nur in Ausnahmefällen rechtfertigen, im Hinblick auf die Schwerfälligkeit des gemeinsamen Handelns mehr als zwei Beistände einzusetzen. Je mehr Beistände ernannt werden, desto schwieriger ist es auch, dass jeder Beistand ein Vertrauensverhältnis zur hilfsbedürftigen Person aufbaut (Art. 406 Abs. 2). Die gesetzliche Formulierung ist aber flexibel. Dank ihr kann auch in den schwierigsten Fällen eine angemessene Lösung gefunden werden. **38**

V. Pflicht zur Übernahme des Amtes (Abs. 2)

1. Tragweite der Verpflichtung

Die Übernahme eines Amtes als Beistand steht nicht im Belieben der von der ESB in Aussicht genommenen Person. Vielmehr sieht das Gesetz in Art. 400 Abs. 2 grundsätzlich eine **Übernahmepflicht** vor, ausser die Person biete ihre Dienste selber an. Allerdings handelt es sich der Natur der Sache nach um eine Pflicht, die **rechtlich nur schwer zwangsweise durchgesetzt werden kann**, weil bei deren Ablehnung oder Schlechterfüllung kaum sinnvolle Sanktionen möglich sind (unten N 54). Auch wenn deshalb der Pflichtcharakter beschränkt ist, ist das Amt des Beistandes kein Ehrenamt, sondern eine **Bürgerpflicht** (AmtlBull StR 2007, 835), die in einem gewissen Rahmen auch entschädigt wird (Art. 404). Dies gilt selbst dort, wo es um Angehörige der Person geht, für die eine Beistandschaft errichtet worden ist. Die Pflicht ist persönlich zu erbringen und kann nicht durch die Leistung einer Ersatzabgabe ersetzt werden. Aus rechtsdogmatischer Sicht handelt es sich um eine öffentlich-rechtliche Verpflichtung, die im formellen Bundeszivilrecht verankert ist (BK-SCHNYDER/MURER, aArt. 382/383 ZGB N 10; DISCHLER, Rz 80 m.w.V.). **39**

Die gesetzlich verankerte Übernahmepflicht setzt ein Zeichen und will zum Ausdruck bringen, dass im Bereich des Erwachsenenschutzes auch unter veränderten Verhältnissen **Solidarität und Mitmenschlichkeit** keine leeren Worte sind (Botschaft Erwachsenenschutz, 7050; OFK-ZGB-FASSBIND, Art. 400 N 3; HAUSHEER/GEISER/AEBI-MÜLLER, Erwachsenenschutzrecht, Rz 2.115; SCHMID, Art. 400 N 13). Wem es deshalb persönlich, fachlich und zeitlich zumutbar ist, der soll sich auch um schwache hilfsbedürftige Perso- **40** nen kümmern. Zwar ist allgemein anerkannt, dass es kaum im Interesse des Hilfsbedürftigen liegt, wenn er einen Beistand bekommt, der das Amt völlig widerwillig und nur unter Zwang übernimmt. Eine solche Person ist auch nicht richtig in der Lage, eine Vertrauensbasis zur verbeiständeten Person und ihren Angehörigen zu schaffen (Art. 406 Abs. 2). Eine entschiedene, klare und dauerhafte Ablehnung ist deshalb unter dem Gesichtspunkt der subjektiven persönlichen Eignung für das Amt (Art. 400 Abs. 1) und damit letztlich auch als wichtiger Grund i.S.v. Art. 400 Abs. 2 von der ESB zu berücksichtigen. Die Amtspflicht ist vor allem gedacht für charaktervolle Personen, die bei völliger Freiwilligkeit abgelehnt hätten, sich aber «unter sanftem Druck» doch bereit erklären, die Beistandschaft zu übernehmen und das Amt aus Pflichtbewusstsein tadellos und mit Engagement ausfüllen (BK-Schnyder/Murer, aArt. 382/383 ZGB N 17). Sie erlaubt der ESB auch, einen Wunschkandidaten für das Amt des Beistandes vorzuladen und ihn – insb. unter Hinweis auf die Beratung und Unterstützung bei der Amtsausübung gem. Art. 400 Abs. 3 – zur Übernahme des Amtes zu motivieren. Zwar muss die KESB eine Fachbehörde sein (Art. 440 Abs. 1). Das heisst aber nicht, dass der ganze Kindes- und Erwachsenenschutz professionalisiert wird. Vielmehr sollen nach Auffassung des Gesetzgebers mit professioneller Unterstützung auch Privatpersonen eine einfache oder einfachere Beistandschaft übernehmen können. In der Praxis ist die zwangsweise Durchsetzung der Amtspflicht von geringer praktischer Bedeutung (BK-Schnyder/Murer, aArt. 382/383 ZGB N 17; BSK ZGB I-Häfeli, aArt. 382/383 N 12; Flückiger, ZKE 2011, 277 f. und ins. FN 99). Das spricht aber nicht gegen den Grundsatz einer Amtspflicht im neuen Recht.

41 Die Übernahmepflicht besteht für alle Personen, die als Beistand i.S.v. Art. 400 Abs. 1 grundsätzlich geeignet sind und deshalb von der ESB für dieses Amt in Aussicht genommen werden; sie wird aber durch die **wichtigen Gründe**, die gegen die Amtspflicht der als geeignet befundenen Person sprechen, **relativiert** (dazu N 48).

42 Die Übernahmepflicht findet auf Personen Anwendung, die dem Zivilgesetzbuch unterstehen, also **Wohnsitz in der Schweiz** haben. Gleichgültig ist, ob es sich um Schweizer oder Ausländer mit Wohnsitz in der Schweiz handelt (vgl. BK-Schnyder/Murer, aArt. 382/383 ZGB N 10 und 15). Dagegen muss eine Person mit Wohnsitz im Ausland (N 19) der Ernennung als Beistand immer zustimmen.

43 Anders als im bisherigen Recht (aArt. 382 Abs. 1, unter Vorbehalt der Verwandten und des Ehegatten) wird die Übernahmepflicht im Interesse der Hilfsbedürftigen **nicht** auf Personen beschränkt, die im **Zuständigkeitskreis der ESB** wohnen. Verlangt wird aber immer, dass die ausgewählte Person für das Mandat geeignet ist (Art. 400 Abs. 1). Von da her gesehen ergibt sich eine natürliche Auslese. Wer bspw. weit entfernt von der hilfsbedürftigen Person lebt, so dass der Kontakt erschwert ist, ist auf jeden Fall für die Personsorge nicht geeignet. Kommt hinzu, dass die Ablehnungsgründe durch die Verwendung der Generalklausel der wichtigen Gründe weiter gefasst sind als im bisherigen Recht (dazu hinten N 48).

44 Bei einem Berufsbeistand mit öffentlich-rechtlichem oder privatrechtlichem Anstellungsverhältnis wird die Übernahmepflicht durch die Pflichten, die sich aus dem **Anstellungsverhältnis** ergeben, **überlagert** (vgl. BK-Schnyder/Murer, aArt. 360 ZGB N 74 f., aArt. 379 ZGB N 74, aArt. 382/383 ZGB N 10; KGer JU, RJJ 1997, 57).

45 Von den Nachbarstaaten der Schweiz sieht **Italien** wie die Schweiz eine Amtspflicht für die Vormundschaft über Unmündige vor (Art. 346 ff. CC it, insb. Art. 351 und 352 CC it.). Das Vormundschaftsgericht kann gem. Art. 383 CC it. den Vormund eines Unmündigen vom Mandat entbinden, wenn dieses eine aussergewöhnlich schwere Last bedeutet und eine andere Person bereit ist, das Amt zu übernehmen. Die Art. 349–353 und

374–383 CC it. finden bei den Schutzmassnahmen für Erwachsene sinngemäss Anwendung (Art. 411 CC it.). In **Deutschland** ist die zwangsweise Durchsetzung der Amtspflicht auf die Vormundschaft für Unmündige beschränkt und gilt für jeden Deutschen (§ 1785 i.V.m. §§ 1780–1784 BGB; für die Ablehnungsgründe § 1786 BGB). Das Vormundschaftsgericht kann den Ausgewählten durch Festsetzung von Zwangsgeld zur Übernahme der Vormundschaft anhalten (§ 1788 BGB). Zudem ist derjenige, der die Übernahme ohne Grund ablehnt, bei Verschulden für den Schaden verantwortlich, der dem Mündel dadurch entsteht, dass sich die Bestellung des Vormundes verzögert (§ 1787 Abs. 1 BGB). Für die Betreuung Erwachsener bestimmt § 1898 Abs. 1 BGB unter dem Titel «Übernahmepflicht», dass der vom Vormundschaftsgericht Ausgewählte «verpflichtet» ist, «die Betreuung zu übernehmen, wenn er zur Betreuung geeignet ist und ihm die Übernahme unter Berücksichtigung seiner familiären, beruflichen und sonstigen Verhältnisse zugemutet werden kann». Der Ausgewählte darf aber nach Abs. 2 dieser Bestimmung erst dann zum Betreuer bestellt werden, wenn er sich zur Übernahme bereit erklärt hat. **Frankreich** beschränkt sich darauf, in Art. 394 und 415 Abs. 4 CC fr. festzulegen, dass die Vormundschaft für Unmündige bzw. der Schutz für die Person und das Vermögen eines Erwachsenen «est un devoir des familles et de la collectivité publique». Die Rekrutierung von Freiwilligen, die bereit sind, eine Vormundschaft für Erwachsene zu übernehmen, soll in Frankreich schwierig sein (dazu FLÜCKIGER, ZKE 2011, 269 f.). In **Österreich** kann ein Rechtsanwalt oder Notar die Übernahme einer Sachwalterschaft für einen Erwachsenen nur ablehnen, wenn ihm diese unter Berücksichtigung seiner persönlichen, familiären, beruflichen und sonstigen Verhältnisse nicht zugemutet werden kann (§ 274 Abs. 2 ABGB). Für Unmündige, die nicht unter der Obsorge der Eltern, Grosseltern oder Pflegeeltern stehen, hat das Gericht eine andere geeignete Person mit der Obsorge zu betrauen (§ 187 ABGB). Eine besonders geeignete Person kann die Übernahme der Obsorge nur ablehnen, wenn ihr diese unzumutbar wäre (§ 189 ABGB).

FLÜCKIGER (ZKE 2011, 263 ff. passim) erachtet die Amtspflicht als überholt und hält eine Revision von Art. 400 Abs. 2 im Sinne der Einführung eines Zustimmungserfordernisses oder der Einschränkung der Amtspflicht auf bestimmte Angehörige für unverzichtbar (ZKE 2011, 286). Nach seinen Abklärungen aufgrund einer Umfrage wird die Amtspflicht systematisch gegen den ausdrücklichen Willen der ernannten Person lediglich noch in einem einzigen Kanton (VD) durchgesetzt (ZKE 2011, 277 f. m.H. auf die Praxis der vormundschaftlichen Aufsichtsbehörde des Kantons Waadt). Damit sei sie keine «übliche Bürgerpflicht» i.S.v. Art. 4 Abs. 3 lit. d EMRK mehr, so dass das in der Konvention enthaltene Verbot der Zwangs- und Pflichtarbeit verletzt werde. Sie sei auch im Lichte des öffentlichen Interesses, der Verhältnismässigkeit und des Diskriminierungsverbotes nicht zu vertreten. **46**

Indessen hat sich der EGMR noch nie zur Frage äussern müssen, ob die Amtspflicht im Kindes- und Erwachsenenschutzrecht eine «übliche Bürgerpflicht» i.S.v. Art. 4 Abs. 3 lit. d EMRK ist oder nicht (vgl. auch Art. 8 Abs. 3 lit. c Ziff. iv UNO-Pakt II; FLÜCKIGER, ZKE 2011, 271). Der EGMR hat aber z.B. die Verpflichtung, das Amt eines Geschworenen in einem Gericht wahrzunehmen, als eine «normale Bürgerpflicht» bezeichnet (EGMR, 20.6.2006, No. 17209/02, Zarb Adami/Malta, zitiert bei FROWEIN/PEUKERT, Art. 4 N 16). Auch die Internationale Arbeitsorganisation (OIT) hat bis jetzt die Amtspflicht nicht beanstandet (vgl. Art. 2 Abs. 2 lit. b des Übereinkommens Nr. 29 vom 28.6.1930 über Zwangs- und Pflichtarbeit [SR 0.822.713.9]). Dass die Amtspflicht nur sehr beschränkt zwangsweise durchsetzbar ist (N 39 und N 54), liegt in der Natur der Sache und wurde vom Gesetzgeber in der Revision auch so gewollt. Daraus zu schliessen, dass die Norm deswegen wirkungslos und die Pflicht unüblich ist, ist aber nicht richtig. FLÜCKIGER hat bei seiner Umfrage nicht abgeklärt, wie viele Privatbeistände das Amt ohne Widerstand übernahmen, **47** weil es die Amtspflicht gab (ZKE 2011, 278 FN 100 und 286). Ihr Wert liegt im neuen Erwachsenenschutzrecht in der Möglichkeit der ESB, einen Kandidaten vorzuladen und einen gewissen sanften Druck («soft law») auf ihn auszuüben. Im Hinblick auf die jährlich zunehmenden Fälle, in denen ein Bedarf nach einer Massnahme besteht (s. Schweizerische Statistik Erwachsenen- und Kindesschutzmassnahmen, ZKE 2011, 422 und 423: das Total der amtsgebundenen Erwachsenenschutzmassnahmen ist von 58 980 im Jahr 2001 auf 82 116 im Jahr 2010 gestiegen; die Gesamtzahl der Kindesschutzmassnahmen nahm im gleichen Zeitraum von 31 488 auf 43 613 zu), ist diese Möglichkeit nicht leichtfertig preiszugeben. Gerade wenn man bedenkt, dass die Demenzkranken in der Schweiz, die heute auf rund 107 000 Personen geschätzt werden, sich bis zum Jahr 2030 verdoppeln sollen (s. vor Art. 374–376 N 1), wird klar, dass die damit verbundene Zahl von Beistandschaften nur bewältigt werden kann, wenn für einfachere, wenig zeitintensive Fälle nötigenfalls mit etwas Druck auch Privatpersonen beigezogen werden können. Anders sind die Rekrutierungsprobleme und die Kosten des Erwachsenenschutzes nicht zu bewältigen. Die Amtspflicht ist deshalb keineswegs überholt. Sie ist im Übrigen weder ungerecht noch erniedrigend noch besonders hart, wie verbotene Zwangsarbeiten oft sind (GRABENWARTER, § 20 Rz 40). Kommt hinzu, dass die Ablehnungsgründe im neuen Recht nicht mehr konkret im Gesetz aufgezählt, sondern offen mit der Generalklausel der wichtigen Gründe umschrieben sind (N 48). Die Aufgabe, für eine einheitliche Praxis und damit für Rechtsgleichheit bei der Auslegung der Norm zu sorgen, obliegt dem Bundesgericht (N 53), das gemäss dem rev. Art. 72 Abs. 2 lit. b Ziff. 6 BGG (gültig ab dem 1. 1. 2013) mit der zivilrechtlichen Beschwerde bei allen Entscheiden auf dem Gebiet des Kindes- und Erwachsenenschutzes angerufen werden kann, während früher der ordentliche Rechtsweg ans Bundesgericht grundsätzlich nur bei Anordnung oder Aufhebung von Massnahmen offenstand (aArt. 44 OG). Den KESB steht zwar ein erhebliches Ermessen bei der Bestellung des Beistandes bzw. Vormundes (Art. 327a ff.) und der Beurteilung der Ablehnungsgründe zu (vgl. unten N 48; kaum zutreffend die Befürchtungen von FLÜCKIGER, ZEK 2011, 283). Die Beistandschaft kann aber einer Person nur auferlegt werden, wenn sowohl die Umstände und Interessen der schutzbedürftigen Person wie die Verhältnisse der verpflichteten Person beachtet werden. Insofern wird den Geboten der Geeignetheit, der Zumutbarkeit und der Verhältnismässigkeit bei der Auferlegung der Amtspflicht voll Rechnung getragen.

2. Wichtige Gründe als Ablehnungsgründe

48 Anders als im bisherigen Recht (aArt. 383) sieht das Gesetz keinen Katalog von bestimmten Ablehnungsgründen für eine grundsätzlich als Beistand geeignete Person vor, sondern verwendet die **Generalklausel** der wichtigen Gründe, ohne diese beispielhaft zu erläutern. Es ist Aufgabe der rechtsanwendenden Behörden, d.h. der KESB und letztinstanzlich des Bundesgerichts und nicht des kantonalen Gesetzgebers, im Ermessen nach Art. 4 zu konkretisieren, was unter wichtigen Gründen zu verstehen ist (FLÜCKIGER, ZKE 2011, 270 f.). Gemeint sind nach der Botschaft insb. persönliche Gründe (z.B. Gesundheit, hohes Alter, dauerhafte Interessenkonflikte, frühere Konfliktsituation mit der verbeiständeten Person, geplanter Domizilwechsel), starke aktuelle oder bevorstehende berufliche oder familiäre Belastungen (z.B. Zahl der Kinder, Krankheit und Behinderung von Familienmitgliedern, Betreuung von betagten Eltern oder anderen Angehörigen, Beruf, der mit vielen Reisen oder Überstunden verbunden ist, Aufbau eines eigenen Gewerbes, das vollen Einsatz verlangt) oder bereits übernommene öffentliche Aufgaben (Ausübung von politischen Ämtern im Milizsystem in Exekutive und Legislative, freiwillige Mitarbeit in der Feuerwehr, zeitintensives Präsidium eines gemeinnützigen Vereins), so dass die Übernahme des Amtes nicht zumutbar ist (vgl. Botschaft Erwachsenenschutz, 7050). Mit

Rücksicht auf das Wohl der verbeiständeten Person sind die wichtigen Gründe weit auszulegen (vgl. MEIER/LUKIC, Rz 545). Letztlich ist auch entschiedene und dauerhafte Ablehnung des Mandates, welche die Geeignetheit für das Amt in Frage stellt (BK-SCHNYDER/MURER, aArt. 382/383 ZGB N 17), ein wichtiger Grund.

Einen relativen Ablehnungsgrund enthält Art. 422 Abs. 1. Nach dieser Bestimmung hat der Beistand frühestens nach vier Jahren Amtsdauer **Anspruch auf Entlassung**. Vorher kann er die Entlassung aus wichtigen Gründen, die bei der Ernennung noch nicht vorgelegen sind, beantragen (Art. 422 Abs. 2). **49**

3. Verfahren

Art. 400 Abs. 2 übernimmt wörtlich Art. 386 Abs. 3 VE Erwachsenenschutz 2003, der bestimmt, dass die *«ernannte»* Person verpflichtet ist, die Beistandschaft zu übernehmen, sofern nicht wichtige Gründe dagegen sprechen. Bei dieser Formulierung hat der Gesetzgeber übersehen, dass – anders als im Vernehmlassungsentwurf (Art. 390) – kein Sonderanfechtungsverfahren entsprechend aArt. 388 ff. (BK-SCHNYDER/MURER, aArt. 382/383 ZGB N 31) mehr vorgesehen ist, sondern fortan der Ernennungsentscheid der ESB im **ordentlichen Verfahren** nach Art. 443 ff. erfolgt und direkt bei der gerichtlichen Beschwerdeinstanz anzufechten ist (Art. 450 ff.). Will man deshalb den Instanzenzug nicht verkürzen, so muss die ESB von Amtes wegen die Geeignetheit der in Aussicht genommenen Person abklären und dieser Person im Nominationsverfahren umfassend das rechtliche Gehör (Art. 29 BV) gewähren, damit sie geltend machen kann, sie sei entgegen der Annahme der Behörde nicht geeignet (Art. 400 Abs. 1) oder wichtige Gründe würden gegen die Ernennung sprechen (Art. 400 Abs. 2). Diese unterschiedlichen Einspruchsgründe haben allerdings keine grosse praktische Relevanz, denn letztlich kann die mangelnde Geeignetheit auch unter die wichtigen Gründe subsumiert werden, die gegen die Übernahme des Amtes sprechen. Umgekehrt kann z.B. die fehlende Bereitschaft, das Amt zu übernehmen, dazu führen, dass eine Person als ungeeignet anzusehen ist. Denn den Interessen der verbeiständeten Person ist – wie schon dargelegt (oben N 48 i.f.) – letztlich nicht gedient, wenn eine Person zur Übernahme gezwungen werden muss. **50**

Die ESB ist verpflichtet, die Geeignetheit des Amtsanwärters abzuklären und offensichtliche wichtige Gründe, die gegen die Amtsübernahme sprechen, **von Amtes wegen** mitzuberücksichtigen. Dem Amtsanwärter obliegt es, im Ernennungsverfahren sämtliche wichtige Gründe geltend zu machen, die ihn aus seiner Sicht an der Amtsübernahme hindern. **51**

Der Entscheid der ESB ist direkt mit der Beschwerde nach Art. 450 ff. an die gerichtliche Beschwerdeinstanz weiterziehbar. Diese hat nach Art. 450d die ESB zur Vernehmlassung einzuladen. Statt eine Vernehmlassung einzureichen, kann die ESB den Entscheid auch in Wiedererwägung ziehen.

Die Sonderregel von aArt. 389, wonach der Gewählte trotz Ablehnung oder Anfechtung verpflichtet ist, die Vormundschaft zu führen, bis er seines Amtes enthoben ist, findet sich im neuen Recht ebenfalls nicht mehr. Nötigenfalls kann aber die ESB der Beschwerde gegen ihren Ernennungsentscheid die **aufschiebende Wirkung entziehen** (Art. 450c), wenn ihrer Auffassung nach keine wichtigen Gründe gegen die Amtsübernahme sprechen und Geschäfte für die verbeiständete Person dringend zu besorgen sind. Sinnvoller ist es aber, während des erstinstanzlichen Verfahrens gestützt auf Art. 445 **vorsorgliche Massnahmen** zu treffen und allenfalls in sinngemässer Anwendung von **52**

Art. 392 einem Dritten einen Auftrag zu erteilen. Die Beschwerdelegitimation richtet sich nach Art. 450 Abs. 2.

53 In letzter Instanz kann das Bundesgericht mit der **Beschwerde in Zivilsachen** angerufen werden (Art. 72 Abs. 2 lit. b Ziff. 6 BGG in der Fassung vom 1.1.2013). Die Beschwerdelegitimation richtet sich nach Art. 76 BGG. Ein rechtlich geschütztes Interesse im Sinne dieser Bestimmung haben insb. die betroffene Person und die gegen ihren Willen als Beistand ernannte Person. Aber auch weitere Personen, die am kantonalen Beschwerdeverfahren teilgenommen haben, können durch den Entscheid besonders berührt sein und ein schützenswertes Interesse an dessen Aufhebung oder Änderung haben (zur Beschwerdelegitimation des Vaters der betroffenen Person: BGer vom 15.3.2012, 5A_804/2011, E. 1.3).

4. Sanktionen

54 Eine **Zwangsvollstreckung** ist der Natur der Sache nach **ausgeschlossen** (BK-Schnyder/Murer, aArt. 382/383 ZGB N 32). Bei ungerechtfertigter Verweigerung der Amtsübernahme ist es zwar denkbar, eine Ungehorsamsstrafe gestützt auf Art. 292 StGB anzudrohen. Realistischerweise kommt diese Massnahme aber kaum in Betracht, da es dem Wohl und den Interessen der betroffenen Person nicht dient, wenn sie einen Beistand bekommt, der das Amt nur unter Strafandrohung übernimmt. Ein solcher Beistand könnte auch nicht das vom Gesetzgeber gewünschte Vertrauensverhältnis aufbauen (Art. 406 Abs. 2). Eine rechtsgültig ernannte Person, welche das Amt nicht oder pflichtwidrig ausübt, wird jedoch insofern verantwortlich, als der Schaden, der durch Tun oder Unterlassen angerichtet wird (BK-Schnyder/Murer, aArt. 382/383 ZGB N 33), zwar primär vom Kanton zu bezahlen ist (Art. 454 Abs. 3), dieser aber entsprechend dem kantonalen Recht auf den Schädiger Rückgriff nehmen kann (Art. 454 Abs. 4).

VI. Begleitung des Beistands (Abs. 3)

1. Instruktion, Beratung und Unterstützung

55 Das neue Recht geht davon aus, dass im Erwachsenenschutz nicht nur Berufsbeistände, sondern auch Privatpersonen (zu den Begriffen N 15) und insb. Laien tätig sind. Umso wichtiger ist es, dass diese Privatpersonen mit ihrem Mandat nicht allein gelassen werden, sondern bei Amtsantritt die nötigen Instruktionen für die Erledigung der Aufgaben bekommen, sich an jemanden wenden können, wenn im Laufe der Zeit Fragen auftauchen, und bei objektiv oder für sie schwierigen Geschäften Hilfe und Unterstützung finden. Je besser die **Begleitung** ist, desto eher werden sich **Private** freiwillig für ein Mandat zur Verfügung stellen und werden die Ziele der Massnahme mit der entsprechenden Qualität erreicht werden (Vogel, ZVW 2003, 336). Im Hinblick auf die Amtspflicht (Art. 400 Abs. 2) kann man aber von einer Privatperson nicht erwarten, dass sie, wenn sie ein einfaches oder einfacheres Mandat übernimmt, vor Amtsantritt eine eigentliche Ausbildung durchläuft (Prot. RK-S vom 27./28.8.2007, 12 f.). Wichtig ist aber, dass sie über die wesentlichen Rechte und Pflichten als Beistand informiert und insb. im Hinblick auf die Pflicht zur Inventaraufnahme (Art. 405 Abs. 2–4), Rechnungsführung bzw. Rechnungsablage (Art. 410) und Berichterstattung (Art. 411) entsprechend instruiert wird. Zudem ist sie über die zustimmungsbedürftigen bzw. verbotenen Geschäfte (Art. 416 ff. und 412) sowie über die Grundsätze für die Entschädigung und des Spesenersatzes (Art. 404) zu orientieren. Es muss ihr auch gesagt werden, an wen sie sich wenden kann, wenn im Laufe der Zeit Fragen auftauchen oder Unterstützung nötig wird. Auch für einen Privat-

beistand, insb. wenn er schwierigere Beistandschaften übernimmt oder wiederholt mit einem Mandat beauftragt wird, sollten Aus- und Weiterbildungsmöglichkeiten zur Verfügung stehen.

Bei einem **Berufsbeistand** sind eine **sorgfältige Aus- und eine laufende Weiterbildung** besonders wichtig, auch wenn man davon ausgehen darf, dass zumindest eine Basisausbildung in aller Regel eine Anstellungsbedingung ist. Sich weiterzubilden und sich mit neuen Erkenntnissen der Wissenschaft und Praxis vertraut zu machen, gehört auf jeden Fall zum Beruf. Zudem muss auch der Berufsbeistand besonders schwierige Fragen, die im Laufe eines Mandates auftauchen, mit geeigneten Personen diskutieren können und die geeignete Unterstützung und Entlastung finden, wenn er bspw. mit schwierigen Betreuungssituationen für psychisch Kranke, Gewalttätige oder Menschen mit abartigem Verhalten konfrontiert ist, komplexe Fragen aus dem Sozialversicherungsbereich oder dem Erbrecht anstehen oder wenn im Rahmen der Vermögensverwaltung ein Prozess zu führen ist. Beratung und Unterstützung können in vielfältiger Weise innerhalb oder ausserhalb der Amtsbeistandschaft organisiert werden. Sinnvoll ist insb., wenn bei einer grösseren Amtsbeistandschaft ein Jurist für Beratung, Fachabklärung und Prozessvertretung zur Verfügung steht. Zur Unterstützung gehört auch ein Sekretariat, das von administrativen Arbeiten entlastet. 56

Bei der KOKES (Konferenz der Kantone für Kindes- und Erwachsenenschutz) kann ein Ordner mit einem Konzept für die Schulung von privaten Mandatsträgern, Anregungen für die Rekrutierung, Merkblättern und Schulungsunterlagen gegen Entgelt bezogen werden. Zudem stellt KOKES auch das Modell-Handbuch priMA (private Mandatsträger/innen) kostenlos zur Verfügung. 57

2. *Aufgabe der ESB*

Die ESB hat für die nötige Instruktion, Beratung und Unterstützung der Beistände zu sorgen. Mit dem Wort **«sorgen für»** (das auch in Art. 171 betr. die Ehe- und Familienberatungsstellen verwendet wird, vgl. dazu insb. Botschaft Eherecht, BBl 1979 II 1191 ff., Ziff. 32) wird zum Ausdruck gebracht, dass die Mitglieder der ESB nicht zwingend selber instruieren, beraten und unterstützen müssen, obwohl sie dies durchaus auch können. Die Behörde ist aber in jedem Fall dafür verantwortlich, dass entsprechende Hilfsangebote für die Beistände bestehen. Wie sie diese organisiert, liegt in ihrem Ermessen, sofern nicht der Kanton oder die Aufsichtsbehörde Grundsätze hiefür aufstellt. Sie kann bspw. Informationsblätter erstellen lassen, Aus- und Weiterbildungskurse selber organisieren oder organisieren lassen, die Amtsbeistände verpflichten, Angebote von Dritten, insb. der KOKES, zu nutzen oder einen oder je nach besonderer Fachkompetenz mehrere Amtsbeistände beauftragen, den Privatbeiständen beratend zur Seite zu stehen. Fehlt einem Beistand für eine bestimmte Frage das nötige Fachwissen, so muss er entweder die nötige Instruktion und Beratung erhalten oder eine Hilfsperson mit dem erforderlichen Fachwissen beiziehen können. 58

Die Kantone sind dafür verantwortlich, dass den ESB die finanziellen und personellen Mittel für die Erfüllung der von Art. 400 Abs. 3 umschriebenen Aufgaben zur Verfügung stehen. 59

Art. 401

II. Wünsche der betroffenen Person oder ihr nahestehender Personen

[1] Schlägt die betroffene Person eine Vertrauensperson als Beistand oder Beiständin vor, so entspricht die Erwachsenenschutzbehörde ihrem Wunsch, wenn die vorgeschlagene Person für die Beistandschaft geeignet und zu deren Übernahme bereit ist.

[2] Sie berücksichtigt, soweit tunlich, Wünsche der Angehörigen oder anderer nahestehender Personen.

[3] Lehnt die betroffene Person eine bestimmte Person als Beistand oder Beiständin ab, so entspricht die Erwachsenenschutzbehörde, soweit tunlich, diesem Wunsch.

II. Souhaits de la personne concernée ou de ses proches

[1] Lorsque la personne concernée propose une personne comme curateur, l'autorité de protection de l'adulte accède à son souhait pour autant que la personne proposée remplisse les conditions requises et accepte la curatelle.

[2] L'autorité de protection de l'adulte prend autant que possible en considération les souhaits des membres de la famille ou d'autres proches.

[3] Elle tient compte autant que possible des objections que la personne concernée soulève à la nomination d'une personne déterminée.

II. Desideri dell'interessato o delle persone a lui vicine

[1] Quando l'interessato propone quale curatore una persona di sua fiducia, l'autorità di protezione degli adulti vi acconsente se la persona proposta è idonea e disposta a investirsi della curatela.

[2] Per quanto possibile, l'autorità tiene conto dei desideri dei congiunti o di altre persone vicine all'interessato.

[3] Se l'interessato non gradisce quale curatore una data persona, per quanto possibile l'autorità gli dà soddisfazione.

Inhaltsübersicht

Literatur

Vgl. die Literaturhinweise zu Art. 400.

Materialien

Art. 388 VE Erwachsenenschutz 2003; VE Erwachsenenschutz/Vernehmlassungen, 205 ff.; Botschaft Erwachsenenschutz, 7050 f. und 7151; Prot. RK-S vom 27./28.8.2007, 13 f.; AmtlBull StR 2007, 835; Prot. RK-N vom 24./25.4.2008, 22; AmtlBull NR 2008, 1522.

I. Verhältnis zum bisherigen Recht

1 Das bisherige Recht ging in aArt. 380 von einer widerlegbaren **Eignungsvermutung für nahe Angehörige** aus: Sprachen keine wichtigen Gründe dagegen, so hatte die Behörde einen tauglichen nahen Verwandten oder dem Ehegatten des zu Bevormundenden bei der Wahl den Vorzug zu geben, unter Berücksichtigung der persönlichen Verhältnisse und der Nähe des Wohnsitzes. Bezeichnete die betroffene Person oder deren Vater oder Mutter jemanden als Vormund ihres Vertrauens, so sollte dieser Bezeichnung, wenn nicht wichtige Gründe dagegen sprachen, Folge geleistet werden (aArt. 381). Das Gesetz legte nicht fest, welche der beiden Bestimmungen den Vorrang verdient. Nach Lehre und Praxis war aber im Mündelinteresse und um der Persönlichkeit der betroffenen Person und ihrer Eltern willen dem Vorgeschlagenen den Vorzug gegeben, wenn er geeignet war (BK-SCHNYDER/MURER, aArt. 380/381 ZGB N 111 m.w.H.; vgl. auch CHK-AFFOLTER/STECK/VOGEL, aArt. 380/381 ZGB N 6).

2 Das neue Recht **verzichtet** auf die Eignungsvermutung für nahe Verwandte und den Ehegatten. Dafür räumt es ihnen in Art. 420 aufgrund einer allgemeinen gesellschaftlichen Wertung dieser Beziehung und in Berücksichtigung von Art. 8 EMRK (Botschaft Erwachsenenschutz, 7059) eine Sonderstellung ein, indem sie, wenn sie als Beistand eingesetzt werden, von gewissen Kontrollen ausgenommen werden können. Zudem wird das Recht, eine Person als Beistand vorzuschlagen, in Art. 401 Abs. 2 auf alle nahestehenden Personen erweitert.

3 Entsprechend dem Grundgedanken des neuen Rechts, das Selbstbestimmungsrecht zu fördern (vgl. Botschaft Erwachsenenschutz, 7011 f.), verbessert Art. 401 Abs. 1 die Rechtsstellung der hilfsbedürftigen Person. Die von ihr bezeichnete Vertrauensperson ist als Beistand zu bezeichnen, wenn sie geeignet und zur Übernahme des Mandats bereit ist. Die Generalklausel der wichtigen Gründe des bisherigen Rechts, welche die Ablehnung des Vorschlags erlaubt, entfällt. Das Gesetz spricht auch nicht mehr davon, dass den Wünschen des Betroffenen Folge gegeben werden «soll», sondern verlangt, dass die Behörde einem **geeigneten Vorschlag «entspricht»**. Lehnt die betroffene Person eine bestimmte Person als Beistand ab, so ist ebenfalls – soweit tunlich – diesem Wunsch zu entsprechen (Art. 401 Abs. 3). Dagegen sind Wünsche der Angehörigen oder anderer nahestehender Personen nur soweit tunlich zu «berücksichtigen» (Art. 401 Abs. 2). Die Eltern der betroffenen Person haben im Rahmen des Vorschlagsrechts keine ausdrückliche Sonderstellung mehr (vgl. aArt. 381).

II. Entstehungsgeschichte

4 Art. 401 des bundesrätlichen Entwurfs entspricht materiell Art. 388 VE Erwachsenenschutz 2003. Nach dem Vernehmlassungsverfahren wurde die Bestimmung redaktionell leicht überarbeitet. Ferner wurde in Abs. 2 «Familie» durch «Angehörige» ersetzt und die Worte «soweit tunlich» eingefügt. Im Vernehmlassungsverfahren war nämlich befürchtet worden, dass die nahestehenden Personen bei der Wahl des Beistandes eine zu starke Stellung bekämen. Dem bundesrätlichen Entwurf wurde im Parlament ohne Änderung zugestimmt.

III. Grundgedanken der Bestimmung

5 Dass zwischen betroffener Person und Beistand soweit wie möglich ein **Vertrauensverhältnis** aufgebaut werden kann (Art. 406 Abs. 2), ist für das erfolgreiche Wirken des Bei-

standes und das Gelingen der Massnahme wichtig (Art. 400 N 11 und 24). Folgerichtig ist es deshalb, dass der betroffenen Person im Ernennungsverfahren Gelegenheit gegeben wird, eine Vertrauensperson als Beistand vorzuschlagen oder eine von der Behörde in Aussicht genommene Person abzulehnen (Art. 401 Abs. 1 und 3) (Botschaft Erwachsenenschutz, 7050 f.). Damit wird das Selbstbestimmungsrecht verstärkt und gleichzeitig eine gewisse Parallelität zum Vorsorgeauftrag geschaffen: So wie die betroffene Person im Rahmen eines Vorsorgeauftrags den Vorsorgebeauftragten frei wählen und die ESB nach Art. 363 Abs. 1 Ziff. 3 im Hinblick auf das Selbstbestimmungsrecht nur in engen Grenzen die bezeichnete Person ablehnen kann, soll es dem Betroffenen erlaubt sein, bei einer behördlich angeordneten Beistandschaft, die anders als der Vorsorgeauftrag ja nicht nur für Urteilsunfähige möglich ist, auf die Person des Beistandes, der ihn unterstützt, Einfluss zu nehmen. Damit kann die Beistandschaft auch eine echte Alternative zum Vorsorgeauftrag sein, da sie – unter Vorbehalt von Art. 420 – eine laufende Kontrolle der Mandatsführung gewährleistet, während eine solche beim Vorsorgebeauftragten grundsätzlich fehlt und die ESB nur im Rahmen von Art. 368 korrigierend einschreiten kann.

6 Auch den Angehörigen und weiteren **nahestehenden Personen**, welche den von der Massnahme Betroffenen kennen, wird in Art. 401 Abs. 2 erlaubt, Vorschläge für die Person des Beistandes zu unterbreiten. Da sie mit dem Umfeld des Betroffenen vertraut sind, können sie mithelfen, einen geeigneten Beistand für ihn zu finden, der nicht nur dessen Vertrauen, sondern auch das Vertrauen von Angehörigen geniesst, so dass eine optimale Betreuung und Zusammenarbeit gewährleistet ist (OFK-ZGB-Fassbind, Art. 401 N 1). Zwischen den Wünschen der betroffenen Person und den Vorschlägen der Angehörigen und weiterer nahestehender Personen besteht aber eine klare Hierarchie: Sobald die betroffene Person Wünsche unterbreitet, denen entsprochen werden kann, müssen Vorschläge der nahestehenden Personen unberücksichtigt bleiben. Diese sind nur subsidiär in die Erwägungen einzubeziehen, wenn keine geeignete Vertrauensperson zur Verfügung steht.

IV. Anwendungsbereich

7 Art. 401 ist in erster Linie bei der Errichtung einer Beistandschaft und anschliessender Ernennung eines Beistandes anwendbar, ist aber nach dem Ende des Amtes des Beistandes (Art. 421 ff.) bei der Wahl eines **neuen Beistandes** ebenfalls zu beachten (OFK-ZGB-Fassbind, Art. 401 N 1 i.f.). Zudem kommt die Bestimmung grundsätzlich auch bei der Ernennung eines Ersatzbeistandes (Art. 403) und bei der vorsorglichen Errichtung einer Beistandschaft (Art. 445 Abs. 1 Satz 2) zur Anwendung, soweit nicht die Dringlichkeit oder andere wichtige Gründe dagegen sprechen. Bei der blossen Bestätigung des Beistandes nach Ablauf seiner Amtszeit ist dagegen Art. 401 nicht zu berücksichtigen, sofern die betroffene Person nicht die Ernennung eines anderen Beistandes beantragt (vgl. OFK-ZGB-Fassbind, Art. 401 N 1 i.f.; BK-Schnyder/Murer, aArt. 380/381 ZGB N 46).

Über den Verweis von Art. 327c Abs. 2 kommt Art. 401 auch zur Anwendung, wenn für eine **unmündige Person** ein Vormund (Art. 327a ff.) oder ein Beistand (Art. 308, 309 und 325) oder allenfalls ein Ersatzbeistand gem. Art. 306 Abs. 2 oder Art. 403 zu ernennen ist. Auch bei der vorsorglichen Ernennung eines Beistandes ist Art. 401 – soweit möglich – zu beachten.

V. Vorschlag einer Vertrauensperson durch den Betroffenen (Abs. 1)

8 Vorschlagsberechtigt ist die betroffene Person, wenn sie urteilsfähig ist. An die Urteilsfähigkeit sind **keine hohen Anforderungen** zu stellen (BK-Schnyder-Murer, aArt. 380/

381 ZGB N 79; BSK ZGB I-Häfeli, aArt. 380/381 N 12). Der Vorgeschlagene hat keinen Rechtsanspruch auf Ernennung (Riemer, Vormundschaftsrecht, § 4 Rz 130 m.V. auf BGer vom 23.12.1960, ZVW 1962, 103 Nr. 28).

Der Vorschlag ist an **keine Form** gebunden, er kann der ESB schriftlich oder mündlich zu Protokoll unterbreitet werden. Der betroffenen Person steht es frei, auch mehrere Personen ihres Vertrauens zu bezeichnen und der ESB die Auswahl zu überlassen oder für den Fall, dass ihrem Wunsch nicht entsprochen wird, einen Ersatzvorschlag zu unterbreiten. Der Vorschlag kann auch in einem Vorsorgeauftrag enthalten sein, wenn dieser – insb. aus formellen Gründen – keine Wirksamkeit entfalten kann. Muss deshalb die ESB eine Beistandschaft errichten, so hat sie von Amtes wegen zu prüfen, ob die im Vorsorgeauftrag bezeichnete Person als Beistand in Frage kommt (Botschaft Erwachenenschutz, 7028; Meier/Lukic, Rz 546). Das Gleiche gilt, wenn der Vorsorgeauftrag nur einen Teil der zu erfüllenden Aufgaben erfasst und daneben noch eine Beistandschaft errichtet werden muss. 9

In Analogie zum Vorsorgeauftrag (Art. 360 ff.) muss es auch zulässig sein, dass eine Person zur Zeit ihrer Urteilsfähigkeit schriftlich festlegt, welche Vertrauensperson im Falle ihrer Urteilsunfähigkeit als Beistand einzusetzen ist. Materiell entscheidet sie sich damit gegen einen Vorsorgeauftrag und für eine Beistandschaft mit dem Vorteil, dass eine laufende Kontrolle der Tätigkeit sichergestellt ist (Art. 405 Abs. 2, 410, 411, 415 ff., s. aber auch Art. 420). Wer eine solche **«Vorsorgeverfügung»** errichtet, muss grundsätzlich selber dafür sorgen, dass diese im gegebenen Zeitpunkt der ESB zur Kenntnis gebracht wird. Da es sich aber um eigene Vorsorge im Sinne eines «negativen» Vorsorgeauftrag handelt, kann die betroffene Person in sinngemässer Anwendung von Art. 361 Abs. 3 auch einen Hinweis auf den Hinterlegungsort in die zentrale Datenbank des Zivilstandswesens aufnehmen lassen. Es ist nicht einzusehen, warum ein Vorsorgeauftrag anmerkungsfähig ist, nicht aber eine solche Vorsorgeverfügung (vgl. Art. 374 N 19). Ohnehin kann das Zivilstandsamt den Inhalt eines Vorsorgeauftrags bzw. einer Vorsorgeverfügung nicht kontrollieren. 10

Die betroffene Person ist frei zu entscheiden, wem sie ihr Vertrauen schenken will. Der **Begriff der Vertrauensperson** i.S.v. Art. 401 Abs. 1 (der französische Text verwendet nur den Ausdruck «personne», während der italienische Text – ausgehend vom deutschen Text – von «una persona di sua fiducia» spricht) bezeichnet diejenige Person, die vom Hilfsbedürftigen als Beistand vorgeschlagen wird, die also dessen Vertrauen geniesst. Es kann sich um einen Angehörigen oder eine Person aus dem Freundes- oder Bekanntenkreis handeln, es kann aber auch ein bestimmter Berufsbeistand als Vertrauensperson bezeichnet werden. Es muss sich aber immer um eine natürliche Person handeln, zu der die betroffene Person irgendwie einen Bezug hat. Eine juristische Person oder eine öffentliche Einrichtung fällt ausser Betracht (Art. 400 N 21; kritisch dazu OFK-ZGB-Fassbind, Art. 400 N 2). 11

Die ESB hat dem Vorschlag der betroffenen Person unter zwei Voraussetzungen zu entsprechen, nämlich dass die Vertrauensperson für die Beistandschaft geeignet ist (Art. 400 Abs. 1; zum bisherigen Recht: BGer vom 5.10.2000, 5P.332/2000, E. 5; BK-Schnyder/Murer, aArt. 380/381 ZGB N 5, 56 ff. und 90; CHK-Affolter/Steck/Vogel, aArt. 380/381 ZGB N 1 f.) und zu deren Übernahme auch bereit ist. Sind diese beiden Voraussetzungen erfüllt, hat die Behörde die Pflicht zur Befolgung des Vorschlags der betroffenen Person. Das Wort **«entspricht» schliesst das freie Ermessen aus**. Die Rücksicht auf das Selbstbestimmungsrecht verbietet es der ESB, – wie im bisherigen Recht (BK-Schnyder/Murer, aArt. 380/381 ZGB N 57) – nach einer noch geeigneteren Person zu suchen, 12 wenn die vorgeschlagene Vertrauensperson geeignet und bereit ist, das Mandat zu übernehmen (SCHMID, Art. 401 N 2; OFK-ZGB-FASSBIND, Art. 401 N 2). Das bisherige Recht räumte der Behörde ein grösseres Ermessen ein, da sie einem Vorschlag der betroffenen Person nur Folge geben «sollte» und ihn zudem aus wichtigen Gründen ablehnen konnte (aArt. 381), auch wenn in der Praxis in erster Linie die Eignung der vorgeschlagenen Person zur Diskussion stand (BK-SCHNYDER/MURER, aArt. 380/381 ZGB N 38 ff. und N 96 ff. m.H. auf die Praxis).

13 Aus der Reihenfolge des Gesetzes könnte man schliessen, die ESB müsse zuerst die Eignung prüfen und erst wenn diese bejaht wird, die Vertrauensperson anfragen, ob sie die Beistandschaft übernimmt. Die ESB ist aber frei, das **zweckmässige Vorgehen** festzulegen. Sie kann sich ohne weiteres – nach einer summarischen Prüfung – auch zuerst vergewissern, dass die vorgeschlagene Person bereit ist, die Beistandschaft zu übernehmen, und erst nachher die Geeignetheit im Detail abklären.

14 Der **Begriff «geeignet»** verweist auf Art. 400 Abs. 1. Die ESB hat im Lichte dieser Bestimmung abzuklären, ob die vorgeschlagene Person als Beistand im konkreten Fall in Frage kommt. Dabei geht es nicht nur um die persönliche und fachliche Eignung, sondern auch um die zeitliche Disponibilität. Auch diese ist ein Aspekt der Eignung (Art. 400 N 27). Alle wesentlichen Umstände sind in die Erwägungen einzubeziehen. Der Gefahr von Interessenkollisionen ist ein besonderes Augenmerk zu schenken (vgl. BGer vom 14.10.2008, 5A_443/2008, E. 3). Gewisse Mängel der vorgeschlagenen Person können durch den Umstand aufgewogen werden, dass diese das Vertrauen der verbeiständeten Person geniesst.

15 Lehnt die vorgeschlagene Vertrauensperson die Übernahme des Mandates ab (zu Unrecht kritisch dazu HÄFELI, in: Rosch/Büchler/Jakob, Art. 401 N 1; vgl. OFK-ZGB-FASSBIND, Art. 401 N 2), so ist die ESB frei, nach einer Alternative und insb. auch nach einem noch geeigneteren Beistand zu suchen (oben N 12 f.). Kommt sie in freier Prüfung zum Schluss, dass die von der verbeiständeten Person vorgeschlagene Person doch die beste Lösung ist, so kann sie sich auf die **Übernahmepflicht** i.S.v. Art. 400 Abs. 2 berufen, wenn anzunehmen ist, dass der Kandidat unter diesem «sanften Druck» sich doch bereit erklären könnte, das Mandat auszuüben. Bei entschiedener Ablehnung ist den Interessen der betroffenen Person dagegen nicht gedient, wenn die Ernennung als Beistand trotzdem erfolgen würde.

VI. Wünsche der Angehörigen oder anderer nahestehender Personen (Abs. 2)

16 Absatz 2 kommt nur zum Zuge, wenn die betroffene Person keine Wünsche äussern kann oder will oder keine geeignete Person vorschlägt, die bereit ist, das Mandat anzunehmen. In dieser Situation können die Kenntnisse der nahestehenden Personen helfen, einen geeigneten Beistand zu finden (Botschaft Erwachsenenschutz, 7050). Die Unterstützung durch das Umfeld bei der Suche nach einem geeigneten Beistand ist besonders dann wichtig, wenn für die konkrete Beistandschaft eine Privatperson in Frage kommt. Die Vorschläge der Nahestehenden können aber auch einen bestimmten Berufsbeistand betreffen. Abs. 2 gibt ihnen deshalb das Recht, der ESB Vorschläge zu unterbreiten (zum Verfahren unten N 27). Diese Vorschläge haben aber gegenüber den Wünschen der betroffenen Person nur **subsidiäre Bedeutung**.

17 Der Vorschlag unterliegt keiner Formvorschrift. Er kann der ESB auch mündlich unterbreitet werden. Die Vorschläge der Angehörigen können in einem **Testament** enthalten sein, obwohl eine solche letztwillige Äusserung nicht der Form des Testamentes bedarf (vgl. BK-SCHNYDER/MURER, aArt. 380/381 ZGB N 87). Das ist insb. wichtig, wenn Eltern Einfluss nehmen wollen, wer im Falle ihres Todes Vormund über ihr unmündiges Kind wird. Denn die Bestimmungen über die Ernennung eines Beistandes finden sinngemäss auf die Ernennung eines Vormundes für Unmündige Anwendung (Art. 327c Abs. 2). Ob das neue Recht der verfassungsrechtlich geschützten Stellung der Eltern eines Unmündigen genügend Rechnung trägt, indem diese in Art. 401 Abs. 2 einfach in den Kreis der Angehörigen eingereiht werden, ist fraglich.

Der Kreis der Vorschlagsberechtigten ist im ZGB nicht abschliessend geregelt. Zwar nicht **18** jede beliebige, wohl aber die Angehörigen und jede andere **nahestehende Person** kann der ESB einen Vorschlag unterbreiten. Die Abgrenzung zwischen Angehörigen und anderen nahestehenden Personen spielt keine Rolle (vgl. auch OFK-ZGB-Fassbind, Art. 401 N 3). Der Begriff der nahestehenden Personen ist ein Bundesbegriff, der an verschiedenen Stellen im Gesetz verwendet wird (z.B. Art. 368 Abs. 1, Art. 399 Abs. 2, Art. 419, 439 Abs. 1 und Art. 450 Abs. 2 Ziff. 2), weit auszulegen ist und die Angehörigen einschliesst. «Das Bundesgericht versteht darunter jene Personen, die den Betroffenen zufolge Verwandtschaft oder Freundschaft oder wegen ihrer Funktion oder beruflichen Tätigkeit (Arzt, Sozialhelfer, Priester oder Pfarrer etc.) gut kennen.» Anders ausgedrückt sind im vorliegenden Kontext unter nahestehenden Personen jene zu verstehen, die wegen ihrer Beziehung zum Betroffenen eine unmittelbare Kenntnis seiner Persönlichkeit haben und deshalb geeignet sind, die Interessen des Betroffenen wahrzunehmen (BGE 122 I 18/30 E. c.bb; 114 II 213 E. 3; 137 III 67 E. 3 zu aArt. 420; s.a. Art. 450 Abs. 2, der zwischen nahestehenden Personen und Personen mit rechtlich geschütztem Interesse differenziert). Die Angehörigen werden im ZGB nicht definiert. Nach dem StGB (Art. 110 Abs. 1) erfasst dieser Begriff den Ehegatten, den eingetragenen Partner, die Verwandten in gerader Linie (Art. 20 ZGB), zu denen auch die Adoptivverwandten gehören, und die Geschwister.

Art. 401 Abs. 2 verlangt lediglich, dass die ESB die Vorschläge «berücksichtigt» und steht **19** damit im Gegensatz zu Abs. 1 und 3, wonach den Wünschen der betroffenen Person grundsätzlich zu entsprechen ist. Das Verb **«berücksichtigen»** bringt zum Ausdruck, dass die Angehörigen aus der Bestimmung kein eigenes rechtlich geschütztes Interesse ableiten können und deshalb keinen Anspruch haben, dass ihren Vorschlägen soweit wie möglich entsprochen wird. Ihre Wünsche dienen dem öffentlichen Interesse (einen möglichst gut geeigneten Beistand zu finden) bzw. jenem der betroffenen Person (einen geeigneten Beistand zu erhalten) (vgl. zu aArt. 380/381 BGer vom 14.10.2008, 5A_443/2008, E. 2, zusammengefasst in ZVW 2009 141; BGE 118 Ia 229 E. 2; 117 Ia 506; 107 II 504 E. 3; 107 Ia 343 E. 2). Die ESB hat die Vorschläge zwar in ihre Erwägungen einzubeziehen, ist aber selbst bei Geeignetheit der vorgeschlagenen Person in ihrem Ermessen weitgehend frei, eine noch besser geeignete Person als Beistand zu ernennen. Die Vorschläge einfach unberücksichtigt lassen, darf sie aber nicht. Vielmehr ist die vorgeschlagene Person zu ernennen, wenn sie geeignet und bereit ist, das Mandat zu übernehmen und die Vorteile der Akzeptanz der gewünschten Person im Umfeld des Verbeiständeten die Vorteile der Einsetzung einer noch besser geeigneten Person ausgleichen oder überwiegen (OFK-ZGB-Fassbind, Art. 401 N 3). Nicht hier zu diskutieren ist die Frage, wie weit den Wünschen der Eltern eines Unmündigen aufgrund ihrer verfassungsrechtlich geschützten Stellung ein grösseres Gewicht beigemessen werden muss als denjenigen der übrigen nahestehenden Personen (vgl. N 17 i.f.).

Da im Vernehmlassungsverfahren der Unterschied zwischen «entsprechen» und «berück- **20** sichtigen» nicht voll verstanden und die Bestimmung als zu verpflichtend für die ESB aufgefasst wurde, ist im bundesrätlichen Entwurf bzw. im Gesetz noch die Wendung **«soweit tunlich»** eingefügt und die Bestimmung damit noch einmal abgeschwächt bzw. das Ermessen der ESB vergrössert worden. Die Wendung «soweit tunlich» erlaubt der Behörde bspw., bei mehreren Vorschlägen zuerst die Wünsche der Angehörigen, die in einer

Nahbeziehung zur betroffenen Person stehen, zu berücksichtigen und allfällige weitere Vorschläge von Personen ausserhalb der Familie erst zu prüfen, wenn den Wünschen der Angehörigen nicht entsprochen wird (im Gegensatz dazu geht OFK-ZGB-FASSBIND, Art. 401 N 3 unter Hinweis auf BK-SCHNYDER/MURER, aArt. 380/381 ZGB N 55 davon aus, dass alle Vorschläge zu prüfen sind und eine Hierarchisierung nur bei gleicher Geeignetheit zweckmässig ist). Vorschläge für einen Privatbeistand können auch zum vornherein ausser Betracht fallen, wenn für die ESB klar ist, dass im konkreten Fall wegen der Komplexität der Aufgaben oder anderen wichtigen Gründen wie z.B. Zerstrittenheit in der Familie nur ein Berufsbeistand oder ein beruflich spezialisierter Privatbeistand (z.B. Treuhänder, Anwalt) in Frage kommt.

VII. Ablehnung bestimmter Personen durch den Betroffenen (Abs. 3)

21 Das Selbstbestimmungsrecht verlangt, dass die betroffene Person nicht nur positiv eine Vertrauensperson als Beistand bezeichnen kann (Abs. 1), sondern auch negativ eine Person als Beistand **ablehnen** darf (Abs. 3). Die betroffene Person hat auch die Möglichkeit, eine bestimmte Kategorie von Personen abzulehnen, indem sie z.B. bezüglich des Geschlechts des künftigen Beistands Wünsche äussert (HAUSHEER/GEISER/AEBI-MÜLLER, Erwachsenenschutzrecht, Rz 2.114). Solche Willensäusserungen sind in jedem Stadium des Verfahrens möglich. Werden Wünsche zu Beginn des Auswahlverfahrens bekanntgegeben, so hat ihnen die ESB bei der Suche nach dem geeigneten Beistand Rechnung zu tragen. Die betroffene Person muss sich aber auch in einem späteren Zeitpunkt des Verfahrens zu der von der ESB als Beistand ausgewählten konkreten Person äussern können, wenn sie bis anhin noch keine Gelegenheit dazu hatte.

22 Das Ablehnungsrecht gilt nicht absolut. Der Ablehnung ist zwar grundsätzlich zu entsprechen, aber nur **soweit** dies **tunlich** ist, d.h. in der konkreten Situation bei Abwägung aller Umstände geboten ist. Die ESB hat somit nach pflichtgemässem Ermessen zu entscheiden, ob sie der Ablehnung entspricht oder nicht. Zwar ist es für das Gelingen einer Massnahme von Vorteil, wenn die betroffene Person von Anfang an eine positive Einstellung gegenüber ihrem Beistand hat. Doch darf dies auch nicht überbewertet werden. Namentlich darf der Betroffene nicht einfach systematisch bzw. wiederholt eine vorgeschlagene Person ablehnen und damit die Massnahme vereiteln (Botschaft Erwachsenenschutz, 7051) oder das Verfahren ohne berechtigte Gründe in die Länge ziehen. Deshalb sind insb. Ablehnungen von Personen, mit denen der Betroffene bisher nichts zu tun hatte, zu hinterfragen. Vom Betroffenen darf erwartet werden, dass er seine Ablehnung zumindest kurz begründet (vgl. OFK-ZGB-FASSBIND, Art. 401 N 4). Nur unter dieser Voraussetzung kann die ESB beurteilen, ob es tunlich ist, seinem Willen zu entsprechen und das Auswahlverfahren unter Umständen von vorne zu beginnen.

VIII. Verfahren

1. Vorschläge der betroffenen Person (Abs. 1 und 3)

23 Die ESB ist – ähnlich wie im bisherigen Recht (BK-SCHNYDER/MURER, aArt. 380/381 ZGB N 83 ff.; CHK-AFFOLTER/STECK/VOGEL, aArt. 380–381 ZGB N 5) – verpflichtet, bei der Errichtung der Beistandschaft oder im separaten Ernennungsverfahren den **Betroffenen**, wenn er urteilsfähig ist, zur Person des Beistandes **anzuhören** (Art. 447 Abs. 1) und ihn auf sein Vorschlags- bzw. Ablehnungsrecht unter Einschluss des Rechts, Beweisanträge zu stellen, ausdrücklich hinzuweisen. Auf keinen Fall darf die Behörde einfach routinemässig einen Berufsbeistand mit der Mandatsführung beauftragen. Sinnvoll ist es, wenn die ESB den allenfalls

von ihr in Aussicht genommenen Beistand der betroffenen Person bereits bekannt gibt. Sie kann sich aber auch als erstes nach den Wünschen des Betroffenen erkundigen. Dieser hat sich binnen angemessener Frist, die relativ kurz sein darf, zu äussern. Die Vorschläge unterliegen keiner bestimmten Form (Schmid, Art. 401 N 3) und können deshalb der ESB auch mündlich unterbreitet werden. Unterlässt es die ESB, die Vorschläge der betroffenen Person einzuholen, so muss dies im Beschwerdeverfahren nachgeholt werden (BK-Schnyder/Murer, aArt. 380/381 ZGB N 85 m.w.H.). Die Verletzung der Pflicht, nach den Wünschen des Betroffenen zu fragen, ist als formelle Rechtsverweigerung zu qualifizieren (vgl. BK-Schnyder/Murer, aArt. 380/381 ZGB N 83 m.H.; CHK-Affolter/Steck/Vogel, aArt. 380–381 ZGB N 5; OFK-ZGB-Fassbind, Art. 401 N 2; Meier/Lukic, Rz 550).

Sind die Vorschläge des Betroffenen geprüft und abgelehnt worden, so liegt es im Ermessen der ESB, ob sie ihm – unabhängig von einem allfälligen Beschwerdeverfahren – noch Gelegenheit für einen **weiteren Vorschlag** geben will (BK-Schnyder/Murer, aArt. 380/381 ZGB N 86). **24**

Entspricht die ESB dem Vorschlag bzw. der Ablehnung der betroffenen Person nicht, so ist der Entscheid wie jeder andere Entscheid zu **begründen** (OFK-ZGB-Fassbind, Art. 401 N 2 und 4; zum bisherigen Recht vgl. BGer vom 5.10.2000, 5P.332/2000, E. 3; BK-Schnyder/Murer, aArt. 380/381 ZGB N 86; CHK-Affolter/Steck/Vogel, aArt. 380–381 ZGB N 3 unter Verweis auf OGer ZH, ZVW 1997, 24 ff.). Die für den Entscheid wesentlichen Gesichtspunkte sind darzulegen (BGE 126 I 97 E. 2b). Der negative Entscheid kann mit Beschwerde nach Art. 450 ff. bei der gerichtlichen Beschwerdeinstanz angefochten werden. **25**

Letztinstanzlich kann die betroffene Person das Bundesgericht mit der Beschwerde in Zivilsachen anrufen (Art. 72 Abs. 2 lit. b Ziff. 6 BGG in der Fassung vom 1.1.2013 und Art. 76 BGG). Aus Art. 401 Abs. 1 und 3 ergibt sich ein **rechtlich geschütztes Interesse der betroffenen Person** an der Aufhebung oder Änderung des angefochtenen Entscheides, so dass die Beschwerdelegitimation gegeben ist (vgl. Deschenaux/Steinauer, Personnes, Rz 933a; BGE 118 Ia 229; anders BGer vom 20.2.2009, 5A_799/2008, E. 2.2, der die Beschwerdelegitimation der entmündigten Person gestützt auf aArt. 381 verneinte). Das neue Recht gewichtet das Selbstbestimmungsrecht der betroffenen Person stärker als das bisherige, indem es die ESB verpflichtet, deren Wunsch zu «entsprechen» bzw. «soweit tunlich zu entsprechen», während aArt. 381 lediglich bestimmte, dass dem Vorschlag Folge gegeben werden «soll». **26**

2. *Wünsche der nahestehenden Personen (Abs. 2)*

Wird von der betroffenen Person keine Vertrauensperson vorgeschlagen oder ist die vorgeschlagene Person ungeeignet oder nicht bereit, das Mandat anzunehmen, so hat die ESB nach der hier vertretenen Auffassung den nahen Angehörigen (Ehegatte bzw. eingetragener Partner, faktischer Lebenspartner, mündige Nachkommen, Eltern, Geschwister, vgl. Art. 420) von sich aus **Gelegenheit** zu geben, ihre Wünsche zu äussern, wenn sich aus der Anhörung der betroffenen Person ergibt, dass zwischen ihr und diesen Personen ein gutes Verhältnis besteht. Dagegen ist es der ESB nicht zumutbar, von sich aus alle Angehörige und weitere nahestehende Personen um Vorschläge anzugehen. Wer von diesen Personen einen Vorschlag unterbreiten will, hat selber aktiv zu werden (OFK-ZGB-Fassbind, Art. 401 N 3 geht davon aus, dass alle nahestehenden Personen unter Einschluss der Angehörigen immer von sich aus ihre Wünsche der ESB einreichen müssen, aber von der ESB über die in Aussicht genommene Beistandschaft zu unterrichten sind, soweit sie im Rahmen der Abklärungen bekannt geworden sind bzw. im Rahmen des Zumutbaren hätten bekannt werden müssen). Das Nichteinholen von Wünschen dieser nahestehenden Personen kann **27** deshalb keine formelle Rechtsverweigerung darstellen (OFK-ZGB-Fassbind, Art. 401 N 3; **a.M.** Meier/Lukic, Rz 550, der nicht differenziert zwischen den Vorschlägen der betroffenen Person und der Nahestehenden). Auf eine formelle Rechtverweigerung können sich jedoch allenahestehenden Personen berufen, wenn sie daran gehindert werden, einen Beistand vorzuschlagen und die diesbezüglichen Beweisanträge zu stellen. Dem Vorschlagsrecht dieser Personen entspricht die Verpflichtung der Behörde, die Vorschläge entgegenzunehmen und soweit tunlich zu berücksichtigen (vgl. BGer vom 17.1.2003, 5P.394/2002, E. 2.2, zusammengefasst in ZVW 2003, 157).

28 Die ESB muss in ihrem Ernennungsbeschluss **begründen**, warum sie die Vorschläge der Nahestehenden nicht berücksichtigt bzw. eine andere als die vorgeschlagene Person als Beistand gewählt hat. Das heisst aber nicht, dass sich der Entscheid mit allen Vorschlägen einlässlich auseinandersetzen muss.

29 Die Angehörigen und die weiteren nahestehenden Personen sind am erstinstanzlichen Verfahren nicht unmittelbar beteiligt. Sie können jedoch gestützt auf Art. 450 Abs. 2 Ziff. 2 Beschwerde bei der **gerichtlichen Beschwerdeinstanz** erheben mit der Begründung, dass der von der ESB ernannte Beistand nicht dem Wohl der betroffenen Person entspricht bzw. nicht geeignet ist.

30 Die Errichtung einer Beistandschaft hat keine Auswirkung auf die Rechtsstellung der Personen, die dem Verbeiständeten nahestehen. Die vorschlagsberechtigten Angehörigen und anderen nahestehenden Personen können deshalb **aus Art. 401 Abs. 2 kein rechtlich geschütztes Interesse** i.S.v. Art. 76 Abs. 1 BGG ableiten (N 19), so dass ihnen die Beschwerdelegitimation vor Bundesgericht fehlt, wenn ihre Vorschläge nicht berücksichtigt werden (zum bisherigen Recht BGer vom 14.10.2008, 5A_443/2008, E. 2.2, zusammengefasst in ZVW 2009, 141; BGer vom 20.2.2009, 5A_799/2008, E. 2.2 m.w.H., zusammengefasst in ZVW 2009, 277; BGer vom 17.6.2003, 5P.394/2002, E. 2.2, zusammengefasst in ZVW 2003, 157; BGE 117 Ia 506 und 107 Ia 343 E. 2). Vorbehalten bleibt der Fall, dass die ESB ihre Vorschläge einfach nicht entgegennimmt und damit das Vorschlagsrecht zunichte macht oder die Vorschläge willkürlich nicht berücksichtigt, obwohl der Betroffene selber keinen geeigneten Vorschlag unterbreitet hat (N 27 m.H.; BGE 107 Ia 343 E. 3).

Art. 402

III. Übertragung des Amtes auf mehrere Personen

[1] Überträgt die Erwachsenenschutzbehörde eine Beistandschaft mehreren Personen, so legt sie fest, ob das Amt gemeinsam ausgeübt wird oder wer für welche Aufgaben zuständig ist.

[2] Die gemeinsame Führung einer Beistandschaft wird mehreren Personen nur mit ihrem Einverständnis übertragen.

III. Curatelle confiée à plusieurs personnes

[1] Lorsque la curatelle est confiée à plusieurs personnes, celles-ci l'exercent en commun ou selon les attributions confiées par l'autorité de protection de l'adulte à chacune d'elles.

[2] Plusieurs personnes ne peuvent toutefois être chargées sans leur consentement d'exercer en commun la même curatelle.

III. Conferimento dell'ufficio a più persone

[1] Quando conferisce la curatela a più persone, l'autorità di protezione degli adulti stabilisce se l'ufficio va esercitato congiuntamente o ne ripartisce i compiti fra i singoli curatori.

[2] L'esercizio congiunto di una curatele è disposto soltanto con l'accordo delle persone alle quali essa è conferita.

Inhaltsübersicht

Literatur

Vgl. die Literaturhinweise zu Art. 400.

Materialien

Art. 389 VE Erwachsenenschutz 2003; VE Erwachsenenschutz/Vernehmlassungen, 207 ff.; Botschaft Erwachsenenschutz, 7051 und 7151; Prot. RK-S vom 27./28.8.2007, 14; AmtlBull StR 2007, 835; Prot. RK-N vom 24./25.4.2008, 22; AmtlBull NR 2008, 1522.

I. Verhältnis zum bisherigen Recht

1 Art. 402 ist eine Ausführungsbestimmung zu Art. 400 Abs. 1 Satz 2, der bestimmt, dass bei besonderen Umständen das Amt des Beistandes auf mehrere Personen übertragen werden kann. Die Regelung entspricht mit den nötigen Anpassungen materiell der mehrfachen Vormundschaft des bisherigen Rechts (aArt. 379 Abs. 2 und 3). Das Institut hat zwar in der bisherigen Praxis eher ein **Schattendasein** geführt (BOKSTALLER, 1 und 69; BK-SCHNYDER/MURER, aArt. 379 ZGB N 79). In verschiedenen Fällen kann es aber durchaus sinnvoll sein. Deshalb ist es auch ins neue Recht übernommen worden. Wie im bisherigen Recht ist die Regelung über das Zusammenwirken mehrerer Beistände im Hinblick auf ihren beschränken Anwendungsbereich und im Interesse der Flexibilität lückenhaft geblieben. Viele Fragen werden bewusst der Praxis überlassen. Es ist nicht Aufgabe der Kantone, offene Fragen in einem kantonalen Ausführungserlass zu beantworten (vgl. BK-SCHNYDER/MURER, aArt. 379 ZGB N 83).

II. Entstehungsgeschichte

2 Der Vernehmlassungsentwurf enthielt in Art. 389 Abs. 1 bereits die Regelung, die – redaktionell umformuliert – in Art. 402 Abs. 1 Gesetz wurde. Eine Parallelbestimmung zu aArt. 379 Abs. 3 war nicht vorgesehen. Wäre eine der ernannten Personen mit der gemeinsamen Ausübung des Amtes nicht einverstanden gewesen, so hätte er die Ernennung unter Berufung auf wichtige Gründe anfechten müssen. Art. 389 Abs. 2 VE Erwachsenenschutz

2003 räumte dagegen den Eltern eine Sonderstellung ein, indem er bestimmte, dass diese i.d.R. die Beistandschaft gemeinsam ausüben. Damit wollte man eine gewisse Kompensation für den Wegfall der verlängerten elterlichen Sorge erreichen (vgl. Art. 400 N 2). Die Bestimmung hatte aber materiell wenig eigenständigen Gehalt, da die ESB in jedem Fall von Amtes wegen prüfen muss, ob die Eltern geeignet sind, die Beistandschaft gemeinsam auszuüben. Im Anschluss an das Vernehmlassungsverfahren wurde sie deshalb wieder gestrichen und lediglich in der Botschaft (Botschaft Erwachsenenschutz, 7051) festgehalten, dass dann, wenn die Eltern der betroffenen Person mit der Führung der Beistandschaft betraut werden, sie dieses Amt i.d.R. gemeinsam ausüben. Dafür wurde – Kritik aus dem Vernehmlassungsverfahren Rechnung tragend – in Art. 402 Abs. 2 des bundesrätlichen Entwurfs wieder die Regelung von aArt. 379 Abs. 3 übernommen, wonach die gemeinsame Führung einer Beistandschaft die Zustimmung der beteiligten Beistände voraussetzt. Die Eidg. Räte stimmten Art. 402 E diskussionslos zu.

III. Rechtsvergleich

3 In **Deutschland** können ohne besondere Gründe mehrere Betreuer ernannt werden, wenn die Angelegenheiten des Betreuten hierdurch besser besorgt werden (§ 1899 BGB; für die Vormundschaft über Unmündige s. § 1775 BGB). Diese Regel gilt allerdings nicht für Berufsbetreuer, unter Vorbehalt von bestimmten Ausnahmen (§ 1899 Abs. 1 Satz 3 BGB). Das Familiengericht bestimmt, welcher Betreuer mit welchem Aufgabenkreis betraut wird. Sind mehrere Betreuer für denselben Aufgabenkreis zuständig erklärt worden, so können sie die Angelegenheiten des Betreuten nur gemeinsam besorgen, es sei denn, dass das Gericht etwas anderes bestimmt hat oder mit dem Aufschub Gefahr verbunden ist (§ 1899 Abs. 3 BGB). Möglich ist ferner die Bestellung eines Gegenbetreuers bzw. Gegenvormunds (§§ 1908i Abs. 1 und 1792 BGB). Er hat die Aufgabe, die Amtsführung des Betreuers zu kontrollieren und sollte nur eingesetzt werden, wenn eine Vermögensverwaltung einen erheblichen Aufwand erfordert (Dethloff, Familienrecht, 29. Aufl., München 2009, 512 Rz 20 m.V. auf FamRZ 1994, 325).

IV. Das Zusammenwirken mehrerer Beistände (Abs. 1)

4 Art. 402 **ergänzt und konkretisiert** Art. 400 Abs. 1 Satz 2: Der Gesetzgeber überlässt es nicht dem freien Ermessen der ESB, die Zusammenarbeit mehrerer Beistände zu regeln. Vielmehr stellt er zwei Arten der Amtsführung zur Verfügung, nämlich einerseits die gemeinsame Amtsführung durch zwei oder mehrere Beistände und andererseits die Amtsführung aufgrund einer Ausscheidung der Befugnisse der Beistände. Ernennt die ESB für die gleiche Person mehrere Beistände, so muss sie im Ernennungsbeschluss nach pflichtgemässem Ermessen (Art. 4) festlegen, welche der beiden Arten der Amtsführung im konkreten Fall zur Anwendung kommt und wie gegebenenfalls sich die Zuständigkeitsbereiche der einzelnen Beistände voneinander abgrenzen. Massgebend muss dabei sein, welche Art der Amtsführung den Interessen der hilfsbedürftigen Person besser dient.

1. Die gemeinsame Amtsführung

a) Begriff

5 Bei der gemeinsamen Amtsführung werden sämtliche aus einer Beistandschaft bzw. Vormundschaft fliessenden Rechte und Pflichten, welche die Personsorge, die Vermögenssorge und die Vertretung der hilfsbedürftigen Person im Rechtsverkehr, d.h. gegenüber

Dritten betreffen können (Art. 391 Abs. 1 und 2 und Art. 398 Abs. 2), grundsätzlich **gemeinsam** von zwei oder mehreren Beiständen (Art. 400 N 38) wahrgenommen, die **gleichberechtigt** sind. Die Beistände, die natürliche Personen sein müssen (Art. 400 Abs. 1), führen auch gemeinsam Rechnung (Art. 410) und erstatten der ESB gemeinsam Bericht (Art. 411).

b) Personsorge, Vermögenssorge und Vertretung im Rechtsverkehr

Was die reine **Personsorge oder andere Tathandlungen** für die hilfsbedürftige Person betrifft, so ist nach dem Vorbild der elterlichen Sorge (Art. 297 Abs. 1; BK-SCHNYDER/MURER, aArt. 379 ZGB N 83) ein pragmatisches Vorgehen angezeigt, indem die Aufgaben delegiert (z.B. Beizug von Spitex, Unterbringung der betroffenen Person in einem Altersheim) oder aufgeteilt werden können. Wichtige Beschlüsse, welche die Personsorge betreffen, sind aber gemeinsam zu fassen. Und alle Beistände haben sich darum zu bemühen, ein Vertrauensverhältnis zu der betroffenen Person aufzubauen (Art. 406 Abs. 2). Die Beistandsgemeinschaft als solche ist verantwortlich dafür, dass die angemessene persönliche Fürsorge für die hilfsbedürftige Person sichergestellt ist. 6

Soweit es um die **Vermögensverwaltung oder den Rechtsverkehr** geht, müssen die Beistände grundsätzlich immer gemeinsam handeln, damit ein Rechtsakt gültig ist. Das ergibt sich aus dem Mandatsrecht (Art. 394 ff. OR), das hier analog herangezogen werden kann (BOKSTALLER, 47 ff.; BK-SCHNYDER/MURER, aArt. 379 ZGB N 83; OFK-ZGB-FASSBIND, Art. 402 N 1): Haben mehrere Personen einen Auftrag gemeinschaftlich übernommen, so verpflichten sie den Auftraggeber gem. Art. 403 Abs. 2 OR grundsätzlich nur durch gemeinschaftliches Handeln. Eine gegenteilige Abrede durch die Beistände ist nicht zulässig. Vielmehr bilden die Beistände eine Gemeinschaft zur Erfüllung des von der ESB erteilten Auftrages. Jeder Beistand ist verpflichtet, bei den Beschlüssen zu den Fragen, die sich dieser Gemeinschaft stellen, mitzuwirken. Nichtmitwirkung ist eine Pflichtverletzung. 7

Der Entschluss zum **gemeinsamen rechtlichen Handeln muss nicht gleichzeitig** erfolgen. Gemeinsames Handeln liegt auch vor, wenn die übrigen Beistände dem Vorschlag eines Beistandes sukzessive zustimmen oder sie ein durch einen Beistand abgeschlossenes Rechtsgeschäft nachträglich genehmigen. Stimmt ein Beistand nicht zu, so kommt das Geschäft nicht zustande, da der Gemeinschaft der Beistände die Vertretungsmacht fehlt. Handelt ein Beistand allein, so liegt ein hinkendes Rechtsgeschäft vor, das erst rechtsgültig für die verbeiständete Person zustande kommt, wenn die Genehmigung aller übrigen Beistände vorliegt. 8

Die Zustimmung oder die Genehmigung ist – unter Vorbehalt von formbedürftigen Geschäften – formlos möglich. Sie kann mündlich oder schriftlich, ausdrücklich oder durch konkludentes Handeln erfolgen.

Gegenüber Dritten haben alle Beistände gemeinsam oder einer mit vorgängiger Zustimmung oder nachträglicher Genehmigung der übrigen zu handeln. **Dritte** haben sich grundsätzlich **an die Gemeinschaft zu wenden** und nicht an den einzelnen Beistand, wenn es um die Begründung von Rechten und Pflichten geht. Dagegen sollte der Dritte im Interesse der Praktikabilität mit befreiender Wirkung an jeden der Beistände leisten können (BOKSTALLER, 56). 9

Art. 304 Abs. 2, wonach bei gemeinsamer elterliche Sorge gutgläubige Dritte voraussetzen dürfen, dass jeder Elternteil im Einverständnis mit dem andern handelt, kommt nicht zur Anwendung, selbst wenn für ein Kind mehrere Vormünder ernannt werden. Die allgemeine Regel für die Ausübung der elterlichen Sorge von zwei Personen, die durch das 10

Eherecht miteinander verbunden sind oder die zumindest als Eltern die Verantwortung für ihr gemeinsames Kind wahrnehmen, kann auf den Ausnahmefall der Mehrfachbeistände bzw. Mehrfachvormünder nicht übertragen werden (vgl. BOKSTALLER, 47), bei der die beauftragten Personen unter sich häufig keine besondere Beziehung haben. Der **Vorteil der gemeinsamen Amtsführung**, eine **laufende gegenseitige Kontrolle** durch mehrere gleichberechtigte Beistände sicherzustellen, darf nicht preisgegeben werden.

c) Ausnahmen von der gemeinsamen Amtsführung

11 Zum Grundsatz des gemeinsamen Beschlussfassens und Handelns werden in der Doktrin zum bisherigen Recht (BOKSTALLER, 51 und 57; BK-SCHNYDER/MURER, aArt. 379 ZGB N 83; BSK ZGB I-HÄFELI, aArt. 379 N 27; CHK-AFFOLTER/STECK/VOGEL, aArt. 379 ZGB N 4) zwei Vorbehalte angebracht: Ist ein Geschäft dringlich und bleibt keine Zeit, die Zustimmung der Mitbeistände einzuholen, so darf ein Beistand rechtsgültig auch ohne Zustimmung oder Genehmigung der übrigen allein handeln. Alleiniges Entscheiden und Handeln soll auch möglich sein, wenn es um die Wahrung von Rechten geht, wie z.B. die Erhebung eines Rechtsvorschlages. Während das **alleinige Entscheiden und Handeln in dringenden Fällen sachlich zwingend** ist (SCHMID, Art. 402 N 3) und in der Geschäftsführung ohne Auftrag eine Stütze findet (Art. 419 ff. OR), ist es doch fraglich, ob ein Beistand den Grundsatz des gemeinsamen Handelns bei der Wahrung von Rechten in nichtdringlichen Fällen einfach durchbrechen darf. Das alleinige Handeln ohne besondere Anordnung der ESB sollte auf Rechtsgeschäfte beschränkt bleiben, die der hilfsbedürftigen Person nur Vorteile bringen (vgl. Art. 19 Abs. 2). Der ESB steht es u.E. aber frei, eine Sonderregelung für Fragen von untergeordneter Bedeutung zu treffen und jedem Beistand das Recht einzuräumen, diese Fragen allein zu erledigen (für das deutsche Recht § 1899 Abs. 3 BGB; vgl. auch Art. 403 Abs. 2 OR). Das Prinzip der Gleichberechtigung der Beistände, das sich aus der Pflicht zum gemeinsamen Führen der Beistandschaft ergibt, bleibt bei einer solchen Lösung gewahrt. In wichtigen Fragen ist indessen das Zusammenwirken der Beistände – von dringlichen Fällen abgesehen – zwingend.

d) Uneinigkeit der Beistände

12 Sind sich die Beistände in einer Frage nicht einig, so kann jeder von ihnen die **ESB** anrufen, die dann zu entscheiden hat, wenn die Interessen der betroffenen Person dies erfordern (vgl. für den Fall der Uneinigkeit bei gemeinsamer elterlicher Sorge HEGNAUER, Rz 25.18). Dabei darf die ESB nicht nur der Meinung des einen oder anderen Beistandes den Vorzug geben, sondern darf auch ihr eigenes Ermessen an die Stelle desjenigen der Beistandsgemeinschaft setzen. Nötigenfalls kann die ESB eine Handlung selber vornehmen (Art. 392) oder einen Ersatzbeistand (Art. 403) ernennen (Verhinderung am Handeln infolge Uneinigkeit der Beistände). Dem Grundsatz der Gleichberechtigung der Beistände würde es dagegen widersprechen, wenn die ESB einem der Beistände den Stichentscheid bei Meinungsverschiedenheiten einräumen würde (beschränkt **a.M.** BOKSTALLER, 50). Rechtlich unzulässig wäre es auch, die Beistandsgemeinschaft zu Mehrheitsbeschlüssen zu ermächtigen (BK-SCHNYDER/MURER, aArt. 379 ZGB N 83).

Wiederholte Uneinigkeit dürfte ein Zeichen dafür sein, dass die Beistände das Wohl der hilfsbedürftigen Person nicht (mehr) in einträchtigem Zusammenwirken wahren können. Die ESB hat deshalb die Aufhebung der Beiständergemeinschaft aus wichtigen Gründen zu prüfen (Art. 423 Abs. 1 Ziff. 2).

e) Zustimmung der ESB

Zum Schutz der betroffenen Person hat der Gesetzgeber besonders bedeutsame Geschäfte der Zustimmung der ESB unterstellt (Art. 416). Aus wichtigen Gründen können noch weitere Geschäfte für zustimmungspflichtig erklärt werden (Art. 417). Obwohl bei der gemeinsamen Amtsführung eine laufende gegenseitige Kontrolle durch die Pflicht zum Zusammenwirken sichergestellt ist, hat der Gesetzgeber für diese Fälle keine Sonderregelung erlassen: Die Art. **416 und 417 sind deshalb auch bei gemeinsamer Amtsführung uneingeschränkt anwendbar**. **13**

f) Anwendungsbeispiele

Die gemeinsame Amtsführung durch zwei oder mehrere Beistände mit der Pflicht zum gemeinsamen Handeln hat den grossen **Nachteil** der Schwerfälligkeit und birgt die Gefahr von langwierigen Verzögerungen bei Meinungsverschiedenheiten und hohem Entschädigungsaufwand. Sie dürfte deshalb in der Praxis weniger häufig in Betracht kommen als die geteilte Amtsführung. Die **Vorteile** der gemeinsamen Amtsführung dürfen aber auch nicht vergessen werden: Die Beistände üben eine laufende gegenseitige Kontrolle aus, prüfen und diskutieren gemeinsam die sich stellenden Probleme und wägen das Pro und Contra einer Lösung gegeneinander ab. Gilt es bspw., das Unternehmen einer hilfsbedürftigen Person weiterzuführen, können deshalb Mehrfachbeistände unter Umständen den Vorzug verdienen, wenn die geeigneten Personen hiefür vorhanden sind. Die gemeinsame Amtsführung kann auch mithelfen, Spannungen und Misstrauen in einer Familie abzubauen. So ist es denkbar, dass zwei Geschwister zusammen eine Beistandschaft für einen hilfsbedürftigen Elternteil übernehmen und das Vermögen gemeinsam verwalten, das sie später erben werden. Eine gemeinsame Amtsführung ist auf jeden Fall zu prüfen, wenn Eltern als Beistand ihres inzwischen erwachsen gewordenen geistig behinderten Kindes eingesetzt werden. Unabhängig vom Zivilstand der Eltern kommt eine gemeinsame Amtsführung immer dann in Frage, wenn beide Eltern geeignet sind, sich auch beide um das Kind kümmern und die erforderliche Kooperationsbereitschaft bei beiden Elternteilen vorhanden ist (Schmid, Art. 402 N 4; Meier/Lukic, Rz 544). Die gemeinsame Amtsführung wird bei einem Berufsbeistand i.d.R. nur mit Zurückhaltung in Frage kommen (vgl. zum deutschen Recht N 3), ist aber in sehr komplexen Verhältnissen nicht zum vornherein auszuschliessen. **14**

2. Die geteilte Amtsführung

a) Begriff

Ausser bei der umfassenden Beistandschaft, die von Gesetzes wegen die Personsorge, die Vermögenssorge und die Vertretung im Rechtsverkehr umfasst (Art. 398 Abs. 2), hat die ESB bei der Errichtung einer Beistandschaft die Aufgabenbereiche zu umschreiben (Art. 391 Abs. 1), die zu erledigen sind. Bei der geteilten Amtsführung werden die **zu erfüllenden Aufgaben unter zwei oder mehrere Personen aufgeteilt**. Für jeden Teilbereich ist ein Beistand, der eine natürliche Person sein muss (Art. 400 Abs. 1), selbständig zuständig (Schmid, Art. 402 N 3; BK-Schnyder/Murer, aArt. 379 ZGB N 84; Bokstaller, 53), der gegenüber Dritten auch als gesetzlicher Vertreter auftritt und in seinem Wirkungskreis selbständig Rechte und Pflichten begründen kann (Bokstaller, 56). **15**

Die Zuständigkeitsbereiche der einzelnen Beistände dürfen nicht zu klein sein, damit die geteilte Amtsführung Sinn macht. Die Ausscheidung der Befugnisse erfolgt nach **Ermessen der ESB** (Art. 4) und hat sich insb. nach den besonderen Umständen des Einzelfalles **16** wie auch nach praktischen Überlegungen zu richten. Trotz Mehrheit von Beiständen liegt nur eine Beistandschaft vor.

17 Jeder Beistand hat für seinen Wirkungskreis der ESB **Bericht zu erstatten** und Rechnung abzulegen. Eine gegenseitige Kontrolle der Beistände findet nicht statt. Das Institut des «Gegenbetreuers», der allein zu Kontrollzwecken eingesetzt wird, ist – anders als im deutschen Recht (N 3) – in der Schweiz nicht vorgesehen.

18 Trotz Aufgabenteilung können sich in der Praxis gewisse Aufgabenbereiche überschneiden (bspw. wenn ein Beistand für die Personsorge, der andere für die Vermögenssorge zuständig ist und es gilt, ein Pflegeheim für die hilfsbedürftige Person zu suchen, das den Vermögensverhältnissen angemessen ist). In den Bereichen, die sich **überschneiden**, sind die Regeln der gemeinsamen Amtsführung anwendbar (BK-Schnyder/Murer, aArt. 379 ZGB N 84; Bokstaller, 53 f. und 73 f.).

b) Anwendungsbeispiele

19 Die geteilte Amtsführung kann insb. bei einer kombinierten (Art. 397) oder bei einer umfassenden Beistandschaft (Art. 398) in Frage kommen, wenn sie an den Beistand sehr **vielfältige, komplexe und zeitintensive Anforderungen** stellen. Speziell in Betracht zu ziehen ist die Aufteilung von Personsorge und Vermögenssorge (BK-Schnyder/Murer, aArt. 379 ZGB N 84; Bokstaller, 54; ZK-Egger, aArt. 379 ZGB N 14; BK-Kaufmann, aArt. 379 ZGB N 20). Denkbar ist bspw., dass eine Vertrauensperson des Betroffenen für die persönliche Fürsorge bestens geeignet ist, für die Verwaltung eines komplexen Vermögens aber nicht über die erforderlichen Kenntnisse verfügt (Häfeli, in: Rosch/Büchler/Jakob, Art. 402 N 3). Möglich ist auch, dass ein naher Verwandter bereit ist, die Personsorge zu übernehmen, es aber vorzieht, wenn die Vermögenssorge durch eine neutrale Person ausgeübt wird, damit in der Familie in finanziellen Fragen kein Misstrauen aufkommt. Die geteilte Amtsführung kann auch sinnvoll sein, wenn es um die Beistandschaft für eine ausländische Person geht, die in der Schweiz wenig integriert ist. Für ihre persönliche Betreuung kann eine Person aus ihrem Umfeld mit den erforderlichen Sprachkenntnissen und mit Kenntnis der Mentalität der betroffenen Person sinnvoll sein, während für den Verkehr mit den Behörden etc. eine andere Person je nachdem geeigneter sein dürfte. Sowohl fachliche Anforderungen und der Umfang der zu besorgenden Geschäfte wie auch persönliche Rücksichten können deshalb eine geteilte Amtsführung rechtfertigen. Auch lokale Gegebenheiten fallen in Betracht, wenn z.B. ein Vermögensteil an einem bestimmten Ort liegt, der andere Vermögensteil dagegen weit entfernt an einem anderen Ort sich befindet (Bokstaller, 54).

3. Kombination von gemeinsamer und geteilter Amtsführung

20 Gemeinsame und geteilte Amtsführung können auch miteinander kombiniert werden. Dabei fallen **verschiedene Varianten** in Betracht. Insbesondere ist es denkbar, gewisse Teilaufgaben einem Beistand allein zuzuweisen, für die übrigen Aufgaben aber eine gemeinsame Amtsführung mit weiteren Beiständen anzuordnen (BK-Schnyder/Murer, aArt. 379 ZGB N 84; Bokstaller, 54; BK-Kaufmann, aArt. 379 ZGB N 20).

V. Gemeinsame Amtsführung nur bei Zustimmung der in Aussicht genommenen Mandatsträger (Abs. 2)

21 Die gemeinsame Amtsführung setzt bei allen beteiligten Beiständen ein hohes Mass an **Kooperationsfähigkeit und -bereitschaft** voraus. Sie darf deshalb gem. Abs. 2 nur angeordnet werden, wenn das Einverständnis aller vorliegt (vgl. N 2). Es handelt sich um eine absolute Voraussetzung, von der die Behörde nicht absehen darf. Die zusätzliche Voraussetzung ist deshalb von der ESB von Amtes wegen zu berücksichtigen. Sie muss somit die Zustimmung aller Beteiligten einholen, bevor sie ihren Beschluss über die Einsetzung mehrere Beistände fasst. Setzt sich die ESB über das fehlende Einverständnis hinweg, ist der Beschluss gem. Art. 450 ff. bei der gerichtlichen Beschwerdeinstanz anfechtbar.

Die Voraussetzung, dass alle Mitglieder der Beistandsgemeinschaft einverstanden sein **22** müssen, bezieht sich nicht auf den Fall der **getrennten Amtsführung** (Botschaft Erwachsenenschutz, 7051; OFK-ZGB-FASSBIND, Art. 402 N 2; MEIER/LUKIC, Rz 543; implizit auch HÄFELI, in: Rosch/Büchler/Jakob, Art. 402 N 4; BK-SCHNYDER/MURER, aArt. 379 ZGB N 80; BOKSTALLER, 42 f.; **a.M.** SCHMID, Art. 402 N 5; BK-KAUFMANN, aArt. 379 ZGB N 15). Hier ist jeder Beistand in seinem Wirkungskreis selbständig, so dass es keine Sonderregelung braucht. Ist ein Beistand nicht einverstanden, kann er seine Ernennung aus wichtigen Gründen ablehnen (Art. 400 Abs. 2).

VI. Verantwortlichkeit bei Mehrfachbeiständen

Im Gegensatz zum bisherigen Recht haften bei fehlerhafter Amtsführung nicht mehr die **23** Beistände, sondern direkt der Kanton (Art. 454 Abs. 3), unabhängig davon, auf welcher Stufe die ESB organisiert sind (kantonal, regional oder gemeindeweise). Für den Rückgriff auf die Person, die den Schaden verursacht hat, ist das kantonale Recht massgebend (Art. 454 Abs. 4). Sieht das kantonale Recht zwar die Rückgriffsmöglichkeit vor, fehlt aber eine Regelung für Mehrfachbeistände, so ist u.E. bei gemeinsamer Amtsführung **nicht** in **Analogie zum Auftragsrecht** (Art. 403 Abs. 2 OR) von einer solidarischen Haftung auszugehen. Die Solidarhaftung dient dazu, die Stellung der geschädigten Person zu verbessern und die Rechtsverfolgung zu vereinfachen. Dieses Anliegen verliert seine Berechtigung, wenn es um den Rückgriff des Kantons auf die Personen, die den Schaden verursacht haben, geht. Dem Kanton ist es zumutbar, die einzelnen Beistände nicht solidarisch, sondern nur entsprechend dem Anteil ihres Verschuldens zu belangen. Bei der geteilten Amtsführung fällt eine solidarische Haftung ohnehin ausser Betracht. Vielmehr haftet jeder der Beistände nur für den Wirkungskreis, den er selbständig wahrnimmt.

Art. 403

B. Verhinderung und Interessenkollision

[1] Ist der Beistand oder die Beiständin am Handeln verhindert oder widersprechen die Interessen des Beistandes oder der Beiständin in einer Angelegenheit denjenigen der betroffenen Person, so ernennt die Erwachsenenschutzbehörde einen Ersatzbeistand oder eine Ersatzbeiständin oder regelt diese Angelegenheit selber.

[2] Bei Interessenkollision entfallen von Gesetzes wegen die Befugnisse des Beistandes oder der Beiständin in der entsprechenden Angelegenheit.

B. Empêchement et conflit d'intérêts

[1] Si le curateur est empêché d'agir ou si, dans une affaire, ses intérêts entrent en conflit avec ceux de la personne concernée, l'autorité de protection de l'adulte nomme un substitut ou règle l'affaire elle-même.

[2] L'existence d'un conflit d'intérêts entraîne de plein droit la fin des pouvoirs du curateur dans l'affaire en cause.

B. Impedimento e collisione di interessi

[1] Quando il curatore è impedito di agire o i suoi interessi in un affare sono in collisione con quelli dell'interessato, l'autorità di protezione degli adulti nomina un sostituto o provvede essa stessa all'affare.

[2] In caso di collisione di interessi, i poteri del curatore decadono per legge nell'affare di cui si tratta.

Inhaltsübersicht

Literatur

FOUNTOULAKIS, Interzession naher Angehöriger, eine rechtsvergleichende Untersuchung im deutschen und angelsächsischen Rechtskreis, Bern 2005; vgl. auch die Literaturhinweise zu Art. 400.

Zum bisherigen Recht: LECOULTRE, La curatelle de représentation (Art. 392 ch. 1, 2, 3; 282 CCS), ZVW 1964, 16 ff.; MEIER, Droit de tutelle et actes immobiliers: questions choisies, ZVW 2008, 251 ff.; PFANDER, Die Beistandschaft nach Art. 392 und 393 ZGB, Diss., Bern 1932; RIEMER, Weniger bekannte Verbeiständungsfälle: Beistandschaften bei Doppelorganschaften, Selbstkontrahieren des Vertreters und sonstigen Interessenkollisionen, ZVW 1977, 104 ff.; SCHNYDER, Die privatrechtliche Rechtsprechung des Bundesgerichts im Jahr 1981. Familienrecht, ZBJV 1983, 82 f.; SCHWAGER, Die Vertretungsbeistandschaft bei Interessenkollision gemäss Art. 392 Ziff. 2 ZGB: Überlegungen zu BGE 107 II 105 ff., ZBJV 1983, 93 ff.

Materialien

Art. 391 VE Erwachsenenschutz 2003; VE Erwachsenenschutz/Vernehmlassungen, 212; Botschaft Erwachsenenschutz, 7051 und 7152; Prot. RK-S vom 27./28.8.2007, 14 f.; AmtlBull StR 2007, 835; Prot. RK-N vom 24./25.4.2008, 22; AmtlBull NR 2008, 1522.

I. Verhältnis zum bisherigen Recht

1 Nach aArt. 384 Ziff. 3 war als Vormund (Beirat oder Beistand) **nicht wählbar**, wer Interessen hatte, die in erheblicher Weise denjenigen der zu bevormundenden Person widersprachen, oder wer mit ihr verfeindet war. Unter neuem Recht fehlt einer Person, die diese Voraussetzungen erfüllt, im konkreten Einzelfall die persönliche Eignung als Beistand i.S.v. Art. 400 Abs. 1 (N 23 dazu).

2 aArt. 392 verpflichtete die Vormundschaftsbehörde, eine **Vertretungsbeistandschaft** zu errichten und einen Beistand zu ernennen, wenn der gesetzliche Vertreter einer mündigen oder unmündigen Person, gleichgültig ob es sich um einen Vormund, einen Beirat, die Inhaber der elterlichen Sorge (aArt. 306 Abs. 2) oder um einen Beistand handelte (BK-SCHNYDER/MURER, aArt. 392 ZGB N 9 f. und 106; BSK ZGB I-LANGENEGGER, aArt. 392 N 25 und 29), an der Vertretung verhindert war (Ziff. 3). Das Gleiche galt, wenn der gesetzliche Vertreter einer unmündigen oder entmündigen Person in einer Angelegenheit Interes-

sen hatte, die denen des Vertretenen widersprachen, und deshalb rechtlich nicht handeln durfte (Ziff. 2). In diesen Fällen war eine Spezialfürsorge vorgesehen, die meist nur von vorübergehender Dauer war. Bei Interessenkollision entfiel die Vertretungsmacht des gesetzlichen Vertreters für die fraglichen Geschäfte von Gesetzes wegen (BGE 107 II 105 E. 5; BK-Schnyder/Murer, aArt. 392 ZGB N 7 und 101). Nach Lehre und Praxis, die sich auf den Ingress von aArt. 393 und auf aArt. 418 stützte, durfte die Vormundschaftsbehörde ausnahmsweise auf die Errichtung einer Beistandschaft und die anschliessende Ernennung eines Beistandes verzichten und selber handeln (BGer vom 9.7.2001, 5C.98/2001, E. 3; BGE 86 II 206 E. 2; BK-Schnyder/Murer, aArt. 361 ZGB N 59, aArt. 392 N 7 und 36, aArt. 397 N 7 und 26; BSK ZGB I-Langenegger, aArt. 392 N 14).

Der neue Art. 403 Abs. 1 sieht für die Fälle von Verhinderung und Interessenkollision des Beistandes die Möglichkeit der Ernennung eines **«Ersatzbeistandes»** vor. Diese terminologische Neuerung dient der Abgrenzung zum ordentlichen Beistand (Botschaft Erwachsenenschutz, 7051; vgl. im deutschen Recht § 1899 Abs. 4 BGB). Die ESB hat aber auch die Möglichkeit, auf die Ernennung eines Ersatzbeistandes zu verzichten und die Angelegenheit selber zu regeln (Art. 392). Zum Schutz der betroffenen Person wird in Art. 403 Abs. 2 ausdrücklich festgehalten, dass bei Interessenkollision die Vertretungsmacht des Beistandes in den entsprechenden Angelegenheiten entfällt. 3

Das **Kindesrecht** enthält neu in Art. 306 Abs. 2 und 3 für die Eltern als Inhaber der elterlichen Sorge eine Parallelnorm zu Art. 403. 4

II. Entstehungsgeschichte

Art. 391 VE Erwachsenenschutz 2003 entspricht materiell Art. 403 des bundesrätlichen Entwurfs, wurde aber nach dem Vernehmlassungsverfahren redaktionell etwas überarbeitet. Anders als der Vernehmlassungsentwurf (Art. 391 Abs. 1 VE: «... Interessen, die denen der verbeiständeten Person widersprechen können,...») präzisiert der bundesrätliche Entwurf nicht mehr, dass eine abstrakte Interessenkollision genügt, ohne damit allerdings die Norm inhaltlich ändern zu wollen. In der parlamentarischen Beratung wurde Art. 403 des bundesrätlichen Entwurfs unverändert zugestimmt. 5

III. Anwendungsbereich der Bestimmung

Art. 403 kann bei **allen Arten von Beistandschaften** gem. Art. 393 ff. zur Anwendung kommen. Bei der Mitwirkungsbeistandschaft geht es aber nicht um eine selbständige Erledigung von Geschäften, sondern um die Mitwirkungen bei Geschäften, welche die verbeiständete Person selber vornimmt. Auch für diese Mitwirkung kann nötigenfalls ein Ersatzbeistand bestellt werden (Schmid, Art. 403 N 5; vgl. BGer vom 16.10.2002, 5C.200/2002, E. 3). Nicht ausgeschlossen vom Anwendungsbereich von Art. 403 sind im Übrigen vorsorglich angeordnete Beistandschaften (Art. 445 Abs. 1 Satz 2). 6

Hat der **Vorsorgebeauftragte** (Art. 360 ff.) Interessen, die denen des Auftraggebers widersprechen, so entfallen nach Art. 365 Abs. 3 seine Befugnisse von Gesetzes wegen und die ESB ist unverzüglich zu benachrichtigen (Art. 365 Abs. 2 zweiter Satzteil), damit sie für die zu besorgenden Geschäfte nach Art. 390 ff. eine Beistandschaft errichtet und einen Beistand ernennt, sofern sie gestützt auf Art. 392 nicht selber handelt oder einer Drittperson einen Auftrag erteilt. Art. 403 kommt nicht zum Zuge, da (noch) keine Beistandschaft besteht (**a.M.** OFK-ZGB-Fassbind, Art. 403 N 1). Eine besondere Regelung für den Fall der Verhinderung ist im Gesetz insb. mit Rücksicht auf den Umstand, dass auch eine juristische Person als Vorsorgebeauftragten eingesetzt werden darf (Art. 360 Abs. 1), nicht aus- 7 drücklich vorgesehen. Es ist in erster Linie Aufgabe des Vorsorgebeauftragten, im Hinblick auf eine Verhinderung die erforderlichen Massnahmen zu treffen (vgl. N 12). Ist ihm dies nicht möglich, so kann die ESB, wenn ein Geschäft nicht aufgeschoben werden darf, entweder eine Beistandschaft errichten und einen Beistand ernennen (Art. 368 i.V.m. Art. 390 ff.) oder gestützt auf Art. 392 selber das Erforderliche anordnen.

8 Die Regelung von Art. 365 Abs. 2 und 3 gilt sinngemäss auch bei der Vertretung einer urteilsunfähigen Person von Gesetzes wegen durch den Ehegatten oder den eingetragenen Partner (Art. 374 N 26). Sind die Interessen des Urteilsunfähigen gefährdet, so hat die ESB nach Art. 376 Abs. 2 i.V.m. Art. 390 ff. eine Beistandschaft zu errichten und einen Beistand zu ernennen oder selber die nötigen Anordnungen gestützt auf Art. 392 zu treffen. Bei den in einer Patientenverfügung (Art. 370 Abs. 2) als Vertreter eingesetzten Angehörigen oder bei den für medizinische Massnahmen nach Art. 377 ff. Vertretungsberechtigten darf aus dem Umstand allein, dass sie die vertretene Person einmal beerben werden, nach dem Willen des Gesetzgebers nicht schon auf eine abstrakte Interessenkollision geschlossen werden. Ist das Wohl der vertretenen Person aber durch Interessenkollision oder Verhinderung bzw. durch die Tatsache, dass kein Vertretungsberechtigter i.S.v. Art. 378 zur Verfügung steht, gefährdet, so hat die ESB nach Art. 373 Abs. 1 Ziff. 2 bzw. Art. 381 Abs. 2 Ziff. 3 einzuschreiten (Art. 373 N 8 und Art. 381 N 8). Nach FASSBIND (OFK-ZGB, Art. 403 N 1) dagegen ist in all diesen Fällen Art. 403 sinngemäss anwendbar, wobei Art. 394 f. ergänzend zur Anwendung komme.

9 Sind die Eltern eines Unmündigen als **Inhaber der elterlichen Sorge** am Handeln verhindert oder besteht eine Interessenkollision, so hat die Kindesschutzbehörde unter neuem Recht gem. Art. 306 Abs. 2 und nicht nach Art. 403 einen Beistand zu ernennen. Gestützt auf den Verweis von Art. 327c Abs. 2 ist dagegen Art. 403 bei einem Unmündigen sinngemäss anwendbar, wenn dieser unter Vormundschaft (Art. 327a ff.) oder unter Beistandschaft (Art. 308, 309 oder 325) steht. Da bereits eine amtsgebundene Massnahme angeordnet ist, kommt richtigerweise die Bestimmung über die «Ersatz»person zum Zuge. Es ist auch zweckmässig, für alle Amtsträger des Kindes- und Erwachsenenschutzes die gleiche Regelung zur Anwendung zu bringen. **A.M.** FASSBIND (OFK-ZGB, Art. 403 N 1), der – unter Berufung auf die Botschaft Erwachsenenschutz (7104) – Art. 306 Abs. 2 und 3 auf den Vormund und den Beistand anwenden will. Aus der Tatsache, dass die Botschaft bei den Erläuterungen zu Art. 327c nur auf Art. 400–402 verweist, darf aber nicht einfach der Schluss gezogen werden, die Anwendung von Art. 403 werde bewusst ausgeschlossen. Vielmehr handelt es sich durch die Verwendung des Wortes «namentlich» nur um eine beispielhafte Aufzählung, in der auch Art. 404 über die Entschädigung nicht erwähnt wird, der selbstverständlich im Kindesschutz ebenfalls gelten muss. In der Sache selbst macht es aber materiell keinen Unterschied, ob Art. 403 oder Art. 306 Abs. 2 und 3 zum Zuge kommt.

10 Liegt bei einem **Mitglied der ESB** eine Interessenkollision vor, so muss dieses Mitglied nach den allgemeinen Grundsätzen wegen Befangenheit in den Ausstand treten. Analog zu Art. 403 muss eine abstrakte Interessenkollision genügen.

IV. Verhinderung und Interessenkollision (Abs. 1)

1. Verhinderung des Beistandes

11 Der Beistand ist verhindert, wenn er faktisch nicht oder nicht genügend in der Lage ist, für die verbeiständete Person zu handeln. Dabei kann es um Rechts- wie Tathandlungen gehen, die sowohl die Personsorge, die Vermögenssorge oder den Rechtsverkehr betreffen können

(Art. 391 Abs. 2). Als **Gründe für die Verhinderung** fallen insb. berufliche, ferienbedingte oder sonstige Abwesenheit, Krankheit oder Unfall sowie vorübergehende Urteilsunfähigkeit in Betracht. Bei langdauernder Verhinderung ist aber auch zu prüfen, ob der Beistand nicht zu entlassen (Art. 423 Abs. 1) und ein neuer Beistand zu ernennen ist. In Ausnahmesituationen (vgl. OFK-ZGB-Fassbind, Art. 403 N 2; Meier/Lukic, Rz 554 FN 670) können auch moralische Gründe die Verhinderung i.S.v. Art. 403 begründen. Denkbar ist z.B., dass ein Vater über seinen erwachsenen Sohn mit geistiger Behinderung als Beistand eingesetzt wird und in der Erbteilung seiner geschiedenen Frau den Sohn nicht vertreten will (BK-Schnyder/Murer, aArt. 392 ZGB N 110 i.f.; Deschenaux/Steinauer, Personnes, Rz 1104; BSK ZGB I-Langenegger, aArt. 392 N 30). Verhinderung führt aber nur dann zur Ernennung eines Ersatzbeistandes, wenn die Angelegenheit dringlich ist und nicht zugewartet werden darf, bis der Beistand wieder selber handeln kann (BK-Schnyder/Murer, aArt. 392 ZGB N 111). In der Praxis dürften diese Fälle selten sein.

Keine Verhinderung i.S.v. Art. 403 besteht, wenn der Beistand bei einer nicht persönlich zu erledigenden Angelegenheit Vorsorge getroffen und einen Stellvertreter bestimmt hat (Art. 413 Abs. 1 ZGB i.V.m. Art. 398 Abs. 3 OR: s. Art. 400 N 30; BK-Schnyder/Murer, aArt. 392 ZGB N 108 und 47 f.; BSK ZGB I-Langenegger, aArt. 392 N 30 f.; OFK-ZGB-Fassbind, Art. 403 N 2; Schmid, Art. 403 N 2). 12

2. *Interessenkollision*

Die behördlichen Massnahmen des Erwachsenenschutzes haben das Wohl und den Schutz hilfsbedürftiger Personen sicherzustellen (Art. 388 Abs. 1). Der Beistand muss sich deshalb bei der Erfüllung seiner Aufgaben ausschliesslich von den Interessen der verbeiständeten Person leiten lassen (Art. 406 Abs. 1). Bei Interessenkollision hat er deshalb in den Ausstand zu treten, damit ein unabhängiger Dritter die Vor- und Nachteile des geplanten Geschäfts unter dem alleinigen Blickwinkel des Interesses der verbeiständeten Person gegeneinander abwägen kann. Eine Interessenkollision i.S.v. Art. 403 liegt sowohl dann vor, wenn die Interessen der verbeiständeten Person denjenigen des Beistandes unmittelbar widersprechen **(direkte Interessenkollision)**, als auch dann, wenn die verbeiständete Person in Geschäftsbeziehungen mit einem Dritten tritt, dem der Beistand derart eng verbunden ist, dass die erforderliche Objektivität bei der Wahrung der Interessen der vertretenen Person beeinträchtigt erscheint **(indirekte Interessenkollision)** (BGer vom 4.3.2010, 5A_743/2009, E. 2.2 [zusammengefasst in SJZ 2010, 275] m.V. auf BGer vom 14.7.1999, 4C.98/1999, E. 4a; BGE 107 II 105 E. 4; BK-Schnyder/Murer, aArt. 392 ZGB N 82 ff.; Deschenaux/Steinauer, Personnes, Rz 1102 ff.; BSK ZGB I-Langenegger, aArt. 392 N 26; CHK-Affolter/Steck/Vogel, aArt. 392 ZGB N 17; Riemer, Vormundschaftsrecht, § 4 Rz 150 und § 6 Rz 9 ff.; BSK ZGB I-Schwenzer, aArt. 306 N 4; Meier/Stettler, Rz 860; Schmid, Art. 403 N 4). Für eine Interessenkollision i.S.v. Art. 403 müssen die Interessen des Beistandes bzw. – bei indirekter Interessenkollision – die Interessen des Dritten und diejenigen der verbeiständeten Person sich nicht diametral gegenüberstehen in dem Sinne, dass die ersteren nur Vorteile und der Betroffene nur Nachteile hat, sondern fehlende Parallelität genügt (BK-Schnyder/Murer, aArt. 392 ZGB N 85; BSK ZGB I-Langenegger, aArt. 392 N 24 ff.; OFK-ZGB-Fassbind, Art. 403 N 2). 13

Wie im bisherigen Recht erfasst Art. 403 nicht nur die konkrete, sondern auch die **abstrakte bzw. theoretische Gefahr** einer Interessenkollision (BGE 107 II 105 E. 4; Schmid, Art. 403 N 4). Ein effektiver Schutz der verbeiständeten Person ist in der Tat nur dann gewährleistet, wenn die blosse Möglichkeit, dass die Interessen der verbeiständeten Person 14 gefährdet sein könnten, die Vertretungsmacht des Beistands im Umfang des Interessenkonfliktes entfallen lässt (Art. 403 Abs. 2), so dass grundsätzlich – unter Vorbehalt von Art. 403 Abs. 1 in fine – ein Beistand zu ernennen ist (zum bisherigen Recht OGer ZH, Beschluss vom 22. 10. 2007, ZR 2008, 15 ff., E. 4.1; für Beispiele von Kollisionsfällen s. BK-SCHNYDER/MURER, aArt. 392 ZGB N 88 ff.). Beim Selbstkontrahieren, d.h. bei Verträgen, die der Beistand einerseits als Vertragspartei und andererseits als Vertreter der betroffenen Person abschliessen möchte, ist die abstrakte Gefahr einer Interessenkollision immer zu bejahen (BK-SCHNYDER/MURER, aArt. 392 ZGB N 82). Eine solche liegt aber auch vor, wenn zwischen dem Vertragspartner und dem Beistand «eine so nahe persönliche Beziehung besteht, dass angenommen werden muss, die Rücksichtnahme auf die Interessen des Vertragspartners könnte das Handeln des Beistandes allenfalls beeinflussen» (BGer vom 4. 3. 2010, 5A_743/2009, E. 2.1 betr. die Schenkung einer Liegenschaft, zusammengefasst in SJZ 2010, 275; BGer vom 2. 9. 2004, 5C.84/2004 E. 2, FamPra.ch 2005, 199; BGE 118 II 101 E. 4; 107 II 105 E. 4; SCHNYDER, ZBJV 1983, 82 f.; kritisch SCHWAGER, ZBJV 1983, 93 ff.). Die persönlichen Qualitäten bzw. die Integrität und Vertrauenswürdigkeit des Beistandes oder die konkreten Bedingungen des abzuschliessenden Geschäftes spielen keine Rolle (vgl. BGE 118 II 101 E. 4c; BSK ZGB I-LANGENEGGER, aArt. 392 N 26; **a.M.** PFANDER, 36).

15 **Wie nahe das Verhältnis** des gesetzlichen Vertreters zum Dritten sein muss, damit eine indirekte Interessenkollision i.S.v. Art. 403 zu bejahen ist, muss die Praxis bestimmen. «Richtschnur ist das Schutzbedürfnis des Vertretenen entsprechend den Verhältnissen des Einzelfalles» (BGer vom 4. 3. 2010, 5A_743/2009, E. 2.1). Insbesondere beim Ehegatten bzw. eingetragenen Partner oder Lebenspartner und bei Verwandten in gerader Linie wie auch bei Geschwistern und Stiefkindern, aber auch bei guten Freunden ist in aller Regel eine Interessenkollision zu bejahen.

16 Art. 403 spricht neutral – nach dem Vorbild von aArt. 392 Ziff. 2 – von einer Interessenkollision in «einer Angelegenheit». Diese kann nicht nur die Vermögenssorge und den Rechtsverkehr, sondern auch die Personsorge betreffen (BK-SCHNYDER/MURER, aArt. 392 ZGB N 22), auch wenn Letzteres die Ausnahme sein dürfte.

3. Ernennung eines Ersatzbeistandes

17 Die ESB hat in **Würdigung der gesamten Umstände des Einzelfalles** und mit aller gebotenen Sorgfalt zu prüfen, ob die Voraussetzungen von Art. 403 Abs. 1 erfüllt sind. Die Interessenkollision ist beim Selbstkontrahieren des Beistandes (N 14) offensichtlich; in anderen Fällen, z.B. wenn es um gute Bekannte des Beistandes geht, hat die ESB ein grösseres Ermessen (N 15).

18 Ist der Beistand verhindert und hat er nicht das Notwendige selber vorgekehrt (N 12) oder ist eine Interessenkollision zu bejahen, so hat die ESB einen **Ersatzbeistand** zu ernennen (s. aber N 26). Dessen Aufgabenbereich ist im konkreten Fall genau festzulegen (Art. 391 sinngemäss) und kann sowohl die Personsorge, die Vermögenssorge wie auch den Rechtsverkehr betreffen. Der Ersatzbeistand vertritt fortan bis zur Beendigung seines Amtes die verbeiständete Person in den fraglichen Geschäften. Der Ersatzbeistand ist somit nicht der Vertreter des ordentlichen Beistandes (BGer vom 23. 1. 2001, 5P.425/2000, E. 3a; BGE 99 II 366 E. 1; BK-SCHNYDER/MURER, aArt. 392 ZGB N 18; BSK ZGB I-LANGENEGGER, aArt. 392 N 28; OFK-ZGB-FASSBIND, Art. 403 N 2). Anders als bei Interessenkollision (Art. 403 Abs. 2) behält der Beistand, der am Handeln verhindert ist, seine Vertretungsmacht, kann sie aber i.d.R. (N 11) faktisch nicht ausüben.

Ein Ersatzbeistand ist grundsätzlich auch zu bezeichnen, wenn ein **Rechtsgeschäft bereits abgeschlossen**, aber wegen Interessenkollision des ordentlichen Beistandes für die betroffene Person unverbindlich ist (unten N 29). In diesem Fall ist das Geschäft entweder nachträglich zu genehmigen, wenn es im Interesse der betroffenen Person liegt, oder es treten die Rechtsfolgen von Art. 39 OR ein. 19

Die ESB handelt **von Amtes wegen oder auf Antrag**. Die Ernennung eines Ersatzbeistandes zu beantragen obliegt in erster Linie dem ordentlichen Beistand, was sich aus der Pflicht zur optimalen Wahrung der Interessen der verbeiständeten Person (Art. 406 Abs. 1) und aus der Sorgfaltspflicht i.S.v. Art. 413 Abs. 1 ergibt (OFK-ZGB-Fassbind, Art. 403 N 3). Bei Interessenkollision sind aber auch die am fraglichen Rechtsgeschäft beteiligten Vertragspartner aus eigenem Interesse in der Pflicht (Art. 419). Zudem kann jede nahestehende Person gegen Handlungen oder Unterlassungen des Beistandes bei der ESB Beschwerde erheben (Art. 419). Im Übrigen darf jede Person nach Art. 443 Abs. 1 der ESB eine Meldung erstatten. Bei einem Grundstücksgeschäft gehört es zu den Sorgfaltspflichten der Urkundsperson, die Kenntnis von einer nahen persönlichen Beziehung zwischen Beistand und Vertragspartner hat oder haben müsste, die Frage einer Interessenkollision abklären zu lassen (vgl. BSK ZGB I-Langenegger, aArt. 392 N 28). 20

Kein Ersatzbeistand ist zu ernennen, wenn der Beistand im Hinblick auf seine Verhinderung selber durch Ernennung eines Stellvertreters vorgesorgt hat (N 12). Im Falle einer Interessenkollision fällt dagegen die Ernennung eines Stellvertreters für die fraglichen Geschäfte ausser Betracht, da dem Beistand für diese Geschäfte von Gesetzes wegen die Vertretungsmacht fehlt (Art. 403 Abs. 2). Der Schutz der verbeiständeten Person verlangt zwingend, dass die ESB entweder einen Ersatzbeistand ernennt oder selber das Nötige vorkehrt (N 26). 21

Für die Auswahl des Ersatzbeistandes sind die Art. 400 f. massgebend: dieser muss für seine Aufgabe sowohl in persönlicher wie auch fachlicher Hinsicht **geeignet** sein. Selbstverständlich darf der Ersatzbeistand gegenüber dem ordentlichen Beistand nicht befangen sein. 22

Die Amtsführung des Ersatzbeistandes richtet sich nach den Art. 405 ff. Für die in Art. 416 Abs. 1 aufgezählten Geschäfte muss er die **Zustimmung der ESB** einholen, auch wenn ihn diese ausdrücklich für die Erledigung eines solchen Geschäftes eingesetzt hat. Vorbehalten bleibt Art. 416 Abs. 2. Im Übrigen bedarf ein Vertrag, den der Ersatzbeistand im Namen der vertretenen Person mit dem Beistand abschliesst, nach Art. 416 Abs. 3 immer der Zustimmung der ESB (Art. 416/417 N 12; vgl. aArt. 422 Ziff. 7, dazu BSK ZGB I-Geiser, aArt. 421/422 N 33). 23

Das Amt endet entweder mit der Erledigung der Geschäfte, für die der Ersatzbeistand bestellt worden ist, oder mit der Feststellung der ESB, dass der Beistand nicht mehr am Handeln verhindert ist. Wie der ordentliche Beistand hat auch der Ersatzbeistand einen **Schlussbericht** und allenfalls eine **Schlussrechnung** der ESB einzureichen (Art. 425). 24

Ist der Beistand während längerer Zeit am Handeln verhindert, unterliegt er wiederholt einer Interessenkollision oder hindert ihn die Interessenkollision an einer sorgfältigen Amtsführung, so hat die ESB seine **Entlassung** und die Ernennung eines neuen ordentlichen Beistandes zu prüfen (Art. 423 Abs. 1) (zur Amtsenthebung nach bisherigem Recht vgl. BGer vom 16.10.2002, 5C.200/2002). 25

4. *Eigenes Handeln der ESB*

26 Das Gesetz präzisiert in Art. 403 Abs. 1 nicht, unter welchen Voraussetzungen die ESB auf die **Ernennung eines Ersatzbeistandes verzichten** und die Angelegenheit selber regeln darf. Von der Sache her gesehen wird auf Art. 392 verwiesen: Auf die Ernennung eines Ersatzbeistandes darf verzichtet werden, wenn diese Massnahme wegen des Umfangs der Aufgaben nach den gesamten Umständen unverhältnismässig wäre (Art. 392 N 1 ff. und 13). Das trifft insb. zu, wenn eine Angelegenheit einfach, gut überblickbar oder zeitlich dringlich ist, so dass der Aufwand im Zusammenhang mit der Ernennung eines Ersatzbeistandes als unnötige Formalität erscheint (vgl. BGer vom 9.7.2001, 5C.98/2001, E. 3; BK-Schnyder/Murer, aArt. 361 ZGB N 59 ff., aArt. 392 N 36 m.w.H.; BSK ZGB I-Langenegger, aArt. 392 N 14; BSK ZGB I-Schwenzer, aArt. 306 N 7; CHK-Affolter/Steck/Vogel, aArt. 392 ZGB N 8). Im Hinblick darauf, dass eine Kontrollinstanz entfällt (Hausheer/Geiser/Aebi-Müller, Erwachsenenschutzrecht, Rz 2.150), muss das Geschäft auf jeden Fall von untergeordneter Bedeutung sein. Insbesondere bei einem Grundstückgeschäft oder anderen nach Art. 416 Abs. 1 zustimmungsbedürftigen Geschäften, die vom Beistand umfassend zu prüfen sind und nur mit Zustimmung der ESB gültig werden, darf der Schutz der betroffenen Person durch alleiniges Handeln der Erwachsenschutzbehörde auf keinen Fall vermindert werden.

27 Handelt die ESB anstelle eines Ersatzbeistandes, so ist sie wie dieser Vertreter der verbeiständeten Person (vgl. N 18; ZKE 2011, Rechtsprechung, 338 ff.).

V. Rechtsfolge der Interessenkollision (Abs. 2)

28 Das Vorliegen einer Interessenkollision (N 13 ff.) beseitigt – entsprechend der Lehre und Praxis zum bisherigen Recht – von Gesetzes wegen die **Vertretungsmacht** des Beistandes bzw. die Mitwirkungsbefugnis des Beistandes bei der Mitwirkungsbeistandschaft gem. Art. 396 (Art. 403 Abs. 2; Schmid, Art. 403 N 5; OFK-ZGB-Fassbind, Art. 403 N 3; zum bisherigen Recht BGE 107 II 105 E. 5; BK-Schnyder/Murer, aArt. 392 ZGB N 21, 83 und 101; BSK ZGB I-Langenegger aArt. 392 N 27; CHK-Affolter/Steck/Vogel, aArt. 392 ZGB N 18; Deschenaux/Steinauer, Personnes, Rz 1103; Riemer, Vormundschaftsrecht, § 6 Rz 9). In den fraglichen Rechtsgeschäften darf bzw. kann der Beistand nicht mehr handeln, unabhängig davon, ob ein Ersatzbeistand bereits ernannt ist oder nicht. Auch die Zustimmung der ESB, aus welchem Grund sie auch erfolgt, vermag die fehlende Vertretungsmacht bzw. Mitwirkungsbefugnis des Beistandes beim Abschluss des Rechtsgeschäftes nicht zu heilen (BGE 107 II 105 E. 5 und 6b, zweiter Abschnitt [zur Diskussion standen die Genehmigung des Verkaufs einer Liegenschaft durch die Vormundschaftsbehörde nach aArt. 404 und 421 Ziff. 1]; BK-Schnyder/Murer, aArt. 392 ZGB N 103 m.H. auf andere Meinungen, insb. Schwager, ZBJV 1983, 103; Hausheer/Geiser/Aebi-Müller, Erwachsenenschutzrecht, Rz 2.152). Das Gleiche gilt für die Zustimmung der handlungsfähigen verbeiständeten Person i.S.v. Art. 416 Abs. 2 (OFK-ZGB-Fassbind, Art. 403 N 3): Fehlt die Vertretungsmacht des Beistandes, kann kein gültiges Geschäft zustande kommen. Die ESB muss bei Interessenkollision des Beistandes immer einen Ersatzbeistand ernennen. Nur in beschränktem Rahmen von Art. 392 kann sie das Geschäft in eigener Verantwortung – ohne Mitwirkung des Beistandes – abschliessen (N 26).

29 Der Schutz von Art. 403 Abs. 2 ist besonders wichtig, wenn die Interessenkollision erst nachträglich festgestellt wird oder die Behörde trotz Kenntnis der Interessenkollision nicht oder zu spät handelt. Ist ein Geschäft trotz fehlender Vertretungsmacht ab-

geschlossen worden, so ist es für die schutzbedürftige Person **einseitig unverbindlich** (Botschaft Erwachsenenschutz, 7051; BGE 107 II 105 E. 5 betr. Grundstücksverkauf; 118 II 101 betr. Erbauskauf-Vertrag; SCHMID, Art. 403 N 5; OFK-ZGB-FASSBIND, Art. 403 N 3; MEIER/LUKIC, Rz 557; BK-SCHNYDER/MURER, aArt. 392 ZGB N 101; BSK ZGB I-LANGENEGGER, aArt. 392 N 27). Die Rechtslage ist sinngemäss die gleiche, wie wenn jemand ohne Ermächtigung als Stellvertreter einen Vertrag abschliesst (Art. 38 und 39 OR). Wird das Geschäft vom Ersatzbeistand nach Art. 403 (in den Fällen von Art. 416 Abs. 1 mit Genehmigung der ESB), allenfalls von einem neuen Beistand oder in Ausnahmefällen bei Geschäften von untergeordneter Bedeutung durch die ESB (N 26) nicht nachträglich und rechtzeitig (vgl. Art. 38 Abs. 2 OR) genehmigt, so muss eine Rückabwicklung erfolgen, sofern diese noch möglich ist. Der Beistand haftet gegenüber dem Vertragspartner, der sich nicht auf Art. 454 berufen kann, für den Vertrauensschaden, der durch sein Handeln entstanden ist (culpa in contrahendo). Die Bestimmungen über die ungerechtfertigte Bereicherung bleiben vorbehalten (zu den Rechtsfolgen im Einzelnen: BK-ZÄCH, Art. 39 OR N 14 ff.; BSK OR I-WATTER/SCHNELLER, Art. 39 N 2 ff.; vgl. BSK ZGB I-Geiser, aArt. 424 N 13 m.V.a. BGE 117 II 24 f.; s.a. Art. 374 N 27).

Solange die Beistandschaft dauert, kann die verbeiständete Person, auch wenn sie handlungsfähig ist, im Hinblick auf ihre Schutzbedürftigkeit das von ihrem Beistand ohne Vertretungsmacht abgeschlossene Geschäft nicht genehmigen, auch nicht, wenn die ESB zustimmt (**a.M.** OFK-ZGB-FASSBIND, Art. 403 N 3, der die analoge Anwendung von Art. 416 Abs. 3 vorbehält; kritisch dazu MEIER/LUKIC, Rz 557 FN 675). Die Schutzbedürftigkeit ergibt sich bereits aus der Tatsache, dass nicht die handlungsfähige Person selber, sondern ihr Beistand, zu dem sie in einem Abhängigkeitsverhältnis steht, das zu genehmigende Geschäft abgeschlossen hat. Ein freier Entscheid der verbeiständeten Person ist in dieser Situation nicht gewährleistet. Vorbehalten bleibt der Fall, dass die Beistandschaft inzwischen aufgehoben worden ist. 30

Ist nachträglich streitig, ob bei Vertragsabschluss eine Interessenkollision vorlag, so haben die interessierten Personen die Möglichkeit, beim Gericht ein Feststellungsurteil über die Verbindlichkeit bzw. Nichtverbindlichkeit des Geschäftes für die verbeiständete Person zu erwirken (AmtlBull StR 2007, 835, Votum Wicky; vgl. BGE 118 II 101, 103). 31

VI. Schutz gutgläubiger Dritter?

Die **h.L. zum bisherigen Recht** (BK-SCHNYDER/MURER, aArt. 392 ZGB N 102 m.w.H. und 103; DESCHENAUX/STEINAUER, Personnes, Rz 1103; BSK ZGB I-LANGENEGGER, aArt. 392 N 27; BSK ZGB I-SCHWENZER, aArt. 306 N 6; CHK-AFFOLTER/STECK/VOGEL, aArt. 392 ZGB N 18; MEIER, ZVW 2008, 258) wie auch die frühere Rechtsprechung (BGE 45 II 118, 123 und 65 II 114; in 118 II 101 E. 7 wurde die Gutgläubigkeit verneint) gehen davon aus, dass der gutgläubige Dritte im Vertrauen auf die Vertretungsmacht des Beistandes zu schützen ist, wenn er die Möglichkeit einer Interessenkollision nicht erkennen konnte. An die Sorgfaltspflicht des Dritten sind jedoch hohe Anforderungen zu stellen, da die Rechtsfolgen allein zulasten der verbeiständeten Person gehen. 32

In BGE 107 II 105 E. 6a wies das Bundesgericht indessen auf **Bedenken** hin, liess aber die Frage, ob der gute Glaube des Dritten die fehlende Vertretungsmacht des gesetzlichen Vertreters heilen könne, letztlich offen. Bei der gesetzlichen Vertretung seien die Verhältnisse nicht gleich gelagert wie bei der gewillkürten Vertretung, wo eine Anscheinsvoll- 33 macht bejaht wird. Die analoge Anwendung der Bestimmungen über die gewillkürte Stellvertretung (Art. 32 ff. OR, insb. Art. 33 Abs. 3 und 34 Abs. 3 OR) falle bei der gesetzlichen Vertretung ausser Betracht, weil nicht das Verhalten des Vertretenen, sondern dasjenige des Vertreters massgebend sei. Die Anerkennung eines Gutglaubensschutzes für Dritte sei deshalb nicht unbedenklich. Sie könne sich nicht auf eine Gesetzesvorschrift stützen. Es gebe keinen umfassenden Gutglaubensschutz, wie dem Wortlaut von Art. 3 Abs. 1 zu entnehmen sei. So schütze das Gesetz z.B. den guten Glauben in die Handlungsfähigkeit des Vertragspartners nicht (BGE 89 II 387 E. 2 m.H.). Dazu komme, dass die gesetzliche Vertretung ihren Ursprung in der besonderen Schutzbedürftigkeit des Vertretenen habe. Dieser Umstand lege es nahe, dem guten Glauben des Dritten nur mit grosser Zurückhaltung eine heilende Wirkung zuzuerkennen, da diese Rechtsfolge auf Kosten des Schützlings gehe.

34 Diese Überlegungen sind unter neuem Recht umso bedenkenswerter, als der Vorentwurf Betreuungsrecht von 1998, gestützt auf den die Expertenkommission ihre Arbeiten aufnahm, in Art. 109 über die Ersatzbeistandschaft den Schutz gutgläubiger Dritter noch ausdrücklich vorbehielt (Abs. 2). Dieser Vorbehalt wurde später durch die Expertenkommission gestrichen (Prot. der 13. Sitzung der Expertenkommission vom 28.8.2000, 910 ff.). Zudem verzichtet das neue Erwachsenenschutzrecht auf die Veröffentlichung der Einschränkung der Handlungsfähigkeit (vgl. aArt. 375, 377 Abs. 3, 397 Abs. 2 und 3; Botschaft Erwachsenenschutz, 7018 f.) und bestimmt gleichzeitig in Art. 452 Abs. 1 ausdrücklich, dass eine Massnahme des Erwachsenenschutzes Dritten entgegengehalten werden kann, selbst wenn sie gutgläubig sind (dazu Art. 452 N 11 ff., insb. N 14). «Der Schutz der betroffenen Person und damit die Effizienz der getroffenen Massnahme» wird «höher gewichtet als die Interessen des Rechtsverkehrs» (Botschaft Erwachsenenschutz, 7090). Auch der Wegfall der Vertretungsmacht bei Interessenkollision und die Notwendigkeit der Ernennung eines Ersatzbeistandes gehören unzweifelhaft zu den Schutzmassnahmen des Erwachsenenschutzes im weiteren Sinne. Im Hinblick darauf entfällt im Interesse der verbeiständeten Person **unter neuem Recht ein Schutz gutgläubiger Dritter bei Interessenkollision. Er kann höchstens noch dann zum Zuge kommen, wenn die ESB die Ernennung eines Ersatzbeistandes geprüft, aber – zu Unrecht eine Interessenkollision verneinend – in einem formellen Entscheid abgelehnt hat** (wohl enger OFK-ZGB-Fassbind, Art. 403 N 3; a.M., aber ohne Begründung: Schmid, Art. 403 N 5).

35 Auf die vom Beistand trotz fehlender Vertretungsmacht abgeschlossenen Geschäfte, die nicht nachträglich gem. Art. 38 OR genehmigt werden, ist Art. 39 OR analog anwendbar (dazu N 29).

Art. 404*

C. Entschädigung und Spesen

[1] Der Beistand oder die Beiständin hat Anspruch auf eine angemessene Entschädigung und auf Ersatz der notwendigen Spesen aus dem Vermögen der betroffenen Person. Bei einem Berufsbeistand oder einer Berufsbeiständin fallen die Entschädigung und der Spesenersatz an den Arbeitgeber.

* Herrn Severin Bischof, M.A.HSG, danke ich herzlich für die Unterstützung bei der Erarbeitung der Kommentierung dieser Bestimmung.

2 Die Erwachsenenschutzbehörde legt die Höhe der Entschädigung fest. Sie berücksichtigt dabei insbesondere den Umfang und die Komplexität der dem Beistand oder der Beiständin übertragenen Aufgaben.

3 Die Kantone erlassen Ausführungsbestimmungen und regeln die Entschädigung und den Spesenersatz, wenn diese nicht aus dem Vermögen der betroffenen Person bezahlt werden können.

C. Rémunération et frais

1 Le curateur a droit à une rémunération appropriée et au remboursement des frais justifiés; ces sommes sont prélevées sur les biens de la personne concernée. S'il s'agit d'un curateur professionnel, elles échoient à son employeur.

2 L'autorité de protection de l'adulte fixe la rémunération. Elle tient compte en particulier de l'étendue et de la complexité des tâches confiées au curateur.

3 Les cantons édictent les dispositions d'exécution et règlent la rémunération et le remboursement des frais lorsque les sommes afférentes ne peuvent être prélevées sur les biens de la personne concernée.

C. Compenso e spese

1 Il curatore ha diritto a un compenso adeguato e al rimborso delle spese necessarie, pagati con i beni dell'interessato. In caso di curatore professionale i relativi importi sono corrisposti al datore di lavoro.

2 L'autorità di protezione degli adulti stabilisce l'importo del compenso. A tal fine tiene conto in particolare dell'estensione e della complessità dei compiti conferiti al curatore.

3 I Cantoni emanano le disposizioni d'esecuzione e disciplinano il compenso e il rimborso delle spese per i casi in cui gli stessi non possano essere pagati con i beni dell'interessato.

Inhaltsübersicht

Literatur

Balestrieri, Die Vermögensverwaltung im neuen Erwachsenenschutzrecht, ZKE 2011, 201 ff.; KOKES – Konferenz der Kantone für Kindes- und Erwachsenenschutz, Sozialversicherungsrechtliche Fragen im Zusammenhang mit der Entschädigung von privaten Mandatsträgerinnen und Mandatsträgern – Empfehlungen zu Handen der kantonalen Aufsichtsbehörden, vom 19. Mai 2010, ‹http://www.kokes.ch/assets/pdf/de/dokumentationen/empfehlungen/06_Empfehlung_Mandatsentschaedigung_Ueberarbeitung_IIa.pdf› (zit. KOKES); KOKES, MWSt-Pflicht der Mandatsentschädigung?, vom 15. Januar 2009, gleicher Pfad, aber: ... dokumentationen/einzelanfragen/10_Empfehlungen_VBK_MWSt.-Pflicht_der_Mandatsfuehrung_version-fuer_Website.pdf (zit. KOKES, MWSt); MEIER, Perte du discernement et planification du patrimoine – droit actuel et futur, in: Baddeley/Foëx (Hrsg.), La planification du patrimoine, Journée de droit civil 2008, Genf/Zürich/Basel 2009, 39 ff.; VOGEL, Die Person des Beistandes, ZVW 2003, 331 ff.

Zum bisherigen Recht: CAVIEZEL, Die Vermögensverwaltung durch den Vormund, Diss. Freiburg 1987; GMÜR, Die Vergütung des Beauftragten, Diss. Freiburg i.Ü. 1994; JUSTIZ-, GEMEINDE- UND KIRCHENDIREKTION DES KANTONS BERN, Bernische Systematische Information der Gemeinden (BSIG) Nr. 2/213.361/1.2 (zit: BSIG).

Materialien

Art. 392 VE Erwachsenenschutz 2003; VE Erwachsenenschutz/Vernehmlassungen, 213 ff.; Botschaft Erwachsenenschutz, 7051 und 7152; Prot. RK-S vom 27./28.8.2007, 15 ff. und 49; AmtlBull StR 2007, 835 f.; Prot. RK-N vom 24./25.4.2008, 23; AmtlBull NR 2008, 1522.

I. Verhältnis zum bisherigen Recht

1 Das bisherige Recht regelte die dem Vormund (bzw. Beirat oder Beistand) zustehende Entschädigung in aArt. 416 und 417 Abs. 2. Der Anspruch auf Spesenersatz ergab sich durch Analogieschluss aus Art. 402 Abs. 1 OR (DESCHENAUX/STEINAUER, Personnes, Rz 953). Die Entschädigung wurde aus dem **Vermögen des Bevormundeten** entrichtet und von der Vormundschaftsbehörde für jede Rechnungsperiode nach der Mühe, welche die (Vermögens-)Verwaltung verursachte, und nach dem Ertrag des Vermögens bestimmt. Die Ansätze wurden teils in der Praxis frei festgesetzt, teils haben die Kantone (z.B. Verordnung über das Vormundschaftswesen des Kantons LU, §§ 27 ff. [SRL 206]; Règlement sur la rémunération des tuteurs et curateurs (RTu) vom 11.4.1984 des Regierungsrates und des Kantonsgerichtes des Kantons VD [RSV 211.255.2]) oder die vormundschaftlichen Aufsichtsbehörden bzw. die Vormundschaftsbehörden selber Richtlinien erlassen. Die Lehre war sich einig, dass ein Mandatsträger auch für die persönliche Betreuung (DESCHENAUX/STEINAUER, Personnes, Rz 952) und selbst in den Fällen, in welchen kein Vermögen vorhanden war, Anspruch auf eine gewisse Entschädigung hatte. Dem Gemeinwesen obliege es **subsidiär**, nach Massgabe des kantonalen Rechts eine Entschädigung auszurichten (BGer vom 21.3.2000, 5P.367/1999, E. 3a und b; DESCHENAUX/STEINAUER, Personnes, Rz 954; BSK ZGB I-GEISER, aArt. 416 N 4; CHK-AFFOLTER/STECK/VOGEL, aArt. 416 ZGB N 4; RIEMER, § 4 Rz 134).

2 Das neue Recht präzisiert in Art. 404 einmal, dass der Beistand neben der Entschädigung, die insb. vom Umfang und der Komplexität der gesamten zu erfüllenden Aufgaben abhängt, auch ein Anspruch auf **Spesenersatz** hat. Der Grundsatz, dass Entschädigung und Spesenersatz in erster Linie aus dem Vermögen der verbeiständeten Person zu bezahlen sind, wurde beibehalten. Die Kantone wurden aber verpflichtet, **Ausführungsbestimmungen** zu erlassen und insb. die Entschädigung und den Spesenersatz zu regeln, wenn diese nicht aus dem Vermögen der betroffenen Person bezahlt werden können. Damit bringt der Bundesgesetzgeber zum Ausdruck, dass die Kantone eine angemessene Entschädigung und den Spesenersatz für jeden Beistand vorsehen müssen.

II. Entstehungsgeschichte

Der VE Erwachsenenschutz 2003 unterschied in Art. 392 zwischen dem Anspruch des Beistandes auf Entschädigung und Spesenersatz (Abs. 1 und 2) und der Frage, wer für die Entschädigung aufkommen musste (Abs. 3). **In erster Linie** sollte das **Gemeinwesen** für die Abgeltung der Ansprüche zuständig sein, da es sich um die Erfüllung einer **öffentlichen Aufgabe** handle. Dieses sollte aber gestützt auf Billigkeitsüberlegungen Rückgriff auf das Vermögen der verbeiständeten Person nehmen können, sofern deren finanzielle Verhältnisse dies erlauben (Bericht ExpK Erwachsenenschutz 2003, 46). 3

Für die Höhe der Entschädigung sollten in erster Linie Aufwand und Komplexität der Aufgaben massgebend sein. Mitberücksichtigt werden konnten Leistungen, die der Beistand der verbeiständeten Person aufgrund eines von dieser erteilten **Auftrages** erbrachte (Abs. 2 Satz 2). Die Kantone hatten Ausführungsbestimmungen zu erlassen (Abs. 4). 4

Im Vernehmlassungsverfahren wurde die vorgeschlagene **primäre Kostentragungspflicht des Gemeinwesens** insb. von den Kantonen **massiv kritisiert** (VE Erwachsenenschutz/Vernehmlassungen, 214 ff.). In der Folge verzichtete der Bundesrat in Art. 404 seines Entwurfs darauf, dieses Prinzip im Gesetz zu verankern. Wie bisher ist die Entschädigung und der Spesenersatz in erster Linie dem Vermögen der betroffenen Person zu belasten. Die Kantone wurden aber verpflichtet, die Entschädigung und den Spesenersatz zu regeln, wenn diese nicht aus dem Vermögen der betroffenen Person bezahlt werden können (Art. 404 Abs. 3). Dass private **Aufträge** der verbeiständeten Person an den Beistand bei der Festlegung der Höhe der Entschädigung mitberücksichtigt werden können, wurde gestrichen. Bei solchen Aufträgen bleibt es der verbeiständeten Person und dem Beistand überlassen, – mit Zustimmung der ESB, Art. 416 Abs. 3 – die Entgeltlichkeit des Auftrags zu vereinbaren. Im Übrigen wurde im Gesetzestext präzisiert, dass die Entschädigung bei Berufsbeiständen an den Arbeitgeber fällt. 5

In der parlamentarischen Beratung wurde Art. 404 nicht mehr geändert. Allerdings entdeckte die parlamentarische **Redaktionskommission** einen Unterschied in den drei verschiedenen Sprachfassungen des bundesrätlichen Entwurfs: Während der deutsche und der italienische Text die Regelung von Abs. 1 Satz 2 ausdrücklich auf die Entschädigung beschränkten, erfasste die französische Version mit «ces prétentions» sowohl die Entschädigung wie den Spesenersatz. In der Folge wurden der deutsche und der italienische Text dem französischen angepasst (vgl. SCHMID, N 5). 6

III. Anwendungsbereich und Abgrenzungen

Art. 404 über die Entschädigung und den Spesenersatz gilt für den **Beistand eines Erwachsenen**, unabhängig davon, ob er im Rahmen einer ordentlichen Massnahme nach Art. 390 ff. oder vorsorglich gestützt auf Art. 445 Abs. 1 Satz 2 oder als Ersatzbeistand nach Art. 403 ernannt worden ist. Über den Verweis von Art. 327c Abs. 2 ist die Bestimmung sinngemäss auch auf den Vormund (Art. 327a ff.) oder den Beistand (Art. 308, 309 und 325) einer **unmündigen Person** anwendbar (vgl. BGE 116 II 399 E. 4b und 4cc; HEGNAUER, ZVW 1977, 65). Zur Entschädigung des Beistandes, der für das Verfahren vor der ESB ernannt wird, s. Art. 449a N 23 ff. (die Ausführungen gelten sinngemäss auch für den Beistand nach Art. 314a^{bis}, wobei allerdings zu beachten ist, dass das Gesetz als Kindesvertreter eine in fürsorgerischen und juristischen Fragen erfahrene Person verlangt [dazu N 20]). 7

Die Bestimmung erfasst die Entschädigung und den Spesenersatz für **alle Tätigkeiten**, die der Beistand zur Erfüllung der ihm von der ESB (Art. 391) oder – im Falle der umfassenden Beistandschaft (Art. 398 Abs. 2) – vom Gesetz übertragenen Aufgaben zu erfüllen 8 hat. Sie können die Personsorge, die Vermögenssorge oder den Rechtsverkehr oder alle drei Bereiche zusammen betreffen (vgl. DESCHENAUX/STEINAUER, Personnes, Rz 952).

9 Mit dem Ende der Beistandschaft (Art. 399) bzw. dem **Ende seines Amtes** (Art. 421) verliert der Beistand grundsätzlich alle Vertretungsrechte. Der Privatbeistand ist aber gem. Art. 424 verpflichtet, nicht aufschiebbare Geschäfte weiterzuführen, bis die betroffene Person selber tätig werden kann oder ein Nachfolger das Amt übernimmt, sofern die ESB nichts anderes anordnet. In diesem Fall handelt es sich immer noch um einen erwachsenenschutzrechtlichen Auftrag, der nach Art. 404 zu entschädigen ist. Für andere Geschäfte kann sich dagegen der Beistand nicht mehr auf das Erwachsenenschutzrecht berufen (vgl. BGer vom 3.12.2002, 5P.309/2002, E. 4, besprochen in ZVW 2003, 161).

10 Nicht unter Art. 404 fallen **Aufgaben**, die der Beistand **unabhängig vom Mandat** der ESB im Auftrag der betroffenen Person erfüllt (Art. 394 ff. OR; vgl. oben N 5). Das Erteilen einer Vollmacht erfordert aber Urteilsfähigkeit bzw. Handlungsfähigkeit für den entsprechenden Bereich. Es kommen also nur Aufgaben in Betracht, welche die verbeiständete Person beurteilen und deren Ausführung sie nötigenfalls auch kontrollieren kann. Die Auslagen und Verwendungen sind nach Art. 402 OR und nicht nach Art. 404 vom Auftraggeber zu ersetzen. Soll dem Beistand aber eine Entschädigung geleistet werden, bedarf der Auftrag in jedem Fall der Zustimmung der ESB (Art. 416 Abs. 3). Nur bei unentgeltlichen Aufträgen (z.B. Bezahlen von Rechnungen bei der Post, Einkäufe für die verbeiständete Person) kann die verbeiständete Person allein handeln.

11 Ebenfalls nicht von Art. 404 erfasst werden Fälle, in welchen der Vermögensverwaltungsbeistand nach dem Tod der verbeiständeten Person gemäss rev. Art. 554 Abs. 3 die **Erbschaftsverwaltung** übernimmt (zur Entschädigung und Spesenersatz: BSK ZGB II-KARRER/VOGT/LEU, Art. 554 N 33 f.). Der Beistand übt hier erbrechtliche und nicht mehr erwachsenenschutzrechtliche Aufgaben aus.

12 In Einzelfällen kann die **Geschäftsführung ohne Auftrag** (Art. 419 ff. OR) für den Beistand Bedeutung erlangen, bspw. wenn er nach der Ernennung durch die ESB umgehend aktiv werden muss, obwohl der Beschluss noch nicht rechtskräftig ist und einer allfälligen Beschwerde die aufschiebende Wirkung nicht entzogen (Art. 450c) bzw. keine vorsorgliche Beistandschaft (Art. 445 Abs. 1 Satz 2) angeordnet worden ist. Das Gleiche gilt in dringenden Fällen, die ein sofortiges Tätigwerden verlangen und ausserhalb des Auftrags des Beistands liegen. Eine Geschäftsführung ohne Auftrag liegt etwa dann vor, wenn der Beistand nach einem Sturm oder nach einem Einbruch im Haus oder in der Wohnung der betroffenen Person das Nötige vorkehrt, ohne dazu beauftragt worden zu sein (HONSELL, 342 ff.). Der Geschäftsführer hat Anspruch auf Ersatz der notwendigen oder nützlichen Verwendungen inkl. Zinsen sowie auf Befreiung von eingegangenen Verbindlichkeiten (HONSELL, 344 f.). Genehmigt die betroffene Person – mit Zustimmung der ESB (Art. 416 Abs. 3) – nachträglich die Geschäftsbesorgung, so richtet sich eine allfällige Entschädigung nach Art. 394 Abs. 3 OR i.V.m. Art. 424 OR. Wird allerdings der Beistand nach seiner Ernennung durch die ESB, aber vor seinem formellen Amtsantritt zum Wohl der betroffenen Person in dringlichen Geschäften, die sein Aufgabengebiet betreffen, tätig, so sind diese Dienstleistungen im Interesse der Einfachheit und Praktikabilität bei der Festlegung der Entschädigung und des Spesenersatzes nach Art. 404 mitzuberücksichtigen.

13 **Beauftragt die ESB** gestützt auf Art. 392 Ziff. 2 oder 3 für einzelne Aufgaben eine Drittperson oder bezeichnet sie eine geeignete Person oder Stelle, der für bestimmte Bereiche Einblick und Auskunft zu geben ist, so richtet sich die Frage der Entschädigung und des Spesenersatzes grundsätzlich nach **Auftragsrecht**. Für den Spesenersatz ist Art. 402 Abs. 1 OR massgebend. Über das Honorar haben sich die Parteien zu verständigen

(Art. 394 Abs. 3 OR). Wird dies unterlassen, so ist bei der Beantwortung der Frage, ob eine Entschädigung üblich ist (Art. 394 Abs. 3 OR), Art. 404 mitzuberücksichtigen: Haben die Beistände nach dem neuen Erwachsenenschutzrecht Anspruch auf eine angemessene Entschädigung, so muss dieser Grundsatz analog auch auf andere Beauftragte, die Partner der ESB sind, anwendbar sein, wenn sie Leistungen in beachtlichem Umfang erbringen. Die Höhe der Entschädigung richtet sich sinngemäss nach den Kriterien von Art. 404. Das Gleiche sollte grundsätzlich gelten, wenn die ESB auf die Errichtung einer Beistandschaft verzichtet und selber das Nötige vorkehrt (Art. 392 Ziff. 1), sofern ein allfälliger Beistand für die gleiche Aufgabe aus dem Vermögen der betroffenen Person entschädigt worden wäre. Allerdings fällt die Entschädigung in sinngemässer Anwendung von Art. 404 Abs. 1 Satz 2 an den Arbeitsgeber, d.h. das Gemeinwesen.

Auf den **Vorsorgeauftrag** (Art. 360 ff.) findet Art. 404 nur indirekt Anwendung. Grundsätzlich hat der Auftraggeber festzulegen, ob der Vorsorgeauftrag entgeltlich oder unentgeltlich ist (Art. 366 Abs. 1 erster Satzteil). Die beauftragte Person muss dann entscheiden, ob sie den Auftrag unter den festgelegten Bedingungen annimmt oder nicht (WIDMER BLUM, 288; für eine spätere Erhöhung s. MEIER, Rz 70). Für den Auslagen- und Aufwendungsersatz gilt Art. 366 Abs. 2 sowie Art. 402 Abs. 1 OR. Enthält der Vorsorgeauftrag weder eine positive noch eine negative Anordnung, so legt die ESB gem. Art. 366 Abs. 1 zweiter Satzteil eine angemessene Entschädigung fest. Voraussetzung hiefür ist allerdings, dass diese mit Rücksicht auf den Umfang der Aufgaben als gerechtfertigt erscheint oder die Leistungen der beauftragten Person, bspw. diejenigen eines Vermögensverwalters, üblicherweise entgeltlich sind (z.B. Vermögensverwaltungsauftrag an eine Bank). Die aus Art. 404 Abs. 1 und 2 fliessenden Grundsätze sind im Interesse der Rechtsgleichheit bei der Festlegung der Höhe der Entschädigung durch die ESB sinngemäss heranzuziehen. Die Entschädigung und der Spesenersatz sind aber immer aus dem Vermögen des Auftraggebers zu bezahlen. Bei Mittellosigkeit des Vorsorgeauftraggebers besteht kein direkter Anspruch des Vorsorgebeauftragten gegenüber der öffentlichen Hand. Denkbar ist allerdings, dass die Sozialhilfe bei der Festlegung der Unterhaltsbeiträge für die mittellose Person die Kosten für den Vorsorgebeauftragten einrechnet (Art. 366 N 8). Der Beistand dagegen hat in der gleichen Situation Anspruch auf eine angemessene Entschädigung gegenüber der Behörde, die ihn ernannt hat (N 41). In analoger Anwendung von Art. 404 Abs. 3 dürfen die Kantone Richtlinien für die Bemessung der Höhe der Entschädigung von Vorsorgebeauftragten erlassen (OFK-ZGB-FASSBIND, Art. 404 N 3; vgl. Art. 366 N 5). Unter welchen Voraussetzungen eine Entschädigung dem Vorsorgebeauftragten geschuldet ist, beurteilt sich aber immer nach Art. 366 Abs. 1. 14

Zur Entschädigung bei der **Vertretung von Gesetzes** wegen durch den Ehegatten oder eingetragenen Partner s. Art. 375 N 27. 15

Die Vertretung einer urteilsunfähigen Person durch eine Vertrauensperson gestützt auf eine **Patientenverfügung** (Art. 370 Abs. 2) wie auch die gesetzliche **Vertretung bei medizinischen Massnahmen** durch Angehörige (Art. 377 ff.) ist eine moralische Pflicht, die in sinngemässer Anwendung des Auftragsrechts (Art. 394 Abs. 3 OR) grundsätzlich ohne Entschädigung erfolgt (vgl. Art. 370 N 24). 16

IV. Anspruch auf eine angemessene Entschädigung und auf Spesenersatz (Abs. 1 Satz 1)

Obwohl es eine Pflicht zur Übernahme (Art. 400 Abs. 2) gibt, ist das Mandat des Beistandes kein Ehrenamt, kein sog. nobile officium (BGE 113 II 394 E. 2; zum Begriff BALESTRIERI, ZKE 2011, 229 FN 263; CHK-AFFOLTER/STECK/VOGEL, aArt. 416 ZGB N 1), 17 sondern gibt nach Art. 404 **Anspruch auf eine angemessene Entschädigung und auf Ersatz der notwendigen Spesen.** Das gilt für alle Arten von Beistandschaften (N 7) und unabhängig davon, ob es sich um einen Privat- oder einen Berufsbeistand (zu den Begriffen: Art. 400 N 14 ff.) handelt. Die Ansätze müssen bei beiden Kategorien die gleichen sein (N 49; Häfeli, in: Rosch/Büchler/Jakob, Art. 404 N 2). Gleichgültig muss grundsätzlich auch sein, ob die Kosten dem Vermögen der verbeiständeten Person oder ganz oder teilweise der Kantons- oder Gemeindekasse (Art. 404 Abs. 3 zweiter Satzteil) belastet werden.

1. Angemessene Entschädigung

18 Nach Art. 404 Abs. 1 Satz 1 ist eine angemessene Entschädigung auszurichten. Das heisst, dass die Entschädigung die gesamten Umstände des Einzelfalles zu berücksichtigen hat. Die Rechtsprechung des BGer hat die **wesentlichen Kriterien** umrissen, die hierfür massgeblich sind. Es sind dies die Art der geleisteten Tätigkeit, die wirtschaftliche Lage der verbeiständeten Person, der konkrete Aufwand im Einzelfall und die besonderen beruflichen Fähigkeiten, die die Aufgabe erfordert (BGer vom 15.12.2009, 5D_148/2009, E. 3.1; BGer vom 23.6.2008, 5A_319/2008, E. 4.1; BGE 116 II 399 E. 4b). Das Wort «angemessen» erlaubt aber auch, einer Nahbeziehung zwischen Beistand und verbeiständeter Person (Verwandtschaft, Schwägerschaft oder andere nahe Beziehung wie z.B. Konkubinat) zu berücksichtigen (OFK-ZGB-Fassbind, Art. 404 N 2). Insbesondere kann der Beistands- (Art. 159 ZGB und Art. 12 PartG) sowie der Unterhalts- (Art. 160, Art. 13 PartG) und der Unterstützungspflicht (Art. 328 f.) zwischen Ehegatten und eingetragenen Partnern bzw. zwischen Verwandten in gerader Linie bei der Festlegung einer Entschädigung Rechnung getragen werden. Bei arbeitsintensiven Mandaten, welche die Beistands- und Unterhalts- bzw. die Unterstützungspflicht übersteigen, ist aber regelmässig eine Entschädigung geschuldet. Zu beachten ist im Übrigen auch die Unentgeltlichkeit eines Vermögensauftrages unter Ehegatten i.S.v. Art. 195 (i.V.m. Art. 394 Abs. 3 OR), wenn nichts anderes verabredet wird (Botschaft Eherecht, BBl 1979 II 1191 ff., Ziff. 221.61). Die gleiche Regelung gilt für die eingetragene Partnerschaft (Art. 21 PartG).

19 Sind Aufgaben zu erfüllen, die zwingend besondere berufliche Kenntnisse erfordern, wie etwa die Prozessführung, die Verwaltung eines komplexen Vermögens oder die Verwaltung von Miet- und Geschäftsliegenschaften, und wird deshalb eine **Person mit diesen spezifischen beruflichen Kenntnissen als Beistand** eingesetzt, so ist die Entschädigung grundsätzlich gestützt auf die entsprechenden Berufstarife, insb. gestützt auf die kantonalen Anwaltstarife bzw. Honoraransätze für professionelle Verwalter zu berechnen (BGer vom 14.7.2009, 5A_279/2009, E. 4.1; BGer vom 15.12.2009, 5D_148/2009, E. 3.1; BGer vom 23.6.2008, 5A_319/2008, E. 4; BGer vom 3.12.2002, 5P.309/2002, E. 2.3; BGer vom 21.3.2000, 5P.367/1999, E. 3a; BGE 116 II 399 E. 4b/cc und 4c; OGer AG, ZVW 1998, 106 ff.). Die ESB bzw. der Kanton haben aber bei der Anwendung dieser Tarife ein gewisses Ermessen und können insb. im Hinblick auf die Einkommens- und Vermögenssituation der verbeiständeten Person und die Schwierigkeit des Mandates die Berufstarife auch reduzieren oder von ihnen abweichen (BGer vom 23.6.2008, 5A_319/2008, E. 4; BGer vom 21.3.2000, 5P.367/1999, E. 3a und 3b; ZK-Egger, aArt. 416 ZGB N 19 und BK-Kaufmann, aArt. 416 N ZGB 20 ff.). Insbesondere kann bei Anwälten der Ansatz für die unentgeltliche Rechtspflege zur Anwendung kommen, wenn z.B. die Entschädigung mangels Vermögen der verbeiständeten Person aus der Kantons- oder Gemeindekasse zu bezahlen ist, denn die Massnahmen des Erwachsenenschutzes gehören wie der Zugang zu den Gerichten (Art. 29 Abs. 3 BV) zu den Massnahmen, auf die auch eine bedürftige Person Anspruch hat (BGer vom 21.3.2000, 5P.367/1999, E. 3b; BSK ZGB I-Geiser, aArt. 416 N 4). Wird der Prozess gewonnen und erhält der Beistand eine gerichtlich zugesprochene Pro-

zessentschädigung (BGE 124 V 338 E. 4), so hat er selbstverständlich für diese Tätigkeit keinen zusätzlichen Entschädigungsanspruch mehr (BSK ZGB I-BIDERBOST, aArt. 417 N 40). Umfasst ein Mandat unterschiedliche Aufgaben, so kommen die beruflichen Honoraransätze nur für jene Aufgaben zur Anwendung, bei denen die spezifischen Berufskenntnisse erforderlich sind. Für die übrigen Aufgaben gelten die gewöhnlichen Ansätze.

Setzt der von der ESB erteilte Auftrag keine besonderen Berufskenntnisse voraus, so ist es mit der **Rechtsgleichheit** nicht vereinbar, die Höhe der Entschädigung vom Beruf des Beistandes abhängig zu machen (BGer vom 3.12.2002, 5P.309/2002, E. 2.2, besprochen in ZVW 2003, 161; CHK-AFFOLTER/STECK/VOGEL, aArt. 416 ZGB N 3; OFK-ZGB-HRUBESCH-MILLAUER/PFANNKUCHEN-HEEB, aArt. 416 N 2). Könnte bspw. eine einfache Vermögensverwaltung ohne weiteres auch von einem Laien besorgt werden, so hat der Treuhänder oder Banker, der als Beistand eingesetzt wird, nicht Anspruch auf ein Entgelt gemäss den in der betreffenden Sparte massgebenden Ansätzen. Erfordert eine Aufgabe unterschiedliche Fähigkeiten wie bspw. die Vertretung des Kindes im Verfahren, die einer in fürsorgerischen und rechtlichen Fragen erfahrenen Person zu übertragen ist (Art. 314a^{bis} Abs. 1 und aArt. 146/147), so hat nach der hier vertretenen Auffassung eine Mischrechnung zu erfolgen (**a.M.** BGer vom 15.3.2010, 5D_3/2010 betr. die Vergütung eines Kindesvertreters in der Höhe von rund CHF 20 000). 20

Als Aufwand darf nur verrechnet werden, was im Rahmen des Auftrags der ESB zu einer **sorgfältigen Amtsführung** des Beistandes gehört (Art. 413 Abs. 1). Übertriebene oder unnötige Aufwendungen dürfen nicht in Rechnung gestellt werden. 21

2. Steuer- und sozialversicherungsrechtliche Fragen bei Privatbeiständen

Die Entschädigung des Privatbeistandes, nicht aber die Spesenvergütung, muss grundsätzlich als **unselbstständiges Nebenerwerbseinkommen** versteuert werden (BGE 98 V 230 E. 4a und 4b; vgl. BSIG, Ziff. 5; Art. 17 DBG [SR 642.11]; vgl. auch KOKES, MWSt). Auf kantonaler Ebene gilt die entsprechende kantonale Steuergesetzgebung. Bei Mehrfachmandaten sind die Entschädigungen zusammenzuzählen. 22

Sozialversicherungsrechtlich ist die Entschädigung des Privatbeistandes – unter Abzug der Spesen – massgebender Lohn i.S.v. Art. 12 und Art. 14 Abs. 1 AHVG (SR 831.10) und damit **beitragspflichtig** (KOKES, Ziff. 1 m.H. auf BGE 98 V 230). Die ESB hat die AHV-Abrechnung aufgeschlüsselt nach Arbeitnehmer- und Arbeitgeberbeiträgen zu erstellen, dem Beistand zuzustellen und den Arbeitgeberbeitrag zu entrichten, sofern die Entschädigung aus der Amtskasse zu bezahlen ist. Ist die Entschädigung dem Privatvermögen der verbeiständeten Person zu belasten, muss der Beistand den Arbeitgeberbeitrag aus dem Vermögen der verbeiständeten Person entnehmen und den Arbeitnehmerbeitrag aus eigener Kasse leisten. 23

Zu beachten ist, dass bei einer jährlichen **Entschädigung in der Höhe von bis zu CHF 2 300** (Stand 1.1.2011) auf den Beitrag an die Sozialversicherungen verzichtet werden kann (Art. 19 AHVV; SR 831.101). Bei Mehrfachmandaten bei derselben oder unterschiedlichen ESB sind die Honorarnoten zusammenzuzählen (BSIG, Ziff. 1 und 5; KOKES, Ziff. 1). Hat der Privatbeistand das ordentliche Rentenalter erreicht, so sind Entschädigungen nur noch AHV-pflichtig, wenn sie den Freibetrag von monatlich CHF 1 400 und jährlich CHF 16 800 übersteigen (Art. 6^{quater} Abs. 1 AHVV). 24

Bisher wenig praxisrelevant sind die obligatorische **Versicherung gegen Nichtbetriebsunfall und die berufliche Vorsorge**, da das Beschäftigungsminimum von acht Arbeitsstunden pro Woche und das Mindesteinkommen von CHF 20 880 pro Jahr (Stand 1.1.2011) kaum je überschritten werden (Art. 5 BVV 2 [SR 831.441.1]; KOKES, Ziff. 2). 25

3. Spesenersatz

26 Neben der angemessenen Entschädigung hat der Beistand Anspruch auf Ersatz der notwendigen Spesen (Art. 404 Abs. 1 Satz 1; OFK-ZGB-Hrubesch-Millauer/Pfannkuchen-Heeb, aArt. 416 N 4). Weil die Tätigkeit des Beistandes den Interessen der betroffenen Person dient, soll ihm kein Vermögensnachteil daraus erwachsen. Bei den Spesen handelt sich um die Vergütung der laufenden Ausgaben wie bspw. Fahrspesen (öffentlicher Verkehr oder Auto), Verpflegungskosten (wenn der Beistand z.B. für die verbeiständete Person einen ganzen Tag unterwegs ist), Briefmarken, Telefon- bzw. Handykosten etc. (BSIG, Ziff. 5). Die Auslangen müssen im Rahmen des konkreten Auftrages, der dem Beistand von der ESB erteilt worden ist, entstehen. Der Beistand hat bei der Erfüllung der Aufgaben die gleiche Sorgfaltspflicht wie eine beauftragte Person (Art. 394 ff. OR). Das heisst, dass **nur ein objektiv sinnvoller Aufwand** bei der Mandatserfüllung betrieben werden darf. Der Beistand muss ein zweckmässiges Vorgehen wählen und unnötige Kosten vermeiden. Nur für die notwendigen Spesen hat er Anspruch auf Ersatz. Die ESB hat deshalb die Spesenrechnung des Beistandes auch unter diesem Gesichtspunkt zu prüfen, sofern nicht eine Pauschalentschädigung vorgesehen ist (BSIG, Ziff. 4).

Aufwendungen, die im Rahmen der Auftragserfüllung anfallen und nicht zu den Spesen gehören (z.B. Kosten der Vermögensverwaltung wie Depotgebühren oder ein Prozesskostenvorschuss, wenn der Beistand für die betroffene Person einen Prozess führen muss), werden direkt der verbeiständeten Person bzw. deren Vermögen belastet.

4. Abrechnungsperioden

27 Die Entschädigung ist **periodisch** auszubezahlen. Das neue Recht präzisiert – im Gegensatz zum bisherigen Recht (aArt. 416) – nicht mehr, für welche Perioden die Entschädigung festzulegen ist. Die Kantone können diese Frage regeln (Art. 404 Abs. 3) oder dem Ermessen der ESB überlassen. In der Regel dürfte die Entschädigung für die Rechnungsperioden i.S.v. Art. 410 Abs. 1 erfolgen (OFK-ZGB-Fassbind, Art. 404 N 2; Meier/Lukic, Rz 558). Ausnahmen müssen aber möglich sein. Umfasst eine Rechnungsperiode einen Zeitraum von mehr als einem Jahr, so sollten zumindest auf Antrag des Beistandes angemessene Akontozahlungen möglich sein (BK ZGB I-Geiser, aArt. 416 N 7). Ist die Entschädigung in Form einer Pauschale festgesetzt, kann sie unabhängig von den Rechnungsperioden i.S.v. Art. 410 Abs. 1 bspw. jährlich ausbezahlt werden. Bei aufwändigen Beistandschaften darf die ESB aufgrund einer Aufwandschätzung den Beistand auch ermächtigen, periodische Teilbeträge (z.B. pro Quartal) vom Konto der verbeiständeten Person zu beziehen oder sich von der öffentlichen Hand auszahlen zu lassen (CHK-Affolter/Steck/Vogel, aArt. 416 ZGB N 6). Für die Spesen kann die gleiche Regelung wie für die Entschädigung gelten oder ein spezieller Abrechnungsmodus festgelegt werden.

V. Kostenträger: Vermögen der betroffenen Person oder öffentliche Hand

28 Die Massnahmen des Erwachsenenschutzes dienen dem Schutz und dem Wohl der betroffenen Person und ihre Kosten gehören grundsätzlich zum **Unterhalt** (vgl. Art. 276 Abs. 1; BSK ZGB I-Geiser, aArt. 416 N 4), soweit sie nicht den Verwaltungskosten für das Vermögen zuzurechnen sind. So oder so ist es nach dem Verursacherprinzip (OFK-ZGB-Fassbind, Art. 404 N 1) gerechtfertigt, dass gem. Art. 404 Abs. 1 Satz 1 in erster Linie die verbeiständete Person aus ihrem Vermögen für die Entschädigung des Beistandes und den Spesenersatz aufkommen muss (vgl. aArt. 416 ZGB; OFK-ZGB-Hrubesch-Millauer/Pfannkuchen-Heeb, aArt. 416 N 3).

29 Das Vermögen umfasst nicht nur die Aktiven, sondern auch die Passiven. Für die Festsetzung der Entschädigung ist auf den **Nettowert des Vermögens der betroffenen Person** abzustellen. Der Begriff des «Vermögens» i.S.v. Art. 404 ist weit auszulegen (OFK-ZGB-FASSBIND, Art. 404 N 1). Er erfasst auch Forderungen aus Unterhalts- (Art. 163 und 125 ZGB bzw. Art. 13 und Art. 34 PartG) und Unterstützungspflicht (Art. 328 f.) des Ehegatten bzw. eingetragenen Partners und der Verwandten in auf- und absteigender Linie (Botschaft Erwachsenenschutz, 7051; HAUSHEER/GEISER/AEBI-MÜLLER, Erwachsenenschutzrecht, Rz 2.119; OFK-ZGB-HRUBESCH-MILLAUER/PFANNKUCHEN-HEEB, aArt. 416 N 3). Soll die Entschädigung und der Spesenersatz auf die unterhalts- oder unterstützungspflichtigen Angehörigen überwälzt werden, sind diese aber nicht freiwillig bereit zu zahlen, so muss im Namen der verbeiständeten Person ein Gerichtsurteil erwirkt werden (vgl. Art. 329 Abs. 3 i.V.m. Art. 279 und Art. 173 Abs. 1/176 Abs. 1 bzw. Art. 17 Abs. 2 PartG). Die ESB kann nicht von sich aus den von den Angehörigen geschuldeten Betrag festlegen.

30 Stirbt die verbeiständete Person, so werden die Entschädigungskosten des Beistandes dem **Nachlassvermögen** belastet (vgl. BALESTRIERI, ZKE 2011, 229).

31 Je nach den Vermögensverhältnissen kann die Entschädigung und der Spesenersatz nur teilweise oder überhaupt nicht aus dem Vermögen der verbeiständeten Person bezahlt werden. In diesem Fall hat die **öffentlich Hand die Differenz zu bezahlen** (Art. 404 Abs. 3). Kam die verbeiständete Person wieder zu Vermögen, so durfte das Gemeinwesen nach bisherigem Recht die Leistungen zurückfordern, sobald der Umfang des Vermögens festgestellt werden konnte (OFK-ZGB-HRUBESCH-MILLAUER/PFANNKUCHEN-HEEB, aArt. 416 N 3 m.H. auf OGer ZH vom 10.1.2000, U/O/NX990035/II.ZK). Diese Praxis dürfte auch unter dem neuen Recht zulässig sein, wenn im kantonalen Recht eine Rechtsgrundlage dafür besteht (unten N 50; OFK-ZGB-FASSBIND, Art. 404 N 3 i.f.). Welches Gemeinwesen die Kosten der Beistandschaft bei Mittellosigkeit der verbeiständeten Person zu tragen hat, bestimmt das kantonale Recht (Art. 404 Abs. 3).

VI. Sonderregel für den Berufsbeistand (Abs. 1 Satz 2)

32 Während der Privatbeistand das Amt eines Beistandes ausserhalb seiner Berufstätigkeit ausübt, gehört die Führung von Mandaten zu den beruflichen Tätigkeiten eines Berufsbeistandes (Art. 400 N 15). Dieser steht in aller Regel in einem fixen Anstellungsverhältnis und erhält von seinem Arbeitgeber einen **festen Lohn**, der bei einem Kantons- oder Gemeindeangestellten durch das öffentliche Besoldungsrecht bestimmt wird, während bei einer privatrechtlichen Anstellung die Bestimmungen über den Arbeitsvertrag des OR (Art. 319 ff.) anwendbar sind.

33 Gleich wie der Privatbeistand erbringt der Berufsbeistand staatlich organisierte Dienstleistungen im Interesse der verbeiständeten Person (Botschaft Erwachsenenschutz, 7051). Dieser obliegt es deshalb in erster Linie, für die Kosten der Dienstleistungen in einem angemessenen Rahmen aufzukommen. Dieses Grundprinzip muss unabhängig davon gelten, wer als Beistand ernannt wird. Es wäre eine ungerechtfertigte Ungleichbehandlung, wenn eine verbeiständete Person mit einem Privatbeistand grundsätzlich mit ihrem Vermögen für die angemessene Entschädigung und den Spesenersatz einstehen müsste, während eine betroffene Person mit einem Berufsbeistand gratis Leistungen in Anspruch nehmen könnte. Art. 404 Abs. 1 Satz 1 sieht deshalb einen Anspruch auf Entschädigung und Spesenersatz unabhängig davon vor, ob es sich um einen Privat- oder Berufsbeistand handelt. Auf der anderen Seite wäre es auch nicht richtig, wenn der Berufsbeistand **zusätzlich zu seinem Lohn noch ein Entgelt** von seinem Schützling erhalten würde. Art. 404 Abs. 1 Satz 2 bestimmt deshalb, dass bei einem Berufsbeistand im Anstellungsverhältnis die Entschädi-

gung und der Spesenersatz an den Arbeitgeber fällt. Es handelt sich um eine gesetzliche Legalzession zugunsten des Arbeitsgebers des Beistandes. Nicht zwingend ist, dass das Anstellungsverhältnis öffentlicher Natur ist; vielmehr kann es auch zu einem privaten Arbeitgeber bestehen (BALESTRIERI, ZKE 2011, 229; HAUSHEER/GEISER/AEBI-MÜLLER, Erwachsenenschutzrecht, Rz 2.118).

34 Die Regelung von Art. 404 Abs. 1 Satz 2 ist für den Spesenersatz nicht zwingend. Es ist zulässig, wenn auch vielleicht nicht zweckmässig, dass der Berufsbeistand seine Spesen nicht dem Arbeitgeber, sondern der verbeiständeten Person in Rechnung stellt, so dass der aus dem Vermögen der verbeiständeten Person zu bezahlende Spesenersatz an ihn fällt.

VII. Zuständigkeit der ESB und Verfahren (Abs. 2)

35 Da die erwachsenenschutzrechtlichen Mandate höchst unterschiedlich sein können, obliegt es der ESB im **Einzelfall, die Höhe der angemessenen Entschädigung** festzulegen (Art. 404 Abs. 2). Sie hat dabei die vom **Kanton aufgestellten Ausführungsbestimmungen** (Art. 404 Abs. 3) und die vom **Bundesgericht zum bisherigen Recht entwickelten Grundsätze**, die auch unter neuem Recht weitergelten, zu beachten. Darüber hinaus hat sie ein relativ grosses Ermessen (OFK-ZGB-FASSBIND, Art. 404 N 2; BALESTRIERI, ZKE 2011, 230; OFK-ZGB-HRUBESCH-MILLAUER/PFANNKUCHEN-HEEB, aArt. 416 N 2). Bei der Festlegung der Entschädigung im Einzelfall sind insb. der zeitliche und sachliche Umfang und die Komplexität der dem Beistand übertragenen Aufgaben (Art. 391; VOGEL, 337) zu berücksichtigen. Aus dem Wort «insbesondere» geht hervor, dass den beiden erwähnten Kriterien eine besondere Bedeutung zukommen, dass es daneben aber noch andere Kriterien gibt, welche in die Erwägungen einzubeziehen sind, wie die wirtschaftliche Lage der verbeiständeten Person und die besonderen beruflichen Fähigkeiten, welche die Tätigkeit erfordert (N 18 f.; zu eng FLÜCKIGER, ZKE 2011, 285). Aufgabe der ESB ist es, die Vorgaben im individuellen Fall zu konkretisieren.

36 Der Beistand hat nicht der verbeiständeten Person Rechnung zu stellen, sondern er hat eine **Eingabe bei der ESB**, die ihn beauftragt hat, zu machen und ihr die konkreten Grundlagen für die Festlegung der Höhe der Entschädigung zu liefern. In vielen Fällen kann es aber sinnvoll sein, eine Pauschalentschädigung festzulegen. Für die Behörde ist die Entschädigungsforderung des Beistandes ein Antrag (BSK ZGB I-BIDERBOST, aArt. 417 N 38).

37 Die **Spesen** sind, wenn nicht mit Pauschalen abgerechnet wird, vom Beistand zu **belegen**. Auch ohne dass dies im Gesetz festgehalten ist, muss die ESB die Spesenabrechnung des Beistandes genehmigen. Dieser ist nicht befugt, ohne Ermächtigung durch das kantonale Recht bzw. die ESB von sich aus seine Spesen laufend dem von ihm verwalteten Vermögen zu belasten. Auch für die Spesenabrechnung kann der Kanton Grundsätze festlegen (Art. 404 Abs. 3).

38 Die ESB hat die angemessene Entschädigung und den Spesenersatz in einem **formellen Entscheid** festzulegen. Örtlich (vgl. Art. 442) zuständig ist die Behörde, welche den Beistand beaufsichtigt, insb. seine Rechnung und seinen Bericht genehmigt (Art. 410 und 411). Dem Beistand und der urteilsfähigen verbeiständeten Person ist das **rechtliche Gehör** (Art. 29 Abs. 2 BV; BGer vom 14.7.2009, 5A_279/2009, E. 2.1) zu gewähren; eine persönliche Anhörung im Sinne von Art. 447 Abs. 1 ist in dieser Frage nicht erforderlich.

39 Im Entscheid ist festzulegen, ob Entschädigung und Spesenersatz ganz oder teilweise dem **Vermögen der betroffenen Person** zu entnehmen sind oder aus der **Amtskasse** erstattet werden. Die ESB, welche die Ausrichtung der Entschädigung eines provisorisch eingesetzten Beistandes (Art. 445 Abs. 1 Satz 2) davon abhängig macht, dass die verbeiständete Person keine Verantwortlichkeitsklage erhebt, handelt willkürlich, da damit der Bezug über Jahre aufgeschoben werden könnte (vgl. BGE 113 II 394).

Der Entscheid unterliegt der Beschwerde an die gerichtliche Beschwerdeinstanz gem. Art. 450 ff. und in letzter Instanz der Beschwerde in Zivilsachen ans Bundesgericht (Art. 72 Abs. 2 lit. b Ziff. 6 BGG in der Fassung vom 1.1.2013 [SR 173.110]; vgl. BSK ZGB I-Geiser, aArt. 416 N 9). Die Beschwerdelegitimation richtet sich nach Art. 76 BGG. Weil es sich um eine vermögensrechtliche Angelegenheit handelt, muss allerdings die **Streitwertgrenze** nach Art. 74 Abs. 1 BGG erreicht sein, soweit nicht Art. 74 Abs. 2 lit. a BGG anwendbar ist (BGer vom 15.3.2010, 5D_3/2010, E. 1.2; BGer vom 23.6.2008, 5A_319/2008, E. 1.2). **40**

Der rechtskräftige Entscheid der ESB ist ein **definitiver Rechtsöffnungstitel** i.S.v. Art. 80 SchKG (Schmid, Art. 404 N 6; OFK-ZGB-Fassbind, Art. 404 N 2; Meier/Lukic, Rz 558 FN 676; BSK ZGB I-Geiser, aArt. 416 N 10 m.V. auf BGE 113 II 395; OGer AG, ZVW 1998, 108 f.). Verwaltet der Beistand das Vermögen der verbeiständeten Person, darf er die Entschädigung und den Spesenersatz nach Eintritt der Rechtskraft des Entscheides diesem Vermögen entnehmen (zur Begleichung des Honorars aus der Rente des Verbeiständeten: BGer vom 28.1.2003, 5C.162/2002), sofern nicht die öffentliche Hand dafür aufkommen muss (Art. 404 Abs. 3). Fällt die Entschädigung und der Spesenersatz an den Arbeitgeber, so hat der Beistand den entsprechenden Betrag aus dem Vermögen der verbeiständeten Person zu überweisen. Ist die verbeiständete Person für die Verwaltung ihres Vermögens selber zuständig, so ist die Forderung ihr gegenüber geltend zu machen. Bei Mittellosigkeit der verbeiständeten Person besteht der Anspruch des Beistandes gegenüber der ESB, die ihn ernannt hat. Das kantonale Recht bestimmt indessen, welches Gemeinwesen die Kosten letztlich tragen muss (Art. 404 Abs. 3). **41**

VIII. Ausführungsbestimmungen der Kantone (Abs. 3)

1. Allgemeines

Die **Kantone** sind von Bundesrechts wegen **verpflichtet**, Ausführungsbestimmungen zu erlassen. Sie haben somit kein freies Ermessen, ob sie dieser Aufforderung nachkommen wollen oder nicht. Inhaltlich haben die Kantone aber in der Gestaltung ihrer Ausführungserlasse ein weites Ermessen. **42**

Aus der Sicht des Bundesgesetzgebers geht es bei den kantonalen Ausführungsbestimmungen um **zwei Anliegen**: **43**

Zum einen sind Grundsätze für die Entschädigung und den Spesenersatz zu erlassen, die unabhängig davon anwendbar sind, ob es sich um einen Privat- und einen Berufsbeistand handelt und ob der Kostenträger die betroffene Person oder das Gemeinwesen ist. Ziel ist es, zumindest innerhalb des Kantonsgebietes eine möglichst einheitliche Praxis festzulegen und der ESB möglichst klare Richtlinien für die Konkretisierung der Entschädigung im Einzelfall (Art. 404 Abs. 2) zu geben. Wünschenswert wären allerdings auch interkantonale Absprachen, damit in der Schweiz nicht von Gegend zu Gegend allzu grosse Unterschiede bestehen.

Zum anderen bringt die Bestimmung zum Ausdruck, dass die Kantone von Bundesrechts wegen festlegen müssen, welches Gemeinwesen bei fehlendem oder nicht ausreichendem Vermögen der verbeiständeten Person für die Entschädigung und der Spesenersatz verantwortlich ist. Mit anderen Worten hat der Beistand von Bundesrechts wegen grundsätzlich

Anspruch auf eine angemessene Entschädigung und Spesenersatz, auch wenn die verbeiständete Person über kein oder kein wesentliches Vermögen (unter Einschluss allfälliger Unterhalts- und Unterstützungsansprüche) verfügt (Art. 404 Abs. 1). Wer dagegen für die Kosten letztlich aufkommt, richtet sich nach kantonalem Recht.

2. Grundsätze für die Bemessung der Entschädigung und des Spesenersatzes

44 Der Kanton hat bei der Festlegung von Grundsätzen für die Bemessung der Entschädigung ein **weites Ermessen** im Rahmen der vom Bundesgericht entwickelten Vorgaben (N 18 ff.). Es ist auf jeden Fall nicht Ziel des neuen Erwachsenenschutzrechtes, die Führung von Beistandschaften zu einem freien Beruf zu machen, aus dem eine Person leben kann. Vielmehr ist neben treuhänderischen Prinzipien auch dem sozialen Charakter des Erwachsenenschutzes bei der Festsetzung der Ansätze Rechnung zu tragen. Sind dem Beistand hohe Entschädigungen zu bezahlen, so könnte das dazu führen, dass von einer Meldung an die ESB abgesehen wird und die Angehörigen einer hilfsbedürftigen Person sich zu deren Nachteil irgendwie «durchwursteln».

45 Der Kanton kann **bspw.** für den zeitlichen Aufwand Stundenansätze vorsehen und einen Minimal- und Maximaltarif vorsehen, mit dem insb. der Komplexität der Aufgabe Rechnung getragen werden kann. Die Gesamtentschädigung kann dabei nach oben begrenzt werden. Der Kanton kann auch zwischen Personsorge und Vermögenssorge unterscheiden. Das neue Recht legt allerdings grosses Gewicht auf die persönliche Betreuung. Durch stark unterschiedliche Ansätze darf diese Aufgabe nicht abgewertet werden. Möglich und sinnvoll ist die Festlegung von Pauschalen für einfachere Mandatsführungen. Für die Vermögensverwaltung unter Einschluss der Rechnungsführung können Promillegebühren vorgesehen werden, die sich in Promillen des Bruttovermögens der betroffenen Person berechnen. Zweckmässig kann es auch sein, auf den Vermögensertrag abzustellen. Hat der Beistand Liegenschaften mit Mietwohnungen oder Geschäftsliegenschaften zu verwalten, so können ähnlich wie bei einer professionellen Liegenschaftsverwaltung Pauschalbeträge zugesprochen werden, welche sich nach dem Bruttoertrag der Liegenschaft richten. Der Ermessenspielraum, der den Kantonen zusteht, erlaubt eine Differenzierung zwischen Hilfsbedürftigen mit viel und wenig Vermögen (vgl. N 18; Schmid, Art. 404 N 8 unter Verweis auf Prot. RK-S vom 27./28.8.2007, 49). Kommen Anwalts- oder andere Berufstarife zur Anwendung (N 19), so können die Kantone vorsehen, dass entsprechend der bisherigen Praxis je nach den Umständen, d.h. insb. unter Berücksichtigung der Bedeutung und der Schwierigkeit des Auftrags sowie der Einkommens- und Vermögensverhältnisse der betroffenen Person der Minimaltarif gilt oder dass die ESB die Tarifansätze reduzieren muss (BGer vom 23.6.2008, 5A_319/2008, E. 4.1; vom 3.12.2002, 5P.309/2002, E. 2.3 und BGE 116 II 399 E. 4). Indessen dürften bei begüterten Personen auch ortsübliche Anwaltstarife verrechnet werden (BGer vom 10.6.2009, 5A_157/2009, besprochen in ZVW 2009, 422). Ist die Entschädigung aus der Kantons- oder Gemeindekasse zu bezahlen, weil die verbeiständete Person nicht über das nötige Vermögen verfügt, können bei Anwälten die Ansätze für die unentgeltliche Rechtspflege zur Anwendung kommen (BGer vom 21.3.2000, 5P.367/1999, E. 3b).

46 Was die **Spesen** betrifft, so hat der Kanton bspw. zu bestimmen, wann ein Privatauto und wann der öffentliche Verkehr zu benutzen ist und auf welche Klasse bzw. auf welche Kilometerentschädigung der Beistand bei einer Reise Anspruch hat. Für Mahlzeiten sind Pauschalbeträge vorzusehen.

47 Wichtig ist ferner, dass der Kanton festlegt, bis zu welcher **Grenze** das Vermögen der verbeiständeten Person mit der Entschädigung und dem Spesenersatz ganz oder teilweise **belastet** werden darf und ab wann subsidiär die öffentliche Hand in Anspruch genommen werden muss. Auf keinen Fall sollte das Vermögen der verbeiständeten Person bis zum letzten Rappen mit den Kosten der Beistandschaft belastet werden (vgl. CHK-Affolter/Steck/Vogel, aArt. 416 ZGB N 3).

3. Entschädigung und Spesenersatz aus der Amtskasse

Der Kanton muss festlegen, **welches Gemeinwesen** die Kosten für die Mandatsführung zu bezahlen hat, d.h. welchem Budget diese letztlich belastet werden. In aller Regel wird unter neuem Recht wohl die Kantonskasse dafür aufkommen. Sind die ESB allerdings noch gemeindemässig organisiert, so kann der Kanton auch vorsehen, dass die entsprechenden Kosten aus der Gemeindekasse zu bezahlen sind. Zu beachten ist im Übrigen, dass die Kosten für Erwachsenenschutzmassnahmen – gleich wie die Kosten für Kindesschutzmassnahmen (Art. 276 Abs. 1) – an sich zum Unterhaltsbedarf einer erwachsenen Person gehören. Sie können deshalb gestützt auf entsprechendes kantonales Recht von der ESB auch dem unterstützungspflichtigen Gemeinwesen gemäss den Bestimmungen des ZUG (SR 851.1) und dem kantonalen Sozialhilferecht in Rechnung gestellt werden (vgl. § 28a der Verordnung über das Vormundschaftswesen des Kantons Luzern [SRL 206]). **48**

Willkürlich wäre es, die Höhe der Entschädigung eines Privatbeistandes danach zu differenzieren, ob sie aus dem Vermögen der verbeiständeten Person oder aus der Staatskasse entnommen wird. Dass im Falle von fehlendem Vermögen für den Berufsbeistand mit fixem Lohn aus der entschädigungspflichtigen Staatskasse keine Entschädigung vorzusehen ist, versteht sich von selbst. Dagegen ist eine Entschädigung aus der Staatskasse geschuldet, wenn der Berufsbeistand einen privaten Arbeitgeber oder einen öffentlich-rechtlichen Arbeitgeber auf einer anderen Organisationsebene hat. **49**

Wird die Entschädigung von der öffentlichen Hand bezahlt und soll auf die verbeiständete Person Rückgriff genommen werden können, wenn sie später z.B. durch Erbschaft zu Vermögen gelangt (N 31), so muss hiefür im kantonalen Recht eine Rechtsgrundlage bestehen. Ein solcher Rückgriff sollte nur mit Zurückhaltung zur Anwendung kommen. Auf jeden Fall sind die Prinzipien, die allgemein in der Sozialhilfe gelten, zu beachten. **50**

Fünfter Unterabschnitt: Die Führung der Beistandschaft

Art. 405

A. Übernahme des Amtes

1 Der Beistand oder die Beiständin verschafft sich die zur Erfüllung der Aufgaben nötigen Kenntnisse und nimmt persönlich mit der betroffenen Person Kontakt auf.

2 Umfasst die Beistandschaft die Vermögensverwaltung, so nimmt der Beistand oder die Beiständin in Zusammenarbeit mit der Erwachsenenschutzbehörde unverzüglich ein Inventar der zu verwaltenden Vermögenswerte auf.

3 Wenn die Umstände es rechtfertigen, kann die Erwachsenenschutzbehörde die Aufnahme eines öffentlichen Inventars anordnen. Dieses hat für die Gläubiger die gleiche Wirkung wie das öffentliche Inventar des Erbrechts.

4 Dritte sind verpflichtet, alle für die Aufnahme des Inventars erforderlichen Auskünfte zu erteilen.

A. Entrée en fonction du curateur

[1] Le curateur réunit les informations nécessaires à l'accomplissement de sa tâche et prend personnellement contact avec la personne concernée.

[2] Si la curatelle englobe la gestion du patrimoine, il dresse sans délai, en collaboration avec l'autorité de protection de l'adulte, un inventaire des valeurs patrimoniales qu'il doit gérer.

[3] Si les circonstances le justifient, l'autorité de protection de l'adulte peut ordonner un inventaire public. Cet inventaire a envers les créanciers les mêmes effets que le bénéfice d'inventaire en matière de succession.

[4] Les tiers sont tenus de fournir toutes les informations requises pour l'établissement de l'inventaire.

A. Assunzione dell'ufficio

[1] Il curatore acquisisce le informazioni necessarie all'adempimento dei suoi compiti e prende contatto di persona con l'interessato.

[2] Quando la curatela comprende l'amministrazione dei beni, il curatore, in collaborazione con l'autorità di protezione degli adulti, compila senza indugio l'inventario dei beni da amministrare.

[3] Se le circostanze lo giustificano, l'autorità di protezione degli adulti può ordinare la compilazione di un inventario pubblico. Per i creditori questo inventario ha gli stessi effetti del beneficio d'inventario in materia di successione.

[4] I terzi devono fornire tutte le informazioni necessarie alla compilazione dell'inventario.

Inhaltsübersicht

Literatur

ABPLANALP/MATTER, Sozialarbeit mit Familien, 2. Aufl., Bern/Stuttgart/Wien 2009; AFFOLTER, Vertretungsbefugnisse der vormundschaftlichen Mandatsträger/innen und Erfordernis nach gewillkürter Vollmacht, ZVW 2008, 337 ff. (zit. ZVW 2008); DERS., Die Aufwertung der Selbstbestimmung im neuen Erwachsenenschutzrecht, AJP 2006, 1057 ff.; DERS., Zur Inventarisierung und Verwahrung verbeiständeter Vermögen, ZVW 2004, 212 ff. (zit. ZVW 2004); DERS., Rechtsfragen aus dem Alltag der persönlichen Betreuung, AJP 1998, 647 ff. (zit. AJP 1998); BALESTRIERI, Die Vermögensverwaltung im neuen Erwachsenenschutzrecht, ZKE 2011, 201 ff.; BASLER SCHERER, Vermögensanlage unter Erwachsenenschutzrecht, ZKE 2011, 177 ff.; BIDERBOST, Eine Beistandschaft ist eine Beistandschaft?!?, ZVW 2003, 299 ff. (zit. ZVW 2003); CAVIEZEL, Die Vermögensverwaltung durch den Vormund, Diss. Freiburg, 1988; CHATAGNY, Droits et devoirs de porteurs/euses de mandats tutélaires en cas d'atteinte à l'intégrité corporelle (interventions médicales), ZVW 2003, 61 ff.; DÖRFLINGER, «Der Berg wird steiler, wenn du näher kommst», ZKE 2011, 447 ff.; DERS., Interdisziplinarität gestalten, ZKE 2010, 177 ff.; EBERHARD,

Die Zustimmung des Vormundes zu Rechtsgeschäften des urteilsfähigen Mündels (Art. 19 Abs. 1 und 410 ZGB), insbesondere die Zustimmung zu Verträgen und zu einseitigen Rechtsgeschäften, Diss. Bern 1990; EGGER, Die Vormundschaftliche Lohnverwaltung, ZVW 1954, 81 ff.; ELSENER, Das Vormundschaftsgeheimnis,Zürich 1993; FÜLLEMANN, Das Haager Erwachsenenschutzübereinkommen von 2000 (HEsÜ), ZVW 1/2009, 30 ff.; GEISER, Demenz und Recht, ZVW 2003, 97 ff; (zit. ZVW 2003); DERS., Die medizinisch-therapeutische Behandlung und Zwangsmassnahmen im Lichte der geltenden Rechtslage und besonderer Berücksichtigung von vormundschaftlichen Fragestellungen, ZVW 2001, 225 ff. (zit. ZVW 2001); DERS., Zu den Wirkungen des öffentlichen Inventars, ZVW 1998, 222 ff. (zit. ZVW 1998); GERBER JENNI, Welche Interdisziplinarität und wie?, ZKE 2010, 416 ff.; GOOD, Das Ende des Amtes des Vormundes, Freiburg 1992; GUMPINGER, «Zwangsbeglückung» oder Wie viel Freiwilligkeit braucht soziale Arbeit?, in: Gumpinger (Hrsg.), Soziale Arbeit mit unfreiwilligen KlientInnen, edition pro mente, Linz 2001, 11 ff.; GUTZWILLER, Über die Substanz der Urteilsfähigkeit, AJP 2008, 1223 ff.; HÄFELI, Die Organe des neuen Erwachsenenschutzrechtes und ihre Aufgaben im Rahmen der Beistandschaft, ZSR 2003, 337 ff. (zit. ZSR 2003); DERS., Inhalt und Stellenwert der persönlichen Betreuung im Vormundschaftsrecht, ZVW 1989, 52 (zit. ZVW 1989); HECK, Wirkungsvolle Zusammenarbeit – der Beitrag der Sozialarbeit in der Fachbehörde, ZKE 2011, 17 ff.; HEFTI, Die vormundschaftliche Amtsführung, Bern 1916; HEGNAUER, Haften die Eltern für das Wohl des Kindes?, ZVW 2007, 167 ff.; DERS., Zum Verhältnis von Vormundschafts- und Fürsorgebehörde, ZVW 1996, 41 ff.; DERS., Das Wohl des Mündels als Maxime der Vormundschaft, ZVW 1984, 81 ff.; HESS, Zur Geheimhaltungspflicht des Sozialarbeiters, ZVW 1976, 84 ff.; DERS., Die Schweigepflicht des Amtsvormundes, ZVW 1955, 81 ff.; HONSELL, Handbuch des Arztrechts, Zürich 1994; KNUF, Selbstbestimmung und Fürsorge: Auf die Balance kommt es an, ZVW 2008, 321 ff.; KOEPPEL, Verbotene Geschäfte (insb. Art. 408 ZGB): ein Beitrag zum Handlungsfähigkeitsrecht, Freiburg i.Ue. 1989; LANGENEGGER, Kreative Lösungen bei vormundschaftlichen Massnahmen, Tagungsdokumentation zu «Aktuelle Probleme im Vormundschafts- und Kindesrecht, IRP Universität St. Gallen, 28.5.2004, (zit. IRP SG 2004); MEIER, La position des tiers en droit de la tutelle – Une systématisation, ZVW 1996, 81 (zit. Tiers); DERS., La confidentialité des informations médicales dans le cadre des activités tutélaires, ZVW 1996, 205 (zit. ZVW 1996); DERS., Le consentement des autorités de tutelle aux actes du tuteur, Diss. Freiburg 1994 (zit. Consentement); MINGER, Die Haftung der Erwachsenenschutzorgane nach dem neuen Erwachsenenschutzrecht, ZKE 2010, 21 ff. (dt.), 171 ff. (frz.); MÖSCH PAYOT, Sozialhilfemissbrauch als Betrug?, in: Digitaler Rechtsprechungs-Kommentar, Push-Service Entscheide, publiziert am 2. August 2011; MÜLLER, Individuelle Selbstbestimmung und staatliche Fürsorge, ZSR 2012, 63 ff.; REHBERG, Der Vormund im Strafverfahren gegen sein Mündel, FS Hegnauer, Bern 1986, 367; RIEMER, Vormundschaftliche Hilfe für Betagte, ZVW 1982, 121; ROSCH, Schweigen und Sprechen im System, Edition Soziothek, Bern 2005 (zit. Schweigen); SCHERRER, Leitende Gesichtspunkte des Vormundschaftsrechts, in: Praktische Probleme der Vormundschaft, St. Gallen 1974; SCHNELL, Falschbeurkundung: Eine Moritat, Jusletter vom 23. Januar 2006; SCHNYDER, Die Entstehung und die Inhalte des neuen Erwachsenenschutzrechts, Jusletter vom 3. Mai 2004; DERS., Vormundschaftsrecht für Erwachsene und Menschenwürde, in: Das Menschenbild im Recht, Freiburg/Ue. 1990, 429 ff. (zit. Menschenwürde); SCHULTZ, Persönlichkeitsschutz und Freiheitsrechte im Vormundschaftswesen: Strafrechtliche Aspekte, ZVW 1988, 121 ff. (zit. ZVW 1988); SEGHEZZI, Qualitätsmanagement, Ansatz eines St. Galler Konzepts Integriertes Qualitätsmanagement, in: Entwicklungstendenzen im Management, Bd. 10, Verlag NZZ 1994; SPECKER, Erfüllung sittlicher Pflichten des Bevormundeten, ZVW 1949, 81 ff.; STÖCKLI-BITTERLI, Die Pflichten des Vormundes bei Übernahme seines Amtes, Diss., Freiburg i.Ü. 1986; TRECHSEL, Praxiskommentar zum StGB, Zürich/St. Gallen 2008; TERCIER, La protection de la personnalité et la tutelle, ZVW 1988, 136 (zit. ZVW 1988); TROTTER, Soziale Arbeit mit unfreiwilligen Klienten, Ein Handbuch für die Praxis (deutsche Übersetzung), in: Gumpinger (Hrsg.), Soziale Arbeit mit unfreiwilligen KlientInnen, edition pro mente, Linz 2001, 99 ff.; WELTI, Mandatsbewirtschaftungssystem für die Amtsvormundschaft der Stadt Aarau, Bachelor Thesis an der HSNW, August 2009; WOLF, Paternalismus und andere ethische Konflikte im Alltag der Amtsvormunde und Amtsvormundinnen, ZVW 2000, 1 ff.; ZOBRIST, Zehn Basisstrategien zur Förderung der Veränderungsmotivation und zum Umgang mit Widerstand im Kindes- und Erwachsenenschutz, ZKE 2010, 431 ff.; DERS., Die psychosoziale Dimension der vormundschaftlichen Arbeit im Zwangskontext, ZVW 2008, 465 ff.

Materialien

Art. 393 VE Erwachsenenschutz 2003; VE Erwachsenenschutz/Vernehmlassungen, 220 f.; Botschaft Erwachsenenschutz, 7052 und 7152; Prot. RK-S vom 27./28.8.2007, 17; AmtlBull StR 2007, 836; Prot. RK-N vom 24./25.4.2008, 23; AmtlBull NR 2008, 1522.

I. Vorbemerkungen

1. Vorgaben für die Mandatsführung

1 Der fünfte Unterabschnitt in der Normierung der Beistandschaft (Art. 405–414) widmet sich deren Führung und Handhabung. Der Beistand erhält zunächst **Minimalstandards** als Vorgaben bezüglich *Informationsbeschaffung*, *Kommunikation* und *Beziehungsgestaltung* mit der verbeiständeten Person. Zudem finden sich **Regelungen seiner Handlungsmacht** sowohl im Verhältnis zur verbeiständeten Person als auch zu den Zuständigkeiten der KESB. Schliesslich enthält dieser Unterabschnitt Bestimmungen bezüglich **Sorgfalts- und Rechenschaftspflicht** des Beistandes. Bezüglich der Mandatsführung handelt es sich allerdings weder um einen ausschliesslichen, noch vollständigen, noch hinreichenden Standard-Katalog. Einerseits hängt nämlich die Arbeitsgrundlage des Beistandes auch von der Sorgfalt und Präzision des Errichtungsbeschlusses der KESB (Art. 446) sowie deren Instruktion und Support (Art. 400 Abs. 3) ab. Andererseits können in Anbetracht der meist inter- oder transdisziplinären Herausforderungen je nach Problemstellung des Mandats *berufsethische* oder *berufstechnische* Standards anderer als juristischer Berufsdisziplinen geboten sein (z.B. Anforderungsprofil des SVBB für professionelle Mandatsträger; Medizinisch-ethische Richtlinien der Schweizerischen Akademie der medizinischen Wissenschaften etc).

2 Die auf die konkreten Hilfs- und Schutzbedürfnisse zugeschnittene Beistandschaft zielt darauf ab, die verbeiständete Person in ihrer **Individualität** und in ihrer gewohnten, nach Möglichkeit selbstbestimmten Lebensführung zu unterstützen (Art. 7, 10, 13 BV; Art. 388 Abs. 2 und 406 Abs. 1; Botschaft Erwachsenenschutz, 7042). Das totalrevidierte Erwachsenenschutzrecht will namentlich die persönliche Betreuung höher gewichten (Botschaft Erwachsenenschutz, 7052; SCHNYDER, Jusletter, Rz 14; HÄFELI, ZSR 2003, 347; AFFOLTER, AJP 2006, 1058 f.) und damit auch gesetzgeberisch nachvollziehen, was sich aus rechtsethischen und sozialarbeiterischen Gründen schon unter altem Recht in der Praxis etabliert hat (CHK-AFFOLTER/STECK/VOGEL, aArt. 406 ZGB 1 ff.; BIDERBOST, SJZ 2010, 310 II.4; BIDERBOST, AJP 2010, 11; DESCHENAUX/STEINAUER, Personnes, Rz 981 ff. und dort zitierte Quellen; LANGENEGGER, IRP SG 2004, passim).

2. Aufgaben- und Kompetenzbereiche in der Mandatsführung

3 Der auf den Einzelfall bezogene, konkrete Handlungsbedarf muss durch eine sorgfältige **Sachverhaltsabklärung** der KESB ermittelt werden (MEIER, Jusletter 17.11.2008, Rz 19; ROSCH, ZKE 2010, 186; AFFOLTER, ZVW 2003, 395). Der dem Beistand durch die Anordnung der KESB zugewiesene Aufgabenbereich (Art. 391) orientiert sich an einer Analyse und Diagnose einer persönlichen, rechtlichen, medizinischen und/oder wirtschaftlichen Defizit- und Kompetenzlage und kann die Personensorge (persönliche Fürsorge), den Rechtsverkehr (die rechtliche Interessenvertretung) oder die Vermögenssorge (Bewirtschaftung finanzieller Angelegenheiten, d.h. Einkommensverwaltung und/oder Verwaltung aktiven oder passiven Vermögens) beinhalten (Art. 391 Abs. 2). Im Falle der umfassenden Beistandschaft (Art. 398) gehören von Gesetzes wegen sämtliche drei Wirkungsbereiche zum Auftrag des Beistandes, bei der Ersatz- (Art. 403), Begleit- (Art. 393), Vertretungs- (Art. 394 und 395), Mitwirkungsbeistandschaft (Art. 396) sowie bei Kombinationsformen (Art. 397) hat sich der Beistand an den im Ernennungsbeschluss der KESB erwähnten Kompetenzen und Aufgaben, d.h. an einem individuellen Betreuungsportfolio (HÄFELI, Entwurf, 9; BIDERBOST, AJP 2010, 10 f.) zu orientieren.

4 Eine auf umfassende **persönliche Fürsorge** (auch als Personensorge bezeichnet, Art. 391 Abs. 2) ausgerichtete Beistandschaft beinhaltet die Wahrung der Gesamtheit der auf die

Persönlichkeit bezogenen Interessen der verbeiständeten Person, sie richtet sich nach deren individuellen Bedürfnissen (Art. 391 Abs. 1) unter Wahrung der persönlichen Freiheit, der Autonomie in der Lebensgestaltung sowie der Menschenwürde und nimmt Rücksicht auf die Bedürfnisse Dritter (Art. 390 Abs. 2; zur auch im neuen Recht gültigen Herleitung AFFOLTER, AJP 1998, 649; BSK ZGB I-AFFOLTER, aArt. 406 N 23 ff.).

Die Beistandschaft zur **Interessenvertretung** (Art. 394 f.) vermittelt eine durch behördliche Verfügung individuell-konkret zugewiesene Kompetenz an den Beistand, im Rahmen des erteilten Auftrages als gesetzliche Vertretung zu handeln und die verbeiständete Person zu verpflichten oder für sie Ansprüche geltend zu machen, und zwar unabhängig davon, ob mit der angeordneten Beistandschaft die Handlungsfähigkeit eingeschränkt worden sei oder nicht (Art. 394 Abs. 3; gleiche Rechtslage im alten Recht, BGE 134 III 385; ZKE 2011, 338 ff. Nr. 5; AFFOLTER, ZVW 2008, 337). 5

Die **Vermögensverwaltung** (Art. 395, 408) muss ebenso wie die persönliche Fürsorge und die Vertretung im Detail durch die KESB festgelegt und objektgenau umschrieben werden, sofern sie nicht im Rahmen einer umfassenden Beistandschaft (Art. 398) erfolgt und letzterenfalls das gesamte Vermögen umfasst. 6

Auf die im alten Recht verankerten **generellen Weisungsbefugnisse** der KESB im Handlungsbereich des Beistandes (aArt. 400 Abs. 1, aArt. 403 und 404 Abs. 1) verzichtet das neue Recht. Daraus ergibt sich eine konsequentere und klarere Rollenteilung zwischen Beistand und KESB (vgl. immerhin Art. 400 Abs. 3 und Art. 417, welche der KESB Instruktions- und zusätzliche Mitwirkungsrechte verleihen). 7

3. Legitimationstitel

Grundlage des beistandschaftlichen Amtes bildet ein rechtskräftiger **Massnahmenentscheid** (Art. 390/391) der nach kantonalem Recht zuständigen Behörde (Art. 440 Abs. 1) und die rechtskräftige **Ernennung** als Beistand durch die KESB (Art. 400). Fehlt eine dieser Grundlagen, ermangelt es dem Beistand an der hinreichenden Legitimation, für die schutzbedürftige Person zu handeln. Bei dringlichen Geschäften könnte er sich allerdings auf Geschäftsführung ohne Auftrag berufen (Art. 419 ff.) oder gar rechtfertigenden Notstand (Art. 17 StGB) bzw. entschuldbaren Notstand (Art. 18 StGB) geltend machen. 8

Wenn es notwendig ist, vor der rechtsgültigen Anordnung der Beistandschaft und Wahl des Beistandes im Interesse der schutzbedürftigen Person Geschäfte zu besorgen, liegt es in der Verantwortung der KESB, die nötigen **vorsorglichen Massnahmen** zu treffen (Art. 445). Sie kann insb. entweder selbst handeln (Art. 392; vgl. allerdings die schon im alten Recht dem eigenen Handeln der KESB gesetzten Schranken: BGE 138 V 58 E. 4.3) oder eine Massnahme des Erwachsenenschutzes vorsorglich (Art. 445 Abs. 1) oder superprovisorisch (Art. 445 Abs. 2) anordnen und dabei einer allfälligen Beschwerde die aufschiebende Wirkung entziehen (Art. 450c), wenn dies zum Schutz unmittelbar gefährdeter Rechtsgüter geboten scheint. 9

II. Informationsbeschaffung und Kontaktaufnahme

1. Verantwortlichkeit zur Informationsbeschaffung

Der Beistand hat sich die zur Erfüllung seiner Aufgabe nötigen **Kenntnisse** zu verschaffen. Zu diesem Zweck muss ihm die KESB Zugang zu sämtlichen entscheidrelevanten Informationen aus ihrem Abklärungsdossier verschaffen und gewähren, denn im Verfahren liegt die Wurzel und Vorstufe der Massschneiderung (BIDERBOST, AJP 2010, 12). Das Ge- 10 setz formuliert die Informationsbeschaffung als *Holschuld* des Beistandes, womit ausgedrückt wird, dass er mit *umfassenden Dossierkenntnissen* sein Amt aufnehmen soll. Die Bestimmung wäre aber fehlinterpretiert, wenn sich die KESB damit ihrer vorgängigen sorgfältigen Informationsbeschaffung und Sachverhaltsabklärung entledigen würde und den Beistand, welcher keine verfahrensrechtlichen Zwangsmittel einsetzen kann, mit der erforderlichen Grundlagenbeschaffung sich selbst überlassen würde. Vielmehr ergibt sich sowohl aus der Wahl der geeigneten Massnahme (Art. 391 Abs. 1), der Pflicht zu deren Begründung (Art. 29 Abs. 2 BV; BGer vom 21.2.2011, 5A_27/2011, E. 3), als auch aufgrund der Verantwortung der KESB, den für die konkrete Aufgabe geeigneten Beistand zu ernennen (Art. 400 Abs. 1) und ihm die erforderliche Instruktion, Beratung und Unterstützung zu besorgen (Art. 400 Abs. 3), eine doppelte Verantwortlichkeit der KESB und des Beistandes gegenüber der verbeiständeten Person, die Beistandschaft «en toute connaissance de cause» aufzunehmen und zu führen.

11 Die Informationsbeschaffung findet ihre Grenzen an den Prinzipien der **Erforderlichkeit, Richtigkeit** und **Sachlichkeit** (vgl. Art. 4 ff. DSG und die entsprechenden Bestimmungen der kantonalen Datenschutzgesetze). Nicht alles, was nützlich und interessant sein mag, respektiert auch die Grenzen des Persönlichkeitsschutzes der Betroffenen. Zwar müssen die Verbeiständeten die für die Führung der Beistandschaft nötigen Eingriffe in die eigene Privat- und teils auch Geheimsphäre (zur Unterscheidung vgl. BGE 118 IV 45 E. 4) dulden, Übereifer, Unachtsamkeit, Mangel an Rücksicht und Unbeholfenheit der Beistände in der Informationsbeschaffung und -verwertung können aber zu «Erfolgskillern» ihrer Betreuungsarbeit werden (Affolter, AJP 1998, 647) und letztlich gegen den Schutz der Persönlichkeit (normiert in den kantonalen Datenschutzgesetzen und als Auffangtatbestand in Art. 28, vgl. Rosch, Schweigen, 90) verstossen.

2. *Schaffung der persönlichen Beziehung*

12 Der Beistand hat zu Beginn seines Amtes mit der verbeiständeten Person Kontakt aufzunehmen, womit eine Fernbetreuung vermieden werden soll. Diese Pflicht rechtfertigt sich auch bei urteilsunfähigen Personen, damit sich der Beistand mit der zu betreuenden Person und deren Lebensumständen vertraut machen kann. Findet diese Kontaktaufnahme zu Beginn des Amtes statt, so handelt es sich nicht um den besten, sondern um den *letztmöglichen Zeitpunkt*, eine erste **Kommunikation sicherzustellen** und damit die Voraussetzung für den Aufbau einer unabdingbaren Vertrauensbasis (OFK-ZGB-Fassbind, Art. 405 N 1) zu schaffen. Die Bestimmung ist Ausdruck einer grösseren Gewichtung der persönlichen Betreuung im neuen Recht (Botschaft Erwachsenenschutz, 7052; Affolter, AJP 2006, 1058 f., 1064). Wenn zur Schaffung der nötigen Beziehung das Betreten der Wohnräumlichkeiten gegen den Willen der verbeiständeten Person nötig ist, muss seitens der KESB die nötige Ermächtigung ausgestellt werden (Art. 391 Abs. 3; Art. 406 N 14).

13 Sowohl aus verfahrensrechtlichen Gründen (rechtliches Gehör gem. Art. 29 BV und persönliche Anhörung gem. Art. 447) als auch aus methodischer Sicht ist im Hinblick auf ein gelingendes Arbeitsbündnis und eine allseits kongruente Vorstellung über Ziel und Inhalt der Beistandschaft wenn immer möglich **schon im Abklärungsverfahren** *durch die KESB* dieser Kontakt zwischen der schutzbedürftigen Person und dem vorgesehenen Beistand herzustellen. Das ersetzt zwar nicht die Kontaktaufnahme durch den Beistand gem. Art. 405 Abs. 1, erleichtert diese aber massgeblich. Insbesondere mit Schutzbedürftigen, welche sich der Einsicht in die Betreuungsnotwendigkeit verschliessen und den Kontakt daher erschweren, sollte sich der Beistand nicht erst nach seiner Ernennung ohne Unterstützung der KESB in Verbindung setzen müssen. Er kann den Kontakt im Gegensatz zur

KESB (Art. 448 Abs. 1) nicht erzwingen und darf ohne ausdrückliche Ermächtigung der verbeiständeten Person oder der KESB auch nicht die Wohnung eines Verbeiständeten betreten (Art. 391 Abs. 3; Art. 406 N 14). Deshalb kann im Abklärungsverfahren besser «das Eis gebrochen werden».

III. Inventaraufnahme

1. Anwendungsbereich

Bildet die **Vermögensverwaltung** Inhalt des Auftrages, so ist *in Zusammenarbeit* mit der KESB unverzüglich ein **Inventar** aufzunehmen, welches die Ausgangsbasis zur Vermögensverwaltung, zur Rechnungsführung, zur späteren Rückgabe des verbeiständeten Vermögens nach Beendigung der Massnahme und zu allfälligen Schadenersatzansprüchen aus der Verantwortlichkeit bildet (Art. 454 f. ZGB; BGE 136 III 113; 135 III 198). Ein Inventar ist deshalb immer dann aufzunehmen, wenn die KESB eine Beistandschaft anordnet, welche mit der Vermögensverwaltung im weitesten Sinne (Einkommen und/oder Vermögen inklusive Schuldensanierung) verbunden ist. Das betrifft die Vertretungsbeistandschaft mit Vermögensverwaltung (Art. 395), die umfassende Beistandschaft (Art. 398) und entsprechende Formen der kombinierten Beistandschaft (Art. 397). **14**

2. Zeitpunkt und Formvorschriften

Der **Zeitpunkt** der Inventaraufnahme richtet sich nach den Bedürfnissen des Einzelfalls, kann sich bereits während der Dauer einer vorsorglichen Massnahme (Art. 445 Abs. 1) rechtfertigen (ZK-Egger aArt. 398 ZGB N 30; Geiser, ZVW 1998, 223 Ziff. 1.3; BK-Schnyder/Murer, aArt. 386 ZGB N 101), erfolgt aber in jedem Fall unverzüglich bei der Amtsübernahme (Art. 405 Abs. 2) und kann bei zu grosser Verzögerung zur Verantwortlichkeit und zu Schadenersatzpflicht führen (BGE 135 III 198). Können sich Beistand und KESB die für die Inventaraufnahme benötigen Informationen nicht rechtzeitig beschaffen, muss die KESB mit geeigneten Mitteln (verfahrensleitende Verfügung gem. Art. 448 Abs. 1, mit welcher Dritte bspw. zur Einreichung von Unterlagen oder Herausgabe von Dokumenten oder Vermögenswerten aufgefordert werden, gegebenenfalls unter Androhung der Ungehorsamsstrafe gem. Art. 292 StGB) vorgehen. Verzögert sich auch ein derartiges Verfahren, so kann es geboten scheinen, ein provisorisches Inventar mit den bereits vorhandenen Informationen durch die KESB entgegenzunehmen. Der Beistand hat darin auf die offenen Fragen und Verfahren hinzuweisen, worauf die KESB ihm deren Klärung unter Umständen in Auftrag geben oder selbst weitere Untersuchungen vornehmen kann (Art. 391 Abs. 1). Sobald die endgültigen Ergebnisse vorliegen, muss eine Ergänzung des provisorischen Inventars erfolgen (zu den strafrechtlichen Konsequenzen unterlassener Nachinventarisation vgl. BGE 121 IV 216). **15**

Bezüglich der **Form** (Aufbau und Struktur) des Inventars enthält das Gesetz keine Vorgaben. Sie richten sich nach den konkreten Aufgaben des Beistandes und nach den Bedürfnissen der Praxis. Die KOKES bietet dazu ein geeignetes und umfassendes Modell an, das im Einzelfall auch reduziert werden kann (‹http://www.kokes.ch/assets/doc/de/04_Modell_Inventar.doc›, 7.7.2011 und Muster gemäss Praxisanleitung 2012 der KOKES]). Zudem gehören Vorlagen und Muster zum Standard von geläufiger Software aus dem gesetzlichen Erwachsenenschutz. **16**

Bei der **Inventaraufnahme** kann sich die KESB durch ein **Mitglied** oder eine sachverständige **Hilfsperson** (Revisor, Inventurbeauftragte, Sekretär etc.) mit geeigneter Ermächtigung vertreten lassen. Diese Vertretungsbefugnis muss in der Organisation der KESB **17** geregelt werden (Geschäftsordnung, genereller oder individueller Delegationsbeschluss der KESB). Zwar verlangt der Gesetzestext nicht wie das alte Recht ausdrücklich den Beizug der verbeiständeten Person, diese Partizipation versteht sich aber aus Sinn und Zweck der Beistandschaft (Art. 388 Abs. 2, Art. 406) und aufgrund des Informationsbedarfs. Weil die KESB eine massgeschneiderte Beistandschaft anzuordnen hat, wird sie i.d.R. bereits im Rahmen der Sachverhaltsermittlung alle grundlegenden Informationen zur wirtschaftlichen Lage der schutzbedürftigen Person erkundet haben und zumindest auf jene Grundlagen abstützen, welche behördlicherseits schon bekannt sein müssen (z.B. provisorische oder definitive Steuerveranlagung, Grundbuch- und Betreibungsregisterauszüge).

18 Die **Kosten** der Inventaraufnahme gehen zulasten des Verbeiständeten, soweit nicht das fürsorgepflichtige Gemeinwesen dafür aufzukommen hat. Die Kantone haben entweder in ihren Einführungsgesetzen (Art. 450f) oder in ihren Tarifordnungen gem. Art. 96 ZPO entsprechende Regelungen zu erlassen.

3. Inhalt

19 Art. 405 Abs. 2 verlangt ein Inventar **der zu verwaltenden Vermögenswerte**. Weil sowohl das Einkommen als auch das Vermögen oder auch nur Teile davon der Beistandschaft unterstehen können (Art. 395), sind nicht nur **Vermögensaktiven und -passiven**, sondern gegebenenfalls auch die zu verwaltenden **Einkommens- und Ertragsquellen** (Erwerbs- und Erwerbsersatzeinkommen, Renten- und Sachleistungsansprüche aus Privat- und Sozialversicherungen, Alimente, Stipendien, Ansprüche gegenüber schweizerischen oder ausländischen Familienstiftungen oder Trusts etc.), welche das Gesetz ohne anderslautende Anordnung der KESB unter den Begriff des Vermögens subsumiert (Botschaft Erwachsenenschutz, 7046) ins Inventar aufzunehmen (so bereits Stöckli/Bitterli, 32; **a.M.** OFK-ZGB-Fassbind, Art. 405 N 2; KUKO ZGB-Häfeli, Art. 405 N 7; Meier/Lukic, Rz 572 und FN 692, welche in Anbetracht des Informationsbedarfs diese Daten immerhin im Rahmen von Anhängen oder Vorbemerkungen zur Aufnahme empfehlen). Einkommensquellen haben zwar keine unmittelbare Auswirkung auf die bilanzierte Vermögenssumme, stellen aber einen unverzichtbaren **Informationswert** für den Beistand, die verbeiständete Person und die KESB als Aufsichtsbehörde dar und weisen einen direkten Konnex mit der Vermögensverwaltung auf. Die Inventarisierung von Einnahmequellen führt insb. auch zur erforderlichen Erkenntnis, ob alle der schutzbedürftigen Person zustehenden Ansprüche (z.B. aus Sozial- oder Privatversicherungen, aus familienrechtlichem Unterhalts- und Unterstützungsrecht) ausgeschöpft werden, und wirken sich dann direkt auf die Vermögensverwaltung aus, wenn mangels (hinreichender) Einnahmen der Lebensunterhalt ganz oder teilweise durch Vermögensverzehr sicherzustellen ist.

20 Unter den Begriff des aktiven Vermögens fallen **Bargeld**, **Konti**, **Wertschriften**, **BVG-Ansprüche**, **Freizügigkeitskapitalien**, **Sammlungen, wertvolle Kunstgegenstände** und **Beteiligungen an unverteilten Erbschaften**, sodann **Tiere**, die zu Vermögens- und Erwerbszwecken gehalten werden (wogegen im häuslichen Bereich gehaltene Tiere i.S.v. Art. 42 Abs. 3, Art. 43 Abs. 1bis OR i.d.R. nicht Vermögen darstellen, sondern dem Persönlichkeitsbereich zuzuzählen sind); Bürgschaften (Art. 492 OR), aber auch wirtschaftliche **Ansprüche und Berechtigungen gegenüber Familienstiftungen** und **Trusts** des schweizerischen oder ausländischen (namentlich liechtensteinischen und angelsächsischen) Rechts sowie **Fahrhabe, Schmuck** und **Liegenschaften**. Üblicher Hausrat wird nicht detailliert aufgeführt. Das Inventar hat im Weiteren **Beteiligungen**, **Anwartschaften**, **Verbindlichkeiten** und **Forderungen** aufzuführen, soweit sie zum übertragenen Verwaltungsbereich des Beistandes gehören. Passives Vermögen umfasst sämtliche Schulden.

Bürgschaften, bedingte Forderungen (z.B. mögliche Rückerstattungsansprüche der öffentlichen Sozialhilfe) und Garantieerklärungen sind pro memoria zu erwähnen, wenn gestützt darauf (noch) keine direkte Schuldpflicht besteht.

Zur Frage, welches Vermögen zu inventarisieren sei, wenn die verbeiständete Person **verheiratet** ist oder in **eingetragener Partnerschaft** lebt, spricht sich das Gesetz nicht aus. Der Inhalt des Inventars richtet sich nach den Bedürfnissen einer transparenten und effizienten beistandschaftlichen Mandatsführung, welche es erlaubt, das zu verwaltende Vermögen aufgrund einer umfassenden Übersicht korrekt festzulegen (schon zum alten Recht STÖCKLI-BITTERLI, 31). Es besteht von daher ein grundsätzliches Bedürfnis nach Kenntnis der Vermögen beider Ehegatten und einer gestützt darauf vorzunehmenden eigentumsmässigen Ausscheidung, welches Vermögen welchem Ehegatten gehört und was davon der beistandschaftlichen Verwaltung und Kontrolle untersteht. Bei Verheirateten ist somit der **Güterstand** (zu Begriff und Arten HAUSHEER/GEISER/AEBI-MÜLLER, Familienrecht, Rz 11.04 ff.) massgeblich (zu den Verwaltungsbefugnissen unter altem Eherecht vgl. HEFTI, 140; KAUFMANN, aArt. 413 N 9): 21

Bei Ehegatten unter dem ordentlichen Güterstand der Errungenschaftsbeteiligung (Art. 196 ff.) oder dem vertraglichen bzw. ausserordentlichen Güterstand der Gütertrennung (Art. 247 ff.) sind nebst dem jeweiligen Eigentum der Ehegatten auch Miteigentumsanteile an Vermögenswerten, die aufgrund von Beweislosigkeit im Miteigentum beider Ehegatten stehen (Art. 200 Abs. 2 i.V.m. Art. 201 Abs. 2 und Art. 248 Abs. 2) ins Inventar aufzunehmen, sofern das gesamte Vermögen der verbeiständeten Person fortan in der Verwaltung des Beistandes steht (Art. 391 und 398). Der ordentliche Güterstand der Errungenschaftsbeteiligung (Art. 196 ff.) kann allerdings trotz der vier getrennten Vermögensmassen (Eigengut und Errungenschaft eines jeden Ehegatten) nicht als Gütertrennung während der Ehe aufgefasst werden, weil insb. bezüglich konjunktureller Mehr- und Minderwerte (Art. 206 [vorab Abs. 2] und Art. 209), aber auch hinsichtlich der Eigengutserklärung (Art. 199), der Hinzurechnung (Art. 208) und der Ersatzanschaffungen (Art. 197 Abs. 2 Ziff. 5 und Art. 198 Ziff. 4) die verschiedenen Gütermassen als Sondervermögen ein Eigenleben führen (HAUSHEER/GEISER/AEBI-MÜLLER, Familienrecht, Rz 12.03). Deshalb ist das Vermögen der Ehegatten zunächst gesamthaft zu erfassen, was selbstredend auch für den seltenen Güterstand der **Gütergemeinschaft** gilt (Art. 221 ff.), und danach wenn möglich einvernehmlich mit dem nicht verbeiständeten Ehegatten nach der wirtschaftlichen Berechtigung die jedem Ehegatten zustehenden Vermögenswerte auszuscheiden (bei fehlender Einigung vgl. N 26). 22

Weil die Gütergemeinschaft ein komplizierter Güterstand ist, empfiehlt es sich, als Beistand eines Ehegatten, der dauernd urteilsunfähig geworden ist, gestützt auf Art. 185 Abs. 3 mit Zustimmung der KESB (Art. 416 Abs. 1 Ziff. 9) beim zuständigen Gericht die Anordnung der Gütertrennung zu beantragen, wenn dies aus Transparenz- und Effizienzgründen notwendig erscheint und der nicht verbeiständete Ehegatte nicht kooperiert. Falls die Gütergemeinschaft weitergeführt wird, bildet das Gemeinschaftsgut Gegenstand der beistandschaftlichen Vermögensverwaltung, wobei in analoger Anwendung von Art. 409 auch dem nicht verbeiständeten Ehegatten angemessene Beiträge zur freien Verfügung überlassen werden können. 23

Schliesslich bleibt zu erwähnen, dass Ehegatten, die vor dem 1. 1. 1988 geheiratet haben, aufgrund des Übergangsrechts zum revidierten Güterrecht von 1988 (Art. 9e und 10 SchlT) noch unter einem **altrechtlichen Güterstand** stehen können. 24

Die Vermögensverwaltung für einen Ehegatten oder einen eingetragenen Partner beinhaltet – abweichende Anordnungen der KESB vorbehalten – i.d.R. auch, sich als Beistand über den **Beitrag der Ehegatten resp. Partner an den Unterhalt der Familie oder Ge-** 25

meinschaft sowie über **ausserordentliche Beiträge** zu verständigen (Art. 163 Abs. 2, Art. 164 und 165 Abs. 1 ZGB, Art. 13 Abs. 1 PartG), **sozialversicherungsrechtliche Ansprüche** (namentlich Ergänzungsleistungen, Art. 112a und 112c Abs. 2 BV; Art. 2 ff. ELG, SR 831.30), allenfalls Sozialhilfe geltend zu machen, gegenüber den Steuerbehörden die wirtschaftlichen Verhältnisse der Ehegatten resp. Partner zu deklarieren und für **Steuerforderungen auch solidarisch zu haften** (Art. 113, 9 Abs. 1 und 1bis, Art. 13 Abs. 1 DBG, SR 642.11). Die effiziente und verantwortungsvolle Wahrung dieser Aufgaben setzt eine umfassende Kenntnis des **Vermögens und der Einkommensquellen beider Ehegatten** bzw. **Partner** voraus (Affolter, ZVW 2004, 215) und kann bei Falschdeklaration strafrechtliche Konsequenzen nach sich ziehen (zur Mitverantwortlichkeit des Ehegatten bei falsch ausgefülltem Sozialhilfegesuch vgl. BGer vom 25. 10. 2010, 6B_690/2010; Mösch Payot, Push-Service Entscheide, 2. 8. 2011). Für diese – die Vermögen beiden Ehegatten bzw. Partner umfassende – Inventarpflicht bieten nach hier vertretener Auffassung Art. 405 Abs. 2 und 4 i.V.m. Art. 448 eine direkte gesetzliche Grundlage.

26 **Verweigert** der nicht verbeiständete Teil die Mitwirkung an der Inventarerstellung gem. Art. 405 Abs. 2 und 4, hat die KESB diese gestützt auf Art. 448 und 450g ZGB nötigenfalls mittels **psychologischem Zwang** (verfahrensleitende Verfügung unter Androhung der Ungehorsamsstrafe, Art. 405 Abs. 4 ZGB, Art. 292 StGB) gegenüber dem Ehegatten oder Partner durchzusetzen (Affolter, ZVW 2004, 216 f.). Der Umweg über die Auskunftspflicht der Ehegatten (Art. 159, 170 ZGB) bzw. eingetragenen Partner (Art. 12 und 16 PartG) und das Recht um Aufnahme eines Inventars der Vermögenswerte der Ehegatten (Art. 195a ZGB) bzw. Partner (Art. 20 PartG) führt im Verweigerungsfall nicht nur zu einem wesentlich umständlicheren gerichtlichen Verfahren (Art. 271 lit. f resp. Art. 305 lit. f ZPO), sondern auch nicht unbedingt zum selben Ergebnis: Das Inventar nach Art. 195a ZGB bzw. Art. 20 PartG wird als Privaturkunde vor einer Urkundsperson erstellt, die nur die Tatsache bescheinigt, dass die Ehegatten bzw. Partner übereinstimmende Wissenserklärungen über Bestand und Zugehörigkeit von Vermögen abgegeben haben (BK-Hausheer/Reusser/Geiser, Art. 195a ZGB N 10, 16; BSK ZGB I-Hausheer/Aebi-Müller, Art. 195a N 13; ZK PartG-Geiser/Gremper, Art. 20 N 8); sie bescheinigt aber nicht die hinter diesen Erklärungen stehenden Tatsachen. Zudem werden im Inventar gem. Art. 195a ZGB und Art. 20 PartG keine Schulden aufgeführt (BK-Hausheer/Reusser/Geiser, Art. 195a ZGB N 7; ZK PartG-Geiser/Gremper, Art. 20 N 9). Mit dem beistandschaftlichen Inventar werden zwar ebenfalls keine materiellen Rechtsansprüche verbindlich abgeklärt, immerhin müssen sich Beistand und Vertretung der KESB aber anlässlich der Inventaraufnahme zu vergewissern versuchen, dass die Eigentumsansprüche der verbeiständeten Person möglichst lückenlos abgebildet sind und das Inventar richtig und vollständig ist. Vor allem müssen sie auch die vorhandenen Schulden und Verbindlichkeiten aufnehmen, weil sie eine unverzichtbare Grundlage der Vermögensverwaltung darstellen (N 19, 22), wenn die KESB nichts anderes verfügt hat. Die Dispositionsmaxime, welche den beiden andern erwähnten Privatinventaren zugrunde liegt, ist beim beistandschaftlichen Inventar insofern eingeschränkt, als sein Inhalt einer amtlichen Prüfung unterliegt (Hefti, 143).

27 Welche Teile des inventarisierten **Vermögens** dem **nicht verbeiständeten Ehegatten** zur eigenen Verwaltung überlassen sind, weil sie eigentumsmässig seinem alleinigen gesetzlichen Verwaltungsrecht unterstehen, muss aus dem Inventar ebenso ersichtlich sein wie jene Vermögensteile, welche vom Beistand nur überwacht werden (z.B. dem nicht verbeiständeten Ehegatten überlassene Gemeinschaftskonti). Diese Aufteilung wird von der KESB im Rahmen der Inventarentgegennahme zur Kenntnis genommen (Feststellungsbeschluss). Davon scheinen bereits Lehre und Rechtsprechung zum alten Güterrecht ausgegangen zu sein, wenn sie im Falle eines verheirateten Bevormundeten dem vormundschaftlichen Inventar Priorität einräumten (BGE 50 II 436, 439; BK-Lemp, aArt. 197 ZGB N 7;

BK-HAUSHEER/REUSSER/GEISER, Art. 195a ZGB N 10). Der Feststellungsbeschluss der KESB hat keinerlei güterrechtliche Präjudizwirkung, sondern bildet Grundlage für das beistandschaftliche Verwaltungsmandat. Kann im Rahmen der Inventaraufnahme mit dem nicht verbeiständeten Ehegatten keine Einigung gefunden werden, muss bei dauernder Urteilsunfähigkeit der verbeiständeten Person gestützt auf Art. 185 Abs. 3 die Gütertrennung veranlasst werden (BGE 50 II 436 E. 3) oder, wo diese Voraussetzung nicht gegeben ist, im Rahmen von Eheschutzmassnahmen das Nötige veranlasst werden (Art. 174, 176, 178).

Fehlt es an aktivem Vermögen oder bestehen ausschliesslich **Schulden**, ist dies im Inventar festzustellen. Die verbreitete Praxis von Behörden, bei fehlendem Aktivvermögen den Beistand von der Inventarpflicht zu befreien, vermittelt bei Vorliegen von Schulden (es können auch nur offene Rechnungen wie Heimrechnungen sein) das trügerische Bild einer ausgeglichenen Rechnung, was sich spätestens bei der späteren periodischen Rechnungsablage als Trugschluss erweist. Vor allem bei knappen finanziellen Verhältnissen muss vermieden werden, alte Schulden stets mit den laufenden Einnahmen zu begleichen, weil durch dieses permanente «Löcherstopfen» am Ende der Mandatsführung aus der laufenden Rechnung ein Minussaldo resultieren kann, für welchen der Beistand verantwortlich ist. Dem ist vorzubeugen durch die Inventarisierung der Schulden, welche nur abzubauen sind, soweit dafür verzehrbares Vermögen bzw. ein Einnahmenüberschuss aus der laufenden Rechnung zur Verfügung steht. 28

Umstrittene Forderungen sind aufzunehmen, weil deren Bestreitung, Geltendmachung oder Durchsetzung zum beistandschaftlichen Mandat gehören oder werden kann (Art. 391, 414). 29

Verlustscheine (Art. 149 und 265 SchKG) sind pro memoria aufzuführen, nicht aber als Passiven zu erfassen. Dasselbe gilt für **Unterstützungsleistungen der Sozialhilfe**, solange diese vom Gemeinwesen nicht zur Rückerstattung geltend gemacht werden und damit auch nicht als Schulden fällig sind. Die Verbalisierung solcher Verbindlichkeiten ist deshalb wichtig, weil die Sanierung von Schulden je nach Auftrag der KESB auch Verlustscheine erfassen können, andererseits die verbeiständete Person davor zu schützen ist, bezogene Sozialhilfe zurückerstatten zu müssen, ohne dass die gesetzlichen Grundlagen erfüllt sind. 30

Nachträglich anfallendes oder **entdecktes Vermögen** muss nachinventarisiert und in der Rechnung aufgeführt werden (BSK ZGB I-GULER, aArt. 398 N 5). Diesbezügliche Unterlassungen können eine Urkundenfälschung i.S.v. Art. 317 StGB (Berufsbeistand) oder Art. 251 Ziff. 1 StGB (Privatbeistand) darstellen (BGE 121 IV 218). Eine neue Bestandesaufnahme kann sich auch bei einem **Wechsel der Betreuungsperson** aufdrängen, wenn die Rechnungsführung des Amtsvorgängers keine verlässliche Basis darstellt und auch nicht (allenfalls auf dessen Kosten) rekonstruiert werden kann (ZK-EGGER, aArt. 398 ZGB N 21). 31

4. Bedeutung

Das Inventar gem. Art. 405 Abs. 2 bildet die Grundlage der Vermögensverwaltung und der ersten Rechnungsablage (ab zweiter Rechnungsablage bildet die letzte Abrechnung Ausgangslage). Zudem eignet es sich, Beweis zu erbringen, wenn später die Verantwortlichkeit des Beistandes zur Diskussion gestellt wird (Art. 454; BK-KAUFMANN, aArt. 398 ZGB N 19). Die betreute Person, der Beistand, Angehörige und die beaufsichtigende Behörde haben daher das gleiche Interesse an der Klarstellung des Bestandes und der Zusammensetzung des Vermögens bei Übernahme des Amtes, unabhängig davon, ob mit der Beistandschaft die Handlungsfähigkeit eingeschränkt wurde oder nicht (AFFOLTER, ZVW 2004, 213 f.; ZK-EGGER aArt. 398 ZGB N 20). Aufgrund der Tatsache, dass es 32 durch den Beistand in Zusammenarbeit mit der KESB erstellt wird und sein Inhalt von ihnen nach Vollständigkeit und Richtigkeit überprüft wird, erhält es zwar einen gewissen amtlichen Wert (HEFTI, 143), insb. den Charakter einer Urkunde (BGE 121 IV 216; zur Kritik der Qualifizierung von Urkunden in der bundesgerichtlichen Praxis vgl. SCHNELL, Jusletter 23.1.2006), aber nicht die Eigenschaft einer öffentlichen Urkunde. Es hat Wirkung unter den an der Aufnahme Beteiligten im Sinne einer Privaturkunde (DESCHENAUX/STEINAUER, Personnes, 964; BK-KAUFMANN, aArt. 398 ZGB N 20), unterliegt aber bezüglich Bestand und Umfang des inventarisierten Vermögens der freien richterlichen Beweiswürdigung (MEIER/LUKIC, Rz 573; STÖCKLI-BITTERLI, 41 ff.).

5. Öffentliches Inventar

33 Das **öffentliche Inventar** (Art. 405 Abs. 3) kann angeordnet werden, wenn die Umstände es rechtfertigen. Die Bestimmung richtet sich nach dem Vorbild von aArt. 398 Abs. 3 (Botschaft Erwachsenenschutz, 7052) und findet Anwendung, wenn das gewöhnliche Inventar keine zuverlässige Feststellung des Vermögens erlaubt (unübersichtliche Vermögenssituation oder Buchführung, verheimlichte Vermögen, vermutete Schulden etc.) und verschafft der KESB und dem Beistand eine zuverlässigere Basis zur Mandatsführung.

34 Das öffentliche Inventar hat für die Gläubiger des Verbeiständeten die gleiche **Wirkung wie das öffentliche Inventar des Erbrechts** (Art. 405 Abs. 3). Seine Präklusivwirkung beschränkt sich nicht auf die Dauer der Massnahme, sondern ist definitiv (GEISER, ZVW 1998, 228; BSK ZGB I-GULER, aArt. 398 N 11; **a.M.** TUOR/SCHNYDER/SCHMID/RUMO-JUNGO, § 55 Rz 7; DESCHENAUX/STEINAUER, Personnes, Rz 966; STÖCKLI-BITTERLI, 64). Der Gesetzgeber hat trotz der in der Lehre zur Vorbildnorm (aArt. 398 Abs. 3) ins Licht gerückten Frage der Wirkungsdauer (ZK-EGGER, aArt. 398 ZGB N 32; STÖCKLI-BITTERLI, 64; TUOR/SCHNYDER/SCHMID/RUMO-JUNGO, § 55 Rz 7) in Art. 405 Abs. 3 keine Einschränkungen oder Vorbehalte bezüglich der Analogie zum erbrechtlichen Inventar ausformuliert, weshalb vom Wortlaut her von einer dem öffentlichen Erbschaftsinventar entsprechenden endgültigen Haftungsbeschränkung und nicht nur für eine solche während der Dauer der Beistandschaft auszugehen wäre. Ob der Gesetzgeber mit dem gewählten Wortlaut stillschweigend die von GEISER und GULER angenommenen Rechtsfolgen anstrebt, oder ob eine teleologische Auslegung nicht doch zu dem von DESCHENAUX/STEINAUER, STÖCKLI-BITTERLI und TUOR/SCHNYDER/SCHMID/RUMO-JUNGO gezogenen Schluss führen kann, bleibt der Klärung durch die Rechtsprechung überlassen. In Anlehnung an GEISER bezweckt der beistandschaftliche Schutz eine nachhaltige Personen- und Vermögenssorge. Gehört Letzteres zum beistandschaftlichen Mandat, und hat der Beistand damit die Aufgabe, die Einkommens- und Vermögenssituation soweit als nötig zu sanieren und nachhaltig zu stabilisieren, stellt die Annahme, im öffentlichen Inventar nicht inventarisierte Schulden könnten nach Aufhebung der Massnahme wieder aufleben, einen unverträglichen Gegensatz zum Massnahmenzweck dar. Nach hier vertretener Auffassung ist daher der Ansicht GEISERS zu folgen, dass sich die Präklusivfrist des öffentlichen Inventars nicht auf die Dauer der Massnahme beschränken kann, sondern entsprechend dem erbrechtlichen Inventar endgültig ist. Im Unterschied zum öffentlichen Inventar des Erbrechts besteht während der Dauer aber **kein Rechtsstillstand** (BGE 38 I 299; 77 III 58; TUOR/SCHNYDER/SCHMID/RUMO-JUNGO, § 55 Rz 7).

35 Die verbeiständete Person **haftet** für die im Inventar aufgeführten Schulden mit ihrem Vermögen, soweit die zugrunde liegenden Forderungen berechtigt sind (analog Art. 589). Forderungen, welche mit Verschulden des Gläubigers nicht angemeldet wurden, sind verwirkt (analog Art. 590 Abs. 1), während ohne Verschulden nicht angemeldete Forderun-

gen nur aus dem Aktivenüberschuss befriedigt werden (analog Art. 590 Abs. 2). Übersteigen die Gesamtschulden die Aktiven, werden die Forderungen im Unterschied zur konkursmässigen Abwicklung nach der zeitlichen Priorität ihrer Geltendmachung erfüllt (GEISER, ZVW 1998, 226 Ziff. 4.1). Aufgrund von Art. 6 wirkt sich die Haftungsbeschränkung allerdings **nicht auf öffentlich-rechtliche Forderungen** wie z.B. Steuerforderungen aus, wenn das kantonale Recht eine direkte Haftungssukzession der Erben vorsieht (BGE 102 Ia 483; ENGLER, in: Abt/Weibel, Art. 587 N 14, 589 N 2–5).

6. Abschluss

36 Das öffentliche wie das gewöhnliche Inventar werden von der KESB **zur Kenntnis** genommen. Das gewöhnliche Inventar untersteht allerdings noch der **Prüfung** durch die KESB, welche über allfällige Meinungsverschiedenheiten unter den Beteiligten der Inventaraufnahme entscheidet, gegebenenfalls Ergänzungen anordnet und in ihrem Feststellungsentscheid über den Inventareingang allfällige Richtigstellungen vornimmt (AFFOLTER, ZVW 2004, 217 Ziff 1.6; HEFTI, 143). Die diesbezüglichen Verfügungen der KESB haben keine rechtsgestaltende Wirkung mit Bezug auf strittige Forderungen oder Ansprüche, sondern stellen Anordnungen über das zu verwaltende Vermögen an die Adresse des Beistandes und bezüglich der eigenen Verwahrungs- und Aufsichtspflicht der KESB dar. Sie bilden zudem die Grundlage dazu, was nach Ende des Mandats dem Verbeiständeten oder dessen Rechtsnachfolgern zu übergeben ist und ob daraus eine allfällige gegenseitige Ersatzpflicht besteht (ZK-EGGER, aArt. 398 ZGB N 20).

IV. Mitwirkungspflicht Dritter

37 Dritte haben eine **Auskunftspflicht** (Art. 405 Abs. 4). Die Auskunftspflicht geht dem Berufsgeheimnis vor, weil Art. 405 Abs. 4 im Unterschied zu Art. 448 keine Ausnahmen von der Mitwirkungspflicht kennt (zum alten Recht vgl. Entscheid BGer vom 14.11.1973, ZVW 1974, 73, E. 2c). Die Auskunftspflicht bezieht sich auch auf zurückliegende Entwicklungen (BGer vom 14.8.1992, ZBGR 1994, 172 ff). Gelingt es der inventarisierenden Delegation nicht, die erforderlichen Auskünfte einzuholen, hat die KESB mittels verfahrensleitender Verfügung das Erforderliche anzuordnen und gegebenenfalls zwangsweise durchzusetzen (Art. 450g). Die **Vollstreckung** richtet sich nach Art. 450g sowie Art. 336 ZPO, namentlich Art. 343 ZPO (Androhung der Ungehorsamsstrafe nach Art. 292 StGB, Anordnung von Ordnungsbussen, Wegnahme etc.), soweit die Kantone keine eigenen Verfahrensbestimmungen erlassen haben (Art. 450f). Zur Problematik der subsidiären Anwendbarkeit der ZPO in der Vollstreckung vgl. im Übrigen Art. 450g N 12 ff. und 59.

Art. 406

B. Verhältnis zur betroffenen Person

[1] Der Beistand oder die Beiständin erfüllt die Aufgaben im Interesse der betroffenen Person, nimmt, soweit tunlich, auf deren Meinung Rücksicht und achtet deren Willen, das Leben entsprechend ihren Fähigkeiten nach eigenen Wünschen und Vorstellungen zu gestalten.

[2] Der Beistand oder die Beiständin strebt danach, ein Vertrauensverhältnis mit der betroffenen Person aufzubauen und den Schwächezustand zu lindern oder eine Verschlimmerung zu verhüten.

B. Relations avec la personne concernée

[1] Le curateur sauvegarde les intérêts de la personne concernée, tient compte, dans la mesure du possible, de son avis et respecte sa volonté d'organiser son existence comme elle l'entend.

[2] Il s'emploie à établir une relation de confiance avec elle, à prévenir une détérioration de son état de faiblesse ou à en atténuer les effets.

B. Relazione con l'interessato

[1] Il curatore adempie i suoi compiti nell'interesse dell'assistito, tiene per quanto possibile conto delle opinioni di costui e ne rispetta la volontà di organizzare la propria vita corrispondentemente alle proprie capacità e secondo i propri desideri e le proprie idee.

[2] Il curatore si adopera per instaurare una relazione di fiducia con l'interessato, per attenuarne lo stato di debolezza o per prevenire un peggioramento.

Inhaltsübersicht

Literatur

Vgl. die Literaturhinweise zu Art. 405.

Materialien

Art. 394 VE Erwachsenenschutz 2003; VE Erwachsenenschutz/Vernehmlassungen, 221 f.; Botschaft Erwachsenenschutz, 7052 und 7153; Prot. RK-S vom 27./28.8.2007, 17; AmtlBull StR 2007, 836; Prot. RK-N vom 24./25.4.2008, 23; AmtlBull NR 2008, 1522.

I. Leitidee

1 Die auf die konkreten Hilfs- und Schutzbedürfnisse zugeschnittenen, «massgeschneiderten» Beistandschaften bezwecken, die verbeiständete Person in ihrer **Menschenwürde**, **Individualität** und in ihrer gewohnten, nach Möglichkeit **selbstbestimmten Lebensführung** zu unterstützen (Art. 7, 10 und 13 BV; Art. 388 und 406 Abs. 1 ZGB; Botschaft Er-

wachsenenschutz, 7042). Die Gesetzesnovelle will dabei die persönliche Betreuung und den Anspruch auf eigenbestimmte Lebensführung höher gewichten (Botschaft Erwachsenenschutz, 7052; AFFOLTER, AJP 2006, insb. 1064; HÄFELI, ZSR 2003, 347; SCHNYDER, Jusletter 3.5.2004, Rz 14) und damit auch gesetzgeberisch nachvollziehen, was sich aus rechtsethischen und sozialarbeiterischen Gründen schon unter altem Recht in der Praxis etabliert hat, auch wenn aArt. 409 dies nur in «wichtigen Angelegenheiten» vorschrieb (SCHMID, Art. 406 N 2; aArt. 406 N 1 ff.; BIDERBOST, SJZ 2010, 310; DESCHENAUX/STEINAUER, Personnes, Rz 981 ff. und dort zitierte Quellen; HEGNAUER, ZVW 1984, 86 f.; LANGENEGGER, IRP SG 2004, passim).

Der Beistand ist verpflichtet, bei der Amtsausübung, soweit tunlich, auf die **Meinung der betroffenen Person** Rücksicht zu nehmen und deren Willen zu achten, das Leben entsprechend ihren Fähigkeiten nach eigenen Wünschen und Vorstellungen zu gestalten. Dieser Leitgedanke lehnt sich an die familienrechtlichen Vorgaben für Eltern zur Erziehung ihrer Kinder an (Art. 301 Abs. 1 und 302 Abs. 1 und 2), unterscheidet sich aber dadurch, dass es sich bei Erwachsenen um Persönlichkeiten mit gefestigteren Charaktereigenschaften und eingeübten Lebensformen handeln kann. Sie verfügen zuweilen im Unterschied zu Minderjährigen auch über ein die realen Lebensvorgänge mitbestimmendes soziales Umfeld und/oder allenfalls ausgeformten beruflichen und persönlichen Tüchtigkeiten, weshalb die persönliche Betreuungsarbeit mit zusätzlichen Herausforderungen, aber auch zusätzlichen Chancen verbunden sein kann. Den erwähnten Leitideen ist ein gewisses **paternalistisches Aufsichts- und Lenkungsverhalten** eigen (WOLF, ZVW 2000, passim), wie es einem «bon père de famille» oder einer «bonne mère de famille» geziemt. 2

II. Zielsetzung

Das Ziel jeder zivilrechtlichen Erwachsenenschutzmassnahme besteht darin, den **Schwächezustand zu lindern** oder **eine Verschlimmerung zu verhüten** (Art. 406 Abs. 2). Aufgrund des Subsidiaritäts- und Verhältnismässigkeitsprinzips (Art. 389; BGer vom 8.4.2011, 5A_82/2011, E. 3.1; BGer vom 21.4.2011, 5A_55/2011, E. 5.1; BGer vom 12.10.2009, 5A_602/2009, E. 7) hängt das Mass der erforderlichen Fürsorge von der Hilfs- und Schutzbedürftigkeit und dem konkreten Auftrag, wie ihn die KESB gem. Art. 391 ausformulieren muss, ab (OFK-ZGB-FASSBIND, Art. 406 N 1). Die Massnahmenführung muss aber auch darauf ausgerichtet sein, die Schwächen der verbeiständeten Person nicht bloss zu verwalten, sondern Letztere – wenn ihre psychische und körperliche Konstitution dies zulässt – so rasch als möglich (wieder) **in die persönliche Autonomie zu führen** und damit unabhängig von behördlichen Massnahmen werden zu lassen (Art. 388 Abs. 2). 3

Vor allem die *Betreuung Betagter, schwer geistig Behinderter oder Menschen mit schweren psychischen Störungen* kann dagegen nicht die allmähliche Verselbständigung zum Ziel haben, sondern die Garantie einer möglichst grossen Autonomie und **sozialer Sicherheit**, sowie die **Wahrung der Persönlichkeitsrechte** (BGer vom 8.4.2005, 5C.17/2005, E. 5.3, ZVW 2005, 284 ÜR 79–05). 4

Mit Bezug auf die Veränderbarkeit menschlichen Verhaltes und der zu erreichenden Ziele sind keine anderen Massstäbe anzusetzen als gegenüber jenen Personen, welche trotz Schwächen ihr Leben selbständig gestalten (laut der Statistik der KOKES, publ. in ZKE 2011, 414 ff., standen im Jahre 2010 82 181 erwachsene Personen, d.h. knapp 1.3% der 6 416 153 Personen umfassenden erwachsenen Bevölkerung unter dem Schutz einer zivilrechtlichen Erwachsenenschutzmassnahme. Oder anders gesagt kommen 98.7% der Erwachsenen ohne erwachsenenschutzbehördliche Hilfe aus). 5

6 Mit den Leitideen in Art. 406 wird zum Ausdruck gebracht, dass die verbeiständete Person nicht einem behördlich bestimmten Normverhalten nachleben muss, sondern der Beistand sich über den Willen, die Tüchtigkeiten und persönlichen Eigenschaften der betreuten Person ein möglichst gutes Bild zu verschaffen hat und sie in der Bestrebung, das Leben nach eigenen Vorstellungen zu gestalten, unterstützen soll. Der Beistand ist dabei oft paradoxen Situationen ausgesetzt, da er einerseits die **Freiheitsrechte** zu achten, andererseits die **Menschenwürde** sicherzustellen hat (aArt. 406 N 6 [Vorauflage]; OFK-ZGB-Fassbind, Art. 406 N 1). Die Vorgabe der «Wahrung persönlicher Interessen» und die Einschränkung, auf die Meinung der betroffenen Person «soweit tunlich» Rücksicht zu nehmen, vermittelt das notwendige Instrumentarium, alle massgeblichen Kriterien zu gewichten, Zielkonflikte abzuwägen und in einem objektivierten Sinn die nötigen betreuerischen Entscheidungen zu treffen oder der betreuten Person in Eigenverantwortung zu überlassen. Sinnvollerweise werden solche Entscheidungsprozesse aktenkundig dokumentiert, damit sie auch später – namentlich hinsichtlich der Verantwortlichkeit – nachvollziehbar sind.

7 Auch wenn sich das Mandat nicht auf die persönliche Betreuung bezieht, sondern auf administrative oder vermögensrechtliche Belange beschränkt ist oder eine einzelne rechtliche Interessenwahrung beinhaltet, bilden die Leitideen von Art. 406 Grundlage des Mandats. Die bisherige Art der Lebensführung, der Anspruch auf Selbstbestimmung und persönliche Freiheit kann sich durchaus auch in vermögensrechtlichen Belangen (z.B. Art der Vermögensanlagen) oder in der Art der Interessenvertretung (Risikobereitschaft in der Prozessführung) niederschlagen. Deren Beachtung findet ihre Grenzen selbstredend an der Sorgfaltspflicht des Beistandes und der KESB, was im Einzelfall nicht immer einfach gegeneinander abzuwägen ist und umso mehr für eine gute Dokumentation der Handlungsmotive eines Beistandes spricht (Dörflinger, ZVW 2011, 451, 453, 463 ff.).

8 Grundlage einer erfolgreichen persönlichen Betreuung ist ein **Vertrauensverhältnis**. Deshalb verlangt Art. 406 Abs. 2 vom Beistand auch ein entsprechendes Bestreben, was Planung, methodisches Geschick (Zobrist, ZKE 2010, 431 ff.; ders., ZVW 2008, 471 ff.), Empathie und hinreichend Zeit (Art. 400 Abs. 1) bedingt, und Art. 413 verpflichtet ihn entsprechend zur Verschwiegenheit (Art. 413 N 7). Allerdings kann der Schwächezustand der verbeiständeten Person gerade in der Unfähigkeit liegen, Vertrauen und Bindung aufzubauen. Deshalb ist es entscheidend, dass bereits die KESB in ihrem Massnahmenbeschluss eine möglichst präzise Diagnose erstellt und dem Beistand keine «mission impossible» auferlegt, welche – wenn sie falliert – zu falschen Schlüssen über die Qualität der Betreuungsarbeit und des Beistandes führt.

III. Inhalt der persönlichen Fürsorge

9 Eine umfassende **persönliche Fürsorge** beinhaltet die Wahrung der Gesamtheit der auf die Persönlichkeit bezogenen Interessen der verbeiständeten Person und richtet sich nach deren individuellen Bedürfnissen (Art. 391 Abs. 1) unter Wahrung der persönlichen Freiheit, der Autonomie in der Lebensgestaltung sowie der Menschenwürde und nimmt Rücksicht auf die Bedürfnisse Dritter (zur Herleitung unter altem, aber vergleichbarem Recht Affolter, AJP 1998, 649; Art. 390 Abs. 2 spricht von der Belastung und dem Schutz von Angehörigen und Dritten, die zu berücksichtigen sind). Sie umfasst alle für die verbeiständete Person wesentlichen Belange wie **Unterkunft**, **Unterhalt**, **Ausbildung**, **Beruf**, **psychische** und **physische Gesundheit** bzw. entsprechende **Behandlung**, die Vermittlung eines geeigneten **sozialen Umfeldes** und von **Bezugspersonen** (analog Art. 386 Abs. 1 bez. Heimbewohnern), je nach Defizitlage auch die gezielte **Förderung der Per-**

sönlichkeitsentwicklung. Je nach Auftrag, welcher mit der Beistandschaft verbunden ist (Art. 391), obliegt dem Beistand die Verantwortung für die Organisation der entsprechenden Lebensbereiche und für den Abschluss entsprechender Rechtsgeschäfte (Betreuungsvertrag, Pflegevertrag, Heimvertrag, Mietvertrag etc.). Dagegen ist es nicht Sache des Beistandes, zeitaufwändige oder Spezialkenntnisse erfordernde Aufgaben selbst zu erledigen. Dazu kann und soll er auf entsprechende Dienste (Therapeuten, Spitex, Reinigungsdienste usw.) zurückgreifen. Damit einher geht selbstredend die Klärung der Finanzierung solcher Dienste (z.B. Anspruch auf Assistenzbeitrag gem. Art. 42[septies] Abs. 1 IVG und Kreisschreiben 318.507.26 über den Assistenzbeitrag [gültig ab 1.1.2012]).

IV. Einzelfragen

1. Wohnsitz und Aufenthalt

Gemäss Art. 26 Abs. 2 haben **Volljährige unter umfassender Beistandschaft** ihren Wohnsitz nicht am Ort, an dem sie sich mit der Absicht dauernden Verbleibens aufhalten und ihren Lebensmittelpunkt begründen (Art. 23 Abs. 1), sondern am **Sitz der KESB**. Ein Wechsel des Wohnsitzes der umfassend verbeiständeten Person bedarf im Unterschied zum alten Recht nicht mehr der ausdrücklichen Zustimmung der KESB, kann aber ohnehin erst erfolgen, wenn die übernehmende KESB die Massnahme übernommen hat (Art. 26 i.V.m. Art. 442 Abs. 5; Botschaft Erwachsenenschutz, 7056). **10**

Auch wenn eine verbeiständete Person je nach Massnahmenbeschluss durch die persönliche Betreuung in ihrem Lebensgestaltungsrecht eingeschränkt sein kann, geniesst sie grundsätzlich den Schutz der verfassungsmässigen **Niederlassungsfreiheit** (zum alten Recht vgl. BGE 131 I 266; Meier/Häberli, ZVW 2005, 282 f.). Hat sie ihren Lebensmittelpunkt mit der Absicht dauernden Verbleibens (was im Zeitalter geforderter hoher Mobilität nicht mehr an hohe Anforderungen gebunden sein darf) an einen andern Ort verlegt, muss der Beistand den **Wohnsitzwechsel** zu veranlassen, wenn dieser den Interessen der verbeiständeten Person nicht widerspricht. Bei umfassender Beistandschaft muss sie sogar den Zielen der Beistandschaft dienen (analog zur früheren Vormundschaft: BGE 131 I 266, ZVW 2005, 282 f.). Die KESB des neuen Ortes darf die Übernahme nur ablehnen, wenn der Wohnsitzwechsel bloss der Abschiebung einer lästigen Betreuungsaufgabe dienen soll (Empfehlungen der VBK zur Übertragung vormundschaftlicher Massnahmen, ZVW 2002, 210 f., 216 f.; Riemer, Vormundschaftsrecht, § 4 Rz 88a und dort zit. Fundstellen). **11**

Für den betreuenden Beistand bedeutet dies, dass alle nötigen fürsorgerischen Massnahmen sicherzustellen sind, damit die verbeiständete Person ihren Wohnsitzwechsel realisieren und am neuen Ort wieder hinreichend betreut werden kann. Die in der Praxis verbreitete Jahresfrist, bevor eine Massnahme übertragen wird, lässt sich nach der Bestimmung von Art. 442 Abs. 5 nur rechtfertigen, wenn die Übertragung nicht vorbereitet worden ist, die verbeiständete Person am neuen Ort keinen gesicherten Lebensmittelpunkt hat, mit einem Weiterzug zu rechnen ist oder aus andern Gründen die kontinuierliche Betreuung gefährdet scheint. **12**

2. Hausfrieden

Die Wohnung ist gem. Art. 8 EMRK ein **mit der Person besonders eng verbundener Schutzbereich**, in den nur eingegriffen werden darf, wenn der Schutz anderer Rechtsgüter dies rechtfertigt (vgl. Art. 8 Abs. 2 EMRK; Stellungsnahme der Justizdirektion Zürich zum Zutrittsrecht vormundschaftlicher Organe zur Wohnung des Schutzbefohlenen, **13**

ZVW 1980, 158 ff. Nr. 14). Wer **gegen den Willen des Berechtigten** in ein Haus, in eine Wohnung, in einen abgeschlossenen Raum eines Hauses oder in einen unmittelbar zu einem Haus gehörenden umfriedeten Platz, Hof oder Garten oder in einen Werkplatz **unrechtmässig** eindringt oder, trotz der Aufforderung eines Berechtigten, sich zu entfernen, darin verweilt, macht sich grundsätzlich (auf Antrag) **strafbar** (Art. 186 StGB). Mit der Formulierung *unrechtmässig* bringt der Gesetzgeber zum Ausdruck, dass es von Gesetzes wegen auch Rechtfertigungsgründe gibt, den Hausfrieden zu brechen (Ermächtigung des Beistandes durch die KESB gem. Art. 391 Abs. 3).

14 Der Beistand, welcher mit der persönlichen Betreuung einer verbeiständeten Person beauftragt ist, ist von der KESB namentlich dann mit der Befugnis auszustatten, die Wohnräume der verbeiständeten Person betreten zu dürfen, wenn es an der nötigen Kooperation fehlt und der persönliche Kontakt ausschlagend ist. Das ermöglicht es ihnen, ohne das Risiko eines Hausfriedensbruchs sich *über deren* **Befinden** *zu erkundigen*, wenn sie *einige Zeit* nichts von ihr gehört haben oder wenn die zur Betreuung **nötige persönliche Beziehung** anders gar nicht aufgenommen werden kann (Art. 405 Abs. 1; ZVW 1980, 158 ff. Nr. 14; SCHULTZ, 133). Aus der Befugnis, die Wohnung der verbeiständeten Person zu betreten, folgt auch ohne Weiteres, Dritten, welche zur Betreuung beigezogen werden müssen (medizinisches Personal, Spitex, Reinigungspersonal) den Zutritt zu gewähren. Andererseits gilt der mit der persönlichen Betreuung oder mit der Verwaltung einer Liegenschaft beauftragte Beistand als Berechtigter i.S.v. Art. 186 StGB, Dritten zu verbieten, die Wohnung der betreuten Person zu betreten, wenn sich dies zum Schutz und zur nötigen Fürsorge der verbeiständeten Person als erforderlich erweist (BGE 80 IV 170). Ob sich diese Befugnis aus dem Recht auf Zutritt (SCHMID, Art. 391 N 10) oder aus der Pflicht zur persönlichen Betreuung bzw. aus den Befugnissen eines Vermögens-(Liegenschafts-)verwalter herleitet, ist umstritten (vgl. auch N 20).

15 Generell gilt, dass auch in diesem Bereich in jedem Fall, unabhängig von der erteilten Ermächtigung, gestützt auf die allgemeinen Leitlinien beistandschaftlichen Handelns eine **Interessenabwägung** vorzunehmen ist und gegebenenfalls eine Wohnung auch ohne Ermächtigung zu betreten ist, wenn rechtfertigender Notstand (Art. 17 StGB) dies gebietet.

3. Schriftgeheimnis

16 Das Brief- oder Schriftgeheimnis fällt in den Bereich der **Persönlichkeitsrechte** und ist deshalb grundsätzlich zu wahren (Art. 8 EMRK; TERCIER, 146). Weder die umfassende noch andere Formen der Beistandschaft führen zu einer *zwangsläufigen* Einschränkung dieses Schutzbereiches. So hat der Beistand ohne ausdrückliche Zustimmung der verbeiständeten Person oder ausdrückliche Befugnis der KESB (Art. 391 Abs. 3) kein Recht, die Post der betreuten Person zu sich umzuleiten, um sie zu verarbeiten (zur früheren Beistandschaft: RRB des Kt. BE vom 25.11.1992, ZVW 1994, 35). Wer das Schriftgeheimnis unbefugterweise verletzt, wozu bereits das Öffnen gehört, macht sich **strafbar** (Art. 179 StGB). Selbstverständlich gilt auch für solche Fälle die Strafbefreiung des rechtfertigenden Notstandes (Art. 17 StGB), wenn die Voraussetzungen (Rettung eines Rechtsgutes aus unmittelbarer, nicht anders abwendbarer Gefahr zur Wahrung von höherwertigen Interessen) erfüllt sind. Als Möglichkeit erwähnt SCHULTZ (ZVW 1988, 133) die Durchsicht der Korrespondenz einer umfassend verbeiständeten (damals bevormundeten) Person, welche zu Heiratsschwindeleien, betrügerischen Bestellungen oder Aufnahme von Darlehen neigt, wenn der Beistand damit die betreute Person **vor Bestrafung zu schützen** vermag. Für Postzustellung und -empfang gelten im Übrigen die Allgemeinen Geschäftsbedingungen «Postdienstleistungen» (‹www.post.ch›).

Massnahmen zum *Wohl des Schutzbedürftigen* vermögen **Einschränkungen** i.S.v. Art. 391 Abs. 3 zu rechtfertigen. Dabei ist das Recht auf Schutz der Privatsphäre gegenüber andern auf dem Spiel stehenden Interessen der verbeiständeten Person **abzuwägen** und der Eingriff in die Persönlichkeitsrechte der schutzbedürftigen Person muss dem **Verhältnismässigkeitsprinzip** standhalten (SCHULTZ, 133; TERCIER, 146). So ist der Beistand einer **dauernd urteilsunfähigen Person** zu ermächtigen, die Post umleiten zu lassen, wenn er für die gesamte persönliche und wirtschaftliche Interessenwahrung eingesetzt ist (zur Praxis nach altem Recht namentlich für Betagte: OGer LU vom 28.4.2005, FamPra.ch 2006, 223 ff.; RIEMER, ZVW 1982, 123 ff.). Entsprechende Einschränkungen sind aus dem Kindesschutzrecht bekannt, welches zulässt, einem Erziehungsbeistand gestützt auf Art. 308 Abs. 2 die Befugnis zu übertragen, den *Schriftverkehr* zwischen Vater und Kind zu *kontrollieren* (ZVW 1992, 202 f.). Im Rahmen der Begleitbeistandschaft (Art. 393) bleibt dagegen für solche Persönlichkeitsbeschränkungen kein Raum, weil dem Begleitbeistand keine Vertretungs- und Eingriffsrechte zustehen, es sei denn, er verfüge über eine entsprechende Vollmacht (womit er aber dem Auftragsrecht [Art. 394 ff. OR] und nicht dem Beistandschaftsrecht untersteht). 17

4. Recht auf eigenen Lebensstil versus Vermögensschutz

Unsere Rechtsordnung gestattet grundsätzlich jeder Person, sich zur Geltung zu bringen 18
und einen eigenen Lebensstil zu pflegen, **das zu sein, was sie ist**, solange sie nichts rechtswidriges begeht (SCHNYDER, Menschenwürde, 441, unter Hinweis auf E. HUBER). Diese Hinwendung zur Persönlichkeit steht in einem *Spannungsverhältnis* zum **Vermögensschutz** (N 7; HÄFELI, ZVW 1989, 53). In der Betreuungsarbeit wird richtigerweise grosses Gewicht darauf gelegt, das Vermögen sorgfältig zu verwalten (Art. 408). Mit Blick auf die besonderen Neigungen und Bedürfnisse der schutzbedürftigen Person und unter Respektierung allfälliger familiärer Verpflichtungen ist der Beistand aber gehalten und ermächtigt, das Vermögen in angemessener Weise zur **Persönlichkeitsentfaltung** einzusetzen. Das ermächtigt ihn insb. auch zu einem vernünftigen und verantwortungsvoll geplanten **Vermögensverzehr**. Die Grenzen dieses Verzehrs bilden die Motive der Beistandschaft, die konkreten Aufträge der KESB an den Beistand und die wohlverstandenen Interessen der verbeiständeten Person (BGE 136 III 113 E. 3.2.1).

5. Recht auf freie Bewegung und den Umgang mit Dritten

Das Recht, sich frei zu bewegen und Kontakte mit Dritten zu pflegen, gehört zu den abso- 19
lut höchstpersönlichen Rechten (DESCHENAUX/STEINAUER, Personnes, Rz 546). Ist eine Person aber aufgrund ihrer geistigen Behinderung oder einer psychischen Störung auch in Begleitung von Vertrauenspersonen nicht in der Lage, fremde Eindrücke zu verarbeiten, und führt dies erfahrungsgemäss zu rascher *Desorientierung* und *Verwirrtheit*, so kann ihr die **Reise** zu einem von ihr geliebten Freund in einem ihr kulturell, religiös und sprachlich fremden Land, mit dessen Lebensgewohnheiten sie nicht vertraut ist, **versagt werden** (RJJ, 1995, 344). Andererseits kann der mit der persönlichen Betreuung beauftragte Beistand darauf hinwirken, den Lebenswandel der betreuten Person zu verändern (BGer vom 28.8.2003, 5C.150/2003, ZVW 2003, 449 ÜR 68–03).

Zum Schutz der Persönlichkeit kann der Beistand einer (betagten) Person, die nicht mehr 20
urteilsfähig ist, **Dritten** den **persönlichen Verkehr** mit der verbeiständeten Person **untersagen** und ggf. gerichtlich durchsetzen, wenn dieser Umgang die verbeiständete Person zu *schädigen droht* (Art. 28b; nach früherem Recht: ZR 1929, 209 Nr. 107).

6. Medizinische Informationen und Eingriffe

a) Grundsätzliches zur Zustimmungsbedürftigkeit

21 Beim **Austausch medizinischer Daten** zwischen Arzt und Beistand und bei der Einwilligung in medizinische Eingriffe gegenüber der verbeiständeten Person stellen sich immer wieder heikle Fragen. Die Vertrauensbasis zwischen Beistand und verbeiständeter Person ist – wie jene zwischen Arzt und Patient – eine unabdingbare Voraussetzung für eine erfolgreiche Personensorge. Sie basiert auf höchster Diskretion und ist rechtlich einem qualifizierten Schutz unterstellt: Ärztliche Informationen unterliegen dem **Arztgeheimnis** (Art. 321 StGB), für beamtete Ärzte zudem dem **Amtsgeheimnis** (Art. 320 StGB). Erwachsenenschutzrechtliche Informationen unterliegen der **Verschwiegenheitspflicht** gem. Art. 451 ZGB (zum alten Recht ELSENER, 215; MEIER, Tiers, 210 Ziff. 15) und, soweit sie von Berufsbeiständen sowie der KESB gehütet werden, dem Amtsgeheimnis (Art. 320 StGB). Der strafrechtliche Schutz erfasst nur die KESB und Berufsbeistände, nicht aber Privatbeistände (SCHMID, Art. 451 N 8), welche der Geheimhaltungspflicht allerdings aufgrund der Verschwiegenheitspflicht gem. Art. 451 sowie des **Persönlichkeitsschutzes**, den die betreute Person geniesst (Art. 28 ZGB; Art. 8 EMRK), unterliegen (BGE 121 IV 222). Diesen Schutzgedanken steht das Bedürfnis nach Informationsaustausch zwischen Arzt und Beistand gegenüber, welcher für die erfolgreiche Realisierung eines beistandschaftlichen Betreuungsauftrages oft unabdingbar ist. Ohne **Einwilligung** des Patienten oder einen anderen **Rechtfertigungsgrund** dürfen medizinische und erwachsenenschutzrechtliche Daten allerdings nicht preisgegeben oder ausgetauscht werden.

22 Andererseits gilt ein ärztlicher Heileingriff als **Eingriff in die körperliche Integrität** (BGE 99 IV 209 f.; 124 IV 258; 127 IV 157) und bedarf deshalb eines **Rechtfertigungsgrundes**, welcher *gesetzlicher* oder *vertraglicher* Natur sein kann. Die fehlende Zustimmung des Patienten verletzt dessen **Selbstbestimmungsrecht** (TRECHSEL, vor Art. 122 StGB N 4 ff.).

b) Urteilsfähige verbeiständete Person

23 Die urteilsfähige verbeiständete Person hat **allein das Recht**, über medizinische Eingriffe und über die **Freigabe** ihrer dem Arzt anvertrauten **medizinischen Daten** zu entscheiden (HONSELL, Arztrecht, 157 f.; MEIER, Tiers, 212 Ziff. 23, 214 Ziff. 28). Die **Einwilligung des gesetzlichen Vertreters** rechtfertigt somit einen diesbezüglichen Eingriff in die Persönlichkeitsrechte i.d.R. nicht (insb. auch nicht beim straflosen Schwangerschaftsabbruch einer urteilsfähigen Minderjährigen oder umfassend Verbeiständeten, wenn sie mit dem Abbruch nicht einverstanden ist), kann aber notwendige Voraussetzung sein (Art. 6 Abs. 1 Sterilisationsgesetz). Das bedeutet, dass urteilsfähige Verbeiständete, auch wenn ihnen die Handlungsfähigkeit beschränkt (Art. 394 Abs. 2, 396) oder entzogen wurde (Art. 398) vom Arzt **wie eine voll handlungsfähige Person** zu behandeln und demnach auch selbst aufzuklären sind (nicht der Beistand). Im Falle der Sterilisation einer urteilsfähigen, über 18-jährigen umfassend verbeiständeten Person bedarf es überdies der Zustimmung der KESB (Art. 6 Abs. 2b und 3 sowie Art. 8 Sterilisationsgesetz, SR 211.111.1).

24 Der **Abschluss des Arztvertrages** durch die urteilsfähige umfassend verbeiständete Person ist konsequenterweise nicht zustimmungsbedürftig (**a.M.** HONSELL, Arztrecht, 158). Erwachsen daraus allerdings *hohe Kosten bzw. Kosten, welche nicht durch eine Versicherung gedeckt sind*, hat der Arzt zwischen dem Anspruch auf Wahrung höchstpersönlicher Rechte der verbeiständeten Person, der dringlichen Notwendigkeit des Eingriffs und dem Schutz vor untragbaren Verpflichtungen eine **antizipierte Interessenabwägung** vorzunehmen und im Zweifelsfall die **Zustimmung des Beistandes** zu beschaffen (Art. 19

Abs. 1). Ist die verbeiständete Person als Geheimnisherr mit dem Einbezug des Beistandes nicht einverstanden, und liegt kein dringender Handlungsbedarf vor (z.B. kosmetische Operationen), darf der Eingriff **verweigert** werden. Den Anforderungen an eine fürsorgliche Betreuung der verbeiständeten Person kann auf dem Weg über die Zustimmung des Beistandes Rechnung getragen werden, denn dieser ist aufgrund der Leitideen des Erwachsenenschutzrechts (Art. 388, 406; im alten Recht: Maxime des Mündelwohls) nicht befugt, ohne hinreichenden Grund sich über den Wunsch der verbeiständeten Person hinwegzusetzen (HEGNAUER, ZVW 1984, 83; SCHNYDER, Menschenwürde, 435, 441; HONSELL, Arztrecht, 158 f., 312). In dringenden Fällen kann der rechtfertigende Notstand nach Art. 17 StGB einen Rechtfertigungsgrund für den ärztlichen Eingriff ohne Zustimmung des Berechtigten abgeben (HONSELL, Arztrecht, 312).

c) Urteilsunfähige verbeiständete Person

Fehlen einer Person Erkenntnisfähigkeit, Wertungsfähigkeit, Willensbildungsfähigkeit und die Fähigkeit, gemäss eigenem Willen zu handeln, so gilt sie als **urteilsunfähig** (PEDRAZZINI/OBERHOLZER, 72 ff.). Dabei bezieht sich die Urteilsfähigkeit oder -unfähigkeit immer auf den **konkreten Eingriffsfall**. 25

Allein die Tatsache, dass jemand wegen geistiger Behinderung oder psychischer Störung verbeiständet ist, kann nicht ausschlaggebend sein für die Beurteilung der Frage, ob die Fähigkeit zur Einwilligung in die medizinische Behandlung oder in die Weitergabe medizinischer Daten gegeben sei oder nicht. Selbst der Tatbestand von Art. 398, d.h. die umfassende Verbeiständung wegen dauernder Urteilsunfähigkeit, verpflichtet immer i.S. einer **individuellen und zeitlich wie sachlich konkreten Sachverhaltsprüfung** zu beurteilen, ob sich die verbeiständete Person ein hinreichendes Urteil bilden kann oder nicht, was dem Arzt eine hohe Verantwortung zuweist (HONSELL, Arztrecht, 306). Sowenig nämlich die *Vernünftigkeit* eines Entscheides auf *Urteilsfähigkeit* schliessen lässt, darf aus dessen *Unvernünftigkeit* auf *Urteilsunfähigkeit* geschlossen werden (GEISER, ZVW 2001, 230). Anders entscheiden hiesse, die Urteilsfähigkeit als *subjektives Element*, das die Befähigung zur selbstverantwortlichen Vornahme eines Rechtsgeschäftes beinhaltet, zu verkennen (HONSELL, Arztrecht, 160). Zudem steht der verbeiständeten Person wie all ihren Mitmenschen durchaus auch das Recht zu, *Unsinniges* zu tun: «Einer Gesellschaft, die dem mündigen Menschen den Weg zu jeder Torheit freigibt, steht Kleinlichkeit gegenüber dem Mündel schlecht an» (HEGNAUER, ZVW 1984, 85, III.2.). 26

Fehlt die Urteilsfähigkeit dauernd, ist bei medizinischen Heileingriffen auf den hypothetischen Willen der betroffenen Person abzustellen. Hierzu ist primär eine allfällige Patientenverfügung beizuziehen (Art. 370 ff.). Darüber hinaus gelten die gesetzlichen Vertretungsrechte bei medizinischen Massnahmen gem. Art. 377 ff. in der gem. Art. 378 bestehenden Rangfolge der Berechtigten. Demnach stehen dem (umfassenden oder mit entsprechenden Aufgaben beauftragten) Beistand in erster Linie die nötigen Zustimmungs- oder Verweigerungsrechte zu, wenn keine Patientenverfügung vorliegt (vgl. Art. 378 Abs. 1 Ziff. 2). 27

Diese Einwilligungsbefugnis findet ihre Grenzen allerdings im Bereich **absolut höchstpersönlicher Rechte**. Das führt grundsätzlich zum Schluss, dass Urteilsunfähigen im Bereich absolut höchstpersönlicher Rechte die Rechtsfähigkeit fehlen kann (BUCHER, Natürliche Personen, Nr. 31, 165 f.; BGE 117 II 6 ff.). Um diese, aus den Persönlichkeitsrechten der verbeiständeten Person hergeleiteten, in ihrer Konsequenz aber selbst wiederum grundrechtsbeschränkenden Folgen zu vermeiden, sind nach HONSELL (Arztrecht, 332 ff., 338; vgl. auch SCHULTZ, 129 f.) namentlich bei *Sterilisation* und beim straflosen *Schwangerschaftsabbruch* die auf dem Spiel stehenden **höchstpersönlichen Rechte** der Verbeistände- 28 ten gegeneinander **abzuwägen**, was je nach Ergebnis derartige Eingriffe zu rechtfertigen vermag, wenn die **Patientin nicht opponiert** (s.a. Art. 119 Abs. 3 StGB, welcher für den straflosen Abbruch der Schwangerschaft bei einer dauernd urteilsunfähigen Frau zusätzlich die Zustimmung der gesetzlichen Vertretung verlangt). Während die Medizinisch-ethischen Richtlinien zur Sterilisation vom 17.11.1981 der Schweizerischen Akademie der Medizinischen Wissenschaften mit ergänzenden Empfehlungen vom 16.2.2001 und die Stellungnahme von INSIEME, Schweizerische Vereinigung der Elternvereine für geistig Behinderte zum Thema Sterilisation, Biel, 4.9.1997, nach früherem Recht eine Vertretung des Mündels durch den Vormund in absolut höchstpersönlichen Rechten ausschlossen, weist das Sterilisationsgesetz (i.K. seit 1.7.2005, mit Revision i.K. seit 1.1.2013) in Art. 7 (Sterilisation dauernd Urteilsunfähiger) die Sterilisation offensichtlich in den Bereich der relativ höchstpersönlichen, also nicht vertretungsfeindlichen Rechte (i.S. einer ergebnisorientierten Interessenabwägung), ebenso HEGNAUER, ZVW 2000, 26 f. und RIEMER, ZVW 1998, 218.

d) Eigenverantwortlichkeit der verbeiständeten Person und des medizinischen Personals

29 Die von einer **urteilsfähigen verbeiständeten Person** nach **hinreichender Aufklärung** – bspw. aus religiösen Gründen – **abgelehnte Behandlung**, die zu einer schweren Schädigung oder gar zum Tod führen kann, ist für den Arzt verbindlich und damit auch für den Beistand, da beide keine Befugnis haben, in die höchstpersönlichen Rechte der urteilsfähigen Person einzugreifen (HONSELL, Arztrecht, 307).

30 Lehnt der **Beistand** einen aus der Sicht der verbeiständeten Person unabdingbar notwendigen ärztlichen Eingriff ab, und kann sich der Arzt nicht rechtzeitig von der KESB (als gegenüber dem Beistand aufsichtspflichtiges Schutzorgan (Art. 419) die notwendige Zustimmung erteilen lassen, kann der rechtfertigende Notstand nach Art. 17 StGB dem verantwortlichen Arzt eine Legitimationsgrundlage verschaffen (vgl. N 16, 24). Andernfalls unterliegen die Handlung des Beistandes immer der Aufsichtsbeschwerde nach Art. 419, wozu sich u.U. auch ein Arzt veranlasst sehen kann, wenn der Beistand den Interessen des Betreuten nicht Rechnung trägt (zur Beschwerdelegitimation von behandelnden Ärzten und Mitgliedern einer Kinderschutzgruppe vgl. den Entscheid des KGer SG, verfahrensleitender Richter im Familienrecht, vom 8.7.2011, FO.2011.16, in: ‹https://www.swisslex.ch/AssetDetail.mvc/Show?assetGuid=25428b47-c81c-4d49-bf9e-30dc5d6eb4f2&source=hitlist&setOrigin=true›; zur Beschwerdelegitimation Dritter im Allgemeinen ausführlich BGE 137 III 67 E. 3.4.–3.7). Im Falle der Sterilisation unterliegt der Entscheid der KESB im Beschwerdefall der Beurteilung der gerichtlichen Beschwerdeinstanz (Art. 9 Sterilisationsgesetz).

7. Delinquente verbeiständete Person

a) Strafanzeigepflicht des Beistandes?

31 Der Beistand sind **nicht verpflichtet**, gegen die ihr anvertraute, delinquierende verbeiständete Person Strafanzeige einzureichen (Art. 302 Abs. 3 StPO; BK-SCHNYDER/MURER, aArt. 360 ZGB N 169). Das gilt für private wie für Berufsbeistände, selbst wenn das kantonale Recht eine **Anzeigepflicht** für Beamte (Art. 302 Abs. 2 StPO) vorsehen sollte. Denn die **Wahrung der Interessen der verbeiständeten Person** und die **Schweigepflicht** gehen dieser Anzeigepflicht vor (AFFOLTER, AJP 1998, 651; HEGNAUER, ZVW 1984, 85, III.1; BK-SCHNYDER/MURER, aArt. 360 ZGB N 144 ff.).

32 Das Fehlen einer Anzeigepflicht *bedeutet* nun allerdings *nicht*, dass *in keinem Fall* Anzeige zu erstatten sei. Ein Beistand hat diese Frage immer danach zu beurteilen, ob eine

Strafverfolgung im Interesse der verbeiständeten Person liege oder **berechtigte Drittinteressen überwiegen** (BK-SCHNYDER/MURER, aArt. 360 ZGB N 169; vgl. hierzu die Fallbeispiele bei AFFOLTER, AJP 1998, 652, sowie einen Überblick über verschiedene Straftatbestände bei SCHULTZ, ZVW 1988, 121 ff.).

b) Verzeigung als Konsequenz des Betreuungsauftrages

Zuweilen ist es unumgänglich, den Behörden **Informationen** zu liefern, die *von Amtes wegen* ein Strafverfahren auslösen und den Beistand damit in **Konflikt** mit dem Auftrag zur persönlichen Betreuung bringen können. Das ist immer dann der Fall, wenn die Informationspflicht zu den **gesetzlichen Aufgaben** der Betreuungsperson gehört, wie dies die **Steuerdeklarationspflicht** darstellt. Hat eine Person vor Errichtung der Massnahme *Steuerbetrug* begangen, und lassen sich aufgrund der vom Beistand vorschriftsgemäss ausgefüllten Steuererklärung Rückschlüsse darauf ziehen, kommt dies einer indirekten Anzeige gleich. In solchen Fällen drängt sich wie bei Steuerhinterziehung sogar eine vorgezogene Selbstanzeige auf. Damit lassen sich meist auch Strafsteuern reduzieren oder gar vermeiden. Eine Alternative dazu haben Beistände nicht, weil sie verpflichtet sind, das **Vermögen** bei Mandatsaufnahme **vollständig zu erfassen** (Art. 405 Abs. 2) und gegenüber den Steuerbehörden auch lückenlos zu deklarieren. Generell sind Beistände zu **gesetzmässigem Handeln** verpflichtet (SCHERRER, 22). 33

c) Verbeiständung im Strafverfahren

Die beschuldigte Person, die Privatklägerschaft und die anderen Verfahrensbeteiligten können zur Wahrung ihrer Interessen im Strafprozess einen **Rechtsbeistand** bestellen (Art. 127 Abs. 1 StPO). Geeignet dazu ist jede handlungsfähige, gut beleumundete und vertrauenswürdige Person (Art. 127 Abs. 4 StPO), wogegen die notwendige Verteidigung der beschuldigten Person (Art. 130 StPO) Anwälten vorbehalten ist, die nach dem Anwaltsgesetz (SR 935.61) berechtigt sind, Parteien vor Gerichtsbehörden zu vertreten; vorbehalten bleiben abweichende Bestimmungen der Kantone für die Verteidigung im Übertretungsstrafverfahren (Art. 127 Abs. 5 StPO). 34

Die Vertretung der verbeiständeten Person im Strafverfahren obliegt dem Beistand insofern, als er dazu von der KESB beauftragt worden ist (Art. 391). Diese Aufgabe ist durchaus auch dem Bereich der persönlichen Betreuung zuzuordnen (BGE 75 IV 143). Der Beistand kann selbständig **Beweisanträge** stellen und **Rechtsmittel** ergreifen, und zwar **selbst gegen den Willen der vertretenen Person**, wenn dies durch deren **Interessenwahrung** geboten ist (BGer vom 3.7.2003, 5C.74/2003 I, ZVW 2003, 449 f. ÜR 69–03; REHBERG, 378). Die Vertretung im Strafprozess hat ihre Grenzen im Bereich der **absolut höchstpersönlichen Rechte**, die von urteilsfähigen Verbeiständeten nur selbst und allein wahrgenommen werden können (REHBERG, 372). Falls der umfassende Beistand oder der Beistand mit dem unspezifischen Auftrag der persönlichen Betreuung die verbeiständete Person für fähig hält, sich allein im Strafprozess zu behaupten, und dies aus pädagogischen Gründen auch indiziert scheint, kann ihr die Prozessvertretung **allein** überlassen werden. Solche Fallkonstellationen dürfen aber nicht schon angenommen werden, wenn die Prozessvertretung für den Beistand mühsam, ärgerlich oder aufwändig ist, sondern nur dann, wenn die selbständige Vertretung dem Betreuungsziel besser dient. Der Beistand hat diesfalls seine Entscheidung aus Gründen der Verantwortlichkeit gut zu dokumentieren. Vertritt sich die verbeiständete Perosn selbst, hat das Gericht dem Beistand weder Vorladungen noch prozessleitende Verfügungen zuzustellen (REHBERG, 357, zur Rolle des früheren Vormundes). 35

d) Zeugnisverweigerungsrecht

36 Gemäss Art. 168 Abs. 1 StPO kann der Beistand das Zeugnis im Strafprozess verweigern. Dieses Zeugnisverweigerungsrecht entfällt allerdings gem. Art. 168 Abs. 4 StPO, wenn sich das Strafverfahren auf eine Straftat nach den Art. 111–113, 122, 140, 184, 185, 187, 189, 190 oder 191 StGB bezieht und sich die Tat gegen eine Person richtete, zu der der Beistand nach Art. 168 Abs. 1–3 StPO in Beziehung steht. Zum Zeugnisverweigerungsrecht im Zivilverfahren vgl. Art. 165 Abs. 1 lit. e ZPO.

8. Wahrung höchstpersönlicher Rechte

37 Vgl. N 19, 24, 28, 29, 35. Die urteilsfähige handlungsunfähige Person kann ohne Zustimmung des gesetzlichen Vertreters Vorteile erlangen, die unentgeltlich sind, geringfügige Angelegenheiten des täglichen Lebens besorgen (Art. 19 Abs. 2) und Rechte ausüben, die ihr ihrer Persönlichkeit Willen zustehen (Art. 19c Abs. 1). Dazu gehört die **Wahrung ihrer Rechte im Verfahren** um ihre Verbeiständung mit Einschränkung oder Entzug der Handlungsfähigkeit nach Art. 445 Abs. 1 (zum alten Recht BGer vom 10.6.2009, 5A_237/2009; BGer vom 9.2.2004, 5P.16/2004; Meier/Häberli, ZVW 2004, 130) und das Recht, Handlungen des Beistandes und Beschlüsse der KESB **gem. Art. 450 und 450e bzw. Art. 72 Abs. 2 lit. b Ziff. 6 i.V.m. Art. 74 Abs. 1 lit. b bzw. Art. 113 BGG anzufechten** (BGer vom 15.12.2009, 5D_148/2009; BGer vom 22.12.2003, 5P.408/2003, ZVW 2004, 133 ÜR 29–04, mit kritischem Hinweis von Meier/Häberli ebd.).

Art. 407

C. Eigenes Handeln der betroffenen Person

Die urteilsfähige betroffene Person kann, auch wenn ihr die Handlungsfähigkeit entzogen worden ist, im Rahmen des Personenrechts durch eigenes Handeln Rechte und Pflichten begründen und höchstpersönliche Rechte ausüben.

C. Autonomie de la personne concernée

La personne concernée capable de discernement, même privée de l'exercice des droits civils, peut s'engager par ses propres actes dans les limites prévues par le droit des personnes et exercer ses droits strictement personnels.

C. Atti autonomi dell'interessato

Anche se privato dell'esercizio dei diritti civili, l'interessato capace di discernimento può, nei limiti posti dal diritto delle persone, acquistare diritti e contrarre obbligazioni con atti propri, nonché esercitare diritti strettamente personali.

Inhaltsübersicht

Literatur

Vgl. Literaturhinweise zu Art. 405.

Materialien

Art. 395 VE Erwachsenenschutz 2003; VE Erwachsenenschutz/Vernehmlassungen, 222; Botschaft Erwachsenenschutz, 7052 und 7153; Prot. RK-S vom 27./28.8.2007, 17; AmtlBull StR 2007, 836; Prot. RK-N vom 24./25.4.2008, 23; AmtlBull NR 2008, 1522.

I. Normzweck

1 Die Bestimmung regelt die **beschränkte Handlungsunfähigkeit** von urteilsfähigen Personen, denen die Handlungsfähigkeit entzogen oder eingeschränkt worden ist (zum Begriff TUOR/SCHNYDER/SCHMID/RUMO-JUNGO, § 9 Rz 24; HAUSHEER/AEBI-MÜLLER, Rz 07.55; HAUSHEER/GEISER/AEBI-MÜLLER, Erwachsenenschutzrecht, Rz 1.45; Botschaft Erwachsenenschutz, 7095; zum französischen Sprachgebrauch der capacité inconditionnelle vgl. CR CC I-WERRO/SCHMIDLIN, Art. 125 N 21). In der Lehre findet sich dafür auch der Begriff der beschränkten Handlungsfähigkeit (capacité partielle, capacità ristretta di agire), den BUCHER, Natürliche Personen, § 4 Rz 94, 107 ff., synonym verwendet. In der überwiegenden Lehre werden die Begriffspaare jedoch danach unterschieden, ob die Handlungsfähigkeit oder die Handlungsunfähigkeit die Regel bilde (TUOR/SCHNYDER/SCHMID/RUMO-JUNGO, § 9 Rz 25; HAUSHEER/AEBI-MÜLLER, Rz 07.01–05, 07.55 ff.; HAUSHEER/GEISER/AEBI-MÜLLER, Erwachsenenschutzrecht, Rz 1.45; so auch CR CC I-WERRO/SCHMIDLIN, Art. 125 N 21). Diese Unterscheidung lässt sich zwar nach dem neuen Erwachsenenschutzrecht nicht mehr strikt vornehmen, weil die Handlungsfähigkeit in allen erdenklichen Graden eingeschränkt werden kann (Art. 394 Abs. 2). Mithin kann auch eine nur teilweise in der Handlungsfähigkeit beschränkte Person aufgrund ihrer lebenspraktischen Handlungsmöglichkeiten durchaus als grundsätzlich handlungsunfähig erscheinen. Die Differenzierung hat trotzdem ihre praktische und dogmatische Bedeutung behalten, weil die handlungsunfähige Person im Bereich der fehlenden Handlungsmacht auf eine gesetzliche Vertretung angewiesen ist, was bei Personen, welchen die Handlungsfähigkeit gestützt auf Art. 396 (Mitwirkungsbeistand) von Gesetzes wegen eingeschränkt wird, nicht zutrifft (der Mitwirkungsbeistand kann für die verbeiständete Person im Unterschied zum Vertretungsbeistand keine gültigen Rechtshandlungen vornehmen, die sich die verbeiständete Person i.S.v. Art. 394 Abs. 3 anrechnen lassen müsste [HAUSHEER/GEISER/AEBI-MÜLLER, Erwachsenenschutzrecht, Rz 2.98; MEIER/LUKIC, Rz 496; OFK-ZGB-FASSBIND, Art. 396 N 1]). Mithin ist der Regelstatus der mitwirkungsverbeiständeten Person (Art. 396), die Handlungsfähigkeit und die Zustimmungsbedürftigkeit des Mitwirkungsbeistandes eine Beschränkung dieser Handlungsfähigkeit. Bei der verbeiständeten Person mit einem teilweisen Entzug der Handlungsfähigkeit (Art. 394 Abs. 2 verwendet allerdings ebenfalls den Begriff der Einschränkung, aber mit andern Folgen) bildet die Handlungsunfähigkeit den Regelstatuts im Einschränkungsbereich und die Befugnisse nach Art. 407 eine Beschränkung dieser Handlungsunfähigkeit.

2 Die Bestimmung in Art. 407 hat keine eigenständige Bedeutung, weil das Handlungsfähigkeitsrecht urteilsfähiger Handlungsunfähiger im Personenrecht (Art. 19–19c) abschliessend geregelt ist. Art. 407 dient der Transparenz (Botschaft Erwachsenenschutz, 7095) und verknüpft in diesem Sinne das Erwachsenenschutzrecht mit dem revidierten Personenrecht.

II. Anwendungsbereich

3 Unter dem Marginalium «Eigenes Handeln der betroffenen Person» formuliert Art. 407 im Gesetzestext «*auch* wenn ihr die Handlungsfähigkeit entzogen worden ist», was so verstanden werden könnte, dass sich die Bestimmung auf alle Verbeiständeten bezieht, unab-

hängig davon, ob ihnen die Handlungsfähigkeit entzogen worden ist oder nicht. In Tat und Wahrheit beschränkt sie sich allerdings *nur* auf **urteilsfähige verbeiständete Personen mit teilweisem oder umfassendem Entzug der Handlungsfähigkeit**, weil die Anordnung einer Beistandschaft mit Ausnahme der umfassenden Verbeiständung (Art. 398) grundsätzlich keine Auswirkung auf die Handlungsfähigkeit hat (Botschaft Erwachsenenschutz, 7016) und damit verbeiständete Personen grundsätzlich nach Art. 13 handlungsfähig sind, soweit ihnen nicht die Urteilsfähigkeit fehlt (Art. 17). Zielgruppen der Bestimmung sind demnach **urteilsfähige Personen**, welche gem. Art. 398 wegen besonderer Hilfsbedürftigkeit unter **umfassende Beistandschaft** gestellt wurden, womit ihnen die Handlungsfähigkeit von Gesetzes wegen entzogen ist, sowie Personen, welchen die **Handlungsfähigkeit** gestützt auf Art. 394 Abs. 2 **eingeschränkt** (d.h. nur in Teilbereichen entzogen) worden ist. Es ist überdies die auf den ersten Anschein paradoxe Situation denkbar, dass im Anordnungsbeschluss über die umfassende Beistandschaft von einer dauernden Urteilsunfähigkeit ausgegangen wurde, der betroffenen Person aber für gewisse Rechtshandlungen zu einzelnen Lebensbelangen – namentlich in höchstpersönlichen Angelegenheiten wie der medizinischen Behandlung, des Eheabschlusses (BGE 109 II 276) oder der Ehescheidung – die Urteilsfähigkeit nicht abzusprechen ist. In der Praxis finden sich viele Schattierungen relativer Urteilsfähigkeit, welche Raum bieten für eine beschränkte Handlungsunfähigkeit unter umfassender Beistandschaft und damit für rechtsgültiges eigenes Handeln der verbeiständeten Person (GUTZWILLER, AJP 2008, 1226 ff., 1230).

4 Der Verweis auf das Personenrecht bezieht sich auf die Art. 19–19c (Botschaft Erwachsenenschutz, 7052). Diese Bestimmungen umschreiben die Rechtsstellung **beschränkt Handlungsunfähiger**, beziehen sich mithin auf grundsätzlich handlungsunfähige Personen, die kraft ihrer Urteilsfähigkeit trotzdem am Rechtsleben teilnehmen können (Botschaft Erwachsenenschutz, 7095). Demgegenüber tragen sie nichts zur Rechtsstellung der beschränkt Handlungsfähigen (d.h. Personen unter Mitwirkungsbeistandschaft) bei. Zunächst ist der Mitwirkungsbeistand kein gesetzlicher Vertreter, an dessen Zuständigkeiten und Vertretungskompetenzen Art. 19–19c anknüpfen. Zum andern gilt ein Mitwirkungsverbeiständeter nicht als handlungsunfähig (Marginale zu Art. 19), sondern als beschränkt handlungsfähig (N 1). Zum Dritten ersetzt die in Art. 396 geforderte Zustimmung des Mitwirkungsbeistandes die Zustimmung des gesetzlichen Vertreters (Art. 19 Abs. 1), weshalb das Erwachsenenschutzrecht für die Handlungsfähigkeit der mitwirkungsverbeiständeten Person (welche urteilsfähig sein muss, weil der Mitwirkungsbeistand ohne sie nicht handeln kann) eine direkte Antwort bietet. Soweit es sich um höchstpersönliche Rechte handelt, vermag Art. 19c der mitwirkungsverbeiständeten Person keine bessere Position zu vermitteln, weil die KESB in den Katalog mitwirkungsbedürftiger Rechtshandlungen relativ und absolut höchstpersönliche Rechte nur soweit einbeziehen darf, als diese von Gesetzes wegen ohnehin nur mit Zustimmung eines gesetzlichen Vertreters ausgeübt werden könnten (z.B. Abschluss eines Ehevertrages gem. Art. 183 Abs. 2, Kindesanerkennung nach Art. 260 Abs. 2; OFK-ZGB-FASSBIND, Art. 396 N 1; Botschaft Erwachsenenschutz, 7048; MEIER/LUKIC, Rz 493, beschränken den Ausschluss allerdings auf absolut höchstpersönliche Rechte). Soweit sich die Mitwirkungsbeistandschaft in den erwähnten Ausnahmefällen auf die Ausübung höchstpersönlicher Rechte bezieht, vermag demnach auch das Handlungsfähigkeitsrecht für urteilsfähige Handlungsunfähige gem. Art. 19c kein selbständiges Handeln des Mitwirkungsverbeiständeten zu begründen.

5 Die Bestimmungen von Art. 19–19c beziehen sich demnach einerseits auf **urteilsfähige Minderjährige**, andererseits auf **urteilsfähige umfassend Verbeiständete** (Art. 398) sowie auf Lebensbereiche, in welchen **urteilsfähigen Vertretungsverbeiständeten die Handlungsfähigkeit gestützt auf Art. 394 Abs. 2 eingeschränkt worden** ist. Als urteils-

fähige Handlungsunfähige können sie unter bestimmten, im Personenrecht umschriebenen Voraussetzungen (Art. 19–19c) durch eigenes Handeln Rechte und Pflichten begründen und höchstpersönliche Rechte ausüben.

III. Die beschränkte Handlungsunfähigkeit Verbeiständeter

Gemäss Art. 19 Abs. 1, welcher aArt. 19 Abs. 1 und aArt. 410 Abs. 1 entspricht, können urteilsfähige verbeiständete Personen, welchen die Handlungsfähigkeit teilsweise (Art. 394 Abs. 2) oder ganz (Art. 398) entzogen worden ist, in den entzogenen Handlungsbereichen nur mit Zustimmung des Beistandes **Verpflichtungen eingehen** oder **Rechte aufgeben** (Art. 19 Abs. 1). Die Zustimmung ist damit **Gültigkeitsvoraussetzung** für die fragliche Rechtshandlung (BSK ZGB I-Leuba, aArt. 410 N 7). Diese Zustimmung ist allerdings auch nur möglich, soweit der Beistand zur Vornahme des Rechtsgeschäfts selbst ermächtigt wäre (also nicht bezüglich Rechtsgeschäften, welche gem. Art. 416 und 417 der Zustimmung der KESB bedürfen). Ohne diese Zustimmung vermögen sie Vorteile zu erlangen, die unentgeltlich sind, sowie geringfügige Angelegenheiten des täglichen Lebens besorgen (Art. 19 Abs. 2). Damit wird der Bereich von Geschäften, innerhalb dessen der beschränkt handlungsunfähigen Person volle Geschäftsfähigkeit zukommt, im Vergleich zu aArt. 19 Abs. 2 um die Besorgung «geringfügiger Angelegenheiten des täglichen Lebens» erweitert. Diese Lösung ist vom deutschen Recht (§ 1903 Abs. 3 zweiter Satz BGB) inspiriert und trägt den Bedürfnissen der Praxis Rechnung (Botschaft Erwachsenenschutz, 7095). Was unter den geringfügigen Angelegenheiten des täglichen Lebens zu verstehen ist, unterliegt einem fliessenden Kulturwandel und ist am Massstab dessen zu messen, was die betroffene Person intellektuell zu verstehen vermag, was aufgrund des Schwächezustandes keines besonderen Schutzes bedarf und was in einer entwickelten Konsumgesellschaft auch einer minderjährigen Person je nach ihrer Reife zugemutet und zugestanden werden kann (Art. 301 Abs. 2). Dieser Freiraum ist vom Beistand auch als pädagogisches Bewährungsfeld zu verstehen, in welchem die verbeiständete Person in kontrolliertem Rahmen auch Erfahrungen mit autonomen Entscheiden sammeln soll und in welchem kein höheres Mass an Vernunft anzusetzen ist, als es auch einem gesellschaftlichen Durchschnitt zugestanden wird («Einer Gesellschaft, die dem mündigen Menschen den Weg zu jeder Torheit freigibt, steht Kleinlichkeit gegenüber dem Mündel schlecht an», Hegnauer, ZVW 1984, 85, III.2.). 6

Übereinstimmend mit dem alten Recht (aArt. 410 und 411) regelt Art. 19a die **Modalitäten der Zustimmung** des gesetzlichen Vertreters und die Konsequenzen seiner ausbleibenden Genehmigung. Demnach kann die Zustimmung des Beistandes von der Form her ausdrücklich oder stillschweigend (konkludent) erfolgen (BGE 106 Ib 193, 196; 82 II 169, 173; 75 II 337, 341; ZK-Egger, aArt. 410 ZGB N 15), in zeitlicher Hinsicht im Voraus oder nachträglich und selbstverständlich auch gleichzeitig. Im Unterschied zum eigenen Vertretungshandeln des Beistandes untersteht damit die Zustimmung grundsätzlich **keinem Formerfordernis**, und zwar auch nicht für Rechtshandlungen, welche ihrerseits eine gewisse Form beachten müssen (BGE 117 II 18 ff., 21 E. 4.b; Bucher, Natürliche Personen, § 4 Rz 120; BSK ZGB I-Leuba, aArt. 410 N 9; Deschenaux/Steinauer, Personnes, Rz 248 f.; BK-Bucher, aArt. 19 ZGB N 61; ZK-Egger, aArt. 410 ZGB N 15; BK-Kaufmann, aArt. 410 ZGB N 8; Hefti, 76). Die Ausnahme zu dieser Regel bilden Rechtshandlungen, für welche das Gesetz ausdrücklich die schriftliche Zustimmung des gesetzlichen Vertreters vorsieht. Für beschränkt handlungsunfähige Verbeiständete beschränken sich diese Ausnahmen auf den Abschluss eines Ehevertrages (Art. 183 Abs. 2) und die Kindesanerkennung (Art. 260), zu deren Gültigkeit der Beistand die Unterschrift vor der Urkundsperson setzen muss, wenn die Beistandschaft diese Rechtsgeschäfte um- 7 fasst (Art. 184, 260 Abs. 2). Die übrigen Ausnahmen (Konsumkredite für urteilsfähige Minderjährige, Art. 13 KKG, SR 221.214.1; Konkurrenzverbot für einen minderjährigen Arbeitnehmer, Art. 340 OR; Gewebe- oder Zellenentnahme bei einer lebenden minderjährigen oder urteilsunfähigen Person, Art. 13 Transplantationsgesetz, SR 810.21) beziehen sich nicht auf beschränkt handlungsunfähige Verbeiständete, sondern entweder auf Minderjährige oder auf Urteilsunfähige.

8 Erlangt die verbeiständete Person vor der Genehmigung des sich im Schwebezustand befindlichen Rechtsgeschäfts volle Handlungsfähigkeit, so kann sie das Rechtsgeschäft **selbst genehmigen** (BGE 106 Ib 193, 196; 82 II 169, 172; BSK ZGB I-LEUBA, aArt. 410 N 12; BK-KAUFMANN, aArt. 410 ZGB N 9). Das ist allerdings nur möglich, wenn der Beistand vorher nicht die Genehmigung verweigert hat, denn diesfalls bestünde kein Schwebezustand mehr. Stirbt die verbeiständete, beschränkt handlungsunfähige Person vor der Genehmigung, so geht das Recht auf Zustimmung auf die Erben über (Art. 560 Abs. 1; BSK ZGB I-LEUBA, aArt. 410 N 12; HEFTI, 74).

9 Solange das von der beschränkt handlungsunfähigen verbeiständeten Person abgeschlossene Rechtsgeschäft vom Beistand nicht genehmigt worden ist, ist nur die handlungsfähige Vertragspartei, nicht aber die beschränkt handlungsunfähige verbeiständete Person gebunden. Der Vertrag befindet sich bis zur Genehmigung in einem **Schwebezustand**, es handelt sich um ein sog. negotium claudicans (BSK ZGB I-LEUBA, aArt. 410 N 21; BK-KAUFMANN, aArt. 410 ZGB N 10; HEFTI, 73 f.). Gemäss Art. 19a Abs. 2 kann für die Genehmigung eine angemessene Frist gesetzt werden, welche die Vertragspartei ansetzt oder welche sie durch das Gericht ansetzen lässt. Die **Angemessenheit** der Frist richtet sich nach der Komplexität des Vertrags, nach den auf dem Spiel stehenden Interessen und nach der für den Beistand nötige Beurteilungszeit (BSK ZGB I-LEUBA, aArt. 410 N 22; ZK-EGGER, aArt. 410 ZGB N 17).

10 Die Zustimmung des Beistandes ist unter Vorbehalt einer anderslautenden Vereinbarung **nicht empfangsbedürftig** (BK-BUCHER, Art. 19 ZGB N 42; DESCHENAUX/STEINAUER, Personnes, Rz 248a; BSK ZGB I-LEUBA, aArt. 410 N 13; MEIER, Consentement, 290 FN 85; **a.M.** EBERHARD, 47 ff., und BK-KAUFMANN, aArt. 410 ZGB N 10, wonach die Genehmigung gegenüber dem Gegenkontrahenten zu erfolgen habe). Hat jedoch der Vertragspartner eine angemessene Frist gesetzt, muss ihm die Genehmigung mitgeteilt werden, damit sie gültig ist.

11 Die Folgen der **fehlenden Zustimmung** sind entsprechend dem bisherigen aArt. 411 geregelt (Art. 19b). Verweigert der Beistand die Zustimmung, so fällt das Geschäft als unwirksam ex tunc dahin (BSK ZGB I-LEUBA, aArt. 411 N 1; BK-KAUFMANN, aArt. 411 ZGB N 3). Das Gesetz erwähnt zwei Folgen: Einerseits die Pflicht der Geschäftsparteien zur Rückgabe (in natura) der schon bezogenen Leistungen (Vindikation), soweit sie noch vorhandenen sind, bzw. den Ersatz dieser Leistungen (BK-KAUFMANN, aArt. 411 ZGB N 4) mitsamt einem allenfalls erzielten Gewinn (BUCHER, Natürliche Personen, § 4 Rz 129, 132; BGE 110 II 244 ff.; 84 II 179, 186; 80 II 152, 159), andererseits die beschränkte Haftung des beschränkt Handlungsunfähigen für ungerechtfertigte Bereicherung (Art. 62 OR).

12 Sie haftet nur insoweit, als die Leistung *in ihrem Nutzen* verwendet worden ist («jusqu'à concurrence des sommes dont elle a tiré profit», «dell'utile che la prestazione le ha procurato») oder als sie zur Zeit der Rückforderung noch bereichert ist oder sich böswillig der Bereicherung entäussert hat. Zu ihrem Nutzen bedeutet, dass sie nützlich gewesen sein muss (z.B. für Ernährung, Unterkunft usw.). **Keinen Nutzen** im Sinne der Haftungsbestimmung trug die Leistung, wenn die verbeiständete Person sie bspw. für eine feuchtfröhliche Nacht, für eine Taxispritztour durch das Land oder für eine Pokerpartie verwendet hat (BK-Kaufmann, aArt. 411 ZGB N 6; zum im vorliegenden Zusammenhang nicht relevanten nichtigen Leasing-Vertrag, der von Minderjährigen ohne Zustimmung der gesetzlichen Vertretung geschlossen wurde und nebst Rückgabe der Sache zur Bezahlung der bisherigen Raten verpflichtet, vgl. Art. 15 Abs. 4 KKG, SR 221.214.1).

Gegenüber der beschränkt handlungsunfähigen Person kann allerdings Schadenersatz beansprucht werden, wenn sie die Gegenpartei **zur irrtümlichen Annahme ihrer Handlungsfähigkeit** verleitet (Art. 19b Abs. 2). Diese Deliktshaftung bedingt immer eine gewisse Initiative der beschränkt handlungsunfähigen Person. Die Haftungsvoraussetzung ist erfüllt, wenn die beschränkt handlungsunfähige Person in der Absicht handelt, die Gegenpartei zu täuschen oder wenn die Umstände von ihr erwarten lassen, dass sie die Gegenpartei auf ihre Handlungsunfähige aufmerksam macht (Bucher, Natürliche Personen, § 4 Rz 134; BGE 113 II 476 ff.; 79 II 356 ff.; Entscheid der Cour de cassation pénale NE, SJZ 1978 Nr. 1, 9, mit Anmerkung von B. Schneider). **13**

Zentrale Bedeutung im erwachsenenschutzrechtlichen Alltag kommt der selbständigen Wahrung **höchstpersönlicher Rechte**, d.h. von Rechten, die den Betroffenen um ihrer Persönlichkeit willen zustehen, zu (Art. 19c; vgl. auch Art. 406 N 19, 24, 28, 29, 35 und 37). An der bisherigen Rechtslage ändert die Verschiebung der Bestimmung vom Erwachsenenschutz- ins Personenrecht nichts. Beschränkt Handlungsunfähige sind bezüglich der Wahrung höchstpersönlicher Rechte voll geschäftsfähig; sie können diesbezüglich also ohne Zustimmung der gesetzlichen Vertretung rechtswirksam handeln, soweit nicht von Gesetzes wegen die Zustimmung der gesetzlichen Vertretung notwendig ist (Art. 260 Abs. 2, 183 Abs. 2 und 184; Art. 6 Abs. 1 Sterilisationsgesetz). Dies schliesst nicht zwangsläufig eine Mitwirkung des gesetzlichen Vertreters aus, die Entscheidung einer gesetzlichen Vertretung kann aber nicht in Widerspruch zur Willensäusserung der betroffenen Person erfolgen. Für Urteilsunfähige handelt die gesetzliche Vertretung, soweit es sich nicht um die Wahrung absolut höchstpersönlicher Rechte (z.B. Eheschliessung, Ehescheidungsklage [umstritten], Errichtung eines Testamentes, Kindesanerkennung, Begehren um Sterbehilfe) handelt. Bezüglich absolut höchstpersönlicher Rechte, welche per definitionem einer Vertretung nicht zugänglich sind (vgl. allerdings Art. 406 N 28), läuft die Rechtslage Urteilsunfähiger auf eine Rechtsunfähigkeit hinaus (Bucher, Natürliche Personen, § 4 Rz 165). **14**

IV. Anpassungen gegenüber dem alten Recht

Die in aArt. 410–412 geregelten Sachverhalte (Handlungen des urteilsfähigen Handlungsunfähigen mit Zustimmung des gesetzlichen Vertreters, Rechtsfolgen bei fehlender Zustimmung, selbständige Ausübung eines Berufs oder Gewerbes) sind teils ins revidierte Personenrecht überführt (Art. 19–19c), teils durch die Möglichkeit der massgeschneiderten Beistandschaft (Art. 391) obsolet geworden. **15**

Art. 408

D. Vermögensverwaltung
I. Aufgaben

[1] Der Beistand oder die Beiständin verwaltet die Vermögenswerte sorgfältig und nimmt alle Rechtsgeschäfte vor, die mit der Verwaltung zusammenhängen.

[2] Insbesondere kann der Beistand oder die Beiständin:
1. mit befreiender Wirkung die von Dritten geschuldete Leistung für die betroffene Person entgegennehmen;

2. soweit angezeigt Schulden bezahlen;
3. die betroffene Person nötigenfalls für die laufenden Bedürfnisse vertreten.

[3] Der Bundesrat erlässt Bestimmungen über die Anlage und die Aufbewahrung des Vermögens.

D. Gestion du patrimoine

I. Tâches

[1] Le curateur chargé de la gestion du patrimoine administre les biens de la personne concernée avec diligence et effectue les actes juridiques liés à la gestion.

[2] Il peut notamment:
1. assurer la réception, avec effet libératoire, des prestations dues par les tiers;
2. régler les dettes dans la mesure où cela est indiqué;
3. représenter, si nécessaire, la personne concernée pour ses besoins ordinaires.

[3] Le Conseil fédéral édicte les dispositions relatives au placement et à la préservation des biens.

D. Amministrazione dei beni

I. Compiti

[1] Il curatore amministra i beni con diligenza e procede a tutti i negozi giuridici connessi con l'amministrazione.

[2] Il curatore può in particolare:
1. accettare con effetto liberatorio per i terzi le prestazioni che gli stessi devono all'interessato;
2. per quanto opportuno, pagare debiti;
3. se necessario, rappresentare l'interessato per i bisogni correnti.

[3] Il Consiglio federale emana disposizioni sull'investimento e la custodia dei beni.

Inhaltsübersicht

Literatur

Vgl. die Literaturhinweise zu Art. 405.

Materialien

Art. 396 VE Erwachsenenschutz 2003; VE Erwachsenenschutz/Vernehmlassungen, 223; Botschaft Erwachsenenschutz, 7053 und 7153; Prot. RK-S vom 27./28.8.2007, 17; AmtlBull StR 2007, 836; Prot. RK-N vom 24./25.4.2008, 23; AmtlBull NR 2008, 1522.

I. Normzweck

Die Bestimmung umschreibt im Verbund mit Art. 409 und 410 und unter Vorbehalt von Art. 412, 416 und 417 die **Rechte und Pflichten** des gestützt auf Art. 395 eingesetzten Vermögensverwaltungsbeistandes sowie des umfassenden Beistandes gem. Art. 398. Dem Beistand kommt im Rahmen des angeordneten Mandates von Gesetzes wegen **Vertretungsmacht** zu, weshalb es für entsprechende Verwaltungs- und Vertretungshandlungen keiner zusätzlichen gewillkürten Vollmacht bedarf (MEIER/LUKIC, 463–469; AFFOLTER, ZVW 2008, 337 ff.; BK-SCHNYDER/MURER, aArt. 392 ZGB N 18; BGE 115 V 244, 250 E. 3 b.bb). Verwaltungsobjekt ist das **Vermögen** des Verbeiständeten, welches gem. Art. 395 in einem weiten Sinn zu verstehen ist. Es erfasst sowohl die **Vermögensaktiven und -passiven** als auch das **Einkommen** (Abs. 1). Vermögen ist insofern ein Inbegriff von geldwerten Gütern und Verbindlichkeiten, welche einer Person wirtschaftlich zuzurechnen sind (vgl. Art. 405 N 19 ff.). Ordnet die KESB nichts anderes an, so umfassen die Verwaltungsbefugnisse demnach auch die Ersparnisse aus dem verwalteten Einkommen oder die Erträge des verwalteten Vermögens (Abs. 2; Botschaft Erwachsenenschutz, 7046). Das trifft erst recht auf das vom umfassenden Beistand verwaltete Vermögen zu, weil ihm die umfassende Betreuung und Vertretung der von Gesetzes wegen handlungsunfähigen, umfassend verbeiständeten Person zusteht. 1

Mit der Möglichkeit der massgeschneiderten Beistandschaft und einem erweiterten **Vermögensbegriff** wird die im alten Recht vorherrschende Unsicherheit und Uneinheitlichkeit des Vermögensbegriffs behoben (je nach Konnex bildete auch das Einkommen Bestandteil des Vermögens, so bei der Vermögensverwaltung des Vormundes nach aArt. 369–372 oder beim Begriff der Misswirtschaft i.S.v. aArt. 370, während die Vermögensverwaltung des Verwaltungsbeistandes nach aArt. 393 das Einkommen ausschloss, vgl. SCHNYDER/MURER, Syst. Teil N 39 und aArt. 393 N 19; STÖCKLI-BITTERLI, 31 f.; CAVIEZEL, 28 ff.; EGGER, ZVW 1954, 87). Ausserdem fällt im Unterschied zum alten Recht (mit Ausnahme dessen, was aus eigenem Beruf oder Geschäft erwirtschaftet wurde, aArt. 412, und des freien Vermögens, aArt. 414) bei der Vermögensverwaltungsbeistandschaft nicht mehr zwingend das gesamte Vermögen unter die beistandschaftliche Verwaltung, sondern darunter fallen nur noch **jene Vermögensteile, welche im Entscheiddispositiv des Anordnungsbeschlusses umschrieben sind** (Art. 391 Abs. 1 und 2, Art. 395 Abs. 1; BALESTRIERI, ZVW 2011, 211). Für die umfassende Beistandschaft ist eine derartige Beschränkung dagegen ausgeschlossen, denn sie umfasst immer das **Gesamtvermögen**, soweit der urteilsfähigen Person nicht Beiträge zur freien Verfügung überlassen werden (Art. 409), welche allein von ihr verwaltet werden und worüber der Beistand keine Rechnung zu führen hat. 2

Fällt **nachträglich Vermögen** an, welches vom Anordnungsbeschluss nicht erfasst ist, und bedarf dieses aus der Sicht der mandatsführenden Person ebenfalls eines beistandschaftlichen Schutzes, benötigt der Beistand einen zusätzlichen behördlichen Auftrag (Art. 391 Abs. 1), wenn es sich nicht um eine umfassende Beistandschaft handelt. Sobald er von einem solchen Sachverhalt Kenntnis erhält, muss der Vermögensverwaltungsbeistand die KESB entsprechend orientieren, Antrag stellen (Art. 414) und gegebenenfalls das Inventar ergänzen (Art. 405 N 31). 3

II. Handlungspflicht und Handlungsmacht des Beistandes

1. Leitgedanken

Generell haben Verwaltungsbeistand (und selbstredend der Minderjährigenvormund gem. Art. 327a sowie der Kindesvermögensverwaltungsbeistand gem. Art. 325) – wie in jeder 4

Art der Beistandschaft – grundsätzlich das **Wohl und den Schutz der hilfsbedürftigen Person** sicherzustellen (Art. 388 Abs. 1 für Erwachsene; Art. 327b und 325 i.V.m. 301–306 für Minderjährige), die Selbstbestimmung der betroffenen Person so weit wie möglich zu erhalten und zu fördern (Art. 388 Abs. 2), ihre Interessen zu wahren und soweit tunlich auf ihre Meinung Rücksicht zu nehmen sowie ihren Willen, das Leben entsprechend ihren Fähigkeiten nach eigenen Wünschen und Vorstellungen zu gestalten, zu achten (Art. 406 N 1, 3, 6, 18; AFFOLTER, AJP 2006, 28 f.; HEGNAUER, ZVW 1984, 85 f.). Das verwaltete Vermögen soll soweit nötig und finanziell möglich zur **Sicherung des gewohnten Lebensstandards**, zur **Förderung der Begabungen** (beruflich und ausserberuflich inkl. Hobbys) und **Pflege der sozialen Beziehungen** (Freizeitaktivitäten, Ferien, gesellschaftliche Anlässe, über Jahre hinweg gepflogene Unterstützungsleistungen an gemeinnützige Werke oder ebensolche Gelegenheitsgeschenke an eng verbundene Personen [z.B. Patenkinder], vgl. auch Art. 412 N 5, etc.) der betreuten Person sowie auch in einem vernünftigen Verhältnis zur Befriedigung von materiellen Zusatzbedürfnissen verwendet werden.

5 Einer verbeiständeten Person sind, wenn es der Betreuungszweck nicht erfordert, **keine grösseren Einschränkungen zuzumuten** als einer nicht beistandsbedürftigen Person (AFFOLTER, AJP 1998, 648, und dort zitierte Quellen; BALESTRIERI, ZKE 2011, 216 f;). Auch der Verwaltungsbeistand orientiert sich damit in erster Linie an den persönlichen Anliegen und individuellen Verhältnissen der verbeiständeten Person, soweit der Grund der Verwaltungsbeistandschaft nicht gerade darin liegt, dass die verbeiständete Person unfähig ist, vernünftig, d.h. den konkreten Verhältnissen angepasst, mit Geld umzugehen, wozu insb. auch die Absicherung der im Alter üblicherweise anfallenden Kosten gehört (BGE 136 III 113 E. 3.2.2). Die Rechte und Pflichten des Vermögensverwaltungsbeistandes können daher nicht isoliert von den **individuellen persönlichen Bedürfnissen** der betroffenen Person wahrgenommen werden, sondern sind mit diesen eng verflochten. Sorgfältige Verwaltung bedeutet dagegen nicht Erhaltung und Vermehrung des Vermögens um den Preis des Wohls der verbeiständeten Person (Art. 388, so schon BGE 25 I 222; HEGNAUER, ZVW 1984, 84; ZK-EGGER, aArt. 413 ZGB N 3; BK-KAUFMANN, aArt. 413 ZGB N 3, 12).

2. Sorgfältige Verwaltung

a) Kriterien

6 Die oberste Pflicht liegt in einer **sorgfältigen Verwaltung** (Abs. 1) und in der **Vornahme sämtlicher Rechtsgeschäfte**, die mit der Verwaltung zusammenhängen. Die massgeblichen Sorgfaltskriterien richten sich nach

- den *allgemeinen gesetzlichen Vorgaben*, welche teils formeller Natur sind (Inventaraufnahme, Zustimmungsbedürftigkeit durch KESB, Rechnungsführung und -ablage, Berichterstattung), teils materieller Natur (besondere [verbotene] Geschäfte nach Art. 412),
- den Regeln einer *soliden Vermögensverwaltung*. Sie gründet gem. Art. 413 ZGB bzw. Art. 394 ff. OR auf der Sorgfaltspflicht eines Beauftragten für eine verantwortbare **Verwaltungs-, Anlage- und Aufbewahrungsstrategie**, beinhaltet wo nötig die Auswahl, Instruktion und Beaufsichtigung eines geeigneten aussenstehenden Vermögensverwalters (z.B. Finanzinstitut) im Sinne der Geschäftsherrenhaftung (BGE 135 III 198 E. 2.3) und schliesst spekulative Anlagen oder Geschäfte aus (BSK ZGB I-GULER aArt. 413 N 5; DESCHENAUX/STEINAUER, Personnes, Rz 999; HEFTI, 138 ff.; BGE 136 III 113 E. 3.2.1; 52 II 319),

– den konkreten *materiellen und ideellen Bedürfnissen des Einzelfalls* (N 4).

Eine sorgfältige Verwaltung beinhaltet die Bewirtschaftung im Interesse der verbeiständeten Person und **frei von jeglichem Eigennutz des Beistandes** (ZK-EGGER, aArt. 413 ZGB N 6) oder von der offenen oder versteckten Wahrung öffentlicher **Fiskalinteressen** (BGer vom 9. 1. 2012, 9C_462/2011, E. 4.3). 7

b) Klärung und Geltendmachung von Rechtsansprüchen

Zu Beginn des Mandats steht die Pflicht im Vordergrund, alle den Auftrag umfassenden vermögenswerten **Rechtsansprüche zu eruieren und geltend zu machen** und gegebenenfalls von der KESB die Zustimmung zu diesbezüglicher Prozessführung einzuholen (Art. 416 Ziff. 9). Während der Dauer des Mandats beinhaltet sorgfältige Vermögensverwaltung die Wahrung aller vermögensbezogenen Interessen im Lebensalltag der betreuten Person (Geltendmachung von Forderungen und Ansprüchen [auch auf Sachleistungen] gegenüber Sozial- und Privatversicherungen, als wirtschaftlich Berechtigte gegenüber privaten Stiftungen, Ansprüche gegenüber der öffentlichen Sozialhilfe, Abwehr ungerechtfertigter Ansprüche Dritter oder von Übervorteilungen, Sicherstellung von Fristwahrungen etc.). 8

c) Vermögensverwahrung und -bewirtschaftung

Die Bestimmung ist aArt. 413 nachgebildet. Neben der allgemeinen Pflicht, Vermögenswerte sorgfältig zu verwalten, hat der Beistand eine generelle Befugnis zum Abschluss der Rechtsgeschäfte, die mit der Verwaltung zusammenhängen (Abs. 1; vgl. auch Art. 413 Abs. 1). Das verwaltete Vermögen ist ausschliesslich **auf den Namen der verbeiständeten Person** anzulegen (Betriebs- und Vermögenskonti, Depots etc.). Bargeld, Wertschriften und Kostbarkeiten sind **an einem sicheren Ort zu verwahren** sowie unsichere Anlagen im geeigneten Zeitpunkt in sichere **umzuwandeln** (zum alten Recht aArt. 399–402). Bargeld, das der Deckung des laufenden Bedarfs dient, ist zinstragend anzulegen. Aufgrund einer Bedürfnisklärung müssen deshalb zunächst die nötigen Liquiditäten für den laufenden Bedarf sichergestellt werden. Das übrige Vermögen ist **sicherzustellen** und möglichst **früchtetragend** anzulegen (BSK ZGB I-GULER, aArt. 413 N 3; BK-KAUFMANN aArt. 413 ZGB N 5). Ob auch eine **Vermögensvermehrung** anzustreben ist, oder ob im Gegenteil auch ein **Vermögensverzehr** mit einer sorgfältigen Verwaltung noch vereinbar ist, hängt von den Umständen des Einzelfalls, d.h. von den Interessen der verbeiständeten Person (N 4) ab (BSK ZGB I-GULER aArt. 413 N 3; CAVIEZEL, 216; HEGNAUER, ZVW 1984, 84). Wer zeitlebens gespart hat, um im Alter davon leben zu können und darauf auch angewiesen ist («Sparst du in der Zeit, so hast du in der Not»), hat einen entsprechenden späteren Vermögensverzehr geplant, weshalb er sich auch selbstredend zu rechtfertigen vermag. Wer sich mit einem Vermögen **Annehmlichkeiten** leisten will, welche zwar nach und nach zu einer Schmälerung führen, gleichzeitig aber ein entsprechendes Äquivalent in Form eines Beitrags zu erhöhter Lebensqualität leisten, muss sich kein beistandschaftliches Gängelband gefallen lassen, wenn durch den Vermögensverzehr nicht existenzielle Bedürfnisse bedroht sind. Dagegen verstösst ein Vermögensverzehr, der in **keinem vernünftigen Verhältnis zum Nutzen liegt** und zu beträchtlichem Vermögensverlust in kurzer Zeit führt (BGE 136 III 113 E. 3.1), oder welcher die verbeiständete Person absehbar der Gefahr der Not und sozialhilferechtlichen Abhängigkeit ausliefert, gegen die Pflicht zu sorgfältiger Vermögensverwaltung. Lebenserwartung und unabwendbar bevorstehendes Lebensende können deshalb ebenfalls ein Entscheidungskriterium bilden. 9

10 Was unter **sicherer Vermögensanlage** zu verstehen ist, und wie das zur Verwaltung anvertraute Vermögen aufzubewahren ist, überlässt der Bundesgesetzgeber einer vom Bundesrat zu erlassenden Verordnung (Art. 408 Abs. 3, s. N 19).

11 Sorgfältige Verwaltung beinhaltet auch einen angemessenen **Unterhalt** von Mobilien (Fahrzeuge, Gerätschaften etc.) und Immobilien sowie den Abschluss der nötigen **Sach- und Haftpflichtversicherungen** (namentlich Gebäude-, Mobiliar- und gegebenenfalls Haftpflichtversicherungen, BK-KAUFMANN, aArt. 413 ZGB N 15). Fällt ein **Betrieb** unter das Vermögen, ist für dessen fachkundige Führung zu sorgen, soweit der Beistand nicht selbst dazu imstande ist (BSK ZGB I-GULER aArt. 413 N 5). Das gilt insb. auch für Landwirtschaftsbetriebe und dort eingeschlossen die Pflege, den Unterhalt und die Bewirtschaftung von Vieh, Kleingetier, Landwirtschaft und Hof. Während die Haltung von kommerziell gehaltenen **Tieren** der Vermögensverwaltung zuzuordnen ist, fallen Unterhalt und Pflege von Haustieren, die aus emotionalen Gründen gehalten werden, in den Bereich der persönlichen Betreuung und sind deshalb nicht allein nach deren «Rentabilität» und «Fruktifizierung» zu unterhalten (Art. 405 N 20). Ist deren artgerechte Haltung nicht gewährleistet, muss sich der Beistand allerdings trotz der im Zentrum stehenden Persönlichkeits- und Freiheitsrechte nicht nur nach den Wünschen der verbeiständeten Person, sondern namentlich auch nach Art. 2 und 25 Tierschutzgesetz (SR 455) orientieren und gegebenenfalls unter Beizug des Kantonsveterinäramtes für die Beseitigung nicht tierschutzgerechter Zustände sorgen. Bezüglich Sonderbehandlung von Tieren im Schadenersatz- und Sachenrecht vgl. im Übrigen Art. 43 Abs. 1bis OR und Art. 641a ZGB.

d) Beachtung der Zuständigkeiten

12 Sorgfältige Verwaltung beinhaltet die **Beachtung der Zuständigkeit und Handlungsbefugnisse** des Beistandes. Diese richten sich zunächst nach den erteilten **Aufträgen** (Art. 391, 395, 398), dann aber auch nach Art. 412 (besondere [verbotene] Geschäfte) und nach Art. 416 und 417 (zustimmungsbedürftige Geschäfte). Eine Vermögensverwaltungshandlung, welche gegen die Sorgfaltspflichten verstösst, wird nicht dadurch legitimiert, dass sie durch die KESB bewilligt worden ist. Die Mitwirkungspflichten der KESB nach Art. 416 und 417 sollen sicherstellen, dass wichtige Rechtshandlungen durch ein «Zweischlüsselsystem» (Beistand und KESB) einer qualifizierten Kontrolle unterliegen, sie können aber nicht verletzte Sorgfaltspflichten heilen (MEIER/LUKIC, Rz 433, 618). Mithin sind nicht nur der Beistand (Art. 394–398) oder der Minderjährigenvormund (Art. 327c Abs. 2) Adressaten der Sorgfaltspflicht, sondern auch sämtliche Organe des Kindes- und Erwachsenenschutzes (KESB, Aufsichtsbehörde und gerichtliche Beschwerdeinstanz). Von den erwähnten Sorgfaltspflichten kann selbst die Begleitbeistandschaft erfasst werden, insoweit sie die verbeiständete Person begleitet und unterstützt und sich daraus aus der Beratungstätigkeit einer Verantwortlichkeit aussetzen kann.

e) Eigenes und delegiertes Handeln des Beistandes

13 Zwischen Beistand und betreuter Person besteht ein dem **Auftragsrecht** nachgebildetes, besonderes familienrechtliches Rechtsverhältnis (Art. 413 Abs. 1; zum alten Recht vgl. BK-SCHNYDER/MURER, Syst. Teil N 63; ZK-EGGER, aArt. 413 ZGB N 6; BK-KAUFMANN, aArt. 413 ZGB N 10–12). Der Beistand hat bei der Erfüllung der Aufgaben deshalb die gleiche Sorgfaltspflicht wie eine beauftragte Person nach den Bestimmungen des Obligationenrechts (Botschaft Erwachsenenschutz, 7055). Zur Auslegung der Normen über die Führung der Beistandschaft werfen die Bestimmungen des Stellvertretungs- und Auftragsrecht des Obligationenrechts deshalb am meisten ab (BK-SCHNYDER/MURER, Syst. Teil N 31, 63). Das auftragsrechtliche Verhältnis, wie es in Art. 413 Abs. 1 ausdrücklich festgehalten wird,

ändert nichts am Umstand, dass der Beistand aufgrund seiner Ernennung durch die KESB ein **Amt** ausübt und für widerrechtliches Handeln nicht aus Auftragsrecht (Art. 456), sondern aus Erwachsenenschutzrecht (Art. 454) haftet (SCHMID, Art. 408 N 4 f.).

Das Amt des Beistandes als solches kann nur von der KESB übertragen werden, nicht aber durch den Beistand selbst, welcher eine Pflicht zu persönlicher Ausführung hat (Art. 398 Abs. 3 OR; ZK-EGGER, aArt. 413 ZGB N 9). Zur Durchführung bestimmter Aufgaben kann und muss der Beistand allerdings **Hilfspersonen** beiziehen (Art. 413 N 3). So kann er die Verwaltung einer Liegenschaft und das Ausfüllen der Steuererklärung einem Treuhänder, den Unterhalt eines Grundstückes einem Gärtner, die Verwaltung von Wertschriften (im Rahmen klarer Vorgaben) einem Finanzinstitut, die Führung eines Landwirtschaftsbetriebs einem Landwirt, die Abklärung und Durchsetzung von Rechtsansprüchen einem Anwalt anvertrauen, wie er zur Leitung eines Betriebs geeigneter Führungskräfte bedarf. Das Gesetz enthält keinen Katalog von zwingend selbst zu verrichtender Aufgaben einerseits, delegierbaren Aufgaben andererseits. Die Befugnis, einzelne Aufgaben zu übertragen, richtet sich vorab **14**

- nach der Komplexität des Mandats,
- nach dem zeitlichen und sachlichen Aufwand,
- nach der Sachkompetenz des Beistandes,
- nach der zeitlichen Verfügbarkeit des Beistandes,
- nach den Regeln einer effizienten Auftragserfüllung und
- nach den Finanzierungsmöglichkeiten (so können bspw. für die Unterkunft in einem Altersheim bei entsprechender Bedürftigkeit Ergänzungsleistungen beansprucht werden [Art. 10 Abs. 2 ELG, SR 831.30], was für die Unterkunft in einem Hotel oder auf einem Luxusliner – selbst wenn es günstiger wäre – nicht möglich ist).

Soweit er zur Übertragung von Aufgaben an Dritte befugt ist, haftet er für die gehörige Sorgfalt bei der Wahl und Instruktion der Hilfskräfte (Art. 399 Abs. 2 OR; HEFTI, 80 f.). War er dagegen zur Übertragung nicht befugt, so haftet er für die Handlungen des Beauftragten, wie wenn es seine eigenen wären (Art. 399 OR). Im Übrigen wird auf die Komm. von Art. 413 verwiesen. **15**

Die KESB steht insofern in **Mitverantwortung**, als ihr die Auswahl einer geeigneten Beistandsperson, deren Instruktion, Beratung und Unterstützung obliegt (*cura in eligendo, in instruendo et in custodiendo*, Art. 400 Abs. 3; BGE 135 III 198 E. 2.3) und sie gegebenenfalls zusätzlich zu Art. 416 weitere Rechtsgeschäfte ihrer Genehmigung vorbehält (Art. 417). **16**

3. Spezifische Aufgaben

Die in Abs. 2 von Art. 408 erwähnten Befugnisse (Entgegennahme von Zahlungen Dritter mit befreiender Wirkung, Bezahlung von Schulden, Vertretung für laufende Bedürfnisse) sind deklaratorischer und beispielhafter Natur. Sie klären aber den Legitimationsrahmen insofern, als Vermögensverwaltung im weitesten Sinne zu verstehen ist (Botschaft Erwachsenenschutz, 7046; OFK-ZGB-FASSBIND Art. 395 N 1) und die **Vertretung in laufenden Bedürfnissen** eben miteingeschlossen ist. Diese Bestimmung ist Art. 166 Abs. 1 nachgebildet (Vertretung der ehelichen Gemeinschaft durch jeden Ehegatten) und erlaubt dem Beistand, Rechtsgeschäfte für den üblichen und alltäglichen Unterhaltsbedarf der betroffenen Person abzuschliessen und das verwaltete Vermögen entsprechend anzuzehren, sofern dies nötig wird (Botschaft Erwachsenenschutz, 7053). Mängel in der Vermögensverwaltung, insb. auch ungenügende Sorgfalt in der Bewirtschaftung laufender Bedürfnisse (d.h. z.B. von Lohn, Ersatzeinkommen, laufende zwingende Ausgaben) haben denn **17** auch rasch Auswirkungen auf die Vermögenslage und lassen den rechtswidrig handelnden Beistand für entstandenen Schaden haften (Art. 454; BGE 136 III 113; 135 III 198; 126 III 309 [zusammengefasst in: ZVW 2001, 258]).

18 Der Beistand kann mit befreiender Wirkung die von Dritten geschuldete Leistung für die betroffene Person entgegennehmen (Abs. 2 Ziff. 1), was eine Konsequenz seiner gesetzlichen Vertretungs- und Verwaltungsbefugnis ist. Schränkt die Beistandschaft die Handlungsfähigkeit der schutzbefohlenen Person für die Vermögensverwaltung ein (Art. 394 Abs. 2), so ist den Schuldnern mitzuteilen, dass ihre Leistung nur befreiende Wirkung hat, wenn sie diese dem Beistand erbringen. Vorher kann die Beistandschaft gutgläubigen Schuldnern nicht entgegengehalten werden (Art. 452 Abs. 2; SCHMID, Art. 408 N 8).

III. Bestimmungen über die Anlage und Aufbewahrung des Vermögens

19 Bisher galten nebst uneinheitlichen kantonalen gesetzlichen Grundlagen oder Weisungen die «Empfehlungen der Konferenz der Kantonalen Vormundschaftsbehörden (VBK, heute KOKES) zur Vermögensanlage im Rahmen vormundschaftlicher Mandate vom September 2001» (ZVW 2001, 332 ff.) und deren Ergänzung vom Januar 2009 (ZVW 2009, 199 ff.). In ihrer grundsätzlichen Ausrichtung geht die **Sicherheit** einer Anlage («Mündelsicherheit») möglichst hohen Erträgnissen vor (BASLER SCHERER, ZKE 2011, 180; BALESTRIERI, ZKE 2011, 216 f.; BSK ZGB I-GULER, aArt. 413 N 5; CAVIEZEL, 204 f.). Als sicher galten namentlich nominell sichere Einzelanlagen wie Staatsanleihen. Mit der Entwicklung auf dem Kapital- und Finanzmarkt zu Beginn des 21. Jh., insb. auch der hohen Staatsverschuldungen im europäischen und amerikanischen Wirtschaftsraum, hat sich die Erkenntnis durchgesetzt, dass die hergebrachten Vorstellungen von «Mündelsicherheit» zu kurz greifen. Die Rechtsfrage, wie ein Vermögen sorgfältig verwaltet wird, lässt sich zu einem wesentlichen Teil nur nach finanzwirtschaftlichen Beurteilungskriterien beantworten und unterliegt einem permanenten Wandel. Der Begriff der Sicherheit lässt sich nicht mehr auf die Definition zulässiger Einzelanlagen reduzieren, sondern ist in einem umfassenderen Sinne zu verstehen, ausgehend von allgemein gültigen **Anlagegrundsätzen** über den strukturierten **Anlageprozess** bis hin zur Definition der **zulässigen Anlagen** (BASLER SCHERRER, ZKE 2011, 180 ff.). Bei verbeiständeten begüterten Person, zu deren Vermögen bisher professionell bewirtschaftete Anlagen mit langfristigem Anlagehorizont oder Familienunternehmen bzw. Anteile daran gehören, besteht ausserdem ein Bedürfnis nach differenzierteren Verwaltungsstrategien als der herkömmlichen «Mündelsicherheit». Damit soll namentlich der bisher beanspruchten Privatautonomie in der Vermögensverwaltung (Risikobereitschaft und unternehmerische Verantwortung) in einem verantwortbaren Rahmen Rechnung getragen werden können.

20 Die ersten Vorschläge des Bundesamtes für Justiz (BJ) lehnten sich eng an die bisherigen Vorgaben an, enthielten aber teils zu wenig fassbare Anlagevorgaben, teils Anlagerestriktionen, welche den Traditionen in der Vermögensverwaltung einer Person, die vor der Verbeiständigung selbständig ihr Vermögen verwaltet hat, zu wenig Rechnung trugen und Sinn und Geist des totalrevidierten Erwachsenenschutzrechtes (Aufwertung der Selbstbestimmung) ungenügend zu widerspiegeln vermochten. Ausserdem vernachlässigten die ersten Vorschläge das Bedürfnis nach sicherer Verwahrung der anvertrauten Vermögen (AFFOLTER, ZVW 2004, 217 ff.; BSK ZGB I-GULER, aArt. 399 N 1; ZK-EGGER, aArt. 399 ZGB N 2; BK-KAUFMANN, aArt. 399 ZGB N 8 ff.; STÖCKLI-BITTERLI, 74, 77; Kreisschreiben der Justizdirektion des Kt. BE, ZVW 1954, 160; HEFTI, 145), weil nach den Vorstellungen des BJ dem Beistand bzw. Minderjährigenvormund die alleinige Verfügungsbefugnis über sämtliche Vermögenswerte belassen werden sollten und sich die Kontrollpflicht der KESB auf die Rechenschaftsablage und ein jederzeitiges Auskunftsrecht beschränkt hätten. Zu fordern ist dagegen entsprechend der bewährten Praxis in verschiedenen Kantonen zu aArt. 399 (bspw. ZH [a§ 101 EG ZGB, LS 230; Verordnung betreffend Aufbewahrung von Mündelvermögen bei Banken, LS 232.2], BE [BSIG Nr. 2/211.1/2.1 zur Kontrolle und Aufbewahrung der Mündelvermögen], SG [aArt. 17bis Einführungsverordnung zum Schweizerischen Zivilgesetzbuch, sGs 911.11, SZ [Regierungsratsbeschluss über die Aufbewahrung und Anlage von Mündelvermögen bei Banken, SRSZ 211.311]) die **Sicherung der Vermögen vor unerlaubter Verwendung oder Anlage** mittels Doppelunterschrift der Mandatsträger und einer Vertretung der KESB, was bspw. über einen dreiseitigen Vertrag zwischen Beistand in Vertretung der verbeiständeten Person, der KESB als Aufsichtsorgan und der Bank als Schuldnerin von Kontoguthaben, Inhaberin von Wertschriftendepots oder Tresorfächern bewerkstelligt werden kann (BSK ZGB I-Guler aArt. 399 N 2; CHK-Affolter/Steck/Vogel. aArt. 399 ZGB N 3). Zurzeit der Drucklegung dieses Kommentars liegt noch keine definitive Fassung der bundesrätlichen Verordnung vor, die Konferenz der Kantone für Kindes- und Erwachsenenschutz (KOKES) und verschiedene Kantone (z.B. Basel-Stadt und Bern) fordern aber in ihren Vernehmlassungen (s. ‹www.kokes.ch›) die Respektierung hinreichender Aufbewahrungsregeln, klare und nachvollziehbare, aber je nach Vermögensstruktur und bisheriger langfristiger Anlagestrategie auch flexible Anlagebestimmungen, welche – ohne das Gebot der Sicherheit preiszugeben – der Privatautonomie der verbeiständeten Person Rechnung tragen.

Art. 409

II. Beträge zur freien Verfügung

Der Beistand oder die Beiständin stellt der betroffenen Person aus deren Vermögen angemessene Beträge zur freien Verfügung.

II. Montants à disposition

Le curateur met à la libre disposition de la personne concernée des montants appropriés qui sont prélevés sur les biens de celle-ci.

II. Importi a libera disposizione

Il curatore mette a libera disposizione dell'interessato importi adeguati prelevati dai beni di costui.

Inhaltsübersicht

Literatur

Vgl. die Literaturhinweise zu Art. 405.

Materialien

Art. 397 VE Erwachsenenschutz 2003; VE Erwachsenenschutz/Vernehmlassungen, 223 ff.; Botschaft Erwachsenenschutz, 7053 und 7153; Prot. RK-S vom 27./28. 8. 2007, 17 f.; AmtlBull StR 2007, 836; Prot. RK-N vom 24./25. 4. 2008, 23; AmtlBull NR 2008, 1522.

I. Normzweck

1 Die Bestimmung erfasst **Vermögen, welches der verbeiständeten Person gehört, dessen Verwaltung** ihr aber **nicht möglich ist** und aufgrund eines Entscheid der KESB dem Beistand überantwortet wurde. Bezüglich dieses Vermögens fehlt es der verbeiständeten Person entweder an der Handlungsfähigkeit, weil sie ihr von der KESB entzogen worden ist (Art. 394 Abs. 2, 398 Abs. 3) oder weil ihr die Handlungsfähigkeit von Gesetzes wegen infolge Urteilsunfähigkeit fehlt (Art. 17), oder es handelt sich um Vermögen, auf welches die verbeiständete Person trotz voller Handlungsfähigkeit gem. Art. 395 Abs. 3 keinen Zugriff hat.

2 Die Bestimmung dient einerseits dem Ziel, die verbeiständete Person nach Möglichkeit im Rahmen eines kontrollierbaren Risikos an **verantwortungsvolles wirtschaftliches Handeln** heranzuführen, andererseits soll ihr ermöglicht werden, ihr **Taschengeld** selbständig zu verwalten und nach eigenem Gutdünken zu verbrauchen, ohne dafür rechenschaftspflichtig zu sein (BSK ZGB I-Leuba, Art. 414 N 2; Caviezel, 106). Überlassene finanzielle Mittel, die die verbeiständete Person für bestimmte Zwecke verwenden muss (z.B. Ernährung, Kleidung und Unterkunft), fallen damit nicht unter die Beiträge zur freien Verfügung (BK-Kaufmann, Art. 414 ZGB N 7). Die Norm will im Sinne des Selbstbestimmungsrechts (Art. 388 Abs. 2) und des Verhältnismässigkeitsprinzips (Art. 389) einen Ausgleich gegenüber der grundsätzlich fehlenden Handlungsmacht schaffen (Schmid, Art. 409 N 1).

II. Freies Vermögen

3 In welchem Mass solches Vermögen der verbeiständeten Person zur freien Verwendung überlassen werden kann und soll, bemisst sich nach deren persönlichen und wirtschaftlichen Verhältnissen. Im Vordergrund steht die Überlassung von **Taschengeld**. Wenn der Verbeiständete Sozialhilfe bezieht, hat er Anrecht auf Taschengeld gemäss SKOS-Richtlinien, welches ihm zur alleinigen Verwaltung überlassen werden kann, wenn er dazu fähig ist.

4 Beiträge zur freien Verfügung können auch zum Ausrichten von **Schenkungen** durch die verbeiständete Person überlassen werden. Während Art. 412 dem Beistand nur übliche Gelegenheitsgeschenke ermöglicht, können urteilsfähige Verbeiständete im Rahmen der Beiträge zur freien Verfügung auch darüber hinausgehende Schenkungen vornehmen. Werden dadurch ihre Interessen gefährdet, hat der Beistand die Angemessenheit der Beiträge zur freien Verfügung entsprechend anzupassen. Der Urteilsunfähige kann im Übrigen Schenkungen *entgegennehmen*, der Beistand hat dagegen aber ein Einspruchsrecht (Art. 241 Abs. 2 OR).

5 Der Beistand darf nach pflichtgemässem Ermessen im Interesse der betreuten Person auch einen **Vermögensverzehr** gewähren. Er verletzt aber seine Sorgfaltspflichten, wenn er innert kurzer Zeit und ohne bewusste und wohlbegründete Entscheide, die im Interesse der verbeiständeten Person liegen würden, einen hohen Kapitalverzehr zulässt (BGE 136 III 113).

6 Die Zuwendung ist **nicht formbedürftig**, kann also ausdrücklich oder stillschweigend erfolgen. Aus Gründen einer nachvollziehbaren Rechnungsführung sollte sie aber in geeigneter Form dokumentiert werden.

7 Vermögen, das aus freien Beiträgen generiert worden ist, und Einkünfte daraus unterstehen nicht der Verwaltung des Beistandes, weshalb darüber keine Rechnung zu führen ist.

Es ist aber zu empfehlen, **Hinweise** auf entsprechende Konten in der Rechnung **pro memoria** aufzuführen (relevant namentlich auch für die Steuerdeklaration und allfällige Ergänzungsleistungsansprüche, soweit sie von Bedeutung sind).

III. Konsequenzen

Frei verwalten bedeutet **beschränkte Handlungsunfähigkeit** (Art. 19). Der Verbeiständete, dem die Vermögensverwaltung entzogen ist, kann alle mit der Verwaltung der Beiträge zur freien Verfügung in Zusammenhang stehenden Rechtsgeschäfte vornehmen: ein Konto für entsprechende Zuwendungen und daraus Erspartes eröffnen, Kaufverpflichtungen eingehen, Schenkungen ausrichten etc. Er haftet insofern auch mit seinem freien Vermögen, aber nicht darüber hinaus mit seinem gesamten Vermögen (BGer vom 28.6.2005, 7B.82/2005, E. 4.1 betr. der früheren Verwaltungsbeiratschaft; analog die Verwaltung des Arbeitserwerbs durch Minderjährige BGE 112 II 102 E. 1). 8

Art. 410

III. Rechnung

[1] Der Beistand oder die Beiständin führt Rechnung und legt sie der Erwachsenenschutzbehörde in den von ihr angesetzten Zeitabständen, mindestens aber alle zwei Jahre, zur Genehmigung vor.

[2] Der Beistand oder die Beiständin erläutert der betroffenen Person die Rechnung und gibt ihr auf Verlangen eine Kopie.

III. Comptes

[1] Le curateur tient les comptes et les soumet à l'approbation de l'autorité de protection de l'adulte aux périodes fixées par celle-ci, mais au moins tous les deux ans.

[2] Il renseigne la personne concernée sur les comptes et lui en remet une copie à sa demande.

III. Contabilità

[1] Il curatore tiene la contabilità e la presenta per approvazione all'autorità di protezione degli adulti alle scadenze da essa fissate, ma almeno ogni due anni.

[2] Il curatore spiega la contabilità all'interessato e su richiesta gliene fornisce una copia.

Inhaltsübersicht

Literatur

Vgl. die Literaturhinweise zu Art. 405.

Materialien

Art. 398 VE Erwachsenenschutz 2003; VE Erwachsenenschutz/Vernehmlassungen, 226 ff.; Botschaft Erwachsenenschutz, 7053 und 7153; Prot. RK-S vom 27./28.8.2007, 18; AmtlBull StR 2007, 836; Prot. RK-N vom 24./25.4.2008, 23; AmtlBull NR 2008, 1522.

I. Funktion der Rechnung

1 Die Vorschrift stimmt inhaltlich mit der in aArt. 413 Abs. 2 festgelegten Verpflichtung überein, über die verwalteten finanziellen Mittel Rechnung zu führen und diese in den von der KESB festgelegten Zeitabständen (Rechnungsperioden), mindestens aber alle zwei Jahre, zur Genehmigung vorzulegen. Die Genehmigung setzt eine Prüfung voraus, wie dies in aArt. 413 Abs. 2 noch ausdrücklich formuliert worden ist, weshalb in der Praxis auch der Begriff «Rechenschaftsperiode» verwendet wird. Dieses Pflicht zur Rechnungslegung ist dem Auftragsrecht nachgebildet: Auch der bestellte Geschäftsführer hat auf Verlangen jederzeit Rechnung abzulegen. In der Rechnungsführung liegt eine Fortsetzung der Inventarisierung (Art. 405 Abs. 2 und 3). Nur sie ermöglicht die jederzeitige Feststellung des Standes des verwalteten Vermögens, gewährleistet dadurch die sorgfältige Verwaltung und eine Abgrenzung der Verantwortlichkeiten (ZK-Egger, aArt. 398 ZGB N 21 und aArt. 413 ZGB N 19). Nebst der Inventarisierung, den in Art. 416 und 417 vorbehaltenen zustimmungsbedürftigen Geschäften, der sicheren Verwahrung der anvertrauten Vermögen (bundesrätliche Verordnung zur Zeit der Drucklegung dieses Kommentars noch offen, vgl. aber Art. 408 N 20 und aArt. 399) und der Pflicht zur Berichterstattung (Art. 411) bildet die Rechnungslegung das **Rückgrad behördlicher Aufsicht** über die Führung einer Beistandschaft mit Vermögensverwaltung (KUKO ZGB-Häfeli, Art. 410 N 2; ZK-Egger, aArt. 413 ZGB N 19, 21, aArt. 426 ZGB N 43, 46; BK-Kaufmann, aArt. 413 ZGB N 26). Es handelt sich demnach um ein wichtiges Instrument des **Qualitätsmanagements** zur Führung einer Beistandschaft: Die Rechnungsführung dient der Qualitätsplanung und -lenkung, die Kontrolle der Qualitätssicherung und -förderung (Seghezzi, 19–39).

2 Die Art der Rechnungsführung und Rechnungsablage (Art. 410 Abs. 1) ist nicht weiter geregelt, ausser dass eine Rechenschafts- bzw. Rechnungsperiode von **höchstens zwei Jahren** vorgeschrieben wird. Diese kann von der KESB aber auch verkürzt werden, insb. bei Unklarheiten bei der Inventaraufnahme oder anders begründeter ungewisser Ausgangslage, ungewissen Prognosen zum Mandatserfolg oder Unsicherheiten über die Eignung des Beistandes. Kürzere Perioden erlauben es der KESB, rechtzeitig eine Erfolgsevaluation und allenfalls erforderliche Anpassungen der Massnahme oder einen Beistandswechsel vorzunehmen (zur Handlungspflicht der KESB bei ungeeignetem Beistand vgl. BGE 135 III 198).

3 Eine Verlängerung der Rechenschaftsperiode ist von Gesetzes wegen nicht vorgesehen. In der Praxis kann es sich aber in Ausnahmefällen als sinnvoll erweisen, so insb., wenn eine Übertragung der Massnahme auf einen kurz nach Fälligkeit der Periode festgelegten Zeitpunkt verfügt wurde. Bei Kindesschutzmassnahmen, welche nicht durch eine Erwachsenenschutzmassnahme abgelöst werden müssen, kann auch das Erreichen der Volljährigkeit kurz nach Fälligkeit der Rechenschaftsperiode einen Grund zur Verlängerung abgeben. Das «kurz» sollte sich nicht in einem grösseren Rahmen als drei bis vier Monate bewegen.

4 Die KESB hat die Möglichkeit, den Beistand von der Inventarpflicht, der Pflicht zur periodischen Berichterstattung und Rechnungsablage sowie der Pflicht, für bestimmte Geschäfte die Zustimmung einzuholen, **ganz oder teilweise entbinden**, wenn die Umstände es rechtfertigen und es sich beim Beistand um den Ehegatten, den eingetragenen Partner, die Eltern, Nachkommen, Geschwister oder den faktischen Lebenspartner (Konkubinen) handelt (Art. 420). Diese Privilegierung ist allerdings aus Sicherheits- und Verantwortlichkeitsgründen mit grösster Zurückhaltung anzuwenden (vgl. Komm. Art. 420; KUKO ZGB-Häfeli, Art. 410 N 6 ff. und dort zitierte Quelle), weil sie es der KESB verunmöglicht, die im Interesse der schutzbedürftigen Person liegende Aufsicht wahrzunehmen.

II. Inhalt der Rechnung

Ausgangsbasis der Rechnungsablage bildet das **Inventar** (Art. 405 Abs. 2 und 3; BGer vom 8.7.2011, 5D_62/2011, E. 3.2.3), ab zweiter Periode die genehmigte Rechnung der Vorperiode. Die Rechnungsführung richtet sich naturgemäss nach der Grösse und Zusammensetzung des verwalteten Vermögens (BK-KAUFMANN, aArt. 413 ZGB N 22). Die Rechnung hat Aufschluss zu geben über alle **Einnahmen und Ausgaben**, über **Kapitalveränderungen**, allfällige getrennt geführte **Liegenschaftsverwaltungen** und **Geschäftsbuchhaltungen** sowie über allenfalls im Ausland liegendes Vermögen (OFK-ZGB-FASSBIND, N 1; BSK ZGB I-GULER aArt. 413 N 11; ZK-EGGER, aArt. 413 ZGB N 21; HÄFELI, Wegleitung, 230 f.). Für der verbeiständeten Person überlassene Beiträge (Beiträge zur freien Verfügung, Art. 409) muss die verbeiständete Person keine Buchhaltung führen, die entsprechenden Ausgänge sind aber in der Buchhaltung des Beistandes nachzuweisen. Das gilt auch für Taschengeld, das in Heimen für die verbeiständeten Heimbewohner hinterlassen wird, wobei es sich immer nur um bescheidene Beträge handeln kann. 5

Der betreuten Person und den behördlichen Kontrollorganen muss anhand von **Originalbelegen** der Nachweis erbracht werden, dass die Bewirtschaftung des Vermögens (im umfassenden Sinn) im Interesse der verbeiständeten Person erfolgt ist. Neben formalen buchhalterischen Aspekten ist namentlich auch entscheidend, ob alle vermögensrelevanten **Rechtsansprüche** (Ergänzungsleistungen, Sozialversicherungsrenten und -kapitalien, Krankheitskostenrückerstattungen, Sachleistungsansprüche, verjährbare private Forderungen etc.) geltend gemacht wurden und für allfällig im Raum stehende Forderungen gegen die verbeiständete Person (z.B. Nach- und Strafsteuern) die nötigen Rückstellungen vorgenommen wurden. 6

Bei der Rechnungsablage ist im begleitenden Bericht namentlich auch auf **ausstehende Zahlungseingänge** und **nicht bezahlte Rechnungen** grösseren Ausmasses hinzuweisen, weil diese die Bilanz verändern. Gegenstand von Hinweisen, die buchhalterisch nicht abgebildet werden, bilden auch **Verlustscheine** (wurden die entsprechenden Schulden getilgt oder Verlustscheine zurückgekauft?, Art. 405 N 30) sowie **bezogene Sozialhilfe**, welche im Falle günstiger Verhältnisse allenfalls zurückzuzahlen sind (sie sind solange nicht als Schulden zu behandeln, als sie vom unterstützenden Gemeinwesen nicht zur Rückzahlung geltend gemacht werden, Art. 405 N 30). Bei dauernd sozialhilfeabhängigen Personen wird dieser Posten allerdings praxisgemäss nicht aufgeführt, weil er für die Aufsichtstätigkeit der KESB ohne Relevanz ist (vgl. immerhin die Pflicht, bei Kosten verursachenden Massnahmen von ebenbürtigen Möglichkeiten die günstigste – nicht billigste – zu wählen und zum Verbot, rechtsmissbräuchlich Sozialhilfe für Fremdunterbringungen zu beanspruchen: HEGNAUER, ZVW 1996, 43; BGE 135 V 134 E. 4.4). 7

Ist die betreute Person verheiratet oder lebt sie in eingetragener Partnerschaft, so richtet sich die Rechnungsablage nach der im Inventar vorgenommenen Vermögensausscheidung zwischen den Ehegatten bzw. eingetragenen Partnern (vgl. Art. 405 N 21 f.). 8

Die Rechnung ist mit einem **Vermerk** zu versehen, aus dem hervorgeht, dass und an welchem Datum sie der verbeiständeten Person erläutert worden sei und ob ihr eine Kopie ausgehändigt wurde (N 14). Hat der Beistand darauf verzichtet, ist dies ebenfalls in einem Vermerk zu begründen, damit die Einhaltung der Bestimmung von Art. 410 Abs. 2 von der KESB geprüft werden kann. 9

Bei **Säumnis** kann der Beistand mittels behördlicher Verfügung zur Einreichung der notwendigen Unterlagen angehalten werden (Art. 415 Abs. 3 i.V.m. Art. 448). Das gilt auch, wenn die Rechnung unvollständig ist, erforderliche Belege fehlen oder nicht an das Inven- 10 tar anknüpft (BGer vom 8.7.2011, 5D_62/2011, E. 3.2.3). Kommt er der Aufforderung der KESB nicht nach, ist er je nach den Umständen und unter Beachtung des Verhältnismässigkeitsprinzips unter Androhung der Ungehorsamsstrafe nach Art. 292 StGB (Ungehorsam gegen eine amtliche Verfügung) zur Rechnungsablage aufzufordern. Gegebenenfalls ist ihm die Ersatzvornahme auf seine Kosten anzudrohen und diese kann bei Ablauf der Frist auch vollstreckt werden (Art. 450g; SCHMID, Art. 415 N 11) Die Vollstreckung richtet sich nach Art. 445, 448 und 450g ZGB, soweit die Kantone nicht ergänzendes Verfahrensrecht erlassen haben und die ZPO Anwendung findet. Zur Problematik der subsidiären Anwendbarkeit der ZPO in der Vollstreckung vgl. im Übrigen Art. 450g N 12 ff. und 59.

11 Soweit der zur Übernahme der Kosten für die Ersatzvornahme verpflichtete Mandatsträger mit seiner Beschwerde gegen die Kostenauflage überwiegend wirtschaftliche Zwecke verfolgt, der nötige Streitwert nicht erreicht wird und auch keine Rechtsfragen von grundsätzlicher Bedeutung zu beurteilen sind, steht ihm nicht die in erwachsenenschutzrechtlichen Aufsichtssachen übliche Beschwerde in Zivilsachen (Art. 72 Abs. 2 lit. b Ziff. 6 BGG) zur Verfügung, sondern nur die subsidiäre Verfassungsbeschwerde (BGer vom 8.7.2011, 5D_62/2011, E. 1.1)

III. Form der Rechnung

12 Über die Form der Abrechnung enthält das Bundesrecht weder Vorgaben noch Vorbehalte zugunsten des kantonalen Rechts (vgl. aArt. 425 Abs. 2). **Bundesrechtliche Ausführungsbestimmungen**, welche durch den Bundesrat zu erlassen sind, beschränken sich auf die Anlage und die Aufbewahrung des Vermögens (Art. 408 Abs. 3). Zwar bietet Art. 441 Abs. 2 dem Bundesrat eine Grundlage zum Erlass von Bestimmungen über die Aufsicht. Diesbezüglich lässt die eidgenössische Exekutive allerdings bisher jeglichen Legiferierungswillen vermissen. Damit entsteht durch den Wegfall bisher sehr unterschiedlicher und teils auch detaillierter kantonaler Regelungen und durch das Fehlen sie ersetzender bundesrechtlicher Vorgaben ein Vakuum, das durch Weisungen der einzelnen KESB oder ihrer Aufsichtsorgane zu füllen sein wird und einer anzustrebenden Effizienz und Effektivität zuwiderläuft. Mit den Modellvorlagen in ihrer Praxisanleitung wird die KOKES dieses Manko etwas abfedern (bei Drucklegung dieses Kommentars noch nicht publiziert).

13 Die vorgelegte Rechnung muss sich an **buchhalterischen Standards** orientieren, d.h. mindestens ordentlich, übersichtlich und vollständig sein (SCHMID, Art. 410 N 4). Professionelle Amtsbeistandschaften (professionelle Mandatsträger, ProMa) arbeiten in aller Regel mit IT-gestützten Betreuungsmodulen, während private Beistände (private Mandatsträger, PriMa) auf individuelle Vorgaben und Unterstützung der KESB zurückgreifen müssen (Art. 400 Abs. 3), soweit ihnen nicht angeboten werden kann, die Buchhaltung über die entsprechenden Fachstellen der Amtsbeistandschaften zu führen.

IV. Beizug der betroffenen Person

14 Der Beistand ist verpflichtet, die Rechnung der verbeiständeten Person zu erläutern und ihr auf Verlangen eine Kopie auszuhändigen. Die **Erläuterungs- und Kopieaushändigungspflicht** findet ihre Rechtfertigung in der Achtung der Persönlichkeit und im Bedürfnis nach Transparenz (Botschaft Erwachsenenschutz, 7053). Eingeschränkt wird sie durch die Erkenntnisfähigkeit der verbeiständeten Person und die Gefahr, dass die Rechnung in falsche Hände geraten (Botschaft Erwachsenenschutz, 7053) oder der Betreuungszweck vereitelt werden könnte. Das Einsichtsrecht ist ein relativ höchstpersönliches Recht (Entscheid der Justizdirektion des Kt. ZH vom 28.8.1986, ZVW 1987, 78), weshalb an die Urteilsfähigkeit keine grossen Anforderungen zu stellen sind.

Die Mitwirkung der verbeiständeten Person zur Rechnungsablage bietet die Möglichkeit zur Standortbestimmung, zur Evaluation der Massnahme, zur Überprüfung der Kongruenz von Erwartungen der verbeiständeten Person mit dem Auftragsverständnis des Beistandes und den Anordnungen der KESB und damit zu allfälligen Anträgen an die KESB, nebst der Rechnungsgenehmigung allenfalls weiter Entscheide zu fällen (namentlich Anpassung oder Aufhebung der Massnahme oder Beistandswechsel). **15**

Die Mitwirkung der betreuten Person bei der Rechnungsablage und deren Einverständnis bedeutet keine endgültige Décharge an den Beistand und hindert eine spätere Verantwortlichkeitsklage gem. Art. 454 nicht (GOOD, § 8 Rz 60). **16**

Die Prüfung der Rechnung und des zugehörigen Berichtes richtet sich nach Art. 415. **17**

Art. 411

E. Berichterstattung

1 Der Beistand oder die Beiständin erstattet der Erwachsenenschutzbehörde so oft wie nötig, mindestens aber alle zwei Jahre, einen Bericht über die Lage der betroffenen Person und die Ausübung der Beistandschaft.

2 Der Beistand oder die Beiständin zieht bei der Erstellung des Berichts die betroffene Person, soweit tunlich, bei und gibt ihr auf Verlangen eine Kopie.

E. Rapport d'activité

1 Aussi souvent qu'il est nécessaire, mais au moins tous les deux ans, le curateur remet à l'autorité de protection de l'adulte un rapport sur son activité et sur l'évolution de la situation de la personne concernée.

2 Dans la mesure du possible, il associe la personne concernée à l'élaboration du rapport; il lui en remet une copie à sa demande.

E. Rapporto

1 Ogniqualvolta sia necessario, ma almeno ogni due anni, il curatore rimette all'autorità di protezione degli adulti un rapporto sulla situazione dell'interessato e sull'esercizio della curatela.

2 Per quanto possibile, il curatore coinvolge l'interessato nell'allestimento del rapporto e su richiesta gliene fornisce una copia.

Inhaltsübersicht

Literatur

Vgl. die Literaturhinweise zu Art. 405.

Materialien

Art. 402 VE Erwachsenenschutz 2003; VE Erwachsenenschutz/Vernehmlassungen, 230 ff.; Botschaft Erwachsenenschutz, 7054 und 7154; Prot. RK-S vom 27./28. 8. 2007, 18 f.; AmtlBull StR 2007, 836; Prot. RK-N vom 24./25. 4. 2008, 23; AmtlBull NR 2008, 1522.

I. Funktion der Berichterstattung

1 Nicht nur die Anordnung, auch die Führung der Beistandschaft unterliegt den Prinzipien der Subsidiarität und der Verhältnismässigkeit. Die Berichterstattung gem. Art. 411 und die Kontrolle gem. Art. 415 bilden zusammen ein **Steuerungsinstrument** (BSK ZGB I-Affolter, aArt. 451–453 N 28), welches der KESB sowohl eine Beaufsichtigung und Überprüfung der Tätigkeit des Mandatsträgers als auch eine Standortbestimmung für die betroffene Person erlaubt (Botschaft Erwachsenenschutz, 7054).

2 Der zum Bericht verpflichtete Beistand vermittelt mit seinem Bericht **Einblick** in die Situation der verbeiständeten Person, aber auch in seine Arbeitsweise und seine Aktionsfelder, gibt Aufschluss über den erbrachten Aufwand (Input) und die erzielten Ergebnisse (Outcome). Die **Evaluation** der Beistandstätigkeit einerseits durch den Beistand, andererseits durch die mitwirkende verbeiständete Person, und schliesslich durch die KESB bildet die Basis für die Weiterführung oder Abänderung der Massnahme oder die Entlassung des Beistandes (Art. 415 Abs. 3, Art. 421–423; Botschaft Erwachsenenschutz, 7054; BGE 135 III 198 E. 6.2; Affolter, ZVW 2003, 397 f.; Hegnauer, ZVW 1984, 81 ff). Sie dient ausserdem der Ausformulierung der **Zielsetzungen** für die kommende Berichtsperiode (Botschaft Erwachsenenschutz, 7054; OFK-ZGB-Fassbind, Art. 411 N 1).

II. Inhalt des Berichts

3 Selbstverständlich bezieht sich die Berichterstattung nur auf das erhaltene **Mandat** (die im Anordnungsbeschluss formulierten Aufträge) sowie über allenfalls daran vorzunehmende Änderungen (Art. 414 ZGB, Art. 397a OR), wozu der Beistand der KESB Antrag zu stellen hat.

4 Mit der bewussten Trennung von Rechnungsablage (Art. 410) und Berichterstattung will der Gesetzgeber die eigenständige Bedeutung der **persönlichen Betreuung** hervorheben (Botschaft Erwachsenenschutz, 7054). Allerdings beschränkt sich der **Umfang** der Berichterstattung nicht auf die persönliche Betreuung, sondern sie hat sich aufgrund ihrer Zweckbestimmung auch über **Auffälligkeiten und Besonderheiten der Rechnung** (z.B. Erläuterung eines Vermögensverzehrs oder von Vermögensanfall), über die **rechtliche Interessenwahrung** (z.B. Ergebnis von Rechtsstreiten, offene oder ungeklärte Probleme) sowie über die in der Berichtsperiode angefallenen **zustimmungsbedürftigen Rechtsgeschäfte** (Art. 416–418) zu äussern.

5 Zu **Gestaltung** und **Ausführlichkeit** des Berichts lassen sich dem Gesetz keine direkten Aussagen entnehmen. Massgeblich sind Art und Umfang des Auftrags (Botschaft Erwachsenenschutz, 7054). Die Berichterstattung bewegt sich in einem Spannungsfeld zwischen einer im Persönlichkeitsschutz gründenden Diskretionspflicht einerseits, dem Bedürfnis und der Notwendigkeit nach einem offenen Ansprechen der unterstützungsbedürftigen Lebensbereiche andererseits. Wenn die KESB, der Beistand und die verbeiständete Person eine **kongruente Vorstellung über den Grund, den Sinn und die Zielsetzungen einer Beistandschaft** haben sollen, ist es unumgänglich, vorhandene Ressourcen, aber auch Defizitbereiche offen zu benennen. Auch wenn ein Bericht über die Betreuungsarbeit immer nur eine subjektive Sicht des Beistandes wiedergeben kann, hat er sich an der im Massnahmenbeschluss formulierten Problemanalyse zu orientieren und sich Werturteilen gegenüber der betreuten Person zu enthalten.

6 Bei **umfassenden Betreuungsmandaten** bezieht sich der Inhalt des Berichts auf die persönliche Betreuung (wichtigste Lebensbereiche wie Wohnen, Arbeit, Gesundheit, soziale Einbettung, persönliche Befindlichkeit und Entwicklung der Selbständigkeit), die recht-

liche Interessenwahrung und sämtliche finanziellen Belange. Bei **Minderjährigen** gibt der Bericht Auskunft über die Betreuungs- und Erziehungssituation, den Gesundheits- und Entwicklungsstand, die schulische und berufliche Ausbildung sowie die Beziehungen zu Eltern und sozialem Umfeld, sofern das Mandat eine umfassende Betreuung beinhaltet.

III. Form des Berichts

Die Form der Berichterstattung lässt das Gesetz offen. Weil aber der zu erstattende Bericht «erstellt» werden muss, dazu die **betroffene Person soweit tunlich beizuziehen** und ihr auf Verlangen eine Kopie auszuhändigen ist (Art. 411 Abs. 2), lassen sich die gesetzlichen Anforderungen nur in **schriftlicher** Form realisieren. Die KOKES bietet in ihrer Praxisanleitung dazu eine Modellvorlage (bei Drucklegung dieses Kommentars noch nicht publiziert). Denkbar ist in Ausnahmefällen allerdings auch eine **mündliche** Berichterstattung, welche – wenn die verbeiständete Person urteilsfähig ist – in deren Anwesenheit zu erfolgen hat und von der KESB zu protokollieren ist (BSK ZGB I-Affolter, aArt. 451–453 N 31; OFK-ZGB-Fassbind, Art. 411 N 1; Good, § 9 Rz 7). Diese Schreibhilfe kann auch vom Sekretariat der KESB geleistet werden, wenn im Anschluss daran die KESB die Prüfung i.S.v. Art. 415 vornimmt. 7

Die **Berichtsperioden** richten sich nach den Bedürfnissen des Einzelfalls, umfassen aber allerhöchstens einen Zeitraum von zwei Jahren. Die KESB kann kürzere Intervalle festlegen (z.B. bei unsicherer Prognose über den Erfolg der verfügten Massnahme), und der Beistand haben von sich aus Bericht zu erstatten, wenn es sich z.B. wegen veränderter Verhältnisse als notwendig erweist (Art. 414). Für eine (kurze) Verlängerung der Berichtsperiode in begründeten Fällen gilt das unter Art. 410 N 3 Geschriebene. 8

IV. Beizug der betroffenen Person

Der Beizug der betroffenen Person, der Verzicht darauf und die Weigerung, den Bericht mitzuunterzeichnen, sind in einem Vermerk festzuhalten und gegebenenfalls zu begründen. Gründe des **fehlenden Beizugs** können namentlich fehlende Urteilsfähigkeit und Verweigerung gegenüber dem Beistand sein. Der Entscheid über den Beizug liegt im pflichtgemässen Ermessen des Beistandes (OFK-ZGB-Fassbind, Art. 410 N 2 und 411 N 1), wobei dieser seine Ermessensausübung primär an der Achtung der Persönlichkeit der betroffenen Person zu orientieren hat. Auf den Beizug zu verzichten, weil die Betreuungsarbeit sonst gefährdet würde, lässt sich i.d.R. höchstens bei Personen mit einer schweren psychischen Störung rechtfertigen. Allerdings ist auch bei solchen Mandaten auf grösstmögliche Offenheit und Transparenz zu achten. **«Verdeckte Berichte»** bergen das Risiko in sich, dass sich die betroffene Person bedroht fühlt, Ängste gegenüber Beistand und Behörde entwickelt oder verstärkt werden und die nötige Vertrauensbasis (Art. 406 Abs. 2) beeinträchtigt wird. Vergleiche im Übrigen Art. 410 N 14–17. 9

Art. 412

F. Besondere Geschäfte

[1] Der Beistand oder die Beiständin darf in Vertretung der betroffenen Person keine Bürgschaften eingehen, keine Stiftungen errichten und keine Schenkungen vornehmen, mit Ausnahme der üblichen Gelegenheitsgeschenke.

[2] Vermögenswerte, die für die betroffene Person oder für ihre Familie einen besonderen Wert haben, werden wenn immer möglich nicht veräussert.

F. Affaires particulières

[1] Le curateur ne peut, au nom de la personne concernée, procéder à des cautionnements ni créer des fondations ou effectuer des donations, à l'exception des présents d'usage.

[2] Dans la mesure du possible, il s'abstient d'aliéner tout bien qui revêt une valeur particulière pour la personne concernée ou pour sa famille.

F. Negozi particolari

[1] In rappresentanza dell'interessato, il curatore non può contrarre fideiussioni, costituire fondazioni né fare donazioni, fatti salvi i regali d'uso.

[2] Gli elementi del patrimonio che hanno un valore particolare per l'interessato o la sua famiglia non possono, per quanto possibile, essere alienati.

Inhaltsübersicht

Literatur

Vgl. die Literaturhinweise zu Art. 405.

Materialien

Art. 399 VE Erwachsenenschutz 2003; VE Erwachsenenschutz/Vernehmlassungen, 228 f.; Botschaft Erwachsenenschutz, 7054 f. und 7154; Prot. RK-S vom 27./28.8.2007, 19; AmtlBull StR 2007, 836; Prot. RK-N vom 24./25.4.2008, 23; AmtlBull NR 2008, 1522.

I. Verbotene Geschäfte

1 Die Bestimmung entspricht der alten Regelung in aArt. 408 («Verbotene Geschäfte»; Botschaft Erwachsenenschutz, 7054). In Vertretung des Verbeiständeten dürfen keine **Bürgschaften** eingegangen werden (Art. 492 ff. OR), keine **Stiftungen** errichtet (N 4, Art. 80 ff. ZGB, insb. Art. 80, 86a, 87, 335, wobei auch ausländische, namentlich liechtensteinische Stiftungen eingeschlossen sind) und keine **Schenkungen** (Art. 239 ff. OR) vorgenommen werden.

2 Die Bestimmung richtet sich an den **Beistand**, nicht an die verbeiständete Person. Diese kann deshalb uneingeschränkt die in Art. 412 Abs. 1 erwähnten Rechtsgeschäfte vornehmen, soweit ihr die Handlungsfähigkeit nicht entzogen ist (Art. 398). Sie kann insb. aus dem Vermögen, das nicht ausschliesslich dem Beistand zur Verwaltung anvertraut ist, jede Art von Schenkung vornehmen. Das gilt auch für die der handlungsunfähigen Person zur freien Verfügung überlassenen Beträge (Art. 409).

3 Verboten sind **alle Arten von Bürgschaften** (Art. 492–498 OR), nicht aber die Begründung eines Pfandes für eigene Schulden, der Garantievertrag, die Wechselbürgschaft, der Kreditauftrag und die Schuldübernahme. Die Zulässigkeit der Pfandbestellung für Schulden Dritter ist dagegen umstritten (BSK ZGB I-Leuba, Art. 408 N 9 f.). Die Erneuerung einer bestehenden Bürgschaft ist möglich, wenn sie im Interesse der betreuten Person liegt (ZK-Egger, aArt. 407 ZGB N 4).

4 Zulasten der betreuten Person dürfen keine **Stiftungen** errichtet werden, selbst wenn deren Zweck dazu dient, die Beistandschaft abzulösen (BGE 79 II 121; BK-Riemer, Art. 81 ZGB N 10). Das Verbot von Art. 412 erstreckt sich jedoch nicht auf die Errichtung einer Stiftung

durch Verfügung von Todes wegen; ebenso ist eine Stiftungserrichtung dann möglich, wenn die verbeiständete Person eine Schenkung erhält, welche an eine diesbezügliche Auflage gebunden ist (BSK ZGB I-Leuba, Art. 408 N 22 und dort zitierte Quellen).

Vom Sprachgebrauch her wurden im alten Recht «erhebliche Schenkungen» verboten. **5** Die neue Bestimmung umschreibt dagegen jene Schenkungen, welche gestattet sind, nämlich **«übliche Gelegenheitsgeschenke»**. Es handelt sich um Schenkungen, welche in Bezug auf Umfang und Natur üblich sind, z.B. Weihnachts- oder Geburtstagsgeschenke (Botschaft Erwachsenenschutzrecht, 7054). Die Üblichkeit ist allerdings kein amtlicher Standard, sondern orientiert sich wiederum an den **Verhältnissen** und dem **mutmasslichen Willen der verbeiständeten Person** sowie ihrem diesbezüglichen allfälligen Vorleben, wenn es sich nicht als Thema der Schutzbedürftigkeit erwies (z.B. Unfähigkeit, vernünftig, d.h. den konkreten Verhältnissen angepasst, mit Geld umzugehen; s. BGE 136 III 113 E. 3.2.2). Kriterien sind hier die ethische Orientierung der betreuten Person, das gesinnungsmässige Engagement, die verfügbaren finanziellen Ressourcen, eine vorbestehende geübte Unterstützungspraxis der verbeiständeten Person und die Intensität von Beziehungen. So wird der Beistand über Jahre zurückzuverfolgende Geschenk-, Gönner- und Spendepraktiken des Verbeiständeten weiterführen, wenn die Mittel dazu ausreichen, und andererseits auch bei opulentesten Vermögensverhältnissen keine Schenkungen und Vergabungen vornehmen dürfen, wenn sich beim Verbeiständeten diesbezüglich vor seiner Verbeiständung eine gefestigte Einstellung nachzeichnen lässt (Art. 408 N 4).

Bei den vom Verbot betroffenen Schenkungen kann es sich um eine **Auslage** oder den **6** **Verzicht auf eine Einnahme** handeln. Eine derartige Schenkung führt zu einer wirtschaftlichen Besserstellung des Beschenkten, während zulässige übliche Gelegenheitsgeschenke **Ausdruck persönlicher oder sozialer Verbundenheit ohne massgeblichen Vermögensverzicht** oder **üblichen Kulturverhaltens** sind oder **sittlicher Pflicht** entspringen (Specker, ZVW 1949, 85 ff.).

Die Bestimmung sieht mit Bezug auf übliche Gelegenheitsgeschenke **keine Ausnahmen** **7** vor, weshalb die unter altem Recht tolerierte Praxis, welche mit Zustimmung der Vormundschaftsbehörde erhebliche Schenkungen zuliess, wenn letztere vernünftig erschienen, dem erkennbaren Willen der verbeiständeten Person Rechnung trugen, mit Rücksicht auf das Vermögen des Verbeiständeten verhältnismässig waren und dessen Interessen nicht zuwiderliefen (Urteil der Chambre des tutelles du TC VD vom 31.10.2002, ZVW 2003, 172 f.; CHK-Affolter/Steck/Vogel, aArt. 408 ZGB N 1), nicht aufrechterhalten werden kann.

Nicht erfasst vom Verbot sind der Verzicht auf ein Recht, welches der Verbeiständete noch **8** nicht erworben hat **(Anwartschaft)**, die **Schenkung von Todes** wegen (soweit es sich nicht um eine letztwillige Verfügung handelt, welche höchstpersönlicher Natur und damit zum vorneherein vertretungsfeindlich ist), die **Ausschlagung der Erbschaft** (Art. 566) und der **entgeltliche Erbverzichtsvertrag**, welche allerdings im Interesse der betreuten Person liegen müssen und in den letzten beiden Fällen der Zustimmung der KESB bedürfen (Art. 416 Ziff. 3; BSK ZGB I-Leuba, aArt. 408 N 19 und dort zitierte Quellen).

Ob besondere Geschäfte, welche vom Beistand in **Missachtung von Art. 412** vorgenom- **9** men wurden, **nichtig** oder nur **ungültig** sind, ist umstritten (für Nichtigkeit: Deschenaux/Steinauer, Personnes, Rz 988, unter Berufung auf BGE 63 II 129, 132; BK-Kaufmann, aArt. 408 ZGB N 11; Koeppel, 243; BSK ZGB I-Leuba, aArt. 408 N 26; Schmid, Art. 412 N 6; für Ungültigkeit: ZK-Egger, aArt. 408 ZGB N 11; OFK-ZGB-Fassbind, Art. 412 N 1; Hausheer/Geiser/Aebi-Müller, Erwachsenenschutzrecht, Rz 2.132). Ohne gültiges Rechtsgeschäft erfolgte Leistungen führen zu ungerechtfertigter

Bereicherung der Leistungsempfänger und sind gem. Art. 62 OR zurückzuerstatten (BSK OR I-VOGT, Art. 240 N 4).

10 Die **Gutgläubigkeit des Dritten** ist nicht geschützt (BSK ZGB I-LEUBA, Art. 408 N 27 und dort zitierte Quellen).

II. Vermögenswerte mit Affektionswert

11 Vermögenswerte, die für die betroffene Person oder für ihre Familie einen **besonderen Wert** (Affektionswert, valeur d'affection) haben, sollen wenn immer möglich nicht veräussert werden. Diese Bestimmung fand sich in ähnlicher Form bereits in aArt. 400 Abs. 2, wobei das alte Recht sich auf «Gegenstände», das neue auf «Vermögenswerte» bezieht. Damit werden im neuen Recht klarerweise alle Vermögenswerte (nebst Gegenständen auch Liegenschaften, Erfindungspatente etc.) und damit der ganze Wirkungsbereich des Verwaltungsbeistandes angesprochen. Was Gegenstände mit Affektions-, aber *ohne Vermögenswert* anbelangt (Fotos ohne besonderen künstlerischen oder historischen Wert, Andenken etc.), ergeben sich die Voraussetzungen und der Umfang der Aufbewahrungspflicht aus Art. 388 und 406 (Wahrung der Persönlichkeitsrechte).

Art. 413

G. Sorgfalts- und Verschwiegenheitspflicht

1 Der Beistand oder die Beiständin hat bei der Erfüllung der Aufgaben die gleiche Sorgfaltspflicht wie eine beauftragte Person nach den Bestimmungen des Obligationenrechts.

2 Der Beistand oder die Beiständin ist zur Verschwiegenheit verpflichtet, soweit nicht überwiegende Interessen entgegenstehen.

3 Dritte sind über die Beistandschaft zu orientieren, soweit dies zur gehörigen Erfüllung der Aufgaben des Beistands oder der Beiständin erforderlich ist.

G. Devoir de diligence et obligation de conserver le secret

1 Le curateur accomplit ses tâches avec le même devoir de diligence qu'un mandataire au sens du code des obligations.

2 Il est tenu au secret, à moins que des intérêts prépondérants ne s'y opposent.

3 Lorsque l'exécution des tâches qui lui sont confiées l'exige, il doit informer des tiers de l'existence d'une curatelle.

G. Obbligo di diligenza e di discrezione

1 Il curatore adempie i suoi compiti con la stessa diligenza cui è tenuto il mandatario secondo le disposizioni del Codice delle obbligazioni.

2 Il curatore è tenuto alla discrezione, eccetto che interessi preponderanti vi si oppongano.

3 I terzi sono informati sulla curatela per quanto sia necessario al debito adempimento dei compiti del curatore.

Inhaltsübersicht

Note

Literatur

Vgl. die Literaturhinweise zu Art. 405.

Materialien

Art. 400 und 448 VE Erwachsenenschutz 2003; VE Erwachsenenschutz/Vernehmlassungen, 229 und 414 ff.; Botschaft Erwachsenenschutz, 7055 und 7154; Prot. RK-S vom 27./28. 8. 2007, 19; AmtlBull StR 2007, 836; Prot. RK-N vom 24./25. 4. 2008, 23; AmtlBull NR 2008, 1522.

I. Sorgfaltspflicht

1. Allgemeines

Die Sorgfaltspflichten des Beistands richten sich nach jenen des **Beauftragten** gem. Art. 398 OR (Art. 413 Abs. 1 ZGB). Inhaltlich ergeben sie sich aus den erteilten Aufträgen der KESB sowie der «Policy» gem. Art. 388 und 405–412. Der Sorgfaltsbegriff des Auftrags- und Arbeitsrechts gilt auch für die Tätigkeit des Beistands (OFK-ZGB-Fassbind, Art. 413 N 1). Die erforderliche Sorgfalt im Zusammenhang mit der Vermögensverwaltung wird bereits in Art. 408 Abs. 1 angesprochen. 1

2. Eigenes und delegiertes Handeln

Grundsätzlich hat der Beistand **persönlich zu handeln**, ausgenommen dann, wenn er zur Übertragung an einen Dritten ermächtigt oder durch die Umstände genötigt ist, oder wenn eine Vertretung übungsgemäss als zulässig betrachtet wird (Art. 398 Abs. 3 OR). Es obliegt dem Beistand, seine Mandatsführung sorgfältig zu planen, sein persönliches Handeln und den Einsatzbereich Dritter klar abzugrenzen und zu harmonisieren, und insb. auch bei persönlicher Drittbetreuung (Heime, Pflegeeltern etc.) die **Aufsicht** sicherzustellen (Art. 408 N 14 f.). Auch wenn im Bereich der persönlichen Fürsorge nicht in erster Linie materielle, sondern ideelle Interessen im Vordergrund stehen, und hiefür Schadenersatz kaum je geltend gemacht werden kann (Hegnauer, ZVW 2007, 170 ff.), führen mangelhafte Mandatsführung und daraus entstehende Personenschäden zur Verantwortlichkeit des Beistands (dazu N 14). Die Pflicht zur Sorgfalt beschränkt sich deshalb nicht allein auf die **Vermeidung** möglicher **materieller Schäden**, sondern auch auf die Vermeidung von **Persönlichkeitsverletzungen** und **Rechtsverlusten**. 2

In allen drei klassischen Handlungsbereichen des Beistands ist die **Übertragung von Aufgaben an Dritte** üblich (vgl. auch Art. 408 N 14 und die dort erwähnten Kriterien): Im Bereich der persönlichen Betreuung namentlich die Betagten- und Krankenbetreuung, im Bereich der Vermögensverwaltung z.B. die Verwaltung von Liegenschaften und Wertschriften, im Bereich der rechtlichen Vertretung z.B. die Geltendmachung von Rechtsansprüchen sowie die Prozessführung und Abwicklung heikler Rechtsgeschäfte. 3

Werden einzelne Besorgungen Dritten anvertraut, müssen diese darüber orientiert sein, dass gegebenenfalls die nötigen **Zustimmungen der KESB** einzuholen sind und die 4

Handlungs- und Auftragsbefugnisse des Beistandes von Gesetzes wegen beschränkt sind (Art. 416 und 417).

3. Haftung

5 Die Übertragung an Dritte entbindet die KESB und den Beistand nicht von der eigenen Sorgfaltspflicht. Für das Verhalten beauftragter Dritter haften sie i.S.v. Art. 7 ZGB wie ein **Geschäftsherr** (Art. 55 OR; ZK-Lieber, Art. 7 ZGB N 87). Es gelten m.a.W. die für diesen Tatbestand entwickelten Sorgfaltsgrundsätze betreffend Auswahl, Instruktion und Beaufsichtigung einer Hilfsperson (*cura in eligendo, in instruendo et in custodiendo*; BGE 135 III 198 E. 2.3). So müssen bspw. Vermögensverwalter an die Richtlinien zur Anlage beistandschaftlich geschützter Vermögen gebunden werden (Balestrieri, ZKE 2011, 217; Basler Scherrer, ZKE 2011, 187).

6 Die **Haftung** richtet sich nach den besonderen Regeln des Erwachsenenschutzrechts (Art. 454 f.; vgl. zur primären Haftung des Kantons für widerrechtliche Schadenszufügung durch den Beistand oder die KESB: Botschaft Erwachsenenschutz, 7092; Minger, ZVW 2010, 29 f.). Im Unterschied zum alten Recht (aArt. 426) wird für die Haftung kein Verschulden mehr vorausgesetzt (Minger, ZKE 2010, 25).

II. Verschwiegenheitspflicht

1. Beistand

7 Damit der Beistand seinen Aufgaben gerecht werden kann, bedarf er der dazu notwendigen **Informationsbasis**. Die entsprechenden Daten entspringen weitgehend dem Persönlichkeitsbereich der betroffenen Person und fielen daher auch ohne ausdrückliche Rechtsgrundlage schon im alten Vormundschaftsrecht unter das damalige Vormundschaftsgeheimnis (Elsener, 179 ff.; BK-Schnyder/Murer, aArt. 360 ZGB N 119), welches vorerst aus dem Persönlichkeitsschutz (Art. 8 EMRK, Art. 13 BV, Art. 28 ZGB) und Sinn und Zweck des Erwachsenen- (und Kindes-)Schutzrechts abgeleitet worden ist und später für Private und Organe des Bundes im eidgenössischen Datenschutzgesetz (DSG, SR 235.1) bzw. für kommunale und kantonale Organe in den kantonalen Datenschutz- und Öffentlichkeitsgesetzen eine weitere Grundlage fand. Art. 413 Abs. 2 und 3 regeln dieses Geheimnis nun beistandschaftsbezogen. Sie statuieren für den Beistand eine grundsätzliche **Verschwiegenheitspflicht**, neu als **Kindes- bzw. Erwachsenenschutzgeheimnis** bezeichnet (nach dem Vorschlag von Hausheer/Geiser/Aebi-Müller, Erwachsenenschutzrecht, Rz 1.97). Dieses stärkt das Vertrauensverhältnis zwischen Beistand und betroffener Person (Art. 406 Abs. 2), was wiederum den Erfolg der Massnahme positiv beeinflusst bzw. beeinflussen kann (OFK-ZGB-Fassbind, Art. 413 N 2). Die Verschwiegenheitspflicht der KESB ist sinngemäss in Art. 451 geregelt.

2. Dritte

8 Die Geheimhaltungspflicht des **Vorsorgebeauftragten** (Art. 360 ff.), der **Ehegatten und eingetragenen Partnern von Urteilsunfähigen** (Art. 374 ff.) und der **Vertreter bei medizinischen Massnahmen** (Art. 370 Abs. 2, Art. 377 ff.) richtet sich demgegenüber nicht nach Art. 413 (Botschaft Erwachsenenschutzrecht, 7090), sondern nach der Datenschutzgesetzgebung und dem Personenrecht (Art. 28 ff.), bei materiellem Schaden zudem nach Art. 41 ff. OR.

3. Offenbarungsrecht

Der Beistand und die KESB sind ermächtigt, bei entgegenstehenden überwiegenden Interessen und zum Zweck der gehörigen Auftragserfüllung die Tatsache der Beistandschaft, gegebenenfalls aber auch andere **Daten zu offenbaren** (s.a. Art. 452 f.). Zu denken ist namentlich an die Orientierung von Heimleitungen oder Vermietern über mögliche Auffälligkeiten oder besondere Bedürfnisse des Betreuten, an den Informationsaustausch mit Angehörigen und Dritten, die mit der nötigen Diskretion die Arbeit des Beistandes unterstützen können (Art. 453; Hess, ZVW 1955, 97), mit Ärzten und Kliniken, soweit die persönliche Betreuung dies erfordert, sowie die Orientierung von Gläubigern und Schuldnern des Verbeiständeten (Art. 452 Abs. 2), wenn eine Vermögensverwaltungs- oder umfassende Beistandschaft besteht. Selbstredend gilt dies auch gegenüber Sozial- und Privatversicherungen, wenn Ansprüche geltend zu machen sind. Kriterium in der **Interessenabwägung zwischen Verschwiegenheitspflicht und Offenbarungsrecht** ist allein das Wohl der hilfsbedürftigen Person, das den Beistand zu einem **nachvollziehbaren Entscheidungsprozess** verpflichtet (Affolter, AJP 1998, 650 f). **9**

Die Verschwiegenheitspflicht gilt auch gegenüber **Angehörigen und Nahestehenden**, welche nicht zum Wohl der betreuten Person beitragen, möglicherweise sogar Ursache des Problems sind (z.B. übergriffige Eltern oder ehemalige Pflegeeltern, Eltern von Personen mit geistiger Behinderung oder Menschen mit psychischen Störungen, die in einem Interessenkonflikt stehen, zerstrittene Nachkommen). Grösste Zurückhaltung ist gegenüber **Medien** geboten, weil diese i.d.R. nichts Wesentliches zur Betreuung beitragen können und die Verbeiständeten Anspruch auf Schutz ihrer Privatsphäre geniessen. Auch die Verteidigung eines medial angegriffenen Beistands oder einer KESB vermag i.d.R. keine Preisgabe von Persönlichkeitsdaten des Betreuten zu legitimieren, weil sich Medien für den Einbezug in die Betreuung wenig eignen. Die Aufsicht der Beistände und der KESB ist nicht primär Sache der Medien, sondern erfolgt durch die rechtsstaatlichen Aufsichtsorgane (Art. 415 Abs. 3, 419, 441, 450 ff.). **10**

Der **Informationsaustausch zwischen Beistand und Arzt bzw. Klinik** ist mit Zustimmung der betreuten Person immer möglich. Fehlt die Zustimmung infolge Urteilsunfähigkeit der betreuten Person, kann der Beistand diese Zustimmung als Vertreter erteilen, allerdings nur für Informationen, welche zur Erfüllung des Mandats erforderlich sind. Gegen den Willen der urteilsfähigen betreuten Personen dürfen nur im Rahmen der Amtspflicht und der Notstandshilfe (Art. 14, 17 StGB) Informationen ausgetauscht werden (Art. 405 N 8, Art. 406 N 15 f., 24). **11**

Die Schweigepflicht des Beistands gilt auch mit Bezug auf die delinquente betreute Person. Er ist nicht verpflichtet, eine **Strafanzeige** zu erheben (Art. 168 Abs. 1 lit. g, Art. 302 StPO); im Interesse des Schutzbedürftigen kann es sich aber rechtfertigen (Art. 406 N 31 f.; BSK ZGB I-Affolter, aArt. 406 N 55; Hess, ZVW 1976, 90; Hess, ZVW 1955, 97; BK-Schnyder/Murer, aArt. 360 ZGB N 169). **12**

Der Beistand hat sich dagegen bei seiner Tätigkeit an das **Gebot gesetzmässigen Handelns** zu halten und insb. eine wahrheitsgemässe **Steuerdeklaration** vorzunehmen, auch wenn dies zu Nach- und Strafsteuern führt. Zur Vermeidung von Strafsteuern kann er sogar zur vorzeitigen Selbstanzeige gehalten sein (Art. 406 N 33; Art. 175 Abs. 3 DBG, SR 642.11). **13**

III. Sanktionen

Welche **Sanktionen** die Verletzung der Schweigepflicht nach sich zieht, wird im Erwachsenenschutzrecht nicht angesprochen. Im Vordergrund stehen disziplinarische Massnahmen **14**

(Art. 419), die Entlassung des Beistands (Art. 423), die Strafverfolgung, wenn ein Amtsgeheimnis verletzt wurde (was namentlich für staatlich angestellte professionelle Beistände relevant ist, Art. 320 StGB; Art. 406 N 21) und bei widerrechtlicher Schadenszufügung – sofern die weiteren Voraussetzungen nach Art. 41 und 49 OR erfüllt sind – Schadenersatz, sowie Genugtuung, wenn die Schwere der Verletzung es rechtfertigt (Art. 454 Abs. 1).

Art. 414

H. Änderung der Verhältnisse

Der Beistand oder die Beiständin informiert die Erwachsenenschutzbehörde unverzüglich über Umstände, die eine Änderung der Massnahme erfordern oder eine Aufhebung der Beistandschaft ermöglichen.

H. Faits nouveaux

Le curateur informe sans délai l'autorité de protection de l'adulte des faits nouveaux qui justifient la modification ou la levée de la curatelle.

H. Modificazione delle circostanze

Il curatore informa senza indugio l'autorità di protezione degli adulti sulle circostanze che richiedono una modifica della misura o consentono la revoca della curatela.

Inhaltsübersicht

Literatur

Vgl. die Literaturhinweise zu Art. 405.

Materialien

Art. 401 VE Erwachsenenschutz 2003; VE Erwachsenenschutz/Vernehmlassungen, 229; Botschaft Erwachsenenschutz, 7055 und 7154; Prot. RK-S vom 27./28. 8. 2007, 19; AmtlBull StR 2007, 836; Prot. RK-N vom 24./25. 4. 2008, 23; AmtlBull NR 2008, 1522.

I. Zweck der Orientierung

1 Die unverzügliche Orientierungspflicht ergänzt Art. 406, welcher den Beistand zur Aufgabenerfüllung im Interesse der betroffenen Person anweist. Damit ist Art. 414 einerseits Ausdruck der **erhöhten Verantwortlichkeit**, die mit der Verbeiständung den Erwachsenenschutzorganen übertragen wird, andererseits auch der Pflicht der Behörde, eine Massnahme unverzüglich veränderten Verhältnissen anzupassen (Botschaft Erwachsenenschutz, 7055). Ferner dient die Information durch den Beistand der Verwirklichung des **Subsidiaritäts- und Verhältnismässigkeitsprinzips** (Art. 389).

2 Art. 414 entspricht der Pflicht der KESB, welche gem. Art. 389 und 390 Abs. 3 sowie Art. 415 Abs. 3 gehalten ist, unverzüglich – etwa anlässlich der **Rechnungs- und Berichtsprüfung** – Massnahmen zu treffen, falls dies zur Wahrung der Interessen der betroffenen Person nötig ist (OFK-ZGB-Fassbind, Art. 414 N 2).

3 Die Orientierungspflicht des Beistandes findet ihr Korrelat in der neu eingeführten Pflicht des Beauftragten, der KESB am Wohnsitz des Auftraggebers Meldung zu erstatten, wenn

der Auftraggeber voraussichtlich dauernd urteilsunfähig wird und dies zu seiner Interessenwahrung angezeigt erscheint (Art. 397a OR).

II. Tragweite der Information

Der Beistand informiert über **Umstände**, die eine **Änderung** (andere Aufträge, andere Beschränkungen, andere Beistandschaft) der Massnahme «erfordern» bzw. «rechtfertigen» (vgl. franz. «justifient») oder deren **Aufhebung** ermöglichen. 4

Bei sorgfältiger Abklärung einer Massnahme kann **Veränderungspotenzial** auch **antizipiert** berücksichtigt werden. Die KESB kann in diesem Fall eine vorzeitige Berichterstattung an voraussehbare mögliche Entwicklungen knüpfen. Wenn bspw. ungewiss ist, wie sich eine Massnahme entwickelt oder die verbeiständete Person auf die Massnahme reagiert, kann ein Errichtungsbeschluss mit dem Auftrag an den Beistand verbunden werden, vor Ablauf der ordentlichen Berichtsperiode eine Beurteilung der Verhältnismässigkeit und Eignung der Massnahme vorzunehmen. 5

Auch ohne ausdrücklichen Auftrag ist der Beistand verpflichtet, die Behörde über Entwicklungen zu informieren, welche eine Modifizierung oder Aufhebung der Massnahme bewirken können. Der Beistand sollte sich dabei davor hüten, sein Urteil anstelle jenes der KESB zu setzen. Im Zweifelsfall hat er auch Umstände zu melden, über deren massnahmerechtliche Konsequenzen er sich nicht abschliessend im Klaren ist, welche aber auf eine zusätzliche oder verminderte Schutzbedürftigkeit der verbeiständeten Person hindeuten. Demnach wird von ihm eine möglichst **objektive Sichtweise** verlangt. Im Zweifelsfall wird er eher Meldung erstatten als sich dem Vorwurf fehlenden Handelns auszusetzen (Art. 454 f.). 6

Andererseits bietet Art. 414 keine Legitimation für die Belieferung der KESB mit Informationen aus dem Betreuungsalltag, die keinen Einfluss auf die Massnahme (Änderung oder Aufhebung) haben. Die **Verschwiegenheitspflicht** des Beistands (Art. 413 Abs. 2) gilt für den Beistand grundsätzlich auch gegenüber der KESB, soweit deren gesetzliche Interventions- (Art. 389 i.V.m. 414), Mitwirkungs- und Aufsichtspflicht (Art. 415 Abs. 3, 416 f., 419, 441, 450 ff.) oder eine Berichterstattung zuhanden eines Nachfolgers (BSK ZGB I-Affolter, aArt. 451–453 N 29 f; Good, § 9.4, 9.8) keine Offenbarung bedingt. Ohne diese Verschwiegenheit lässt sich kein Vertrauensverhältnis schaffen (Art. 406 Abs. 2; Häfeli, Wegleitung, 229). 7

Sechster Unterabschnitt: Die Mitwirkung der Erwachsenenschutzbehörde

Art. 415

A. Prüfung der Rechnung und des Berichts

1 Die Erwachsenenschutzbehörde prüft die Rechnung und erteilt oder verweigert die Genehmigung; wenn nötig, verlangt sie eine Berichtigung.

2 Sie prüft den Bericht und verlangt, wenn nötig, dessen Ergänzung.

3 Sie trifft nötigenfalls Massnahmen, die zur Wahrung der Interessen der betroffenen Person angezeigt sind.

A. Examen des comptes et des rapports

[1] L'autorité de protection de l'adulte approuve ou refuse les comptes; au besoin, elle exige des rectifications.

[2] Elle examine les rapports du curateur et exige au besoin des compléments.

[3] Elle prend, si nécessaire, les mesures propres à sauvegarder les intérêts de la personne concernée.

A. Esame della contabilità e del rapporto

[1] L'autorità di protezione degli adulti verifica la contabilità, approvandola o rifiutandola; se necessario ne chiede la rettifica.

[2] Essa esamina il rapporto e, se necessario, chiede che sia completato.

[3] Se del caso, adotta misure adeguate per salvaguardare gli interessi dell'interessato.

Inhaltsübersicht

Literatur

HEGNAUER, Das Wohl des Mündels als Maxime der Vormundschaft, ZVW 1984, 81 ff; STECK, Bericht mit Vorentwurf für ein Bundesgesetz über das Verfahren vor den Kindes- und Erwachsenenschutzbehörden, Bern Juni 2003.

Materialien

Art. 403 VE Erwachsenenschutz 2003; VE Erwachsenenschutz/Vernehmlassungen, 232; Botschaft Erwachsenenschutz, 7055 f. und 7155; Prot. RK-S vom 27./28.8.2007, 19; AmtlBull StR 2007, 836; Prot. RK-N vom 24./25.4.2008, 23; AmtlBull NR 2008, 1522.

I. Vorbemerkungen

1 Die KESB hat den Beistand generell in seiner **Auftragserfüllung zu beaufsichtigen**. Dazu hat sie periodisch Bericht und Rechnungen über die Amtsführung beim Beistand einzufordern und auf die Übereinstimmung mit dem erteilten Auftrag und den erteilten Kompetenzen, auf die sorgfältige Vertretung und Verwaltung sowie auf die Wahrnehmung der persönlichen Betreuung hin zu überprüfen. Sie hat von Amtes wegen einzuschreiten, wenn die Interessen der verbeiständeten Person dies erheischen (HAUSHEER/GEISER/AEBI-MÜLLER, Erwachsenenschutzrecht, Rz 2.143; KUKO ZGB-LANGENEGGER, vor Art. 415–418 N 1).

2 Die Regelungen von Art. 415 entsprechen dem bisherigen aArt. 423 Abs. 1 und 2, wobei aber neu explizit zwischen der Prüfung und Genehmigung der Rechnung sowie der Prüfung des Berichtes unterschieden wird (Botschaft Erwachsenenschutz, 7055).

3 Der Beistand seinerseits ist zur Rechnungsführung und Berichterstattung verpflichtet (Art. 410 Abs. 1, 411 Abs. 1). Die KESB setzt die jeweilige **Periode für die Rechnungslegung und Berichterstattung verbindlich** fest. Im Unterschied zur Rechnungslegung

hat aber der Beistand von sich aus unter der Zeit Bericht zu erstatten, wenn sich die Verhältnisse bei der betreuten Person insoweit geändert haben, als eine Anpassung oder Aufhebung der Massnahme entsprechend den geänderten Bedürfnissen notwendig erscheint (Art. 414). Rechnungslegung und Berichterstattung haben jedoch mindestens alle zwei Jahre zu erfolgen (Art. 410 Abs. 1, 411 Abs. 2). In einzelnen Kantonen wurden in kantonalen Erlassen die Berichtsperioden jährlich und jeweils auf Ende Jahr festgelegt (z.B. Art. 52 Abs. 1 aVormV ZG), die Mehrheit jedoch hielt sich an die zweijährige Periode (BSK ZGB I-GULER, aArt. 413 N 12).

Ist der Beistand nur für ein einzelnes, bestimmtes Geschäft ernannt worden (z.B. für eine Vertretungshandlung bei einer Interessenkollision [Art. 306 Abs. 2], soweit die KESB nicht selber handelt), so ist i.d.R. nur ein Schlussbericht einzureichen (Art. 425). 4

Ziel und Zweck der Berichterstattung des Beistandes ist ein doppelter: Einerseits dient sie als **Rechenschaftsablage** gegenüber der Behörde und beim Schlussbericht bzw. bei der Schlussrechnung (Art. 425) gegenüber der betroffenen Person oder deren Erben. Andererseits dient sie als **Standortbestimmung** über die Zwecktauglichkeit und Notwendigkeit der Massnahme (HÄFELI, Wegleitung, 228 f.) und bildet die Grundlage für eine allfällige Anpassung der Massnahme (Art. 414; Botschaft Erwachsenenschutz, 7055 f.). 5

II. Rechnungs- und Berichtsprüfung

1. Rechnungsablage

Errichtet die KESB eine Vertretungsbeistandschaft zur Verwaltung von Einkommen und/oder Vermögen oder zur Besorgung von Geschäften mit Finanzverkehr, so hat der Beistand die Vertretung und Verwaltung sorgfältig vorzunehmen und alle damit zusammenhängenden Geschäfte unter Vorbehalt der Mitwirkung der KESB (Art. 416) zu besorgen (Art. 408 Abs. 1). Über die Form der Rechnungsführung und die Art der Rechnungsablage finden sich im Bundesrecht – wie im bisherigen Recht – keine detaillierten Vorschriften (Art. 410). Die Kantone sind frei, entsprechende generelle Voraussetzungen im kantonalen Recht zu verankern (z.B. § 10 E-V KESR AG). Die Rechnung muss jedoch so geführt werden, dass sie detailliert Einnahmen und Ausgaben aufführt und Belege chronologisch und systematisch dazu geordnet sind. Die KESB kann zudem kraft ihres Weisungsrechtes weitergehende Vorschriften zur Rechnungsführung und Rechnungslegung erlassen. 6

Die KESB hat die Rechnung auf die **formelle Richtigkeit und Vollständigkeit** hin zu prüfen. Dazu ist die Kassarechnung (Ein- und Ausgaben) anhand der eingereichten Belege lückenlos zu überprüfen, ebenso die Ausweise über die Vermögensbestände (KUKO ZGB-LANGENEGGER, Art. 415 N 1). In materieller Hinsicht hat die KESB die **Angemessenheit der Verwaltung** zu beurteilen (BSK ZGB I-GEISER, aArt. 413 N 4; ZK-EGGER, aArt. 413 ZGB N 23) und die Übereinstimmung mit den Vorschriften der bundesrätlichen **Verordnung über die Anlage von Vermögen** (Art. 408 Abs. 3) nachzuprüfen (SCHMID, Art. 415 N 4). 7

Hat die KESB im Rahmen ihrer Weisungskompetenz zusammen mit dem Beistand zu Beginn der Massnahme eine Anlagestrategie beschlossen, so ist deren Einhaltung und die **Einhaltung der Mitwirkungspflichten** gem. Art. 416 und 417 nachzuprüfen. Ist eine erforderliche Zustimmung nicht eingeholt, kann die KESB im Rahmen der Genehmigung der Rechnung dem entsprechenden Geschäft zustimmen, soweit die erforderlichen Unterlagen zur Beurteilung vorhanden sind. Eine solche Zustimmung ist separat im Beschluss aufzuführen JGK BE, ZVW 2002, 197). Reichen die eingereichten Unterlagen zur Überprüfung des Geschäfts nicht aus, so hat die KESB den Beistand anzuweisen, die erforder- 8 lichen Unterlagen beizubringen, damit das zustimmungsbedürftige Geschäft ordentlich geprüft und allenfalls genehmigt werden kann.

9 Art. 410 Abs. 2 verlangt, dass betroffene Personen generell zur Rechnungsablage durch den Beistand beigezogen werden und die Rechnung erläutert wird. Im Unterschied zum bisherigen Recht, welches das Mindestalter von 16 Jahren und Urteilsfähigkeit verlangte (s. aArt. 413 Abs. 2), sind gesetzlich keine Einschränkungen vorgesehen. Auch Personen mit minimalen kognitiven Fähigkeiten sind daher aus Gründen der Achtung der Persönlichkeit und Förderung der Transparenz über den Inhalt und das Ergebnis der Einkommens- und Vermögensverwaltung zu informieren. Grenze bildet die völlige Urteilsunfähigkeit der betroffenen Person (Botschaft Erwachsenenschutz, 7053; KUKO ZGB-Häfeli, Art. 410 N 3). Die KESB hat daher zu prüfen, ob der betroffenen Person die **Rechnung erläutert** wurde resp. welche Gründe vorgebracht werden, die den Nicht-Beizug der betroffenen Person rechtfertigen. Ebenso ist zu prüfen, ob die betroffene Person, soweit sie dies gewünscht hat, eine Kopie erhalten hat (Art. 411 Abs. 2). In der Regel unterschreibt die betroffene Person die Rechnung mit.

2. Berichtsablage

10 Das ZGB regelt den Inhalt des **Berichts über die persönlichen Verhältnisse und die Betreuung** (Art. 411 Abs. 1) sehr allgemein. Es ist Sache der KESB, nötigenfalls entsprechende Richtlinien zu erlassen, wie standardisierte Raster zum Aufbau des Berichtes (z.B. persönliche Lebenssituation, Wohnsituation, Gesundheit, Arbeitssituation/Schulsituation, soziale Vernetzung etc.) oder Anforderung an die Antragsstellung zur allfällig notwendigen Anpassung der Massnahme. Der Detaillierungsgrad des Berichts richtet sich nach der konkreten Situation und der massgeschneiderten Massnahme. Je differenzierter die angeordnete Massnahme, desto differenzierter ist auch auf die einzelnen Auftragspunkte des Mandates einzugehen, damit die KESB beurteilen kann, ob eine Anpassung der Massnahme notwendig ist und entsprechende Änderungen vorgenommen werden können. Kann sich die KESB aufgrund des Berichts kein Bild über die Mandatsführung resp. die Situation der betroffenen Person machen, so hat sie den Beistand zur Ergänzung resp. Präzisierung des Berichtes aufzufordern, sinnvollerweise mittels gezielter Fragestellungen.

III. Form und Wirkung der Genehmigung

11 Ist der periodische **Bericht und die Rechnung** geprüft, so hat die KESB diese zu genehmigen, ihr die Genehmigung zu verweigern oder sie nur teilweise zu genehmigen. Mit der Genehmigung bringt die KESB lediglich zum Ausdruck, dass sie die Rechnungsführung, die Vertretung und Verwaltung und die Betreuung durch den Beistand für die entsprechende Periode als richtig befindet. Die Genehmigung resp. die Nicht-Genehmigung berührt hingegen **die Verantwortlichkeit** nicht (Art. 454; BSK ZGB I-Geiser, aArt. 423 N 6) und ist mithin keine Décharge-Erteilung (Deschenaux/Steinauer, Personnes, Rz 1009c; Schmid, Art. 415 N 8).

12 Gleichzeitig mit der Genehmigung der Rechnung ist auch über die **Entschädigung der Mandatsführung** (Art. 404 Abs. 2) zu entscheiden. Auf Antrag des Beistandes legt die KESB die Entschädigung gestützt auf die kantonalen Ausführungsbestimmungen fest und entscheidet, ob diese aus dem Vermögen der betreuten Person zu beziehen oder vom Gemeinwesen zu tragen sind (KUKO ZGB-Häfeli, Art. 404 N 3). Basis für die Beurteilung der Entschädigung bilden einerseits der zeitliche Aufwand der persönlichen Betreu-

ung und der Vertretung, andererseits die Komplexität und der Umfang der Vermögensverwaltung. In der Regel enthalten die kantonalen Ausführungsbestimmungen eine Mischform der Berechnung, verbunden mit Mindest- und Höchstansätzen (z.B. § 22 EG KESR ZH).

In Anwendung von Art. 421 Abs. 1 wird bei der zweijährigen Berichtsperiode gleichzeitig mit der Berichts- und Rechnungsabnahme auch über die **Bestätigung oder Entlassung des Mandatsträgers aus dem Amt** entschieden. Für diesen Entscheid ist ausschliesslich das Interesse der betreuten Person massgebend (DESCHENAUX/STEINAUER, Personnes, Rz 951); Anspruch auf Wiederwahl besteht nicht. Der Entlassene wie die betreute Person können gegen den Entscheid Beschwerde führen (Art. 450 Abs. 1; s.u. N 16). **13**

Gegenüber Dritten entfaltet die Genehmigung des Berichts und der Rechnung keine Wirkung (Botschaft Erwachsenenschutz, 7056; DESCHENAUX/STEINAUER, Personnes, Rz 964; KUKO ZGB-LANGENEGGER, Art. 415 N 4; MEIER/LUKIC, Rz 608). Namentlich werden damit weder Schulden noch andere Verbindlichkeiten der betreuten Person als gültig anerkannt (BSK ZGB I-AFFOLTER, aArt. 451–453 N 60; BSK ZGB I-GEISER, aArt. 423 N 8). Eine Drittwirkung kann nur insoweit angenommen werden, als zustimmungsbedürftige Geschäfte im Rahmen der Berichts- und Rechnungsprüfung genehmigt werden (s.o. N 8). Der genehmigten Rechnung kommt aber, sofern sich die Prüfung nicht nur auf formelle Gesichtspunkte beschränkt, eine erhöhte Beweiskraft zu und geniesst im Unterschied zum Bericht für sich die Vermutung der Richtigkeit (BK-KAUFMANN, aArt. 423 ZGB N 23; BSK ZGB I-AFFOLTER, aArt. 451–453 N 60; OFK-ZGB-FASSBIND, Art. 415 N 3). **14**

Das Ergebnis der Berichts- und Rechnungsprüfung ist in einem **formellen Beschluss** festzuhalten, in welchem gleichzeitig auch der Termin für die nächste Berichtsabnahme und allfällige Massnahmen gestützt auf Art. 415 Abs. 3 festgesetzt werden (KUKO ZGB-LANGENEGGER, Art. 415 N 4). Sind Anpassungen der Massnahme als solches notwendig (z.B. Erweiterung des Auftrages, Streichung von Aufgaben oder Vertretungskompetenzen, Beschränkungen oder Herstellung der Handlungsfähigkeit), so sind diese, je nach Praxis der KESB, in einem gesonderten Beschluss oder als separate Ziffern im gleichen Beschluss zu treffen. Entsprechend ist auch die Ernennungsurkunde mit den erweiterten Aufgaben anzupassen. **15**

Der Beschluss der KESB über die Genehmigung des Berichts und der Rechnung sowie Weisungen an die Rechnungsführung unterliegen der **gerichtlichen Beschwerde** (Art. 450; zum alten Recht: BGE 113 II 232, 233 E. 2a). Werden dem Beistand Weisungen erteilt oder die Ersatzvornahme angeordnet, so ist in jedem Fall auch der Beistand zur Beschwerde legitimiert. Der Entscheid der letztinstanzlichen kantonalen gerichtlichen Beschwerdeinstanz kann an das Bundesgericht weitergezogen werden (Art. 72 Abs. 2 lit. b Ziff. 6 BGG). Soweit die Beschwerde allein die Rechnungsablage betrifft, fragt es sich, ob es sich um eine vermögensrechtliche Angelegenheit handelt, bei der der Streitwert gem. Art. 74 BGG zu beachten ist (BSK ZGB I-GEISER, aArt. 423 N 13). **16**

IV. Sanktionen

Erfolgt die Rechnungs- und Berichtsablage nicht rechtzeitig oder hinreichend, so sind geeignete Mittel zur Durchsetzung der Rechenschaftspflicht zu ergreifen. Darunter fällt namentlich die Androhung und Anordnung der **Ersatzvornahme** auf Kosten des säumigen Beistands, wenn dieser die Rechnung nicht oder unvollständig einreicht und entsprechende Weisungen nach Art. 415 Abs. 1 erfolglos bleiben (BGer vom 1.12.2011, 5A_596/2011, E. 1.1; BGer vom 8.7.2011, 5D_62/2011, E. 1.1; BGer vom 7.7.2009, **17**

5A_405/2009, ZVW 2010, ÜR 33–10 S 162; BSK ZGB I-Geiser, aArt. 423 N 9; OFK-ZGB-Fassbind, Art. 415 N 4; Riemer, Vormundschaftsrecht, § 4 Rz 166). Je nach kantonalem Recht oder Anwendbarkeit der ZPO können die Androhung **einer Ordnungsbusse** (z.B. § 75 Abs. 2 EG KESR ZH; Art. 343 Abs. 1 lit. b und c ZPO), die **Ungehorsamsstrafe** gegen eine amtliche Verfügung (Art. 292 StGB) oder die **Prüfung der Entlassung** (Art. 423 Abs. 1 ZGB) als repressive Zwangsmittel eingesetzt werden (Art. 450g N 23 ZGB). Gegebenenfalls bestehen weitere kantonale Bestimmungen über die Säumnisfolgen des Beistandes (z.B. § 9 V KESR AG: formelle Vorladung vor die KESB).

V. Massnahmen

18 Je nach Ergebnis der Prüfung von Bericht und Rechnung sind weitergehende Massnahmen durch die KESB anzuordnen, wenn durch die Mandats- oder Rechnungsführung Interessen der betreuten Person gefährdet sind. Tragweite und Art der Massnahme sind je nach Situation ganz unterschiedlich und können sich sowohl gegenüber der betreuten Person rechtfertigen als auch den Beistand selber betreffen. Infrage kommen z.B. **Weisungen an den Beistand** für konkrete Handlungen oder Aufgabenerledigungen für die nächste Amtsperiode, die darauf ausgerichtet sind, die Interessen der betreuten Person besser und allenfalls sorgfältiger wahrzunehmen (Art. 415 Abs. 3; z.B. einen finanziellen Anspruch geltend zu machen, Prüfung von alternativen Anlageformen, Anweisungen für die methodische Fallführung wie Zielvereinbarungen, Handlungspläne; Anweisung für die Organisation einer alternativen Betreuung etc.). Sind in der Berichtsperiode allenfalls Handlungen oder Unterlassungen erfolgt, welche für die betreute Person einen Schaden zur Folge hatten, so hat die KESB die **Bestellung eines Ersatzbeistandes** (Art. 403 Abs. 1) zur Prüfung und Geltendmachung von Verantwortlichkeitsansprüchen gegenüber dem Beistand oder der Behörde anzuordnen (Hausheer/Geiser/Aebi-Müller, Erwachsenenschutzrecht, Rz 2.145). Bei schweren Verfehlungen des Beistandes hat die KESB zu prüfen, ob der Beistand nicht mehr bestätigt wird (Meier/Lukic, Rz 609) oder ob ein Amtsentlassungsverfahren (Art. 423 Abs. 1) einzuleiten ist (KUKO ZGB-Langenegger, Art. 415 N 5; OFK-ZGB-Fassbind, Art. 415 N 4).

19 Gleichzeitig hat die KESB aber auch von Amtes wegen zu prüfen, ob die Massnahme im Sinne der Massschneiderung den veränderten Verhältnissen anzupassen ist (Art. 414) und die Aufgaben (Art. 391) und Kompetenzen des Beistandes erweitert oder eingeschränkt werden müssen. Allenfalls ist die Massnahme auch gänzlich aufzuheben (Art. 399 Abs. 2).

VI. Zuständigkeit

20 Zuständig für die Prüfung und Genehmigung von Bericht und Rechnung ist die KESB. Einige Kantone haben von der Möglichkeit Gebrauch gemacht, diese Prüfung und Genehmigung von der Pflicht der Beschlussfassung im Dreiergremium auszunehmen und der Einzelzuständigkeit eines Behördenmitgliedes zuzuordnen (z.B. § 46 Abs. 1 lit. r EG KESR ZH; § 49 Abs. 1 lit. m EG ZGB LU; Art. 57d Ziff. 15 Justizgesetz SH), andere übertragen nur die Rechnungsprüfung in die Einzelzuständigkeit (z.B. § 28 Abs. 3 lit. e EG ZGB SZ; Art. 46 Abs. 2 Ziff. 5 EG ZGB AR). Wiederum andere Kantone belassen diese Prüfung und Genehmigung explizit in der Kompetenz des Kollegiums (z.B. Art. 51 lit. n und 52 KESG BE).

21 Relativ unproblematisch ist die Delegation der Rechnungsprüfung (Art. 415 Abs. 1) in die Einzelkompetenz, handelt es sich doch dabei um eine einerseits rechnerische Überprüfung der Richtigkeit und Vollständigkeit der geführten Rechnung und der nachgewiesenen Ver-

mögenswerte, andererseits um die Einhaltung einer sorgfältigen Vermögensverwaltung unter Berücksichtigung der gesetzlichen Vorgaben wie Zustimmung der KESB zu bestimmten Geschäften (Art. 416/417) oder die Einhaltung der Anlagevorschriften gemäss Bundesverordnung. Kritisch ist die Delegation der Berichtsprüfung zu beurteilen (Art. 415 Abs. 2). Die Berichtserstattung verfolgt einen doppelten Zweck (Botschaft Erwachsenenschutz, 7054): Durch die Berichtserstattung kann die KESB einerseits Aufsicht und Kontrolle über die Mandatsführung ausüben, andererseits findet eine Standortbestimmung zur Überprüfung Notwendigkeit und Zwecktauglichkeit der Massnahme und der damit verbundenen Aufgabenbereiche des Beistandes statt. Diese Standortbestimmung hat, wie bei der Errichtung der Massnahme, unter einer interdisziplinären Sichtweise zu geschehen. Mit einer Zuordnung zur Einzelzuständigkeit wird diesem Umstand nicht Rechnung getragen.

Nicht in die Einzelzuständigkeit fallen jedoch Entscheidungen über notwendige Massnahmen gestützt auf Erkenntnisse aus der Berichts- und Rechnungsprüfung (Art. 415 Abs. 3), wenn diese die Anpassung oder Aufhebung der Massnahme beinhalten. Hier wäre der Kernbereich des Kindes- und Erwachsenenschutzes betroffen, für den die kollegiale Zuständigkeit für die Entscheidungen unentbehrlich ist (Botschaft Erwachsenenschutz, 7073). Einzelne Kantone verweisen daher in den kantonalen gesetzlichen Bestimmungen ausschliesslich auf Art. 415 Abs. 1 und 2 und gerade nicht auf Abs. 3 dieser Bestimmung (so z.B. § 46 Abs. 1 lit. r EG KESR ZH). **22**

Art. 416

B. Zustimmungsbedürftige Geschäfte
I. Von Gesetzes wegen

[1] Für folgende Geschäfte, die der Beistand oder die Beiständin in Vertretung der betroffenen Person vornimmt, ist die Zustimmung der Erwachsenenschutzbehörde erforderlich:

1. **Liquidation des Haushalts, Kündigung des Vertrags über Räumlichkeiten, in denen die betroffene Person wohnt;**
2. **Dauerverträge über die Unterbringung der betroffenen Person;**
3. **Annahme oder Ausschlagung einer Erbschaft, wenn dafür eine ausdrückliche Erklärung erforderlich ist, sowie Erbverträge und Erbteilungsverträge;**
4. **Erwerb, Veräusserung, Verpfändung und andere dingliche Belastung von Grundstücken sowie Erstellen von Bauten, das über ordentliche Verwaltungshandlungen hinausgeht;**
5. **Erwerb, Veräusserung und Verpfändung anderer Vermögenswerte sowie Errichtung einer Nutzniessung daran, wenn diese Geschäfte nicht unter die Führung der ordentlichen Verwaltung und Bewirtschaftung fallen;**
6. **Aufnahme und Gewährung von erheblichen Darlehen, Eingehung von wechselrechtlichen Verbindlichkeiten;**
7. **Leibrenten- und Verpfründungsverträge sowie Lebensversicherungen, soweit diese nicht im Rahmen der beruflichen Vorsorge mit einem Arbeitsvertrag zusammenhängen;**
8. **Übernahme oder Liquidation eines Geschäfts, Eintritt in eine Gesellschaft mit persönlicher Haftung oder erheblicher Kapitalbeteiligung;**
9. **Erklärung der Zahlungsunfähigkeit, Prozessführung, Abschluss eines Vergleichs, eines Schiedsvertrags oder eines Nachlassvertrags, unter Vorbehalt vorläufiger Massnahmen des Beistands oder der Beiständin in dringenden Fällen.**

[2] **Die Zustimmung der Erwachsenenschutzbehörde ist nicht erforderlich, wenn die urteilsfähige betroffene Person ihr Einverständnis erteilt und ihre Handlungsfähigkeit durch die Beistandschaft nicht eingeschränkt ist.**

[3] **Immer der Zustimmung der Erwachsenenschutzbehörde bedürfen Verträge zwischen dem Beistand oder der Beiständin und der betroffenen Person, ausser diese erteilt einen unentgeltlichen Auftrag.**

B. Actes nécessitant le consentement de l'autorité de protection de l'adulte

I. De par la loi

[1] Lorsque le curateur agit au nom de la personne concernée, il doit requérir le consentement de l'autorité de protection de l'adulte pour:

1. liquider le ménage et résilier le contrat de bail du logement de la personne concernée;
2. conclure ou résilier des contrats de longue durée relatifs au placement de la personne concernée;
3. accepter ou répudier une succession lorsqu'une déclaration expresse est nécessaire, et conclure ou résilier un pacte successoral ou un contrat de partage successoral;
4. acquérir ou aliéner des immeubles, les grever de gages ou d'autres droits réels ou construire au-delà des besoins de l'administration ordinaire;
5. acquérir, aliéner ou mettre en gage d'autres biens, ou les grever d'usufruit si ces actes vont au-delà de l'administration ou de l'exploitation ordinaires;
6. contracter ou accorder un prêt important et souscrire des engagements de change;
7. conclure ou résilier des contrats dont l'objet est une rente viagère, un entretien viager ou une assurance sur la vie, sauf s'ils sont conclus dans le cadre de la prévoyance professionnelle liée à un contrat de travail;
8. acquérir ou liquider une entreprise, ou entrer dans une société engageant une responsabilité personnelle ou un capital important;
9. faire une déclaration d'insolvabilité, plaider, transiger, compromettre ou conclure un concordat, sous réserve des mesures provisoires prises d'urgence par le curateur.

[2] Le consentement de l'autorité de protection de l'adulte n'est pas nécessaire si la personne concernée est capable de discernement, que l'exercice de ses droits civils n'est pas restreint par la curatelle et qu'elle donne son accord.

[3] Les contrats passés entre la personne concernée et le curateur sont soumis à l'approbation de l'autorité de protection de l'adulte, à moins qu'il ne s'agisse d'un mandat gratuit donné par la personne concernée.

B. Atti e negozi sottoposti a consenso

I. Per legge

[1] Il curatore abbisogna del consenso dell'autorità di protezione degli adulti per compiere in rappresentanza dell'interessato gli atti e negozi seguenti:

1. liquidazione dell'economia domestica, disdetta del contratto per l'abitazione nella quale vive l'interessato;
2. contratti di lunga durata per il ricovero dell'interessato;
3. accettazione o rinuncia a un'eredità, se a tal fine è necessaria una dichiarazione espressa, nonché contratti successori e convenzioni di divisione ereditaria;
4. acquisto e alienazione di fondi, costituzione di pegno o di altri oneri reali sugli stessi, nonché costruzioni che eccedono i limiti dell'amministrazione ordinaria;
5. acquisto, alienazione e costituzione in pegno di altri beni, nonché costituzione di un usufrutto sugli stessi, sempre che questi negozi non rientrino nell'amministrazione e gestione ordinarie;
6. accensione o concessione di mutui considerevoli e stipulazione di obbligazioni cambiarie;

7. contratti di rendita vitalizia e di vitalizio, nonché assicurazioni sulla vita, sempre che essi non siano connessi con un contratto di lavoro nell'ambito della previdenza professionale;
8. assunzione o liquidazione di un'impresa, ingresso in una società con responsabilità personale o con considerevole partecipazione di capitale;
9. dichiarazioni d'insolvenza, il piatire, stipulazione di una transazione, di un compromesso o di un concordato, fatti salvi i provvedimenti provvisori adottati dal curatore in casi urgenti.

[2] Se l'interessato capace di discernimento dà il suo assenso e se la curatela non ne limita l'esercizio dei diritti civili, non occorre il consenso dell'autorità di protezione degli adulti.

[3] Il consenso dell'autorità di protezione degli adulti è sempre necessario per i contratti stipulati tra il curatore e l'interessato, salvo che questi conferisca un mandato gratuito.

Art. 417

II. Auf Anordnung

Die Erwachsenenschutzbehörde kann aus wichtigen Gründen anordnen, dass ihr weitere Geschäfte zur Zustimmung unterbreitet werden.

II. Sur décision

En cas de justes motifs, l'autorité de protection de l'adulte peut décider que d'autres actes lui seront soumis pour approbation.

II. Su ordine dell'autorità

Per motivi gravi l'autorità di protezione degli adulti può ordinare che siano subordinati al suo consenso altri atti e negozi.

Inhaltsübersicht

Literatur

BALESTRIERI, Die Vermögensverwaltung im neuen Erwachsenenschutzrecht, ZKE 2011, 201 ff; BASLER SCHERER, Vermögensanlage unter Erwachsenenschutzrecht, ZKE 2011, 177 ff; EBERHARD, Die Zustimmung des Vormundes zu Rechtsgeschäften des urteilsfähigen Mündels, Diss., Bern 1990; KONFERENZ DER KANTONALEN VORMUNDSCHAFTSBEHÖRDEN (VBK), Vermögensanlage im Rahmen von vormundschaftlichen Mandaten – Ergänzung zu den gleichnamigen Empfehlungen der VBK von September 2001, ZVW 2009, 199 ff.; MEIER, Le consentement des autorités de tutelle aux actes du tuteur, Freiburg i.Ü. 1994 (zit. Consentement); DERS., Droit de la tutelle et actes immobiliers: questions choisies, ZVW 2009, 251 ff. (zit. ZVW 2009); SCHNYDER, Vormundschaft und Erbrecht, ZVW 1999, 93 ff.; SCHRANER, Die Mitwirkung der vormundschaftlichen Behörden bei der Veräusserung von Grundstücken, FZR 1993, 231 ff.; STEINAUER, Der Verkauf eines landwirtschaftlichen Mündelgrundstückes (Art. 404 ZGB und Art. 69 BGBB), ZVW 1997, 47 ff.; VOGEL, Freihändiger Verkauf von landwirtschaftlichen Grundstücken durch einer bevormundete Person (Art. 404 Abs. 3, 421 Ziff. 1 ZGB; Art. 69 BGBB), ZVW 1995, 41 ff.

Materialien

Art. 404 und 405 VE Erwachsenenschutz 2003; VE Erwachsenenschutz/Vernehmlassungen, 232 ff.; Botschaft Erwachsenenschutz, 7056 ff. und 7155 f.; Prot. RK-S vom 27./28.8.2007, 19; AmtlBull StR 2007, 836; Prot. RK-N vom 24./25.4.2008, 23; AmtlBull NR 2008, 1522.

I. Allgemeines

1. Verhältnis zwischen Mandatsträger und Behörde

1 Für die Führung der Massnahme (Begleitung und Betreuung, Vertretung, Verwaltung) ist grundsätzlich der Beistand zuständig und verantwortlich. Er handelt nicht als Beauftragter oder Organ der KESB. Er ist somit selbstverantwortlich mit einem eigenen Wirkungskreis tätig, der ihm differenziert durch die KESB zugeteilt wird (Art. 391; zum bisherigen Recht: BK-SCHNYDER/MURER, Syst. Teil N 272); den Behörden steht grundsätzlich nur die Aufsicht zu. Für bestimmte wichtige Geschäfte sieht der Gesetzgeber aber die Mitwirkung der KESB vor (Art. 416, 417) und durchbricht damit die Aufgabenteilung. Ziel und Zweck dieser Mitwirkung ist der Schutz der Interessen der betreuten Person und die Kontrolle des Beistandes, um mögliche Fehler verhindern zu können.

2. Zustimmung und Vertretungsmacht

2 Voraussetzung für die Mitwirkungshandlungen der KESB ist das Vorliegen eines **gültig abgeschlossenen Rechtsgeschäftes**, das der Beistand in Vertretung der betreuten Person abgeschlossen hat; die Rolle der Behörde besteht lediglich in der formellen Zustimmung zum bereits abgeschlossenen Geschäft und kann das Handeln des Mandatsträgers nicht ersetzen. Daraus ergeben sich drei Grundsätze (BSK ZGB I-GEISER, aArt. 421/422 N 2):

- Erforderlich ist ein Antrag des Beistandes oder der betreuten Person, der mit den nötigen Unterlagen für die Prüfung des Geschäftes durch die KESB versehen sein muss (DESCHENAUX/STEINAUER, Personnes, Rz 1004). Die KESB kann nicht gestützt auf Art. 416 f. Weisungen an den Mandatsträger erlassen, ein bestimmtes Rechtsgeschäft vorzunehmen. Ein solches Weisungsrecht liesse sich nur aus dem allgemeinen Aufsichtsrecht, insb. aber auch aus Art. 415 Abs. 3 ableiten.
- Die Zustimmung der Behörde kann das Handeln des Mandatsträgers nicht ersetzen. Fehlt die Vertretungsmacht, weil z.B. die Vertretung gar nicht zum Aufgabenbereich des Beistandes gehört (Art. 399 Abs. 1) oder ist die Vertretungsmacht von Gesetzes wegen aufgrund einer Interessenkollision weggefallen (Art. 403 Abs. 2) oder handelt es sich um ein verbotenes Geschäft (Art. 412 Abs. 1), so ist das Rechtsgeschäft trotz allfälliger Zustimmung grundsätzlich ungültig (zum bisherigen Recht: BGE 107 II 105, 114 E. 5; zu den Ausnahmen BGE 117 II 18, 21 ff.).
- Die Zustimmung der Behörde ist kein selbständiges Rechtsgeschäft, sondern ein behördlicher Verwaltungsakt (EBERHARD, 17), der nicht der gleichen Form wie das zugrunde liegende Rechtsgeschäft bedarf (BGE 117 II 18, 21 E. 4b).

3. Aufzählung der zustimmungsbedürftigen Geschäfte

Die Geschäfte, die der Zustimmung bedürfen, sind in Art. 416 aufgezählt und orientieren sich grundsätzlich an den Geschäften, welche bereits unter altem Recht in den aArt. 419 und 421/422 normiert waren. Der Gesetzgeber hat aber einige neue Geschäfte der Zustimmung unterstellt (z.B. Liquidation des Haushaltes) und andere weggelassen. Gegenüber dem bisherigen Recht fällt aber die Zustimmung der Aufsichtsbehörde, wie sie bisher in aArt. 404 Abs. 3 und 422 vorgesehen war, ersatzlos dahin. Im Unterschied zum bisherigen Recht (BGE 64 II 406, 408; DESCHENAUX/STEINAUER, Personnes, Rz 1003; RIEMER, Vormundschaftsrecht, § 4 Rz 151) kann zudem die KESB im Einzelfall diesen Katalog erweitern und im Sinne der massgeschneiderten Betreuung weitere Geschäfte der Zustimmung unterwerfen, wenn dies im Interesse der betreuten Person geboten ist (Art. 417). Die Auslegung, ob ein konkretes Rechtsgeschäft unter eine der Kategorien von Art. 416 fällt, ist nach dem Sinn und Zweck der Norm zu ermitteln und nicht allzu restriktiv zu handhaben (BSK ZGB I-GEISER, aArt. 421/422; MEIER, Consentement, 70 f.). 3

Neben der Erweiterung durch die KESB – gestützt auf Art. 417 – bestehen zudem weitere gesetzliche Bestimmungen, welche für bestimmte Geschäfte oder Sachverhalte die Zustimmung der KESB erforderlich machen und sich nicht auf Art. 416 stützen, so z.B. für die Befugnis zur Postöffnung oder das Betreten der Wohnung der verbeiständeten Person (Art. 391 Abs. 3). Diese Zustimmung kann anlässlich der Errichtung der Massnahme gegeben oder im Verlauf der Massnahme verfügt werden, wenn dies geboten erscheint. Ebenfalls im Bereich der Sterilisation ist die Zustimmung der KESB gestützt auf Art. 6 Abs. 2 Ziff. 2 Sterilisationsgesetz (SR 211.111.1) bei Personen unter umfassender Beistandschaft notwendig. 4

Im neuen Recht weggefallen sind Geschäfte, welche nach heutiger Auffassung keine spezielle Kontrolle mehr durch die KESB erfordern resp. die durch das System der massgeschneiderten Massnahmen auf andere Art und Weise gesichert werden können. Im Einzelnen entfällt das bisherige Zustimmungserfordernis der KESB von aArt. 421/422 u.a. für den Ehevertrag bei Minderjährigen oder Personen unter Beistandschaft, welche den Abschluss eines Ehevertrages umfassen, für den Erwerb eines Bürgerrechtes oder für den selbständigen Betrieb eines Geschäftes durch eine unter umfassender Beistandschaft stehenden Person (für Details s. Botschaft Erwachsenenschutz, 7056; KUKO ZGB-LANGENEGGER, Art. 416 N 1; MEIER/LUKIC, Rz 614; OFK-ZGB-FASSBIND, Art. 416 N 1). Im Einzelfall können aber solche Geschäfte gestützt auf Art. 417 im Sinne der individuellen Beurteilung explizit der Zustimmung unterstellt werden. 5

II. Anwendungsbereich

Aus dem Gesetzestext ergibt sich die Anwendung der Regeln über die Mitwirkung der KESB im Falle der Beistandschaft, bei welcher der Beistand in Vertretung der Person ein entsprechendes Geschäft abschliesst. Im Unterschied zum bisherigen Recht handelt es sich aber bei der Beistandschaft neu um eine massgeschneiderte Form der Vertretung, sodass im Einzelfall zu prüfen ist, inwieweit die Bestimmung von Art. 416 tatsächlich anwendbar ist. 6

Differenziert ist die Anwendung von Art. 416 bei den verschiedenen massgeschneiderten Formen der Beistandschaft zu betrachten. Grundsätzlich ist nur bei den Beistandschaften nach Art. 394 und 395, die eine **Vertretungskompetenz** des Beistandes in einem bezeichneten Aufgabenkreis beinhalten sowie bei der umfassenden Beistandschaft nach Art. 398 eine Zustimmung der KESB erforderlich (MEIER/LUKIC, Rz 617). Bei der **Mitwirkungs-** 7

beistandschaft nach Art. 396 ist keine Zustimmung der KESB erforderlich, weil der Mitwirkungsbeistand nicht gesetzlicher Vertreter ist und auch nicht als solcher handelt, sondern die betroffene Person die Handlung selber vorzunehmen hat (zum bisherigen Recht der Mitwirkungsbeiratschaft: BSK ZGB I-GEISER, aArt. 421/422 N 9; BSK ZGB I-LANGENEGGER, aArt. 395 N 11; BK-SCHNYDER/MURER, aArt. 395 ZGB N 105 ff.; **a.M.** DESCHENAUX/STEINAUER, Personnes, Rz 1152a). Dies wird auch durch die Botschaft zum neuen Recht verdeutlicht (Botschaft Erwachsenenschutz, 7056; HAUSHEER/GEISER/AEBI-MÜLLER, Erwachsenenschutzrecht, Rz 2.146).

8 Wird die Beistandschaft durch eine **angehörige Person** geführt, so liegt es im Ermessen der KESB, ob im Einzelfall oder generell von einer Zustimmung zu allen oder zu bestimmten Geschäften teilweise oder ganz abgesehen werden kann (Art. 420). Diese Entbindung muss aber im Einzelfall ausdrücklich verfügt werden (KUKO ZGB-HÄFELI, Art. 420 N 5. Eine allfällige Entbindung der Angehörigen von der Berichts- und Rechnungsablage umfasst somit nicht automatisch auch die Entbindung vom Zustimmungserfordernis zu bestimmten Geschäften nach Art. 416.

9 Erteilt die KESB gestützt auf Art. 392 Ziff. 2 einer **Drittperson für eine einzelne Aufgabe** einen Auftrag, so ist Art. 416 nicht automatisch anwendbar, da sich das Zustimmungserfordernis nur auf Beistandschaften bezieht. Will die KESB mitwirken, so hat sie dies bei der Auftragserteilung entsprechend zu verfügen und einen Zustimmungsvorbehalt anzubringen (KUKO ZGB-LANGENEGGER, Art. 416 N 3).

10 Die Bestimmungen über die Mitwirkung sind gestützt auf Art. 327c Abs. 2 durch die gesetzliche Verweisung vollumfänglich auch auf **minderjährige Personen unter Vormundschaft** anwendbar, soweit solche Geschäfte bei Minderjährigen überhaupt vorkommen.

11 Keine Zustimmung ist erforderlich, wenn die **urteilsfähige verbeiständete Person** selber die Zustimmung zum Geschäft erteilt, soweit sie nicht in ihrer Handlungsfähigkeit darin beschränkt ist (Art. 416 Abs. 2; Art. 394 Abs. 2). Die verbeiständete, nicht in ihrer Handlungsfähigkeit beschränkte Person kann die Zustimmung aber nur erteilen, soweit sie urteilsfähig ist, somit also die Chancen und Risiken des Geschäftes abschätzen kann. Grundsätzlich wird das Vorhandensein der Urteilsfähigkeit vermutet (Art. 16). Es ist aber durch den Beistand zu prüfen, ob nicht der besondere Schwächezustand, der zur Verbeiständung geführt hat, die verbeiständete Person gerade daran hindert, seine Interessen zu wahren (BSK ZGB I-BIDERBOST, aArt. 419 N 19 f.; ZK-EGGER, aArt. 419 ZGB N 7). Kann aber der Verbeiständete rechtsgültig seine Zustimmung erteilen, findet Art. 416 keine Anwendung und eine Zustimmung kann auch nicht über Art. 417 durch die KESB vorgesehen werden. In einem solchen Falle müsste entsprechend die Handlungsfähigkeit eingeschränkt werden (Art. 394 Abs. 2), wenn diese Zustimmung als erforderlich erachtet wird. Die Zustimmung des Verbeiständeten geht auch bei Vermögensanlagen (Art. 408) der Mitwirkung der KESB vor, soweit diesbezüglich keine Einschränkung der Handlungsfähigkeit besteht und Urteilsfähigkeit gegeben ist. Der Beistand ist allerdings gut beraten, von Fall zu Fall zu prüfen, ob Urteilsfähigkeit im Einzelfall gegeben ist oder nicht die Zustimmung der KESB einzuholen ist (MEIER/LUKIC, Rz 615; ZK-EGGER, aArt. 419 ZGB N 9).

12 Immer eine Zustimmung ist bei **Geschäften zwischen Beistand und verbeiständeten Person** notwendig (Art. 416 Abs. 3). Diese Bestimmung entspricht der bisherigen Regelung von aArt. 422 Ziff. 7, präzisiert aber mit dem Wort «Immer» Unsicherheiten, welche im bisherigen Recht bestanden (BSK ZGB I-GEISER, aArt. 421/422 N 33; KUKO ZGB-LANGENEGGER, Art. 416 N 11). Ein Geschäft zwischen Beistand und verbeiständeter Person stellt grundsätzlich eine Interessenkollision dar (Art. 403 Abs. 2). Die Interessenkollision bewirkt, dass der rechtsgeschäftliche Wille nicht fehlerfrei zustande kommen und damit das Rechtsgeschäft für den Vertretenen nicht wirksam werden kann, selbst wenn sich die Kollision im konkreten Fall nicht zum Nachteil der vertretenen Person auswirkt (BGE 126 III 361, 364 E 3a). Die Interessenkollision ist somit abstrakt zu beurteilen (BGer vom 4.3.2010, 5A_743/2009, E. 2.2; BGer vom 14.7.1999, 4C.98/1999, E. 4a; BK-Schnyder/Murer, aArt. 392 ZGB N 82; Deschenaux/Steinauer, Personnes, Rz 1102 ff.; Riemer, Vormundschaftsrecht, § 6 Rz 9). Es sind zwei Konstellationen denkbar:

- Die handlungsfähige verbeiständete Person schliesst mit dem Beistand einen Vertrag. Der Vertrag ist der KESB zu unterbreiten, welche gestützt auf Art. 416 Abs. 3 zustimmt oder ablehnt.
- Zur Abwicklung eines Vertrages zwischen Beistand und einem urteilsunfähigen resp. handlungsunfähigen Verbeiständeten ist in jedem Fall zwingend, dass ein Ersatzbeistand bestellt wird (Art. 403 Abs. 1) oder die KESB aufgrund der Übersichtlichkeit des Geschäftes selber namens der betreuten Person gegenüber dem Beistand handeln kann (Art. 392 Ziff. 1), da der Beistand selber für den Vertragsabschluss im Namen des Verbeiständeten keine Vertretungsmacht besitzt (BGE 107 II 105, 112 E. 5). Der so abgeschlossene Vertrag wird nun von der KESB genehmigt oder abgelehnt. Beim eigenen Handeln der KESB (Art. 392 Ziff. 1) wird die Vertretung beim Vertragsabschluss und die Zustimmung in einem einzigen Geschäft abgehandelt.

Gemäss gesetzlicher Regel sind davon die unentgeltlichen Aufträge ausgenommen (Art. 394 ff. OR). Solche Aufträge können aber nur in denjenigen Aufgabenbereichen erteilt werden, die von der Beistandschaft nicht erfasst sind, da die von der KESB verfügten Aufgabenbereiche nicht eigenmächtig verändert werden können (KUKO ZGB-Langenegger, Art. 416 N 12). 13

III. Die zustimmungsbedürftigen Geschäfte

1. Art. 416

Art. 416 Abs. 1 Ziff. 1–9 zählt die Geschäfte auf, welche die Zustimmung der KESB erfordern. Es handelt sich im Grundsatz um Geschäfte, welche das Vermögen der verbeiständeten Person betreffen und von erheblicher Tragweite sind, sei es bedingt durch die Komplexität des zu beurteilenden Geschäfts, sei es durch die zeitliche Dauer der Bindung des Vermögens oder durch das allfällige Risiko, welches mit dem Abschluss des Geschäftes eingegangen wird. 14

Art. 416 Abs. 1 Ziff. 1 verlangt neu explizit die Zustimmung für die **Kündigung der Räumlichkeiten**, in welcher die betreute Person lebt und die damit soweit notwendig verbundene **Liquidation des Haushaltes**. Diese Bestimmung nimmt Rücksicht auf die grosse Tragweite, welche diese Entscheidung für die verbeiständete Person hat und will mit dem Zustimmungserfordernis überstürztes Handeln möglichst verhindern (Botschaft Erwachsenenschutz, 7056; Meier/Lukic, Rz 620). Die KESB hat bei ihrer Entscheidung insb. die grösstmögliche Selbstbestimmung (Art. 388 Abs. 2) sowie die Wünsche und Vorstellungen der verbeiständeten Person (Art. 406 Abs. 2) in ihrer Überprüfung und Zustimmung zu berücksichtigen. Im Übrigen galt die Wohnungsliquidation schon nach bisheriger Praxis als zustimmungsbedürftiges Geschäft, da es eine über die gewöhnliche Verwaltungshandlung hinausgehende Entscheidung bedeutete (aArt. 419 Abs. 2; 421 Ziff. 2; BSK ZGB I-Biderbost, aArt. 419 N 12; Deschenaux/Steinauer, Personnes, Rz 968). 15

Mit der neuen Ziff. 2, dem Zustimmungserfordernis für **Dauerverträge zur Unterbringung** von verbeiständeten Personen in betreuten Wohnformen, will der Gesetzgeber sicherstellen, dass die KESB überprüft, ob eine Einrichtung oder Familienplatzierung im 16 konkreten Fall geeignet ist und nicht allein aufgrund der finanziellen Situation ausgewählt wurde (Botschaft Erwachsenenschutz, 7056). Die Unterbringung ist weit zu interpretieren und umfasst sowohl kollektive Formen wie Alters- und Pflegeheime, Behinderteninstitutionen etc. wie auch betreute Wohngemeinschaften oder Familienpflege. Es handelt sich aber ausschliesslich um die rechtsgeschäftliche Vertragsgestaltung und nicht die Bestimmung über den Aufenthaltsort durch den Beistand. Weigert sich die betreute Person bezüglich der Unterbringung, so sind die Bestimmungen der FU anzuwenden (Art. 426 ff.; SCHMID, Art. 416 N 13). Nicht anwendbar ist die Mitwirkung, wenn der Dauervertrag gestützt auf die Vertretungsbefugnis nach Art. 382 Abs. 3 abgeschlossen wird (Botschaft Erwachsenenschutz, 7057; MEIER/LUKIC, Rz 620 FN 747; OFK-ZGB-FASSBIND, Art. 416 N 2). Hier ist aber zu differenzieren. Die Mitwirkung ist nach der Systematik des Gesetzes lediglich dann nicht gegeben, wenn diese Vertretung ausserhalb einer behördlichen Massnahme als Vertretung bei urteilsunfähigen Personen von Gesetzes wegen stattfindet. Umfasst der Aufgabenkreis des Beistandes im Rahmen des behördlichen Auftrages aber gerade diesen Kreis, so kann er nach der hier vertretenen Meinung nicht gestützt auf Art. 382 Abs. 2 i.V.m. Art. 378 Abs. 2 Ziff. 2 die Mitwirkung umgehen. In diesem Fall ist Art. 416 Abs. 1 Ziff. 2 für den Beistand anwendbar (so auch KUKO ZGB-LANGENEGGER, Art. 416 N 6). Nicht erfasst werden kurzfristige Unterbringungen zu Ferien- oder Erholungszwecken oder Time-Out-Platzierungen.

17 Gemäss **Ziff. 3** ist für die **Annahme oder Ausschlagung einer Erbschaft**, wenn dafür eine ausdrückliche Erklärung erforderlich ist, eine Zustimmung der KESB notwendig. Mit dieser Neuformulierung hat der Gesetzgeber eine Kontroverse beendet, welche unter altem Recht bezüglich der Annahmeerklärung vorhanden war (zur kontroversen Diskussion unter altem Recht s ausführlich: SCHNYDER, ZVW 1999, 107 f.). Die Zustimmung der KESB ist somit nur in wenigen Fällen notwendig. Im Falle der offenkundigen oder amtlich festgestellten Zahlungsunfähigkeit wird von Gesetzes wegen die Ausschlagung vermutet (Art. 566 Abs. 2); eine Zustimmung der KESB ist nach der hier vertretenen Meinung somit nicht erforderlich, wenn die Voraussetzungen der Offenkundigkeit erfüllt sind (BSK ZGB I-GEISER, aArt. 421/422 N 31; BSK ZGB II-SCHWANDER, Art. 566 N 8; KUKO ZGB-LANGENEGGER, Art. 416 N 6; **a.M.** MEIER/LUKIC, Rz 620). Gemäss Art. 560 Abs. 1 erwerben die Erben die Erbschaft von Gesetzes wegen ohne explizite Annahmeerklärung. Somit erübrigt sich auch hier eine Zustimmung Eine ausdrückliche Annahmeerklärung und somit auch eine Zustimmung der KESB ist nur in den Fällen von Art. 566 Abs. 1, Art. 574, 575 und 588 notwendig. Wird im Falle von Art. 574 und 575 keine Erklärung abgegeben, so gilt die Erbschaft als ausgeschlagen. Beim öffentlichen Inventar bedürfen nur die explizite Ausschlagungserklärung und die vorbehaltlose Annahme der Erbschaft der Genehmigung der KESB; wird keine Erklärung abgegeben, gilt kraft Gesetzes die Erbschaft als unter öffentlichem Inventar angenommen (Art. 588 Abs. 2; BSK ZGB I-GEISER, Art. 421/422 N 31 m.w.H.; ENGLER, in: Abt/Weibel, Art. 588 N 8; **a.M.** BSK ZGB II-WISSMANN, Art. 588 N 6). Die Fristen des Erbrechtes sind durch die KESB einzuhalten, was eine beförderliche Bearbeitung erfordert; soweit erforderlich, kann aber gestützt auf die erbrechtlichen Bestimmungen allenfalls eine angemessene Erstreckung der Frist beantragt werden (BSK ZGB I-GEISER, aArt. 421/422 N 31; KUKO ZGB-LANGENEGGER, Art. 416 N 6).

18 **Ziff. 3** erfasst auch die Zustimmung der KESB zu **Erbteilungsverträgen und Entgegennahme der Lose** (Art. 634 Abs. 1). Gemeint sind damit die Rechtsgeschäfte mit denen die Erbschaftsgegenstände unter den Erben aufgeteilt werden, einzelne Erben aus der Gemeinschaft ausscheiden oder die Erbengemeinschaft überhaupt aufgelöst wird. Sind Grundstücke betroffen, ist zu prüfen, gestützt auf welche Norm die KESB mitzuwirken hat. Wird die Liegenschaft unter den Erben aufgeteilt, wird das Geschäft erbrechtlich im

Rahmen des Erbteilungsvertrages behandelt und ist gem. Ziff. 3 zu beurteilen. Wird eine Liegenschaft jedoch durch die Erbengemeinschaft an einen Dritten verkauft, handelt es sich nicht um einen Erbteilungsvertrag, sondern es ist ein Veräusserungsgeschäft, das gem. Ziff. 4 zu beurteilen ist (zum bisherigen Recht: BGE 117 II 18, 20 E. 4a). Andere erbrechtliche Vertretungshandlungen (z.B. Anerkennung eines Testamentes, erbrechtliche Klagen) bedürfen je nach Situation der Zustimmung der KESB gestützt auf Ziff. 9 (BGE 64 II 406, 408 E. 1; BSK ZGB I-GEISER, aArt. 421/422 N 21; DESCHENAUX/STEINAUER, Personnes, Rz 1006).

Die Behandlung von **Erbverträgen** ist differenziert zu beurteilen. Im Unterschied zum bisherigen Recht ist für den Abschluss eines Erbvertrages – wie für alle Verfügungsformen von Todes wegen (Art. 467 Abs. 1) – lediglich Urteilsfähigkeit und Volljährigkeit erforderlich (Art. 468 Abs. 1). Unter altem Recht war noch Mündigkeit erforderlich, sodass entmündigte Personen vom Abschluss eines Erbvertrages als Vertragserblasser ausgeschlossen waren. Diese Rechtslage hat sich mit der Revision geändert. Nach neuem Recht kann auch eine urteilsfähige Person unter umfassender Beistandschaft oder mit Einschränkung der Handlungsfähigkeit bezogen auf erbrechtliche Angelegenheiten einen Erbvertrag als Vertragserblasser abschliessen, unter Vorbehalt der Zustimmung des Beistandes (Art. 468 Abs. 1 und 2; Botschaft Erwachsenenschutz, 7105). Da die Verfügungen von Todes wegen absolut höchstpersönliche Rechte i.S.v. Art. 19c Abs. 2 darstellen, muss die urteilsfähige verbeiständete Person primär selber handeln. Die Zustimmung des Beistandes ist keine Vertretungshandlung, lediglich eine Mitwirkung. In diesen Fällen ist Art. 416 Abs. 1 Ziff. 3 nicht anwendbar, da die urteilsfähige Person selber handelt (Art. 416 Abs. 2; Botschaft Erwachsenenschutz, 7105; SCHMID, Art. 416 N 15). Unter **Erbvertrag i.S.v. Ziff. 3** sind daher lediglich jene Vereinbarungen zu verstehen, die der Beistand in Vertretung der verbeiständeten Person als Gegenkontrahent abschliesst (OFK-ZGB-FASSBIND, Art. 416 N 2). Erlangt der urteilsfähige Verbeiständete durch den Erbvertrag nur Vorteile, welche unentgeltlich sind, so kann er gestützt auf Art. 19 Abs. 2 selbständig handeln; eine Mitwirkung des gesetzlichen Vertreters und der KESB ist in diesen Fällen ausgeschlossen (BK-WEIMAR, aArt. 468 ZGB N 14; DESCHENAUX/STEINAUER, Personnes, Rz 1007). Strittig hingegen ist, ob Erbeneinsetzung durch Erbvertrag überhaupt als unentgeltlich betrachtet werden kann, bringt diese doch auch die Haftung für Erbschaftsschulden mit sich (PIOTET, SPR IV/2, 216 f.; ZK-ESCHER, Art. 468 ZGB N 7). Nach der hier vertretenen Auffassung lässt die mögliche Haftung für Erbschaftsschulden allein jedoch die Unentgeltlichkeit nicht verneinen, besteht doch die Möglichkeit, bei Erbanfall von der Ausschlagungsbefugnis Gebrauch zu machen (BK-WEIMAR, aArt. 468 ZGB N 15; BSK ZGB II-BREITSCHMID, aArt. 467/468 N 6; DRUEY, Erbrecht, § 12 Rz 27; SCHRÖDER, in: Abt/Weibel, aArt. 468 N 16). Vertritt der Beistand hingegen die verbeiständete Person beim Abschluss eines Erbverzichts und bei entgeltlichen Erbverträgen, ist die Zustimmung der KESB notwendig. 19

Gemäss Ziff. 4 sind **Erwerb, Veräusserung, Verpfändung und andere dingliche Belastungen eines Grundstückes** (z.B. Nutzniessung, Einräumung eines Wohnrechtes, Errichtung eines Servitutes) der KESB zur Genehmigung zu unterbreiten. Dem Sinn und Zweck der Norm entsprechend fallen darunter auch Tausch, Begründung und Ausübung von Kaufs-, Rückkaufs- und Vorkaufsrechten (BSK ZGB I-GEISER, aArt. 421/422 N 13) und die Entlassung von Grundstücken aus zugunsten von verbeiständeten Personen bestehenden Sicherheiten (DESCHENAUX/STEINAUER, Personnes, Rz 1006). Der Rangrücktritt eines zugunsten einer verbeiständeten Person errichteten Wohnrechts hinter ein Grundpfandrecht erfordert ebenso die Zustimmung der KESB (BGE 126 III 309, 311 E. 2), wie nach bundesgerichtlicher Rechtsprechung auch die Ausübung eines bäuerlichen Vorkaufsrechtes in Anwendung des BGBB ein Anwendungsfall dieser Zustimmungserfordernis 20 darstellt (BGE 102 II 376, 379 E. 2). Schenkungen hingegen können nie unter diese Ziffer subsumiert werden, da gestützt auf Art. 412 Abs. 1 Schenkungen verboten sind, es sei denn, es handle sich um übliche Gelegenheitsgeschenke, was bei Grundstücken begriffsnotwendig nie der Fall sein kann.

21 Die Zustimmung gem. Art. 416 Abs. 1 Ziff. 4 ist auch zu verlangen, wenn es sich beim Grundstücksverkauf um eine Umwandlung von Kapitalanlagen im Rahmen der Vermögensverwaltung handelt, welche nach Beurteilung des Beistandes und gestützt auf die Normen der Bundesverordnung zur Vermögensanlage nicht genügend Sicherheit bieten (zum bisherigen Recht: DESCHENAUX/STEINAUER, Personnes, Rz 972).

22 Das Grundbuchamt hat vor der Eintragung des Grundstückgeschäftes zu prüfen, ob die erforderlichen Zustimmungen vorliegen oder nicht und muss gegebenenfalls das Gesuch um Eintragung abweisen (BGE 126 III 309, 314 E. 3b; BSK ZGB I-GEISER, aArt. 421/422 N 13a). Die Zustimmung zu beantragen hat jedoch der Beistand.

23 Unter der gleichen Ziffer 4 wird nun auch das **Erstellen von Bauten** beurteilt, die dem Umfang nach über die gewöhnlichen Verwaltungshandlungen hinausgehen. Diese Norm hält fest, dass der Beistand auch für die Vergabe von Aufträgen, den Abschluss von Werkverträgen wie auch für den Fall, dass der Beistand die Arbeit selber ausführen will (Art. 416 Abs. 3), die Zustimmung der KESB benötigt. Insofern gehören so neben den Rechtshandlungen auch die tatsächlichen Handlungen dazu (BSK ZGB I-GEISER, aArt. 421/422 N 15). Gemäss Botschaft ist für die Definition und Auslegung der gewöhnlichen Verwaltungshandlungen Art. 647a heranzuziehen (Botschaft Erwachsenenschutz, 7057). Gewöhnliche Verwaltungshandlungen sind tendenziell von untergeordneter Bedeutung. Es sind Handlungen, welche i.d.R. im Rahmen der ordentlichen Verwaltung vernünftigerweise als selbstverständlich und sachadäquat empfunden werden (BSK ZGB II-BRUNNER/WICHTERMANN, Art. 647a N 4 f.). Sie dienen der Sach-, Wert- und Funktionserhaltung. Nach der hier vertretenen Meinung muss aber ebenso auch Art. 647c herangezogen werden (so auch KUKO ZGB-LANGENEGGER, Art. 416 N 6).

24 Als Kosten-Massstab kann die **Wertvermehrung** dienen. Reine Unterhaltsarbeiten oder Instandhaltungsarbeiten bedürfen keiner Zustimmung. Veränderungen aber, welche eine Wertvermehrung oder eine Zweckänderung beinhalten (z.B. Sanierungen mit zusätzlicher Isolation, Erweiterung von Räumlichkeiten, Umwandlung in Büroräumlichkeiten etc.), fallen unter die Genehmigungspflicht. Da die Abgrenzungen der gewöhnlichen resp. ordentlichen zu den ausserordentlichen Verwaltungshandlungen fliessend sind (ZK-HAAB, Art. 647 ZGB N 3), ist im Einzelfall aufgrund der konkreten Umstände eine Beurteilung durch die KESB vorzunehmen (BSK ZGB II-BRUNNER/WICHTERMANN, Art. 647a N 6). Soweit der Beistand keine Zustimmung eingeholt hat, kann dies im Rahmen der Berichtsprüfung überprüft und allenfalls nachgeholt werden.

25 In Art. 416 Abs. 1 Ziff. 5 werden der **Erwerb, die Veräusserung und die Verpfändung anderer Vermögenswerte** und die **Errichtung einer Nutzniessung an anderen Vermögenswerten als an Grundstücken** (s. N 18) erfasst. Es handelt sich um Verpflichtungsgeschäfte, welche genehmigungspflichtig sind, falls sie nicht unter die Führung der ordentlichen Verwaltung und Bewirtschaftung fallen. Der Begriff der ordentlichen Verwaltung ist gemäss Botschaft analog der Bestimmung von Art. 227 auszulegen (Botschaft Erwachsenenschutz, 7057). Massgebendes Abgrenzungskriterium ist die Tragweite der Rechts- oder Tathandlung im Rahmen der Interessenwahrung der Vermögensverwaltung und ist, wie bei Ziff. 4 (s. N 22), im Einzelfall zu beurteilen (BK-HAUSHEER/REUSSER/GEISER, Art. 227 ZGB N 23 ff.; BSK ZGB I-HAUSHEER/AEBI-MÜLLER, Art. 227/228 N 9; CR CC I-MEIER, Art. 227/228 N 9 f.).

Als ausserordentliche Verwaltungshandlungen sind in Anwendung dieser Grundsätze z.B. der Rückzug von Vermögenssubstanz zur Finanzierung des Lebensunterhaltes der verbeiständeten Person (BSK ZGB I-Biderbost, aArt 419 N 12; Deschenaux/Steinauer, Personnes, Rz 968) oder die Einforderung von Freizügigkeitsguthaben zur Finanzierung des Lebensunterhaltes im Rahmen der Subsidiaritätsabklärung einer Unterstützung über die öffentliche Sozialhilfe zu qualifizieren (in diesem Sinn mindestens angetönt: BGer vom 3.3.2010, 5A_816/2009, E. 3.2.1). Ebenfalls als ausserordentlich sind Neuanlagen von Wertschriften zu qualifizieren, soweit diese die bisherige Anlagepolitik verändern (z.B. Kauf von Fondsanteilen und Obligationen aus Kontoguthaben). Nicht darunter fallen aber Neuanlagen, welche ein gleiches Risiko und gleiche Sicherheiten bieten und lediglich als Ersatz für bereits früher getätigte Vermögensanlagen dienen (BSK ZGB I-Geiser, aArt. 421/422 N 14; BSK ZGB I-Hausheer/Aebi-Müller, Art. 227 N 10). Massgebend dabei ist das Anlagekonzept. Bei kleinen und mittleren Vermögen ergibt sich dieses aus der Bundesverordnung zur Vermögensanlage (Art. 408 Abs. 3) und soweit vorhanden, den ergänzenden Bestimmungen des kantonalen Rechts (zum bisherigen Recht: s Empfehlung der VBK für die Vermögensanlage im Rahmen von vormundschaftlichen Mandaten, ZVW 2001, 332 ff. mit Ergänzungen in ZVW 2009, 199 ff.). Bei grösseren Vermögenskomplexen ist es hingegen sinnvoll, wenn der Beistand in Zusammenarbeit mit der KESB eine Anlagestrategie für die Verwaltung der Vermögen aushandelt und von der KESB genehmigen lässt. Diese so vereinbarte Strategie steckt dann den Rahmen für die gewöhnliche Verwaltung und Bewirtschaftung ab (BSK ZGB I-Geiser, aArt. 421/422 N 14a). 26

Jegliche Formen von **Darlehensverträgen i.S.v. Art. 312 ff. OR** unterliegen gem. Ziff. 6 der Genehmigungspflicht der KESB, soweit es sich – im Unterschied zum bisherigen Recht – um erhebliche Beträge handelt. Die Erheblichkeit beurteilt sich nicht abstrakt, sondern nach den konkreten Einkommens- und Vermögensverhältnissen im Einzelfall (Botschaft Erwachsenenschutz, 7057; KUKO ZGB-Langenegger, Art. 416 N 6; Schmid, Art. 416 N 23). Nicht davon betroffen sind die Gebrauchsleiheverträge (Art. 305 ff.; Deschenaux/Steinauer, Personnes, Rz 1006; BSK ZGB I-Geiser, aArt. 421/422 N 16). Bankkonti und Anlagen in börsenkotierten Obligationen sowie der Kauf von Aktien können nicht als Gewährung von Darlehen bewertet werden und unterstehen nicht Ziff. 6, fallen aber gegebenenfalls unter Ziff. 5. Anders muss aber der Abschluss eines Kreditkartenvertrages resp. die Vereinbarung einer Überzugslimite bei einem Bankkonto beurteilt werden. Hier hängt es im Einzelfall von der Höhe der Kredit- oder Überzugslimite ab, inwieweit dies als erheblich einzustufen ist und daher der Zustimmung der KESB bedarf (**a.M.** OFK-ZGB-Fassbind, Art. 416 N 2, der zugunsten der Praxistauglichkeit die Anwendung dieser Bestimmung in diesen Fällen als nicht erforderlich bezeichnet). Bei der Kündigung oder dem Rückzug des Darlehens bedarf es aufgrund des Wortlauts des Gesetzes ebenfalls keiner Zustimmung, allenfalls können auch diese Handlungen unter Ziff. 5 fallen. 27

Ziff. 6 verlangt eine zwingende Genehmigung jeglicher **wechselrechtlicher Verpflichtungen** (Art. 990 ff. OR), da diese als besonders gefährlich beurteilt werden (BSK ZGB I-Geiser, aArt. 421/422 N 17); darunter fällt auch die Wechselbürgschaft (Art. 1020 ff. OR; Deschenaux/Steinauer, Personnes, Rz 1006). 28

Leibrentenverträge und **Verpfründungsverträge** gem. Art. 516 ff. OR unterliegen wie unter bisherigem Recht gem. Art. 416 Abs. 1 Ziff. 7 ZGB der Zustimmung der KESB. Wie im bisherigen Recht ist es unerheblich, auf welcher Seite des Vertrages die vertretene Person steht (BSK ZGB I-Geiser, aArt. 421/422 N 30). Der Leibgedingsvertrag wird, im Unterschied zum bisherigen Recht, nicht mehr speziell erwähnt, da er ein Verpfründungsvertrag nach Art. 521 ff OR ist (Botschaft Erwachsenenschutz, 7057). **Versicherungsverträge, die** 29

auf das Leben des Verbeiständeten abgeschlossen werden, wie reine Risikoversicherungen, Todesfall- oder gemischte Versicherungen des VVG und des BVG bzw. FZG, unterstehen der Zustimmungspflicht der KESB, soweit die verbeiständete Person prämienbelasteter Versicherungsnehmer ist (DESCHENAUX/STEINAUER, Personnes, Rz 1006; KUKO ZGB-LANGENEGGER, Art. 416 N 6). Diese Bestimmung ist jedoch nicht anwendbar, wenn die verbeiständete Person nicht prämienbelasteter Versicherungsnehmer ist (VPB 52 [1988], 293; RIEMER, Vormundschaftsrecht, § 4 Rz 151). Lebensversicherungs- und Leibrentenverträge im Rahmen des BVG bzw. FZG fallen aber dann nicht unter diese Bestimmung, wenn sie im Zusammenhang mit einem Arbeitsvertrag abgeschlossen werden, auch wenn sie die obligatorische Versicherung übersteigen (Art. 416 Abs. 1 Ziff. 7; Botschaft Erwachsenenschutz, 7057; BSK ZGB I-GEISER, aArt. 421/422 N 23).

30 **Ziff. 8** verlangt, wie aArt. 422 Ziff. 3, die Zustimmung der KESB für die **Übernahme oder die Liquidation eines Geschäftes**. Die Interpretation des Geschäftsbegriffs ist in einem weiten Sinn zu verstehen und umfasst alle möglichen Arten von Geschäften wie Handels-, Industrie- oder Landwirtschaftsbetriebe sowie auch Einzelunternehmungen (MEIER/LUKIC, Rz 620). Hingegen ist der Begriff der Übernahme eng auszulegen und umfasst die rechtliche Eigentumsübernahme. Die Übernahme einer Pacht z.B. eines landwirtschaftlichen Betriebs oder eines Gastgewerbes kann somit nicht unter diese Ziffer subsumiert werden, da es sich lediglich um eine wirtschaftliche Übernahme handelt (s. dazu MEIER, Consentement, 451). Je nach Situation handelt es sich aber um ein Geschäft, welches nach Ziff. 5 zu beurteilen ist. Der unentgeltliche Erwerb (Schenkung) bedarf nach der hier vertretenen Meinung ebenfalls der Mitwirkung, da auch bei Unentgeltlichkeit nicht nur Guthaben, sondern auch Verbindlichkeiten, allenfalls Schulden oder andere Risiken übergehen (so auch KUKO ZGB-LANGENEGGER, Art. 416 N 6; offen gelassen: BSK ZGB I-GEISER, aArt. 421/422 N 29; MEIER, Consentement, 451).

31 Der Eintritt in eine Gesellschaft ist nur dann erfasst, wenn damit eine unbeschränkte Haftung verbunden ist (zu den Gesellschaftsformen s. Art. 530 ff., 552 ff., 594 ff., 764 ff., 828 ff. OR sowie Art. 60 ff. ZGB falls das Vereinsmitglied nach den Statuten unbeschränkt haftet oder eine unbeschränkte Nachschusspflicht hat). Der Austritt ist nicht erfasst und kann ohne Mitwirkung der KESB erfolgen (MEIER, Consentement, 462), es sei denn, der Austritt stelle eine wirtschaftliche Liquidation eines Geschäftsbetriebes dar (BSK ZGB I-GEISER, aArt. 421/422 N 29; KUKO ZGB-LANGENEGGER, in: Rosch/Büchler/Jakob, Art. 416 N 6; MEIER, Consentement, 460 ff.). Im Falle der Kapitalbeteiligung an einer Gesellschaft, z.B. in Form von Aktien, ist die Zustimmung nur dann erforderlich, wenn die Beteiligung erheblich ist. Die Erheblichkeit misst sich am Gesamtvermögen der verbeiständeten Person und nicht an einem bestimmten Prozentsatz des Gesellschaftskapitals (MEIER, Consentement, 469).

32 Art. 416 Ziff. 9 übernimmt inhaltlich die aArt. 421 Ziff. 8 und 10 (Botschaft Erwachsenenschutz, 7057). Die **Insolvenzerklärung** (Art. 191 SchKG) und damit der **Antrag auf Konkurseröffnung** beim Richter benötigen die Zustimmung der KESB, ebenso die **Prozessführung** und der **Abschluss gerichtlicher Vergleiche, von Schieds- oder Nachlassverträgen**.

33 Die Vertretung der verbeiständeten Person kommt nur in denjenigen Aufgabenbereichen in Frage, die dem Beistand im Rahmen der Beistandschaft auch übertragen wurden (Art. 391 Abs. 1). Erfordert die Wahrung der Interessen der verbeiständeten Person in diesen Aufgabenbereichen die Führung eines Prozesses, so bedarf es einer Ermächtigung durch die KESB. Auf den Streitwert des zu führenden Prozesses kommt es nicht an (RIEMER, Vormundschaftsrecht, § 4 N 151) und die Zustimmung zur Prozessführung ist in Zivil- und Verwaltungsstreitigkeiten sowie für Schadenersatzforderungen, die in einem

Strafverfahren adhäsionsweise geltend gemacht werden, einzuholen (KUKO ZGB-LANGENEGGER, Art. 416 N 6), sowohl wenn die verbeiständete Person auf der klägerischen als auch wenn sie auf der beklagten Seite steht. Es obliegt dem Gericht oder der entsprechenden Verwaltungsbehörde, die Prozessvoraussetzungen von Amtes wegen zu prüfen und dem Beistand Frist anzusetzen, damit die erforderliche Zustimmung der KESB beigebracht werden kann. Stimmt die KESB nicht rechtzeitig zu, so hat die verbeiständete Person mit Säumnisfolgen zu rechnen (Art. 147 ff ZPO; BSK ZGB I-GEISER, aArt. 421/422 N 20; MEIER, Consentement, 437). Entsteht aus den Säumnisfolgen ein Schaden, so kann allenfalls ein Schadenersatzanspruch gegenüber dem Kanton geltend gemacht werden (Art. 454 Abs. 1 und 3).

Diese Zustimmung zur Prozessführung ist jedoch nur insoweit anwendbar, als es sich um eine Streitsache handelt, die von der verbeiständeten Person nicht selber geführt werden kann. Handelt es sich um einen Prozess in höchstpersönlichen Angelegenheiten (Art. 19c Abs. 1) führt die urteilsfähige verbeiständete Person den Prozess selbständig und kann nicht gegen ihren Willen durch den Beistand vertreten werden. Entsprechend kann sie z.B. auch ohne Zustimmung einen Scheidungsprozess einleiten und ihren Scheidungswillen (Art. 111 f.) geltend machen (BSK ZGB I-GEISER, aArt. 421/422 N 20). Sie kann für diese Geschäfte selbständig auch einen Rechtsvertreter wählen und bevollmächtigen (SCHMID, Art. 416 N 29). Möglich ist, dass die verbeiständete Person auch den Beistand rechtsgeschäftlich mit der Führung des Prozesses beauftragt. Im Unterschied zum bisherigen Recht, welches dies als Vertrag i.S.v. aArt. 422 Ziff. 7 qualifizierte und somit die Zustimmung der Aufsichtsbehörde notwendig war (BSK ZGB I-GEISER, aArt. 421/422 N 20; DESCHENAUX/STEINAUER, Personnes, Rz 985), ist eine Zustimmung der KESB nur dann notwendig, wenn diese Vertretung des Beistandes entgeltlich erfolgt (Art. 416 Abs. 3). Soweit die Person unter umfassender Beistandschaft steht oder für diesen Aufgabenbereich die Handlungsfähigkeit entzogen wurde, steht ihr aber nur das selbständige Handeln im höchstpersönlichen Bereich zu. Beinhaltet der Prozess aber auch als Konsequenz die Regelung der vermögensrechtlichen Folgen, ist die Vertretung durch den Beistand und entsprechend auch die Mitwirkung der KESB erforderlich. 34

Wird im Rahmen eines Prozesses ein **Vergleich** geschlossen, so ist die Zustimmung der KESB erforderlich. Die Anwendung auf aussergerichtliche Vergleiche ist in der Lehre umstritten (pro BK-KAUFMANN, aArt 421 ZGB N 27; MEIER, Consentement, 413 f.; contra DESCHENAUX/STEINAUER, Personnes, Rz 1006, BSK ZGB I-GEISER, aArt. 421/422 N 20; KUKO ZGB-LANGENEGGER, Art. 416 N 6). Dank der neuen Möglichkeit, zusätzliche Geschäfte der Zustimmung zu unterstellen (Art. 417), kann dieser Streit mittels aktiver Gestaltung durch die KESB gelöst werden. 35

Art. 416 Abs. 1 Ziff. 9 ist für das bevormundete oder verbeiständete Kind in Bezug auf den Abschluss eines **Unterhaltsvertrags** das Kindsrechts nicht anwendbar. Beim aussergerichtlich vereinbarten Unterhaltsvertrag erfolgt die Genehmigung durch die KESB gestützt auf Art. 287 Abs. 1, beim gerichtlich vereinbarten Unterhaltsvertrag reicht die Genehmigung des Richters, da dieser von Amtes wegen wie die KESB die Interessen des Kindes zu wahren hat (Art. 287 Abs. 3 ZGB; Art. 296 Abs. 1 und 3 ZPO; BK-HEGNAUER, Art. 287/288 ZGB N 49). Ist der minderjährige Unterhaltsschuldner jedoch bevormundet oder der volljährige Unterhaltsschuldner in diesem Aufgabenbereich verbeiständet, ist die Zustimmung gestützt auf Art. 416 Abs. 1 Ziff. 9 erforderlich (BSK ZGB I-GEISER, aArt. 421/422 N 20; HEGNAUER, Kindsrecht, Rz 21.22). 36

Einer Zustimmung bedarf auch der eigentliche **Schiedsvertrag**, ebenso aber auch Verträge, welche eine **Schiedsklausel** enthalten (BSK ZGB I-GEISER, aArt. 421/422 N 20; KUKO ZGB-LANGENEGGER, Art. 416 N 6.). 37

38 Die Zustimmung der KESB zu einem **Nachlassvertrag** (Art. 302 ff. SchKG) im gerichtlichen wie aussergerichtlichen Verfahren ist gestützt auf Ziff. 9 erforderlich, unabhängig davon, ob sich die verbeiständete Person in der Gläubiger- oder Schuldnerposition befindet (BSK ZGB I-GEISER, aArt. 421/422 N 20; KUKO ZGB-LANGENEGGER, Art. 416 N 6; MEIER, Consentement, 422.).

39 Bei den zustimmungsbedürftigen Geschäften von Ziff. 9 kann der Beistand, im Unterschied zu allen anderen Ziffern dieses Artikels, jedoch in dringenden Fällen alle Handlungen auch ohne Zustimmung der KESB vornehmen. Diese Ausnahme ist erforderlich, da bei diesen Geschäften zur Abwendung von Schäden unter Umständen sofort gehandelt werden muss und das Einholen der Zustimmung dies verunmöglichen würde. Dies ist etwa dann der Fall, wenn es gilt, eine Frist zu wahren. Die Massnahmen haben sich auf das Notwendige zu beschränken und die Zustimmung der KESB ist nachträglich zu beantragen, soweit es sich nicht um eine einmalige, abgeschlossene Handlung geht (BSK ZGB I-GEISER, aArt. 421/422 N 20; KUKO ZGB-LANGENEGGER, Art. 416 N 6). Art. 67 Abs. 3 lit. b ZPO lässt zudem zu, dass die verbeiständete, handlungsunfähige Person, soweit sie urteilsfähig ist, selber das Nötige vorkehren kann, auch wenn es sich nicht um die Wahrnehmung von höchstpersönlichen Rechten handelt (MEIER/LUKIC, Rz 620).

2. Art. 417

40 Diese Bestimmung ergänzt Art. 416. Neben den in Art. 416 aufgeführten Geschäften kann es je nach Situation im Einzelfall gerechtfertigt sein, weitere Geschäfte und Angelegenheiten der Zustimmung der KESB zu unterstellen. Nach bisherigem Recht waren die zustimmungsbedürftigen Geschäfte in aArt. 421/422 grundsätzlich abschliessend aufgezählt und konnten durch die Vormundschaftsbehörde nicht ergänzt werden (BSK ZGB I-GEISER, aArt. 421/422 N 5; DESCHENAUX/STEINAUER, Personnes, Rz 1003). Die Möglichkeit, im Einzelfall aus wichtigen Gründen (Art. 4) ein Geschäft unter die Zustimmungserfordernis der KESB zu stellen, folgt dem Konzept der massgeschneiderten Massnahmen des Erwachsenenschutzes (Art. 391; Botschaft Erwachsenenschutz, 7058; KUKO ZGB-LANGENEGGER, Art. 417 N 1; SCHMID, Art. 417 N 1). Wichtige Gründe sind i.d.R. aber nur anzunehmen, wenn das alleinige Handeln des Beistandes, bedingt durch die grosse Tragweite des Geschäftes oder ein damit verbundenes hohes Risiko, die Interessen resp. das Wohl der verbeiständeten Person ernstlich gefährden würde (OFK-ZGB-FASSBIND, Art. 417 N 1). So kann sich die Mitwirkung bei einer zerstrittenen Situation durch die KESB rechtfertigen, um die Vertretung des Beistandes zusätzlich zu untermauern oder kann als ergänzende Kontrolle einer Entscheidung in einer komplexen Angelegenheit dienen. In Frage kommen insb. auch Geschäfte, welche nach bisherigem Recht von Gesetzes wegen dem Zustimmungserfordernis unterstellt waren, im neuen Recht nun aber situativ beurteilt werden können, wie Mietverträge, Darlehensverträge, Kreditverträge ungeachtet ihrer Höhe, Verträge über die Ausbildung etc. (MEIER/LUKIC, Rz 622).

41 Die Bezeichnung weiterer Geschäfte kann bei der Errichtung der Massnahme erfolgen oder aber während der laufenden Beistandschaft, wird sich doch i.d.R. erst im Verlauf der Massnahme zeigen, ob weitere wichtige Geschäfte einer zusätzlichen Zustimmung bedürfen.

42 Gemäss Bundesrat hat der Beistand keine Befugnis, von sich aus zusätzliche Geschäfte der KESB zur Entscheidung zu unterbreiten, da dies zu einer unzulässigen Vermischung der Verantwortlichkeit führen würde (Botschaft Erwachsenenschutz, 7058; MEIER/LUKIC, Rz 624; OFK-ZGB-FASSBIND, Art. 417 N 2; SCHMID, Art. 417 N 2). Diese Auffassung ist differenziert zu beurteilen. Richtig ist, dass sich der Beistand nicht der Verantwortung entledigen kann, indem der Behörde die Verantwortung für den Entscheid zugeschoben wird. Es muss dem Beistand aber, wie bei allen Veränderungen der Schutz- und Betreuungsbedürftigkeit der betroffenen Person, während der Dauer der Führung der Beistandschaft (Art. 414) unbenommen sein, von der KESB die erforderliche Instruktion und Beratung zu erhalten (Art. 400 Abs. 3), wenn dies aus seiner Sicht notwendig ist und in diesem Zusammenhang auch anzuzeigen resp. zu beantragen, die Massnahme anzupassen und ein bestimmtes Geschäft der Zustimmung zu unterstellen. Es liegt letztlich an der KESB, einen Entscheid zu fällen, ob hier ein Mitwirken der KESB erforderlich ist oder nicht. Oberstes Ziel der Massnahmeführung ist die Sicherung der Interessen der betreuten Person und i.d.R. ist die KESB im Umsetzungsalltag der Massnahme gar nicht in der Lage, ohne entsprechenden Hinweis des Beistandes zu erkennen, ob ein Geschäft ansteht, das allenfalls der Zustimmung zu unterstellen ist. Ein entsprechendes Antragsrecht muss folglich auch der verbeiständeten Person oder einer ihr nahestehenden Person zugestanden werden, wobei der Begriff der nahestehenden Person weit auszulegen ist (KUKO ZGB-Steck, Art. 450 N 12). Nur so kann erreicht werden, dass die Qualität der Mandatsführung und der Entscheidungen gestärkt werden kann (so auch KUKO ZGB-Langenegger, Art. 417 N 2).

IV. Verfahren

1. Zuständigkeit

Örtlich Zuständig für die Zustimmung ist die KESB, welche die Massnahme führt (BSK ZGB I-Geiser, aArt. 421/422 N 35). Hat ein Wohnsitzwechsel stattgefunden und wurde die Massnahme trotz Verpflichtung zur sofortigen Übertragung aus wichtigen Gründen (Art. 442 Abs. 5) noch nicht übertragen, so bleibt die bisherige KESB für die Zustimmung zu den Geschäften aus der Massnahmeführung noch zuständig, handelt es sich doch nicht um eine Verschärfung der Massnahme (BGE126 III 415, 418 f. E. 2b/bb und 3; ZVW 2002, 212). 43

2. Handeln auf Antrag

Es ist – wie nach bisherigen Recht – Sache des Beistandes, der KESB ein Geschäft zur Zustimmung zu unterbreiten und entsprechend Antrag zu stellen sowie die erforderlichen Unterlagen beizubringen (BSK ZGB I-Geiser, aArt. 421/422 N 36; Deschenaux/Steinauer, Personnes, Rz 1004; Meier/Lukic, Rz 619). Die urteilsfähige verbeiständete Person kann aber auch selber im Einverständnis mit dem Beistand den Antrag stellen, soweit ihre Zustimmung zum Geschäft nicht ausreichend ist (Art. 416 Abs. 2). Generell ist die verbeiständete Person zu all diesen Geschäften, welche der Zustimmung unterliegen, beizuziehen, da es sich um Geschäfte von grösserer Tragweite handelt und der Verbeiständete unter Achtung seines Selbstbestimmungsrechts – soweit tunlich – um seine Meinung anzugehen ist (Art. 406 Abs. 1; KUKO ZGB-Häfeli, Art. 406 N 3) Er ist aber nicht verpflichtet, auch wenn er urteilsfähig ist, seine Zustimmung zu einem Geschäft zu geben. Er kann diese explizit verweigern oder sich dazu nicht äussern. Verweigert er die Zustimmung, so handelt der Beistand, wenn das Geschäft unter den zugeteilten Aufgabenkreis der verfügten Massnahme fällt. Die verbeiständete Person muss sich die in ihrem Namen vom Beistand vorgenommenen Handlungen anrechnen lassen (Art. 394 Abs. 3; BGer vom 21.3.2002, 5C.282/2001, E. 2d; BK-Schnyder/Murer, aArt. 392 ZGB N 20; KUKO ZGB-Rosch, Art. 394 N 2). 44

Grundsätzlich hat die KESB auf den Antrag erst dann einzutreten, wenn die Vertragspartner den Vertrag unterzeichnet haben. Im Rahmen der Instruktion, Unterstützung und Beratung (Art. 400 Abs. 3) bleibt es dem Beistand unbenommen, das entsprechende Vertragsgeschäft mit der KESB vorzubesprechen und eine Vormeinung der KESB einzuholen. Die 45

KESB ist jedoch an diese Meinungsäusserung nicht gebunden (BSK ZGB I-Geiser, aArt. 421/422 N 36). Im Rahmen der Vertragsverhandlungen hat der Beistand den Vertragspartner über das Erfordernis der Zustimmung der KESB zu informieren

3. Kognition

46 Die Kognition der KESB ist umfassend. Sie hat alle Aspekte des Geschäftes zu kontrollieren und zu prüfen, ob das Geschäft im vollumfänglichen Interesse der verbeiständeten Person liegt (Meier, Consentement, 134 ff.). Die KESB trägt die Verantwortung für den entsprechenden Entscheid, der Beistand wird aber durch die Zustimmung nicht von einer allfälligen eigenen Verantwortlichkeit befreit (BGE 52 II 319, 324 E. 3; 61 II 7, 11 E. 5; BSK ZGB I-Geiser, aArt. 421/422 N 38; Deschenaux/Steinauer, Personnes, Rz 1004).

47 Handelt es sich um ein rechtswidriges Geschäft, so hat die KESB die Zustimmung zu verweigern, selbst wenn es für die verbeiständete Person vorteilhaft wäre (BSK ZGB I-Geiser, aArt. 421/422 N 38; Meier, Consentement, 133 f.).

4. Form der Zustimmung

48 Grundsätzlich hat die Zustimmung der KESB schriftlich und mittels einer anfechtbaren Verfügung zu erfolgen. Sie ist der urteilsfähigen verbeiständeten Person, allfälligen Rechtsvertretern, dem Beistand sowie bei formbedürftigen Rechtsgeschäften (z.B. Grundstückverkauf, Erbvertrag) der Urkundsperson und Registerbehörden (z.B. Grundbuchamt) entsprechend auch formell zu eröffnen (BSK ZGB I-Geiser, aArt. 421/422 N 40).

49 Die Zustimmung kann ausnahmsweise auch stillschweigend erfolgen, wobei dies nur mit grösster Zurückhaltung anzunehmen ist (für Beispiele unter altem Recht: JGK BE, ZVW 2002, 196 f). Angesichts der Schutzwirkung von Art. 416 kann die Genehmigung von Bericht und Rechnung nicht ohne weiteres als Zustimmung zu allen in der Berichtsperiode getätigten zustimmungsbedürftigen Geschäften gewertet werden. Es müssten sich mindestens im Genehmigungsbeschluss Hinweise finden, dass die entsprechenden Geschäfte im speziellen geprüft wurden (BSK ZGB I-Geiser, aArt. 421/422 N 40).

50 Liegt es in der Kompetenz der verbeiständeten Person, an Stelle der KESB dem Geschäft zuzustimmen (Art. 416 Abs. 2), so ist auch diese Zustimmung an keine Form gebunden. Um die Zustimmung aber im Bedarfsfall gegenüber der KESB oder Dritten nachweisen zu können, empfiehlt sich die Form der schriftlichen Zustimmung (BSK ZGB I-Biderbost, aArt. 419 N 21) und im Fall eines Zweifels an der Urteilsfähigkeit der verbeiständeten Person ein ärztliches Zeugnis, welches sich bezogen auf das zu beurteilende Geschäft über die Urteilsfähigkeit ausspricht.

51 Ist für das zugrunde liegende Rechtsgeschäft eine besondere Form wie die öffentliche Beurkundung vorgesehen, gilt dieses Formerfordernis nicht für die Zustimmung der KESB (BGE 117 II 18, 21 E. 3b; BSK ZGB I-Geiser, aArt. 421/422 N 41; OFK-ZGB-Fassbind, Art. 416 N 1).

5. Rechtsmittel

52 Gegen den Entscheid der KESB betreffend Zustimmung oder Verweigerung der Zustimmung ist die Beschwerde an die gerichtliche Instanz (Art. 450) innert 30 Tagen ab Mitteilung gegeben. Der letztinstanzliche kantonale Entscheid kann mit Beschwerde in Zivilsachen an das BGer weitergezogen werden (Art. 72 Abs. 2 lit. b Ziff. 6 BGG).

Art. 418

III. Fehlen der Zustimmung	**Ist ein Geschäft ohne die erforderliche Zustimmung der Erwachsenenschutzbehörde abgeschlossen worden, so hat es für die betroffene Person nur die Wirkung, die nach der Bestimmung des Personenrechts über das Fehlen der Zustimmung des gesetzlichen Vertreters vorgesehen ist.**
III. Défaut de consentement	L'acte juridique accompli sans le consentement de l'autorité de protection de l'adulte n'a, à l'égard de la personne concernée, que les effets prévus par le droit des personnes en cas de défaut du consentement du représentant légal.
III. Mancanza del consenso	L'atto o negozio compiuto senza il necessario consenso dell'autorità di protezione degli adulti ha per l'interessato soltanto gli effetti previsti dalle disposizioni del diritto delle persone allorquando manca il consenso del rappresentante legale.

Inhaltsübersicht

Literatur

Vgl. Literaturhinweise zu Art. 415 und 416/417.

Materialien

Art. 406 VE Erwachsenenschutz 2003; VE Erwachsenenschutz/Vernehmlassungen, 237; Botschaft Erwachsenenschutz, 7058 und 7156; Prot. RK-S vom 27./28. 8. 2007, 19; AmtlBull StR 2007, 836; Prot. RK-N vom 24./25. 4. 2008, 23; AmtlBull NR 2008, 1522.

I. Entstehung und Anwendungsbereich

Die Regelung von Art. 418 ist der Sache nach identisch mit der Regelung von aArt. 424 1
(Botschaft Erwachsenenschutz, 7058). Sie regelt die Rechtswirkungen der Zustimmungsbedürftigkeit für alle Rechtsgeschäfte, die der Genehmigung der KESB bedürfen. Neben den in Art. 416 explizit aufgeführten Geschäften sind auch diejenigen erfasst, welche mittels Verfügung der KESB gestützt auf Art. 417 der Zustimmung unterstellt werden. Diese Bestimmung bezieht sich ausschliesslich auf Rechtsgeschäfte, nicht aber auf die Prüfung von Bericht und Rechnung (BSK ZGB I-Geiser, aArt. 424 N 1). Ob es sich beim Rechtsgeschäft um einen Vertragsabschluss oder die Ausübung eines Gestaltungsrechts handelt, ist unerheblich (BGE 102 II 376, 379 E. 2; Meier, Consentement, 265). Erfasst werden von der Vorschrift sowohl privatrechtliche wie öffentlich-rechtliche Rechtsgeschäfte. Art. 418 ist auch im Unterhaltsvertragsrecht für das minderjährige Kind anwendbar (Art. 287 Abs. 1; BGE 126 III 49, 51 E. 3a/bb).

Art. 418 verweist in diesem Zusammenhang für die Rechtsfolgen des Fehlens dieser Zu- 2
stimmung auf die einschlägigen Normen des Personenrechts von Art. 19a und 19b (Botschaft Erwachsenenschutz, 7058; KUKO ZGB-Langenegger, Art. 418 N 1; Schmid, Art. 418 N 1; zum bisherigen Recht: BGE 117 II 18, 21 f. E. 4c und 5; Riemer, Vormund-

schaftsrecht, § 4 N 153). Vorbehalten bleiben zudem spezialgesetzliche Normen, welche als Rechtsfolgen für die fehlende Zustimmung abweichende Wirkungen vorsehen (z.B. Art. 997 f. OR bezüglich Unterschriften von wechselunfähigen resp. Unterschriften ohne Ermächtigung; zum Ganzen siehe auch MEIER, Consentement, 264).

II. Rechtszustand vor der Zustimmung

3 Vor der Zustimmung durch die entsprechende Behörde befindet sich das Rechtsgeschäft in einem Schwebezustand (BGE 117 II 18, 21 E. 4b). Es ist unvollständig, aber keinesfalls nichtig (BSK ZGB I-GEISER, aArt. 424 N 4). Die andere Vertragspartei, nicht aber die verbeiständete Person, bleibt gebunden, bis die Zustimmung oder die Verweigerung der Zustimmung durch die KESB erfolgt. Sie wird aber frei, wenn innert angemessener Frist, die sie selber setzt oder durch den Richter setzt lässt, keine Genehmigung erfolgt (Art. 19a Abs. 2; BGE 117 II 18, 22 E. 5a; DESCHENAUX/STEINAUER, Personnes, Rz 256, 1005a; OFK-ZGB-FASSBIND, Art. N 1; RIEMER, Vormundschaftsrecht, § 4 Rz 108). Ein Freiwerden ohne Fristansetzung durch blossen Zeitablauf ist jedenfalls dann anzunehmen, wenn so viel Zeit verstrichen ist, dass der Vertragspartner nicht mehr mit dem Eintreffen der Genehmigung rechnen muss (BK-BUCHER, aArt. 19 ZGB N 145; s. aber BGE 54 II 429, 437 E. 2 wo eine Genehmigung nach zwei Jahren noch als möglich betrachtet wurde).

4 Wird die Erwachsenenschutzmassnahme vor der Zustimmung der Behörde aufgehoben, entfällt das Zustimmungserfordernis der KESB. Die betroffene Person muss nun selber entscheiden, ob sie dem Geschäft zustimmt oder es ablehnt. Sie ist in dieser Entscheidung frei und nicht an den Antrag des Beistandes gebunden. Soweit das Geschäft jedoch einer gesetzlichen Form bedarf, wird in der Lehre kontrovers diskutiert, ob gestützt auf den Formzweck die Zustimmung der nunmehr nicht-verbeiständeten Person den Formvorschriften zu genügen hat (für die Beachtung der Formvorschrift: BK-SCHMIDLIN, Art. 13 OR N 5 f.; BSK ZGB I-GEISER, aArt. 421/422 N 41; gegen die Anwendung der Formvorschrift: BGE 75 II 337, 340 f. E 1; MEIER, Consentement, 277; offengelassen: BGE 117 II 18, 21 E. 3b). Nach der hier vertretenen Meinung genügt es dem Schutzzweck der Norm, dass die Formvorschrift beim Grundgeschäft durch den Beistand beachtet wurde und die vertretene Person nunmehr selber in die Rolle der Zustimmungsinstanz tritt. Dies umso mehr, als auch während der Beistandschaft, soweit Handlungsfähigkeit gegeben, die verbeiständete Person formlos die Zustimmung erteilen kann (Art. 416 Abs. 2).

5 Auch bei bedingungsfeindlichen Rechtsgeschäften (z.B. Gestaltungsgeschäfte: BK-BUCHER, aArt. 19 ZGB N 139) kommt Art. 418 zur Anwendung (BSK ZGB I-GEISER, aArt. 424 N 6). Der Schutzzweck des Erwachsenenschutzrechts geht hier dem Bedürfnis des Vertragspartners, sofort Klarheit zu erhalten und nicht in der Schwebe gehalten zu werden, vor.

III. Rechtszustand nach erteilter Genehmigung

6 Wird die Zustimmung erteilt, erwächst das Rechtsgeschäft in volle Rechtskraft und ist für beide Seiten verbindlich. Der Zustimmungsbeschluss der KESB kann jedoch allfällige bestehende Vertragsmängel nicht heilen, da die Gültigkeit des zugrunde liegenden Rechtsgeschäftes die Voraussetzung zur Zustimmung darstellt (z.B. fehlende Vertretungsmacht infolge Interessenkollision: BGE 107 II 105, 114 E. 5).

7 Die Zustimmung erfolgt rückwirkend (BGE 126 III 49, 57 E. 3a/cc). Ob eine Zustimmung der Behörde auch nach Ablauf einer gesetzlichen Frist (z.B. Art. 567 Abs. 1) rechtsgültig erklärt werden kann, hängt von der Art des Geschäftes ab (BSK ZGB I-GEISER, aArt. 424 N 8). Eine gegenseitige Interessenabwägung ist notwendig. Bezüglich der Ausübung eines

bäuerlichen Vorkaufsrechts entschied das BGer, dass die Zustimmung auch nach Ablauf der, im damals geltenden EGG vorgesehenen Frist, rückwirkend möglich sein muss, da ansonsten Minderjährige und verbeiständete Volljährige durch die eng gesetzte Frist vom Vorkaufsrecht ausgeschlossen wären (BGE 102 II 376, 384 E. 4d).

IV. Rechtszustand nach Verweigerung der Zustimmung

Wird die Zustimmung durch die Behörde verweigert, wird die andere Partei ex tunc wieder frei. Eine gegenseitige Rückforderung der bereits erbrachten Leistungen ist möglich, die verbeiständete Person haftet jedoch nur insoweit sie noch bereichert ist oder einen Nutzen erlangt hat (Art. 19b Abs. 1; BSK ZGB I-LEUBA, aArt. 411 N 7; zur Frage der Entschädigung für die Benutzung einer Sache s. BGE 110 II 244, 247 E. 2b). Anders verhält es sich, wenn die verbeiständete Person sich bösgläubig der Bereicherung entäussert hat. Dies stellt einen Anwendungsfall der Deliktshaftung (Art. 19 Abs. 3) dar, und die vertretene Person wird voll schadenersatzpflichtig, soweit sie urteilsfähig ist (Art. 19b Abs. 1). Zurückzuerstatten ist in diesem Fall der entäusserte Betrag, einschliesslich Ertrag und Zinsen (BK-KAUFMANN, aArt. 411 ZGB N 8). Musste die verbeiständete Person lediglich mit der Rückerstattung rechnen, so ist im Unterschied zu Art. 64 OR noch keine Böswilligkeit gegeben (BSK ZGB I-LEUBA, aArt. 411 N 7). Die Beweislast für die noch vorhandene Bereicherung oder die böswillige Entäusserung obliegt wie im bisherigen Recht entgegen den Regeln von Art. 64 OR dem Vertragspartner (BK-BUCHER, aArt. 17/18 ZGB N 197; BSK ZGB I-LEUBA, aArt. 411 N 11; DESCHENAUX/STEINAUER, Personnes, Rz 257a) 8

Der Vertragspartner hingegen hat in jedem Fall alles zurückzuerstatten, einschliesslich Ertrag und Zinsen (zu aArt. 411: BSK ZGB I-LEUBA, aArt. 411 N 8; DESCHENAUX/STEINAUER, Personnes, Rz 257b). 9

Auf die aus der Verweigerung der Zustimmung folgende Ungültigkeit des Rechtsgeschäftes kann sich – vorbehältlich des Rechtsmissbrauchsverbots – jedermann berufen (BGE 117 II 18, 23 E. 6; BSK ZGB I-GEISER, aArt. 424 N 9). 10

V. Gutglaubensschutz im Rechtsverkehr

Strittig ist die Frage, in welchem Umfang der gutgläubige Vertragspartner vor den Folgen der Verweigerung geschützt wird. Es stellt sich die Frage, ob der gute Glaube im Rahmen der gesetzlichen Vertretung überhaupt die Wirkung haben kann, die fehlende Vertretungsmacht des gesetzlichen Vertreters zu ersetzen und den Vertragspartner einer handlungsunfähigen Person dadurch vor den Folgen eines solchen Rechtsmangels zu schützen. In BGE 107 II 105, 114 E. 6 hat sich das BGer differenziert mit dieser Frage auseinandergesetzt und im Gegensatz zur gewillkürten Stellvertretung (Art. 33 Abs. 3, Art. 34 Abs. 3 OR) bei der gesetzlichen Stellvertretung festgehalten, dass die gesetzliche Vertretung ihren Ursprung in der besonderen Schutzbedürftigkeit des Vertretenen hat und dieser Umstand es nahelegt, dem guten Glauben des Dritten nur mit grosser Zurückhaltung eine heilende Wirkung zuzuerkennen. Kennt die Vertragspartei alle Sachverhaltselemente und ist sie sich nur über die rechtliche Würdigung im Unklaren, so ist der Irrtum nicht zu schützen (BGE 117 II 18, 23 E. 5b; BSK ZGB I-GEISER, aArt. 424 N 11). 11

Davon zu unterscheiden ist das pflichtwidrige Verhalten des Beistandes. Grundsätzlich hat der Beistand der Vertragspartei im Rahmen der Vertragsverhandlung mitzuteilen, dass das Geschäft nur mit Zustimmung der KESB abgeschlossen werden kann. Insbesondere ist dies bei den von der KESB im Einzelfall als zustimmungsbedürftig bezeichneten Geschäfte (Art. 417) der Fall, da dies sonst dem Vertragspartner in keiner Weise erkennbar ist. Handelt nun der Beistand pflichtwidrig, indem er den Vertragspartner über diesen Um- 12 stand nicht informiert, rechtfertigt sich eine analoge Anwendung der vollmachtlosen Stellvertretung (Art. 38 f. OR) und der Beistand hat für den entstandenen Schaden beim Vertragspartner aufzukommen (OFK-ZGB-Fassbind, Art. 418 N 2).

13 Der Dritte ist auch zu schützen, wenn die Behörde rechtskräftig festgestellt hat, dass gar keine Zustimmung erforderlich war. Das Geschäft ist diesfalls mit dem Abschluss durch den Beistand bereits zustande gekommen (BSK ZGB I-Geiser, aArt. 424 N 12).

14 Zudem ist eine Heilung des Mangels auch möglich, wenn das Rechtsgeschäft gar nicht mehr rückgängig gemacht werden kann oder wenn die verbeiständete Person gar kein Interesse mehr hat, das Rechtsgeschäft zu Fall zu bringen (BGE 117 II 18, 24 E. 7b).

Siebter Unterabschnitt: Einschreiten der Erwachsenenschutzbehörde

Art. 419

Gegen Handlungen oder Unterlassungen des Beistands oder der Beiständin sowie einer Drittperson oder Stelle, der die Erwachsenenschutzbehörde einen Auftrag erteilt hat, kann die betroffene oder eine ihr nahestehende Person und jede Person, die ein rechtlich geschütztes Interesse hat, die Erwachsenenschutzbehörde anrufen.

La personne concernée, l'un de ses proches ou toute personne qui a un intérêt juridique peut en appeler à l'autorité de protection de l'adulte contre les actes ou les omissions du curateur, ou ceux du tiers ou de l'office mandatés par l'autorité de protection de l'adulte.

Gli atti o le omissioni del curatore o di un terzo o servizio al quale l'autorità di protezione degli adulti ha conferito un incarico possono essere contestati davanti all'autorità di protezione degli adulti dall'interessato o da una persona a lui vicina, nonché da qualsivoglia persona che vi abbia un interesse giuridicamente protetto.

Inhaltsübersicht

Literatur

Kaufmann, Berner Kommentar, Bd. II: Familienrecht, 3. Abt.: Die Vormundschaft (Art. 360–456 ZGB), 2. Aufl., Bern 1924; Schwarz, Die Vormundschaftsbeschwerde. Art. 420 ZGB, Diss., Zürich 1968.

Materialien

VE Erwachsenschutz 2003, 407; Vernehmlassungen/VE Erwachsenenschutz, 237 ff.; Botschaft Erwachsenenschutz, 7058 f. und 7156; Prot. RK-SR 27./28.8.2007, 19; AmtlBull StR 2007 836; Prot. RK-NR 24./25.4.2008, 23; AmtlBull NR 2008, 1522.

I. Zweck und Anwendungsbereich

1 Die Bestimmung tritt an die Stelle der Vormundschaftsbeschwerde des vorrevidierten Rechts gegen Handlungen des Vormunds (Art. 420 Abs. 1). Die Anrufung der ESB dient dem **Zweck**, die Angelegenheit «ins richtige Geleise zu bringen» (JOSEPH KAUFMANN), d.h. eine ordnungsgemässe Führung der Massnahme zu gewährleisten.

2 Sind die Voraussetzungen nach Art. 419 nicht erfüllt, ist die Eingabe als **Aufsichtsbeschwerde** anzusehen (OFK-ZGB-FASSBIND, Art. 419 N 1; vgl. auch SCHWARZ, 31 FN 22), denn die ESB ist befugt, im Fall der Verletzung der Interessen des Schutzbefohlenen von Amtes wegen einzuschreiten (vgl. BK-KAUFMANN, aArt. 420 ZGB N 5). Freilich räumt die Aufsichtsbeschwerde keinen Anspruch auf einen Entscheid ein (HAUSHEER/GEISER/AEBI-MÜLLER, Erwachsenenschutzrecht, 25 Rz 1.96).

3 Ein «Einschreiten der Erwachsenenschutzbehörde» ist **auch ausserhalb der behördlichen Massnahmen** vorgesehen, und zwar in Art. 368 (Vorsorgeauftrag), Art. 373 (Patientenverfügung), Art. 376 (Vertretung durch den Ehegatten), Art. 381 (Vertretung bei medizinischen Massnahmen) und Art. 385 (Aufenthalt in Wohn- oder Pflegeeinrichtungen).

II. Legitimation

1. Betroffene

4 Zur Anrufung der ESB legitimiert ist der **Betroffene**, d.h. der *Schutzbefohlene*. Im Bereich des Kindesschutzes können nebst den Kindern auch die *Eltern* betroffene Personen sein.

5 Dass der Betroffene **urteilsfähig** ist, wird im Gegensatz zum vorrevidierten Recht (Art. 420 Abs. 1) als selbstverständliche Voraussetzung nicht erwähnt. An die Urteilsfähigkeit dürfen aber *keine hohen Anforderungen* gestellt werden – wer klar zum Ausdruck bringen kann, dass er mit einer Handlung oder Unterlassung des Beistands nicht einverstanden ist, kann im vorliegenden Rahmen als urteilsfähig angesehen werden (Botschaft Erwachsenenschutz, 7058 f.). Da *Urteilsfähigkeit genügt*, kann der Betroffene die ESB selber anrufen oder einen Dritten seiner Wahl damit beauftragen (vgl. BSK ZGB I-GEISER, aArt. 420 N 29 f.).

2. Nahestehende

6 Beschwerdebefugt ist zudem ein **Nahestehender**, sofern er *handlungsfähig* ist und die *Interessen des Betroffenen wahren* will (Botschaft Erwachsenenschutz, 7059, 7084). Macht ein Nahestehender persönliche, d.h. eigene Interessen geltend, ist er als Dritter zu behandeln und kann folglich nur rechtlich geschützte Interessen anführen (OFK-ZGB-FASSBIND, Art. 419 N 3).

7 Der **Begriff** der «nahestehenden Person» (vgl. Art. 368 Abs. 1, Art. 373 Abs. 1 Einleitungssatz, Art. 376 Abs. 2, Art. 381 Abs. 3, Art. 385 Abs. 1, Art. 389 Abs. 1 Ziff. 1, Art. 390 Abs. 3, Art. 399 Abs. 2, Art. 401 Abs. 2, Art. 419, 423 Abs. 2, Art. 426 Abs. 4, Art. 430 Abs. 5, Art. 439 Abs. 1 Einleitungssatz) wird bereits im vorrevidierten Recht verwendet (Art. 397d Abs. 1). Darunter fallen Personen, die den Betroffenen gut kennen, etwa Eltern, Kinder, Ehegatten, durch Verwandtschaft oder Freundschaft mit dem Betroffenen Verbundene, Lebensgefährte, Vertrauenspersonen, Ärzte, Sozialarbeiter oder Pfarrer. Eine Rechtsbeziehung ist nicht erforderlich. Es braucht sich nicht um «Angehörige» zu handeln; massgebend ist allein die *Stärke der Verbundenheit, d.h. die Nähe der tatsächlichen Beziehung*

(Botschaft Erwachsenenschutz, 7059, 7084). Die «nahestehende Person» ist ein bundesrechtlicher Begriff; das kantonale Recht kann ihn weder ausdehnen noch einengen.

3. Jedermann, der ein rechtlich geschütztes Interesse hat

8 Beschwerdeberechtigt ist nach dem **vorrevidierten Recht** «jedermann, der ein Interesse hat» (Art. 420 Abs. 1). Der Vorentwurf des Eidgenössischen Justiz- und Polizeidepartements zum ZGB vom 15. 11. 1900 sah in Art. 448 Abs. 1 demgegenüber vor: «Gegen die Handlungen des Vormundes kann jedermann, der ein rechtliches Interesse hat, [...] eine Beschwerde bei der Vormundschaftsbehörde anbringen»; ein «rechtliches Interesse» liegt jedenfalls vor, wenn ein subjektives Recht oder doch eine rechtliche Anwartschaft betroffen wird (ZK-EGGER, aArt. 420 ZGB N 17). Der Zusatz des «rechtlichen» Interesses wurde von der Expertenkommission auf Antrag des Referenten HUBER als überflüssig gestrichen (Protokoll der Expertenkommission für das ZGB, Bd. 2, 51), zumal nur solche Interessen – wirtschaftlicher oder ideeller Art (vgl. DESCHENAUX/STEINAUER, Personnes, Rz 1014) – zur Beschwerdeführung berechtigen, die überhaupt durch die Massnahme geschützt werden sollen, nämlich in erster Linie die Interessen des Schutzbefohlenen selbst, aber auch diejenigen seiner Familie, d.h. seiner Umgebung (BK-KAUFMANN, aArt. 420 ZGB N 13). Andere Interessen, z.B. vom Beistand bestrittene Forderungen an den Schutzbefohlenen, sind i.d.R. vom Zivilrichter zu entscheiden (BSK ZGB I-GEISER, aArt. 420 N 31).

9 Angesichts vergleichbarer Ausgangslage bedeutet die Beschwerdelegitimation Dritter, die ein «rechtlich geschütztes» Interesse haben, in der Sache **keine Änderung** in Bezug auf das vorrevidierte Recht. Ein rechtlich geschütztes Interesse ist zu bejahen, wenn die erwachsenenschutzrechtliche Massnahme nach Art. 390 Abs. 2 auch dem Schutz und der Entlastung von Angehörigen und Dritten dienen soll; für die Anrufung der ESB durch Dritte ist jedoch kein Raum, wenn es um Ansprüche gegen den Verbeiständeten geht, die in einem Zivilprozess geltend gemacht werden können (LANGENEGGER, in: Rosch/Büchler/Jakob, Art. 419 N 2). Als rechtlich geschützt gilt auch das Interesse des Verwandtenunterstützungspflichtigen, wenn der Schutzbefohlene sein Vermögen verschleudert und der Beistand im Rahmen der zustehenden Kompetenzen nicht eingreift; unerheblich sind indes erbrechtliche Interessen, denn vor dem Erbgang befugt die erbrechtliche Erwerbsaussicht als solche zu nichts (Botschaft Erwachsenenschutz, 7059). Vgl. auch die Parallelbestimmung in Art. 450 Abs. 2 Ziff. 3.

III. Anfechtungsgegenstand

10 Es geht um Handlungen oder Unterlassungen zum einen des **Beistands**, zum andern von Drittpersonen oder Stellen, denen die ESB einen **Auftrag** erteilt (Art. 392 Ziff. 2) oder einen Anspruch auf **Einblick und Auskunft** gewährt hat (Art. 392 Ziff. 3).

11 Anfechtungsgegenstand sind nicht nur **Handlungen**, sondern – über den Wortlaut, nicht aber die Praxis betreffend das vorrevidierte Recht (Art. 420 Abs. 1) hinausgehend – auch **Unterlassungen**. Der Begriff der «Handlungen» ist weit zu verstehen; umfasst sind nicht nur Rechtshandlungen, sondern jegliches Verhalten des Amtsträgers, das im Zusammenhang mit seinem Mandat steht (vgl. BSK ZGB I-GEISER, aArt. 420 N 7).

12 Die Handlung muss **fest beschlossen oder ausgeführt** sein; gegen Anträge des Beistands an die ESB oder gegen seine blosse Absicht, tätig zu werden, ist keine Anrufung der ESB möglich (vgl. BSK ZGB I-GEISER, aArt. 420 N 7).

13 Auch im Bereich des **Kindesschutzes** kann die KSB gegen Handlungen oder Unterlassungen des Beistands angerufen werden (Art. 314 Abs. 1).

IV. Verfahren und Rechtsmittel

Vorliegend handelt es sich nicht um ein Rechtsmittelverfahren im technischen Sinn; anwendbar sind die **erstinstanzlichen Verfahrensvorschriften** nach Art. 443 ff. (HAUSHEER/GEISER/AEBI-MÜLLER, Erwachsenenschutzrecht, 23 Rz 1.88). **14**

Die ESB «anrufen» bedeutet, dass die angefochtene Handlung oder Unterlassung in *rechtlicher* und *tatsächlicher* Hinsicht und in Bezug auf die Angemessenheit **umfassend überprüft** wird (SCHMID, Art. 419 N 5); die Beschwerdegründe ergeben sich analog aus Art. 450a Abs. 1 (OFK-ZGB-FASSBIND, Art. 419 N 1). Bei der Überprüfung der *Angemessenheit* ist allerdings *Zurückhaltung* zu üben, denn für die Führung der Massnahme ist der Beistand grundsätzlich selbst verantwortlich; den Behörden steht nur die Aufsicht zu (SCHMID, Art. 416 N 4; vgl. auch SCHWARZ, 29, 64). **15**

Entsprechend dem vorrevidierten Recht (Art. 420 Abs. 1) ist die Anrufung der ESB **nicht befristet**. Sobald allerdings das Rechtsmittel keinen Sinn mehr macht, weil die Handlung nicht mehr zu korrigieren ist oder die Unterlassung nicht mehr gutgemacht werden kann, besteht auch keine Beschwerdemöglichkeit mehr, sofern es nicht um eine Grundsatzfrage geht, deren Klärung im Interesse der Praxis liegt (Botschaft Erwachsenenschutz, 7059). Verantwortlichkeitsansprüche (Art. 454 f.) bleiben aber vorbehalten (Botschaft Erwachsenenschutz, 7059; vgl. auch SCHWARZ, 48). **16**

Der Entscheid der ESB ist nach Art. 450 ff. mit **Beschwerde beim zuständigen Gericht** anfechtbar. **17**

Achter Unterabschnitt: Besondere Bestimmungen für Angehörige

Art. 420

Werden der Ehegatte, die eingetragene Partnerin oder der eingetragene Partner, die Eltern, ein Nachkomme, ein Geschwister, die faktische Lebenspartnerin oder der faktische Lebenspartner der betroffenen Person als Beistand oder Beiständin eingesetzt, so kann die Erwachsenenschutzbehörde sie von der Inventarpflicht, der Pflicht zur periodischen Berichterstattung und Rechnungsablage und der Pflicht, für bestimmte Geschäfte die Zustimmung einzuholen, ganz oder teilweise entbinden, wenn die Umstände es rechtfertigen.

Lorsque la curatelle est confiée au conjoint, au partenaire enregistré, aux père et mère, à un descendant, à un frère ou à une sœur de la personne concernée ou à la personne menant de fait une vie de couple avec elle, l'autorité de protection de l'adulte peut, si les circonstances le justifient, les dispenser en totalité ou en partie de l'obligation de remettre un inventaire, d'établir des rapports et des comptes périodiques et de requérir son consentement pour certains actes.

Se le circostanze lo giustificano, l'autorità di protezione degli adulti può dispensare in tutto o in parte il coniuge, il partner registrato, i genitori, un discendente, un fratello o una sorella oppure il convivente di fatto dell'interessato, qualora siano nominati curatori, dagli obblighi di compilare un inventario, di presentare periodicamente un rapporto e i conti e di ottenere il consenso per determinati atti o negozi.

Inhaltsübersicht

Literatur

JULMY, Die elterliche Gewalt über Entmündigte (Art. 385 Abs. 3 ZGB), Diss., Freiburg i.Ü. 1991.

Materialien

VE Erwachsenschutz 2003, 408/409; Vernehmlassungen/VE Erwachsenenschutz, 239 ff., 246 f., 247 f.; Botschaft Erwachsenenschutz, 7059 f. und 7156; Prot. RK-SR 27./28.8.2007, 19; AmtlBull StR 2007, 836; Prot. RK-NR 24./25.4.2008, 23 f.; AmtlBull NR 2008, 1522.

I. Verzicht auf das Institut der erstreckten elterlichen Sorge

1 Vorliegend geht es um die Nachfolgebestimmung von Art. 385 Abs. 3, wonach an die Stelle der Vormundschaft i.d.R. die elterliche Sorge tritt, wenn mündige Kinder entmündigt werden. Dieses im Schrifttum unterschiedlich gewürdigte Institut der **erstreckten elterlichen Sorge** kam hauptsächlich in Fällen von geistiger Behinderung oder von Geistesschwäche zum Tragen (JULMY, 15 ff.).

2 Kernstück des neuen Rechts sind massgeschneiderte Massnahmen. Im Fall der Beibehaltung der erstreckten elterlichen Sorge hätte man eine erstreckte «elterliche Sorge nach Mass» vorsehen müssen. Das neue Recht **verzichtet** auf ein solches Institut; Eltern können nur noch als Beistand eingesetzt werden (Botschaft Erwachsenenschutz, 7018). Zudem wird nicht nur den Eltern, sondern auch weiteren enumerativ genannten *Angehörigen*, die das Amt des Beistands übernehmen, eine *Sonderstellung* im Sinn gewisser Erleichterungen bzw. Pflichtentbindungen eingeräumt (Botschaft Erwachsenenschutz, 7018, 7059).

II. Kreis der Angehörigen und mögliche Pflichtentbindungen

3 Die ESB kann folgenden **Angehörigen** der betroffenen Person Erleichterungen in der Amtsführung zugestehen:
- Ehegatten,
- eingetragenen Partnern,
- Eltern,
- Nachkommen,
- Geschwistern,
- faktischen Lebenspartnern.

4 Die **möglichen Erleichterungen** beziehen sich auf
- die Inventarpflicht (Art. 405 Abs. 2),
- die periodische Berichterstattung (Art. 411) und Rechnungsablage (Art. 410) sowie
- die Zustimmung zu bestimmten Rechtsgeschäften (Art. 416).

III. Ermessensentscheid der ESB

5 Die ESB kann von der Inventarpflicht, der Pflicht zur periodischen Berichterstattung und Rechnungsablage sowie der Zustimmung zu bestimmten Rechtsgeschäften «ganz oder teilweise entbinden». Im Unterschied zu Art. 408 VE Erwachsenenschutz 03 sind Ehegatten und Eltern nicht von Gesetzes wegen von den Pflichten befreit; vielmehr ist bei allen Angehörigen Voraussetzung für eine Erleichterung, dass «die Umstände es rechtfertigen». Erforderlich ist somit ein **Ermessensentscheid** der ESB (Botschaft Erwachsenenschutz, 7060); diese ist nach Art. 4 berechtigt, aufgrund der *konkreten Umstände des Einzelfalls* zu befinden.

Der Pflichtentbindung im Fall eines Angehörigen als Beistand wohnt eine **besondere Problematik** inne (vgl. OFK-ZGB-Fassbind, Art. 420 N 2; Häfeli, in: Rosch/Büchler/Jakob, Art. 420 N 6 f.). Die ESB hat nämlich dem Umstand Rechnung zu tragen, «dass die Gefahr eines Missbrauchs von Abhängigkeitsverhältnissen aufgrund der nahen Beziehung und der fehlenden professionellen Distanz noch grösser sein kann als bei aussenstehenden Mandatsträgern» (Botschaft Erwachsenenschutz, 7060). Insbesondere ist zu bedenken, dass die vorliegende Bestimmung – ebenso wie die vorrevidierte erstreckte elterliche Sorge (Art. 385 Abs. 3) – «das Selbständigwerden einer Person mit einer geistigen Behinderung und die Vorbereitung auf ein Leben ohne Eltern erschweren» kann (Botschaft Erwachsenenschutz, 7018). Nach dem Gesagten ist die Pflichtentbindung nur sehr **zurückhaltend** zu gewähren (OFK-ZGB-Fassbind, Art. 420 N 2). 6

IV. Allgemeine Aufsichtspflicht und Verantwortlichkeit

Die Pflichtentbindung des Beistands entlässt die ESB nicht aus ihrer **allgemeinen Aufsichtspflicht** über die Mandatsführung, zudem gelten die Bestimmungen über die Verantwortlichkeit und die **direkte Staatshaftung** (Art. 454 f.) auch im vorliegenden Zusammenhang (Botschaft Erwachsenenschutz, 7059 f.). 7

V. Übergangsrecht

Sobald das neue Recht in Kraft getreten ist, sind die Eltern im Fall **erstreckter elterlicher Sorge** – solange die ESB nicht anders entschieden hat – von der Inventarpflicht (Art. 405 Abs. 2), der Pflicht zur periodischen Berichterstattung (Art. 411) und Rechnungsablage (Art. 410) sowie der Zustimmung zu bestimmten Rechtsgeschäften (Art. 416) befreit (Art. 14 Abs. 2 Satz 3 SchlT). 8

Neunter Unterabschnitt: Das Ende des Amtes des Beistands oder der Beiständin

Art. 421

A. Von Gesetzes wegen

Das Amt des Beistands oder der Beiständin endet von Gesetzes wegen:

1. **mit Ablauf einer von der Erwachsenenschutzbehörde festgelegten Amtsdauer, sofern keine Bestätigung im Amt erfolgt;**
2. **mit dem Ende der Beistandschaft;**
3. **mit dem Ende des Arbeitsverhältnisses als Berufsbeistand oder Berufsbeiständin;**
4. **im Zeitpunkt, in dem der Beistand oder die Beiständin verbeiständet oder urteilsunfähig wird oder stirbt.**

A. De plein droit

Les fonctions du curateur prennent fin de plein droit:

1. à l'échéance de la durée fixée par l'autorité de protection de l'adulte, si elles n'ont pas été reconduites;
2. lorsque la curatelle a pris fin;

3. en cas de fin des rapports de travail du curateur professionnel;
4. en cas de mise sous curatelle, d'incapacité de discernement ou de décès du curateur.

A. Per legge

L'ufficio di curatore termina per legge:
1. alla scadenza della durata stabilita dall'autorità di protezione degli adulti, salvo riconferma;
2. con la fine della curatela;
3. con la fine del rapporto di lavoro quale curatore professionale;
4. quando il curatore è sottoposto a curatela, diviene incapace di discernimento o muore.

Art. 422

B. Entlassung

I. Auf Begehren des Beistands oder der Beiständin

1 Der Beistand oder die Beiständin hat frühestens nach vier Jahren Amtsdauer Anspruch auf Entlassung.

2 Vorher kann der Beistand oder die Beiständin die Entlassung aus wichtigen Gründen verlangen.

B. Libération

I. Sur requête du curateur

1 Le curateur a le droit d'être libéré de ses fonctions au plus tôt après une période de quatre ans.

2 Il est libéré avant cette échéance s'il fait valoir de justes motifs.

B. Dimissione

I. Su richiesta del curatore

1 Il curatore ha diritto di essere dimesso dalle sue funzioni se ha esercitato il suo ufficio per almeno quattro anni.

2 Per motivi gravi può chiedere di essere dimesso prima.

Art. 423

II. Übrige Fälle

1 Die Erwachsenenschutzbehörde entlässt den Beistand oder die Beiständin, wenn:
1. die Eignung für die Aufgaben nicht mehr besteht;
2. ein anderer wichtiger Grund für die Entlassung vorliegt.

2 Die Entlassung kann von der betroffenen oder einer ihr nahestehenden Person beantragt werden.

II. Autres cas

1 L'autorité de protection de l'adulte libère le curateur de ses fonctions:
1. s'il n'est plus apte à remplir les tâches qui lui sont confiées;
2. s'il existe un autre juste motif de libération.

2 La personne concernée ou l'un de ses proches peut demander que le curateur soit libéré de ses fonctions.

II. Altri casi

1 L'autorità di protezione degli adulti dimette il curatore se:
1. non è più idoneo ai compiti conferitigli;
2. sussiste un altro motivo grave.

2 La dimissione può essere chiesta dall'interessato o da una persona a lui vicina.

Art. 424

C. Weiterführung der Geschäfte

Der Beistand oder die Beiständin ist verpflichtet, nicht aufschiebbare Geschäfte weiterzuführen, bis der Nachfolger oder die Nachfolgerin das Amt übernimmt, sofern die Erwachsenenschutzbehörde nichts anderes anordnet. Diese Bestimmung gilt nicht für den Berufsbeistand oder die Berufsbeiständin.

C. Gestion transitoire

Le curateur est tenu d'assurer la gestion des affaires dont le traitement ne peut être différé jusqu'à l'entrée en fonction de son successeur, à moins que l'autorité de protection de l'adulte n'en décide autrement. Cette disposition ne s'applique pas au curateur professionnel.

C. Atti e negozi indifferibili

Salvo che l'autorità di protezione degli adulti disponga altrimenti, il curatore compie gli atti e negozi indifferibili finché non subentri il suo successore. La presente disposizione non si applica al curatore professionale.

Inhaltsübersicht

Literatur

Dischler, Die Wahl des geeigneten Vormunds, Diss. Freiburg i.Ü. 1984; Flückiger, L'obligation d'être tuteur: un principe de subsidiarité à l'épreuve de l'article 4 CEDH, ZKE 2011, 263 ff.; Good, Das Ende des Amtes des Vormundes, Diss. Freiburg i.Ü. 1992; Hefti, Die vormundschaftliche Amtsführung nach dem schweizerischen Zivilgesetzbuch mit besonderer Berücksichtigung der prinzipiellen Selbstständigkeit des Vormundes in seiner Amtstätigkeit, Diss. Bern 1916; Konferenz der kantonalen Vormundschaftsbehörden (VBK), Das Ende des vormundschaftlichen Amtes bei Auflösung des privat- oder öffentlichrechtlichen Anstellungsverhältnisses von professionellen Mandatsträgerinnen und Mandatsträgern, ZVW 2006, 224 ff.; Mottiez, Die Rechtspflichten von vormundschaftlichen Mandatsträger(inn)en nach dem Tod der betreuten Person, ZVW 2006, 267 ff.; Regotz, Das Ende der Bevormundung, Diss. Zürich 1981; Rosch, Auflösung der organisationsrechtlichen Grundlagen und Ende des vormundschaftlichen Mandates, ZVW 2009, 357 ff.; Rossel/Mentha, Manuel du droit civil suisse, Bd. I, Lausanne, 2. Auflage, Lausanne 1922–1931.

Materialien

Art. 410–413 VE Erwachsenenschutz 2003; VE Erwachsenenschutz/Vernehmlassungen, 248 ff.; Botschaft Erwachsenenschutz, 7060 f. und 7156 f.; Prot. RK-S vom 27./28.8.2007, 19; AmtlBull StR 2007, 836; Prot. RK-N vom 24./25.4.2008, 24; AmtlBull NR 2008, 1522.

I. Allgemeines

Während Art. 399 das Ende der Beistandschaft regelt, befassen sich die Art. 421–425 mit dem Ende des Amtes des Beistandes. Diese Bestimmungen gelten unabhängig davon, ob die Massnahme mit anderen Mandatsträgern weitergeführt wird oder nicht. 1

Zu unterscheiden ist zwischen einem **Ende des Amtes von Gesetzes wegen** (Art. 421) und einer **Entlassung aus dem Amt** (Art. 422–423) mittels eines behördlichen Aktes. 2

Die neuen Artikel lehnen sich materiell eng an die bisherigen Regelungen zum Ende des vormundschaftlichen Amtes an (aArt. 441 ff.), wobei die enge gesetzliche Regelung der bisherigen Ausschliessungs- und Ablehnungsgründe durch die offene Formulierung der Entlassung aus wichtigen Gründen entsprechend den Bedürfnissen der Praxis abgelöst wird. Eine einvernehmliche Amtsentlassung ist somit unter neuem Recht möglich (s. zur bisherigen Praxis: BSK ZGB I-Geiser, aArt. 441–444 N 21; Good, 139 ff.). Die speziellen Verfahrensvorschriften von aArt. 446–450 finden in der neuen Regelung keinen expliziten Niederschlag mehr, da die allgemeinen Verfahrensregeln von Art. 443 ff. anwendbar sind (KUKO ZGB-Langenegger, Art. 421 N 1).

II. Ende des Amtes von Gesetzes wegen (Art. 421)

1. Ablauf Amtsdauer

3 Das Amt endet von Gesetzes wegen, wenn die **Amtsdauer** des Beistandes abgelaufen ist und keine Bestätigung erfolgt (Ziff. 1). Im Unterschied zum bisherigen Recht (aArt. 415 Abs. 1 und 2) legt das Gesetz keine bestimmte Amtsdauer mehr fest. Entsprechend dem Grundsatz der individuellen Massschneiderung liegt es im Ermessen der KESB, eine Amtsdauer festzulegen oder aber dies offenzulassen, was generell zu empfehlen ist, da eine vorgängige Amtsdauerbeschränkung aus Praxisüberlegungen kaum je Sinn machen wird, weil damit ein automatisches Erlöschen der Mandatsträgerfunktion verbunden ist, nicht aber der Massnahme als solches und dies aufgrund der Betreuungskontinuität kaum im Interesse der betreuten Person liegen kann (KUKO ZGB-Langenegger, Art. 421–425 N 3). Gemäss Botschaft soll jedenfalls insb. bei Angehörigen keine Festlegung der Amtsdauer vorgenommen werden (Botschaft Erwachsenenschutz, 7060). Dies gilt im Besonderen aber auch für Berufsbeistände. Wird im Ernennungsbeschluss weder eine Amtsdauer festgelegt noch diesbezüglich etwas ausgeführt, so gilt der Beistand auf unbestimmte Zeit eingesetzt – etwas anderes lässt sich aus den gesetzlichen Bestimmungen nicht mehr herleiten – und ein Ablauf der Amtsdauer ist ohne behördlichen Akt nicht gegeben (OFK-ZGB-Fassbind, Art. 421 N 3). Für die Beendigung der Amtsdauer und damit des Amtsendes von Gesetzes wegen ist in diesen Fällen ein formeller Beschluss notwendig, der gleichzeitig auch Entlassungsbeschluss (Art. 422/423) ist.

4 Ist eine Amtsdauer jedoch im Anordnungsbeschluss durch die Behörde festgelegt, endet das Amt automatisch von Gesetzes wegen, sofern keine formelle Bestätigung im Amt erfolgt. Im bisherigen Recht war in der Lehre umstritten, ob aArt. 442 das Amt von Gesetzes wegen untergehen liess oder eine formelle Entlassung notwendig war (BK-Kaufmann, aArt. 442 ZGB N 1; BSK ZGB I-Geiser, aArt. 441–444 N 11; Good, 29 ff.; Rossel/Mentha, Bd. I, 479). Mit der nunmehr klaren Formulierung des Gesetzgebers lässt sich keine andere Interpretation als die Beendigung von Gesetzes wegen vertreten. Soll der bisherige Beistand das Amt aber weiterführen, so ist für die Weiterführung eine formelle Bestätigung durch die KESB mittels entsprechender Verfügung notwendig. Dabei hat die KESB bei ihrer Entscheidung allfällige, in der Zwischenzeit eingetretene Veränderungen, welche den Beistand als nicht mehr geeignet erscheinen lassen (z.B. Wegzug, berufliche Überlastung, persönliche Überforderung etc.), zu berücksichtigen. Ein Anspruch auf Bestätigung im Amt indes besteht nicht, die Behörde hat sich bei ihrem Entscheid allein an den Interessen der verbeiständeten Person zu richten. Im Rahmen der Verfügung über die Bestätigung kann eine neue Amtsdauer festgelegt werden oder aber der Beistand wird auf unbestimmte Zeit bestätigt.

5 Mit Blick auf das automatische Erlöschen des Amtes und – damit dem grundsätzlichen Verlust aller sich aus dem Mandat ergebenden Rechte und Pflichten – hat die KESB recht-

zeitig über die Bestätigung des Beistandes zu entscheiden, andernfalls hat sie eine andere Person als Beistand zu bestellen (BSK ZGB I-Geiser, aArt. 441–444 N 12). Ist keine rechtzeitige Amtsübergabe möglich, ist der bisherige Beistand gehalten, gestützt auf Art. 424 die notwendigen Geschäfte weiterzuführen (s. N 29 ff.), es sei denn, die KESB entscheide sich für eine andere Lösung (Botschaft Erwachsenenschutz, 7061).

In der bisherigen Praxis wurde i.d.R. die Amtsdauer mit dem Berichtserstattungstermin ge- **6** koppelt und der Bericht wurde somit erst nach Ablauf der Amtsdauer eingereicht. Damit die KESB über die Bestätigung entscheiden kann, ist sie denn auch auf den Bericht angewiesen, um beurteilen zu können, ob die Person des Beistandes nach wie vor die Eignung für die Mandatsführung besitzt oder ob sich Änderungen ergeben haben (bzgl. Hilfsbedürftigkeit, Auftragserteilung etc.). Es ergibt sich somit durch die automatische Beendigung des Amtes mindestens eine temporäre Lücke in der Betreuung, welche gestützt auf Art. 424 lediglich für das Notwendige gefüllt werden kann. Da bei Berufsbeiständen aber diese Bestimmung explizit nicht anwendbar ist (s. N 32) führt es bei den Berufsbeiständen zu einer vertretungslosen Zeit der betreuten Person, was nicht in ihrem Interesse liegen kann. Als Konsequenz ist bei Berufsbeiständen auf die Festlegung einer Amtsdauer zu verzichten.

2. *Ende der Beistandschaft*

Mit dem Ende der Beistandschaft endet auch das Amt des Beistandes (Ziff. 2). Das Gesetz **7** nennt im Unterschied zum bisherigen Recht als Beendigungsgründe für die Beistandschaft explizit den **Tod der verbeiständeten Person** sowie wie bisher die **formelle Aufhebung der Beistandschaft** durch behördlichen Beschluss der KESB (Art. 399).

Auch die **Verschollenerklärung** (Art. 38 Abs. 1) der verbeiständeten Person beendet wie **8** der Tod das Amt des Beistandes von Gesetzes wegen. Sie wirkt grundsätzlich auf den Zeitpunkt der Todesgefahr oder der letzten Nachricht zurück (Art. 35 Abs. 1). Somit endigt auch das Amt des Beistandes rückwirkend auf diesen Zeitpunkt. Bis zur erfolgten Verschollenerklärung besteht jedoch das Amt des Beistandes weiter und er ist gehalten, die entsprechenden Vertretungshandlungen vorzunehmen. Es rechtfertigt sich, mangels expliziter gesetzlicher Regelung die Rechtswirkungen dieser Vertretungshandlungen und allenfalls Mitwirkungshandlungen der KESB gestützt auf Art. 416 f. in analoger Anwendung von Art. 37 und 406 OR den Erben anrechnen zu lassen, umso mehr, als bzgl. des Vorsorgeauftrages der Gesetzgeber auch im ZGB diese Anrechnung für die wiederum urteilsfähige Person vorsieht (Art. 369 Abs. 3; gl.M. KUKO ZGB-Langenegger, Art. 399 N 1; **a.M.** unter altem Recht mit Wirkung der Verschollenerklärung auf die Beendigung des Amtes des Beistandes ex nunc, also auf den Zeitpunkt der Verschollenerklärung: BSK ZGB I-Geiser, vor aArt. 431–456 N 2).

Endet das Amt des Beistandes durch den Tod der betreuten Person, trifft den Beistand **9** keine Weiterführungspflicht, da die Beistandschaft gleichzeitig auch von Gesetzes wegen beendet ist (Art. 399 Abs. 1; KUKO ZGB-Langenegger, Art. 421–425 N 2). Dem Beistand obliegen jedoch trotz automatischen Wegfalls der Betreuungs-, Vertretungs- und Verwaltungsmacht noch gewisse Pflichten wie Mitteilung des Todes an Angehörige und allenfalls Dritte, Institutionen wie Krankenkasse, Ämter etc. Keinesfalls darf er aber Vertretungshandlungen wie Kündigung der Wohnung, Beauftragung von Arbeiten im Hinblick auf die Beerdigung, Kündigung von Zeitungsabonnementen etc. vornehmen, es sei denn, er lasse sich von den Erben rechtsgültig dazu beauftragen (zum Ganzen ausführlich s. Mottiez, ZVW 2006, 271 ff.). Die in Art. 554 Abs. 3 vorgesehene Übernahme der Erbschaftsverwaltung durch den Beistand erfordert eine entsprechende Einsetzung durch die zuständige Behörde des Erbrechts, da die Erbschaftsverwaltung, wenn die Voraussetzungen von Art. 554 Abs. 1 vorliegen, zuerst formell angeordnet werden muss (BSK ZGB I-Geiser, aArt. 441–444 N 10; BSK ZGB II-Karrer, Art. 554 N 28 m.w.H.). Dem Beistand steht kein Rechtsanspruch auf Ernennung als Erbschaftsverwalter zu (Emmel, in: Abt/Weibel, Art. 554 ZGB N 14).

10 Eine Beendigung der Beistandschaft von Gesetzes wegen und damit auch als Reflexwirkung eine Beendigung des Amtes des Beistandes durch **Erledigung der bestimmten einzelnen Geschäfte**, für die er eingesetzt worden ist (aArt. 439 Abs. 1), ist im Unterschied zum bisherigen Recht nicht mehr vorgesehen. Dies erfolgte aus Gründen der Rechtssicherheit (Botschaft Erwachsenenschutz, 7049), denn der Zeitpunkt der Auftragserledigung lässt sich nicht in allen Fällen mit der nötigen Klarheit feststellen, namentlich dann nicht, wenn fraglich ist, ob der Auftrag erfüllt oder die vertretene Person tatsächlich in der Lage ist, ihre Interessen wieder selbständig zu wahren (KUKO ZGB-Langenegger, Art. 399 N 4; OFK-ZGB-Fassbind, Art. 421 N 1; **a.M.** ohne weitere Begründung Hausheer/Geiser/Aebi-Müller, Erwachsenenschutzrecht, Rz 2.139). Auch in diesen Fällen ist somit ein förmlicher Aufhebungsbeschluss notwendig, mit welchem gleichzeitig das Amtsende festgestellt wird.

3. Ende des Arbeitsverhältnisses des Berufsbeistandes

11 Neu endet das Amt des Beistandes auf den Zeitpunkt der **Beendigung des Arbeitsverhältnisses** des Berufsbeistandes (Ziff. 3). Damit wird eine Gesetzeslücke geschlossen, welche in der Praxis zu Unsicherheiten geführt hat (BSK ZGB I-Affolter, aArt. 451–453 N 21; CHK-Affolter/Steck/Vogel, aArt. 415 ZGB N 8). Erfasst werden von dieser Bestimmung Personen, welche sich arbeitsvertraglich gegenüber einem Arbeitgeber verpflichten, eine bestimmte oder unbestimmte Anzahl von Beistandschaften im Rahmen der vereinbarten Arbeitsleitung zu übernehmen und zu führen. Nicht erfasst sind dabei Personen, welche freiberuflich oder im Rahmen von nebenberuflichen Tätigkeiten berufsmässig im eigenen Namen Beistandschaftsmandate übernehmen. Diese Personen sind somit nicht in einem Vertragsverhältnis zur Führung von Beistandschaften an einen Arbeitgeber gebunden und sind gleich wie alle anderen Privatpersonen, die Mandate führen, zu behandeln.

12 Verlässt ein vertraglich an einen Arbeitgeber gebundener Berufsbeistand seine Stelle, kann die anvertraute Vielzahl von Mandaten weder rechtlich noch faktisch weiterführt werden. Mit dem Wegfall des Dienstverhältnisses ist ihm der Zugriff auf die Verwaltungseinrichtung des Arbeitgebers (z.B. Dossiers, zentrale Dienste wie Buchhaltung und Administration, IT-Unterstützung etc.) nicht mehr möglich und auch nicht mehr gestattet (BSK ZGB I-Affolter, aArt. 451–453 N 21). Zudem wird der Berufsbeistand i.d.R. nach der Beendigung des Arbeitsverhältnisses an einem neuen Ort eine Tätigkeit aufnehmen und rein zeitlich nicht mehr in der Lage sein, die Mandate bis zu einer allfälligen formellen Entlassung weiterzuführen. Aus diesen Gründen endet nun das Mandat von Gesetzes wegen. Dabei spielt es keine Rolle, ob das Arbeitsverhältnis zu einer öffentlichen Organisation (z.B. Berufsbeistandschaft, Sozialdienst etc.) oder aber auch zu privaten Arbeitsgebern besteht, welche aufgrund einer gesetzlichen (z.B. § 30 Abs. 2 EG ZGB SZ) oder einer vertraglichen Regelung die Führung von Beistandschaften durch ihre Mitarbeitenden gewährleisten.

13 Für die Weiterführungspflicht resp. die notwendigen Regelungen der Übergangs- und Nachfolgeplanung der Folgen des Austritts eines Berufsbeistandes zwischen der KESB und dem entsprechenden Arbeitgeber s. N 32.

4. Verbeiständung, Urteilsunfähigkeit und Tod des Beistandes

Im Weiteren erlischt mit **dem Tod, der Verbeiständung oder der Urteilsunfähigkeit** des Beistandes das Amt von Gesetzes wegen (Ziff. 4). Im Unterschied zum bisherigen Recht, bei welchem nur die Entmündigung und damit der Entzug der Handlungsfähigkeit zu einer Beendigung des Amtes von Gesetzes wegen geführt hat (zur kontroversen Diskussion bzgl. Verbeiratung unter altem Recht: BK-SCHNYDER/MURER, aArt. 379 ZGB N 53; BSK ZGB I-GEISER, aArt. 441–444 N 6; GOOD, 22 f.), genügt neu allein die Verbeiständung des Beistandes. Die Voraussetzungen der Verbeiständung sind im neuen Recht sehr weit formuliert; Voraussetzung jedenfalls ist ein Schwächezustand, der mindestens zu einer teilweisen Unmöglichkeit der Besorgung von eigenen Angelegenheiten führt. Regelmässig wird somit eine dauernde Verbeiständung eine fehlende Eignung als Mandatsträger bewirken (zum bisherigen Recht: BK-SCHNYDER/MURER, aArt. 379 ZGB N 54; BSK ZGB I-GEISER, aArt. 441–444 N 6). Da die Schutz- und Hilfsbedürftigkeit aber sehr unterschiedlich sein kann (z.B. nur vorübergehend), muss es wie unter bisherigem Recht möglich sein, dass trotz automatischer Beendigung des Amtes durch die Verbeiständung die KESB die Möglichkeit haben soll, im Anordnungsbeschluss der Beistandschaft über den bisherigen Beistand explizit die Weiterführung des Amtes als Beistand vorzusehen, wenn sich die Schutz- und Hilfsbedürftigkeit nicht auf die Führung des bisherigen Mandates auswirkt und eine Weiterführung des Mandates im Interesse der betreuten Person liegt (so auch ROSCH, ZVW 2009, 361 FN 19 mit Beispiel der Begleitbeistandschaft ohne Vertretungskompetenz). 14

Der Tod des Beistandes beendet das Amt ebenfalls von Gesetzes wegen und das Amt wird nicht auf die Erben übertragen (MEIER/LUKIC, Rz 644 m.H. auf eine mögliche Einsetzung eines Erben durch die KESB als Amtsnachfolger, wenn die Eignung gestützt auf Art. 400 Abs. 1 gegeben sind). Die Verschollenerklärung (Art. 35 ff.) des Beistandes lässt das Amt ebenfalls untergehen, da die aus dem Tod abgeleiteten Rechtswirkungen geltend gemacht werden können, wie wenn der Tod bewiesen wäre. Für die Praxis spielt diese Situation jedoch kaum eine Rolle, da im Minimum zwei Jahre seit dem Verschwinden des Beistandes vergangen sein müssen bis die Verschollenerklärung ausgesprochen werden kann (Art. 36 Abs. 1 und 2). In dieser Zeit hat die Behörde die Pflicht, gem. Art. 403 Abs. 1 einen Ersatzbeistand zu bestellen, der die Geschäfte des verschwundenen Beistandes übernimmt. Die Verschollenerklärung löst somit lediglich die formelle Beendigung des Amtes des verschollenen Beistandes aus, ob ex tunc oder ex nunc, hat keine praktische Bedeutung mehr (s. ausführlich m.w.H. BSK ZGB I-GEISER, aArt. 441–444 N 4). 15

Urteilsfähigkeit dagegen ist Voraussetzung für die Ausübung des Amtes des Beistandes, da ohne Urteilsfähigkeit die Handlungsfähigkeit fehlt (Art. 13). Der im bisherigen Recht geführte Streit, ob Urteilsunfähigkeit ipso iure zur Beendigung des Amtes führt (s. ausführlich m.w.H. BSK ZGB I-GEISER, aArt. 441–444 N 7), ist mit der neuen Gesetzesnorm formell entschieden. Mit der Urteilsunfähigkeit endet das Amt von Gesetzes wegen. In der Praxis stellen sich mit dieser automatischen Beendigung aber nach wie vor verschiedene Probleme, welche mit der undifferenzierten Regelung des Gesetzgebers nicht gelöst sind. Die Urteilsfähigkeit bestimmt sich nach Art. 16 und ist ihrem Inhalt nach in zeitlicher und sachlicher Hinsicht relativ (BK-BUCHER, aArt. 16 ZGB N 87 ff.; BUCHER, Natürliche Personen, Rz 69 f.). Insbesondere ist zwischen vorübergehender und dauernder Urteilsunfähigkeit zu unterscheiden. Wann und ob nun eine Urteilsfähigkeit eingetreten ist, ist aufgrund der Relativität im Einzelfall zu beurteilen und erfordert eine behördliche Abklärung (s. zur Abklärung beim Vorsorgeauftrag: Art. 363 Abs. 2 Ziff. 2; KUKO ZGB-LANGENEGGER, Art. 363 N 10; HAUSHEER/GEISER/AEBI-MÜLLER, Erwachsenenschutzrecht, Rz 2.30; MEIER/LUKIC, Rz 220 ff.). Die vorübergehende Urteilsunfähigkeit kann nach der hier vertretenen Ansicht nicht zum Amtsende führen, da dies i.d.R. nicht im Interesse der 16 betroffenen Person liegt und lediglich zu einer temporären Verhinderung der Ausübung des Amtes führt. Der Gesetzestext ist entsprechend auszulegen (s. auch Art. 35 OR; BK-Zäch, Art. 35 ZGB N 14). Die temporäre Verhinderung ist gestützt auf die Regelung von Art. 403 Abs. 1 durch die Bestellung eines Ersatzbeistandes zu lösen (gl.M. Meier/Lukic, Rz 644; Schmid, Art. 422 N 7). Ist hingegen die Urteilsunfähigkeit dauernd, so ist der Beistand auch tatsächlich nicht mehr in der Lage, die Aufgaben wahrzunehmen. Der Eintrittszeitpunkt der dauernden Urteilsunfähigkeit ist aber in vielen Fällen umstritten. Gerade bei betagten Personen, welche aufgrund ihrer Lebenserfahrung und der zeitlichen Verfügbarkeit als geeignete Beistände eingesetzt werden, tritt z.B. eine eigene beginnende Demenzerkrankung meist schleichend und nicht abrupt ein, sodass ein behördlicher Akt zur Feststellung der Urteilsunfähigkeit des Beistandes nötig sein wird. Eine solche Feststellung der Urteilsunfähigkeit, die als anfechtbare Feststellungsentscheidung auszugestalten ist, kommt einem Entlassungsentscheid gleich.

17 Mit dem Feststellungsentscheid wird nachträglich festgestellt, dass die Urteilsunfähigkeit auf einen bestimmten Zeitpunkt hin eingetreten ist und das Amt des Beistandes somit rückwirkend von Gesetzes wegen endet. Damit stellt sich das Problem des Gutglaubensschutzes von Drittpersonen, welche im Vertrauen auf die Vertretungsmacht des Beistandes entsprechende Geschäfte abgeschlossen haben. Ein solcher Schutz ist zwar nicht a priori ausgeschlossen, es werden aber sehr hohe Anforderungen an die Sorgfaltspflicht des sich auf seinen guten Glauben berufenden Dritten gestellt (BGE 107 II 105, 116 E. 6a; s. auch Art. 418 N 11; **a.M.** unter bisherigem Recht: BSK ZGB I-Geiser, aArt. 441–444 N 8).

III. Entlassung des Beistandes

18 Während die Ereignisse von Art. 421 das Amt von Gesetzes wegen erlöschen lassen, befassen sich die Art. 422 und 423 mit der behördlichen Entlassung des Beistandes aus dem Amt. Die KESB hat auf Antrag des Beistandes, der betroffenen oder einer ihr nahestanden Person oder von Amtes wegen zu prüfen, ob entsprechende Gründe zur Entlassung aus dem Amt vorliegen. Erst mit dem behördlichen Akt erlöschen das Amt und damit die Funktion des Beistandes. Während der Dauer der behördlichen Abklärung und bis zum Vorliegen des rechtskräftigen Entlassungsentscheides stehen ihm die aus der Beistandschaft übertragenen Rechte und Pflichten, namentlich die Vertretungsbefugnisse, uneingeschränkt zu (BSK ZGB I-Geiser, aArt. 441–444 N 13). Erweist es sich als notwendig, bereits während der Dauer des Entlassungsverfahrens die Vertretungs- und Verwaltungskompetenz des Beistandes zu entziehen oder zu beschränken (z.B. wegen offensichtlicher Unfähigkeit), so hat die KESB gestützt auf Art. 445 Abs. 1 vorsorgliche Massnahmen zu treffen und allenfalls einen Ersatzbeistand zu bestimmen (Art. 403 Abs. 1) oder als Behörde selber das Erforderliche unternehmen (Art. 392 Ziff. 1).

1. Auf Begehren des Beistandes (Art. 422)

a) Nach vier Amtsjahren

19 Art. 422 Abs. 1 entspricht der bisherigen Regelung von aArt 415 Abs. 3. Der Beistand kann nach **Ablauf von vier Amtsjahren** ohne Begründung die Weiterführung des Amtes ablehnen und die Entlassung aus dem Amt beantragen (Botschaft Erwachsenenschutz, 7060). Er hat einen Rechtsanspruch auf Entlassung aus dem Amt und muss folglich auf sein Begehren hin entlassen werden (Meier/Lukic, Rz 646). Das Gesetz lässt diesen Anspruch bei allen Beiständen entstehen, also auch bei den Berufsbeiständen. Theoretisch könnte nach dem Wortlaut des Gesetzes so auch der Berufsbeistand nach vier Amtsjahren die Entlassung aus dem Amt verlangen. In der Praxis wird dies aber kaum von Bedeutung sein, da Berufsbeistände aufgrund des privat- oder öffentlich-rechtlichen Arbeitsverhältnisses und den entsprechenden Anstellungsbedingungen sich gegenüber dem Arbeitgeber zur Führung von unbestimmt vielen Beistandschaften verpflichten und die Geltendmachung der Entlassung aus dem Amt eine arbeitsvertragliche Verletzung darstellen würde (in diesem Sinne auch: OFK-ZGB-FASSBIND, Art. 422 N 1). Der Anspruch bezieht sich auf eine konkrete Beistandschaft, die KESB kann gestützt auf die Übernahmepflicht aus Art. 400 Abs. 2 dem Beistand ein anderes Mandat übertragen (SCHMID, Art. 422 N 3; zum bisherigen Recht: BSK ZGB I-GEISER, aArt. 415 N 9; RIEMER, Vormundschaftsrecht, § 4 Rz 133, 177), soweit nicht wichtige Gründe dagegen sprechen. In der Praxis ist die Berufung auf das Rücktrittsrecht jedoch selten (KUKO ZGB-LANGENEGGER, Art. 421–425 N 6).

b) Aus wichtigen Gründen

Vor Ablauf der vier Jahre Amtspflicht kann der Beistand aus **wichtigen Gründen** jederzeit eine Entlassung beantragen und ist nicht an einen bestimmten Zeitpunkt wie Bericht- oder Rechenschaftserstattung gebunden (Art. 422 Abs. 2; HAUSHEER/GEISER/AEBI-MÜLLER, Erwachsenenschutzrecht, Rz 2.140). Die Beurteilung der wichtigen Gründe liegt im Ermessen (Art. 4) der KESB und ist dann angezeigt, wenn die Interessen der Entlassung des Beistandes denjenigen der Weiterführung aus Sicht der verbeiständeten Person überwiegen (SCHMID, Art. 422 N 4). Als wichtige Gründe können insb. diejenigen Gründe vorgebracht werden, **welche eine Pflicht zur Übernahme eines Mandates ausschliessen würden** (Art. 400 Abs. 2). So können namentlich Veränderungen bzgl. aktueller oder bevorstehender beruflicher oder familiärer Belastung, gesundheitliche Probleme, Wohnortswechsel, Übernahme anderer öffentlicher Aufgaben oder der Bedarf an anderen Kompetenzen in der Mandatsführung aufgrund veränderter Bedürfnisse der verbeiständeten Person (z.B. komplexere Finanzgeschäfte aufgrund einer Erbschaft etc.) u.a. in Betracht kommen (Botschaft Erwachsenenschutz, 7050; KUKO ZGB-HÄFELI, Art. 400 N 15; MEIER/LUKIC, Rz 646; OFK-ZGB-FASSBIND, Art. 422 N 2). 20

Amtsmüdigkeit oder Amtsverdruss bei schwierigen Mandaten für sich allein kann laut Botschaft kein wichtiger Grund sein (Botschaft Erwachsenenschutz, 7060), um die Amtspflicht nicht auszuhöhlen. Diese Forderung ist kritisch zu beurteilen. Wie beim Zwang zur Übernahme eines Mandates ist differenziert abzuklären, ob die Führung oder Weiterführung des Amtes gegen den Willen des Beistandes nicht dazu führt, dass die angestrebte bestmögliche Betreuung der verbeiständeten Person und damit die Zielerreichung der Massnahme von einem unmotivierten Beistand überhaupt erreicht werden kann. Die Lehre war sich unter bisherigem Recht weitgehend einig, dass der Zwang zur Übernahme resp. Weiterführung des Amtes i.d.R. nicht im Interesse der betreuten Person liegen kann und dass dadurch zudem das Vertrauensverhältnis zwischen Beistand und KESB gefährdet wäre (BSK ZGB I-HÄFELI, aArt. 382/383 N 12). Im Übrigen hat die Amts- oder Weiterführungspflicht in der Praxis kaum eine Bedeutung erlangt (DISCHLER, Rz 145). Bereits unter bisherigem Recht wurde daher dem Wunsch um Entlassung des Beistandes i.d.R. entsprochen und eine andere Person eingesetzt (s. zum Ganzen auch MEIER/LUKIC, Rz 646 FN 798; OFK-ZGB-FASSBIND, Art. 422 N 2; kritisch zur Amtspflicht generell: FLÜCKIGER, ZKE 2011, 263 ff. m.w.H.). 21

2. Übrige Fälle (Art. 423)

Während die Entlassung gestützt auf Art. 422 auf Veranlassung des Beistandes geschieht, 22
hat die KESB den **Beistand von Amtes wegen** oder gestützt auf einen **Antrag der betroffenen oder einer ihr nahestehenden Person zu entlassen** (zum Begriff der naheste-

hende Person: Meier/Lukic, Rz 129; KUKO ZGB-Steck, Art. 450 N 12), wenn die Eignung für die Führung der Beistandschaft nicht mehr besteht oder andere wichtige Gründe für eine Entlassung sprechen (Art. 423 Abs. 1 Ziff. 1 und 2). Mit der Amtsentlassung erhält die KESB die rechtliche Möglichkeit, einen Beistand mittels behördlichen Entlassungsbeschluss gegen seinen Willen jederzeit aus dem gewählten Amt zu entlassen. Sie verfügt dabei über ein grosses Ermessen, wobei sich die Beurteilung der Gründe, welche zu einer Amtsentlassung führen, ausschliesslich an den wohlverstandenen Interessen und den Bedürfnissen der verbeiständeten Person auszurichten haben. Unerheblich ist, ob durch die Amtsführung bereits ein Schaden eingetreten ist; eine Gefährdung der Interessen ist ausreichend (zum bisherigen Recht: Deschenaux/Steinauer, Personnes, Rz 1044a; BSK ZGB I-Geiser, aArt. 445 N 2). Ein allfälliges Verschulden des Beistandes ist unerheblich (KUKO ZGB-Langenegger, Art. 421–425 N 7; OFK-ZGB-Fassbind, Art. 422 N 1). Anstelle der Entlassung können auch andere verhältnismässige Massnahmen wie Beschränkung der Kompetenzen oder Entzug der Erledigung bestimmter Aufgeben etc. in Frage kommen, wenn trotzdem die Kontinuität der persönlichen Betreuung im Interesse der verbeiständeten Person besteht.

a) Mangelnde Eignung

23 Gestützt auf Art. 400 Abs. 1 wird eine Person nur dann als Beistand eingesetzt, wenn sie fachlich und persönlich geeignet ist das Amt zu übernehmen und über genügend Zeit zur persönlichen Wahrnehmung der Aufgabe verfügt. Diese Voraussetzungen können sich im Laufe der Zeit aus verschiedenen Gründen ändern. Einerseits können sich die Bedürfnisse der betreuten Person in Bezug auf Betreuung, Vertretung oder Verwaltung ändern, andererseits können sich die Lebensumstände und die Kompetenzen des Beistandes verändern. Die KESB hat von Amtes wegen auf jeden Fall bei der Berichts- und Rechnungsablage summarisch zu prüfen, ob die Eignung nach wie vor besteht oder nicht (i.d.R. fällt eine formelle Bestätigung im Amt aufgrund der fehlenden Beschränkung der Amtsdauer weg; s. dazu N 3 ff.), ebenfalls bei einer allfälligen Abänderung der Massnahme (Art. 414). Gegebenenfalls hat sie eine Entlassung zu verfügen und eine Neuwahl zu treffen. Die Eignungsprüfung kann auch unter der Berichterstattungszeit jederzeit von der betreuten Person oder einer nahestehenden Person beantragt werden.

b) Andere wichtige Gründe

24 Art. 423 Abs. 1 Ziff. 2 eröffnet einen Auffangtatbestand von wichtigen Gründen, die sich nicht explizit unter Ziff. 1 subsumieren lassen und sich an den bisherigen Amtsenthebungsgründen orientieren (aArt. 445 Abs. 1; KUKO ZGB-Langenegger, Art. 421–425 N 7). So kann das Vorliegen einer groben Nachlässigkeit die Entlassung rechtfertigen. Notwendig ist ein vom Beistand verschuldetes Handeln oder Unterlassen, das in schwerwiegender Weise eine Pflichtverletzung im Zusammenhang mit der kindes- oder erwachsenenschutzrechtlichen Tätigkeit darstellt (Good, § 5 Rz 24 ff.). Ob es sich um eine bewusste oder unbewusste Nachlässigkeit handelt, ist unerheblich.

25 Ein weiterer Grund kann ein allfälliger **Amtsmissbrauch** sein, der als Ausnutzung der Funktion zu von der Beistandschaft nicht gedeckten Handlungen verstanden wird. Dies hat insb. bei der neuen Massschneiderung eine Bedeutung, als der Beistand sich lediglich auf die im Anordnungsbeschluss verfügten Aufgaben und Kompetenzen beziehen und nicht eigenmächtig das Mandat ausweiten darf, was aber eine differenzierte und klare Praxis der Anordnung durch die KESB erfordert (KUKO ZGB-Rosch, Art. 391 N 2). Zudem können Sachverhalte, die das Vertrauensverhältnis zwischen Mandatsträger und verbeiständeter Person oder KESB beeinträchtigen, wichtige Gründe darstellen, eine Entlassung zu rechtfertigen. Dies kann durch unzulässige Vertretungshandlungen (Vertretung trotz bestehender massiver Interessenskollision; zum bisherigen Recht: BGer vom 16.10.2002, 5C.200/2002, E. 3), Amtsanmassungen, Verletzungen der Persönlichkeit der betreuten Person (z.B. unzulässige Weitergabe von medizinischen Daten; MEIER, ZVW 1996, 239 f.) oder durch fortgesetzte leichtere Pflichtverletzungen in der Amtsführung geschehen.

Wichtige Gründe können aber auch generell der Vertrauensverlust der verbeiständeten Person zum Beistand, Streitigkeiten, unüberwindbare gestörte Beziehung etc. sein. Bei diesen Gründen ist jedoch Vorsicht bei der Beurteilung und Zurückhaltung bei der Entlassung geboten. Gestörte persönliche Beziehungen zum Beistand sind vielfach Teil des Problems, welches in der grundlegenden Problematik des Schwächezustandes der von der Massnahme betroffenen Person begründet sind (z.B. bei Boderlinestörungen oder anderen psychischen Beeinträchtigungen etc.) und zu einer angeordneten Betreuung und damit nicht selbstbestimmten Beziehung führen. In dieser Situation ändert ein Wechsel des Beistandes i.d.R. nichts, da die Störung resp. der Vertrauensverlust nicht von der individuellen Persönlichkeit der das Amt ausführenden Person abhängig ist und bei jeder neu eingesetzten Person über kurz oder lang eintreten würde. 26

Im Weiteren können Handlungen, welche nicht im Zusammenhang mit der Mandatsführung stehen (z.B. ein strafrechtliches Delikt), zu einem Vertrauensverlust führen, der die Interessen der betreuten Person gefährdet und so ein Grund zur Entlassung darstellt. Ein weiterer Grund kann in der Zahlungsunfähigkeit des Mandatsträgers bestehen, die sich nicht mit den Aufgaben und Pflichten einer sorgfältigen Mandatsführung in Einklang bringen lässt. Sie ist dann gegeben, wenn eine Person auf unbestimmte Zeit nicht über genügend Mittel zur Zahlung ihrer Verpflichtungen verfügt (BGE 105 II 28, 30 E. 1). Eine amtliche Feststellung ist nicht notwendig. 27

IV. Verfahren

1. Allgemeines und Zuständigkeit

Soweit es für die Entlassung des Beistandes resp. den Entscheid über die Weiterführungspflicht eines förmlichen Beschlusses bedarf, ist die **KESB für den Entscheid sachlich** zuständig. Sie wählt den Beistand (Art. 400 Abs. 1) und entlässt ihn auch (Art. 422 und 423). **Örtlich** ist diejenige Behörde zuständig, **welche die Massnahme führt**. Dies ist i.d.R. diejenige Behörde, welche den bisherigen Beistand ernannt hat oder, bei Festlegung einer Amtsdauer, diesen im Amt bestätigt hat (BSK ZGB I-GEISER, aArt. 441–444 N 25). Hat in der Zwischenzeit ein Wohnsitzwechsel der verbeiständeten Person stattgefunden, ist die Behörde am neuen Wohnsitz dann zuständig, wenn die Übertragung der Massnahme erfolgt und in Rechtskraft erwachsen ist. Die Übertragung hat nach neuem Recht grundsätzlich unverzüglich zu geschehen (Art. 442 Abs. 5). Im Übrigen sind für die Abklärung und Entscheidfindung bei Entlassung und Entscheidungen über die Weiterführungspflicht mittels förmlichen Beschlusses die Verfahrensbestimmungen von Art. 443 ff. anwendbar. 28

2. Weiterführungspflicht (Art. 424)

Mit der automatischen Entlassung des Beistandes von Gesetzes wegen gestützt auf Art. 421 und der rechtskräftigen Verfügung der Amtsentlassung in den Fällen von Art. 422 und 423 erlischt die Vertretungsmacht und das Vertretungsrecht des bisherigen Beistandes. Die Interessen der verbeiständeten Person verlangen jedoch, dass ein nahtloser Übergang der Rechte und Pflichten aus dem Mandat auf den neuen Mandatsträger stattfindet (BSK ZGB I-GEISER, aArt. 441–444 N 26; CHK-AFFOLTER/STECK/VOGEL, 29 aArt. 442–444 ZGB N 8; OFK-ZGB-Fassbind, Art. 424 N 1). Dies kann in der Praxis nicht immer rechtzeitig sichergestellt werden, sodass der Gesetzgeber wie im bisherigen Recht (aArt. 444) eine Weiterführungspflicht vorgesehen hat. Art. 424 formuliert so eine Weiterführungspflicht des entlassenen Beistandes für diejenigen Fälle, bei denen nicht gleichzeitig mit der Entlassung auch die Beistandschaft endet (Art. 421 Abs. 1 Ziff. 1). Die KESB hat aber differenziert zu beurteilen, in welcher Form die Interessen der verbeiständeten Person am besten gewährleistet sind und kann anstelle der Weiterführung durch den bisherigen Beistand andere Anordnungen zu treffen.

30 Im bisherigen Recht war bei der Amtsenthebung aus gesetzlichen Gründen keine Weiterführungspflicht gegeben (aArt. 445 ff.; BSK ZGB I-Geiser, aArt. 441–444 N 27, Art. 445 N 17; CHK-Affolter/Steck/Vogel, aArt. 445 ZGB N 6). Im neuen Recht wird diese hingegen, vorbehältlich der Sonderregelung für Berufsbeistände (s. N 32), nicht auf bestimmte Entlassungsgründe eingeschränkt. In den Fällen von Art. 423 Abs. 1 Ziff. 1 ist jedoch eine Weiterführungspflicht aufgrund der Gesetzessystematik und aus sachlogischen Überlegungen kaum gerechtfertigt und mit den Interessen der verbeiständeten Person i.d.R. nicht vereinbar, es sei denn, die mangelnde Eignung wirke sich nur auf Aufgabenbereiche aus, bei denen aktuell kein Handlungsbedarf besteht. Gleiches ist anzunehmen bei der Entlassung aus wichtigen Gründen gestützt auf Art. 423 Abs. 1 Ziff. 2. Die KESB hat in diesen Konstellationen die Pflicht, im Entlassungsbeschluss eine andere, sachgerechte Anordnung zu treffen und dem bisherigen Beistand die Weiterführung zu untersagen (Botschaft Erwachsenenschutz, 7061), ansonsten dies unter Umständen haftungsrechtliche Folgen nach sich ziehen kann (OFK-ZGB-Fassbind, Art. 424 N 2). Sie kann z.B. einen Ersatzbeistand bestellen oder selber handeln oder die Vertretungskompetenz des bisherigen Beistandes während der Weiterführung entsprechend beschränken oder verbindliche Weisungen zur inhaltlichen Weiterführung erteilen.

31 Die Handlungen des bisherigen Beistandes haben sich im Unterschied zum geltenden Recht nicht auf das Notwendige, sondern viel enger auf das **Nichtaufschiebbare, also das absolut zwingend Notwendige zu beschränken** (OFK-ZGB-Fassbind, Art. 424 N 1). Mit dieser Formulierung werden der Ausnahmecharakter der Weiterführungspflicht und damit die Beschränkung der Vertretungsrechte zum Ausdruck gebracht. Entscheidungen von grosser Tragweite müssen, soweit aufschiebbar, dem Amtsnachfolger überlassen werden (BSK ZGB I-Geiser, aArt. 441–444 N 26; CHK-Affolter/Steck/Vogel, aArt. 442–444 ZGB N 8; Meier/Lukic, Rz 648). Das neue Recht bringt damit zum Ausdruck, dass die KESB mit aller Beförderlichkeit eine neue Person einzusetzen hat und eine Pflicht zur sofortigen Übernahme des Amtes durch die nachfolgende Person besteht (KUKO ZGB-Langenegger, Art. 421–425 N 8; OFK-ZGB-Fassbind, Art. 424 N 1).

32 Die Weiterführungspflicht gilt, im Unterschied zum bisherigen Recht, **nicht für Berufsbeistände**. Mit dieser neuen gesetzlichen Regelung werden die bisherigen rechtlichen Unsicherheiten und entstandenen Praxisprobleme (s. zum Ganzen BSK ZGB I-Affolter, aArt. 451–453 N 21) zu einem grossen Teil entschärft. Die KESB und die jeweiligen Institutionen (Berufsbeistandschaften, Sozialdienste etc.) haben gemeinsam ein Verfahren für die Übergangs- und Nachfolgeregelung zu vereinbaren. Ist keine nahtlose Ablösung durch eine neu eingestellte Person möglich, so ist einerseits die KESB aufgrund ihrer allgemeinen Übergangs- und Notzuständigkeit für die Wahrung der Interessen der Betreuten verantwortlich und kann durch eigenes Handeln (Art. 392 Ziff. 1) oder Bezeichnung eines Ersatzbeistandes die Interessen der betreuten Person wahren, während die Institutionen und Dienststellen der professionellen Betreuungsdienste die erforderlichen Interessenwahrung der verbeiständeten Person mittels Geschäftsführung ohne Auftrag wahrnehmen können (Hausheer/Geiser/Aebi-Müller, Erwachsenenschutzrecht, Rz 2.141). Die Abstimmung und Sicherung der Verantwortlichkeiten zwischen KESB und Institution/Dienststelle ist eine Frage des Organisationsrechts und der Organisationsgestaltung (Leistungsvertrag, Geschäftsordnung, Pflichtenhefte, Dokumentation von Arbeitsprozessen etc.; ausführlich s. BSK ZGB I-Affolter, aArt. 451–453 N 23; Meier/Lukic, Rz 648).

33 In allen Fällen sind die entlassenen Beistände inkl. Berufsbeistände verpflichtet, der KESB und/oder dem Amtsnachfolger zur Auskunft zur Verfügung zu stehen, soweit Unklarheiten über Inhalte der Mandatsführung und der Betreuung der betroffenen Person bestehen (Hausheer/Geiser/Aebi-Müller, Erwachsenenschutzrecht, Rz 2.142; OFK-ZGB-Fassbind, Art. 424 N 1).

3. Rechtsmittel

34 Entscheide der KESB über die Entlassung aus dem Amt unterliegen der Beschwerde bei der gerichtlichen Beschwerdeinstanz (Art. 450 Abs. 1). Der letztinstanzliche kantonale Entscheid kann mit Beschwerde in Zivilsachen an das Bundesgericht weitergezogen werden (Art. 72 Abs. 2 lit. b Ziff. 6 BGG).

Art. 425

D. Schlussbericht und Schlussrechnung

1 Endet das Amt, so erstattet der Beistand oder die Beiständin der Erwachsenenschutzbehörde den Schlussbericht und reicht gegebenenfalls die Schlussrechnung ein. Die Erwachsenenschutzbehörde kann den Berufsbeistand oder die Berufsbeiständin von dieser Pflicht entbinden, wenn das Arbeitsverhältnis endet.

2 Die Erwachsenenschutzbehörde prüft und genehmigt den Schlussbericht und die Schlussrechnung auf die gleiche Weise wie die periodischen Berichte und Rechnungen.

3 Sie stellt den Schlussbericht und die Schlussrechnung der betroffenen Person oder deren Erben und gegebenenfalls der neuen Beiständin oder dem neuen Beistand zu und weist diese Personen gleichzeitig auf die Bestimmungen über die Verantwortlichkeit hin.

4 Sie teilt ihnen zudem mit, ob sie den Beistand oder die Beiständin entlastet oder die Genehmigung des Schlussberichts oder der Schlussrechnung verweigert hat.

D. Rapport et comptes finaux

1 Au terme de ses fonctions, le curateur adresse à l'autorité de protection de l'adulte un rapport final et, le cas échéant, les comptes finaux. L'autorité peut dispenser le curateur professionnel de cette obligation si ses rapports de travail prennent fin.

2 L'autorité de protection de l'adulte examine et approuve le rapport final et les comptes finaux de la même façon que les rapports et les comptes périodiques.

3 Elle adresse le rapport et les comptes finaux à la personne concernée ou à ses héritiers et, le cas échéant, au nouveau curateur; elle rend ces personnes attentives aux dispositions sur la responsabilité.

4 En outre, elle leur communique la décision qui libère le curateur de ses fonctions ou celle qui refuse l'approbation du rapport final ou des comptes finaux.

D. Rapporto e conto finali

[1] Alla fine del suo ufficio il curatore rimette all'autorità di protezione degli adulti un rapporto finale e, se del caso, consegna il conto finale. L'autorità di protezione degli adulti può dispensare da questo obbligo il curatore professionale giunto al termine del rapporto di lavoro.

[2] L'autorità di protezione degli adulti esamina e approva il rapporto e il conto finali come fa con i rapporti e i conti periodici.

[3] Essa notifica il rapporto e il conto finali all'interessato o ai suoi eredi e, se del caso, al nuovo curatore, facendo loro presenti le disposizioni sulla responsabilità.

[4] Comunica loro altresì se ha dimesso il curatore o rifiutato l'approvazione del rapporto o del conto finali.

Inhaltsübersicht

Literatur

Affolter, Zur Inventarisierung und Verwahrung verbeiständeter Vermögen, ZVW 2004, 212 ff. (zit. Inventarisierung); ders. Doppelunterstellung von professionellen vormundschaftlichen Mandatsträger(inne)n in öffentlichen Verwaltungen am Beispiel der Stadt Luzern, ZVW 2006, 232 ff. (zit. Doppelunterstellung); ders., Einsichtsrecht des vormundschaftlichen Mandatsträgers in die vor der Mandatsführung geführten Bankakten, ZVW 2008, 304 ff. (zit. Einsicht Bankakten); Balestrieri, Die Vermögensverwaltung im neuen Erwachsenenschutzrecht, ZKE 2011, 201 ff.; Biderbost, Die Erziehungsbeistandschaft (Art. 308 ZGB), Freiburg i.Ü. 1996; Dannhorn, Ansprüche von Kindern gegen ihren Eltern im Fall der Verletzung von Pflichten der elterlichen Verantwortung, Berlin 2003 (besprochen von Gerber-Jenni in ZVW 2008, 396 ff.); Good, Das Ende des Amtes des Vormundes, Freiburg i.Ü. 1992; Häfeli, Ausbildung von Amts- und Privatvormunden, ZVW 1995, 4 (zit. Ausbildung); Hegnauer, Verwaltung der Einkünfte des Kindes durch Erziehungsbeistandschaft oder

Kindesvermögensbeistandschaft, ZVW 1995, 47 (zit. Einkünfte); HENKEL, Die Anordnung von Kindesschutzmassnahmen gemäss Art. 307 rev. ZGB, Zürich 1977; LANGENEGGER, Amtsvormunde, ihre Vorgesetzten und ihre unterstellten Mitarbeiterinnen und Mitarbeiter, ZVW 2004, 51 ff. (zit. Amtsvormunde); MOTTIEZ, Die Rechtspflichten von vormundschaftlichen Mandatsträger(inn)en nach dem Tod der betreuten Person, ZVW 2006, 267 ff.; PICENONI, Der Erbenvertreter nach Art. 602 Abs. 3 ZGB, Zürich 2004; RIEMER, Herausgabe vormundschaftlicher Depots an die Erben verstorbener Mündel, ZVW 1997, 121 (zit. Mündeldepots); SCHNELL, Falschbeurkundung: eine Moritat, in: Jusletter 30. Januar 2006; SCHREIBER, Die Amtsvormundschaft Zürich, Diss. Zürich 1993; SCHWARZ, Die Vormundschaftsbeschwerde, Art. 420 ZGB, Zürich 1968; VBK (Arbeitsausschuss Vormundschaftsrecht), Das Ende des vormundschaftlichen Amtes bei Auflösung des privat- oder öffentlich-rechtlichen Anstellungsverhältnisses von professionellen Mandatsträgerinnen und Mandatsträgern vom August 2006 (zit. Empfehlungen 2006).

Materialien

Art. 414 und 415 VE Erwachsenenschutz 2003; VE Erwachsenenschutz/Vernehmlassungen, 251 f.; Botschaft Erwachsenenschutz, 7061 und 7157 f.; Prot. RK-S vom 27./28.8.2007, 19; AmtlBull StR 2007, 836; Prot. RK-N vom 24./25.4.2008, 24; AmtlBull NR 2008, 1522.

I. Normzweck

Mit dem Ende der Zuständigkeit zur Amtsführung fallen für den Beistand resp. für den Vormund (Art. 327c Abs. 2), aber auch für die KESB, Liquidationspflichten an. Diese beziehen sich auf die Rechnungsablage und -prüfung über die auftragsgemässe Mandatsführung. Das Ergebnis der Liquidationsmassnahmen bildet die Grundlage für die Entschädigung und die Decharge des Mandatsträgers und für die allfällige Geltendmachung der Verantwortlichkeit gegenüber dem Kanton für Handlungen oder Unterlassungen des Mandatsträgers oder der KESB durch die vormals betreute Person oder deren Rechtsnachfolger. Das neue Recht verzichtet jedoch auf eine explizite Normierung der Übergabe des verwalteten Vermögens (s. zum bisherigem Recht: aArt. 451 und 453 Abs. 1). 1

II. Anwendungsbereich

1. Allgemeines

Art. 425 entspricht weitgehend den bisherigen Normen über die Schlussberichterstattung und Schlussrechnung (aArt. 451–453). Die Pflicht zur Erstattung eines Schlussberichtes und gegebenenfalls zur Einreichung einer Schlussrechnung obliegt grundsätzlich allen Mandatsträgern des Kindes- und Erwachsenenschutzes (BGer vom 1.10.2008, 5A_578/2008, E. 1) unter Einschluss der Erziehungsaufsicht gem. Art. 307 Abs. 3, und des Beauftragten bzw. der Aufsicht im Erwachsenenschutz gestützt auf Art. 392 Ziff. 2 und 3 und der vorsorglich eingesetzten Beistände (Art. 445 Abs. 1) (s. N 7). Hinsichtlich der Beauftragten nach Art. 392 Ziff. 2 beschränkt sich die Berichterstattung auf die Erfüllung des Auftrags oder gegebenenfalls auf die Hindernisse in dessen Erfüllung, was weitere Massnahmen erforderlich machen kann (Art. 397a OR; **a.M.** SCHMID, Art. 425 N 2). 2

Die Erbschaftsverwaltung gem. Art. 554 ist trotz Wesensverwandtschaft (Voraussetzungen der Anordnung, Funktion und Aufgaben, behördliche Aufsicht) und terminologischer Parallelen in der gesetzgeberischen Regelung so wenig ein Mandat des Erwachsenenschutzrechts wie der behördlich ernannte Erbenvertreter nach Art. 602 Abs. 3 (ZK-ESCHER, Art. 554 ZGB N 12, 17 f.), weshalb beide Mandatsträger nicht unter die Bestimmungen von Art. 425 fallen. Das gilt auch dann, wenn nach der kantonalen Behördenorganisation die Erbschaftsverwaltung und/oder die Erbenvertretung von der KESB angeord- 3 net werden sollte und in analoger Anwendung von Art. 595 Abs. 3 unter deren Aufsicht steht (BSK ZGB II-KARRER, Art. 554 N 61). Der Erbschaftsverwalter verwaltet aus eigenem, selbständigem, jedem gegenüber geltendem Recht und im eigenen Namen eine Erbschaft (PIOTET, SPR IV/2, § 88 V. A, 705). Er stellt damit ein eigenes Institut des Erbrechts dar, hat eine grosse Affinität zum Willensvollstrecker und seine Rechtsstellung (sowohl hinsichtlich der Annahmepflicht, der Kompetenzen als auch der Haftung) richtet sich weitgehend nach den Bestimmungen über den Auftrag (Art. 394 ff. OR; BGE 54 II 197; BSK ZGB II-KARRER, Art. 554 N 5, 38, 50 ff.). Das Gleiche gilt für den Erbenvertreter gem. Art. 602 Abs. 3 (BSK ZGB II-SCHAUFELBERGER, Art. 602 N 42; PICENONI, 9, 52 f.).

4 Keine Anwendung findet Art. 425 auch auf die nicht-mandatsgebundenen Kindes- und Erwachsenenschutzmassnahmen (Weisungen nach Art. 273 Abs. 2 und 307 Abs. 3, Platzierungen nach Art. 310/314b ohne begleitende Erziehungsaufsicht oder -beistandschaft, FU gegenüber Erwachsenen nach Art. 426 ff., ambulante Massnahmen nach Art. 437 oder eigenes Handeln der KESB nach Art. 392 Ziff. 1). Ebenso wenig fallen die Rechts-, Prozess- und Verfahrensbeistände gem. Art. 299 ZPO, Art. 314a^{bis}, 397f Abs. 2 und 449a ZGB sowie Art. 6 Abs. 2 und 9 Abs. 3 BG-KKE unter die Rechenschaftsberichtsablage gem. Art. 425.

2. Schlussbericht

5 Aus Art. 425 i.V.m. Art. 411 folgt, dass im Erwachsenenschutz von allen Formen der Begleitbeistandschaft gem. Art. 393, der Vertretungsbeistandschaften gem. Art. 394 und 395, der Mitwirkungsbeistandschaft gem. Art. 396, allen Kombinationen der verschiedenen Beistandschaften und der umfassenden Beistandschaft gem. Art. 398 ein Schlussbericht zu erstatten ist.

6 Im Kindesschutzrecht sieht lediglich Art. 309 Abs. 3 ausdrückliche eine Schlussberichterstattung vor (wenn das Kindesverhältnis festgestellt oder die Vaterschaftsklage binnen zwei Jahren seit der Geburt nicht erhoben worden ist, hat die KESB auf Antrag des Beistandes darüber zu entscheiden, ob die Beistandschaft aufzuheben oder andere Kindesschutzmassnahmen anzuordnen seien). Die in Art. 318 Abs. 3 und Art. 324 Abs. 2 geregelte Berichterstattungspflicht bezieht sich nicht auf eine kindesschutzrechtliche Mandatsführung, Adressaten der Vorschrift sind vielmehr die Eltern. Damit kennt das Kindesschutzrecht keine eigene rechtliche Ordnung zu den Folgen der Beendigung des Amtes, weshalb Art. 425 i.V.m. Art. 314 Abs. 1 und 327c Abs. 2 auch sämtliche Mandate erfasst, die aufgrund des Kindesschutzrechts geführt werden, d.h. die Kollisionsbeistandschaft gem. Art. 306 Abs. 2, die Erziehungsbeistandschaft gem. Art. 308, die Ausserehelichenbeistandschaft gem. Art. 309, die Kindesvermögensverwaltungsbeistandschaft gem. Art. 325 und die Vormundschaft gem. Art. 327a, die Beistandschaft gem. Art. 17 BG-HAÜ sowie die im Erbrecht geregelte Vertretungsbeistandschaft gem. Art. 544 Abs. 1bis ZGB.

7 Wieweit auch die kindesschutzrechtliche Erziehungsaufsicht gem. Art. 307 Abs. 3 und damit auch die erwachsenenschutzrechtliche Aufsicht gem. Art. 392 Ziff. 3 (Botschaft Erwachsenenschutz, 7045) der Schlussberichterstattungspflicht unterliegt, erscheint insofern umstritten, als sie nicht als aktiv handlungsfähige Mandatsträgerin gilt, sondern als Gehilfin der KESB (HENKEL, 78, und dort zit. Autoren). Andererseits ist unübersehbar, dass mit dieser Funktion Aufgaben verbunden sind, die stark in die Privatsphäre der Betroffenen (Eltern, Kind, erwachsene Person) eingreifen, insb. das Einblicksrecht in die familiären und schulischen Verhältnisse, das Durchführen von Inspektionsbesuchen, das Einholen von Auskünften bei Dritten (HENKEL, 78) oder die Nachfrage bei Krankenversicherungen.

Damit wird sie von den Betroffenen kaum anders wahrgenommen als die Erziehungsbeistandschaft ohne besondere Befugnisse (Art. 308 Abs. 1) oder eine Begleitbeistandschaft (Art. 393). Auch wenn davon auszugehen ist, als *verlängerter Arm* der KESB unterliege diese Aufsichtsfunktion nicht den Sorgfaltsbestimmungen von Art. 413 Abs. 1 (zum bisherigen Recht: BIDERBOST, 455 FN 72), ist sie u.E. als eine **amtsgebundene Massnahme** zu betrachten (HENKEL, 79, verwendet ebenfalls den Begriff **Amt**), die der Pflicht zu regelmässiger Berichterstattung unterliegt (BIDERBOST, 454). Konsequenterweise besteht auch ein Bedarf nach Aufhebung gem. Art. 399 Abs. 2 und Schlussberichterstattung gem. Art. 425. Zudem sind die Verantwortlichkeitsbestimmungen von Art. 454 f. anwendbar. Allerdings haben Mängel im Bereich der persönlichen Betreuung nicht dieselben Haftungskonsequenzen wie Fehlleistungen im Bereich der Bewirtschaftung von Mündelvermögen (zur kontroversen Diskussion bez. elterlicher Verantwortung vgl. SCHÖBI, Die Haftung der Eltern für das Wohl des Kindes, in FS H. Koller, Basel 2006, 97 ff., und HEGNAUER, Haften die Eltern für das Wohl des Kindes, ZVW 2007, 167 ff., sowie GERBER-JENNI, Besprechung in ZVW 2008, 396 ff.). Zur Berichterstattungspflicht des Beauftragten nach Art. 392 Ziff. 2 vgl. N 2.

3. Schlussrechnung

Eine **Schlussrechnung** ist selbstredend nur dann einzureichen, wenn die Einkommens- und/oder Vermögensverwaltung zum Auftrag des kindes- oder erwachsenenschutzrechtlichen Mandatsträgers gehörte oder bestimmte Aufgaben im Rahmen der Beistandschaft erledigt werden mussten, welche eine finanzielle Abrechnung beinhalten (Art. 425 Abs. 1: «gegebenenfalls»). Im Einzelfall betrifft dies **zwingend** die **Beistandschaft zur Verwaltung des Kindesvermögens** (Art. 325, HEGNAUER, Einkünfte, 49 Ziff. 5), die **Vormundschaft über das minderjährige Kind** (Art. 327c Abs. 1), die **Vertretungsbeistandschaft zur Vermögensverwaltung** (Art. 395) bezüglich der genau bezeichneten Einkommens- und/oder Vermögenswerte und die **umfassende Beistandschaft** (Art. 398). Bei allen anderen Formen der Beistandschaft ist je nach konkretem Auftrag zu beurteilen, ob die Einreichung einer Schlussrechnung notwendig ist oder nicht. In der Regel liegt eine Pflicht zur Rechnungsablage bei jenen Mandaten vor, welche auch der Inventarpflicht unterliegen (Art. 405 Abs. 2). 8

Wo im Einzelfall die Vermögenssorge zwar zum Auftrag gehörte, nicht aber erbracht werden konnte (bspw. weil sich die schutzbedürftige Person der Betreuung entzog, unbekannten Aufenthalts war, unter enger Beratung des gesetzlichen Vertreters selbst ihre finanziellen Belange erledigte [Art. 406] oder sämtliche finanziellen Belange dem Ehegatten oder eingetragenen Partner überlassen wurden), ist das **Fehlen** einer Schlussrechnung im Schlussbericht **zu begründen**. 9

Einkommens- und/oder Vermögensverwaltung gehören dagegen von Gesetzes wegen **nie** zum Aufgabenbereich der Erziehungsaufsicht, des Erziehungs- und des Vertretungsbeistandes gem. Art. 394 sowie der Begleitbeistandschaft gem. Art. 393. Dieser Ausschluss gilt namentlich auch dann, wenn der Vertretungsbeistand vermögensrechtliche Interessen zu wahren hat (zum bisherigen Recht: BK-SCHNYDER/MURER, aArt. 392 ZGB N 22), dem Erziehungsbeistand die Geltendmachung des Unterhaltsanspruchs eines unmündigen Kindes unverheirateter Eltern (Art. 308 Abs. 2, ZVW 1983, 30 f.) oder die Klärung der Finanzierung einer Fremdplatzierung (HEGNAUER, Einkünfte, 48 Ziff. 3) übertragen wurde: Der Auftrag umfasst immer Interessenwahrung oder persönliche Fürsorge und nicht die Verwaltung von Einkommen oder Vermögen. Werden trotzdem (ohne behördlich angeordnetes Mandat) Geldmittel bewirtschaftet, empfiehlt sich auch diesfalls die Vorlage einer 10

Schlussrechnung. Zwar liesse sich argumentieren, handlungsfähige Betreute könnten einem Mandatsträger auch eigene Verwaltungsaufgaben übertragen, welche allein den Regeln des Obligationenrechts (Auftragsrecht) unterliegen. Die besondere Vertrauensstellung, welche ein eingesetzter Beistand beansprucht, lässt es aber jedenfalls in finanziellen Belangen ratsam erscheinen, nicht durch eine Mischung von behördlichen und privaten Aufträgen Schnittstellenprobleme zwischen autonomer und behördlicher Aufsicht zu schaffen. Im Sinne der Massschneiderung wäre in einer solchen Situation zudem dem Beistand zu raten, gestützt auf Art. 414 eine Anpassung der Massnahme zu verlangen, um klare Verhältnisse zu schaffen.

11 Haben sich diese Mandatsträger zudem mit **finanziellen Transaktionen** beschäftigt (in der Praxis beschaffen sich bspw. Erziehungsbeistände bedürftiger Kinder zuweilen mittels Gesuchen an Stiftungen und wohltätige Institutionen Geldmittel oder Sachhilfen, welche nicht direkt den Erziehungsberechtigten, sondern den Erziehungsbeiständen bzw. den Amtskassen überwiesen werden), so ist nach Sinn und Zweck von Art. 425 darüber nicht nur genau Buch zu führen, sondern auch eine Schlussrechnung vorzulegen, sofern keine amtsinterne Kontrollinstanz im Rahmen der öffentlichen Rechnungsprüfung solche Zuwendungen an definierte Budgetrubriken der öffentlichen Dienste überwacht.

12 Eine Rechnungsführung für die dem Kind zustehenden Unterhaltsleistungen durch den kindesschutzrechtlichen Mandatsträger gem. Art. 325 oder 327a erübrigt sich dann, wenn der Unterhaltsanspruch eines durch die KESB oder durch den Vormund gem. Art. 310 bzw. Art. 314b Abs. 1 resp. Art. 327c **fremdplatzierten Kindes** auf das platzierende Gemeinwesen übergegangen ist (Art. 289 Abs. 2) und im Rahmen eines Sozialhilfekontos bewirtschaftet wird. Die Rechnungsführung und Kontrolle richtet sich diesfalls nach den für das Gemeinwesen geltenden verwaltungsrechtlichen Vorschriften (HEGNAUER, Einkünfte, 50), schliesst aber die Kontrolle durch die KESB nicht aus (N 13).

13 Wurde die verbeiständete Person von der **öffentlichen Sozialhilfe** unterstützt, unterliegt die Rechnungsführung der Kontrolle der Aufsichtsbehörde über die Sozialhilfe. Das entbindet den Mandatsträger allerdings nicht von der (Schluss-)Rechnungsablage. Dagegen hat die KESB diese Rechnung nicht hinsichtlich ihrer Übereinstimmung mit den für das jeweilige Gemeinwesen geltenden sozialhilferechtlichen Bestimmungen, Richtlinien und Weisungen hin zu überprüfen, sondern allein hinsichtlich der **Wahrung der Interessen der verbeiständeten Person**. Zu dieser Prüfung gehört namentlich die Pflicht, allfällige **Aktivsaldi** der betreuten Person zukommen zu lassen und nur dann zur Verrechnung mit Rückerstattungsansprüchen der Sozialhilfe gegenüber der betreuten Person zu bringen, wenn die Voraussetzungen des kantonalen Sozialhilferechts über die Rückerstattungspflicht erfüllt sind (i.d.R. wenn die betreute Person in wesentlich bessere oder gar günstige finanzielle Verhältnisse geraten ist, vgl. z.B. Art. 40 SHG BE oder § 27 lit. b SHG ZH) und eine vollstreckbare Rückerstattungsverfügung oder Rückerstattungsvereinbarung vorliegt (z.B. § 21 Abs. 2 und 3 SPG AG) oder im Hinblick auf bevorstehende sozialversicherungsrechtliche Leistungen von der Sozialhilfe bevorschusste Leistungen aufgrund einer Abtretungserklärung oder von Gesetzes wegen zurückerstattet werden müssen (Art. 22 Abs. 2 ATSG).

III. Voraussetzungen der Beendigung des Amtes

1. Allgemeines

14 Notwendige, aber nicht immer hinreichende (vgl. u. III.4.) Voraussetzung der Pflicht zur Einreichung von Schlussbericht und Schlussrechnung ist das Ende des kindes- oder erwachsenenschutzrechtlichen Mandats. Beendet wird das Mandat durch **das Ende der**

Massnahme sowie durch **Beendigung des Amtes** (Art. 421 ff.). Beide Beendigungsgründe, also Massnahmenende wie Amts- bzw. Mandatsende, treten entweder von Gesetzes wegen (z.B. Art. 399 Abs. 1 oder 421) oder als Folge einer behördlichen Verfügung ein (Art. 422 f.; Good, Rz 2.7). Die Möglichkeit der **Amtsenthebung** durch das Strafgericht (aArt. 53 StGB) wurde ihrer geringen praktischen Bedeutung und der klar geregelten zivilrechtlichen Zuständigkeiten wegen mit der am 1.1.2007 i.K. gesetzten Totalrevision des AT StGB ersatzlos aufgehoben (BBl 1999 2100 Ziff. 213.47).

2. Beendigung der amtsgebundenen Massnahme

Wenn das minderjährige bevormundete Kind (Art. 327a) volljährig wird (Art. 14) und wenn die verbeiständete betroffene Person stirbt (Art. 399 Abs. 1; zum bisherigen Recht: Mottiez, 269 f.; Riemer, Vormundschaftsrecht, § 4 Rz 183), endet die Massnahme von Gesetzes wegen. Man spricht diesfalls von **Hinfall der Massnahme**. In allen übrigen Fällen der Beendigung wird die amtsgebundene Massnahme durch Beschluss der zuständigen KESB **aufgehoben**. 15

3. Beendigung des Amtes

Das revidierte Recht kennt grundsätzlich zwei Formen der Beendigung des Amtes. Einerseits die Beendigung von Gesetzes wegen und andererseits die Entlassung gestützt auf eine behördliche Verfügung. Von **Gesetzes wegen endet das Amt** 16
- nach Ablauf einer, von der KESB festgelegten Amtsdauer, sofern keine Bestätigung im Amt erfolgt (Art. 421 Ziff. 1; s. 421–424 N 3),
- mit dem Ende der Beistandschaft (Art. 421 Ziff. 2; s. N 15),
- mit dem Ende des Arbeitsverhältnisses als Berufsbeistand (Art. 421 Ziff. 3; s. 421–424 N 11 ff.) und
- mit dem Zeitpunkt, in welchem der Beistand stirbt, urteilsunfähig oder selber verbeiständet wird (Art. 421 Ziff. 4; s. 421–424 N 14 ff.).

Von der KESB wird **die Entlassung verfügt** und damit das Amt beendet, wenn folgende Voraussetzungen erfüllt sind:
- der Beistand beantragt die Entlassung nach vier Amtsjahren oder bereits vorher aus wichtigen Gründen (Art. 422; s. 421–424 N 19 ff.);
- die Eignung für die Massnahme besteht nicht mehr (Art. 423 Abs. 1 Ziff. 1; s. 421–424 N 23);
- es liegen andere wichtige Gründe für eine Entlassung vor (Art. 423 Abs. 1 Ziff. 2; s. 421–424 N 24 ff.).

In der Praxis bedeutsam ist die Entlassung des Beistandes bei Wohnortswechsel der betreuten Person und der damit verbundenen Übertragung der Massnahme an den neuen zivilrechtlichen Wohnsitz (Art. 442 Abs. 5). Auch wenn die Amtsübernahmepflicht des Beistandes nicht mehr auf den Kreis der KESB beschränkt ist (Art. 400 Abs. 2; zum bisherigen Recht aArt. 382 Abs. 1; Empfehlungen VBK, ZVW 2002, 205 ff., 210 ff., 216, 218 ff.; Art. 406 N 42; Good, Rz 6.12 ff. und 139, 39 f.), wird regelmässig ein Wechsel in der Person des Beistandes angezeigt sein, weil Beistände, welche eine «Fernbetreuungen» ausüben müssen, in der Regel nicht als geeignet erscheinen. 17

4. Sonderregelungen für den Berufsbeistand

18 Den als Berufsbeistand bezeichneten, fest besoldeten Mandatsträgern kommt im Kindes- und Erwachsenenschutz eine grosse und wachsende Bedeutung zu (SCHREIBER, passim; BK-SCHNYDER/MURER, aArt. 360 ZGB N 66, 80; STETTLER, Rz 413; HÄFELI, Ausbildung, 4). Sie sind nicht Einrichtungen des Bundeszivilrechts, sondern des kantonalen oder kommunalen öffentlichen Rechts (LANGENEGGER, Amtsvormunde, 52 f.; ZK-EGGER, aArt. 367 ZGB N 27; BK-SCHNYDER/MURER, aArt. 360 ZGB N 63). Ihre Rechtsstellung gegenüber der betreuten Person ist grundsätzlich dieselbe wie bei privaten Mandatsträgern, insb. sind sie für jeden einzelnen Fall zu berufen und dementsprechend auch zu entlassen (SCHNYDER/MURER, aArt. 360 ZGB N 49 ff., 70; GOOD, Rz 6.1).

19 Neu sieht das Gesetz nun aber in Art. 425 Abs. 1 vor, dass der **Berufsbeistand von der Pflicht zur Ablage von Schlussbericht und Schlussrechnung entbunden** werden kann, wenn das Dienstverhältnis endet. Diese Lösung scheint gerechtfertigt, weil die gleichzeitige Einreichung einer Vielzahl von Berichten und Rechnungen, deren termingerechte Revision und die darauf gestützte Entlassung im Falle professioneller Beistände vor Verlassen der Stelle jedenfalls bei Kündigungen i.d.R. nicht möglich ist (SCHMID, Art. 425 N 9). Notwendig ist aber eine formelle Verfügung der KESB, in welcher die Modalitäten der Amtsübergabe geregelt werden. Für die Praxis empfiehlt sich für Berufsbeistandschaften und wesensverwandte öffentliche Dienste dabei folgendes Vorgehen:

Die Mandatsübergabe erfolgt für alle Mandate (i.d.R. in der Grössenordnung von 70–100 pro Berufsbeistand mit entsprechender Sachbearbeitungsunterstützung) in sehr unterschiedlichen Phasen der Berichtsperiode. Eine früher nach kantonalem Recht mögliche unisono- Periodizitätslimite auf z.B. das Jahresende ist bundesrechtlich nicht mehr möglich. Aus der Bedürfnislage der verbeiständeten Person erweist es sich weder als zwingend noch sinnvoll, vor Ablauf der ordentlichen Periode einen Schlussbericht und eine Schlussrechnung zu erstellen. In der Praxis wäre dies auch kaum leistbar. Der übernehmende Berufsbeistand wird sich daher mit einem **Kurzbericht** des abgebenden Berufsbeistandes über die Situation begnügen dürfen, sofern dadurch der betreuten Person keine nachteiligen Konsequenzen erwachsen. Im Unterschied zum bisherigen Recht, bei welcher die Zustellung des Schlussberichtes die Frist zur Geltendmachung der Verantwortlichkeitsklage auslöste (aArt. 454 Abs. 1), wird in der neuen Verantwortlichkeitsregelung der Fristenlauf von der Kenntnisnahme des Schadens abhängig gemacht. Bei einer Dauermassnahme beginnt die Verjährung zudem nicht vor dem Wegfall der Massnahme oder ihrer Weiterführung in einem anderen Kanton.

20 Die Pflicht zur Berichterstattung und Rechnungsablage wird von der KESB dem Rechtsnachfolger des abtretenden Berufsbeistandes **übertragen** (vgl. für den ähnlich gelagerten Fall der Ersatzvornahme BK-KAUFMANN, Art. 452 ZGB N 3). Dabei kann die ursprüngliche Berichtsperiode aufrechterhalten bleiben, d.h. **der übernehmende Mandatsträger führt die Geschäfte des Vorgängers weiter** (Empfehlungen VBK 2006, Ziff. 3). Damit lässt sich auch vermeiden, dass sich für den Amtsnachfolger die Rechenschaftsperioden für sämtliche Mandate auf einen einzigen Zeitpunkt komprimieren, was der Fall wäre, wenn mit seinem Amtsantritt auch der Beginn der Rechenschaftsperiode zusammenfallen würde.

IV. Schlussbericht

1. Inhalt

21 Das ZGB enthält keine Vorschriften über den Inhalt des Schlussberichtes. Sein Zweck ist auch nicht mehr derselbe wie beim periodischen Rechenschaftsbericht gem. Art. 411, wel-

cher der KESB als **Steuerungsinstrument** dient (Kontrolle der Betreuungsarbeit, Einblick in die Arbeitsweise und in die Aktionsfelder des Amtsträgers, Aufwand- und Ergebniskontrolle, Basis für eine Anpassung der Massnahme und Übertragung neuer Aufgaben etc.). Im Gegensatz dazu hat der Schlussbericht nur noch **Informationszweck** (BGer vom 1.10.2008, 5A_578/2008, E. 1).

Bei Hinfall oder Aufhebung der Massnahme darf sich der Bericht auf jene Bereiche beschränken, welche zum Massnahmenende geführt haben, die aktuelle Situation widerspiegeln, Auffälligkeiten oder Besonderheiten der Vermögensentwicklung und -verwaltung erläutern, über offene oder ungeklärte Probleme orientieren oder für die Information der verbeiständeten Person, ihrer Rechtsnachfolger oder für die Verantwortlichkeit der Organe des Kindes- und Erwachsenenschutzes von Relevanz sind (GOOD, Rz 8.66, 68; Rz 12. 21; OFK-ZGB-FASSBIND, Art. 425 N 1; ZVW 1947, 80; ZVW 1989, 35 ff.; ZK-EGGER, aArt. 453 ZGB N 2; HEFTI, 224 ff.). Es liegt in der Natur der Sache, dass Berichte von Mandatsträgern eine subjektive Sicht der Dinge wiedergeben und deshalb inhaltlich umstritten sein können, namentlich aus der Sicht von zerstrittenen Angehörigen. Es ist nicht Sinn der Genehmigung, diese Inhalte nach dem objektiven Wahrheitsgehalt zu erforschen und ihnen dadurch behördlich festgestellte Beweiskraft zu verleihen. Genehmigung eines Schlussberichtes ist deshalb nicht gleichbedeutend mit der Zustimmung zu allen Aussagen und Tätigkeiten des Mandatsträgers. Dieser Vorbehalt gilt sogar für die Rechnung, bei welcher nachkontrollierbare Daten materiell wie formell kontrolliert und verifiziert werden. Die Genehmigung eines Schlussberichts entscheidet nicht über Bestand oder Fehlen eines Rechtsanspruchs (vgl. auch N 52 f.), solches müsste im Rahmen der streitigen Zivilgerichtsbarkeit oder im Rahmen einer Verantwortlichkeitsklage (Art. 413 i.V.m. Art. 454) geklärt werden. Entscheidend ist, dass der Bericht in jeder Hinsicht sachbezogen ist und der KESB, der betreuten Person und ggf. den Rechtsnachfolgern Aufschluss darüber gibt, ob die wohlverstandenen Interessen der betreuten Person im Rahmen des Möglichen und Machbaren gewahrt die gesetzlichen Zuständigkeiten respektiert worden sind und die Zielsetzungen der Massnahme eingehalten wurden. 22

Bei **Weiterführung der Massnahme** muss der Nachfolger des Amtsträgers dagegen umfassend über die persönlichen Verhältnisse der betreuten Person, dessen Vertretungsbedarf in den genau bezeichneten Aufgabenkreisen und über die Vermögensverwaltung orientiert werden (vgl. im Einzelnen HÄFELI, 96 f. sowie GOOD, Rz 9.9), bilden doch sowohl Schlussbericht als auch Schlussrechnung des Vorgängers die Basis für die Amtstätigkeit des Nachfolgers, es sei denn, die Massnahme werde durch die KESB umfassend neu massgeschneidert oder durch einen Nachfolger in derselben Organisation weitergeführt (N 19). 23

2. *Form und Zuständigkeit*

Verschiedene Autoren leiteten aus dem Wortlaut von aArt. 451 (Bericht «erstatten», Schlussrechnung «einreichen») die Möglichkeit ab, einen Schlussbericht auch mündlich abzugeben (GOOD, Rz 9.7) und die wichtigsten Fakten zu protokollieren. Der neue Art. 425 verwendet (wie Art. 411) die gleichen Begrifflichkeiten («erstatten» und «einreichen»). Unter Vorbehalt entgegenstehender kantonaler **Formvorschriften** (z.B. § 10 V KESR AG) ist dieser Meinung zuzustimmen. Wenn aus dem Beschluss der KESB zur Aufhebung der Massnahme oder zur Entlassung des Mandatsträgers alle nötigen Informationen hervorgehen, kann auch dieses Protokoll als Schlussbericht des Amtsträgers dienen. Insbesondere bei privaten Mandatsträgern (PriMa) kann es sich zur Vermeidung unnötig bürokratischen Aufwandes empfehlen, anstelle einer für sie zuweilen mit grossem Aufwand verbundenen Redaktion eines Schlussberichtes bloss eine Erklärung zu Protokoll zu nehmen, wenn diese den Informationsbedürfnissen zu genügen vermag. 24

25 Die **Prüfung und Genehmigung** (Art. 425 Abs. 2) erfolgt durch die KESB; eine Nachprüfung durch die Aufsichtsbehörde wie im früheren Recht (aArt. 423 Abs. 3) ist nicht mehr möglich, da sie bezogen auf den Einzelfall materiell keine Entscheidungskompetenz mehr besitzt (Botschaft Erwachsenenschutz, 7074).

3. Prüfung und Zustellung

26 Der Schlussbericht ist in der gleichen Art und Weise wie die periodischen Berichte zu prüfen (MEIER/LUKIC, Rz 651). Er ist zu genehmigen, wenn er die **Informationspflicht** erfüllt (BGer vom 1.10.2008, 5A_578/2008, E. 1). Die Zustimmung bedeutet aber nicht, dass sich damit alle Aussagen des Mandatsträgers zu behördlich festgestellten Tatsachen verdichten und damit unter allen Umständen erhöhte Beweiskraft erhalten. Im Gegensatz zum bisherigen Recht (aArt 453 Abs. 1) bildet die Genehmigung des Schlussberichts und/oder der Rechnung nicht mehr die Voraussetzung für die Entlassung aus dem Amt, wohl aber für die Entlastung. Neu muss auch der Schlussbericht und nicht nur die Schlussrechnung der betroffenen Person oder deren Erben sowie den Amtsnachfolgern zugestellt werden (Art. 425 Abs. 4; MEIER/LUKIC, Rz 652). Daher ist bei der Abfassung des Berichtes dem Persönlichkeitsschutz der betreuten Person die nötige Beachtung zu schenken.

V. Schlussrechnung

1. Rechnungsperiode

27 Die Schlussrechnung umfasst die Rechnungsablegung für die **Zeit seit der letzten periodischen Rechnungsprüfung** (Art. 410 Abs. 1) oder, wenn das Mandat vor Ablauf der ersten Rechnungsperiode endet, **seit Beginn der kindes- oder erwachsenenschutzrechtlichen Massnahme**.

28 **Stichtag** für die Schlussrechnung ist das Ende des Amtes (vgl. N 14–20; BK-KAUFMANN, aArt. 451 ZGB N 4a; MOTTIEZ, 245; SCHMID, Art. 425 N 6; ZK-EGGER, aArt. 451 ZGB N 4).

29 Falls nach Amtsende noch vermögensrelevante Handlungen vorgenommen werden (bspw. nach dem Tod der verbeiständeten Person: Entgegennahme von Krankenkassenleistungen, Bezahlung von Heim-, Spital- oder Krankentransportkosten, die auf erbrachte Dienstleistungen während der Mandatszeit zurückzuführen sind), wird darüber eine zusätzliche **Übergaberechnung** abgelegt, welche nicht in die Schlussrechnung integriert wird. Die klare Trennung liegt im Umstand begründet, dass sich die der Übergaberechnung zugrunde liegenden Vertretungshandlungen – abgesehen von der Weiterführungspflicht gem. Art. 424, d.h. bei Fortführung der Massnahme, aber Wechsel des Beistandes – **nicht aus dem Kindes- oder Erwachsenenschutzrecht legitimieren**, sondern je nach Situation aus dem Recht über die Stellvertretung (Art. 38 OR; MOTTIEZ, 243), dem **Auftragsrecht** (Art. 394 ff. OR) oder aus der **Geschäftsführung ohne Auftrag** (Art. 419 ff. OR). Diese Übergaberechnung ist der KESB sinnvollerweise zur Kenntnis zu bringen, weil sie sich im letztendlich herauszugebenden Vermögensbetrag niederschlägt. Eine Genehmigung kann aber mit Blick auf die Tatsache, dass sie Vertretungshandlungen für Personen betrifft, die nicht (mehr) unter einer zivilrechtlichen Massnahme stehen (Erben, volljährig Gewordene), keine Rechtswirkungen i.S.v. Art. 425 auslösen (BGer vom 3.12.2002, 5P.309/2002, E. 4; MEIER/HÄBERLI, ZVW 2003, 161). Die Übergaberechnung ermöglicht es aber der KESB, die Differenzen des Vermögensstandes zwischen Amtsende (z.B. Tod der verbeiständeten Person) und Zeitpunkt der Vermögensübergabe nach Genehmigung der Schlussrechnung (RIEMER, Mündeldepot, 123) zu erklären und zu verifizieren. Wenn die vermögensrelevanten Handlungen nach Amtsende auf einen rechtsgültigen Auftrag (Art. 394 ff. OR) zurück-

zuführen sind und sich die Auftraggeber aus Diskretionsgründen weigern, der KESB detaillierten Einblick in die Übergaberechnung zu gewähren, kann sich die KESB mit einer Richtigkeitsbescheinigung und Décharge-Erklärung der Auftraggeber gegenüber dem Mandatsträger für die Übergabeperiode begnügen, weil auch damit die angesprochene Vermögensdifferenz zwischen Amtsende und Vermögensübertragung verifizierbar ist.

Bei **Fortbestand der Massnahme**, aber eingetretenem Amtsende, stützen sich nachträgliche Amtshandlungen auf Art. 424, weshalb die nachträgliche Übergaberechnung bei diesem Sachverhalt von der KESB zu genehmigen ist (ZK-Egger, aArt. 451 ZGB N 3; **a.M.** Good, Rz 8.11 FN 29). **30**

2. Einreichungsfrist

Eine **Einreichungsfrist** ist bundesrechtlich nicht vorgesehen. Sie richtet sich deshalb gestützt auf Art. 450f nach dem jeweiligen kantonalen Recht, soweit dieses etwas vorsieht (z.B. § 8 Abs. 1 V KESR AG; Good, Rz 8.89). Kraft ihrer Aufsichtspflicht (Art. 415, 419, 425) kann die KESB dem Mandatsträger eine Frist setzen und bei Säumnis gegebenenfalls Vollstreckungsmassnahmen anordnen (Art. 450g N 23, 67). **31**

3. Inhalt

Die Schlussrechnung ist nach den gleichen Grundsätzen wie die periodische Rechnungsstellung abzulegen (ZK-Egger, aArt. 451 ZGB N 3). Sie beinhaltet einerseits die **Rechnung** für die Zeit seit der letzten periodischen Prüfung (oder seit Beginn des kindes- oder erwachsenenschutzrechtlichen Amtes), andererseits ein **Inventar** über das vom Mandatsträger verwaltete Vermögen. Darunter fallen alle Vermögenswerte, Wertpapiere, bedeutende Mobilien (Fahrzeuge, wertvolle Sammlungen usw.), Liegenschaften, Forderungen, Darlehen und Schulden, Freizügigkeitskonten, Bürgschaften und Pfandrechte der verbeiständeten Person. Auf umstrittene oder schwierig einzutreibende Forderungen und bekannte Anwartschaften oder Begünstigungen (z.B. Familien- und Unterhaltsstiftung, Trust) ist besonders hinzuweisen. **32**

Über Vermögenswerte, **die von der verbeiständeten Person selbst verwaltet werden** und sich damit in ihrer uneingeschränkten Verfügungsgewalt befinden (Art. 409, für Minderjährige: Art. 323), hat der Amtsträger keine Rechenschaft abzulegen (zum bisherigen Recht: die überzeugende Begründung bei Good, Rz 8.16 ff., welcher diese Vermögenswerte allerdings vollständig von der Schlussrechnung auszunehmen scheint, Rz 8.21; vgl. auch Riemer, Vormundschaftsrecht, § 4 Rz 154), wogegen u.E. in der Vermögensaufstellung jedenfalls eine **Hinweispflicht** (z.B. «pro memoria: Konto unter eigener Verwaltung der verbeiständeten Person») besteht. Das gilt insb. auch für Vermögenswerte, welche einem verheirateten oder eingetragenen Partner zur alleinigen Bewirtschaftung überlassen wurden, ohne dass eine Güterausscheidung stattgefunden hat. Damit werden erstens der Umfang der Amtsführung, zweitens die tatsächliche Vermögenslage der verbeiständeten Person und drittens die Bewirtschaftungsart gemeinschaftlichen Vermögens bei Ehegatten und eingetragenen Partnern im erforderlichen Mass erkennbar, was der KESB ein vollständiges Bild über die Wahrung der Interessen der verbeiständeten Person ermöglicht und dem Beistand auch die vollständige Steuerdeklaration und allenfalls korrekt dokumentierte EL-Gesuche ermöglicht. Lässt der Beistand diesbezüglich nicht die nötige Sorgfalt walten, kann dies auch strafrechtliche Konsequenzen nach sich ziehen, wenn mit unvollständigen Angaben z.B. Leistungen der Sozialhilfe in Anspruch genommen werden (BGer vom 25.10.2010, 6B_689/2010). Zur Inventarisierung und Verwaltung des Vermö- **33** gens von verheirateten Verbeiständeten und den entsprechenden Konsequenzen für die Schlussrechnung vgl. Art. 405 N 21–27).

34 Nicht in die Schlussrechnung gehören die **Entschädigungsansprüche** des Mandatsträgers gem. Art. 404 (ZVW 1989, 77, 154; ZVW 1992, 27), ob sie sich nun gegen die verbeiständete Person richten (Art. 404 Abs. 3) oder gegen das Gemeinwesen (ZVW 1946, 37, 42; ZVW 1947, 122 ff., 128). Der Mandatsträger selbst kann sich die Entschädigung nicht zusprechen, sondern bedarf hierzu des Entscheides der KESB (Art. 404 Abs. 2; BGer vom 23.6.2008, 5A_319/2008; Meier/Häberli, ZVW 6/2008, 511; BGer vom 3.12.2002, 5P.309/2002, E. 2; Meier/Häberli, ZVW 2003, 161). Damit der Betrag bestimmt werden kann, der sich für jede Berichts- und Rechnungsperiode nach dem Umfang und der Komplexität der übertragenen Aufgaben, der wirtschaftlichen Lage der verbeiständeten Person und den besonderen beruflichen Fähigkeiten, die die Tätigkeit erfordert, richtet, benötigt die KESB die Vorlage des Schlussberichts und der Schlussrechnung. In dieser kann deshalb der Entschädigungsanspruch nicht enthalten sein (**a.M.** Good, Rz 8.9; ZVW 1952, 35 Nr. 15). Vielmehr erscheint er, zusammen mit den Genehmigungsgebühren der KESB nach kantonalem Recht, als **Nachtrag** zur Schlussrechnung, den die KESB selbst anzubringen hat, und der in der Vermögensbilanz entsprechend zu berücksichtigen ist. Genehmigung der Schlussrechnung und Festlegung der Mandatsentschädigung können auch in zwei separaten Verfahren erfolgen, wobei die Schlussrechnungsgenehmigung hinsichtlich der Mandatsentschädigung keine präjudizierende Wirkung hat (BGer vom 1.10.2008, 5A_578/2008, E. 3).

4. Form

35 Aus dem Gesetzeswortlaut von Art. 425 ergibt sich, dass die Schlussrechnung **schriftlich** abzulegen («einzureichen») ist. Weitergehende Formvorschriften sind bundesrechtlich nicht vorgesehen.

5. Verpflichtung zur Abfassung und Einreichung

36 Die Pflicht zur Abfassung und Einreichung trifft die **Mandatsträger**. Sind sie dazu aus irgendeinem Grund ausser Stande (z.B. Amtsende infolge Tod oder Urteilsunfähigkeit), obliegt die Pflicht der **KESB**. Diese kann das Erstellen der Schlussrechnung auch Dritten übertragen (Art 450g N 23, 41; BK-Kaufmann, aArt. 451 ZGB N 14, aArt. 452 ZGB N 5; Good, Rz 8.51; KUKO ZGB-Langenegger, Art. 421–425 N 9).

37 Für den Berufsbeistand s. N 18 ff.

6. Durchsetzung und Ersatzvornahme

38 Kommt der Mandatsträger seiner Verpflichtung zur Einreichung der Schlussrechnung nicht nach, so wird er unter Ansetzung einer angemessenen Nachfrist **gemahnt** (in der Praxis 1–2 Monate; Botschaft Erwachsenenschutz, 7061). Gegebenenfalls kann er mit einer **Ordnungsbusse** gem. Art. 343 Abs. 1 lit. b und c ZPO bedroht oder belegt werden, können ihm die strafrechtlichen Folgen bei **Ungehorsam gegen eine amtliche Verfügung** angedroht werden (Art. 292 StGB; Meier/Lukic, Rz 649; OFK-ZGB-Fassbind, Art. 425 N 1), und in besonders krassen Fällen kann es sogar zu **polizeilicher Vorführung** kommen (Art. 450g N 36; Good, Rz 8.52; vgl. § 9 Abs. 1 V KESR AG: Vorladung).

39 Wurde die Schlussrechnung vom Mandatsträger nicht formgerecht eingereicht, obwohl er dazu imstande gewesen wäre, und bedingt dies die Beauftragung eines Dritten durch die KESB, so können u.U. die **Kosten** dem fehlbaren Mandatsträger auferlegt werden (BGer vom 1.12.2011, 5A_596/2011, E. 1.1; BGer vom 8.7.2011, 5D_62/2011, E. 1.1; ZVW 1989, 38). Das gilt auch dann, wenn in der Vermögensverwaltung Unregelmässigkeiten oder Verstösse gegen die gesetzlichen Vermögensverwaltungs- und -verwahrungsbestimmungen (Art. 408 Abs. 3) festgestellt und von einer spezialisierten Fachstelle einer Revision unterzogen werden müssen. Solche Auslagen sind gestützt auf Art. 415 Abs. 3 dem Verursacher zu überbinden (Art. 450g N 41, 60).

7. Bedeutung

Die Schlussrechnung gibt der verbeiständeten Person, dessen Erben, dem Amtsnachfolger des Mandatsträgers und der KESB **Auskunft** über die Vermögensverhältnisse. **40**

Für einen Amtsnachfolger bildet sie zudem die Grundlage zur **Aufnahme der Amtstätigkeit** und entbindet diesen von der eigenen Aufnahme eines **Inventars** (Art. 405 Abs. 2), wenn sie von der KESB gem. Art. 425 genehmigt worden ist. **41**

Der KESB bietet sie die abschliessende Grundlage zur **Überprüfung**, ob das Mandat im Rahmen der gesetzlichen Vorschriften, nach ihren Weisungen und im Interesse der betreuten Person geführt wurde. Sie ermöglicht darüber hinaus die Beurteilung des erbrachten Betreuungs- und Verwaltungsaufwandes und damit die Festsetzung der kantonalen Gebühren sowie der Entschädigung des Mandatsträgers i.S.v. Art. 404 Abs. 2. **42**

Der Schlussrechnung kommt schliesslich eine **Rechtsdurchsetzungsfunktion** zu, indem sie den Nachweis über das vom Mandatsträger und der KESB herauszugebende Vermögen erbringt und im Streitfall als **provisorischer Rechtsöffnungstitel** (Art. 82 Abs. 1 SchKG) dienen kann, sofern sie vom Mandatsträger unterzeichnet ist (Good, Rz 8.5) und den Genehmigungsvermerk der KESB aufweist. **43**

Im Unterschied zum bisherigen Recht beginnt die **Verjährung** allfälliger Verantwortlichkeitsansprüche gegenüber dem Kanton nicht mit der Zustellung der Schlussrechnung zu laufen. Die Schlussrechnung bietet aber die Möglichkeit, dass die verbeiständete Person oder deren Rechtsnachfolger durch die Zustellung der Schlussrechnung in der Lage ist, Kenntnis eines allfälligen Schadens zu erhalten, was dann den Lauf der Verjährungsfrist auslöst (Art. 455 Abs. 1). Das gilt allerdings nur, wenn sie den Informationsanforderungen und Qualitätsansprüchen einer Schlussrechnung gerecht wird. **44**

Die Schlussrechnung ist eine **Urkunde** (wie das Eingangsinventar, BGE 121 IV 216, 223 E. 3d; ZVW 1996, 76), wird mit ihrer Genehmigung allerdings nicht zur *öffentlichen* Urkunde i.S.v. Art. 9 (Good, Rz 8.23 ff.; zur Problematik des Urkundencharakters vgl. Schnell, Falschbeurkundung). **45**

Ein Mandatsträger, der vorsätzlich eine Schlussrechnung vorlegt, die **nicht den Tatsachen entspricht** (z.B. wenn er nachträglich aufgefundene Vermögenswerte der betreuten Person weder im Besitzstandsinventar nachträgt noch in seinem Rechenschaftsbericht oder in der Vermögensrechnung erwähnt), verletzt seine Amtspflichten und setzt sich damit der Strafverfolgung wegen **Urkundenfälschung** i.S.v. Art. 251 StGB aus. Ist er (privat- oder öffentlich-rechtlich angestellter) Berufsbeistand, begeht er Falschbeurkundung im Amt (Art. 317 StGB), was auch bei fahrlässiger Begehung und ohne Schädigungs- oder Bevorteilungsabsicht strafbar ist (BGE 121 IV 216, 223 E. 3d; ZVW 1996, 76; kritisch: Good, Rz 8.39). **46**

VI. Prüfung der Schlussrechnung

1. Zuständigkeit und Mitwirkungspflicht

47 Zuständig für die Prüfung ist die **KESB** (Art. 425 i.V.m. Art. 440). Eine Nachprüfung durch die Aufsichtsbehörde gestützt auf kantonale Bestimmungen wie im bisherigen Recht ist ausgeschlossen. Art. 440 Abs. 2 sieht aber vor, dass die Kantone für bestimmte Geschäfte ein einzelnes KESB-Mitglied vorsehen können. Je nach kantonaler Regelung fällt damit die Prüfung von Schlussbericht und -rechnung in die Einzelzuständigkeit eines KESB-Mitgliedes (z.B. § 46 Abs. 1 lit. r EG KESR ZH; § 28 Abs. 3 lit. e EG ZGB SZ). Zulässig erscheint zudem die Prüfung (nicht aber Genehmigung) durch eine von der KESB beauftragte Stelle (Art. 446 Abs. 2; z.B. ein **Revisorat** in der öffentlichen Verwaltung). Damit kommt diesen aber keine Genehmigungszuständigkeit zu, weil diese kraft Bundesrechts der KESB oder nach kantonaler Regelung dem Einzelmitglied der KESB obliegt.

48 Die KESB hat insb. auch sicherzustellen, dass die betreute Person zur Rechnungsablegung zugezogen wird und ihr die Schlussrechnung erläutert wird (Art. 410 Abs. 2; ZVW 1987, 77). Die betreute Person ist dann nicht beizuziehen, wenn das Interesse oder das Verständnis für seine wirtschaftliche Situation fehlt oder ausnahmsweise gewisse Fakten vor ihm geheim zu halten sind (Good, Rz 8.58; s Art. 415 N 9). Allfällige Bemerkungen der beigezogenen Person sind für die Kontrolltätigkeit der KESB wichtig. Andererseits bedeutet eine Zustimmung der betreuten Person zur Schlussrechnung **keinen Verzicht** auf die Geltendmachung von **Verantwortlichkeitsansprüchen** (ZK-Egger, aArt. 452 ZGB N 3).

49 Hinsichtlich der Art und Weise der Prüfung von Schlussbericht und Schlussrechnung gelten gem. Art. 425 Abs. 2 die Bestimmungen des Art. 415 (s. dort). Sie hat im Rahmen der Prüfung insb. abzuklären, ob ein Verantwortlichkeitsfall von Art. 454 f. vorliegt (Botschaft Erwachsenenschutz, 7061; OFK-ZGB-Fassbind, Art. 425 N 1)

2. Ziel und Zweck der Prüfung

50 Das Ergebnis der Prüfung ist die **Genehmigung** oder **Verweigerung** der Genehmigung (Art. 425 Abs. 2). Die Genehmigung bedeutet eine in Form einer behördlichen Verfügung erlassene **Feststellung**, dass der Mandatsträger seiner Rechnungslegungspflicht nachgekommen sei und das Mandat im Rahmen der gesetzlichen Vorschriften, nach den Weisungen der KESB und im Interesse des Mündels **erfüllt hat**. Sie ist mithin ein Ausfluss der Aufsichtsrechte der KESB (BK-Kaufmann, aArt. 423 N 22).

51 Die Genehmigung nur von den **Formalien** abhängig zu machen, dass die Abrechnung inhaltlich den Tatsachen entspricht (Vergleich von Buchungen mit Belegen) und formgerecht eingereicht wurde, greift u.E. zu kurz (**a.M.** Good, Rz 8.68, welcher eine Abrechnung theoretisch für genehmigungsfähig hält, wenn der Vormund die von ihm begangene Veruntreuung buchhalterisch korrekt darlegt. In gleichem Sinn MBVR 10, 254 f. Nr. 100: Die Genehmigung dürfe nur verweigert werden, wenn Mängel formeller Natur eine Rückweisung der Vogtrechnung nötig machten). Die Prüfung hat im Unterschied zum bisherigen Recht in gleichem Rahmen wie bei der periodischen Rechnungslegung zu erfolgen (Art. 425 Abs. 2; Meier/Lukic, Rz 607, 651; OFK-ZGB-Fassbind, Art. 425 N 1). Somit beinhaltet die Prüfung zwingend auch materielle Aspekte wie die **Zweckmässigkeit** der einzelnen Verwaltungshandlungen (BGE 76 II 181, 186 f.; ZVW 1952, 35 Nr. 15), die **Geltendmachung** aller (namentlich sozialversicherungs-)**rechtlichen Ansprüche**, die hinreichende **Begründung von Vermögensveränderungen** (BK-Kaufmann, aArt. 423 ZGB N 8) und die Kontrolle, ob die nötigen **Zustimmungen** eingeholt wurden (ZVW 2002, 192 Nr. 11; Deschenaux/Steinauer, Personnes, Rz 1009b; s.a. Art. 415 N 7 ff.).

3. Bedeutung des Prüfungsentscheides

Der Genehmigung der Schlussrechnung kommt **keine unmittelbare materiellrechtliche Bedeutung** zu (MEIER/LUKIC, Rz 654), denn sie ist kein rechtskräftiges Urteil. Sie hat auch keine vollständige Entlastung des Mandatsträgers zur Folge, dessen Verantwortlichkeit nach Art. 413 sowie die Geltendmachung von Ansprüchen gestützt auf Art. 454 f. wird durch die Genehmigung nicht berührt (BK-KAUFMANN, aArt. 423 ZGB N 22, aArt. 452 ZGB N 5; KUKO ZGB-LANGENEGGER, Art. 425 N 9; SCHMID, Art. 425 N 13; ZVW 1952, 35 Nr. 15). Andererseits kommt der genehmigten Rechnung, da sie sich nicht allein auf formelle Gesichtspunkte beschränken darf (s. N 51), **erhöhte Beweiskraft** zu, sie geniesst im Unterschied zum Bericht (N 26) für sich die Vermutung der Richtigkeit (BK-KAUFMANN, aArt. 423 ZGB N 23; MEIER/LUKIC, Rz 654). **52**

Mit der **Nichtgenehmigung** der Schlussrechnung kommt die KESB ihrer Pflicht nach, ungerechtfertigte Verwaltungshandlungen des Mandatsträgers zu desavouieren (so erwähnt auch BK-KAUFMANN die *Untreue* des Vormundes als Grund für eine Nichtgenehmigung, aArt. 453 N 12). Mit einer Schlussrechnung, deren Nichtgenehmigung von der KESB zwangsläufig zu **begründen** ist, befindet sich die (vormals) verbeiständete Person, die eine Verantwortlichkeitsklage anstreben will, zweifellos in einer besseren Ausgangslage, weil auch die Begründung der Nichtgenehmigung die Vermutung der Richtigkeit geniesst. Nachteilige Folgen entstehen für die verbeiständete Person bei Nichtgenehmigung der Schlussrechnung keine (vgl. auch BK-KAUFMANN, aArt. 423 ZGB N 22). **53**

Der Genehmigungsentscheid bildet die Grundlage, aber kein Präjudiz (BGer vom 1.10.2008, 5A_578/2008, E. 3) zur Festlegung der Genehmigungsgebühren und der Spesen- und Mandatsentschädigung des Mandatsträgers gem. Art. 404 Abs. 1 und 2. Gebühren wie Entschädigung werden durch beschwerdefähige Verfügung festgelegt, welche nach unbenutztem Ablauf der Rechtsmittelfrist gem. Art. 450b einen definitiven Rechtsöffnungstitel darstellt (ZVW 1998, 106 Nr. 4). **54**

4. Zustellung

Die geprüfte **Schlussrechnung** (BGE 76 II 181, 186) ist der (vormals) verbeiständeten Person, deren Erben oder dem neuen Mandatsträger zuzustellen unter Hinweis auf die Bestimmungen über die Geltendmachung der Verantwortlichkeit und unter Mitteilung, ob der Mandatsträger entlassen oder die Genehmigung der Schlussrechnung verweigert wurde (Art. 425 Abs. 3 und 4; MEIER/LUKIC, Rz 652). Lediglich die Zustellung einer Übersicht über die Konten mit einem Vermögensvergleich genügt den Anforderungen nicht (FZR 2004, 7). Adressat der Zustellung ist, wem die **Verwaltung** des Vermögens obliegt. Wurde die kindes- oder erwachsenenschutzrechtliche Massnahme aufgehoben oder fiel sie dahin, fällt die Verwaltungsbefugnis grundsätzlich mit dem Eigentumsanspruch (des vormals verbeiständeten Person oder deren Erben) zusammen. Ist die verbeiständete Person verstorben, so ist die Rechnung sämtlichen Erben oder, wenn sie einen Vertreter bestimmt haben, diesem zuzustellen. Die Zustellung an den Willensvollstrecker genügt nicht, da er nicht Vertreter der einzelnen Erben ist (GOOD, Rz 8.73 und FN 131, 173; TUOR/SCHNYDER/RUMO-JUNGO, 697 ff. Rz 34 f.). Dasselbe gilt auch für den Erbschaftsverwalter (BGE 54 II 197) und den Erbenvertreter nach Art. 602 Abs. 3, wenngleich diesen die Aktivlegitimation zur Geltendmachung einer Verantwortlichkeitsklage nicht abzusprechen ist (BSK ZGB II-KARRER, Art. 554 N 50 ff.). **55**

In der Zustellungsmitteilung muss dem Empfänger mitgeteilt werden, welche Bestimmungen des ZGB die Verantwortlichkeit und die Verjährung der Verantwortlichkeitsklage re- **56** geln (Art. 454 f.). Die Hinweise müssen so konkret formuliert sein, dass es auch Laien möglich ist, allfällige Verantwortlichkeitsansprüche geltend zu machen (BGE 85 II 464, 469 E. 2).

5. Rechtsmittel gegen den Prüfungsentscheid

57 Gegen die Genehmigung oder Nichtgenehmigung des Prüfungsentscheides der KESB kann die gerichtliche Beurteilung gem. Art. 450 verlangt werden (zum bisherigen Recht: BK-KAUFMANN, aArt. 423 ZGB N 24; SCHWARZ, 51 f.). Der Prüfungsentscheid der KESB kann von der verbeiständeten Person, deren Erben oder dem Amtsnachfolger nur mit dem Beschwerdegrund der Verletzung der Informationspflicht angefochten werden, da allfällige Fehlverhalten oder mangelhafte Vermögensverwaltung mittels der Verantwortlichkeitsklage gem. Art. 454 f. geltend zu machen sind (BGer vom 21.1.2011, 5A_11/2011; BGer vom 1.10.2008, 5A_578/2008).

58 Der Entscheid der letztinstanzlichen kantonalen Gerichtsinstanz kann gem. Art. 72 Abs. 2 lit. b Ziff. 6 BGG (SR 173.110) beim BGer mittels Beschwerde in Zivilsachen angefochten werden. In vermögensrechtlichen Angelegenheiten ist die Beschwerde in Zivilsachen nur zulässig, wenn der Streitwert mindestens CHF 30 000 beträgt (Art. 74 Abs. 1 lit. b BGG) oder wenn sich eine Rechtsfrage von grundsätzlicher Bedeutung stellt (Art. 74 Abs. 2 lit. a BGG). Sind diese Voraussetzungen nicht erfüllt, steht nur der Weg der subsidiären Verfassungsbeschwerde offen (Art. 113 BGG; BGer vom 1.12.2011, 5A_596/2011, E. 1.1; BGer vom 8.7.2011, 5D_62/2011 E. 1.1; BGer vom 15.12.2009, 5D_148/2009, E. 1.2).

Dritter Abschnitt: Die fürsorgerische Unterbringung

Vorbemerkungen zu Art. 426–439

Inhaltsübersicht

Literatur

ABRECHT, Les conditions du placement à des fins d'assistence, ZVW 2003, 338 ff.; BIGGER, Fürsorgerische Freiheitsentziehung (FFE) und strafrechtliche Massnahmen bei Suchtkranken aus rechtlicher Sicht (Art. 397a ZGB/44 StGB), ZVW 1992, 41 ff.; BORGHI, Bericht betreffend die Untersuchung über die FFE bei allen Kantonsregierungen, ZVW 1990, 137 ff.; DERS., Les limites posées par l'état de droit au traitement forcé psychiatrique, ZVW 1991, 81 ff.; DERS., Entourage familiale et exclusion (pour une application «systématique» de l'art. 397a al. 2 CCS), in: FS Schnyder, Freiburg i.Ü. 1995, 31 ff.; BORGHI/BIAGGINI, Anwendung und Auswirkungen der Gesetzgebung über die FFE, ZVW 1992, Beilage zu Heft 4; BORGHI/GROSS, Das Bundesgesetz über die FFE und die kantonale Rechtsetzung – eine Zwischenbilanz, ZVW 1987, 103 ff.; BRAUER, Patientenverfügung und Demenz im neuen Erwachsenenschutzrecht aus Sicht der Ethik, ZKE 2011, 387 ff.; BREITSCHMID, Rechtliche Situation der Fürsorgerischen Freiheitsentziehung: Standort und Ausblick, in: Bornatico/Breitschmid/Hell/Maier (Hrsg.), Freiheitsentziehung: Fürsorge- und Ordnungsrecht im Spannungsfeld des Art. 397a

ZGB, Zürich 2004, 57 ff.; BRISLER/GASSMANN, Zukunft der Psychiatrie: ambulante Zwangsbehandlungen?, ZKE 2010, 1 ff.; BUCHER, Der Persönlichkeitsschutz beim ärztlichen Handeln, in: Arzt und Recht, BTJP 1984, Bern 1985, 39 ff. (zit. BTJP 1984); DERS., Das Horror-Konstrukt der «Zwangsbehandlung», ZBJV 2001, 764 ff. (zit. ZBJV 2001); CAVIEZEL-JOST, Die materiellen Voraussetzungen der fürsorgerischen Freiheitsentziehung, Diss. Freiburg i.Ü. 1988; EJPD, Hinweise und Anregungen, zusammengestellt von einer durch das EJPD eingesetzten Arbeitsgruppe, Bern 1979 (zit. Hinweise und Anregungen); ERNST, Fürsorgepflicht und Fürsorgeexzess in der Psychiatrie, Kritisches zur heutigen Praxis und zur künftigen Entwicklung der Fürsorgerischen Freiheitsentziehung (FFE) nach ZGB Art. 397 a ff., ZVW 1989, 94 ff.; ETZENSBERGER, Die «Fürsorgerische Unterbringung» und «Behandlung einer Psychischen Störung» aus Sicht eines praktischen Psychiaters (Art. 416–430 VE), ZSR 2003 I, 361 ff.; FASSBIND, Die Organisation des Kindes- und Erwachsenenschutzes nach neuem Erwachsenenschutzrecht, FamPra.ch 2011, 553 ff.; FONTANET, Etablissements appropriés: Volonté législateur et réalités concrètes, ZVW 1986, 1 ff.; FURGER, Pro FFE bei Drogenabhängigen, ZVW 1985, 18 ff.; GEISER, Was haben die Bestimmungen über die FFE gebracht?, in: Patient – Patientenrecht, Bern 1984, 177 ff. (zit. Patient – Patientenrecht); DERS., Die FFE als Rechtsgrundlage für eine Zwangsbehandlung?, in: FS Schnyder, Freiburg i.Ü. 1995, 289 ff. (zit. FS Schnyder); DERS., Die medizinisch-therapeutische Behandlung und Zwangsmassnahmen im Lichte der geltenden Rechtslage unter besonderer Berücksichtigung von vormundschaftlichen Fragestellungen, ZVW 2001, 225 ff.; HEGNAUER, Darf die FFE zur Vertreibung auswärtiger Drogenabhängiger angeordnet werden?, ZVW 1993, 164 ff.; DERS., Zum Begriff der nahestehenden Person im Sinne von Art. 397d ZGB, ZVW 1984, 26 ff. (zit. ZVW 1984); DERS., Zum Verhältnis von Vormundschafts- und Fürsorgebehörden, ZVW 1996, 41 ff. (zit. ZVW 1996); HONSELL (Hrsg.), Handbuch des Arztrechts, Zürich 1994; HUBACHER, Die «geeignete Anstalt» – auf der Suche nach dem Verhältnismässigen, ZVW 1990, 89 ff.; IBERG, Aus der Praxis zur FFE, SJZ 1983, 293 ff.; IMHOF, Der formelle Rechtsschutz, insbesondere die gerichtliche Beurteilung, bei der fürsorgerischen Freiheitsentziehung, Diss. Freiburg i.Ü. 1999; JACOT-GUILLARMOD, Intérêt de la jurisprudence des organes de la CEDH pour la mise en œuvre du nouveau droit suisse de la privation de la liberté à des fins d'assistance, ZVW 1981, 41 ff.; JOSEF, Bemerkungen zu BGE 127 I 6, AJP 2001, 1214 ff.; KATZ, Privation de liberté à des fins d'assistance, Diss. Lausanne 1983; H. KOLLER, Das Vormundschaftsrecht im Wandel – Menschenrechte und Grundfreiheiten als Ausgangspunkt einer Revision des Vormundschaftsrechts, ZVW 1992, 83 ff.; TH. KOLLER, Die FFE und das kantonale Verfahrensrecht (gezeigt am Beispiel des Kantons Luzern), SJZ 1982, 53 ff.; LUSTENBERGER, Die FFE bei Unmündigen unter elterlicher Sorge, Diss. Freiburg i. Ü. 1987; MAIER, Die Praxis der Fürsorgerischen Freiheitsentziehung, Praxis. Schweizerische Rundschau für Medizin 2001 Nr. 37, 1575–1581; MANAÏ, Les droits du patient face à la médecine contemporaine, Basel 1999; MAZENAUER, Psychisch krank und ausgeliefert?, Diss. Bern 1986; DIES., Zur Zwangsbehandlung in der Anstaltspsychiatrie, Die gesellschaftliche Kontrolle über Irre und die Rolle der Ärzte, in: Patient – Patientenrechte, Genf 1984, 75 ff.; MINGER, Die Haftung der Erwachsenenschutzorgane nach dem neuen Erwachsenenschutzrecht, ZKE 2010, 21 ff.; MÜLLER, Zwangsmassnahmen als Instrument der Krankheitsbekämpfug, das Epidemiengesetz und die persönliche Freiheit, Diss. Bern 1991, Basel 1992 (zit. Zwangsmasnahmen); DERS., Zum Erfordernis einer hinreichenden gesetzlichen Grundlage für schwere Grundrechtseingriffe, recht 1994, 38 ff. (zit. Recht 1994); NÄGELI, Die ärztliche Behandlung handlungsunfähiger Patienten aus zivilrechtlicher Sicht, Diss. Zürich 1984; PÄRLI, Zwangsmassnahmen in der Pflege, AJP 2011, 360 ff.; PAUCHARD, Die FFE in der Praxis aus der Sicht des Psychiaters, ZVW 1995, 130 ff.; PERRIN, Privation de liberté à des fins d'assistance – une loi exemplaire, mais une application problématique, ZVW 1985, 121 ff.; RAEMY, Verfahrensrechtliche Aspekte der fürsorgerischen Freiheitsentziehung im Kanton Freiburg, RFJ 1993, 256; ROSCH, Die fürsorgerische Unterbringung im neuen Kindes- und Erwachsenenschutzrecht, AJP 2011, 505 ff.; SCHERWEY, Das Verfahren bei der vorsorglichen fürsorgerischen Freiheitsentziehung, Diss. Basel 2004; SCHNYDER, Die FFE, ZöF 1975, 113 ff. und 129 ff.; DERS., Die FFE, Grundzüge der neuen bundesrechtlichen Regelung, ZVW 1979, 19 ff. (zit. ZVW 1979); DERS., Die FFE als Teil des schweizerischen Vormundschaftsrechts, ZVW 1980, 121 ff.; DERS., FFE – eine erste Bilanz, ZVW 1985, 81 ff.; DERS., Zur Frage der Entlassungskompetenz bei der fürsorgerischen Freiheitsentziehung, ZVW 1993, 173 ff. (zit. ZVW 1993); SEEGER, Die fürsorgerische Freiheitsentziehung, ZöF 1984, 76 ff.; SPIRIG, FFE und Drogensucht im Kt. Zürich, SJZ 1994, 321 ff.; SPÜHLER, Die Voraussetzungen der fürsorgerischen Freiheitsentziehung bei Drogensüchtigen, ZBl 1983, 49 ff. (zit. ZBl 1983); DERS., Aus der Praxis des Bundesgerichts zur fürsorgerischen Freiheitsentziehung, ZBl 1992, 212 ff.; DERS., FFE und Drogensucht im Kt. Zürich, Einige Gegenbemerkungen (zu SJZ 1994, 321 ff.), SJZ 1995, 71 ff.; STURM, Vormundschaftliche Hilfe für Betagte in Deutschland und in der Schweiz, Diss. Freiburg i.Ü. 1992; Suhr Brunner, FFE und Suchterkrankungen, insbesondere Drogensucht, Diss. Zürich 1994; Vogel/Wider, Eine Übersicht über den kantonalen Regelungsbedarf, den Stand der entsprechenden Umsetzungsarbeiten und ein Ausblick auf Unterstützungsangebote, ZVW 2009, 73 ff.

Materialien

Art. 416–430 VE Erwachsenenschutz 2003; VE Erwachsenenschutz/Vernehmlassungen, 252 ff.; Botschaft Erwachsenenschutz, 7015, 7019 f., 7024, 7034, 7037, 7039 f., 7062 ff. und 7158 ff.; Prot. RK-S vom 27./28.8.2007, 19 ff.; AmtlBull StR 2007, 836 ff.; Prot. RK-N vom 24./25.4.2008, 24 ff.; AmtlBull NR 2008, 1522 ff. und 1533 ff.; Prot. RK-S vom 27./28.10.2008, 2; AmtlBull StR 2008, 882 f.

I. Entstehungsgeschichte

1 Das Zivilgesetzbuch von 1907 regelte die Anstaltsunterbringung gegen den Willen der betroffenen Person nur sehr lückenhaft. Gemäss Art. 406 i.d.F. von 1907 konnte der Vormund eine entmündigte Person in einer Anstalt unterbringen. Das Kindschaftsrecht kannte eine Rechtsgrundlage für die zwangsweise Unterbringung Unmündiger (Art. 310; vormals Art. 284 i.d.F. von 1907). Gegenüber Mündigen war eine Freiheitsentziehung aus fürsorgerischen Gründen gestützt auf das **Bundesrecht** grundsätzlich nur im Rahmen der vorläufigen Fürsorge i.S.v. aArt. 386 nach Eröffnung eines Entmündigungsverfahrens möglich (ZK-Egger, aArt. 386 ZGB N 21; BBl 1977 III 7). Daneben gab es insb. im BG vom 18.12.1970 über die Bekämpfung übertragbarer Krankheiten des Menschen (Epidemiengesetz) eine Grundlage für die Freiheitsentziehung aus fürsorgerischen Gründen.

2 Die Rechtspraxis ging davon aus, dass auch die **Kantone** Rechtsgrundlagen für eine Anstaltsunterbringung aus fürsorgerischen Gründen vorsehen konnten. Diese wurde gemeinhin als «administrative Versorgung» bezeichnet, weil regelmässig Verwaltungsbehörden für die Einweisung zuständig waren. Nur die Kantone SZ und AI kannten keine entsprechende Gesetzgebung (BBl 1977 III 8 f.). Wer einen Überblick über die damalige Regelung in den Kantonen sucht, findet diesen in der Botschaft des Bundesrates über die Änderung des Schweizerischen Zivilgesetzbuches (FFE) und im Rückzug des Vorbehaltes zu Art. 5 der Konvention zum Schutze der Menschenrechte und Grundfreiheiten vom 17.8.1977 (BBl 1977 III 9 ff.).

3 Sowohl die eidgenössische Regelung für die entmündigten und unmündigen Personen wie auch die Regeln für die kantonalrechtliche administrative Versorgung vermochten den **Anforderungen an einen rechtsstaatlichen Schutz der persönlichen Freiheit** nicht zu genügen. Am 28.11.1974 ratifizierte die Schweiz die **EMRK**. Diese regelt die FFE, indem sie in Art. 5 EMRK die Gründe, aus denen jemandem die Freiheit entzogen werden darf, einschränkt und in Art. 6 EMRK Verfahrensgarantien aufstellt. Weil das kantonale Recht mit Blick auf die administrative Versorgung diesen Anforderungen nicht genügte (vgl. BBl 1974 I 1043 ff.), brachte die Schweiz einen entsprechenden Vorbehalt an. Zudem hatte der Bundesrat bereits 1940 das **Abkommen Nr. 29 der Internationalen Arbeitsorganisation über Zwangs- und Pflichtarbeit** ratifiziert, welches nach Auffassung der zuständigen Organe auch die Arbeitsleistung von Anstaltsinsassen regelte. Dem erwähnten internationalen Übereinkommen genügte weder das Bundesrecht noch das kantonale Recht. Über die Revision des ZGB und die Regelung der FFE sollte deshalb das schweizerische Recht mit diesen internationalen Normen in Einklang gebracht werden.

4 Mit Botschaft vom 17.8.1977 unterbreitete der Bundesrat dem Parlament eine Vorlage für die Änderung des ZGB und den Rückzug des genannten Vorbehaltes zur EMRK (BBl 1977 III 1 ff.). Das Gesetz ist vom Parlament am 6.10.1978 verabschiedet worden und am **1.1.1981 in Kraft getreten**. Die relativ lange Zeit zwischen Verabschiedung und In-

krafttreten des Gesetzes war durch die Notwendigkeit der Anpassung des kantonalen Rechts bedingt.

Diese Regelung hatte sich grundsätzlich bewehrt. Allerdings zeigten sich auch gewisse Lücken in der Regelung und es bestand auch hier ein Modernisierungsbedarf. **5**

- Eine wesentliche Lücke bestand darin, dass die medizinische Behandlung von fürsorgerisch in eine psychiatrische Klinik eingewiesenen Personen nicht im Bundesrecht geregelt war (vgl. GEISER, FS Schnyder, 289 ff.; Botschaft Erwachsenenschutz, 7019).
- Eine weitere Lücke bestand darin, dass mit den Bestimmungen über die FFE nur ein Teil des Pflegerechts geregelt war, der insb. die psychisch kranken Personen betrifft. Mit dieser Regelung waren aber kaum die Personen erreicht worden, welche in Wohn- oder Pflegeeinrichtungen leben (Botschaft Erwachsenenschutz, 7015).
- Die Begriffe, mit denen die Voraussetzungen für die freiheitsbeschränkende Massnahme umschrieben wurden, entsprachen nicht mehr der geltenden medizinischen und juristischen Terminologie.
- Das Verfahren konnte gestrafft und musste an die neue Organisation des Erwachsenenschutzes angeglichen werden.

Der Vorentwurf von 1998 lehnte sich terminologisch enger am früheren Recht an als die nunmehr Gesetz gewordene Fassung. Er sah aber bereits eine Rechtsgrundlage für eine medizinische Behandlung auch ohne Zustimmung der betroffenen Person vor (Art. 226 VE 1998). Wie das geltende Recht unterschied er auch zwischen unbefristeten und befristeten Einweisungen. Auf der Linie des Vorentwurfes von 1998 lag dann auch der Entwurf von 2003 (Art. 416 bis 430 VE 2003). Aufgrund der Vernehmlassungsergebnisse und auch weiterer Überlegungen wurde das Kapitel über die FU systematisch stark überarbeitet, ohne allerdings inhaltlich Wesentliches zu verändern. Es wurde namentlich die Vertretung bei somatischen medizinischen Massnahmen insofern vollständig abgetrennt, als die entsprechenden Bestimmungen vor die behördlichen Massnahmen verlegt wurden. Die Gesetz **gewordene Fassung** entspricht sodann dem **Entwurf des Bundesrates** (Botschaft Erwachsenenschutz, 7158 ff.) nur die Art. 433 Abs. 2 und Art. 434 Abs. 1 Ziff. 3 enthalten je eine kleine sprachliche Änderung. Das Parlament nahm keine Änderungen mehr vor.

II. Regelungsgegenstand

1. Unterbringung

Die FU ist die praktisch bedeutsamste **nicht amtsgebundene Massnahme** des Erwachsenenschutzrechts. Sie gelangt zur Anwendung, wenn eine Person der **persönlichen Fürsorge und Pflege** bedarf, diese aber nur **durch Unterbringung** der Person in einer geeigneten Anstalt erbracht werden können. Die FU bleibt grundsätzlich ohne Auswirkung auf die Handlungsfähigkeit, **schränkt** den Betroffenen aber in seiner **Bewegungsfreiheit ein**. **6**

Eine FU kann bei **volljährigen Personen** angeordnet werden, unabhängig davon ob sie handlungsfähig sind oder nicht. Bei **Minderjährigen** unter elterlicher Sorge oder unter Vormundschaft richtet sich die Massnahme nach Art. 314b, welcher die Bestimmungen über die FU als sinngemäss anwendbar erklärt. Im Gegensatz zum früheren Recht beschränkt sich der Gesetzestext nicht mit einem Verweis nur auf das Verfahren (und die gerichtliche Beurteilung). Vielmehr verweist er nach seinem Wortlaut umfassend auf die Bestimmungen des Erwachsenenschutzes über die FU. Daraus müsste geschlossen werden, dass sich auch die Voraussetzungen nach diesen Bestimmungen richten (insofern ungenau: Botschaft Erwachsenenschutz, 7102; SCHMID, vor Art. 426–429 N 2; **a.A.** auch Allg. Vorbem. vor Art. 360 N 78). Die Anwendung kann allerdings nur sinngemäss sein. **7**

Es sind die Besonderheiten Minderjähriger zu beachten. Soweit die Unterbringung mit einem Obhutsentzug verbunden ist, was allerdings nicht in jedem Fall zutreffen wird, weil diese schon vorher entzogen worden sein kann, ist auch Art. 310 anwendbar, der die Voraussetzungen konkret umschreibt. Die dort getroffene Umschreibung der Voraussetzungen für eine Unterbringung muss aber wohl immer berücksichtigt werden, wenn es um die Unterbringung eines Minderjährigen in einer (geschlossenen) Einrichtung geht, weil sie die Besonderheiten bei Minderjährigen umschreibt. Der Anwendungsbereich des Verweises ist überdies insofern eingeschränkt, als nur die Unterbringung in einer geschlossenen Einrichtung oder einer psychiatrischen Klinik zur Diskussion steht. Soll die Unterbringung an einem andern Ort durchgeführt werden, sind die Bestimmungen über die FU auch nicht sinngemäss anwendbar.

8 Die Bestimmungen regeln die Unterbringung einer Person in eine Anstalt mit freiheitsbeschränkender Wirkung aus fürsorgerischen Gründen. Neben den **Voraussetzungen** regelt das Gesetz die **Zuständigkeit** und teilweise das **Verfahren**. Da die Umschreibung der Einweisungsvoraussetzungen mit Blick auf die Vielfalt der Fälle nur durch unbestimmte Rechtsbegriffe erfolgen kann, hat der Gesetzgeber besonderes Gewicht auf ein rechtsstaatlich einwandfreies Verfahren gelegt. Neu werden nun mehr auch Regeln für die Behandlung einer Person in einer Anstalt aufgestellt.

9 Art. 426 ff. regeln nur die freiheitsbeschränkenden Massnahmen aus fürsorgerischen Gründen. Daneben kennen sowohl das Bundesrecht wie auch das kantonale Recht Bestimmungen über die Freiheitsentziehung aus **polizeilichen Gründen** oder als **Strafe**. Bei der Absonderung aufgrund des Epidemiengesetzes verbinden sich wohl polizeiliche Gesichtspunkte mit solchen der Fürsorge, was aber zu keinen Schwierigkeiten führt, weil die entsprechenden Vorschriften auf gleicher Normstufe stehen wie das ZGB. Demgegenüber steht den Kantonen keine Kompetenz mehr zu, weitere Rechtsgrundlagen für eine Freiheitsentziehung aus fürsorgerischen Gründen zu schaffen (vgl. HEGNAUER, ZVW 1996, 41 ff.). Keine Freiheitsentziehung und damit ebenfalls nicht Gegenstand der FU sind sog. Rayon- oder Kontaktverbote aufgrund von Art. 28b oder aufgrund kantonaler Gesetze (vgl. dazu BGE 134 I 140 ff.).

10 Die Regeln über die FU erfassen die sog. **Vor- und Nachmassnahmen** nicht. Zum Erlass der entsprechenden Normen sind nach wie vor die Kantone zuständig, soweit es sich nicht um eigentliche vormundschaftliche Massnahmen handelt (zum früheren Recht EJPD, Hinweise und Anregungen, Ziff. 1.2.). Das Gesetz hält dies nunmehr ausdrücklich fest (Art. 437). Die Kantone haben insb. die ambulante Betreuung und Behandlung zu regeln, sei diese freiwillig oder mit Zwang verbunden. Weil die Freiheitsentziehung als solche bundesrechtlich geregelt ist, können die Kantone als Sanktion für die Nichtbefolgung entsprechender Weisungen allerdings nicht eine Anstaltseinweisung vorsehen (sog. bedingte Einweisung). Zwar ist es möglich, der betroffenen Person damit zu drohen, dass eine Anstaltseinweisung notwendig werde, wenn sie sich nicht an die Auflagen und Weisungen halte. Im entscheidenden Moment ist dann aber aufgrund der Art. 426 ff. zu prüfen, ob sich die Einweisung tatsächlich rechtfertigen lässt (so schon zum alten Recht: EJPD, Hinweise und Anregungen, Ziff. 1.2.; insoweit falsch AVGE 1982, 139 f.). Es ginge aber zu weit, deswegen den entsprechenden kantonalen Massnahmen jede Verbindlichkeit abzusprechen. Im Rahmen der Beurteilung einer staatsrechtlichen Beschwerde hat das BGer am 12. 10. 1992 die Zulässigkeit solcher Massnahmen schon im alten Recht grundsätzlich bejaht (vgl. auch BGE 118 II 248 f. und 118 II 255 ff.).

Ob eine FU oder eine **ambulante Massnahme** vorliegt, kann im Einzelfall zweifelhaft sein. Zur Abgrenzung vgl. die Komm. zu Art. 437.

2. Medizinische Behandlung

Im alten Recht war lange kontrovers, ob die Bestimmungen über die FEE auch eine Rechtsgrundlage für eine Behandlung ohne oder gar gegen den Willen der betroffenen Person enthalten. Ausgangspunkt war und ist dabei nach wie vor, dass nach der bundesgerichtlichen Rechtsprechung (BGE 117 Ib 200) und der h.L. (KUHN, in: Honsell, 45 f.; WIEGAND, in: Honsell, 180) der ärztliche Heileingriff, selbst wenn er lege artis ausgeführt wird, eine Verletzung der Persönlichkeit des Patienten darstellt und damit der Rechtfertigung bedarf, um nicht rechtswidrig zu sein. Bei der Zwangsbehandlung entfällt begriffsnotwendig die Einwilligung als Rechtfertigungsgrund. Soweit es nicht um dringliche Sofortmassnahmen geht, welche der Aufrechterhaltung der öffentlichen Ordnung oder der Abwendung einer unmittelbaren Gefahr dienen, lassen sich regelmässig weder die Polizeigüter noch ein überwiegendes privates oder öffentliches Interesse an der Zwangsbehandlung ausmachen. Die Rechtfertigung kann sich somit nur aus einer entsprechenden gesetzlichen Ermächtigung ergeben (Art. 28 Abs. 2). In konstanter Rechtsprechung hatte das Bundesgericht dann aber festgehalten, dass die Bestimmungen über die FEE dafür keine Rechtsgrundlage darstellen (BGE 118 II 254 ff.; EUGRZ 1993, 396/ZBl 1993, 504; BGE 125 III 169; 126 I 112; 127 I 9; 130 I 18). Eine Zwangsbehandlung war somit nur möglich, wenn und soweit das kantonale Recht dafür eine ausreichende Rechtsgrundlage bot (vgl. dazu GEISER, FS Schnyder, 289 ff.; Botschaft Erwachsenenschutz, 7019). Die diesbezüglichen kantonalen Regelungen waren äusserst unterschiedlich. Einzelne Kantone kannten gar keine entsprechende Regelung, andere nur eine sehr rudimentäre, einzelne hatten diesbezüglich eine relativ ausführliche Gesetzgebung. Soweit Gesetzgebungen in einem entsprechenden Detaillierungsgrad vorhanden waren, bestanden auch materiell grosse Unterschiede. Meistens machten die Kantone eine Zwangsbehandlung von der Anordnung einer stationären Massnahme abhängig. Einzelne Kantone erlaubten ausschliesslich Behandlung psychischer Erkrankungen. Andere erlaubten bei psychisch kranken Personen auch somatische Zwangsbehandlungen. Die Rechtszersplitterung erwies sich als äusserst hinderlich und wenig zweckdienlich. Ungeklärt war schon die Frage des anwendbaren Rechts, wenn die für die Anordnung einer fürsorgerischen Freiheitsentziehung zuständige Behörde eines Kantons den Patienten in eine Klinik eines anderen Kantons einwies. Das Bundesgericht konnte mangels ausreichender bundesrechtlicher Vorgaben in diesem Bereich keine Vereinheitlichung bewirken. Selbst bei den Fragen, bei denen allgemeine Grundsätze eine gewisse Vereinheitlichung hätte bieten können, nämlich bei der Frage der Anforderungen an die Klarheit der Rechtsgrundlage für einen Grundrechtseingriff, scheute das Bundesgericht vor klaren Entscheiden zurück. Von daher war unbestritten, dass eine Vereinheitlichung mit der Revision des Erwachsenenschutzrechts erfolgen musste. Die entsprechenden Rechtsgrundlagen finden sich nunmehr in den Art. 433–436. 11

Nach wie vor keine Rechtsgrundlage bilden die Art. 426 ff. für **Disziplinarmassnahmen** während einer fürsorgerischen Unterbringung. Solche Massnahmen bedürfen vielmehr einer Rechtsgrundlage im kantonalen Recht. Ihre Zulässigkeit erscheint zudem generell fraglich (BGE 134 I 209 ff.). 12

Die **ambulante Zwangsbehandlung** wird bereits mangels Unterbringung im Sinne des Gesetzes von den Regeln über die FU nicht erfasst (BGE 118 II 248 f.; RR BE, SJZ 1989, 284). Vielmehr behält für die Vor- und Nachbetreuung das Gesetz ausdrücklich das kantonale Recht vor (vgl. Art. 437 N 7). 13

III. Zweck der fürsorgerischen Unterbringung

14 Ziel der fürsorgerischen Unterbringung ist es, die betroffene Person in die **Selbständigkeit** zu führen, ihre **Eigenverantwortung** zu stärken und ein menschenwürdiges Dasein zu ermöglichen. Je nach der Art des Falles bedeutet dies allerdings etwas vollständig anderes. Lässt sich der Schwächezustand beseitigen oder mindestens abschwächen, ist mit der fürsorgerischen Unterbringung dafür zu sorgen, dass die betroffene Person wieder aus der Einrichtung entlassen werden kann und ihr Leben nach ihren eigenen Vorstellungen, Neigungen und Fähigkeiten selber gestalten und organisieren kann. Je nachdem ist dies eine Rückführung in eine Selbständigkeit oder eine erstmalige Erlangung einer solchen. In anderen Fällen wird aber der Schwächezustand nicht zu beseitigen sein, sich möglicherweise sogar unausweichlich verstärken. Auch dann sollen aber die verbleibenden Fähigkeiten gestärkt und damit die Selbstbestimmung gefördert werden. Gleichzeitig wird es in diesen Fällen regelmässig darum gehen, der betroffenen Person durch eine entsprechende Betreuung und Fürsorge ein Umfeld zu bieten, welches ein menschenwürdiges Leben ermöglicht.

IV. IPR

15 Die FU fällt unter die Massnahmen, auf die das Übereinkommen über den internationalen Schutz von Erwachsenen (Erwachsenenschutzübereinkommen, SR 0.211.232.1; vgl. auch Art. 85 Abs. 3 IPRG) anwendbar ist. Art. 3 lit. e des Übereinkommens erwähnt ausdrücklich «die Unterbringung des Erwachsenen in einer Einrichtung oder an einem anderen Ort, an dem Schutz gewährt werden kann». Demgegenüber ist es auf die Behandlung selber nicht anwendbar. Es gelten für internationale Verhältnisse somit die gleichen Regeln, welche auch im übrigen Erwachsenenschutzrecht gelten.

16 Für die Anordnung der Massnahme ist grundsätzlich die Behörde des Staates **zuständig**, in dem die betroffen Person ihren **gewöhnlichen Aufenthalt** hat (Art. 5 Abs. 1 Erwachsenenschutzübereinkommen). Das Übereinkommen sieht allerdings gewisse weitere Zuständigkeiten kumulativ vor. Das Abkommen regelt nur die Frage, in welchem Land die Behörden zuständig sind. Es spricht sich nicht auch über die interne Zuständigkeit aus. Diese richtet sich vielmehr nach dem ZGB.

17 Anwendbar ist die **lex fori** (Art. 13 Erwachsenenschutzübereinkommen). Soweit es um die Betreuung und Behandlung einer Person geht, ist das schweizerische Recht immer anwendbar, wenn sich die Einrichtung in der Schweiz befindet. Demgegenüber entfällt wohl die Anwendung des schweizerischen Rechts, wenn sich die Person im Ausland aufhält. Das ist in grenznahen Gebieten beim Transport von fürsorgerisch untergebrachten Personen zu beachten.

Art. 426

A. Die Massnahmen

I. Unterbringung zur Behandlung oder Betreuung

[1] Eine Person, die an einer psychischen Störung oder an geistiger Behinderung leidet oder schwer verwahrlost ist, darf in einer geeigneten Einrichtung untergebracht werden, wenn die nötige Behandlung oder Betreuung nicht anders erfolgen kann.

[2] Die Belastung und der Schutz von Angehörigen und Dritten sind zu berücksichtigen.

[3] Die betroffene Person wird entlassen, sobald die Voraussetzungen für die Unterbringung nicht mehr erfüllt sind.

[4] Die betroffene oder eine ihr nahestehende Person kann jederzeit um Entlassung ersuchen. Über dieses Gesuch ist ohne Verzug zu entscheiden.

A. Mesures

I. Placement à des fins d'assistance ou de traitement

[1] Une personne peut être placée dans une institution appropriée lorsque, en raison de troubles psychiques, d'une déficience mentale ou d'un grave état d'abandon, l'assistance ou le traitement nécessaires ne peuvent lui être fournis d'une autre manière.

[2] La charge que la personne concernée représente pour ses proches et pour des tiers ainsi que leur protection sont prises en considération.

[3] La personne concernée est libérée dès que les conditions du placement ne sont plus remplies.

[4] La personne concernée ou l'un de ses proches peut demander sa libération en tout temps. La décision doit être prise sans délai.

A. Misure

I. Ricovero a scopo di cura o di assistenza

[1] Una persona che soffre di una turba psichica o di una disabilità mentale o versa in un grave stato di abbandono può essere ricoverata in un istituto idoneo se le cure o l'assistenza necessarie non possono esserle prestate altrimenti.

[2] L'onere che sopportano i congiunti e i terzi e la loro protezione devono essere considerati.

[3] L'interessato è dimesso non appena le condizioni per il ricovero non siano più adempiute.

[4] L'interessato o una persona a lui vicina può chiedere la dimissione in ogni tempo. La decisione su questa richiesta è presa senza indugio.

Inhaltsübersicht

Literatur

Vgl. die Literaturhinweise bei den Vorbem. zu Art. 426 ff. sowie GEISER, Rechtsprechun im Überblick: Zivilrecht, plädoyer 2006, 42–46.

Materialien

Art. 416 und 418 VE Erwachsenenschutz 2003; VE Erwachsenenschutz/Vernehmlassungen, 252 ff., 260 ff. und 268 ff.; Botschaft Erwachsenenschutz, 7019 f., 7024, 7037 f., 7062 ff. und 7156; Prot. RK-S vom 27./28.8.2007, 19; AmtlBull StR 2007, 836; Prot. RK-N vom 24./25.4.2008, 27; AmtlBull NR 2008, 1522.

I. Regelungsgegenstand und Verhältnis zum bisherigen Recht

1 Art. 426 regelt die Voraussetzungen für eine Unterbringung einer Person in einer freiheitsbeschränkenden Einrichtung. Die **veränderte Terminologie** ändert nichts am Gegenstand der Regelung. Sie betont aber stärker den Zweck der Massnahme als ihre unmittelbaren Wirkungen. Die frühere Terminologie richtete sich an Art. 5 EMRK aus. Der Anwendungsbereich von Art. 426 geht aber – wie auch schon die entsprechende Bestimmung des früheren Rechts – über die von der EMRK erfassten Fälle hinaus. Auch Unterbringungen in Alters- und Pflegeheimen sind nach Art. 426 möglich, fallen aber nicht unter Art. 5 EMRK (Botschaft Erwachsenenschutz, 7024; EGMR, 26.2.2002, H.M./Schweiz). Mit der neuen Terminologie soll auch der Tatsache Rechnung getragen werden, dass von einem Entzug der Freiheit bei einer Einweisung in eine Einrichtung kaum gesprochen werden kann, wenn jemand bezüglich seiner Aufenthaltsbestimmung gar nicht urteilsfähig ist.

2 Ebenfalls eine blosse **terminologische Änderung** stellt die neue Umschreibung der Schwächezustände dar, s. dazu N 12 ff. Demgegenüber ist die **Rechtsfolge** gegenüber dem alten Recht insofern **eingeschränkt** worden, als Art. 426 im Gegensatz zu aArt. 397a nur die Unterbringung, nicht auch die Zurückbehaltung einer freiwillig eingetretenen Person behandelt. Die Zurückbehaltung hat vielmehr eine eigene Regelung gefunden (vgl. Art. 427). Andererseits zeigt die Bestimmung aber auch die **wesentliche Erweiterung des Regelungsgegenstandes** auf, indem es nicht mehr um die «persönlichen Fürsorge», sondern um die «Behandlung oder Betreuung» geht. Damit wird auf die Regelung der Behandlung verwiesen (Art. 433 ff.). Freiheitsbeschränkende Massnahmen innerhalb einer Einrichtung sind nicht Gegenstand von Art. 426, sondern finden ihre Regelung in Art. 438.

3 Hauptanwendungsgebiet der Bestimmung ist zweifellos die **Einweisung in eine psychiatrische Klinik** bzw. eine stationäre psychiatrisch-therapeutische Einrichtung. Daneben werden aber auch **Einweisungen in Pflegeheime und andere entsprechende Einrichtungen sowie Anstalten und Heimen aller Art** erfasst. Auch die Verpflichtung, sich in einer bestimmten Wohnung aufzuhalten, fällt unter Art. 426.

II. Betroffene Person

4 Von einer fürsorgerischen Unterbringung **kann jede natürliche Person** betroffen werden. Art. 426 beschränkt sein Anwendungsgebiet nicht mehr wie im alten Recht auf volljährige Personen (aArt. 397a Abs. 1 ZGB; ZK-Spirig, aArt. 397a ZGB N 14). Erfasst werden auch minderjährige Personen unter elterlicher Sorge oder unter Vormundschaft (vgl. vorn vor Art. 426 ff. N 7; **a.A.** Allg. Vorbem. vor Art. 360 N 78). Allerdings sind dort die altersbedingten Besonderheiten zu beachten, so dass Art. 426 nur sinngemäss anwendbar sein kann (Art. 314b). Werden sie durch die Eltern in einer Anstalt untergebracht, sind ausschliesslich die Bestimmungen über die elterliche Sorge und den Kindesschutz zu beachten (Deschenaux/Steinauer, Personnes, Rz 1226).

5 Die Bestimmung ist unabhängig davon anwendbar, ob für die betroffene Person eine Beistandschaft errichtet worden ist. Die zwangsweise Unterbringung untersteht auch Art. 426, wenn für die betroffene Person ein Vorsorgeauftrag in Kraft ist. Die Bestimmung

unterscheidet auch nicht danach, ob die betroffene Person namentlich bezüglich der Wahl ihres Aufenthaltsortes urteilsfähig ist oder nicht (Botschaft Erwachsenenschutz, 7063). Entscheidend ist ausschliesslich, ob die betroffene Person in **ihre Unterbringung gültig eingewilligt hat oder nicht**. Soweit sie urteilsfähig ist, gilt dieser Grundsatz ohne Einschränkung. Handelt es sich demgegenüber um eine urteilsunfähige Person, ist zu beachten, dass die Einwilligung in eine stationäre medizinische Behandlung auch von bestimmten vertretungsberechtigten Personen erteilt werden kann (Art. 378). Folglich können diese Personen auch der Unterbringung in einer Klinik zustimmen. Von dieser Regel ausgenommen ist aber die Behandlung einer psychischen Störung einer urteilsunfähigen Person in einer psychiatrischen Klinik. Diese richtet sich vielmehr immer nach den Regeln über die FU (Art. 380). Zu beachten ist allerdings, dass die Einschränkung nur die Behandlung einer psychischen Störung in einer psychiatrischen Klinik betrifft, nicht aber die Behandlung einer solchen Störung in einem anderen Spital oder einer anderen Einrichtung und auch nicht die Behandlung einer somatischen Krankheit (z.B. einer Zahnextraktion) in einer psychiatrischen Klinik. Wohl hat dies zur Folge, dass die Zustimmung einer nach Art. 378 vertretungsberechtigten Person ausreicht (vgl. SCHMID, Art. 426 N 2). Andererseits sind aber auch Patientenverfügungen uneingeschränkt zu beachten (Art. 377 Abs. 1). Ob diese Abgrenzung sinnvoll und praktikabel ist, muss sich erst weisen.

Mit Blick auf die weite Fassung des Anwendungsbereichs in Art. 426 und der engen Umschreibung der Ausnahme in Art. 380 erscheint es fraglich, ob die Regeln über die FU auf die Platzierung einer Person mit einer schweren geistigen Behinderung in einer geschützten Einrichtung zur Betreuung oder Ausbildung anwendbar sind. Entgegen der Auffassung des Bundesrates in der Botschaft (Botschaft Erwachsenenschutz, 7063) ist diese Frage zu bejahen. Die genannten Bestimmungen sind nicht nur anwendbar, wenn die betroffene Person Widerstand leistet. Fraglich erscheint umgekehrt, ob jeder Widerstand eines Urteilsunfähigen bei einer Unterbringung für einen somatischen Eingriff oder anlässlich eines solchen ausreicht, damit die Einwilligung des vertretungsberechtigten nicht mehr ausreicht, sondern ein Verfahren nach Art. 426 ff. eingeleitet werden muss. Vielmehr sollte ein solcher Widerstand nur dann rechtliche Wirkungen zeitigen, wenn darin eine Willensäusserung erblickt werden kann. An die dafür nötige Urteilsfähigkeit dürfen aber keine hohen Anforderungen gestellt werden. 6

III. Voraussetzungen für eine FU

Das Gesetz nennt als Voraussetzung für eine FU das Vorliegen eines Schwächezustandes (N 12 ff.), der eine Behandlung oder Betreuung notwendig macht (N 8 ff.), die nicht anders als durch den Entzug der Freiheit erbracht werden kann (N 22 ff.). Die **Voraussetzungen bedingen sich gegenseitig** und sind nur in ihrem Zusammenhang verständlich. Der Schwächezustand allein vermag eine FU nie zu rechtfertigen, sondern immer nur zusammen mit der Notwendigkeit einer Behandlung oder Betreuung. Schliesslich werden die Voraussetzungen auch mit Blick auf die Rechtsfolge weiter eingeschränkt. Die freiheitsbeschränkende Unterbringung ist selbst bei Vorliegen der genannten Voraussetzungen nur gesetzeskonform, wenn der Zweck (vgl. dazu vor Art. 426 ff. N 15) nicht mit einer milderen Massnahme erreicht werden kann. Insofern gilt das Verhältnismässigkeitsprinzip (N 22 ff.). Zudem muss die Unterbringung für den angestrebten Zweck tauglich sein. Die Zulässigkeit der fürsorgerischen Unterbringung lässt sich deshalb immer nur mit Bezug auf die Einweisung in eine *bestimmte Einrichtung* beurteilen. Insofern stellt der Begriff der geeigneten Einrichtung (N 35 f.) eine weitere Einschränkung dar. 7

1. Besondere Schutzbedürftigkeit

8 Die FU dient in jedem Fall dem Schutz der betroffenen Person. Dem Schutz der Umgebung kommt nur eine subsidiäre Bedeutung zu (Abs. 2; N 41 ff.). Voraussetzung ist deshalb immer, dass der Betroffene eines besonderen Schutzes bedarf, der eben nur mit einer Freiheitsentziehung erbracht werden kann. Diese muss die persönliche Fürsorge sicherstellen (ZK-Spirig, aArt. 397a ZGB N 196). Das geltende Recht präzisiert, dass darunter die **Betreuung und nötigenfalls auch eine Behandlung** zu verstehen ist. Diese soll – soweit möglich – die Entlassung aus der Einrichtung innert nützlicher Frist herbeiführen (zum alten Recht: BGE 112 II 487 f.; vgl. auch BGE 106 Ia 36). Welcher Art die Behandlung und Betreuung zu sein hat und in welchem Umfang sie zu gewähren ist, hängt von den Umständen und Bedürfnissen des Einzelfalls ab. Es handelt sich um zwei voneinander unabhängige Begriffe, es genügt, dass eine Behandlung oder eine Betreuung im Einzelfall notwendig ist. Das Gesetz verlangt nicht, dass beides erforderlich ist. Allerdings wird mit jeder Behandlung auch ein Mindestmass an Betreuung verbunden sein. Unter welchen Begriff die Pflege fällt, ist ohne Bedeutung.

9 Der Begriff der Schutzbedürftigkeit deckt sich vom Zweck der Massnahme her nicht mit jenem, der eine Beistandschaft rechtfertigen kann (zum alten Recht: BGE 106 Ia 36 f.). Während dort neben der Schwäche in persönlicher Hinsicht jene in wirtschaftlichen Belangen von Bedeutung sein kann, vermag bei der fürsorgerischen Unterbringung **immer nur das Bedürfnis nach persönlicher Fürsorge** eine Freiheitsentziehung zu begründen. Zudem sind die Beistandschaften (mit Ausnahme der Begleitbeistandschaft) auf den Rechtsverkehr ausgerichtet, während es bei der fürsorgerischen Unterbringung um die körperliche, unmittelbare Betreuung geht. Schliesslich lässt sich die FU immer nur rechtfertigen, wenn dem Schwächezustand nicht auf andere Weise begegnet werden kann (N 22 ff.), was allerdings auch für die Errichtung einer Beistandschaft gilt.

10 Die persönliche Fürsorge erfasst demnach einerseits **therapeutische Massnahmen** und andererseits **jede Form von Betreuung**, deren eine Person für ein menschenwürdiges Dasein bedarf. Darunter fallen so elementare Bedürfnisse wie essen, Körperpflege, Kleidung usw., aber auch ein Mindestmass an persönlicher Beschäftigung. Die Behandlung kann auch eine **körperliche Krankheit** betreffen, sofern dafür eine Freiheitsentziehung als notwendig erscheint. Aus den Art. 377 ff. darf nichts anderes geschlossen werden. Die dort aufgestellten Vertretungsregeln betreffen nur urteilsunfähige Personen. Es kann sich aber sehr wohl erweisen, dass jemand ohne Unterbringung gegen seinen Willen die notwendige Behandlung einer somatischen Erkrankung *wegen eines Schwächezustandes* verweigert (zum früheren Recht: Iberg, SJZ 1983, 296). Allerdings erfordert dies, dass sich die betroffene Person entweder freiwillig behandeln lässt, sobald sie sich in der Klinik befindet, oder aufgrund von Art. 434 eine Zwangsbehandlung möglich ist, was aber nur bezüglich psychischer Erkrankungen vorgesehen ist (vgl. Art. 434 N 12 ff.).

11 Das Schutzbedürfnis kann auch darin bestehen, jemanden vor einem **Suizid** zu bewahren (vgl. zum alten Recht: BGE 134 III 293). Die Klinikeinweisung setzt allerdings auch diesfalls voraus, dass einer der im Gesetz aufgezählten Schwächezustände gegeben ist (N 12 ff.) und dass die Unterbringung als verhältnismässig erscheint (N 22 ff.). Eine dauernd suizidgefährdete Person kann deshalb nicht bloss aus diesem Grund in eine Anstalt eingewiesen werden, wenn nicht die Möglichkeit einer Besserung besteht (zum alten Recht: Iberg, SJZ 1983, 296). Das Parlament hatte anlässlich der Revision von 1978 einen Antrag abgelehnt, der die Einweisung wegen Selbst- oder Fremdgefährdung hätte zulassen sollen (Antrag Condrau, AmtlBull NR 1978, 755 ff.). Mit der Revision von 2008 wollte der Gesetzgeber daran nichts ändern. Neben dem Schutz von Leib und Leben bedarf es auch des

Bedürfnisses nach einer Behandlung oder einer Betreuung in einer Anstalt. Die Freiheitsentziehung darf nicht nur der Absonderung und Fernhaltung einer Person dienen (vgl. auch VerwGer BL, SJZ 1983, 78 ff.).

2. Schwächezustand

Die besondere Schutzbedürftigkeit muss auf bestimmte Gründe zurückzuführen sein. 12
Diese sind im Gesetz – wie im alten Recht (BBl 1977 III 26; IBERG, SJZ 1983, 294) – **abschliessend** aufgezählt. Die Umschreibung orientiert sich am bisherigen Recht. Sie wurde aber – wie in Art. 390 – neueren medizinischen Erkenntnissen angepasst (Botschaft Erwachsenenschutz, 7062). Statt von Geistesschwäche und Geisteskrankheit handelt das geltende Recht von **geistiger Behinderung und psychischer Störung**. Der Begriff der schweren Verwahrlosung ist unverändert aus dem alten Recht übernommen worden.

Die Umschreibung des für eine FU notwendigen Schwächezustandes deckt sich nicht mit 13
der Umschreibung der Voraussetzung für eine Beistandschaft (Art. 390 Abs. 1 Ziff. 1). Wohl verwenden beide Bestimmungen die Begriffe der geistigen Behinderung und der psychischen Störung, aber in einer umgekehrten Reihenfolge. Zudem fehlt im Zusammenhang mit der fürsorgerischen Unterbringung die für die Errichtung einer Beistandschaft erfolgte Ausdehnung auf ähnliche in der Person liegende Schwächezustände. Dafür wird die schwere Verwahrlosung erwähnt. Während die unterschiedliche Reihenfolge ohne Bedeutung ist, liegt in der Differenz bezüglich des dritten Begriffs auch ein materieller Unterschied. Im Zusammenhang mit der Errichtung einer Beistandschaft liegt die Betonung auf dem Grund des Schwächezustandes, während bei der fürsorgerischen Unterbringung diesbezüglich die Wirkung massgeblich ist. Allerdings ist auch die schwere Verwahrlosung immer auf dem Hintergrund der anderen beiden Tatbestände zu sehen. (vgl. N 30 f.). Auch wenn das Gesetz mit der psychischen Störung und der geistigen Behinderung Bezeichnungen aus der Medizin verwendet, handelt es sich um juristische Begriffe, die von den Behörden und Gerichten auszulegen sind, auch wenn sie sich dafür auf medizinische Erkenntnisse abzustützen haben (so schon im alten Recht: DESCHENAUX/STEINAUER, Personnes, Rz 1164 f.).

Die Regelung ist **mit Art. 5 Ziff. 1 lit. e EMRK** vereinbar. Sowohl die psychische Stö- 14
rung wie auch die geistige Behinderung stellen Geisteskrankheiten im Sinne dieser Norm dar (BGE 118 II 260 f.; VILLIGER, Rz 337; JACOT-GUILLARMOD, ZVW 1981, 46 f.).

a) Psychische Störung

Die bisherige Regelung sah eine Einweisung wegen Geisteskrankheit, Geistesschwäche 15
oder Suchterkrankungen vor. Der Begriff der psychischen Störung umfasst alle drei bisherigen Eingangskriterien. Diese Begriffe waren dem allgemeinen Sprachgebrauch entnommen und mussten von der Rechtsprechung nachträglich konkretisiert werden. In diesem Sinne verstand Lehre und Rechtsprechung unter einer Geisteskrankheit eine Störungen, die stark auffällt und einem besonnenen Laien als uneinfühlbar, tiefgehend abwegig und grob befremdend erscheint (AGVE 1982 140 ff.; IBERG, SJZ 1983, 294; BK-SCHNYDER/MURER, aArt. 369 ZGB N 26 ff.). So kann der Begriff heute nicht mehr verwendet werden, auch weil das Gesetz keine Dreiteilung der Begriffe mehr vornimmt. Der Begriff der «psychischen Störung» ist demgegenüber aus der modernen Medizin entnommen und entspricht der Klassifikation der WHO (ICD; International Classification of Disturbances). In der somatischen Medizin umfasst eine Diagnose idealerweise vier Punkte, nämlich ein Zustandsbild (Syndrom), eine Ursache (Aetiologie), eine Krankheitsentwicklung (Pathogenese) und eine daraus abgeleitete Prognose. In der Psychiatrie sind demgegenüber meist

eine Aetiologie, eine Pathogenese und eine Prognose selten klar bestimmbar. Deshalb kommt dem sozialen Aspekt der Dysfunktion entscheidende Bedeutung zu. Damit von einer psychischen Störung gesprochen werden kann, muss folglich nicht nur ein Krankheitsbild (Syndrom) vorliegen. Dieses muss zudem erhebliche Auswirkungen auf das soziale Funktionieren des Patienten haben. Entscheidend ist insb., ob die betroffene Person ihre Entscheidungsfreiheit bewahrt hat und am sozialen Leben teilhaben kann. Zu beachten ist, dass die soziale Störung allein für das Feststellen einer psychischen Störung nicht ausreicht. Zwingend notwendig ist immer auch ein Syndrom. Es widerspricht dem Gesetz, dass Personen bloss wegen einer sozialen Störung in eine Klinik eingeliefert werden.

16 Zu den psychischen Störungen sind auch **Suchtkrankheiten** zu zählen, unabhängig davon, ob es sich um eine Droge, Alkohol oder Medikamentenabhängigkeit handelt (Botschaft Erwachsenenschutz, 7062). Art. 5 Abs. lit. e EMRK gestattet ausdrücklich eine Freiheitsentziehung auch bei Alkohol- und Rauschgiftsucht. Dabei ist der Begriff der Sucht weit zu fassen. Nach Auffassung des Europäischen Gerichts für Menschenrechte braucht nicht eine eigentliche klinische Erkrankung im medizinischen Sinn vorzuliegen. Es genügt, wenn das Verhalten der betroffenen Person unter dem Alkohol- oder Drogeneinfluss die Öffentlichkeit oder sich selber gefährdet (EGMR, Rec. 2000-III, § 61, Witold Litwa/Polen,). Die Bestimmung des ZGB ist aber von ihrem Zweck her enger als Art. 5 Abs. 1 EMRK, auch wenn in der Botschaft in diesem Zusammenhang ausdrücklich auf diesen Entscheid verwiesen wird (Botschaft Erwachsenenschutz, 7062). Der Begriff ist auch enger als in Bereichen wie dem Strassenverkehr. Auch für die Umschreibung der Suchtkrankheit ist der Begriff der psychischen Störung massgeblich, weil es um die Einweisung in eine psychiatrische Klinik geht. Es muss folglich ein Abhängigkeitssyndrom mit der entsprechenden sozialen Funktionsstörung vorliegen. Entsprechend liegt auch bei wiederholtem Alkohol- oder Drogenmissbrauch keine Suchterkrankung vor, wenn die betroffene Person noch aus eigenem Willen aufhören kann (Suhr Brunner, 88; Iberg, SJZ 1983, 295; BK-Schnyder/Murer, aArt. 370 ZGB N 106 ff.; BGE 104 Ib 47). Bei einer Einweisung wegen einer Trunksucht sind genaue Abklärungen der persönlichen Verhältnisse, namentlich der Trinkgewohnheiten, notwendig. Die Aussage, es führe jemand ein «Landstreicherleben», reicht als Begründung nicht aus (VerwGer AG, SJZ 1983, 10). Ob die Abhängigkeit körperlicher oder bloss psychischer Art ist, spielt keine Rolle. Entgegen dem früheren Recht (ZK-Spirig, aArt. 397a ZGB N 50) bedarf es der medizinischen Definition, weil sonst die Einweisung in eine psychiatrische Klinik nicht verhältnismässig ist.

17 Gegenstand der Sucht kann auch ohne weiteres etwas anderes als Alkohol, Drogen oder Nikotin sein. Es gibt auch Esssucht und nicht stoffgebundene Süchte wie Arbeitssucht, Sexsucht, Spielsucht, Internetsucht etc. Alle diese Süchte können aber nur zu einer Einweisung führen, wenn sie eine erhebliche soziale Dysfunktion zur Folge haben.

18 Die Praxis zum alten Recht beschäftigte immer wieder die Frage, ob eine Anstaltseinweisung wegen einer Suchterkrankung auch dann zulässig ist, wenn **keinerlei Aussicht auf** eine eigentliche **Besserung** besteht. Diesfalls bezweckt die Anstaltsunterbringung nur die Ausnüchterung und den körperlichen Entzug sowie das Fernhalten der betroffenen Person von den entsprechenden Suchtmitteln. Die Frage stellt sich nicht nur bei Rauschgiftsüchtigen, sondern auch bei Alkoholikern. In Übereinstimmung mit dem OGer AG dürfte ein solches Vorgehen nur für eine erste Phase rechtmässig sein (AGVE 1982, 130 ff.) und überdies unter der Voraussetzung stehen, dass wenigstens eine vertretbare Hoffnung besteht, dieser Entzug motiviere die betroffene Person für eine weitergehende Behandlung. Sowohl eine langfristige Internierung ohne eigentliche Behandlung wie auch die Wiederholung kurzfristiger Anstaltseinweisungen erschien im alten Recht als unverhältnismässig und mit dem Zweck der FFE unvereinbar (vgl. das obiter dictum in BGE 134 III 293

E. 4.1 a.E.). Es kann nicht um eine blosse Verwahrung der Person gehen (VerwGer BL, SJZ 1983, 78 ff.). Daran hat das neue Recht nichts geändert. Keine blosse unzulässige Verwahrung liegt indessen vor, wenn die Unterbringung dem Zweck der Betreuung dient und damit eine schwere Verwahrlosung abgewendet werden kann (vgl. N 20 f.). Dann ist aber die schwere Verwahrlosung der Einweisungsgrund.

b) Geistige Behinderung

Eine geistige Behinderung ist immer eine massive Beeinträchtigung der Intelligenzfunktionen. Diese ist i.d.R. angeboren oder früh erworben. Wie bei der psychischen Störung ist aber auch hier eine soziale Dysfunktion entscheidend. Sie ist – anders als die psychische Störung – nicht veränderbar. Indessen können durch eine angemessene Pflege und Förderung die Auswirkungen der Behinderung stark beeinflusst werden. Die urteilsunfähige Person kann aber nicht selber rechtsgültig in einen Aufenthalt in einer geeigneten Einrichtung einwilligen. Vielmehr bedarf es auch hier der fürsorgerischen Unterbringung. Allerdings wird es sich bei der Einrichtung i.d.R. nicht um eine psychiatrische Klinik, sondern um ein spezialisiertes Behindertenheim handeln. Vorstellbar ist, dass neben der geistigen Behinderung zusätzliche psychische Störungen eine FU in einer psychiatrischen Klinik notwendig machen können. **19**

c) Schwere Verwahrlosung

Von den in Art. 426 aufgeführten Schwächezuständen bereitet die Umschreibung der **schweren Verwahrlosung** die grössten Schwierigkeiten. Darin darf kein Einfallstor für alle möglichen Gründe einer fürsorgerischen Unterbringung erblickt und damit die abschliessende Aufzählung der Voraussetzungen umgangen werden (SCHNYDER, ZVW 1979, 21; JACOT-GUILLARMOD, ZVW 1981, 47). Der Begriff ist wohl nur aus seinem historischen Zusammenhang heraus verständlich. Die kantonalen Gesetze, welche bis zum Erlass der Bestimmungen über die FEE galten, kannten zum Teil als Einweisungsgründe die Arbeitsscheu, die Armengenössigkeit und die Verwahrlosung (BBl 1977 III 9 f.). Der Bundesgesetzgeber wollte bewusst eine restriktivere Lösung. Es wurde als stossend empfunden, dass Personen ohne geregelte Arbeit eine Anstaltseinweisung gewärtigen müssen, wenn sie der Öffentlichkeit oder der Familie zur Last fallen, nicht aber, wenn sie zufällig selber über genügende wirtschaftliche Mittel verfügen (BBl 1977 III 26). Das schweizerische Recht ist insofern wohl auch restriktiver als die EMRK (vgl. IBERG, SJZ 1983, 296; differenzierend JACOT-GUILLARMOD, ZVW 1981, 47 f.). Diese lässt als Einweisungsgrund die Landstreicherei zu (Art. 5 Ziff. 1 lit. e EMRK). Landstreicher ist, wer weder einen festen Wohnsitz hat noch die notwendigen Mittel für seinen Unterhalt besitzt noch ein Gewerbe oder einen Beruf regelmässig ausübt (EGMR, 18.6.1971 Série A, Bd. 12, 37, De Wilde, Ooms und Versyp,; JACOT-GUILLARMOD, ZVW 1981, 47; ZK-SPIRIG, aArt. 397a ZGB N 92). Das genügt indessen nach Art. 426 für die Anordnung einer fürsorgerischen Unterbringung nicht. Vielmehr bedarf es eines **Zustandes der Verkommenheit, welcher mit der Menschenwürde schlechterdings nicht mehr vereinbar ist** (Botschaft Erwachsenenschutz, 7062; BGE 128 III 14; BBl 1977 III 25; STETTLER, Rz 467; DESCHENAUX/STEINAUER, Personnes, Rz 1172; ZK-SPIRIG, aArt. 397a ZGB N 106). Die blosse Tatsache, dass jemand keinen Wohnplatz hat, genügt nicht (BGE 128 III 14). **20**

Anlässlich des Erlasses der Bestimmungen über die FEE wurde um das Mass der erforderlichen Verwahrlosung gerungen. Im Gegensatz zum damaligen Entwurf (BBl 1977 III 59) forderte die Gesetz gewordene Fassung nicht mehr eine völlige Verwahrlosung. Vielmehr genügt eine **schwere** Verwahrlosung. Damit sollte zum Ausdruck gebracht werden, dass **21** nicht bis zum Eintritt eines nicht mehr verbesserbaren Zustandes zuzuwarten ist, sondern schon vorher eingegriffen werden kann, wenn sich damit eine völlige Verwahrlosung vermeiden lässt. An der Schwere der drohenden Gefahr sollte damit nichts geändert werden, nur am Zeitpunkt des Eingreifens (AmtlBull NR 1978, 756). Mit Blick auf den Umstand, dass dieser Einweisungsgrund in keiner Weise das Fehlen einer Wohnung voraussetzt, wird in der Literatur z.T. die Übereinstimmung mit der EMRK angezweifelt (VILLIGER, Rz 338). Kein Grund für eine FU sind die weiteren, dem früheren kantonalen Recht bekannten Einweisungsgründe wie **Arbeitsscheu, Vernachlässigung familiärer Pflichten, Bettel, Unterstützung** durch die öffentliche Hand usw. (BBl 1977 III 25). Die Kantone sind – wie bereits unter dem früheren Recht (BBl 1977 III 26) – nicht berechtigt, für diese Fälle eine eigene Rechtsgrundlage für eine Freiheitsentziehung zu schaffen.

3. Verhältnismässigkeit

22 Wie für das gesamte Erwachsenenschutzrecht gilt auch bei der fürsorgerischen Unterbringung der Grundsatz der Verhältnismässigkeit (BGE 114 II 217). Die FU stellt einen schwereren Eingriff in die persönliche Freiheit der betroffenen Person dar. Sie ist deshalb nur zulässig, wenn keine leichteren Massnahmen der betroffenen Person einen genügenden Schutz gewähren, mit dieser Massnahme hingegen ein solcher voraussichtlich erreicht werden kann. Weil die die FU auf einer anderen Ebene liegt als die Beistandschaften, lässt sie sich nicht ohne Weiteres in die **Stufenfolge** der Erwachsenenschutzmassnahmen einreihen (so schon für das alte Recht: BK-SCHNYDER/MURER, aArt. 367 ZGB N 35). Die persönliche Freiheit ist für viele Betroffene das wichtigere Gut als die Handlungsfähigkeit, so dass eine FU als unzulässig erscheint, wenn dem Schwächezustand mit einer Beistandschaft beizukommen ist. Insofern hält die Botschaft zu Recht fest, dass die FU nur als ultima ratio in Frage kommt (Botschaft Erwachsenenschutz, 7062). Der körperliche Zustand einer Person kann aber die Bewegungsfreiheit schon so stark einschränken, dass eine FU nur mehr als sehr milder Eingriff erscheint und im Vergleich zu den Beistandschaften als verhältnismässig bezeichnet werden muss (vgl. BK-SCHNYDER/MURER, aArt. 369 ZGB N 169).

23 Die Anwendung des Verhältnismässigkeitsprinzips lässt der entscheidenden Behörde unvermeidlich ein **weites Ermessen**. Mit Blick auf Art. 6 EMRK ist es deshalb notwendig, dass ein Gericht den Entscheid in einem Verfahren überprüfen kann, in dem es über volle Kognition verfügt (vgl. die Komm. zu Art. 439 und 450a).

24 Die FU ist nur zulässig, wenn **keine leichtere Massnahme** der betroffenen Person genügenden Schutz bietet. Dabei kommen den ambulanten Massnahmen und der Nachbetreuung nach kantonalem Recht (vgl. dazu die Komm. zu Art. 437) und der freiwilligen Sozialhilfe entscheidende Bedeutung zu. Es ist nicht notwendig, dass die Behörde zuerst alle leichteren Massnahmen angeordnet hat und diese sich als unwirksam erweisen. Wenn solche von vornherein als ungenügend erscheinen, darf eine FU angeordnet werden.

25 Als verhältnismässig erscheint eine FU nur, wenn mit ihr das **angestrebte Ziel überhaupt erreicht werden kann** (Botschaft Erwachsenenschutz, 7062). Sie soll in erster Linie der Wiedererlangung der Selbständigkeit und der Eigenverantwortung dienen (vgl. vor Art. 426 ff. N 15). Ist eine Besserung des Zustandes ausgeschlossen, muss sie die notwendige persönliche Betreuung ermöglichen, um der betroffenen Person ein menschenwürdiges Leben zu sichern. An dieser Voraussetzung scheitert eine wiederholte FU insb. bei nicht entzugswilligen Drogen- oder Alkoholsüchtigen hin und wieder.

26 Wie der Wortlaut und der klare Aufbau von Art. 426 zeigen, sind die Vor- und Nachteile, welche die FEE der betroffenen Person bringen, gegeneinander abzuwägen. **Interessen**

der Umgebung und der Öffentlichkeit haben insoweit zurückzutreten. Die Belastung für die Umgebung ist nur *mit*zuberücksichtigen (Abs. 2; N 41 ff.; BGE 114 II 218; ZK-Spirig, aArt. 397a ZGB N 338 ff.). Wirtschaftliche Interessen, namentlich mit Blick auf die öffentliche Fürsorge, dürfen den Entscheid, ob eine Unterbringung anzuordnen oder darauf zu verzichten ist, nicht beeinflussen. Sie können aber bei der Wahl zwischen mehreren geeigneten Einrichtungen berücksichtigt werden (Hegnauer, ZVW 1996, 41 ff.).

4. FU für Untersuchungen?

Das alte Recht regelte die Frage nicht ausdrücklich, ob eine Anstaltseinweisung auch bloss zur Untersuchung im Rahmen eines vormundschaftlichen Verfahrens zulässig war oder nicht. Die Zulässigkeit ergab sich indessen aus der Entstehungsgeschichte (AmtlBull NR 1978, 755, Votum Furgler; ZK-Spirig, aArt. 397a ZGB N 114 ff.). Um dies klarzustellen, sah der Vorentwurf von 2003 in Art. 417 VE noch ausdrücklich eine entsprechende Bestimmung vor. Diese wurde dann aber in die weiteren Entwürfe nicht übernommen. Vielmehr wurde – systematisch wohl richtig – die Frage im Zusammenhang mit dem Verfahren in Art. 449 Abs. 2 geregelt. Auch hier gilt das Verhältnismässigkeitsprinzip und der Aufenthalt in der Einrichtung ist auf das für die Untersuchung absolut Notwendige zu beschränken. Der Zweck der Untersuchung deckt zudem nicht auch eine Behandlung, so dass diese bei einer entsprechenden Einweisung grundsätzlich nicht zulässig ist, wie in der Botschaft ausdrücklich ausgeführt wird (Botschaft Erwachsenenschutz, 7062). Siehe im Übrigen die Komm. zu Art. 449 Abs. 2. **27**

IV. Rechtsfolge

1. Unterbringung

Als Rechtsfolge sieht das Gesetz die Unterbringung in einer geeigneten Einrichtung vor. Auch wenn der Gesetzestext das Wort «darf» («peut» «può») verwendet, handelt es sich nicht um einen Ermessensentscheid. Sind die Voraussetzungen gegeben, **muss** die Behörde oder der Arzt die Einweisung vornehmen, wie die Botschaft ausdrücklich festhält (Botschaft Erwachsenenschutz, 7062). Ein erhebliches Ermessen besteht nur, soweit es darum geht zu beurteilen, ob die Voraussetzungen gegeben sind oder nicht. Der Entwurf von 2003 sah diesbezüglich noch eine klarere Formulierung vor (Art. 416 VE 2003: «wird [...] untergebracht»). Mit der Umformulierung war aber keine Änderung beabsichtigt. **28**

Im Gegensatz zum früheren Recht wird die Rechtsfolge nicht mehr als Freiheitsentziehung, sondern als **Unterbringung** umschrieben. Gemeint ist aber noch immer eine freiheitsbeschränkende Massnahme. Mit dem Entscheid wird festgelegt, wo sich die Person aufzuhalten hat. Weil der Aufenthaltsort zwingend eine **Einrichtung** ist, bedeutet dies auch die Einordnung in eine Organisation und damit eine kleinere oder grössere Beschränkung in der Gestaltung des Alltages. Mit der veränderten Umschreibung wollte der Gesetzgeber das Behandlungs- und Betreuungselement zulasten des Zwangselementes in den Vordergrund rücken (Breitschmid, in: Bornatico/Breitschmid/Hell/Maier, 66; Rosch, in: Rosch/Büchler/Jakob, Art. 426 N 14). Mit der Massnahme wird der **Aufenthaltsort einer Person gegen oder ohne ihren Willen mit dem Zweck der Personensorge bestimmt sowie die mit dem Aufenthalt verbundene Betreuung und gegebenenfalls auch Behandlung angeordnet** (vgl. Rosch, in: Rosch/Büchler/Jakob, Art. 426 N 14). **29**

Damit von einer Unterbringung gesprochen werden kann, müssen somit zwei Voraussetzungen erfüllt sein. Zum einen darf der Eintritt **nicht freiwillig** erfolgt sein und zum andern muss es sich um den **Aufenthalt in einer Einrichtung** handeln (zu Letzterem vgl. **30**

N 35 ff.). Eine Unterbringung im Sinne des Gesetzes liegt deshalb im Gegensatz zu jedem anderen Aufenthalt in einer Einrichtung vor, wenn diese **gegen** bzw. **ohne den Willen** der betroffenen Person erfolgt. Immer wenn es dieser verwehrt ist, jederzeit die Einrichtung zu verlassen, handelt es sich um eine Unterbringung i.S.v. Art. 426. Demgegenüber scheint der Begriff der Freiheitsentziehung in Art. 5 Abs. 1 EMRK enger zu sein (EGMR, 26.2.2002, H.M/Schweiz). Von Freiwilligkeit kann bei einem Eintritt nur gesprochen werden, wenn insoweit **Urteilsfähigkeit** vorliegt. Obgleich diese zu vermuten ist, hat die Klinik bei der Aufnahme eine summarische Prüfung der Urteilsfähigkeit vorzunehmen (ZK-Spirig, aArt. 397a ZGB N 189 ff.). Ist die Urteilsfähigkeit nicht gegeben, so hat die Klinik von den zuständigen Stellen einen Einweisungs- bzw. Zurückbehaltungsentscheid zu erwirken. Die Beurteilung der Urteilsfähigkeit kann im Einzelfall schwierig sein, wenn bspw. jemand wegen Angstzuständen Schutz in der Klinik sucht.

31 Der **Abgrenzung zwischen einem freiwilligen Eintritt und einer fürsorgerischen Unterbringung** kommt im Rahmen von Behandlungen psychischer Störungen entscheidende Bedeutung zu. Das Erwachsenenschutzrecht erkennt das Recht, in Vertretung in eine Behandlung einzuwilligen, verschiedenen Personen zu, wenn der Patient selber urteilsunfähig ist (Art. 378 Abs. 1). Demgegenüber bedarf es einer Verfügung, wenn eine urteilsunfähige Person i.S.v. Art. 426 in einer psychiatrischen Klinik untergebracht worden ist und nun behandelt werden soll (Hausheer/Geiser/Aebi-Müller, Erwachsenenschutzrecht, Rz 2.67). Der Gesetzgeber wollte damit bewusst psychisch Kranke davor schützen, dass diese von Angehörigen ohne weiteres in einer psychiatrischen Klinik versorgt werden (Botschaft Erwachsenenschutz, 7037 f.). Sobald jemand in Anwendung von Art. 426 in einer Klinik untergebracht worden ist, bedarf es für eine Behandlung einer psychischen Störung einer formellen Anordnung, sobald der Patient nicht selber einwilligen kann und einwilligt. Es kommt diesbezüglich nicht darauf an, ob er Widerstand leistet oder nicht. Die Klinik kann sich somit darauf abstützen, dass entweder der Patient rechtsgültig selber der Behandlung zustimmen muss oder sich die Behandlung nach den Art. 433 ff. richten muss (Botschaft Erwachsenenschutz, 7037 f.; vgl. die Komm. zu Art. 433 ff.).

32 Weil im früheren Recht die Freiheitsentziehung im Vordergrund stand, war auch unbestritten, dass jede **Verschärfung der Massnahme** im Sinne einer weiteren Einschränkung der Freiheit eines neuen Entscheides bedurfte, sofern die entsprechende Beschränkung nicht schon im ursprünglichen Entscheid vorgesehen war (vgl. N 54). Dabei konnte allerdings im Einzelfall die Abgrenzung zwischen einer Verschärfung der Freiheitsentziehung und einer als Behandlung bezeichneten Disziplinarmassnahme heikel sein (vgl. dazu BGE 134 I 209). Die Abgrenzung ist im geltenden Recht insofern gegenstandslos, als sowohl die Freiheitsbeschränkung wie auch die Behandlung ihre Rechtsgrundlage nunmehr im Bundesrecht haben und sowohl die Verschärfung der Freiheitsbeschränkung wie auch eine Zwangsbehandlung eines förmlichen Entscheides bedürfen. Es bedarf somit in jedem Fall eines neuen Entscheides, es sei denn, innerhalb eines bestimmten Betreuungskonzepts seien bereits die unterschiedlichen Einschränkungen und deren Voraussetzungen im Einzelnen geregelt und damit vom Einweisungsentscheid abgedeckt. Wird eine Person innerhalb eines solchen Konzepts in eine die Freiheit beschränkendere Stufe zurückversetzt, liegt keine neue bzw. zusätzliche FU oder Anordnung einer neuen Zwangsbehandlung vor.

33 Als Rechtfolge wird **ausschliesslich die Unterbringung** nicht auch die Zurückbehaltung vorgesehen, da diese in Art. 427 geregelt wird.

34 Mit Blick auf den systematischen Zusammenhang mit den Art. 433 ff. und 449 ist im Unterbringungsentscheid auch **über den Zweck der Unterbringung zu entscheiden**. Es muss – wenigstens implizit festgehalten werden – ob die Unterbringung nur zur Betreuung oder auch zur Behandlung erfolgt (Bericht ExpK Erwachsenenschutz 03, 61). Das ist insofern nicht neu, als die Wahl der geeigneten Einrichtung direkt vom Zweck der Unterbringung abhängt. Die Frage ist somit im Zusammenhang mit der geeigneten Einrichtung zu behandeln (vgl. N 35 ff.).

2. *Geeignete Einrichtung*

Die Unterbringung oder Zurückbehaltung darf nur in einer «geeigneten Einrichtung» erfolgen. Der Begriff der **Einrichtung** ist weit auszulegen (Botschaft Erwachsenenschutz, 7062) Gemeint ist jede organisatorische Einheit, in der einer Person ohne oder gegen ihren Willen persönliche Fürsorge unter spürbarer Einschränkung der Bewegungsfreiheit erbracht werden kann (BGE 121 III 308; zum bisherigen Recht: ZK-Spirig, aArt. 397a ZGB N 119). Dabei ist es nicht notwendig, dass ein Austritt ohne Zustimmung der Anstaltsleitung nur durch eine eigentliche Flucht möglich ist. Es braucht sich nicht um eine geschlossene Einrichtung zu handeln. Vielmehr genügt es, dass der betroffenen Person ein Entweichen entweder tatsächlich nicht ohne Weiteres möglich oder aber verboten ist. Ob die Einrichtung der öffentlichen Hand zuzuordnen ist oder ob es sich um eine private Einrichtung handelt, ist ohne Belang. Eine «Einrichtung» im Sinne des Gesetzes kann auch eine Wohngemeinschaft oder eine Familie sein, sofern diese einen organisatorischen Rahmen mit gewissen Regeln bezüglich des Tagesablaufs bietet. Der Begriff der Einrichtung bereitet einerseits bei Kindern und Jugendlichen sowie andererseits bei geistig oder körperlich Gebrechlichen Schwierigkeiten. Ein **Kinder- oder Jugendheim** ist als Einrichtung im genannten Sinn anzusehen, wenn die darin untergebrachten Personen einer stärkeren Freiheitsbeschränkung unterworfen sind als ihre in einer Familie aufwachsenden Altersgenossen (BGE 121 III 309). 35

Mit Bezug auf **gebrechliche Personen** ist entscheidend, ob der Aufenthalt deren Willen entspricht, sofern sie insoweit als urteilsfähig angesehen werden können, und nicht irgendwelche organisatorische, bauliche oder andere Massnahmen ihre Bewegungsfreiheit einschränken. Sind diese Voraussetzungen nicht gegeben, liegt ein fremdbestimmter Aufenthaltsort und damit – nach der hier vertretenen Meinung – eine Unterbringung in einer Einrichtung vor (zum deutschen Recht vgl. Sturm, 83). Dies bedeutet namentlich, dass bei Bewohnern von **Alters- und Pflegeheimen** häufig eine FU besteht, wenn bspw. das Verlassen des Heimes oder des Zimmers durch Trickschlösser oder andere Einrichtungen spürbar erschwert wird. Keine FU liegt dagegen bei einem bewusstlosen Spitalpatienten vor. Sein Aufenthalt hängt zwar auch nicht von seinem Willen ab, die Bewegungsfreiheit ist aber durch seinen Zustand und nicht durch irgendwelche Massnahmen eingeschränkt. 36

Die Unterbringung ist nur zulässig, wenn die Einrichtung im Sinne des Gesetzes **«geeignet»** ist. Sie muss die **wesentlichen Schutzbedürfnisse** der eingewiesenen Person **abdecken** (Hausheer/Geiser/Aebi-Müller, Erwachsenenschutzrecht, Rz 2.166). Nur ausnahmsweise kann diese Voraussetzung auch bei einer **Strafanstalt** gegeben sein (BGE 112 II 488, BGer, 5C.11/2003). Das Parlament hatte allerdings einen Antrag, dies auszuschliessen, anlässlich der Einführung der Bestimmungen über die FEE abgelehnt (AmtlBull NR 1978, 757 ff.). Die **Wahl der Einrichtung** hängt direkt **vom Zweck ab**, der mit der Unterbringung im Einzelfall verfolgt wird. Geht es ausschliesslich um die Betreuung, muss diese von der Einrichtung angeboten werden. Geht es auch um die Behandlung, muss die Einrichtung über die entsprechenden Möglichkeiten verfügen. Sie muss die **Organisation und personellen Kapazitäten** aufweisen, um der eingewiesenen Person die Pflege und Fürsorge zu erbringen, die diese im Wesentlichen benötigt (BGE 114 II 21 f.; 112 II 487 f.). Die Einrichtung muss im Einweisungs- bzw. Rückbehaltungsentscheid kon- 37 kret bezeichnet werden (IBERG, SJZ 1983, 296). Das BGer kann im Rechtsmittelverfahren die Eignung überprüfen (BGE 114 II 218; 112 II 486 ff.). Die einweisende Stelle hat im Einzelnen zu prüfen, ob das Betreuungs- und Therapieangebot der entsprechenden Anstalt mit den spezifischen Bedürfnissen der betroffenen Person und dem Ziel der fürsorgerischen Unterbringung übereinstimmt (BGE 112 II 492; STETTLER, Rz 473). Da der Entscheid immer die Einweisung in eine bestimmte Einrichtung vorsieht, muss die einweisende Behörde **klären**, ob die Einrichtung die betroffene Person **überhaupt aufnimmt** (IBERG, SJZ 1983, 296 f.). Andernfalls erscheint es als zweifelhaft, ob die Anordnung überhaupt vollzogen werden kann. Insofern ist eine bedingte Einweisung zulässig. Sie wird dann unter der Bedingung ausgesprochen, dass die vorgesehene Anstalt die betroffene Person aufnimmt. Die Art der Einrichtung ist von zentraler Bedeutung, weil mit der Einweisung zur Behandlung einer psychischen Störung dem Chefarzt die Kompetenz übertragen wird, nach Art. 434 eine Behandlung ohne Zustimmung anzuordnen. Gleichzeitig wird den sonst in medizinischen Angelegenheiten vertretungsberechtigten Personen ihr Vertretungsrecht entzogen und zudem die Wirksamkeit einer Patientenverfügung eingeschränkt (vgl. Bericht ExpK Erwachsenenschutz 03, 61). Die **Umschreibung des Unterbringungszwecks** hat somit direkte **Rechtswirkungen** (vgl. die Komm. zu Art. 434).

38 Weil die Einrichtung dem Unterbringungszweck entsprechen muss, wird mit dem Unterbringungsentscheid auch über das **Betreuungs- bzw. Behandlungskonzept** entschieden. Dieses sollte im Entscheid auch möglichst genau umschrieben werden. Es wird sich allerdings regelmässig noch nicht um einen eigentlichen **Behandlungsplan** handeln, da dieser der behandelnde Arzt mit dem Patienten auszuarbeiten hat (Art. 433 Abs. 1; anders bei den periodischen Überprüfungen, vgl. Art. 431 N 9). Dessen Rahmen ist aber im Einweisungsentscheid abzustecken.

39 Lässt sich **keine geeignete Einrichtung** finden, hat die Unterbringung zu unterbleiben. Das führt bei ausgewiesenem Betreuungsbedürfnis immer wieder zu Schwierigkeiten. Namentlich fehlt es häufig an kleineren, nicht unbedingt geschlossenen Institutionen, welche eine intensive Betreuung anbieten und die Betroffenen auf die Rückkehr in die Freiheit vorbereiten können (vgl. FONTANET, ZVW 1986, 1 ff.). Der Entscheid über die Eignung stellt eine Wertung dar. Es kann nicht verlangt werden, dass geradezu eine ideale Anstalt zur Verfügung steht (SCHNYDER, ZVW 1979, 22; SPÜHLER, ZBl 1983, 56). Es muss vielmehr genügen, dass die Anstalt den *wesentlichen* Bedürfnissen entspricht (BGE 112 II 490). Es muss sich um die **optimale** Einrichtung handeln. Von mehreren geeigneten Einrichtungen ist die geeignetste auszusuchen. Die Wahl ist an den Interessen der betroffenen Person auszurichten. Wirtschaftliche Überlegungen dürfen dabei nur eine untergeordnete Rolle spielen. Zu beachten ist allerdings, dass auch in der Krankenversicherung nur Leistungen übernommen werden müssen, wenn sie wirksam, zweckmässig und wirtschaftlich sind (Art. 32 Abs. 1 KVG). Aus den Voraussetzungen der fürsorgerischen Unterbringung ergibt sich bereits, dass auch hier die Behandlung und Betreuung wirksam und zweckmässig sein muss. Es liegt auf der Hand, dass das Erfordernis der Wirtschaftlichkeit auch bei der fürsorgerischen Unterbringung nicht vollständig ausser Acht gelassen werden kann. Es kommt ihm jedoch im Vergleich zur Bedeutung bei der Sozialversicherung nur eine abgeschwächte Bedeutung zu, weil es hier nach wie vor um eine freiheitsbeschränkende Massnahme geht und damit um einen weit schwereren Eingriff in die Grundrechte, als das blosse Nichtbezahlen einer Behandlung.

40 Im Zusammenhang mit dem Behandlungs- bzw. Betreuungskonzept ist auch die Frage zu beantworten, ob eine **bedingte Einweisung** zulässig ist. Die Unterbringungsvoraussetzungen müssen dann erfüllt sein, wenn die Unterbringung vollzogen wird. Die Behörde hat deren Vorliegen auch in diesem Zeitpunkt zu beurteilen. Ein Unterbringungsentscheid auf Vorrat ist deshalb nicht zulässig. Es kann aber sehr wohl zum Betreuungs- oder Behandlungskonzept gehören, dass der Umfang der freiheitsbeschränkenden Massnahmen direkt vom Verhalten der betroffenen Person abhängen soll. Dann sind aber die verschiedenen Stufen und deren Voraussetzungen im Betreuungskonzept konkret aufzuführen (vgl. ROSCH, in: Rosch/Büchler/Jakob, Art. 426 N 15). Erweist sich allerdings bei Eintritt der Bedingung der Vollzug als nicht (mehr) angemessen, ist eine entsprechende Entlassungsverfügung zu erlassen. Muss hingegen eine Behörde die Einweisung erst noch konkretisieren, liegt eine Vormassnahme vor, deren Zulässigkeit sich nach Art. 437 richtet. Im Zeitpunkt der Umwandlung in eine unbedingte Einweisung sind die Voraussetzungen von Art. 426 neu zu prüfen.

V. Belastung für die Umgebung (Abs. 2)

Die FU dient dem Schutz der betroffenen Person, nicht ihrer Umgebung (Botschaft Erwachsenenschutz, 7062 f.). Entsprechend ist die **Fremdgefährdung** weder eine Unterbringungsvoraussetzung (SPIRIG, aArt. 379a ZGB N 339) noch für eine Unterbringung ausreichend. Bei der Frage, ob die nötige persönliche Fürsorge nur durch eine Unterbringung in einer Einrichtung oder auch auf andere Weise erbracht werden kann, ist indessen zu berücksichtigen, was eine ambulante Betreuung für die Umgebung an Belastung bedeutet (BGE 114 II 217 f.). Es ist eine Interessenabwägung vorzunehmen (Botschaft Erwachsenenschutz, 7062 f.). Dabei muss geklärt werden, was die Umgebung an Betreuungsarbeit zu leisten bereit ist. Da die Betreuung stets freiwillig erbracht wird, bringt eine übermässige Belastung der Umgebung meist auch der betroffenen Person nichts. Es kann sich als vorteilhaft erweisen, die Umgebung namentlich bei psychotischen Krisen von ihrer Betreuungsarbeit zeitweise zu entlasten, um eine langfristige minimale ambulante Betreuung sicherzustellen. Diese ist aber gefährdet, wenn die betreuende Familie in Krisensituationen wiederholt überfordert wird. **41**

Das geltende Recht hält im Gegensatz zum früheren ausdrücklich fest, dass nicht nur die Belastung sondern auch der **Schutz Angehöriger, und Dritter** zu berücksichtigen ist. Der Schutz kann aber nie für sich alleine ausschlaggebend sein (Botschaft Erwachsenenschutz, 7062). Der **Schutz** bezieht sich auf **Personen** und nicht auf Sachen und Vermögen. Es geht nicht um den Vermögensschutz Dritter. Letzteres ist eine Aufgabe des Polizeirechts, nicht des Erwachsenenschutzes. Zum Schutzauftrag gehört es indessen auch die betroffene Person davor zu schützen, Straftaten zu begehen und für angerichteten Schaden zu haften, wenn bspw. eine kranke Person verwirrt ist (Botschaft Erwachsenenschutz, 7062 f.). **42**

Zu berücksichtigen sind nicht nur die Belastung und der Schutz **Angehöriger** (Verwandte, Ehegatte, Partner, Hausgenossen), sondern auch **Dritter**. Dazu gehört insb. die **Nachbarschaft** (BBl 1977 III 27; BGer, 5C.218/2003, E. 4.4.1.; SPIRIG, aArt. 397a ZGB N 360). Ob allerdings ganze Quartiere dazuzurechnen sind (so SPIRIG, aArt. 397a ZGB N 361), scheint schon deshalb zweifelhaft, weil kaum je eine einzelne Person ein ganzes Quartier übermässig belasten kann. Die Berücksichtigung der durch eine ganze Drogenszene bedingten Belastung eines Quartiers bei der Einweisung einer einzelnen Person vermengt den mit der fürsorgerischen Unterbringung bezweckten Individualschutz mit dem Schutz öffentlicher Güter, der die Aufgabe des Polizeirechts ist. Als Dritte sind aber alle Personen anzusehen, ausser der von der Unterbringung Betroffene und die Behördenmitglieder und Mandatsträger. Insofern hätte es genügt, wenn das Gesetz nur diesen Begriff verwendet hätte und nicht auch noch die Angehörigen aufgeführt hätte. **43**

VI. Entlassungsvoraussetzungen (Abs. 3)

44 Abs. 3 regelt die Voraussetzung für die Entlassung aus einer Anstalt. Die Bestimmung gilt auch für Personen, welche nach Art. 427 in der Einrichtung während der dort vorgesehenen Frist zurückbehalten werden (vgl. Art. 427 N 18). Die Formulierung weicht in doppelter Weise vom früheren Recht ab. Zum einen ist die Voraussetzung nicht mehr, dass der Zustand der betroffenen Person die Entlassung erlaubt, sondern dass die **Voraussetzungen für die Unterbringung nicht mehr erfüllt** sind. Zum andern wird die Rechtfolge nicht mit «muss» umschrieben, sondern passiv. Mit der neuen Umschreibung der Voraussetzungen wollte der Gesetzgeber eine restriktivere Formulierung als das frühere Recht und der sog. Drehtürpsychiatrie entgegen wirken (Botschaft Erwachsenenschutz, 7036 f.; SCHMID, Art. 426 ZGB N 17). Ob die Formulierung allerdings tatsächlich restriktiver ist, darf bezweifelt werden. Sinnvoll ist demgegenüber zweifellos, dass die Entlassung immer dann zu unterbleiben hat, wenn die Voraussetzungen für eine Einweisung gegeben sind. Das galt aber auch schon unter altem Recht bei richtiger Auslegung. Der Entscheid über die Entlassung ist anhand der **Lage des Betroffenen im aktuellen Zeitpunkt** zu bestimmen. Der Einweisungsentscheid erwächst nie in *materielle* Rechtskraft. Eine Person ist nicht nur zu entlassen, wenn sich ihr Zustand *gebessert* hat, sondern auch wenn sich herausstellt, dass die Einweisung nie gerechtfertigt war (ABRECHT, ZVW 2003, 345 f.).

45 Mit der neuen Umschreibung der Rechtsfolge («wird entlassen» statt «muss entlassen werden») wird keine materielle Änderung bezweckt. Es ist eine **Interessenabwägung** im Hinblick auf den Zweck der fürsorgerischen Unterbringung, nämlich die Wiedererlangung der Selbständigkeit und der Eigenverantwortung im Entlassungszeitpunkt vorzunehmen. So kann es im Einzelfall für eine Entlassung nicht genügen, dass eine Person bereits wieder in der Lage wäre, für sich selber zu sorgen, wenn mit einem Rückfall zu rechnen ist und eine nur noch kurze Weiterführung der Therapie in der Anstalt zu einer anhaltenden Besserung führen könnte. Andererseits ist es möglich, eine Entlassung trotz noch latent vorhandener Suizidgefahr zu rechtfertigen, wenn sich damit die betroffene Person für eine Therapie entscheiden kann, welche ein minimales Einverständnis des Patienten voraussetzt (VerwGer BL, SJZ 1983, 78). Eine kurze Verzögerung der Entlassung muss auch zulässig sein, um die Nachbetreuung zu organisieren, wenn die betroffene Person ohne diese mit der Entlassung Schaden nehmen würde (vgl. Botschaft Erwachsenenschutz, 7036 f.). Zu beachten ist, dass ein Entlassungsgesuch sehr wohl abgewiesen werden kann, obgleich der ursprüngliche Grund für die Unterbringung entfallen ist, wenn inzwischen andere Gründe aufgetreten sind.

46 Das Gesetz sieht keine **bedingte Entlassung** vor. Soll die betroffene Person nach einer Entlassung wieder in der gleichen oder einer anderen Einrichtung untergebracht werden, bedarf es eines neuen Entscheides. Selbstverständlich kann im Entlassungsentscheid darauf aufmerksam gemacht werden, dass wohl wieder eine Unterbringung erfolgen werde, wenn sich die Person in einer bestimmten Weise verhält. Bei der Wiederunterbringung muss aber neu geprüft werden, ob die Voraussetzungen in diesem Zeitpunkt gegeben sind. Die Entlassung kann aber **stufenweise** erfolgen, indem die Freiheitsbeschränkungen nach und nach gelockert werden (BGer vom 28.3.2008, 5A.137/2008, E. 3.1.2; ROSCH, in: Rosch/Büchler/Jakob, Art. 426 N 15). Eine Rückversetzung in eine strengere Stufe bedeutet gemäss der hier vertretenen Meinung wiederum eine Unterbringung, so dass es eines neuen förmlichen Entscheides bedarf. Davon kann nur abgewichen werden, wenn die Stufenordnung zum Betreuungskonzept gehört, aufgrund dessen die Einweisung in die Anstalt stattgefunden hat, und die Rückversetzung schon nach kurzer Zeit erfolgt. Eine Entlassung ist immer auch dann vorzunehmen, wenn jemand zur Behandlung in eine Klinik eingewiesen worden ist, diese verweigert und die Voraussetzungen für eine Behandlung ohne Einwilligung nicht gegeben sind (vgl. Art. 434/435 N 12).

Keine Entlassung stellt eine **Urlaubsgewährung** dar. Die Rückkehr in die Anstalt steht unter keiner Bedingung. Entsprechend bedarf es dafür auch keines neuen Entscheides. **47**

Der Gesetzgeber hat bewusst auf eine **Befristung** der von der KESB angeordneten Unterbringung verzichtet (zur Zurückbehaltung durch die Anstalt und die Einweisung durch einen Arzt vgl. die Art. 427 und Art. 429), weil Art. 426 Abs. 3 die oberste zeitliche Grenze für die Zurückbehaltung bestimmt (so schon im alten Recht: STETTLER, Rz 476): Die Entlassung muss erfolgen, sobald die Voraussetzungen für eine Unterbringung nicht mehr gegeben sind. Das richtet sich aber nicht nach einer im Voraus festgesetzten Frist. **48**

VII. Entlassungsgesuche (Abs. 4)

Wie im alten Recht kann die betroffene Person **jederzeit** ein Gesuch um Entlassung stellen (DESCHENAUX/STEINAUER, Personnes, Rz 1192), was Art. 426 Abs. 4 ausdrücklich festhält. Die selbständige Gesuchstellung setzt Urteilsfähigkeit voraus. An die **Urteilsfähigkeit** dürfen keine hohen Anforderungen gestellt werden. Es genügt, wenn der Betroffene erkennt, dass er gegen seinen Willen in einer Einrichtung untergebracht werden soll, und wenn er den gegenteiligen Willen zum Ausdruck bringen kann (zum früheren Recht bezüglich gerichtlicher Beurteilung: BBl 1977 III 37; DESCHENAUX/STEINAUER, Personnes, Rz 1208; SPIRIG, aArt. 397d ZGB N 12). Werden Gesuche in unvernünftigen Abständen und in querulatorischer Weise wiederholt gestellt, braucht allerdings darauf nicht eingetreten zu werden (BGE 130 III 730 f.; ROSCH, in: Rosch/Büchler/Jakob, Art. 426 N 16). Diesfalls fehlt ein schutzwürdiges Interesse an einem Entlassungsentscheid. Art. 76 Abs. 1 lit. b BGG drückt einen allgemeinen Grundsatz aus, der auch für die FU gilt. Während die Verletzung des Grundsatzes, dass jederzeit ein Entlassungsgesuch gestellt werden kann, mit Beschwerde in Zivilsachen beim BGer geltend zu machen ist, beurteilt es die Frage, ob eine Wiederholung eines Entlassungsgesuchs gegen Treu und Glauben verstosse und deshalb nicht darauf eingetreten werden kann, auf subsidiäre Verfassungsbeschwerde hin (zum früheren Recht: BGE 131 III 457 ff.). Das Verbot der treuwidrigen Rechtausübung sei Teil des kantonalen Verfahrensrechts und nicht des Bundeszivilrechts (diese Differenzierung erscheint fraglich. Vgl. dazu GEISER, plädoyer 2006, 46). **49**

Von einer fürsorgerischen Unterbringung betroffene Personen können sich u.U. gerade wegen ihres Schwächezustandes auch in rechtlichen Dingen vollständig passiv verhalten. Hier ist es wichtig, dass andere Personen für sie handeln dürfen, die sich aufgrund ihrer Beziehung zur betroffenen Person mit dieser solidarisch fühlen (STETTLER, Rz 488). Das Gesetz legitimiert deshalb nicht nur die betroffene Person selber, jederzeit ein Entlassungsgesuch zu stellen, sondern auch jede ihr **nahestehende Person** (vgl. BGE 127 III 388). Es handelt sich dabei um einen bundesrechtlichen Begriff. Das kantonale Verfahrensrecht kann ihn weder ausdehnen noch einengen (so zum alten Recht: EJPD, Hinweise und Anregungen, 22). Die Legitimation ist weit auszulegen (HEGNAUER, ZVW 1984, 26 ff.; SEEGER, ZöF 1984, 76; SUHR BRUNNER, 145). Sie setzt nicht voraus, dass Interessen der betroffenen Person wahrgenommen werden (zum alten Recht: BBl 1977 III 37; BGE 122 I 30). Als nahestehend sind alle Personen zu betrachten, welche die betroffene Person gut kennen, sei es wegen ihrer Verwandtschaft, Freundschaft oder ihrer Funktion (BGE 114 II 213; 122 I 30; DESCHENAUX/STEINAUER, Personnes, Rz 1207; IMHOF, 142). Ob ein eigentliches Vertrauensverhältnis notwendig ist (so STETTLER, Rz 488), scheint fraglich. Eine *Rechtsbeziehung* wie Verwandtschaft, Auftragsverhältnis usw. braucht nicht **50** zu bestehen. Allein massgebend ist die faktische Verbundenheit. Befreundete Personen sind auch legitimiert, wenn sie mit der betroffenen Person nie in gemeinsamem Haushalt gelebt haben (BGE 122 II 29 ff.).

51 Im Gegensatz zum früheren Recht stellt das geltende für das Entlassungsgesuch **kein Formerfordernis** auf. Die Schriftlichkeit wird erst für die Anrufung des Gerichts verlangt (Art. 450 Abs. 3). Das Gesuch kann somit auch mündlich gestellt werden. Es muss ausschliesslich klar zum Ausdruck kommen, dass die Entlassung der betroffenen Person verlangt wird. Das Gesuch richtet sich an die KESB oder die Klinikleitung.

52 Über solche Gesuche ist **ohne Verzug zu entscheiden** (Art. 426 Abs. 4 zweiter Satz). Das gebietet schon Art. 31 Abs. 4 BV und Art. 5 Abs. 4 EMRK (Botschaft Erwachsenenschutz, 7036 f.). Dass sich das Gesuch nicht direkt an ein Gericht, sondern an die KESB bzw. die Klinikleitung richtet, ist mit der EMRK vereinbar (vgl. z.B. den in VPB 1998 IV Nr. 91 wiedergegebenen Entscheid der Europäischen Kommission für Menschenrechte vom 21. 1. 1998 i.S. S.M./Schweiz betr. FEE im Kanton BS). Das in der EMRK und der BV enthaltene Beschleunigungsgebot gilt dann aber auch für das nichtgerichtliche Verfahren (Botschaft Erwachsenenschutz, 7036 f. m.H. auf EGMR, 20.2.2003, CEDH 2003-IV, Ziff. 75 ff., Hutchison Reid/Vereinigtes Königreich). Die Beschleunigung gebietet, dass das Gesuch nicht nur an Werktagen an die Hand genommen wird. Für die Klinikleitung ist dies regelmässig keine Besonderheit, da diese ohnehin einen permanenten Dienst einrichten muss. Nichts anderes kann aber für die KESB gelten. Auch sie hat sich so zu organisieren, dass 365 Tage im Jahr eine Behandlung von Entlassungsgesuchen möglich ist.

53 Der Entscheid über das Entlassungsgesuch unterliegt der **Beschwerde an das Gericht** (Art. 450). Das gilt auch, wenn die Entlassungskompetenz bei der Einrichtung ist (Art. 439 Abs. 1 Ziff. 3).

VIII. Verlegung in eine andere Einrichtung

54 Die Einweisung erfolgt immer in eine konkrete Einrichtung, weil sich diese nach den Umständen des Einzelfalls als *geeignet* erweisen muss (N 37). Findet sich keine solche, hat die Unterbringung zu unterbleiben (N 38). Entsprechend ist die Unterbringung im Falle der **Änderung des Betreuungskonzeptes** oder der **Verlegung** in eine andere Einrichtung nicht mehr gedeckt. Das Bundesgericht hat im alten Recht indessen anders entschieden. Nach Ansicht der I. öffentlich-rechtlichen Abteilung ging es bei der Versetzung in eine andere Anstalt nicht mehr um die Einweisung als solche, sondern nur noch um die Art der Durchführung. Deshalb müsse kein formelles Verfahren mehr eingehalten werden (BGE 122 III 35). Dieser Begründung ist mit den neuen Bestimmungen der Boden entzogen. Die FU betrifft nicht mehr nur die Freiheitsentziehung. Vielmehr steht die Betreuung und Behandlung im Vordergrund (s.o. vor Art. 426 f. N 2). Nicht nur die konkrete Einrichtung, sondern auch das Betreuungs- bzw. Behandlungskonzept stellt Teil des Entscheides dar und hat an dessen formeller Rechtskraft teil. Im Entscheid ist über die Eignung einer bestimmten Einrichtung zu befinden. Entsprechend hat die nach Bundesrecht für die Unterbringung zuständige Behörde über die Verlegung zu befinden.

Art. 427

II. Zurückbehaltung freiwillig Eingetretener

[1] Will eine Person, die an einer psychischen Störung leidet und freiwillig in eine Einrichtung eingetreten ist, diese wieder verlassen, so kann sie von der ärztlichen Leitung der Einrichtung für höchstens drei Tage zurückbehalten werden, wenn sie:
1. sich selbst an Leib und Leben gefährdet; oder
2. das Leben oder die körperliche Integrität Dritter ernsthaft gefährdet.

[2] Nach Ablauf der Frist kann die betroffene Person die Einrichtung verlassen, wenn nicht ein vollstreckbarer Unterbringungsentscheid vorliegt.

[3] Die betroffene Person wird schriftlich darauf aufmerksam gemacht, dass sie das Gericht anrufen kann.

II. Maintien d'une personne entrée de son plein gré

[1] Toute personne qui souhaite quitter l'institution dans laquelle elle est entrée de son plein gré en raison de troubles psychiques peut être retenue sur ordre du médecin-chef de l'institution pendant trois jours au plus:
1. si elle met en danger sa vie ou son intégrité corporelle;
2. si elle met gravement en danger la vie ou l'intégrité corporelle d'autrui.

[2] Ce délai échu, elle peut quitter l'institution, à moins qu'une décision exécutoire de placement n'ait été ordonnée.

[3] La personne concernée est informée par écrit de son droit d'en appeler au juge.

II. Permanenza coatta di persone ricoverate volontariamente

[1] Chi soffre di una turba psichica e vuole lasciare un istituto nel quale è entrato volontariamente può esservi trattenuto fino a un massimo di tre giorni dalla direzione medica dell'istituto se:
1. espone a pericolo la propria integrità fisica o la propria vita; o
2. espone a serio pericolo la vita o l'integrità fisica altrui.

[2] Salvo che sussista una decisione di ricovero esecutiva, alla scadenza del termine l'interessato può lasciare l'istituto.

[3] L'interessato è reso attento per scritto al suo diritto di adire il giudice.

Inhaltsübersicht

Literatur

Vgl. die Literaturhinweise vor Art. 426 ff.

Materialien

Art. 419 VE Erwachsenenschutz 2003; VE Erwachsenenschutz/Vernehmlassungen, 270 ff.; Botschaft Erwachsenenschutz, 7064 und 7158; Prot. RK-S vom 27./28.8.2007, 19; AmtlBull StR 2007, 836; Prot. RK-N vom 24./25.4.2008, 27 ff.; AmtlBull NR 2008, 1522 ff.

I. Gegenstand der Norm und Entstehungsgeschichte

1 Es ist ohne weiteres möglich, dass eine Person freiwillig in eine Einrichtung i.S.v. Art. 426 eintritt. Das wird namentlich bei Alters-, Pflege- und Behindertenheimen sogar regelmässig der Fall sein. Ein freiwilliger Eintritt ist aber ohne weiteres auch in eine psychiatrische Klinik möglich. Art. 427 behandelt die Frage, ob die betroffene Person dann auch jederzeit wieder austreten kann. Es liegt auf der Hand, dass sich auch bei einer Person, die bereits in einer Einrichtung ist, der Verbleib in der Einrichtung gegen ihren Willen als notwendig erweisen kann. Insofern muss ein Zurückbehalten möglich sein. Diese Möglichkeit bestand auch im früheren Recht. Dort wurde die Zurückbehaltung allerdings sowohl was die Voraussetzungen betrifft wie auch bezüglich der Zuständigkeiten gleich behandelt wie die Unterbringung. Das neue Recht sieht nunmehr eine andere Zuständigkeit vor und musste damit auch die Voraussetzungen neu umschreiben.

2 Der Vorentwurf von 1998 sah dem alten Recht folgend für die Zurückbehaltung noch keine besondere Bestimmung vor, sondern behandelte diese gleich wie die Einweisung (VE 1998, 81 f.). Die unterschiedliche Regelung der Einweisung und der Zurückbehaltung erfolgte dann im Entwurf von 2003 (Bericht ExpK Erwachsenenschutz 03, 62). Die Bestimmung wurde dann auch in der Botschaft übernommen und wurde Gesetz. Ein Antrag im Nationalrat auf Verkürzung der Frist auf 48 Stunden wurde abgelehnt (AmtlBull 2008 NR, 1522 ff.).

II. Anwendungsbereich

1. Person mit psychischer Störung

3 Nach dem klaren Wortlaut von Art. 427 Abs. 1 betrifft die Bestimmung ausschliesslich Personen, die an einer psychischen Störung leiden (vgl. auch Bericht ExpK Erwachsenenschutz 03, 62, Art. 419 VE; Botschaft Erwachsenenschutz, 7064). Der Anwendungsbereich ist somit enger als jener von Art. 426. Eine Zurückbehaltung nach Art. 427 ist nicht auch bei geistig Behinderten oder schwer Verwahrlosten möglich (vgl. N 21). Zum Begriff der psychischen Störung s. Art. 426 N 15 ff.

2. Freiwilliger Eintritt

4 Der Gesetzestext ist insofern ungenau, als es nicht darauf ankommen kann, ob die Person freiwillig in die Einrichtung eingetreten ist oder nicht. Entscheidend ist ausschliesslich, dass sie sich in dieser **zurzeit freiwillig aufhält**. Das wird regelmässig nach einem freiwilligen Eintritt der Fall sein. Es ist aber auch möglich, dass die Person nach einer fürsorgerischen Unterbringung gegen ihren Willen nunmehr freiwillig in der Einrichtung verblieben ist.

Der freiwillige Aufenthalt ist in erster Linie als Gegensatz zum nach Art. 426 angeordneten Unterhalt zu verstehen. Freiwillig ist eine Person eingetreten, wenn sie **mit ihrem Willen** dort **untergebracht** ist (zum umgekehrten Fall vgl. Art. 426 N 30 f.). Das setzt regelmässig diesbezügliche **Urteilsfähigkeit** voraus. Ist die betroffene Person in diesem Sinne freiwillig eingetreten, bleibt ihr Aufenthalt auch ein freiwilliger im Sinne des Gesetzes, wenn sie urteilsunfähig wird. Der weitere Aufenthalt stellt damit keine Zurückbehaltung i.S.v. Art. 427 dar. Andererseits ist eine Anordnung nach dieser Bestimmung möglich und für einen weiteren Verbleib auch nötig, wenn sich die betroffene Person dann dem weiteren Aufenthalt aktiv widersetzt. Das muss auch gelten, wenn die Person bezüglich des Widerstandes nicht urteilsfähig ist. **5**

3. Aufenthalt in einer Einrichtung

Während die Bestimmung bezüglich des Schwächezustandes enger ist als Art. 426 (vgl. N 3), findet sich **bezüglich der Einrichtungen keine entsprechende Einschränkung**. Von daher kommt es grundsätzlich nicht darauf an, in was für einer Einrichtung sich die Person befindet. Allerdings muss sie geeignet sein, die *Zurückbehaltung wegen einer psychischen Störung* zu vollziehen. **6**

Die Zurückbehalt wird aus den dargelegten Gründen i.d.R. Personen betreffen, die sich bereits in einer psychiatrischen Klinik befinden. Vorstellbar ist aber auch der Aufenthalt in einer anderen Klinik oder einem Heim, soweit diese zu einer psychiatrischen Betreuung in der Lage sind. **7**

III. Jederzeitiges Austrittsrecht und Voraussetzungen für eine ausnahmsweise Zurückbehaltung

1. Grundsatz des Austrittsrechts

Unter altem Recht bestand teilweise Unklarheit darüber, ob und gegebenenfalls unter welchen Voraussetzungen eine freiwillig eingetretene Person von der Klinikleitung am Austritt gehindert, d.h. gegen ihren Willen zurückbehalten werden kann (vgl. dazu das Urteil des BGer vom 28.1.1981, SemJud 1983, 163 ff.; zum Genfer Gesetz «Sur le régime des personnes atteintes d'affections mentales et sur la surveillance des établissements psychiatriques» vom 7.12.1979). Aus Art. 427 ergibt sich nunmehr als Umkehrschluss klar der **Grundsatz**, dass **jederzeit die Einrichtung verlassen** kann, **wer freiwillig eingetreten** ist (Bericht ExpK Erwachsenenschutz 03, 62; Botschaft Erwachsenenschutz, 7064). Anders sieht es nur aus, wenn entweder inzwischen ein Entscheid nach Art. 426 oder nach Art. 427 vorliegt. **8**

Fraglich bleibt allerdings, ob die Einrichtung **aus administrativen Gründen** jemanden **während weniger Stunden** zurückbehalten kann. Eine solche Massnahme kann sich rechtfertigen, wenn bspw. nachts während einigen wenigen Stunden die Verwaltung geschlossen ist. Solche Argumente rechtfertigen es aber sicher nicht, jemanden an einem Wochenende oder an einem Feiertag zurückzubehalten. **9**

2. Ausnahmsweise Zurückbehaltung bei Selbst- oder Fremdgefährdung

Weil die Zurückbehaltung dem gleichen Zweck dient wie die Unterbringung, müssen auch die Selbst- und die Fremdgefährdung das Ausmass erreichen, welches eine Einweisung rechtfertigen würde, wenn die betroffene Person noch nicht in der Einrichtung wäre (Rosch, in: Rosch/Büchler/Jakob, Art. 427 N 4). Allerdings reicht dafür nicht jede Be- **10** gründung aus, welche die Abweisung eines Entlassungsgesuches einer fürsorgerisch untergebrachten Person rechtfertigen kann (vgl. dazu BGer vom 22.1.2008, 5A_766/2007, E. 5.2. und BGer vom 5.7.2011, 5A_398/2011, E. 2). Die Voraussetzungen sind vielmehr enger. Die Zurückbehaltung auch ohne Einweisungsentscheid rechtfertigt sich nur, wenn die Unterbrechung der Unterbringung – bis ein vollstreckbarer Entscheid nach Art. 426 vorliegt – nicht verantwortet werden kann. Entsprechend stellt die Gefahr bloss leichter Eigenverletzungen ohne bleibende Schädigung keinen genügenden Grund für eine Zurückbehaltung dar (ROSCH, in: Rosch/Büchler/Jakob, Art. 426 N 4). Vielmehr muss eine **Körperverletzung mit schweren oder bleibenden Folgen oder gar die Suizidgefahr akut drohen**. Etwas weiter sind demgegenüber die Voraussetzungen bei der Fremdgefährdung gefasst. Hier genügt jede ernsthafte Gefährdung der körperlichen Integrität Dritter. Auch die ernsthafte Gefahr relativ harmloser tätlicher Angriffe auf Dritte genügt. Kein Grund für eine Zurückbehaltung ist demgegenüber die Gefahr von Sachbeschädigungen, selbst wenn diese Gefahr erheblich und akut ist. Diesfalls kann sich allerdings eine Meldung an die Polizei oder die Eigentümer der gefährdeten Sachen rechtfertigen (vgl. Art. 453 Abs. 1).

IV. Rechtsfolge

1. Zurückbehaltung

11 Rechtsfolge ist die «Zurückbehaltung» der betroffenen Person. Das heisst, dass ihr der Austritt aus der Einrichtung verwehrt werden kann. **Nicht vorgesehen** ist jedoch, dass die Person ohne Entscheid nach Art. 426 in eine **geschlossene Abteilung verlegt** werden kann. Es geht nur um die Aufrechterhaltung des bisherigen Zustandes. Je nach Art der Einrichtung bzw. je nach Abteilung, in der sich die betroffene Person befindet, wird deshalb die Zurückbehaltung gar nicht vollstreckt werden können.

12 **Zuständig** für den Zurückbehaltungsentscheid ist die ärztliche Leitung der Einrichtung. Handelt es sich um ein grösseres Spital, ist entscheidend, wer die entsprechende Einheit leitet. Mit der ärztlichen Leitung ist jene Person gemeint, welche eigenverantwortlich für die Behandlung der betroffenen Person in dem Zeitpunkt zuständig ist, in dem der Entscheid gefällt werden muss. Vertretungsregelungen können allerdings zur Folge haben, dass nach einigen Stunden der Entscheid von der im Zeitpunkt des Entscheides abwesenden Person zu bestätigen ist.

13 Der Entscheid über die Zurückbehaltung ist eine **hoheitliche Handlung**, wie die Einweisung durch einen Arzt (HAUSHEER/GEISER/AEBI-MÜLLER, Erwachsenenschutzrecht, Rz 2.181). Sie kann zur Folge haben, dass das bis anhin privatrechtliche Verhältnis zwischen dem Patienten und der Einrichtung zu einem hoheitlichen, vom öffentlichen Recht beherrschten, wird. Für den Zurückbehaltungsentscheid ist Art. 430 analog anwendbar. Allerdings kann auf einen Teil der in Art. 430 Abs. 2 geforderten Angaben verzichtet werden, weil sie sich aus den Umständen von selbst ergeben.

2. Behandlung

14 Gemäss Art. 434 kann eine Person, die zur Behandlung einer psychischen Störung in einer Einrichtung fürsorgerisch untergebracht worden ist, unter gewissen Voraussetzungen auch ohne ihre Zustimmung behandelt werden. Es fragt sich, ob diese Möglichkeit auch besteht, solange eine freiwillig eingetretene Person bloss nach Art. 427 zurückbehalten wird. Weder dem Gesetzeswortlaut noch der Entstehungsgeschichte ist diesbezüglich eine klare Antwort zu entnehmen. Allerdings knüpft Art. 434 an Art. 433 an, der von einer

Person handelt, die zur Behandlung einer psychischen Störung in einer Einrichtung «untergebracht» worden ist. Das deutet eher darauf hin, dass ein Entscheid nach Art. 426 vorliegen muss und ein solcher nach Art. 427 nicht genügt. Zudem ist zu beachten, dass die Zurückbehaltung den Schutz vor einer Gefährdung bezweckt, nicht aber die Behandlung. Insofern ist davon auszugehen, dass die blosse Zurückbehaltung eines freiwillig eingetretenen **grundsätzlich keine Behandlung nach Art. 434 zulässt**.

Allerdings erfährt dieser Grundsatz wohl **zwei Ausnahmen**: Erstens müssen medizinische Eingriffe zulässig sein, soweit sie bloss der Aufrechterhaltung der Ordnung in der Einrichtung dienen. Zweitens muss ausnahmsweise auch eine Behandlung ohne Zustimmung der betroffenen Person zulässig sein, wenn nur so die akute Selbstgefährdung im Moment selber vermieden werden kann. Schliesslich ist Art. 435 vorzubehalten. **15**

V. Dauer der Zurückbehaltung (Abs. 1 und 2)

Die betroffene Person darf nur so lange in der Einrichtung zurückbehalten werden, wie die in Abs. 1 aufgeführten **Voraussetzungen gegeben** sind. **Längstens kann es sich um drei Tage** von dem Zeitpunkt an handeln, in dem die Person den Willen geäussert hat, nun die Einrichtung verlassen zu wollen. Drei Tage sind 72 Stunden. Aus Abs. 2 ergibt sich unmissverständlich, dass die ärztliche Leitung die Dauer der Zurückbehaltung nicht durch einen zweiten Zurückbehaltungsentscheid verlängern kann. Nach Ablauf dieser Frist kann die betroffene Person die Einrichtung ohne jede Einschränkung verlassen, sofern nicht inzwischen ein vollstreckbarer Entscheid nach Art. 426 vorliegt. Die Kantone haben dafür zu sorgen, dass die KESB oder die nach Art. 429 zuständigen Ärzte rechtzeitig die notwendigen Entscheidungen fällen können. Der Entscheid muss innerhalb der genannten Frist nicht formell rechtskräftig, sondern nur vollstreckbar sein. Auch wenn noch eine Rechtsmittelfrist läuft, ist der Unterbringungsentscheid der KESB oder des zuständigen Arztes vollstreckbar, sofern keine aufschiebende Wirkung erteilt bzw. diese entzogen worden ist (vgl. Art. 430 Abs. 3). Hat die betroffene Person nach Art. 439 das Gericht angerufen, kann auch dieses über eine Fortdauer der Unterbringung entscheiden (vgl. Art. 439 N 9). **16**

Grundsätzlich besteht kein Grund, nicht auch **Klinikärzte nach Art. 429 für die Unterbringung als zuständig** erklären zu können (vgl. Art. 429 N 7). Art. 427 Abs. 3 verbietet aber, mit einem solchen Entscheid den freiwillig eingetretenen Patienten über die drei Tage hinaus zurückzubehalten (HAUSHEER/GEISER/AEBI-MÜLLER, Erwachsenenschutzrecht, Rz 2.176). Er hat einen Anspruch darauf, dass der Entscheid auf weitere Zurückbehaltung von jemand anderem als der Klinik gefällt wird. **17**

Wie bei jeder fürsorgerischen Unterbringung gilt auch hier der Grundsatz, dass die Person sofort zu entlassen ist, wenn die Voraussetzungen für die Unterbringung nicht mehr erfüllt sind (Art. 426 Abs. 3). Entsprechend muss die ärztliche Leitung der Einrichtung auf ihren Zurückbehaltungsentscheid vor Ablauf der dreitätigen Frist zurückkommen, wenn vorher die genannten Voraussetzungen entfallen. Die **Entlassungszuständigkeit liegt deshalb bei der Einrichtung**.

VI. Rechtsmittelbelehrung

Der Zurückbehaltungsentscheid ist gem. Abs. 4 mit einer schriftlichen Rechtmittelbelehrung zu versehen. Im Übrigen ist Art. 430 analog anwendbar (N 13; ROSCH, in: Rosch/Büchler/Jakob, Art. 427 N 5). Der **gesamte Entscheid hat somit schriftlich** zu sein. Entsprechend muss die ärztliche Leitung den Entscheid auch unterschreiben. **18**

19 Der Zurückbehaltungsentscheid kann beim **zuständigen Gericht** von der betroffenen oder einer ihr nahestehenden Person **angefochten werden** (Art. 439 Abs. 1). Die Rechtsmittelbelehrung hat anzugeben, welches Gericht zuständig ist.

VII. Vorgehen bei geistig Behinderten und schwer Verwahrlosten

20 Die Zurückbehaltungskompetenz besteht nach dem diesbezüglich ausdrücklichen Gesetzeswortlaut nur bei Personen mit psychischen Störungen, nicht aber bei geistig Behinderten und schwer Verwahrlosten. Entsprechend ist bei diesen keine Zurückbehaltung möglich. Erweist es sich in einer Einrichtung als notwendig, eine geistig behinderte oder schwer verwahrloste Person, die freiwillig eingetreten ist, zurückzubehalten, besteht nur die Möglichkeit, entweder einen Arzt mit Einweisungskompetenz nach Art. 429 beizuziehen oder die zuständige KESB einzuschalten.

Art. 428

B. Zuständigkeit für die Unterbringung und die Entlassung

I. Erwachsenenschutzbehörde

[1] Für die Anordnung der Unterbringung und die Entlassung ist die Erwachsenenschutzbehörde zuständig.

[2] Sie kann im Einzelfall die Zuständigkeit für die Entlassung der Einrichtung übertragen.

B. Compétence en matière de placement et de libération

I. Autorité de protection de l'adulte

[1] L'autorité de protection de l'adulte est compétente pour ordonner le placement d'une personne ou sa libération.

[2] Elle peut, dans des cas particuliers, déléguer à l'institution sa compétence de libérer la personne concernée.

B. Competenza per il ricovero e la dimissione

I. Autorità di protezione degli adulti

[1] L'autorita di protezione degli adulti è competente per ordinare il ricovero e la dimissione.

[2] In singoli casi può delegare all'istituto la competenza in materia di dimissione.

Inhaltsübersicht

Literatur

Vgl. die Literaturhinweise vor Art. 426 ff.

Materialien

Art. 420 und 422 VE Erwachsenenschutz 2003; VE Erwachsenenschutz/Vernehmlassungen, 275 ff. und 287 f.; Botschaft Erwachsenenschutz, 7064 und 7159; Prot. RK-S vom 27./28. 8. 2007, 19; AmtlBull StR 2007, 836; Prot. RK-N vom 24./25. 4. 2008, 29; AmtlBull NR 2008, 1524.

I. Verhältnis zum bisherigen Recht

Die neue Zuständigkeitsregelung **unterscheidet** sich in einigen Punkten **grundsätzlich vom bisherigen Recht**. Wohl sieht das neue Recht wie das bisherige neben der ordentlichen behördlichen Zuständigkeit die Möglichkeit vor, dass die Kantone auch den Ärzten eine ausserordentliche Unterbringungskompetenz zuweisen (vgl. Art. 429). Die Voraussetzungen für die ausserordentliche Zuständigkeit sind aber wesentlich anders umschrieben als im früheren Recht. Überdies sind im neuen Recht die Rechtswirkungen der ausserordentlichen Unterbringung insofern erheblich beschnitten, als die Ärzte nur noch eine Einweisung für höchstens sechs Wochen anordnen können. Das frühere Recht kannte diese zeitliche Beschränkung nicht (BBl 1977 III 31 f.; SUHR BRUNNER, 141; vgl. auch BGE 127 III 388; AmtlBull NR 1978, 760 ff.). Die Kantone konnten sie aber bereits vorsehen (vgl. ZVW 1979, 23). Die Veränderungen bei der Abgrenzung der Zuständigkeiten werden zu einer erheblichen Verschiebung von der bisherigen ärztlichen Einweisung hin zur Einweisung durch die KESB führen. Das neue Recht gibt schliesslich dem Beistand keinerlei Zuständigkeit mehr für eine FU, auch nicht wenn Gefahr im Verzug ist. 1

Das Bundesrecht regelt zudem die ordentliche Zuständigkeit abschliessend und lässt insoweit **keinen Raum mehr für kantonale Besonderheiten**. Das hat zweifellos Rückwirkungen auf die organisatorischen Anforderungen an die KESB. Die Kantone haben diese zwingend so zu organisieren, dass bei Dringlichkeit **jederzeit ein Entscheid gefällt werden kann**. Es muss somit ein Pickettdienst während 24 Stunden an 365 Tagen im Jahr organisiert werden. 2

Schliesslich weicht auch die **Zuständigkeitsordnung für die Entlassung** von der bisherigen Regelung grundsätzlich ab (vgl. dazu N 8 f.). 3

II. Örtliche Zuständigkeit

Die örtliche Zuständigkeit richtet sich nach Art. 442. Es ist somit die Behörde am Wohnsitz der betroffenen Person zuständig. Ist Gefahr im Verzug, kann allerdings nach wie vor auch die KESB am Aufenthaltsort eine Unterbringung anordnen; sie muss dann aber die Behörde am Wohnort informieren (Art. 442 Abs. 2). Auch beim Entscheid der Behörde am Aufenthaltsort handelt es sich aber um eine ordentliche Einweisung, welche nicht der Befristung nach Art. 429 Abs. 1 unterliegt. 4

III. Sachliche Zuständigkeit

1. Für die Unterbringung

Für die **ordentliche Anordnung** der Unterbringung oder Zurückbehaltung ist ausschliesslich die **KESB** zuständig. Sie kann die Einweisung zeitlich beschränken oder auf unbestimmte Zeit anordnen. Sie kann auch eine bestehende, befristete Einweisung verlängern oder in eine unbefristete umwandeln. Insofern kann es sich um einen eigentlichen Unterbringungs- oder um einen Zurückbehaltungsentscheid handeln. Keine Einweisungszuständigkeit haben die Aufsichtsbehörde und der Beistand (Bericht ExpK Erwachsenenschutz 03, 64). 5

Gemäss Art. 440 Abs. 3 muss über die Unterbringung **mindestens in Dreierbesetzung** entschieden werden. Das gebietet schon die Interdisziplinarität der zu beurteilenden Frage. Insofern kann es auch nicht zulässig sein, systematisch die Spruchkompetenz bei der fürsorgerischen Unterbringung an ein einzelnes Behördenmitglied zu delegieren (WIDER, Art. 440 N 10). 6

7 Demgegenüber ist es möglich und sinnvoll, eine **Präsidialzuständigkeit für vorsorgliche Massnahmen vorzusehen**. Zu beachten ist allerdings, dass Art. 440 Abs. 2 keine genügende Rechtsgrundlage für einen Präsidialentscheid darstellt. Ein solcher ist nur möglich, wenn das kantonale Recht gestützt auf die genannte Bestimmung eine entsprechende Einzelspruchkompetenz vorsieht. Fehlt es an einer solchen Delegation, kann der Präsidialentscheid allerdings im Nachhinein durch den Beschluss der Gesamtbehörde validiert werden (BGE 134 III 289).

2. Für die Entlassung

8 Wie im früheren Recht richtet sich die Zuständigkeit für die Entlassung danach, wer die Unterbringung verfügt hat. Hat die **KESB** die Unterbringung angeordnet, muss sie auch über die Entlassung entscheiden. Wurde die Unterbringung von einem Arzt angeordnet, entscheidet die **Einrichtung** über die Entlassung (Art. 429 Abs. 3). Hat die Einrichtung die Zurückbehaltung verfügt, kann sie auf ihren Entscheid zurückkommen. Zu beachten ist, dass bei den zeitlich beschränkten Einweisungen die FU mit Ablauf der Frist von Gesetzes wegen endet.

9 Auch wenn die KESB die Unterbringung verfügt hat, kann sie die **Kompetenz zur Entlassung im Einzelfall** der Einrichtung **übertragen**. Damit soll sichergestellt werden, dass der Patient sofort entlassen wird, wenn dies aus medizinischer Sicht möglich ist, und die Klinik nicht zuerst einen Antrag an die KESB stellen muss. Die Übertragung kann aber nur im Einzelfall erfolgen und nicht in einer generell abstrakten Norm. Sie muss aber nicht bereits im Unterbringungsentscheid vorgesehen werden. Die KESB kann sie auch erst später beschliessen. Sie hat aber jederzeit die Möglichkeit, die Übertragung zu widerrufen (Bericht ExpK Erwachsenenschutz 95, 119; ROSCH, in: Rosch/Büchler/Jakob, Art. 428 N 1). Die Möglichkeit zur Übertragung der Entlassungskompetenz bestand bereits im alten Recht (vgl. SCHNYDER, ZVW 1993, 173 ff.).

IV. Verfahren

10 Für die **Einweisung** durch die **KESB** richtet sich das Verfahren nach den **Art. 443 ff.** Besonderheiten gegenüber der Anordnung anderer Massnahmen sieht das Gesetz mit Ausnahme der Bestimmung über die Anhörung (vgl. Art. 447 Abs. 2) nicht vor. Im Gegensatz zum früheren Recht hat der Gesetzgeber somit die allgemeinen Regeln für die Anordnung einer Massnahme auch für die FU als grundsätzlich genügend angesehen. Das gilt auch für den Entscheid der KESB bei der Entlassung.

11 Ist die **Einrichtung zuständig**, über die Entlassung zu entscheiden, ist für das Verfahren Art. 430 analog anwendbar.

12 Zur Möglichkeit, jederzeit ein Entlassungsgesuch zu stellen, s. Art. 426 N 49 ff. und zu den Rechtsmitteln Art. 450 ff. und Art. 439.

Art. 429

II. Ärztinnen und Ärzte

1. Zuständigkeit

[1] Die Kantone können Ärzte und Ärztinnen bezeichnen, die neben der Erwachsenenschutzbehörde eine Unterbringung während einer vom kantonalen Recht festgesetzten Dauer anordnen dürfen. Die Dauer darf höchstens sechs Wochen betragen.

[2] Die ärztliche Unterbringung fällt spätestens nach Ablauf der festgelegten Dauer dahin, sofern nicht ein vollstreckbarer Unterbringungsentscheid der Erwachsenenschutzbehörde vorliegt.

[3] Über die Entlassung entscheidet die Einrichtung.

II. Médecins

1. Compétence

[1] Les cantons peuvent désigner des médecins qui, outre l'autorité de protection de l'adulte, sont habilités à ordonner un placement dont la durée est fixée par le droit cantonal. Cette durée ne peut dépasser six semaines.

[2] Le placement prend fin au plus tard au terme du délai prévu par le droit cantonal, à moins que l'autorité de protection de l'adulte ne le prolonge par une décision exécutoire.

[3] La décision de libérer la personne placée appartient à l'institution.

II. Medici

1. Competenza

[1] I Cantoni possono designare medici abilitati a ordinare, in aggiunta all'autorità di protezione degli adulti, un ricovero per una durata stabilita dal diritto cantonale. Questa durata non può eccedere le sei settimane.

[2] Il ricovero ordinato dal medico termina al più tardi alla scadenza della durata stabilita, sempre che non sussista una decisione di ricovero esecutiva dell'autorità di protezione degli adulti.

[3] L'istituto decide sulla dimissione.

Art. 430

2. Verfahren

[1] Die Ärztin oder der Arzt untersucht persönlich die betroffene Person und hört sie an.

[2] Der Untersuchungsentscheid enthält mindestens folgende Angaben:
1. Ort und Datum der Untersuchung;
2. Name der Ärztin oder des Arztes;
3. Befund, Gründe und Zweck der Unterbringung;
4. die Rechtsmittelbeleherung.

[3] Das Rechtsmittel hat keine aufschiebende Wirkung, sofern die Ärztin oder der Arzt oder das zuständige Gericht nichts anderes verfügt.

[4] Ein Exemplar des Unterbringungsentscheids wird der betroffenen Person ausgehändigt; ein weiteres Exemplar wird der Einrichtung bei der Aufnahme der betroffenen Person vorgelegt.

[5] Die Ärztin oder der Arzt informiert, sofern möglich, eine der betroffenen Person nahestehende Person schriftlich über die Unterbringung und die Befugnis, das Gericht anzurufen.

2. Procédure

[1] Le médecin examine lui-même la personne concernée et l'entend.

[2] La décision de placer la personne concernée mentionne au moins:

1. le lieu et la date de l'examen médical;
2. le nom du médecin qui a ordonné le placement;
3. les résultats de l'examen, les raisons et le but du placement;
4. les voies de recours.

[3] Le recours n'a pas d'effet suspensif, à moins que le médecin ou le juge ne l'accorde.

[4] Un exemplaire de la décision de placer la personne concernée lui est remis en mains propres, un autre à l'institution lors de son admission.

[5] Dans la mesure du possible, le médecin communique par écrit la décision de placer la personne dans une institution à l'un de ses proches et informe de la possibilité de recourir contre cette décision.

2. Procedura

[1] Il medico in persona esamina l'interessato e lo sente.

[2] La decisione di ricovero contiene almeno le seguenti indicazioni:
1. il luogo e la data dell'esame;
2. il nome del medico;
3. la diagnosi, i motivi e l'obiettivo del ricovero;
4. l'indicazione dei mezzi d'impugnazione.

[3] Salvo che il medico o il giudice competente decida altrimenti, l'impugnazione non ha effetto sospensivo.

[4] All'interessato è consegnato un esemplare della decisione di ricovero; un altro esemplare è esibito all'istituto al momento dell'ammissione dell'interessato.

[5] Per quanto possibile, il medico informa per scritto una persona vicina all'interessato sul ricovero e sul diritto di adire il giudice.

Inhaltsübersicht

Literatur

Vgl. die Literaturhinweise vor Art. 426 ff.

Materialien

Art. 421, 422 Abs. 1 und 423 VE Erwachsenenschutz 2003; VE Erwachsenenschutz/Vernehmlassungen, 278 ff.; Botschaft Erwachsenenschutz, 7064 ff. und 7159; Prot. RK-S vom 27./28.8.2007, 19 ff.; AmtlBull StR 2007, 836 f.; Prot. RK-N vom 24./25.4.2008, 29 f.; AmtlBull NR 2008, 1524; Prot. RK-S vom 27./28.10.2008, 2; AmtlBull StR 2008, 882.

I. Gegenstand und Verhältnis zum bisherigen Recht

Je nach Organisation der KESB und geographischen Gegebenheiten, sind die Behörden zu weit weg, um in Notsituationen rechtzeitig und fachkompetent reagieren zu können. Bei vorübergehenden, einmaligen Krisen kann es zudem im Interesse der betroffenen Person sein, dass der Vorfall möglichst wenig bekannt wird, auch nicht bei den KESB. Das **bisherige Recht** gewährte deshalb den Kantonen die Möglichkeit, die Einweisungszuständigkeit in dringlichen Fällen und bei psychisch Kranken auch «anderen geeigneten Stellen» einzuräumen (aArt. 397b Abs. 2). Diese Stellen mussten in generell abstrakter Weise in einem kantonalen Erlass bezeichnet werden (BGE 134 III 291 E. 2.2). Als geeignet galt dabei jede Stelle, die über den nötigen Sachverstand verfügt und von ihren übrigen Aufgaben her in der Lage war, den mit der fürsorgerischen Freiheitsentziehung bezweckten Schutz der Interessen des Betroffenen zum zentralen Punkt ihres Entscheides zu machen. Allerdings war eine medizinische Ausbildung nicht Voraussetzung. Es brauchte sich nicht um eine Behörde zu handeln. Die Kantone konnten auch Private als zuständig bezeichnen. Entsprechend räumten viele Kantone allen praxisberechtigten Ärzten die entsprechende Zuständigkeit ein. 1

Das **neue Recht** sieht diese Möglichkeit weiterhin vor, enthält aber **drei wesentliche Einschränkungen**: Die Kantone können diese Zuständigkeit nur noch Ärzten einräumen. Die Zuständigkeit ist jedoch nicht mehr auf Fälle psychisch Kranker oder bei Dringlichkeit beschränkt. Dafür ist die Wirkung der Unterbringung befristet. Wie im bisherigen Recht muss auch im neuen die Bezeichnung in einer generell abstrakten Norm des kantonalen Rechts erfolgen. 2

Die ärztliche Zuständigkeit nach kantonalem Recht tritt **neben die Zuständigkeit der KESB**. Die Kantone können dieser ihre umfassende Zuständigkeit nicht entziehen. Sie muss deshalb fachlich in der Lage sein, eine Unterbringung anzuordnen. 3

II. Bezeichnete Ärzte und Zuständigkeiten (Art. 429 Abs. 1)

1. Fachliche Voraussetzungen

Das neue Recht ermöglicht den Kantonen «Ärzte und Ärztinnen» neben der KESB als für die Unterbringung zuständig zu bezeichnen. Die **Aufzählung ist abschliessend**. Die Kantone können somit keine anderen Stellen oder Behörden mehr zuständig erklären. Der Vorentwurf von 1998 liess demgegenüber – wie das frühere Recht – auch noch andere geeignete Stellen zu (VE 1998, Art. 223, 48). 4

Wohl sieht das geltende Recht nur noch die Zuständigkeit der Ärzte vor. Es lässt aber innerhalb dieses Rahmens den **Kantonen vollständige Freiheit**. Der Vorentwurf von 2003 und der Entwurf des Bundesrates schränkten demgegenüber die Kantone insofern weiter ein, als nur «geeignete» Ärzte als zuständig bezeichnet werden können sollten (Bericht ExpK Erwachsenenschutz, 62 ff.; Botschaft Erwachsenenschutz, 7064 ff.). Der Zusatz wurde im Ständerat gestrichen (AmtlBull StR, 2007 836). Allerdings ist die Änderung im italienischen Text nicht vollzogen worden. Mit der Einschränkung sollte verhindert werden, dass die Kantone auch Ärzte ohne jede Spezialausbildung oder Weiterbildung in psychiatrischen Fragen mit der Unterbringung betreuen (zur Problematik vgl. ETZENSBERGER, ZSR 2003 I, 366; MAIER, Schweizerische Rundschau für Medizin 2001 Nr. 37). Die Einschränkung wurde aber als für gewisse Kantone zu stark angesehen. Zudem ist der Ausdruck «geeignet» nicht aussagekräftig, da es kaum in Frage kommt, «ungeeignete» Ärzte als zuständig zu erklären. Aus dem Wortlaut der Bestimmung ergibt sich, dass nur Personen als zuständig bezeichnet werden können, welche ein **medizinisches Studium** 5

abgeschlossen haben. Die Person muss über ein schweizerisches Staatsexamen oder einen gleichwertigen Abschluss verfügen. Das Gesetz enthält insoweit keine weiteren Anforderungen. Das Bundesrecht setzt auch nicht voraus, dass eine kantonale Berufsausübungsbewilligung vorliegen muss. Allerdings trägt der Kanton nicht nur die politische Verantwortung für die Zuständigkeitsregelung, sondern haftet auch für die Anordnungen und Unterlassungen der von ihm als zuständig bezeichneten Ärzte (vgl. Art. 454 N 6). Zu beachten ist zudem, dass bei der Einweisung die Verfahrensbestimmungen nach Art. 430 zu beachten sind, welche die zuständige Ärzteschaft zwingend kennen müssen. Allerdings werden Verfahrensfehler mangels eines materiellen Schadens selten zu einer Haftung des Kantons führen.

6 Die Kantone können ohne Weiteres eine **differenzierte Zuständigkeitsordnung** vorsehen (Botschaft Erwachsenenschutz, 7065). Sie können bspw. alle Ärzte bei Gefahr im Verzug und für die anderen Fälle nur Spezialärzte zuständig erklären. Solche Differenzierungen werden sich allerdings häufig als überflüssig erweisen, weil in nicht dringlichen Fällen die ohnehin von Bundesrechts wegen bestehende Zuständigkeit der KESB genügt.

7 Obschon die Sachkompetenz bei den **Klinikärzten** zweifellos gegeben ist, kann der Kanton diese dennoch **nicht für die Unterbringung in der eigenen Klinik** als zuständig erklären. Sowohl im bisherigen Recht wie auch im neuen ist immer eine doppelte Kontrolle erforderlich. Zum einen bedarf es eines Einweisungsentscheides und zum anderen muss regelmässig die Einrichtung die betroffene Person aufnehmen. Wohl handelt es sich bei der Aufnahme nicht um einen formellen Entscheid. Es ist aber dennoch regelmässig **eine zweite Kontrolle**, ob die Unterbringung gerechtfertigt ist. Diese doppelte Kontrolle entfiele, wenn die Klinikärzte selbständig die Unterbringung anordnen könnten. Dass der Gesetzgeber dies nicht gewollt hat, ergibt sich aus Art. 427, der eine solche Möglichkeit nur gerade bei freiwillig eingetretenen für die Dauer von drei Tagen vorsieht und überdies an zusätzliche Voraussetzungen knüpft. Daraus ergibt sich aber auch, dass Klinikärzte zuständig sein können, Personen in einer anderen Einrichtung als ihrer eigenen unterzubringen.

2. Sachliche Zuständigkeit

8 Die nach Art. 429 bezeichneten Ärzte sind für **jede Unterbringung nach Art. 426 zuständig**. Eine Beschränkung auf Personen mit psychischen Störungen ist nicht vorgesehen (vgl. Bericht ExpK Erwachsenenschutz 03, 63). Sie können somit auch Personen mit geistiger Behinderung oder schwerer Verwahrlosung einweisen. Damit entfallen Abgrenzungsschwierigkeiten. In aller Regel wird zudem bei einer schwer verwahrlosten Person auch eine psychische Störung vorliegen.

9 Demgegenüber wird die ärztliche Einweisung regelmässig nur zur Behandlung oder Betreuung erfolgen, **nicht aber bloss zur Begutachtung** (Schmid, Art. 429 N 2; Botschaft Erwachsenenschutz, 7065; **a.M.** offenbar noch Bericht ExpK Erwachsenenschutz 03, 64, Ausführungen zu Art. 423 Abs. 2 VE 2003). Diese muss vielmehr regelmässig innerhalb eines Verfahrens nach Art. 449 von der verfahrensführenden Behörde angeordnet werden. Art. 426 deckt grundsätzlich die Begutachtung nicht (vgl. Art. 426 N 27). Demgegenüber ist auch bei einer ärztlichen Unterbringung eine Behandlung nach den Art. 433 ff. wie bei einer behördlichen Unterbringung möglich.

3. Örtliche Zuständigkeit

Der Kanton bezeichnet die Ärzte, welche auf seinem Gebiet zur Unterbringung zuständig sind. Entscheidend ist, **wo der Entscheid über die Einweisung gefällt wird**. Dieser Ort muss im Entscheid genannt werden (N 26). Da die betroffene Person innerhalb des Entscheidungsverfahrens untersucht werden muss (N 20 ff.), hält sich diese notwendigerweise am gleichen Ort wie der Arzt auf. Es besteht somit keine wohnörtliche Zuständigkeit. Vielmehr ist der **Aufenthaltsort** massgeblich. 10

Es ist möglich, dass der Kanton alle in der Schweiz zugelassenen Ärzte für zuständig erklärt. Auch dann muss aber der Arzt seinen Entscheid im Kanton mit dieser Regelung fällen und darf sich im Zeitpunkt des Entscheides nicht ausserhalb des Kantonsgebietes befinden. Ohne Bedeutung ist dann aber, wo er seinen Beruf gewöhnlich ausübt. 11

III. Tragweite des ärztlichen Unterbringungsentscheids

1. Wirkungsdauer (Art. 429 Abs. 1 und 2)

Die ärztliche Unterbringung ist immer nur für eine beschränkte Dauer. Deren **Länge richtet sich nach dem kantonalen Recht**. Die Kantone können maximal eine Dauer von sechs Wochen vorsehen. Die Dauer wurde vom Gesetzgeber so gewählt, damit nicht bei jeder psychischen Störung die KESB eingreifen muss und der Vorfall bei ihr aktenkundig wird. Der Gesetzgeber ging davon aus, dass kleinere psychische Störungen in dieser Frist soweit behandelt werden können, dass eine Entlassung ohne Behördenintervention möglich ist. 12

Sowohl bei der bundesrechtlichen Frist von sechs Wochen wie auch bei der gegebenenfalls kürzeren kantonalen Frist handelt es sich um **Maximalfristen**. Es ist immer möglich, dass der ärztliche Einweisungsentscheid auf eine kürzere Dauer erfolgt. 13

Läuft die Frist ab, entfällt die Anordnung und die betroffene Person **kann die Einrichtung verlassen**, sofern nicht inzwischen ein vollstreckbarer Unterbringungsentscheid der KESB vorliegt. Eine Verlängerung aufgrund von Art. 427 um weitere drei Tage ist nicht möglich, da diese Bestimmung nur zur Anwendung gelangt, wenn die betroffene Person freiwillig eingetreten ist, nicht aber wenn sie hoheitlich untergebracht worden ist. Der Entscheid der KESB muss zwar nicht rechtskräftig, aber vollstreckbar sein (vgl. dazu Art. 427 N 16). 14

Die Frist berechnet sich nach Kalendertagen. Die betroffene Person kann für **maximal 42 Tage** in der Klinik untergebracht werden. Sie ist spätestens am 42. Tag um Mitternacht zu entlassen. Mit Blick auf die Länge der Frist rechtfertigt es sich nicht nach einzelnen Stunden zu rechnen (anders bei der Zurückbehaltung: vgl. Art. 427 N 16). 15

2. Entlassungszuständigkeit (Art. 429 Abs. 3)

Mit **Ablauf** der im Unterbringungsentscheid **festgesetzten Frist** bzw. der Maximalfrist entfällt die Wirksamkeit der Unterbringung und die betroffene Person kann die Klinik ohne weiteres verlassen. Sie darf nicht gegen ihren Willen zurückbehalten werden, auch wenn die Voraussetzungen für eine FU nach wie vor gegeben sind. Das gilt auch bei Selbst- oder Fremdgefährdung. Sollte sich die Gefahr dann allerdings verwirklichen, wird regelmässig der Kanton haften, weil die zuständigen Personen in der Einrichtung bzw. die von diesen informierte KESB nicht rechtzeitig gehandelt haben, um den Schaden abzuwenden. Mit Blick auf die Dauer eines Verfahrens für einen ordentlichen Entscheid 16 auf Unterbringung der KESB muss diese wohl spätestens in der vierten oder fünften Woche der Unterbringung für die Verlängerung angegangen werden (vgl. Bericht ExpK Erwachsenenschutz 03, 63). Es ist selbstverständlich immer möglich, dass die betroffene Person freiwillig nach Ablauf der sechs Wochen in der Einrichtung bleibt.

17 Bereits vor Ablauf dieser Frist muss die Person aber **entlassen werden, wenn die Voraussetzungen für eine Unterbringung nicht mehr gegeben sind**. Art. 426 Abs. 3 ist anwendbar. Zuständig, die Entlassung zu verfügen, ist die Einrichtung. Handelt es sich um eine öffentliche Einrichtung, bestimmt das kantonale öffentliche Recht, wer innerhalb der Einrichtung für den Entscheid zuständig ist, andernfalls die Organisationsnormen der privaten Klinik.

IV. Verfahren (Art. 430)

18 Die Art. 443 ff. über das Verfahren regeln ausschliesslich jenes vor der KESB und der nachfolgenden gerichtlichen Beschwerdeinstanz und damit auch das Verfahren, wenn es um eine behördliche Unterbringung einer Person in einer Einrichtung geht. Besonderheiten gegenüber der Anordnung anderer Massnahmen sieht das Gesetz mit wenigen Ausnahmen (Art. 447 Abs. 2, Art. 450b Abs. 2 und Art. 450e) nicht vor. Im Gegensatz zum bisherigen Recht hat der Gesetzgeber somit die allgemeinen Regeln für die Anordnung einer Massnahme durch die KESB auch für die FU als grundsätzlich genügend angesehen (Hausheer/Geiser/Aebi-Müller, Erwachsenenschutzrecht, Rz 2.180).

19 Demgegenüber sind diese Bestimmungen für die ärztliche Unterbringung nicht anwendbar. Weil bei der fürsorgerischen Unterbringung aber nach wie vor der Rechtsstaatlichkeit des Verfahrens sehr grosse Bedeutung zukommt, hat der Gesetzgeber die Einweisung durch einen Arzt auch hinsichtlich des Verfahrens besonders geregelt. Auch der Rechtsbehelf gegen diese Entscheide hat eine besondere Regelung erfahren (Art. 439).

1. Persönliche Untersuchung und Anhörung (Art. 430 Abs. 1)

20 Der **einweisende Arzt** muss die betroffene **Person selber untersuchen**. Das bedeutet einerseits, dass der Arzt selber die Untersuchungen vornehmen muss und diese nicht durch Hilfspersonen vornehmen lassen darf. Soweit nach kantonalem Recht auch Klinikärzte über die Unterbringung befinden können, muss folglich jener Arzt zum Entscheid befugt sein, der auch die Untersuchung vornimmt. Andererseits bedeutet dies aber auch, dass der entscheidende Arzt die betroffene Person tatsächlich untersuchen muss. Er darf nicht nur auf Angaben von Dritten abstellen (Rosch, in: Rosch/Büchler/Jakob, Art. 430 N 4; Schmid, Art. 430 N 2; Botschaft Erwachsenenschutz, 7065). Angaben Dritter werden aber meist den Entscheid erheblich beeinflussen und sind für die Beurteilung häufig durchaus wichtig.

21 Die **Untersuchung hat dem Einweisungsentscheid unmittelbar vorauszugehen**. Das gilt auch, wenn der behandelnde Arzt die Unterbringung anordnet und über den Zustand des Patienten aufgrund vorausgehender Untersuchungen bestens informiert ist. Im Ständerat war zwar bei Art. 430 ein sechster Absatz angenommen worden, der in diesen Fällen ein Absehen von einer weiteren Untersuchung ermöglicht hätte (AmtlBull StR 2007, 837). Im Nationalrat ist dieser Absatz aber wieder gestrichen worden (AmtlBull NR 2008, 1524), was dann auch der Ständerat akzeptierte (AmtlBull StR 2008, 882). Eine Aufteilung der Untersuchung und des Entscheides ist auch kaum möglich, weil der Arzt eine Kopie des Entscheids der betroffenen Person auszuhändigen hat (vgl. N 28).

Es müssen alle jene Befunde aufgeführt werden, die für die Einweisung entscheidend sind und die notwendig sind, damit die Klinik die ersten Schritte vornehmen kann. Es handelt sich um die eigenen Beobachtungen des Arztes sowie die bei der betroffenen Person und ihrer Umgebung erfragten Informationen. Dazu gehören auch eine Anamnese der momentanen Lebenssituation sowie ein Psychostatus, d.h. die Einzelheiten des Zustandsbildes (Syndroms). 22

Der Arzt hat die betroffene Person nicht nur zu untersuchen, sondern auch anzuhören. **Anhörung** bedeutet nicht nur die Gewährung des rechtlichen Gehörs. Vielmehr muss der über die Unterbringung Entscheidende selber die betroffene Person mündlich anhören. Diese muss sich zur Unterbringung äussern und dazu Stellung nehmen können (vgl. BVK-Steinmann, Art. 29 BV N 23 ff.). Folglich muss der Arzt sie auch darüber unterrichten, um was es geht und über den Vorgang, die Gründe und die Folgen der Unterbringung. Er muss zudem die Stellungnahme des Patienten zur Kenntnis nehmen. Allerdings wird häufig der Zustand der betroffenen Person ein solches Gespräch nur beschränkt zulassen. Das ist kein Grund es zu unterlassen. Vielmehr ist es den Gegebenheiten und Möglichkeiten anzupassen. Die Anhörung kann nur unterbleiben, wenn der Patient gar nicht ansprechbar ist (vgl. Botschaft Erwachsenenschutz, 7065). 23

2. Inhalt des Entscheids (Art. 430 Abs. 2)

Der Unterbringungsentscheid muss – im Gegensatz zum alten Recht – **schriftlich ausgefertigt** werden, was das Gesetz allerdings nicht ausdrücklich festhält (Rosch, in: Rosch/Büchler/Jakob, Art. 430 N 5). Dass es sich um ein Schriftstück handeln muss, ergibt sich aber aus Abs. 4. Andernfalls wäre es nicht möglich, der betroffenen Person ein Exemplar auszuhändigen. Dass das Schriftstück auch von der entscheidenden Person unterschrieben sein muss, ergibt sich aus allgemeinen Verfahrensgrundsätzen. Das Gesetz umschreibt dessen Mindestinhalt. Die Kantone können weitere formelle Anforderungen stellen, da sie auch darauf verzichten können, überhaupt Ärzten die Kompetenz zur Unterbringung einzuräumen. Die Kantone können auch **Formulare** kreieren und deren Anwendung verbindlich vorschreiben (vgl. Schmid, Art. 430 N 3). 24

Art. 430 Abs. 2 führt nicht alle wesentlichen Elemente des Entscheides auf, weil sich gewisse von selbst verstehen. So muss der Entscheid die **Anordnung festhalten**, d.h. die Unterbringung. Dafür ist auch die **Nennung der Personalien der betroffenen Person** unumgänglich. Sind diese nicht bekannt und auch nicht feststellbar, muss die Person wenigstens so umschrieben werden, dass der Entscheid zuordenbar ist. Im Entscheid ist festzuhalten, dass eine Identifikation nicht möglich war (Bericht ExpK Erwachsenenschutz 03, 64; Botschaft Erwachsenenschutz, 7066). Mangels anderer Angabe erfolgt die Unterbringung für die nach kantonalem Recht maximal zulässige **Dauer**, längstens für sechs Wochen. Die Einweisung erfolgt auch immer in eine **konkrete Einrichtung**, was sich bereits aus Art. 426 ergibt, weil es sich um eine «geeignete Einrichtung» handeln muss. Entsprechend muss die **Einrichtung konkret genannt** werden (Schmid, Art. 430 N 4). Überdies muss die betroffene Person über die **Gründe der Einweisung oder Zurückbehaltung** unterrichtet werden. Diesen Anspruch hatte das Bundesgericht allgemein bereits aus aArt. 4 BV abgeleitet. Eine belastende behördliche Entscheidung ist zu begründen, damit die betroffene Person sie verstehen und ggf. sachgerecht anfechten kann. Dieser Anspruch ergibt sich auch aus Art. 5 Ziff. 2 EMRK. Die Begründung dient zudem der Überprüfung des Entscheides durch die Rechtsmittelinstanz (BGE 122 IV 14 E. c). Es dürfen allerdings keine hohen Anforderungen an die Begründung gestellt werden (vgl. BGE 133 III 355 E. 2.2.). Sie muss aber für die betroffene Person verständlich sein. Ist diese der Amtsspra- 25 che nicht kundig, hat eine Übersetzung zu erfolgen (Rosch, in: Rosch/Büchler/Jakob, Art. 429–430 N 4; vgl. auch Art. 5 Ziff. 2 EMRK und Villiger, Rz 350; Deschenaux/Steinauer, Personnes, Rz 1193). Im Gegensatz zum Entscheid als solchem kann allerdings nicht verlangt werden, dass auch die Begründung der Schriftform genügt. Der schriftliche Entscheid kann der betroffenen Person auch mündlich erläutert werden (BGE 121 IV 352 f.).

26 Der schriftliche Entscheid muss zudem im Einzelnen **mindestens folgende Angaben** enthalten:

- Mit dem **Ort und dem Datum der Untersuchung** wird sichergestellt, dass diese tatsächlich unmittelbar vor dem Entscheid stattgefunden hat. Dabei ist auch festzuhalten, wie der Arzt mit dem Fall in Kontakt gekommen ist (Bericht ExpK Erwachsenenschutz 03, 64; Botschaft Erwachsenenschutz, 7066). Anzugeben ist auch in groben Zügen, worin die Untersuchung bestanden hat. Es entspricht im Wesentlichen jenen Angaben, die ohnehin in einer Krankengeschichte zu notieren sind.
- Der **Arzt** hat auch ihre **Personalien** anzugeben, so dass die entscheidende Person identifiziert werden kann. Nur so kann einerseits sichergestellt werden, dass über die Unterbringung eine dafür zuständige Person entschieden hat und andererseits sind auch Rückfragen möglich; der Entscheid dient auch als Grundlage für die Aufnahme in der Einrichtung.
- Im schriftlichen Entscheid sind auch die Ergebnisse der Untersuchung **(Befund)** zusammenzufassen und sowohl der **Zweck der Unterbringung** als auch die **Gründe** für diese zu nennen. Das braucht keine ausführliche Begründung zu sein (vgl. N 25). Die Ausführungen müssen aber ausreichen, damit die Einrichtung den Patienten zweckdienlich aufnehmen und die erste Betreuung leisten kann. Die Einrichtung sollte auch darüber informiert werden, wem alles der Entscheid eröffnet worden ist.
- Der Entscheid muss zudem eine **Rechtsmittelbelehrung** enthalten, d.h. auf das Recht hinweisen, nach Art. 439 innert 10 Tagen schriftlich das Gericht anzurufen. Da der Entscheid sofort eröffnet wird (N 28), kann der Ablauf der Frist i.d.R. konkret genannt werden. Ebenfalls konkret benannt werden muss, welches Gericht zuständig ist (Rosch, in: Rosch/Büchler/Jakob, Art. 430 N 5). Der unterbringende Arzt muss dieses kennen; andernfalls könnte er ein sofort gestelltes Begehren um gerichtliche Beurteilung nicht gem. Art. 439 Abs. 4 unverzüglich dem zuständigen Gericht weiterleiten. Nicht mehr erforderlich ist eine zweite Rechtsmittelbelehrung durch die Einrichtung, nachdem die Person eingetreten ist (Botschaft Erwachsenenschutz, 7066).

27 Das Gesetz regelt die **Folgen eines Formfehlers** nicht. Ergeht der Entscheid von einer nicht zuständigen Person, ist er nichtig. Andernfalls kann der Formfehler nachträglich geheilt werden. Der betroffenen Person darf aber aus dem Formfehler kein Nachteil erwachsen.

3. Eröffnung des Entscheids (Art. 430 Abs. 4)

28 Der Entscheid ist der **betroffenen Person sofort zu eröffnen**. In aller Regel wird dies mündlich im Gespräch mit entsprechenden Erläuterungen geschehen. Zusätzlich ist ihr aber in jedem Fall ein schriftliches Exemplar des Entscheides auszuhändigen. Die betroffene Person wird in diesem Zeitpunkt häufig nicht urteilsfähig sein, so dass eine rechtsgültige Eröffnung gar nicht möglich ist. Diese erfolgt dann erst, wenn die betroffene Person in urteilsfähigem Zustand aufgrund des ihr ausgehändigten Exemplars von der Unterbringung Kenntnis nimmt.

Weil nicht nur die betroffene Person selber, sondern auch ihr **nahestehende Personen** zur Anrufung des Gerichts legitimiert sind (Art. 439 Abs. 1; Art. 439 N 20 ff.), ist der Entscheid grundsätzlich auch diesen zu eröffnen. Allerdings gebietet der Persönlichkeitsschutz der betroffenen Person höchste Zurückhaltung. Eine Eröffnung ist deshalb nur im Rahmen der Informationspflicht nach Art. 430 Abs. 5 zulässig (vgl. dazu N 35 ff.). 29

Ein weiteres **Exemplar des Entscheides ist der Einrichtung zu übergeben**. Dadurch wird diese von Anfang an korrekt über die Lage der betroffenen Person und die vorzukehrenden Massnahmen informiert und kann den Patienten adäquat behandeln und betreuen. Gegebenenfalls kann die Einrichtung beim einweisenden Arzt auch weitere Informationen einholen. Das hoheitliche Handeln erlaubt ihm, sachdienliche Patienteninformationen der Einrichtung weiterzugeben. 30

4. Rechtsmittel (Art. 430 Abs. 3)

Der Entscheid des Arztes auf Unterbringung unterliegt der gerichtlichen Beurteilung nach Art. 439 Abs. 1 Ziff. 1. Ein anderes Rechtsmittel ist nicht gegeben (vgl. Art. 439 N 4 ff.). In Art. 430 Abs. 3 wird ausschliesslich festgehalten, dass ein Gesuch um gerichtliche Beurteilung von Gesetzes wegen – wie im früheren Recht – **keine aufschiebende Wirkung** zukommt. Der anordnende Arzt oder das Gericht können im Einzelfall dem Begehren jedoch die aufschiebende Wirkung verleihen. 31

Mit dem Entzug der aufschiebenden Wirkung von Bundesrechts wegen wollte der Gesetzgeber sicherstellen, dass die nötige persönliche Fürsorge bei Bedarf sofort gewährt werden kann. Der Entscheid ist zwar noch nicht formell rechtskräftig, wohl aber vollstreckbar. Mit Blick auf die schweren Folgen einer ungerechtfertigten fürsorgerischen Unterbringung für die betroffene Person und ggf. auch mit Blick auf die Haftung des Kantons hat der einweisende Arzt **immer sorgfältig zu prüfen, ob die aufschiebende Wirkung nicht zu erteilen ist**. Ein Gesuch um aufschiebende Wirkung muss nicht gestellt werden. Diese wird ggf. von Amtes wegen erteilt. Die aufschiebende Wirkung muss **immer gewährt werden**, wenn der **Vollzug** der fürsorgerischen Unterbringung sich **nicht** als **dringlich** erweist. Dringlich ist eine Massnahme nur, wenn mit ihrem Vollzug nicht zugewartet werden kann, bis sich das Gericht voraussichtlich mit der angeordneten Massnahme befasst. Keine Notwendigkeit besteht, dass dieses innert nützlicher Frist in der Lage ist, den Fall abzuschliessen, da es möglich ist, die aufschiebende Wirkung nachträglich wieder zu entziehen, wenn sich aufgrund der Verfahrensdauer Dringlichkeit ergibt. 32

Wird bei einem Suchtkranken eine **Entziehungskur** angeordnet, so besteht häufig keine Dringlichkeit im aufgezeigten Sinn. Eine langfristige Behandlung kann i.d.R. ohne grossen Schaden für die betroffene Person einen Monat früher oder später beginnen. Meist beansprucht die Suche nach einem geeigneten Therapieplatz ohnehin eine gewisse Zeit. Der Umstand, dass in einem bestimmten Zeitpunkt ein Therapieplatz bereit und ein Zuwarten mit Kosten verbunden ist, rechtfertigt die Verweigerung der aufschiebenden Wirkung nicht. 33

Sobald ein **Gesuch um gerichtliche Beurteilung eingereicht** ist, liegt die Verantwortung für die entsprechende Prüfung beim Gericht. Der einweisende Arzt hat keine Möglichkeit, nach Vollzug der Unterbringung auf seinen Entscheid zurückzukommen und diesem noch aufschiebende Wirkung zu erteilen. Demgegenüber liegt es in der Verantwortung der Einrichtung, die betroffene Person zu entlassen, wenn ihres Erachtens mit der Unterbringung zugewartet werden kann und damit die Voraussetzungen für eine Unterbringung ohne rechtskräftigen Entscheid nicht gegeben sind. 34

V. Information nahestehender Personen (Art. 430 Abs. 5)

35 Wird eine Person in einer Einrichtung untergebracht, ist es regelmässig unumgänglich, ihre unmittelbare Umgebung darüber zu informieren, wenn diese nicht schon ohnehin Kenntnis davon hat oder erhält. **Zweck dieser Information** ist einerseits sicherzustellen, dass die alltäglichen Interessen der betroffenen Person gewahrt werden können (Besorgung von Haustieren usw.). Andererseits soll aber auch bei einer nicht ansprechbaren Person sichergestellt werden, dass jemand ihre Interessen wahren und gegebenenfalls auch gerichtliche Beurteilung verlangen kann (vgl. Art. 439 Abs. 1). Insoweit die Informationspflicht nach Art. 430 Abs. 5 reicht, liegt ein Rechtfertigungsgrund für die Verletzung des Patientengeheimnisses vor.

36 In erster Linie **entscheidet die betroffene Person** selber, wer zu informieren ist und welche Informationen weiterzugeben sind. Kann sich die betroffene Person dazu nicht äussern, hat der Arzt sorgfältig aufgrund der gesamten Umstände des Einzelfalls abzuwägen, wer zu informieren ist. Es wird sich in aller Regel um den Ehegatten, eingetragenen Partner oder Lebenspartner handeln (Bericht ExpK 2003, 64 f.; Botschaft Erwachsenenschutz, 7066). Infrage können aber auch ausnahmsweise die Kinder oder die Eltern oder gar Nachbarn oder andere Vertrauenspersonen kommen. Entscheidend ist immer in erster Linie die Realbeziehung und nicht die Formalbeziehung.

37 Will die betroffene Person, dass keine Mitteilung erfolgt, so ist dieser Wille zu respektieren. Ein Verzicht ist möglich. Art. 430 Abs. 5 ist insofern dispositiv (Bericht ExpK 2003, 64 f.; Botschaft Erwachsenenschutz, 7066).

Art. 431

C. Periodische Überprüfung

[1] Die Erwachsenenschutzbehörde überprüft spätestens sechs Monate nach Beginn der Unterbringung, ob die Voraussetzungen noch erfüllt sind und ob die Einrichtung weiterhin geeignet ist.

[2] Sie führt innerhalb von weiteren sechs Monaten eine zweite Überprüfung durch. Anschliessend führt sie die Überprüfung so oft wie nötig, mindestens aber jährlich durch.

C. Examen périodique

[1] Dans les six mois qui suivent le placement, l'autorité de protection de l'adulte examine si les conditions du maintien de la mesure sont encore remplies et si l'institution est toujours appropriée.

[2] Elle effectue un deuxième examen au cours des six mois qui suivent. Par la suite, elle effectue l'examen aussi souvent que nécessaire, mais au moins une fois par an.

C. Verifica periodica

[1] Al più tardi sei mesi dopo l'inizio del ricovero, l'autorità di protezione degli adulti accerta se le condizioni dello stesso sono ancora adempiute e se l'istituto è ancora idoneo.

[2] Nel corso dei sei mesi seguenti effettua una seconda verifica. In seguito procede alla verifica quando sia necessario, ma almeno una volta all'anno.

Inhaltsübersicht

Literatur

Vgl. die Literaturhinweise vor Art. 426 ff.

Materialien

Art. 425 VE Erwachsenenschutz 2003; VE Erwachsenenschutz/Vernehmlassungen, 293 f.; Botschaft Erwachsenenschutz, 7067 und 7159 f.; Prot. RK-S vom 27./28. 8. 2007, 25; AmtlBull StR 2007, 837; Prot. RK-N vom 24./25. 4. 2008, 30; AmtlBull NR 2008, 1524.

I. Gegenstand und Verhältnis zum bisherigen Recht

Ein wesentliches Anliegen der Bestimmungen über die FU ist es, unangebrachte Freiheitsentziehungen zu verhindern. Dies setzt aber nicht nur eine sorgfältige Prüfung der Voraussetzungen bei einer Einweisung voraus, sondern auch die sofortige Entlassung einer betroffenen Person, wenn die Voraussetzungen für die unfreiwillige Unterbringung nicht mehr gegeben sind (Art. 426 N 44 ff.). Der Entlassungsentscheid liegt gem. Art. 428 i.d.R. bei der KESB, nicht bei der Einrichtung. Die KESB wird aber das Wegfallen der Unterbringungsvoraussetzungen nicht selber wahrnehmen. Vielmehr ist sie auf entsprechende Informationen der Einrichtung, der betroffenen Person selber oder von dieser Nahestehenden angewiesen. Entsprechend kann auch jederzeit ein Entlassungsgesuch gestellt werden und die KESB hat darüber ohne Verzug zu entscheiden (Art. 426 Abs. 4). Überdies gehört es zu den Sorgfaltspflichten der Einrichtung, der KESB unverzüglich Antrag auf Entlassung zu stellen, wenn sie erkennt, dass die Unterbringung nicht mehr notwendig ist (Bericht ExpK Erwachsenenschutz 03, 65). Dennoch befürchtete der Gesetzgeber, dass Personen ungerechtfertigt lange in Einrichtungen verbleiben. Aus diesem Grund sieht das geltende Recht eine Pflicht der KESB vor, **alle fürsorgerischen Unterbringungen periodisch zu überprüfen** (so schon Art. 425 VE 2003; Botschaft Erwachsenenschutz, 7067). Die Überprüfung betrifft allerdings immer nur Personen, welche aufgrund eines Entscheides einer KESB in einer Einrichtung untergebracht sind. Wurde eine freiwillig eingetretene Person nach Art. 427 in der Einrichtung zurückbehalten oder nach Art. 429 ärztlich eingewiesen, so erfolgt eine Überprüfung nach Art. 431 immer erst, nachdem bereits ein ordentlicher Einweisungsentscheid ergangen ist, da ohne einen solchen Entscheid die betroffene Person ohnehin die Einrichtung längst wieder verlassen konnte, bevor die erste Überprüfung anfällt. 1

Das **frühere Recht** kannte eine solche periodische Überprüfungspflicht nicht. Die Notwendigkeit dürfte allerdings bei psychiatrischen Kliniken auch kaum ausgewiesen sein. Da die Klinikkosten i.d.R. durch die **Krankenkassen** getragen werden, findet in regelmässigen Abständen auch durch diese eine Prüfung der weiteren Behandlungsbedürftigkeit und der Notwendigkeit eines Klinikaufenthalts statt. Soweit es sich aber um andere 2

Einrichtungen handelt, ist die periodische Überprüfung nach Art. 431 zweifellos eine wichtige Garantie, um ungerechtfertigte Unterbringungen zu verhindern.

II. Erste Überprüfung durch die ESB

1. Frist

3 Die erste Überprüfung hat innert sechs Monaten **nach Beginn der Unterbringung** zu erfolgen. Die Frist beginnt somit an dem Tag zu laufen, an dem die betroffene Person in die Einrichtung eintritt bzw. gem. Art. 427 zurückbehalten wird. Nicht massgeblich ist demgegenüber der Zeitpunkt des Einweisungsentscheides. Hat dieser aufschiebende Wirkung, kann ohne weiteres einige Zeit bis zum Eintritt und damit dem Beginn der Frist vergehen.

4 Die Dauer der Frist berechnet sich nach Art. 77 Abs. 1 Ziff. 3 OR. Sie endet damit um 24 Uhr jenes Tages des sechsten Monats, der durch seine Zahl dem Tag des Eintritts in die Einrichtung bzw. der Zurückbehaltung entspricht. Handelt es sich dabei um einen Sonn- oder Feiertag, erfolgt eine Verlängerung bis zum nächsten Werktag (Art. 78 OR).

5 Die Überprüfung hat innerhalb der Frist zu erfolgen. Am letzten Tag der Frist muss die KESB die Überprüfung somit **mit einem Entscheid abgeschlossen haben**. Die Eröffnung des Entscheides kann auch noch nach Ablauf der Frist erfolgen. Entsprechend braucht der Entscheid innert der Frist auch nicht rechtskräftig zu werden.

2. Zuständigkeit

6 **Sachlich zuständig** für die Überprüfung ist ausschliesslich die KESB. Das gilt auch für jene Fälle, in denen die Einweisung ursprünglich durch einen Arzt erfolgt ist oder die betroffene Person durch die Klinikleitung zurückbehalten worden ist.

7 **Örtlich zuständig** ist die KESB am Wohnsitz der betroffenen Person. Dies gilt auch, wenn die Einweisung ausnahmsweise durch die KESB am Aufenthaltsort erfolgt ist (vgl. Art. 428 N 4). Entsprechend hat die Verpflichtung der Behörde am Aufenthaltsort jene des Wohnsitzes zu informieren, Bedeutung.

3. Inhalt der Prüfung

8 Die KESB hat in erster Linie zu prüfen, ob die **Unterbringung noch gerechtfertigt** ist. Der Gesetzestext hält aber ausdrücklich fest, dass auch geprüft werden muss, ob die **Einrichtung noch** immer **geeignet** ist, was sich allerdings bereits aus den Einweisungsvoraussetzungen ergibt. Die Unterbringung ist immer nur gerechtfertigt, wenn die Einrichtung geeignet ist. Die Eignung der Einrichtung hat insb. Bedeutung, wenn es um Demenzpatienten geht, bei denen Zustandsänderungen auch die Unterbringung in einer anderen Einrichtung notwendig erscheinen lassen können (Botschaft Erwachsenenschutz, 7967). Eine Umplatzierung kann sich auch rechtfertigen, weil inzwischen geeignetere Einrichtungen bestehen. Die KESB hat sich deshalb bezüglich neuer Einrichtungen auf dem Laufenden zu halten.

9 Fraglich erscheint, ob auch eine **Medikation zu überprüfen** ist. Die systematische Einordnung der Norm spricht dagegen (Rosch, in: Rosch/Büchler/Jakob, Art. 431 N 2). Auch dem Wortlaut ist nichts anderes zu entnehmen. Allerdings ist zu beachten, dass sowohl die Eignung der Einrichtung wie auch die Notwendigkeit der Unterbringung mit der Behandlung in engem Zusammenhang stehen. Eine Beurteilung des einen ohne das andere ist kaum möglich. Die Notwendigkeit einer Medikation kann sehr wohl mit dem Wesen

der Einrichtung zusammenhängen (AmtlBull StR 2007, 837 f.). Insofern muss die KESB auch die Behandlung prüfen, unabhängig davon, ob es sich um eine angeordnete Behandlung (Art. 434) handelt oder diese mit Zustimmung der betroffenen Person (Art. 433) oder eines Vertreters erfolgt (Art. 377). Wurde die Person zur Behandlung in der Einrichtung untergebracht, ist entsprechend in jedem Fall der **Behandlungsplan** (Art. 433) der KESB zu unterbreiten und von dieser zu prüfen (anders beim Einweisungsentscheid, vgl. Art. 426 N 38). Zudem hat die Einrichtung der KESB auch die Protokolle über Massnahmen zur Einschränkung der Bewegungsfreiheit zu unterbreiten (vgl. Art. 438 N 10).

Der Unterbringungsentscheid hat keine materielle Rechtskraft. Entsprechend ist nicht nur zu prüfen, ob sich die Umstände so verändert haben, dass die betroffene Person zu entlassen oder umzuplatzieren ist. Vielmehr ist zu prüfen, ob die **Voraussetzungen** für die Unterbringung in der entsprechenden Anstalt im **Zeitpunkt der Überprüfung gegeben sind oder nicht** (Rosch, in: Rosch/Büchler/Jakob, Art. 431 N 2). Es kann sich auch erweisen, dass die Unterbringung von Anfang an nicht angemessen war. Auch dann ist die betroffene Person mit dem Überprüfungsentscheid zu entlassen oder umzuplatzieren. **10**

III. Zweite und weitere Überprüfungen

Nach weiteren sechs Monaten ist eine zweite Überprüfung vorzunehmen. Anschliessend sind diese jährlich zu wiederholen. Zu beachten ist allerdings, dass das Gesetz sowohl für die erste wie auch für alle weiteren Überprüfungen **Maximalfristen** festsetzt. Die Prüfung hat überdies «so oft wie nötig» stattzufinden. Eine Überprüfung in einer kürzeren Frist ist immer notwendig, wenn die KESB von Umständen erfährt, welche die weitere Angemessenheit der Unterbringung als fraglich erscheinen lassen. Zudem kann die Behörde selber auch im Unterbringungs- oder in einem Überprüfungsentscheid eine kürzere Frist für die nächste Prüfung festlegen. **11**

Diese weiteren Überprüfungen haben **gleich umfassend** zu sein und sich auf die gleichen Fragen zu beziehen wie die erste. Insofern gelten die gleichen Grundsätze. Die KESB kann sich nicht darauf beschränken, nur Veränderungen zu prüfen und sich im Übrigen auf die Feststellungen des früheren Überprüfungsentscheides abzustützen. Dagegen verstösst die Behörde allerdings nicht, wenn sie den früheren Entscheid und die entsprechenden Akten beizieht und die dort verwerteten Erfahrungen weiterhin bei der Entscheidungsfindung berücksichtigt. Sie muss aber alle Umstände neu und unvoreingenommen würdigen und zudem auch den aktuellen Sachverhalt erheben (vgl. N 16 f.). **12**

Auch die Fristen berechnen sich nach den gleichen Grundsätzen wie für die erste Überprüfung. Fristbeginn ist hier nun aber nicht der Eintritt in die Einrichtung, sondern der jeweils vorgehende Überprüfungsentscheid. **Massgebend ist das Datum des Entscheides**. Es kommt weder auf dessen Eröffnung noch auf seine Rechtskraft an. Folglich kann eine neue Überprüfung fällig werden, bevor die vorhergehende rechtskräftig geworden ist. Dadurch kann das Rechtsschutzinteresse an der Überprüfung des Entscheides im Rechtsmittelverfahren entfallen. Hat die Behörde ein Entlassungsgesuch abgelehnt und in diesem Rahmen die Unterbringung umfassend geprüft, tritt dieser Entscheid an die Stelle der Überprüfung und löst eine neue Frist nach Art. 431 aus. **13**

Auch für diese weiteren Überprüfungen ist die **KESB am Wohnsitz zuständig**. Es wird sich regelmässig um jene handeln, die bereits die erste Prüfung vorgenommen hat. Ausnahmen sind aber möglich, wenn inzwischen ein Wohnsitzwechsel stattgefunden hat. Dann ist die Massnahme und damit auch die Überprüfungspflicht ohne Verzug von der Behörde am neuen Wohnsitz zu übernehmen (Art. 442 Abs. 5). Ein Wohnsitzwechsel ist **14** auch möglich, wenn eine Person in einer Einrichtung untergebracht ist (Botschaft Erwachsenenschutz, 7096). Dabei ist weniger an die Verlegung des Wohnsitzes an den Ort der Anstalt zu denken (vgl. dazu BGE 137 II 127; BSK ZGB I-STAEHELIN Art. 26 N 5 ff.), als vielmehr an die Verlegung des Wohnsitzes im Zusammenhang eines Umzuges der ganzen Familie. Diesfalls kann ein Wohnsitz an einem neuen Ort ausnahmsweise auch ohne physische Anwesenheit begründet werden (BK-BUCHER, Art. 23 ZGB N 19; BSK ZGB I-STAEHELIN Art. 23 N 22).

IV. Verfahren

1. Geschäftskontrolle

15 Damit die regelmässigen Überprüfungen frist- und ordnungsgemäss vorgenommen werden, muss die KESB bezüglich der fürsorgerischen Unterbringungen in ihrem Zuständigkeitsbereich eine **Geschäftskontrolle führen**. Insofern handelt es sich um eine behördliche Massnahme, welche – wie eine Beistandschaft – von der KESB geführt werden muss. Ohne eine Geschäftskontrolle mit Verzeichnis aller fürsorgerischen Unterbringungen weiss sie nicht, wann sie welche Überprüfungen vorzunehmen hat.

2. Einzelne Verfahrensschritte

16 Das Verfahren richtet sich nach Art. 443 ff. Die Behörde nimmt die Überprüfung von Amtes wegen vor, so dass es keines entsprechenden Antrags bedarf (Botschaft Erwachsenenschutz, 7067). Sie hat den Sachverhalt von Amtes wegen zu erheben (Art. 446). Dazu wird es regelmässig unumgänglich sein, einen **Bericht der Einrichtung** einzuholen (ROSCH, in: Rosch/Büchler/Jakob, Art. 431 N 2). Es spricht nichts dagegen, dafür Formulare zu verwenden. Es ist aber zwingend, dass die Einrichtung eine eigene Einschätzung zur Fortführung der Massnahme abgibt. Die Behörde hat alle weiteren zweckdienlichen Erhebungen zu tätigen. Sie kann die Instruktion des Entscheides wie bei anderen Verfahren an ein einzelnes Behördenmitglied delegieren.

17 Zudem ist die betroffene Person **persönlich anzuhören** (ROSCH, in: Rosch/Büchler/Jakob, Art. 431 N 2). Hat die betroffene Person eine Vertrauensperson nach Art. 432 bezeichnet oder steht sie unter Beistandschaft, so sind auch Stellungnahmen dieser Personen in die Entscheidungsfindung einzubeziehen. Ob weitere Personen, namentlich Angehörige anzuhören sind, hängt von den Umständen des Einzelfalls ab. Ihr Einbezug wird regelmässig notwendig sein, wenn auf diese bei einer Entlassung Betreuungsaufgaben zukommen.

18 Die Entscheidungsfindung ist zu **dokumentieren** und der Entscheid ist **schriftlich auszufertigen**. Er bedarf einer **Begründung**, die den rechtsstaatlichen Anforderungen entspricht (vgl. ROSCH, in: Rosch/Büchler/Jakob, Art. 431 N 2).

3. Eröffnung des Entscheides

19 Der Entscheid ist in jedem Fall der **betroffenen Person** und der **Einrichtung** zu eröffnen. Ist eine **Vertrauensperson** nach Art. 432 bezeichnet worden, hat auch sie Anspruch auf Eröffnung des Entscheides. Einem **Beistand** ist in jedem Fall das Dispositiv mitzuteilen. Demgegenüber hat er auf einen begründeten Entscheid nur Anspruch, wenn die FU mit seiner Aufgabe einen Zusammenhang hat, was bspw. nicht der Fall zu sein braucht, wenn er sich ausschliesslich um finanzielle Aspekte zu kümmern hat.

Ob der Entscheid auch **weiteren Personen**, namentlich Angehörigen oder Nahestehenden, zu eröffnen ist, hängt von den Umständen des Einzelfalls ab. Massgebend ist das Interesse der betroffenen Person. Es ist zu prüfen, ob diese Informationen dem Schutz ihrer Interessen dienlich sind oder ob ihre Datenschutzinteressen überwiegen. Dabei ist namentlich auch dem Umstand Rechnung zu tragen, dass die nahestehenden Personen legitimiert sind, gerichtliche Beurteilung zu verlangen, wenn ein Entlassungsgesuch abgewiesen worden ist (vgl. N 21 und auch Art. 429/430 N 29). **20**

4. Rechtsmittel

Der Überprüfungsentscheid der KESB wird in Art. 439 bei den der **gerichtlichen Prüfung** unterliegenden Entscheiden nicht aufgeführt. Entsprechend ist dieser Rechtsbehelf grundsätzlich **nicht gegeben**. Eine Ausnahme besteht nur, wenn die Überprüfung aufgrund eines Entlassungsgesuchs erfolgt und dieses abgewiesen worden ist (Art. 439 Abs. 1 Ziff. 3). **21**

Demgegenüber ist die **Beschwerde nach Art. 450 ff. gegeben**. Allerdings wird es mangels eines Antrages an die KEBS häufig an einer für das Rechtmittel notwendigen Beschwer fehlen. Trifft dies ausnahmsweise nicht zu, kann die Beschwer während des gerichtlichen Verfahrens entfallen, wenn inzwischen eine weitere periodische Überprüfung erfolgt ist. **22**

V. Sanktionen bei Säumnis

Unterlässt die KESB die rechtzeitige Überprüfung, **entfällt die Unterbringung nicht**. Art. 431 befristet die Unterbringungsentscheide nicht. Die Unterbringung bleibt gültig. Soweit allerdings deswegen einer Person ungerechtfertigt die Freiheit entzogen wird, kann der Kanton schadenersatz- und genugtuungspflichtig werden. Bei Verschulden der Behördenmitglieder können überdies **Straftatbestände** vorliegen. **23**

In der unterlassenen bzw. verspäteten Überprüfung liegt eine **Rechtsverweigerung**, was gem. Art. 450a bei der gerichtlichen Beschwerdeinstanz gerügt werden kann. **24**

Art. 432

D. Vertrauens-person	**Jede Person, die in einer Einrichtung untergebracht wird, kann eine Person ihres Vertrauens beiziehen, die sie während des Aufenthalts und bis zum Abschluss aller damit zusammenhängenden Verfahren unterstützt.**
D. Personne de confiance	Toute personne placée dans une institution a le droit de faire appel à une personne de son choix qui l'assistera pendant la durée de son séjour et jusqu'au terme des procédures en rapport avec celui-ci.
D. Persona di fiducia	Chi è ricoverato in un istituto può designare una persona di fiducia che l'assista durante il soggiorno e fino al termine di tutte le procedure connesse.

Inhaltsübersicht

Literatur

Vgl. die Literaturhinweise vor Art. 426 ff.

Materialien

Art. 426 VE Erwachsenenschutz 2003; VE Erwachsenenschutz/Vernehmlassungen, 294 ff.; Botschaft Erwachsenenschutz, 7067 f. und 7160; Prot. RK-S vom 27./28. 8. 2007, 25; AmtlBull StR 2007, 837; Prot. RK-N vom 24./25. 4. 2008, 30 f.; AmtlBull NR 2008, 1524.

I. Gegenstand und Verhältnis zum bisherigen Recht

1 In einer Einrichtung untergebrachte Personen sind hin und wieder nicht in der Lage, ihre Interessen selbständig wahrzunehmen. Zudem fühlen sie sich den Behörden und der Einrichtung ausgeliefert. Aussenkontakte sind wichtig. Die Gefahr, dass diese während dem Aufenthalt in einer Einrichtung abbrechen, ist gross. Das neue Recht sieht deshalb vor, dass jede in einer Einrichtung untergebrachte Person das Recht hat, eine Person ihres Vertrauens beizuziehen, die sie während des Aufenthalts und bis zum Abschluss aller damit zusammenhängenden Verfahren unterstützt. Mit dem Institut der Vertrauensperson wird ein doppelter Zweck verfolgt: Einerseits soll jemand vorhanden sein, der die betroffene Person bei der Wahrnehmung ihrer Rechte gegenüber den Behörden und der Einrichtung unterstützt und andererseits soll sie den Kontakt zur Gesellschaft ausserhalb der Einrichtung sicherstellen und damit der Vereinsamung entgegenwirken (vgl. HAUSHEER/GEISER/AEBI-MÜLLER, Erwachsenenschutzrecht, Rz 2.167).

2 Das frühere Recht kannte dieses Institut nicht, was als Mangel empfunden wurde. Deshalb schlug der Vorentwurf 1998 vor, dass bei einer Dauermassnahme immer ein Beistand ernannt werden müsse (Art. 226 Abs. 2 VE 98; Bericht VE Erwachsenenschutz, 49). Das wurde aber als zu behördenlastig und schwerfällig angesehen. Vorteil der nunmehr Gesetz gewordenen Lösung ist, dass es sich gerade nicht um eine weitere amtliche Massnahme handelt, sondern die Verantwortung der betroffenen Person verstärkt wird. Weil die Vertrauensperson **nicht behördlich ernannt** ist, untersteht sie allerdings auch nicht deren Kontrolle, übt keine hoheitlichen Funktionen aus und der Kanton haftet nicht für ihre Handlungen.

II. Anwendungsbereich

3 Eine Vertrauensperson nach dieser Bestimmung können nicht nur Personen bezeichnen, welche gegen ihren Willen in einer Einrichtung untergebracht worden sind, sondern auch jene, die nach Art. 427 zurückbehalten werden. Insofern ist der Wortlaut der Bestimmung zu eng (ROSCH, in: Rosch/Büchler/Jakob, Art. 432 N 2). Wer die Unterbringung bzw. Zurückbehaltung verfügt hat, ist ohne Bedeutung. Ebenso setzt Art. 432 nicht eine Mindestdauer der Unterbringung voraus.

4 Die Bestimmung findet demgegenüber keine Anwendung bei Personen, welche sich **freiwillig in einer Einrichtung aufhalten**, namentlich in einer Wohn- und Pflegeeinrichtung

(vgl. Art. 382 ff.). Das ergibt sich aus dem Wort «untergebracht». Der Vorentwurf 2003 sah demgegenüber vor, dass auch Personen, welche sich freiwillig in einer Einrichtung aufhalten, diese Möglichkeit haben (Bericht Exp Erwachsenenschutz 03, 66; vgl. demgegenüber Botschaft Erwachsenenschutz, 7067 f.). Personen, die sich freiwillig in einer Einrichtung befinden, können selbstverständlich immer eine Person ihres Vertrauens mit der Wahrung ihrer Interessen betrauen (vgl. Art. 386 Abs. 2). Auf das entsprechende Rechtsverhältnis sind aber nicht die Bestimmungen des Erwachsenenschutzrechts anwendbar. Die Einrichtung kann ihnen auch den Umgang mit diesen Personen nicht unterbinden, weil ihr Aufenthalt in der Einrichtung ja auf Freiwilligkeit beruht.

III. Vertrauensperson und ihre Aufgaben

1. Bezeichnung der Person

Die Vertrauensperson kann ausschliesslich von der betroffenen Person selber bezeichnet werden. Es handelt sich um einen **absolut höchstpersönlichen Akt**. Vertretung ist ausgeschlossen. Auch ein Beistand kann die Vertrauensperson nicht ernennen. Ihre Funktion ist es neben den gegebenenfalls von den Behörden oder Dritten ernannten Betreuern als Vertrauter der betroffenen Person zu handeln. Sie braucht folglich deren tatsächliches Vertrauen. 5

Die Vertrauensperson wird von der betroffenen Person frei bestimmt. Es kann sich um eine **beliebige Person** handeln. Das Gesetz stellt keinerlei Anforderungen auf. Folglich kann es sich auch um eine andere in der gleichen Einrichtung untergebrachte Person handeln. Fraglich erscheint, ob es sich dabei auch um einen Mitarbeiter der Einrichtung selbst handeln kann. Das ist wohl eher abzulehnen. Eine solche Person würde die Unabhängigkeit gegenüber der Einrichtung nicht sicherstellen und könnte damit den mit der Bestimmung verfolgten Zweck nicht erreichen (HAUSHEER/GEISER/AEBI-MÜLLER, Erwachsenenschutzrecht, Rz 2.168). Das entspricht wohl auch der in der Botschaft vertretenen Auffassung. Heisst es dort doch, dass als Vertrauensperson «Patientenanwältinnen und -anwälte oder Mitarbeiter anderer Dienste in Frage» kommen (Botschaft Erwachsenenschutz, 7067). Gemeint sind andere Dienste als jene der Einrichtung. 6

Das Gesetz verwendet immer nur die Einzahl. Von daher erscheint es fraglich, ob auch **mehrere Vertrauenspersonen** bezeichnet werden können. Grundsätzlich ist das Recht der betroffenen Person so wenig wie möglich einzuschränken. Insofern muss auch die Bezeichnung mehrerer Personen möglich sein. Die Einrichtung kann aber sehr wohl ein Interesse daran haben, dass sie nicht eine Vielzahl von Personen in die Betreuung und Behandlung einbeziehen muss. Überdies ist der Zweck des Rechtsinstituts, nämlich ein besonderes Vertrauensverhältnis zur betroffenen Person zu haben, bei einer Vielzahl von Personen kaum möglich. Entsprechend müssen zahlenmässige Beschränkungen möglich sein. Allerdings können diese nicht von der Einrichtung, sondern nur von der KESB verfügt werden (vgl. N 10). 7

Weil es sich um eine Person handeln muss, zu der die betroffene ein wirkliches Vertrauensverhältnis aufbauen kann, kommen **juristische Personen nicht in Frage**. Das hindert allerdings nicht, dass sich private Organisationen auf diesem Gebiet spezialisieren. Als Vertrauenspersonen sind dann aber deren einzelne Mitarbeiter zu bezeichnen. 8

Die Bezeichnung einer Vertrauensperson setzt bei der betroffenen Person **Urteilsfähigkeit** voraus. An diese dürfen allerdings keine hohen Anforderungen gestellt werden (ROSCH, in: Rosch/Büchler/Jakob, Art. 432 N 2). Die betroffene Person muss nur in der Lage sein, die Tragweite der Informationsrechte und -pflichten zu erfassen, welche mit der Funktion 9 der Vertrauensperson verbunden sind. Urteilsfähig muss selbstverständlich auch die Vertrauensperson sein. Volle Handlungsfähigkeit ist aber weder bei der betroffenen Person noch bei der Vertrauensperson erforderlich.

10 Die Einrichtung kann die **Vertrauensperson nicht ablehnen**. Erweist sich die bezeichnete Person als für die Interessen der Betroffenen schädlich, ist nur ein Einschreiten der KESB möglich. Diese kann nötigenfalls die Ernennung widerrufen. Sie kann aber auch die Vertrauensperson ausschliesslich in ihren Funktionen beschränken, wenn dies der schwächere Eingriff ist. In jedem Fall ist mit solchen Eingriffen äusserste Zurückhaltung zu üben.

2. Aufgaben und Dauer des Mandats

11 Der Vertrauensperson obliegt es, die betroffene Person über ihre **Rechte** aufzuklären und ihr bei **deren** Wahrnehmung zu helfen. Sie hat gegebenenfalls bei der Formulierung von Anliegen und bei deren Weiterleitung an die zuständigen Stellen und Behörden behilflich zu sein. Sie sollte bei **Konflikten** vermitteln und der betroffenen Person helfen, die **Kontakte** mit der Aussenwelt aufrechtzuerhalten.

12 Soweit die betroffene Person eine entsprechende Vollmacht erteilt, kann die Vertrauensperson auch in die **Krankengeschichte und** in die übrigen **Akten Einsicht** nehmen. Es besteht keine Vermutung, dass mit der Bezeichnung als Vertrauensperson allein bereits eine solche Vollmacht verbunden ist. Falls von der betroffenen Person gewünscht, ist die Vertrauensperson auch bei der Erarbeitung des Behandlungsplans einzubeziehen (vgl. Art. 433; Botschaft Erwachsenenschutz, 7067). Die Einrichtung darf der Vertrauensperson den Besuch des Patienten nicht verbieten, selbst wenn das Besuchsrecht gegenüber anderen Personen eingeschränkt wird (Botschaft Erwachsenenschutz, 7067; HAUSHEER/GEISER/AEBI-MÜLLER, Erwachsenenschutzrecht, Rz 2.169). Die Vertrauensperson ist auch legitimiert, das Gericht nach Art. 439 anzurufen und gilt als nahestehende Person nach Art. 450 Abs. 2 Ziff. 2 (Art. 439 N 22).

13 Die Aufgabe der Vertrauensperson beschränkt sich nicht auf die Zeit des Aufenthalts in der Einrichtung. Vielmehr **überdauert** sie diesen, bis alle mit dem Aufenthalt zusammenhängenden Verfahren abgeschlossen sind. Namentlich mit Blick auf allfällige Verantwortlichkeitsprozesse und der Geltendmachung von Haftpflichtansprüchen kann dies sehr lange dauern. Die Zuständigkeit beschränkt sich aber ausschliesslich auf die mit der Unterbringung und in diesem Zusammenhang erfolgten Betreuung und Behandlung zusammenhängenden Belange.

14 Selbstverständlich kann die betroffene Person die Vertrauensperson jederzeit mit weiteren Aufgaben betrauen und ihr namentlich **weitere Vollmachten und Aufträge** erteilen, soweit ihre Handlungsfähigkeit dafür ausreicht.

3. Kosten

15 Das Gesetz enthält keinerlei Aussagen zu den Kosten. Es handelt sich insofern um ein qualifiziertes Schweigen, als weder die Vertrauensperson einen Anspruch aus Art. 432 gegenüber der betroffenen Person auf Entschädigung ableiten kann, noch diese gegenüber dem Staat oder der Einrichtung Anspruch auf eine Vergütung der Vertrauensperson hat (Botschaft Erwachsenenschutz, 7068). Weil es sich bei dieser nicht um eine Einrichtung der Rechtspflege handelt, besteht auch kein Anspruch auf unentgeltliche Rechtspflege (Art. 29 Abs. 3 BV). Es handelt sich vielmehr um Betreuung und damit um Unterhaltskosten. Es können sich entsprechende familienrechtliche Unterhalts- und Unterstützungsansprüche ergeben. Ein Anspruch gegenüber dem Staat folgt gegebenenfalls aus Art. 12 BV.

Ein **Entschädigungsanspruch** und ein Anspruch auf Vergütung von Auslagen gegenüber der betroffenen Person richten sich nach dem Auftragsrecht oder den Bestimmungen über die Geschäftsführung ohne Auftrag (Rosch, in: Rosch/Büchler/Jakob, Art. 432 N 3). 16

IV. Ergänzendes kantonales Recht

Die Kantone und auch die Einrichtungen können ergänzende Bestimmungen erlassen (Botschaft Erwachsenenschutz, 7068). Diese dürfen aber den Anspruch nicht beschränken. Sie können aber den Umgang der Einrichtung mit der Vertrauensperson näher regeln. Sinnvollerweise erlässt die Einrichtung interne Weisungen an die Angestellten, wie den Vertrauenspersonen gegenüber aufzutreten und mit diesen umzugehen ist. 17

Art. 433

E. Medizinische Massnahmen bei einer psychischen Störung

I. Behandlungsplan

1 Wird eine Person zur Behandlung einer psychischen Störung in einer Einrichtung untergebracht, so erstellt die behandelnde Ärztin oder der behandelnde Arzt unter Beizug der betroffenen Person und gegebenenfalls ihrer Vertrauensperson einen schriftlichen Behandlungsplan.

2 Die Ärztin oder der Arzt informiert die betroffene Person und deren Vertrauensperson über alle Umstände, die im Hinblick auf die in Aussicht genommenen medizinischen Massnahmen wesentlich sind, insbesondere über deren Gründe, Zweck, Art, Modalitäten, Risiken und Nebenwirkungen, über Folgen eines Unterlassens der Behandlung sowie über allfällige alternative Behandlungsmöglichkeiten.

3 Der Behandlungsplan wird der betroffenen Person zur Zustimmung unterbreitet. Bei einer urteilsunfähigen Person ist eine allfällige Patientenverfügung zu berücksichtigen.

4 Der Behandlungsplan wird der laufenden Entwicklung angepasst.

E. Soins médicaux en cas de troubles psychiques

I. Plan de traitement

1 Lorsqu'une personne est placée dans une institution pour y subir un traitement en raison de troubles psychiques, le médecin traitant établit un plan de traitement écrit avec elle et, le cas échéant, sa personne de confiance.

2 Le médecin traitant renseigne la personne concernée et sa personne de confiance sur tous les éléments essentiels du traitement médical envisagé; l'information porte en particulier sur les raisons, le but, la nature, les modalités, les risques et les effets secondaires du traitement, ainsi que sur les conséquences d'un défaut de soins et sur l'existence d'autres traitements.

3 Le plan de traitement est soumis au consentement de la personne concernée. Si elle est incapable de discernement, le médecin traitant prend en considération d'éventuelles directives anticipées.

4 Le plan de traitement est adapté à l'évolution de la médecine et à l'état de la personne concernée.

E. Provvedimenti medici in caso di turba psichica

I. Piano terapeutico

1 Se una persona è ricoverata in un istituto per il trattamento di una turba psichica, il medico curante allestisce per scritto un piano terapeutico in collaborazione con lei e se del caso con la persona di fiducia.

2 Il medico informa l'interessato e la persona di fiducia su tutte le circostanze essenziali riguardo ai provvedimenti medici prospettati, in particolare

sui motivi, l'obiettivo, il genere, le modalità, i rischi e gli effetti secondari dei provvedimenti, sulle conseguenze di un mancato trattamento nonché su eventuali trattamenti alternativi.

[3] Il piano terapeutico è sottoposto per consenso all'interessato. Se l'interessato è incapace di discernimento, vanno considerate le sue eventuali direttive di paziente.

[4] Il piano terapeutico è adeguato in funzione degli sviluppi della situazione.

Inhaltsübersicht

Literatur

Vgl. die Literaturhinweise vor Art. 426 ff.

Materialien

Art. 428 VE Erwachsenenschutz 2003; VE Erwachsenenschutz/Vernehmlassungen, 302 ff.; Botschaft Erwachsenenschutz, 7068 und 7160; Prot.RK-S vom 27./28. 8. 2007, 25 ff.; AmtlBull StR 2007, 837; Prot. RK-N vom 24./25. 4. 2008, 31; AmtlBull NR 2008, 1524.

I. Gegenstand und Verhältnis zum bisherigen Recht

1 Wie dargelegt (vor 426 ff. N 12 ff.), ist eine – sowohl somatische wie auch psychische – medizinische Behandlung grundsätzlich nur zulässig, wenn der Patient nach gehöriger Aufklärung der Behandlung zugestimmt hat. Überdies muss der Eingriff medizinisch indiziert sein. Art. 433 knüpft bei diesen Grundsätzen an und hält für bestimmte Behandlungen in bestimmten Situationen (vgl. N 17 ff.) nun ausdrücklich fest, wie diese Information und die Zustimmung zu erfolgen hat.

2 Weder das **frühere Recht** noch der **Vorentwurf von 1998** kannten eine entsprechende ausdrückliche Regelung. Das bedeutet allerdings nicht, dass früher die Erstellung eines Behandlungsplans nicht auch schon notwendig gewesen wäre. Ohne konkretes Therapiekonzept wäre es nicht möglich gewesen, die Eignung der Einrichtung zu prüfen (vgl. BGE 112 II 492).

II. Anwendungsbereich der Bestimmung

3 Die systematische Einordnung und der Wortlaut der Norm zeigen, dass diese nur bei Personen anwendbar ist, die **nach den Art. 426 ff. fürsorgerisch untergebracht** sind, d.h. die sich nicht freiwillig in einer Einrichtung aufhalten. Überdies muss die Unterbringung **zur «Behandlung»** erfolgt sein. Bezweckt die Unterbringung nur die Betreuung oder die Begutachtung, ist Art. 433 nicht bzw. nur analog anwendbar (vgl. N 5). Schliesslich findet

die Bestimmung auch dann keine Anwendung, wenn eine Behandlung in einer Notfallsituation dringlich vorgenommen werden muss (Art. 435). Sobald die Dringlichkeit aber nicht mehr besteht, und die Person weiter in der Einrichtung gegen ihren Willen zur Behandlung verbleibt, ist ein Behandlungsplan zu erstellen.

Schliesslich beschränkt Art. 433 den Behandlungsplan auf die Behandlung einer **psychischen Störung**. Die Behandlung einer somatischen Krankheit wird von dieser Bestimmung nicht erfasst, auch wenn die Person fürsorgerisch in einer Klinik untergebracht worden ist, weil sie sich in einem schlechten somatischen Zustand befindet. **4**

Die Einschränkung auf die Behandlung psychischer Störungen lässt sich materiell kaum rechtfertigen. Auch die **Behandlung einer somatischen Erkrankung** erfordert eine systematische Planung im Einverständnis zwischen Patient und Arzt nach umfassender Aufklärung. Gerade bei Personen mit psychischen Störungen ist es aber besonders wichtig, dass die Aufklärung und die anschliessenden gemeinsamen Entscheidungen sorgfältig dokumentiert werden. Insofern erfordert es ein Vorgehen lege artis, bei somatischen Behandlungen **Art. 433 analog anzuwenden** und ebenfalls einen Behandlungsplan nach dieser Bestimmung zu erstellen. Ebenfalls analog ist die Bestimmung anzuwenden, wenn die Unterbringung bloss zur Betreuung erfolgt ist. Diesfalls ist ein **Betreuungskonzept** zu errichten. **5**

Auch bei **freiwillig in eine psychiatrische Klinik eingetretenen Personen** wird regelmässig ein Behandlungsplan erstellt werden (Botschaft Erwachsenenschutz, 7068; ETZENSBERGER, ZSR 2003 I, 367). Anders ist eine Behandlung lege artis gar nicht möglich. Er richtet sich dann aber nicht nach Art. 433, sondern nach dem Auftragsrecht und gegebenenfalls den kantonalen Gesundheitsgesetzen. Inhaltlich weichen diese Normen aber kaum von den Grundsätzen des Art. 433 ab. **6**

Der Behandlungsplan kann schliesslich auch aus versicherungsrechtlichen Gründen von Bedeutung sein. Sowohl die **Sozial- wie auch die Privatversicherungen** werden regelmässig gewisse Berichte und unter Umständen auch Konzepte verlangen, wenn sie im Voraus oder im Nachhinein über Kosten entscheiden müssen. Allerdings wird der Behandlungsplan unter Umständen mehr Informationen enthalten, als den Versicherungsträgern zustehen. Die Klinik hat insoweit die Informationen zu filtern. **7**

III. Behandlungsplan und seine Erstellung

1. Inhalt des Behandlungsplans

Der Behandlungsplan hat neben den Personalien der betroffenen Person eine Diagnose oder die Beschreibung des Krankheitsbildes bzw. den Befund zu enthalten. Er muss Auskunft über die geplanten Abklärungen und Untersuchungen geben und das Ziel der Behandlung benennen. Daraus ergibt sich auch die beabsichtigte Therapie. Dem Behandlungsplan sind auch Ausführungen zu den Risiken und Nebenwirkungen der vorgeschlagenen Therapie und eine Prognose zu ihrer Wirkung zu entnehmen (Botschaft Erwachsenenschutz, 7068). Überdies sollte der Behandlungsplan auch eine Prognose über den Krankheitsverlauf enthalten, wenn die Therapie unterbleibt. Schliesslich muss aus dem Behandlungsplan ersichtlich sein, wer ihn als behandelnder Arzt erstellt hat. Insofern wird i.d.R. mangels Lesbarkeit die Unterschrift nicht genügen. **8**

Sinnvoller Weise wird der Behandlungsplan in **zwei Teile** aufgeteilt. Der erste Teil enthält die Angaben, welche notwendig sind, um über die vorgeschlagene Therapie zu entscheiden. Im zweiten Teil wird sodann die Therapie bzw. die noch zu treffenden Abklärungen **9** im Einzelnen beschrieben, so dass möglichst genau ersichtlich ist, was an Handlungen vorgenommen werden wird.

2. Erarbeitung des Behandlungsplans

10 Die **Einrichtung** bzw. der für die Behandlung verantwortliche Arzt hat aufgrund der Feststellungen im Einweisungsentscheid, der darin enthaltenen Zweckumschreibung der Unterbringung und der eigenen Untersuchungen und Feststellungen der Einrichtung eine erste Analyse bezüglich der vorzuschlagenden weiteren Untersuchungen und der Behandlung vorzunehmen.

11 Dabei ist die **urteilsfähige betroffene Person** in die Evaluation der verschiedenen Untersuchungs- und Behandlungsmöglichkeiten einzubeziehen (Abs. 1). Ob und gegebenenfalls in welchem Umfang **weitere Personen** in den Entscheidungsprozess einzubeziehen sind, hängt von den Gegebenheiten des Einzelfalls ab. Ist die betroffene Person insoweit urteilsfähig, so bestimmt sie, ob und in welchem Umfang eine von ihr benannte Vertrauensperson (Art. 432) mitwirken soll (Art. 433 Abs. 1). Das gilt grundsätzlich auch für die Angehörigen. Auch wenn deren Einbezug medizinisch geboten ist, kann die Einrichtung diese nicht ohne Zustimmung des Patienten oder Ermächtigung durch die KESB kontaktieren. Will die betroffene Person, dass eine bestimmte weitere Person einbezogen wird, so hat die Einrichtung diesem Wunsch zu entsprechen, sofern dadurch die Erstellung des Behandlungsplanes nicht in einer Weise verzögert wird, welche die Interessen des Patienten bzw. den Zweck der Unterbringung ernstlich gefährden (ähnlich ROSCH, in: Rosch/Büchler/Jakob, Art. 433–435 N 6).

12 Auch wenn die **betroffene Person nicht urteilsfähig** ist, sieht Art. 433 den Beizug der bei medizinischen Massnahmen vertretungsberechtigten Personen nicht vor (so auch SCHMID, Art. 433 N 2; anders noch der VE 2003: Bericht ExpK Erwachsenenschutz 03, 67 f.). Ihr Beizug – namentlich auch der Beizug eines Beistandes – ist deshalb grundsätzlich nur zulässig, soweit es darum geht, für die Sachverhaltsabklärung von ihm Informationen zu erhalten. Soweit Angehörige auch bezüglich der Entscheidung über eine Behandlung einbezogen werden sollen, ist nach dem mutmasslichen Willen der betroffenen Person zu entscheiden. Dem Selbstbestimmungsrecht des Patienten kommt insofern zentrale Bedeutung zu. Die Art. 377 ff. über die Vertretung in medizinischen Massnahmen sind insoweit nicht anwendbar (vgl. Art. 434 N 4).

13 Damit der Patient und gegebenenfalls seine Vertrauensperson überhaupt an der Ausarbeitung des Betreuungsplanes mitwirken können, sind sie über alle auch für die Zustimmung zu einer Behandlung **wesentlichen Fragen umfassend zu informieren** (BGE 133 III 129; 134 II 239). Art. 433 Abs. 2 entspricht insofern Art. 377 Abs. 2 für somatische, medizinische Massnahmen bei Urteilsunfähigen. Ein Unterschied besteht nur insofern, als nach Art. 433 Abs. 2 nicht auch über die Kosten aufgeklärt werden muss. Das ist solange sinnvoll, wie sichergestellt ist, dass diese durch die Krankenkasse oder die öffentliche Hand übernommen werden. Andernfalls gehört es aber zur allgemeinen Aufklärungspflicht, über die Kostenfolgen zu orientieren (BGE 133 III 129 E. 4.2.). Dies macht auch bei einer fürsorgerisch in einer psychiatrischen Klinik untergebrachten Person für die Beurteilung von Behandlungsalternativen Sinn. Die Information hat gegenüber dem Patienten selber und nach seinen Wünschen gegenüber seiner Vertrauensperson zu erfolgen. Eine Information der zur Vertretung in medizinischen Angelegenheiten Berechtigten (Art. 378) ist demgegenüber nicht vorgesehen. Es handelt sich um ein qualifiziertes Schweigen (vgl. Art. 344 N 4).

14 Anschliessend ist der Behandlungsplan fertigzustellen. **Zuständig dafür ist der behandelnde Arzt**. Er ist auch für die Wahl der richtigen Behandlungsmethode verantwortlich.

Nach dem klaren Wortlaut des Gesetzes liegt die Verantwortung nicht beim Chefarzt, sondern beim behandelnden Arzt.

3. Berücksichtigung von Patientenverfügungen

Auch bezüglich der Behandlung einer psychischen Störung kann eine Patientenverfügung vorliegen. Ist die **betroffene Person urteilsfähig**, ist die **Patientenverfügung gegenstandslos**. Diesfalls kommt es ausschliesslich auf den aktuellen Willen des Patienten und nicht auf seinen früher in einer Verfügung festgehaltenen an. **15**

Ist demgegenüber die **betroffene Person nicht urteilsfähig**, so dass sie sich bezüglich der anstehenden Behandlung nicht rechtsverbindlich äussern kann, erhält die **Patientenverfügung** Bedeutung. Gemäss Art. 433 Abs. 3 ist sie bei der Wahl der geeigneten Behandlungsmethode oder der Unterlassung jeglicher Behandlung nur **zu berücksichtigen**. Im Gegensatz zur Regelung bei somatischen Erkrankungen (Art. 372 Abs. 2) ist sie aber nicht verbindlich. Ein Abweichen bedarf aber in jedem Fall einer Begründung und sollte nur mit Zurückhaltung erfolgen. Es genügt nicht, dass der behandelnde Arzt bei mehreren sinnvollen Behandlungsmöglichkeiten eine andere als die in der Verfügung gewünschte wählt, bloss weil diese als besser erachtet wird oder ihm vertrauter ist. **16**

4. Form und Zustimmung

Der Behandlungsplan ist schriftlich zu erstellen (Abs. 1). Was unter Schriftform zu verstehen ist, richtet sich nach Art. 13 OR. Es bedarf somit der **Unterschrift des behandelnden Arztes**. **17**

Der fertiggestellte Behandlungsplan ist sodann **dem Patienten zur Zustimmung zu unterbreiten** (Abs. 3). Es handelt sich dabei um ein absolut höchstpersönliches Recht. Eine Vertretung ist ausgeschlossen. Die Zustimmung kann auch nicht von der Vertrauensperson erteilt werden. Sinnvollerweise bespricht der behandelnde Arzt den Behandlungsplan mit dem Patienten, gegebenenfalls zusammen mit der Vertrauensperson und wirkt auf eine Zustimmung hin. Die Zustimmung setzt **Urteilsfähigkeit** voraus. Die Zustimmung kann auf dem Behandlungsplan vermerkt werden. Die Unterschrift des Patienten ist nicht erforderlich, aber bei Zustimmung wohl sinnvoll. **18**

Neben dem Patienten und ggf. der Vertrauensperson braucht der Behandlungsplan keinen weiteren Personen eröffnet zu werden. Für die periodischen Überprüfungen der Unterbringung nach Art. 431 muss der jeweils aktuelle Behandlungsplan der KESB mitgeteilt werden (Art. 431 N 9). Die Sozial- oder Privatversicherung, welche für die Behandlung aufkommen muss, wird regelmässig als Information nicht den gesamten Behandlungsplan benötigen, so dass er ihr auch nicht eröffnet werden muss. **19**

5. Anpassungen des Behandlungsplans

Die Anforderungen an die Behandlung werden sich regelmässig verändern. Insofern ist auch der Behandlungsplan laufend anzupassen (Abs. 4). Dafür gelten die gleichen Grundsätze, wie bei der ersten Erstellung. Die betroffene Person und gegebenenfalls die Vertrauensperson sind in den Entscheidungsprozess einzubeziehen und aufzuklären. Weil es sich aber um blosse Anpassung handelt, können sich die jeweilige Aufklärung und auch die schriftliche Ausfertigung ausschliesslich auf die Änderungen beziehen. **20**

6. Rechtsmittel?

21 Bundesrechtliche Rechtsmittel gegen den Behandlungsplan **gibt es keine**. Weil es sich beim Behandlungsplan selbst um keinerlei Zwangsmassnahmen handelt, ist die Anrufung des Gerichts nach Art. 439 nicht möglich (Art. 439 N 16). Eine Beschwerde an die KESB ist aber auch nicht gegeben, weil das Gesetz diese nur im Zusammenhang mit den Beistandschaften und den entsprechenden Surrogaten vorsieht (Art. 419). Soweit es sich bei der Klinik um eine öffentlich-rechtliche Einrichtung handelt, sieht allenfalls das kantonale Gesundheits- oder Organisationsrecht ein Rechtsmittel oder einen Rechtsbehelf vor.

22 Unterlässt es die Einrichtung, einen Behandlungsplan zu erstellen oder ist dieser nicht zweckdienlich, kann unter Umständen die Unterbringung ihren Zweck nicht mehr erreichen. Die betroffene Person kann dies in einem **Entlassungsgesuch** geltend machen. Das Vorliegen eines Behandlungsplans und seine Zweckmässigkeit muss dann in diesem Verfahren durch die KESB geprüft werden und ihr Entscheid unterliegt der gerichtlichen Kontrolle nach Art. 439.

IV. Rechtswirkungen des Behandlungsplans

23 Mit dem Erstellen des Behandlungsplans wird **nicht über eine bestimmte Behandlung entschieden**. Der Einweisungsentscheid als solcher enthält noch keine Befugnis zu einer Zwangsbehandlung (Botschaft Erwachsenenschutz, 7068). Mit dem Behandlungsplan wird der betroffenen Person eine bestimmte Behandlung nur vorgeschlagen. Sie kann diese ablehnen oder ihr zustimmen. Stimmt sie zu, wird die Behandlung durchgeführt, weil der Patient sie will. Rechtsgrundlage für die Behandlung ist die Einwilligung. Alle Massnahmen erfolgen freiwillig. Hoheitlich angeordnet ist nur die in der Unterbringung liegende Freiheitsbeschränkung.

24 Liegt die **Einwilligung nicht vor**, ist eine Behandlung nur nach Art. 434 möglich und muss folglich erst mit einer Verfügung angeordnet werden. Der Behandlungsplan bildet die Grundlage für diese Verfügung. Vorbehalten bleibt die Behandlung gem. Art. 435 in Notfällen. Ein solcher kann auch im Zusammenhang mit der Erstellung eines Behandlungsplanes eintreten, wenn sich dessen Erstellung unerwartet verzögert und für die Behandlung nunmehr eine Dringlichkeit nach dieser Bestimmung vorliegt. Insoweit kann auch eine Behandlung vor Erstellung eines Behandlungsplanes ausnahmsweise möglich sein.

25 Dem Behandlungsplan kommen zudem Bedeutung im Zusammenhang mit den **periodischen Überprüfungen nach Art. 431** zu (vgl. Art. 431 N 9). Überdies werden einzelne Teile des Behandlungsplanes auch für die Beurteilung der Zahlungspflicht für die Versicherungen eine wesentliche Unterlage bilden (vgl. N 7 und 19).

26 Der Behandlungsplan ist **Teil des Patientendossiers**. Bezüglich des Datenschutzes, namentlich der Einsichtsrechte und der Aufbewahrungspflichten gelten somit die gleichen Grundsätze wie für diese.

V. Kantonales Recht

27 Das kantonale Recht und Reglemente der Einrichtungen können weitere Bestimmungen zum Behandlungsplan enthalten. Insbesondere können formale Anforderungen aufgestellt werden. Weil der Behandlungsplan Teil des Patientendossiers ist, gelten die für diese aufgestellten kantonalen Bestimmungen, namentlich über die Aufbewahrungsdauer und deren Vernichtung auch hier.

Art. 434

II. Behandlung ohne Zustimmung

[1] Fehlt die Zustimmung der betroffenen Person, so kann die Chefärztin oder der Chefarzt der Abteilung die im Behandlungsplan vorgesehenen medizinischen Massnahmen schriftlich anordnen, wenn:
1. ohne Behandlung der betroffenen Person ein ernsthafter gesundheitlicher Schaden droht oder das Leben oder die körperliche Integrität Dritter ernsthaft gefährdet ist;
2. die betroffene Person bezüglich ihrer Behandlungsbedürftigkeit urteilsunfähig ist; und
3. keine angemessene Massnahme zur Verfügung steht, die weniger einschneidend ist.

[2] Die Anordnung wird der betroffenen Person und ihrer Vertrauensperson verbunden mit einer Rechtsmittelbelehrung schriftlich mitgeteilt.

II. Traitement sans consentement

[1] Si le consentement de la personne concernée fait défaut, le médecin-chef du service concerné peut prescrire par écrit les soins médicaux prévus par le plan de traitement lorsque:
1. le défaut de traitement met gravement en péril la santé de la personne concernée ou la vie ou l'intégrité corporelle d'autrui;
2. la personne concernée n'a pas la capacité de discernement requise pour saisir la nécessité du traitement;
3. il n'existe pas de mesures appropriées moins rigoureuses.

[2] La décision est communiquée par écrit à la personne concernée et à sa personne de confiance; elle indique les voies de recours.

II. Trattamento in assenza di consenso

[1] In assenza del consenso dell'interessato, il medico capo del reparto può ordinare per scritto i provvedimenti medici previsti nel piano terapeutico se:
1. l'omissione del trattamento espone a serio danno la salute dell'interessato o espone a serio pericolo la vita o l'integrità fisica di terzi;
2. l'interessato è incapace di discernimento riguardo alla necessità del trattamento; e
3. non vi è un altro provvedimento adeguato che sia meno incisivo.

[2] La decisione è comunicata per scritto all'interessato e alla persona di fiducia con l'indicazione dei mezzi d'impugnazione.

Art. 435

III. Notfälle

[1] In einer Notfallsituation können die zum Schutz der betroffenen Person oder Dritter unerlässlichen medizinischen Massnahmen sofort ergriffen werden.

[2] Ist der Einrichtung bekannt, wie die Person behandelt werden will, so wird deren Wille berücksichtigt.

III. Cas d'urgence

[1] En cas d'urgence, les soins médicaux indispensables peuvent être administrés immédiatement si la protection de la personne concernée ou celle d'autrui l'exige.

[2] Lorsque l'institution sait comment la personne entend être traitée, elle prend en considération sa volonté.

III. Situazioni d'urgenza

[1] In una situazione d'urgenza possono essere immediatamente presi i provvedimenti medici indispensabili per proteggere l'interessato o i terzi.

[2] Se all'istituto è noto come la persona voglia essere curata, ne va tenuto conto.

Inhaltsübersicht

Literatur

Vgl. die Literaturhinweise vor Art. 426 ff.

Materialien

Art. 427 und 429 VE Erwachsenenschutz 2003 ; VE Erwachsenenschutz/Vernehmlassungen, 297 ff. und 307 ff.; Botschaft Erwachsenenschutz, 7069 f. und 7160 f.; Prot. RK-S vom 27./28. 8. 2007, 27; AmtlBull StR 2007, 837 f.; Prot. RK-N vom 24./25. 4. 2008, 31; AmtlBull NR 2008, 1524.

I. Gegenstand der Regelung und Verhältnis zum bisherigen Recht

1 Nach der Rechtsprechung des Bundesgerichts (BGE 117 Ib 200) und nach herrschender Lehre (Kuhn, in: Honsell, 45 f.; Wiegand, in: Honsell, 180) ist der ärztliche **Heileingriff eine Verletzung der Persönlichkeit** des Patienten, **selbst wenn er lege artis ausgeführt** wird. Er ist deshalb rechtswidrig, soweit nicht ein Rechtfertigungsgrund vorliegt. Dies ist für den Bereich des Zivilrechts nicht zu bestreiten. Auch wenn entgegen der bundesgerichtlichen Rechtsprechung (BGE 117 Ib 200) der lege artis ausgeführte Heileingriff nicht als Körperverletzung angesehen würde, bliebe er bei fehlender Einwilligung eine Verletzung des Selbstbestimmungsrechts des Patienten, welches von Art. 28 ebenso geschützt wird wie die körperliche Integrität (BGE 117 Ib 200 ff. mit zahlreichen Hinweisen; Bucher, BTJP 1984, 42; Wiegand, in: Honsell, 121 ff.). Es fragt sich in der Praxis deshalb immer wieder, wie vorzugehen ist, wenn eine Person für einen für ihre Gesundheit notwendigen oder nützlichen Eingriff die Einwilligung nicht erteilen kann, weil sie urteilsunfähig ist, oder ohne vernünftigen Grund diesen verweigert.

2 Von hier nicht weiter interessierenden Sonderfällen in Spezialgesetzen, kannte das **bisherige Bundesrecht** keine Bestimmungen zur Behandlung eines Patienten in diesen Fällen ohne seine Zustimmung. Ob und gegebenenfalls von wem als gesetzlichen Vertreter eine Zustimmung gegeben werden konnte, war unklar und umstritten. Entsprechende Regelungen sowie Regelungen für eine eigentliche Zwangsbehandlung fanden sich aber im kantonalen Recht. Diese Rechtszersplitterung wurde als äusserst unbefriedigend angesehen.

Die Notwendigkeit einer einheitlichen schweizerischen Regelung war unbestritten (vgl. vor Art. 426 ff. N 12 ff.). Die Art. 434 f. schliessen nun diese Lücke.

II. Anwendungsbereich und Abgrenzung zu Art. 378

1. Systematik der Rechtsgrundlagen

Liegt die Zustimmung des urteilsfähigen Patienten zu einer medizinisch indizierten Behandlung vor, ist diese ohne weiteres zulässig. Ein Rückgriff auf irgendwelche Normen des Erwachsenenschutzrechts ist nicht notwendig. Der Gesetzgeber hatte somit nur die Frage zu regeln, wie vorzugehen ist, wenn die betroffene Person einer medizinisch indizierten Behandlung nicht zustimmen kann, weil sie nicht urteilsfähig ist oder sich eine urteilsfähige Person einer solchen widersetzt. Der Gesetzgeber hat an **zwei Orten des Erwachsenenschutzrechts zwei unterschiedliche Regelungen getroffen**, welche gegeneinander abzugrenzen sind. Die eine Regelung findet sich in im zehnten Titel des Gesetzes (Art. 378 f.) und damit im Rahmen der eigenen Vorsorge und der Massnahmen von Gesetzes wegen, während sich die zweite Regelung im elften Titel (Art. 434 f.) und damit bei den behördlichen Massnahmen findet, innerhalb dieser zudem im dritten Abschnitt über die FU. Diese Bestimmungen können somit nur zur Anwendung gelangen, wenn eine FU angeordnet ist. Von daher kann es immer nur um eine Behandlung im Zusammenhang mit einer stationären Unterbringung gehen. Diese steht zudem immer im Zusammenhang mit einer psychischen Störung einer geistigen Behinderung oder einer schweren Verwahrlosung. Aus dem Zusammenhang mit dem Behandlungsplan, der sich immer nur auf die Behandlung einer psychischen Störung bezieht (Art. 433 N 4), ergibt sich, dass es auch bei Art. 434 f. immer nur um die Behandlung einer psychischen Störung gehen kann. Insofern sind die Einweisungen wegen geistiger Behinderung oder schwerer Verwahrlosung vorliegend ohne Bedeutung. 3

Sollen die Art. 434 f. die betroffene Personen angemessen vor ungerechtfertigten Behandlungen schützen und gleichzeitig die notwendige Behandlung sicherstellen, muss in ihnen für die von ihnen behandelten Fälle eine abschliessende Regelung gesehen werden, welche ein **Vorgehen nach Art. 378 f. ausschliesst**. Damit wird aber der Anwendungsbereich von Art. 434 f. entscheidend. In die Überlegungen ist zudem Art. 437 einzubeziehen, der den Kantonen die Kompetenz erteilt, ambulante Massnamen vorzusehen. Für die Abgrenzung zu den Art. 378 f. kann es somit nicht darauf ankommen, ob die Behandlung ambulant oder stationär erfolgt. Es kann auch nicht entscheidend sein, ob eine FU angeordnet worden ist oder nicht. Die kantonalrechtlichen Massnahmen nach Art. 437 zielen auf die Fälle, in denen keine FU (mehr) besteht (zur Frage ob auch Vormassnahmen möglich sind vgl. Art. 437 N 4 und 7). 4

Von daher kann ausschliesslich der Gegenstand der Behandlung für die Abgrenzung massgeblich sein. Die Art. 434 f. und 437 regeln die **Behandlung einer psychischen Störung** ohne Zustimmung des Patienten **abschliessend** (vgl. Botschaft Erwachsenenschutz, 7037, 7063). Die Art. 378 f. können nur für die Behandlung somatischer Störungen Anwendung finden. Das hält Art. 380 für die stationäre Behandlung ausdrücklich vor (vgl. HAUSHEER/GEISER/AEBI-MÜLLER, Erwachsenenschutzrecht, Rz 2.67; MÖSCH PAYOT, in: Rosch/Büchler/Jakob, Art. 379/380 N 3). Die Anwendung der Art. 378 f. muss aber auch für ambulante psychiatrische Behandlungen ausgeschlossen sein. Hier geht das kantonale Recht nach Art. 437 vor. Soweit es um die ambulante psychiatrische Behandlung von Kindern geht, ist die Rechtslage ohnehin eine andere. Sie unterstehen nicht dem Erwachsenenschutzrecht. 5

Das Gesetz hat somit für die Behandlung psychischer Störungen eine andere Ordnung geschaffen als für jene somatischer Störungen. Diese **Unterscheidung ist nicht unproble-** 6

matisch. Zum einen ist die Zuordnung einer Massnahme zum einen oder andern Bereich nicht immer eindeutig. Überdies lässt sich kaum begründen, warum das Selbstbestimmungsrecht mit Bezug auf die Patientenverfügung bei einer somatischen Erkrankung wesentlich höher eingestuft wird als bei einer psychischen Erkrankung, der Rechtsschutz bei der Behandlung einer psychischen Erkrankung aber ausgebauter ist als bei einer somatischen. Die Unterscheidung bezieht sich nämlich nicht auf die Frage, ob der Patient an einer psychischen Störung leidet oder nicht, sondern ob es um die Behandlung einer psychischen oder somatischen Störung geht. Eine psychische Störung kann sich aber sehr wohl auf den somatischen Gesundheitszustand auswirken und überdies die Einsicht in die Notwendigkeit einer somatischen Erkrankung beeinträchtigen. Art. 434 f. erlauben aber nur die Behandlung der psychischen Erkrankung, nicht aber einer somatischen Erkrankung, selbst wenn der Patient psychisch krank ist. Schliesslich ist auch zu beachten, dass Art. 434 die Voraussetzungen für eine Behandlung ohne Zustimmung des Patienten sehr hoch setzt. Kann ein Patient wegen Urteilsunfähigkeit nicht in eine somatische Behandlung einwilligen, muss unter Umständen eine sinnvolle Behandlung unterbleiben, obgleich sich der Patient gar nicht dagegen wehrt.

2. Fürsorgerisch untergebrachte Personen

7 Auch eine fürsorgerisch in einer Klinik untergebrachte Person kann bezüglich der medizinischen Behandlungen **urteilsfähig** sein und der medizinisch indizierten Behandlung zustimmen. Dann ist diese aufgrund der Einwilligung des Patienten rechtmässig vorzunehmen. Stimmt der urteilsfähige Patient nicht zu, ist die Behandlung grundsätzlich nicht möglich. Eine Behandlung nach Art. 434 setzt die Urteilsunfähigkeit bezüglich der Behandlungsbedürftigkeit voraus (vgl. N 18). Eine Behandlung der psychischen Störung ist höchstens in einer Notsituation möglich (N 28). Auch die Behandlung einer somatischen Störung ist nicht möglich, weil die Art. 434 f. auf diese nicht anwendbar sind (N 2 und 6) und die Art. 378 f. die Urteilsunfähigkeit voraussetzen.

8 Ist die Person bezüglich der Einwilligung in den ärztlichen Eingriff **urteilsunfähig**, ist die Behandlung einer psychischen Störung möglich, wenn von einer mutmasslichen Einwilligung des Patienten ausgegangen werden kann (N 10). Kann davon nicht ausgegangen werden, ist die Behandlung ausschliesslich unter den strengen Voraussetzungen der Art. 434 f. zulässig. Eine somatische Störung kann demgegenüber nach Art. 378 f. behandelt werden.

3. Freiwillig in eine Einrichtung eingetretene Personen

9 Stimmt die **urteilsfähige Person** der Behandlung einer psychischen Störung nicht zu, ist eine Behandlung nicht möglich. In einer Notsituation kann ein Zurückbehaltungsentscheid nach Art. 427 ergehen und anschliessend sich die Behandlung auf Art. 435 stützen. Eine somatische Störung kann nur mit Zustimmung der betroffenen Person behandelt werden.

10 Ist die Person **urteilsunfähig**, kann gegebenenfalls die Behandlung einer psychischen Störung aufgrund der mutmasslichen Einwilligung erfolgen. Insbesondere kann die Behandlung, welche mit der freiwillig eingetretenen urteilsfähigen Person vereinbart worden ist, fortgeführt werden, wenn diese urteilsunfähig wird und davon ausgegangen werden kann, dass die Behandlung noch immer ihrem Willen entspricht. Kann nicht davon ausgegangen werden, dass die Behandlung dem mutmasslichen Willen entspricht, muss wiederum zuerst ein Einweisungs- oder Zurückbehaltungsentscheid ergehen, damit anschliessend nach den Art. 434 f. eine Behandlung möglich wird. Die Behandlung somatischer Störungen richtet sich nach Art. 378 f.

4. Personen ausserhalb einer Einrichtung

Ambulante Behandlungen **psychischer Störungen** sind nur mit Zustimmung des Patienten möglich, wobei auch die mutmassliche Einwilligung genügt, wenn der Patient urteilsunfähig ist. Die Zustimmungsrechte nach Art. 378 greifen nicht, weil es nicht um eine somatische Behandlung geht. Entsprechend ist auch die Bestellung eines Beistandes bei einer urteilsunfähigen Person bezüglich der Behandlung nicht zweckdienlich (offenbar **a.M.** ROSCH, in: Rosch/Büchler/Jakob, Art. 433–435 N 3). Allenfalls kann eine Behandlung ohne die Einwilligung aufgrund der kantonalen Gesetzgebung möglich sein (Art. 437 N 7 ff.). **11**

Für die Behandlung einer **somatischen Störung** muss wiederum die Einwilligung vorliegen. Bei urteilsunfähigen Personen ist nach Art. 378 f. vorzugehen. **12**

III. Behandlung ohne Zustimmung bei fehlender Dringlichkeit (Art. 434 Abs. 1)

1. Allgemeine Voraussetzungen (Abs. 1 Ingress)

Aus der Gesetzessystematik ergibt sich, als allgemeine Voraussetzung, dass die betroffene Person **fürsorgerisch in einer Einrichtung untergebracht** worden sein muss. Ohne Bedeutung ist, ob es sich um eine behördliche (Art. 426) oder um eine ärztliche Einweisung (Art. 429) oder um eine Zurückbehaltung durch Einrichtung (Art. 427) gehandelt hat. Die Unterbringung muss aber **zur Behandlung einer psychischen Störung** erfolgt sein. Bei einer Unterbringung aus anderen Gründen greift Art. 434 nicht, weil er im Zusammenhang mit dem Behandlungsplan nach Art. 433 steht, so dass dessen Voraussetzungen auch erfüllt sein müssen (vgl. Art. 433 N 3). **13**

Die Behandlung muss sich sodann auf den Behandlungsplan nach Art. 433 abstützen. Nur Massnahmen, welche in diesem vorgesehen sind, können angeordnet werden. Weil ein Behandlungsplan nach dieser Bestimmung aber immer nur für die **Behandlung einer psychischen Störung** vorgesehen werden kann, kann auch nur eine entsprechende Behandlung angeordnet werden. Art. 433 erlaubt nicht die Behandlung einer somatischen Störung ohne Zustimmung des Patienten. Die verfügte Behandlung muss im aktuellen Behandlungsplan aufgeführt sein. Wird dieser in den entsprechenden Punkten veränderten Verhältnissen angepasst (Art. 433 N 20), ist eine neue Anordnung notwendig. **14**

Art. 434 kommt zudem nur zur Anwendung, wenn die **Zustimmung der betroffenen Person fehlt**. Die Zustimmung setzt Urteilsfähigkeit voraus. Die Urteilsfähigkeit braucht aber nicht aktuell gegeben zu sein. Es ist sehr wohl möglich, dass die Person früher ihre Einwilligung gegeben hat und davon auszugehen ist, dass die Behandlung immer noch ihrem Willen entspricht. Insofern genügt der mutmassliche Wille des Patienten. In diesem Zusammenhang kann einer Patientenverfügung zentrale Bedeutung zukommen. Die betroffene Person kann sehr wohl in einer Patientenverfügung im Voraus die Einwilligung zu einer Behandlung für den Fall geben, dass sie urteilsunfähig wird. Zu beachten ist dann allerdings, dass die in der Patientenverfügung vorgesehene Behandlung mit der im Behandlungsplan vorgeschlagenen übereinstimmen muss. **15**

Schliesslich muss die **Behandlung im Behandlungsplan vorgesehen** werden. Es kann nur die darin vom behandelnden Arzt vorgeschlagene Behandlung angeordnet werden. **16**

2. Die besonderen Voraussetzungen (Abs. 1 Ziff. 1–3)

17 Die in den Ziffern 1–3 aufgeführten Voraussetzungen müssen **kumulativ erfüllt** sein (Rosch, in: Rosch/Büchler/Jakob, Art. 433–435 N 10). Das ergibt sich aus dem «und» am Ende der Ziff. 2.

a) Urteilsunfähigkeit bezüglich Behandlungsbedürftigkeit (Ziff. 2)

18 Die Anordnung einer Behandlung ohne Einwilligung setzt voraus, dass die Person bezüglich ihrer **Behandlungsbedürftigkeit urteilsunfähig** ist (Ziff. 2). Da die Urteilsfähigkeit immer bezüglich des konkreten Rechtsgeschäftes zu beurteilen ist, kann die Urteilsfähigkeit nicht für jede Behandlung gleich beurteilt werden (Botschaft Erwachsenenschutz, 7069 f.). Der Gesetzgeber hat – im Gegensatz zum Vorentwurf 2003 – bewusst den im Recht etablierten Begriff der Urteilsfähigkeit gewählt (Art. 16). Es kann dem Patienten an den notwendigen kognitiven Fähigkeiten fehlen, um in eine Behandlung einwilligen oder diese ablehnen zu können. Grund dafür können auch Wahnvorstellungen sein, welche den Patienten daran hindern, den Zusammenhang zwischen seinem Zustand und der Behandlung zu begreifen. Es kann aber auch aufgrund der Krankheit an der notwendigen Entschlussfähigkeit fehlen. Erfasst werden von daher auch Personen, welche sehr wohl einen Willen ausdrücken können, dessen Bildung aber nicht aufgrund des von Art. 16 geforderten Mindestmass an Rationalität beruht (vgl. Botschaft Erwachsenenschutz, 7069 f.). Der Umstand, dass die Ablehnung einer Behandlung unvernünftig ist, belegt aber noch nicht die Urteilsunfähigkeit.

b) Ernsthafte Gefährdung (Ziff. 1)

19 Damit eine Behandlung ohne Zustimmung zulässig ist, muss eine ernstliche **Gefährdungssituation** gegeben sein. Es kann sich dabei sowohl um eine Selbstgefährdung wie auch um eine Drittgefährdung handeln. Letzteres wurde erst im Entwurf des Bundesrates aufgrund von Stellungnahmen im Vernehmlassungsverfahren aufgenommen (Botschaft Erwachsenenschutz, 7069 f.).

20 Die **Selbstgefährdung** ist nur ausreichend, wenn ohne die Behandlung der betroffenen Person ein ernsthafter gesundheitlicher Schaden droht. Diese Anforderungen sind erheblich höher als jene für die Behandlung einer somatischen Störung nach Art. 378 (Botschaft Erwachsenenschutz, 7069 f.). Nach dieser Bestimmung kann die Zustimmung zu jeder dem Wohl der betroffenen Person dienenden Behandlung erteilt werden. Hier muss es um die Abwendung eines ernsthaften gesundheitlichen Schadens gehen. Auch wenn es ausschliesslich um die Behandlung einer psychischen Störung geht, kann der drohende gesundheitliche Schaden auch somatischer Art sein. Ernstlich ist ein Gesundheitsschaden, wenn er zu einer langen Beeinträchtigung wichtiger körperlicher oder psychischer Funktionen führt. Es braucht sich aber nicht um einen bleibenden oder gar irreversiblen Gesundheitsschaden zu handeln. Zur Ernsthaftigkeit des drohenden Schadens gehört auch, dass dessen Eintritt eine hohe Wahrscheinlichkeit aufweist. Dabei können aber keine Prozentzahlen für eine Prognose festgelegt werden. Je weniger schwer der drohende Schaden ist, umso höher muss die Wahrscheinlichkeit seines Eintritts sein. Überdies ist ein zeitliches Element zu beachten. Im Gegensatz zu Art. 435 setzt Art. 434 keine Dringlichkeit voraus. Kann aber mit der Behandlung aus medizinischer Sicht zugewartet werden, droht aber noch kein Gesundheitsschaden i.S.v. Art. 434 Abs. 1 Ziff. 1, wenn Aussicht besteht, dass der Patient noch rechtzeitig in die Behandlung einwilligen wird. Anstatt die Behandlung anzuordnen, ist dann vielmehr weiterhin im Gespräch die betroffene Person von der Behandlungsbedürftigkeit zu überzeugen. Schliesslich muss mit der Behandlung der

Schaden tatsächlich abgewendet werden können. Insoweit besteht in der Medizin aber nie Sicherheit. Insofern muss eine hohe Wahrscheinlichkeit genügen, die allerdings wesentlich über den Anforderungen liegt, welche Art. 32 KVG an die Wirksamkeit und Zweckmässigkeit einer Leistung stellt.

Die **Fremdgefährdung** genügt nur, wenn das Leben oder die körperliche Integrität Dritter 21
ernstlich gefährdet ist. Die Gefährdung von wirtschaftlichen Interessen genügt nicht. Entsprechend reicht die Gefahr von Sachbeschädigungen nicht aus. Das bezüglich der Ernsthaftigkeit der Gefahr bei der Selbstgefährdung Ausgeführte gilt auch hier. Demgegenüber hat hier der Kausalzusammenhang zwischen der Behandlung und der Gefahr eine andere Bedeutung. Die Drittgefährdung ist regelmässig bereits durch die blosse Unterbringung der betroffenen Person in einer Anstalt abgewendet. Die Behandlung ohne Zustimmung ist dafür nicht notwendig. Sie soll aber eine reine Verwahrung des Patienten verhindern und ermöglichen, dass die betroffene Person aufgrund der Behandlung wieder in der Lage ist, ausserhalb der Anstalt ein (wenigstens teil-)autonomes Leben zu führen (Botschaft Erwachsenenschutz, 7069 f.). Die Anordnung einer Behandlung rechtfertigt sich deshalb nur, wenn diese die Möglichkeit einer Entlassung aus der Klinik erheblich erhöht und beschleunigt.

c) Verhältnismässigkeit (Ziff. 3)

Dass die Massnahme verhältnismässig sein muss, ergibt sich bereits aus Art. 389. Art. 434 22
Abs. 1 Ziff. 3 wiederholt dies. Es ist zu prüfen, ob **weniger einschneidende Massnahmen** zur Verfügung stehen, um den angestrebten Zweck zu erreichen. Was als weniger «einschneidend» im Sinne des Gesetzes anzusehen ist, bestimmt sich nach dem Zweck der fürsorgerischen Unterbringung, nach Möglichkeiten die Autonomie und das Selbstbestimmungsrecht des Patienten zu wahren und zu fördern. Weniger einschneidend sind entsprechend Massnahmen, die dem tatsächlichen oder mutmasslichen Willen des Patienten mehr entsprechen als die vorgeschlagene. Dabei kann es sich um eine Behandlungsalternative oder ein anderes Vorgehen als eine Behandlung handeln. Die Beurteilung, welche Behandlung angemessen ist, muss nach dem neusten Stand der Wissenschaft erfolgen (Botschaft Erwachsenenschutz, 7069 f.). Entsprechend sind wissenschaftlich zweifelhafte oder umstrittene Massnahmen zu unterlassen. In der Botschaft des Bundesrates werden auch ausdrücklich **chirurgische Eingriffe** ohne Zustimmung der betroffenen Person ausgeschlossen. Es gehe nur um die Abgabe von Medikamenten, das Einhalten eines Tagesrhythmus, um Gespräche und **Zwangsernährung** (Botschaft Erwachsenenschutz, 7069 f.).

Nicht massgeblich sind in diesem Zusammenhang **wirtschaftliche Überlegungen** oder 23
solche der Anstaltsordnung. Insbesondere lässt sich eine eigentliche Behandlung mit Medikamenten nicht mit einer Vereinfachung der administrativen Abläufe oder der Anstaltsordnung rechtfertigen (Rosch, in: Rosch/Büchler/Jakob, Art. 433–435 N 10; in der parlamentarischen Beratung ausdrücklich offengelassen: AmtlBull StR 2007, 837 ff.). Aus diesen Gründen ist höchstens in einer Notsituation eine Verabreichung von Medikamenten ohne Zustimmung des Patienten möglich (vgl. N 28 ff.).

Damit eine **alternative Behandlung** in Frage kommt, muss diese selbstverständlich **wirk-** 24
sam und zweckmässig sein. Entspricht sie aber eher dem Willen der betroffenen Person, rechtfertigt sich ihre Anwendung unter Umständen, auch wenn die Wahrscheinlichkeit eines Erfolges geringer ist als bei der vorgeschlagenen.

3. Rechtswirkung der Anordnung

25 Mit der Anordnung der Behandlung wird die **betroffene Person verpflichtet**, sich dieser Behandlung zu unterziehen. Die mit der Behandlung verbundenen Eingriffe in die Persönlichkeitsrechte der betroffenen Person sind, soweit sie durch den Behandlungsplan und die Anordnung erfasst werden, rechtmässig. Die **Widerrechtlichkeit der Persönlichkeitsverletzung entfällt**.

26 Soweit in der schriftlichen Anordnung nichts anderes festgehalten wird, enthält sie auch die Ermächtigung des Klinikpersonals die für die Durchsetzung der angeordneten Behandlung notwendigen **Zwangsmassnahmen** vorzunehmen. Sind verschiedene Vorgehensweisen möglich, wird sinnvollerweise in der Anordnung festgehalten, welche Zwangsmassnahmen nötigenfalls anzuwenden sind. Es müssen immer alle Möglichkeiten versucht werden, den Patienten dazu zu bringen, sich **ohne physischen Zwang der Behandlung zu unterziehen**.

27 Das Gesetz äussert sich nicht ausdrücklich zur Frage, ob die **Anordnung** der Behandlung ohne Zustimmung sich immer nur auf einen **einzelnen Behandlungsschritt** bezieht **oder** ob auch eine über längere Zeit **andauernde**, aus mehreren Eingriffen (z.B. Spritzen) bestehende **Behandlung als Ganzes** angeordnet werden kann. Soweit ersichtlich wurde die Frage auch im Gesetzgebungsverfahren nicht diskutiert. Der Umstand, dass die Anordnung aufgrund eines Behandlungsplanes erfolgt, spricht dafür, dass auch eine Behandlung, die über längere Zeit verschiedene Interventionen vorsieht, mit einem einzigen Entscheid angeordnet werden kann. Darauf ist aber das Rechtmittelverfahren nicht angelegt (vgl. dazu Art. 439 N 15 und 35). Das Begehren um gerichtliche Beurteilung ist an eine Frist gebunden, die mit Eröffnung des Entscheides zu laufen beginnt. Dauert die Behandlung über eine längere Zeit, ist diese Frist unter Umständen bereits abgelaufen. Der Gesetzeswortlaut sieht aber eine jederzeitige Anrufung des Gerichts nur bei Massnahmen zur Einschränkung der Bewegungsfreiheit und nicht auch bei Behandlungen ohne Zustimmung vor (Art. 439 Abs. 2, vgl. Art. 439 N 35). Das Gesetz regelt auch im Gegensatz zum Entlassungsgesuch (Art. 426) kein Gesuch um Aufhebung der Massnahme. Auch wenn bei jedem neuen Behandlungsschritt dessen medizinische Notwendigkeit noch immer gegeben sein und versucht werden muss, die Einwilligung des Patienten zu erlangen oder wenigstens zu erwirken, dass er sich in die Behandlung fügt, so dass die Anwendung von Zwang überflüssig ist, ist nicht jedes Mal ein neuer formeller Entscheid des Chefarztes notwendig. Die Behandlung stellt ein Ganzes dar. Immer nur einzelne Teile anzuordnen, wäre häufig zwecklos und auch nicht praktikabel. Aus diesem Grund muss es möglich sein, eine über längere Zeit dauernde Behandlung in einer einzigen Verfügung anzuordnen. Dieser Möglichkeit ist dann aber bei der Auslegung von Art. 439 Rechnung zu tragen (vgl. dazu Art. 439 N 15 und 35). Die Anordnung ist aber in jedem Fall zu befristen (Rosch, in: Rosch/Büchler/Jakob, Art. 433–435 N 13). Die Befristung braucht allerdings nicht mit einer bestimmten Zeitspanne zu erfolgen. Sie kann auch durch eine Begrenzung der Anzahl der zu wiederholenden Handlungen umschrieben werden. Mit Blick auf Art. 431 sollte sich die angeordnete Behandlung aber in keinem Fall über eine längere Zeit als sechs Monate erstrecken, ohne dass eine neue Verfügung erfolgt.

IV. Behandlung ohne Zustimmung in Notfällen (Art. 435)

28 Gemäss Art. 435 können in Notfallsituationen, auch ohne dass die genannten strengen Voraussetzungen erfüllt sind, die zum Schutz der betroffenen Person oder Dritter unerlässlichen medizinischen Massnahmen sofort ergriffen werden. Die Bestimmung entspricht Art. 379 für psychiatrische Behandlungen, ist aber nicht vollständig identisch ausgestaltet.

Der Aufteilung zwischen den Art. 378 f. und 343 f. folgend (N 3 ff.), kann Art. 345 immer nur die Behandlung einer psychischen Störung rechtfertigen (vgl. Botschaft Erwachsenenschutz, 7070). Die entsprechende Behandlung muss vom Einweisungsgrund gedeckt sein (Bericht ExpK Erwachsenenschutz 03, 66 f.). Betrifft die Notfallsituation eine somatische Störung, muss nach Art. 379 vorgegangen werden.

Eine **Notfallsituation** i.S.v. Art. 435 liegt immer vor, wenn ein akuter Handlungsbedarf besteht und dieser so dringlich ist, dass das Verfahren nach Art. 434 nicht eingehalten werden kann, namentlich kein Behandlungsplan, auch nicht ein provisorischer, erstellt werden kann. Die Dringlichkeit einer Behandlung kann sich zum Schutze der betroffenen Person selber oder Dritter ergeben. Art. 434 Abs. 1 Ziff. 1 ist hier analog anwendbar. Es ist allerdings zu beachten, dass aufgrund der Dringlichkeit regelmässig die Interessenabwägung und auch die Beurteilung der Verhältnismässigkeit sehr viel weniger sorgfältig vorgenommen werden kann als im Verfahren nach Art. 434. 29

Zulässig sind auch nach Art. 435 nur **Behandlungen, welche durch den Einweisungszweck gedeckt sind**. Allenfalls kann dieser allerdings nach Art. 427 durch die ärztliche Leitung der Einrichtung erweitert werden. Entsprechend wird in der Botschaft ausgeführt, dass lediglich «krankheitsbedingte Verhaltensweisen therapiert werden» dürfen, «während anders motivierte Gewalt mit polizeirechtlichen Massnahmen angegangen werden muss» (Botschaft Erwachsenenschutz, 7070). Auch wenn dies dem Grundsatz nach richtig ist, wird eine Unterscheidung in der Praxis kaum praktikabel und möglich sein. Insofern muss der Einrichtung ein weites Ermessen eingeräumt werden. 30

Soweit der **mutmassliche Wille des Patienten** bekannt ist, hat sich die Behandlung soweit wie möglich danach zu richten (Art. 435 Abs. 2). In diesem Zusammenhang kann ein Patiententestament Bedeutung haben. Der aktuelle oder mutmassliche Wille kann sich aber auch aus Gesprächen ergeben, welche bereits in der Klinik im Rahmen erster Behandlungsschritte erfolgt sind oder aufgrund eines Austrittsgespräches nach einem früheren Klinikaufenthalt (Art. 436). 31

V. Zuständigkeit für die Anordnung der Behandlung

1. In Fällen ohne Dringlichkeit (Art. 434)

In Fällen ohne Dringlichkeit (Art. 434) ist «die Chefärztin oder der Chefarzt der Abteilung» zur Anordnung der Behandlung ohne Zustimmung des Patienten zuständig. Es muss sich folglich um eine Person handeln, die ein medizinisches Studium abgeschlossen hat (vgl. dazu Art. 429 N 5). Im Gegensatz zur Regelung bei Art. 429 muss es sich hier um einen **Arzt mit Spezialausbildung** handeln, weil er sonst nicht Chefarzt einer psychiatrischen Klinik sein kann (so auch noch ausdrücklich der Bericht ExpK Erwachsenenschutz 03, 69 f.: «leitende Fachärztin»). 32

Zudem muss die entscheidende Person innerhalb der Klinik eine **bestimmte Stellung** innehaben. Es muss sich um den **«Chefarzt der zuständigen Abteilung»** handeln (Botschaft Erwachsenenschutz, 7069 f.). Das ist jene Person, welche für die ganze Klinik oder wenigstens für die entsprechende Abteilung die medizinische Gesamtverantwortung trägt. Es darf überdies **nicht derjenige sein, der den Behandlungsplan aufgestellt hat**, d.h. der behandelnde Arzt. Mit der unterschiedlichen Kompetenzzuweisung in den Art. 434 und 435 garantiert das Gesetz, dass eine Behandlung ohne Zustimmung nur dann erfolgt, wenn mindestens zwei Spezialärzte von deren Notwendigkeit überzeugt sind. Damit wird auch dem rechtsstaatlichen Gebot der Unbefangenheit Rechnung getragen. 33

34 Eine effiziente Organisation der Klinik verlangt, dass der Chefarzt auch eine **Stellvertretung** hat. Auch wenn das Gesetz dies nicht ausdrücklich vorsieht, kann die Anordnung auch durch den Stellvertreter erfolgen, wenn der Chefarzt abwesend oder aus einem anderen Grund verhindert ist (AmtlBull StR 2007, SR 838). Ein solcher Verhinderungsgrund liegt bspw. vor, wenn er selber den Behandlungsplan erstellt hat.

2. In Notfällen (Art. 435)

35 Das Gesetz regelt die Zuständigkeit für die Anordnung einer Behandlung ohne Zustimmung in einem Notfall nicht ausdrücklich. Grundsätzlich kann die Anordnung durch das im entscheidenden Zeitpunkt Dienst habende medizinische Personal erfolgen. Es muss sich aber um jemanden mit einem abgeschlossenen medizinischen Studium handeln. Die Klinik bzw. die kantonale Gesundheitsgesetzgebung wird regelmässig die Zuständigkeit regeln.

VI. Verfahren und Rechtsmittel

36 Der Chefarzt hat die Behandlung **schriftlich** anzuordnen. Sie muss folglich die eigenhändige Unterschrift der entsprechenden Person tragen (Art. 13 OR). Eine Nachbildung der Unterschrift auf mechanischem oder elektronischem Weg, wie bspw. Stempel oder gescannte Unterschriften sind ungenügend. Die Voraussetzungen von Art. 14 Abs. 2 OR sind nicht gegeben. Der eigenhändigen Unterschrift gleichgesetzt ist die qualifizierte elektronische Signatur. Verfügt der Chefarzt über eine solche Unterschrift, ist somit auch eine Anordnung in einer E-Mail möglich.

37 Die Anordnung ist **rechtstechnisch eine Verfügung** (Rosch, in: Rosch/Büchler/Jakob, Art. 433–435 N 13). Es gelten für ihren Erlass somit auch alle für eine Verfügung massgeblichen rechtsstaatlichen Grundsätze. Namentlich ist das rechtliche Gehör zu gewähren. Die betroffene Person muss sich folglich vorgängig zur Anordnung äussern können. Diese Äusserung muss allerdings nicht mündlich gegenüber der verfügenden Person erfolgen. Eine Anhörung ist nicht vorgeschrieben. Es genügt folglich, dass sich der Patient zum Behandlungsplan äussern konnte. Allerdings muss er auch die Möglichkeit haben, sich zur Frage zu äussern, ob die Behandlung auch ohne seine Zustimmung stattfinden soll. In Abweichung der allgemeinen Verfahrensgrundsätze ist allerdings nicht vorgesehen, dass bei Urteilsunfähigen ein Vertreter an ihrer Stelle Stellung nehmen muss.

38 Die schriftliche Verfügung muss alle für die Anordnung **wesentliche Element enthalten**. Sie muss den Patienten und die vorzunehmenden Handlungen genau bezeichnen. Dabei sollte nicht nur die Behandlung beschrieben werden, sondern auch die Zwangsmassnahmen erwähnt werden, welche anzuwenden sind, falls der Patient sich der Behandlung widersetzt. Die schriftliche Verfügung hat auch eine Begründung zu enthalten. In dieser muss ausgeführt werden, warum eine Behandlung notwendig ist, und dass die Voraussetzungen von Art. 434 erfüllt sind. Dabei kann auch auf den Behandlungsplan verwiesen werden, soweit dieser die entsprechenden Fragen beantwortet. Die Verfügung muss in jedem Fall auch festhalten, wie sich der Patient zur Behandlung ohne seine Zustimmung äussert oder warum er sich dazu nicht äussern kann.

39 Schliesslich muss die Verfügung die verfügende **Person und deren Stellung innerhalb der Klinik nennen** und deren Unterschrift tragen. Sie ist zu datieren. Die Verfügung ist mit einer **Rechtsmittelbelehrung** zu versehen (Art. 434 Abs. 2). Diese hat Angaben zur Form und zur Frist für die Anrufung des Gerichts zu enthalten und das zuständige Gericht zu bezeichnen.

Die Verfügung ist der betroffenen Person und der Vertrauensperson nach Art. 432 zu eröffnen. Die **Eröffnung** erfolgt durch Aushändigung einer schriftlichen Ausfertigung (Art. 434 Abs. 2). Diese muss für die betroffene Person grundsätzlich verständlich sein. Ist sie der Amtssprache in der Klinik nicht mächtig, muss eine Übersetzung erfolgen. Ist die betroffene Person nicht nur bezüglich ihrer Behandlungsbedürftigkeit (Art. 434 Abs. 1 Ziff. 29) sondern auch bezüglich der Wahrnehmung ihrer Patientenrechte nicht urteilsfähig, erweist sich eine Eröffnung als nicht möglich. In aller Regel wird sie diesfalls einen gesetzlichen Vertreter benötigen (Beistand oder Vorsorgebeauftragter). Dann hat die Eröffnung ihm gegenüber zu erfolgen. Dem Patienten ist dennoch in dem nach den Umständen möglichen Masse die Massnahme zu erläutern. **40**

Wurde die Verfügung eröffnet, ist sie **vollstreckbar**, sofern nicht in dieser selbst die aufschiebende Wirkung vorgesehen oder diese vom bereits angerufenen Gericht erteilt worden ist (Rosch, in: Rosch/Büchler/Jakob, Art. 433–435 N 13). Art. 430 Abs. 3 ist analog anwendbar. Kann aus medizinischer Sicht mit der Behandlung bis zum Ablauf der Frist für die Anrufung des Gerichts zugewartet werden, muss in der Anordnung die aufschiebende Wirkung erteilt werden, weil dadurch die Rechte des Patienten besser gewahrt werden und damit eine weniger einschneidende Massnahme möglich ist. **41**

Das Gesetz enthält **keine Verfahrensvorschriften** für die Behandlung ohne Zustimmung des Patienten in Notfällen. Die Dringlichkeit verbietet regelmässig ein eigentliches formelles Verfahren. Die Anrufung des Gerichts nach Art. 439 Abs. 1 Ziff. 4 ist zwar gegeben (Schmid, Art. 435 N 3), aber mangels aktuellem Rechtsschutzinteressen praktisch bedeutungslos (vgl. Art. 439 N 26). Obgleich das Gesetz dies nicht ausdrücklich vorsieht, ist die Massnahme aber im Nachhinein zu dokumentieren und der Patient wie auch gegebenenfalls seine Vertrauensperson nach Art. 432 im Nachhinein über alle Schritte analog zu Art. 434 Abs. 2 zu informieren. **42**

Art. 436

IV. Austrittsgespräch

[1] Besteht eine Rückfallgefahr, so versucht die behandelnde Ärztin oder der behandelnde Arzt mit der betroffenen Person vor deren Entlassung Behandlungsgrundsätze für den Fall einer erneuten Unterbringung in der Einrichtung zu vereinbaren.

[2] Das Austrittsgespräch ist zu dokumentieren.

IV. Entretien de sortie

[1] S'il existe un risque de récidive, le médecin traitant essaie de prévoir avec la personne concernée, avant sa sortie de l'institution, quelle sera la prise en charge thérapeutique en cas de nouveau placement.

[2] L'entretien de sortie est consigné par écrit.

IV. Colloquio d'uscita

[1] Se vi è pericolo di ricaduta, prima di dimettere l'interessato il medico curante tenta di concordare con lui le linee fondamentali del trattamento per l'eventualità di un nuovo ricovero nell'istituto.

[2] Il colloquio d'uscita va documentato.

Inhaltsübersicht

Literatur

Vgl. die Literaturhinweise vor Art. 426 ff.

Materialien

Botschaft Erwachsenenschutz, 7071 und 7161; Prot. RK-S vom 27./28.8.2007, 27; AmtlBull StR 2007, 837 f.; Prot. RK-N vom 24./25.4.2008, 31; AmtlBull NR 2008, 1524.

I. Gegenstand und Verhältnis zum bisherigen Recht

1 Die Bestimmung bezweckt, Behandlung psychischer Störungen, auch wenn sie ohne Zustimmung der betroffenen Person erfolgen müssen, möglichst deren Wünschen anzupassen. Hat eine Person eine solche Behandlung und ihre Folgen erlebt, ist sie meist wesentlich besser in der Lage deren Vor- und Nachteile einzuschätzen, als wenn noch keine Behandlung stattgefunden hat. Namentlich wenn jemand aus der Klinik entlassen werden kann, weil sich sein Zustand erheblich gebessert hat, kann die Urteilsfähigkeit bezüglich der Behandlungsbedürftigkeit entsprechender Zustände wieder hergestellt sein. Dann soll die betroffene Person Vorkehren für den Fall treffen können, dass wieder eine Behandlung notwendig wird.

2 Weder das frühere Recht noch die Vorentwürfe kannten eine entsprechende Bestimmung. Diese ist erst in den bundesrätlichen Entwurf aufgenommen worden. Das Parlament nahm die Regelung diskussionslos an.

II. Anwendungsbereich

3 Ein Austrittsgespräch ist **regelmässig aus medizinischer Sicht geboten**. Häufig wird die betroffene Person eine gewisse Nachbetreuung benötigen und dieser auch zustimmen. Zur Behandlung in der Klinik gehört auch die entsprechende Beratung. Das Austrittsgespräch dient auch regelmässig der Qualitätssicherung der Klinik (ROSCH, in: Rosch/Büchler/Jakob, Art. 436 N 1). Art. 436 schreibt ein darüber hinausgehenden Inhalt des Gespräches vor (N 6).

4 Die Verpflichtung zu einem nach Art. 436 weitergehenden Austrittsgespräch setzt voraus, dass es sich um einen **Patienten** handelt, bei dem eine **FU erfolgt** ist. Ob die Einweisung durch die KESB (Art. 428) oder ärztlich erfolgt ist (Art. 429) oder der Patient nach einer freiwilligen Unterbringung durch die ärztliche Leitung der Klinik zurückbehalten wurde (Art. 427), ist gleichgültig. Der Austritt muss auch nicht mit der Aufhebung der Massnahme zusammenhängen. Auch wenn jemand zuerst eingewiesen oder zurückbehalten worden ist und nachher freiwillig in der Klinik weiter betreut worden ist, muss ein Austrittsgespräch nach Art. 436 stattfinden. Dies ist auch unabhängig davon erforderlich, ob eine Behandlung ohne Zustimmung des Patienten stattgefunden hat oder nicht. War die Behandlung mit Zustimmung, wird sich das Gespräch allerdings etwas anders gestalten. Auch dann ist aber von Bedeutung, wie der Patient künftig behandelt werden soll.

5 Als weitere Voraussetzung sieht das Gesetz die **Rückfallgefahr** vor. Diese braucht nicht besonders gross zu sein. Das Gespräch sollte immer stattfinden, wenn die Diskussion über einen Rückfall aus medizinischer Sicht nicht als kontraindiziert erscheint. Ob bei einem Rückfall die Unterbringung in der gleichen Klinik wahrscheinlich ist oder diese in einer anderen erfolgen wird, ist unerheblich (vgl. N 12).

III. Inhalt und Zuständigkeit

Das Gespräch nach Art. 436 hat sich auf die **Behandlungs- und Betreuungsmethoden** zu beziehen. Der Wortlaut ist insofern etwas zu eng. Es geht darum, einen künftigen Aufenthalt möglichst bezüglich aller seiner Aspekte dem Willen des Patienten anzupassen. Namentlich wenn ein Patient bereits in mehreren Kliniken behandelt wurde, sollte er sich auch dazu äussern, in welcher der Kliniken er bei einem Rückfall lieber untergebracht werden würde. Das Gespräch setzt regelmässig voraus, dass die einzelnen Behandlungs- und Betreuungsschritte noch einmal besprochen werden. 6

Das Gesetz schreibt nicht vor, **wer das Gespräch von der Klinikseite her führen muss.** Wesentlicher als die Stellung in der Klinik ist die fachliche Kompetenz. Von daher braucht das Gespräch weder von der ärztlichen Leitung noch vom behandelnden Arzt geführt zu werden. Das Gespräch ist mit der **betroffenen Person persönlich** zu führen. Eine Stellvertretung ist nicht möglich. 7

Das Gesetz **verpflichtet die Klinik** zum Gespräch, nicht den Patienten. Dieser kann die Führung dieses Gespräches ablehnen. Überdies kann sich das Gespräch aus anderen Gründen als unmöglich erweisen. Das Gesetz präzisiert dies mit dem Ausdruck «versucht». Der Patient kann bspw. auch diesbezüglich urteilsunfähig sein. Unkenntnis der Sprache des Patienten ist allerdings kein Grund, auf ein Austrittsgespräch zu verzichten. Nötigenfalls ist ein Übersetzer beizuziehen. Der Patient kann verlangen, dass seine Vertrauensperson nach Art. 432 teilnimmt. 8

Das Austrittsgespräch hat mit der betroffenen Person grundsätzlich **«vor deren Entlassung»** stattzufinden. Es stellt aber keinen Grund dar, um die Person in der Klinik zurückzubehalten. Bloss wegen des Gespräches darf sich die **Entlassung nicht verzögern**. Das wird regelmässig einen entscheidenden Einfluss darauf haben, wer innerhalb der Klinik das Gespräch führt. Nötigenfalls ist dem Patienten auch ein Termin nach der Entlassung für das Gespräch anzubieten. 9

IV. Dokumentation

Das Gespräch ist in den wesentlichen Punkten seines Verlaufes und bezüglich der Ergebnisse, d.h. der Wünsche für eine künftige Behandlung und Betreuung, zu dokumentieren. Aus der französischsprachigen Gesetzesformulierung ergibt sich, dass diese **Dokumentation schriftlich** sein muss. Was darunter zu verstehen ist, ergibt sich aus Art. 13 f. OR. Weil wesentlicher Inhalt die Willenserklärung des Patienten ist, muss das Schriftstück von diesem unterschrieben werden. Das Gespräch ist deshalb damit zu beschliessen, dass die Ergebnisse in einem Schriftstück festgehalten werden und dieses dem Patienten unterbreitet und von ihm unterschrieben wird. Sinnvollerweise wird das Dokument auch seitens der Klinik unterzeichnet. Eine nachträglich bloss von der Klinik verfasste Zusammenfassung oder eine Videoaufzeichnung genügen nicht. 10

Die Klinik hat das **entsprechende Dokument aufzubewahren**. Es ist Teil des Patientendossiers. Wird der Patient wieder in der Klinik fürsorgerisch untergebracht oder tritt er freiwillig ein, hat die Klinik das entsprechende Dokument zu beachten. Ist der Patient in diesem Zeitpunkt urteilsfähig, werden seine damaligen Wünsche und Anliegen sinnvollerweise mit ihm neu besprochen. 11

Erfährt die Klinik, dass der Patient in einer **anderen Einrichtung in der Schweiz** fürsorgerisch untergebracht worden ist und diese Unterbringung einen Zusammenhang mit der bei ihr erfolgten Unterbringung hat, hat sie die Wünsche und Vorstellungen bezüglich 12 einer Therapierung und Betreuung der neuen Klinik weiterzugeben. Insoweit ist sie vom Patientengeheimnis entbunden. Erfolgt der **Klinikaufenthalt im Ausland**, ist die Rechtslage mit Blick auf Art. 6 DSG komplexer. Unter Umständen kann ein Rechtfertigungsgrund nach Art. 6 Abs. 2 lit. e DSG gegeben sein. Die Klinik hat im Einzelfall zu prüfen, ob die Bekanntgabe im Interesse der betroffenen Person geboten ist oder nicht. Da es sich bei diesen Regeln um allgemeine Grundsätze des Persönlichkeitsschutzes handelt, werden sie regelmässig auch gelten, wenn das DSG nicht anwendbar ist, weil es sich um ein öffentliches Spital des kantonalen Rechts handelt.

Art. 437

V. Kantonales Recht	**1 Die Kantone regeln die Nachbetreuung.** **2 Sie können ambulante Massnahmen vorsehen.**
V. Droit cantonal	1 Le droit cantonal règle la prise en charge de la personne concernée à sa sortie de l'institution. 2 Il peut prévoir des mesures ambulatoires.
V. Diritto cantonale	1 I Cantoni disciplinano l'assistenza e la cure successive al ricovero. 2 Possono prevedere misure ambulatoriali.

Inhaltsübersicht

Literatur

Vgl. die Literaturhinweise vor Art. 426 ff.

Materialien

Botschaft Erwachsenenschutz, 7071 und 7161; Prot. RK-S vom 27./28.8.2007, 37 ff.; AmtlBull StR 2007, 838 f.; Prot. RK-N vom 24./25.4.2008, 31 ff.; AmtlBull NR 2008, 1533 ff.

I. Gegenstand und Verhältnis zum bisherigen Recht

1 Das frühere Recht grenzte das Bundesrecht vom kantonalen Recht nicht danach ab, ob es sich um eine ambulante oder eine stationäre Behandlung handelte. Vielmehr war die Freiheitsentziehung bundesrechtlich und jede Behandlung kantonalrechtlich geregelt. Entsprechend waren ambulante Zwangsmassnahmen mangels einer Freiheitsentziehung nicht Gegenstand des Bundesrechts (BGE 118 II 248 f.; RR BE, SJZ 1989, 284) und ein entsprechender Vorbehalt war nicht nötig. Während der Vorentwurf auf jegliche ambulante Zwangsbehandlung verzichtete, sah der bundesrätliche Entwurf ausdrücklich die Kompetenz der Kantone vor, solche Massnahmen anzuordnen und namentlich die Nachbetreuung zu regeln (Botschaft Erwachsenenschutz, 7071). Es sollte damit vermieden werden, dass in der neuen Regelung ein qualifiziertes Schweigen gesehen und jegliche kantonale Rege-

lung ausgeschlossen wird. Ob es sich dabei um einen echten Vorbehalt des kantonalen Rechts handelt, oder ob diese Zuständigkeit auch ohne diese Gesetzesnorm bestehen würde, scheint fraglich. In jedem Fall präzisiert Art. 437 die kantonale Zuständigkeit und schränkt sie damit auch ein.

Die Zulässigkeit kantonaler, ambulanter Zwangsmassnahmen war **im Parlament umstritten**. Ein im Ständerat gestellter Antrag, die Bestimmung ersatzlos zu streichen, wurde allerdings abgelehnt (AmtlBull StR 2007, 838 f.). Das gleiche Schicksal war einem Antrag im Nationalrat beschieden, der zwar die kantonale Zuständigkeit wie der bundesrätliche Entwurf ausdrücklich festhalten, in einem dritten Absatz aber für die ambulanten Behandlungen ausdrücklich das Erfordernis der Zustimmung der betroffenen Person vorsehen wollte (AmtlBull NR 2008, 1533 ff.). Damit ist die Fassung des bundesrätlichen Entwurfes Gesetz geworden. **2**

II. Gegenstand der kantonalen Regelung

Die Bestimmung regelt **zwei Gegenstände**, die nicht zwingend mit einander verbunden sein müssen: einerseits die Nachbetreuung und andererseits ambulante Massnahmen, die auch ohne Zustimmung der betroffenen Person durchgesetzt werden können. **3**

1. Nachbetreuung

Art. 437 Abs. 1 handelt ausschliesslich von der Nachbetreuung. Von einer solchen kann aber nur gesprochen werden, wenn eine **FU vorher bestanden** hat. Die Bestimmung handelt nicht von Vormassnahmen. Das entspricht auch den allerdings sehr kurzen Ausführungen in der Botschaft (Botschaft Erwachsenenschutz, 7071). Sie ist aber unabhängig davon anwendbar, ob die betroffene Person wegen einer psychischen Störung, einer geistigen Behinderung oder einer schweren Verwahrlosung in einer Einrichtung untergebracht werden musste. Es ist auch nicht von Bedeutung, ob dort eine Behandlung ohne Zustimmung durchgeführt werden muss oder nicht. **4**

Auch wenn der Gesetzestext dies nicht zum Ausdruck bringt, besteht eine **Verpflichtung der Kantone**, die Nachbetreuung zu regeln. Es kann nicht davon ausgegangen werden, dass Personen, die wegen einer psychischen Störung, einer geistigen Behinderung oder einer schweren Verwahrlosung in einer Einrichtung untergebracht werden mussten, ohne jede Nachbetreuung entlassen werden können. Wie diese auszugestalten ist, schreibt das Bundesrecht aber nicht vor. **5**

Es geht bei Abs. 1 um die **Betreuung**, nicht um die Behandlung. Die Behandlung wird in erster Linie durch das Krankenversicherungsrecht und damit auf Bundesebene geregelt. Gemeint sind in erster Linie **freiwillige Angebote**, welche den Betroffenen zur Verfügung stehen sollen. Diese ergänzen die wiederum durch das Bundesrecht geregelten behördlichen Massnahmen, namentlich die Beistandschaften, und je nach Verhältnissen auch die eigene Vorsorge. Von zentraler Bedeutung für die Nachbetreuung wird regelmässig auch das private Umfeld, d.h. die Angehörigen sein. Die kantonalen Angebote sollen diese unterstützen. **6**

2. Ambulante Massnahmen

Neben und innerhalb der Regelung der Nachbetreuung können die Kantone auch ambulante Massnahmen vorsehen. Dabei handelt es sich nicht nur um Nachmassnahmen. Vielmehr können die Kantone solche **unabhängig** davon vorsehen, **ob** die betreffende Person **7**

fürsorgerisch untergebracht war oder nicht. Von Vormassnahmen zu sprechen, macht wenig Sinn. Wenn sie wirksam sind, wird eine FU überflüssig und es handelt sich mangels nachfolgender Unterbringung nicht um eine Vormassnahme.

8 Auch hier handelt es sich in erster Linie um ein **freiwilliges Angebot**. Die Norm erlaubt aber – wie die Entstehungsgeschichte zeigt (Botschaft Erwachsenenschutz, 7071; parlamentarische Beratung: AmtlBull StR 2007, 838 f.; AmtlBull NR 2008, 1533 ff.) – auch **behördlichen Zwang**. Das ist insofern sinnvoll, als es sich unter dem Gesichtspunkt der Verhältnismässigkeit nicht rechtfertigten lässt, jemanden fürsorgerisch unterzubringen, um eine Behandlung einer psychischen Störung ohne Zustimmung zu ermöglichen, wenn die gleiche Behandlung aus medizinischer Sicht auch ambulant möglich ist. Zu beachten ist, dass bei einer urteilsunfähigen Person die Art. 378 f. keinen Ersatz der Zustimmung ermöglichen (vgl. Art. 434/435 N 3 ff.). Eine ambulante Behandlung eines Urteilsunfähigen ist somit ohne entsprechende kantonale Rechtsgrundlage gar nicht möglich.

9 Ob eine **FU oder eine ambulante Massnahme** vorliegt, kann im Einzelfall zweifelhaft sein. Von einer Unterbringung i.S.v. Art. 426 ff. ist auszugehen, sobald die Massnahme die betroffene Person während *mehrerer Stunden* zum Aufenthalt an einem bestimmten Ort zwingt (ZK-Spirig, aArt. 397a ZGB N 116). Es ist nicht notwendig, dass auch eine Übernachtung miterfasst ist. Der Begriff der Einrichtung ist weit zu verstehen. Alle Institutionen werden darunter verstanden, welche die Bewegungsfreiheit der betroffenen Person aufgrund der Betreuung und Überwachung spürbar einschränken (BGE 121 III 307 ff.). Demgegenüber ist der Begriff der Freiheitsentziehung in Art. 5 EMRK enger (vgl. EGMR, 26. 2. 2002, H.M./Schweiz; vgl. auch Art. 426 N 30).

10 Keine Freiheitsentziehung und damit ebenfalls nicht Gegenstand der FFE sind sog. **Rayon- oder Kontaktverbote aufgrund von Art. 28b** oder aufgrund kantonaler Gesetze (vgl. dazu BGE 134 I 140 ff.). Diese sind aber auch nicht Gegenstand der ambulanten Massnahmen nach Art. 437 Abs. 2. Sie verfolgen polizeiliche und nicht fürsorgerische Zwecke.

11 Weil es sich auch bei ambulanter Zwangsbehandlung und anderen Zwangsmassnahmen um einen **Eingriff in das Grundrecht der persönlichen Freiheit** handelt (Art. 10 Abs. 2 BV; BGE 124 I 41 ff.; 118 Ia 434; 112 Ia 248 ff.; 104 Ia 486 f.; 99 Ia 747 ff.; 112 Ia 161 ff.), muss das kantonale Recht den dafür notwendigen Anforderungen genügen. Ein solcher Eingriff setzt eine gesetzliche Grundlage voraus, er muss durch ein öffentliches Interesse oder durch den Schutz von Grundrechten Dritter gerechtfertigt werden und überdies verhältnismässig sein. Die Voraussetzung der **Verhältnismässigkeit** wirft im vorliegenden Zusammenhang keine besonderen Fragen auf (vgl. dazu Geiser, FS Schnyder, Rz 4.7.). Die **gesetzliche Grundlage** für einen schweren Eingriff muss sich in einem Gesetz im formellen Sinn finden. Ein leichter Eingriff kann sich auch auf eine Verordnungsbestimmung stützen (Art. 36 Abs. 1 zweiter Satz BV). Allerdings muss die Verordnung sich im Rahmen der Delegationsnormen bewegen (Häfelin/Haller/Keller, Rz 1134). Nicht jede Massnahme nach Art. 437 Abs. 2 wird als schwerer Eingriff bezeichnet werden können (BGE 124 I 47; vgl. auch BGer vom 7. 10. 1992, 1P.218/1991, ZBl 1993, 512 ff.). Es steht aber ausser Zweifel, dass gewisse psychiatrische Behandlungen dazu zu rechnen sind. Unterscheidungskriterium sind u.a. die Dauer und das Ausmass des Eingriffs, die damit verbundenen Risiken sowie die Stärke der Wirkungen der Behandlung. In jedem Fall bedarf es für die Zulässigkeit einer Zwangsbehandlung aber einer *klaren* gesetzlichen Grundlage im Sinne des Gebotes der hinreichenden Normbestimmtheit (vgl. dazu Müller, Zwangsmassnahmen, 157 ff.; ders., recht 1994, 38 f.; Geiser, FS Schnyder, Rz 4.5.). Allenfalls kann die **polizeiliche Generalklausel** die gesetzliche Grundlage ersetzen (Art. 36 Abs. 1 dritter Satz BV; Häfelin/Haller/Keller, Rz 1135.). Sie kann angerufen werden, soweit medizinische Massnahmen ausschliesslich der Aufrechterhaltung dem Schutz der Öffentlichkeit dienen (vgl. dazu BGE 126 I 117 ff.). Schwierigkeiten bereitet demgegenüber das Erfordernis des **öffentlichen Interesses** (vgl. dazu GEISER, FS Schnyder, Rz 4.6.). Die Zwangsbehandlung erfolgt regelmässig im Interesse der betroffenen Person und nicht der Öffentlichkeit. Letztere wird nur am Rande und indirekt betroffen, so dass von daher andere, leichtere Massnahmen in aller Regel die öffentlichen Interessen in genügendem Ausmass wahren könnten. Es liegt in der Natur des Erwachsenenschutzrechts, dass der Eingriff in Abweichung zu den allgemeinen Grundsätzen der Grundrechtslehre gerade nicht im öffentlichen Interesse, sondern im privaten Interesse der betroffenen Person erfolgt. Die Rechtspraxis lehrt, dass solche Eingriffe zulässig sind. Insofern muss ein privates Interesse der betroffenen Person genügen. Mit Blick auf diese Besonderheit rechtfertigt es sich aber in besonderem Masse auf die demokratische Legitimation der Regelung zu achten.

III. Verfahren

Der Vorbehalt des kantonalen Rechts betrifft auch das Verfahren. Die Massnahmen nach Art. 437 Abs. 2 sind **nicht Gegenstand der gerichtlichen Beurteilung nach Art. 439** (vgl. Art. 439 N 17). Auch die Art. 443 ff. gelangen nicht zur Anwendung, weil nicht die KESB für die Anordnung zuständig ist. Das kantonale Recht muss aber ein rechtsstaatliches Verfahren vorsehen. 12

Der Kanton hat deshalb aufgrund der Vorgaben von Art. 5 f. EMRK eine **gerichtliche Überprüfungsmöglichkeit mit voller Kognition** zu gewährleisten. Überdies ist in jedem Fall die **subsidiäre Verfassungsbeschwerde an das Bundesgericht** gegeben (Art. 113 ff. BGG). 13

Art. 438

F. Massnahmen zur Einschränkung der Bewegungsfreiheit

Auf Massnahmen, die die Bewegungsfreiheit der betroffenen Personen in der Einrichtung einschränken, sind die Bestimmungen über die Einschränkung der Bewegungsfreiheit in Wohn- oder Pflegeeinrichtungen sinngemäss anwendbar. Vorbehalten bleibt die Anrufung des Gerichts.

F. Mesures limitant la liberté de mouvement

Les règles sur les mesures limitant la liberté de mouvement d'une personne résidant dans une institution s'appliquent par analogie aux mesures limitant la liberté de mouvement de la personne placée dans une institution à des fins d'assistance. La possibilité d'en appeler au juge est réservée.

F. Misure restrittive della libertà di movimento

Alle misure restrittive della libertà di movimento in seno all'istituto si applicano per analogia le disposizioni sulla restrizione della libertà di movimento negli istituti di accoglienza o di cura. È fatto salvo il ricorso al giudice.

Inhaltsübersicht

Literatur

Vgl. die Literaturhinweise vor Art. 426 ff.

Materialien

Botschaft Erwachsenenschutz, 7071 und 7161; Prot. RK-S vom 27./28.8.2007, 30; AmtlBull StR 2007, 839; Prot. RK-N vom 24./25.4.2008, 35; AmtlBull NR 2008 NR, 1535.

I. Gegenstand und Verhältnis zum bisherigen Recht

1 Das frühere Recht kannte keine entsprechende Bestimmung, weil es diese Massnahmen gar nicht regelte. Soweit die freiheitsbeschränkende Massnahme den blossen Freiheitsentzug umfasste, fiel sie mit dessen Anordnung zusammen. Soweit damit andere Zwecke verfolgt wurden oder es nicht um eine stationäre Unterbringung ging, waren solche Massnahmen nur aufgrund des kantonalen Rechts möglich. Entsprechend richteten sich auch das Verfahren und die Rechtsmittel nach diesem.

2 Die Bestimmung war in den Vorentwürfen noch nicht enthalten. Sie wurde erst im bundesrätlichen Entwurf aufgenommen um die Rechtslage fürsorgerisch untergebrachter und freiwillig eingetretener Personen in Einklang zu bringen.

II. Abgrenzung zu den Behandlungen und anderen Massnahmen

3 Art. 438 erfasst ausschliesslich Massnahmen, die **keine Behandlung** sind. Zwangsmassnahmen, die sich als notwendig erweisen, um eine Behandlung ohne Zustimmung des Patienten umzusetzen, fallen nicht unter diese Bestimmung, sondern sind Gegenstand von Art. 434 f. Die Abgrenzung kann sich im Einzelnen als schwierig erweisen. Entsprechend handelt es sich immer um mechanische oder elektronische Massnahmen, nicht aber um medikamentöse (ROSCH, in: Rosch/Büchler/Jakob, Art. 438 N 1).

4 **Nicht** von dieser Bestimmung wird die **blosse Umsetzung der Anordnungen nach Art. 426–429** erfasst. Vielmehr sind mit dem Entscheid über die FU schon jene Massnahmen abgedeckt, welche notwendig sind, um die Unterbringung in der Einrichtung sicherzustellen. Gemeint sind vielmehr weitergehende Einschränkungen innerhalb der Klinik bzw. Einrichtung, wie bspw. Bettgitter, Fixierung auf einem Stuhl, Abschliessen eines Raumes oder Ähnliches.

5 Die Bestimmung greift nicht nur bei Personen, welche zur Behandlung einer psychischen Störung fürsorgerisch untergebracht sind, sondern auch bei solchen Unterbringungen von geistig behinderten oder schwer verwahrlosten Personen zur Betreuung. Die entsprechenden Massnahmen setzen indessen immer voraus, dass die betroffene Person **urteilsunfähig** ist. Sie stellen damit keine Rechtsgrundlage für eine Beschränkung der Bewegungsfreiheit einer Person dar, welche auf ihrer Bewegungsfreiheit besteht und insoweit als urteilsfähig angesehen werden muss (offenbar **a.M.** ROSCH, in: Rosch/Büchler/Jakob, Art. 438 N 2). In diesen Fällen muss entweder die Massnahme bereits nach Art. 426–429 als Vollstreckung der fürsorgerischen Unterbringung angesehen werden oder Teil einer Behandlung nach Art. 434 f. darstellen.

III. Inhalt des Verweises

6 Die Bestimmung verweist auf die **Art. 383–385**. Diese sind **sinngemäss anwendbar**. Aufgrund der Umschreibung der Voraussetzungen in Art. 383 sind solche freiheitsbeschränkenden Massnahmen leichter möglich als eine Behandlung ohne Zustimmung nach Art. 434.

Jede Massnahme ist gem. Art. 384 zu **dokumentieren**. Aus Art. 383 Abs. 2 ergibt sich, dass die Massnahme der betroffenen Person bekannt gegeben werden muss. Nach Art. 384 Abs. 2 wäre zudem die zur Vertretung bei medizinischen Massnahmen berechtigte Person über die Massnahme zu informieren. Die bloss sinngemässe Anwendung verlangt, dass diese **Mitteilung** hier in erster Line **an die Vertrauensperson** nach Art. 432 geht. Nur wenn der Betroffene keine solche bezeichnet hat, sind die Personen nach Art. 378 zu informieren. Die Vertrauensperson kann auch das Protokoll einsehen. Das Recht steht auch den Personen zu, welche die Einrichtung beaufsichtigen (Art. 384 Abs. 3). **7**

IV. Verfahren und Rechtsmittel

Das Gesetz regelt nicht, wer **für** die **Anordnung** dieser Massnahmen innerhalb der Einrichtung **zuständig** ist. Die Zuständigkeit richtet sich vielmehr nach dem kantonalen Recht bzw. den Normen der Einrichtung. **8**

In Abweichung von Art. 383–385 kann die betroffene und jede ihr nahestehende Person gegen die Anordnung das **Gericht nach Art. 439 anrufen** (vgl. Art. 439 N 8). Es ist aber auch möglich, jederzeit gem. Art. 385 Abs. 1 an die ESB zu gelangen. Zuständig ist hier indessen die für die Unterbringung und die Entlassung zuständige KESB. Nur soweit die Entlassungszuständigkeit bei der Einrichtung liegt, richtet sich die örtliche Zuständigkeit nach Art. 385 Abs. 1. **9**

Weil die Massnahme Teil der fürsorgerischen Unterbringung ist, bleibt die dafür zuständige **KESB auch verantwortlich, einzuschreiten**, wenn sich die Massnahme als mit dem Zweck der fürsorgerischen Unterbringung nicht vereinbar oder als nicht zweckdienlich erweist. Insbesondere hat sie bei der periodischen Überprüfung der Unterbringung (Art. 431) auch die Angemessenheit der Massnahmen zur Einschränkung der Bewegungsfreiheit zu beurteilen. Deshalb muss sich die entsprechende Dokumentation in den von der Klinik unterbreiteten Unterlagen befinden (Art. 431 N 9). **10**

Art. 439

G. Anrufung des Gerichts

[1] Die betroffene oder eine ihr nahestehende Person kann in folgenden Fällen schriftlich das zuständige Gericht anrufen:

1. bei ärztlich angeordneter Unterbringung;
2. bei Zurückbehaltung durch die Einrichtung;
3. bei Abweisung eines Entlassungsgesuchs durch die Einrichtung;
4. bei Behandlung einer psychischen Störung ohne Zustimmung;
5. bei Massnahmen zur Einschränkung der Bewegungsfreiheit.

[2] Die Frist zur Anrufung des Gerichts beträgt zehn Tage seit Mitteilung des Entscheids. Bei Massnahmen zur Einschränkung der Bewegungsfreiheit kann das Gericht jederzeit angerufen werden.

[3] Das Verfahren richtet sich sinngemäss nach den Bestimmungen über das Verfahren vor der gerichtlichen Beschwerdeinstanz.

[4] Jedes Begehren um gerichtliche Beurteilung ist unverzüglich an das zuständige Gericht weiterzuleiten.

G. Appel au juge

[1] La personne concernée ou l'un de ses proches peut en appeler par écrit au juge en cas:
1. de placement ordonné par un médecin;
2. de maintien par l'institution;
3. de rejet d'une demande de libération par l'institution;
4. de traitement de troubles psychiques sans le consentement de la personne concernée;
5. d'application de mesures limitant la liberté de mouvement de la personne concernée.

[2] Le délai d'appel est de dix jours à compter de la date de la notification de la décision. Pour les mesures limitant la liberté de mouvement, il peut en être appelé au juge en tout temps.

[3] Les dispositions régissant la procédure devant l'instance judiciaire de recours sont applicables par analogie.

[4] Toute requête d'un contrôle judiciaire doit être transmise immédiatement au juge compétent.

G. Ricorso al giudice

[1] L'interessato o una persona a lui vicina può, per scritto, adire il giudice competente nei seguenti casi:
1. ricovero ordinato dal medico;
2. permanenza coatta disposta dall'istituto;
3. rifiuto della richiesta di dimissione da parte dell'istituto;
4. trattamento di una turba psichica in assenza di consenso;
5. misure restrittive della libertà di movimento.

[2] Il termine per adire il giudice è di dieci giorni dalla comunicazione della decisione. Per le misure restrittive della libertà di movimento, il giudice può essere adito in ogni tempo.

[3] La procedura è retta per analogia dalle disposizioni sulla procedura dinanzi all'autorità giudiziaria di reclamo.

[4] Ogni domanda che sollecita una decisione giudiziaria è trasmessa senza indugio al giudice competente.

Inhaltsübersicht

Literatur

Vgl. die Literaturhinweise vor Art. 426 ff.

Materialien

Art. 430 VE Erwachsenenschutz 2003; VE Erwachsenenschutz/Vernehmlassungen, 315 ff.; Botschaft Erwachsenenschutz, 7071 f. und 7161 f.; Prot. RK-S vom 27./28.8.2007, 30; AmtlBull StR 2007, 839; Prot. RK-N vom 24./25.4.2008, 35 f.; AmtlBull NR 2008, 1535.

I. Gegenstand und Verhältnis zum bisherigen Recht

Die gerichtliche Beurteilung bildete bereits unter dem alten Recht eines der Kernstücke der Regelung. Damit wurde die behördliche Unterbringung in einer Einrichtung mit den formellen Anforderungen der EMRK in Einklang gebracht. Ziel des Gesetzgebers war es bei der Revision von 1978, einen **umfassenden Rechtsschutz** zu gewähren. Der damit geschaffene Rechtsschutz geht teilweise über den durch die EMRK vorgeschriebenen Rechtsschutz hinaus (BBl 1977 III 20). Der Bundesgesetzgeber wollte den raschen Zugang zu einem Gericht sicherstellen und garantieren, dass alle Anordnungen einer fürsorgerischen Freiheitsentziehung und Abweisungen von Entlassungsbegehren der gerichtlichen Beurteilung unterliegen (BGE 127 III 387). Das ist auch das Ziel von Art. 439 im geltenden Recht. 1

Im Vergleich zum **früheren Recht ist aber die systematische Einbettung dieser Norm eine vollständig andere** geworden. Das alte Recht überlies den Kantonen eine wesentlich grössere Freiheit bei der Regelung der Zuständigkeit für die Anordnung und Aufhebung einer fürsorgerischen Unterbringung (Freiheitsentziehung). Zudem sah der Rechtsweg im Vormundschaftsrecht nicht zwingend in allen Fällen eine gerichtliche Kontrolle vor. Diese musste somit für diesen Bereich ausdrücklich verankert werden. Weil überdies weniger bundesrechtliche Vorgaben bezüglich der Qualität der Behörden bestanden, mussten in die Regelung Verfahrensgarantien aufgenommen werden. Das geltende Recht ist insofern schlanker. Damit entfallen aber auch gewisse Verfahrensgarantien. Zudem ist der Anwendungsbereich der Norm enger, weil die gerichtliche Beurteilung der Entscheide der KESB durch eine andere Norm geregelt werden (vgl. N 4). 2

Die entsprechende Norm war im **Vorentwurf von 2003** noch etwas anders aufgebaut und sah die Möglichkeit, bei Massnahmen zur Einschränkung der Bewegungsfreiheit das Gericht anzurufen, noch nicht ausdrücklich vor (Art. 430 VE 2003). Die Gesetz gewordene Bestimmung entspricht dem bundesrätlichen Entwurf und wurde im Parlament diskussionslos angenommen. 3

II. Anfechtbare Entscheide (Abs. 1)

1. Verhältnis zu anderen Rechtsmitteln im Erwachsenenschutzrecht

Art. 439 ist nur anwendbar, wenn eine **andere Stelle als die KESB** entschieden hat. Demgegenüber richtet sich die gerichtliche Prüfung eines Entscheides der KESB nach den Art. 450 ff. Das gilt auch für die Anordnung einer fürsorgerischen Unterbringung, den Entscheid bei einer periodischen Überprüfung und die Abweisung eines Entlassungsgesuches. 4

Unter die gerichtliche Beurteilung nach Art. 439 fallen zudem auch von den anderen Stellen nur Entscheide, welche die Freiheit beschränken, d.h. die eine **FU anordnen** oder ein **Entlassungsgesuch abweisen**. Demgegenüber sind Entscheide, welche die Anordnung einer Unterbringung ablehnen oder die betroffene Person aus der Einrichtung entlassen, wie bereits im früheren Recht (BGE 112 II 105; 122 I 26; IMHOF, 129 f.) nicht direkt gerichtlich überprüfbar. Verweigert ein Arzt nach Art. 429 eine Einweisung oder weigert 5 sich die Klinik einen Patienten nach Art. 427 zurückzubehalten, ist kein Rechtsmittel gegeben. Die von diesem Entscheid betroffenen Personen können aber an die KESB gelangen und eine Unterbringung im ordentlichen Verfahren beantragen (SCHMID, Art. 439 N 9). Zudem kann das Verhalten der Klinik oder des Arztes haftpflichtrechtliche Folgen haben. Diese richten sich dann aber nicht nach dem Erwachsenenschutzrecht.

6 Gegen die **Anordnung oder Aufhebung der fürsorgerischen Unterbringung** durch die KESB kann innert zehn Tagen (Art. 450b Abs. 2), vom Empfang an gerechnet, mit schriftlich begründeter Eingabe beim zuständigen Gericht Beschwerde nach Art. 450 erhoben werden (zum alten Recht: IMHOF, 130 f.).

2. Ärztlich angeordnete Unterbringung (Ziff. 1)

7 Gemäss Art. 439 Abs. 1 Ziff. 1 kann der ärztliche Entscheid, eine Person in einer Einrichtung unterzubringen, gerichtlich angefochten werden. Gemeint sind **ausschliesslich positive Entscheide**. Der Entscheid, auf eine Unterbringung zu verzichten, fällt nicht unter diese Bestimmung (N 5).

8 Weil die Unterbringung immer nur in einer *geeigneten* Einrichtung erfolgen darf, stellt der Entscheid über die **Verlegung von einer Einrichtung in eine andere** immer auch eine Verfügung über die Freiheitsentziehung dar (s.o. Art. 426 N 54). Entsprechend kann bei einem solchen Entscheid gerichtliche Beurteilung verlangt werden (so auch zum alten Recht: ZK-SPIRIG, aArt. 397d ZGB N 34; IMHOF, 128; **a.M.** BGE 122 I 35). Dies gilt auch, wenn eine Person innerhalb einer Einrichtung von einer Abteilung in eine andere verlegt wird. Bei einem Alters- und Pflegeheim kann eine solche Verlegung sehr wohl auch ärztlich nach Art. 429 angeordnet werden.

3. Zurückbehaltung durch die Einrichtung (Ziff. 2)

9 Art. 439 Abs. 1 Ziff. 2 führt ausdrücklich die Zurückbehaltung durch die Einrichtung nach Art. 427 auf. Dabei ist zu beachten, dass diese Zurückbehaltungen maximal drei Tage dauern kann. Nach Ablauf von maximal 72 Stunden kann die betroffene Person die Einrichtung ohne jede Einschränkung verlassen (Art. 427 N 16). Nach der Entlassung wird aber i.d.R. kein Rechtsschutzinteresse an der gerichtlichen Beurteilung mehr bestehen (vgl. N 26). Insofern besteht faktisch eine wesentlich kürzere Frist zur Anrufung des Gerichts als die in Abs. 2 vorgesehenen zehn Tage. Überdies muss das Gericht, sobald es angerufen worden ist, unverzüglich entscheiden. Art. 439 Abs. 1 Ziff. 2 hat insofern eine direkte Rückwirkung auf die organisatorischen Anforderungen an das Gericht. Das Gericht kann innert 72 Stunden auch die Verlängerung der Unterbringung anordnen (vgl. Art. 427 N 16). Insoweit ersetzt der Gerichtsentscheid eine Einweisungsverfügung der KESB.

10 Von Art. 439 nicht erfasst wird die **nach den drei Tagen unzulässige Zurückbehaltung** in einer Einrichtung. Diese stellt eine Freiheitsberaubung dar. Die betroffene Person hat sich gegen diese mit den Rechtsbehelfen zu wehren, die generell bei einer Freiheitsberaubung bestehen. Allerdings sollte sowohl die KESB wie auch das nach Art. 439 zuständige Gericht in diesen Fällen die nötige Hilfestellung bieten.

4. Abweisung von Entlassungsgesuchen durch die Einrichtung (Ziff. 3)

11 Die Einrichtung ist für die Entlassung zuständig, wenn eine ärztliche Einweisung erfolgt ist (Art. 429 Abs. 2), die Einrichtung selber eine Person zurückbehalten hat (Art. 427 N 18) oder die KESB diese Zuständigkeit im Einzelfall der Einrichtung übertragen hat

(Art. 428 N 9). Alle diese Verfügungen unterliegen der gerichtlichen Beurteilung. Diese kann auch verlangt werden, wenn die Einrichtung ein Entlassungsgesuch nicht behandelt. Demgegenüber unterliegt die Gutheissung eines Entlassungsgesuchs nicht der gerichtlichen Beurteilung (N 5; SCHMID, Art. 439 N 12).

Weist die **KESB ein Entlassungsgesuch** ab, erfolgt die Anrufung des Gerichtes nicht nach Art. 439, sondern nach Art. 450 ff. 12

5. Behandlung ohne Zustimmung (Ziff. 4)

Aufgrund der bundesrechtlichen Regelung der Behandlung einer psychischen Störung ohne Zustimmung des Patienten (Art. 434 f.) sind nunmehr auch diese Anordnungen von Bundesrechts wegen wie eine Unterbringung durch das Gericht überprüfbar. Anfechtungsobjekt ist die Verfügung des Chefarztes der entsprechenden Abteilung nach Art. 434. Das Organisationsrecht kann nicht vorsehen, dass die betroffene Person zuerst an die Gesamtleitung der Klinik oder eine andere administrative Stelle gelangen muss. 13

Von Art. 439 Abs. 1 Ziff. 4 werden nicht nur die Behandlungen nach Art. 434, sondern auch **jene nach Art. 435** erfasst (Art. 434/435 N 35; SCHMID, Art. 435 N 3; Bericht ExpK Erwachsenenschutz 03, 69 f.; Botschaft Erwachsenenschutz, 7072). Diese Anfechtungsmöglichkeit ist allerdings ohne praktische Bedeutung, weil die Überprüfung immer zu spät kommen wird und es dann am Rechtsschutzinteresse fehlt (vgl. N 26). 14

Die gerichtliche Beurteilung kann auch bezüglich der Abweisung eines Gesuches um **Aufhebung der Anordnung** verlangt werden (vgl. Art. 434/435 N 27). Im Vorentwurf von 2003 war noch vorgesehen, dass gegen eine Behandlung jederzeit die als Gericht organisierte KESB angerufen werden kann (Bericht ExpK Erwachsenenschutz, 69 f.). 15

Demgegenüber ist ein **Behandlungsplan** (Art. 433) als solcher nicht anfechtbar (vgl. Art. 433 N 21; SCHMID, Art. 439 N 14; **a.M.** Bericht ExpK Erwachsenenschutz 03, 69 f.; Botschaft Erwachsenenschutz, 7072). Er stellt keinerlei hoheitlichen Akt dar. Im Rahmen der Prüfung einer nach Art. 434 angeordneten Behandlung und der Überprüfung eines Entlassungsgesuches kann das Gericht aber sehr wohl prüfen, ob die sich auf den Behandlungsplan stützende Behandlung und Betreuung angemessen ist. 16

Ebenfalls nicht der gerichtlichen Beurteilung nach Art. 439 **unterliegen Massnahmen**, die aufgrund des **kantonalen Rechts** nach Art. 437 angeordnet worden sind. Der Verweis auf das kantonale Recht erfasst auch das Verfahren und die Zuständigkeiten. Entsprechend hat der Kanton für ein rechtsstaatliches Verfahren nach seinem eigenen Recht zu sorgen (vgl. Art. 437 N 12 f.). 17

6. Massnahmen zur Einschränkung der Bewegungsfreiheit (Ziff. 5)

Anfechtbar sind auch die Anordnungen nach Art. 438, mit denen die Bewegungsfreiheit eingeschränkt wird. Insoweit geniessen fürsorgerisch untergebrachte Personen einen besseren Rechtsschutz als sich freiwillig in einer Einrichtung aufhaltende urteilsunfähige Personen (Art. 438 N 9; vgl. auch SCHMID, Art. 439 N 16). 18

III. Legitimation

Das Begehren um gerichtliche Beurteilung kann in erster Linie die von der Massnahme **betroffene Person** verlangen. Das selbständige Stellen eines Begehrens setzt Urteilsfähigkeit, nicht aber volle Handlungsfähigkeit voraus. An die **Urteilsfähigkeit** dürfen – wie be- 19 reits im früheren Recht – keine hohen Anforderungen gestellt werden. Es genügt, wenn die betroffene Person erkennt, dass sie gegen ihren Willen in einer Einrichtung untergebracht sein soll, und wenn sie den gegenteiligen Willen zum Ausdruck bringen kann (BBl 1977 III 37; Deschenaux/Steinauer, Personnes, Rz 1208; ZK-Spirig, aArt. 397d ZGB N 12). Wer fähig ist, schriftlich ein Begehren um gerichtliche Beurteilung zu verfassen, ist dafür auch urteilsfähig.

20 Von einer fürsorgerischen Unterbringung betroffene Personen können sich u.U. gerade wegen ihres Schwächezustandes auch in rechtlichen Dingen vollständig passiv verhalten. Hier ist es wichtig, dass andere Personen für sie handeln dürfen, die sich aufgrund ihrer Beziehung zur betroffenen Person mit dieser solidarisch fühlen (Stettler, Rz 488). Das Gesetz legitimiert deshalb nicht nur die betroffene Person selber, das Gericht anzurufen, sondern auch jede ihr **nahestehende Person** (vgl. BGE 127 III 388). Es handelt sich dabei um einen bundesrechtlichen Begriff. Das kantonale Verfahrensrecht kann ihn weder ausdehnen noch einengen.

21 Die **Legitimation ist weit auszulegen** (Hegnauer, ZVW 1984, 26 ff.; Seeger, ZöF 1984, 76; Suhr Brunner, 145). Sie geht – wie im früheren Recht – über den Kreis jener Personen hinaus, welche nach Art. 450 zur Beschwerde gegen die Entscheide der KESB berechtigt sind, weil die Legitimation hier nicht voraussetzt, dass Interessen der betroffenen Person wahrgenommen werden (BBl 1977 III 37; BGE 122 I 30; **a.M.** Schmid, Art. 439 N 7). Der in Art. 439 Abs. 3 enthaltene Verweis erfasst nicht auch die Legitimation, weil diese in Abs. 1 selbständig umschrieben wird. Der Umstand, dass der Entscheid nicht von einer Fachbehörde ausgeht, rechtfertigt auch sachlich den erhöhten Rechtsschutz.

22 Als **nahestehend** sind alle Personen zu betrachten, welche die betroffene Person gut kennen, sei es wegen ihrer Verwandtschaft, Freundschaft oder ihrer Funktion (BGE 114 II 213; 122 I 30; Deschenaux/Steinauer, Personnes, Rz 1207; Imhof, 142). Ob ein eigentliches Vertrauensverhältnis notwendig ist (so Stettler, Rz 488), scheint fraglich. Eine *Rechtsbeziehung* wie Verwandtschaft, Auftragsverhältnis usw. braucht nicht zu bestehen. Allein massgebend ist die faktische Verbundenheit. Befreundete Personen sind auch legitimiert, wenn sie mit der betroffenen Person nie in gemeinsamem Haushalt gelebt haben (BGE 122 II 29 ff.). In jedem Fall kann die nach Art. 432 bezeichnete Vertrauensperson das Gericht anrufen (Art. 432 N 12). Die nahestehende Person erhält, wenn sie gerichtliche Beurteilung verlangt, volle **Parteistellung**. Sie kann **kostenpflichtig** werden (s.u. N 46).

23 Die selbständige Legitimation Nahestehender kann dazu führen, dass **mehrere Begehren** um gerichtliche Beurteilung gestellt werden. Die Verfahren sind zu vereinigen. Ergeben sich aus dem kantonalen Recht mehrere örtliche Zuständigkeiten, so sollte unabhängig von der zeitlichen Priorität jenes Gericht die Sache an die Hand nehmen, welches vom Betroffenen angerufen worden ist. Bei mehreren Begehren nahestehender Personen entscheidet die zeitliche Priorität.

24 Darüber hinaus besteht kein Koordinierungsbedürfnis. Weder die betroffene noch die nahestehende Person kann durch Klagerückzug die Klage der anderen Partei zu Fall bringen. Auch wenn mehrere nahestehende Personen unabhängig voneinander gerichtliche Beurteilung verlangen, handelt es sich um **selbständige Begehren**. Das Gesetz sieht keine Hierarchie der einzelnen Nahestehenden vor.

25 Der Umstand, dass sich neben der betroffenen Person ein weiter Kreis anderer Personen am Verfahren beteiligen darf, verursacht u.U. Schwierigkeiten, wenn **vertrauliche Informationen** vom Gericht verwendet werden müssen. Will die betroffene Person gewisse Tatsachen vor ihr nahestehenden Personen geheim halten, hat das Gericht diesem Umstand bei der Gewährung der Parteirechte gegenüber den weiteren Verfahrensbeteiligten Rechnung zu tragen. Das kann zu einer Einschränkung des rechtlichen Gehörs der nahestehenden Personen führen. Die vom Betroffenen bezeichnete Vertrauensperson hat schon nach Art. 432 entsprechende Einsichtsrechte (vgl. Art. 432 N 12).

Die gerichtliche Beurteilung setzt ein **aktuelles Rechtsschutzinteresse** voraus (BGE 114 Ia 90). Dieses liegt nicht mehr vor, wenn die betroffene Person inzwischen bereits wieder aus der Einrichtung entlassen bzw. die Behandlung abgesetzt oder die freiheitsbeschränkende Massnahme beendet worden ist, weil sich ihr Zustand gebessert hat (BGE 111 Ib 59; 109 Ia 170 f.; 107 Ib 392; 106 Ib 112 DESCHENAUX/STEINAUER, Personnes, Rz 1216b). Das Interesse, die Rechtswidrigkeit der Massnahme für einen späteren Haftpflichtprozess nach Art. 454 ff. feststellen zu lassen, genügt nicht, da der Entscheid die Frage der Haftpflicht gar nicht präjudizieren kann. Die Unangemessenheit einer Massnahme bedeutet nicht in jedem Fall eine Rechtswidrigkeit i.S.v. Art. 454 (BGE 109 Ia 171). Die gerichtliche Beurteilung lässt sich in diesen Fällen höchstens ausnahmsweise rechtfertigen, wenn es darum geht, einer rechtswidrigen Praxis der Behörde den Riegel zu schieben, deren Entscheide regelmässig erst nach der Entlassung zur gerichtlichen Beurteilung gelangen (vgl. BGE 111 Ib 59; 109 Ia 171; 107 Ib 392; 106 Ib 112). Das Bundesgericht hat diese Rechtsprechung auch mit Blick auf seine aufgrund der Anforderungen der EMRK abweichenden Praxis bei der Untersuchungshaft (BGE 136 I 274; 136 III 500 f. E. 2.2. und 2.3.) ausdrücklich bestätigt und die gerichtliche Überprüfbarkeit im Rahmen eines Haftpflichtprozesses als genügend angesehen (BGE 136 III 501 E. 2.4). Ist das Interesse bereits vor der Einreichung der Beschwerde an das Bundesgericht entfallen, muss das Rechtsmittel abgewiesen werden; entfällt es erst während des bundesgerichtlichen Verfahrens, ist die Beschwerde demgegenüber als gegenstandslos abzuschreiben (BGE 136 III 500 E. 2.1.). 26

IV. Verfahren

1. Zuständigkeit

Das ZGB regelt die **örtliche** Zuständigkeit nicht (BGE 122 I 22). Die Kantone sind frei, im **innerkantonalen** Bereich das Gericht am Sitz der einweisenden Behörde oder Stelle, jenes am Wohnsitz der betroffenen Person oder jenes am Ort der Anstalt als zuständig zu erklären (BGE 122 I 22 ff.). **Interkantonal** muss allerdings subsidiär eine Ordnung bestehen, die sowohl positive wie auch negative Zuständigkeitskonflikte ausschliesst. Von daher drängt sich die Zuständigkeit am Ort der verfügenden Einrichtung oder des verfügenden Arztes auf (SCHMID, Art. 439 N 8; so auch zum alten Recht ZK-SPIRIG, aArt. 397e ZGB N 125). Zu beachten ist allerdings, dass die Einrichtung zu Anordnungen von Massnahmen nach Art. 438 auch zuständig ist, wenn die Einweisung durch die KESB erfolgt ist. Diesfalls rechtfertigt sich die Zuständigkeit am Ort der Einrichtung nicht, wenn für die behördlichen Entscheide eine andere örtliche Zuständigkeit besteht. Sinnvollerweise ist diesfalls das Gericht zuständig, welches auch die Führung der Massnahme als Ganzes zu beurteilen hat. Das muss auch für die Abweisung von Austrittsgesuchen gelten, wenn die Zuständigkeit nach Art. 428 Abs. 2 der Einrichtung übertragen worden ist. Folglich ist das Gericht am Ort der Einrichtung nur dann zuständig, wenn die betroffene Person nicht durch die KESB eingewiesen worden ist. Andernfalls ist das Gericht am Ort der Behörde zuständig. Demgegenüber ist nach Auffassung des Bundesrates in der Botschaft das Gericht am Ort der Einrichtung für die Prüfung aller Entscheide nach Ziff. 2 und 5 zuständig und in den anderen Fällen, jene am Ort der KESB (Botschaft Erwachsenenschutz, 7072). Diese Zuständigkeiten gelten von Bundesrechts wegen, wenn im interkantonalen Verhältnis ein Kompetenzkonflikt auftritt. 27

28 Die Regelung der sachlichen Zuständigkeit überlässt das ZGB vollständig dem kantonalen Recht. Es bestimmt nur, dass es sich um ein **Gericht** handeln muss. Was darunter zu verstehen ist, ergibt sich aus der Rechtsprechung zu Art. 6 EMRK (IMHOF, 155). Dabei kommt es nicht auf die Bezeichnung, sondern auf die tatsächliche Ausgestaltung des entsprechenden Spruchkörpers an. Das Gericht muss unparteiisch und unabhängig sein. Zudem ist das Verfahren so zu organisieren, dass die Sache «in billiger Weise öffentlich und innerhalb einer angemessenen Frist gehört wird» (Art. 6 Ziff. 1 EMRK). Entscheidende Bedeutung hat schliesslich, dass das Gericht die rechtserheblichen Tatsachen selber erhebt, die Rechtssätze auf den in einem rechtsstaatlichen Verfahren ermittelten Sachverhalt anwendet und die die Parteien bindenden Entscheidungen selber fällt (BGE 118 Ia 478 m.H. auf MIEHSLER/VOGLER, Internationaler EMRK-Kommentar, 1986, Art. 6 N 287). Im Gegensatz zu einer Verwaltungsbehörde kann ein Gericht die Entscheidungsfindung nicht delegieren. Die gewählten Richter müssen sich sowohl bezüglich der Sachverhaltsfeststellung wie auch der Rechtsfindung persönlich eine Meinung bilden. Sie müssen deshalb die für den Entscheid relevanten Akten auch selber studiert haben. Weil auch befristete Unterbringungen der gerichtlichen Beurteilung unterliegen, muss das Gericht so organisiert sein, dass nicht nur vorsorgliche Massnahmen, wie die Erteilung der aufschiebenden Wirkung, sofort getroffen werden können, sondern auch das Gericht in der Lage ist, in klaren Fällen nötigenfalls innert 72 Stunden einen definitiven Entscheid zu fällen. Insofern gehen die Anforderungen hier über die in Art. 450e für die Beschwerden gegen die Entscheide der KESB aufgestellten hinaus. Schliesslich ergibt sich aus der Beschwerdefähigkeit des Entscheides, dass nicht ein unteres Gericht als ausschliesslich zuständig bezeichnet werden darf (Art. 75 Abs. 2 BGG).

29 Handelt es sich bei der **KESB um ein Gericht**, kann der Kanton diese für die Beurteilung nach Art. 439 als zuständig erklären (SCHMID, Art. 439 N 4 f.). Selbstverständlich kann der Kanton die Kompetenz auch dem nach Art. 450 ff. zuständigen Gericht übertragen. Dadurch wird eine einheitliche Rechtsprechung aller Unterbringungsentscheide sichergestellt, unabhängig davon wer die Unterbringung angeordnet hat.

2. Beschwerdefrist (Abs. 2)

30 Die gerichtliche Beurteilung ist **innert zehn Tagen** zu verlangen. Es gelten die allgemeinen Grundsätze für eine Rechtsmittelfrist (IMHOF, 147 f.). Der Tag, an dem die Frist zu laufen beginnt, wird nicht mitgezählt (analog zu Art. 44 Abs. 1 BGG). Die Frist endet am letzten Tag der Frist um Mitternacht. Ist dieser Tag ein Samstag (Art. 1 des BG über den Fristenlauf an Samstagen vom 21.6.1963), ein Sonntag oder ein nach dem kantonalem Recht anerkannter Feiertag (oder der 1. August), läuft die Frist am nächsten Werktag ab (analog zu Art. 45 BGG). Die Regelung betr. Samstage, Feiertage und Sonntage erfasst nur das Fristende, nicht auch den Beginn des Fristenlaufes.

31 Obgleich das Gesetz dies nicht mehr ausdrücklich festhält, gilt ein Beschleunigungsgebot. Es ergibt sich aus der Natur der Sache und aus dem sinngemäss anwendbaren Art. 450e Abs. 5. Es sind deshalb weder die kantonalen noch die eidgenössischen **Gerichtsferien** zu beachten.

32 Die Frist gilt als **gewahrt**, wenn an deren letztem Tag das Begehren um gerichtliche Beurteilung der schweizerischen Post oder dem zuständigen Gericht übergeben worden ist. Auch die Einreichung bei einer unzuständigen Behörde muss für die Fristwahrung ausreichen. Entsprechend verpflichtet Abs. 4 die Einrichtung, Begehren um gerichtliche Beurteilung an das zuständige Gericht weiterzuleiten. Aus Art. 12 IPRG ergibt sich schliesslich, dass die Frist ebenfalls eingehalten ist, wenn das Begehren rechtzeitig bei einer schweizerischen diplomatischen oder konsularischen Vertretung im Ausland eintrifft.

Für die **betroffene Person beginnt die Frist** zu laufen, sobald ihr der Entscheid über die FU oder die Behandlung mitgeteilt wird. Sie kann indessen schon vor diesem Zeitpunkt gerichtliche Beurteilung verlangen, wenn sie bereits früher vom Entscheid Kenntnis erhält (gl.M. IMHOF, 148). Eine Mitteilung erfolgt aber nicht an alle Personen, die befugt sind, eine gerichtliche Beurteilung zu verlangen (N 20 f.). Für die **nahestehende Person** beginnt deshalb die Frist mit **Kenntnisnahme** der Anordnung zu laufen, unabhängig davon, wie sie davon erfährt (gl.M. IMHOF, 148). Art. 450b Abs. 1 ist nicht anwendbar. Ebenfalls nicht anwendbar ist Art. 450c, was sich aber bereits aus Art. 450e Abs. 2 ergibt. **33**

Wird das **Gesuch** um gerichtliche Beurteilung **verspätet** gestellt, ist darauf nicht einzutreten (ZK-SPIRIG, aArt. 397d ZGB N 50). Trotz des hohen Wertes der persönlichen Freiheit liegt darin kein überspitzter Formalismus, da jederzeit ein Entlassungsgesuch gestellt werden kann und dem Einweisungsentscheid keine materielle Rechtskraft zukommt (Art. 426 N 44). Ein verspätetes Begehren um gerichtliche Beurteilung hat als Entlassungsgesuch an die zuständige Behörde oder Stelle weitergeleitet zu werden (Botschaft Erwachsenenschutz, 7072; ZK-SPIRIG, aArt. 397d ZGB N 50; SCHMID, Art. 439 N 17). Diese Überlegungen sprechen auch dafür, dass weder eine **Fristerstreckung** noch die **Wiederherstellung** einer verpassten Frist möglich sind (GEISER, Patient – Patientenrecht, 187; **a.M.** KOLLER, SJZ 1982, 56). **34**

Nicht bei allen Entscheiden ist das Begehren um gerichtliche Beurteilung an eine Frist gebunden. Der zweite Satz von Abs. 2 hält ausdrücklich fest, dass bei Massnahmen zur **Einschränkung der Bewegungsfreiheit** nach Art. 438 das Gericht **jederzeit** angerufen werden kann. Hier gibt es keine Beschwerdefrist. Diese Regelung muss auch bei der Behandlung einer psychischen Störung gelten (vgl. Art. 434/435 N 27). Überdies kann das Gericht wegen der **Verzögerung eines Gesuches**, mit dem die Aufhebung einer Massnahme verlangt wird, jederzeit angerufen werden. **35**

3. Formelle Anforderungen an die Beschwerde

Die gerichtliche Beurteilung setzt ein **schriftliches Begehren** voraus. Das Formerfordernis richtet sich nach Art. 13 ff. OR. Es ist unterschriftlich zu bezeugen, dass eine gerichtliche Beurteilung verlangt wird. Ein formeller Antrag und eine Begründung werden hingegen nicht verlangt (DESCHENAUX/STEINAUER, Personnes, Rz 1211). Die Formvorschriften im Bundesrecht sind abschliessend. Die Kantone dürfen sie weder ergänzen noch können sie ein mündliches Begehren genügen lassen (BGE 133 III 353). Die Kantone und die Einrichtungen können aber Formulare kreieren, welch den betroffenen zur Verfügung stehen (Bericht ExpK Erwachsenenschutz 03, 69 f.; Botschaft Erwachsenenschutz, 7072). Ihre Verwendung kann aber nicht vorgeschrieben werden. **36**

Aus dem bundesrechtlichen Formerfordernis und aus dem Umstand, dass nahestehenden Personen eine eigene Legitimation zukommt, gerichtliche Beurteilung zu verlangen, ist auf die **Höchstpersönlichkeit** des entsprechenden Rechts der betroffenen Person zu schliessen (ROSCH, in: Rosch/Büchler/Jakob, Art. 439 N 5). Für die Einleitung des Verfahrens kann sich diese nicht vertreten lassen (gl.M. IMHOF, 139). Die allgemeinen Verfahrensgrundsätze erlauben hingegen im nachfolgenden Verfahren eine Prozessvertretung. Das Recht der nahestehenden Personen, gerichtliche Beurteilung zu verlangen, ist demgegenüber nicht vertretungsfeindlich. **37**

4. Kognition und allgemeine Grundsätze

38 Für das Verfahren im Einzelnen ist eine sinngemässe Anwendung der Art. 450a–450e vorgesehen. Von besonderer Bedeutung ist dabei Art. 450e, der das Verfahren für die gerichtliche Beurteilung eines durch die KESB gefällten Unterbringungsentscheids behandelt. Demgegenüber wird Art. 450 nicht vom Verweis erfasst, weil die Vorinstanzen, die Legitimation und die Form der Beschwerde in Art. 439 selbständig und abschliessend geregelt sind.

39 Aus Art. 450a ZGB, Art. 5 Ziff. 4 EMRK und dem systematischen Zusammenhang ergibt sich, dass das Gericht sowohl die Tat- wie auch die Rechtsfragen wie auch die Angemessenheit frei überprüft. Dem Gericht steht von Bundesrechts wegen **volle Kognition** zu (IMHOF, 210).

40 Die Prozessökonomie verlangt, dass sowohl **echte wie auch unechte Noven** unbeschränkt zugelassen werden. Seinem Entscheid hat das Gericht den Sachverhalt zugrunde zu legen, wie er sich im Zeitpunkt der Urteilsfällung präsentiert. Formelle Einschränkungen sind nicht am Platz.

41 Weil die Vorinstanz jeweils keine Behörde, sondern entweder ein Arzt oder die Einrichtung ist, hat das Gericht die Sache endgültig zu entscheiden und diese nicht an die Vorinstanz zu neuer Entscheidung zurückzuweisen. Das Rechtsmittel ist **reformatorisch**. Das Urteil lautet entweder auf Aufhebung oder Aufrechterhaltung der Massnahme. Das Gericht kann aber auch die Massnahme abändern, indem es die betroffene Person bspw. in eine andere Einrichtung einweist (ZK-SPIRIG, aArt. 397f ZGB N 7). Allenfalls kann sich allerdings eine Überweisung an die zuständige KESB für weitere Abklärungen und die Anordnung zusätzlicher Massnahmen als notwendig erweisen. Anstelle der fürsorgerischen Unterbringung darf das Gericht eine **andere vormundschaftliche Massnahme** nur anordnen, wenn es nach dem kantonalen Recht dafür zuständig ist, d.h. wenn es sich entweder beim Gericht um die KESB selber handelt oder das Gericht auch für die Beurteilung von Beschwerden nach Art. 450 ff. zuständig ist. Aus den bundesrechtlichen Bestimmungen über die FU lässt sich keine Kompetenzattraktion ableiten. Das Gericht hat dann die Sache der zuständigen Behörde zur Anordnung der notwendigen Massnahmen zu überweisen. Zur Sicherstellung der gebotenen Fürsorge kann es bspw. die Entlassung aufschieben, bis die zuständige Behörde die für ein Leben ausserhalb der Anstalt notwendigen Anordnungen getroffen hat.

42 Ein **Feststellungsbegehren**, die angeordnete Massnahme sei rechtswidrig, wird regelmässig am notwendigen Rechtsschutzinteresse scheitern (BGE 136 III 500; vgl. N 26).

43 Wird das Gesuch um gerichtliche Beurteilung zurückgezogen oder die Massnahme aufgehoben (vgl. N 26), so ist das Verfahren als **gegenstandslos** abzuschreiben. Demgegenüber muss auch dann materiell entschieden werden, wenn eine **mündliche Einvernahme der betroffenen Person** nicht **möglich** ist (BGE 116 II 406). Diesfalls hat eine Entscheidung aufgrund der Akten zu erfolgen (ZK-SPIRIG, aArt. 397e ZGB N 210). Daran ändert auch die Verpflichtung zur mündlichen Anhörung nach Art. 450e Abs. 4 nichts.

44 Weil es sich um einen Akt der **freiwilligen Gerichtsbarkeit** handelt, gibt es im Verfahren keine beklagte Partei. Die einweisende Stelle ist Vorinstanz, nicht Partei (**a.M.** IMHOF, 138).

45 Aus dem Verweis auf Art. 450e ergibt sich, dass die Anrufung des Gerichts **keine aufschiebende Wirkung** hat, wenn diese nicht von der anordnenden Stelle oder vom Gericht erteilt worden ist und dass i.d.R. eine **mündliche Anhörung** der betroffenen Person durch das Kollegium zu erfolgen hat und wenn nötig eine Vertretung anzuordnen ist.

Das Bundesrecht schreibt für die gerichtliche Beurteilung keine Unentgeltlichkeit vor. Diese rechtfertigt sich auch nicht, weil nicht einzusehen ist, warum bei begüterten Personen die Allgemeinheit die Last des Rechtsschutzes tragen soll. Das kantonale Recht regelt sowohl die **Gebühren** wie auch die **Kostenverlegung**. Da es sich um ein Verfahren der freiwilligen Gerichtsbarkeit handelt, müssen sinnvollerweise der obsiegenden Partei ebenfalls Kosten auferlegt werden können. Weil die einweisende Stelle nicht Partei, sondern Vorinstanz ist, können ihr grundsätzlich keine Kosten auferlegt werden. Das kantonale Recht kann allerdings auch ein kontradiktorisches Verfahren vorsehen. Der Untersuchungsgrundsatz und der hohe Stellenwert der persönlichen Freiheit stehen einer **Vorschusspflicht** entgegen. **46**

Das Verfahren richtet sich im Übrigen nach dem **kantonalen Recht**. Der Gesetzgeber hat es abgelehnt, das Verfahren einheitlich zu regeln. Die Zivilprozessordnung ist gem. Art. 450f nur sinngemäss anwendbar, soweit die Kantone nichts anderes bestimmen. **47**

5. Beizug eines Gutachtens

Gemäss dem aufgrund des Verweises in Art. 439 Abs. 3 sinngemäss anwendbaren Art. 450e Abs. 3 muss bei psychischen Störungen gestützt auf das Gutachten einer sachverständigen Person entschieden werden (vgl. die Komm. zu Art. 450e). Zur Frage, wann eine psychische Störung vorliegt s. Art. 426 N 15. **Sachverständig** im Sinne dieser Bestimmung ist ein Arzt mit genügenden spezifischen Fachkenntnissen. Es muss sich nicht notwendigerweise um einen Spezialarzt für Psychiatrie und Psychotherapie FMH handeln. Auch ein Arzt für allgemeine Medizin kann den Anforderungen genügen, wenn er über die nötige fachliche Erfahrung im Umgang mit psychisch kranken Personen und den dafür erforderlichen Sachverstand verfügt (BGE 137 III 292; 119 II 320 ff.; 128 III 15). Demgegenüber genügt der Beizug eines Psychologen oder Sozialarbeiters aus formellen Gründen nicht. **48**

Der Gutachter muss im Gegensatz zum früheren Recht eine unabhängige Person sein, welche **nicht dem Spruchkörper des Gerichts angehört** (Botschaft Erwachsenenschutz, 7087 f.; HAUSHEER/GEISER/AEBI-MÜLLER, Erwachsenenschutzrecht, Rz 2.185; STECK, in: Rosch/Büchler/Jakob?, Art. 450f N 9). Dieses Erfordernis ergibt sich auch aus der Rechtsprechung des EGMR (EGMR, 29.3.2001, Recueil CourEDH 2001-III, 21 § 53, N. D./Schweiz). Der Sachverständige muss aber auch sonst **unabhängig** sein. Er darf sich deshalb nicht im gleichen Verfahren bereits über die Krankheit der betroffenen Person geäussert haben (BGE 137 III 292). Damit scheidet der einweisende Arzt ebenso aus wie das medizinische Personal der den Patienten zurückbehaltenden oder die Behandlung oder freiheitsbeschränkende Massnahme anordnenden Klinik. Es muss sich zwingend um eine aussenstehende Fachperson handeln, was für die Verfahren nach Art. 450e nicht im gleichen Ausmass Geltung hat. **49**

Dieses Erfordernis droht **mit dem Beschleunigungsgebot zu kollidieren**. Das Gericht kann diesen beiden Verfahrensgeboten nur genügen, wenn es über einen ausreichenden Gutachterpool verfügt, so dass jederzeit eine sachverständige Person zur Verfügung steht. Überdies müssen die Anforderungen an das Gutachten dem Beschleunigungsgebot angepasst werden. Im Verfahren nach Art. 439 kann ein Gutachten genügen, welches nach Art. 450e Abs. 3 nicht ausreichend wäre. Wird die gerichtliche Begutachtung einer Unterbringung nach Art. 429 oder einer Zurückbehaltung nach Art. 427 verlangt muss das Gericht aufgrund eines Kurzgutachtens innert kürzester Zeit entscheiden. Erfolgt anschliessend eine ordentliche Einweisung durch die KESB und wird diese wiederum angefochten, kann unter Umständen nicht auf das erste Gutachten abgestellt werden und es muss ein ausführlicheres Gutachten in Auftrag gegeben werden. **50**

6. Eröffnung des Entscheides und Rechtsmittel

51 Der Entscheid ist in jedem Fall der **betroffenen Person** und der Einrichtung zu eröffnen. Hat eine **nahestehende Person** die gerichtliche Beurteilung verlangt, muss ihr als Prozesspartei auch der Entscheid mitgeteilt werden. **Weitere**, am Verfahren nicht unmittelbar beteiligte **Personen** sind im gleichen Umfang über den gerichtlichen Entscheid zu informieren wie von der Anordnung einer Unterbringung selber.

52 Die Kantone müssen ein **zweistufiges Verfahren** für die gerichtliche Beurteilung vorsehen. Gemäss Art. 75 Abs. 2 BGG muss in den Bereichen, in denen die Beschwerde in Zivilsachen an das Bundesgericht gegeben ist, ein oberes Gericht als Rechtsmittelinstanz entscheiden. **Frist und Form** der kantonalen Rechtsmittel richten sich nach dem kantonalen Recht. In jedem Fall ist die betroffene Person **legitimiert**, ein Rechtsmittel zu ergreifen. Für nahestehende Personen gilt mit Blick auf Art. 76 Abs. 1 lit. a BGG dasselbe, wenn sie vor erster Instanz Parteistellung hatten. Andernfalls steht es ihnen aufgrund des Bundesrechts nicht zu, erst vor einer höheren Instanz in das Verfahren einzusteigen. Das kantonale Recht darf die Rechtsmittellegitimation erweitern (BGE 122 I 27 ff.). Es hat insb. die Möglichkeit vorzusehen, dass die Leitung der Einrichtung oder die KESB einen die Unterbringung aufhebenden Entscheid des Gerichts an eine höhere Instanz weiterziehen kann (für das alte Recht **a.M.** IMHOF, 132 f.). Das kantonale Recht bestimmt auch, welche Rechtsmittel – unabhängig vom materiellen Ausgang des Verfahrens – gegen die Kostenauflage gegeben sind.

53 Gemäss Art. 72 Abs. 2 lit. b Ziff. 6 BGG unterliegen alle Entscheide auf dem Gebiet des Erwachsenenschutzes der letzten kantonalen Instanz der **Beschwerde in Zivilsachen an das Bundesgericht** (ausdrücklich bezüglich einer Massnahme aufrechterhaltender Entscheide: BGer vom 1.11.2004, 5C.171/2004, E. 1). Dieses tritt auf das Rechtsmittel aber nur ein, wenn die Freiheitsentziehung im Zeitpunkt, in dem es entscheidet, noch andauert. Ansonsten liegt kein aktuelles Rechtsschutzinteresse vor (Art. 76 Abs. 1 lit. b BGG; zum früheren Recht: BGE 136 III 501 ff.; 114 Ia 90; 112 II 106; DESCHENAUX/STEINAUER, Personnes, Rz 1216b). Das Bundesgericht prüft im Beschwerdeverfahren grundsätzlich nur die **Rechtsanwendung**, nicht auch die Sachverhaltsfeststellungen. Zur Rechtsanwendung gehören aber neben den materiellen Voraussetzungen der Massnahme auch die Verfahrensvorschriften des ZGB, einschliesslich des Rechts auf Verbeiständung nach Art. 450e Abs. 4 (BGE 107 II 315 f.; DESCHENAUX/STEINAUER, Personnes, Rz 1216a). Im Beschwerdeverfahren können auch Verfassungsverletzungen geltend gemacht werden, so dass die Rüge der willkürlichen Sachverhaltsfeststellung zulässig ist (Art. 97 Abs. 1 BGG).

54 Soweit die Verweigerung eines *unentgeltlichen* Rechtsbeistandes oder die Willkür in der Sachverhaltsfeststellung gerügt wird, ist ebenfalls die Beschwerde in Zivilsachen gegeben. Demgegenüber ist nur die subsidiäre Verfassungsbeschwerde gegeben, wenn die Verletzung des kantonalen Prozessrechts gerügt wird. Um eine Verletzung des kantonalen Prozessrechts geht es nach Ansicht des Bundesgerichts auch, wenn wiederholte Entlassungsgesuche nicht behandelt werden, weil sie als gegen Treu und Glauben erfolgt angesehen werden (BGE 131 III 457 ff.). Bei Gutheissung des Rechtsmittels kann das Bundesgericht die kantonalen Kosten neu verteilen (Art. 67 BGG).

V. Weiterleitung der Begehren um gerichtliche Beurteilung (Abs. 4)

55 Art. 439 Abs. 4 verpflichtet sodann zur sofortigen **Weiterleitung eines Begehrens um gerichtliche Beurteilung** an das zuständige Gericht (Botschaft Erwachsenenschutz, 7072). Diese Vorschrift richtet sich an die nicht zuständigen Gerichte oder Verwaltungsbehörden,

an die ein Begehren fälschlicherweise adressiert worden ist, aber auch an das Personal der Einrichtung, den Arzt oder den Beistand, wenn diese das Begehren von der betroffenen Person in Empfang genommen haben. Verpflichtet zur Weiterleitung ist auch die Vertrauensperson nach Art. 432.

Das **Gesetz sieht keine Sanktion** bei Unterlassung vor. Sie kann nach Art. 454 zur Haftung des Kantons führen. Haftbar kann aber auch die Person sein, welche der Verpflichtung nicht nachkommt. **56**

Zwölfter Titel: Organisation

Erster Abschnitt: Behörden und örtliche Zuständigkeit

Art. 440

A. Erwachsenenschutzbehörde

[1] Die Erwachsenenschutzbehörde ist eine Fachbehörde. Sie wird von den Kantonen bestimmt.

[2] Sie fällt ihre Entscheide mit mindestens drei Mitgliedern. Die Kantone können für bestimmte Geschäfte Ausnahmen vorsehen.

[3] Sie hat auch die Aufgaben der Kindesschutzbehörde.

A. Autorité de protection de l'adulte

[1] L'autorité de protection de l'adulte est une autorité interdisciplinaire. Elle est désignée par les cantons.

[2] Elle prend ses décisions en siégeant à trois membres au moins. Les cantons peuvent prévoir des exceptions pour des affaires déterminées.

[3] Elle fait également office d'autorité de protection de l'enfant.

A. Autorità di protezione degli adulti

[1] L'autorità di protezione degli adulti è un'autorità specializzata. Essa è designata dai Cantoni.

[2] L'autorità di protezione degli adulti decide in collegio di almeno tre membri. I Cantoni possono prevedere eccezioni per determinati casi.

[3] L'autorità di protezione degli adulti è anche investita dei compiti dell'autorità di protezione dei minori.

Art. 441

B. Aufsichtsbehörde

[1] Die Kantone bestimmen die Aufsichtsbehörden.

[2] Der Bundesrat kann Bestimmungen über die Aufsicht erlassen.

B. Autorité de surveillance

[1] Les cantons désignent la ou les autorités de surveillance.

[2] Le Conseil fédéral peut édicter des dispositions en matière de surveillance.

B. Autorità di vigilanza

[1] I Cantoni designano le autorità di vigilanza.

[2] Il Consiglio federale può emanare disposizioni sulla vigilanza.

Inhaltsübersicht

Note

Literatur

Biderbost, Anhörung um der Anhörung willen? Jusletter vom 31. März 2008; ders, Vom Vormundschaftsrecht zum Erwachsenenschutz, Jusletter vom 29. September 2003; Cottier, Inter- und Transdiziplinarität in der Familienwissenschaft aus der Perspektive des Familienrechts, FamPra.ch 2012, 65 ff.; Dörflinger, Der Berg wird steiler, wenn du näher kommst, ZKE 2011, 447 ff.; Fassbind, Die Organisation des Kindes- und Erwachsenenschutzes nach neuem Erwachsenenschutzrecht, FamPra.ch 2011, 553 ff.; Geiser, Die Aufsicht im Vormundschaftswesen, ZVW 1993, 201 ff.; Heck, Wirkungsvolle Zusammenarbeit – der Beitrag der Sozialarbeit in der Fachbehörde, ZKE 2011, 17 f.; Hegnauer, Struktur der vormundschaftlichen Aufsicht, ZVW 2003, 361 ff.; Inversini, Kindesschutz interdisziplinär – Beiträge von Pädagogik und Psychologie, ZKE 2011, 47 ff.; Konferenz der kantonalen Vormundschaftsbehörden (VBK), Kindes- und Erwachsenenschutzbehörden: Aufgaben und erforderliche Kompetenzen, ZVW 2009, 117 ff.; dies, Empfehlungen Kindes- und Erwachsenenschutzbehörde als Fachbehörde (Analyse und Modellvorschläge), ZVW 2009, 63 ff.; Langenegger, Amtsvormunde, ihre Vorgesetzten und ihre unterstellten Mitarbeiterinnen und Mitarbeiter, ZVW 2004, 51 ff.; Reusser, Auf dem Weg zu einem neuen Erwachsenenschutzrecht – Überblick über die Totalrevision des Vormundschaftsrechts, ZSR 2003 I, 271 ff.; Rosch, Neue Aufgaben, Rollen, Disziplinen, Schnitt- und Nahtstellen: Herausforderungen des neuen Kindes- und Erwachsenenschutzrechts, ZKE 2011, 31–46; Steck, Bericht mit Vorentwurf für ein Bundesgesetz über das Verfahren vor den Kindes- und Erwachsenenschutzbehörden, Juni 2003 (zit VE Verfahren); ders., Der Vorentwurf für ein Bundesgesetz über das Verfahren vor den Kindes- und Erwachsenenschutzbehörden, ZVW 2003, 236 ff.; Vogel/Wider, Kindes- und Erwachsenenschutzbehörden als Fachbehörden – Personelle Ressourcen, Ausstattung und Trägerschaft, ZKE 2010, 5 ff.; dies., Das neue Erwachsenenschutzrecht, Eine Übersicht über den kantonalen Regelungsbedarf, ZVW 2009, 73 ff; Wider, Behördenorganisation im neuen Kindes- und Erwachsenenschutz: Was die Kantone wie umsetzen können, SozialAktuell 4/2010, 19 ff.; dies., Interdisziplinär zusammengesetzte Berufsbehörden als unabdingbare Voraussetzung für einen wirksamen Kindesschutz, in: Voll et al (Hrsg.), Zivilrechtlicher Kindesschutz: Akteure, Prozesse, Strukturen. Eine empirische Studie mit Kommentaren aus der Praxis, Luzern 2008, 214 ff.; Wuarin, De l'organisation de l'autorité tutélaire dans la nouvelle législation, en regard avec l'experience judiciaire genevoise, ZVW 2003, 380 ff.; Zobrist, Fachpersonen der Sozialen Arbeit als Mitglieder der interdisziplinären Kindes- und Erwachsenenschutzbehörde, ZVW 2009, 223 ff.

Materialien

Art. 443 und 444 VE Erwachsenenschutz 2003; VE Erwachsenenschutz/Vernehmlassungen, 443 ff., s.a. Gesamtbeurteilung des Entwurfs, 15 ff.; Botschaft Erwachsenenschutz, 7020 f., 7073 f. und 7162; Prot. RK-S vom 27./28.8.2007, 30 f.; AmtlBull StR 2007, 839 f.; Prot. RK-N vom 24./25.4.2008, 36 ff.; AmtlBull NR 2008, 1535 ff.

I. Vorbemerkungen

1 Kindes- und Erwachsenenschutz ist eine staatlich verordnete Tätigkeit, die dem konkreten oder abstrakten individuellen Schutz Hilfsbedürftiger dient. Sie findet ihre Grundlage im Recht. Soweit sie in die Grundrechte eingreift, unterliegt sie darüber hinaus dem Gebot der Verhältnismässigkeit (Art. 5 und 36 BV). Grundlegende Prinzipien dieser Tätigkeit bilden die Garantie der persönlichen Freiheit, die Wahrung der Menschenwürde und die Rücksichtnahme auf die Interessen Dritter. Um dieser hoheitlichen Funktion gerecht zu werden sind einerseits Kenntnisse in der Beurteilung von Lebenssituationen mit all ihren komplexen Zusammenhängen und Abhängigkeiten notwendig, andererseits muss ein einwandfreies rechtsstaatliches Verfahren garantiert werden können, damit die Rechte der betroffenen Personen bestmöglich gewahrt werden können. Ein zentrales Anliegen der Revision war die seit langer Zeit von Fachkreisen geforderte Professionalisierung der Be-

hördentätigkeit im Kindes- und Erwachsenenschutz (s. dazu bereits BK-SCHNYDER/MURER, aArt. 361 ZGB N 117 ff.; BSK ZGB I-LANGENEGGER, aArt. 361 N 8a) und damit verbunden eine klarere Normierung der Qualitätsanforderungen für die behördliche Tätigkeit. Mit der Revision des Zivilgesetzbuches wird nun die heute sehr unterschiedliche und unübersichtliche Organisation des Vormundschaftswesens durch die bundesrechtlichen Vorgaben etwas vereinheitlicht, wobei es nach wie vor grundsätzlich Sache der Kantone ist, die Organisation der KESB zu bestimmen (KUKO ZGB-WIDER, Art. 440 N 2; MEIER/LUKIC, Rz 67; OFK-ZGB-FASSBIND, Art. 440 N 2; SCHMID, Art. 440 N 3). Sie sind dabei an bundesrechtliche Minimalvorschriften gebunden und haben, im Unterscheid zum vorrevidierten Recht (BK-SCHNYDER/MURER, aArt. 361 ZGB N 23 f.), einen bestimmten Qualitätsstandard im Sinne der Bestimmung von Fachbehörden zu beachten. Die im VE zur Revision enthaltene zwingende Forderung nach interdisziplinär zusammengesetzten Fachgerichten wurde anlässlich der Vernehmlassung heftig kritisiert, grossmehrheitlich unbestritten blieb die Forderung nach Professionalität und Interdisziplinarität (Botschaft Erwachsenenschutz, 7073; MEIER/LUKIC, Rz 68).

Die aktuelle Revision beschlägt bezüglich der Organisation allein die Ebene der Behörde. 2
Die Organisation der Berufsbeistandschaften (heute Amtsvormundschaften) ist nicht Gegenstand der bundesrechtlichen Regelung (KUKO ZGB-WIDER, Art. 440 N 3).

II. Kindes- und Erwachsenenschutzbehörde

1. Sachliche Zuständigkeit

Im Unterschied zum bisherigen Recht (CHK-AFFOLTER/STECK/VOGEL, aArt. 361 ZGB N 3; 3
BK-SCHNYDER/MURER, aArt. 361 ZGB N 48 ff.) ist KESB grundsätzlich für alle Aufgaben aus dem Kindes- und Erwachsenenschutz erstinstanzlich zuständig, es sei denn, dass aufgrund bundesrechtlicher Ausnahmen eine andere Instanz oder Person als zuständig erklärt wird (z.B. sachliche Zuständigkeit des Gerichts im Kindesschutz [Art. 315a und 315b]; Zuständigkeit der Wohn- und Pflegeeinrichtung bei bewegungseinschränkenden Massnahmen [Art. 383]; Zuständigkeit der ärztlichen Leitung zur Zurückbehaltung freiwillig Eingetretener [Art. 427]; Zuständigkeit von Ärzten zur FU soweit der Kanton dies vorsieht [Art. 429]). Die Aufsichtsbehörde der KESB hat bezüglich der Einzelfallsituation keine sachliche Zuständigkeit mehr (Botschaft Erwachsenenschutz, 7074). Dadurch werden die Aufgaben der KESB in quantitativer und qualitativer Hinsicht stark erweitert (KUKO ZGB-WIDER, Art. 440 N 4). Das neue Gesetz enthält quantitativ mehr als 60 Behördenaufgaben im Bereich des Erwachsenenschutzes und gegen 50 Aufgaben im Bereich des Ehe- und Kindesrechts bzw. Kindesschutzes und Kindsvermögensschutzes (Details dazu: VBK, ZVW 2008, 117–127). Die Kantone können diesen Aufgabenkatalog nicht reduzieren und die bundesrechtlich vorgeschriebene Aufgabenzuteilung zur KESB nicht ändern. Möglich aber ist, dass die Kantone im Bereich der Nachbetreuung und der ambulanten Massnahmen (Art. 437) neue Aufgaben und Zuständigkeiten für die KESB vorsehen können. In qualitativer Hinsicht stellen vor allem die massgeschneiderte Anordnung der Massnahmen und die neuen Aufgaben im Bereich des Vorsorgeauftrages, der medizinischen Vertretung, der bewegungseinschränkenden Massnahmen und der FU neue Anforderungen, welche die bundesrechtlich vorgesehene Anforderungen an die Fachlichkeit rechtfertigen.

Bundesrechtlich verbindlich und abschliessend ist geregelt, dass für die Aufgaben der 4
Kindesschutzbehörde ebenfalls die Erwachsenenschutzbehörde zuständig ist (Abs. 3). Verlangt ist somit eine Personalunion der Kindes- und Erwachsenenschutzbehörde (Botschaft Erwachsenenschutz, 7074; KUKO ZGB-WIDER, Art. 440 N 5; HAUSHEER/GEISER/AEBI-MÜLLER, Erwachsenenschutzrecht, Rz 1.47; MEIER/LUKIC, Rz 88; OFK-ZGB-FASS-

BIND, Art. 440 N 5; SCHMID, Art. 440 N 20). Dies bedeutet jedoch nicht, dass die KESB nicht getrennte Kammern resp. Spruchkörper bilden kann, sofern dies aufgrund der Grösse der Behörde möglich ist. Damit kann den unterschiedlichen Bedürfnissen nach interdisziplinärer Zusammensetzung je nach zu behandelnder Materie Rechnung getragen werden. Die Praxis ist jedoch zurückhaltend in der Bildung von Spezialkammern, in den kantonalen Umsetzungsprojekten finden sich jedenfalls keine speziellen Bestrebungen, solche Spezialisierungen zu entwickeln.

2. Bundesrechtliche Vorgaben zur Organisation

5 Das revidierte Gesetz sieht vor, dass die KESB zwingend eine Fachbehörde sein muss (Art. 440 Abs. 1), welche interdisziplinär zusammengesetzt ist (s. dazu den französischen Gesetzestext von Art. 440 Abs. 1) und i.d.R. in mindestens Dreierbesetzung entscheidet (Art. 440 Abs. 2). Dieses Erfordernis der Fachlichkeit ist das politische Kernstück der Neuorganisation (AmtlBull StR 2007, 824; AmtlBull NR 2008, 1514) und die Konsequenz der erweiterten Aufgaben der KESB. Gemäss Botschaft müssen die Mitglieder nach dem Sachverstand, den sie für ihre Aufgabe mitbringen müssen, ausgewählt werden (AmtlBull StR 2007, 840; AmtlBull NR 2008, 1514; KUKO ZGB-WIDER, Art. 440 N 7; OFK-ZGB-FASSBIND, Art. 440 N 3; SCHMID, Art. 440 N 10). Den Sachverstand müssen die Mitglieder grundsätzlich durch eine entsprechende Ausbildung im Fachbereich erworben haben (HAUSHEER/GEISER/AEBI-MÜLLER, Erwachsenenschutzrecht, Rz 1.48), subsidiär kann dieser auch auf dem Weg der Weiterbildung und Praxisanwendung erworben sein (Botschaft Erwachsenenschutz, 7073; OFK-ZGB-FASSBIND, Art. 440 N 3; s. als Bsp. § 34 Abs. 1 EG ZGB LU; Art. 2 Abs. 1 EG KESR UR; § 4 Abs. 2 und § 6 Abs. 2 EG KESR ZH). Damit definiert der Gesetzgeber klar, dass die Fachkompetenz nicht allein auf der Ebene des Behördensekretariats (bisher Vormundschaftssekretariat) vorhanden sein darf, sondern dass der Sachverstand bei den Behördenmitgliedern selber als notwendige Eignungsvoraussetzung erforderlich ist.

6 Der notwendige Sachverstand und damit das erforderliche Anforderungsprofil der künftigen KESB ergeben sich aus der Vielfalt von Aufgaben, die ihr vom Gesetzgeber übertragen werden. Die Verfahrensinstruktion und Verfahrensverantwortung liegt bei der KESB; sie plant und steuert die notwendigen Abklärungen und übt im Rahmen der laufenden Massnahmen insb. auch Steuerungs- und Kontrolltätigkeiten aus. Lediglich die Sammlung von Entscheidungsgrundlagen kann Dritten in Auftrag gegeben werden (Art. 446), wobei je schwerer der Grundrechtseingriff wiegt, umso mehr die KESB auch selber mit der Entscheidungsvorbereitung befasst sein muss, damit dem Unmittelbarkeitsprinzip im Verfahren Rechnung getragen wird (s. z.B. die kollektive Anhörungspflicht bezüglich der FU [Art. 447 Abs. 2]. Im Kindesschutzverfahren werden dagegen die Vorteile der Unmittelbarkeit gegenüber den Vorteilen der spezifischen Fachlichkeit zur Anhörung im Einzelfall gegeneinander abgewogen [BGE 133 III 553, 554 E. 4]). Bezogen auf das Verfahren sind bundesrechtlich somit folgende Handlungen grundsätzlich durch die KESB vorzunehmen:

- Einleitung des Verfahrens, Leitung des Verfahrens, d.h. Anordnung von Beweismassnahmen, Anordnung von vorsorglichen Massnahmen, Treffen von Zwischenverfügungen (Art. 445 Abs. 1 und Art. 446 Abs. 1) und Treffen der Schlussverfügung;
- persönliche Anhörung im Falle einer FU im Kollegium (Art. 447 Abs. 2);
- persönliche Anhörung in allen andern Verfahren im Kollegium oder nach Massgabe des kantonalen Verfahrensrechts als Einzelmitglied. Delegation an Dritte (z.B. Mitarbeitende Behördensekretariat oder externe Sachverständige) nach Massgabe des kantonalen Verfahrensrechts ist möglich;
- Steuerung und Kontrolle bei laufenden Massnahmen.

Als Konsequenz dieser Aufgabenvielfalt und dem Erfordernis der Interdisziplinarität müssen folgende Kernkompetenzen in der Fachbehörde vorhanden sein (Botschaft Erwachsenenschutz, 7073; KUKO ZGB-WIDER, Art. 440 N 7; MEIER/LUKIC, Rz 68; OFK-ZGB-FASSBIND, Art. 440 N 3): **7**
- Recht (materielles Familienrecht [Kindesrecht, Eherecht, Kindes- und Erwachsenenschutz], Personenrecht, Erbrecht, Verfahrensrecht);
- Sozialarbeit (Dynamik von Gefährdungssituationen, Einschätzung von psychosozialen Systemen, Dienstleistungssystem, sozialhilferechtliche und sozialversicherungsrechtliche Finanzierung etc.);
- Pädagogik/Heilpädagogik/Psychologie (namentlich Entwicklungspsychologie und klinische Psychologie);
- Medizin, Psychiatrie (namentlich für die Beurteilung von FU, bewegungseinschränkenden Massnahmen und Vertretungshandlungen in medizinischen Angelegenheiten);
- Treuhand (namentlich für Fragen der Vermögensverwaltung, Rechnungsprüfung, mitwirkungsbedürftigen Geschäften).

Nicht zulässig wäre es, dass die Fachbehörde diese Kernkompetenzen vollumfänglich bei spezialisierten Stellen extern beziehen würde, das grundlegende Kernfachwissen muss in der Behörde selber vorhanden sein, was nicht ausschliesst, dass in bestimmten Bereichen zusätzliches Fachwissen gestützt auf externe Fachgutachten beigezogen werden kann (MEIER/LUKIC, Rz 69; VOGEL/WIDER, ZKE 2010, 7 ff.).

Aufgrund der Aufgabenvielfalt wird die KESB in der Praxis aber weiterhin auf die Unterstützung durch ein professionelles Behördensekretariat angewiesen sein (s z.B. § 35 EG ZGB LU; Art. 9 f. EG KESR UR; § 13 EG KESR ZH), welches im Rahmen der Abklärungen die KESB mit administrativen, juristischen, sozialarbeiterischen und Fachkenntnissen aus dem Vermögensverwaltungs- und Treuhandwesen ergänzt. Das Behördensekretariat wird folgende Hauptaufgaben übernehmen: **8**
- Kanzlei/Administration: Geschäftskontrolle, Register- und Protokollführung, Administration, betriebliches Finanzmanagement, Gebühreninkasso etc.
- Rechtsdienst/Sachverhaltsabklärungen: juristische Beratung, juristische Spezialabklärungen, Verfassen von Entscheidentwürfen, Sozialabklärungen (soweit nicht an Dritte delegiert), Abklärung und Vorbereitung von nicht amtsgebundenen Geschäften, Wissensmanagement im Kindes- und Erwachsenenschutz, Teilnahme an Anhörungen (z.B. Protokollierung), Weiterbildung privater Mandatsträger etc.
- Revisorat: Inventarisation, Rechnungs- und Berichtsprüfung, Vermögensverwahrung (Hinterlegungsverträge, Etatkontrollen etc.), Abklärung zustimmungsbedürftige Finanzgeschäfte etc.

Gemäss Wortlaut der bundesrechtlichen Bestimmung muss eine Behörde bestimmt werden, die Aufgaben der behördlichen Tätigkeit im Kindes- und Erwachsenenschutz können nicht an Private oder andere Stellen übertragen werden (so bereits unter altem Recht: BK-SCHNYDER/MURER, aArt. 361 ZGB N 19; BSK ZGB I-LANGENEGGER, aArt. 361 N 1), es sei denn, das Bundesrecht sehe dazu für bestimmte Spezialbereiche Ausnahmen vor (so z.B. Art. 383 oder 427/429). **9**

Das Bundesrecht lässt hingegen offen, ob die Behördentätigkeit im Milizsystem oder berufsmässig ausgeübt wird (SCHMID, Art. 440 N 16), ob ein fester oder volatiler Spruchkörper zu bilden ist und in welcher Form die Behörde strukturell in die Verwaltungs- oder Gerichtsorganisation eingebunden wird. **10**

3. Kantonale Umsetzung

11 Die konkrete Organisation der KESB ist Sache der Kantone. Es steht ihnen frei, ob eine Trägerschaft auf Ebene der Gemeinde, Bezirk oder Kanton gewählt wird (zu den Risiken und Chancen s. VOGEL/WIDER, ZKE 2010, 18 ff.), ebenso, ob eine Verwaltungs- oder Gerichtsbehörde eingerichtet wird, dies in Abweichung zum VE der Revision (STECK, ZVW 2003, 235; s. dazu die Kritik von HÄFELI, FamPra.ch 2010, 35). Die Konferenz der kantonalen Kindes- und Erwachsenenschutzbehörden (KOKES; vormals VBK) hat im Bestreben um Vereinheitlichung der kantonalen Umsetzung der bundesrechtlichen Vorgaben gewisse Standards formuliert, welche eine optimale Umsetzung garantieren sollten (FASSBIND, FamPra.ch 2011, 566 ff.; VBK, ZVW 2008, 97 ff.; VOGEL/WIDER, ZKE 2010, 9 ff.).

12 Aus der Erkenntnis, dass Fachlichkeit nicht nur durch Ausbildung, sondern vor allem auch durch die konkrete und regelmässige Beschäftigung mit der Materie erreicht werden kann, soll das Einzugsgebiet einer Fachbehörde eine Grösse von 50 000–100 000 Einwohner umfassen, was einem Fallvolumen von mindestens 1 000 laufenden Massnahmen entspricht. Mit diesem Volumen kann eine hauptberuflich tätige Fachbehörde mit entsprechenden unterstützenden Ressourcen im Sekretariat aufgebaut werden. Die grosse Mehrheit der Kantone hat sich an diesen vorgeschlagenen Zahlen orientiert und sieht regionalisierte Fachbehörden vor, teilweise unter kantonaler (z.B. AI, AR, AG, BE, GR, GL, JU, NW, OW, SH, SO, SZ, TG, UR, ZG) oder (inter)kommunaler Trägerschaft (z.B. BL, LU, SG, VS, ZH).

13 Die Mehrheit der deutschsprachigen Kantone organisiert die KESB als Verwaltungsbehörde. Die Westschweiz, das Tessin (zu einem späteren Zeitpunkt) und die Kantone AG und SH organisieren ihre KESB als Gerichtsorganisationen.

14 Mit dem Erfordernis der Fachlichkeit besteht aber faktisch ein Zwang zur Professionalisierung der Behördentätigkeit, was grundsätzlich auch die Stossrichtung der Revision darstellt. Fachlichkeit resultiert nicht allein aus der formalen fachlichen Qualifikation, sondern auch durch die Auseinandersetzung mit Situationen des Kindes- und Erwachsenenschutzes, um sachkundig entscheiden zu können. Bundesrechtlich ist nicht vorgeschrieben, dass eine berufsmässige Ausübung zwingend ist (Botschaft Erwachsenenschutz, 7073; SCHMID, Art. 440 N 16). Nach der hier vertretenen Meinung ist jedoch eine hauptamtliche Beschäftigung im Umfang von mindestens 50% notwendig, um die erforderliche Qualität der Fachlichkeit erreichen zu können (s. z.B. Art. 9 KESG BE; OFK-ZGB-FASSBIND, Art. 440 N 3; VOGEL/WIDER, ZKE 2010, 13 f.; **a.M.** HAUSHEER/GEISER/AEBI-MÜLLER, Erwachsenenschutzrecht, Rz 1.49: auch nebenamtliche Tätigkeit im Umfang ab ca. 30%; s. auch AmtlBull NR 2008, 1537: gegen Einschränkungen).

15 Die Anzahl der vorgesehenen Behördenmitglieder variiert ebenfalls stark von Kanton zu Kanton, insb. auch in Abhängigkeit der Grösse des Einzugsgebietes. In kleineren Einzugsgebieten (z.B. UR, NW, OW, SZ) sind i.d.R. drei hauptamtliche Behördenmitglieder vorgesehen, welche durch Ersatzmitglieder ergänzt werden, damit eine lückenlose Entscheidungspräsenz garantiert werden kann. In grösseren Einzugsgebieten (z.B. ZG, LU, ZH, AR) sind bis zu fünf und mehr Behördenmitglieder hauptamtlich tätig, entschieden aber wird jeweils in einem Dreierspruchkörper (z.B. § 33 Abs. 2 EG ZGB LU; § 4 Abs. 1 EG KESR ZH).

4. Kollegium und Einzelentscheidung

16 Das Erfordernis der Interdisziplinarität und die Tragweite der zu treffenden Massnahmen haben den Bundesgesetzgeber bewogen, als Minimalanforderung eine Behörde von mindestens drei Mitgliedern festzulegen, die im Kollegium entscheidet. Diese Forderung war in der Diskussion im Nationalrat heftig umstritten, wurde aber von der grossen Mehrheit

unterstützt (AmtlBull NR 2008, 1536–1538). Den Kantonen steht es aber frei, wie dieser Spruchkörper von drei Mitgliedern zusammengesetzt wird (s. N 14). Die KOKES empfiehlt die Bildung eines konstanten Spruchkörpers, damit eine einheitliche und kohärente Praxis der Spruchtätigkeit entwickelt werden kann (VBK, ZVW 2008, 82). Unentbehrlich ist die kollegiale Zuständigkeit und damit die Verwirklichung der Interdisziplinarität in allen Kernbereichen des Kindes- und Erwachsenenschutzes, insb. bei der Entscheidung über die Anordnung von Massnahmen, welche einen grossen Ermessensspielraum beinhaltet (Botschaft Erwachsenenschutz, 7073; KUKO ZGB-Wider, Art. 440 N 10; Meier/Lukic, Rz 69). So sind Entscheide, die in die Handlungsfähigkeit oder in schwerwiegender Weise in die Persönlichkeit oder die persönliche Freiheit der betroffenen Person eingreifen, vom Kollegium zu treffen, vorbehalten die superprovisorischen Entscheidungen (Art. 445 Abs. 2; Botschaft Erwachsenenschutz, 7078; OFK-ZGB-Fassbind, Art. 440 N 4).

Die KESB hat aber auch eine Vielzahl von einfacheren Verfahren zu leiten und Aufgaben **17**
zu erfüllen, bei denen vom Erfordernis des interdisziplinär zusammengesetzten Kollegiums ohne Bedenken abgesehen werden kann. Es soll im Interesse einer effizienten und qualitativ hochstehenden Rechtsanwendung ermöglicht werden, dass das Kollegium sich auf die schwierigen und heiklen Fälle konzentrieren kann, wo das Fachwissen eines interdisziplinär zusammengesetzten Gremiums besonders gefragt ist. Das Gesetz trägt diesem Umstand Rechnung, indem die Kantone die Kompetenz erhalten, die Einzelzuständigkeit zu regeln. Für die Einzelzuständigkeit sind insb. Verfahren und Entscheidungen vorzusehen, bei denen ein geringer Ermessensspielraum besteht, reine Vollzugshandlungen darstellen oder aufgrund der Speditivität rasch abgewickelt werden müssen (Botschaft Erwachsenenschutz, 7073). Im VE zu einem Verfahrensgesetz im Kindes- und Erwachsenenschutz war eine abschliessende Aufzählung vorgesehen (Steck, VE Verfahren, 13 f., 42 f.).

Der Ausnahmekatalog der Einzelzuständigkeit ist nach der hier vertretenen Meinung durch **18**
das kantonale Recht in generell-abstrakter Weise in einem Gesetz im formellen Sinne abschliessend festzulegen (so auch OFK-ZGB-Fassbind, Art. 440 N 4; Meier/Lukic, Rz 69; anders z.B. Art. 5 Abs. 2 EG KESR UR, welche diese Kompetenz dem Regierungsrat auf Reglementsstufe delegiert). Eine Regelung, wonach diese Aufgabe (d.h. Zuweisung einer Entscheidung in die Einzelzuständigkeit) generell oder für gewisse Geschäfte im Einzelfall an die KESB selber delegiert wird, ist aus rechtsstaatlicher Sicht problematisch und deshalb abzulehnen (so auch KUKO ZGB-Wider, Art. 440 N 10). Die Verfahrensbestimmungen für die KESB (Art. 443 ff. und 450g) gelten von Bundesrechts wegen in gleicher Weise auch für die Verfahren bei Einzelzuständigkeit (auch bezüglich Art. 446 Abs. 2).

III. Aufsichtsbehörde

1. Sachliche Zuständigkeit

Art. 441 ersetzt aArt. 361. In sachlicher Hinsicht hat sich der Inhalt der Aufsicht gegen- **19**
über dem bisherigen Recht jedoch stark reduziert (Meier/Lukic, Rz 90). Die bisherigen bundesrechtlich vorgesehenen Spruchkompetenzen bezüglich einzelner Tatbestände im Kindes- und Erwachsenenschutz (z.B. Entzug der elterlichen Sorge [aArt. 311] oder zweitinstanzliche Zustimmung von Geschäften [aArt. 422]) sind weggefallen. Neu ist für alle materiellen erstinstanzlichen Entscheidungen die KESB oder eine andere, nach Bundesrecht vorgesehene Instanz zuständig, deren Entscheidungen direkt an die gerichtliche Instanz weitergezogen werden können (Art. 450). Die Kantone haben keine Möglichkeit mehr, gewisse materielle Entscheidungskompetenzen gestützt auf das kantonale Recht der Aufsichtsbehörde zuzuweisen (im bisherigen Recht z.B. Entmündigungen oder FFE: s. dazu BSK ZGB I-Langenegger, aArt. 361 N 4).

20 Ebenso weggefallen ist die sachliche Zuständigkeit als Beschwerdeinstanz (aArt. 420). Neu ist dafür ausschliesslich eine vom kantonalen Recht zu bezeichnende gerichtliche Beschwerdeinstanz zuständig (Art. 450 ff.). Aufgrund der Tragweite der Entscheidungen der KESB, insb. betreffend die Eingriffe in die verfassungsmässig geschützten Grundrechte, sollen die Entscheidungen nicht mehr an eine Verwaltungsbehörde weitergezogen werden können (Botschaft Erwachsenenschutz, 7074).

21 Die Tätigkeit der Aufsichtsbehörde reduziert und konzentriert sich somit auf die allgemeine administrative Aufsicht mit dem Ziel, die Qualität im Kindes- und Erwachsenenschutz zu entwickeln und zu sichern. Sie hat für eine korrekte und einheitliche Rechtsanwendung zu sorgen (Botschaft Erwachsenenschutz, 7074; KUKO ZGB-WIDER, Art. 441 N 1; OFK-ZGB-FASSBIND, Art. 441 N 1) und wird von Amtes wegen oder auf Beschwerde hin tätig. Durch die Aufsichtstätigkeit darf aber die Unabhängigkeit der KESB als Fachbehörde in ihren materiellen Entscheidungen nicht in Frage gestellt werden, weshalb die Aufsichtsbehörde einen Entscheid im Einzelfall durch die aufsichtsrechtliche Intervention nicht zu korrigieren vermag (Botschaft Erwachsenenschutz, 7074; HAUSHEER/GEISER/AEBI-MÜLLER, Erwachsenenschutzrecht, Rz 1.50; KUKO ZGB-WIDER, Art. 441 N 5; MEIER/LUKIC, Rz 91). Dies ist den gerichtlichen Beschwerdeinstanzen vorbehalten.

22 Von Amtes wegen erfolgt die Aufsichtstätigkeit präventiv durch den Erlass von generellen Weisungen über die Organisation (als Beispiel die Genehmigung der Anstellung der KESB-Mitglieder: § 8 Abs. 3 EG KESR ZH) und Amtstätigkeit oder Anweisungen über die Organisation des Verfahrens, aber auch über Instruktion, Schulung, Beratung als Unterstützung oder Inspektion und Rechenschaftslegung als Kontrollfunktion (GEISER, ZVW 1993, 217 f.; HAUSHEER/GEISER/AEBI-MÜLLER, Erwachsenenschutzrecht, Rz 1.57; SCHMID, Art. 441 N 1). Die Kontrolle der Anordnungen und Weisungen kann über periodische Inspektionen sichergestellt werden. Teilweise werden die KESB verpflichtet, gewisse Entscheidungen der Aufsichtsbehörde mitzuteilen (z.B. Art. 21 Abs. 3 EG KESR BE) Sie erfolgt aber auch repressiv durch direkte Eingriffe in die Organisation und die Amtsführung, soweit die KESB die Geschäfte nicht ordentlich führt.

23 Neben der Aufsicht von Amtes wegen kann in Einzelfällen die Aufsicht auf Antrag von Dritten über das Mittel der Aufsichtsbeschwerde – legitimiert ist jedermann – erfolgen. Die Aufsichtsbeschwerde ist aber kein förmliches Rechtsmittel, sondern lediglich ein formloser Rechtsbehelf, der dem Anzeiger keine Parteirechte zukommen lässt (HÄFELIN/MÜLLER/UHLMANN, Rz 1836). Es besteht kein Erledigungsanspruch (BGE 126 II 300, 304 E. 2c).

2. Bundesrechtliche Vorgaben zur Organisation

24 Die Kantone haben die Verpflichtung, in ihrer Organisation des Kindes- und Erwachsenenschutzes eine Aufsichtsbehörde vorzusehen. Sie sind in der Bezeichnung der Behörde frei, es kann eine Administrativbehörde oder eine Gerichtsinstanz sein (Botschaft Erwachsenenschutz, 7074), ebenso kann das bisherige System der Aufsichtsbehörden (eine oder zwei Instanzen) aufrechterhalten werden (HAUSHEER/GEISER/AEBI-MÜLLER, Erwachsenenschutzrecht, Rz 1.54; OFK-ZGB-FASSBIND, Art. 441 N 1), wobei angesichts der geringeren Anzahl von Behörden und der gesetzlich geforderten Fachlichkeit der erstinstanzlichen KESB sich eine zweistufige Aufsichtsbehörde kaum rechtfertigen lässt (KUKO ZGB-WIDER, Art. 441 N 9; MEIER/LUKIC, Rz 89 FN 68; VBK, ZVW 2008, 94 f.). Im Unterschied zur Fachbehörde sind an die Ausgestaltung und Qualität der Aufsichtsbehörde keine bundesrechtlichen Anforderungen normiert, insb. wird auf das Erfordernis der Interdisziplinarität verzichtet (kritisch dazu: KUKO ZGB-WIDER, Art. 441 N 7; ROSCH, ZKE 2011, 36).

Die von der Praxis geforderte Oberaufsicht des Bundes über die Umsetzung der Organisation des Kindes- und Erwachsenenschutzes (s. dazu unter altem Recht: AFFOLTER, ZVW 2003, 407; BK-SCHNYDER/MURER, aArt. 361 ZGB N 123, 126; HEGNAUER, ZVW 2003, 267) ist auch im revidierten Recht nicht vorgesehen. Das ZGB sieht dagegen vor, dass der Bundesrat Bestimmungen über die Aufsicht erlassen kann (Art. 441 Abs. 2). Damit soll mindestens eine gewisse Einheit in der Aufsichtstätigkeit und eine kohärente Qualitätsentwicklung erreicht werden (Botschaft Erwachsenenschutz, 7074). Aus den Materialien lässt sich aber nicht ableiten, wieso diese Bestimmung als Kann-Bestimmung formuliert ist, im VE (Art. 444 Abs. 3 VE) war sie noch als zwingende Bestimmung vorgesehen und hätte damit den Mangel an Oberaufsicht mindestens teilweise entschärfen können.

Aktuell hat der Bundesrat nicht vor, Bestimmungen zu erlassen (OFK-ZGB-FASSBIND, Art. 441 N 2). Er wartet zu und beobachtet die konkrete Entwicklung der Umsetzung des neuen KESR, um allenfalls korrigierend einzugreifen. **25**

3. Kantonale Umsetzung

Die Kantone sind in der Organisation der Aufsichtsbehörde und der Gestaltung der Aufsichtstätigkeit somit weitgehend frei. Sie können eine separate Verwaltungsinstanz vorsehen oder aber die Aufsicht auch der gerichtlichen Beschwerdeinstanz übertragen (§ 59 Abs. 2 EG ZGB AG), z.B. in Form eines Inspektorates. Die Mehrheit der Kantone siedelt die Aufsicht wie bisher in der Verwaltung an, meist auf Departements- oder Regierungsstufe (z.B. Art. 19 KESG BE; § 14 EG KESR ZH), eine zweistufige Aufsichtsbehörde ist in keinem Kanton vorgesehen. Wichtig ist, dass bei getrennter Zuständigkeit von Aufsicht und gerichtlicher Beschwerdeinstanz ein regelmässiger Fachaustausch zwischen den beiden Instanzen stattfindet, resultieren doch erfahrungsgemäss aus den materiellen Rechtsmittelverfahren Erkenntnisse, welche für die Gestaltung einer aktiven Aufsichtstätigkeit notwendig sind (z.B. Verfahrensmängel, Organisationslücken, fehlende rechtliche Standards etc.). So hat der Kanton ZH gesetzlich eine Mitteilungspflicht über Entscheidungen der gerichtlichen Instanz an die Aufsichtsbehörde vorgesehen (z.B. § 72 EG KESR ZH). **26**

Art. 442

C. Örtliche Zuständigkeit

1 Zuständig ist die Erwachsenenschutzbehörde am Wohnsitz der betroffenen Person. Ist ein Verfahren rechtshängig, so bleibt die Zuständigkeit bis zu dessen Abschluss auf jeden Fall erhalten.

2 Ist Gefahr im Verzug, so ist auch die Behörde am Ort zuständig, wo sich die betroffene Person aufhält. Trifft diese Behörde eine Massnahme, so benachrichtigt sie die Wohnsitzbehörde.

3 Für eine Beistandschaft wegen Abwesenheit ist auch die Behörde des Ortes zuständig, wo das Vermögen in seinem Hauptbestandteil verwaltet worden oder der betroffenen Person zugefallen ist.

4 Die Kantone sind berechtigt, für ihre Bürgerinnen und Bürger, die Wohnsitz im Kanton haben, statt der Wohnsitzbehörde die Behörde des Heimatortes zuständig zu erklären, sofern auch die Unterstützung bedürftiger Personen ganz oder teilweise der Heimatgemeinde obliegt.

[5] Wechselt eine Person, für die eine Massnahme besteht, ihren Wohnsitz, so übernimmt die Behörde am neuen Ort die Massnahme ohne Verzug, sofern keine wichtigen Gründe dagegen sprechen.

C. Compétence à raison du lieu

[1] L'autorité de protection de l'adulte compétente est celle du lieu de domicile de la personne concernée. Lorsqu'une procédure est en cours, la compétence demeure acquise jusqu'à son terme.

[2] Lorsqu'il y a péril en la demeure, l'autorité du lieu où réside la personne concernée est également compétente. Si elle a ordonné une mesure, elle en informe l'autorité du lieu de domicile.

[3] L'autorité du lieu où la majeure partie du patrimoine est administrée ou a été dévolue à la personne concernée est également compétente pour instituer une curatelle si la personne est empêchée d'agir pour cause d'absence.

[4] Les cantons peuvent décréter que leurs ressortissants domiciliés sur leur territoire sont soumis à l'autorité de protection de l'adulte de leur lieu d'origine à la place de celle de leur lieu de domicile, si les communes d'origine ont la charge d'assister en totalité ou en partie les personnes dans le besoin.

[5] Si une personne faisant l'objet d'une mesure de protection change de domicile, la compétence est transférée immédiatement à l'autorité de protection de l'adulte du nouveau lieu de domicile, à moins qu'un juste motif ne s'y oppose.

C. Competenza per territorio

[1] È competente l'autorità di protezione degli adulti del domicilio dell'interessato. Se è pendente un procedimento, la competenza permane in ogni caso fino alla chiusura dello stesso.

[2] Se vi è pericolo nel ritardo, è pure competente l'autorità del luogo di dimora dell'interessato. Se prende una misura, essa ne informa l'autorità del domicilio.

[3] Riguardo a una curatela istituita a causa d'assenza dell'interessato è pure competente l'autorità del luogo dove la maggior parte dei beni era amministrata o è pervenuta all'interessato.

[4] I Cantoni hanno diritto di disporre che, riguardo ai loro propri cittadini domiciliati nel Cantone, sia competente l'autorità del luogo di origine invece di quella del domicilio, sempre che l'assistenza degli indigenti spetti in tutto o in parte al Comune di origine.

[5] Se una persona sottoposta a una misura cambia domicilio, l'autorità del nuovo luogo di domicilio si investe senza indugio della misura, salvo che motivi gravi vi si oppongano.

Inhaltsübersicht

Literatur

HEGNAUER, Der Sitz der Vormundschaftsbehörde und der Wohnsitz bevormundeter Personen (Art. 25 Abs. 2 ZGB), ZVW 1981, 67 ff.; KONFERENZ DER KANTONALEN VORMUNDSCHAFTSBEHÖRDEN (VBK), Übertragung von vormundschaftlichen Massnahmen, ZVW 2002, 205 ff.; RIEMER, Der zivilrechtliche Wohnsitz von Altersheiminsassen, ZVW 1977, 58 ff.; SCHWANDER, Das Haager Kindesschutzübereinkommen von 1966, ZVW 2009 1 ff.; THOMET, Kommentar zum Bundesgesetz über die Zuständigkeit für die Unterstützung Bedürftiger (ZUG), Zürich 1994.

Materialien

Art. 6–10 VE VKE 2003; VE VKE/Vernehmlassungen, 30 und 33 ff.; Botschaft Erwachsenenschutz, 7075 und 7162; Prot. RK-S vom 27./28.8.2007, 31; AmtlBull StR 2007, 840; Prot. RK-N vom 24./25.4.2008, 36 ff. und 41; AmtlBull NR 2008, 1535 ff.

I. Anwendungsbereich

1 Die Bestimmung regelt die örtliche Zuständigkeit der ESB. Im Unterschied zum bisherigen Recht, welches die Zuständigkeit bei den jeweiligen Massnahmen (Vormundschaft, Beistandschaft und FFE) separat regelte (BSK ZGB I-GEISER, aArt. 376 N 1), ist Art. 442 auf alle Verfahren, Entscheidungen und die Führung und Aufhebung der entsprechenden Massnahme im Erwachsenenschutzbereich anwendbar. Vorbehalten bleibt die bundesrechtliche Spezialbestimmung, welche bei den bewegungseinschränkenden Massnahmen bei Urteilsunfähigen in Wohn- und Pflegeeinrichtungen eine Anknüpfung am Ort der Einrichtung vorsieht (Art. 385 Abs. 1).

2 Die Erwachsenenschutzbehörde erfüllt auch die Aufgaben der Kindesschutzbehörde (Art. 440 Abs. 3). Für die Bestimmung der örtlichen Zuständigkeit im Kindesschutz sind jedoch die Bestimmungen des Kindesrechts massgebend (Botschaft Erwachsenenschutz, 7075; SCHMID, Art. 442 N 1). Der Anknüpfungspunkt für die Bestimmung der örtlichen Zuständigkeit zur Errichtung von Kindesschutzmassnahmen ist der zivilrechtliche Wohnsitz des Kindes (Art. 315 Abs. 1) oder sein Aufenthaltsort (Art. 315 Abs. 2). Die Zuständigkeit für die Regelungen des persönlichen Verkehrs richtet sich nach Art. 275 Abs. 1.

II. Wohnörtliche Zuständigkeit (Abs. 1)

3 Als Regel knüpft Art. 442 Abs. 1 für die Zuständigkeit wie im bisherigen Recht am Wohnsitz der betroffenen volljährigen Person an. So soll im Interesse der Person garantiert werden, dass die Errichtung und die Massnahmeführung mit ihrem Lebensmittelpunkt verbunden ist und den lokalen Gegebenheiten insb. in Bezug auf die subsidiären Hilfssysteme (Sozialdienste, Beratungsstellen, andere Dienstleistungen etc.) Rechnung trägt. Der zivilrechtliche Wohnsitz bestimmt sich nach den Regeln von Art. 23–26 (BSK ZGB I-GEISER, aArt. 376 N 2). Die im Zeitpunkt der Einleitung des Erwachsenenschutzverfahrens vorhandenen Wohnsitzverhältnisse entscheiden darüber, wo die Massnahme errichtet und unter Vorbehalt von Art. 442 Abs. 5 geführt und beendigt wird (BGE 126 III 415, 419 E. 2c). Die Zuständigkeit gilt sowohl innerkantonal als auch interkantonal (BK-SCHNYDER/MURER, vor aArt. 376–378 N 5).

4 Die Neuorganisation der KESB führt in allen Kantonen dazu, dass eine Behörde für mehrere Gemeinden zuständig ist. Daraus ergibt sich für die Bestimmung der örtlichen Zuständigkeit grundsätzlich kein Problem. In Bezug auf den abgeleiteten Wohnsitz nach Errichtung einer umfassenden Beistandschaft resp. Vormundschaft bei einer minderjährigen Person ergeben sich hingegen Abgrenzungsfragen. Mit der Regionalisierung der KESB

stellt sich somit die Frage, wo sich der Wohnsitz der unter umfassender Beistandschaft stehenden Person resp. des Kindes unter Vormundschaft befindet, da sich dieser vom Sitz der KESB ableitet (Art. 25 Abs. 2 und Art. 26). Unter bisherigem Recht wurden in der Lehre zwei Haltungen vertreten. Nach der einen bestimmt sich der Wohnsitz aufgrund des Gesetzeswortlautes am tatsächlichen Sitz der Behörde (DESCHENAUX/STEINAUER, Personnes, Rz 398a; BSK ZGB I-STAEHELIN, aArt. 25 N 11; SCHMID, Art. 442 N 8), nach der anderen, auch hier vertretenen Meinung, am gewöhnlichen Aufenthaltsort resp. am Ort der engsten Lebensbeziehungen (BSK ZGB I-GEISER, aArt. 376 N 2; BK-HAUSHEER/REUSSER/GEISER, Art. 162 ZGB N 34/23a; BK-SCHNYDER/MURER, aArt. 376 ZGB N 21; HEGNAUER, ZVW 1981, 69 ff.; OFK-ZGB-FASSBIND, Art. 442 N 1). Die Mehrheit der Kantone hat diese Problemstellung erkannt und in den kantonalen Einführungsgesetzen den Sitz der KESB entsprechend definiert, um zu verhindern, dass eine einzelne Gemeinde, die den örtlichen Sitz der KESB beherbergt, übermässig belastet wird (so z.B. § 30a EG ZGB ZG; § 42 EG KESR ZH; KUKO ZGB-WIDER, Art. 442 N 2; s. dazu auch die Zuständigkeit im interkantonalen Verhältnis bezüglich wirtschaftlicher Sozialhilfe bei bevormundeten Kindern Art. 7 Abs. 3 lit. a ZUG).

5 Der Aufenthalt zu einem Sonderzweck (Aufenthalt zum Zweck der Ausbildung, Unterbringung einer Person in einer Erziehungs- oder Pflegeeinrichtung, einem Spital oder einer Strafanstalt) begründet für sich allein noch keinen Wohnsitz (Art. 23 Abs. 1). Die bisherige Bestimmung von aArt. 26 wurde in die allgemeine Bestimmung des Wohnsitzes von Art. 23 integriert und präzisiert, dass der Aufenthalt zu einem Sonderzweck nicht den Lebensmittelpunkt verschieben kann (BK-BUCHER, aArt. 26 ZGB N 1). Urteilsfähige volljährige Personen, die sich jedoch aus freien Stücken mit der Absicht dauernden Verbleibens in einem Altersheim oder einer Pflegeeinrichtung niederlassen, begründen i.d.R. nach Art. 23 dort ihren Wohnsitz, da die Wahl des Lebensmittelpunktes selbstbestimmt erfolgt. Der in Art. 23 Abs. 1 Satz 2 vorausgesetzte Sonderzweck ist in diesem Fall nicht erfüllt (Botschaft Erwachsenenschutz, 7096; BGE 134 V 236, 239 E. 1; 127 V 237, 239 E. 2b f; BSK ZGB I-GEISER, aArt. 376 N 3; RIEMER, ZVW 1977, 59 ff). Gleiches gilt, wenn eine pflegebedürftige Person dauernd in einer Familie untergebracht wird, da Privatpersonen und Pflegefamilien keine Einrichtungen darstellen (BGE 95 II 514, 517 E. 3b; BSK ZGB I-GEISER, aArt. 376 N 3; BSK ZGB I-STAEHELIN, aArt. 26 N 7). In diesen Fällen ist somit die KESB am Ort der Einrichtung zuständig. Demgegenüber kann aber in diesen Fällen kein unterstützungsrechtlicher Wohnsitz begründet werden, da generell der Aufenthalt in einem Heim, Spital oder einer anderen Einrichtung sowie die behördliche Unterbringung einer volljährigen Person in Familienpflege im interkantonalen Verhältnis keinen Unterstützungswohnsitz begründen (Art. 5 ZUG) und so der bisherige Unterstützungswohnsitz weiterhin seine Gültigkeit hat (Art. 9 Abs. 3 ZUG). Damit wird verhindert, dass die Kantone und Gemeinden mit Spezialeinrichtungen finanziell allzu stark belastet werden (THOMET, Rz 110). Im innerkantonalen Verhältnis können die Kantone in den Sozialhilfegesetzen abweichende Regelungen treffen.

6 Auch Asylbewerber können nach Art. 20 Abs. 1 lit. a IPRG und Art. 23 ZGB in der Schweiz einen Wohnsitz begründen, selbst wenn die Anwesenheit voraussichtlich begrenzt ist (BGE 116 II 497, 502 E. 4c; 113 II 5, 8 E. 2; BSK ZGB I-STAEHELIN, aArt. 23 N 19; BUCHER, Natürliche Personen, Rz 339). Allenfalls gilt gem. Art. 24 Abs. 2 bzw. Art. 20 Abs. 2 IPRG der gewöhnliche Aufenthalt als Wohnsitz, wenn ein anderer Wohnsitz begründet wurde (BSK ZGB I-GEISER, aArt. 376 N 4).

7 Das Findelkind hat seinen Wohnsitz am Ort, an dem es gefunden wurde (BK-BUCHER, aArt. 25 ZGB N 85; BK-SCHNYDER/MURER, aArt. 376 ZGB N 95; BSK ZGB I-STAEHELIN, aArt. 25 N 9). Die Ernennung eines Vormundes erfolgt damit von der KSB am Ort, wo es aufgefunden wurde (BSK ZGB I-GEISER, aArt. 376 N 5 m.w.H.).

III. Aufenthaltszuständigkeit (Abs. 2)

8 Art. 442 Abs. 2 normiert nun generell auch eine Aufenthaltszuständigkeit im Erwachsenenschutz, wenn Gefahr im Verzug vorliegt und sofort gehandelt werden muss (Botschaft Erwachsenenschutz, 7075). Im bisherigen Recht war dies im Kindesschutz und bei den volljährigen Personen nur bezüglich dem FFE vorgesehen und soll nun auf alle Verfahren und Entscheidungen der KESB angewendet werden (SCHMID, Art. 442 N 15). Es handelt sich dabei um eine zum Wohnsitzort konkurrierende örtliche Zuständigkeit, mit der negative Kompetenzkonflikte verhindert werden sollen (HAUSHEER/GEISER/AEBI-MÜLLER, Erwachsenenschutzrecht, Rz 1.75; MEIER/LUKIC, Rz 74; OFK-ZGB-FASSBIND, Art. 442 N 2; für die Interpretation der Aufenthaltszuständigkeit im Kindesschutz s. BGE 129 I 419, 423 E. 2.3; differenziert und kritisch dazu BSK ZGB I-BREITSCHMID, aArt. 315–315b N 20; HEGNAUER, ZVW 2003, 465 ff). Beide Behörden sind verpflichtet, das Notwendige vorzukehren. Die Massnahmen der Aufenthaltsbehörde haben sich aber im Gegensatz zur Wohnsitzbehörde auf das in der konkreten Gefahrensituation Notwendige zu beschränken; die ordentliche Wohnsitzbehörde ist unverzüglich zu informieren und es ist ihr das Verfahren für die Prüfung von weitergehenden Massnahmen zu übertragen (Botschaft Erwachsenenschutz, 7065; KUKO ZGB-WIDER, Art. 442 N 7; MEIER/LUKIC, Rz 74), vorbehalten bleibt die örtliche Zuständigkeit des Gerichts zur Überprüfung der von der Aufenthaltsbehörde getroffenen Massnahmen, die sich von der Aufenthaltsbehörde ableitet.

9 Eine ausschliessliche Aufenthaltszuständigkeit ergibt sich aus Art. 385 Abs. 1 bei der Überprüfung von bewegungseinschränkenden Massnahmen. Dazu ist allein die KESB am Sitz der Einrichtung zuständig. Steht die betroffene Person bereits unter einer Erwachsenenschutzmassnahme, ist in analoger Anwendung von Art. 442 Abs. 2 2. Satz die KESB am Wohnsitz zu informieren, damit allenfalls weitergehende Massnahmen getroffen werden können. Bei der Anordnung von bewegungseinschränkenden Massnahmen im Rahmen einer FU ist zudem allein eine direkte Anrufung des zuständigen Gerichts am Ort der Einrichtung möglich (Art. 438 und 439 Abs. 1 Ziff. 5; OFK-ZGB-FASSBIND, Art. 438 N 2; KUKO ZGB-WIDER, Art. 442 N 11).

IV. Ort des Vermögens (Abs. 3)

10 Art. 442 Abs. 3 orientiert sich am bisherigen Art. 396 Abs. 2. Für die Anordnung einer Beistandschaft wegen Abwesenheit (Art. 390 Abs. 1 Ziff. 2) ist konkurrierend zur wohnörtlichen Zuständigkeit auch die KESB des Ortes zuständig, wo das Vermögen zu seiner Hauptsache verwaltet wird oder der zu vertretenden Person zugefallen ist (Art. 442 Abs. 3). Diese Zuständigkeit sollte auch für den Fall gelten, wenn die betroffene Person wegen vorübergehender Urteilsunfähigkeit nicht selber zu handeln vermag, ohne dass dabei Gefahr im Verzug besteht (MEIER/LUKIC, R 75 und FN 62). Die KESB kann alle notwendigen Massnahmen zur Sicherung des Vermögens treffen. Es kann sich dabei um eine Verwaltungsbeistandschaft (Art. 395) oder Vertretungsbeistandschaft (Art. 394), aber auch um eigenes Handeln der KESB ohne formelle Massnahme handeln (Art. 392; OFK-ZGB-FASSBIND, Art. 442 N 3). Massgebend für die Einleitung des Verfahrens und die Errichtung der Massnahme ist – neben der grundsätzlichen Wohnortszuständigkeit – somit ein weiterer Ort, nämlich derjenige, an dem die Verwaltung des Hauptbestandteils des Vermögens bisher erfolgte oder der betroffenen Person zugefallen ist (BSK ZGB I-GEISER, aArt. 396 N 6). Massgebend ist somit nicht die Lage der Vermögenswerte, sondern der Verwaltungsort (DESCHENAUX/STEINAUER, Personnes, Rz 1122a). Der Hauptbestandteil stellt den wertvollsten Teil der Aktiven ohne Schuldenabzug dar (BK-SCHNYDER/MURER, aArt. 396 ZGB N 47).

11 Wird die Verwaltung an mehreren Orten durchgeführt oder befinden sich die zusammenhängenden Vermögenshauptbestandteile an verschiedenen Orten, wird nur eine Beistandschaft errichtet, doch ist in Anwendung von Art. 400 Abs. 1 die Bestellung mehrerer Beistände zulässig, wenn dies aufgrund der Grösse oder der Lage des Vermögens Sinn macht (BK-Schnyder/Murer, aArt. 396 ZGB N 46; Deschenaux/Steinauer, Personnes, Rz 1122a). Bei nachträglichen Veränderungen (z.B. Verschiebung des Hauptbestandteiles des Vermögens) erfolgt i.d.R. kein Wechsel in der Beistandschaft; der bisherige Beistand bleibt für die Verwaltung zuständig.

V. Heimatzuständigkeit (Abs. 4)

12 In Art. 442 Abs. 4 lässt das Bundesrecht als Ausnahme zur wohnörtlichen Zuständigkeit nach Art. 442 Abs. 1 den Kantonen die Möglichkeit offen, eine Heimatzuständigkeit vorzusehen. Es handelt sich bei dieser Bestimmung um einen ermächtigenden echten Vorbehalt zugunsten des kantonalen Zivilrechts (Art. 5; BSK ZGB I-Schmid/Lardelli, Art. 5 N 26). Beschränkt auf den innerkantonalen Bereich kann die kantonale Gesetzgebung vorsehen, dass die Zuständigkeit an die KESB des Heimatortes übertragen wird, sofern dem Heimatort auch die sozialhilferechtliche Unterstützung ganz oder teilweise obliegt (BSK ZGB I-Geiser, aArt. 376 N 7; im interkantonalen Bereich wird die Zuständigkeit für die Unterstützung Bedürftiger durch das ZUG geregelt: Art. 115 BV sowie Thomet, Rz 32 ff. und 55). Die von der Massnahme betroffenen Personen müssen daher Bürger des Wohnsitzkantons sein, auf Personen mit ausserkantonalem Bürgerrecht kann diese Bestimmung nicht angewendet werden (BK-Schnyder/Murer, aArt. 376 ZGB N 107). Interkantonal ist keine subsidiäre Heimatzuständigkeit möglich.

13 Die Bestimmung von Abs. 4 ist in analoger Anwendung auch auf die Zuständigkeit von Art. 315 Abs. 1 im Kindesschutz anwendbar (BBl 1974 II 86; Botschaft Erwachsenenschutz, 7075).

14 Die umfassende Verbeiständung resp. die Bevormundung der Kinder am Heimatort bewirkt, dass sich der zivilrechtliche Wohnsitz an den Heimatort verschiebt, unabhängig davon, wo sich die Person tatsächlich aufhält (Art. 25 Abs. 2 und 26; BSK ZGB I-Geiser, aArt. 376 N 7 f).

15 Falls der Kanton von der Kompetenz nach Art. 442 Abs. 4 keinen Gebrauch macht, gilt ausschliesslich die Zuständigkeit nach Art. 442 Abs. 1–3. Soweit ersichtlich macht einzig der Kanton Bern von dieser Bestimmung Gebrauch. Er sieht in Art. 4 KESB BE vor, dass für das ganze Kantonsgebiet eine burgerliche KESB errichtet wird. Sie ist für die Angehörigen jener Burgergemeinden sowie Gesellschaften und Zünfte von Bern zuständig, welche die burgerliche Sozialhilfe nach den Bestimmungen des Sozialhilfegesetzes gewähren. Der Kanton Zug, welcher unter altem Recht ebenfalls die Heimatzuständigkeit der Bürgergemeinden vorsah, verzichtet auf diese Zuständigkeit unter revidiertem Recht.

VI. Prüfung der Zuständigkeit und Zuständigkeitskonflikte

16 Die örtliche Zuständigkeit ist von Amtes wegen zu prüfen (Art. 444 Abs. 1; BGE 135 III 49, 51 E. 4.2; KUKO ZGB-Steck, Art. 444 N 4). Sie richtet sich von Bundesrechts wegen nach der Sachlage im Zeitpunkt der Einleitung des Verfahrens (BGE 126 III 415, 419 E. 2c). Das Verfahren gilt als eingeleitet und ist damit rechtshängig, wenn erstmals nach aussen hin manifest wird, dass sich die für die Instruktion zuständige KESB mit der Prüfung einer Erwachsenenschutzmassnahme einer Person befasst (BSK ZGB I-Geiser,

aArt. 373 N 10; CHK-Affolter/Steck/Vogel, aArt. 376 ZGB N 2; OFK-ZGB-Fassbind, Art. 442 N 1;).

Art. 442 Abs. 1 2. Satz regelt nun explizit, dass die Zuständigkeit bei rechtshängigen Verfahren in jedem Fall bis zum Abschluss bei der befassten Behörde verbleibt, auch wenn sich die Verhältnisse – z.B. durch Begründung eines neuen Wohnsitzes der Beteiligten – nachträglich verändern (so auch: BGer vom 22.10.2009, 5A_703/2009, E. 1; BGE 101 II 11, 12 E. 2a; BK-Schnyder/Murer, aArt. 376 ZGB N 120 ff.; Hegnauer, Rz 27.61; Meier/Lukic, Rz 73). Die perpetuatio fori gilt grundsätzlich im innerstaatlichen Kindes- und Erwachsenenschutzverfahren (Hausheer/Geiser/Aebi-Müller, Erwachsenenschutzrecht, Rz 1.77). Die KESB sind daher gut beraten, die Eröffnung des Verfahrens (die mit dem Eintritt der Rechtshängigkeit gleichzusetzen ist) formell, z.B. durch schriftliche Mitteilung an die Parteien festzuhalten, um allfällige Streitigkeiten über den Zeitpunkt des Beginns des Verfahrens vorzubeugen, soweit nicht anderweitige Interessen (z.B. Kindeswohlinteressen) einer solchen Mitteilung entgegenstehen (so auch KUKO ZGB-Wider, Art. 442 N 4; s.a. § 48 Abs. 2 EG KESR ZH). **17**

Die Weitergeltung der Zuständigkeit bei hängigen Verfahren ist dagegen im internationalen Kindesschutz (Art. 5 Abs. 2 HKsÜ) wie auch Erwachsenenschutz (Art. 5 Abs. 2 HEsÜ) im Verhältnis unter den Konventionsstaaten nicht anwendbar. Hier wechselt die Zuständigkeit gleichzeitig mit dem Wechsel des gewöhnlichen Aufenthaltes der vom Verfahren betroffenen Person. **18**

Zweifel oder unterschiedliche Interpretationen der Zuständigkeit sind primär durch einen Meinungsaustausch der Behörden unter sich zu regeln (Art. 444 Abs. 3). Kann keine Einigung erzielt werden, so hat die zuerst befasst KESB die Frage der Zuständigkeitsklärung ihrer gerichtlichen Beschwerdeinstanz zu unterbreiten, deren Entscheid im inner- wie im interkantonalen Verhältnis grundsätzlich für die beteiligten Behörde verbindlich ist (Botschaft Erwachsenenschutz, 7076). Die KESB selber hat kein Rechtsmittel gegen diesen Entscheid (so auch unter bisherigem Recht: BSK ZGB I-Geiser, aArt. 376 N 9). Im interkantonalen Verhältnis kann aber der unterliegende Kanton Beschwerde in Zivilsachen führen (Art. 72 Abs. 2 lit. b Ziff. 6 i.V.m. Art. 120 Abs. 1 lit. b BGG; Botschaft Erwachsenenschutz, 7077; KUKO ZGB-Steck, Art. 444 N 10 m.w.H.). **19**

Der Entscheid einer örtlich unzuständigen Behörde ist nach der Rechtsprechung nicht nichtig, jedoch von den Parteien anfechtbar (BGer vom 28.8.2001, 5C.92/2001, E. 5d). Er bleibt gültig, bis die Anordnung von der zuständigen Behörde aufgehoben wird (BGE 82 II 257, 258 E. 1; BSK ZGB I-Geiser, aArt. 376 N 9; Deschenaux/Steinauer, Personnes, Rz 892b). Der letztinstanzliche kantonale Entscheid über die Anordnung oder den Verzicht einer Massnahme kann auch mit der Begründung wegen Verletzung der bundesrechtlichen Zuständigkeitsvorschriften (BK-Schnyder/Murer, aArt. 376 ZGB N 128) mit der Beschwerde in Zivilsachen beim Bundesgericht nach Art. 72 Abs. 2 lit. b Ziff. 6 BGG angefochten werden. **20**

VII. Übertragung der Massnahme (Abs. 5)

Mit der Begründung eines neuen Wohnsitzes ist eine bestehende Massnahme sofort zu übertragen (Meier/Lukic, Rz 77). Die KESB am neuen Wohnort der betroffenen Person ist verpflichtet, die Massnahme zu übernehmen, soweit nicht wichtige Gründe dagegen sprechen (Art. 442 Abs. 5). Auf die Normierung einer gesetzlichen Frist wurde aus Gründen der Flexibilität, die in der Praxis erforderlich ist, verzichtet (Botschaft Erwachsenenschutz, 7075). Der in der Praxis bisher angewandte Grundsatz, dass bei Erwachsenenschutzmassnahmen mindestens ein Jahr zugewartet wird (BSK ZGB I-Geiser, aArt. 377 **21**

N 5b; VBK, ZVW 2002, 211) – bei Kindesschutzmassnahmen entsprechend dem Kindeswohl möglichst rasch –, kann unter neuem Recht nicht mehr übernommen werden. Der Grundsatz ist die sofortige Übertragung und Übernahme.

22 Um den konkreten Umständen im Einzelfall gerecht zu werden, besteht die Möglichkeit der Berufung auf wichtige Gründe, falls die Massnahme nicht ohne Verzug von der bisherigen KESB übertragen respektive die Übernahme von der neu zuständigen Wohnsitzbehörde abgelehnt wird. Diese Berufung auf wichtige Gründe darf jedoch nicht dazu führen, eine generelle einjährige Wartefrist mit dem Hinweis wie bisher auf mangelnde Stabilität der Wohnsitzbegründung wieder einzuführen. Wichtige Gründe dürfen nicht leichthin angenommen werden (OFK-ZGB-Fassbind, Art. 442 N 5). Ein wichtiger Grund kann darin liegen, dass die Massnahme ohnehin aufgehoben werden müsste oder lediglich noch einzelne Geschäfte anfallen (Hausheer/Geiser/Aebi-Müller, Erwachsenenschutzrecht, Rz 1.77), kann aber auch in der, im Einzelfall tatsächlich nachgewiesenen mangelnden Stabilität des Aufenthaltsortes liegen und daher ein gewisses Zuwarten im Einzelfall rechtfertigen. Das Erfordernis der Übertragung ohne Verzug ist im revidierten Recht aber umso mehr aufgrund der massgeschneiderten Massnahmen gerechtfertigt, verliert doch die bisherige KESB, auch wenn die Massnahme noch nicht übertragen wurde, die örtliche Zuständigkeit zur Abänderung der Massnahme, wenn es sich um eine Verschärfung der Massnahme handelt (zum bisherigen Recht: BGE126 III 415, 418 E. 2b.bb und 3; VBK, ZVW 2002, 212).

23 Bei der umfassenden Beistandschaft ist der Wohnsitzwechsel – wie unter bisherigen Recht bei der Vormundschaft (aArt. 377) – nur mit der formell beschlossenen Übertragung der Massnahme möglich (Art. 26; Hausheer/Geiser/Aebi-Müller, Erwachsenenschutzrecht, Rz 1.77), wobei ein Anspruch auf Übertragung und damit implizit eine Zustimmung zum Wohnsitzwechsel besteht, falls dieser nicht den Interessen der betroffenen Person widerspricht (BGE 131 I 266, 269 E. 4.1; CHK-Affolter/Steck/Vogel, aArt. 377 ZGB N 2).

VIII. Internationale Zuständigkeit

24 Das schweizerische IPRG verweist für den Erwachsenenschutz im internationalen Verhältnis auf die Regelungen des HEsÜ (Art. 85 Abs. 2 IPRG). Danach ist die schweizerische Zuständigkeit stets gegeben, wenn volljährige schweizerische oder ausländische Staatsangehörige ihren gewöhnlichen Aufenthalt in der Schweiz haben (Art. 5 Abs. 1 HEsÜ). Für schweizerische Staatsangehörige im Ausland ist eine schweizerische Zuständigkeit gegeben, wenn die ausländischen Behörden keine Massnahmen ergreifen (Art. 7 Abs. 1 HEsÜ; BSK ZGB I-Geiser, aArt. 376 N 10).

25 Das ZGB sieht für die Kindes- und Erwachsenenschutzmassnahmen die wohnörtliche Zuständigkeit vor. Das HEsÜ stellen auf den gewöhnlichen Aufenthalt ab. Da das HEsÜ im staatsvertraglichen Bereich Anwendung beansprucht, wenn der gewöhnliche Aufenthalt und die Staatsangehörigkeit auseinanderfallen, gilt es grundsätzlich für alle Ausländer in der Schweiz (vgl. BGE 114 11 412, 414 E. 2). Sieht das IPRG eine schweizerische Zuständigkeit vor, so wird damit grundsätzlich nicht nur die internationale Zuständigkeit festgelegt, sondern auch die örtliche Zuständigkeit innerhalb der Schweiz. Das IPRG enthält insofern eine «abschliessende und ausschliessliche» Regelung (ZK-Volken, vor Art. 2 IPRG N 62 ff.; BSK IPRG-Berti, vor Art. 2 N 27). Dies führt jedoch nun nicht dazu, dass für Ausländer in der Schweiz die Zuständigkeitsordnung des Wohnortsprinzips im Erwachsenenschutz (Art. 315 und 442) aufgehoben wäre und die Behörden am gewöhnlichen Aufenthaltsort zuständig wären (BSK ZGB I-Geiser, aArt. 376 N 11). Eine

derart weittragende Umgestaltung der Zuständigkeitsordnung lässt sich dem HEsÜ nicht entnehmen. Das galt schon unter der Herrschaft des MSA (SR 0.211.231.01). Die Erweiterung des Anwendungsbereichs bezweckte einzig, die Zuständigkeit der Behörden am Ort des gewöhnlichen Aufenthaltes eines Ausländers herbeizuführen, wenn dieser keinen Wohnsitz in der Schweiz hat (GEISER, ZVW 1995, 38 f.).

Hat ein Ausländer, über den eine umfassende Beistandschaft errichtet worden ist, Wohnsitz **26** in der Schweiz, bestimmt sich dieser nach Art. 26 ZGB und nicht nach Art. 20 IPRG, so dass für die Abänderungen einer in der Schweiz über einen Ausländer geführten umfassenden Beistandschaft die Behörden am Sitz der KESB zuständig bleiben (**a.M.** FÜLLEMANN, ZVW 2009, 41). Entgegen der wohl h.L. bestimmt Art. 20 IPRG nur abschliessend, ob sich der Wohnsitz in der Schweiz oder im Ausland befindet (BSK ZGB I-GEISER, aArt. 376 N 12). Insoweit kann auf die Art. 23 ff ZGB nicht zurückgegriffen werden (Art. 20 Abs. 2 IPRG; BGE 119 II 64, 65 E. 2aa). Liegt nach Art. 20 IPRG der Wohnsitz in der Schweiz, so ist die Wohnsitzgemeinde nach den Art. 23 ff. ZGB zu bestimmen (BK-HAUSHEER/REUSSER/GEISER, Art. 162 N 34/25 ff.; BSK IPRG-CHRISTEN-WESTENBERG, Art. 20 N 18; **a.M.** FÜLLEMANN, ZVW 2009, 41; ZK-KELLER/KREN KOSTKIEWICZ, Art. 20 IPRG N 70). Bestehen gegen diese Gesetzesauslegung wegen des Wortlautes von Art. 20 Abs. 2 IPRG Bedenken, so muss das internationale Verhältnis einschränkend definiert werden (BSK ZGB I-GEISER, aArt. 376 12). Damit sich der Wohnsitz ausschliesslich nach IPRG und nicht nach ZGB richtet, genügt es nicht, dass im Rahmen eines internationalen Rechtsverhältnisses auf den Wohnsitz abzustellen ist. Vielmehr muss der Wohnsitz selber ein internationales Verhältnis i.S.v. Art. 1 IPRG darstellen.

Zweiter Abschnitt: Verfahren

Erster Unterabschnitt: Vor der Erwachsenenschutzbehörde

Art. 443

A. Melderechte und -pflichten

1 Jede Person kann der Erwachsenenschutzbehörde Meldung erstatten, wenn eine Person hilfsbedürftig erscheint. Vorbehalten bleiben die Bestimmungen über das Berufsgeheimnis.

2 Wer in amtlicher Tätigkeit von einer solchen Person erfährt, ist meldepflichtig. Die Kantone können weitere Meldepflichten vorsehen.

A. Droit et obligation d'aviser l'autorité

1 Toute personne a le droit d'aviser l'autorité de protection de l'adulte qu'une personne semble avoir besoin d'aide. Les dispositions sur le secret professionnel sont réservées.

2 Toute personne qui, dans l'exercice de sa fonction officielle, a connaissance d'un tel cas est tenue d'en informer l'autorité. Les cantons peuvent prévoir d'autres obligations d'aviser l'autorité.

A. Diritti e obblighi di avviso

1 Quando una persona pare bisognosa d'aiuto, chiunque può avvisarne l'autorità di protezione degli adulti. Sono fatte salve le disposizioni sul segreto professionale.

2 Chiunque, nello svolgimento di un'attività ufficiale, apprende che una persona versa in tali condizioni è tenuto ad avvisarne l'autorità di protezione degli adulti. I Cantoni possono prevedere ulteriori obblighi di avviso.

Inhaltsübersicht

Literatur

AEBI-MÜLLER, Anonyme Geburt und Babyfenster – Gedanken zu einer aktuellen Debatte, FamPra.ch 2007, 544–566; BESSON, Das Grundrecht auf Kenntnis der eigenen Abstammung, ZSR 2005, 39–71 (zit. ZSR 2005); AUER, Bundeskompetenzen in Verfahren vor vormundschaftlichen Behörden, ZVW 2003, 188–206 (zit. Bundeskompetenzen); DERS., Streitgegenstand und Rügeprinzip im Spannungsfeld der verwaltungsrechtlichen Prozessmaximen, Diss. Bern 1997 (zit. Streitgegenstand); BÄHLER, Die Vertretung des Kindes im Scheidungsprozess, ZVW 2001, 187–197; BIDERBOST, Rechtsmittelbelehrung bei superprovisorischen Verfügungen im Vormundschaftswesen, ZVW 2006, 67–74; BOLL, Die Entbindung vom Arzt- und Anwaltsgeheimnis, Zürich 1983; BRUNNER, Öffentlichkeit und Datenschutz im erstinstanzlichen Verwaltungsverfahren: Eine Übersicht, in: Häner/Waldmann (Hrsg.), Das erstinstanzliche Verwaltungsverfahren, 2008, 137–151; BÜCHLER, Das Recht des Kindes auf Kenntnis seiner Abstammung, FamPra.ch 2009, 1–22 (zit. FamPra.ch 2009); COTTIER/SCHLAURI, Übersicht über die Melderechte und Meldepflichten bei Genitalverstümmelungen an Unmündigen im Licht von Amts- und Berufsgeheimnis, FamPra.ch 2005, 759–771; DE VRIES REILINGH, Le droit fondamental de l'enfant à connaître son ascendance, AJP 2003, 363–372 (zit. AJP 2003); FASSBIND, Die Organisation des Kindes- und Erwachsenenschutzes nach neuen Erwachsenenschutzrecht, FamPra.ch 2011, 553–588; FELLMANN, Anwaltsrecht, 2010; GEISER, Amtsgeheimnis und Verantwortlichkeit, ZSR 2003 I 385–406; GOMM/ZEHNTNER (Hrsg.), Opferhilfegesetz, 3. Aufl. Bern 2009 (zit. Autor, in: Opferhilfegesetz), 87–99; HÄNER, Die Feststellung des rechtserheblichen Sachverhalts, in: Häner/Waldmann (Hrsg.), Das erstinstanzliche Verwaltungsverfahren, Zürich 2008, 33–53 (zit. Feststellung); DIES., Prozessieren im öffentlichen Recht, Anwaltsrevue 2009, 174–179 (zit. Prozessieren); DIES., Vorsorgliche Massnahmen im Verwaltungsverfahren und Verwaltungsprozess, ZSR 1997 II, 253–420 (zit. Vorsorgliche Massnahmen); HEGNAUER, Die Schweigepflicht des Amtsvormundes, ZVW 1955, 81–97, HOFMANN, Die vorläufige Fürsorge gemäss Art. 386 Abs. 1 ZGB, MBVR 1959, 161–176 (zit. MBVR 1959); GYGI, Bundesverwaltungsrechtspflege, 2. Aufl., Bern 1983; KIENER/KÄLIN, Grundrechte, Bern 2007; KÖLZ/BOSSHART/RÖHL, Kommentar zum Verwaltungsrechtspflegegesetz des Kantons Zürich, 2. Aufl., Zürich 1999; MARTI, Die Vereinheitlichung des Zivil- und Strafprozessrechts, die Revision des Vormundschaftsrechts und das öffentliche Recht, ZBl 2007, 237–275; MERKLI/AESCHLIMANN/HERZOG, Kommentar zum Gesetz vom 23. Mai 1989 über die Verwaltungsrechtspflege des Kantons Bern, Bern 1997; RHINOW et al., Öffentliches Prozessrecht, Grundlagen und Bundesrechtspflege, 2. Aufl., Basel 2010; ROSCH, Schweigen und Sprechen im System, Bern 2005 (zit. Schweigen); DERS., Menschenrechte und Datenschutz in der Sozialen Arbeit, in: Menschrechte und Digitalisierung des Alltags, Internationales Menschenrechtsforum Luzern, Bd. VII, Bern 2011, 261–267 (zit. Menschenrechte); SALADIN, Das Verwaltungsverfahrensrecht des Bundes, Basel/Stuttgart 1979; SCHMID, Von zwei vermeintlichen Geschwistern, ZKE 2010, 210–215; SCHNYDER, Formelles Bundeszivilrecht – am Beispiel der fürsorgerischen Freiheitsentziehung, in: Mélanges Paul Piotet, Bern 1990, 119–134; SCHWEIZER/KARDOLFER/SUTTER, Das Verhältnis von datenschutzrechtlichen Persönlichkeitsrechten, Verfahrensgerechtigkeit und Amtsöffentlichkeit zueinander, in: Baeriswyl/Rudin (Hrsg.), Perspektive Datenschutz, Praxis und Entwicklungen in Recht und Technik, 2002, 235–263; SPÜHLER, Aus der Praxis des Bundesgerichts zur fürsorgerischen Freiheitsentziehung, ZBl 1994, 212–220; STRATENWERTH/BOMMER, Schweizerisches Strafrecht, Besonderer Teil II, Straftaten gegen Geheiminteressen, 6. Aufl., Bern 2008; STRATENWERTH/WOHLERS, Schweizerisches Strafrecht, Handkommentar, 2. Aufl., Bern 2009; TRECHSEL et al. (Hrsg.), Schweizerisches Strafgesetzbuch, Praxiskommentar, Zürich 2008; UHLMANN, Die Einleitung eines Verwaltungsverfahrens, in: Häner/Waldmann (Hrsg.), Das erstinstanzliche Verwaltungsverfahren, 2008, 1–15; VOGEL, Vorsorgliche Massnahmen, in: Häner/Waldmann (Hrsg.), Das erstinstanzliche Verwaltungsverfahren, 2008, 87–100; WALDMANN, Das rechtliche Gehör im Verwaltungsverfahren, in: Häner/Waldmann (Hrsg.), Das erstinstanzliche Verwaltungsverfahren, 2008, 55–86.

Materialien

Art. 22 VE VKE 2003; VE VKE/Vernehmlassungen, 59 ff.; Botschaft Erwachsenenschutz, 7076 und 7163; Prot. RK-S vom 27./28.8.2007, 31; AmtlBull StR 2007, 840; Prot. RK-N vom 24./25.4.2008, 42; AmtlBull NR 2008, 1539.

I. Allgemeines

Die Vorschrift verankert einerseits ein **Melderecht** (Abs. 1) und andererseits eine **Meldepflicht** (Abs. 2). Sie regelt nicht nur die Zulässigkeit oder Notwendigkeit einer Kontaktierung der KESB, wenn eine erwachsene Person Unterstützung bedarf, sondern gilt auch für Gefährdungsmeldungen an die Kindesschutzbehörde (Art. 314 Abs. 1). 1

Art. 443 steht im **Kontext zu mehreren anderen Vorschriften**, die von der Weitergabe von Informationen handeln. Meldungen über die Schutzbedürftigkeit einer Person und ihre Schwächen enthalten sensible Informationen. Indem Art. 443 solche Meldungen als zulässig oder gar geboten erklärt, greift er in das in Art. 13 Abs. 2 BV verankerte Grundrecht auf informationelle Selbstbestimmung ein. Die Norm weist insoweit Berührungspunkte zur eidgenössischen und kantonalen Datenschutzgesetzgebung auf, und sie steht in engem Zusammenhang zu den zum Schutze gesetzlicher Verschwiegenheitspflichten erlassenen Strafbestimmungen (namentlich Art. 320 und 321 StGB, aber auch etwa Art. 11 OHG) und verschiedenen spezialgesetzlichen Melde- oder Anzeigepflichten (N 21). Ausserdem regelt ihr Abs. 2 einen wichtigen Teilaspekt der Zusammenarbeit der Behörden untereinander, womit die Bestimmung einen Bezug zu Art. 317 und Art. 453 hat. Schliesslich ist die Meldepflicht nach Abs. 2 ein Spezialfall der allgemeinen Pflicht der Verwaltungsbehörden und Gerichte zur Mitwirkung bei der Sachverhaltsabklärung, wie sie in Art. 448 Abs. 4 verankert ist (Art. 448 N 41 ff.). 2

Art. 443 steht im Zentrum sich **widerstreitender Interessen**. Auf der einen Seite verlangt das Grundrecht auf informationelle Selbstbestimmung, dass höchst sensible und damit besonders schützenswerte Personendaten möglichst vertraulich behandelt und nur in einem klar geregelten gesetzlichen Rahmen weitergegeben werden. Auf der anderen Seite ist gerade die KESB oftmals darauf angewiesen, solche sensiblen Daten zu erhalten, da sich erst daraus die Erkenntnis ergibt, dass gefährdete oder hilfsbedürftige Personen der staatlichen Unterstützung bedürfen. Schliesslich kann auch die Öffentlichkeit ein berechtigtes Interesse daran haben, dass bestimmte Daten weitergegeben oder bekannt gemacht werden können (vgl. Art. 451 Abs. 2 sowie zum bisherigen Recht Geiser, 386). Diese Interessengegensätze erschweren die Anwendung von Art. 443 und der zahlreichen anderen Vorschriften, die mit dieser Norm zusammenhängen. 3

Damit einer hilfsbedürftigen Person der notwendige Schutz gewährt werden kann, muss die Behörde von ihrem Schwächezustand Kenntnis erhalten. Zwar wird das Kindes- und Erwachsenenschutzrecht von der **Offizialmaxime** – bzw. vom Untersuchungsgrundsatz – beherrscht. Die KESB muss demnach auch ohne förmlichen Antrag von Amtes wegen tätig werden, wenn Anzeichen dafür bestehen, dass die persönlichen oder finanziellen Angelegenheiten einer Person gefährdet sind (vgl. die Komm. zu Art. 446). Ganz ohne Hinweise von aussen ist sie aber nur selten in der Lage, an die nötigen Informationen zu gelangen. Sie ist daher auf entsprechende Meldungen von Privaten (Angehörige, Freunde, Nachbarn usw.) und Behörden (Strafbehörden, staatliche Einrichtungen, Schulbehörden usw.) angewiesen. Mit der gesetzlichen Berechtigung bzw. Verpflichtung zur Meldung an die KESB wird daher letztlich die **Verwirklichung des materiellen Rechts** erleichtert. Art. 443 dient somit der Realisierung des Anspruchs der hilfsbedürftigen Person auf Schutz durch das Gemeinwesen (vgl. BK-Schnyder/Murer, aArt. 368 ZGB N 110 und 4 aArt. 369 ZGB N 171). Er bildet das Korrelat zu den in Art. 448 umschriebenen Mitwirkungspflichten der Verfahrensbeteiligten und von Dritten, die ebenfalls die behördliche Feststellung des Sachverhalts erleichtern sollen (Botschaft Erwachsenenschutz, 7076).

II. Melderecht (Abs. 1)

5 **Jede Person** ist berechtigt, eine Gefährdungsmeldung an die KESB zu machen. Eine besondere Nähe oder Verbundenheit zur schutzbedürftigen Person ist nicht erforderlich. Der Gesetzgeber hat es somit als zulässig und erwünscht erachtet, dass auch unbeteiligte Private sich an die Behörde wenden, wenn sie den Eindruck haben, jemand sei möglicherweise nicht mehr in der Lage, seine Angelegenheiten selber zu besorgen. Eine Pflicht hierzu besteht freilich nicht. Es liegt im Ermessen jedes Einzelnen zu entscheiden, ob er seine entsprechenden Wahrnehmungen der Behörde mitteilen will oder nicht.

6 Das **Melderecht** nach Art. 443 Abs. 1 ist zu unterscheiden vom **Antragsrecht**, wie es in zahlreichen anderen Bestimmungen des Kindes- und Erwachsenenschutzrechts enthalten ist (z.B. Art. 368, 376, 381, 390, 399, 423 usw.). Meldeberechtigt ist jedermann, antragsberechtigt dagegen regelmässig nur ein beschränkter Personenkreis, nämlich jene Personen, die im Verfahren die Stellung von Verfahrensbeteiligten haben und zur Ausübung von Parteirechten befugt sind, insb. die dem Schutzbedürftigen nahestehenden Personen. Die Befugnis, Parteirechte auszuüben, geht dem «jedermann» nach Art. 443 Abs. 1 ab. Ist er nicht auch am Verfahren beteiligt, so hat er keinen Anspruch darauf, von der Behörde zu erfahren, ob und welche Schritte sie allenfalls eingeleitet hat. Ebenso wenig steht ihm ein Rechtsmittel zu, wenn die Behörde seiner Meldung nicht im gewünschten Sinne Folge leistet.

7 Das ZGB lässt offen, ob eine Gefährdungsmeldung i.S.v. Art. 443 Abs. 1 die **Rechtshängigkeit** eines Verfahrens vor der KESB begründet. An sich tritt Rechtshängigkeit eines Verfahrens mit dessen Eröffnung ein. Da die Verfahren vor der KESB entweder auf Gesuch hin oder von Amtes wegen eröffnet werden, müsste aus der unter N 6 dargelegten Unterscheidung zwischen Antragsrecht und Melderecht folgen, dass ein Verfahren, das durch die Gefährdungsmeldung einer nicht antragsberechtigten Person ausgelöst wird, erst durch ein **behördliches Tätigwerden von Amtes wegen** als eröffnet gilt (so auch Rosch, in: Rosch/Büchler/Jakob, Art. 443 N 2). Demgegenüber hielt Art. 23 Abs. 1 Ziff. 2 VE VKE 2003 fest, dass die Rechtshängigkeit eines Verfahrens vor der KESB u.a. mit Eingang einer nicht offensichtlich unbegründeten Meldung eintritt. Mit dieser gesetzlichen Fixierung der Rechtshängigkeit bereits im Zeitpunkt des Eingangs der Gefährdungsmeldung sollte möglichst früh die Zuständigkeitsfrage geklärt und verhindert werden, dass sich die schutzbedürftige Person durch Wechsel ihres Wohnsitzes oder Aufenthaltsortes immer wieder einer notwendigen behördlichen Anordnung entziehen kann (VE VKE 2003, 18). Nachdem der Bund auf den Erlass einer umfassenden Verfahrensordnung verzichtet hat, ist es Sache der Kantone, gegebenenfalls das Verhältnis einer Meldung nach Art. 443 Abs. 1 zur Rechtshängigkeit bzw. zur Eröffnung des behördlichen Verfahrens zu regeln. Viele Kantone haben in ihrem Einführungsrecht denn auch die soeben erwähnte Regelung des VE VKE 2003 übernommen (z.B. Art. 45 KESG BE; § 68 EG ZGB BL; Art. 22 EG KES SG).

8 Mit der Erlaubnis einer Kontaktierung der KESB stellt der erste Satz von Abs. 1 klar, dass die meldende Person mit ihren Äusserungen über die hilfsbedürftige Person **nicht gegen den Datenschutz verstösst** (Hausheer/Geiser/Aebi-Müller, Erwachsenenschutzrecht, 21). Das ist nicht selbstverständlich, kann es sich bei den weitergegebenen Informationen doch um sehr sensible Daten handeln. Die Behörde ist jedoch auf solche Hinweise angewiesen, damit das materielle Recht verwirklicht werden kann (N 4).

Die Meldung ist zulässig, wenn eine Person hilfsbedürftig **erscheint**. Es ist somit nicht erforderlich, dass die Hilfsbedürftigkeit tatsächlich besteht. Das abzuklären ist Sache der KESB. Die meldende Person handelt m.a.W. rechtmässig, wenn sie davon ausgeht, es seien möglicherweise Schutzmassnahmen nötig. Dabei muss sie keine Kenntnisse über die rechtlichen Voraussetzungen für ein behördliches Einschreiten haben. Sie darf die Eingriffshürde ohne weiteres tiefer vermuten als sie in Wirklichkeit ist. Rechtswidrig handelt sie aber u.U. dann, wenn sie eine Meldung **mutwillig und wider besseres Wissen** macht. In diesem Fall kann der strafrechtliche Tatbestand der Ehrverletzung (vgl. Art. 173 ff. StGB) erfüllt sein; gegebenenfalls kann das Verhalten auch Schadenersatz- oder Genugtuungsansprüche auslösen. 9

Art. 443 Abs. 1 Satz 2 verweist auf die **Vorschriften über das Berufsgeheimnis** und hält fest, dass diese dem Melderecht vorgehen. Angesprochen ist damit in erster Linie Art. 321 StGB, der einen abschliessend umschriebenen Kreis von Personen unter Straffolge zur Verschwiegenheit über Tatsachen verpflichtet, die ihnen infolge ihres Berufes anvertraut worden sind. Ebenfalls angesprochen sind jene Spezialbestimmungen, welche Art. 321 StGB auf weitere Personen ausdehnen (z.B. Art. 321bis StGB betreffend die in der Forschung im Bereich der Medizin oder des Gesundheitswesens tätigen Personen). Vorbehalten sind schliesslich gemäss dem Wortlaut von Art. 443 Abs. 1 Satz 2 auch solche Vorschriften des öffentlichen oder privaten Rechts, die zwar eine Verschwiegenheitspflicht für Angehörige bestimmter Berufe vorschreiben, bei denen eine Verletzung des Schweigegebots aber nicht den Tatbestand von Art. 321 StGB erfüllt. 10

Aus dem Vorbehalt all dieser Bestimmungen folgt, dass die Träger eines Berufsgeheimnisses **nicht ohne Weiteres berechtigt** sind, eine Meldung an die KESB zu erstatten. Vielmehr gilt, dass sie sich vorgängig von der Geheimhaltungspflicht entbinden lassen müssen, sei es durch eine Einwilligung des Berechtigten, sei es durch eine Bewilligung der vorgesetzten Behörde oder Aufsichtsbehörde (Art. 321 Ziff. 2 StGB). Im zuerst genannten Fall bewirkt die Einwilligung, dass kein Geheimnis mehr vorliegt, so dass die Tatbestandsmässigkeit fehlt (BSK StGB II-Oberholzer, Art. 321 N 18). Im zweiten Fall fehlt es an der Rechtswidrigkeit (Stratenwerth/Bommer, § 59 Rz 23). 11

Die Entbindung von der Geheimhaltungspflicht hat nicht zur Folge, dass der Geheimnisträger zur Meldung an die KESB verpflichtet wäre. Vielmehr steht es nach wie vor in seinem **Ermessen**, ob er die Behörde über die in Frage stehende Schutzbedürftigkeit informieren will oder nicht (vgl. BSK StGB II-Oberholzer, Art. 321 N 20; Boll, 50, 62; für Anwälte explizit Art. 13 Abs. 1 Satz 2 BGFA; vgl. für die Mitwirkungspflicht in einem von der ZPO beherrschten Verfahren Art. 166 Abs. 1 lit. b ZPO, der nur für Anwälte und Geistliche ein absolutes Verweigerungsrecht enthält und für die übrigen Berufsgeheimnisträger eine differenzierte Regelung vorsieht, wenn sie von der Geheimhaltungspflicht entbunden worden sind). 12

Unter gewissen Umständen bedürfen Träger eines Berufsgeheimnisses **keiner Entbindung von der Geheimhaltungspflicht**, um der KESB eine Gefährdungsmeldung zu machen. Das ergibt sich zunächst aus Art. 321 Ziff. 3 StGB, wonach die eidgenössischen und kantonalen Bestimmungen über die Zeugnispflicht und über die Auskunftspflicht gegenüber einer Behörde vorbehalten bleiben. Verpflichtet eine Sondernorm des eidgenössischen oder kantonalen Rechts einen Geheimnisträger i.S.v. Art. 321 Ziff. 1 StGB zur Meldung an die KESB, so geht diese Meldepflicht dem Gebot der Entbindung nach Art. 321 Ziff. 2 StGB vor. Der Geheimnisträger muss in einem solchen Fall weder die Einwilligung des Schutzbedürftigen einholen noch sich von der vorgesetzten Behörde oder Aufsichtsbehörde entbinden lassen. 13

14 Eine Melde*pflicht* i.S.v. Art. 321 Ziff. 3 StGB, d.h. eine dem Träger eines Berufsgeheimnisses auferlegte **Verpflichtung zur Meldung an die KESB** – mithin eine zwingende Ausschaltung des Schutzes des Berufsgeheimnisses ohne vorgängige Interessenabwägung – **kennt das eidgenössische Recht nicht** (s. aber auch N 16). Sie wird freilich bei gewissen besonders schwerwiegenden Eingriffen in das Wohl von Personen, etwa bei Misshandlung oder sexuellem Missbrauch von Kindern, immer wieder zur Diskussion gestellt, so auch gegenwärtig aufgrund der im Dezember 2008 eingereichten Motion Aubert 08.3790 (Schutz des Kindes vor Misshandlung und sexuellem Missbrauch). Der Bundesrat hat im Februar 2009 die Ablehnung des Vorstosses beantragt, sich aber gleichzeitig bereit erklärt, ihn mit modifiziertem Inhalt entgegenzunehmen. Die Räte sind diesem Antrag gefolgt und haben den Bundesrat beauftragt, eine Änderung des ZGB oder eines anderen BG vorzulegen, mit der eine allgemeine Meldepflicht gegenüber Kindesschutzbehörden mit gewissen klar umschriebenen Ausnahmen in allen Schweizer Kantonen eingeführt werden kann. Hintergrund dieser Anpassung des Motionstextes ist die berechtigte Sorge um eine Aushöhlung des Berufsgeheimnisses und die damit verbundene Gefährdung des Vertrauensverhältnisses zwischen Kind und Vertrauensperson. Das Dilemma liegt auf der Hand: Damit einer hilfsbedürftigen Person Unterstützung gewährt werden kann, ist zuallererst erforderlich, dass diese sich einer aussenstehenden Person mitteilt. Das bedingt eine Weitergabe von regelmässig sehr sensiblen Informationen. Dazu ist die hilfsbedürftige Person oftmals nur bereit, wenn sie sich in einem vertrauensvollen Verhältnis zu ihrem unterstützenden Gegenüber (Arzt, Sozialarbeiter, Lehrer usw.) befindet und davon ausgehen kann, dass das Offenbarte mit der nötigen Diskretion behandelt wird (Rosch, Menschenrechte, 261). Eine zu weitgehende Verpflichtung der Vertrauensperson, die erhaltene Information an die KESB weiterzugeben, könnte daher kontraproduktiv wirken und letztlich dem eigentlichen Ziel der Meldepflicht – die Verwirklichung des der hilfsbedürftigen Person gebührenden Schutzes – zuwiderlaufen (vgl. zum Risiko zu weitgehender Meldepflichten bzw. zu grosser Lockerung der Geheimnispflicht etwa BSK StGB II-Biderborst, Art. 364 N 2). Im Schrifttum wird denn auch gefordert, dass die durch die Motion Aubert initiierte neue gesamtschweizerische Regelung lediglich ein Melderecht «nach einer Interessenabwägung im Einzelfall» statuieren soll (Rosch, in: Rosch/Büchler/Jakob, Art. 443 N 1).

15 Einen Schritt weiter geht das ZGB dort, wo bereits ein Verfahren vor der KESB hängig ist und die Behörde den Sachverhalt erheben muss. Hier sieht **Art. 448 Abs. 2** insofern eine Relativierung des Geheimnisschutzes von Art. 321 StGB vor, als **Medizinalpersonen** unter bestimmten Voraussetzungen zur Mitwirkung an der Sachverhaltsermittlung verpflichtet sind. Solche Personen müssen der Behörde gegenüber Auskunft erteilen, wenn sie von der geheimnisberechtigten Person dazu ermächtigt worden sind oder die vorgesetzte Behörde sie auf Gesuch der KESB vom Berufsgeheimnis entbunden hat. Anders als im Normalfall (N 12) zieht die Entbindung von der Geheimhaltungspflicht hier eine Mitwirkungs*pflicht* nach sich (Art. 448 N 27).

16 Auch wenn der Bund von einer Meldepflicht der Berufsgeheimnisträger abgesehen hat, würde Art. 321 Ziff. 3 StGB es den **Kantonen** erlauben, unter dem Titel von Art. 443 Abs. 2 Satz 2 **Meldepflichten** auch für Personen zu erlassen, die Träger eines durch das StGB geschützten Berufsgeheimnisses sind (vgl. zu den Meldepflichten nach Art. 443 Abs. 2 Satz 2 im Einzelnen N 27). In diesem Sinne sah z.B. § 84 lit. a des Vorentwurfs des Kantons Zürich zum EG zum Kindes- und Erwachsenenschutzrecht eine Meldepflicht sowohl für Ärzte als auch für Geistliche vor. Die Regelung löste in der Vernehmlassung jedoch Kritik aus, so dass der Regierungsrat in seinem Entwurf darauf verzichtete (Antrag des Regierungsrates des Kantons Zürich vom 31.8.2011, 111).

Die Pflicht zur Einholung einer Einwilligung oder Entbindung entfällt sodann auch dort, wo eidgenössisches oder kantonales Recht für Personen, die einem Berufsgeheimnis unterstehen, zwar keine Melde**pflicht**, aber ein Melde**recht** vorsieht. Das ist etwa der Fall, wenn an einem Minderjährigen eine strafbare Handlung begangen worden ist (Art. 364 StGB), wobei es genügt, dass der Berufsgeheimnisträger ernsthaften Anlass hat, von einer strafbaren Handlung auszugehen (COTTIER/SCHLAURI, 769). Ferner sieht Art. 453 Abs. 2 vor, dass die dem Berufsgeheimnis unterstehenden Personen einer KESB Meldung erstatten dürfen, wenn die Voraussetzungen von Art. 453 Abs. 1 erfüllt sind. Das trifft zu, wenn die ernsthafte Gefahr besteht, dass eine hilfsbedürftige Person sich selbst gefährdet oder ein Verbrechen oder Vergehen begeht, mit dem sie jemanden körperlich, seelisch oder materiell schwer schädigt. In beiden Fällen darf der Träger des Berufsgeheimnisses ohne Einwilligung der zu schützenden Person oder Entbindung der vorgesetzten Behörde die KESB informieren. Er ist aber dazu nicht verpflichtet. Schliesslich existieren im kantonalen Recht zahlreiche Melderechte von Berufsgeheimnisträgern. Damit solche Rechte von der Verpflichtung zur Entbindung befreien, müssen sie allerdings spezifisch auf die Berufsgeheimnisträger ausgerichtet sein. Ein allgemeines Melderecht in der Art von «meldeberechtigt ist jedermann» genügt nicht (COTTING/SCHLAURI, 770), was nun auch aus dem Vorbehalt in Art. 443 Abs. 1 Satz 2 geschlossen werden kann. 17

III. Meldepflicht (Abs. 2)

1. Allgemeine Meldepflicht

Wer in amtlicher Tätigkeit von einer Person erfährt, die hilfsbedürftig erscheint, hat der KESB eine entsprechende Meldung zu erstatten. Bereits das bisherige Recht verpflichtete Verwaltungsbehörden und Gerichte, der zuständigen Behörde Meldung zu machen, falls sie in ihrer Amtstätigkeit Kenntnis vom Eintritt eines «Bevormundungsfalles» erhielten (aArt. 368 Abs. 2 und aArt. 369 Abs. 2). Das neue Recht bringt eine Erweiterung dieser Meldepflicht in zweierlei Hinsicht: 18

Zum einen ist die KESB in Zukunft zu benachrichtigen, sobald eine Person in **irgendeiner Form hilfsbedürftig** erscheint, egal welches Ausmass ihr Schwächezustand hat. Meldung ist somit nicht erst dann zu machen, wenn eine bestimmte Massnahme angeordnet werden muss. Vielmehr genügt es, dass eine Unterstützung notwendig sein könnte, weshalb entsprechende Abklärungen angezeigt erscheinen. Immerhin müssen sich aus dem Sachverhalt *konkrete* Hinweise ergeben, dass Schutzmassnahmen geboten sein könnten (vgl. COTTING/SCHLAURI, 767). 19

Zum anderen richtet sich die Pflicht an **sämtliche Personen**, die in **amtlicher Tätigkeit** von der Hilfsbedürftigkeit Kenntnis erhalten, wobei die Wendung «in amtlicher Tätigkeit» nach der Botschaft des Bundesrats weit auszulegen ist: Darunter sollten sämtliche Personen fallen, die öffentlich-rechtliche Befugnisse ausüben, auch wenn sie zum Gemeinwesen nicht in einem Beamten- oder Angestelltenverhältnis stehen (Botschaft Erwachsenenschutz, 7076). Diese klärende Erläuterung in der Botschaft ist zu begrüssen. Träger öffentlicher Aufgaben sind heute oftmals auch Private oder Institutionen ausserhalb der Verwaltung. Das Bestehen einer Meldepflicht kann aber nicht davon abhängen, ob die in Frage stehende öffentliche Aufgabe von einer Organisationseinheit der Zentralverwaltung oder einer Privatperson oder Institution ausserhalb der Verwaltung erfüllt wird. Massgebend muss allein sein, dass jemand nicht als Privatperson, sondern in seiner Funktion als Träger öffentlicher Aufgaben Kenntnis von der Hilfsbedürftigkeit erhalten hat (SCHMID, Art. 443 N 6). In diesem Fall ist es gerechtfertigt und erwünscht, dass er eine erhöhte Verantwortung für die Behebung des Schwächezustandes trägt. Meldepflichtig sind demnach 20

Angestellte sämtlicher Organisationseinheiten der Verwaltung. Dazu gehören auch etwa Schulbehörden oder die KESB selbst, soweit es um die Meldung an eine andere KESB geht (ROSCH, in: Rosch/Büchler/Jakob, Art. 443 N 6). Zudem sind Private meldepflichtig, soweit sie öffentliche Aufgaben wahrnehmen. Dazu gehören auch etwa Privatbeistände, auch wenn sie nach der derzeitigen Rechtslage nicht dem Amtsgeheimnis unterstehen (dazu N 24). Ihre Meldepflicht ergibt sich im Übrigen bereits aus den einschlägigen Bestimmungen zu den Rechten und Pflichten des Beistands.

21 Art. 443 Abs. 2 verankert eine **allgemeine** Meldepflicht. Meldepflichten können aber auch in **besonderen** Gesetzesbestimmungen verankert sein. So sind Gerichtsbehörden nach Art. 69 Abs. 2 ZPO verpflichtet, der KESB Meldung zu machen, wenn sie im Rahmen ihrer Rechtspflegetätigkeit den Eindruck erhalten, eine Partei benötige Schutzmassnahmen. Art. 75 Abs. 2 StPO hält die Strafbehörden dazu an, die KESB über eingeleitete Strafverfahren sowie über Strafentscheide zu informieren, wenn dies zum Schutz einer beschuldigten oder geschädigten Person oder ihrer Angehörigen erforderlich ist. Ausserdem haben sie unverzüglich die KESB zu benachrichtigen, wenn sie bei der Verfolgung von Straftaten, an denen Minderjährige beteiligt sind, feststellen, dass weitere Massnahmen erforderlich sind (Art. 75 Abs. 3 StPO). Schliesslich enthält neu auch Art. 397a OR eine Meldepflicht des Beauftragten, wenn der Auftraggeber voraussichtlich dauernd urteilsunfähig wird. Oftmals handelt es sich bei den spezialgesetzlichen Melderegelungen aber nicht um Melde*pflichten*, sondern um Melde*rechte*, so z.B. bei Art. 364 StGB oder Art. 11 Abs. 3 OHG (s.a. N 17).

22 Art. 443 Abs. 2 **verpflichtet** zur Meldung. Sind die Voraussetzungen von Abs. 1 erfüllt und liegen konkrete Hinweise für eine Hilfsbedürftigkeit vor, so **muss** der amtliche Funktionsträger die KESB informieren. Er kann seinen Entscheid nicht von einer vorgängigen Interessenabwägung abhängig machen (vgl. demgegenüber ROSCH, in: Rosch/Büchler/Jakob, Art. 443 N 7). Das ergibt sich aus dem klaren Wortlaut der Vorschrift. Der Gesetzgeber unterscheidet ganz allgemein zwischen Melde*rechten* (z.B. Art. 453 Abs. 2, Art. 364 StGB oder Art. 11 Abs. 3 OHG) und Melde*pflichten*. Während der Meldeberechtigte von seinem Recht nach pflichtgemässem Ermessen Gebrauch machen soll, besteht bei einer Meldepflicht kein Raum für ein Ermessen im Einzelfall.

23 Die allgemeine Meldepflicht von Art. 443 Abs. 2 richtet sich an amtliche Funktionsträger und damit an Personen, die dem durch Art. 320 StGB geschützten allgemeinen **Amtsgeheimnis** oder einer spezialgesetzlichen Schweigepflicht (z.B. Art. 11 Abs. 1 OHG oder Art. 33 ATSG) unterstehen. Indem Art. 443 Abs. 2 diese Personen verpflichtet, der KESB Meldung zu machen, wenn eine Person hilfsbedürftig erscheint, ist für die Amtsgeheimnisträger nach Art. 320 StGB der damit verbundene Verstoss gegen die Verschwiegenheitspflicht gerechtfertigt. Diese Personen müssen somit nicht vorgängig eine schriftliche Einwilligung (Entbindung) der vorgesetzten Behörde i.S.v. Art. 320 Ziff. 2 StGB einholen. Vielmehr liegt ein Fall von Art. 14 StGB vor, wonach die Tat, die das Gesetz oder eine Amts- oder Berufspflicht gebietet, kein Verbrechen oder Vergehen darstellt (BSK StGB II-OBERHOLZER, Art. 320 N 11). Art. 443 Abs. 2 durchbricht damit das Amtsgeheimnis im zwischenbehördlichen Verkehr (vgl. BSK StPO-SAXER, Art. 75 N 5). Anders verhält es sich bei den Mitarbeitern einer Opferberatungsstelle. Sie unterstehen der Spezialvorschrift von Art. 11 OHG, welche die Ausnahmen von der Schweigepflicht abschliessend regelt. Danach ist die Schweigepflicht nur aufgehoben, wenn die beratene Person damit einverstanden ist (Abs. 2) oder wenn die körperliche, psychische oder sexuelle Integrität eines minderjährigen Opfers oder einer anderen unter umfassender Beistandschaft stehender Person ernsthaft gefährdet ist (Abs. 3). Im zuletzt genannten Fall hat die beratende Person das Recht, die KESB zu informieren, wobei sie ihren Entscheid nach pflichtgemässem Ermessen zu treffen hat (VOGT, in: Opferhilfegesetz, Art. 11 N 22). Der Rechtfertigungsgrund von Art. 14 StGB findet daher im Verhältnis zwischen Art. 443 Abs. 2 und Art. 11 OHG keine Anwendung.

Die offene Umschreibung des meldepflichtigen amtlichen Funktionsträgers (N 20) ist – jedenfalls nach der derzeitigen Praxis des Bundesgerichts – nicht identisch mit der Definition des Amtsgeheimnisträgers in Art. 320 StGB. Täter nach Art. 320 StGB sind nach der Legaldefinition von Art. 110 Ziff. 3 StGB nur Beamte und Angestellte des Gemeinwesens, nicht aber Personen, die auf privater Basis öffentliche Aufgaben wahrnehmen (BSK StGB II-OBERHOLZER, Art. 320 N 5; anders dagegen die spezialgesetzliche Schweigepflicht von Art. 11 OHG, welche sich an *sämtliche* Personen richtet, die für eine Beratungsstelle arbeiten, unabhängig davon, ob sie vom Gemeinwesen angestellt oder privat tätig sind [VOGT, in: Opferhilfegesetz, Art. 11 N 3]). Dementsprechend war nach der bundesgerichtlichen Rechtsprechung zum bisherigen Vormundschaftsrecht nur der Amtsvormund, nicht aber der private Vormund Träger eines strafrechtlich geschützten Amtsgeheimnisses (BGE 76 IV 150, bestätigt in 121 IV 216). Diese Rechtslage wird zu Recht als unbefriedigend erachtet (eingehend HEGNAUER, 85 ff.; vgl. auch BSK StGB II-OBERHOLZER, Art. 320 N 6). Sie beruht nach der einen Auffassung auf einer zu einseitigen grammatikalischen Auslegung durch das Bundesgericht und wäre demnach korrigierbar (HEGNAUER, 90 f.; ROSCH, Schweigen, 63 FN 178). Nach der anderen Auffassung ist sie, obwohl nicht sachgerecht, aufgrund des Wortlauts der Art. 110 Ziff. 3 und 320 StGB zwingend hinzunehmen (BSK StGB II-OBERHOLZER, Art. 320 N 6). Möglicherweise bieten der weite Anwendungsbereich von Art. 443 Abs. 2 (N 20) sowie die im neuen Recht explizit verankerte Pflicht des Beistands zur Verschwiegenheit (Art. 413 Abs. 2) nunmehr Gelegenheit, auch Art. 110 Ziff. 3 StGB offener zu interpretieren und auf die privaten Träger öffentlicher Aufgaben auszudehnen. **24**

Eine nach Art. 443 Abs. 2 meldepflichtige Person kann **zugleich Trägerin eines Berufsgeheimnisses** sein. Das ist etwa der Fall bei einem Arzt, der an einem öffentlichen Spital oder einer kantonalen oder kommunalen Fachstelle (z.B. schulpsychologischer Dienst) angestellt ist. Auch Ärzte, die gestützt auf Art. 429 Abs. 1 und das kantonale Recht Abklärungen im Hinblick auf eine FU vornehmen, sind zugleich Träger öffentlicher Aufgaben und Berufsgeheimnisträger. In solchen Fällen binden die jeweiligen Pflichten kumulativ (STRATENWERTH/WOHLERS, Art. 320 StGB N 4). Da sich aber Art. 443 Abs. 2 nur an die amtlichen Funktionsträger richtet, rechtfertigt er nicht auch die Offenbarung des Berufsgeheimnisses (das eidgenössische Recht kennt vorderhand keine Pflicht zur Meldung an die KESB für Berufsgeheimnisträger, N 14). Der staatliche Arzt muss sich daher vor einer allfälligen Meldung an die KESB nach Art. 321 Ziff. 2 StGB vom Berufsgeheimnis entbinden lassen oder die Einwilligung der betroffenen Person einholen. Daran ändert nichts, dass Art. 321 Ziff. 3 StGB eidgenössische und kantonale Bestimmungen über die Zeugnispflicht und die Auskunftspflicht gegenüber Behörden vorbehält, also die Strafbarkeit des Arztes ausschliesst, wenn er ein Berufsgeheimnis aufgrund einer solchen gesetzlichen Pflicht offenbart hat. Vorbehalten können im Kontext von Art. 321 StGB nur Meldepflichten sein, die sich an den Arzt in seiner Funktion **als Berufsgeheimnisträger** richten (also etwa eine im kantonalen Recht verankerte Meldepflicht des Arztes, wie sie z.B. der Kanton Zürich zunächst erwogen, dann aber verworfen hat [N 16]). Dies macht Art. 443 Abs. 2 nicht, nimmt er doch wie dargelegt nur die **amtlichen** Funktionsträger in die Pflicht (**a.M.** BK-SCHNYDER/MURER, aArt. 369 ZGB N 182, wonach der bisherige Art. 369 Abs. 2 auch von der Einhaltung des Berufsgeheimnisses dispensiere). Lediglich in Notfällen, in denen die Voraussetzungen von Art. 453 Abs. 1 erfüllt sind, kann auch der Berufsgeheimnisträger von der Pflicht befreit sein, sich von der vorgesetzten Behörde entbinden zu lassen (Art. 453 Abs. 2; vgl. auch N 17 und 26). **25**

26 Die Meldepflicht nach Art. 443 Abs. 2 ist ein zentraler Aspekt der **Pflicht zur Zusammenarbeit**, ist doch die Weitergabe von Informationen ein wesentlicher Bestandteil der zwischenbehördlichen Kooperation. Art. 443 Abs. 2 steht daher in Relation zu **Art. 453**. Nach dessen Abs. 1 sind die KESB und die weiteren betroffenen Stellen verpflichtet, miteinander zusammenzuarbeiten – und damit auch Daten auszutauschen –, wenn die ernsthafte Gefahr besteht, dass eine hilfsbedürftige Person sich selbst gefährdet oder ein Verbrechen oder Vergehen begeht, mit dem sie jemanden körperlich, seelisch oder materiell schwer schädigt. In einem solchen Fall sind Personen, die dem Amts- oder Berufsgeheimnis unterstehen, berechtigt, der KESB Mitteilung zu machen (Art. 453 Abs. 2).

2. Weitere Meldepflichten der Kantone

27 Die **Kantone** sind gestützt auf Art. 443 Abs. 2 Satz 2 berechtigt, in ihren Rechtsordnungen **weitere Meldepflichten** vorzusehen. In Frage kommen etwa Meldepflichten von (privaten) Ärzten, Geistlichen, Lehrpersonen privater Bildungseinrichtungen, Gesundheitsfachpersonen, Verwandten oder Leitern von Freizeit- und Sportvereinen. Allerdings ist bei der Verankerung solcher Meldepflichten aus zwei Gründen Zurückhaltung angebracht: Zum einen wegen des Risikos, dass sich solche Meldepflichten negativ auf das Verhältnis zwischen hilfsbedürftiger Person und Vertrauensperson auswirken können – mit der Folge, dass sie kontraproduktiv sind und am Ende weniger Schutz geleistet werden kann (N 14). Zum anderen aufgrund der Tatsache, dass der Bund daran ist, eine gesamtschweizerische Regelung zu einer erweiterten Meldepflicht zu erlassen (N 14), womit anderslautende Vorschriften der Kantone übersteuert werden könnten. Dieser Umstand hat denn auch etwa den Kanton Zürich bewogen, entgegen seiner ursprünglichen Absicht auf eine Erweiterung der bundesrechtlichen Meldepflichten im kantonalen Recht zu verzichten (vgl. N 16). Auch Bern verzichtet auf zusätzliche Meldepflichten. Hingegen sieht etwa Appenzell Ausserrhoden eine Meldepflicht von Lehrpersonen privater Bildungseinrichtungen sowie von Gesundheitsfachpersonen vor (Art. 48 EG ZGB AR). Schwyz statuiert eine Meldepflicht von Ärzten und Lehrpersonen, sofern nicht «mit anderen Massnahmen Abhilfe geschafft» werden kann (§ 29 EG ZGB SZ).

3. Verletzung der Meldepflicht

28 Eine **Verletzung der Meldepflicht** nach Art. 443 Abs. 2 ist **nicht strafbar**. Hingegen können die Kantone ihre gestützt auf Art. 443 Abs. 2 Satz 2 erlassenen erweiterten Meldepflichten mit Sanktionen für den Widerhandlungsfall verbinden. Ausserdem fallen disziplinarrechtliche Massnahmen in Betracht, falls das für die meldepflichtige Person einschlägige Personalrecht solche Massnahmen vorsieht. Denkbar ist auch, dass die Unterlassung der gebotenen Meldepflicht unter dem Aspekt eines Unterlassungsdeliktes strafrechtlich relevant wird, wenn die hilfsbedürftige Person ein Delikt begeht und der Eintritt der Schädigung durch das gebotene Handeln leicht hätte verhindert werden können.

29 Eine widerrechtliche Missachtung der Meldepflicht kann schliesslich auch Schadenersatzansprüche auslösen. Die Haftungsgrundlage dürfte diesfalls aber nicht in Art. 454 liegen, sondern in den allgemeinen Staatshaftungsbestimmungen des jeweiligen Kantons zu suchen sein. Der Grund dafür liegt darin, dass die Schädigung weder im Rahmen von behördlichen Massnahmen erfolgt ist (Art. 454 Abs. 1) noch auf eine Pflichtverletzung der KESB oder der Aufsichtsbehörde zurückgeht (Art. 454 Abs. 2). Vielmehr war es eine Verwaltungsstelle ausserhalb der KESB, welche die Meldung unterlassen und ihre Amtspflicht verletzt hat.

Art. 444

B. Prüfung der Zuständigkeit

1 Die Erwachsenenschutzbehörde prüft ihre Zuständigkeit von Amtes wegen.

2 Hält sie sich nicht für zuständig, so überweist sie die Sache unverzüglich der Behörde, die sie als zuständig erachtet.

3 Zweifelt sie an ihrer Zuständigkeit, so pflegt sie einen Meinungsaustausch mit der Behörde, deren Zuständigkeit in Frage kommt.

4 Kann im Meinungsaustausch keine Einigung erzielt werden, so unterbreitet die zuerst befasste Behörde die Frage ihrer Zuständigkeit der gerichtlichen Beschwerdeinstanz.

B. Examen de la compétence

1 L'autorité de protection de l'adulte examine d'office si l'affaire relève de sa compétence.

2 Si elle s'estime incompétente, elle transmet l'affaire dans les plus brefs délais à l'autorité qu'elle considère compétente.

3 Si elle a des doutes sur sa compétence, elle procède à un échange de vues avec l'autorité qu'elle estime compétente.

4 Si les deux autorités ne peuvent se mettre d'accord, l'autorité de protection de l'adulte qui a été saisie en premier lieu de l'affaire soumet la question de sa compétence à l'instance judiciaire de recours.

B. Esame della competenza

1 L'autorità di protezione degli adulti esamina d'ufficio la propria competenza.

2 Se non si ritiene competente, essa rimette senza indugio il caso all'autorità che considera competente.

3 Se dubita di essere competente, procede a uno scambio di opinioni con l'autorità che potrebbe esserlo.

4 Se lo scambio di opinioni non consente di addivenire a un'intesa, l'autorità preventivamente adita sottopone la questione della propria competenza all'autorità giudiziaria di reclamo.

Inhaltsübersicht

Literatur

Vgl. die Literaturhinweise zu Art. 443.

Materialien

Art. 2 und 3 VE VKE 2003; VE VKE/Vernehmlassungen, 26 ff.; Botschaft Erwachsenenschutz, 7076 f. und 7163; Prot. RK-S vom 27./28.8.2007, 31 f.; AmtlBull StR 2007, 840; Prot. RK-N vom 24./25.4.2008, 42; AmtlBull NR 2008, 1539.

I. Allgemeines

1 Bei der Zuständigkeit handelt es sich um eine **Verfahrensvoraussetzung**, die davon handelt, ob die KESB berechtigt und verpflichtet ist, sich mit einer Angelegenheit zu befassen. Art. 444 erschöpft sich – anders als der Randtitel nahelegen könnte – nicht in der Prüfung der Zuständigkeit (Abs. 1). Vielmehr legt die Bestimmung auch das Vorgehen der KESB fest, wenn sie sich nicht für zuständig erachtet (Abs. 2; Weiterleitung), wenn sie an ihrer Zuständigkeit zweifelt (Abs. 3; Meinungsaustausch) oder wenn die Zuständigkeit strittig ist (Abs. 4; Kompetenzkonflikt). Die Vorschrift beschränkt sich allerdings darauf, Zuständigkeitsstreitigkeiten zwischen Behörden zu regeln. Nicht erfasst sind Zuständigkeitsstreitigkeiten zwischen den Verfahrensbeteiligten und den Behörden. Ebenfalls nicht Gegenstand bildet die Zuständigkeitsordnung als solche.

2 Art. 444 bezieht sich gesetzessystematisch lediglich auf das **Verfahren vor der ESB** (vgl. den Titel des ersten Unterabschnitts). Dessen ungeachtet kommt diese Bestimmung auch im **Verfahren vor der KSB** zur Anwendung (vgl. Art. 440 Abs. 3 i.V.m. Art. 314 Abs. 1; ferner Botschaft Erwachsenenschutz, 7075). Im **Verfahren vor der gerichtlichen Beschwerdeinstanz** findet Art. 444 ebenfalls sinngemässe Anwendung (N 4).

II. Zuständigkeitsprüfung (Abs. 1)

1. Pflicht zur Prüfung

3 Die KESB hat die Zuständigkeit als **Verfahrensvoraussetzung** von Amtes wegen zu prüfen, sowohl in sachlicher als auch örtlicher Hinsicht (vgl. Botschaft Erwachsenenschutz, 7076). Diese Pflicht zur Prüfung ergibt sich aus der gesetzlichen Aufgabenteilung, wonach sich jede Behörde innerhalb des Rahmens ihrer Aufgaben zu bewegen und ihre Kompetenzen einzuhalten hat (BGE 135 III 49, 51 E. 4.2). Die KESB hat die massgebenden Umstände im Rahmen des Untersuchungsgrundsatzes (Art. 446 Abs. 1) und der Offizialmaxime (Art. 446 Abs. 3) festzustellen. Die Pflicht zur Prüfung entbindet die Verfahrensbeteiligten indes nicht davon, an der Feststellung des rechtserheblichen Sachverhalts mitzuwirken (vgl. Art. 448 N 1). Sie gilt auch dann, wenn das Gericht gestützt auf Art. 315a Abs. 1 Kindesschutzmassnahmen trifft und die Kindesschutzbehörde mit dem Vollzug betraut. Das Gericht entscheidet nicht mit Rechtskraftwirkung darüber, welche KESB die Kindesschutzmassnahmen zu vollziehen hat. Vielmehr hat es den Vollzugsauftrag derjenigen Behörde zu erteilen, die es für zuständig hält, die aber ihre Zuständigkeit selbständig zu prüfen und gegebenenfalls den Auftrag an die ihrer Ansicht nach zuständige Behörde weiterzuleiten hat. Eine Vorwegnahme des Zuständigkeitsentscheids durch das Gericht findet nicht statt (hierzu BGE 135 III 49, 51 f. E. 4.2).

4 Die Zuständigkeit ist nicht nur im Verfahren vor der KESB, sondern auch im **Verfahren vor der gerichtlichen Beschwerdeinstanz** von Amtes wegen zu prüfen. Im Beschwerdeverfahren bildet die Zuständigkeit aber keine Verfahrens-, sondern eine **Prozessvoraussetzung**.

5 Die Pflicht, die Zuständigkeit von Amtes wegen zu prüfen, wird mit den in Art. 444 Abs. 2–4 vorgesehenen Instrumenten (Weiterleitung, Meinungsaustausch und Kompetenz-

konfliktverfahren) umgesetzt. Nach der gesetzlichen Regelung ist es Sache der Behörden, die Zuständigkeitsfrage zu klären und die Angelegenheit der zuständigen Behörde zuzuführen. Die Pflicht zur Prüfung soll insb. dazu dienen, eine langwierige Suche nach der zuständigen Behörde zu vermeiden, hätte dies für die schutzbedürftige Person doch Betreuungslücken zur Folge, was dem Zweck des Kindes- und Erwachsenenschutzes zuwiderliefe.

Übereinkommen der Verfahrensbeteiligten über die Zuständigkeit sind für die Behörden unverbindlich. Auch die **Einlassung** ist ausgeschlossen (BERNHART, Rz 448; VE VKE 2003, 10; zum alten Recht: BK-SCHNYDER/MURER, aArt. 376 ZGB N 118). Nach der bundesrätlichen Botschaft sollen zwar «Ausnahmen denkbar» sein (vgl. Botschaft Erwachsenenschutz, 7076). Dem kann jedoch nicht gefolgt werden. Da die Zuständigkeitsbestimmungen im Kindes- und Erwachsenenschutz zwingender Natur sind (vgl. BSK ZGB I-SCHWENZER, Art. 275 N 1), fällt eine Einlassung von vornherein ausser Betracht. Auch im Zivilprozess stehen teilzwingende und zwingende Gerichtsstände einer Einlassungsmöglichkeit entgegen (statt vieler BSK ZPO-INFANGER, Art. 18 N 8). 6

2. Arten der Zuständigkeit

Die **sachliche Zuständigkeit** bestimmt, ob eine Angelegenheit in den Aufgabenbereich der Behörde fällt (vgl. DAUM, in: Auer/Müller/Schindler, Art. 7 VwVG N 5). Die vom Kanton zu bestimmende KESB ist für alle Angelegenheiten zuständig, die ihr das Kindes- und Erwachsenenschutzrecht zuweist (Botschaft Erwachsenenschutz, 7021). Im Kindesschutzrecht können Unklarheiten mit Blick auf die sachliche Zuständigkeit bestehen, da das Gericht, das nach den Bestimmungen über die Ehescheidung die Beziehungen der Eltern zu den Kindern zu gestalten hat, gem. Art. 315a Abs. 1 auch für die Anordnung der nötigen Kindesschutzmassnahmen sachlich zuständig ist, während für deren Vollzug die sachliche Zuständigkeit bei den Kindesschutzbehörden liegt. Das Scheidungsgericht ist somit berechtigt und verpflichtet, die nötigen Kindesschutzmassnahmen anzuordnen, darf aber in deren Vollziehung (z.B. durch Bezeichnung der Person des Vormundes) nicht eingreifen. Die KESB wiederum haben die gerichtlichen Anordnungen zu vollziehen, sind aber nicht befugt, die Vollziehung zu verweigern, weil ihnen die Kindesschutzmassnahme als ungeeignet erscheint (zum Ganzen BGE 135 III 49, 51 E. 4.1 m.H.). 7

Die **örtliche Zuständigkeit** grenzt die Sachzuständigkeit einer Behörde in räumlicher Hinsicht ab (DAUM, in: Auer/Müller/Schindler, Art. 7 VwVG N 7). Für den Erwachsenenschutz ist die örtliche Zuständigkeit in Art. 442 geregelt: Je nach Ausgangslage ist die KESB am Wohnsitz (Abs. 1), am Aufenthaltsort (Abs. 2), am Ort der Vermögensverwaltung (Abs. 3) oder am Heimatort (Abs. 4) zuständig (vgl. die Komm. zu Art. 442). Im Kindesschutz richtet sich die örtliche Zuständigkeit nach Art. 275 und Art. 315 Abs. 1. Sind Kindesschutzmassnahmen im eherechtlichen Verfahren anzuordnen, ist die örtliche Zuständigkeit nach Art. 23 Abs. 1 ZPO zu bestimmen. 8

Welche von mehreren im Kanton tätigen KESB im konkreten Fall «am Wohnsitz» oder «am Aufenthaltsort» zuständig ist, bestimmt das kantonale Recht. Die Kantone können ihr Hoheitsgebiet in beliebig viele KESB-Zuständigkeitsgebiete einteilen, so lange sie die bundesrechtlichen Vorgaben für die Ausgestaltung der KESB einhalten. Die KESB können somit kommunal oder regional organisiert sein; selbst die Aufteilung einer grossen Gemeinde in mehr als einen KESB-Kreis ist nicht ausgeschlossen. Möglich ist selbstverständlich auch die Bildung einer einzigen KESB für das ganze Kantonsgebiet. 9

Die **funktionelle Zuständigkeit** legt fest, auf welcher Stufe des Instanzenzugs eine Angelegenheit zu behandeln ist (DAUM, in: Auer/Müller/Schindler, Art. 7 VwVG N 8). Im Gegensatz zur sachlichen und örtlichen Zuständigkeit, die als allgemeines Erfordernis in je- 10 dem Verfahren vorzuliegen hat, handelt es sich bei der funktionellen Zuständigkeit um eine Voraussetzung, die nur in Rechtsmittelverfahren erfüllt sein muss (KÖLZ/HÄNER, Rz 230; MERKLI/AESCHLIMANN/HERZOG, Art. 51 N 6). Für das Verfahren vor der KESB folgt hieraus, dass die Anrufung der gerichtlichen Beschwerdeinstanz nicht zulässig ist, solange die KESB noch nicht verfügt bzw. entschieden hat. Vorbehalten bleibt der Fall einer Rechtsverweigerung oder Rechtsverzögerung, in dem jederzeit Beschwerde geführt werden kann (Art. 450b Abs. 3).

III. Folgen der Zuständigkeitsprüfung

1. Verfahrenseröffnung

11 Die Zuständigkeit wird grundsätzlich mit Eintritt der **Rechtshängigkeit** fixiert und bleibt bis zum Abschluss des Verfahrens erhalten (vgl. Art. 442 Abs. 1; ferner Botschaft Erwachsenenschutz, 7075). Der Gesetzgeber hat darauf verzichtet, den Eintritt der Rechtshängigkeit zu regeln (vgl. demgegenüber Art. 23 VE VKE 2003). Die Regelung der ZPO (Art. 62 ff. ZPO) lässt sich nicht unbesehen auf den Kindes- und Erwachsenenschutz übertragen, handelt es sich doch im Kindes- und Erwachsenenschutz meist um Verfahren der freiwilligen Gerichtsbarkeit, in welchen die für den Zivilrechtsstreit typische Zweiparteiensituation fehlt (AUER, Bundeskompetenzen, 192 f.). Wann ein Verfahren als rechtshängig gilt, ist mitunter nicht einfach zu bestimmen (vgl. UHLMANN, 2 ff.; HÄNER, Prozessieren, 175). Art. 23 Abs. 1 VE VKE 2003 sah vor, dass ein Verfahren mit Einreichung eines Gesuchs (Ziff. 1), mit Eingang einer nicht offensichtlich unbegründeten Meldung (Ziff. 2), durch Anrufung der KESB in den vom ZGB bestimmten Fällen (Ziff. 3) und durch Eröffnung von Amtes wegen (Ziff. 4) hängig wird. Letzteres traf nach Art. 23 Abs. 2 VE VKE 2003 zu, wenn die KESB den betroffenen Personen eine entsprechende Mitteilung macht oder andere Vorkehren trifft, die sich nach aussen manifestieren. Einzelne Kantone haben die Rechtshängigkeit im Rahmen der kantonalen Einführungsgesetze in Anlehnung an Art. 23 VE VKE 2003 geregelt (bspw. Art. 45 KESG BE; § 68 EG ZGB BL; Art. 22 EG KES SG). Besteht keine entsprechende Regelung, ist der Eintritt der Rechtshängigkeit mit der herrschenden Lehre zu bejahen, wenn behördliches Handeln *«nach aussen hin erstmals manifest»* wird, ungeachtet dessen, ob dies gegenüber der betroffenen Person oder gegenüber Dritten erfolgt (BK-SCHNYDER/MURER, aArt. 373 ZGB N 106; BSK ZGB I-BREITSCHMID, aArt. 386 N 4; WIDER, in: Rosch/Büchler/Jakob, Art. 442 N 4; SCHMID, Art. 442 N 13).

12 Mit dem Eintritt der Rechtshängigkeit entsteht zwischen der KESB und den am Verfahren beteiligten Personen ein **Verfahrensverhältnis**, das zu zweierlei verpflichtet: Zum einen sind von nun an die Verfahrensgarantien, insb. der Anspruch auf rechtliches Gehör, zu beachten. Zum anderen ist ein (rechts-)hängiges Verfahren zu einem förmlichen Abschluss zu bringen, sei es durch einen Prozess- oder Sachentscheid. Der Rechtshängigkeit kommt auch insofern eine besondere Bedeutung zu, als vor ihrem Eintritt *keine vorsorglichen Massnahmen* getroffen werden können (hierzu Art. 445 N 6).

13 Fällt eine Zuständigkeitsvoraussetzung nachträglich weg, wechselt bspw. die betroffene Person während des laufenden Verfahrens den Wohnsitz, bleibt die einmal begründete Zuständigkeit bestehen. Dies gilt aber nicht, wenn die Person, für die eine Massnahme besteht, den Wohnsitz wechselt. Hier übernimmt die Behörde am neuen Ort ohne Verzug die Massnahme, sofern keine wichtigen Gründe dagegen sprechen (vgl. Art. 442 Abs. 5 und die dazugehörige Komm.).

14 Aus der Zuständigkeit in der Hauptsache folgt nach dem Grundsatz der **Einheit des Verfahrens** auch die Zuständigkeit für weitere Entscheide, insb. für solche über vorsorgliche Massnahmen (Art. 445; vgl. Art. 445 N 24) oder Akteneinsichtsgesuche (Art. 449b).

2. Weiterleitung (Abs. 2)

Ein bei einer unzuständigen KESB eingeleitetes Verfahren soll nicht durch einen Nichteintretensentscheid erledigt werden. Hält sich die KESB für unzuständig, überweist sie die Sache gestützt auf Art. 444 Abs. 2 unverzüglich der Behörde, die sie als zuständig erachtet. Die KESB ist *von Amtes wegen* zur Überweisung bzw. Weiterleitung verpflichtet (Botschaft Erwachsenenschutz, 7076). Diese **Überweisungs- und Weiterleitungspflicht** ist dem allgemeinen Rechtsgrundsatz nachgebildet, wonach Rechtssuchende nicht ohne Not um die Beurteilung ihrer Begehren durch die zuständige Instanz gebracht werden sollen (vgl. zu diesem Rechtsgrundsatz BGE 121 I 93, 95 E. 1d). In den Verfahrenserlassen von Bund und Kantonen ist die Überweisungs- und Weiterleitungspflicht regelmässig vorgesehen (Art. 8 Abs. 1 VwVG; Art. 30 Abs. 2 BGG; Art. 30 ATSG; Art. 4 Abs. 1 VRPG BE; § 5 Abs. 2 VRG ZH), wohingegen die streitige Zivilrechtspflege eine solche Pflicht nicht kennt. Im Kindes- und Erwachsenenschutzrecht ist die Überweisungs- und Weiterleitungspflicht geboten, da es (wie das öffentliche Recht) vom Untersuchungsgrundsatz (Art. 446 Abs. 1) und der Offizialmaxime (Art. 446 Abs. 3) beherrscht wird. Viele Bestimmungen des Kindes- und Erwachsenenschutzes sind ungeachtet dessen, dass sie «im Kleid des Zivilrechts» erlassen sind, denn auch öffentlich-rechtlicher Natur (AUER, Bundeskompetenzen, 190; SCHNYDER, 121 ff.; MARTI, 249; BGE 137 III 531 nicht publ. E. 3.2). Die prozessuale Umsetzung des Kindes- und Erwachsenenschutzrechts erfolgt nur zu einem kleinen Teil im Rahmen der streitigen Gerichtsbarkeit, die der Erledigung eines in der Vergangenheit liegenden Streits in einem klassischen Zweiparteienverfahren dient (bspw. die Regelung des Besuchsrechts uneiniger Eltern). Der weitaus grössere Teil der Verfahren wird der sog. freiwilligen Gerichtsbarkeit zugerechnet, die typischerweise der Personen- und Vermögenssorge dienend in die Zukunft wirkt (vgl. AUER, Bundeskompetenzen, 192 f.). **15**

Art. 444 Abs. 2 regelt den Fall **klarer Unzuständigkeit** (Botschaft Erwachsenenschutz, 7076). Überweisungspflichtig ist die KESB, die sich eindeutig nicht für zuständig erachtet. Zweifelt sie bloss an ihrer Zuständigkeit, hat sie einen Meinungsaustausch mit der allenfalls zuständigen Behörde zu pflegen (vgl. N 21 ff.). **16**

Die KESB hat die Sache nach dem Wortlaut der Bestimmung an die Behörde weiterzuleiten, die «sie als zuständig erachtet». Die **Zuständigkeit der anderen Behörde** muss somit nicht mit Gewissheit feststehen. Die Weiterleitung begründet denn auch nicht die Zuständigkeit der Behörde, der die Sache überwiesen wird. Vielmehr wird diese Behörde wiederum von Amtes wegen zu prüfen haben, ob sie berechtigt und verpflichtet ist, sich mit einer Angelegenheit zu befassen (vgl. FLÜCKIGER, in: Waldmann/Weissenberger, Art. 8 VwVG N 25). Ihr stehen sämtliche Möglichkeiten gem. Art. 444 offen: Erachtet sie sich als zuständig, wird sie die Sache – sofern die weiteren Verfahrensvoraussetzungen gegeben sind – materiell an die Hand nehmen. Hält sie sich hingegen für nicht zuständig, so ist sie zur Überweisung an die als zuständig erachtete Behörde verpflichtet. Zweifelt sie an ihrer Zuständigkeit, hat sie einen Meinungsaustausch mit der allenfalls zuständigen Behörde zu pflegen. Einen Meinungsaustausch hat die KESB auch dann anzustrengen, wenn sie der Auffassung ist, dass die überweisende KESB doch zuständig ist. Eine formlose Überweisung scheidet in diesem Fall aus. **17**

Die Überweisungspflicht gelangt in erster Linie zwischen verschiedenen KESB zur Anwendung. Sie gilt sowohl im **innerkantonalen als auch interkantonalen Verhältnis**, bezwecken die Verfahrensbestimmungen nach Art. 443 ff. doch gerade die Gewährleistung eines bundesrechtlich vereinheitlichten gesamtschweizerischen Standards (Botschaft Erwachsenenschutz, 7022). Die KESB ist folglich zur Weiterleitung verpflichtet, unabhängig davon, ob die als zuständig erachtete ausserkantonale KESB als kommunale oder kan- **18** tonale Verwaltungsbehörde oder Gericht ausgestaltet ist (zur Organisationsfreiheit der Kantone vgl. die Komm. zu Art. 440 Abs. 1).

19 Der Anwendungsbereich von Art. 444 Abs. 2 beschränkt sich nicht auf Weiterleitungen zwischen KESB. Unter der Voraussetzung, dass es sich um eine Angelegenheit des Kindes- und Erwachsenenschutzes handelt, ist eine **Weiterleitung auch an Zivilgerichte** geboten, insb. Scheidungsgerichte, die nach Art. 315a Abs. 1 für die Anordnung der nötigen Kindesschutzmassnahmen zuständig sind (anders die in den Verfahrenserlassen von Bund und Kantonen vorgesehene Weiterleitungspflicht, vgl. hierzu statt vieler DAUM, in: Auer/Müller/Schindler, Art. 8 VwVG N 3). Handelt es sich hingegen nicht um eine Angelegenheit des Kindes- und Erwachsenenschutzes, so besteht nach Art. 444 Abs. 2 auch keine Pflicht zur Weiterleitung.

20 Die Überweisung hat «unverzüglich» und **formlos** zu geschehen. Es ist nicht zulässig, stattdessen einen Nichteintretensentscheid zu fällen. Die Verfahrensbeteiligten sind über die Weiterleitung zu informieren (vgl. MERKLI/AESCHLIMANN/HERZOG, Art. 4 N 11; FLÜCKIGER, in: Waldmann/Weissenberger, Art. 8 VwVG N 22 und 23). Die Zuständigkeitsfrage kann von den am Verfahren beteiligten Personen jedoch – im Anschluss an den Entscheid der KESB – zum Gegenstand eines Rechtsmittelverfahrens gemacht werden (vgl. MERKLI/AESCHLIMANN/HERZOG, Art. 4 N 10). Ferner kann das Verfahren – soweit die Verfahrensbeteiligten die Zuständigkeit behaupten oder bestreiten – auf die Zuständigkeitsfrage beschränkt werden (vgl. N 32).

3. Meinungsaustausch (Abs. 3)

21 Hat die KESB Zweifel an der eigenen Zuständigkeit, so pflegt sie einen **Meinungsaustausch** mit der Behörde, deren Zuständigkeit in Frage kommt. Der Meinungsaustausch bezweckt eine rasche und einfache Bereinigung der Zuständigkeitsfrage zwischen den betroffenen Behörden (vgl. MERKLI/AESCHLIMANN/HERZOG, Art. 4 N 12). Als behördliche Verständigung über die Zuständigkeitsfrage ist der Meinungsaustausch auch in den Verfahrenserlassen von Bund und Kantonen regelmässig vorgesehen (Art. 8 Abs. 2 VwVG; Art. 29 Abs. 2 BGG; Art. 4 Abs. 2 BE VRPG). Die KESB leitet den Meinungsaustausch von Amtes wegen ein.

22 Der Meinungsaustausch findet in erster Linie zwischen verschiedenen KESB statt. Eine Verständigung mit **Zivilgerichten**, insb. Scheidungsgerichten, ist aber nicht ausgeschlossen, da Unklarheiten auch in sachlicher Hinsicht bei der Anordnung von Kindesschutzmassnahmen denkbar sind (N 7; Botschaft Erwachsenenschutz, 7076).

23 Der Meinungsaustausch besteht i.d.R. in einer **einmaligen Stellungnahme** jeder beteiligten Behörde. Eine weitere Stellungnahme ist möglich. Sie sollte aber mit Blick auf die im Kindes- und Erwachsenenschutz gebotene einfache und rasche Bereinigung die Ausnahme bleiben (vorne N 5; vgl. auch MERKLI/AESCHLIMANN/HERZOG, Art. 4 N 14).

24 Beim Meinungsaustausch handelt es sich um ein **behördeninternes Verfahren**, an dem die Verfahrensbeteiligten nicht beteiligt sind (BGE 126 II 126, 129 E. 3). Sie sind aber über das Ergebnis des Meinungsaustauschs zu informieren (MERKLI/AESCHLIMANN/HERZOG, Art. 4 N 12; DAUM, in: Auer/Müller/Schindler, Art. 8 VwVG N 13; FLÜCKIGER, in: Waldmann/Weissenberger, Art. 8 VwVG N 37). Das geschieht zweckmässigerweise dadurch, dass sie mit einer Kopie der Stellungnahme an die andere Behörde bedient werden. An die einvernehmlich festgelegte Zuständigkeit sind die Behörden grundsätzlich *gebunden* (vgl. MERKLI/AESCHLIMANN/HERZOG, Art. 4 N 16). Fällt eine der Behörden einen bei der gerichtlichen Beschwerdeinstanz anfechtbaren Entscheid, können die Verfahrensbeteiligten die Zuständigkeitsfrage zum Gegenstand eines Rechtsmittelverfahrens machen (MERKLI/AESCHLIMANN/HERZOG, Art. 4 N 12). Ferner besteht die Möglichkeit, das Verfahren aufgrund behaupteter oder bestrittener Zuständigkeit zu beschränken (vgl. N 32).

IV. Streitigkeiten über die Zuständigkeit

Streitigkeiten über die Zuständigkeit können sowohl zwischen Behörden als auch zwischen den am Verfahren beteiligten Personen und einer Behörde auftreten. **25**

1. Zwischen Behörden (Abs. 4)

Bei einem Kompetenzkonflikt handelt es sich um einen Zuständigkeitskonflikt *zwischen zwei Behörden*, die sich beide in derselben Sache für zuständig *(positiver Kompetenzkonflikt)* oder nicht zuständig *(negativer Kompetenzkonflikt)* halten. Art. 444 Abs. 4 regelt den **negativen Kompetenzkonflikt**, unabhängig davon, ob es ein **innerkantonaler oder ein interkantonaler** ist (Botschaft Erwachsenenschutz, 7076 f.). **26**

Ein Kompetenzkonflikt liegt vor, wenn im Meinungsaustausch keine Einigung erzielt werden kann. Nach Art. 444 Abs. 4 ist die zuerst befasste Behörde von Amtes wegen verpflichtet, die Angelegenheit der **gerichtlichen Beschwerdeinstanz** zu unterbreiten. Der Ständerat hat den Wortlaut der Bestimmung auf Antrag der Kommission dahingehend präzisiert, dass (im Falle eines Kompetenzkonflikts) die zuerst befasste Behörde die Frage ihrer Zuständigkeit der gerichtlichen Beschwerdeinstanz unterbreitet (AmtlBull StR 2007, 840). Die gerichtliche Beschwerdeinstanz hat daher gemäss dem vom Parlament geänderten Wortlaut lediglich über die Zuständigkeit bzw. Nichtzuständigkeit der sie anrufenden Behörde zu befinden (vgl. auch nachfolgend N 28). Anschliessend hat sie die Sache an die als zuständig erachtete Behörde zur Beurteilung zu überweisen. Bei **innerkantonalen Kompetenzkonflikten** steht in einem solchen Fall ausser Zweifel, dass die KESB, der die Sache überwiesen wird, an den Entscheid der gerichtlichen Beschwerdeinstanz gebunden ist. **27**

Weniger eindeutig verhält es sich bei **interkantonalen Kompetenzkonflikten**. Gemäss der bundesrätlichen Botschaft sollte der Entscheid der angerufenen Beschwerdeinstanz grundsätzlich nicht nur für die überweisende kantonseigene Behörde, sondern auch für die Behörde des *anderen* Kantons verbindlich sein, wobei der unterliegende Kanton berechtigt sein sollte, gegen den Entscheid der gerichtlichen Beschwerdeinstanz Beschwerde in Zivilsachen an das Bundesgericht zu erheben (Botschaft Erwachsenenschutz, 7077). Dem steht jedoch die Anpassung des Wortlauts von Abs. 4 durch das Parlament entgegen, mit der dem Grundsatz Nachachtung verschafft werden sollte, dass ein Kanton gegenüber einem anderen Kanton nicht hoheitlich handeln kann (SCHMID, Art. 444 N 3 m.H. auf das Protokoll der ständerätlichen Kommissionssitzung vom 27./28.8.2007, 31 f.). Die verabschiedete Fassung lautet nun dahingehend, dass der gerichtlichen Beschwerdeinstanz die Frage «ihrer Zuständigkeit», d.h. die Frage der Zuständigkeit *der das Gericht anrufenden KESB* unterbreitet wird, wohingegen dem Gericht nach dem Entwurf des Bundesrates *die Angelegenheit* unterbreitet worden wäre. Das würde bedeuten, dass die gerichtliche Beschwerdeinstanz des erstbefassten Kantons nur prüfen und verbindlich beurteilen kann, ob die ihr im Rechtsmittelzug unterstellte KESB zuständig ist oder nicht. Keine bindende Anordnung könnte sie dagegen zur Frage erlassen, ob die Behörde eines *anderen* Kantons zuständig ist. Im Rahmen von interkantonalen Kompetenzkonflikten würde sich somit die gerichtliche Beschwerdeinstanz – soweit sie die Behörde, die ihr die Zuständigkeitsfrage unterbreitet hat, als unzuständig erachtet – darauf beschränken müssen, deren Unzuständigkeit **28** festzustellen. – Ein solches aus der Entstehungsgeschichte abgeleitetes Normverständnis würde allerdings auf eine umständliche Konfliktregelung hinauslaufen, die im Widerspruch zum Bedürfnis nach einer raschen Klärung der Zuständigkeitsfrage stünde (vgl. N 5). Es hätte zur Folge, dass die Behörde des anderen Kantons, welche von der gerichtlichen Beschwerdeinstanz des erstbefassten Kantons als zuständig erachtet wurde, frei wäre zu entscheiden, ob sie die Sache an die Hand nehmen oder ihrerseits ihre eigene gerichtliche Beschwerdeinstanz anrufen soll. Insbesondere wäre der andere Kanton nicht gehalten, das Erkenntnis der gerichtlichen Beschwerdeinstanz des erstbefassten Kantons beim Bundesgericht anzufechten (und er wäre bei einem solchen Normverständnis mangels verbindlicher Wirkung dieses Erkenntnisses auch gar nicht dazu befugt, vgl. Art. 76 Abs. 1 lit. b BGG). Stattdessen wäre, falls sich der andere Kanton der Haltung der gerichtlichen Beschwerdeinstanz des erstbefassten Kantons nicht anschliesst und der negative Kompetenzkonflikt bestehen bleibt, die Angelegenheit auf dem Wege des **Klageverfahrens** nach Art. 120 BGG an das Bundesgericht zu tragen (vgl. BGE 137 III 593, 594 E. 1; dem Klageverfahren unterliegen öffentlich-rechtliche Streitigkeiten [Art. 120 Abs. 1 lit. b BGG], wozu auch Streitigkeiten über Zuständigkeitskonflikte gehören [BSK BGG-WALDMANN, Art. 120 N 16]). Eine solche Lösung wäre aber nicht zielführend und dürfte nicht dem Willen des Gesetzgebers entsprechen. Wesentlich ist bei interkantonalen Kompetenzkonflikten letztlich, dass die Frage bei fehlender Einigung der Kantone dem Bundesgericht unterbreitet werden kann. Welches Vorverfahren dem höchstrichterlichen Entscheid des Bundesgerichts vorangeht, ist dagegen sekundär. Das Prinzip, wonach ein Kanton gegenüber einem anderen Kanton nicht hoheitlich handeln kann, ist denn vom Bundesgesetzgeber auch schon andernorts im Interesse einer raschen Klärung der zwischen den Kantonen strittigen Frage relativiert worden. So ermächtigen die Art. 33 und 34 des Bundesgesetzes vom 24.6.1977 über die Zuständigkeit für die Unterstützung Bedürftiger (Zuständigkeitsgesetz, ZUG; SR 851.1) den einen Kanton, in einem interkantonalen Konflikt beim Vollzug des ZUG eine hoheitliche Verfügung zu erlassen, mit der in rechtsgestaltender Weise ein anderer Kanton in die Pflicht genommen wird, wobei dieser sich mit den dafür vorgesehenen Rechtsmitteln dagegen zur Wehr setzen kann (BGE 136 V 351, 353 E. 2.3). Ein solches Verfahren ist auch im vorliegenden Kontext sachgerecht (Botschaft Erwachsenenschutz, 7077; vgl. auch BGE 137 III 593, 595 E. 1.2, in dem das Bundesgericht das in der Botschaft beschriebene Verfahren, welches ohne Umweg über das Klageverfahren nach Art. 120 BGG auskommt, vorbehaltlos wiedergibt). Demgegenüber ist der soeben beschriebene gegenteilige Weg über Art. 120 BGG abzulehnen. Das lässt sich trotz des Motivs der ständerätlichen Neuformulierung rechtfertigen, weil die Konsequenzen der Anpassung in der Kommission nicht wirklich diskutiert wurden und insb. kein Hinweis auf Art. 120 BGG gemacht wurde. Die Regelung ist daher im Sinne der Ausführungen in der Botschaft so zu verstehen, dass die gerichtliche Beschwerdeinstanz des erstbefassten Kantons einen **auch für den anderen Kanton verbindlichen Entscheid** fällt, den der andere Kanton beim Bundesgericht anfechten kann, falls er mit der Zuweisung der Zuständigkeit nicht einverstanden ist. Das bedingt, dass die gerichtliche Beschwerdeinstanz ihren Entscheid über die Zuständigkeit des anderen Kantons nicht nur ihren «eigenen» KESB, sondern auch der zuständigen Behörde des *anderen Kantons* förmlich eröffnen muss.

29 Beim Kompetenzkonfliktverfahren handelt es – wie beim Meinungsaustausch – um ein **behördeninternes Verfahren**, an welchem die Verfahrensbeteiligten nicht beteiligt sind.

2. Zwischen Verfahrensbeteiligten und Behörde

30 Eine Behörde, die sich für zuständig erachtet, tritt – sofern auch die weiteren Verfahrensvoraussetzungen erfüllt sind – auf die Angelegenheit ein und fällt den Sachentscheid. Hält sie sich hingegen nicht für zuständig, wird sie nach Art. 444 Abs. 2 (Überweisung) oder nach Abs. 3 (Weiterleitung) verfahren, um die zuständige Behörde zu ermitteln. Sowohl bei der Weiterleitung als auch beim Meinungsaustausch handelt es sich um ein behördeninternes Verfahren, an welchem die am (Haupt-)Verfahren beteiligten Personen nicht beteiligt sind. Letzteren bleibt die Möglichkeit, die Zuständigkeitsfrage zum Gegenstand eines Rechtsmittelverfahrens zu machen, nachdem die KESB den Sachentscheid gefällt hat (N 20 und 24).

Nicht erfasst von Art. 444 sind Zuständigkeitsstreitigkeiten zwischen der KESB und den am Verfahren beteiligten Personen. Solche Uneinigkeiten können in zwei Konstellationen auftreten: Zum einen kann eine KESB ihre Zuständigkeit als gegeben erachten, wohingegen die am Verfahren beteiligten Personen diese bestreiten *(bestrittene Zuständigkeit)*. Zum anderen können die Verfahrensbeteiligten die Zuständigkeit einer KESB behaupten, wohingegen sich Letztere für unzuständig hält *(behauptete Zuständigkeit)*. 31

Ob das Verfahren bei einem solchen Zuständigkeitsstreit vorerst auf die Zuständigkeitsfrage zu beschränken ist, regelt Art. 444 nicht. Nach den Bestimmungen der ZPO, die nach Art. 450f sinngemässe Anwendung finden, soweit die Kantone nichts anderes bestimmen, kann die Entscheidung über die Zuständigkeit in einem gesonderten Entscheid oder zusammen mit dem Entscheid in der Hauptsache erfolgen. Art. 125 lit. a ZPO sieht vor, dass zur Vereinfachung des Prozesses das Verfahren auf einzelne Fragen – wie die Zuständigkeit – beschränkt werden kann (vgl. ferner BSK ZPO-Bornatico, Art. 125 N 6). Mit einem die Zuständigkeit bejahenden Zwischenentscheid kann ein bedeutender Zeit- oder Kostenaufwand gespart werden, da durch abweichende oberinstanzliche Beurteilung sofort ein Endentscheid herbeigeführt werden kann (vgl. Art. 237 Abs. 1 ZPO). Ist die Zuständigkeit nicht gegeben, wird ein Nichteintretensentscheid und somit ein Endentscheid gefällt. In jenen Kantonen, in denen Verwaltungsbehörden mit dem Vollzug des Kindes- und Erwachsenenschutzrechts betraut sind und das kantonale Verwaltungsrechtspflegegesetz als ergänzende Verfahrensordnung zur Anwendung gelangt, wird eine **Beschränkung auf die Zuständigkeitsfrage** ebenfalls regelmässig möglich sein (vgl. Art. 72 KESG BE i.V.m. Art. 5 VRPG BE). 32

Zwischenentscheide über die Zuständigkeit sind sowohl bei der gerichtlichen Beschwerdeinstanz als auch beim Bundesgericht anfechtbar (Art. 92 BGG). 33

V. Unzuständigkeit

Wird ein Entscheid durch eine **unzuständige Behörde** gefällt, leidet er an einem Mangel, der entweder die *Anfechtbarkeit* oder die *Nichtigkeit* des Entscheids zur Folge hat. Ein anfechtbarer Entscheid bleibt verbindlich, sofern er nicht rechtzeitig angefochten und von der gerichtlichen Beschwerdeinstanz aufgehoben oder geändert wird. Nichtigen Entscheiden geht jede Verbindlichkeit und Rechtswirksamkeit ab. Die Nichtigkeit ist jederzeit und von sämtlichen staatlichen Instanzen von Amtes wegen zu beachten; sie kann auch im Rechtsmittelweg festgestellt werden. Ob ein Entscheid nichtig ist, beurteilt sich nach der sog. Evidenztheorie. Danach ist eine Anordnung nichtig, wenn der ihr anhaftende Mangel besonders schwer und offensichtlich oder zumindest leicht erkennbar ist und die Rechtssicherheit durch die Annahme der Nichtigkeit nicht ernsthaft gefährdet wird (BGE 136 II 489, 495 E. 3.3; 132 II 342, 346 E. 2.1). 34

Die **örtliche Unzuständigkeit** bewirkt regelmässig nicht die Nichtigkeit des Entscheids. Der Entscheid einer örtlich unzuständigen KESB bleibt solange verbindlich, als er nicht durch die gerichtliche Beschwerdeinstanz aufgehoben wird (zum alten Recht: BSK ZGB 35

I-GEISER, aArt. 376 N 9; BK-SCHNYDER/MURER, aArt. 376 ZGB N 10 und 124). Die **sachliche Unzuständigkeit** bildet ebenso wie die **funktionelle Unzuständigkeit** einen schwerwiegenden Mangel, der nach der Praxis einen Nichtigkeitsgrund darstellt, es sei denn, der verfügenden Behörde komme auf dem betreffenden Gebiet allgemeine Entscheidungsgewalt zu oder der Schluss auf Nichtigkeit vertrüge sich nicht mit der Rechtssicherheit (BGE 137 III 217, 225 E. 2.4.3). Ob ein Entscheid nichtig ist, entscheidet sich stets anhand einer im konkreten Einzelfall vorzunehmenden Interessenabwägung.

Art. 445

C. Vorsorgliche Massnahmen

1 Die Erwachsenenschutzbehörde trifft auf Antrag einer am Verfahren beteiligten Person oder von Amtes wegen alle für die Dauer des Verfahrens notwendigen vorsorglichen Massnahmen. Sie kann insbesondere eine Massnahme des Erwachsenenschutzes vorsorglich anordnen.

2 Bei besonderer Dringlichkeit kann sie vorsorgliche Massnahmen sofort ohne Anhörung der am Verfahren beteiligten Personen treffen. Gleichzeitig gibt sie diesen Gelegenheit zur Stellungnahme; anschliessend entscheidet sie neu.

3 Gegen Entscheide über vorsorgliche Massnahmen kann innert zehn Tagen nach deren Mitteilung Beschwerde erhoben werden.

C. Mesures provisionnelles

1 L'autorité de protection de l'adulte prend, d'office ou à la demande d'une personne partie à la procédure, toutes les mesures provisionnelles nécessaires pendant la durée de la procédure. Elle peut notamment ordonner une mesure de protection de l'adulte à titre provisoire.

2 En cas d'urgence particulière, elle peut prendre des mesures provisionnelles sans entendre les personnes parties à la procédure. En même temps, elle leur donne la possibilité de prendre position; elle prend ensuite une nouvelle décision.

3 Toute décision relative aux mesures provisionnelles peut faire l'objet d'un recours dans les dix jours à compter de sa notification.

C. Provvedimenti cautelari

1 L'autorità di protezione degli adulti prende, ad istanza di una persona che partecipa al procedimento o d'ufficio, tutti i provvedimenti cautelari necessari per la durata del procedimento. Può in particolare ordinare a titolo cautelare una misura di protezione degli adulti.

2 In caso di particolare urgenza, l'autorità di protezione degli adulti può immediatamente prendere provvedimenti cautelari senza sentire le persone che partecipano al procedimento. Nel contempo dà loro l'opportunità di presentare osservazioni; in seguito prende una nuova decisione.

3 Le decisioni in materia di provvedimenti cautelari possono essere impugnate con reclamo entro dieci giorni dalla loro comunicazione.

Inhaltsübersicht

Literatur

Vgl. die Literaturhinweise zu Art. 443.

Materialien

Art. 26 VE VKE 2003; VE VKE/Vernehmlassungen, 69 ff.; Botschaft Erwachsenenschutz, 7077 und 7163; Prot. RK-S vom 27./28. 8. 2007, 32; AmtlBull StR 2007, 840; Prot. RK-N vom 24./25. 4. 2008, 43; AmtlBull NR 2008, 1539.

I. Allgemeines

Die behördlichen Massnahmen stellen das Wohl und den Schutz hilfsbedürftiger Personen sicher (Art. 388 Abs. 1). Damit der vom Gesetzgeber angestrebte Schutzzweck verwirklicht werden kann, ist es oft unumgänglich, gewisse notwendige Massnahmen schon während des Verfahrens vorsorglich anzuordnen. Art. 445 regelt die **vorsorglichen** und **superprovisorischen Massnahmen** (Abs. 1 und 2) und bestimmt, innert welcher Frist gegen Entscheide über vorsorgliche Massnahmen Beschwerde erhoben werden kann (Abs. 3). Zu den vorsorglichen Massnahmen gehören an sich auch die **aufschiebende Wirkung** und der **Entzug der aufschiebenden Wirkung**. Sie sind aber nicht in Art. 445, sondern in Art. 450c geregelt. 1

Art. 445 bezieht sich gesetzessystematisch lediglich auf das **Verfahren vor der ESB** (vgl. den Titel des ersten Unterabschnitts). Dessen ungeachtet kommt die Bestimmung auch im **Verfahren vor der KSB** zur Anwendung (Art. 440 Abs. 3 i.V.m. Art. 314 Abs. 1). Im **Verfahren vor der gerichtlichen Beschwerdeinstanz** ist Art. 445 ebenfalls anwendbar (s. N 25). 2

Inhaltlich knüpft Art. 445 an die Regelung von **aArt. 386** an. Danach hatten die damaligen Vormundschaftsbehörden von sich aus die erforderlichen Massregeln zu treffen, wenn es vor der Bestellung des Vormunds notwendig wurde, vormundschaftliche Geschäfte zu besorgen (Abs. 1). Sie konnte insb. die vorläufige Entziehung der Handlungsfähigkeit aussprechen und eine Vertretung anordnen (Abs. 2), wobei eine solche Massregel zu veröffentlichen war (Abs. 3). 3

II. Vorsorgliche Massnahmen (Abs. 1)

1. Zweck und zeitliche Dauer

4 Zweck der vorsorglichen Massnahmen ist es, die Wirksamkeit einer im Hauptverfahren zu treffenden Massnahme zu gewährleisten. Vorsorgliche Massnahmen dienen daher der **Rechtsverwirklichung**. Dabei gewährleisten sie entweder als *Sicherungsmassnahmen* die Aufrechterhaltung eines Zustands (bspw. Kontosperre) oder als *Regelungs- bzw. Gestaltungsmassnahmen* die Neugestaltung einer Situation (bspw. Abschluss oder Kündigung eines Mietvertrags). Sie entlasten überdies das Hauptverfahren, da dank ihnen hinreichend Zeit für vertiefte Abklärungen bleibt (vgl. VOGEL, 91).

5 Vorsorgliche Massnahmen haben nur **provisorischen Charakter**. Sie müssen während der Dauer des Verfahrens geändert oder aufgehoben werden, wenn sich dies aufgrund veränderter Umstände oder Verfahrensaussichten aufdrängt (OFK-ZGB-FASSBIND, Art. 445 N 1; zum alten Recht: BGE 113 II 386, 389 E. 3b; BSK ZGB I-BREITSCHMID, aArt. 386 N 6; selbst die im Hauptverfahren angeordneten «definitiven» Massnahmen können entsprechend dem Schutzzweck des Kindes- und Erwachsenenschutzrechts jederzeit bei veränderten Verhältnissen aufgehoben oder geändert werden, vgl. Art. 414). Mit dem Entscheid in der Sache nimmt das Verfahren vor der KESB ein Ende. Ab diesem Zeitpunkt besteht daher – wie sich bereits aus dem Wortlaut von Art. 445 ergibt – keine Möglichkeit mehr, vorsorgliche Massnahmen zu erlassen. Die angeordneten vorsorglichen Massnahmen fallen mit dem rechtskräftigen Entscheid in der Sache denn auch dahin (vgl. Art. 450f i.V.m. Art. 268 Abs. 2 ZPO; ferner SCHMID, Art. 445 N 2; zum alten Recht: BSK ZGB I-BREITSCHMID, aArt. 386 N 28).

2. Voraussetzungen

a) Rechtshängigkeit des Hauptverfahrens

6 Aus dem Wortlaut von Art. 445 Abs. 1 folgt, dass die KESB nur *für die Dauer des Verfahrens* vorsorgliche Massnahmen anordnen kann. Damit setzt die Bestimmung **Rechtshängigkeit** eines Verfahrens voraus und stellt in Übereinstimmung mit dem alten Recht *keine generelle Ermächtigungsklausel zum Erlass vorsorglicher Massnahmen* dar (BSK ZGB I-BREITSCHMID, aArt. 386 N 3). Wann ein Verfahren als rechtshängig gilt, ist mitunter nicht einfach zu bestimmen. Der Gesetzgeber hat darauf verzichtet, den Eintritt der Rechtshängigkeit – wie dies in Art. 23 VE VKE 2003 vorgesehen war – zu regeln. Ein Verfahren wird mit der Einreichung eines Gesuchs, dem Eingang einer (Gefährdungs-)Meldung oder immer dann von Amtes wegen rechtshängig, wenn behördliches Handeln *«nach Aussen hin erstmals manifest»* gemacht wird, ungeachtet dessen, ob dies gegenüber der betroffenen Person oder gegenüber Dritten erfolgt (vgl. hierzu Art. 444 N 11). Im Kindes- und Erwachsenenschutz können vorsorgliche Massnahmen somit frühestens gleichzeitig mit der Einleitung eines Verfahrens ergriffen werden (OFK-ZGB-FASSBIND, Art. 445 N 1; SCHMID, Art. 445 N 3; zum alten Recht: BSK ZGB I-BREITSCHMID, aArt. 386 N 4; BK-SCHNYDER/MURER, aArt. 386 ZGB N 48). Mit anderen Worten wird mit der Anordnung einer vorsorglichen Massnahme sogleich ein Verfahren in der Sache eröffnet.

7 Ist die KESG zu **direktem Handeln** befugt, weil die Errichtung einer Beistandschaft wegen des Umfangs der Arbeiten als offensichtlich unverhältnismässig erscheint (Art. 392), so stellt ihre entsprechende Anordnung keine vorsorgliche Massnahme i.S.v. Art. 445 dar. Es fehlt an einem rechtshängigen Hauptverfahren, das die Anordnung einer behördlichen Massnahme zum Gegenstand hat. Auch **kurzzeitige polizeiliche Massnahmen** wie der polizeiliche Gewahrsam bei einer Person, die sich in einem die Willensbil-

dung ausschliessenden Zustand befindet (vgl. Art. 32 Abs. 1 lit. a BE PolG), gelten nicht als vorsorglichen Massnahmen i.S.v. Art. 445.

b) Hauptsachenprognose

Die Anordnung einer vorsorglichen Massnahme des Kindes- oder Erwachsenenschutzes bedingt eine günstige **Hauptsachenprognose**. Es muss wahrscheinlich sein, dass die im Hauptverfahren in Betracht fallende Massnahme tatsächlich angeordnet wird. Dies zu entscheiden, liegt im pflichtgemässen Ermessen der KESB, die sich allerdings mit einer vorläufigen Prüfung begnügen muss und darf. Vorsorgliche Massnahmen beruhen auf einer bloss summarischen Prüfung der Sach- und Rechtslage (N 27). Je zweifelhafter der Verfahrensausgang und je einschneidender die vorsorgliche Massnahme ist, desto höhere Anforderungen sind an die Dringlichkeit und den für die Verfahrensdauer zu beseitigenden Nachteil sowie die Verhältnismässigkeit der Anordnung zu stellen (vgl. Seiler, in: Waldmann/Weissenberger, Art. 56 VwVG N 28). Eingehende Auseinandersetzungen mit der Hauptsache, die den Entscheid in der Hauptsache praktisch vorwegnehmen, haben aber auch diesfalls zu unterbleiben. 8

c) Dringlichkeit

Die Anordnung einer vorsorglichen Massnahme setzt **Dringlichkeit** voraus. Dies kommt in Art. 445 Abs. 1 zwar nicht explizit zum Ausdruck, ergibt sich aber aus dem Begriff «notwendig»: Solange es noch vertretbar ist, mit der Anordnung einer Massnahme bis zum Abschluss des Verfahrens zuzuwarten, ist sie (noch) nicht dringlich, und es handelt sich (noch) nicht um eine «notwendige» vorsorgliche Massnahme. Ausserdem ergibt sich das Erfordernis der Dringlichkeit aus Art. 445 Abs. 2, der für die Anordnung einer superprovisorischen Massnahme «besondere Dringlichkeit» verlangt. Dringlich ist eine Angelegenheit dann, wenn es sich als geboten erweist, die fragliche Massnahme sofort zu treffen, weil ansonsten der Zweck des Hauptverfahrens und sein Erfolg in Frage stehen würden. Der Verzicht auf die Massnahme muss einen **erheblichen Nachteil** bewirken, den die betroffene Person selber bzw. ihr Umfeld nicht abzuwenden vermag (BSK ZGB I-Breitschmid, aArt. 386 N 5). Dringlichkeit liegt in diesem Sinne bspw. vor, wenn der Beistand einer unter umfassender Beistandschaft stehenden Person plötzlich verstirbt oder wenn eine alleinerziehende Mutter aufgrund einer plötzlich auftretenden schweren psychischen Störung nicht mehr in der Lage ist, sich um ihre minderjährigen Kinder zu kümmern. 9

d) Verhältnismässigkeit

Erforderlich ist überdies, dass eine Abwägung der verschiedenen auf dem Spiel stehenden Interessen den Ausschlag für die vorsorgliche Massnahme gibt und diese verhältnismässig erscheint (BGE 113 II 386, 389 E. 3b). Den Grundsatz der **Verhältnismässigkeit** hat der Gesetzgeber speziell hervorgehoben. So ordnet die KESB nach dem Gesetzeswortlaut nur die «notwendigen» Massnahmen an. Es ist daher die mildeste Anordnung zu treffen, die den angestrebten Erfolg noch zu gewährleisten vermag (zum alten Recht: BSK ZGB I-Breitschmid, aArt. 386 N 6; Hofmann, MBVR 1959, 171). Die vorläufige Massnahme darf nicht stärker in die Rechtsposition der betroffenen Person eingreifen als die in der Sache zur Diskussion stehende voraussichtlich definitive Massnahme. Die Massnahmeintensität wird folglich durch die im Hauptverfahren in Betracht kommende Massnahme beschränkt (vgl. zum alten Recht: BSK ZGB I-Breitschmid, aArt. 386 N 2 und 5; BSK ZGB I-Geiser, aArt. 397 N 16; **a.M.** Riemer, Vormundschaftsrecht, 125 und 144 f.; Frage offengelassen in BGer vom 28. 6. 2005, 5P.41/2005, E. 4.2.3). Im Vordergrund stehen vor- 10 sorgliche Massnahmen *vorübergehender Natur*, d.h. solche, die während des Verfahrens wirken sollen (bspw. Sperre eines Kontos) und mit dessen Abschluss wegfallen oder durch eine definitive, womöglich anders ausgestaltete Massnahme abgelöst werden. Soweit es jedoch mit dem Grundsatz der Verhältnismässigkeit vereinbar ist, sind ausnahmsweise auch *endgültige, irreversible* Vorkehren denkbar (bspw. Tilgung einer Forderung; zum alten Recht: BK-Schnyder/Murer, aArt. 386 ZGB N 65). Eine vorsorgliche Massnahme darf aber nicht darauf hinauslaufen, den Entscheid in der Sache vorwegzunehmen (zum alten Recht: BGE 113 II 386, 392 E. 3d betreffend Entziehung der Handlungsfähigkeit).

3. Inhalt

11 Art. 445 begründet eine Massnahmezuständigkeit der KESB für alle (für die Dauer des Verfahrens) notwendigen vorsorglichen Massnahmen. Das Gesetz sagt über den Inhalt der anzuordnenden Massnahmen nichts aus; es gibt demnach **keinen numerus clausus** der erlaubten Massnahmen. Speziell erwähnt werden immerhin die *Massnahmen des Erwachsenenschutzes*, welche die KESB «insbesondere» vorsorglich anordnen kann und die daher im Vordergrund stehen (Art. 445 Abs. 1 Satz 2). Dazu gehören sämtliche Massnahmen, die das Wohl und den Schutz der hilfsbedürftigen Person sicherstellen (vgl. Art. 388), sei es auf dem Gebiet der *Personensorge*, der *Vermögenssorge* und des *Rechtsverkehrs* (vgl. Art. 391 Abs. 2; ferner OFK-ZGB-Fassbind, Art. 445 N 1; Steck, in: Rosch/Büchler/Jakob, Art. 445 N 8; Schmid, Art. 445 N 5; vgl. aber zum Vorbehalt betreffend die FU nachfolgend N 12). Vorsorgliche Massnahmen der Personensorge können mit solchen der Vermögenssorge und bzw. oder des Rechtsverkehrs kombiniert werden (zum alten Recht: BSK ZGB I-Breitschmid, aArt. 386 N 9). Handelt es sich bei der vorsorglichen Massnahme um eine (vorsorgliche) umfassende Beistandschaft, die sich auf alle Angelegenheiten der Personensorge, der Vermögenssorge und des Rechtsverkehrs erstreckt, so liegt ein vorläufiger Entzug der Handlungsfähigkeit vor (vgl. Art. 398 Abs. 2 und N 16 ff. hiernach). Nebst einer Massnahme des Erwachsenenschutzes kann die KESB aber auch beliebige andere Vorkehren vorsorglich anordnen, soweit dies zur Erreichung des Verfahrenszwecks geboten ist. So kann sie etwa eine vorsorgliche Anordnung zur Sachverhaltsabklärung erlassen (z.B. eine Massnahme zur vorsorglichen Sicherung eines bedrohten Beweismittels).

12 Obschon es sich auch bei der **fürsorgerischen Unterbringung (FU)** um eine Massnahme des Kindes- und Erwachsenenschutzes handelt, fällt die Anordnung einer solchen als vorsorgliche Massnahme ausser Betracht. Für dringliche Fälle steht hier die ärztliche Unterbringung gem. Art. 429 zur Verfügung (Bernhart, Rz 550 und 552; OFK-ZGB-Fassbind, Art. 445 N 1). Im Rahmen eines Unterbringungsverfahrens dürfen aber untergeordnete vorsorgliche Massnahmen – wie eine Beistandschaft – angeordnet werden (Bernhart, Rz 550). Auch die **Einweisung zur Begutachtung** kann nicht als vorsorgliche Massnahme angeordnet werden (OFK-ZGB-Fassbind, Art. 445 N 1; Steck, in: Rosch/Büchler/Jakob, Art. 445 ZGB N 8; vgl. auch BGer vom 28.6.2005, 5P.41/2005, E. 1.4).

a) Personensorge

13 Gegenstand der **Personensorge** sind sämtliche persönlichen Angelegenheiten, insb. die *Wohnsituation*, der *Postverkehr*, die *Gesundheitssituation* und *weitere Angelegenheiten* (zum Ganzen Rosch, ZKE 2010, 189 ff.). Kann der Personensorge nur im stationären Rahmen Genüge getan werden, ist nach den Bestimmungen über die FU (Art. 426 ff.) zu verfahren.

b) Vermögenssorge

Gegenstand der **Vermögenssorge** ist die *Vermögensverwaltung*, die jedes tatsächliche oder rechtliche Handeln umfasst, das dazu bestimmt ist, das verwaltete Vermögen zu erhalten, zu mehren oder der seinem Zweck entsprechenden Verwendung zuzuführen (Bericht ExpK Erwachsenenschutz 03, 37). Die Verwaltungshandlungen umfassen sowohl Verpflichtungs- als auch Verfügungsgeschäfte. Als vorsorgliche Massnahmen stehen vermögenssichernde Massnahmen (z.B. Inventaraufnahmen) und Veräusserungsbeschränkungen im Vordergrund. Anlageentscheide und weitere Vorkehren der Vermögensverwaltung sind i.d.R. aufschiebbar, weshalb sie nicht als vorsorgliche Massnahmen anzuordnen sind (BSK ZGB I-Breitschmid, aArt. 386 N 11). 14

c) Rechtsverkehr

Die Vertretung in unaufschiebbaren **rechtlichen Angelegenheiten** kann vorsorglich angeordnet werden (BSK ZGB I-Breitschmid, aArt. 386 N 10). Die Vertretung im Rechtsverkehr dient insb. zur Wahrnehmung der für die Personen- und die Vermögenssorge gebotenen Vorkehren. 15

d) Vorläufiger Entzug der Handlungsfähigkeit

Mit einem **vorläufigen Entzug der Handlungsfähigkeit** wird die betroffene Person während der Dauer des Verfahrens unter umfassende Beistandschaft (Art. 398) gestellt. Diese Massnahme wird in Art. 445 – anders als noch in aArt. 386 Abs. 2 – nicht speziell erwähnt. Dennoch ist sie als weitestgehende vorsorgliche Massnahme ebenfalls zulässig (Steck, in: Rosch/Büchler/Jakob, Art. 445 N 8; Hausheer/Geiser/Aebi-Müller, Erwachsenenschutzrecht, Rz 1.84). 16

Der vorläufige Entzug der Handlungsfähigkeit ist im Sinne einer **ultima ratio** nur dort anzuordnen, wo dem Schutzbedürfnis der betroffenen Person nicht durch andere allenfalls kombinierte mildere Massnahmen entsprochen werden kann. Für ihn gelten mit Blick auf die Hauptsachenprognose, Dringlichkeit und Verhältnismässigkeit **besonders strenge Voraussetzungen** (vgl. zum Beweismass N 29 hiernach). Nach der voraussichtlich auch weiterhin massgeblichen höchstrichterlichen Rechtsprechung zu aArt. 386 Abs. 2 darf zur vorläufigen Entziehung der Handlungsfähigkeit erst geschritten werden, wenn die vertretungsweise Vornahme der vormundschaftlichen Geschäfte nicht genügt, um die wirtschaftlichen Interessen der betroffenen Person, ihrer Familie und auch Dritter zu schützen. Allein die Tatsache, dass ein Verfahren hängig ist, das in die Anordnung einer umfassenden Beistandschaft münden könnte, rechtfertigt es daher noch nicht, die vorläufige Entziehung der Handlungsfähigkeit anzuordnen. Vorausgesetzt ist vielmehr, dass dringende vormundschaftliche Geschäfte zu besorgen sind und weniger einschneidende Massnahmen nicht genügen, um die wirtschaftlichen Interessen des Betroffenen, seiner Familie und auch Dritter zu schützen (vgl. BGE 113 II 386, 388 f. E. 3b; BGer vom 28.6.2005, 5P.41/2005, E. 4.2.3 a.E.). 17

Wird die Handlungsfähigkeit vorsorglich entzogen, ist zwingend ein gesetzlicher **Vertreter** zu bestellen (Schmid, Art. 445 N 8; BSK ZGB I-Breitschmid, aArt. 386 N 14). Dem «vorläufigen» Vertreter stehen grundsätzlich sämtliche Kompetenzen eines Beistands zu. Er hat bei den zu treffenden Anordnungen allerdings zu beachten, dass die Handlungsfähigkeit der betroffenen Person «nur» provisorisch, d.h. mittels einer vorsorglichen Massnahme entzogen worden ist. An die Bestimmungen betreffend zustimmungsbedürftige Geschäfte (Art. 416 f.) hat er sich zu halten (Schmid, Art. 445 N 8). 18

III. Superprovisorische Massnahmen (Abs. 2)

19 Art. 445 Abs. 2 regelt die sog. **superprovisorischen Massnahmen**. Eine solche Regelung kannte das bisherige Recht nicht. Vorsorgliche Massnahmen zeichnen sich dadurch aus, dass sie aufgrund von *dringlichen Verhältnissen* angeordnet werden (N 9). Liegt gar eine *besondere Dringlichkeit* vor, so können vorsorgliche Massnahmen *superprovisorisch*, d.h. *ohne Anhörung* der am Verfahren beteiligten Personen angeordnet werden. Ein solcher Verzicht auf die Anhörung und damit die Gewährung des rechtlichen Gehörs setzt voraus, dass die Schutzinteressen stärker zu gewichten sind als die Interessen der betroffenen Person an der Wahrung des Anspruchs auf rechtliches Gehör. Die Gewährung des rechtlichen Gehörs wird aber insofern nachgeholt, als die KESB den Verfahrensbeteiligten gleichzeitig mit der Eröffnung der superprovisorischen Anordnung «Gelegenheit zur Stellungnahme» einräumt (Art. 445 Abs. 2 Satz 2; vgl. hierzu N 28 hiernach). Anschliessend hat sie eine ordentliche vorsorgliche Massnahme anzuordnen, die an die Stelle der superprovisorischen Massnahme tritt.

20 In Form eines Superprovisoriums können alle Arten von vorsorglichen Massnahmen (Sicherungsmassnahmen, Regelungs- bzw. Gestaltungsmassnahmen) angeordnet werden, sofern die geforderte besondere Dringlichkeit besteht. **Besondere Dringlichkeit** liegt insb. dann vor, wenn die vorgängige Anhörung der betroffenen Person den Schutzzweck der Massnahme vereiteln würde (OFK-ZGB-Fassbind, Art. 445 N 2).

IV. Verfahrensfragen

1. Gesuch

21 Die KESB ordnet vorsorglichen Massnahmen entweder **auf Antrag einer am Verfahren beteiligten Person** oder von Amtes wegen an. Zur Antragstellung berechtigt sind die Verfahrensbeteiligten, d.h. alle Personen, die nach Massgabe des materiellen Rechts zur selbständigen Ausübung von Verfahrensrechten befugt sind (VE VKE 2003, 8). Wer diese Voraussetzungen erfüllt, ist jeweils im konkreten Einzelfall zu prüfen. In erster Linie gehört zum Kreis der Verfahrensbeteiligten die *betroffene Person*, d.h. die von der vorsorglichen Massnahme unmittelbar berührte Person. Allgemein gilt, dass der Adressat der vorsorglichen Massnahme auch der Adressat des Entscheids im Hauptverfahren ist. Die *nahestehende Person* ist ebenfalls ermächtigt, ein Gesuch um Erlass einer vorsorglichen Massnahme zu stellen. *Drittpersonen* gelten nur als am Verfahren beteiligte Personen, wenn sie ein rechtlich geschütztes Interesse daran haben, dass der behördliche Entscheid in einer bestimmten Weise ausfällt.

22 Sind die formellen Voraussetzungen erfüllt, hat die antragstellende Person einen **Anspruch** darauf, dass die KESB auf das Gesuch eintritt und materiell prüft, ob die Voraussetzungen für die Anordnung der beantragten Massnahme erfüllt sind. Das trifft zu, wenn die Massnahme dringlich bzw. notwendig und verhältnismässig ist (s. zu den Voraussetzungen N 6 ff.).

23 Die KESB kann die vorsorglichen Massnahmen auch **von Amtes wegen** anordnen. So kann sie sich etwa aufgrund einer Gefährdungsmeldung i.S.v. Art. 443 Abs. 1 zur Anordnung einer vorsorglichen Massnahme veranlasst sehen. Ein Einschreiten von Amtes wegen ist mit Blick auf die Offizialmaxime grundsätzlich immer dann angezeigt, wenn es zur Verwirklichung des Kindes- und Erwachsenenschutzrechts erforderlich ist (vgl. Häner, Vorsorgliche Massnahmen, Rz 148, wonach für ein Tätigwerden von Amtes wegen auf Sinn und Zweck des materiellen Rechts abzustellen ist).

2. Zuständigkeit

Die im Hauptverfahren zuständige KESB ist auch für die Anordnung vorsorglicher Massnahmen zuständig (sog. Grundsatz der Einheit des Verfahrens). Die besondere Dringlichkeit gebietet freilich, den Entscheid über *superprovisorische Massnahmen* in die **Einzelzuständigkeit** zu legen. Da auch im ordentlichen Verfahren, d.h. nicht superprovisorisch erlassene *vorsorgliche Massnahmen* Dringlichkeit voraussetzen – wenn auch nicht besondere Dringlichkeit –, können die Kantone auch für sie die Zuständigkeit eines einzelnen Behördenmitglieds vorsehen (**a.M.** OFK-ZGB-Fassbind, Art. 445 N 1 a.E.). Viele Kantone haben denn auch von dieser Möglichkeit Gebrauch gemacht (vgl. bspw. Art. 46 EG ZGB AR; Art. 55 lit. c KESG BE; § 64 Abs. 2 lit. b EG ZGB BL; § 50 EG ZGB LU; § 42 Abs. 2 EG ZGB TG; § 42 Abs. 2 EG ZGB ZG). Andere Kantone sehen für den Entscheid über vorsorgliche Massnahmen dieselbe sachliche Zuständigkeit wie für den Entscheid in der Hauptsache vor und delegieren nur die superprovisorische Anordnung an ein einzelnes Behördenmitglied (vgl. bspw. Art. 58 Abs. 2 lit. a EG ZGB GR). Wo das kantonale Einführungsrecht keine Zuweisung an ein einzelnes KESB-Mitglied vorsieht, müssen Entscheide über vorsorgliche Massnahmen von einem Spruchkörper mit mindestens drei Mitgliedern gefällt werden (Art. 440 Abs. 2). **24**

Auch die gerichtliche Beschwerdeinstanz ist zur Anordnung vorsorglicher und superprovisorischer Massnahmen befugt, falls sich solche im Rahmen des Rechtsmittelverfahrens als erforderlich erweisen (Steck, in: Rosch/Büchler/Jakob, Art. 445 N 4). **25**

Eine Mitwirkung bei der Anordnung von vorsorglichen Massnahmen bildet mit Blick auf das Hauptverfahren keinen **Ausstandsgrund** (vgl. Art. 450f i.V.m. Art. 47 Abs. 2 lit. d ZPO). **26**

3. Verfahren

Das **Verfahren** auf Erlass einer vorsorglichen Massnahme setzt zwar die Rechtshängigkeit eines Hauptverfahrens voraus (vorne N 6), es handelt sich aber um ein *selbständiges Verfahren*. Die KESB ist aufgrund des Untersuchungsgrundsatzes (Art. 446 Abs. 1 und 2) gehalten, den Sachverhalt von Amtes wegen zu erforschen. Sie darf sich aber mit einer **summarischen** Tatsachenerhebung begnügen, handelt es sich doch um ein Verfahren, das in eine bloss *vorläufige* Anordnung mündet. Eine eingehendere Prüfung der tatsächlichen und rechtlichen Verhältnisse ist aufgrund der Dringlichkeit denn i.d.R. auch gar nicht möglich. Erhöhte Anforderungen bestehen aber dort, wo die vorsorgliche Massnahme unwiderrufliche Verhältnisse schafft (Seiler, in: Waldmann/Weissenberger, Art. 56 VwVG N 66 a.E.). **27**

Die am Verfahren beteiligten Personen sind vor dem Erlass einer vorsorglichen Massnahme anzuhören (Art. 445 Abs. 2 e contrario). Die **Anhörung** der betroffenen Person hat auch hier grundsätzlich *persönlich*, d.h. mündlich zu erfolgen, soweit dies nicht als unverhältnismässig erscheint bzw. soweit dies die Dringlichkeit zulässt (vgl. Art. 447 Abs. 1). Die anderen am Verfahren beteiligten Personen haben zwar Anspruch auf rechtliches Gehör, nicht aber auf eine persönliche Anhörung (Art. 447 N 13). *Superprovisorische* Massnahmen trifft die KESB, ohne die betroffene Person persönlich anzuhören und ohne den übrigen Verfahrensbeteiligten das rechtliche Gehör zu gewähren. Sie ist aber verpflichtet, den Verfahrensbeteiligten gleichzeitig mit der Eröffnung der superprovisorischen Massnahme «Gelegenheit zur Stellungnahme» zu geben und anschliessend neu zu entscheiden (vgl. Art. 445 Abs. 2 Satz 2). Bei der betroffenen Person hat die «Gelegenheit zur Stellungnahme» grundsätzlich wiederum in Form einer persönlichen Anhörung zu erfolgen. **28**

29 Für die Anordnung einer vorsorglichen Massnahme genügt das **Beweismass** der *Glaubhaftmachung*. Es muss ausreichen, wenn eine Gefährdung aufgrund summarischer Prüfung zwar als wahrscheinlich scheint, die Möglichkeit einer Fehlannahme aber nicht ausgeschlossen werden kann (MERKLI/AESCHLIMANN/HERZOG, Art. 27 N 3). Ein vorläufiger Entzug der Handlungsfähigkeit darf allerdings nur angeordnet werden, wenn mit *grosser Wahrscheinlichkeit* ein Grund für eine umfassende Beistandschaft vorliegt und dringende vormundschaftliche Geschäfte zu besorgen sind, die nicht anders bewältigt werden können (zum alten Recht: BGer vom 9.2.2004, 5P.16/2004, E. 5.1).

30 Die **Vollstreckung** vorsorglicher Massnahmen – z.B. die Kündigung eines Mietvertrags – erfolgt grundsätzlich durch die KESB selbst. In anspruchsvollen Angelegenheiten kann es jedoch zweckmässig sein, einen **«vorläufigen Beistand»** zu bestellen. Der vorläufige Beistand stellt insoweit eine Hilfsperson der KESB dar (zum alten Recht: BSK ZGB I-BREITSCHMID, aArt. 386 N 6). Beim vorläufigen Entzug der Handlungsfähigkeit hat die KESB zwingend einen Vertreter zu bestellen (vorne N 18).

4. Entscheid

31 Der Entscheid über eine vorsorgliche Massnahme ist den Verfahrensbeteiligten mitsamt der Rechtsmittelbelehrung zu eröffnen. Inwiefern er zu begründen ist, bestimmt sich nach dem im jeweiligen Kanton anwendbaren Verfahrensrecht (Art. 450f). Wird die vorsorgliche Massnahme angefochten, ist in jedem Fall eine schriftliche **Begründung** erforderlich (Botschaft Erwachsenenschutz, 7077). Von der Möglichkeit, die Begründung erst vor der gerichtlichen Beschwerdeinstanz nachzuliefern, sollte nur bei entsprechender Dringlichkeit Gebrauch gemacht werden (vgl. HÄNER, Vorsorgliche Massnahmen, Rz 163). Zum einen wird die betroffene Person bei ihrem Entscheid, ob sie Beschwerde erheben soll, durch die Begründung beeinflusst. Zum anderen hat die KESB vor der Anordnung der vorsorglichen Massnahme ohnehin deren Voraussetzungen zu prüfen.

5. Rechtsmittel (Abs. 3)

32 Gegen vorsorgliche Massnahmen kann Beschwerde bei der gerichtlichen Beschwerdeinstanz erhoben werden. Nach Art. 445 Abs. 3 beträgt die **Beschwerdefrist zehn Tage** seit der Mitteilung des Entscheids. Der Zeitpunkt der Mitteilung entspricht dem Zeitpunkt der Eröffnung bzw. der Kenntnisnahme (HAUSHEER/GEISER/AEBI-MÜLLER, Erwachsenenschutzrecht, Rz 1.94). Auch superprovisorisch angeordnete Massnahmen sind gemäss den Erläuterungen des Bundesrats innert derselben Frist anfechtbar (Botschaft Erwachsenenschutz, 7077; ebenso STECK, in: Rosch/Büchler/Jakob, Art. 445 N 11; BERNHARD, Rz 509). Dies steht im Gegensatz zur Regelung der ZPO, nach der superprovisorische Massnahmen i.S.v. Art. 265 ZPO keinem Rechtsmittel unterliegen (Botschaft ZPO, BBl 2006 7356). Begründet wird die selbständige Anfechtbarkeit in der Botschaft Erwachsenenschutz damit, dass die Massnahmen des Kindes- und Erwachsenenschutzes tief in die Persönlichkeit der betroffenen Person eingreifen können und das Verfahren auf Anordnung einer *ordentlichen* vorsorglichen Massnahme einige Zeit in Anspruch nehmen kann, wenn mehrere am Verfahren beteiligte Personen anzuhören sind. Eine selbständige Anfechtbarkeit des Superprovisoriums ist freilich problematisch. Grundsätzlich sollte sich die Rechtsmittelbehörde nur einmal mit einer Streitsache befassen müssen. Bereits die selbständige Anfechtbarkeit einer auf ordentlichem Weg angeordneten vorsorglichen Massnahme führt dazu, dass die gerichtliche Beschwerdeinstanz u.U. zweimal mit der Frage der Notwendigkeit der konkreten Massnahme befasst wird. Wenn nun auch noch das Superprovisorium selbständig anfechtbar wäre, könnte im Extremfall eine bestimmte

Massnahme sogar dreimal Gegenstand der gerichtlichen Beurteilung bilden. Es stellt sich aber auch die Frage, was überhaupt Prüfungsgegenstand im Beschwerdeverfahren gegen das Superprovisorium ist: nur die Frage, ob die Voraussetzungen für den Verzicht auf eine vorgängige Anhörung erfüllt sind – das wäre an sich sachgerecht, da die Massnahme selbst ja noch gar nicht ordentlich verfügt worden ist (so auch SCHMID, Art. 445 N 13) –, oder auch bereits die Begründetheit der Massnahme an sich (darauf deutet die Begründung in der Botschaft Erwachsenenschutz hin, wonach die selbständige Anfechtbarkeit auch des Superprovisoriums geboten sei, da die Massnahme «tief in die Persönlichkeit der betroffenen Person eingreifen» könne). Angesichts dieser Vorbehalte ist die Zulässigkeit einer selbständigen Anfechtbarkeit des Superprovisoriums entgegen der Botschaft zu verneinen. Zumindest aber sollte die Anfechtbarkeit – wenn überhaupt – nur in Ausnahmefällen zulässig sein (so SCHMID, Art. 445 N 12 und 13, der auch zu Recht darauf hinweist, dass die Verfahrensbeteiligten bei Bejahung der selbständigen Anfechtbarkeit *gleichzeitig* sowohl von ihrem Äusserungsrecht nach Art. 445 Abs. 2 Satz 2 Gebrauch machen als auch eine Beschwerde einreichen müssten, was zur Folge hätte, dass sich KESB und gerichtliche Beschwerdeinstanz zeitgleich mit denselben Rügen zu befassen hätten).

Der Beschwerde an die gerichtliche Beschwerdeinstanz kommt – ausgenommen auf dem Gebiet der FU (Art. 450e Abs. 2) – von Gesetzes wegen **aufschiebende Wirkung** zu (Art. 450c). Nicht von vorneherein klar ist, ob diese Regelung auch für Beschwerden gegen Entscheide betreffend vorsorgliche Massnahmen gilt, könnte doch aus Art. 450f i.V.m. Art. 315 Abs. 4 lit. b ZPO auf das gegenteilige Ergebnis geschlossen werden. Mit der Erwähnung der «Beschwerde» in Art. 445 Abs. 3 dürfte aber ein integraler Verweis auf die Art. 450 ff. verbunden sein (vgl. Botschaft Erwachsenenschutz, 7077, wonach die übrigen Bestimmungen über das Verfahren vor der gerichtlichen Beschwerdeinstanz unverändert anwendbar sind), so dass Art. 450c zur Anwendung gelangt. Das führt dazu, dass die KESB i.d.R. gut beraten ist, einer allfälligen Beschwerde gegen die von ihr angeordnete vorsorgliche Massnahme die aufschiebende Wirkung zu entziehen. 33

Gegen das Urteil der gerichtlichen Beschwerdeinstanz über Entscheide betreffend vorsorgliche Massnahmen kann beim Bundesgericht **Beschwerde in Zivilsachen** erhoben werden, sofern die Voraussetzungen von Art. 93 BGG erfüllt sind (Art. 72 Abs. 2 lit. b Ziff. 6 BGG). Allerdings sind die Beschwerdegründe auf die Rüge der Verletzung verfassungsmässiger Rechte beschränkt (Art. 98 BGG). Das Bundesgericht kann die Auslegung und Anwendung von Art. 445 somit wohl nur unter dem Gesichtspunkt der Willkür prüfen, soweit nicht noch eine Verletzung anderer verfassungsmässiger Rechte in Frage steht. Mit Blick auf die Beschwerdebegründung ist sodann die erhöhte Substanziierungspflicht gem. Art. 106 Abs. 2 BGG zu beachten. 34

V. Weiteres

Wurde eine vorsorgliche Massnahme zu Unrecht angeordnet und lassen sich deren Folgen durch die Aufhebung oder nachträgliche Anpassung nicht mehr ganz beseitigen, stellt sich die Frage nach einer allfälligen Haftung. Die diesbezügliche **Verantwortlichkeit** der KESB richtet sich – nicht anders als bei allen anderen von ihr getroffenen Massnahmeentscheiden – nach Art. 454 f. 35

Nebst der Bestimmung über die vorsorglichen Massnahmen kennt das ZGB **weitere Bestimmungen, die auf Notfälle zugeschnitten sind**: So sieht etwa Art. 435 vor, dass in Notfallsituationen im Rahmen von FU die zum Schutz der betroffenen Person oder Dritter unerlässlichen medizinischen Massnahmen sofort ergriffen werden können. Ferner schreibt Art. 453 eine Zusammenarbeit der betroffenen Stellen vor, wenn die ernsthafte Gefahr be- 36 steht, dass eine hilfsbedürftige Person sich selbst gefährdet oder ein Verbrechen oder Vergehen begeht, mit dem sie jemanden körperlich, seelisch oder materiell schwer schädigt.

Art. 446

D. Verfahrensgrundsätze

1 Die Erwachsenenschutzbehörde erforscht den Sachverhalt von Amtes wegen.

2 Sie zieht die erforderlichen Erkundigungen ein und erhebt die notwendigen Beweise. Sie kann eine geeignete Person oder Stelle mit Abklärungen beauftragen. Nötigenfalls ordnet sie das Gutachten einer sachverständigen Person an.

3 Sie ist nicht an die Anträge der am Verfahren beteiligten Personen gebunden.

4 Sie wendet das Recht von Amtes wegen an.

D. Maximes de la procédure

1 L'autorité de protection de l'adulte établit les faits d'office.

2 Elle procède à la recherche et à l'administration des preuves nécessaires. Elle peut charger une tierce personne ou un service d'effectuer une enquête. Si nécessaire, elle ordonne un rapport d'expertise.

3 Elle n'est pas liée par les conclusions des personnes parties à la procédure.

4 Elle applique le droit d'office.

D. Principi procedurali

1 L'autorità di protezione degli adulti esamina d'ufficio i fatti.

2 Essa raccoglie le informazioni occorrenti e assume le prove necessarie. Può incaricare degli accertamenti una persona o un servizio idonei. Se necessario ordina che uno specialista effettui una perizia.

3 L'autorità di protezione degli adulti non è vincolata dalle conclusioni delle persone che partecipano al procedimento.

4 Applica d'ufficio il diritto.

Inhaltsübersicht

Literatur

Vgl. die Literaturhinweise zu Art. 443.

Materialien

Art. 14 VE VKE 2003; VE VKE/Vernehmlassungen, 49 f.; Botschaft Erwachsenenschutz, 7077 ff. und 7163 f.; Prot. RK-S vom 27./28.8.2007, 32; AmtlBull StR 2007, 840; Prot. RK-N vom 24./25.4.2008, 43; AmtlBull NR 2008, 1539.

I. Allgemeines

Die Bestimmung regelt **zentrale Verfahrensgrundsätze**: Sie verankert in den Absätzen 1 und 2 den Untersuchungsgrundsatz, in Abs. 3 den Offizialgrundsatz und in Abs. 4 das Prinzip der Rechtsanwendung von Amtes wegen (iura novit curia). Ihr Anwendungsbereich bezieht sich auf sämtliche Verfahren vor der KESB und erstreckt sich – wenn auch teilweise in etwas abgeschwächter Form – nach dem Grundsatz der Einheit des Prozesses auch auf die Verfahren vor der gerichtlichen Beschwerdeinstanz (vgl. auch N 38 und 43 sowie Art. 448 N 8 und 41). 1

Dass Verfahren in Angelegenheiten des Kindes- und Erwachsenenschutzes von der **Untersuchungs- und Offizialmaxime** beherrscht werden, ist nicht neu. Auch das bisherige Vormundschaftsrecht auferlegte die Verantwortung für die korrekte und vollständige Sachverhaltsermittlung und Rechtsanwendung den Behörden. Dabei galten die Untersuchungs- und die Offizialmaxime teilweise gestützt auf eine explizite Rechtsgrundlage und teilweise aufgrund ungeschriebenen Bundesrechts bzw. kraft Lehre und Rechtsprechung (Botschaft Erwachsenenschutz, 7077 f., Steck, in: Rosch/Büchler/Jakob, Art. 446 N 2; BGer vom 8.4.2005, 5C.17/2005, E. 3; vgl. auch Art. 296 ZPO). Grund für diese Rollenverteilung ist der Umstand, dass die Verfahren vor den KESB nicht bloss die Beilegung von Interessenskonflikten unter Privaten zum Gegenstand haben. Vielmehr dienen sie dem Wohle von Kindern oder von schutzbedürftigen Erwachsenen. Es geht daher (auch) um die Verwirklichung von *öffentlichen* Interessen. Kindes- und Erwachsenenschutzrecht ist dementsprechend nur formell Zivilrecht. Von der Natur der Sache her handelt es sich um *öffentliches* Recht im Kleide des Zivilrechts (Auer, Bundeskompetenzen, 190; Schnyder, 121 ff.; Marti, 249; BGer vom 3.11.2011, 5A_582/2011, E. 3.2). Es muss deshalb zwingend und von Amtes wegen, d.h. ungeachtet der Anschauungen und Interessen der beteiligten Parteien, richtig und umfassend verwirklicht werden. 2

II. Erhebung des Sachverhalts

1. Sachverhalt

Abs. 1 verpflichtet die Behörde, den Sachverhalt von Amtes wegen zu ermitteln und verankert damit den **Untersuchungsgrundsatz**. Anders als der Zivilrichter in einem von der Verhandlungsmaxime beherrschten Verfahren kann die KESB das Einbringen und Aufbereiten des Tatsachenmaterials ins Verfahren nicht den Parteien überlassen. Sie muss selbst entscheiden, welche Sachverhaltselemente rechtswesentlich sind, und sie muss am Ende der Abklärungen selbst davon überzeugt sein, dass sich der rechtserhebliche Sachverhalt so und nicht anders darstellt. Selbst übereinstimmend vorgetragene Parteibehauptungen hat sie gegebenenfalls zu hinterfragen und zu verifizieren. 3

Zu erforschen ist nur der **rechtserhebliche Sachverhalt**. Rechtserheblich sind alle Umstände, welche für die Regelung des in Frage stehenden Rechtsverhältnisses – z.B. eine Massnahme des Kindes- oder Erwachsenenschutzes – relevant sind. Aspekte, die für die Rechtsanwendung unerheblich sind, brauchen nicht abgeklärt zu werden. 4

Zum Sachverhalt gehören einerseits **äussere Fakten** (Geschehnisse, Zustände usw.) und andererseits **innere Tatsachen oder Vorgänge** (z.B. Eigenschaften von Personen wie eine psychische Störung, eine geistige Behinderung, eine bestimmte Absicht oder Einstellung). In zeitlicher Hinsicht können sich die rechtserheblichen Sachverhaltselemente auf vergangene, gegenwärtige oder zukünftige Ereignisse beziehen. Bei der zuletzt genannten Kategorie enthält der rechtserhebliche Sachverhalt eine Abschätzung oder Prognose über die **Zukunftsentwicklung**. Eine solche in die Zukunft gerichtete Feststellung kann etwa 5 bei der Klärung des Bedarfs nach einer Massnahme oder einer Nachbetreuung nach Art. 437 Abs. 1 wichtig sein. Basis der Sachverhaltsermittlung bildet diesfalls das allgemeine Erfahrungswissen, das – gestützt auf Kenntnisse aus ähnlichen Situationen – das Ableiten von Wahrscheinlichkeitsfolgerungen für den in Frage stehenden Fall erlaubt (AUER, in: Auer/Müller/Schindler, Art. 12 VwVG N 4).

2. Erhebung des Sachverhalts

6 Art. 446 enthält keine detaillierten Regeln über die Art und Weise der Sachverhaltsermittlung. Die Bestimmung sieht lediglich in allgemeiner Weise vor, die Behörde habe die erforderlichen Erkundigungen einzuholen und die notwendigen Beweise zu erheben. Wie sie das bewerkstelligt, ist ihr überlassen. Zu beachten hat sie freilich die in der **Verfassung verankerten Verfahrensrechte**, namentlich das aus Art. 29 Abs. 2 BV (Anspruch auf rechtliches Gehör) fliessende Recht der Parteien auf Mitwirkung bei der Sachverhaltserhebung (Art. 448 N 9). Ausserdem gebietet der allgemeine Grundsatz der Prozessökonomie, dass sie die Tatsachenabklärungen möglichst effizient und zielgerichtet erledigt. Dieser Aspekt hat gerade im Kindes- und Erwachsenenschutz, wo sich Betreuungslücken nachteilig auf die betroffene Person auswirken können, eine besondere Bedeutung.

7 Weitere Vorschriften zur Sachverhaltserhebung können sich zudem aus der jeweiligen Verfahrensordnung ergeben, die gemäss dem kantonalen Recht in Ergänzung zu den Art. 443 ff. anwendbar ist. Der Bund hat mit den Art. 443–449c die wichtigsten Aspekte des Verfahrens vor den KESB geregelt. Daneben sind die Bestimmungen der ZPO sinngemäss anwendbar, soweit die Kantone nichts anderes bestimmen (Art. 450f). Die meisten Kantone haben in ihrem Einführungsrecht zum neuen Kindes- und Erwachsenenschutzrecht spezifische **ergänzende Verfahrensvorschriften** erlassen und/oder ihr allgemeines Verwaltungsrechtspflegegesetz oder die ZPO als subsidiär anwendbare Verfahrensordnung bestimmt (vgl. Art. 450f N 9 ff.). Soweit solche Vorschriften Aspekte der Sachverhaltsermittlung regeln, die der Bundesgesetzgeber offengelassen hat, sind sie von den Behörden zu beachten. Wo das Bundesrecht einen Aspekt dagegen abschliessend regelt, besteht für Ergänzungen seitens der Kantone kein Raum.

3. Beweisverfahren

a) Beweisführungs- und Beweislast

8 Zu dem in Art. 446 Abs. 1 verankerten Untersuchungsgrundsatz gehört die **Beweisführungslast**. Demnach ist es Sache der Behörde, über ungeklärte oder umstrittene Tatsachen Beweis zu führen. Zwar sind die Parteien berechtigt, Beweismittel anzubieten. Die Behörde ist an solche Beweisofferten aber nicht gebunden. Sie entscheidet aus eigener Überzeugung, welche Tatsachen zusätzlicher Klärung bedürfen und welche Beweise sie dazu erheben will.

9 Von der Beweisführungslast zu unterscheiden ist die **objektive Beweislast**. Wen diese Last trifft, d.h. welche Partei beweisbelastet ist und deshalb die Folgen der Beweislosigkeit eines Sachumstandes zu tragen hat, ergibt sich nicht aus der Verfahrensordnung. Vielmehr muss die Beweislastverteilung aus dem in Frage stehenden materiellen Recht abgeleitet werden (GYGI, 281), wobei der Grundsatz gilt, dass nach Art. 8 i.d.R. derjenige die Beweislast trägt, der aus den unbewiesen gebliebenen Tatsachen hätte Rechte ableiten können (vgl. zur analogen Anwendung dieser Regel im öffentlichen Recht RHINOW et al., Rz 997). Zwar führt die objektive Beweislast grundsätzlich nicht zu einer Einschränkung der Untersuchungsmaxime (HÄNER, Feststellung, 41). Faktisch wird der Untersu-

chungsgrundsatz aber dennoch durch die objektive Beweislast gemildert, weil sich die beweisbelastete Partei trotz des an sich geltenden Untersuchungsgrundsatzes mit allen Kräften für die Ermittlung des rechtserheblichen Sachverhalts einsetzen wird (AUER, Streitgegenstand, 81).

b) Beweismittel

Welche Beweismittel die KESB zur Erhebung des Sachverhalts beizieht, lässt das ZGB offen: Anders als Art. 168 Abs. 1 ZPO enthält Art. 446 keinen Katalog der in Frage kommenden Beweismittel. Diese Offenheit ist beabsichtigt. Sie entspricht dem Grundsatz, dass die Behörde in einem vom Untersuchungsgrundsatz beherrschten Verfahren nach der *materiellen* Wahrheit zu forschen und die Beweise nach freier Überzeugung zu würdigen hat (AUER, in: Auer/Müller/Schindler, Art. 12 VwVG N 18). Es gilt demnach das System des **Freibeweises**, d.h. die Behörde kann nebst den klassischen Beweismitteln alle tauglichen Ermittlungsmethoden anwenden, ohne an ein bestimmtes Beweismittelsystem gebunden zu sein (SCHMID, Art. 446 N 2; vgl. ferner Art. 168 Abs. 2 ZPO für Verfahren betreffend Kinderbelange in familienrechtlichen Angelegenheiten im Geltungsbereich der ZPO; MÜLLER, in: Brunner/Gasser/Schwander, Art. 168 ZPO N 6; BGE 128 III 411 E. 3.2.1). Weder die gegebenenfalls subsidiär anwendbare ZPO (Art. 450f) noch allfällige ergänzende kantonale Verfahrensvorschriften können diese Offenheit der Ermittlungsmöglichkeiten einschränken. **10**

Ein erstes wichtiges Mittel der Sachverhaltserhebung sind **Auskünfte der Beteiligten**. Die Behörde kann solche Auskünfte **schriftlich** einholen (z.B. schriftliche Unterbreitung bestimmter Fragen an Verfahrensbeteiligte oder schriftliche Einholung der Stellungnahme zu einem Gesuch). Sie kann sich die nötigen Informationen aber auch durch **mündliche Befragungen** verschaffen. Abklärungen in Form von persönlichen Befragungen haben den Vorteil, dass sie u.U. ein differenzierteres Bild über bestimmte Sachverhaltselemente vermitteln als das Einholen von schriftlichen Stellungnahmen. Sie verschaffen der Behörde nicht nur die Antworten an sich, sondern vermitteln ihr gleichzeitig auch einen unmittelbaren, persönlichen Eindruck über die befragte Person und deren Einstellung zur Antwort (Tonalität der Antwort, d.h. Bestimmtheit, Unsicherheit, Zögerlichkeit usw.). Ausserdem erlauben persönliche Befragungen ein spontanes Reagieren und Nachfragen. Sie sind daher vor allem dort nützlich, wo ein auch persönliche Aspekte umfassendes Bild einer Person oder Situation erhoben werden muss (AUER, in: Auer/Müller/Schindler, Art. 12 VwVG N 33). **11**

Gesetzlich **vorgeschrieben** ist eine persönliche (mündliche) Anhörung der **betroffenen Person**; vorbehalten sind Fälle, in denen eine solche Anhörung unverhältnismässig wäre (Art. 447 Abs. 1). Mit dieser Pflicht zur persönlichen Anhörung hat der Bundesgesetzgeber die Art und Weise der Sachverhaltserhebung für bestimmte Aspekte des Sachverhalts verbindlich festgelegt: Soweit sich die Behörde ein Bild über die persönlichen Umstände des Adressaten der Anordnung verschaffen muss, was grundsätzlich bei allen Massnahmeentscheiden zutreffen dürfte, hat eine persönliche (mündliche) Anhörung stattzufinden. Eine schriftliche Befragung genügt nicht. Damit verfolgt das Gesetz zwei Zwecke: Zum einen räumt es der betroffenen Person ein qualifiziertes persönliches Mitwirkungsrecht ein, was nur schon mit Blick auf ihre gesteigerten auf dem Spiel stehenden Interessen gerechtfertigt ist (s.a. Art. 447 N 5 ff.). Zum anderen stellt die Pflicht zur persönlichen Anhörung sicher, dass sich die Behörde bei der Erhebung der persönlichen Umstände des für diesen Zweck besten und zuverlässigsten Beweismittels bedient, nämlich des persönlichen Eindrucks von der betroffenen Person selbst (s.a. Art. 447 N 10 ff). **12**

Die Form der mündlichen Anhörung lässt das Gesetz offen. In Frage kommt eine formlose (gesprächsweise) Befragung oder eine förmliche **Parteieinvernahme** i.S.v. Art. 191 ZPO. **13**

Denkbar, aber wohl kaum je angezeigt, wäre wohl auch die Anordnung einer Beweisaussage i.S.v. Art. 192 ZPO (s.a. Art. 447 N 22).

14 Das Ergebnis der mündlichen Anhörung ist in einem **Protokoll oder Bericht** festzuhalten. Dabei genügt es, wenn die Äusserungen *nach ihrem wesentlichen Inhalt* niedergeschrieben werden (Art. 176 Abs. 1 ZPO; für den Fall, dass die ZPO nicht anwendbar ist und das kantonale Verfahrensrecht keine Regelung enthält: BGE 130 II 473 E. 4.4). Die Pflicht zur Protokollierung ist Teil der **Aktenführungspflicht**. Letztere folgt aus Art. 29 Abs. 2 BV und ist dadurch bedingt, dass die Beteiligten eines Verfahrens ihre Akteneinsichts- und Beweisführungsrechte nur wahrnehmen können, wenn die Behörde alle entscheidwesentlichen Tatsachen und Ereignisse in den Akten festhält (BGE 130 I 473 E. 4.1; weitere Hinweise zur Aktenführungspflicht bei Krauskopf/Emmenegger, in: Waldmann/Weissenberger, Art. 12 VwVG N 42 ff.). Besondere Regeln enthält Art. 314a für die Anhörung von Kindern. Eingehendere Vorschriften zur Protokollierung können sich zudem aus den allenfalls subsidiär anwendbaren kantonalen Verwaltungsrechtspflegegesetzen ergeben (s. zur Protokollierung auch Art. 447 N 23).

15 Die **übrigen Verfahrensbeteiligten** (d.h. andere als die betroffene Person) haben keinen Anspruch auf persönliche Anhörung (vgl. Art. 447 Abs. 1 und Art. 447 N 13). Ist die KESB auf Informationen solcher Personen zum Sachverhalt angewiesen ist, so kann sie diese auf schriftlichem Weg einholen oder eine mündliche Befragung durchführen. Die Befragung kann – wie bei der Anhörung der betroffenen Person – formlos (gesprächsweise) oder durch eine förmliche Einvernahme erfolgen. Allerdings dürften förmliche Einvernahmen in der Praxis nicht allzu oft vorkommen.

16 **Dritte**, die selbst nicht Partei sind, mithin nicht zu den Verfahrensbeteiligten gehören, sind grundsätzlich **als Zeugen** zu befragen (vgl. Art. 168 Abs. 1 lit. a und 169 ff. ZPO). Indessen sind auf dem Gebiet des Kindes- und Erwachsenenschutzes oftmals gerade Informationen aus dem Umfeld der betroffenen Person von Interesse. Insofern stehen Dritte, die zur Erhellung des Sachverhalts beitragen könnten, nicht selten in einer mehr oder weniger engen Beziehung zur betroffenen Person. Das macht sie nicht unbefangen, was zur Folge haben kann, dass sie durch eine Befragung als Zeugen und den damit verbundenen, durch Art. 307 StGB sanktionierten Zwang zur wahrheitsgemässen Aussage einem Gewissenskonflikt ausgesetzt werden (sofern sie nicht ohnehin ein Zeugnisverweigerungsrecht i.S.v. Art. 165 und 166 ZPO in Anspruch nehmen können). Näher liegt daher in vielen Fällen die an weniger strenge Formen gebundene Befragung **als Auskunftspersonen** (vgl. zum Ganzen auch Auer, in: Auer/Müller/Schindler, Art. 12 VwVG N 36 und Art. 15 VwVG N 3). Eine Auskunftsperson kann nicht zur wahrheitsgemässen Aussage angehalten werden. Ausserdem darf sie die Aussage ohne jegliche Rechtsnachteile verweigern (Krauskopf/Emmenegger, in: Waldmann/Weissenberger, Art. 12 VwVG N 125; Kölz/Bosshart/Röhl, § 7 N 20). Zwar sieht die ZPO – im Gegensatz zur StPO – das Beweismittel der Befragung eines Dritten als Auskunftsperson nicht vor (Art. 168 Abs. 1 ZPO; Müller, in: Brunner/Gasser/Schwander, Art. 168 ZPO N 3). Auf dem Gebiet des von der Untersuchungs- und Offizialmaxime geprägten Kindes- und Erwachsenenschutzes gilt jedoch der Freibeweis, d.h. der Grundsatz, dass die Behörde nach eigenem Ermessen auch auf unübliche Art Beweis erheben kann (N 10). Zudem kann sich die Möglichkeit der an keine Formen gebundenen Einholung mündlicher Auskünfte auch aus dem allenfalls anwendbaren kantonalen Verwaltungsprozessrecht ergeben. Der Rückgriff auf die förmliche Zeugeneinvernahme bleibt der KESB aber stets erhalten. Sachgerecht kann eine Einvernahme des Dritten als Zeugen etwa dort sein, wo die Behörde von der strafrechtlich sanktionierten Verpflichtung zur wahrheitsgemässen Aussage bewusst Gebrauch machen möchte, weil sie sich (nur) auf diesem Weg Aufschluss über eine bestimmte Sachverhaltsfrage verspricht.

Die **Kantone sind nicht befugt, den Zeugenbeweis** durch ihre ergänzenden Verfahrensvorschriften **auszuschliessen** (die Frage könnte sich dort stellen, wo die Kantone nichtrichterliche Verwaltungsbehörden als KESB einsetzen und ihr ergänzend anwendbares Verwaltungsprozessrecht den Zeugenbeweis im Verwaltungsverfahren nicht kennt oder ausschliesst). Zwar steht es ihnen offen, die Durchführung von Zeugeneinvernahmen nur gewissen Personen vorzubehalten, etwa den Präsidenten der Behörden oder ihren Mitgliedern mit juristischer Ausbildung (vgl. Botschaft Erwachsenenschutz, 7078). Ein gänzlicher Ausschluss des Zeugenbeweises stünde aber im Widerspruch zum uneingeschränkten Untersuchungsgrundsatz und dem damit einhergehenden Prinzip des Freibeweises. **17**

Der KESB stehen nebst mündlichen oder schriftlichen Auskünften auch alle anderen zweckdienlichen Beweismittel zur Verfügung. So kann sie **Urkunden** edieren, d.h. Dokumente, Schriftstücke, Aufzeichnungen u. dgl. einholen, soweit sich daraus rechtserhebliche Informationen für den Sachverhalt gewinnen lassen. Sie kann ferner einen **Augenschein** durchführen und sich so einen Eindruck von bestimmten äusseren Gegebenheiten, z.B. den Wohnverhältnissen der betroffenen Person, verschaffen. Ein wichtiges Beweismittel ist zudem die Einholung eines **Fach- oder Abklärungsberichts** einer Verwaltungsstelle oder eines privaten Trägers öffentlicher Aufgaben. Die KESB kann sich zur Einholung eines solchen Berichts veranlasst sehen, wenn die Verwaltungsstelle bzw. die private Trägerschaft bereits mit der betroffenen Person befasst war oder noch ist und daher zweckdienliche Auskünfte über sie geben kann (z.B. die Sozialhilfebehörde oder eine Pro-Organisation wie die Pro Juventute). Die angefragte Behörde ist ihrerseits verpflichtet, den eingeforderten Bericht zu erstatten und die gewünschten Auskünfte zu erteilen; vorbehalten bleiben nach Art. 448 Abs. 4 entgegenstehende schutzwürdige Interessen (Art. 448 N 47). Ein Fachbericht unterliegt nicht den besonderen Vorschriften für das Sachverständigengutachten (BGE 123 V 331 E. 1b; KRAUSKOPF/EMMENEGGER, in: Waldmann/Weissenberger, Art. 12 VwVG N 183). Er kann im Ergebnis aber dort den Charakter eines Sachverständigengutachtens haben, wo die Amtsstelle die Auskunft aufgrund ihres Fachwissens erstattet (AUER, in: Auer/Müller/Schindler, Art. 12 VwVG N 42). **18**

Als einziges Beweismittel ausdrücklich erwähnt ist in Art. 446 Abs. 2 das **Sachverständigengutachten**. Ein solches ist anzuordnen, wenn der KESB das nötige Fachwissen fehlt, um über eine in Frage stehende Massnahme zu entscheiden. Erforderlich wird der Beizug von externem Fachwissen vor allem bei FU oder Einschränkungen der Handlungsfähigkeit wegen einer psychischen Störung oder einer geistigen Behinderung (Botschaft Erwachsenenschutz, 7078). Die KESB muss in diesen Fällen aber nicht stets und automatisch ein Expertengutachten einholen. Soweit sie selbst über das nötige Fachwissen verfügt, indem sie z.B. einen Arzt mit genügenden Fachkenntnissen in Psychiatrie im Spruchkörper hat, kann und soll sie die Beurteilung der in Frage stehenden Massnahmevoraussetzungen direkt und ohne externe Begutachtung vornehmen. Das gilt auch dort, wo die betroffene Person an einer psychischen Störung leidet und eine FU in Frage steht (SCHMID, Art. 446 N 6; OFK-ZGB-FASSBIND, Art. 446 N 2; MEIER/LUKIC, Rz 109; **a.M.** STECK, in: Rosch/Büchler/Jakob, Art. 446 N 6 und 450e N 8; BERNHART, Rz 534). Art. 450e Abs. 3, der in diesen Fällen zwingend die Einholung eines Sachverständigengutachtens vorschreibt, richtet sich nur an die *gerichtliche Beschwerdeinstanz*. Das ist keine Nachlässigkeit in der Gesetzessystematik, sondern bewusst so gewollt: Der Gesetzgeber ist davon ausgegangen, dass die Rechtsmittelbehörde nicht interdisziplinär zusammengesetzt ist, sondern aus Juristen besteht. Er hat daher für die gerichtliche Überprüfung einer Massnahme, der eine psychische Störung zugrunde liegt, zwingend die Einholung eines Sachverständigengutachtens vorge- **19** schrieben. Nicht sachgerecht wäre ein solcher Automatismus aber auf der Stufe der interdisziplinär zusammengesetzten KESB. Sie hat, da sie selbst auch aus Fachleuten zusammengesetzt ist, nur «nötigenfalls», d.h. nur bei Fehlen des im konkreten Fall erforderlichen Sachverstands, ein externes Gutachten in Auftrag zu geben.

20 Das Gutachten hat sich zum **Sachverhalt** zu äussern, also z.B. zum Vorliegen einer psychischen Störung oder einer geistigen Behinderung (solche Umstände gehören zu den inneren Tatsachen und damit auch zum Sachverhalt, N 5). Hingegen sind dem Experten keine *Rechts*fragen zu unterbreiten (BGE 132 II 257 E. 4.4.1; 130 I 337 E. 5.4.1; BSK ZGB I-Geiser, aArt. 374 N 15). Allerdings ist die Unterscheidung zwischen Sach- und Rechtsfragen mitunter schwierig (Häner, Feststellung, 34), weshalb bei fachspezifischen Fragestellungen die strenge Beschränkung der Expertenäusserung auf rein tatsächliche Feststellungen bis zu einem gewissen Grad illusorisch ist (Auer, in: Auer/Müller/Schindler, Art. 12 VwVG N 57).

21 Das Sachverständigengutachten wird i.d.R. **schriftlich** erstattet. Möglich ist aber auch eine mündliche Berichterstattung des Experten im Rahmen einer Instruktionsverhandlung vor der KESB (vgl. Art. 187 Abs. 1 ZPO; BSK ZGB I-Geiser, aArt. 374 N 14). In diesem Fall sind die Aussage des Sachverständigen zu protokollieren (vgl. Art. 187 Abs. 2 ZPO; BSK ZGB I-Geiser, aArt. 374 N 14).

22 Die Begutachtung durch den Sachverständigen kann nötigenfalls auch **gegen den Willen des Betroffenen** durchgesetzt werden. Dies ergibt sich zunächst aus Art. 448 Abs. 1, wonach die Behörde nötigenfalls zwangsweise die Durchsetzung der Pflicht des Betroffenen zur Mitwirkung an einer ärztlichen oder behördlichen Untersuchung anordnen kann. Die KESB kann demnach die schutzbedürftige Person mit Hilfe der Polizei vorführen lassen. Erfordert die Abklärung eine länger dauernde Beobachtungsphase und kann sie daher nur stationär durchgeführt werden, so hat die Behörde die betroffene Person zur Begutachtung in eine geeignete Einrichtung einzuweisen (Art. 449 Abs. 1).

23 Schliesst die KESB aus **eigener fachlicher Beurteilung** auf eine geistige Behinderung oder psychische Störung und verzichtet sie auf den Beizug eines externen Gutachtens, so hat sie ihr Fachwissen offenzulegen (vgl. Art. 183 Abs. 3 ZPO). Das geschieht dadurch, dass der zur Behörde gehörende Arzt seine fachliche Beurteilung schriftlich festhält oder dass seine allfällige mündliche Berichterstattung an die übrigen Mitglieder des Spruchkörpers protokolliert wird (Schmid, Art. 446 N 6). Eine solche aktenmässige Sicherung der Sachverhaltserhebung ist unerlässlich, damit die Verfahrensbeteiligten ihre Parteirechte wahren und die gerichtliche Beschwerdeinstanz gegebenenfalls eine Überprüfung der fachlichen Beurteilung vornehmen kann.

24 Der **externe Gutachter** muss **unabhängig** sein (BGE 137 III 289, 292 E. 4.4). Der Anspruch auf Beurteilung der Fachfragen durch einen unbefangenen und unparteilichen Experten ergibt sich zum einen aus Art. 29 BV. Zum anderen wird er durch die Ausstandsgründe der jeweils ergänzend anwendbaren Verfahrensordnung konkretisiert. Gilt als ergänzendes Verfahrensrecht die ZPO, so finden die Ausstandsgründe von Art. 47 ZPO Anwendung (Art. 183 Abs. 2 ZPO). Wo der Kanton ergänzend auf die Verwaltungsrechtspflegeordnung verweist, gelten die dort statuierten Ausstandsgründe. Im Ergebnis besteht kaum ein Unterschied, da letztlich so oder anders die vom Bundesgericht entwickelte (und in den neuen Verfahrensgesetzen kodifizierte) Praxis massgebend ist. Demnach liegt ein Ausstandsgrund u.a. dann vor, wenn der Sachverständige in derselben Angelegenheit bereits einmal tätig gewesen ist (vgl. Art. 47 Abs. 1 lit. b ZPO). Unzulässig wäre daher etwa der Beizug des Klinikarztes, der die betroffene Person bereits mehrmals behandelt hat (Schmid, Art. 446 N 7). Nicht als Sachverständiger eingesetzt werden könnte auch ein

Arzt, der bereits in einem früheren Stadium eine FU der betroffenen Person angeordnet hat. Hingegen braucht der Beizug eines *anderen* Arztes derselben Klinik nicht von vorneherein ausgeschlossen zu sein (restriktiv SCHMID, Art. 446 N 7). Massgebend ist letztlich stets, ob *im konkreten Fall* der *Anschein der Befangenheit* besteht. Das dürfte zwar bei einem Arzt derselben Klinik oftmals zutreffen. Falls jedoch der behandelnde und der zur Begutachtung vorgesehene Arzt verschiedenen Organisationseinheiten derselben Klinik angehören und falls die beiden Ärzte in der täglichen Arbeit keinerlei Berührungspunkte zueinander haben, braucht dem Beizug des einen von ihnen als Experten nichts entgegenzustehen (vgl. zum Ganzen auch die Voten von StR David und BR Blocher, in AmtlBull StR 2007, 840).

Auch der **behördeninterne Sachverständige** muss über die nötige **Unabhängigkeit** verfügen. Es gelten für ihn die üblichen Ausstandsgründe, wie sie für die übrigen Behördenmitglieder zur Anwendung gelangen (vgl. Art. 47 Abs. 1 ZPO), d.h. er darf mit der betroffenen Person nicht verwandt sein oder ein irgendwie geartetes eigenes Interesse am Ergebnis der fachlichen Beurteilung haben. Allerdings führt allein die Tatsache, dass er sich als Mitglied der Behörde bereits in einem früheren Verfahren mit der betroffenen Person befasst hat, noch nicht dazu, dass er automatisch als befangen anzusehen wäre. Die Zuständigkeit der KESB für Personen mit Wohnsitz in ihrem Zuständigkeitsgebiet ist gesetzlich vorgesehen. Dass sich die Behörde mit einzelnen Schutzbedürftigen mehrmals und immer wieder befassen muss, liegt daher in der Natur der Sache und führt nicht zur Befangenheit ihrer Mitglieder. Das gilt für sämtliche Behördenmitglieder und damit auch für einen allfälligen behördeninternen Arzt, dem jeweils die fachliche Beurteilung einer in Frage stehenden geistigen Behinderung oder psychischen Störung obliegt. Allerdings können die konkreten Umstände des Einzelfalls dennoch den Anschein der Befangenheit des behördeninternen Arztes erwecken. Insofern kann es zur Gewährleistung einer möglichst neutralen und fachlich unabhängigen Beurteilung im Einzelfall doch angezeigt sein, dass die zweite oder dritte fachliche Beurteilung nicht mehr durch das behördeneigene Mitglied, sondern durch eine externe Person erfolgt. 25

Weitere und detailliertere Vorschriften zur **Art und Weise der Beweiserhebung** ergeben sich aus den ergänzend anwendbaren Verfahrensvorschriften (Art. 450f). Dabei ist in aller Regel stets die ZPO massgebend: Die meisten kantonalen Verwaltungsprozessordnungen regeln das Beweisverfahren nicht ausführlich, sondern verweisen ergänzend auf die ZPO. Die Art. 150 ff. ZPO finden im Ergebnis somit auch in jenen Kantonen ergänzend Anwendung, in denen der Gesetzgeber eine oder mehrere *Verwaltungs*behörde(n) mit dem Vollzug des Kindes- und Erwachsenenschutzes betraut und das kantonale Verwaltungsrechtspflegegesetz als ergänzende Verfahrensordnung bestimmt hat (vgl. auch Art. 450f N 11). 26

Ergänzend anwendbar ist die ZPO etwa bei Fragen rund um die **Zeugeneinvernahme** (Zeugnisverweigerungsrechte, Form und Inhalt der Einvernahme, Entschädigung von Zeugen usw.). Zur Anwendung kommt sie ferner im Zusammenhang mit der Anordnung eines **Sachverständigengutachtens** (Art. 183 ff. ZPO), wobei hier vor allem die Parteirechte im Vorfeld der Einsetzung des Experten (Art. 183 Abs. 1 ZPO) sowie das Recht der Parteien, sich zur Fragestellung zu äussern und Änderungs- oder Ergänzungsanträge zu stellen (Art. 185 Abs. 2 ZPO), zu beachten sind. Im Übrigen gilt ganz generell, dass die ZPO und die dazu ergangene höchstrichterliche Rechtsprechung auf dem Gebiet des Beweisrechts überall dort zu Rate gezogen werden müssen, wo sie eine Antwort auf eine im ZGB und im allenfalls subsidiär anwendbaren kantonalen Verwaltungsprozessrecht offengelassene Frage liefern. 27

4. Delegation von Sachverhaltsabklärungen

28 Die KESB hat gem. Abs. 2 Satz 2 die Möglichkeit, eine geeignete Person oder Stelle mit der Sachverhaltserhebung zu beauftragen. Sinn dieser Delegationsmöglichkeit ist es, die Fachbehörde von Routinegeschäften zu entlasten (Botschaft Erwachsenenschutz, 7078). Dabei kommen unterschiedlich weit gehende Delegationen in Frage. Von vornherein unproblematisch ist die Übertragung der Sachverhaltsabklärungen an ein Einzelmitglied der Behörde (vgl. auch Art. 447 Abs. 2, wonach nur die Anhörung im Falle einer FU i.d.R. durch das Kollegium zu erfolgen hat). Entsprechende Aufgabenzuweisungen finden sich regelmässig in der kantonalen Einführungsgesetzgebung oder in einem Reglement über die Behördenorganisation. Sodann können die Abklärungen innerhalb der KESB an ein zentrales Behördensekretariat übertragen werden. Aufgabe eines solchen Sekretariats ist i.d.R. die Unterstützung der Behördenmitglieder auf ihrem gesamten Aufgabengebiet. Dazu gehört als wesentliches Element auch die Erhebung des Sachverhalts. Eine Delegation ist ferner denkbar an regionalisierte Abklärungsstellen, die zwar dezentral tätig sind, organisatorisch aber immer noch direkt der KESB unterstellt sind (VOGEL/WIDER, ZKE 2010, 16). Schliesslich können auch *externe* Personen oder Stellen, die organisatorisch nicht zur KESB gehören, mit Sachverhaltsabklärungen betraut werden (Botschaft Erwachsenenschutz, 7078). Im Vordergrund steht diesfalls die Zuweisung der Aufgabe an die lokalen Sozialdienste in den Gemeinden (VOGEL/WIDER, ZKE 2010, 16 f.).

29 Die Möglichkeit zur Delegation von Sachverhaltsabklärungen stellt eine gesetzliche Einschränkung des **Unmittelbarkeitsprinzips** dar, mithin des Grundsatzes, wonach die Beweise von der entscheidenden Behörde selbst abgenommen werden müssen. Im ebenfalls vom Untersuchungsgrundsatz beherrschten Verwaltungsprozess gilt eher das Mittelbarkeitsprinzip, auch wenn die Verfahrensordnungen oftmals keine entsprechende explizite Regelung enthalten (AUER, in: Auer/Müller/Schindler, Art. 12 VwVG N 21; RHINOW et al., Rz 1027). Es kommt daher in Verwaltungs- und Verwaltungsjustizverfahren oftmals vor, dass Abklärungen zum Sachverhalt nicht durch den Entscheidverantwortlichen selbst, sondern durch ihm unterstellte Personen oder Dienststellen – z.B. einen Gerichtsschreiber oder den Rechtsdienst einer Direktion – getätigt werden. Dass jedoch auch Personen oder Stellen Abklärungen vornehmen, die organisatorisch *ausserhalb* der entscheidenden Behörde angesiedelt sind, ist ungewöhnlich. Der Bundesgesetzgeber hat deshalb für diese Delegationsmöglichkeit eine ausdrückliche gesetzliche Grundlage geschaffen.

30 Die Delegation von Abklärungen an eine externe Stelle oder Person ist in verschiedener Hinsicht **nicht unproblematisch**. Zunächst resultiert daraus ein Auseinanderfallen von Entscheidkompetenz und Entscheidvorbereitung. Das ist zwar in der Verwaltungsrechtspflege nicht ungewöhnlich (N 29) und war denn auch im bisherigen Vormundschaftsrecht in vielen Fällen üblich. Die Feststellung des rechtserheblichen Sachverhalts ist jedoch nicht bloss eine beiläufige Routinetätigkeit. Vielmehr handelt es sich um das eigentliche Kerngeschäft der behördlichen Entscheidfindung. Die Übertragung dieser zentralen Aufgabe an andere Stellen und Personen ist daher generell mit Vorsicht anzugehen (vgl. zum Problem des Wissensvorsprungs der unmittelbar mit den tatsächlichen und rechtlichen Aufgaben befassten Stellen gegenüber der formell verantwortlichen Behörde FASSBIND, 571 f.). Dazu kommt, dass der Bundesgesetzgeber die Verantwortung für sämtliche Entscheide auf dem Gebiet des Kindes- und Erwachsenenschutzes einem **interdisziplinären Fachgremium** von mindestens drei Personen zugewiesen hat (Art. 440; vorbehalten bleiben die Fälle der Einzelzuständigkeit). Das zentrale Element der Interdisziplinarität ist aber ein Stück weit gefährdet, wenn die Entscheid*vorbereitung* durch eine Person oder Stelle erfolgt, die selbst monodisziplinär strukturiert ist. Im Schrifttum wird daher teilweise gefordert, dass auch in den von den KESB beauftragten Abklärungsstellen das Element der Interdisziplinarität sichergestellt werden sollte (Rosch, 42). Das ginge jedoch zu weit und findet in den Materialien zu Art. 446 Abs. 2 Satz 2 keine Stütze. Der Bundesgesetzgeber war sich bewusst, dass allfällige von der KESB eingesetzte Abklärungsstellen regelmässig nur *eine* Disziplin abdecken (vgl. die beispielhaft erwähnten Gerichtssekretäre, Sozialarbeiter oder Ärzte in Botschaft Erwachsenenschutz, 7078). Umso wichtiger erscheint es freilich, dass die KESB die *Leitung* des Verfahrens bei sich behält und die ihr zugetragenen Abklärungsergebnisse mit der gebotenen Verantwortung kritisch würdigt und hinterfragt (vgl. OFK-ZGB-Fassbind, Art. 446 N 2).

Soll von der Möglichkeit des Beizugs eines aussenstehenden Dienstes oder einer externen **31**
Person nur vereinzelt Gebrauch gemacht werden, so kann sich die KESB bei der Auftragserteilung direkt auf Art. 446 Abs. 2 Satz 2 stützen. Soll der Aufgabenübertrag jedoch **die Regel** bilden und ist die KESB so konzipiert und mit Personal ausgestattet, dass sie ohne *ständigen* Beizug von externen Abklärungsstellen ihre Aufgaben gar nicht erfüllen könnte, so ist die nähere Ausgestaltung der Zusammenarbeit mit diesen Stellen im kantonalen Recht zu regeln. Das gilt z.B. für eine institutionalisierte Übertragung der Sachverhaltsabklärungen an die lokalen Sozialdienste der Gemeinden (vgl. etwa für den Kanton Bern Art. 22 KESG BE). Dabei ist insb. festzulegen, welche Organisationen oder Personen mit den Abklärungen betraut werden können. Der Klärung bedarf auch die Frage, ob die KESB ihre Aufträge direkt den einzelnen Sachbearbeitern erteilen kann oder ob sich ihr Mandat an die Organisation – z.B. einen kommunalen Sozialdienst – zu richten hat und die Aufgabenzuweisung an die einzelnen Mitarbeiter Sache der Organisationsleitung ist. Auch die finanzielle Abgeltung der externen Abklärungsarbeiten bedarf der Regelung.

Das Gesetz legt nicht näher fest, *welche* Abklärungen an einen **aussenstehenden Dienst** **32**
oder eine externe Person übertragen werden können. Grundsätzlich sind somit alle Arten von Sachverhaltserhebungen delegierbar. Insbesondere kann auch die persönliche Anhörung nach Art. 447 Abs. 1 an externe Personen oder Stellen delegiert werden, wobei dies die Ausnahme bleiben und im kantonalen Einführungsrecht geregelt werden sollte (hierzu Art. 447 N 17 ff.; OFK-ZGB-Fassbind, Art. 447 N 2).

An *welche* externe Person oder Stelle die KESB eine bestimmte Abklärung delegiert, hat **33**
sie nach pflichtgemässem Ermessen zu entscheiden. Im Vordergrund wird stehen, welche Stelle aufgrund der konkreten Umstände am besten Gewähr bietet für eine sorgfältige und effiziente Abklärung. Von Bedeutung kann auch sein, ob die betroffene Person bereits vorher durch eine externe Stelle – z.B. eine Pro-Organisation wie die Pro Juventute oder eine freiwillige Beratungsstelle – betreut wurde. Diesfalls kann es vorteilhaft sein, die Dienste dieser Stelle in Anspruch zu nehmen.

III. Offizialmaxime

Die KESB ist nicht an die Anträge der am Verfahren beteiligten Personen gebunden **34**
(Abs. 3). Sie kann von den allfälligen Rechtsbegehren der Verfahrensbeteiligten abweichen und eine andere Anordnung treffen. Dieser Grundsatz verankert einen **wichtigen Aspekt der Offizialmaxime**, welche in ihrer reinen Ausgestaltung besagt, dass die Rechtspflege von Amtes wegen vor sich geht, d.h. Einleitung und Beendigung des Verfahrens sowie Bestimmung des Streitgegenstands nicht den Parteien, sondern der Behörde zustehen. Der Gesetzgeber hat das Prinzip der Freistellung von den Parteibegehren ausdrücklich verankert, da es eine Ausnahme zu der in der Zivilrechtspflege geltenden **Dispositionsmaxime** darstellt. Danach darf das Gericht einer Partei nicht mehr und nichts anderes zusprechen, als sie verlangt, und nicht weniger, als die Gegenpartei anerkannt hat (Art. 58 Abs. 1 ZPO). Die Entscheidzuständigkeit der Behörde ist demnach in einem von

der Dispositionsmaxime beherrschten Verfahren an den von den Parteien mit ihren Begehren abgesteckten Streitgegenstand gebunden. Demgegenüber haben die Parteibegehren bei Geltung der Offizialmaxime **keine Bindungswirkung**.

35 Dass die KESB bei ihren Entscheiden keine Rücksicht auf die Anträge der Verfahrensbeteiligten nehmen muss, ist für die Erfüllung des Zwecks des Kindes- und Erwachsenenschutzrechts **zentral** und versteht sich im Grunde genommen von selbst. Es ist gerade Wesensmerkmal des Kindes- und Erwachsenenschutzes, dass behördliche Massnahmen auch **gegen den Willen der betroffenen Person** oder anderer Verfahrensbeteiligter angeordnet werden können. Der Vollzug des Kindes- und Erwachsenenschutzrechts ist der freien Verfügung der Betroffenen im öffentlichen Interesse entzogen, was mit einer Bindung an die Parteibegehren nicht vereinbar wäre.

36 Die Offizialmaxime bedeutet auch, dass die Behörde befugt ist, einen Entscheid **ohne Vorliegen eines Rechtsbegehrens** zu treffen. So kann sie bspw. vorsorgliche Massnahmen von Amtes wegen anordnen (Art. 445 Abs. 1). Schliesslich folgt aus der Offizialmaxime, dass die Anerkennung eines Rechtsbegehrens durch den davon Betroffenen – z.B. die Zustimmung des Betroffenen zu einer von der nahestehenden Person verlangten Verbeiständung – keine Bindungswirkung für die Behörde entfaltet (GLASL, in: Brunner/Gasser/Schwander, Art. 58 ZPO N 41).

37 Trifft die KESB eine andere Massnahme als von einem Verfahrensbeteiligten beantragt, so hat sie das rechtliche Gehör zu gewähren. Gleiches gilt, wenn sie die beantragte Massnahme aus einem anderen Grund ausspricht als dem, der vom Antragsteller angerufen wurde (BK-SCHNYDER/MURER, aArt. 373 ZGB N 141).

38 Die Offizialmaxime gilt auch im Verfahren vor der **gerichtlichen Beschwerdeinstanz**. Das ergibt sich zwar nicht direkt aus dem Gesetz, folgt aber aus dem Grundsatz der Einheit des Prozesses und dem Zweck des Kindes- und Erwachsenenschutzrechts (vgl. Art. 55 Abs. 1 Ziff. 2 des VE VKE 2003). Eine anders lautende kantonale Regelung wäre bundesrechtswidrig. Nicht gerechtfertigt erscheint die Freistellung von den Parteibegehren allerdings dort, wo es nicht um die Verwirklichung des Kindes- und Erwachsenenschutzrechts selbst geht, sondern um einen Nebenpunkt, an dessen objektiv richtiger Beurteilung kein öffentliches Interesse besteht (z.B. die Verlegung der Verfahrens- und Parteikosten durch die Vorinstanz). Hier sollte grundsätzlich die Dispositionsmaxime gelten.

39 Eine wichtige Ausprägung der Offizialmaxime im Rechtsmittelverfahren ist die Erlaubnis, den angefochtenen Entscheid zu «verschlechtern» (kein Verbot der reformatio in peius). Freilich ist der Ausdruck verschlechtern insofern unpassend, als eine für den Betroffenen einschneidendere Massnahme nicht schlechter, sondern – aus übergeordneter Optik betrachtet – im Gegenteil besser sein sollte (SCHMID, Art. 450 N 5). Nimmt die Rechtsmittelinstanz eine weiter gehende Massnahme in Aussicht, so hat sie der betroffenen Person vorgängig das **rechtliche Gehör** zu gewähren (SCHMID, Art. 450 N 5; VE VKE 2003, 36). Die Offizialmaxime geht nicht so weit, dass sie der Rechtsmittelinstanz erlauben würde, trotz Rückzugs der Beschwerde einen reformatorischen Entscheid zu fällen. Der betroffenen Person muss daher bei einer in Aussicht genommenen «Verschlechterung» die Möglichkeit gewährt werden, das Rechtsmittel zurückzuziehen.

IV. Rechtsanwendung von Amtes wegen

40 Abs. 4 verankert den Grundsatz, dass die KESB das richtige Recht von Amtes wegen anzuwenden hat. Damit wird zum Ausdruck gebracht, dass sie an die rechtlichen Ausführungen der Verfahrensbeteiligten nicht gebunden ist (Botschaft Erwachsenenschutz, 7079). Die Parteien können daher auf die rechtliche Würdigung der Tatsachen weder einseitig noch einverständlich Einfluss nehmen. Die Geltung des Prinzips iura novit curia ist an sich eine Selbstverständlichkeit, handelt es sich doch um einen generellen **Grundsatz des heutigen Rechtsstaats** (GLASL, in: Brunner/Gasser/Schwander, Art. 57 ZPO N 1). Auch in den von der Dispositionsmaxime beherrschten Zivilrechtspflegeverfahren erfüllt das Gericht seine rechtlichen Aufgaben in freier Rechtsfindung und ohne Bindung an die Argumentation der Parteien (Art. 57 ZPO). Erst recht muss dies beim Vollzug des zum Schutze Hilfsbedürftiger erlassenen Kindes- und Erwachsenenschutzrechts gelten.

Der Hauptzweck des Grundsatzes der Rechtsanwendung von Amtes wegen besteht darin, **41** sicherzustellen, dass rechtsunkundige Personen bei der Wahrung ihrer Rechte nicht schlechter gestellt sind als juristisch gebildete Rechtsuchende. Das schweizerische Rechtssystem kennt denn auch grundsätzlich **keinen Anwaltszwang**, d.h. keine Verpflichtung, sich in einem Prozess anwaltlich vertreten zu lassen (vorbehalten bleiben gesetzliche Fälle einer notwendigen Verbeiständung oder Verteidigung, vgl. Art. 449a N 4 und 7). Dem entspricht die Entbindung der Parteien von der Pflicht, das Recht zu kennen und es korrekt auf den in Frage stehenden Sachverhalt anzuwenden.

Gilt in einem Verfahren für die Sachverhaltsermittlung die Verhandlungs- und nicht die **42** Untersuchungsmaxime, so kommt der **Unterscheidung zwischen Tat- und Rechtsfragen** insofern eine wesentliche Bedeutung zu, als nur letztere in der Verantwortung der Behörde liegen (vgl. GLASL, in: Brunner/Gasser/Schwander, Art. 57 ZPO N 5). Weniger wichtig ist die Unterscheidung dagegen im Kindes- und Erwachsenenschutz, das von der Untersuchungsmaxime beherrscht wird.

Der Grundsatz der Rechtsanwendung von Amtes wegen gilt auch im Verfahren vor der ge- **43** richtlichen Beschwerdeinstanz. Ein zentraler Aspekt ist auf dieser Stufe, dass die Behörde eine sog. **Substitution der Motive** vornehmen kann. Sie darf somit eine im Ergebnis zutreffende, aber in der Begründung falsche Verfügung bestätigen, indem sie die falsche Begründung durch zutreffende Rechtserörterungen ersetzt (AUER, Streitgegenstand, 15).

Art. 447

E. Anhörung

1 Die betroffene Person wird persönlich angehört, soweit dies nicht als unverhältnismässig erscheint.

2 Im Fall einer fürsorgerischen Unterbringung hört die Erwachsenenschutzbehörde die betroffene Person in der Regel als Kollegium an.

E. Droit d'être entendu

1 La personne concernée doit être entendue personnellement, à moins que l'audition personnelle ne paraisse disproportionnée.

2 En cas de placement à des fins d'assistance, elle est en général entendue par l'autorité de protection de l'adulte réunie en collège.

E. Audizione

1 L'interessato è sentito personalmente, sempre che ciò non appaia sproporzionato.

2 Di regola, in caso di ricovero a scopo di assistenza l'autorità di protezione degli adulti sente collegialmente l'interessato.

Inhaltsübersicht

Literatur

Vgl. die Literaturhinweise zu Art. 443.

Materialien

Art. 31, 32 und 41 VE VKE 2003; VE VKE/Vernehmlassungen, 82 ff. und 102 ff.; Botschaft Erwachsenenschutz, 7079 f. und 7164; Prot. RK-S vom 27./28.8.2007, 32; AmtlBull StR 2007, 840; Prot. RK-N vom 24./25.4.2008, 43; AmtlBull NR 2008, 1539.

I. Allgemeines

1 Art. 447 regelt die **persönliche Anhörung**. Sie bildet zum einen ein qualifiziertes persönliches Mitwirkungsrecht der betroffenen Person und dient zum anderen der Sachverhaltsfeststellung. Abs. 1 verpflichtet die KESB, die betroffene Person grundsätzlich persönlich anzuhören. Abs. 2 regelt die persönliche Anhörung, wenn eine FU Verfahrensgegenstand bildet.

2 Art. 447 bezieht sich gesetzessystematisch lediglich auf das **Verfahren vor der ESB** (vgl. den Titel des ersten Unterabschnitts). Im **Verfahren vor der KSB** kommt die Vorschrift zwar auch zur Anwendung (vgl. Art. 440 Abs. 3 i.V.m. Art. 314 Abs. 1; ferner Botschaft Erwachsenenschutz, 7075), hier geht aber Art. 314a als lex specialis vor. Nach Abs. 1 dieser Bestimmung wird das Kind durch die KSB oder durch eine beauftragte Drittperson in geeigneter Weise persönlich angehört, soweit nicht sein Alter oder andere wichtige Gründe dagegen sprechen. Die *Eltern* sind hingegen als betroffene Personen nach Art. 447 anzuhören. Für eherechtliche Verfahren ist die Anhörung von Eltern und Kindern in den Art. 297 und 298 ZPO geregelt. Eine persönliche Anhörung hat auch in den **Verfahren mit ärztlicher Zuständigkeit** zu erfolgen (vgl. Art. 430 Abs. 1). Im **Verfahren vor der gerichtlichen Beschwerdeinstanz** gilt Art. 447 sinngemäss (s. N 39).

3 Nach **bisherigem Recht** war die betroffene Person vor der Entmündigung oder vor einer fürsorgerischen Freiheitsentziehung (FU) persönlich anzuhören (vgl. aArt. 374 Abs. 1 und aArt. 397f Abs. 3). Dabei galt die Pflicht zur Anhörung im Zusammenhang mit einer Entmündigung auch vor der Anordnung einer Beistandschaft (aArt. 397 Abs. 1). Allerdings musste die Anhörung bei der Entmündigung bzw. Verbeiständung – anders als bei der FU (BGE 115 II 129, 134 f. E. 6c) – nicht von der ganzen Behörde vorgenommen werden (BGE 117 II 132, 140 E. 4d). Es genügte, wenn eine Behördendelegation die betroffene Person persönlich einvernahm. Der Bundesgesetzgeber hat die Revision des ZGB nunmehr

zum Anlass genommen, die Pflicht zur persönlichen Anhörung als allgemeinen Verfahrensgrundsatz im Kindes- und Erwachsenenschutzrecht zu verankern. Ihr Anwendungsbereich bezieht sich grundsätzlich auf sämtliche Verfahren des Kindes- und Erwachsenenschutzes (vgl. aber N 25 ff.).

II. Persönliche Anhörung (Abs. 1)

1. Zwei Zielsetzungen

Die mündliche Anhörung verfolgt – wie der Anspruch auf rechtliches Gehör – **zwei Ziele**: Zum einen stellt sie ein Mitwirkungsrecht der betroffenen Person dar. Zum anderen bildet sie ein Mittel zur Sachverhaltsabklärung (zur Kindesanhörung: BGer vom 6.7.2010, 5A_50/2010, E. 2.1 [betreffend aArt. 144 Abs. 2]; BGer vom 3.6.2010, 5A_89/2010, E. 4.1 [betreffend aArt. 144 Abs. 2 und 314 Ziff. 1]). Die beiden Ziele können mit ein und derselben Anhörung erreicht werden. 4

a) Mitwirkungsrecht

Der **Anspruch auf rechtliches Gehör** ergibt sich zunächst aus Art. 29 Abs. 2 BV. Er umfasst u.a. das Recht der betroffenen Person, sich vor dem Erlass eines in die Rechtsstellung eingreifenden Entscheides zur Sache zu äussern sowie das Recht auf Abnahme der rechtzeitig und formrichtig angebotenen rechtserheblichen Beweismittel. Der Umfang des Anspruchs auf rechtliches Gehör hängt grundsätzlich von der Intensität der Betroffenheit durch die Anordnung ab. Je grösser die Gefahr einer Beeinträchtigung schutzwürdiger Interessen und je bedeutsamer diese sind, desto umfassender ist das rechtliche Gehör zu gewähren (statt vieler Häfelin/Müller/Uhlmann, Rz 1677). 5

Art. 29 Abs. 2 BV räumt keinen Anspruch auf eine mündliche Anhörung ein (BGE 134 I 140, 148 E. 5.3). Der verfassungsrechtliche Anspruch auf rechtliches Gehör kann aber durch eidgenössisches oder kantonales Verfahrensrecht über die Minimalgarantie von Art. 29 Abs. 2 BV hinaus ausgedehnt werden. Der Bundesgesetzeber hat dies mit Art. 447 getan, indem er die persönliche Anhörung der betroffenen Person vorgeschrieben hat. 6

Art. 447 verpflichtet die KESB, die betroffene Person **persönlich** anzuhören. «Persönlich» bedeutet, dass die Anhörung auf dem Wege einer direkten (unmittelbaren) Kommunikation der anhörenden Person mit der angehörten Person erfolgt. Dieser Vorgabe genügt weder eine schriftliche Stellungnahme noch die Vertretung durch einen Anwalt oder Verfahrensbeistand (Botschaft Erwachsenenschutz, 7079; auch zum Folgenden). Vielmehr soll die Pflicht zur persönlichen Anhörung in Konkretisierung von Art. 388 dazu beitragen, das Wohl und den Schutz hilfsbedürftiger Personen sicherzustellen und ihre Selbstbestimmung soweit wie möglich zu erhalten und zu fördern. Bei schutzbedürftigen Personen ist es besonders wichtig, dass sie nicht einfach durch ein Schreiben der KESB, sondern durch eine persönliche Orientierung über die Gründe der anzuordnenden Massnahme in Kenntnis gesetzt werden. Die persönliche Anhörung ist somit Ausdruck des Persönlichkeitsrechts und bildet ein **qualifiziertes persönliches Mitwirkungsrecht des (urteilsfähigen) Betroffenen**. Sie steht der betroffenen Person um ihrer Persönlichkeit willen zu und stellt ein höchstpersönliches Recht dar. 7

Das Mitwirkungsrecht ist umfassend: So ist der betroffenen Person im Rahmen der persönlichen Anhörung nicht nur in allgemeiner Form von der in Aussicht genommenen Massnahme Kenntnis zu geben. Vielmehr sind ihr **sämtliche Einzeltatsachen** bekannt zu geben, auf die sich die KESB bei ihrem Entscheid stützen will (vgl. zum alten Recht: BGE 113 II 228, 229 f. E. 6a). Auch zu den wesentlichen Modalitäten einer in Aussicht genom- 8 menen Massnahme – etwa zur Person eines allfälligen Beistands (vgl. Art. 401 Abs. 1 und 3) – ist die betroffene Person anzuhören. Keine qualifizierte (persönliche) Anhörung ist dagegen bei der Bestellung einer amtlichen Vertretung nach Art. 449a erforderlich, handelt es sich dabei doch nicht um eine Massnahme des Erwachsenenschutzes, sondern um eine Unterstützung im Verfahren (vgl. Art. 449a N 15 und N 25 hiernach).

9 Der betroffenen Person steht es frei, auf die persönliche Anhörung zu **verzichten**, soweit sich die Anhörung im Mitwirkungsrecht erschöpft (BK-SCHNYDER/MURER, aArt. 374 ZGB N 72; vgl. aber N 11 hiernach).

b) Mittel zur Sachverhaltsabklärung

10 Der Zweck der persönlichen Anhörung besteht – wie jener der Gewährung des rechtlichen Gehörs – i.d.R. nicht nur darin, der betroffenen Person ein Mitwirkungsrecht einzuräumen. Vielmehr dient die Anhörung auch der Sachverhaltsabklärung. In dieser Funktion ermöglicht sie der KESB, sich einen **aktuellen, eigenen, unverfälschten Eindruck** von der betroffenen Person zu verschaffen. Bei der Anordnung von Massnahmen ist eine persönliche Anhörung aufgrund der stark persönlichkeitsbezogenen Natur des Verfahrensgegenstandes regelmässig unentbehrlich. Dies gilt insb. dann, wenn eine Beschränkung der Handlungsfähigkeit in Frage steht, mit der beabsichtigten Anordnung auf andere Weise in die Persönlichkeitsrechte eingegriffen wird oder die betroffene Person ausdrücklich eine Anhörung verlangt (Botschaft Erwachsenenschutz, 7079). Im Rahmen der Anhörung hat sich die Behörde einen umfassenden Eindruck von den Zukunftsaussichten sowie der jüngeren Vergangenheit der betroffenen Person zu verschaffen, der ihr mit Blick auf die Notwendigkeit und die Verhältnismässigkeit der Massnahme als Entscheidgrundlage dient (BGE 117 II 132, 142 E. 5b). In der Regel ist der persönliche Eindruck im Übrigen denn auch das beste und zuverlässigste Beweismittel zur Erhebung der persönlichen Umstände (Art. 446 N 12).

11 Soweit die Anhörung der Sachverhaltsfeststellung dient, kann auf sie **nicht verzichtet** werden, selbst wenn sich die betroffene Person widersetzen sollte (BSK ZGB I-GEISER, aArt. 374 N 19a). Die betroffene Person, die zur Mitwirkung bei der Abklärung des Sachverhalts verpflichtet ist (Art. 448 Abs. 1 Satz 1), ist nötigenfalls – soweit es die zeitlichen Verhältnisse erlauben – ein zweites Mal vorzuladen (zur Vorladung s. N 20). Leistet sie auch der erneuten Vorladung keine Folge, so kann die KESB in zwangsweiser Durchsetzung der Mitwirkungspflicht die polizeiliche Vorführung anordnen (Art. 448 Abs. 1 Satz 3).

12 Steht bei der Anhörung die Sachverhaltsabklärung im Vordergrund, so spielt es keine Rolle, ob die betroffene Person urteilsfähig ist oder nicht (BSK ZGB I-GEISER, aArt. 374 N 4; BK-SCHNYDER/MURER, aArt. 374 ZGB N 52). Auch **urteilsunfähige Personen** können angehört werden. Ist die betroffene Person aber gar nicht in der Lage, sich selbst zu äussern, so verändert sich der Charakter der persönlichen Anhörung: Sie mutiert von der förmlichen Einvernahme zu einem **Augenschein**, wobei der Übergang zwischen den beiden Beweismitteln fliessend ist (BSK ZGB I-GEISER, aArt. 374 N 4 und 9). Die «Anhörung» bzw. Wahrnehmung einer Person, die urteilsunfähig ist oder sich überhaupt nicht (mehr) äussern kann, dient nach wie vor der Sachverhaltserhebung. Es fehlt ihr aber das Element der persönlichen Mitwirkung.

2. Betroffene Person

Der Anspruch auf persönliche Anhörung steht nur **der betroffenen Person** zu. Den übrigen Verfahrensbeteiligten räumt Art. 447 kein entsprechendes Recht ein. Ihrem Anspruch auf rechtliches Gehör ist vielmehr dadurch Genüge getan, dass sie sich mittels schriftlichen Stellungnahmen äussern können. Dies rührt daher, dass das rechtliche Gehör umso umfassender zu gewähren ist, je grösser die Betroffenheit ist (N 5). Betroffene Personen i.S.v. Art. 447 Abs. 1 können auch die *Eltern* sein, soweit Anordnungen über Kinder zu treffen sind (vgl. Art. 297 Abs. 1 ZPO betreffend die Anhörung der Eltern in eherechtlichen Verfahren). 13

Die betroffene Person muss nicht urteilsfähig sein, damit sie persönlich anzuhören ist (N 12). Es geht daher nicht an, den gesetzlichen Vertreter anstelle der urteilsunfähigen betroffenen Person anzuhören. Die **Urteilsfähigkeit** der betroffenen Person ist aber insofern von Relevanz, als stets zu respektieren ist, wenn die urteilsfähige Person auf die persönliche Anhörung im Sinne des Mitwirkungsrechts verzichten will (N 9 und 28; vgl. Botschaft Erwachsenenschutz, 7079). 14

Dass **Kinder** persönlich anzuhören sind, ergibt sich unmittelbar aus Art. 314a Abs. 1. Danach wird das Kind durch die KSB oder durch eine beauftragte Drittperson in geeigneter Weise persönlich angehört, soweit nicht sein Alter oder andere wichtige Gründe dagegen sprechen. In eherechtlichen Verfahren sind die Kinder nach Massgabe von Art. 298 ZPO anzuhören. Dieser ist auf Art. 314a Abs. 1 abgestimmt. 15

3. Delegation

Art. 447 Abs. 2 legt für den Fall der FU fest, dass die betroffene Person i.d.R. vom Kollegium anzuhören ist. Art. 447 Abs. 1 lässt demgegenüber offen, wer die Anhörung durchzuführen hat. Es ist somit Sache des jeweiligen kantonalen Verfahrens- bzw. Einführungsrechts, dies zu bestimmen. 16

Die persönliche Anhörung nach Art. 447 Abs. 1 kann nach Massgabe des kantonalen Rechts von einem Einzelmitglied der Behörde oder – in Übereinstimmung mit Art. 446 Abs. 2 – von einer anderen geeigneten Person durchgeführt werden (Botschaft Erwachsenenschutz, 7080). Sie ist damit wie alle anderen Arten von Sachverhaltserhebungen **grundsätzlich delegierbar** (Art. 446 N 32). Allerdings ist bei der Beantwortung der Frage, ob die Anhörung *in einem konkreten Fall* durch andere Personen als die Entscheidträger durchgeführt werden kann, der mit ihr verfolgte Zweck zu berücksichtigen: Soweit die Anhörung der betroffenen Person lediglich ermöglichen soll, sich zu den Absichten der KESB zu äussern, vermag die durch eine **geeignete Drittperson** durchgeführte Befragung in Verbindung mit einer angemessenen Protokollierung durchaus zu genügen (vgl. BGE 117 II 132, 138 E. 4a [betreffend aArt. 374]). Wesentlich ist diesfalls, dass die Drittperson über die erforderlichen Sachkenntnisse verfügt. Das kann bei einem Mitarbeiter des Behördensekretariats der Fall sein, aber auch bei externen Personen, wie sie im Kindesschutz explizit für die Durchführung von Befragungen vorgesehen sind (vgl. Art. 314a). Anders verhält es sich aber dort, wo sich die persönliche Anhörung nicht im Mitwirkungsrecht erschöpft, sondern auch der Sachverhaltsabklärung dient. Hier sollte die Anhörung nur ausnahmsweise an eine aussenstehende Person delegiert werden. Im Regelfall hat die für den Entscheid verantwortliche Behörde sich selbst ein Bild über die persönlichen Umstände der betroffenen Person zu verschaffen. Das folgt aus der persönlichkeitsbezogenen Natur des Verfahrensgegenstands, welche die Anhörung zu einem zentralen Element der Entscheidfindung macht (vgl. N 10). Die Beurteilung der Persönlichkeit bedingt i.d.R. eine **unmittelbare** 17

Wahrnehmung. Insoweit kommt dem Unmittelbarkeitsprinzip besondere Bedeutung zu (zu diesem Prinzip vgl. Art. 446 N 29). Hierin unterscheidet sich die persönliche Anhörung denn auch von den anderen Beweismitteln, weshalb einer Delegation engere Grenzen gesetzt sind. Der Forderung nach unmittelbarer Wahrnehmung genügt es aber, wenn die Anhörung durch ein **Einzelmitglied der Behörde** durchgeführt wird. Ein Anspruch auf Anhörung durch die gesamte entscheidende Behörde ergibt sich aus Art. 447 Abs. 1 nicht. Vielmehr muss aus Art. 447 Abs. 2 geschlossen werden, dass der Gesetzgeber bei allen anderen Anordnungen als den FU gerade *keine* Anhörung im Kollegium verlangen wollte (Umkehrschluss aus Art. 447 Abs. 2). Es dürfte denn auch in den meisten Kantonen so sein, dass die Vorkehren zur Erhebung des Sachverhalts – und damit auch die Anhörungen – aus Effizienz- und Praktikabilitätsgründen durch ein einzelnes instruierendes Behördenmitglied getroffen werden (vgl. z.B. Art. 47 Abs. 1 KESG BE). Dieses hat gegebenenfalls auch darüber zu befinden, ob die Anhörung allenfalls an eine Drittperson delegiert werden kann.

18 Obschon nach dem Wortlaut von Art. 314a **Anhörungen durch die KSB** auf der gleichen Stufe stehen wie Befragungen durch beauftragte Drittpersonen, soll die KSB die Anhörung von Kindern i.d.R. selbst vornehmen und sie nicht systematisch an Dritte delegieren (vgl. BGE 133 III 553, 554 E. 4 [betreffend aArt. 144 Abs. 2]; BSK ZPO-STECK, Art. 298 N 9). In besonderen Belastungssituationen kann die Delegation an eine Drittperson aber angezeigt sein (weitergehend hierzu BSK ZPO-STECK, Art. 298 N 11 ff.).

4. Durchführung

19 Das Bundesrecht schreibt nicht vor, wie die Anhörung durchzuführen ist. Insbesondere sind die Vorladung, der Ort und die Form der Anhörung nicht geregelt. Es ist somit den Kantonen freigestellt, entsprechende Regelungen aufzustellen. Andernfalls finden die Bestimmungen der ZPO sinngemäss Anwendung (Art. 450f).

20 Was die **Vorladung** anbelangt, gilt es zu beachten, dass Anhörungen u.U. sehr rasch durchgeführt werden müssen. Für solche dringliche Fälle enthält die ZPO, die das Versenden einer eingeschriebenen Vorladung unter Androhung von Säumnisfolgen vorsieht (Art. 133 ZPO), keine sachgerechte Regelung. Vorladungen müssen im Kindes- und Erwachsenenschutz auch kurzfristig und mündlich erfolgen können. In diesem Sinn sieht etwa der Kanton Zürich vor, dass die Einladung zu einer Anhörung formlos und ohne Androhung von Säumnisfolgen erfolgen kann. In den übrigen Fällen spricht nichts gegen eine förmliche Vorladung.

21 Das Verhältnismässigkeitsprinzip gebietet eine möglichst **schonende Durchführung** der Anhörung (BSK ZGB I-GEISER, aArt. 374 N 8). In der Regel findet die Befragung in den Räumlichkeiten am Sitz der KESB statt. Ist die betroffene Person infolge Alters, Krankheit oder anderer ernsthafter Gründe nicht in der Lage, persönlich am Sitz der Behörde zu erscheinen, kann die Anhörung auch in ihrer Wohnung oder an ihrem Aufenthaltsort (z.B. in einem Spital oder in einer Einrichtung) durchgeführt werden (BSK ZGB I-GEISER, aArt. 374 N 8; BK-SCHNYDER/MURER, aArt. 374 ZGB N 66; vgl. BSK ZPO-HAFNER, Art. 191 N 13). Bei Kindern ist eine besonders schonungsvolle und altersgerechte Durchführung der Anhörung geboten (weitergehend hierzu BSK ZPO-STECK, Art. 298 N 18 ff.).

22 Findet die ZPO Anwendung (vgl. dazu die Komm. zu Art. 450f), so kann die Anhörung in der Form einer gewöhnlichen **Parteibefragung** (Art. 191 ZPO) oder in der Form einer qualifizierten **Beweisaussage** (Art. 192 ZPO) erfolgen. Bei der zuletzt genannten Variante handelt es sich um eine qualifizierte Form der Parteibefragung, bei der die Falschaussage strafrechtlich und nicht nur mit einer Ordnungsbusse geahndet wird (Art. 192 Abs. 2 ZPO i.V.m. Art. 306 StGB; zur Möglichkeit der Verhängung einer Ordnungsbusse bei der einfachen Parteibefragung Art. 191 Abs. 2 ZPO). In der Praxis dürfte von der Möglichkeit der Beweisaussage freilich kaum Gebrauch gemacht werden, da es bei den mit Prognosen und Abwägungen verbundenen Sachverhaltserhebungen im Kindes- und Erwachsenenschutz selten Konstellationen geben dürfte, in denen sich der Wahrheitsgrad von Aussagen mittels Druck oder Drohung erhöhen lässt.

Über die Anhörung ist ein **Protokoll** zu erstellen. Finden die Bestimmungen der ZPO Anwendung (vgl. dazu die Komm. zu Art. 450f), so sind die Aussagen in ihrem wesentlichen Inhalt zu Protokoll zu nehmen und von der betroffenen Person zu unterzeichnen (Art. 193 i.V.m. Art. 176 Abs. 1 ZPO). Die Protokollierung erfolgt schriftlich. Wird die Anhörung auf Tonband, auf Video oder mit anderen geeigneten technischen Hilfsmitteln aufgezeichnet, so ergänzen solche Aufzeichnungen das Protokoll, vermögen dieses aber nicht zu ersetzen (Art. 193 i.V.m. Art. 176 Abs. 2 ZPO). Im Protokoll der Kindesanhörung werden nur die für den Entscheid wesentlichen Ergebnisse festgehalten (Art. 314a Abs. 2). Ist eine Befragung nicht möglich, weil die betroffene Person urteilsunfähig ist, ist über die Wahrnehmung gleichwohl ein Protokoll zu führen. 23

Die Anhörung ist **nicht öffentlich** (Bernhart, Rz 514). 24

5. Ausnahmen

Art. 447 bezieht sich als **allgemeiner Verfahrensgrundsatz** auf sämtliche Verfahren vor der KESB. Eine persönliche Anhörung der betroffenen Person ist aber grundsätzlich nur in jenen Fällen geboten, in denen diese als Adressat der in Aussicht genommenen Massnahme am Verfahren beteiligt ist. Keine persönliche Anhörung ist demnach in aller Regel erforderlich, wo es nicht um die Anordnung einer Massnahme geht, sondern andere Aufgaben des Kindes- und Erwachsenenschutzes wahrzunehmen sind. So braucht die betroffene Person bspw. vor der Prüfung der Rechnung und des Berichts nach Art. 415 Abs. 1 nicht persönlich angehört zu werden. Ebenso ist keine persönliche Anhörung erforderlich, wenn eine bestimmte Person als amtlicher Vertreter nach Art. 449a einzusetzen ist; vielmehr genügt hier im Grundsatz auch eine anderweitige Form des Einbezugs, etwa die Einräumung einer Frist zur schriftlichen Stellungnahme (Art. 449a N 15). Andernfalls würde das Bundesrecht die Bestellung einer amtlichen Vertretung nach Art. 449a an strengere Anforderungen knüpfen als die amtliche Beiordnung eines Anwalts in allen anderen Prozessverfahren, wofür es keine sachlichen Gründe gäbe. 25

Bildet die Anordnung einer Massnahme Verfahrensgegenstand, verlangt Art. 447 Abs. 1 die persönliche Anhörung der betroffenen Person «soweit dies nicht als unverhältnismässig erscheint». Im Grundsatz ist die KESB somit verpflichtet, eine mündliche Anhörung durchzuführen. In welchen Fällen sie wegen **Unverhältnismässigkeit** ausnahmsweise davon absehen kann, ist stets im konkreten Einzelfall unter Berücksichtigung der gesamten Umstände zu beurteilen. Beim Ausnahmegrund «unverhältnismässig» handelt es sich um einen unbestimmten Rechtsbegriff, der auslegungsbedürftig ist. Ist die persönliche Anhörung unverhältnismässig, hat die KESB aufgrund der Akten, insb. der Krankengeschichte, zu entscheiden (BGE 116 II 406, 407 E. 2). 26

Unverhältnismässigkeit i.S.v. Art. 447 Abs. 1 kann bei **besonderer Dringlichkeit** vorliegen. In einem solchen Fall ist die Anhörung bei nächster Gelegenheit nachzuholen. So kann die KESB zwar eine superprovisorische Massnahme ohne Anhörung der am Verfahren beteiligten Personen treffen, hat den Verfahrensbeteiligten aber gleichzeitig Gelegen- 27 heit zur Stellungnahme zu geben (Art. 445 Abs. 2). Mit Blick auf die betroffene Person genügt die Gelegenheit zu einer schriftlichen Stellungnahme nicht. Vielmehr ist sie persönlich anzuhören (vgl. auch Art. 445 N 28).

28 Unverhältnismässig kann die Anhörung auch dann sein, wenn sich die **urteilsfähige Person widersetzt** (Botschaft Erwachsenenschutz, 7079). Dies trifft aber nur zu, soweit sich die persönliche Anhörung im Mitwirkungsrecht erschöpft (N 9). Dient sie auch der Feststellung des massgeblichen Sachverhalts, so muss eine Befragung trotz Weigerung der betroffenen Person ins Auge gefasst und ggf. durchgeführt werden (N 11).

29 Die **blosse Passivität** der betroffenen Person entbindet nicht von der Pflicht zur Anhörung. Ist der KESB bspw. bekannt, dass die betroffene Person keine schriftlichen Vorladungen entgegennimmt und in der Folge keine Kenntnis von der Anhörung haben konnte, kann nicht ein Verzicht auf eine Anhörung angenommen werden. In dieser Situation hat die KESB die betroffene Person polizeilich vorführen zu lassen, um ihr das rechtliche Gehör im Rahmen einer persönlichen Anhörung zu gewähren, bevor der Entscheid gefällt wird.

30 Eine persönliche Anhörung kann sich weiter aufgrund einer **Krankheit oder anderer persönlichkeitsbedingter Gründe** als unverhältnismässig erweisen (vgl. BGE 131 III 409, 412 E. 4.4.1). Auf eine Anhörung ist etwa zu verzichten, wenn sie der betroffenen Person gesundheitlich Schaden zufügen kann (vgl. OFK-ZGB-Fassbind, Art. 447 N 1). Diese Ausnahme basiert auf demselben Grundgedanken wie der sog. Aufklärungsschaden, der beim Patienten bei Information über seinen Gesundheitszustand entstehen kann (vgl. BSK ZGB I-Geiser, aArt. 374 N 7, der diese Ausnahme als nicht mehr zeitgemäss erachtet und mit äusserster Zurückhaltung handhaben will). Reicht die betroffene Person ein ärztliches Attest ein, welches bescheinigt, dass sie aus psychischen Gründen von der Anhörung dispensiert werden muss, so hat die KESB das ärztliche Zeugnis zu überprüfen und zu würdigen. Ein Arztzeugnis ist ein Beweismittel, das der freien Beweiswürdigung der KESB unterliegt. Für den Beweiswert eines Beweismittels ist nicht in erster Linie die Herkunft, sondern dessen Inhalt entscheidend. Mit Blick auf Atteste von Hausärzten darf und soll ggf. der Erfahrungstatsache Rechnung getragen werden, dass sie mitunter in Zweifelsfällen eher zugunsten ihrer Patienten lauten (BGE 125 V 351, 353 E. 3b/cc m.w.H.). Geht von der betroffenen Person eine Gefahr für Dritte aus, ist zu beachten, dass die KESB den Sachverhalt auch in gefährlichen Situationen abzuklären hat. Allenfalls rechtfertigt es sich, polizeiliche Unterstützung in Anspruch zu nehmen.

31 Bei **Kindern** fallen persönlichkeitsbezogene Gründe stärker ins Gewicht und können in weiterreichendem Umfang Ausnahmen von der Anhörung rechtfertigen. Ganz allgemein muss gelten, dass auf eine mündliche Befragung des Kindes ausnahmsweise verzichtet werden darf, wenn das Kindeswohl durch die Anhörung beeinträchtigt würde (BGE 131 III 409, 412 f. E. 4.4.2 m.H.; weitergehend hierzu BSK ZPO-Steck, Art. 298 N 14 ff.).

32 Von einer persönlichen Anhörung kann abgesehen werden, wenn es auf den **persönlichen Eindruck des Betroffenen** nicht (mehr) ankommt. Dies trifft bspw. zu, wenn eine Massnahme aufgehoben wird oder wenn ergänzende Anordnungen getroffen werden müssen (Botschaft Erwachsenenschutz, 7079). Schliesslich kann eine Anhörung u.U. auch unterbleiben, wenn die KESB im Verlaufe des Verfahrens feststellt, dass entgegen dem anfänglichen Anschein gar kein Bedarf an einer Massnahme besteht.

III. Fürsorgerische Unterbringung (Abs. 2)

33 Gemäss **aArt. 397f Abs. 3** musste das erstinstanzliche Gericht die von der FFE betroffene Person mündlich einvernehmen. Nach der höchstrichterlichen Rechtsprechung hatte die

Anhörung im Interesse eines umfassenden und wirksamen Rechtsschutzes durch das gesamte erkennende Kollegialgericht zu erfolgen (BGE 131 III 409, 412 E. 4.4.1; 115 II 129, 134 f. E. 6c). Art. 447 Abs. 2 sieht vor, dass die KESB die betroffene Person «in der Regel» als Kollegium anhört. Der Gesetzgeber misst dem Prinzip der Unmittelbarkeit bei der Anordnung einer FU somit hohes Gewicht bei (N 17). Dies hängt auch mit dem Erfordernis der Interdisziplinarität zusammen: Indem das ZGB eine interdisziplinäre Zusammensetzung der KESB verlangt, gewährleistet es mit dem Gebot der Anhörung im Kollegium eine Wahrnehmung durch Entscheidträger unterschiedlicher Fachrichtungen. Eine Delegationsmöglichkeit ist aber – anders als nach aArt. 397f Abs. 3 – nicht mehr ausgeschlossen, sondern ausnahmsweise zulässig (Botschaft Erwachsenenschutz, 7080).

Aus Art. 447 Abs. 2 ergibt sich, dass die Anhörung **ausnahmsweise** an ein **Einzelmitglied der KESB** übertragen werden kann. Damit wird zwar nach wie vor die Unmittelbarkeit gewährleistet, nicht aber die Interdisziplinarität (vgl. hierzu N 35 a.E.). Ob die persönliche Anhörung bei einer FU auch an eine andere geeignete Person übertragen werden kann, geht aus dem Gesetz nicht hervor. Eine solche Delegation an eine Drittperson dürfte von vornherein *nur ganz ausnahmsweise* in Betracht kommen, bspw. wenn aufgrund besonderer Umstände keine unmittelbare Wahrnehmung durch den Spruchkörper (oder eine Delegation davon) möglich ist oder wenn sich die persönliche Anhörung ausnahmsweise einzig im Mitwirkungsrecht der betroffenen Person erschöpfen würde (**a.M.** OFK-ZGB-Fassbind, Art. 447 N 3, der sich generell gegen eine Delegation an eine andere geeignete Person ausspricht). 34

Das ZGB führt nicht näher aus, wann ein **Ausnahmefall** vorliegt und die Anhörung somit durch ein einzelnes Behördenmitglied durchgeführt werden kann. Von einer Anhörung durch den gesamten Spruchkörper kann abgesehen werden, wenn *Gefahr im Verzug* ist, wenn sich die betroffene Person *weigert*, einer Vorladung Folge zu leisten oder wenn die Anhörung durch den gesamten Spruchkörper wegen der *Krankheit oder anderen persönlichkeitsbedingten Gründen* seitens der betroffenen Person nicht geboten ist (nach bisherigem Recht durfte aus den beiden zuletzt genannten Gründen «ganz ausnahmsweise» auf eine Anhörung durch das Gesamtgericht verzichtet werden vgl. BGE 131 III 409, 412 E. 4.4.1). Ist die betroffene Person infolge Alters, Krankheit oder anderer ernsthafter Gründe in ihrer Wohnung oder an ihrem Aufenthaltsort anzuhören, kann es im Interesse der Prozessökonomie ebenfalls zulässig sein, die Anhörung ausnahmsweise nicht im Kollegium durchzuführen. Schliesslich kann auf eine Anhörung durch den gesamten Spruchkörper verzichtet werden, wenn dem Grundsatz der *Interdisziplinarität nicht entscheidendes Gewicht* zukommt. Liegt bspw. im Verfahren vor der KESB bereits ein schlüssiges sozialpsychologisches Gutachten vor, kann es sich rechtfertigen, dass die persönliche Anhörung einzig durch das Behördenmitglied mit juristischem Sachverstand durchgeführt wird. 35

Auch bei einer FU ist es denkbar, dass von einer **persönlichen Anhörung ganz abgesehen** wird. Als Gründe fallen wiederum die Weigerung der betroffenen Person oder die Unmöglichkeit einer Befragung aus anderen Gründen – z.B. weil die schutzbedürftige Person im Koma liegt – in Betracht (Botschaft Erwachsenenschutz, 7080). Ein Verzicht der betroffenen Person ist aber auch hier nur beachtlich, wenn sich die Anhörung im Mitwirkungsrecht erschöpft (N 9, 11 und 28). 36

IV. Verletzung des Anspruchs auf persönliche Anhörung

Ordnet die KESB eine Massnahme des Kindes- und Erwachsenenschutzes ohne vorangehende persönliche Anhörung an, liegt eine Rechtsverletzung vor. Dem Anspruch auf persönliche Anhörung kommt – wie dem Anspruch auf rechtliches Gehör – **formelle Natur** 37 zu, weshalb dessen Verletzung grundsätzlich zur Aufhebung des Entscheids führt (OFK-ZGB-Fassbind, Art. 447 N 1). Ob die mündliche Anhörung im Rechtsmittelverfahren nachgeholt und dadurch der Verfahrensmangel geheilt werden kann, war unter der Herrschaft des bisherigen Rechts strittig (BGE 131 III 409, 412 E. 4.4.1; bejahend: BSK ZGB I-Geiser, aArt. 397f N 24 und Art. 374 N 19). Nach der bundesgerichtlichen Rechtsprechung zu Art. 29 Abs. 1 BV kann eine nicht besonders schwerwiegende Verletzung des rechtlichen Gehörs ausnahmsweise als geheilt gelten, wenn die betroffene Person die Möglichkeit erhält, sich vor einer Rechtsmittelinstanz zu äussern, die sowohl den Sachverhalt wie auch die Rechtslage frei überprüfen kann. Unter dieser Voraussetzung ist darüber hinaus – im Sinne einer Heilung des Mangels – selbst bei einer schwerwiegenden Verletzung des Anspruchs auf rechtliches Gehör von einer Rückweisung der Sache an die Vorinstanz abzusehen, wenn und soweit die Rückweisung zu einem formalistischen Leerlauf und damit zu unnötigen Verzögerungen führen würde, die mit dem (der Anhörung gleichgestellten) Interesse der betroffenen Partei an einer beförderlichen Beurteilung der Sache nicht zu vereinbaren wären (BGE 137 I 195, 197 f. E. 2.3.2; 133 I 201, 204 f. E. 2.2). Wird die zu Unrecht unterlassene Anhörung nach Art. 447 Abs. 1 im Beschwerdeverfahren nachgeholt, spricht nichts gegen eine ausnahmsweise Heilung dieses Verfahrensmangels, nimmt doch die gerichtliche Beschwerdeinstanz in rechtlicher und tatsächlicher Hinsicht eine umfassende Überprüfung vor (vgl. Art. 450a). Liegt dagegen eine Verletzung von Art. 447 Abs. 2 vor, so ist zu differenzieren: Besteht die Verletzung darin, dass die Anhörung ohne zureichenden Ausnahmegrund durch ein einzelnes Behördenmitglied durchgeführt wurde, so dürfte eine Heilung durch die gerichtliche Beschwerdeinstanz in aller Regel ausser Betracht fallen. Denn diese ist in den meisten Kantonen nicht interdisziplinär zusammengesetzt, weshalb sie der Forderung des Gesetzgebers nach einer persönlichen Wahrnehmung durch mehrere Entscheidträger unterschiedlicher Fachrichtungen nicht entsprechen und daher den diesbezüglichen Mangel auch nicht heilen kann. Hat die Verletzung des rechtlichen Gehörs aber eine andere Ursache – wurde die Anhörung z.B. nicht persönlich (mündlich) oder gar nicht durchgeführt – und ist es zulässig, die Befragung an ein einzelnes Behördenmitglied zu delegieren, so kann eine Heilung der Rechtsverletzung durch die gerichtliche Beschwerdeinstanz in Frage kommen, falls die entsprechenden Voraussetzungen erfüllt sind.

38 Nach Art. 314a Abs. 3 kann das **urteilsfähige Kind** die Verweigerung der Anhörung mit Beschwerde anfechten.

V. Anhörung vor der gerichtlichen Beschwerdeinstanz

39 Die Verfahrensbestimmungen von Art. 443 ff. finden grundsätzlich auch im Verfahren vor der gerichtlichen Beschwerdeinstanz Anwendung (vgl. Art. 444 N 2, Art. 445 N 2 und 25, Art. 446 N 1 und 39, Art. 448 N 8 und 41, Art. 449b N 2). Dies trifft auch auf Art. 447 zu, was sich zwar nicht direkt aus dem Gesetz ergibt, aber aus dem Grundsatz der Einheit des Prozesses und dem Zweck des Kindes- und Erwachsenenschutzrechts folgt. Bildet eine *FU* Gegenstand des Rechtsmittelverfahrens, sieht Art. 450e Abs. 4 vor, dass die gerichtliche Beschwerdeinstanz die betroffene Person i.d.R. als Kollegium anhört. In den *übrigen Fällen* wird eine Delegation der gerichtlichen Beschwerdeinstanz oder allenfalls eine andere geeignete Person die Anhörung durchführen, soweit sich eine solche nicht als unverhältnismässig erweist (vgl. hierzu N 26 ff.). Im Verfahren vor der gerichtlichen Beschwerdeinstanz ist es grundsätzlich eher als im Verfahren vor der KESB gerechtfertigt, ausnahmsweise auf Unverhältnismässigkeit der persönlichen Anhörung zu schliessen. So kann sich eine persönliche Anhörung der betroffenen Person etwa als unverhältnismässig erweisen, wenn eine beförderliche Beurteilung erforderlich ist und ein schlüssiges Protokoll der im Verfahren vor der KESB durchgeführten Anhörung vorliegt.

Art. 448

F. Mitwirkungspflichten und Amtshilfe

1 Die am Verfahren beteiligten Personen und Dritte sind zur Mitwirkung bei der Abklärung des Sachverhalts verpflichtet. Die Erwachsenenschutzbehörde trifft die zur Wahrung schutzwürdiger Interessen erforderlichen Anordnungen. Nötigenfalls ordnet sie die zwangsweise Durchsetzung der Mitwirkungspflicht an.

2 Ärztinnen und Ärzte, Zahnärztinnen und Zahnärzte, Apothekerinnen und Apotheker und Hebammen sowie ihre Hilfspersonen sind nur dann zur Mitwirkung verpflichtet, wenn die geheimnisberechtigte Person sie dazu ermächtigt hat oder die vorgesetzte Stelle sie auf Gesuch der Erwachsenenschutzbehörde vom Berufsgeheimnis entbunden hat.

3 Nicht zur Mitwirkung verpflichtet sind Geistliche, Rechtsanwältinnen und Rechtsanwälte, Verteidigerinnen und Verteidiger, Mediatorinnen und Mediatoren sowie ehemalige Beiständinnen und Beistände, die für das Verfahren ernannt wurden.

4 Verwaltungsbehörden und Gerichte geben die notwendigen Akten heraus, erstatten Bericht und erteilen Auskünfte, soweit nicht schutzwürdige Interessen entgegenstehen.

F. Obligation de collaborer et assistance administrative

1 Les personnes parties à la procédure et les tiers sont tenus de collaborer à l'établissement des faits. L'autorité de protection de l'adulte prend les mesures nécessaires pour sauvegarder les intérêts dignes de protection. En cas de nécessité, elle ordonne que l'obligation de collaborer soit accomplie sous la contrainte.

2 Les médecins, les dentistes, les pharmaciens, les sages-femmes ainsi que leurs auxiliaires ne sont tenus de collaborer que si la personne concernée les y a autorisés ou que, à la demande de l'autorité de protection de l'adulte, l'autorité supérieure les ait déliés du secret professionnel.

3 Sont dispensés de l'obligation de collaborer les ecclésiastiques, les avocats, les défenseurs en justice, les médiateurs ainsi que les précédents curateurs nommés pour la procédure.

4 Les autorités administratives et les tribunaux sont tenus de fournir les documents nécessaires, d'établir les rapports officiels et de communiquer les informations requises, à moins que des intérêts dignes de protection ne s'y opposent.

F. Obbligo di collaborare e assistenza amministrativa

1 Le persone che partecipano al procedimento e i terzi sono tenuti a collaborare all'accertamento dei fatti. L'autorità di protezione degli adulti prende le disposizioni necessarie per la salvaguardia di interessi degni di protezione. Se necessario, ordina l'esecuzione coattiva dell'obbligo di collaborare.

2 I medici, i dentisti, i farmacisti, le levatrici e i loro ausiliari sono tenuti a collaborare soltanto se sono stati autorizzati a farlo dal titolare del segreto o se, su richiesta dell'autorità di protezione degli adulti, l'organo loro preposto li ha liberati dal segreto professionale.

3 Non sono tenuti a collaborare gli ecclesiastici, gli avvocati, i difensori e i mediatori, nonché gli ex curatori che avevano patrocinato l'interessato nel procedimento.

4 Le autorità amministrative e giudiziarie consegnano gli atti necessari, fanno rapporto e forniscono informazioni, sempre che non vi si oppongano interessi degni di protezione.

Inhaltsübersicht

Literatur

Vgl. die Literaturhinweise zu Art. 443.

Materialien

Art. 15 und 27–29 VE VKE 2003; VE VKE/Vernehmlassungen, 50 f. und 72 ff.; Botschaft Erwachsenenschutz, 7080 f. und 7164; Prot. RK-S vom 27./28. 8. 2007, 32; AmtlBull StR 2007, 840; Prot. RK-N vom 24./25. 4. 2008, 43; AmtlBull NR 2008, 1539.

I. Allgemeines

1 Die Verpflichtung der Verfahrensbeteiligten und Dritter, an der Abklärung des Sachverhalts mitzuwirken, ergänzt und relativiert den in Art. 446 verankerten **Untersuchungsgrundsatz**. Sie entlastet die Behörde, welche zwar von Amtes wegen tätig werden muss, aber ohne Unterstützung durch die Verfahrensbeteiligten und Dritte oftmals gar nicht in der Lage wäre, die tatsächlichen Umstände in Erfahrung zu bringen. Wie in der Verwaltungsrechtspflege und generell in sämtlichen Verfahren, deren rechtmässiger Ausgang nicht nur im privaten, sondern auch im öffentlichen Interesse liegt, bildet die Mitwirkungspflicht auch im Kindes- und Erwachsenenschutz eine unabdingbare Ergänzung zur Offizialmaxime.

2 Mitwirkungspflichtig sind sowohl die **Verfahrensbeteiligten** als auch **Dritte**. Zu den Verfahrensbeteiligten gehört einerseits der materielle Verfügungsadressat, i.d.R. die hilfsbedürftige oder verbeiständete Person, andererseits je nach Konstellation die nahestehenden Personen, die Vertrauensperson, der Ehegatte sowie auch Drittpersonen, sofern Letztere ein rechtlich geschütztes Interesse am Ausgang des Verfahrens haben (vgl. die Komm. zu Art. 419 sowie VE VKE 2003, 8). Dritte sind alle übrigen Personen, denen nicht die Stellung eines Verfahrensbeteiligten zukommt.

3 Die Mitwirkungspflicht gilt grundsätzlich auch für **minderjährige Personen**. Die KESB hat freilich bei der Befragung oder Untersuchung von Minderjährigen in besonderem Masse die Verhältnismässigkeit zu beachten und Rücksicht auf das Kindeswohl zu nehmen (Art. 450f ZGB i.V.m. Art. 160 Abs. 2 ZPO).

4 Art. 448 verankert eine **allgemeine Mitwirkungspflicht**, die sich auf sämtliche Arten der Sachverhaltserhebung und damit auf alle in Frage kommenden Beweismittel erstreckt (zum Katalog der möglichen Beweismittel Art. 446 N 10 ff.). Die am Verfahren Beteiligten sind demnach etwa verpflichtet Auskünfte zu erteilen und dafür ggf. persönlich zu erscheinen, Urkunden vorzulegen, Augenscheine an ihrer Person oder am Eigentum zu dulden oder an einer Begutachtung mitzuwirken. Dritte haben namentlich Auskünfte zu erteilen oder als Zeugen auszusagen, ggf. aber auch Urkunden vorzulegen oder einen Augenschein zu dulden. Speziell verankert ist in Art. 405 Abs. 4 die Pflicht von Dritten, bei

der Inventaraufnahme alle erforderlichen Auskünfte zu erteilen. Eine weitere lex specialis zu Art. 448 Abs. 1 ist die Pflicht zur Erduldung einer stationären Begutachtung (Art. 449 Abs. 1). Weitere Vorschriften, welche die allgemeine Mitwirkungspflicht von Art. 448 konkretisieren, ergeben sich aus dem **Verfahrensrecht der Kantone und der ZPO** (vgl. zum Zusammenspiel zwischen ergänzendem kantonalem Verfahrensrecht und der ZPO die Komm. zu Art. 450f). Nebst den bereits erwähnten Beweismitteln regeln die ergänzenden Verfahrensbestimmungen insb. die Art und Weise der Mitwirkung (z.B. Zeugenbeweis, Gutachten) und die Verweigerungsgründe, soweit sie sich nicht bereits aus dem ZGB ergeben (dazu N 26 ff.). Ferner enthalten die Verfahrensordnungen etwa Grundsätze zur **Entschädigung mitwirkungspflichtiger Dritter**.

Die Mitwirkungspflicht kommt grundsätzlich bei sämtlichen Arten von Tatsachen zum Tragen (zu den verschiedenen Kategorien von Tatsachen Art. 446 N 5). Sie gilt jedoch vorab für jene **Umstände, welche die betroffene Person besser kennt** als die KESB und welche die Behörde ohne deren Mitwirkung gar nicht oder nicht mit vernünftigem Aufwand erheben könnte (BGE 124 II 361, 365 E. 2b; 122 II 385, 394 E. 4c/cc). Solcherart sind vor allem persönliche Verhältnisse, wie sie gerade auf dem Gebiet des Kindes- und Erwachsenenschutzes oftmals im Zentrum stehen (z.B. Tatsachen betreffend den Schwäche- oder Gesundheitszustand der betroffenen Person). 5

Die Mitwirkungspflicht besteht auch dann, wenn sie sich zum **Nachteil des zur Mitwirkung Verpflichteten** auswirkt (BGE 132 II 113, 115 E. 3.2). Die Verfahrensbeteiligten und Dritte sind daher auch zur Auskunft über für sie ungünstige Umstände verpflichtet. 6

Die Mitwirkungspflicht nach Art. 448 ist zu unterscheiden von den **Meldepflichten nach Art. 443 Abs. 2**. Letztere handeln zwar auch von einer Art Mitwirkung. Allerdings geht es dabei nicht um eine Mitwirkung an der Sachverhaltsermittlung im Rahmen eines hängigen Verfahrens. Vielmehr betrifft Art. 443 Abs. 2 die Mitwirkung am Vollzug des ZGB in einem weiteren Sinne, d.h. unabhängig von einem konkreten Verfahren, indem die Träger von Meldepflichten verpflichtet sind, die KESB über eine mögliche Gefährdungssituation zu orientieren (Art. 443 N 18 ff.). 7

Die Verpflichtung zur Mitwirkung gilt bei der Abklärung des Sachverhalts auch im **Verfahren vor der gerichtlichen Beschwerdeinstanz**, soweit diese ergänzende Sachverhaltsermittlungen durchführen muss. Das ergibt sich zwar nicht direkt aus dem Gesetzestext, muss aber aus der umfassenden Geltung der Untersuchungsmaxime und dem Umstand folgen, dass es sich bei der Beschwerde nach Art. 450 um ein vollkommenes Rechtsmittel handelt: Die mit der Angelegenheit befasste höhere Instanz kann ihre Pflicht zur umfassenden Überprüfung des Sachverhalts (Art. 450a Abs. 1 Ziff. 2) nur wahrnehmen, wenn sie mindestens über dieselben Abklärungsmöglichkeiten verfügt wie die KESB. 8

Die Verfahrensbeteiligten werden bei der Ermittlung des Sachverhalts nicht nur in die Pflicht genommen. Sie haben auch **Mitwirkungsrechte**. Ausdrücklich verankert ist ein solches Mitwirkungsrecht in Art. 447, welcher der betroffenen Person einen grundsätzlichen Anspruch auf persönliche Anhörung im Verfahren einräumt (zum Mitwirkungsaspekt des Anhörungsrechts Art. 446 N 12 und Art. 447 N 5 ff.). Daneben gewährt die jeweilige Verfahrensordnung den Beteiligten das Recht, insofern an der Sachverhaltserhebung mitzuwirken, als sie der Behörde Beweismittel anbieten und an der Beweiserhebung mitwirken können. Die Behörde ist ihrerseits verpflichtet, taugliche und rechtswesentliche Beweismittel in ihrer Entscheidfindung zu berücksichtigen (vgl. Art. 450f ZGB i.V.m. Art. 152 Abs. 1 und 155 Abs. 3 ZPO; vgl. im Übrigen zur identischen Rechtslage in der Verwaltungsrechtspflege AUER, in: Auer/Müller/Schindler, Art. 13 VwVG N 14, sowie SALADIN, 126 ff.). 9

II. Anordnung und Konkretisierung der Mitwirkung

10 **Konkretisiert** werden die Mitwirkungspflichten durch entsprechende **Anordnungen der KESB im Einzelfall** (z.B. Einladung zu einer Instruktionsverhandlung, Vorladung eines Dritten als Zeugen, Aufforderung der betroffenen Person zur Einreichung von Dokumenten usw.). Das ZGB lässt offen, in welcher **Form** solche Anordnungen zu erfolgen haben. Soweit die ZPO gilt (dazu Art. 450f), sind bei Vorladungen die inhaltlichen Vorgaben von Art. 133 ZPO zu beachten; weitere spezifische Regeln zur Form von prozessleitenden Verfügungen enthält die ZPO nicht (vgl. Art. 124 Abs. 1 ZPO sowie KAUFMANN, in: Brunner/Gasser/Schwander, Art. 124 ZPO N 13). Auch die kantonalen Verwaltungsverfahrensordnungen enthalten i.d.R. keine Vorschriften zur formellen Ausgestaltung von Mitwirkungsanordnungen. Immerhin gilt aufgrund des im Verwaltungsprozess vorherrschenden Grundsatzes der Schriftlichkeit, dass Instruktionsverfügungen grundsätzlich schriftlich zu erfolgen haben. Denkbar ist je nach den Umständen aber auch eine bloss mündliche Aufforderung zur Mitwirkung – z.B. eine telefonische Ankündigung der Anhörung in einer Einrichtung –, wobei die Anordnung in einem solchen Fall schriftlich in den Akten festzuhalten ist.

11 Ist absehbar oder zumindest nicht ausgeschlossen, dass die Person, welche zur Mitwirkung angehalten werden soll, nicht kooperieren will, so hat die KESB die Möglichkeit, die Mitwirkungsanordnung – z.B. die Einforderung bestimmter Dokumente – in einer **selbständigen Zwischenverfügung** zu eröffnen. Ebenso hat die nicht kooperationswillige Person die Möglichkeit, eine solche Verfügung zu verlangen. In diesen Fällen legt das jeweils anwendbare Verfahrensrecht (Art. 450f) fest, ob die selbständig eröffnete Zwischenverfügung angefochten werden kann oder nicht. In der Verwaltungsrechtspflege ist dafür i.d.R. ein nicht wiedergutzumachender Nachteil erforderlich. Ähnliches gilt, wenn die ZPO anwendbar ist: Anordnungen zur Beweisabnahme gehören zu den Beweisverfügungen i.S.v. Art. 154 ZPO und damit zu den prozessleitenden Verfügung nach Art. 124 Abs. 1 ZPO (LEU, in: Brunner/Gasser/Schwander, Art. 154 ZPO N 8 und 23). Sie sind nur dann mit Beschwerde anfechtbar, wenn ein nicht leicht wiedergutzumachender Nachteil droht (Art. 319 lit. b Ziff. 2 ZPO).

12 Die konkrete Ausgestaltung der Mitwirkungspflicht muss **verhältnismässig** sein, d.h. den Kriterien der Eignung, Erforderlichkeit und Zumutbarkeit genügen (Art. 5 Abs. 2 BV; ROSCH, in: Rosch/Büchler/Jakob, Art. 448 N 1). Die Belastung der kooperationspflichtigen Person darf nicht weitergehen als nötig (Botschaft Erwachsenenschutz, 7080; BGE 134 I 209, 211 E 2.3). Im Einzelfall ist es Sache der Verfahrensleitung, das Ausmass der Mitwirkungspflicht festzulegen.

13 Art. 448 Abs. 1 betont den ohnehin geltenden Grundsatz der Verhältnismässigkeit zusätzlich, indem er festhält, dass die KESB bei der **Konkretisierung der Mitwirkung** «die zur Wahrung schutzwürdiger Interessen erforderlichen Anordnungen» treffen muss. Hintergrund dieser Anweisung ist der Umstand, dass die Pflicht zur Mitwirkung bei der Sachverhaltserhebung regelmässig mit einem Eingriff in die Persönlichkeitsrechte verbunden ist. Die betroffene Person muss der Behörde ihre persönlichen Umstände offenlegen, ihre private Wohnung zugänglich machen oder u.U. eine stationäre psychiatrische Untersuchung im Rahmen einer FU – und damit einen vorübergehenden Freiheitsentzug – über sich ergehen lassen (Art. 449). Diesen Eingriffen hat die KESB Rechnung zu tragen, indem sie in jedem Einzelfall prüft, ob die Mitwirkung bei der Sachverhaltserhebung weniger belastend ausgestaltet oder mit geeigneten Massnahmen gemildert werden kann.

14 Zur verhältnismässigen Ausgestaltung der Mitwirkungspflicht gehört es, den **persönlichen Umständen** der mitwirkungspflichtigen Person Rechnung zu tragen. Namentlich

ist auf ihren Schwächezustand und allfällige sich daraus ergebende Schwierigkeiten bei der Erfüllung der Mitwirkungspflicht Rücksicht zu nehmen. So hat die KESB zu berücksichtigen, dass hilfsbedürftige Personen u.U. nicht im selben Ausmass wie Personen ohne Schwächezustand befähigt sind, zielgerichtet auszusagen oder bestimmte Dokumente beizubringen. Aus solchen Schwierigkeiten darf den betroffenen Personen kein Nachteil erwachsen.

Bedarf es der Mitwirkung einer **minderjährigen Person**, so ist bei der Prüfung der Ver- **15**
hältnismässigkeit der Mitwirkungspflicht vor allem das Kindeswohl massgebend (vgl. Art. 450f ZGB i.V.m. Art. 160 Abs. 2 ZPO). Dabei ist das Interesse an der Durchsetzung der Mitwirkungspflicht zwecks (besserer) Aufklärung des Sachverhalts gegen das Interesse der minderjährigen Person abzuwägen, nicht an einer belastenden Tatsachenermittlung mitwirken zu müssen.

Die KESB muss die Mitwirkungspflichtigen darüber **aufklären**, worin die Mitwirkungs- **16**
pflicht besteht und welche Tragweite ihr zukommt (BGE 132 II 113, 115 f. E. 3.2). Zu unterrichten sind die Betroffenen namentlich auch über die allfälligen Verweigerungsrechte (dazu N 23 ff.) sowie die Säumnisfolgen (vgl. Art. 161 Abs. 1 ZPO).

III. Zwangsweise Durchsetzung der Mitwirkungspflichten

Nötigenfalls hat die KESB anzuordnen, dass die Mitwirkungspflicht eines Verfahrensbe- **17**
teiligten oder Dritten **zwangsweise durchgesetzt** wird. Voraussetzung dafür ist zunächst, dass überhaupt eine Pflicht zu Kooperation besteht, d.h. die in Frage stehende Mitwirkungspflicht verhältnismässig ist (N 12–15) und die betroffene Person sich nicht auf ein ihr zustehendes Verweigerungsrecht beruft (N 23 ff.). Sodann hat die zwangsweise Durchsetzung der Mitwirkungspflicht ihrerseits **verhältnismässig** zu sein, was – abgesehen davon, dass die Verhältnismässigkeit ohnehin von Verfassungs wegen zu beachten ist (Art. 5 Abs. 2 BV) – im Begriff «nötigenfalls» speziell zum Ausdruck kommt. Ferner ist sie der betroffenen Person vorgängig **anzudrohen** (Art. 450g Abs. 3 Satz 2).

Die **Art und Weise der zwangsweisen Durchsetzung** wird im ZGB nur am Rande er- **18**
wähnt, indem Art. 450g Abs. 3 vorsieht, die mit der Vollstreckung betraute Person könne nötigenfalls **polizeiliche Hilfe** in Anspruch nehmen. Zwar bezieht sich diese Bestimmung in erster Linie auf die Vollstreckung der materiellen KESB-Entscheide (z.B. die Anordnung einer FU). Sie gilt aber auch für alle anderen Verfügungen der KESB, die vollstreckt werden müssen, und ist daher auch auf die hier in Frage stehende Anordnung einer Mitwirkung anwendbar. Im Übrigen ist es Sache der Kantone, die zwangsweise Durchsetzung der Mitwirkungspflicht zu regeln. Soweit die Kantone keine spezifischen Regeln erlassen, gelten sinngemäss die Vollstreckungsvorschriften der ZPO (Art. 450f). Die sinngemässe Anwendung der ZPO hat allerdings nicht zur Folge, dass die Mitwirkungspflichten nur gegenüber den Dritten und nicht auch gegenüber den Verfahrensbeteiligten zwangsweise durchgesetzt werden könnten (so Art. 167 ZPO). Vielmehr gilt Art. 448 Abs. 1 Satz 3 gleichermassen für Dritte *und* Verfahrensbeteiligte.

Soweit die ZPO Anwendung findet, richtet sich die zwangsweise Durchsetzung der Mit- **19**
wirkungspflichten gegenüber **Dritten** nach Art. 167 ZPO. Danach stehen der KESB drei Sanktionsmittel zur Verfügung: (a) Anordnung einer Ordnungsbusse bis zu CHF 1 000, (b) Aussprechen einer Strafdrohung nach Art. 292 StGB und (c) Anordnung der zwangsweisen Durchsetzung. Ausserdem sieht Art. 167 Abs. 1 lit. d ZPO vor, dass der betreffenden Person bei unberechtigter Verweigerung der Mitwirkung die durch die Verweigerung verursachten Kosten auferlegt werden können. Dieselben Zwangsmittel kann die Behörde

ergreifen, wenn der Dritte säumig ist, also z.B. wiederholt nicht zum Einvernahme- oder Augenscheinstermin erscheint.

20 Ob die Behörde von einem der Zwangsmittel Gebrauch machen will und – falls ja – **welches Mittel sie wählt**, hat sie nach pflichtgemässem Ermessen zu entscheiden. Dabei fällt auch die Verbindung zweier Instrumente, z.B. die Kombination einer Ordnungsbusse mit dem Aussprechen einer Strafdrohung nach Art. 292 StGB, in Betracht. Wegleitend für ihren Entscheid ist wiederum in erster Linie das Verhältnismässigkeitsprinzip (Higi, in: Brunner/Gasser/Schwander, Art. 167 ZPO N 11).

21 Vom Mittel der **direkten zwangsweise Durchsetzung** (Art. 167 Abs. 1 lit. c ZPO) ist insb. dort Gebrauch zu machen, wo von der pflichtigen Person ein wesentlicher Beitrag zur Sachverhaltsermittlung zu erwarten ist und demnach ein erhebliches öffentliches Interesse an der Mitwirkung besteht. Vorausgesetzt ist freilich, dass eine Realexekution der Mitwirkungspflicht überhaupt in Betracht kommt, was insb. bei einer **Aussageverweigerung** nicht der Fall ist. Immerhin kann die KESB in diesem Fall den Dritten gestützt auf Art. 167 Abs. 1 lit. c ZPO zwangsweise **polizeilich zur Befragung vorführen** lassen. In Frage kommt eine direkte zwangsweise Durchsetzung auch bei der Edition von Urkunden oder einem Augenschein (Higi, in: Brunner/Gasser/Schwander, Art. 167 ZPO N 30).

22 Für die in Art. 448 Abs. 1 ebenfalls vorgesehene zwangsweise Durchsetzung der Mitwirkungspflicht gegenüber den **Verfahrensbeteiligten** enthält die ZPO keine spezifischen Regeln. Soweit diese Lücke nicht durch kantonales Recht geschlossen wird, ist es sachgerecht, Art. 167 ZPO analog heranzuziehen. Weniger im Vordergrund steht dagegen eine analoge Anwendung der allgemeinen Vollstreckungsregelung von Art. 343 ZPO, welche auf die Durchsetzung des materiellen Entscheids ausgerichtet ist und daher Sanktionen enthält, die für die hier zur Diskussion stehenden Mitwirkungspflichten zu einschneidend sind (vgl. z.B. Art. 343 Abs. 1 lit. c ZPO).

IV. Verweigerungsrechte

1. Allgemeine prozessuale Verweigerungsrechte

23 Art. 448 nennt in den Absätzen 2 und 3 bestimmte Berufsgruppen, deren Angehörige nur unter gewissen Voraussetzungen oder gar nicht zur Mitwirkung verpflichtet sind. Nebst diesen spezialgesetzlichen Befreiungstatbeständen sind aber auch die **allgemeinen** verfahrensrechtlichen **Regelungen über die Mitwirkungsverweigerung** anwendbar. Dies ergibt sich aus dem Umstand, dass sich die Art und Weise, wie der Sachverhalt zu erheben ist, nach dem **jeweils anwendbaren Prozessrecht** richtet (Art. 446 N 7), womit auch die nähere Ausgestaltung der Mitwirkungspflicht dem jeweiligen Verfahrensrecht folgt. Massgebend ist dabei letztlich in aller Regel die ZPO, welche entweder kraft des Subsidiärverweises von Art. 450f ZPO gilt oder gestützt auf eine entsprechende explizite Bestimmung im kantonalen Recht anwendbar ist. Wo das kantonale Recht das eigene Verwaltungsverfahrensrecht als anwendbar erklärt, finden die ZPO-Bestimmungen zur Mitwirkungsverweigerung i.d.R. kraft eines dort enthaltenen Subsidiärverweises für die nähere Ausgestaltung der Sachverhaltserhebung – und damit auch das Beweisverfahren und die Mitwirkungspflicht – Anwendung (vgl. z.B. Art. 19 Abs. 2 VRPG BE sowie die Komm. zu Art. 450f).

24 Die **Verfahrensbeteiligten** (N 2) dürfen die **Mitwirkung verweigern**, wenn sie eine ihnen i.S.v. Art. 165 ZPO nahestehende Person der Gefahr strafrechtlicher Verfolgung oder zivilrechtlicher Verantwortlichkeit aussetzen würden (Art. 163 Abs. 1 lit. a ZPO). Kein Verweigerungsrecht haben sie dagegen, um sich selbst vor einer zivilrechtlichen Ver-

antwortlichkeit oder einer strafrechtlichen Verfolgung zu schützen. Ausserdem sind Verfahrensbeteiligte berechtigt, die Mitwirkung zu verweigern, wenn sie sich wegen Verletzung eines Geheimnisses nach Art. 321 StGB strafbar machen würden (Art. 163 Abs. 1 lit. b ZPO).

Das Recht **Dritter** (N 2), die Mitwirkung bei der Sachverhaltserhebung zu verweigern, bestimmt sich nach den Art. 165 f. ZPO, soweit nicht die Absätze 2 und 3 von Art. 448 zur Anwendung gelangen, welche für Angehörige bestimmter Berufsgruppen eigenständige spezialgesetzliche Verweigerungsrechte statuieren (dazu N 26 ff.). **25**

2. Verweigerungsrechte Angehöriger bestimmter Berufsgruppen

Abs. 2 relativiert die Mitwirkungspflicht für **Medizinalpersonen**. Diese Personen sind Trägerinnen von Berufsgeheimnissen, die auch strafrechtlich geschützt sind. Sie sind verpflichtet, über Geheimnisse, die ihnen infolge ihres Berufes anvertraut worden sind oder die sie in dessen Ausübung wahrgenommen haben, Stillschweigen zu bewahren (Art. 321 Abs. 1 StGB). Zwar können Bund und Kantone diese Verschwiegenheitspflicht relativeren, indem sie die Personen nach Art. 321 Ziff. 1 StGB ganz oder teilweise einer Zeugnis- oder Auskunftspflicht gegenüber bestimmten Behörden unterstellen (Art. 321 Ziff. 3 StGB). Das neue Kindes- und Erwachsenenschutzrecht sieht jedoch von der Statuierung einer solchen generellen Mitwirkungspflicht ab. Stattdessen macht es das Mitwirkungsgebot bei Medizinalpersonen davon abhängig, dass diese von der geheimnisberechtigten Person zur Auskunft ermächtigt worden sind oder die vorgesetzte Stelle sie von der Schweigepflicht entbunden hat. Damit hat der Gesetzgeber für diese wichtige Gruppe von Beteiligten am Vollzug des Kindes- und Erwachsenenschutzrechts einen Mittelweg gewählt zwischen uneingeschränktem Geheimnisschutz und vorbehaltloser Mitwirkungspflicht. **26**

Liegt eine Entbindung von der Geheimhaltungspflicht durch die geheimnisberechtigte Person oder die vorgesetzte Stelle vor, so **muss** die Medizinalperson an der Abklärung des Sachverhalts mitwirken. Art. 448 Abs. 2 ZGB geht insofern über Art. 321 Ziff. 2 StGB hinaus, der für diese Fälle lediglich Straflosigkeit vorsieht, aber nichts darüber aussagt, ob die Auskunftserteilung in der Pflicht oder im Ermessen der dazu ermächtigten Person liegt (vgl. BSK StGB II-OBERHOLZER, Art. 321 N 20; vgl. allerdings auch Art. 166 Abs. 1 lit. b ZPO, wonach Dritte mit Ausnahme von Anwälten und Geistlichen mitwirken *müssen*, wenn sie von der Geheimhaltungspflicht entbunden worden sind, es sei denn, sie machen glaubhaft, dass das Geheimhaltungsinteresse das Interesse an der Wahrheitsfindung überwiegt). **27**

Die Mitwirkungspflicht trifft die in Abs. 2 explizit genannten **Medizinalpersonen**, d.h. Ärzte, Zahnärzte, Apotheker sowie Hebammen. Erfasst sind damit grundsätzlich jene Personen, die eine **universitäre Ausbildung** im Sinne des Medizinalberufegesetzes absolviert und das entsprechende eidgenössische Diplom erworben haben. Allerdings gelten nach der Lehre zu Art. 321 StGB, auf den die Vorschrift abgestimmt ist, auch Assistenten in Ausbildung (noch ohne Berufsabschluss) als einbezogen (TRECHSEL ET AL., Praxiskommentar StGB, Art. 321 N 9). **28**

Die Aufzählung von Abs. 2 ist wie jene von Art. 321 Ziff. 1 StGB **abschliessend**. Nicht erfasst werden demnach etwa Psychotherapeuten, soweit sie nicht Ärzte sind, sowie Psychologen oder Sozialarbeiter (STRATENWERTH/BOMMER, BT II, § 59 Rz 17). Für sie gilt jedoch die Schweigepflicht nach Art. 35 DSG, welche immerhin bei besonders schützenswerten Personendaten oder Persönlichkeitsprofilen greift (BSK DSG-RIKLIN, Art. 35 N 1 und 3). – Die Beschränkung auf Ärzte, Zahnärzte, Apotheker und Hebammen lässt sich **29** nur dadurch erklären, dass der Adressatenkreis auf die durch das StGB geschützten Geheimnisträger abgestimmt werden sollte. Losgelöst von Art. 321 StGB ergibt es wenig Sinn, auf dem Gebiet des Kindes- und Erwachsenenschutzes Zahnärzte und Hebammen, nicht aber Psychologen, Ernährungsberater oder Sozialarbeiter zur Mitwirkung zu verpflichten, soweit sie von ihrer Schweigepflicht entbunden worden sind.

30 Nebst den Medizinalpersonen trifft die Mitwirkungspflicht auch deren **Hilfspersonen**. Dazu gehören jene Personen, die bei der Berufstätigkeit des Haupt-Geheimnisträgers in der Weise mitwirken, dass sie grundsätzlich von den dabei wahrgenommenen Tatsachen ebenfalls Kenntnis erhalten (TRECHSEL ET AL., Praxiskommentar StGB, Art. 321 N 13). Der Kreis der Hilfspersonen ist praktisch unbegrenzt, da es nicht auf ihre Stellung ankommt, sondern nur darauf, ob sie den Geheimnisträger in irgendeiner Funktion bei der Erfüllung seiner Aufgaben unterstützen und dabei Kenntnis von Geheimnissen der betreuten Person erhalten (BSK StGB II-OBERHOLZER, Art. 321 N 6).

31 Eine Mitwirkungspflicht nach Abs. 2 setzt bei der zweiten Tatbestandsvariante (Entbindung) voraus, dass die Befreiung von der Schweigepflicht **auf Gesuch der KESB** erfolgte. Eine Entbindung des Geheimnisträgers **auf eigenes Begehren** ist zwar möglich. Sie begründet aber nach dem klaren Wortlaut von Abs. 2 nur die *Möglichkeit* und nicht die *Verpflichtung* zur Preisgabe von Berufsgeheimnissen. Die Medizinalperson hat daher im Falle einer selbst eingeholten Entbindung die Möglichkeit, von der Erteilung bestimmter Auskünfte abzusehen, wenn sie dies (entgegen ihrer ursprünglichen Einschätzung) als geboten erachtet.

32 Dass die Entbindung auf Ersuchen der KESB erfolgt, steht im **Widerspruch zu Art. 321 Abs. 2 StGB**, wonach die Bewilligung zur Offenbarung «auf Gesuch des Täters», d.h. auf Gesuch der zur Verschwiegenheit verpflichteten Medizinalperson erteilt wird (dazu TRECHSEL ET AL., Praxiskommentar StGB, Art. 321 N 31; BOLL, 53 f.). Der Wortlaut des jüngeren, auf die spezielle Situation des Kindes- und Erwachsenenschutzes ausgerichteten Art. 448 Abs. 2 lässt aber keine Zweifel offen. Die auf Gesuch der KESB erteilte Entbindung ist daher gültig und führt zum Ausschluss der Strafbarkeit, auch wenn sie den Anforderungen des Rechtfertigungstatbestands von Art. 321 Ziff. 2 StGB nicht genau entspricht. Dieses Ergebnis ergibt sich auch aus dem Grundsatz, dass sich rechtmässig verhält, wer handelt, wie es das Gesetz gebietet oder erlaubt, auch wenn die Tat mit Strafe bedroht ist (Art. 14 StGB).

33 Die KESB hat das Entbindungsgesuch direkt an die vorgesetzte Behörde der jeweiligen Medizinalperson zu richten. Welche Behörde zuständig ist, ergibt sich aus der kantonalen Gesundheitsgesetzgebung. Das Gesuch muss einen **Antrag und eine Begründung** mit einer Darlegung der tatsächlichen Verhältnisse enthalten, damit die vorgesetzte Behörde eine Grundlage für ihre Entscheidfindung hat (vgl. zum Entbindungsgesuch nach Art. 320 Ziff. 2 StGB BGE 123 IV 75, 77 E. 2b). Da das Gesetz keine Kriterien für den Entbindungsentscheid enthält, gelten die gleichen Grundsätze wie für die Handhabung der Art. 320 Ziff. 2 und 321 Ziff. 2 StGB: Die vorgesetzte Behörde hat eine Güterabwägung zu machen und zu entscheiden, ob das öffentliche Interesse an der Feststellung des Sachverhalts die privaten Interessen des Geheimnisherrn und des Geheimnisträgers an der Nicht-Preisgabe überwiegen (BOLL, 57 f.; BSK StGB II-OBERHOLZER, Art. 321 N 19; vgl. für die Entbindung vom Anwaltsgeheimnis BGer vom 8.3.2000, 2P.313/1999, E. 2b).

34 Dass die Entbindung «auf Gesuch der Erwachsenenschutzbehörde» erfolgt, führt dazu, dass eine Entbindung der Medizinalperson auch **gegen ihren Willen** möglich ist (anders bei Entbindungen in anderem Kontext – z.B. in einem Strafprozess –, wo die Initiative wie dargelegt zwingend vom Geheimnisträger ausgehen muss, N 31 f.). Das macht die Entscheidfindung für die vorgesetzte Behörde nicht einfacher und erhöht die Hürde für eine Entbindung zusätzlich. Sprechen sich sowohl Geheimnisherr (Patient) als auch Geheimnisträger (Arzt) *gegen* eine Offenbarung des Anvertrauten aus, so dürfte eine Höherrangigkeit der Interessen am Durchbrechen des Verschwiegenheitsgebots wohl nur sehr selten zu bejahen sein. Es ist jedenfalls nur schwer vorstellbar, dass die vorgesetzte Behörde, welche den Inhalt der fraglichen Information gar nicht oder höchstens ansatzweise kennt, die Güterabwägung in einem solchen Fall zu Ungunsten der Fachperson und ihres Patienten vornimmt.

Das Entbindungsverfahren ist ein **Verfahren auf Erlass einer Verfügung**, das sich nach dem kantonalen Verwaltungsverfahrensrecht richtet. Es gelten die allgemeinen Verfahrensgarantien, namentlich der Anspruch auf **rechtliches Gehör**. Die vorgesetzte Behörde hat das Entbindungsgesuch dem Arzt zur Kenntnis zu bringen und ihn zur Stellungnahme einzuladen (BGE 91 I 200, 203 ff. E. 2). Wurde er bereits im Vorfeld von der KESB beigezogen und hat er der Entbindung ausdrücklich oder konkludent zugestimmt, so kann ggf. von der förmlichen Einholung einer neuerlichen Stellungnahme abgesehen werden. Ebenfalls anzuhören ist grundsätzlich der Patient und Geheimnisherr (BOLL, 59 f.). Auch bei ihm kann jedoch u.U. auf eine förmliche Anhörung verzichtet werden, wenn seine Weigerung der Bekanntgabe bereits aktenkundig ist. **35**

Abs. 3 führt jene Berufsgruppen auf, deren Mitglieder **unter keinen Umständen zur Mitwirkung verpflichtet** sind. Es sind dies Geistliche, Rechtsanwälte, Verteidiger, Mediatoren sowie ehemalige Beistände, die für das Verfahren ernannt wurden. All diese Personen sind Trägerinnen von Berufsgeheimnissen, wobei diese Geheimnisse regelmässig auch strafrechtlich geschützt sind, sei es durch Art. 321 StGB, sei es – bei besonders schützenswerte Personendaten – durch Art. 35 DSG. **36**

Die Aufzählung in Abs. 3 ist – ebenso wie jene von Abs. 2 – **abschliessend** und grundsätzlich **auf Art. 321 Ziff. 1 StGB abgestimmt**. Allerdings fehlen in Art. 448 Abs. 3 die in der StGB-Norm aufgeführten Notare und Patentanwälte sowie die nach Obligationenrecht zur Verschwiegenheit verpflichteten Revisoren. Ein Grund, weshalb Notare, die ebenfalls einer Schweigepflicht unterstellt sind und am Vollzug des Kindes- und Erwachsenenschutzrechts mitbeteiligt sind – z.B. indem sie Vorsorgeaufträge öffentlich beurkunden –, in Abs. 3 nicht enthalten sind, ist nicht ersichtlich. – Zusätzlich zu den in Art. 321 Ziff. 1 StGB erwähnten Personen gewährt Abs. 3 auch jenen Personen ein absolutes Verweigerungsrecht, die für den Schutzbedürftigen eine Mediation durchgeführt haben (bzw. immer noch durchführen) oder die in einer früheren Phase als Beistand eingesetzt waren (vgl. zum Mitwirkungsverweigerungsrecht des Mediators auch Art. 166 Abs. 1 lit. d ZPO). Für all diese Personen hat der Gesetzgeber die Güterabwägung vorweggenommen und dem Geheimnisschutz den Vorrang vor der Mitwirkungspflicht eingeräumt (Botschaft Erwachsenenschutz, 7080). Das Interesse am Schutz des Vertrauensverhältnisses wird in diesen Fällen als uneingeschränkt schützenswert erachtet, und das Verweigerungsrecht ist absolut. Die gegenteilige Auffassung von SCHMID, wonach entgegen der kategorischen Formulierung nur von einer *grundsätzlichen* Befreiung von der Mitwirkungspflicht auszugehen sei (SCHMID, Art. 448 N 8), findet im klaren Gesetzeswortlaut keine Stütze. **37**

Der absolute Geheimnisschutz hat lediglich zur Folge, dass die Mitglieder der in Abs. 3 genannten Berufsgruppen nicht zur Mitwirkung *verpflichtet* werden können. Ihre **Berechtigung zur Mitwirkung** ist trotzdem möglich. Massgebend dafür ist Art. 321 Ziff. 2 StGB. Danach ist die Offenbarung des Berufsgeheimnisses nicht strafbar, wenn sie auf Grund einer Einwilligung des Berechtigten oder einer auf Gesuch des Täters erteilten schriftlichen Bewilligung der vorgesetzten Behörde oder Aufsichtsbehörde erfolgt ist. Geistliche, Rechtsanwälte, Mediatoren und ehemalige Beistände können sich somit zur **38**

Auskunft ermächtigen bzw. von der Geheimhaltungspflicht entbinden lassen. Zuständig für die behördliche Entbindung ist die Aufsichtsbehörde an jenem Ort, an dem der um Entbindung ersuchende Anwalt seine Geschäftstätigkeit ausübt (NATER/ZINDEL, in: Fellmann/Zindel, Art. 13 BGFA N 138; zu den weiteren Verfahrensvoraussetzungen FELLMANN, Rz 519 ff.). Anders als bei den Medizinalpersonen nach Abs. 2 muss das Entbindungsgesuch vom Anwalt selbst gestellt werden. Der Klient ist dazu ebenso wenig befugt wie die KESB (FELLMANN, Rz 521).

39 Eine Entbindung durch die Aufsichtsbehörde – und damit gegen den Willen des Geheimnisherrn, da der Geheimnisträger vor dem Gang zur Aufsichtsbehörde zunächst den Klienten um Befreiung von der Schweigepflicht ersuchen sollte (FELLMANN, Rz 520) – ist an strenge Voraussetzungen geknüpft. Sie setzt eine Interessenabwägung voraus, wobei das Interesse an der Offenbarung höherwertig sein muss als das Interesse der betroffenen Person am Schutz des Anvertrauten. Die Preisgabe des Geheimnisses muss mit anderen Worten einem zwingenden Erfordernis entsprechen (vgl. für die Entbindung vom Anwaltsgeheimnis BGer vom 8.3.2000, 2P.313/1999, E. 2b).

40 Liegt eine Entbindung vor, so steht es grundsätzlich im Ermessen der jeweiligen Vertrauensperson, inwieweit sie bei der Sachverhaltsabklärung mitwirken und die Behörde über anvertraute Tatsachen informieren will. Für Anwälte hält Art. 13 Abs. 1 Satz 2 BGFA dies ausdrücklich fest, und auch die ZPO gewährt Anwälten, Geistlichen und Mediatoren ein absolutes Verweigerungsrecht (Art. 166 Abs. 1 lit. b und d ZPO; vgl. demgegenüber das differenzierte Verweigerungsrecht, welches Art. 166 Abs. 1 lit. b ZPO für die übrigen Berufsgeheimnisträger nach Art. 321 Ziff. 1 StGB vorsieht, wenn diese von der Schweigepflicht entbunden worden sind). Nicht anders verhält es sich, wenn die Ermächtigung zur Offenbarung vom Geheimnisherrn selbst erteilt wurde. Auch diesfalls begründet die Entbindung lediglich ein Recht und keine Pflicht zur Weitergabe (BOLL, 50; NATER/ZINDEL, in: Fellmann/Zindel, Art. 13 BGFA N 141 ff.). Vorbehalten bleiben allfällige in einem konkreten Auftrag vereinbarte Mitteilungspflichten.

V. Amtshilfe

41 Abs. 4 verpflichtet Verwaltungsbehörden und Gerichte, die notwendigen Akten herauszugeben, Berichte zu erstatten und Auskünfte zu erteilen, soweit nicht schutzwürdige Interessen entgegenstehen. Die genannten Stellen sind somit gehalten, die KESB zu unterstützen und ihr **Amtshilfe** zu leisten. Die Bestimmung gilt auch für das Verfahren vor der gerichtlichen Beschwerdeinstanz, soweit diese Sachverhaltsabklärungen vornimmt und auf Informationen von Behörden oder Gerichten angewiesen ist (N 8).

42 Art. 448 Abs. 4 verankert eine **allgemeine** Amtshilfepflicht. Pflichten zur Unterstützung können daneben auch in **besonderen** Gesetzesbestimmungen enthalten oder näher umschrieben sein. Auch das kantonale Recht kann spezifischere Kooperationsvorschriften enthalten und z.B. die Unterstützung der KESB durch einzelne besonders zur Zusammenarbeit prädestinierte Stellen – z.B. Sozialdienste – vorsehen (vgl. z.B. Art. 22–26 KESG BE). Sonderfälle der allgemeinen Amtshilfepflicht sind die Meldepflichten nach Art. 443 Abs. 2 sowie die weiteren spezialgesetzlichen Melde- und Anzeigepflichten nach Art. 69 Abs. 2 ZPO, Art. 75 Abs. 2 StPO oder Art. 397a OR (Art. 443 N 21). Eine weitere Form der Amtshilfe ist die Pflicht zur Zusammenarbeit nach Art. 453, welche losgelöst von einem hängigen Verfahren immer dann zum Tragen kommt, wenn die ernsthafte Gefahr besteht, dass eine hilfsbedürftige Person sich selbst gefährdet oder ein Verbrechen oder Vergehen begeht, mit dem sie jemanden körperlich, seelisch oder materiell schwer schädigt.

Adressaten der Pflicht zur Leistung von Amtshilfe sind Verwaltungsbehörden und Gerichte jeglicher Art (z.B. Sozial- und Psychiatriedienste, Schuldenberatungsdienste, Sozialversicherungsträger, Strafverfolgungs- und Strafvollzugsbehörden usw.). Zu welcher Staatsebene sie gehören, spielt keine Rolle: In der Pflicht stehen demnach Behörden und Gerichte sowohl des **Bundes** als auch der **Kantone und Gemeinden**. Der Begriff Verwaltungsbehörden ist insofern weit auszulegen, als auch private Organisationen darunter zu subsumieren sind, soweit sie öffentliche Aufgaben erfüllen (z.B. die auf dem Gebiet des Kindes- und Erwachsenenschutzes tätigen Pro-Organisationen oder Spitex-Stellen,). Die Interessenlage ist bei Art. 448 Abs. 4 nicht anders als bei der Meldepflicht nach Art. 443 Abs. 2, bei welchem sich aus Gesetzeswortlaut und Materialien klar ergibt, dass die Wendung «in amtlicher Tätigkeit» weit zu verstehen ist und auch private Träger öffentlicher Aufgaben umfasst (Art. 443 N 20). **43**

Die Pflicht zur Amtshilfe wird durch ein entsprechendes Begehren der KESB ausgelöst. Das Gesuch muss grundsätzlich **schriftlich** erfolgen und mit einer **Begründung** versehen werden (Botschaft Erwachsenenschutz, 7081). Bei unproblematischen Anforderungen von Dokumenten zur Ergänzung der Akten dürften auch telefonische Anfragen genügen, die mit einer Aktennotiz zu sichern sind. **44**

Mit der gesetzlich verankerten Amtshilfepflicht wird das **Amtsgeheimnis** im zwischenbehördlichen Verkehr **durchbrochen**: Indem Art. 448 Abs. 4 Behörden und Gerichte verpflichtet, bei der Sachverhaltsabklärung mitzuwirken, ist für deren Amtsgeheimnisträger der Verstoss gegen die Verschwiegenheitspflicht nach Art. 320 StGB gerechtfertigt. Sie müssen somit nicht vorgängig eine schriftliche Einwilligung (Entbindung) der vorgesetzten Behörde i.S.v. Art. 320 Ziff. 2 StGB einholen. Vielmehr liegt ein Fall von Art. 14 StGB vor, wonach die Tat, die das Gesetz oder eine Amts- oder Berufspflicht gebietet, kein Verbrechen oder Vergehen darstellt (BSK StGB II-OBERHOLZER, Art. 320 N 11). **45**

Die allgemeine Amtshilfepflicht nach Abs. 4 hat dort zurückzutreten, wo **besondere Geheimhaltungsvorschriften** einen Datenaustausch verbieten (ROSCH, in: Rosch/Büchler/Jakob, Art. 448 N 7). Das ist etwa im Opferhilferecht der Fall: Mitarbeiter einer Opferberatungsstelle unterstehen der Spezialvorschrift von Art. 11 OHG, welche die Ausnahmen von der Schweigepflicht abschliessend regelt. Danach ist die Schweigepflicht nur aufgehoben, wenn die beratene Person damit einverstanden ist (Abs. 2) oder wenn die körperliche, psychische oder sexuelle Integrität eines minderjährigen Opfers oder einer anderen unmündigen Person ernsthaft gefährdet ist (Abs. 3). Im zuletzt genannten Fall hat die beratende Person das Recht, die KESB zu informieren, wobei sie ihren Entscheid nach pflichtgemässem Ermessen zu treffen hat (VOGT, in: Opferhilfegesetz, Art. 11 N 22). Der Rechtfertigungsgrund von Art. 14 StGB findet daher im Verhältnis zwischen Art. 448 Abs. 4 und Art. 11 OHG keine Anwendung. **46**

Die Beteiligten eines vor der KESB hängigen Verfahrens haben grundsätzlich einen Anspruch auf Akteneinsicht (Art. 449b). Sie sind daher auch berechtigt, Einsicht in die von Verwaltungsbehörden oder Gerichten angeforderten Berichte sowie in eingeholte Auskünfte zu nehmen. Dadurch können berechtigte **Interessen Dritter oder der Öffentlichkeit gefährdet** werden. Zwar rechtfertigt der durch Art. 448 Abs. 4 gebotene Datenaustausch grundsätzlich eine Durchbrechung des Amtsgeheimnisses (N 45). Die Amtshilfeleistung ist aber an die Voraussetzung geknüpft, dass ihr keine schutzwürdigen Interessen entgegenstehen. Die um Amtshilfe ersuchte Behörde muss daher vorgängig prüfen, ob private Interessen Dritter oder öffentliche Interessen verletzt werden und eine Interessenabwägung vornehmen (Botschaft Erwachsenenschutz, 7081). Gegebenenfalls hat sie besondere Vorkehren zu treffen, z.B. besonders heikle Daten abzudecken oder zu anonymisieren. **47**

48 Personen, die an der Durchführung sowie der Kontrolle oder der Beaufsichtigung der **Durchführung der Sozialversicherungsgesetze** beteiligt sind, unterliegen nach Art. 33 ATSG einer besonderen Schweigepflicht. Auch ihre Mitwirkung kann indessen beim Vollzug des Kindes- und Erwachsenenschutzrechts erforderlich sein, weshalb der Gesetzgeber in den jeweiligen Sacherlassen die Datenübermittlung an die KESB für zulässig erklärt hat, sofern sie im Einzelfall erfolgt, kein überwiegendes Privatinteresse entgegensteht und ein schriftliches und begründetes Gesuch vorliegt (Art. 34a Abs. 1 lit. e AVG, Art. 50a Abs. 1 lit. e Ziff. 6 AHVG, Art. 86a Abs. 1 lit. f BVG, Art. 84a Abs. 1 lit. h Ziff. 5 KVG, Art. 97 Abs. 1 lit. i Ziff. 5 UVG und Art. 95a Abs. 1 lit. i Ziff. 7 MVG).

Art. 449

G. Begutachtung in einer Einrichtung

1 Ist eine psychiatrische Begutachtung unerlässlich und kann diese nicht ambulant durchgeführt werden, so weist die Erwachsenenschutzbehörde die betroffene Person zur Begutachtung in eine geeignete Einrichtung ein.

2 Die Bestimmungen über das Verfahren bei fürsorgerischer Unterbringung sind sinngemäss anwendbar.

G. Expertise effectuée dans une institution

1 Si l'expertise psychiatrique est indispensable et qu'elle ne peut être effectuée de manière ambulatoire, l'autorité de protection de l'adulte place, à cet effet, la personne concernée dans une institution appropriée.

2 Les dispositions sur la procédure relatives au placement à des fins d'assistance sont applicables par analogie.

G. Ricovero per perizia

1 Se è indispensabile una perizia psichiatrica che non può essere eseguita ambulatorialmente, per effettuarla l'autorità di protezione degli adulti ricovera l'interessato in un istituto adeguato.

2 Le disposizioni sulla procedura in caso di ricovero a scopo di assistenza si applicano per analogia.

Inhaltsübersicht

Literatur

Vgl. die Literaturhinweise zu Art. 443.

Materialien

Art. 417 VE Erwachsenenschutz 2003; VE Erwachsenenschutz/Vernehmlassungen, 266 ff.; Botschaft Erwachsenenschutz, 7081 und 7164; Prot. RK-S vom 27./28.8.2007, 32; AmtlBull StR 2007, 840; Prot. RK-N vom 24./25.4.2008, 43; AmtlBull NR 2008, 1539.

I. Allgemeines

Art. 449 regelt die Voraussetzungen, unter denen eine schutzbedürftige Person zur Begutachtung in eine Einrichtung eingewiesen werden kann. Die Bestimmung findet sich nicht im Abschnitt über die FU, sondern in jenem über das Verfahren. Das rührt daher, dass bei der **Einweisung zur Begutachtung** nicht die Behandlung und Betreuung der betroffenen Person, sondern deren medizinische Abklärung, mithin eine Massnahme zur Erhebung des Sachverhalts, im Zentrum steht. 1

Art. 449 bezieht sich gesetzessystematisch lediglich auf das **Verfahren vor der ESB** (vgl. den Titel des ersten Unterabschnitts). Dessen ungeachtet kommt die Bestimmung aber auch im **Verfahren vor der KSB** zur Anwendung (vgl. Art. 440 Abs. 3 i.V.m. Art. 314 Abs. 1; ferner Botschaft Erwachsenenschutz, 7075). Anwendbar ist sie ferner im **Verfahren vor der gerichtlichen Beschwerdeinstanz** (N 15). Auch in diesem Stadium ist der Sachverhalt von Amtes wegen zu erheben, soweit dies noch notwendig ist. Die Einweisung zur Begutachtung in einer Einrichtung kann sich daher unter Umständen auch erst im Rechtsmittelverfahren als erforderlich erweisen. 2

Das bisherige Recht kannte keine ausdrückliche gesetzliche Grundlage für die Einweisung zur Begutachtung. Dennoch hat die Rechtsprechung eine entsprechende Anordnung unter bestimmten Voraussetzungen als mit **aArt. 397a Abs. 1** vereinbar erachtet (BGer vom 14.10.2010, 5A_668/2010, E. 3.1; BGer vom 14.4.2010, 5A_250/2010, E. 2.3; Botschaft Erwachsenenschutz, 7062; BSK ZGB I-Geiser, aArt. 397a N 16; Spühler, 212). 3

II. Einweisung zur Begutachtung

1. Begutachtung

Die KESB ist im Rahmen der Feststellung des Sachverhalts berechtigt und verpflichtet, «nötigenfalls» das **Gutachten einer sachverständigen Person** anzuordnen (Art. 446 Abs. 1 und Abs. 2 Satz 3). Eine solche Massnahme ist immer dann notwendig, wenn dem Spruchkörper der erforderliche Sachverstand fehlt (Art. 446 N 19; Botschaft Erwachsenenschutz, 7078). Verfügt er aber über das nötige Fachwissen, kann die Begutachtung selbst dort unterbleiben, wo eine FU infolge einer psychischen Störung in Frage steht. Art. 450e Abs. 3, der bei FU infolge einer psychischen Störung zwingend ein Sachverständigengutachten verlangt, findet nur im Verfahren vor der gerichtlichen Beschwerdeinstanz Anwendung (Art. 446 N 19). Über den Beizug einer sachverständigen Person hat die KESB nach pflichtgemässem Ermessen zu entscheiden. Verzichtet sie auf die Anordnung einer Begutachtung, weil sie über eigenes Fachwissen verfügt, hat sie dieses Fachwissen offenzulegen, damit die Verfahrensbeteiligten dazu Stellung nehmen können (vgl. Art. 450f i.V.m. Art. 183 Abs. 3 ZPO; ferner Art. 446 N 23). Ordnet die KESB eine Begutachtung an, hat sie darauf zu achten, dass die Unabhängigkeit der sachverständigen Person gewährleistet ist (Art. 446 N 24) und dass Letzterer keine Rechtsfragen, sondern nur Sachverhaltsfragen unterbreitet werden (Art. 446 N 20). 4

Die betroffene Person ist aufgrund der ihr obliegenden Mitwirkungspflicht gehalten, sich für die Begutachtung zur Verfügung zu halten (Art. 448 Abs. 1 Satz 1). Kommt sie ihrer 5

Pflicht zur Mitwirkung nicht nach, kann die KESB nötigenfalls die zwangsweise Durchsetzung der ambulanten Begutachtung anordnen und die zu begutachtende Person polizeilich vorführen lassen (vgl. Art. 448 Abs. 1 Satz sowie Art. 446 N 22). Widersetzt sich die betroffene Person aber fortwährend, ist eine ambulante Begutachtung auch zwangsweise nicht durchführbar. In diesem Fall hat die Begutachtung gegen den Willen der betroffenen Person in einer Einrichtung zu erfolgen. Art. 449 Abs. 1, der die Begutachtung in einer Einrichtung regelt, stellt insoweit eine **lex specialis** zu Art. 448 Abs. 1 dar (Rosch, in: Rosch/Büchler/Jakob, Art. 449 N 1).

2. Abgrenzung zur fürsorgerischen Unterbringung

6 Art. 449 Abs. 1 ergänzt Art. 426 Abs. 1 und bildet die gesetzliche Grundlage für die Einweisung einer Person, deren psychiatrische Begutachtung unerlässlich ist, aber nur stationär durchgeführt werden kann. Bei der Einweisung zur Begutachtung handelt es sich um eine **Massnahme zur Abklärung der Verhältnisse** (Botschaft Erwachsenenschutz, 7081), die lediglich zur Vornahme einer unerlässlichen psychiatrischen Begutachtung dient. Eine *medizinische Behandlung* gem. Art. 433 ff. einer nur zur Begutachtung eingewiesenen Person ist nicht zulässig (Botschaft Erwachsenenschutz, 7062; ebenso Bernhart, Rz 361; OFK-ZGB-Fassbind, Art. 449 N 1 und 2; Rosch, in: Rosch/Büchler/Jakob, Art. 449 N 1; Schmid, Art. 449 N 3). *Massnahmen zur Einschränkung der Bewegungsfreiheit* können hingegen ergriffen werden (Art. 449 Abs. 2 i.V.m. Art. 438). Die zur Begutachtung eingewiesene Person darf nicht länger gegen ihren Willen in der Einrichtung zurückbehalten werden, als es zur Begutachtung erforderlich ist (zum alten Recht: BGer vom 14.10.2010, 5A_668/2010, E. 3.1; s.a. N 11). Erweist sich nach Abschluss der Begutachtung eine FU als erforderlich, hat die KESB einen Unterbringungsentscheid gem. Art. 426 ff. anzuordnen.

7 Im Regelfall wird eine Einweisung zur Begutachtung vorgenommen, wenn eine FU ernsthaft in Betracht zu ziehen ist, aber wichtige Grundlagen für den Unterbringungsentscheid noch fehlen (s. N 9 hiernach). Ausnahmsweise kann es auch geboten sein, *zusätzlich* zur FU eine Begutachtung durch einen Sachverständigen durchführen zu lassen. In einem solchen Fall wird die Unterbringung zur Betreuung und Behandlung (vgl. den Randtitel zu Art. 426) mit der Einweisung zur Begutachtung kombiniert (Bernhart, Rz 361). Dies setzt allerdings zweierlei voraus: Zum einen haben die Voraussetzungen einer FU erfüllt zu sein. Zum anderen muss bezüglich einer weiteren Frage zusätzlicher Klärungsbedarf bestehen. In Betracht kommen bspw. Abklärungen mit Blick auf einen Übertritt in eine geeignete betreute Wohnsituation (vgl. zum alten Recht: VerwGer AG, 13.1.2004, AGVE 2003, 138 f.). Im Unterbringungsentscheid nach Art. 426 ff. ist diesfalls festzuhalten, inwiefern die Unterbringung auch zum Zwecke der Begutachtung erfolgt (vgl. N 16 hiernach). Unterbleibt dies, so ist die betroffene Person nach Massgabe von Art. 426 Abs. 3 zu entlassen, unabhängig davon, ob das Gutachten abgeschlossen werden konnte (Rosch, in: Rosch/Büchler/Jakob, Art. 449 N 1).

3. Voraussetzungen

8 Jedes staatliche Handeln ist an den verfassungsrechtlichen Grundsatz der **Verhältnismässigkeit** gebunden (Art. 5 Abs. 2 BV). Um vor diesem Grundsatz standzuhalten, hat die Einweisung zur Begutachtung nach Art. 449 Abs. 1 unerlässlich (N 9), nicht ambulant durchführbar (N 10) und auf die absolut notwendige Zeit beschränkt zu sein (N 11). Ferner hat sie in einer geeigneten Einrichtung zu erfolgen (N 12).

9 Die Einweisung zur Begutachtung setzt zunächst voraus, dass eine psychiatrische Begutachtung **unerlässlich** ist. Dies ist nach der voraussichtlich weiterhin massgeblichen bundes-

gerichtlichen Rechtsprechung zu aArt. 397a der Fall, wenn eine FU ernsthaft in Betracht gezogen werden kann, aber wichtige Grundlagen für einen definitiven Einweisungsentscheid fehlen. Die Einweisung zu diesem Zweck kommt somit nur in Frage, wenn die Krankheitsursache des bereits festgestellten Verhaltens der betroffenen Person nur im Rahmen eines Aufenthalts in einer Einrichtung sorgfältig abgeklärt werden kann (BGer vom 14.10.2010, 5A_668/2010, E. 3.1; BGer vom 14.4.2010, 5A_250/2010, E. 2.3). Es bedarf insoweit einer *akuten Notwendigkeit* für eine Unterbringung zur Abklärung (ROSCH, in: Rosch/Büchler/Jakob, Art. 449 N 2; BSK ZGB I-GEISER, aArt. 397a N 16). An einer solchen fehlt es, wenn einzig zu klären ist, wie die gesundheitliche Störung am besten zu behandeln ist (BGer vom 19.9.2007, 5A_474/2007, E. 2.3).

Die Begutachtung ist nach Möglichkeit **ambulant** durchzuführen, nötigenfalls auch mit Zwangsmitteln (N 5 hiervor). Eine ambulante Begutachtung setzt allerdings eine gewisse Kooperationsbereitschaft seitens der betroffenen Person voraus. Steht von vornherein fest, dass die betroffene Person nicht kooperieren will, kann die Begutachtung meistens nur im Rahmen eines stationären Aufenthalts in einer Einrichtung erfolgen. Weitere Indizien, die gegen den Erfolg einer ambulanten Begutachtung sprechen, liegen vor, wenn die betroffene Person über kein soziales Umfeld verfügt oder ihr die Krankheitseinsicht fehlt (vgl. BGer vom 14.10.2010, 5A_668/2010, E. 3.3.3). Eine ambulante Begutachtung ist zudem nicht möglich, wenn es für die Begutachtung einer längeren Beobachtungsphase bedarf (Art. 446 N 22; ROSCH, in: Rosch/Büchler/Jakob, Art. 449 N 2). 10

Auch wenn Art. 449 Abs. 1 dies nicht explizit festhält, gilt, dass die Einweisung zur Begutachtung auf die **absolut notwendige Zeit** zu beschränken ist (Botschaft Erwachsenenschutz, 7062; Bericht ExpK Erwachsenenschutz 03, 62; BERNHART, Rz 365; OFK-ZGB-FASSBIND, Art. 449 N 1; AFFOLTER, AJP 2006, 1065; zum alten Recht: BGer 14.4.2010, 5A_250/2010, E. 2.3). Das Bundesrecht legt jedoch keine gesetzliche Maximalfrist fest, bis zu der eine Einweisung zur Begutachtung längstens dauern darf (vgl. dagegen die Maximalfrist für die ärztlich angeordnete FU nach Art. 429 Abs. 1 Satz 2). Eine solche Maximalfrist kannte bisher etwa der Kanton Bern, der in Art. 27 Abs. 2 seines Gesetzes vom 22.11.1989 über die FFE und andere Massnahmen der persönlichen Fürsorge vorsah, dass die zur Begutachtung eingewiesene Person nach einer Frist von sechs Wochen auch dann entlassen werden musste, wenn die Abklärung noch nicht abgeschlossen war. Mit dem neuen Recht dürfte eine solche kantonalgesetzliche Maximalfrist kaum mehr vereinbar sein. Sie wäre aber auch in der Sache nicht unproblematisch, da in besonderen Fällen – etwa bei Jugendlichen – auch längere Beobachtungsfristen erforderlich sein können. Zulässig ist es hingegen, dass die anordnende KESB den Einweisungsentscheid *im konkreten Einzelfall* mit einer Maximalfrist versieht. 11

Sind die vorgenannten Voraussetzungen erfüllt, weist die KESB die betroffene Person zur Begutachtung in eine **geeignete Einrichtung** ein. Die Eignung der Einrichtung ist bei der Einweisung zur Begutachtung – ebenso wie bei der FU – nicht blosse Rechtsfolge, sondern *Tatbestandsvoraussetzung* (bezüglich der FU: BERNHART, Rz 431; ROSCH, in: Rosch/Büchler/Jakob, Art. 426 N 12). Steht keine geeignete Einrichtung zur Verfügung, ist von einer Einweisung zur Begutachtung abzusehen. 12

III. Verfahrensfragen

1. Sinngemässe Anwendung der Verfahrensbestimmungen zur fürsorgerischen Unterbringung

Nach Art. 449 Abs. 2 sind die Bestimmungen über das Verfahren bei FU **sinngemäss anwendbar**. Der Zusatz «sinngemäss» ist notwendig, da die Art. 426–439 sowie Art. 450e 13 nicht unbesehen auf die Einweisung zur Begutachtung angewendet werden können. Keine Anwendung finden etwa die Vorschriften über die *medizinische Behandlung* (Art. 433 ff.), denn die Einweisung zur Begutachtung dient lediglich zur Vornahme einer unerlässlichen psychiatrischen Begutachtung, und es steht regelmässig noch nicht fest, ob die Voraussetzungen für eine FU, die auch eine medizinische Behandlung erlauben, gegeben sind. Wird die Einweisung zur Begutachtung jedoch mit einer FU kombiniert, ist eine medizinische Behandlung möglich. Nicht zur Anwendung gelangen ferner die Bestimmungen über die *Zuständigkeit*, da Art. 449 Abs. 1 hierfür eine eigene Regelung enthält (vgl. N 14 hiernach).

2. Zuständigkeit

14 Für die Anordnung einer Einweisung zur Begutachtung ist die **KESB** zuständig (Art. 449 Abs. 1). Ärzte, die nach Art. 429 Abs. 1 eine FU anordnen können, sind hierzu nicht befugt. Der Grund dafür liegt darin, dass bei der Unterbringung zur Begutachtung kein eigentlicher Notfall vorliegt (Botschaft Erwachsenenschutz, 7065; ebenso BERNHART, Rz 438). Die Einweisung zur Begutachtung dient mit anderen Worten nicht der Krisenintervention (**a.M.** SCHMID, Art. 449 N 2 und Art. 429 N 2, der eine Ausnahmekompetenz der Ärzte zur Einweisung zur Begutachtung im Fall von Morddrohungen bejaht). Ist bei Personen mit einer psychischen Störung eine umgehend wirkende Massnahme erforderlich, kommt nur eine FU in Betracht.

15 Auch die **gerichtliche Beschwerdeinstanz** ist befugt, eine Person zur Begutachtung einzuweisen, falls sich eine solche Massnahme im Rahmen eines Rechtsmittelverfahrens als erforderlich erweist. Dies gilt insb. im Licht von Art. 450e Abs. 3, wonach die gerichtliche Beschwerdeinstanz bei psychischen Störungen gestützt auf das Gutachten einer sachverständigen Person entscheiden muss.

3. Einweisungsentscheid

16 Wird die betroffene Person zur Begutachtung eingewiesen, hat die KESB im Rahmen des **Einweisungsentscheids** nach Art. 449 zu bestimmen, welche Abklärungen vorzunehmen sind. Ohne konkreten Abklärungsauftrag ist die Einweisung zur Begutachtung unvollständig (vgl. VerwGer AG, 6.2.2002, AGVE 2002, 201). Im Dispositiv ist zudem die konkrete Einrichtung zu bezeichnen, gehört deren Eignung doch zu den Tatbestandsvoraussetzungen (s. N 12 hiervor). Schliesslich kann es geboten sein, den Einweisungsentscheid mit einer Maximalfrist zu versehen, bis zu der die stationäre Begutachtung längstens dauern darf (s. N 11 hiervor). Der Einweisungsentscheid ist i.d.R. sofort vollstreckbar (Art. 449 Abs. 2 i.V.m. Art. 450e Abs. 2; Botschaft Erwachsenenschutz, 7086; OFK-ZGB-FASSBIND, Art. 449 N 2 und Art. 450c N 2). Die betroffene oder eine ihr nahestehende Person kann aber dagegen Beschwerde bei der gerichtlichen Beschwerdeinstanz erheben (Art. 449 Abs. 2 i.V.m. Art. 450 Abs. 1). Gegen das Urteil der gerichtlichen Beschwerdeinstanz steht die Beschwerde in Zivilsachen offen (Art. 72 Abs. 2 lit. b Ziff. 6 BGG). Da es sich um einen Zwischenentscheid i.S.v. Art. 93 handeln dürfte, sind die entsprechenden Voraussetzungen für eine selbständige Anfechtung zu beachten.

4. Entlassung

17 Die betroffene oder eine ihr nahestehende Person kann jederzeit ein **Entlassungsgesuch** stellen (Art. 449 Abs. 2 i.V.m. Art. 426 Abs. 4). Diesem ist zu entsprechen, sobald die Voraussetzungen von Art. 449 nicht mehr erfüllt sind (Art. 449 Abs. 2 i.V.m. Art. 426 Abs. 3). Dies trifft zu, wenn die für die Begutachtung notwendigen Abklärungen abgeschlossen

sind oder wenn aufgrund veränderter Verhältnisse nunmehr eine ambulante Begutachtung in Betracht kommt (Rosch, in: Rosch/Büchler/Jakob, Art. 449 N 3). Erweist sich nach Abschluss der Begutachtung eine FU als erforderlich, hat die KESB einen Unterbringungsentscheid gem. Art. 426 ff. anzuordnen.

Art. 449a

H. Anordnung einer Vertretung

Die Erwachsenenschutzbehörde ordnet wenn nötig die Vertretung der betroffenen Person an und bezeichnet als Beistand oder Beiständin eine in fürsorgerischen und rechtlichen Fragen erfahrene Person.

H. Représentation

Si nécessaire, l'autorité de protection de l'adulte ordonne la représentation de la personne concernée dans la procédure et désigne curateur une personne expérimentée en matière d'assistance et dans le domaine juridique.

H. Designazione di un rappresentante

Se necessario, l'autorità di protezione degli adulti ordina che l'interessato sia rappresentato da un curatore, esperto in questioni assistenziali e giuridiche.

Inhaltsübersicht

Literatur

Vgl. die Literaturhinweise zu Art. 443.

Materialien

Art. 30 und 40 VE VKE 2003; VE VKE/Vernehmlassungen, 78 ff. und 98 ff.; Botschaft Erwachsenenschutz, 7081 f. und 7164; Prot. RK-S vom 27./28.8.2007, 32; AmtlBull StR 2007, 840; Prot. RK-N vom 24./25.4.2008, 43; AmtlBull NR 2008, 1539.

I. Allgemeines

Je nach Situation kann es geboten sein, dass die schutzbedürftige Person im Verfahren vor der KESB einen Beistand hat, der sie bei der Wahrung ihrer Rechte und Interessen unterstützt. Für diese Fälle gibt Art. 449a der Behörde die Möglichkeit, einen **Verfahrensbeistand** zu bestellen. Dabei ist die Verbeiständung nicht ins freie Ermessen der Behörde ge- 1 stellt. Vielmehr hat die schutzbedürftige Person einen *Anspruch* auf Bestellung eines Beistands, wenn die Tatbestandsvoraussetzungen von Art. 449a erfüllt sind. Diese sind freilich mit dem einzigen Kriterium «nötig» sehr offen formuliert (dazu im Einzelnen N 7–9).

2 Art. 449a lehnt sich an den bisherigen **aArt. 397f Abs. 2** an. Danach bestellte das Gericht der betroffenen Person wenn nötig einen Rechtsbeistand. Im Einzelnen bestehen allerdings Unterschiede. So verlangte der bisherige aArt. 397f Abs. 2 die Bestellung eines *Rechts*beistands, wohingegen Art. 449a offener formuliert ist (Vertretung durch einen *Beistand*). Sodann gelangte aArt. 397f Abs. 2 nur in den Verfahren betreffend FFE zur Anwendung, wohingegen sich der Anwendungsbereich von Art. 449a auf sämtliche Verfahren – ungeachtet des Gegenstands – erstreckt (zum bisherigen Recht BSK ZGB I-Geiser, aArt. 397f N 12; BGer vom 27.2.2006, 5C.294/2005, E. 6). Schliesslich gilt der neue Art. 449a nicht nur in Verfahren vor der KESB, sondern auch im Rechtsmittelverfahren (Botschaft Erwachsenenschutz, 7082; Schmid, Art. 449a N 7; Rosch, in: Rosch/Büchler/Jakob, Art. 449a N 1). Zwar könnte man allein aufgrund des Gesetzeswortlauts und der Systematik zur Auffassung gelangen, im Verfahren vor der gerichtlichen Beschwerdeinstanz bestehe das Recht auf Verbeiständung nur bei einer FU (Art. 450e Abs. 4 Satz 2). Eine solche Interpretation würde aber zu kurz greifen. Die Schwierigkeit der Interessenwahrung nimmt im Verlaufe des Instanzenzugs eher zu als ab, weshalb eine Erhöhung der Anforderungen für eine Verbeiständung im Beschwerdeverfahren keinen Sinn ergeben würde. Dazu kommt, dass eine Beschränkung des Anwendungsbereichs von Art. 449a auf die Verfahren vor der KESB in Konflikt mit den Verfahrensgarantien von Art. 29 BV geriete.

II. Berührungspunkte zu Art. 29 BV

3 Art. 449a weist verschiedene Berührungspunkte zu den **Verfahrensgarantien von Art. 29 BV** auf. Diese vermitteln zum einen das Recht, zur Interessenwahrung einen Rechtsvertreter oder Beistand beizuziehen (das Bundesgericht leitet dieses Recht aus dem Anspruch auf rechtliches Gehör ab: BGE 132 V 443, 445 E. 3.3; 119 Ia 260, 261 E. 6a; BGer vom 3.3.2007, 5A_10/2007, E. 3.2.2; BVK-Steinmann, Art. 29 N 31). Zum anderen gewährt Art. 29 Abs. 3 Satz 1 BV jeder Person einen Anspruch auf unentgeltliche Rechtspflege, wenn sie nicht über die erforderlichen Mittel verfügt und ihr Rechtsbegehren nicht aussichtslos erscheint. Ausserdem hat der Mittellose nach Art. 29 Abs. 3 Satz 2 BV ein Recht auf Beiordnung eines unentgeltlichen Rechtsbeistands, soweit es zur Wahrung seiner Rechte notwendig ist. Es ist sachgerecht, bei der Auslegung von Art. 449a nebst der Praxis zu aArt. 397f Abs. 2 auch die bundesgerichtliche Rechtsprechung zum Verfassungsanspruch auf Beiordnung eines unentgeltlichen Rechtsbeistands heranzuziehen, zumal das zentrale Kriterium für eine unentgeltliche Verbeiständung gleich lautet wie die Voraussetzung für eine Verbeiständung nach Art. 449a («notwendig» in Art. 29 Abs. 3 Satz 2 BV, «nötig» in Art. 449a).

4 Die Verfahrensgarantien von Art. 29 BV und das Recht auf Verbeiständung nach Art. 449a sind freilich **nicht deckungsgleich**. Zunächst vermittelt Art. 449a nicht das Recht auf einen *unentgeltlichen* Beistand, sondern lediglich den Anspruch auf Bestellung eines Beistands (BGE 118 II 248 E. 2; 113 II 392 E. 1; BGer vom 27.1.2003, 5C.9/2003, E. 5, alle zu aArt. 397f Abs. 2). Die Frage, von wem dieser zu entschädigen ist, lässt Art. 449a offen. Sie beurteilte sich nach bisherigem Recht aufgrund der Regeln zur unentgeltlichen Prozessführung und dem allenfalls weitergehenden kantonalen Verfahrensrecht (BSK ZGB I-Geiser, aArt. 397f N 15). Dies trifft im Grundsatz auch für das neue Recht zu (N 23 f.), doch gilt es zudem Art. 404 Abs. 1 zu beachten, welcher die Entschädigung des Beistands i.S.v. Art. 400 ff. regelt und den Kantonen die Pflicht zum Erlass von Ausführungsbestimmungen sowie von Regeln über die Entschädigung und den Spesenersatz

überträgt, wenn diese nicht aus dem Vermögen der betroffenen Person bezahlt werden können (Botschaft Erwachsenenschutz, 7082; OFK-ZGB-Fassbind, Art. 449a N 2 a.E.). Sodann hat Art. 449a auch zum Zweck, das in Art. 29 Abs. 2 BV enthaltene Recht, seine Interessen in einem behördlichen Verfahren *selbst* zu wahren und auf einen Beistand zu *verzichten*, einzuschränken und zur Wahrung eines geordneten Verfahrens und einer optimalen Wahrheitssuche eine **zwingende Verbeiständung** anzuordnen. Die Anordnung einer solchen obligatorischen Verbeiständung – vergleichbar mit der notwendigen Verteidigung im Strafprozess – lässt sich nicht direkt auf Art. 29 Abs. 3 BV abstützen; vielmehr bedarf sie einer ausdrücklichen gesetzlichen Grundlage, wie sie nun in Art. 449a enthalten ist (vgl. BGE 131 I 350, 355 f. E. 3.1 a.E.).

III. Tatbestandsmerkmale

1. Adressat

Der Anspruch auf Verbeiständung nach Art. 449a steht allein der **betroffenen Person** zu, 5
d.h. dem Adressaten einer in Aussicht genommenen – oder allenfalls bereits angeordneten – Massnahme der Personensorge, der Vermögenssorge oder des Rechtsverkehrs. Nahestehende Personen oder weitere Verfahrensbeteiligte können dieses Recht nicht für sich in Anspruch nehmen (OFK-ZGB-Fassbind, Art. 449a N 2). Sie haben aber u.U. Anspruch auf Bestellung eines unentgeltlichen Rechtsbeistands nach Art. 29 Abs. 3 Satz 2 BV und den die Verfassung konkretisierenden Verfahrensbestimmungen.

2. Kindesschutzbelange

Grundsätzlich gilt, dass die Bestimmungen über das Verfahren vor der ESB – wozu 6
Art. 449a gehört – sinngemäss auch in Kindesschutzbelangen anwendbar sind (Art. 314 Abs. 1). Das Parlament hat indessen den Entwurf des Bundesrats mit einer eigenständigen Regelung für die **Vertretung des Kindes** ergänzt (Art. 314a^{bis}). Damit sollte «eine möglichst grosse Parallelität zum Scheidungsrecht» erreicht werden (AmtlBull StR 2007, 842, Votum Wicki; zu den Unterschieden zwischen Scheidungs- und Kindesschutzverfahren und den von der Mehrheit des Parlaments in diesem Zusammenhang abgelehnten Anträgen AmtlBull NR 2008, 1541 ff., insb. 1543 [Votum BR Widmer-Schlumpf]). Der erste Absatz des die Vertretung des Kindes regelnden Art. 314a^{bis} lautet gleich wie Art. 449a. Zusätzlich wird in der Kindesschutznorm in einem zweiten Absatz ausgeführt, in welchen Fällen die Anordnung einer Vertretung *insbesondere* zu prüfen ist: (1) Wenn die Unterbringung des Kindes Gegenstand des Verfahrens ist und (2) wenn die Beteiligten bezüglich der Regelung der elterlichen Sorge oder bezüglich wichtiger Fragen des persönlichen Verkehrs unterschiedliche Anträge stellen. Schliesslich enthält Art. 314a^{bis} einen dritten Absatz, der vorsieht, dass der Beistand des Kindes Anträge stellen und Rechtsmittel einlegen kann. Eine ähnlich lautende Regelung war bis Ende 2010 in den Art. 146 Abs. 2 und 147 Abs. 2 ZGB enthalten und findet sich heute in Art. 299 ZPO im Abschnitt der eherechtlichen Verfahren (vgl. allerdings zu den Unterschieden zwischen Scheidungs- und Kindesschutzverfahren das Votum von BR Widmer-Schlumpf in AmtlBull NR 2008, 1543).

3. Voraussetzungen

Ein Beistand nach Art. 449a ist **«wenn nötig»** zu bestimmen. Ob dies der Fall ist, beurteilt 7
sich aufgrund der **konkreten Umstände des Einzelfalles**. Nach der Praxis des Bundesgerichts zu Art. 29 Abs. 3 Satz 2 BV, auf die auch bei der Auslegung von Art. 449a abzustellen ist (N 3), ist ein Anspruch auf Verbeiständung zu bejahen, wenn die Interessen der

schutzbedürftigen Person in schwerwiegender Weise betroffen sind und der Fall in tatsächlicher und rechtlicher Hinsicht Schwierigkeiten bietet, die den Beizug eines Vertreters erforderlich machen (BGE 130 I 180, 182 E. 2.2; 128 I 225, 232 E. 2.5.2). Solche Gründe können in der Komplexität der Rechtsfragen oder der Unübersichtlichkeit des Sachverhalts liegen. Auch Merkmale in der Person des Betroffenen, wie etwa seine Fähigkeit, sich im Verfahren zurecht zu finden, können wesentlich sein (vgl. BGer vom 3.3.2007, 5A_10/2007, E. 3.3.1; BGE 128 I 225, 232 E. 2.5.2; 122 I 49, 51 E. 2c/bb). Dementsprechend ist eine Verbeiständung immer dann angezeigt, wenn die betroffene Person urteilsunfähig ist (OFK-ZGB-Fassbind, Art. 449a N 2; BSK ZGB I-Geiser, aArt. 397f N 14). Nebst der Komplexität des Verfahrens und dem Grad der Hilflosigkeit der betroffenen Person ist aber auch die Schwere des Eingriffs oder der Massnahme zu berücksichtigen: Droht das in Frage stehende Verfahren besonders stark in die Rechtsposition der betroffenen Person einzugreifen, ist die Bestellung eines Beistands eher geboten als bei weniger einschneidenden Massnahmen. Für sich allein betrachtet, ist die Schwere des Eingriffs jedoch nicht entscheidend (vgl. BGer vom 3.3.2007, 5A_10/2007, E. 3.3.1, wonach der naturgemäss schwere Eingriff, der mit jeder FFE verbunden ist, nicht in allen Fällen eine Verbeiständung rechtfertigt; ebenso OFK-ZGB-Fassbind, Art. 449a N 2; ZK-Spirig, Art. 397f ZGB N 80 ff.). Vielmehr hat die KESB alle drei Gesichtspunkte – Komplexität der Angelegenheit, Grad der Hilflosigkeit, Schwere des Eingriffs – bei der Anwendung von Art. 449a und bei der Ausübung des Ermessens zu berücksichtigen, das ihr der unbestimmte Rechtsbegriff «nötig» einräumt.

8 Art. 449a schreibt unter bestimmten Voraussetzungen eine amtliche Verbeiständung vor, obwohl das Kindes- und Erwachsenenschutzverfahren vom **Untersuchungsgrundsatz** (Art. 446 Abs. 1) und vom **Offizialgrundsatz** (Art. 446 Abs. 3) beherrscht wird. Diese beiden im Interesse der Wahrheitsfindung und der objektiven Rechtsverwirklichung verankerten Maximen vermögen m.a.W. nicht in jedem Fall sicherzustellen, dass die Interessen der schutzbedürftigen Person optimal gewahrt werden. Selbstredend gilt daher auch bei der Anwendung von Art. 449a der vom Bundesgericht entwickelte Leitsatz, wonach die Notwendigkeit der Bestellung eines Verfahrensbeistandes nicht mit der Begründung verneint werden darf, durch die Untersuchungsmaxime und die Pflicht zur Anwendung des Rechts von Amtes wegen sei der Rechtsschutz genügend gewahrt (BGE 130 I 180, 183 E. 3.2). Unbeachtlich bleiben muss im Kontext von Art. 449a aber die Argumentation des Bundesgerichts, bei Geltung der Offizialmaxime sei es gerechtfertigt, an die amtliche Verbeiständung einen strengen Massstab anzulegen (so BGE 125 V 32, 36 E. 4b a.E.). Denn daraus würde sich für die Auslegung von Art. 449a nur die wenig hilfreiche Vorgabe ergeben, es seien *sämtliche Fälle* nach strengen Kriterien zu beurteilen.

9 Da die Verbeiständung nach Art. 449a eine notwendige ist, wenn die Voraussetzungen dafür erfüllt sind (N 4 a.E. und N 14), kommt das bei Art. 29 Abs. 3 Satz 2 BV anwendbare **Kriterium der fehlenden Aussichtslosigkeit nicht zum Tragen**. Die Bestellung eines Beistands nach Art. 449a darf daher nicht davon abhängig gemacht werden, dass die Erfolgsaussichten die Verlustgefahren überwiegen (BGE 134 I 92, 99 E. 3.2.1).

4. Anforderungen an den Beistand

10 Art. 449a regelt nicht nur die Voraussetzungen für eine Verbeiständung, sondern auch die Anforderungen an den Beistand in persönlicher Hinsicht. Demnach muss es sich beim Beistand um eine **in fürsorgerischen und rechtlichen Fragen erfahrene Person** handeln. Die Formulierung entspricht jener von Art. 299 Abs. 1 ZPO bzw. dem früheren aArt. 147 Abs. 1 ZGB.

Zentrales Qualifikationsmerkmal für den amtlichen Beistand ist die **Erfahrung**. Diese muss in fürsorgerischen *und* rechtlichen Fragen gegeben ein. Das Kriterium «erfahren» setzt nicht voraus, dass der Beistand über einen Berufsabschluss in den mit den Begriffen Fürsorge und Recht angesprochenen Disziplinen verfügt. Vielmehr genügt es, wenn er das nötige Know-how durch die berufliche Arbeit, womöglich ergänzt durch Aus- und Weiterbildungen, erworben hat. Der amtliche Beistand muss daher weder Anwalt sein noch über einen Fachabschluss in Sozialer Arbeit, Psychologie oder Sozialpädagogik verfügen. Er soll aber offen sein für die interdisziplinären Anliegen des Kindes- und Erwachsenenschutzes und über menschliche Qualitäten, Lebenserfahrung und soziale Kompetenz verfügen. Zudem sollte er Erfahrung haben im Umgang mit Schutzbedürftigen und gewohnt sein, mit den zahlreichen auf dem Gebiet des Kindes- und Erwachsenenschutzes tätigen Behörden und Stellen zu verkehren (ROSCH, in: Rosch/Büchler/Jakob, Art. 449a N 3). Wichtig ist auch die Gabe, das Vertrauen der betroffenen Person zu erwerben. In rechtlicher Hinsicht sind grundlegende Kenntnisse des Kindes- und Erwachsenenschutzrechts und des Verfahrensrecht erforderlich (vgl. zum Ganzen SCHMID, Art. 449a N 5; BSK ZGB I-BREITSCHMID, aArt. 147 N 8; BSK ZPO-STECK, Art. 299 N 8; PFÄNDER-BAUMANN, in: Brunner/Gasser/Schwander, Art. 299 ZPO N 10). 11

Kein Beistand wird sämtliche der in N 11 aufgezählten Fähigkeiten, die sich unter die Wendung «in fürsorgerischen und rechtlichen Fragen erfahren» subsumieren lassen, in vollendeter Form in sich vereinigen. Die KESB hat daher die Wahl des konkreten Beistands auf den **Schwerpunkt der Aspekte** abzustimmen, die im jeweiligen Verfahren zur Diskussion stehen. Stellen sich in erster Linie schwierige rechtliche Fragen, wird sie tendenziell einen Anwalt oder einen Juristen mit Lizentiats- oder Masterabschluss als Beistand einsetzen. Wo die amtliche Verbeiständung nicht wegen der rechtlichen Komplexität, sondern aufgrund der Hilflosigkeit der betroffenen Person geboten ist, wird sie vor allem darauf achten, dass der Verfahrensbeistand über Sozialkompetenz, Erfahrung im Umgang mit Schutzbedürftigen und das erforderliche Wissen über die in Betracht fallenden Massnahmen verfügt. 12

Sofern für die betroffene Person aufgrund einer früher angeordneten Massnahme schon eine **Beistandschaft** existiert, obliegt die Vertretung im Verfahren grundsätzlich dem bereits eingesetzten Beistand nach Massgabe der einschlägigen gesetzlichen Bestimmungen (Art. 390 ff.). Auch in einem solchen Fall kann es unter Umständen aber geboten sein, zusätzlich einen besonderen Verfahrensbeistand i.S.v. Art. 449a zu bestellen, wobei eine solche Lösung wegen der damit verbundenen Kosten sowie der zusätzlichen Koordinationsschwierigkeiten nur ausnahmsweise und in wirklich begründeten Fällen in Betracht gezogen werden sollte (vgl. BSK ZPO-STECK, Art. 299 N 9 a.E.). Entscheidend ist letztlich wiederum, dass die Bestellung des Verfahrensbeistands aufgrund der konkreten Umstände «nötig» ist. Dies kann der Fall sein, wenn sich der bereits bestehende Beistand von vorneherein nicht eignet, um die Interessen der betroffenen Person optimal zu wahren (z.B. in einem Verfahren nach Art. 419, in dem die Handlungen oder Unterlassungen des Beistands selbst auf dem Prüfstand stehen). Ausserdem kann die zusätzliche Bestellung eines Verfahrensbeistands geboten sein, wenn die Unterstützung durch den bereits eingesetzten Beistand nicht genügt, weil das konkrete Verfahren mit besonderen Schwierigkeiten – z.B. anspruchsvollen prozessrechtlichen Fragestellungen – verbunden ist. Im Streit der Eltern sollte für die **Vertretung des Kindes im Verfahren** nach Art. 314a^{bis} nicht der gestützt auf Art. 308 bestellte Erziehungsbeistand eingesetzt werden (BSK ZPO-STECK, Art. 300 N 10; offener diesbezüglich BÄHLER, 195, und BSK ZGB I-BREITSCHMID, aArt. 147 N 2 und 9). 13

IV. Bestellverfahren

14 Die Bestellung des Verfahrensbeistands erfolgt entweder **auf Antrag** der urteilsfähigen betroffenen Person (bzw. ihres ggf. bereits bestehenden Vertretungsbeistands) oder **von Amtes wegen**. Im zuletzt genannten Fall kann der Beistand auch **gegen den Willen** der betroffenen Person eingesetzt werden, wenn dies aus einer übergeordneten Sicht im wohlverstandenen Interesse des Schutzbedürftigen liegt (sog. notwendige, zwingende oder obligatorische Verbeiständung, s. auch N 4 a.E.). Eine amtliche Verbeiständung nach Art. 449a setzt somit auf der einen Seite nicht voraus, dass die betroffene Person selbst ausserstande ist, einen Vertreter zu mandatieren. Auf der anderen Seite schränkt Art. 449a den Anspruch auf selbständige Bestellung eines gewillkürten Stellvertreters aber auch nicht ein. Dem Betroffenen, der selbst dafür sorgt, dass er im Verfahren durch eine in fürsorgerischen und rechtlichen Fragen erfahrene Person vertreten wird, kann von der KESB nicht unter Verweis auf Art. 449a ein anderer *amtlicher* Vertreter aufgezwungen werden (vgl. BSK ZGB I-Geiser, aArt. 397f N 15; zum Recht der altrechtlich entmündigten, aber urteilsfähigen Person, im Rahmen der Ausübung höchstpersönlicher Rechte mittels Vollmachterteilung selbständig einen gewillkürten Vertreter zu bestellen und mit diesem einen das Basisverhältnis ordnenden Auftrag abzuschliessen: BGer vom 23.3.2007, 5A_10/2007, E. 3.2.3).

15 In den Entscheid über die Anordnung der amtlichen Vertretung und in die Wahl der konkreten Person des Beistands ist die betroffene Person in geeigneter Weise einzubeziehen. Ist sie urteilsfähig, so ist ihr das **rechtliche Gehör** zu gewähren. Soweit möglich und zweckmässig, ist ihren Wünschen im Interesse der Herstellung des erforderlichen Vertrauensverhältnisses Rechnung zu tragen (BVK-Steinmann, Art. 29 N 38 f., 41; BSK ZPO-Steck, Art. 299 N 9; vgl. auch Art. 133 Abs. 2 StPO sowie zur bisherigen Praxis des Bundesgericht BGer vom 11.11.2008, 1B_245/2008, E. 2, wonach zwar kein Anspruch auf Zuordnung des gewünschten Anwalts besteht, das Gericht aber die Wünsche des Betroffenen auch nicht willkürlich ausser Acht lassen darf). Auch allfällige Wünsche der Angehörigen oder anderer nahestehender Personen sind gegebenenfalls bei der Wahl des Beistands zu berücksichtigen (vgl. Art. 401 Abs. 2), wobei die KESB solche Personen jedoch nicht von Amtes wegen anfragen muss. Nahestehende Personen und Angehörige haben denn auch keinen Anspruch darauf, dass ihren Vorschlägen soweit wie möglich entsprochen wird.

16 Die Anordnung und Bestellung der Verfahrensbeistandschaft oder die Ablehnung eines entsprechenden Antrages erfolgt mittels **prozessleitender Verfügung**. Die Zuständigkeit innerhalb der KESB ergibt sich aus dem kantonalen Einführungsrecht; i.d.R. liegt sie beim Präsidenten oder bei dem mit der Instruktion betrauten Einzelmitglied der Behörde (vgl. z.B. Art. 59 Abs. 1 KESG BE).

17 Ob gegen die Verfügung über die Anordnung und Bestellung eines Verfahrensbeistands ein **Rechtsmittel** an die **gerichtliche Beschwerdeinstanz** ergriffen werden kann, legt grundsätzlich das jeweils anwendbare Verfahrensrecht fest (Botschaft Erwachsenenschutz, 7084; zum ergänzend anwendbaren Verfahrensrecht im Allgemeinen Art. 450f). In aller Regel dürfte die selbständige Anfechtbarkeit zu bejahen sein, da mit der Verweigerung einer beantragten amtlichen Verbeiständung oder mit einer angeordneten Verbeiständung gegen den Willen der betroffenen Person ein nicht leicht wiedergutzumachender Nachteil verbunden ist. In den Bestimmungen der ZPO zu den eherechtlichen Verfahren ist die Anfechtbarkeit der Nichtanordnung einer Kindesvertretung explizit vorgesehen (Art. 299 Abs. 3 ZPO).

V. Stellung des amtlichen Beistands

1. Verhältnis zum bestellenden Gemeinwesen

a) Allgemeines

Mit der Bestellung eines Beistands durch die KESB entsteht zwischen dem Beistand und dem Gemeinwesen, dem die anordnende KESB angehört, ein **öffentlich-rechtliches Verhältnis** (BGE 132 V 200, 205 E. 5.1.4; FELLMANN, in: Fellmann/Zindel, Art. 12 BGFA N 144). Die nähere Ausgestaltung dieses Rechtsverhältnisses ist im ZGB nicht geregelt. Zwar existieren mit den Art. 390 ff. Regeln für die Beziehung zwischen Staat und Beistand. Diese lassen sich aber nicht unbesehen auf die Verfahrensbeistandschaft nach Art. 449a übertragen, mit der andere Ziele verfolgt werden als mit den Beistandschaften nach Art. 390 ff. Da Art. 449a eine *Verfahrensvorschrift* ist und die gestützt darauf angeordnete Vertretung nur für ein konkretes Verfahren gilt, muss ergänzend auf das **im jeweiligen Kanton geltende Verfahrensrecht** abgestellt werden, soweit sich die Antwort auf eine Frage zum Verhältnis zwischen Verfahrensbeistand und betroffener Person nicht aus Art. 449a selbst ableiten lässt. Zur Befugnis der Kantone, gestützt auf Art. 450f ergänzende Verfahrensbestimmungen zu erlassen, gehört deshalb auch die Kompetenz, im ZGB nicht normierte Einzelheiten der amtlichen Vertretung nach Art. 449a zu regeln (Art. 450f N 6). Nebst solchen spezifischen kantonalen Normen gelangen zudem die öffentlich-rechtlichen Bestimmungen des eidgenössischen und kantonalen Anwaltsrechts zur Anwendung, sofern als amtlicher Beistand ein Rechtsanwalt eingesetzt wird. 18

Bestimmt die KESB einen im Anwaltsregister eingetragenen Anwalt zum Verfahrensbeistand, so ist dieser **verpflichtet, das Mandat zu übernehmen** (Art. 12 lit. g BGFA). Keiner solchen Pflicht unterstehen dagegen Personen anderer Berufsgattungen, die nicht unter den Geltungsbereich des BGFA fallen, es sei denn, das kantonale Recht würde auch für sie eine entsprechende Obliegenheit vorsehen (vgl. BGE 132 V 200, 205 f. E. 5.1.4). Nicht auf den amtlichen Vertreter nach Art. 449a anwendbar ist zudem die Übernahmepflicht nach Art. 400 Abs. 2, die nur für den Beistand nach Art. 390 ff. gilt. Nichtanwälte können sich daher der Einsetzung als Verfahrensbeistand widersetzen mit der Folge, dass das öffentlich-rechtliche Verhältnis mit dem Gemeinwesen nicht zustande kommt. 19

b) Beendigung des Rechtsverhältnisses

Beendet wird das Rechtsverhältnis zwischen Verfahrensbeistand und Gemeinwesen im Regelfall mit dem **Abschluss des Verfahrens**. Da die Aufgabe des Beistands darin besteht, die Interessen der betroffenen Person möglichst optimal zu wahren, hat er gegebenenfalls auch zu prüfen, ob gegen den Entscheid der KESB ein Rechtsmittel zu ergreifen ist. Ist dies zu bejahen, so erstreckt sich sein Einsatz auch auf das **Beschwerdeverfahren**, und das Rechtsverhältnis zum Gemeinwesen dauet weiter an. Zwar ist es grundsätzlich Sache der gerichtlichen Beschwerdeinstanz darüber zu befinden, ob die Voraussetzungen für eine amtliche Vertretung nach Art. 449a weiterhin gegeben sind. In aller Regel wird dies aber zu bejahen sein, zumal die Schwierigkeit der Interessenwahrung im Verlaufe des Instanzenzugs eher zu- als abnimmt (N 2). 20

Keine Anwendung findet Art. 449a dagegen im **Verfahren vor dem Bundesgericht**, da das bundesgerichtliche Verfahren ausschliesslich durch das BGG geregelt wird. Für die amtliche Vertretung nach Art. 449a gilt insofern nichts anderes als für die Beiordnung eines unentgeltlichen Rechtsbeistands, bei der das Bundesgericht ebenfalls autonom und allein gestützt auf Art. 64 Abs. 2 BGG prüft, ob die entsprechenden Voraussetzungen gegeben sind, und es unerheblich ist, ob der Gesuchsteller in den vorangehenden kantonalen 21

Verfahren amtlich verbeiständet war (BSK BGG-GEISER, Art. 64 N 7; FELLMANN, Rz 794).

22 Eine **Beendigung** der amtlichen Beistandschaft **während laufendem Verfahren** ist ohne Einverständnis der KESB nicht möglich. Der staatlich eingesetzte Beistand ist nicht befugt, sein Mandat einseitig niederzulegen (BGE 132 V 200, 206 f. E. 5.1.4). Massgebend für den Entscheid über die Entlassung eines amtlichen Beistands aus seiner Pflicht muss letztlich das Wohl der vertretenen Person sein. Wenn deren Interessen mit einem neuen Beistand besser gewahrt werden können – etwa, weil das Vertrauensverhältnis zum bisherigen Beistand unwiederbringlich zerstört ist –, hat die KESB einem Entlassungsbegehren stattzugeben. Nötigenfalls muss sie das amtliche Mandat auch **gegen den Willen des Verfahrensbeistands** beenden. Eine solche einseitige Entlassung hat mittels Verfügung zu erfolgen, so dass der Beistand – und allfällige weitere zur Beschwerde befugte Personen – Rechtsschutz einfordern können. Setzt sich die Tätigkeit des von der KESB ernannten Verfahrensbeistands im Verfahren vor der gerichtlichen Beschwerdeinstanz fort (vgl. dazu N 20), so obliegt es ihr, ggf. die einseitige Entlassung anzuordnen.

c) Entschädigung

23 Ein zentraler Aspekt des Rechtsverhältnisses zwischen Gemeinwesen und Verfahrensbeistand ist die **Entschädigung** des Beistands für die von ihm wahrgenommene öffentliche Aufgabe. Während Art. 404 die Entschädigung eines Beistands nach Art. 390 ff. regelt, enthält Art. 449a für die Entschädigung des Verfahrensbeistands keine Vorschriften. Entsprechende Regeln sind daher in erster Linie aus Sinn und Zweck der Bestimmung abzuleiten sowie aus der Rechtsprechung des Bundesgerichts zu aArt. 397f Abs. 2, der als Vorbild zu Art. 449a diente (N 1; ferner Botschaft Erwachsenenschutz, 7081). Zu berücksichtigen ist zudem der in Art. 404 verankerte Grundsatz, wonach die Entschädigung eines Beistandes nach Art. 390 ff. in erster Linie aus dem Vermögen der betroffenen Person zu erfolgen hat, was auch für den Verfahrensbeistand nach Art. 449a gelten muss. Schliesslich sind ergänzend die im jeweiligen Kanton geltenden Verfahrensvorschriften heranzuziehen (vgl. N 18), namentlich auch für die in der Tarifhoheit der Kantone liegende *Höhe* der Entschädigung.

24 Was das Bundesgericht zu aArt. 397f Abs. 2 festgehalten hat, gilt auch für Art. 449a: Das Bundeszivilrecht sieht nicht vor, dass der amtlich bestellte Verfahrensbeistand in jedem Falle auf Kosten des Gemeinwesens tätig werden soll. Eine solche Lösung wäre denn auch in Fällen, da zur Entschädigung eines frei gewählten Vertreters ausreichend eigene Mittel vorhanden sind, nicht gerechtfertigt (BGE 113 II 392, 393 E. 1). Art. 449a vermittelt m.a.W. nicht das Recht auf einen *unentgeltlichen* Beistand, sondern lediglich den **Anspruch auf *Bestellung* eines Beistands** (N 4).

25 Der Umstand, dass die Entschädigung möglichst aus dem Vermögen des Verbeiständeten zu bezahlen ist, ändert nichts daran, dass bei einer amtlichen Vertretung nach Art. 449a stets **das Gemeinwesen Schuldner der Entschädigung** ist (vgl. zum entsprechenden Grundsatz im Strafprozess BSK StPO-RUCKSTUHL, Art. 135 N 1; nach diesem Autor gilt dies selbst dann, wenn die amtliche Verteidigung nicht wegen der Bedürftigkeit, sondern deshalb eingesetzt wurde, weil die beschuldigte Person trotz Notwendigkeit selbst keine Verteidigung bezeichnet hat).

26 Kann die Entschädigung nicht aus dem Vermögen der betroffenen Person bezahlt werden, so hat das **Gemeinwesen, dem die KESB angehört**, dafür aufzukommen. Die den Kantonen im Zusammenhang mit den Beistandschaften nach Art. 390 ff. auferlegte Verpflichtung, für solche Fälle Regeln zu erlassen (Art. 404 Abs. 3), gilt sinngemäss auch für

Art. 449a. Subsidiär können die Regeln des kantonalen Anwaltsrechts zur unentgeltlichen Verbeiständung nach Art. 29 Abs. 3 Satz 2 BV herangezogen werden. Diese sollten ohnehin immer dann anwendbar sein, wenn als Verfahrensbeistand ein Rechtsanwalt eingesetzt wird (N 27).

Handelt es sich beim Verfahrensbeistand um einen **Rechtsanwalt**, so richtet sich die **Höhe von Entschädigung und Spesenersatz** nach den Vorschriften der kantonalen **Anwaltsgesetzgebung** über die unentgeltliche Verbeiständung (vgl. z.B. Art. 36 Abs. 3 KESG BE). Zwar stünde es den Kantonen an sich frei, für die anwaltliche Tätigkeit nach Art. 449a eine andere Entschädigungsregelung aufzustellen als für die Abgeltung der übrigen amtlichen Anwaltsdienste (z.B. die amtliche Strafverteidigung). Eine unterschiedliche Entschädigung dürfte aber sachlich kaum begründbar sein, weshalb es unbillig wäre, einen anderen Tarif als den sonst für anwaltliche Prozessvertretungen geltenden anzuwenden (Bähler, 196). 27

Handelt es sich beim Verfahrensbeistand **nicht um einen Anwalt**, so bestimmt sich die Höhe von Entschädigung und Spesenersatz nach **allfälligen anderen kantonalen Rechtsgrundlagen**. Fehlen solche, so sind die Kriterien heranzuziehen, die das Bundesgericht unter der Herrschaft des bisherigen Rechts für die Entschädigung von Mandatsträgern entwickelt hat. Massgebend sind danach die Art der geleisteten Tätigkeit, die wirtschaftliche Lage der verbeiständeten Person, der konkrete Aufwand im Einzelfall und die besonderen beruflichen Fähigkeiten, welche die Aufgabe erfordert (vgl. Art. 404 N 18). Für die Entschädigung von Leistungen, die der Beistand in Anwendung von spezifischen beruflichen Kenntnissen wahrgenommen hat, ist auf die üblichen Honoraransätze für die jeweilige Berufsgattung abzustellen (BGer vom 23.6.2008, 5A_319/2008, E. 4.1; BGer vom 6.5.2000, 5P.60/2000, E. 2b/cc). 28

Die Entschädigung wird von der KESB in dem **das Verfahren abschliessenden Entscheid** festgelegt. Setzt sich die Tätigkeit des Verfahrensbeistands in der nachfolgenden Instanz fort (vgl. dazu N 20), so hat die gerichtliche Beschwerdeinstanz ihrerseits die Entschädigung für das Rechtsmittelverfahren zu bestimmen. 29

Nebst der Höhe der Entschädigung hat die KESB bzw. die gerichtliche Beschwerdeinstanz im abschliessenden Sachentscheid auch über die **Bezahlung der Entschädigung aus dem Vermögen der verbeiständeten Person** bzw. die Auferlegung der Entschädigung an diese zu befinden. Das gilt grundsätzlich auch dort, wo die verbeiständete Person mittellos ist und eine Bezahlung aus ihrem Vermögen von vorneherein ausser Betracht fällt. Denn dem Gemeinwesen steht diesfalls bei entsprechender Rechtsgrundlage im kantonalen Recht ein Anspruch auf Rückzahlung zu, falls die betroffene Person später wieder zu neuen finanziellen Mitteln kommt. Das Dispositiv hat daher in solchen Fällen dahingehend zu lauten, dass die Kosten der amtlichen Verbeiständung der betroffenen Person auferlegt werden, aber zufolge der Gewährung der unentgeltlichen Verbeiständung vorderhand durch das Gemeinwesen getragen werden, unter Vorbehalt der Rückforderung infolge **verbesserter wirtschaftlicher Verhältnisse** (vgl. BSK StPO-Ruckstuhl, Art. 135 N 24). Hat sich die von der KESB angeordnete amtliche Verbeiständung im Verfahren vor der gerichtlichen Beschwerdeinstanz fortgesetzt und gehören die beiden Behörden nicht demselben Gemeinwesen an (Wechsel von der kommunalen zur kantonalen Ebene), so sind ihre Zahlungspflichten gegenüber dem Beistand bzw. ihre Ansprüche auf Rückzahlung durch die verbeiständete Person pro rata temporis festzulegen (vorbehalten bleibt eine anderslautende kantonale Regelung). 30

2. Verhältnis zur betroffenen Person

31 Das Entstehen eines öffentlich-rechtlichen Verhältnisses zwischen Gemeinwesen und amtlichem Beistand ändert nichts daran, dass die Beziehung zwischen Verfahrensbeistand und betroffener Person **grundsätzlich dem Privatrecht** untersteht, sofern die Verbeiständung im Einverständnis mit der urteilsfähigen betroffenen Person erfolgte (vgl. für die Einsetzung eines Anwalts als amtlichen Vertreter FELLMANN, in: Fellmann/Zindel, Art. 12 BGFA N 145). Denn aus dem öffentlich-rechtlichen Verhältnis leitet sich die Pflicht des Verfahrensbeistands ab, sich zur Verfügung zu halten und mit der Partei ein **Auftragsverhältnis** einzugehen (FELLMANN, in: Fellmann/Zindel, Art. 12 BGFA N 144). Besondere Regeln gelten freilich für den Beginn der Beziehung zwischen Beistand und Klient, mit der ggf. eine Übernahmepflicht einhergeht (N 19), deren Beendigung (N 20–22) und die Entschädigung (N 23–30).

32 Nicht von einem Auftragsverhältnis zwischen betroffener Person und amtlichem Verfahrensbeistand kann allerdings dort ausgegangen werden, wo der Beistand **gegen den Willen des Betroffenen** eingesetzt wurde oder wo der Betroffene urteilsunfähig ist. In solchen Fällen wird das Verhältnis zwischen Beistand und verbeiständeter Person allein durch das **öffentliche Recht** beherrscht (FELLMANN, in: Fellmann/Zindel, Art. 12 BGFA N 146).

33 Der amtliche Verfahrensbeistand vertritt die betroffene Person. Diese muss sich somit das Handeln des Beistands anrechnen lassen. Umgekehrt ist die urteilsfähige verbeiständete Person aber auch berechtigt, ihrem amtlichen Beistand **Weisungen** zu erteilen (FELLMANN, in: Fellmann/Zindel, Art. 12 BGFA N 145). Auf solche Weisungen hat der Verfahrensbeistand **gebührend Rücksicht zu nehmen**. Die strikte Befolgung allfälliger Weisungen kann freilich nicht immer verlangt werden. Letztendlich sollte der Beistand so handeln, wie er es nach bestem Wissen und Gewissen unter den vorgegebenen Rahmenbedingungen als im wohlverstandenen Interesse der betroffenen Person erachtet. Es würde die Rolle der Verfahrensbeistandschaft abwerten und wäre dem Schutzbedürftigen wenig gedient, wenn der Beistand verpflichtet wäre, der KESB unreflektierte und nicht realisierbare Anliegen des Betroffenen zu übermitteln (so mit Bezug auf die Kindesvertretung nach aArt. 146/147 BÄHLER, 191, was auch für die Verfahrensbeistandschaft nach Art. 449a gelten muss).

34 Der amtlich bestellte Verfahrensbeistand hat die betroffene Person grundsätzlich bei sämtlichen Verfahrenshandlungen **zu unterstützen**. Er braucht jedoch **nicht zwingend in jedem Stadium** des Verfahrens **anwesend** zu sein. Vielmehr kann es – gerade in ausgesprochen persönlichkeitsbezogenen Angelegenheiten – durchaus verantwortbar oder gar erforderlich sein, dass eine Person ohne Gegenwart ihres Rechtsvertreters oder Beistands angehört wird, um ein möglichst unverfälschtes Bild ihrer Persönlichkeit zu erhalten. Eine körperliche Untersuchung oder eine psychiatrische Exploration durch einen Sachverständigen findet denn auch regelmässig unter Ausschluss von weiteren Personen statt. Die Nichtteilnahme des Verfahrensbeistands ist in solchen Fällen zulässig, wenn dieser nachträglich in das Gutachten bzw. den Bericht Einblick erhält und zu den dortigen Schlussfolgerungen Stellung nehmen kann (BGE 132 V 443, 445 E. 3.3 und 3.4; 119 Ia 260, 261 E. 6b und 6c).

Art. 449b

I. Akteneinsicht

[1] Die am Verfahren beteiligten Personen haben Anspruch auf Akteneinsicht, soweit nicht überwiegende Interessen entgegenstehen.

[2] Wird einer am Verfahren beteiligten Person die Einsichtnahme in ein Aktenstück verweigert, so wird auf dieses nur abgestellt, wenn ihr die Behörde von seinem für die Sache wesentlichen Inhalt mündlich oder schriftlich Kenntnis gegeben hat.

I. Consultation du dossier

[1] Les personnes parties à la procédure ont le droit de consulter le dossier, pour autant qu'aucun intérêt prépondérant ne s'y oppose.

[2] Lorsque l'autorité refuse à une personne partie à la procédure le droit de consulter une pièce du dossier, elle ne peut se prévaloir de cette pièce que si elle lui en a révélé, oralement ou par écrit, les éléments importants pour l'affaire.

I. Consultazione degli atti

[1] Le persone che partecipano al procedimento hanno diritto di consultare gli atti, salvo che interessi preponderanti vi si oppongano.

[2] L'atto la cui consultazione è stata negata a una persona che partecipa al procedimento può essere utilizzato soltanto qualora l'autorità gliene abbia comunicato oralmente o per scritto il contenuto essenziale per il caso.

Inhaltsübersicht

Literatur

Vgl. die Literaturhinweise zu Art. 443.

Materialien

Art. 16 Abs. 2 und 3 VE VKE 2003 und Art. 450 VE Erwachsenenschutz 2003; VE VKE/Vernehmlassungen, 51 f. und VE Erwachsenenschutz/Vernehmlassungen, 418 ff.; Botschaft Erwachsenenschutz, 7082 und 7165; Prot. RK-S vom 27./28.8.2007, 32; AmtlBull StR 2007, 840; Prot. RK-N vom 24./25.4.2008, 43; AmtlBull NR 2008, 1539.

I. Allgemeines

1 Das Recht auf Akteneinsicht i.S.v. Art. 449b garantiert den Verfahrensbeteiligten, sich einen Überblick über die Entscheidgrundlagen zu verschaffen und sich wirksam zur Sache zu äussern. Es gilt nicht absolut (Abs. 1). Für den Fall, dass das Akteneinsichtsrecht eingeschränkt bzw. einer am Verfahren beteiligten Person die Einsichtnahme in ein Aktenstück verweigert wird, regelt Abs. 2, unter welchen Umständen die Behörde auf das nicht offengelegte Aktenstück abstellen kann.

2 Art. 449b bezieht sich gesetzessystematisch nur auf das **Verfahren vor der ESB** (vgl. den Titel des ersten Unterabschnitts). Dennoch kommt die Bestimmung auch im **Verfahren vor der KSB** zur Anwendung, nimmt doch die ESB auch die Aufgaben der KSB wahr (Art. 440 Abs. 3) und ist in Art. 314 die sinngemässe Anwendung der Bestimmungen über das Verfahren vor der ESB vorgesehen. Das Akteneinsichtsrecht ist als Teilgehalt des Anspruchs auf rechtliches Gehör auch im **Verfahren vor der gerichtlichen Beschwerdeinstanz** (Art. 450 ff.) und in den **Verfahren mit ärztlicher Zuständigkeit** (Art. 429) zu beachten (SCHMID, Art. 450 N 5).

II. Akteneinsichtsrecht

1. Umfang

3 Das Recht auf Akteneinsicht ist **Teilgehalt des verfassungsmässigen Anspruchs auf rechtliches Gehör** (Art. 29 Abs. 2 BV). Es stellt im Sinne des allgemeinen Grundsatzes des fairen Verfahrens von Art. 29 Abs. 1 BV sicher, dass die am Verfahren beteiligten Personen die Entscheidgrundlagen kennen und sich wirksam zur Sache äussern können. Das Akteneinsichtsrecht ist somit eng mit dem Äusserungsrecht verbunden, gleichsam dessen Vorbedingung (grundlegend BGE 132 V 387, 388 f. E. 3.1). Die Wahrnehmung des Rechts auf Akteneinsicht setzt zum einen eine vollständige Aktenführung voraus (zur Aktenführungspflicht BGE 130 II 473, 477 E. 4.1) und bedingt zum anderen, dass die am Verfahren beteiligten Personen über den Beizug neuer Akten informiert werden (vgl. BGE 132 V 387, 389 E. 3.1). Der Umfang des Anspruchs auf rechtliches Gehör (mitsamt seinen Teilgehalten) richtet sich in erster Linie nach dem einschlägigen Verfahrensrecht, subsidiär nach den Mindestgarantien gem. Art. 29 Abs. 2 BV (BGE 134 I 159, 161 E. 2.1.1). Der Gesetzgeber hat das Akteneinsichtrecht in verschiedenen Verfahrens- bzw. Prozessordnungen konkretisiert, namentlich in Art. 26 ff. VwVG, Art. 47 f. ATSG, Art. 53 ZPO, Art. 98 ff. StPO und Art. 55 f. BGG. Das in Art. 449b verankerte Recht auf Akteneinsicht stellt eine weitere **gesetzliche Konkretisierung** dar.

4 Das Recht auf Akteneinsicht bezieht sich nur auf das **jeweilige Verfahren** und verschafft keine Einsicht in Akten anderer Behörden. Vom Akteneinsichtsrecht zu unterscheiden ist die Pflicht zur Aktenherausgabe gem. Art. 448 Abs. 4, welche das Verhältnis zwischen der KESB und anderen Verwaltungsbehörden und Gerichten betrifft (vgl. die Komm. zu Art. 448). Allerdings gehören die gestützt auf Art. 448 Abs. 4 beigezogenen Akten zu den Verfahrensakten und unterliegen insoweit dem Recht auf Einsicht. Ein Einsichtsrecht kann auch für Akten eines *abgeschlossenen* Verfahrens bestehen (N 28 f.). Allerdings regelt Art. 449b nur das Akteneinsichtsrecht in einem *hängigen* Verfahren (missverständlich Botschaft Erwachsenenschutz, 7082).

5 Vom Akteneinsichtsrecht erfasst sind von Verfassungs wegen **sämtliche verfahrensbezogenen Akten**, die geeignet sind, Grundlage des in Frage stehenden Entscheids zu bilden. Hierzu gehören: Verfahrensleitende Verfügungen, Rechtsschriften, Entscheide (bspw. solche über die Anordnung einer vorsorglichen Massnahme), Protokolle von Anhörungen

und Augenscheinen, Berichte und Akten von Zivil- und Strafgerichten sowie von anderen Behörden und Stellen (Sozialhilfebehörden, Steuerbehörden, Banken usw.), Notizen über eingeholte Einkünfte, medizinische Gutachten und Berichte, Leumunds- und Führungsberichte, Strafregisterauszüge, Briefwechsel zwischen dem Beistand und der KESB, Handakten des Beistands, Rechnungsbelege, Tonbandaufnahmen, E-Mails usw. (vgl. ferner BK-SCHNYDER/MURER, aArt. 360 ZGB N 110). Die Einsicht in die Verfahrensakten ist auch dann zu gewähren, wenn die Ausübung des Akteneinsichtsrechts den Entscheid in der Sache nicht zu beeinflussen vermag. Die Akteneinsicht kann daher nicht mit der Begründung verweigert werden, die fraglichen Akten seien für den Verfahrensausgang belanglos. Vielmehr muss es den Betroffenen selbst überlassen sein, die Relevanz der Akten zu beurteilen (grundlegend BGE 132 V 387, 389 E. 3.2; RHINOW et al., Rz 333; WALDMANN, 75 f.; WALDMANN/OESCHGER, in Waldmann/Weissenberger, Art. 26 VwVG N 58).

2. *Inhalt*

Das Akteneinsichtrecht erstreckt sich grundsätzlich auf **alle Aufzeichnungen** (vgl. N 5), nicht aber auf *(verwaltungs)interne Akten* (BGE 132 II 485, 495 E. 3.4; 125 II 473, 474 E. 4a). Als interne Akten gelten Unterlagen, die für den behördeninternen Gebrauch bestimmt sind und ausschliesslich der Meinungsbildung der Behörde dienen (z.B. Entwürfe, Anträge, Notizen, Mitberichte, Hilfsbelege usw.). Die Ausklammerung solcher interner Aktenstücke vom Einsichtsrecht soll verhindern, dass die interne Meinungsbildung vor der Öffentlichkeit ausgebreitet wird (BGE 125 II 473, 474 E. 4a). Ein Aktenstück kann aber nicht als «intern» bezeichnet werden, wenn es geeignet ist, als Grundlage des Entscheids zu dienen (grundlegend BGE 115 V 297, 303 E. 2g/bb). 6

Das Akteneinsichtsrecht vermittelt den am Verfahren beteiligten Personen das Recht, am Sitz der Akten führenden Behörde das Verfahrensdossier zu konsultieren, sich Notizen zu machen und, wenn dies der Behörde keine übermässigen Umstände verursacht, Fotokopien zu erstellen (vgl. BGE 131 V 35, 41 E. 4.2 = Pra 2006, 336, 341). Für das Anfertigen von Fotokopien kann die Behörde eine Gebühr erheben. Ein Recht auf Herausgabe oder Zustellung der Akten besteht nicht (BRUNNER, in: Auer/Müller/Schindler, Art. 26 VwVG N 21; HÄFELI/HALLER/UHLMANN, Rz 1691; KIENER/KÄLIN, 424; WALDMANN, 77). Den Rechtsanwälten werden die Akten jedoch praxisgemäss zur Einsicht überlassen. Im Umstand, dass die Akten nur an Rechtsanwälte, nicht aber an andere Privatpersonen herausgegeben werden, liegt keine gegen die Verfassung verstossende Ungleichbehandlung, da die Anwälte einer Disziplinaraufsicht unterworfen sind und deshalb besser als andere Private Gewähr dafür bieten, dass ausgehändigte Akten vollständig und unverändert an die Behörde zurückgelangen und nicht an Drittpersonen weitergegeben werden (BGer vom 8.11.2004, 1P.193/2004, E. 2.3.3; BGE 108 Ia 5, 8 E. 3). Nach Art. 449a muss die Beistandschaft im Verfahren nicht notwendigerweise durch einen Rechtsanwalt ausgeübt werden; verlangt wird eine in fürsorgerischen und rechtlichen Fragen erfahrene Person (s. Art. 449a N 10). Solange die in fürsorgerischen Fragen erfahrenen Personen nicht im gleichen Mass wie Rechtsanwälte Gewähr dafür gebieten können, dass die Akten vollständig und unverändert wieder zurückgegeben werden, haben sie in die Akten am Sitz der KESB Einsicht zu nehmen. 7

III. Schranken

Das Akteneinsichtsrecht i.S.v. Art. 449b gilt nicht absolut: Seine Grenzen findet es am öffentlichen Interesse des Staates oder an überwiegenden privaten Geheimhaltungsinteressen (Botschaft Erwachsenenschutz, 7082). 8

1. Öffentliche Interessen und private Geheimhaltungsinteressen

9 Der Gewährung von Akteneinsicht können vorab die **öffentlichen Interessen** an einer *noch nicht abgeschlossenen Untersuchung* entgegenstehen. Zudem kann eine Geheimhaltung aufgrund des *Verfahrenszwecks* oder der Notwendigkeit des Schutzes von *Zeugen* und *privaten Informationsquellen* geboten sein. Der Arzt ist für die Anamnese auf Angaben von Personen aus dem sozialen Umfeld des Patienten angewiesen. Solche Angaben könnten oft nicht mehr eingeholt werden, wenn zum vornherein damit gerechnet werden müsste, dass sie zusammen mit der Identität des Informanten dem Patienten bekanntgeben würden (BGE 122 I 153, 165 E. 6c/aa).

10 In Bezug auf die privaten Geheimhaltungsinteressen stehen **Geschäfts-, Bank-, und Berufsgeheimnisse** sowie die **Persönlichkeitsrechte** von Verfahrensbeteiligten, Dritten und Gewährspersonen im Vordergrund. Zusätzlich besteht – mit Rücksicht auf die besondere Natur der vormundschaftlichen Informationen – gegebenenfalls ein **Interesse der betroffenen Person** selbst, von der Kenntnis bestimmter Akten befreit zu sein (sog. therapeutisches Privileg; BGE 122 I 153, 166 E. 6c/cc; hierzu auch BERNHART, Rz 542; ROSCH, in: Rosch/Büchler/Jakob, Art. 449b N 3; BSK ZGB I-LANGENEGGER, aArt. 361 N 21; BK-SCHNYDER/MURER, aArt. 360 ZGB N 174–179). Nach der bundesgerichtlichen Rechtsprechung kommt eine entsprechende Einschränkung des Akteneinsichtsrechts zum Zwecke des Selbstschutzes namentlich in Bezug auf Akten bzw. Informationen in Betracht, welche die Therapie gefährden oder die betroffene Person schwer belasten könnten. Eine Verweigerung der Akteneinsicht ist aber nicht bereits dann gerechtfertigt, wenn die betroffene Person durch die Kenntnisnahme von medizinischen Akten beunruhigt werden könnte (vgl. BGE 122 I 153, 166 E. 6c/cc). Dem Selbstschutz der betroffenen Person kann unter Umständen auch in der Weise Rechnung getragen werden, dass die Akteneinsicht über einen Vermittler gewährt wird (N 12).

2. Verhältnismässigkeit

11 Ob und inwieweit die öffentlichen Interessen, die privaten Geheimhaltungsinteressen oder die Interessen der betroffenen Person selbst das Akteneinsichtrecht einzuschränken vermögen, ergibt sich aus einer im Einzelfall vorzunehmenden **Interessenabwägung**. Die KESB hat dabei ihr Ermessen pflichtgemäss auszuüben und den Grundsatz der Verhältnismässigkeit zu beachten.

12 Das **Verhältnismässigkeitsprinzip** gebietet, die Akteneinsicht möglichst nicht gänzlich zu verweigern, sondern bloss einzuschränken, sei es in sachlicher, zeitlicher oder persönlicher Hinsicht. In sachlicher Hinsicht erfolgt die Einschränkung bspw. durch das Einschwärzen oder Abdecken der kritischen Stellen oder durch das Vorsehen bestimmter Einsichtsmodalitäten (keine Kopien, unter Aufsicht). Bei einer zeitlichen Einschränkung ist sicherzustellen, dass für die Einsichtnahme in umfangreiche Dokumente immer noch ausreichend Zeit besteht. Eine Einschränkung in persönlicher Hinsicht kommt dort in Betracht, wo der betroffenen Person das Einsichtsrecht verwehrt werden muss, ihrem Vertreter aber vertraulich Einsicht gewährt werden kann (sog. mediatisierte Akteneinsicht; WALDMANN, 79; WALDMANN/OESCHGER, in: Waldmann/Weissenberger, Art. 26 VwVG N 56). Allerdings hat das Bundesgericht in diesem Zusammenhang festgehalten, dass der Anwalt gegenüber seinem Mandanten keiner Schweigepflicht untersteht, weshalb durch eine vollumfängliche Einsichtnahme des Rechtsvertreters der Schutz berechtigter Interessen Dritter unter Umständen nicht oder nur unvollständig gewährleistet würde (BGer vom 10.9.2010, 5A_361/2010, E. 2.2).

3. Kenntnis des wesentlichen Inhalts

Nach Art. 449b Abs. 2 darf auf ein geheim gehaltenes Aktenstück nur abgestellt werden, wenn dessen wesentlicher Inhalt der am Verfahren beteiligten Personen vorgängig bekannt gegeben wurde. Die Verwertbarkeit geheimer Akten steht demnach unter dem **Vorbehalt der Kenntnisnahme des wesentlichen Inhalts** (grundlegend BGE 100 Ia 97, 103 E. 5c; ferner WALDMANN, 81; WALDMANN/OESCHGER, in: Waldmann/Weissenberger, Art. 28 VwVG N 3). Art. 449b verlangt eine solche Bekanntgabe – anders als bspw. Art. 28 VwVG, Art. 48 ATSG oder Art. 56 Abs. 3 BGG – nicht nur dann, wenn auf dieses «zum Nachteil der Partei» abgestellt wird (zu Art. 28 VwVG: BRUNNER, in: Auer/Müller/Schindler, Art. 28 VwVG N 2; kritisch WALDMANN/OESCHGER, in: Waldmann/Weissenberger, Art. 28 VwVG N 4). Ob aus diesem Umstand zu folgern ist, dass die KESB den Verfahrensbeteiligten auch vom wesentlichen Inhalt geheimer Akten Kenntnis zu geben hat, wenn sie zu ihrem Vorteil entscheidet, ist nicht von vorneherein klar, liesse sich doch die Auffassung vertreten, dass das rechtliche Interesse an einer Einsichtnahme nicht mehr gegeben ist, wenn sich die Berücksichtigung des Aktenstücks vorteilhaft für die betroffene Person auswirkt. Allerdings ist die Frage, ob ein Entscheid der KESB zum «Vorteil» oder zum «Nachteil» der betroffenen Person ausfällt, von vornherein falsch gestellt, da eine für den Betroffenen einschneidendere Massnahme nicht nachteilig, sondern – aus übergeordneter Sicht betrachtet – im Gegenteil vorteilhaft sein muss (vgl. Art. 446 N 40). So gesehen müsste jedes Aktenstück, das für die Entscheidfindung relevant ist, letztlich zum Vorteil des Betroffenen gewertet werden, womit es gar nie zu einer Bekanntgabe des wesentlichen Inhalts kommen würde, falls das Kriterium des nachteiligen Entscheids auch bei Art. 449b zu beachten wäre. Damit würde die Regelung aber ihres Sinns entleert. Eine Bekanntgabe hat daher auch dort zu erfolgen, wo das geheime Aktenstück zum Vorteil der Betroffenen gewertet wird. Hingegen braucht keine Einsicht gewährt zu werden, wenn die KESB das Aktenstück überhaupt nicht verwendet oder sämtlichen Begehren der betroffenen Person vollumgänglich entspricht (BGE 100 Ia 97, 103 E. 5c; HÄFELI/HALLER/UHLMANN, Rz 1695; MERKLI/AESCHLIMANN/HERZOG, Art. 23 N 16). 13

Der wesentliche Inhalt kann den am Verfahren beteiligten Personen sowohl **schriftlich** als auch **mündlich** übermittelt werden. Bei mündlicher Übermittlung ist ein Protokoll zu erstellen (ROSCH, in: Rosch/Büchler/Jakob, Art. 449b N 4). 14

Wie detailliert vom **Inhalt des geheimen Aktenstücks** Kenntnis zu geben ist, hängt vom konkreten Einzelfall ab. Allgemein gilt: Je schwerer die beabsichtigte Anordnung wiegt bzw. je grösser die Betroffenheit ist, desto detaillierter ist über den Inhalt des betreffenden Aktenstücks zu informieren. Selbst eine FU kann jedoch u.U. gestützt auf ein geheimes Aktenstück angeordnet werden, wenn die betroffene Person vorgängig von diesem in den wesentlichen Zügen Kenntnis erhalten hat (**a.M.** BERNHART, Rz 546, der sich dafür ausspricht, dass eine FU nicht angeordnet werden kann, wenn dem Betroffenen oder seinem Vertreter das Aktenstück vorenthalten wird). Die Bekanntgabe muss jedenfalls so konkret sein, dass der Betroffene in substanzieller Weise dazu Stellung nehmen kann (vgl. BRUNNER, in: Auer/Müller/Schindler, Art. 28 VwVG N 5). 15

Den elterlichen Parteien ist der **Inhalt der Kindesanhörung** bereits von Gesetzes wegen nicht in vollem Umfang mitzuteilen: Nach Art. 314a werden im Protokoll der Anhörung nur die für den Entscheid wesentlichen Ergebnisse festgehalten. Die Eltern werden (bloss) über diese Ergebnisse informiert (hierzu auch BGE 122 I 53, 56 E. 4c). 16

Von Verfassungs wegen ist den Verfahrensbeteiligten nach der Bekanntgabe des wesentlichen Inhalts des geheimen Aktenstücks **Gelegenheit zur Äusserung** einzuräumen (BRUNNER, in: Auer/Müller/Schindler, Art. 28 VwVG N 7). Dies kommt in Art. 449b 17

Abs. 2 zwar nicht explizit zum Ausdruck, gilt aber trotzdem (vgl. Botschaft Erwachsenenschutz, 7082).

IV. Verfahrensfragen

1. Gesuch

18 Die am Verfahren beteiligten Personen haben für die Akteneinsichtnahme ein entsprechendes Gesuch zu stellen (BGE 132 V 387, 391 E. 6.2). Es spricht aber nichts dagegen, dass die KESB ihnen die Akten bzw. einzelne Aktenstücke von sich aus zur Stellungnahme unterbreitet (Brunner, in: Auer/Müller/Schindler, Art. 26 VwVG N 44).

a) Träger des Akteneinsichtsrechts

19 Nach Art. 449b Abs. 1 haben die am **Verfahren beteiligten Personen** Anspruch auf Akteneinsicht. Träger des Akteneinsichtsrechts können demnach nur Personen sein, die nach Massgabe des materiellen Rechts zur selbständigen Ausübung von Verfahrensrechten befugt sind (vgl. VE VKE 2003, 8).

20 Zu den Verfahrensbeteiligten zählen vorab die **betroffenen Personen**: Als betroffen gelten sämtliche Personen, die von einer Anordnung der KESB direkt berührt sind. Im Bereich des Kindesschutzes können auch die Eltern betroffene Personen sein (vgl. Schmid, Art. 450 N 21). Zu den betroffenen Personen i.S.v. Art. 449b sind ferner Beistände und (durch die KESB beauftragte) Drittpersonen zu zählen, wenn gegen ihre Handlungen oder Unterlassungen gestützt auf Art. 419 die KESB angerufen wird.

21 Zu den am Verfahren beteiligten Personen sind weiter die **nahestehenden Personen** zu zählen, wobei nicht erforderlich ist, dass sie Interessen der betroffenen Person wahrnehmen (vgl. die Komm. zu Art. 450).

22 **Drittpersonen** gelten nur als am Verfahren beteiligte Personen, wenn sie ein rechtlich geschütztes Interesse daran haben, dass der behördliche Entscheid in einer bestimmten Weise ausfällt. Noch keine Befugnis zur Beteiligung am Verfahren begründet die Erstattung einer Anzeige, was zur Folge hat, dass der Anzeige erstattenden Drittperson das Akteneinsichtsrecht nicht zusteht (Botschaft Erwachsenenschutz, 7082). Sie hat denn auch keinen Anspruch darauf, von der Behörde über die allenfalls aufgrund ihrer Meldung ergriffenen Schritte informiert zu werden (vgl. Art. 443 N 6).

b) Ausübungsberechtigte

23 Die **Verfahrensbeteiligten** sind berechtigt, das Akteneinsicht selbständig ausüben. Werden sie von einem Anwalt oder einer in fürsorgerischen und rechtlichen Fragen erfahrenen Person vertreten, nimmt i.d.R. der Vertreter das Akteneinsichtsrecht wahr. Minderjährige oder unter umfassender Beistandschaft stehenden Betroffenen können – soweit Rechte betroffen sind, die ihnen um ihrer Persönlichkeit willen zustehen – unabhängig vom gesetzlichen Vertreter in die Akten Einsicht nehmen (BVGer vom 11.2.2008, E-7337/2006, E. 3.2; Waldmann/Oeschger, in: Waldmann/Weissenberger, Art. 26 VwVG N 53).

24 **Vertrauenspersonen** nach Art. 432 handeln im Interesse der betroffenen Personen und sind – sofern sie über eine entsprechende Vollmacht verfügen – befugt, vom Akteneinsichtsrecht Gebrauch zu machen (Botschaft Erwachsenenschutz, 7067).

2. Zuständigkeit

Über Akteneinsichtsgesuche entscheidet die Kollegialbehörde, soweit im kantonalen Recht nicht eine Einzelzuständigkeit vorgesehen ist (vgl. Art. 440 Abs. 2). Da es sich bei der Akteneinsicht um keine interdisziplinäre, sondern um eine verfahrensrechtliche Fragestellung handelt, ist der Entscheid über ein Akteneinsichtsgesuch mit Vorteil der Zuständigkeit eines einzelnen Behördenmitglieds zuzuweisen. Viele Kantone haben dies so vorgesehen (vgl. bspw. Art. 53 Abs. 2 KESG BE; Art. 19 lit. h EG KES SG; § 4 Ziff. 15 EG ZGB TG; Art. 47 Abs. 2 Ziff. 7 EG ZGB AR). 25

3. Rechtsschutz

Setzt die KESB die Verfahrensbeteiligten erst zusammen mit dem **Entscheid in der Sache** über ein bisher geheim gehaltenes Aktenstück in Kenntnis, liegt eine Verletzung des Akteneinsichtsrechts i.S.v. Art. 449b und damit auch eine Verletzung des Anspruchs auf rechtliches Gehör vor. Eine solche Rechtsverletzung kann mit Beschwerde bei der gerichtlichen Beschwerdeinstanz gerügt werden (Art. 450a Abs. 1 Ziff. 1). Die Verletzung des rechtlichen Gehörs ist formeller Natur und führt – vorbehalten einer allfälligen Heilung – zur Aufhebung des Entscheids. 26

Will die KESB die Akteneinsicht nicht gewähren, so hat sie dies in einer Zwischenverfügung festzuhalten. Das jeweils anwendbare Verfahrensrecht (vgl. Art. 450f) legt fest, ob die selbständig eröffnete Zwischenverfügung angefochten werden kann. In der Verwaltungsrechtspflege ist dafür i.d.R. ein nicht wieder gutzumachender Nachteil erforderlich. Ähnliches gilt, wenn die ZPO anwendbar ist: Die Verweigerung der Akteneinsicht gehört zu den prozessleitenden Verfügungen, die nur dann mit Beschwerde anfechtbar sind, wenn ein nicht leicht wieder gutzumachender Nachteil droht (Art. 319 lit. b Ziff. 2 ZPO). 27

V. Akteneinsicht bei abgeschlossenen Verfahren

Ist ein Verfahren abgeschlossen, so können die seinerzeit am Verfahren Beteiligten ihr Begehren auf Einsicht in die (nunmehr geschlossenen) Akten nicht mehr auf Art. 449b stützen. Der Zweck des Akteneinsichtsrechts nach Art. 449b hat sich als Mittel zur Wahrung ihrer Verfahrensrechte und zur Teilnahme am Verfahren erfüllt. Ob und inwieweit ehemalige Verfahrensbeteiligte in ihre seinerzeitigen Akten Einsicht nehmen können, entscheidet sich daher nach der im jeweiligen Kanton geltenden Datenschutz- und Informations- bzw. Öffentlichkeitsgesetzgebung. Dabei gilt gestützt auf Art. 29 Abs. 2 BV als Grundsatz, dass auch die **seinerzeitigen Verfahrensbeteiligten** einen Interessennachweis für die Einsichtnahme erbringen müssen (vgl. BGE 129 I 249, 253 E. 3). Freilich sind daran keine hohen Anforderungen zu stellen, zumal die Einsichtnahme der betroffenen Person oder weiterer Verfahrensbeteiligter in die *eigenen* Daten ohnehin vom datenschutzrechtlichen Auskunftsrecht beherrscht wird, das – unter Vorbehalt des Rechtsmissbrauchsverbots – ohne jeglichen Interessennachweis auch ausserhalb eines Verwaltungsverfahrens geltend gemacht werden kann (N 30). 28

Wollen **Dritte** – z.B. Medienvertreter – Einsicht in die Akten eines abgeschlossenen Verfahrens nehmen, so ist ebenfalls die jeweilige Datenschutz- und Informations- bzw. Öffentlichkeitsgesetzgebung zu beachten. Diese setzt für die Einsicht in behördliche Dokumente einen Interessennachweis voraus. Der Anspruch auf Aktensicht ausserhalb eines hängigen Verfahrens ist somit davon abhängig, dass die um Akteneinsicht ersuchende Person ein **besonders schutzwürdiges Interesse** glaubhaft zu machen vermag (vgl. BGE 137 I 16, 21 E. 2.4; 129 I 249, 253 E. 3). Im Kindes- und Erwachsenenschutzrecht ergibt 29 sich die Notwendigkeit eines überwiegenden Einsichtsinteresses zudem explizit aus Art. 451 Abs. 1. Danach ist die mit einem Einsichtsgesuch konfrontierte KESB zur Verschwiegenheit verpflichtet, soweit nicht überwiegende Interessen entgegenstehen. Die (über den Verfahrenabschluss andauernde) Verschwiegenheitspflicht gilt somit nicht absolut; vielmehr können Informationen aus überwiegenden öffentlichen oder privaten Interessen offenbart werden. Ob das Interesse des Dritten, das sich aus der Betroffenheit in einem spezifischen Freiheitsrecht wie etwa der persönlichen Freiheit oder aus einer sonstigen besonderen Sachnähe ergeben kann (BGE 129 I 249, 253 E. 3.3), überwiegt, ist im konkreten Einzelfall zu beurteilen (vgl. auch die Komm. zu Art. 451).

VI. Abgrenzung zu anderen Zugangsrechten

1. Datenschutzrechtliches Auskunftsrecht

30 Das Recht auf Einsicht in eigene Akten nach Art. 13 Abs. 2 BV ist ein Grundpfeiler des Datenschutzrechts und ein zentraler Bestandteil des Rechts auf informationelle Selbstbestimmung (BVK-Schweizer, Art. 13 BV N 45). Auf Ebene des Bundes ist das datenschutzrechtliche Auskunftsrecht im DSG und auf Ebene der Kantone in den kantonalen Datenschutzgesetzen konkretisiert. Die Datenschutzgesetzgebung ist in Verwaltungsverfahren zu beachten (vgl. Art. 4 Abs. 2 lit. c BE KDSG; § 2 Abs. 1 ZH IDG). Dies gilt ebenso in den Verfahren vor der KESB, sofern Letztere als Verwaltungsbehörde ausgestaltet ist. Das datenschutzrechtliche Auskunftsrecht geht insoweit über das Akteneinsichtsrecht hinaus, als dieses – unter Vorbehalt des Rechtsmissbrauchsverbots – ohne jeglichen Interessennachweis auch ausserhalb eines Verwaltungsverfahrens geltend gemacht werden kann (vgl. BGE 123 II 534, 539 E. 2e; Kölz/Häner, Rz 309). Es erstreckt sich überdies – anders als das verfahrensrechtliche Akteneinsichtsrecht – auch auf die sog. internen Akten (Brunner, 143; vgl. auch N 6). Auf der anderen Seite ist das datenschutzrechtliche Auskunftsrecht auf die eigenen Daten beschränkt, wohingegen das Akteneinsichtsrecht die gesamten Akten des Verfahrens erfasst (BGE 123 II 534, 539 E. 2e; Brunner, 145; Kölz/Häner, Rz 309; Schweizer/Kardolfer/Sutter, 246 ff.).

2. Recht auf Einsicht in Akten über die eigene Abstammung

31 Das Grundrecht auf Kenntnis der eigenen Abstammung, welches das Recht auf Einsicht in entsprechende Akten einschliesst, beruht auf verschiedenen Normen. Zunächst garantiert Art. 119 Abs. 2 lit. g BV im Bereich der Fortpflanzungsmedizin jeder Person Zugang zu den Daten über ihre Abstammung (vgl. die Konkretisierung in Art. 27 FMedG). Das Recht auf Kenntnis der eigenen Abstammung ist ferner sowohl als Anerkennung eines elementaren Bedürfnisses der Persönlichkeitsentfaltung (Art. 10 Abs. 2 BV) als auch als Aspekt des Rechts auf informationelle Selbstbestimmung (Art. 13 Abs. 2 BV) anzusehen. Zu berücksichtigen sind ferner Art. 7 UN-KRK und Art. 8 EMRK; aus Letzterer lässt sich ein eigentliches, umfassendes Recht auf Kenntnis der eigenen Herkunft ableiten (vgl. Besson, ZSR 2005, 58 ff. mit Bezug auf EGMR, 7.2.2002, No. 53176/99, Mikulic/Kroatien; ferner EGMR, 13.7.2006, No. 58757/00, Jäggi/Schweiz). Im Bereich des Adoptionsrechts kann ein Kind nach vollendetem 18. Lebensjahr gestützt auf das HAÜ und (konkretisierend dazu) Art. 268c Abs. 1 ZGB jederzeit Auskunft über die Personalien seiner leiblichen Eltern verlangen; vorher kann es Auskunft verlangen, wenn es ein schutzwürdiges Interesse hat. Der Anspruch, die leiblichen Eltern zu kennen, steht nach der bundesgerichtlichen Rechtsprechung dem volljährigen Adoptivkind von Verfassungs wegen unabhängig von einer Abwägung mit entgegenstehenden Interessen zu und ist entsprechend unbedingt; es handelt sich um ein unverzichtbares und nicht verwirkbares Recht (BGE

128 I 63, 78 E. 5). In der Literatur wird vertreten, dass das volljährige Kind – ungeachtet dessen, ob es künstlich gezeugt oder adoptiert wurde – einen absoluten Anspruch auf Kenntnis seiner Abstimmung hat (BÜCHLER, FamPra 2009, 11; DE VRIES REILING, AJP 2003, 369 ff.; vgl. aber auch AEBI-MÜLLER, 556 f., die eine Interessenabwägung verlangt).

Art. 449c

J. Mitteilungspflicht

Die Erwachsenenschutzbehörde macht dem Zivilstandsamt Mitteilung, wenn:
1. **sie eine Person wegen dauernder Urteilsunfähigkeit unter umfassende Beistandschaft stellt;**
2. **für eine dauernd urteilsunfähige Person ein Vorsorgeauftrag wirksam wird.**

J. Obligation de communiquer

L'autorité de protection de l'adulte communique à l'office de l'état civil:
1. tout placement d'une personne sous curatelle de portée générale en raison d'une incapacité durable de discernement;
2. tout mandat pour cause d'inaptitude dont fait l'objet une personne devenue durablement incapable de discernement.

J. Obbligo di comunicazione

L'autorità di protezione degli adulti comunica all'ufficio dello stato civile se:
1. sottopone una persona a curatela generale a causa di durevole incapacità di discernimento;
2. per una persona durevolmente incapace di discernimento prende effetto un mandato precauzionale.

Inhaltsübersicht

Literatur

Vgl. die Literaturhinweise zu Art. 443.

Materialien

Botschaft Erwachsenenschutz, 7082 und 7165; Prot. RK-S vom 27./28.8.2007, 32; AmtlBull StR 2007, 840 f.; Prot. RK-N vom 24./25.4.2008, 43; AmtlBull NR 2008, 1539.

I. Allgemeines

Die KESB ist grundsätzlich zur Verschwiegenheit verpflichtet (Art. 451 Abs. 1). Art. 449c 1
statuiert eine **behördliche Mitteilungspflicht** und stellt insoweit einen Rechtfertigungsgrund dar, der sie von Gesetzes wegen von ihrer Verpflichtung zur Verschwiegenheit entbindet. Einer Rechtsgüterabwägung bedarf es somit nicht. Die KESB ist gegenüber dem Zivilstandsamt in zwei Fällen von ihrer Verpflichtung gem. Art. 451 Abs. 1 entbunden bzw. zur Mitteilung verpflichtet: Zum ist sie mitteilungspflichtig, wenn sie eine Person wegen dauernder Urteilsunfähigkeit unter umfassende Beistandschaft stellt (Ziff. 1; Art. 398). Zum anderen hat sie mitzuteilen, wenn für eine dauernd urteilsunfähige Person ein Vorsorgeauftrag wirksam wird (Ziff. 2; Art. 363).

2 Die Vorschrift lehnt sich inhaltlich an Art. 40 ff. ZStV an, welche die **amtlichen Mitteilungspflichten** von Gerichten und Verwaltungsbehörden regeln (vgl. Art. 40–42 ZStV) und die zuständige Behörde, die Form und die Frist der Mitteilung festlegen (Art. 43 ZStV). Sie geht diesen Bestimmungen aber als **lex specialis** vor (ROSCH, in: Rosch/Büchler/Jakob, Art. 449c N 1). So ist die Mitteilung nicht etwa gestützt auf Art. 43 Abs. 1 ZStV an die Aufsichtsbehörde, die ihrerseits gegenüber dem Zivilstandsamt mitteilungspflichtig ist, sondern nach Massgabe von Art. 449c direkt an das Zivilstandsamt zu richten. Art. 449c äussert sich hingegen nicht zur Form und zur Frist der Mitteilung. Insoweit erscheint es sachgerecht, die Bestimmungen der ZStV heranzuziehen. Art. 43 Abs. 5 ZStV sieht diesbezüglich vor, dass die Mitteilung unverzüglich zu erfolgen hat, nachdem der Entscheid rechtskräftig geworden ist. Sie hat die Form eines Auszuges des Entscheids der KESB, der die vollständigen Personenstandsdaten aufgrund von Zivilstandsurkunden, das Dispositiv sowie das Datum des Eintritts der Rechtskraft zu enthalten hat (Art. 43 Abs. 5 Satz 2 ZStV). Erfolgt die Mitteilung in Form einer Kopie, so bescheinigt die mitteilende Amtsstelle deren Übereinstimmung mit dem Originaldokument (Art. 43 Abs. 6 ZStV).

II. Zweck

3 Art. 449c dient der **Führung des Stimmregisters**. Insbesondere soll durch die Mitteilung an das Zivilstandsamt gewährleistet werden, dass die für die Führung des Stimmregisters zuständige Behörde über Personen, die vom Stimmrecht ausgeschlossen sind, in Kenntnis gesetzt werden (Botschaft Erwachsenenschutz, 7082). Nach Art. 136 Abs. 1 Satz 1 BV stehen die politischen Rechte in Bundessachen allen Schweizerinnen und Schweizern zu, die das 18. Altersjahr zurückgelegt haben und die nicht wegen Geisteskrankheit oder Geistesschwäche «entmündigt» sind. Obschon mit dem Inkrafttreten des neuen Rechts das Institut der Entmündigung aufgehoben wird, lebt der Begriff auf Verfassungsstufe weiter. Auf Gesetzesstufe wird er sodann mit Inhalt gefüllt: Als vom Stimmrecht ausgeschlossene Entmündigte i.S.v. Art. 136 Abs. 1 BV gelten Personen, die wegen dauernder Urteilsunfähigkeit unter umfassender Beistandschaft stehen oder durch eine vorsorgebeauftragte Person vertreten werden (Art. 2 BPR). Nach Art. 4 des Bundesgesetzes vom 19. 12. 1975 über die politischen Rechte der Auslandschweizer gelten als vom Stimmrecht ausgeschlossene Entmündigte i.S.v. Art. 136 Abs. 1 BV Personen, die nach schweizerischem Recht wegen dauernder Urteilsunfähigkeit unter umfassender Beistandschaft stehen oder durch eine vorsorgebeauftragte Person vertreten werden (lit. a) oder für die nach ausländischem Recht wegen dauernder Urteilsunfähigkeit eine Massnahme des Erwachsenenschutzes besteht, welche die Handlungsfähigkeit entfallen lässt (lit. b). Nicht erfasst vom Stimm- und Wahlrechtsausschluss bleiben die übrigen urteilsunfähigen Stimm- und Wahlberechtigten (Botschaft Erwachsenenschutz, 7082).

4 Art. 136 Abs. 1 BV regelt die politischen Rechte in Bundessachen. Insoweit dient die Mitteilungspflicht gem. Art. 449c auch nur der Führung des Stimmregisters in Bundessachen. Die Regelung der politischen Rechte in kantonalen (und kommunalen) Angelegenheiten bleibt den Kantonen überlassen (Art. 39 Abs. 1 BV). Ihnen bleibt es auch unbenommen, auf die im kantonalen Recht vorgesehenen Ausschlussgründe abgestimmte Mitteilungspflichten zu statuieren (ROSCH, in: Rosch/Büchler/Jakob, Art. 449c N 3).

Zweiter Unterabschnitt: Vor der gerichtlichen Beschwerdeinstanz

Art. 450

A. Beschwerdeobjekt und Beschwerdebefugnis

[1] Gegen Entscheide der Erwachsenenschutzbehörde kann Beschwerde beim zuständigen Gericht erhoben werden.

[2] Zur Beschwerde befugt sind:
1. die am Verfahren beteiligten Personen;
2. die der betroffenen Person nahestehenden Personen;
3. Personen, die ein rechtlich geschütztes Interesse an der Aufhebung oder Änderung des angefochtenen Entscheids haben.

[3] Die Beschwerde ist beim Gericht schriftlich und begründet einzureichen.

A. Objet du recours et qualité pour recourir

[1] Les décisions de l'autorité de protection de l'adulte peuvent faire l'objet d'un recours devant le juge compétent.

[2] Ont qualité pour recourir:
1. les personnes parties à la procédure;
2. les proches de la personne concernée;
3. les personnes qui ont un intérêt juridique à l'annulation ou à la modification de la décision attaquée.

[3] Le recours doit être dûment motivé et interjeté par écrit auprès du juge.

A. Oggetto del reclamo e legittimazione attiva

[1] Le decisioni dell'autorità di protezione degli adulti possono essere impugnate con reclamo davanti al giudice competente.

[2] Sono legittimate al reclamo:
1. le persone che partecipano al procedimento;
2. le persone vicine all'interessato;
3. le persone che hanno un interesse giuridicamente protetto all'annullamento o alla modifica della decisione impugnata.

[3] Il reclamo va presentato al giudice per scritto e motivato.

Inhaltsübersicht

Literatur

Barone, Avant-projet de la loi fédérale réglant la procédure devant les autorités de protection de l'enfant et de l'adulte, ZVW 2003, 372 ff.; Biderbost, Rechtsmittelbelehrung bei superprovisorischen Verfügungen im Vormundschaftswesen, ZVW 2006, 67 ff.; Galli/Widmer, Überlegungen einer Praktikerin zum Vorentwurf für ein Bundesgesetz über das Verfahren vor den Kindes- und Erwachsenenschutzbehörden, ZVW 2003, 38; Geiser, Die Aufsicht im Vormundschaftswesen, ZVW 1993, 201 ff.; Hegnauer, Zum Begriff der nahestehenden Person im Sinne von Art. 397d ZGB, ZVW 1984, 26 ff.; Rhinow/Koller/Kiss et al., Öffentliches Prozessrecht, 2. Aufl., Basel 2010; Schnyder, Zur Vormundschaftsbeschwerde nach Art 420 ZGB; Steck, Der Vorentwurf für ein Bundesgesetz über das Verfahren vor den Kindes- und Erwachsenenschutzbehörden, ZVW 2003, 236 ff.; ders., Behördenorganisation und Verfahren im neuen Kindes- und Erwachsenenschutzrecht, in: Honsell/Huwiler/Schulin (Hrsg.), Liber amicorum für Nedim Peter Vogt, Privatrecht als kulturelles Erbe, Basel 2012 (zit. FS Vogt); s.a. die Literaturhinweise bei Art. 443.

Materialien

Art. 45, 48 und 49 VE VKE 2003; VE VKE/Vernehmlassungen 108 ff., 113 f. und 114 ff.; Botschaft Erwachsenenschutz, 7083 ff. und 7165; Prot. RK-S vom 27./28.8.2007, 32; AmtlBull StR 2007, 840 f.; Prot. RK-N vom 24./25.4.2008, 43; AmtlBull NR 2008, 1539.

I. Allgemeines

1. Verhältnis zum bisherigen Recht und Entstehungsgeschichte

1 Unter dem **bisherigem Recht** hatten grundsätzlich die Kantone die vormundschaftlichen Behörden zu bestimmen und die Zuständigkeiten der Instanzen zu ordnen (Art. 52 SchlT). Soweit das Gesetz nicht ausdrücklich entweder vom Gericht oder von einer Verwaltungsbehörde sprach, konnten die Kantone entweder eine gerichtliche oder eine Verwaltungsbehörde bezeichnen (Art. 54 Abs. 2 SchlT). Aufgrund der 1992 begründeten bundesgerichtlichen Rechtsprechung (BGE 118 Ia 473, 478 ff. E. 5, 6) waren die Kantone aber gehalten, die Zuständigkeiten im Vormundschaftsbereich so zu regeln, dass Entscheide – soweit «zivilrechtliche Ansprüche oder Verpflichtungen» i.S.v. Art. 6 Ziff. 1 EMRK zu beurteilen waren – wenigstens im Rechtsmittelverfahren durch ein Gericht beurteilt werden konnten, das eine umfassende Überprüfung nicht nur hinsichtlich der Rechtsanwendung, sondern auch der Sachverhaltsfeststellung gewährleistete. Das **neue Recht** knüpft an diese Regelung an und schreibt in Art. 450 Abs. 1 ausdrücklich vor, dass gegen Entscheide der KESB «Beschwerde beim zuständigen Gericht erhoben werden» muss (Botschaft Erwachsenenschutz, 7074, 7083 f.; vgl. auch Art. 439; N 15).

2 Die **Regelung des Verfahrens** oblag unter dem **bisherigen Recht** – im Rahmen bundesrechtlicher Schranken (aArt. 373, 397, 397b, 434) – grundsätzlich den Kantonen. Dies war nach aArt. 314 auch im Kindesrecht der Fall. Auch die **Anfechtung von erstinstanzlichen Entscheidungen** wurde – unter Vorbehalt der Weiterziehung an das Bundesgericht (aArt. 373 Abs. 2, 434 Abs. 2) – kantonalrechtlich geregelt. Von Bundesrechts wegen war im ZGB vorgeschrieben, dass gegen Handlungen des Vormunds (und der übrigen Amtsträger) bei der Vormundschaftsbehörde (aArt. 420 Abs. 1) und gegen Beschlüsse der Vormundschaftsbehörde bei der Aufsichtsbehörde (aArt. 420 Abs. 2) Beschwerde geführt werden konnte. Für die Fälle von FFE musste eine gerichtliche Beurteilung gewährleistet werden (aArt. 397d).

3 Bei den Revisionsarbeiten wurde für das **Verfahren** zunächst eine bundesrechtliche Regelung angestrebt. Der Vorentwurf für ein Bundesgesetz über das Verfahren vor den Kindes- und Erwachsenenschutzbehörden vom Juni 2003 (VE Erwachsenenschutz/Verfahren)

stiess indessen im Vernehmlassungsverfahren mehrheitlich auf Ablehnung. Zum Teil wurde die Regelung des Verfahrens im Rahmen der ZPO postuliert. Der bundesrätliche Entwurf verzichtete schliesslich sowohl auf ein spezielles Verfahrensgesetz als auch auf eine Integration der einschlägigen Verfahrensbestimmungen in die ZPO. Dafür sollten zentrale Verfahrensgrundsätze im ZGB verankert werden, die zur Durchsetzung des materiellen Rechts als unerlässlich angesehen werden (Botschaft Erwachsenenschutz, 7011, 7021 f.; vgl. Art. 443–450g). Dabei handelt es sich nicht um eine vollständige, sondern vielmehr um eine punktuelle und rudimentäre **bundesrechtliche Verfahrensordnung**, die der Ergänzung bedarf (HAUSHEER/GEISER/AEBI-MÜLLER, Erwachsenenschutzrecht, Rz 1.21; vgl. Art. 450f N 2 ff.). Die Art. 450–450e enthalten bundesrechtliche Verfahrensvorschriften für das Verfahren vor der gerichtlichen Beschwerdeinstanz.

Wie das bisherige Vormundschaftsrecht ist auch das neue Kindes- und Erwachsenenschutzrecht, trotz seiner grundsätzlich öffentlich-rechtlichen Natur (BGE 100 Ib 113, 114 E. 1; BGer vom 15.8.2003, 5A.15/2003, E. 1) rechtstheoretisch dem formellen Bundesprivatrecht zuzuordnen (vgl. BGE 108 Ib 392, 397 E. 2b); an der traditionellen Aufgabenteilung, wonach der Bund für das materielle Recht und die Kantone für das Verfahrensrecht zuständig sind, hat die Revision grundsätzlich nichts geändert. Unter Berücksichtigung der bundesrechtlichen Vorgaben (N 3) richtet sich deshalb im Übrigen das **Verfahren weiterhin nach kantonalem Recht** (Botschaft Erwachsenenschutz, 7021 f.; Art. 450f N 2 f.; STECK, FS Vogt, 282 f.; vgl. auch BGE 137 III 531, 532 f. E. 3.3). 4

Die Bestimmung von **Art. 450** entspricht wörtlich der Fassung von Art. 450 E ZGB (BBl 2006, 7165), die ihrerseits inhaltlich an die Art. 45 Abs. 1, 48 und 49 Abs. 1 des Vorentwurfs für ein Bundesgesetz über das Verfahren vor der Kindes- und Erwachsenenschutzbehörde (VKE) anknüpfte. 5

2. Gegenstand der Regelung

Abs. 1 bestimmt, dass gegen Entscheide der ESB **Beschwerde beim zuständigen Gericht** erhoben werden kann. Welches Gericht zuständig ist, hat das kantonale Recht festzulegen (N 15 f.). Über das **Beschwerdeobjekt** («Entscheide der Erwachsenenschutzbehörde») enthält das Gesetz keine näheren Angaben (N 17 ff.). 6

Abs. 2 umschreibt die **Beschwerdebefugnis** (N 26 ff.; vgl. den Randtitel). 7

Abs. 3 regelt die **Form der Beschwerde** (N 41 ff.). 8

II. Norminhalt

1. Allgemeines

a) Rechtsnatur der Beschwerde

Das Bundesrecht sieht in der Rechtsmittelordnung von Art. 450 ff. – anders als für das Zivilprozessrecht mit Berufung und Beschwerde (Art. 308 ff. ZPO und Art. 319 ff. ZPO) – als **einziges einheitliches Rechtsmittel eine Beschwerde** an ein **Gericht** vor. Mit dem Ausdruck «Beschwerde» knüpft der Gesetzgeber an die bisherige Vormundschaftsbeschwerde an (aArt. 420; Botschaft Erwachsenenschutz, 7083; SCHMID, Art. 450 N 1). Ein direkter Zusammenhang mit der zivilprozessualen Beschwerde (Art. 319 ff. ZPO) ist nicht gegeben. Gegebenenfalls ist nach Art. 450f im Einzelfall darüber zu entscheiden, ob die Verfahrensbestimmungen der ZPO über die Berufung (Art. 311 ff. ZPO) oder der Beschwerde (Art. 319 ff. ZPO) sinngemäss anzuwenden sind (Art. 450f N 2, 13; vgl. N 24). 9

10 Entsprechend dem **Schutzzweck** des Kindes- und Erwachsenenschutzrechts besteht die Möglichkeit, die getroffenen Massnahmen jederzeit aufzuheben oder abzuändern, ohne dass sich der Sachverhalt geändert haben muss (vgl. Art. 383, 414 f., 426 Abs. 3 und 431; SCHMID, Art. 450 N 3). Die Entscheide erwachsen nur in formelle, nicht aber in materielle Rechtskraft (HAUSHEER/GEISER/AEBI-MÜLLER, Erwachsenenschutzrecht, Rz 1.91; OFK-ZGB-FASSBIND, Art. 450 N 1). Den Begriffen der **formellen und materiellen Rechtskraft** kommt indessen hier – anders als im Zivilprozessrecht – keine entscheidende Bedeutung zu. Deshalb ist auch für den Bereich des Kindes- und Erwachsenenschutzrechts das ausserordentliche Rechtsmittel der Revision entbehrlich (Botschaft Erwachsenenschutz, 7083 f.).

11 Die Beschwerde i.S.v. Art. 450 ist ein **devolutives Rechtsmittel**, d.h. mit der Anfechtung geht das Verfahren mit den vollständigen Akten auf die Rechtsmittelinstanz über (RHINOW/KOLLER/KISS et al., Rz 684 ff.). Diese überprüft den erstinstanzlichen Entscheid in rechtlicher und tatsächlicher Hinsicht umfassend und beurteilt die Sache neu (SCHMID, Art. 450 N 1; HAUSHEER/GEISER/AEBI-MÜLLER, Erwachsenenschutzrecht, Rz 1.90).

12 Die Beschwerde ist deshalb auch ein **vollkommenes Rechtsmittel** (Botschaft Erwachsenenschutz, 7085; Art. 450a N 4, 10 ff.). Damit die Raschheit des Verfahrens gewährleistet ist, muss die Beschwerde mit reformatorischer Wirkung ausgestattet sein (BSK ZGB I-GEISER, aArt. 397f N 9; CHK-AFFOLTER/STECK/VOGEL, aArt. 397f ZGB N 5). Deshalb sollte im Zusammenhang mit FU und anderen Entscheidungen, die in schwerer Weise in die persönliche Freiheit eingreifen, eine Rückweisung des Verfahrens an die Vorinstanz wenn immer möglich unterbleiben und die absolute Ausnahme darstellen (BGE 131 III 409, 412; vgl. auch BGE 117 II 132, 134 ff.; BSK ZGB I-GEISER, aArt. 397f N 24; CHK-AFFOLTER/STECK/VOGEL, aArt. 397f ZGB N 10).

13 Die **Verfahrensgrundsätze des erstinstanzlichen Verfahrens** (Art. 443 ff.) sind auch im Verfahren vor der gerichtlichen Beschwerdeinstanz anwendbar, soweit das Gesetz in den Art. 450 ff. keine abweichenden Vorschriften enthält (Botschaft Erwachsenenschutzrecht, 7083; SCHMID, Art. 450 N 5; OFK-ZGB-FASSBIND, Art. 450 N 1). Für Kantone, die ein zweistufiges gerichtliches Beschwerdeverfahren kennen (SCHMID, Art. 450 N 11; N 15) gilt dies selbstverständlich für beide Instanzen (BGer vom 5.11.2010, 5A_708/2010, E. 4.1).

14 Gegen den von der letzten kantonalen Instanz (Art. 75 BGG) beurteilten Beschwerdeentscheid ist die **Beschwerde in Zivilsachen** an das **Bundesgericht** zulässig, wobei hier die Verfahrensbestimmungen des BGG zur Anwendung kommen (Art. 72 Abs. 2 lit. b Ziff. 6 und Art. 90 ff. BGG; SCHMID, Art. 450 N 8, 12; HAUSHEER/GEISER/AEBI-MÜLLER, Erwachsenenschutzrecht, Rz 1.23, 1.95).

b) Gerichtliche Beschwerdeinstanz

15 Von Bundesrechts wegen ist eine **einzige kantonale gerichtliche Beschwerdeinstanz** hinreichend. Die Kantone sind aber frei, ein zweistufiges gerichtliches Beschwerdeverfahren vorzusehen (Botschaft Erwachsenenschutz, 7074; N 13). Weil kantonale Entscheide mit Beschwerde in Zivilsachen beim Bundesgericht angefochten werden können (N 14), müssen die Kantone zwingend als letzte kantonale Instanz ein oberes Gericht einsetzen (Art. 75 Abs. 2 BGG).

16 Bei **FU** kann die betroffene oder eine ihr nahestehende Person in den Fällen von Art. 439 Abs. 1 Ziff. 1–5 das vom kantonalen Recht als zuständig bezeichnete Gericht anrufen (Art. 439 Abs. 1 und 2). Dieses kann, muss aber nicht, mit der gerichtlichen Beschwerdeinstanz i.S.v. Art. 450 Abs. 1 ZGB identisch sein (OFK-ZGB-FASSBIND, Art. 450 N 1).

Das Verfahren vor diesem Gericht richtet sich nach Art. 439 Abs. 3 sinngemäss nach den Bestimmungen von Art. 450 ff. (Botschaft Erwachsenenschutz, 7083; Art. 450e N 5; vgl. auch SCHMID, vor Art. 450 N 10 und Art. 450 N 14).

2. Beschwerdeobjekt (Abs. 1)

17 Nach dem Wortlaut von Abs. 1 sind die Entscheide der **ESB** anfechtbar. Aufgrund von Art. 440 Abs. 3 fallen aber auch die Entscheide der **KSB** darunter (vgl. auch Art. 314 Abs. 1; FASSBIND, OFK-ZGB, Nr. 2, Art. 450 N 1). Art. 450 bezieht sich nur auf Entscheide, die von Bundesrechts wegen in die Zuständigkeit der KESB fallen. Nicht erfasst werden davon andere Entscheide, für welche das kantonale Recht die Kompetenz der KESB überträgt (SCHMID, Art. 450 N 6).

18 Anfechtbar sind sowohl **Entscheide des Kollegiums** als auch solche, die in der **Kompetenz eines Einzelmitglieds** (Art. 440 Abs. 2) ergangen sind.

a) Anfechtbarkeit von Endentscheiden der KESB

19 Der **Anfechtbarkeit** bei der gerichtlichen Beschwerdeinstanz unterliegen Entscheide über folgende **Gegenstände** (vgl. SCHMID, vor Art. 450 N 1–9):
- Feststellung der Wirksamkeit des Vorsorgeauftrags (Art. 363 Abs. 2);
- Aushändigung einer Urkunde über die Befugnisse (Art. 363 Abs. 3);
- Auslegung und Ergänzung des Vorsorgeauftrags (Art. 364);
- Anordnung ergänzender Massnahmen (Art. 365 Abs. 2);
- Festlegung der Entschädigung und der Spesen (Art. 366 und 404 Abs. 1 und 2);
- Zustimmung zu ausserordentlicher Vermögensverwaltung (Art. 374 Abs. 3);
- Regelung der Vertretung der urteilsunfähigen Person (Art. 382 Abs. 2);
- Schutz der Persönlichkeit (Art. 386 Abs. 2);
- Errichtung und Kombination von Beistandschaften (Art. 393 Abs. 1, Art. 394 Abs. 1, Art. 396 Abs. 1, Art. 397 und 398 Abs. 1) und Umschreibung der Aufgabenkreise (Art. 391 Abs. 1 und 2);
- Erteilen der Befugnis zum Öffnen der Post und zum Betreten der Wohnung (Art. 391 Abs. 3);
- Einschränkung der Handlungsfähigkeit (Art. 394 Abs. 2);
- Regelung der Vermögensverwaltung und Anordnung von Einschränkungen (Art. 395 Abs. 1–4);
- Ernennung und Instruktion, Beratung und Unterstützung des Beistands (Art. 400 Abs. 1 und 3) oder eines Ersatzbeistands (Art. 403) und Übertragung einer Beistandschaft auf mehrere Personen (Art. 400 Abs. 1 und Art. 402);
- Berücksichtigung und Befolgung von Wünschen der betroffenen Personen oder nahestehender Personen (Art. 401);
- Aufnahme des Inventars (Art. 405 Abs. 2) und Anordnung eines öffentlichen Inventars (Art. 405 Abs. 3);
- Anordnung betreffend Rechnungslegung (Art. 410 Abs. 1) und Genehmigung der Rechnung und des Berichts (Art. 415) sowie der Schlussrechnung und des Schlussberichts (Art. 425 Abs. 2);
- Zustimmung zu Geschäften des Beistandes (Art. 416 f.);
- Entbindung der Angehörigen von Pflichten (Art. 420);
- Aufhebung der Massnahme (Art. 399 Abs. 2);
- Entlassung des Beistandes (Art. 423 f.) sowie alle Anordnungen in diesem Zusammenhang (Art. 424 f.);
- Anordnung der FU (Art. 427 Abs. 2, Art. 428 Abs. 1 und Art. 429 Abs. 2);

- Entlassung aus der FU (Art. 428 Abs. 1);
- Übertragung der Entlassungszuständigkeit auf die Einrichtung (Art. 428 Abs. 2);
- Periodische Überprüfung (Art. 431);
- Kompetenzkonflikte bei bestrittener Zuständigkeit (Art. 444 Abs. 4);
- Entscheidungen über indirekte Vollstreckung (Art. 450g Abs. 1);
- Auskunft über das Vorliegen und die Wirkung einer Massnahme (Art. 451 Abs. 2) und Mitteilung an die Schuldner (Art. 452 Abs. 2);
- Zusammenarbeit mit der Polizei und anderen Stellen (Art. 453 Abs. 1);
- Anpasssung von Massnahmen an das neue Recht (Art. 14 Abs. 2 und 3 SchlT);
- Bestätigung ärztlicher Unterbringungsentscheide (Art. 14 Abs. 4 SchlT);
- Anordnung von Kindesschutzmassnahmen (Art. 298 Abs. 1 und 2, Art. 298a Abs. 2 und 3, Art. 306 Abs. 2, Art. 311 Abs. 1, Art. 312, 315a Abs. 1, Art. 318 Abs. 3 und Art. 327c Abs. 2 und 3).

20 Eine besondere Regelung gilt bei Entscheiden, die ergehen, weil die **KESB sich aufgrund von gesetzlichen Bestimmungen zum Einschreiten veranlasst sah** (vgl. Art. 368, 373, 376, 381, 385 und 419). Bei Beanstandungen von Handlungen oder Unterlassungen des Beistands ist der Rechtsbehelf nach Art. 419 gegeben und die KESB anzurufen (Schmid, Art. 450 N 2). In all diesen Fällen handelt es sich nicht um ein Rechtsmittelverfahren im technischen Sinne. Anwendbar sind deshalb die erstinstanzlichen Verfahrensbestimmungen (Art. 443 ff.; Botschaft Erwachsenenschutz, 7083; Hausheer/Geiser/Aebi-Müller, Erwachsenenschutzrecht, Rz 1.86 ff.). Der Entscheid der KESB unterliegt der Anfechtbarkeit bei der gerichtlichen Beschwerdeinstanz (Botschaft Erwachsenenschutz, 7084; Hausheer/Geiser/Aebi-Müller, Erwachsenenschutzrecht, Rz 2.144).

b) Anfechtbarkeit von vorsorglichen Massnahmen

21 Mit Beschwerde anfechtbar sind sodann nach ausdrücklicher Gesetzesvorschrift **Entscheide über vorsorgliche Massnahmen** (Art. 445 Abs. 3; Botschaft Erwachsenenschutz, 7084; Schmid, Art. 450 N 17; Hausheer/Geiser/Aebi-Müller, Erwachsenenschutzrecht, Rz 1.89; Art. 445 N 32).

c) Anfechtbarkeit von Zwischenentscheiden

22 Über die Anfechtbarkeit von (selbstständig eröffneten) **Zwischenentscheiden** (d.h. gerichtliche «Anordnungen im Rahmen des Verfahrens, die nicht auf die endgültige materielle Regelung der Streitfrage gerichtet sind, sondern nur einen Schritt auf dem Weg zur Verfahrenserledigung darstellen», Rhinow/Koller/Kiss et al., Rz 1070: z.B. Entscheide betr. Ausstand, Vertretung im Verfahren, Sistierung des Verfahrens oder Mitwirkungspflichten) enthält das Bundesrecht keine ausdrückliche Regelung. Nach der Botschaft richtet sich hier die **Anfechtbarkeit nach kantonalem Recht**, wobei nach Art. 450f ZGB subsidiär sinngemäss die Bestimmungen der ZPO zur Anwendung gelangen (Botschaft Erwachsenenschutz, 7084; Art. 450f N 2, 13); vgl. dazu auch Art. 449 N 16 und Art. 449a N 17

23 Der Entwurf zu einem Verfahrensgesetz (N 3) hatte eine Regelung vorgesehen, wonach verfahrensleitende Verfügungen über den Ausstand, die Ernennung eines Verfahrensbeistandes, die Sistierung des Verfahrens und die Mitwirkungspflicht mit Beschwerde anfechtbar waren (Art. 45 Abs. 2 Ziff. 1–4). Andere verfahrensleitende Verfügungen sollten dagegen mit Beschwerde nur anfechtbar sein, wenn durch sie ein nicht wiedergutzumachender Nachteil drohte oder wenn damit ein bedeutender Aufwand erspart werden konnte (Abs. 45 Abs. 3; vgl. VE Erwachsenenschutz/Verfahren, 31 f., 49). Im bundesrätlichen Entwurf wurde eine entsprechende Bestimmung nicht mehr aufgenommen. Daraus wird an-

scheinend abgeleitet, «verfahrensleitende Verfügungen» der KESB würden generell «ohne differenzierende Einschränkungen der Beschwerde nach nArt. 450» unterliegen, weil das Gesetz ganz allgemein den Terminus «Entscheide» verwendet und nur ein Einheitsrechtsmittel zur Verfügung steht (so SCHMID, Art. 450 N 15). Dies geht indessen nach der hier vertretenen Auffassung zu weit, denn dann müsste angesichts der Rechtnatur der Beschwerde (N 9 ff.) in jedem Fall eine uneingeschränkte und umfassende Überprüfung zugelassen werden, was einem effizienten Verfahren und der Rechtssicherheit (Beurteilung innert angemessener Frist, Art. 29 Abs. 1 BV, Beschleunigungsgebot) zuwiderlaufen würde.

Vielmehr ist zu unterscheiden: Gegen selbständig eröffnete Zwischenverfügungen über die **Zuständigkeit** und über **Ausstandsbegehren** (RHINOW/KOLLER/KISS et al., Rz 1071) sollte die Beschwerde nach den Bestimmungen von Art. 450 ff. uneingeschränkt zulässig und dementsprechend eine spätere Anfechtung – zusammen mit dem Endentscheid – nicht mehr möglich sein. Für andere selbständig eröffnete Zwischenverfügungen soll dagegen eine selbständige Anfechtung nur ausnahmsweise und insofern eingeschränkt möglich sein, als sie «einen nicht wiedergutzumachenden Nachteil bewirken können» (RHINOW/KOLLER/KISS et al., Rz 1071). In diesem Fall wäre i.d.R. wohl, soweit das kantonale Recht keine andere Regelung vorsieht (Art. 450f N 4 ff.), nur eine erschwerte Weiterzugsmöglichkeit analog zu Art. 319 lit. b Ziff. 2 ZPO, beschränkt auf die Beschwerdegründe von Art. 320 ZPO, anzunehmen (vgl. im Einzelnen dazu BSK ZPO-SPÜHLER, Art. 319 N 5 und Art. 320 N 2; FREIBURGHAUS/AHFELDT, in: Sutter-Somm/Hasenböhler/Leuenberger, Art. 319 ZPO N 13 ff. und Art. 320 ZPO N 5; BLICKENSTORFER, in: Brunner/Gasser/Schwander, Art. 319 ZPO N 39 ff. und Art. 320 ZPO N 4 ff.). Die Beschwerdefrist würde denn folgerichtig auch nur zehn Tage betragen (analog Art. 321 Abs. 2 ZPO; GASSER/RICKLI, Art. 319 ZPO N 3; Art. 450b N 8). 24

Für das **Rechtsmittelverfahren vor Bundesgericht** ist Voraussetzung, dass ein Zwischenentscheid i.S.v. Art. 92 f. BGG vorliegt (vgl. dazu im Einzelnen RHINOW/KOLLER/KISS et al., Rz 1870 ff. sowie BGE 137 III 380, 381 f. E. 1; BGer vom 8.9.2008, 5A_439/2008, E. 1.2; BGer vom 28.3.2011, 5A_503/2010, E. 1.2; BGer vom 6.10.2010, 5A_597/2010 E. 1; vgl. auch BLICKENSTORFER, in: Brunner/Gasser/Schwander, Art. 319 ZPO N 39 und Art. 320 ZPO N 8 ff.). 25

3. Beschwerdebefugnis (Abs. 2)

a) Allgemeines

Für die Umschreibung der **Beschwerdebefugnis** knüpft das Gesetz in Abs. 2 materiell an die Regelung von aArt. 420 an (Botschaft Erwachsenenschutz, 7084; SCHMID, Art. 450 N 19). Die Aufzählung in den Ziff. 1–3 ist abschliessend. Zur Beschwerde befugt sind die am Verfahren beteiligten Personen (Ziff. 1; N 29 ff.) und die der betroffenen Person nahestehenden Personen (Ziff. 2; N 32 ff.). Hier genügen tatsächliche, aktuelle Interessen. Zur Beschwerde legitimiert sind ausserdem Personen, die ein rechtlich geschütztes Interesse an der Aufhebung oder Änderung des angefochtenen Entscheids geltend machen (Ziff. 3; HAUSHEER/GEISER/AEBI-MÜLLER, Erwachsenenschutzrecht, Rz 1.92 f.; N 37 ff.; OFK-ZGB-FASSBIND, Art. 450 N 2; vgl. dazu auch Art. 445 N 21). 26

Die selbständige Ergreifung eines Rechtsmittels setzt entsprechend den allgemeinen Rechtsgrundsätzen **Handlungsfähigkeit** voraus. Für eine handlungsunfähige Person handelt der gesetzliche Vertreter. Sofern eine handlungsunfähige Person jedoch urteilfähig ist, kann sie selbständig Rechte ausüben, die ihr um ihrer Persönlichkeit willen zustehen, und vorläufig selbst das Nötige vorkehren, wenn Gefahr im Verzug ist (BGer vom 7.1.2011, 27

5A_884/2010, E. 2; vgl. dazu auch Art. 67 Abs. 1–3 ZPO; Botschaft Erwachsenenschutz, 7084; betr. Urteilsfähigkeit von Kindern vgl. BGE 120 Ia 369, 371 f.; BGer vom 9.10.2003, 6P.121/2003, E. 3; vgl. ferner BSK ZPO-STECK, Art. 300 N 3 ff.).

28 Die Legitimation zur **Beschwerde in Zivilsachen vor Bundesgericht** richtet sich nach Art. 76 Abs. 1 BGG (vgl. dazu auch BGer vom 12.1.2011, 5A_857/2010, E. 1.3; BSK BGG-KLETT, Art. 76 N 5).

b) Die am Verfahren beteiligten Personen (Abs. 2 Ziff. 1)

29 Am Verfahren beteiligt sind in erster Linie die von der Anordnung der KESB direkt **betroffenen Personen**, mithin die schutzbefohlenen, hilfsbedürftigen Personen. Dies gilt auch in Bezug auf den Beistand, wenn deren Handlungen oder Unterlassungen Gegenstand eines Verfahrens vor der KESB geworden sind (Art. 419; vgl. auch N 20). Im Bereich des *Kindesschutzes* können nebst den Kindern auch deren *Eltern* betroffene Personen sein (SCHMID, Art. 450 N 21; OFK-ZGB-FASSBIND, Art. 450 N 3).

30 Am Verfahren beteiligt sind auch alle **weiteren Personen**, die sich im erstinstanzlichen Verfahren vor der KESB tatsächlich beteiligt haben oder denen mindestens ein Entscheid der KESB zugestellt wurde (SCHMID, Art. 450 N 21 f.).

31 Anders als im bisherigen Recht (aArt. 378; BK-SCHNYDER/MURER, aArt. 373 ZGB N 116; vgl. auch z.B. § 62 lit. b EG ZGB AG und § 73 Abs. 2 EG ZGB ZH) ist – abgesehen von Zuständigkeitskonflikten (Art. 444 N 25 ff.) – neu eine **Beschwerdelegitimation des Gemeinwesens** von Bundesrechts wegen grundsätzlich **nicht mehr möglich** (vgl. auch N 39 f.). Sie lässt sich weder aus Ziff. 1 und insb. auch nicht aus Ziff. 3 herleiten (grundsätzlich gl.M. OFK-ZGB-FASSBIND, Art. 450 N 3; **a.M.** SCHMID, Art 450 N 26: Danach soll das Gemeinwesen zur Beschwerde legitimiert sein, das Kosten des Vollzugs von Massnahmen zu tragen hat; vgl. für das bisherige Recht auch BGE 135 V 134, 138 E. 3.2). Das Gemeinwesen kann namentlich auch einen Entscheid der KESB nicht anfechten, weil diese aufgrund einer von ihm erstatteten Meldung (Art. 443) untätig geblieben oder nicht nach dessen Vorstellungen tätig geworden ist. Denkbar wäre aber gegebenenfalls der Rechtsbehelf einer **Aufsichtsbeschwerde bei der administrativen Aufsichtsbehörde** (Art. 441 Abs. 1; zu Begriff und Funktion der Aufsichtsbeschwerde vgl. RHINOW/KOLLER/KISS et al., Rz 659 ff.). Die Erstattung einer Meldung begründet keine Beteiligung am Verfahren (Art. 443 N 6).

c) Nahestehende Personen (Abs. 2 Ziff. 2)

32 Der Begriff der **nahestehenden Person** wird im Gesetz oft verwendet (vgl. Art. 368 Abs. 1, Art. 373 Abs. 1, Art. 376 Abs. 2, Art. 381 Abs. 3, Art. 385 Abs. 1, Art. 389 Abs. 1 Ziff. 1, Art. 390 Abs. 3, Art. 399 Abs. 2, Art. 401 Abs. 2, Art. 419, 423 Abs. 2, Art. 426 Abs. 4, Art. 430 Abs. 5 und Art. 439 Abs. 1; vgl. auch aArt. 397d Abs. 1). Er ist weit auszulegen. Es handelt sich dabei nach Lehre und Rechtsprechung um eine Person, welche die betroffene Person gut kennt und kraft ihrer Eigenschaften sowie kraft ihrer Beziehungen zu dieser als geeignet erscheint, deren Interessen zu wahren. Eine Rechtsbeziehung ist nicht erforderlich. Entscheidend ist vielmehr die faktische Verbundenheit (N 33 ff.).

33 **Nahestehende Personen** können sein: Die Eltern, die Kinder, andere durch Verwandtschaft oder Freundschaft mit der betroffenen Person Verbundene, der Lebensgefährte, die Vertrauensperson (Art. 432), aber auch der Beistand, Arzt, Sozialarbeiter, Geistliche oder andere Personen, welche die betroffene Person betreut und begleitet haben (Botschaft Erwachsenenschutz, 7084; SCHMID, Art. 450 N 23; OFK-ZGB-FASSBIND, Art. 450 N 3; BGE 137 III 67, 70; 122 I 18, 29 f.; 114 II 213, 217; 113 II 232, 233 f.; BGer vom 12.1.2011,

5A_857/2010, E. 1.3; BGer vom 29.6.2011, 5A_150/2011, E. 3.4; KGer SG vom 8.7.2011, FamPra.ch 2011, 106, E. 2; vgl. auch BGE 112 II 104 f.; BSK ZGB I-Geiser, aArt. 397d N 13; CHK-Affolter/Steck/Vogel, aArt. 397d ZGB N 9; Art. 445 N 21).

Nicht ausgeschlossen ist, dass auch eine Bank bzw. der zuständige Bankangestellte die Qualifikation als nahestehende Person erfüllt (BGE 137 III 67, 75, wo das aber im konkreten Fall verneint wurde; vgl. auch BGer vom 25.3.2009, 5A_837/2008, E. 5.2: Dem Verein «Psychex», der die Interessen von Zwangsinternierten verfolgt, war i.c. die besondere Nähe zur betroffenen Person abgesprochen worden, was als nicht willkürlich beurteilt wurde). **34**

Die Legitimation der nahestehenden Person setzt nicht notwendigerweise voraus, dass die **Interessen der betroffenen Person** wahrgenommen werden (Botschaft Erwachsenenschutz, 7084 unter Hinweis auf BGE 122 I 18, 29 ff.; Schmid, Art. 450 N 23). Denkbar ist auch, dass mehrere nahestehende Personen unabhängig voneinander als am Verfahren beteiligt auftreten (Botschaft Erwachsenenschutz, 7084). **35**

Nahestehende Personen erscheinen gegebenenfalls selber als **betroffene Personen** (N 29), z.B. bei Streit über Vertretungsrechte i.S.v. Art. 378 (vgl. auch Schmid, Art. 450 N 22). **36**

d) Dritte (Abs. 2 Ziff. 3)

Auch **Dritte**, die nicht über die Qualifikation als nahestehende Person verfügen, können zur Beschwerde legitimiert sein. Dass ein Dritter im Interesse einer anderen Person überhaupt ein Rechtsmittel ergreifen kann, ist allerdings nicht selbstverständlich (vgl. dazu BGE 137 III 67, 69 ff. und die dort wiedergegebene Lehre und Rechtsprechung zu aArt. 420). Diese gesetzliche Regelung knüpft an Art. 419 an, wonach gegen Handlungen oder Unterlassungen des Beistandes sowie einer von der Behörde beauftragten Drittperson oder Stelle die KESB angerufen werden kann. Vorausgesetzt ist aber auch hier, dass die beschwerdeführende Person ein rechtliches Interesse hat (N 26, 38), das durch das Kindes- und Erwachsenenschutzrecht geschützt werden soll. **37**

Mit der Beschwerde können zudem nicht nur Interessen einer hilfsbedürftigen Person, sondern auch **Eigeninteressen des Drittbeschwerdeführers** gewahrt werden (BGE 137 III 67, 69). Hier genügt die Berufung auf Interessen, die im Rahmen der umstrittenen Handlung hätten berücksichtigt werden müssen und insoweit schutzwürdig sind. Solche Interessen können auch Personen geltend machen, die dem Schutzbedürftigen nicht nahestehen. Ein bloss tatsächliches Interesse genügt nicht (Botschaft Erwachsenenschutz, 7084 f.; Schmid, Art. 450 N 25; OFK-ZGB-Fassbind, Art. 450 N 3; vgl. für das bisherige Recht BGE 121 III 1, 3; 137 III 67, 73 f.; BGer vom 2.9.2005, 5C. 51/2005, E. 2.1; BGer vom 12.1.2011, 5A_ 857/2010, E. 1.3; BGer vom 25.3.2009, 5A_ 837/2008, E. 5.2; BGer vom 29.6.2011, 5A-150/2011, E. 3.4; CHK-Affolter/Steck/Vogel, aArt. 420 ZGB N 6, 13 m.w.H.; Art. 445 N 21). **38**

Mit «Personen, die ein rechtlich geschütztes Interesse an der Aufhebung oder Änderung des angefochtenen Entscheids haben» (Abs. 2 Ziff. 3) sind nach der hier vertretenen Auffassung **Privatpersonen** gemeint. **Das Gemeinwesen fällt nicht darunter** (vgl. N 31). **39**

Würde die **Beschwerdelegitimation des Gemeinwesens** i.S.v. Abs. 2 Ziff. 3 grundsätzlich bejaht, wäre im Übrigen zu beachten, dass die KESB nach dem Grundsatz von Art. 389 Abs. 2 die Anordnungen treffen muss, die «erforderlich und geeignet» sind, wobei sie den Grundsatz der Verhältnismässigkeit zu wahren hat. Es darf nicht sein, dass eine solche Anordnung gegebenenfalls einzig zum Schutz von fiskalischen Interessen des Gemeinwesens **40** unterbleibt. Sozialhilfebehörden sind deshalb an rechtskräftige Massnahmen der KESB gebunden (BGE 135 V 134,137 E. 3, 4; vgl. auch OFK-ZGB-Fassbind, Art. 450 N 3). Ein schützenswertes rechtliches Interesse wäre nach der Rechtsprechung des Bundesgerichts jedenfalls nur gegeben, soweit das Gemeinwesen nicht hoheitlich handelt, sondern sich auf dem Boden des Privatrechts bewegt oder als dem Bürger gleichgeordnetes Rechtssubjekt auftritt und durch den angefochtenen staatlichen Akt wie eine Privatperson betroffen wird (BGE 119 Ia 214, 216). Ein rechtliches Interesse des Gemeinwesens, das durch das Kindes- und Erwachsenenschutzrecht zu schützen wäre, ist nicht ersichtlich.

4. Form der Beschwerde (Abs. 3)

41 Die Beschwerde ist nach der allgemeinen Regel von Abs. 3 beim Gericht **schriftlich und begründet** einzureichen. Ausgenommen sind **Beschwerden bei FU**, wo aufgrund von Art. 450e Abs. 1 **keine Begründungspflicht** besteht (Art. 450e N 10 f.).

42 Es dürfen jedoch in formeller Hinsicht **keine hohen Anforderungen** gestellt werden. Ein von einer betroffenen urteilsfähigen Person unterzeichnetes Schreiben ist hinreichend, sofern das Anfechtungsobjekt ersichtlich ist und daraus hervorgeht, warum sie mit der getroffenen Anordnung ganz oder teilweise nicht einverstanden ist. *Mängel* (z.B. fehlende Unterschrift oder fehlende Vollmacht) sind nach Massgabe des kantonalen Verfahrensrechts innert einer angemessenen *Nachfrist* zu beheben (Botschaft Erwachsenenschutz, 7085; Schmid, Art. 450 N 27 f.; OFK-ZGB-Fassbind, Art. 450 N 4).

43 Die gerichtliche Beschwerdeinstanz wird nur tätig, wenn eine zur Beschwerde befugte Person das Rechtsmittel ergreift. Insoweit gilt das **Rügeprinzip** (vgl. Art. 450a N 5).

Art. 450a

B. Beschwerdegründe

[1] Mit der Beschwerde kann gerügt werden:
1. Rechtsverletzung;
2. unrichtige oder unvollständige Feststellung des rechtserheblichen Sachverhalts;
3. Unangemessenheit.

[2] Ferner kann wegen Rechtsverweigerung und Rechtsverzögerung Beschwerde geführt werden.

B. Motifs

[1] Le recours peut être formé pour:
1. violation du droit;
2. constatation fausse ou incomplète des faits pertinents;
3. inopportunité de la décision.

[2] Le déni de justice ou le retard injustifié peuvent également faire l'objet d'un recours.

B. Motivi di reclamo

[1] Il reclamante può censurare:
1. la violazione del diritto;
2. l'accertamento inesatto o incompleto di fatti giuridicamente rilevanti;
3. l'inadeguatezza.

[2] Può essere interposto reclamo anche per denegata o ritardata giustizia.

Inhaltsübersicht

Literatur

Vgl. die Literaturhinweise bei Art. 443 und 450.

Materialien

Art. 46 Abs. 1 und 47 VE VKE 2003; VE VKE/Vernehmlassungen, 110 ff. und 113; Botschaft Erwachsenenschutz, 7083 ff. und 7165; Prot. RK-S vom 27./28. 8. 2007, 32; AmtlBull StR 2007, 840 f.; Prot. RK-N vom 24./25. 4. 2008, 43; AmtlBull NR 2008, 1539.

I. Allgemeines

1. Verhältnis zum bisherigen Recht und Entstehungsgeschichte

Vgl. Art. 450 N 1–4. 1

Die Bestimmung von **Art. 450a** stimmt wörtlich mit der Fassung von Art. 450a E ZGB überein, die ihrerseits inhaltlich an die Art. 46 Abs. 1 und 47 des VE für ein Bundesgesetz über das Verfahren vor der Kindes- und Erwachsenenschutzbehörde (VKE) anknüpfte. 2

2. Gegenstand der Regelung

Die Bestimmung regelt in Abs. 1 die **Beschwerdegründe** (vgl. Randtitel; N 10 ff.). In Abs. 2 wird zudem ausdrücklich festgehalten, dass wegen Rechtsverweigerung und Rechtsverzögerung Beschwerde geführt werden kann (N 20 ff.). 3

II. Norminhalt

1. Allgemeines

Die Beschwerde ist ein **vollkommenes Rechtsmittel**, das die Überprüfung des erstinstanzlichen Entscheids in rechtlicher und tatsächlicher Hinsicht umfassend ermöglicht (Art. 450 N 12; SCHMID, Erwachsenenschutz, Art. 450a N 1; RHINOW/KOLLER/KISS et al., Rz 666 ff.; unten N 10 ff.). 4

In Abs. 1 wird indessen das **Rügeprinzip** festgehalten. Der in Art. 446 statuierte strenge Untersuchungs- und Offizialgrundsatz (Art. 446 N 2 ff., 34 ff., 38; Art. 450 N 13) erfährt damit insofern eine gewisse Einschränkung, als ein Weiterzug des erstinstanzlichen Entscheids nicht von Amtes wegen erfolgt, sondern eine Überprüfung des Entscheids die Er- 5 hebung einer förmlichen Beschwerde voraussetzt. Die gerichtliche Beschwerdeinstanz wird sich deshalb primär auf die geltend gemachten Rügen und Anträge konzentrieren (SCHMID, Erwachsenenschutz, Art. 450 N 1; vgl. aber N 12).

6 Auf eine Beschwerde wird **materiell eingetreten**, wenn eine dazu befugte Person (Art. 450 Abs. 1 Ziff. 1–3; Art. 450 N 26 ff.) begründete Anträge stellt (vgl. aber betr. FU Art. 450e N 10 f.). Vorausgesetzt ist, dass grundsätzlich ein **eigenes aktuelles Rechtsschutzinteresse** besteht (BGE 134 III 457, 458; 109 Ia 169, 171 f.; BGer vom 12.1.2011, 5A_857/2010, E. 1.3 und 3; BGer vom 27.10.2003, 5P.364/2003, E. 1.2; BGer vom 11.4.2002, 5C.45/2005: ein Rechtsschutzinteresse fehlte, weil es i.c. nur darum ging, im Hinblick auf einen späteren Haftpflichtprozess die Rechtswidrigkeit einer FFE feststellen zu lassen; vgl. auch BGer vom 6.8.2009, 5A_347/2009, E. 2.3; BGer vom 10.7.2007, 5A_312/2007, E. 1.4), doch sind Ausnahmen möglich (BGE 127 I 164, 166; 114 Ia 88, 90; BGer vom 21.11.2005, 5P.400/2005, E. 4; vgl. auch CHK-AFFOLTER/STECK/VOGEL, aArt. 397d ZGB N 4).

7 Inwiefern im Beschwerdeverfahren **Noven** (neue Tatsachen und Beweismittel) berücksichtigt werden können, entscheidet sich nach dem kantonalen Verfahrensrecht, subsidiär sinngemäss nach den Bestimmungen der ZPO (Art. 450f; Art. 450f N 2 ff., 13). Bei der Regelung des Novenrechts ist dem bundesrechtlich vorgeschriebenen uneingeschränkten Untersuchungsgrundsatz (Art. 446 N 2 ff.) Rechnung zu tragen. Sofern sinngemäss die Bestimmungen der ZPO zur Anwendung gelangen, ist insb. auf die Bestimmung von Art. 229 Abs. 3 ZPO zu verweisen, wonach neue Tatsachen und Beweismittel bis zur Urteilsberatung zu berücksichtigen sind (SCHMID, Art. 446 N 3), eine Regelung, die auch im Rechtsmittelverfahren zu beachten ist (BSK ZPO-FREI/WILLISEGGER, Art. 229 N 17; BSK ZPO-STECK, Art. 296 N 6 ff., 29 ff., 32 ff.; BSK ZPO-SPÜHLER, Art. 317 N 7; REETZ/HILBER, in: Sutter-Somm/Hasenböhler/Leuenberger, Art. 317 ZPO N 76; VOLKART, in: Brunner/Gasser/Schwander, Art. 317 ZPO N 17).

8 Die gerichtliche Beschwerdeinstanz muss einen Entscheid der KESB auch «zu Ungunsten» der betroffenen Person abändern können, wenn deren Schutz (Art. 388 f.) das erfordert. Eine **reformatio in peius** muss deshalb hier zulässig sein (BGE 129 III 417 E 2.1.1; SCHMID, Art. 446 N 8; vgl. auch BLICKENSTORFER, in: Brunner/Gasser/Schwander, vor Art. 308–334 ZPO N 93 f., ferner RHINOW/KOLLER/KISS et al., Rz 1682).

9 Die gerichtliche Beschwerdeinstanz hat in Bezug auf alle im Gesetz aufgeführten Beschwerdegründe, Rechtsverletzung (Ziff. 1), unrichtige oder unvollständige Feststellung des rechtserheblichen Sachverhalts (Ziff. 2) und Unangemessenheit (Ziff. 3) **freie Kognition** (Art. 450 N 12; HAUSHEER/GEISER/AEBI-MÜLLER, Erwachsenenschutzrecht, Rz 1.90; SCHMID, Art. 450a N 4; N 10 ff.).

2. Die Beschwerdegründe von Abs. 1

a) Rechtsverletzung (Abs. 1 Ziff. 1)

10 Der Begriff der **Rechtsverletzung** (Ziff. 1) ist umfassend zu verstehen. Darunter fällt jede unrichtige Anwendung und Auslegung des Rechts, mithin Verletzung von eidgenössischem und kantonalem Recht (Botschaft Erwachsenenschutz, 7085) sowie falsche Anwendung oder Nichtanwendung von ausländischem Recht. Es kommt nicht darauf an, ob der erstinstanzlich entscheidenden Behörde Fehler in materiellrechtlicher oder in verfahrensrechtlicher Hinsicht unterlaufen sind; in beiden Fällen liegt eine Rechtsverletzung i.S.v. Ziff. 1 vor (SCHMID, Art. 450a N 3; OFK-ZGB-FASSBIND, Art. 450a N 1; vgl. dazu auch Art. 310 ZPO betr. Berufungsgründe sowie Botschaft ZPO, 7372; GASSER/RICKLI, Art. 310 N 1 ff.; BLICKENSTORFER, in: Brunner/Gasser/Schwander, Art. 310 ZPO N 4 ff.).

Gegenstand der Rechtskontrolle ist auch die Überprüfung, ob die Schranken des Ermessens (Ermessensüberschreitung, Ermessensunterschreitung und Ermessensmissbrauch) eingehalten worden sind sowie die Prüfung der Verhältnismässigkeit (RHINOW/KOLLER/KISS et al., Rz 1120 f., 1123; OFK-ZGB-FASSBIND, Art. 450a N 1). **11**

b) Unrichtige oder unvollständige Feststellung des rechtserheblichen Sachverhalts (Abs. 1 Ziff. 2)

Die richtige und vollständige Feststellung des rechtserheblichen Sachverhalts ist für die Rechtsanwendung entscheidend und hat nach dem uneingeschränkten Untersuchungsgrundsatz zu erfolgen (Art. 446 N 2 ff.). Der Sachverhaltsrüge kommt deshalb eine wichtige Bedeutung zu (OFK-ZGB-FASSBIND, Art. 450a N 1). Sie lässt sich jedoch nicht immer strikte von der Rüge der Rechtsverletzung trennen (RHINOW/KOLLER/KISS et al., Rz 1113). Im Vordergrund steht die Rüge von **aktenwidrigen Feststellungen**. Wenn hingegen eine tatsächliche Feststellung auf falscher Rechtsanwendung beruht (z.B. Verletzung von Beweisregeln, Verletzung des rechtlichen Gehörs, Verletzung des Untersuchungs- und Offizialgrundsatzes) kommt in erster Linie der umfassende Beschwerdegrund der Rechtsverletzung zur Anwendung (vgl. dazu auch Botschaft ZPO, 7377; GASSER/RICKLI, Art. 320 ZPO N 2; BLICKENSTORFER, in: Brunner/Gasser/Schwander, Art. 320 ZPO N 13 f.). **12**

Die **Rüge der unrichtigen Feststellung des Sachverhalts** nach Ziff. 2 erlaubt – analog Art. 310 lit. b ZPO und anders als bei der Beschwerde i.S.v. Art. 320 ZPO – eine umfassende Kontrolle des Sachverhalts und ist nicht auf die Rüge von Willkür beschränkt (vgl. dazu auch Botschaft ZPO, 7377; GASSER/RICKLI, Art. 320 ZPO N 2; BLICKENSTORFER, in: Brunner/Gasser/Schwander, Art. 310 ZPO N 13). **13**

c) Unangemessenheit (Abs. 1 Ziff. 3)

Bei der Rüge der Unangemessenheit hat die gerichtliche Beschwerdeinstanz die Handhabung des Ermessens durch die Vorinstanz vollumfänglich zu überprüfen. Sie kann gegebenenfalls (N 17 ff.) sog. einfache Ermessensfehler (d.h. dem Einzelfall nicht genügend angepasste, unbefriedigende Entscheidungen, die nicht schlechthin unhaltbar und deshalb nicht willkürlich sein müssen) korrigieren. Die gerichtliche Beschwerdeinstanz nimmt dabei eine **Ermessenskontrolle innerhalb der rechtlichen Ermessensgrenzen** (N 11) vor. Darunter fällt auch die Beurteilung der Zweckmässigkeit oder Angemessenheit der angefochtenen Anordnung, d.h. die **Angemessenheitskontrolle** (RHINOW/KOLLER/KISS et al., Rz 1124; OFK-ZGB-FASSBIND, Art. 450a N 1). **14**

Die **Rüge der Unangemessenheit** ist auch in jener der unrichtigen Rechtsanwendung (Ziff. 1), mithin einer Verletzung von Art. 4, enthalten (BGE 81 II 408; SCHMID, Art. 450a N 4; GASSER/RICKLI, Art. 310 ZPO N 3). Indem das Gesetz den Beschwerdegrund der Unangemessenheit in Ziff. 3 besonders erwähnt, wird die Bedeutung der Beschwerde als vollkommenes Rechtsmittel (N 4; Art. 450 N 12) zusätzlich unterstrichen. Die volle Ermessensüberprüfung ist besonders auch dort wichtig, wo das Gesetz auf *«wichtige Gründe»* abstellt (Art. 400 Abs. 2, 417, 422 Abs. 2, 423 Abs. 1 Ziff. 2). **15**

Anders als bei der gerichtlichen Beschwerde nach Art. 450a Abs. 1 Ziff. 3 kann im **Verfahren vor Bundesgericht** nur *Ermessensmissbrauch, Ermessensüberschreitung und Ermessensunterschreitung*, nicht aber die *blosse Unangemessenheit* gerügt werden (Art. 95 BGG; BSK BGG-SCHOTT, Art. 95 N 34). **16**

d) Zurückhaltung bei der vollen Ermessenkontrolle?

17 Das Bundesgericht schränkt seine **Kognition bei der Auslegung unbestimmter Rechtsbegriffe** in gewissen Fällen ein. Es übt zudem eine gewisse Zurückhaltung, wenn Vorinstanzen über ein besonderes Fachwissen verfügen. Im Rahmen dieses «technischen Ermessens» belässt es der verfügenden Behörde bei der Bewertung von ausgesprochenen Fachfragen einen gewissen Beurteilungsspielraum, soweit sie die für den Entscheid wesentlichen Gesichtspunkte geprüft und die erforderlichen Abklärungen sorgfältig und umfassend durchgeführt hat (BGE 135 II 384, 390 E. 2.2.2 m.w.H.; RHINOW/KOLLER/KISS et al., Rz 1127 f.).

18 Nach dieser Rechtsprechung dürfen sich bei der Rechtsüberprüfung unbestimmter Rechtsbegriffe auch die **kantonalen Rechtsmittelinstanzen**, soweit das Gesetz nichts anderes bestimmt, zurückhalten (BGE 135 II 384, 395 f. E. 3.4.2). So hat auch eine Rechtsmittelbehörde, der volle Kognition zusteht, in Ermessensfragen einen Entscheidungsspielraum der Vorinstanz zu respektieren. Wenn es um die Beurteilung technischer oder wirtschaftlicher Spezialfragen geht, in denen die Vorinstanz über ein besonderes Fachwissen verfügt, kann den Rekursinstanzen zugebilligt werden, nicht ohne Not von der Auffassung der Vorinstanz abzuweichen, wobei das allerdings dort nicht gilt, wo von der Rekursinstanz verlangt werden kann, über vergleichbare Fachkenntnisse wie die Vorinstanz zu verfügen (BGE 133 II 35, 39 E. 3; vgl. auch RHINOW/KOLLER/KISS et al., Rz 1131).

19 Das Bundesrecht schreibt in Art. 440 Abs. 1 zwingend vor, dass die **KESB als Fachbehörde** konstituiert wird. Für die gerichtliche Beschwerdeinstanz besteht keine entsprechende bundesrechtliche Vorgabe. Unter den von der bundesgerichtlichen Rechtsprechung festgelegten Voraussetzungen dürfte es deshalb zulässig sein, dass die gerichtliche Beschwerdeinstanz (Art. 450 Abs. 1 und 439 Abs. 1) bei der Ermessenskontrolle die gleiche Zurückhaltung übt und ihr eigenes Ermessen «nicht ohne Not» an die Stelle desjenigen der Vorinstanz setzt (BGE 133 II 35, 39 E. 3).

3. Rechtsverweigerung und Rechtsverzögerung (Abs. 2)

20 In Abs. 2 wird festgehalten, dass wegen **Rechtsverweigerung und Rechtsverzögerung** Beschwerde geführt werden kann. Aus verfassungsrechtlichen Gründen muss die Beschwerdeinstanz ein Gericht sein (Art. 450 N 1, 6).

21 Eine **Rechtsverweigerung** (formelle Rechtsverweigerung i.e.S.) liegt vor, wenn die Behörde trotz rechtlicher Verpflichtung keinen Entscheid erlässt, eine **Rechtsverzögerung** (als besondere Form der formellen Rechtsverweigerung, BGE 119 Ia 237, 238), wenn die Behörde das Verfahren in ungerechtfertigter Weise nicht innert angemessener Frist erledigt (Botschaft Erwachsenenschutz, 7085; RHINOW/KOLLER/KISS et al., Rz 277 ff., 288 ff.).

22 Ein **Entscheid als Anfechtungsobjekt** ist **nicht notwendig**. Fehlt ein solcher, ist die Tatsache der Verweigerung oder Verzögerung dem anfechtbaren Entscheid gleichzusetzen (Botschaft Erwachsenenschutz, 7085; SCHMID, Art. 450a N 6; vgl. auch BSK BGG-UHLMANN, Art. 94 N 1 ff.). Wenn kein Beschwerdeobjekt vorliegt, muss die Beschwerde jederzeit erhoben werden können (Art. 450b Abs. 3; Art. 450b N 25; vgl. auch SPÜHLER/DOLGE/VOCK, Art. 94 BGG N 1 ff.).

23 Auf **Beanstandungen von Handlungen oder Unterlassungen des Beistandes** ist Abs. 2 nicht anwendbar. Hier können die am Verfahren beteiligten Personen mit ihren Rügen an die **KESB** gelangen, um diese i.S.v. Art. 419 zum Einschreiten zu veranlassen (Botschaft Erwachsenenschutz 7085; OFK-ZGB-FASSBIND, Art. 450a N 2; vgl. auch Art. 450 N 20).

Art. 450b

C. Beschwerdefrist

[1] Die Beschwerdefrist beträgt dreissig Tage seit Mitteilung des Entscheids. Diese Frist gilt auch für beschwerdeberechtigte Personen, denen der Entscheid nicht mitgeteilt werden muss.

[2] Bei einem Entscheid auf dem Gebiet der fürsorgerischen Unterbringung beträgt die Beschwerdefrist zehn Tage seit Mitteilung des Entscheids.

[3] Wegen Rechtsverweigerung und Rechtsverzögerung kann jederzeit Beschwerde geführt werden.

C. Délais

[1] Le délai de recours est de 30 jours à compter de la notification de la décision. Ce délai s'applique également aux personnes ayant qualité pour recourir auxquelles la décision ne doit pas être notifiée.

[2] Dans le domaine du placement à des fins d'assistance, le délai est de dix jours à compter de la notification de la décision.

[3] Le déni de justice ou le retard injustifié peut faire l'objet d'un recours en tout temps.

C. Termine di reclamo

[1] Il termine di reclamo è di trenta giorni dalla comunicazione della decisione. Lo stesso termine si applica anche alle persone legittimate al reclamo alle quali la decisione non deve essere comunicata.

[2] In materia di ricovero a scopo di assistenza il termine di reclamo è di dieci giorni dalla comunicazione della decisione.

[3] Il reclamo per denegata o ritardata giustizia può essere interposto in ogni tempo.

Inhaltsübersicht

Literatur

Vgl. die Literaturhinweise zu Art. 443.

Materialien

Art. 46 Abs. 2 und 3 sowie Art. 47 VE VKE 2003; VE VKE/Vernehmlassungen, 110 ff.; Botschaft Erwachsenenschutz, 7085 f. und 7166; Prot. RK-S vom 27./28.8.2007, 32; AmtlBull StR 2007, 841; Prot. RK-N vom 24./25.4.2008, 43; AmtlBull NR 2008, 1539.

I. Entstehungsgeschichte

1 Unter der Herrschaft des Vormundschaftsrechts bestimmte grundsätzlich das kantonale Recht die Rechtsmittelfristen. In **drei Fällen** richtete sich diese aber **nach Bundesrecht**:
- Nach aArt. 420 Abs. 2 über die Vormundschaftsbeschwerde konnte gegen Beschlüsse der Vormundschaftsbehörde binnen zehn Tagen nach deren Mitteilung bei der Aufsichtsbehörde Beschwerde geführt werden.
- Bei der FFE galt für die Anrufung des Gerichts bei Einweisung oder bei Ablehnung eines Entlassungsgesuchs ebenfalls eine Frist von zehn Tagen (aArt. 397d).
- Schliesslich konnte die Wahl des Vormundes (Beirates oder Beistandes) binnen zehn Tagen angefochten werden (aArt. 388 Abs. 1 und 2).

2 Der **VE VKE 2003** (Vernehmlassungsentwurf) verlängerte die Beschwerdefrist bei Entscheiden auf 20 Tage seit Mitteilung (Art. 46 Abs. 2 Satz 1), behielt dagegen die Frist von 10 Tagen für verfahrensleitende Verfügungen und vorsorgliche Massnahmen bei (Art. 46 Abs. 3). Bei beschwerdeberechtigten Personen, denen der Entscheid nicht zugestellt wurde, begann die Frist – entsprechend der Doktrin zu aArt. 420 Abs. 2 (BSK ZGB I-Geiser, aArt. 420 N 39 und aArt. 397d (BSK ZGB I-Geiser, aArt. 397d N 20) – erst mit Kenntnisnahme des Entscheids (Art. 46 Abs. 2 Satz 2 VE VKE 2003). Der erläuternde Begleitbericht führte auf S. 32 dazu aus, dass ein Entscheid vollstreckbar werde, wenn binnen 20 Tagen keine Beschwerde vorliege. Dies gelte auch dann, wenn eine nahestehende Person erst nachträglich vom Rechtsmittel Gebrauch mache. Über die Frage, inwieweit hinsichtlich einer bereits durchgeführten oder laufenden Massnahme auf eine erst nach langer Zeit erhobene Beschwerde noch einzutreten sei oder ob die Sache vielmehr von Amtes wegen zur Beurteilung eines allfälligen Begehrens um Abänderung oder Aufhebung der Anordnung an die KESB zurückzuweisen sei, müsse aufgrund der konkreten Umstände im Einzelfall entschieden werden.

3 Für die Beschwerde gegen einen Entscheid der KESB im Zusammenhang mit einer **FU** wurde im Vernehmlassungsentwurf keine besondere Beschwerdefrist vorgesehen, da die KESB von Bundesrechts wegen ein Gericht sein sollte (Art. 443 Abs. 1 und 2 VE Erwachsenenschutz 2003), so dass sich eine raschmöglichste Überprüfung der FU durch ein Gericht i.S.v. Art. 5 Abs. 4 EMRK erübrigte.

4 Art. 47 Abs. 1 VE VKE 2003 über die Beschwerde bei **Rechtsverzögerung und Rechtsverweigerung** übernahm den allgemeinen Grundsatz, wonach in diesen Fällen jederzeit Beschwerde erhoben werden konnte. Zudem wurde in Abs. 2 festgehalten, dass die gerichtliche Beschwerdeinstanz bei Gutheissung der Beschwerde der KESB zugleich verbindliche Weisungen zur Behandlung des Falles erteilen konnte.

5 Im **Vernehmlassungsverfahren** wurde die Beschwerdefrist von 20 Tagen beanstandet und zum Teil eine Anpassung an die Fristen der ZPO gefordert. Der **bundesrätliche Entwurf** trug diesem Anliegen Rechnung und legte die Beschwerdefrist – unter ausdrücklichem Vorbehalt der FU (Art. 450b Abs. 2) und der vorsorglichen Massnahmen (Art. 445 Abs. 3) – auf 30 Tage seit Mitteilung des Entscheids fest. Im Interesse einer klaren und transparenten Rechtslage verzichtete er auf einen besonderen Fristbeginn für beschwerdeberechtigte Personen, welchen der Entscheid nicht eröffnet werden muss. Auch Art. 47 Abs. 2 VE VKE 2003 (N 4) wurde gestrichen. Das **Parlament** stimmte Art. 450b diskussionslos zu.

II. Verhältnis zur ZPO

Gemäss Art. 450f sind sowohl im erstinstanzlichen wie im Beschwerdeverfahren ergänzend die Bestimmungen über die ZPO sinngemäss anwendbar (Art. 450f N 13), soweit das kantonale Recht nicht etwas anderes vorsieht (vgl. die Hinweise zum kantonalen Recht in Art. 450f N 10) und das ZGB die Frage nicht regelt. Im Folgenden wird die **Rechtslage so geschildert, wie wenn der Kanton von seiner Kompetenz keinen Gebrauch gemacht hätte**. Dass die Angaben zur **ZPO i.V.m. Art. 450f** zu verstehen sind, versteht sich von selbst. 6

III. Die ordentliche Beschwerdefrist von 30 Tagen (Art. 450b Abs. 1)

1. Anwendungsbereich

Die Beschwerdefrist von 30 Tagen gilt für **sämtliche Entscheide** der KESB, gleichgültig ob es sich um Endentscheide, Zwischenentscheide (Art. 237 ZPO; zum Begriff LEUENBERGER/UFFER-TOBLER, Rz 11.144 ff.) oder um Vollstreckungsentscheide (Art. 450g) handelt. Nur bei den **vorsorglichen Massnahmen** (Art. 445 Abs. 3; vgl. Art. 319 i.V.m. Art. 321 Abs. 2 ZPO), den verfahrensleitenden Verfügungen (dazu N 8; zum Begriff LEUENBERGER/UFFER-TOBLER, Rz 8.12 ff.; SCHMID, Art. 450 N 15) und bei sämtlichen Entscheiden auf dem Gebiet der FU (Art. 450b Abs. 2, N 24 f.) beträgt die Beschwerdefrist 10 Tage. Vorbehalten bleibt zudem Art. 450b Abs. 3. 7

Die Beschwerdefrist bei den **verfahrensleitenden Verfügungen** (d.h. Anordnungen über den formellen Ablauf und den äusseren Rahmen des Verfahrens) ist – anders als im VE VKE 2003 (N 2) – im ZGB nicht geregelt, so dass ergänzend die ZPO zur Anwendung kommt, sofern die Kantone von ihrer Gesetzgebungskompetenz nicht Gebrauch machen (STECK, in: Rosch/Büchler/Jakob, Art. 450 N 8, der allerdings von Zwischenentscheiden spricht; nicht eindeutig SCHMID, Art. 450b N 3 i.V.m. Art. 450 N 15). Unabhängig davon, ob es sich um eine qualifizierte verfahrensleitende Verfügung (Art. 319 lit. b Ziff. 1 ZPO: Ausstand gem. Art. 50 Abs. 2 ZPO, Kostenvorschuss gem. Art. 98 i.V.m. Art. 103 ZPO, unentgeltliche Rechtspflege gem. Art. 121 ZPO, Sistierung des Verfahrens gem. Art. 126 Abs. 2 ZPO) oder um eine gewöhnliche verfahrensleitende Verfügung handelt, bei der die Beschwerde nur gegeben ist, wenn ein nicht leicht wiedergutzumachender Nachteil droht (Art. 319 lit. b Ziff. 2 ZPO: z.B. Beweisverfügungen), beträgt die Beschwerdefrist entsprechend der expliziten Regelung für die vorsorglichen Massnahmen (Art. 445 Abs. 3) nach der hier vertretenen Auffassung 10 Tage (Art. 321 Abs. 2 ZPO; vgl. Art. 450 N 23 f.). Im Hinblick auf das Ziel der Überarbeitung des Vernehmlassungsentwurfs, die Beschwerdefristen der ZPO anzugleichen, wäre eine Beschwerdefrist von 30 Tagen für verfahrensleitende Verfügungen widersinnig. Anders als in der ZPO, welche für prozessleitende Verfügungen wie übrigens auch für Beschwerden wegen Rechtsverweigerung und Rechtsverzögerung nicht die Berufung (Art. 308 ff. ZPO), sondern nur die Beschwerde zulässt (Art. 319 ff. ZPO), ist aber auch hier – wie auch für vorsorgliche Massnahmen – von Bundesrechts wegen in Anlehnung an die Vormundschaftsbeschwerde des bisherigen Rechts (aArt. 420) das einheitliche Rechtsmittel der Beschwerde gem. Art. 450 ff. gegeben. 8

2. Mitteilung des Entscheids

Der Entscheid der KESB muss in sinngemässer Anwendung von Art. 238 ZPO (vgl. Art. 36 Abs. 1 VE VKE 2003) folgende Angaben enthalten: 9
- Zusammensetzung der KESB;

- Ort und Datum des Entscheids;
- die Bezeichnung der betroffenen Person bzw. der betroffenen Personen sowie gegebenenfalls von deren Vertreter und von weiteren Personen, denen der Entscheid mitzuteilen ist;
- das Entscheiddispositiv und die Kostenregelung;
- die Tatsachen, Rechtssätze und Gründe, auf die sich der Entscheid stützt;
- die Rechtsmittelbelehrung (Hinweis auf Form der Beschwerde, Rechtsmittelinstanz, Rechtsmittelfrist und einschlägige Gesetzesbestimmung);
- die Unterschrift des gemäss dem einschlägigen Behördenorganisationsrecht zeichnungsberechtigten Mitglieds der KESB.

10 Der Entscheid (unter Einschluss der verfahrensleitenden Verfügungen und der vorsorglichen Massnahmen) ist den **am erstinstanzlichen Verfahren Beteiligten** (Art. 450 Abs. 2 Ziff. 1, N 29 ff. dazu) **schriftlich mitzuteilen** (Art. 138 ZPO; vgl. Art. 37 Abs. 1 VE VKE 2003). Ist eine am Verfahren beteiligte Person vertreten, so erfolgt die Mitteilung an den **Vertreter** (Art. 137 ZPO). Die Zustellung an den Vertreter ist exklusiv: es ist Aufgabe des Vertreters und nicht der KESB, die betroffene Person zu orientieren (Huber, in: Brunner/Gasser/Schwander, Art. 137 ZPO N 6).

11 Führt die KESB eine mündliche Verhandlung durch, so kann sie den Entscheid **zunächst mündlich eröffnen unter gleichzeitiger Übergabe des schriftlichen Dispositivs** (vgl. Art. 239 Abs. 1 lit. a ZPO; Art. 37 Abs. 2 VE VKE 2003). Aber auch in diesem Fall ist ein schriftlicher und begründeter Entscheid mit Rechtsmittelbelehrung nachzuliefern. Erst dieser löst die Rechtsmittelfrist aus. Die Eröffnung eines Entscheids ohne schriftliche Begründung i.S.v. Art. 239 ZPO ist im Bereich der Anordnung, Abänderung und Aufhebung von Massnahmen nicht denkbar und kann im übrigen Bereich des Kindes- und Erwachsenenschutzes höchstens bei einfachen Problemstellungen diskutiert werden.

12 Die Zustellung des Entscheides erfolgt durch **eingeschriebene Postsendung oder auf andere Weise, z.B. durch einen Boten, gegen Empfangsbestätigung** (Art. 138 Abs. 1 ZPO). Sie ist erfolgt, wenn die Sendung vom Adressaten oder einer anderen im gleichen Haushalt lebenden, mindestens 16 Jahre alten Person entgegengenommen wurde. Vorbehalten bleibt die Anweisung der KESB, den Entscheid dem Adressaten persönlich auszuhändigen (Art. 138 Abs. 2 ZPO).

13 Wird eine **eingeschriebene Postsendung nicht abgeholt**, so gilt die Mitteilung am siebten Tag nach dem erfolglosen Zustellungsversuch als erfolgt, sofern der Adressat mit der Zustellung rechnen musste (**Zustellfiktion**; Art. 138 Abs. 3 lit. a ZPO). Das trifft bei einem laufenden Verfahren i.d.R. zu (vgl. BGE 130 III 396 E. 1.2.3). Die 7-tägige Abholfrist wird wie folgt berechnet: Zustelldatum plus 7 (Gasser/Rickli, Art. 138 ZPO N 8; BSK ZPO-Bornatico, Art. 138 N 18; BGE 134 V 49 E. 4; 127 I 31 E. 2.b). Wird der Entscheid dem Adressaten persönlich zugestellt und weigert sich dieser, ihn entgegenzunehmen, so gilt der Entscheid am Tag der Weigerung als zugestellt (Art. 138 Abs. 3 lit. b ZPO). Die Weigerung ist vom Überbringer am besten auf der Urkunde selber zu vermerken. Entgegen dem Gesetzeswortlaut ist die Zustellfiktion auch gegeben, wenn eine zur Entgegennahme der Sendung befugte Person die Annahme verweigert (Huber, in: Brunner/Gasser/Schwander, Art. 138 ZPO N 64 ff.).

14 Die KESB muss von Bundesrechts wegen nicht zwingend für den elektronischen Verkehr eingerichtet sein. Um den Anforderungen eines modernen Geschäftsverkehrs zu genügen, wird sich die KESB aber mit der Zeit entsprechend anpassen müssen (im Kanton Zürich sieht der Entwurf für das EG KESR in § 80 vor, dass die KESB binnen 5 Jahren seit dem Inkrafttreten des Gesetzes die elektronische Übermittlung sicherstellen müssen). Mit Einverständnis der am erstinstanzlichen Verfahren beteiligten Personen kann dann die Mitteilung auch **elektronisch** erfolgen (vgl. Art. 139 ZPO; Art. 60 Abs. 3 BGG; HUBER, in: Brunner/Gasser/Schwander, Art. 139 ZPO passim; STAEHELIN, in: Sutter-Somm/Hasenböhler/Leuenberger, Art. 139 ZPO passim). Eine elektronische Mitteilung kommt am ehesten bei Anwälten in Frage.

Die Mitteilung durch Edikt, d.h. durch **öffentliche Bekanntmachung** i.S.v. Art. 141 ZPO 15
kommt im Bereich des Kindes- und Erwachsenenschutzes nur in besonderen Fällen zur Anwendung (SCHMID, Art. 450b N 1). Dem Persönlichkeitsschutz ist dabei besondere Beachtung zu schenken.

Andere Akte, wie das Protokoll einer Verhandlung, darf die KESB mit **gewöhnlicher** 16
Post zustellen (Art. 138 Abs. 4 ZPO).

Erfolgt die **Mitteilung nicht ordnungsgemäss**, so gilt die Mitteilung als nicht erfolgt und 17
der Entscheid entfaltet keine Rechtswirkungen (vgl. BGE 116 III 85 E. 2). Die Zustellung muss deshalb wiederholt werden. Die Berufung auf die Rechtsunwirksamkeit widerspricht aber Treu und Glauben, wenn der Adressat die Sendung trotzdem erhalten hat (STAEHELIN, in: Sutter-Somm/Hasenböhler/Leuenberger, Art. 138 ZPO N 6; HUBER, in: Brunner/Gasser/Schwander, Art. 138 ZPO N 71).

3. Beginn und Ende der Beschwerdefrist

Die Rechtsmittelfrist von 30 Tagen beginnt am **Tag nach der Zustellung** des schriftlichen 18
und begründeten Entscheids zu laufen (Art. 142 Abs. 1 ZPO; vgl. Art. 44 Abs. 1 BGG). Das gilt auch, wenn dies ein Samstag, Sonntag oder ein anderer Feiertag ist. Müssen mehrere Personen eine Mitteilung erhalten, so ist die Frist von 30 Tagen individuell für jeden Beteiligten zu berechnen.

Die **Beschwerde ist** schriftlich und begründet (Art. 450 Abs. 3, s. für die FU aber 19
Art. 450e Abs. 1) **spätestens am letzten Tag der Frist (bis Mitternacht)** bei der gerichtlichen Beschwerdeinstanz einzureichen oder zu deren Handen der Schweizerischen Post zu übergeben (Expeditionsprinzip, Art. 143 Abs. 1 und 311 Abs. 1 ZPO; vgl. Art. 48 Abs. 1 BGG). Eine Eingabe erfolgt rechtzeitig, wenn sie nach Schalterschluss vor Ablauf der Frist in einen Briefkasten eingeworfen wird, sofern die rechtzeitige Aufgabe im Hinblick auf den Poststempel der Eingabe vom kommenden Tag z.B. durch einen Zeugen bewiesen werden kann (SUTTER-SOMM, Schweiz. Zivilprozessrecht, 2. Aufl., Zürich/Basel/Genf 2012, Rz 741; zur elektronischen Übermittlung s. Art. 143 Abs. 2 ZPO). Fällt der letzte Tag der Frist auf einen Samstag, einen Sonntag oder einen am Gerichtsort vom Bundesrecht (1. August) oder vom kantonalen Recht anerkannten Feiertag, so endet die Frist am nächsten Werktag (Art. 142 Abs. 3 ZPO; vgl. Art. 45 Abs. 1 BGG). Der angefochtene Entscheid ist der Beschwerde beizulegen (Art. 311 Abs. 2 ZPO).

Bei der 30-tägigen Frist handelt es sich um eine gesetzliche Frist, die **nicht erstreckbar** 20
ist (Art. 144 Abs. 1 ZPO). Dagegen ist eine **Wiederherstellung** der Frist in sinngemässer Anwendung von Art. 148 ZPO zulässig (SCHMID, Art. 450b N 1; s. aber hinten N 24), was bereits unter der Herrschaft des bisherigen Rechts von der Doktrin in analoger Anwendung von Art. 50 BGG bei der Vormundschaftsbeschwerde angenommen wurde (BSK ZGB I-GEISER, aArt. 420 N 39).

Der VE VKE 2003 sah in Art. 18 Abs. 2 vor, dass es sowohl für die KESB wie für die 21
Beschwerdeinstanz keine Gerichtsferien geben sollte, so dass selbstverständlich auch die Beschwerdefrist nicht stillstehen konnte. Diese Vorschrift ist indessen nicht ins ZGB über-

führt worden, obwohl sie im Vernehmlassungsverfahren nicht kritisiert wurde. Verschiedene Kantone schliessen den Fristenstillstand nun ausdrücklich aus (oder wollen ihn ausschliessen), so etwa § 60c Abs. 2 EG ZGB AG, Art. 66 Abs. 3 EG ZGB AR, Art. 16 EG KESR SG und § 44 EG KESR ZH. Im Kanton BE kommt im Kindes- und Erwachsenenschutz das Gesetz über die Verwaltungsrechtspflege zur Anwendung, das im Gegensatz zum Bundesrecht keinen Fristenstillstand kennt (MERKLI/AESCHLIMANN/HERZOG, Art. 41 VRPG N 6). Sofern das kantonale Recht die Frage nicht selber regelt, ist nach der ZPO zu bestimmen, ob bei der Beschwerdefrist die Gerichtsferien zu beachten sind oder nicht. Entscheidend ist, dass Art. 145 Abs. 1 ZPO über den **Stillstand der gesetzlichen und gerichtlichen Frist** während den Gerichtsferien (7. Tag vor Ostern bis und mit dem 7. Tag nach Ostern, vom 15. Juli bis und mit 15. August und vom 18. Dezember bis und mit dem 2. Januar) beim summarischen Verfahren – unter Einschluss der Verfahren in der oberen Instanz (GASSER/RICKLI, Art. 314 ZPO N 2) – nicht anwendbar ist (Art. 145 Abs. 2 ZPO). Das Summarverfahren gilt insb. für vorsorgliche Massnahmen und für Angelegenheiten der freiwilligen Gerichtsbarkeit, für den Ehe- und Partnerschaftsschutz sowie für Kindesentführungen (Art. 248, 271, 302 und 305 ZPO). In diesen Katalog von Geschäften lässt sich der Kindes- und Erwachsenenschutz naturgemäss einreihen (GASSER/RICKLI, Art. 145 ZPO N 4; vgl. auch JENNY, in: Gehri/Kramer, Art. 145 ZPO N 5), da es ebenfalls um die Hilfe für schutzbedürftige Personen geht und die Materie zudem zur freiwilligen Gerichtsbarkeit im weiten Sinne gehört. Das Beschleunigungsgebot, das im Verzicht auf den Fristenstillstand zum Ausdruck kommt, muss beim Kindes- und Erwachsenenschutz ebenfalls gelten, damit eine Beurteilung innert angemessener Frist i.S.v. Art. 29 Abs. 1 BV gewährleistet ist. Sinnvollerweise sollte in der Rechtsmittelbelehrung entsprechend Art. 145 Abs. 3 ZPO darauf hingewiesen werden, dass der Fristenstillstand nicht zur Anwendung kommt.

4. Rechtsmittelfrist für beschwerdeberechtigte Personen, denen der Entscheid nicht mitgeteilt wird

22 Neben den am erstinstanzlichen Verfahren beteiligten Personen sind auch die der betroffenen Person nahestehenden Personen sowie Personen, die ein rechtlich geschütztes Interesse an der Aufhebung oder Änderung des Entscheids haben, beschwerdeberechtigt (Art. 450 Abs. 2 Ziff. 2 und 3, N 32 ff. und 37 ff. dazu). Diesen Personen muss die KESB ihren Entscheid nicht schriftlich mitteilen. Trotzdem stellt das Gesetz – anders als im bisherigen Recht – auch für sie auf die «30-tägige Frist seit Mitteilung» ab, die für Personen gilt, welche den Entscheid schriftlich zugestellt erhalten. Sind mehrere Personen am erstinstanzlichen Verfahren beteiligt, so ist für den **Ablauf der Beschwerdefrist für die weiteren beschwerdeberechtigten Personen die Person massgebend, welche die Mitteilung des Entscheids als letzte erhalten hat**. Sind die 30 Tage für diese Person abgelaufen, so ist das Beschwerderecht für die weiteren beschwerdeberechtigten Personen ebenfalls verwirkt (Botschaft Erwachsenenschutz, 7085 f.; SCHMID, Art. 450b N 2; **a.M.** STECK, in: Rosch/Büchler/Jakob, Art. 450b N 7). Wann diese tatsächlich vom Entscheid Kenntnis erhalten, spielt keine Rolle.

23 Nach Ablauf der Beschwerdefrist kann eine beschwerdeberechtigte Person – statt bei der gerichtlichen Beschwerdeinstanz eine Beschwerde einzureichen – bei der **KESB einen Antrag** auf Erlass, Änderung oder Aufhebung einer Massnahme stellen, soweit ihr das Gesetz ein Antragsrecht zubilligt (insb. Art. 368 Abs. 1, Art. 373 Abs. 1, Art. 376 Abs. 2, Art. 381 Abs. 3, Art. 385 Abs. 1, Art. 390 Abs. 3, Art. 399 Abs. 2, Art. 419, 423 Abs. 2 und Art. 426 Abs. 4). In den übrigen Fällen kann sie gem. Art. 443 der KESB Meldung erstatten. Die materielle Änderbarkeit ist ein Kennzeichen von Dauerrechtsverhältnissen.

IV. Entscheide auf dem Gebiet der FU (Art. 450b Abs. 2)

Art. 450b Abs. 2, der die Rechtsmittelfrist auf 10 Tage beschränkt, gilt für **Beschwerden gegen Entscheide der KESB** auf dem Gebiet der FU (Anordnung der Unterbringung, Entlassung, Art. 428 und Art. 310 i.V.m. Art. 314b, 327c Abs. 3, vgl. dazu die Allg. Vorbem. N 78; **a.M.** vor Art. 426–439 N 7; periodische Überprüfung, Art. 431) und umfasst auch den Entscheid, eine Person zur Begutachtung in eine Einrichtung einzuweisen (Art. 449 Abs. 2). Die 10-tägige Frist berechnet sich **ohne Rücksicht auf Gerichtsferien** (Art. 145 ZPO; s. vorn N 21). Da die gerichtliche Beschwerdeinstanz gem. Art. 450e Abs. 5 grundsätzlich in fünf Arbeitstagen entscheiden muss, ergibt sich bereits aus dem ZGB zwingend, dass die Gerichtsferien bei der Berechnung der Beschwerdefrist auf dem Gebiet der FU nicht zu beachten sind. Eine **Wiederherstellung der Frist i.S.v. Art. 148 ZPO (wie auch eine Fristerstreckung nach kantonalem Recht) macht im Bereich der FU im Übrigen keinen Sinn**, da jederzeit ein Entlassungsgesuch gestellt bzw. ein Entscheid von Amtes wegen oder auf Antrag abgeändert werden kann, wenn er nicht angemessen ist, ohne dass sich der Sachverhalt geändert hat (Art. 439 N 35). Für die Berechnung der Frist gelten die Ausführungen in N 18 und 19 entsprechend. 24

Bei den übrigen Entscheiden und Anordnungen auf dem Gebiet der FU gilt die **10-tägige Beschwerdefrist von Art. 439 Abs. 2**, unter Vorbehalt von Massnahmen zur Einschränkung der Bewegungsfreiheit, bei denen das Gericht jederzeit angerufen werden kann (zur Behandlung einer psychischen Störung s. Art. 434/435 N 27 und Art. 439 N 35). Gegen den Entscheid des Arztes (Unterbringung, Art. 429 Abs. 1 und 2) bzw. der Einrichtung (Zurückbehaltung, vgl. Art. 427; Abweisung eines Entlassungsgesuchs, Art. 429 Abs. 3; Behandlung einer psychischen Störung ohne Zustimmung, Art. 434/435; Massnahmen zur Einschränkung der Bewegungsfreiheit, Art. 438 i.V.m. Art. 383 ff.) muss – ohne Umweg über die KESB – direkt das zuständige Gericht angerufen werden. Die Kantone sind frei, die gerichtliche Beschwerdeinstanz i.S.v. Art. 450 oder sonst ein Gericht für zuständig zu erklären. Letzteres macht allerdings wenig Sinn. 25

Die Frist von zehn Tagen seit Mitteilung des Entscheids auf dem Gebiet der FU gilt auch für nahestehende Personen, denen der Entscheid nicht mitgeteilt werden muss (vgl. oben N 22; **a.M.** Art. 439 N 33 unter Berufung auf eine Lehrmeinung zum bisherigen Recht). Zwar ist die Botschaft, die sich zur Begründung der neuen Regelung auf aArt. 397d beruft, unklar. Sowohl aus dem Wortlaut von Art. 450b Abs. 2 wie auch aus der systematischen Stellung von Art. 450b Abs. 1 Satz 2 ist aber zu schliessen, dass die Regelung von Art. 450b Abs. 1 sinngemäss auch bei der zehntägigen Frist von Art. 450b Abs. 2 gilt. Wäre der Gesetzegeber für den Fristbeginn von der Kenntnisnahme und nicht von der Mitteilung ausgegangen, so hätte er dies in Abs. 2 präzisieren müssen (vgl. Art. 46 Abs. 2 Satz 2 VE VKE 2003 und oben N 2). Der hohe Stellenwert der persönlichen Freiheit rechtfertigt keine andere Betrachtungsweise, da nach Ablauf der Frist für die Anfechtung eines Entscheids der KESB über die Unterbringung, die Zurückbehaltung und die Entlassung jederzeit (wieder) bei der KESB die Entlassung beantragt werden kann (Art. 426 Abs. 4), weil ein Entscheid im Bereich der FU nie in materielle Rechtskraft erwächst. Die gleichen Überlegungen müssen auch für die zehntägige Rechtsmittelfrist von Art. 439 Abs. 2 Satz 1 gelten, zumal bei Einschränkung der Bewegungsfreiheit (Art. 439 Abs. 2 Satz 2) und nach der in diesem Kommentar vertretenen Auffassung bei längere Zeit andauernder Behandlung (Art. 434/435 N 27 und Art. 439 N 35) die Anrufung des Gerichts jederzeit erfolgen kann. 26

V. Rechtsverweigerung und Rechtsverzögerung (Art. 450b Abs. 3)

27 Die Rechtsverweigerungs- und Rechtsverzögerungsbeschwerde (Art. 450a Abs. 2) ist an keine Frist gebunden (Art. 450b Abs. 3). Entsprechend einem allgemeinen Grundsatz kann sie **solange** erhoben werden, als noch ein **Rechtsschutzinteresse** besteht (Art. 321 Abs. 4 ZPO; Art. 100 Abs. 7 BGG; Art. 17 Abs. 3 und Art. 18 Abs. 2 SchKG).

Art. 450c

D. Aufschiebende Wirkung	**Die Beschwerde hat aufschiebende Wirkung, sofern die Erwachsenenschutzbehörde oder die gerichtliche Beschwerdeinstanz nichts anderes verfügt**
D. Effet suspensif	Le recours est suspensif, à moins que l'autorité de protection de l'adulte ou l'instance judiciaire de recours n'en décide autrement.
D. Effetto sospensivo	Il reclamo ha effetto sospensivo, salvo che l'autorità di protezione degli adulti o l'autorità giudiziaria di reclamo disponga altrimenti.

Inhaltsübersicht

Literatur

Vgl. die Literaturhinweise bei Art. 450.

Materialien

Art. 50 VE VKE 2003; VE VKE/Vernehmlassungen, 116 f.; Botschaft Erwachsenenschutz, 7086 und 7166; Prot. RK-S vom 27./28.8.2007, 32; AmtlBull StR 2007, 840 f.; Prot. RK-N vom 24./25.4.2008, 43; AmtlBull NR 2008, 1539.

I. Allgemeines

1 Das frühere Recht äusserte sich nicht zur Frage der aufschiebenden Wirkung der Vormundschaftsbeschwerde (aArt. 420; ZK-Egger, aArt. 420 ZGB N 53), sondern überliess diese Regelung dem kantonalen Recht. Der Bundesgesetzgeber hat nunmehr die Frage ausdrücklich geregelt. Die Bestimmung wurde im Parlament diskussionslos angenommen.

2 Die Bestimmung gilt grundsätzlich für alle Beschwerden gegen Entscheide der KESB. Eine Ausnahme besteht nur, soweit der angefochtene Entscheid eine FU betrifft. Für die Beschwerden gegen solche Entscheide sieht Art. 450e Abs. 2 die umgekehrte Regel vor (vgl. Art. 450e N 12 ff.).

II. Grundsatz der aufschiebenden Wirkung

3 Hoheitliche Entscheide sind grundsätzlich erst vollstreckbar, wenn sie in formelle Rechtskraft erwachsen sind. Rechtsmittel bezwecken, die rechtssuchende Person vor den Folgen

eines ungerechtfertigten Eingriffs zu schützen. Entsprechend ist es sinnvoll, dass einem Rechtsmittel auch aufschiebende Wirkung zukommt. Dieser sog. Suspensiveffekt zeichnet im Zivilprozessrecht die ordentlichen Rechtsmittel aus (Botschaft Erwachsenenschutz, 7086). Von diesem Grundsatz geht nunmehr auch Art. 450c aus.

Der Suspensiveffekt hat indessen nur Bedeutung, wenn der **angefochtene Entscheid überhaupt eine Anordnung** enthält. Lautet demgegenüber der angefochtene Entscheid auf Abweisung eines bestimmten Begehrens bzw. auf den Verzicht einer Anordnung, kann die blosse Erhebung eines Rechtsmittels ohnehin nicht bewirken, dass die Anordnung Platz greift. Der Suspensiveffekt kann sich dann nur auf die Kostenregelung beziehen. 4

Sieht der Kanton ein **zweistufiges Gerichtsverfahren** vor, gilt Art. 450c sowohl für die Beschwerde gegen den Entscheid der KESB wie auch für den Weiterzug des Beschwerdeentscheides an das obere kantonale Gericht nach kantonalem Recht. Demgegenüber kommt der **Beschwerde ans Bundesgericht** keine aufschiebende Wirkung zu (Art. 103 BGG). 5

III. Entzug der aufschiebenden Wirkung

Namentlich im Bereich des Erwachsenenschutzes kann der Vollzug einer Anordnung dringlich sein. Dann kann nicht zugewartet werden, bis die Entscheidung rechtskräftig wird. Ein Zuwarten, bis die Rechtsmittelfrist abgelaufen ist, erweist sich insb. dann häufig weder möglich noch sinnvoll, wenn gar nicht anzunehmen ist, dass jemand ein Rechtsmittel ergreifen wird. Es muss deshalb möglich sein, einem Rechtsmittel die aufschiebende Wirkung zu entziehen, und die angeordnete Massnahme sofort zu vollstrecken. Diese Möglichkeit sieht Art. 450c ausdrücklich vor. 6

Ein solcher Entzug hat aber nur **ausnahmsweise und im Einzelfall** zu erfolgen und muss sich mit den Besonderheiten des konkreten Falles begründen lassen. Es sind die Interessen an einem sofortigen Vollzug des Entscheides gegen jene an einer rechtsstaatlich einwandfreien Prüfung der Rechtslage gegeneinander abzuwägen. Der Entzug der aufschiebenden Wirkung kommt von vornherein immer nur bei Gefahr im Verzug und Dringlichkeit in Frage. 7

Zuständig für den Entzug der aufschiebenden Wirkung können sowohl die anordnende Behörde wie auch die angerufene Rechtsmittelinstanz sein. Die anordnende Behörde bleibt solange ausschliesslich zuständig, bis das Rechtsmittel eingereicht ist. Von diesem Zeitpunkt an liegt die Zuständigkeit grundsätzlich bei der Rechtsmittelinstanz. Der volle Devolutiveffekt tritt aber erst ein, wenn die KESB ihre Vernehmlassung der gerichtlichen Beschwerdeinstanz einreicht. Bis zu diesem Zeitpunkt kann die KESB auf ihren Entscheid zurückkommen. Sie kann folglich bis dann auch noch immer selber die aufschiebende Wirkung entziehen, unabhängig davon, dass dies seit Einreichung des Rechtsmittels auch die Rechtsmittelinstanz kann. 8

Der Entzug der aufschiebenden Wirkung durch das Gericht braucht nicht schon bei Eingang der Beschwerde zu erfolgen. Bei einer längeren Verfahrensdauer kann sich deren Notwendigkeit auch während des Verfahrens vor der Rechtsmittelinstanz in einem späteren Zeitpunkt ergeben. Die Rechtsmittelinstanz kann aber auch statt eines Entzugs der aufschiebenden Wirkung selber vorsorgliche Massnahmen innerhalb des Verfahrens anordnen. 9

Wird die aufschiebende Wirkung entzogen, ist immer zu prüfen, ob dieser Entzug auch den **Kostenpunkt** betreffen soll oder nicht. Auch wenn mit dem Vollzug der von der Vorinstanz angeordneten Massnahme nicht bis zum Rechtsmittelentscheid zugewartet werden kann, rechtfertigt es sich meist, mit der Vollstreckung des Kostenentscheides zuzuwarten. 10

Art. 450d

E. Vernehmlassung der Vorinstanz und Wiedererwägung

[1] Die gerichtliche Beschwerdeinstanz gibt der Erwachsenenschutzbehörde Gelegenheit zur Vernehmlassung.

[2] Statt eine Vernehmlassung einzureichen, kann die Erwachsenenschutzbehörde den Entscheid in Wiedererwägung ziehen.

E. Consultation de la première instance et reconsidération

[1] L'instance judiciaire de recours donne à l'autorité de protection de l'adulte l'occasion de prendre position.

[2] Au lieu de prendre position, l'autorité de protection de l'adulte peut reconsidérer sa décision.

E. Osservazioni dell'autorità inferiore e riesame

[1] L'autorità giudiziaria di reclamo dà all'autorità di protezione degli adulti l'opportunità di presentare le proprie osservazioni.

[2] Invece di presentare le proprie osservazioni, l'autorità di protezione degli adulti può riesaminare la decisione impugnata.

Inhaltsübersicht

Literatur

Vgl. die Literaturhinweise zu Art. 443.

Materialien

Art. 52 VE VKE 2003; VE VKE/Vernehmlassungen,, 118 f.; Botschaft Erwachsenenschutz, 7086 f. und 7166; Prot. RK-S vom 27./28.8.2007, 32; AmtlBull StR 2007, 841; Prot. RK-N vom 24./25.4.2008, 43; AmtlBull NR 2008, 1539.

I. Entstehungsgeschichte

1 Die Bestimmung stimmt materiell mit Art. 52 VE VKE 2003 überein. In der parlamentarischen Beratung wurde sie diskussionslos genehmigt.

II. Zweck der Bestimmung

2 Art. 450d übernimmt Elemente des **klassischen Verwaltungsverfahrens** (vgl. Art. 57 und 58 VwVG; Art. 53 Abs. 3 ATSG), die keine Parallele in der ZPO haben. Die Möglichkeit,

die Vernehmlassung der Vorinstanz einzuholen, ist dagegen in allgemeiner Weise auch im **BGG** (Art. 102 Abs. 1) vorgesehen, steht dort allerdings unter der im Verfahren vor der letzten Instanz zweckmässigen Voraussetzung, dass die Einholung einer Vernehmlassung «erforderlich» ist.

Die KESB nimmt am erstinstanzlichen kantonalen Beschwerdeverfahren grundsätzlich nicht teil (Botschaft Erwachsenenschutz, 7086; STECK, in: Rosch/Büchler/Jakob, Art. 450d N 2). Aber als Fachbehörde, die im öffentlichen Auftrag für den Schutz von Kindern und hilfsbedürftigen Erwachsenen zuständig ist, soll sie sich **im öffentlichen Interesse** aufgrund ihres besonderen Sachverstandes im Allgemeinen und im Zusammenhang mit dem angefochtenen Entscheid zu den in der Beschwerde enthaltenen Vorbringen äussern können (vgl. SEETHALER/PLÜSS, in: Waldmann/Weissenberger, Art. 57 VwVG N 5). Mit einer Vernehmlassung der Vorinstanz wird die gerichtliche Beschwerdeinstanz **bei der richtigen Abklärung des Sachverhalts und allenfalls der richtigen Normeninterpretation unterstützt** (MOSER, in: Auer/Müller/Schindler, Art. 57 VwVG N 10). 3

Statt eine Vernehmlassung einzureichen, kann die KESB während des hängigen Beschwerdeverfahrens ihren Entscheid in **Wiedererwägung** ziehen. Das konkretisiert das Recht der KESB auf Selbstüberprüfung ihres Entscheids und dient einer möglichst einfachen Durchsetzung des objektiven Rechts sowie einer **möglichst ökonomischen Erledigung des Beschwerdeverfahrens** (SEETHALER/PLÜSS, in: Waldmann/Weissenberger, Art. 58 VwVG N 5; MÄCHLER, in: Auer/Müller/Schindler, Art. 58 VwVG N 2). 4

III. Gelegenheit zur Vernehmlassung (Art. 450d Abs. 1)

1. Anwendungsbereich

Nach dem Gesetzeswortlaut hat die gerichtliche Beschwerdeinstanz der KESB in sämtlichen Beschwerdeverfahren Gelegenheit zur Vernehmlassung zu geben (a.M. Schmid, Art. 450d N 1, der die Vernehmlassung der Vorinstanz unter die Voraussetzung stellt, dass «dies zur Klärung der Situation unerlässlich ist»). Mit der Aufforderung zur Vernehmlassung innert Frist wird die KESB gleichzeitig darüber orientiert, dass eine Beschwerde erhoben worden ist und ihr Entscheid deshalb nach Ablauf der Beschwerdefrist nicht in Rechtskraft erwachsen kann. Denn nach Art. 450 Abs. 3 ist die Beschwerde direkt bei der gerichtlichen Beschwerdeinstanz einzureichen (vgl. Art. 311 und 321 ZPO). 5

Bei einer zum vornherein bzw. offensichtlich unzulässigen oder unbegründeten Beschwerde macht das Vernehmlassungsverfahren aber keinen Sinn, wie dies in Art. 57 Abs. 1 VwVG festgehalten ist (vgl. auch Art. 312 Abs. 1 ZPO). In solch liquiden Fällen würde das **Vernehmlassungsverfahren nämlich zu einer leeren Formalität verbunden mit einem unnötigen Zeitverlust** verkommen (SEETHALER/PLÜSS, in: Waldmann/Weissenberger, Art. 57 VwVG N 25; s.a. MOSER, in: Auer/Müller/Schindler, Art. 57 VwVG N 1). Die erwähnten Einschränkungen sind deshalb auch im Beschwerdeverfahren nach Art. 450 ff. zu beachten. 6

Offensichtlich unzulässig ist eine Beschwerde insb., wenn dem Beschwerdeführer eindeutig die Beschwerdelegitimation fehlt, die Beschwerde verspätet eingereicht wird, wenn klarerweise kein zulässiges Anfechtungsobjekt vorliegt oder wenn ein allenfalls notwendiger Kostenvorschuss nicht bezahlt wird. Auch querulatorische und rechtsmissbräuchliche Beschwerden (vgl. Art. 132 Abs. 3 ZPO) gehören zur Kategorie der offensichtlich unzulässigen Beschwerden (SEETHALER/PLÜSS, in: Waldmann/Weissenberger, Art. 57 VwVG N 26). Bezüglich der Frage, ob im Beschwerdeverfahren nach Kindes- und Erwachsenenschutzrecht ein Kostenvorschuss verlangt werden kann, ist darauf hinzuweisen, dass die 7

Kantone **Kostenvorschüsse** nur mit Zurückhaltung vorsehen und bei Anordnung, Abänderung oder Aufhebung von Schutzmassnahmen im Interesse der materiellen Wahrheit grundsätzlich ausschliessen sollten (der VE VKE 2003 verbot in Art. 33 Abs. 1 Kostenvorschüsse noch generell, stiess damit aber im Vernehmlassungsverfahren auf Kritik).

8 «Als **von vornherein unbegründet** gilt eine Beschwerde dann, wenn Anträge und die Begründung in keiner Weise geeignet sind, die vorinstanzlichen Erkenntnisse umzustossen» (SEETHALER/PLÜSS, in: Waldmann/Weissenberger, Art. 57 VwVG N 27). Bei bloss unklaren oder zu Unrecht nicht näher begründeten Beschwerden (nach Art. 450e Abs. 1 bedarf eine Beschwerde auf dem Gebiet der FU keiner Begründung) hat die gerichtliche Beschwerdeinstanz allerdings eine kurze Nachfrist zur Nachbesserung einzuräumen (vgl. Art. 52 Abs. 2 VwVG). Offensichtliche Unbegründetheit einer Beschwerde darf zu Beginn des Beschwerdeverfahrens nur in Ausnahmesituationen angenommen werden, wenn der Mangel eindeutig unheilbar ist.

9 Über **Beschwerden gegen Entscheide auf dem Gebiet der FU** soll die gerichtliche Beschwerdeinstanz i.d.R. binnen fünf Arbeitstagen entscheiden (Art. 450e Abs. 5). Trotz dieser kurzen Frist ist nach Eingang der Beschwerde bei der gerichtlichen Beschwerdeinstanz (Art. 450 Abs. 3) unverzüglich der KESB Gelegenheit zur Stellungnahme zu geben (vgl. Art. 450e N 41). Im Ermessen der KESB muss es dann liegen, ob sie eine Vernehmlassung abgeben kann und will. Im Hinblick auf den Umstand, dass die Beschwerde nicht zu begründen ist, gleichgültig, ob es sich beim Beschwerdeführer um die betroffene oder eine nahestehende Person handelt (Art. 450e Abs. 1; N 9 und 10 dazu), rechtfertigt sich eine Stellungnahme nur, wenn die KESB wichtige ergänzende Gesichtspunkte zu ihrem Entscheid vortragen will, zu denen die betroffene Person dann anzuhören ist (Art. 450e Abs. 4). Ohnehin kann man sich fragen, ob das Vernehmlassungsverfahren in dieser Situation überhaupt Sinn macht. Der Zeitbedarf der KESB für die Erarbeitung einer Stellungnahme kann es auf jeden Fall nur in besonderen Ausnahmesituationen rechtfertigen, die fünftägige Frist für den Entscheid zu überschreiten (vgl. Art. 450e N 40).

10 Sieht das kantonale Recht **zwei gerichtliche Beschwerdeinstanzen** vor, so kommt Art. 450d nur im ersten gerichtlichen Verfahren zwingend zur Anwendung. Im Ermessen der zweiten Gerichtsinstanz liegt es, ob sie bei der KESB eine Vernehmlassung einholen will oder nicht (analog Art. 102 BGG), sofern das kantonale Recht nicht etwas anderes vorsieht. Es entspricht einem allgemeinen prozessrechtlichen Grundsatz, nicht mehr als nötig Aufwand zu betreiben. Wird die KESB von der zweiten gerichtlichen Instanz zur Vernehmlassung eingeladen, so kann sie ihren Entscheid auch nicht mehr in Wiedererwägung ziehen (§ 68 Abs. 2 des Entwurfs für ein EG KESR ZH schliesst die Wiedererwägung in der 2. Instanz ausdrücklich aus).

2. Aufforderung zur Vernehmlassung

11 Die gerichtliche Beschwerdeinstanz bringt die Beschwerde der KESB ohne Verzug zur Kenntnis und fordert sie unter **Ansetzung einer angemessenen Frist** zur Stellungnahme auf. Gleichzeitig wird die Beschwerdeinstanz die **Vorakten einfordern**, soweit diese zur Überprüfung des angefochtenen Entscheids beigezogen werden müssen. Die Zustellung der Vorakten stellt eine behördliche Pflicht der Vorinstanz im Rahmen der Amtshilfe dar (Art. 448 Abs. 4; SEETHALER/PLÜSS, in: Waldmann/Weissenberger, Art. 57 VwVG N 7; MOSER, in: Auer/Müller/Schindler, Art. 57 VwVG N 13).

12 Zulässig ist es, dass die Beschwerdeinstanz **in einem ersten Schritt** von Amtes wegen oder auf Antrag die **Vernehmlassung** beschränkt, bspw. auf die Frage der Beschwerdele-

gitimation, sofern dadurch mit einer gewissen Wahrscheinlichkeit ein unnötiger Verfahrensaufwand vermieden werden kann (vgl. Moser, in: Auer/Müller/Schindler, Art. 57 VwVG N 3).

Im Interesse der «Waffengleichheit» sollte die **Vernehmlassungsfrist** für die KESB **nicht länger als die Beschwerdefrist sein** (Moser, in: Auer/Müller/Schindler, Art. 57 VwVG N 4; Seethaler/Plüss, in: Waldmann/Weissenberger, Art. 57 VwVG N 21). Da die KESB die Vorakten und die Gründe, die sie zu ihrem Entscheid geführt haben, kennt, kann die Frist im Interesse des Beschleunigungsgebots allenfalls auch kürzer angesetzt werden. Sie ist auf jeden Fall den **Umständen des Einzelfalles** und der **zeitlichen Dringlichkeit** des Geschäfts anzupassen. **13**

Die Vernehmlassungsfrist ist als gerichtliche Frist grundsätzlich **erstreckbar**, wenn die KESB aus zureichenden Gründen vor Fristablauf darum ersucht (Art. 144 Abs. 2 ZPO). Mehr als einmal sollte die Frist aber kaum erstreckt werden. Die Frist berechnet sich gleich wie die Beschwerdefrist (Art. 142 und 143 ZPO). Fällt das Fristende auf einen Samstag, Sonntag oder einen anderen Feiertag, so endet die Frist erst am nächsten Arbeitstag. **14**

3. Die Vernehmlassung der KESB

Der KESB steht es i.d.R. frei, eine Vernehmlassung einzureichen oder darauf zu **verzichten** (Botschaft Erwachsenenschutz, 7086). Ein Verzicht kann ausdrücklich oder stillschweigend erfolgen, indem die KESB die Vernehmlassungsfrist unbenutzt ablaufen lässt. Die Vernehmlassung kann auch sehr knapp gehalten werden, indem die KESB mitteilt, sie halte an ihrem Entscheid fest. Im Ermessen der gerichtlichen Beschwerdeinstanz liegt es, ob sie eine **verspätete Vernehmlassung** noch berücksichtigen will. Das ergibt sich aus dem allgemeinen Gebot, die materielle Wahrheit zu finden, was nicht an Formalien scheitern darf. **15**

Aus der allgemeinen Pflicht zur Amtshilfe ergibt sich, dass die gerichtliche Beschwerdeinstanz die KESB **zu einer Vernehmlassung verpflichten** kann, wenn dies zur Klärung der Falles unerlässlich ist (Botschaft Erwachsenenschutz, 7086; Steck, in: Rosch/Büchler/Jakob, Art. 450d N 2; der Entwurf eines EG KESR ZH sieht in § 68 Abs. 1 ausdrücklich vor, dass die Beschwerdeinstanz die KESB aus zureichenden Gründen zur Abgabe einer Vernehmlassung verpflichten kann). Bei Beschwerden wegen **Rechtsverweigerung oder Rechtsverzögerung muss die KESB immer eine Stellungnahme abgeben**, da kein begründeter Entscheid vorliegt. **16**

Inhaltlich ist die Vernehmlassung der KESB grundsätzlich auf die **Beschwerdeanträge und die Beschwerdebegründung** zu beschränken, und sie soll zu den tatsächlichen und rechtlichen Vorbringen des Beschwerdeführers Stellung nehmen. Gleich wie in der Beschwerde dürfen auch **neue Tatsachen und Beweismittel** vorgebracht werden (Art. 317 ZPO; vgl. Moser, in: Auer/Müller/Schindler, Art. 57 VwVG N 10 und insb. N 11). Diese müssen aber einen Sachzusammenhang zum Beschwerdegegenstand haben. Die Vernehmlassung stellt keine Verfügung bzw. keinen Entscheid dar, der angefochten werden kann. Die KESB kann im Sinne einer blossen Empfehlung auch Anträge stellen, die von ihrem Entscheid abweichen (Pfleiderer, in: Waldmann/Weissenberger, Art. 58 VwVG N 39). **17**

Die Beschwerdeinstanz ist gem. Art. 446 Abs. 3, der im Beschwerdeverfahren ebenfalls gilt (Botschaft Erwachsenenschutz, 7083; Art. 450 N 13), nicht an die Anträge der am Verfahren beteiligten Personen und Instanzen gebunden. Sie kann deshalb im Beschwer- **18** deverfahren auch eine strengere Massnahme anordnen, die aus der Sicht des Betroffenen wohl als reformatio in peius empfunden wird, aber zum Schutz des Betroffenen notwendig ist (SCHMID, Art. 446 N 8 und 450 N 5).

4. Rechtliches Gehör für die am Beschwerdeverfahren Beteiligten

19 Sowohl aus Art. 6 Ziff. 1 EMRK wie auch aus dem Anspruch auf rechtliches Gehör nach Art. 29 Abs. 2 BV ergibt sich das **Recht der am Beschwerdeverfahren beteiligten Personen, sich zu sämtlichen Eingaben und Vernehmlassungen äussern zu können**. Die Beschwerdeinstanz muss ihnen somit Gelegenheit geben, zur Vernehmlassung der KESB Stellung zu nehmen. Im Ermessen der Beschwerdeinstanz liegt es dann, ob sie die Stellungnahme der beteiligten Personen der KESB noch einmal ganz oder in Einzelfragen zu einer weiteren Vernehmlassung unterbreiten will. Tut sie dies und nimmt die KESB ein zweites Mal Stellung, muss den Verfahrensbeteiligten selbstverständlich wieder die Möglichkeit gegeben werden, sich dazu zu äussern.

IV. Wiedererwägung lite pendente (Art. 450d Abs. 2)

1. Rechtliche Einordnung der Wiedererwägung

20 Die **Beschwerde** an die gerichtliche Beschwerdeinstanz ist ein devolutives Rechtsmittel. Das heisst, dass die Zuständigkeit und das Verfahren mit den vollständigen Akten auf die Rechtsmittelinstanz übergehen (Botschaft Erwachsenenschutz, 7083; Art. 450 N 11). Die **KESB verliert die Herrschaft über die Angelegenheit**, so dass sie bis zum Abschluss des Rechtsmittelverfahrens an sich nicht mehr auf ihren Entscheid zurückkommen kann. Für vorsorgliche Massnahmen ist die gerichtliche Beschwerdeinstanz zuständig. Allerdings muss die KESB im Interesse der betroffenen Person auch während des Beschwerdeverfahrens frei bleiben, aufgrund veränderter Verhältnisse einen Massnahmeentscheid, dem die aufschiebende Wirkung entzogen worden ist, auf Antrag oder von Amtes wegen sofort anzupassen, oder einen neuen Antrag einer antragsberechtigten Person zu beurteilen (vgl. MÄCHLER, in: Auer/Müller/Schindler, Art. 58 VwVG N 13 i.f.). Insofern gibt es eine gewisse Doppelspurigkeit, als auch im Beschwerdeverfahren veränderte Verhältnisse berücksichtigt werden können (Art. 446). Das ist sachlich aber nötig und verlangt nur, dass sich die KESB und die gerichtliche Beschwerdeinstanz über ihre allfällig nötigen Schritte informieren.

21 Art. 450d Abs. 2 bedeutet einen **Einbruch in den Devolutiveffekt**, indem die KESB die Möglichkeit erhält, trotz hängigem Rechtsmittelverfahren der Rechtsmittelinstanz mitzuteilen, dass sie – statt eine Vernehmlassung einzureichen – ihren Entscheid in Wiedererwägung zieht und über die Sache neu entscheiden will. Dies rechtfertigt sich auf jeden Fall dann, wenn die KESB erst aufgrund der Beschwerde merkt, dass ihr ein Fehler unterlaufen ist (Botschaft Erwachsenenschutz, 7086), oder wenn die Beschwerde tatsächliche oder rechtliche Vorbringen enthält, die zu wesentlichen neuen Einsichten der KESB führen.

2. Anwendungsbereich

22 Die Möglichkeit der Wiedererwägung des Entscheids ist typisch für Dauerrechtsverhältnisse wie denen, die durch die Massnahmen der KESB geschaffen werden (vgl. Art. 58 VwVG). Sie kommt in allen Beschwerdeverfahren zur Anwendung, in denen die KESB zur Vernehmlassung eingeladen wird. Eine **Wiedererwägung ist grundsätzlich aber**

nur so lange zulässig, als die übrigen am Beschwerdeverfahren beteiligten Personen zur Beschwerde noch nicht Stellung genommen haben. Anderenfalls muss das Beschwerdeverfahren weitergeführt werden (Botschaft Erwachsenenschutz, 7086; STECK, in: Rosch/Büchler/Jakob, Art. 450d N 5; vgl. auch Art. 53 Abs. 3 ATSG und PFLEIDERER, in: Waldmann/Weissenberger, Art. 58 VwVG N 36).

Eine Einschränkung des Devolutiveffektes ist aber eigentlich nur zulässig, wenn sie im Interesse einer raschen und ökonomischen Erledigung der mit der Beschwerde gerügten Angelegenheit erfolgt (PFLEIDERER, in: Waldmann/Weissenberger, Art. 58 VwVG N 3). Bei **Beschwerden auf dem Gebiet der FU** kann deshalb eine **Wiedererwägung** des Entscheids der KESB im Hinblick auf den Grundsatz der sofortigen Vollziehbarkeit (Art. 450e Abs. 2) und auf die kurze Entscheidfrist für die Rechtsmittelinstanz (Art. 450e Abs. 5) **nur in Frage kommen, wenn die KESB die sofortige Entlassung der betroffenen Person verfügen oder einem sonstigen Beschwerdeantrag (z.B. Einweisung in eine andere Einrichtung) sofort und voll entsprechen will**. In den übrigen Fällen ist zu beachten, dass Art. 5 EMRK bzw. Art. 450e Abs. 5 der in einer Einrichtung eingewiesen Person die gerichtliche Überprüfung des Entscheids i.d.R. binnen fünf Arbeitstagen garantiert. Dieses Recht darf durch ein Wiedererwägungsverfahren der KESB nicht zunichte gemacht werden. **23**

3. Rechtsanspruch auf Wiedererwägung?

Die am Beschwerdeverfahren beteiligten Personen haben **keinen Rechtsanspruch** darauf, dass die KESB ihren Entscheid in Wiedererwägung zieht, ausser der Entscheid leidet an einem erkennbaren schweren Mangel. Ob eine Wiedererwägung in Frage kommt, beurteilt die KESB nach freiem, pflichtgemässem Ermessen. Entscheidet sie sich gegen eine Wiedererwägung, ist das Beschwerdeverfahren fortzusetzen, selbst wenn die gerichtliche Beschwerdeinstanz der Auffassung ist, dass eine Wiedererwägung durch die KESB an sich geboten wäre. **24**

4. Sistierung des Beschwerdeverfahrens

Zieht die KESB ihren Entscheid in Wiedererwägung, so wird die gerichtliche Beschwerdeinstanz das Beschwerdeverfahren einstweilen sistieren (Botschaft Erwachsenenschutz, 7087; vgl. Art. 126 ZPO). Erfolgt der Wiedererwägungsentscheid der KESB nicht zügig, so muss ihr die gerichtliche Beschwerdeinstanz auf jeden Fall eine Frist setzen, damit der **verfassungsrechtliche Anspruch (Art. 29 Abs. 1 BV) auf Beurteilung einer Beschwerde binnen angemessener Frist** gewahrt bleibt (PFLEIDERER, in: Waldmann/Weissenberger, Art. 58 VwVG N 34). **25**

5. Eröffnung des Wiedererwägungsentscheids

Die KESB hat ihren neuen Entscheid unverzüglich der gerichtlichen Beschwerdeinstanz zur Kenntnis zu bringen und – mit einer Rechtsmittelbelehrung versehen (vgl. Art. 450b N 9) – allen am Beschwerdeverfahren Beteiligten mitzuteilen. Ein **neuer Sachentscheid** der KESB **kann wieder mit Beschwerde gem. Art. 450 ff.** bei der gerichtlichen Beschwerdeinstanz **angefochten** werden (vgl. BGE 95 I 276 E. 1.a). **26**

Von einem neuen Entscheid ist auch dann auszugehen, wenn die KESB aufgrund einer materiellen Überprüfung ihres **ursprünglichen Entscheids** zu dessen **Bestätigung** kommt (PFLEIDERER, in: Waldmann/Weissenberger, Art. 58 VwVG N 44). Das Ergebnis **27** der Überprüfung ist in der Begründung des Entscheids festzuhalten. Eine neue Rechtsmittelfrist beginnt in diesem Fall aber nicht zu laufen. Vielmehr muss die gerichtliche Instanz den am Beschwerdeverfahren beteiligten Personen Gelegenheit zur Stellungnahme geben und das bereits hängige Beschwerdeverfahren von Amtes wegen fortführen.

28 Wurde nur ein Teil des erstinstanzlichen Entscheids mit Beschwerde angefochten und hebt die KESB nur den angefochtenen Teil ihres ursprünglichen Entscheids auf, so erwächst der übrige Entscheid in Rechtskraft, soweit er nicht schon vorher rechtskräftig geworden ist (Art. 315 Abs. 1 ZPO).

6. Entscheid über das Beschwerdeverfahren

29 Erlässt die KESB einen neuen Entscheid, so muss die gerichtliche Beschwerdeinstanz **sorgfältig prüfen, ob das hängige Beschwerdeverfahren im Hinblick auf einen nachträglichen Wegfall des Beschwerdeobjekts vollumfänglich gegenstandslos geworden ist und abgeschrieben werden kann** (vgl. Botschaft Erwachsenenschutzrecht, 7087; PFLEIDERER, in: Waldmann/Weissenberger, Art. 58 VwVG N 45). Ist dies nicht der Fall, so ist das Beschwerdeverfahren bzw. der noch offene Teil des Beschwerdeverfahrens unverzüglich fortzuführen. Bei einer teilweisen Gutheissung der Beschwerde im Wiedererwägungsverfahren wird das Beschwerdeverfahren teilweise abgeschrieben und die am Verfahren Beteiligten erhalten Gelegenheit, zur veränderten Ausgangslage Stellung zu nehmen.

30 Das Beschwerdeverfahren ist für den Gesuchsteller auf jeden Fall dann **kostenlos**, wenn es zufolge Wiedererwägung des ursprünglichen Entscheids wegen Mängeln abgeschrieben werden kann.

V. Wiedererwägung ausserhalb eines Beschwerdeverfahrens?

31 Entscheide der KESB über die **Anordnung, Änderung oder Aufhebung von Massnahmen** für Kinder und Erwachsenene erlangen grundsätzlich nie materielle, sondern nur formelle Rechtskraft (Art. 450 N 10). Denn bei solchen Dauerrechtsverhältnissen muss bei Veränderung der Verhältnisse die Massnahme jederzeit von Amtes wegen oder auf Antrag angepasst werden können. Wie im bisherigen Recht ist eine Massnahme auch aufzuheben, wenn sie von Anfang an zu Unrecht erfolgt ist (BSK ZGB I-GEISER, aArt. 433 N 6 unter Verweis auf BGE 78 II 7). Im Hinblick auf diese Rechtslage bleibt für die **Wiedererwägung** eines formell rechtskräftigen Massnahmeentscheids ausserhalb eines Beschwerdeverfahrens **kein Platz**, selbst wenn ein Revisionsgrund vorliegt (Art. 450 N 10). Sinngemäss gilt das Gleiche für nicht massnahmegebundene Entscheide der KESB, bei denen die Rechtsordnung die Abänderbarkeit vorsieht, wie die Regelung von Besuchsrechten (Art. 275), die Genehmigung von Unterhaltsverträgen (Art. 287), die Zuweisung der gemeinsamen elterlichen Sorge (Art. 298a) oder die Erteilung einer Pflegekinderbewilligung. Auch hier kann die KESB im Abänderungsverfahren einem fehlerhaften ursprünglichen Entscheid Rechnung tragen.

32 In den Aufgabenbereich der KESB fallen aber auch Geschäfte, die nicht Dauerrechtsverhältnisse betreffen und die deshalb nicht jederzeit abgeändert werden können, wie die **Mitwirkung bei ausgewählten Rechtsgeschäften** (bspw. Art. 265 Abs. 3, Art. 265d Abs. 1, Art. 288 Abs. 2, Art. 416), die Behandlung von **Beschwerden** gegen den Beistand oder gegen eine gem. Art. 392 beauftragte Person (Art. 419) sowie die **Genehmigung der Rechnung und die Prüfung des Berichts des Beistandes** (Art. 415). Sind die entsprechenden Entscheide der KESB in Rechtskraft erwachsen, so kommt eine Wiedererwägung kaum in Betracht. Es kann aber ein **Anspruch auf Wiedererwägung** bestehen, wenn ein Grund vorliegt, der im gerichtlichen Beschwerdeverfahren eine **Revision erfordern würde (Art. 66 VwVG)**, d.h. wenn der Entscheid sich insb. aufgrund von neuen erheblichen Tatsachen oder Beweismitteln von Anfang an als fehlerhaft erweist oder aktenkundige erhebliche Tatsachen übersehen wurden (dazu PFLEIDERER, in: Waldmann/Weissenberger, Art. 58 VwVG N 9 und 11 ff.; MÄCHLER, in: Auer/Müller/Schindler, Art. 58 VwVG N 9; RHINOW/KOLLER/KISS ET AL., 198 Rz 657 i.f.). Die Revisionsgründe der ZPO (Art. 328) tragen den verfahrensrechtlichen Besonderheiten des Kindes- und Erwachsenenschutzrechts nicht angemessen Rechnung. Vielmehr ist die Frage der Wiedererwägung bzw. Revision sinnvollerweise nach verwaltungsrechtlichen Grundsätzen zu beurteilen.

Aus Art. 450d Abs. 2 darf im Übrigen abgeleitet werden, dass die KESB einen **noch nicht rechtskräftigen Entscheid auch ausserhalb eines Beschwerdeverfahrens** auf Antrag eines Beschwerdeberechtigten in **Wiedererwägung** ziehen kann. Der Antragsteller hat aber keinen Anspruch auf Wiedererwägung. **33**

Art. 450e

F. Besondere Bestimmungen bei fürsorgerischer Unterbringung

1 Die Beschwerde gegen einen Entscheid auf dem Gebiet der fürsorgerischen Unterbringung muss nicht begründet werden.

2 Die Beschwerde hat keine aufschiebende Wirkung, sofern die Erwachsenenschutzbehörde oder die gerichtliche Beschwerdeinstanz nichts anderes verfügt.

3 Bei psychischen Störungen muss gestützt auf das Gutachten einer sachverständigen Person entschieden werden.

4 Die gerichtliche Beschwerdeinstanz hört die betroffene Person in der Regel als Kollegium an. Sie ordnet wenn nötig deren Vertretung an und bezeichnet als Beistand oder Beiständin eine in fürsorgerischen und rechtlichen Fragen erfahrene Person.

5 Sie entscheidet in der Regel innert fünf Arbeitstagen seit Eingang der Beschwerde.

F. Dispositions spéciales concernant le placement à des fins d'assistance

1 Le recours formé contre une décision prise dans le domaine du placement à des fins d'assistance ne doit pas être motivé.

2 Il n'a pas d'effet suspensif, sauf si l'autorité de protection de l'adulte ou l'instance judiciaire de recours l'accorde.

3 La décision relative à des troubles psychiques doit être prise sur la base d'un rapport d'expertise.

4 L'instance judiciaire de recours, en règle générale réunie en collège, entend la personne concernée. Elle ordonne si nécessaire sa représentation et désigne un curateur expérimenté en matière d'assistance et dans le domaine juridique.

5 L'instance judiciaire de recours statue en règle générale dans les cinq jours ouvrables suivant le dépôt du recours.

F. Disposizioni particolari per il ricovero a scopo di assistenza

1 Il reclamo contro una decisione in materia di ricovero a scopo di assistenza non deve essere motivato.

2 Il reclamo non ha effetto sospensivo, salvo che l'autorità di protezione degli adulti o l'autorità giudiziaria di reclamo disponga altrimenti.

3 In caso di turbe psichiche la decisione è presa sulla base della perizia di uno specialista.

[4] Di regola, l'autorità giudiziaria di reclamo sente collegialmente l'interessato. Se necessario, ordina che l'interessato sia rappresentato da un curatore, esperto in questioni assistenziali e giuridiche.

[5] Di regola, l'autorità giudiziaria di reclamo decide entro cinque giorni feriali dal ricevimento del reclamo.

Inhaltsübersicht

Literatur

Vgl. die Literaturhinweise bei Art. 450 sowie ferner IMHOF, Der formelle Rechtsschutz, insbesondere die gerichtliche Beurteilung, bei der fürsorgerischen Freiheitsentziehung, Diss. Freiburg i.Ü. 1999.

Materialien

Art. 50 Abs. 2 VE VKE 2003; VE VKE/Vernehmlassungen, 116 f.; Botschaft Erwachsenenschutz, 7087 f. und 7166; Prot. RK-S vom 27./28.8.2007, 32; AmtlBull StR 2007, 840 f.; Prot. RK-N vom 24./25.4.2008, 43 f.; AmtlBull NR 2008, 1539 f.; Prot. RK-S vom 27./28.10.2008, 2 f.; AmtlBull StR 2008, 882; Prot. RK-N vom 9.12.2008, 2; AmtlBull NR 2008, 1796 f.

I. Allgemeines

1. Verhältnis zum bisherigen Recht und Entstehungsgeschichte

1 Das frühere Recht regelte die gerichtliche Beurteilung einer FFE für alle Einweisungen und Zurückbehaltungen einheitlich in einer Bestimmung, unabhängig davon, welche Stelle sie verfügt hatte. Die entsprechende Bestimmung (aArt. 397f) bildete ein Kernstück der damaligen Regelung, weil der Gesetzgeber den Schutz der betroffenen Personen in erster Linie durch Verfahrensgarantien sicherstellen wollte.

2 Im VE von 1998 war der Aufbau insofern noch anders, als die gerichtliche Beurteilung bei einer FFE als eigener Rechtsbehelf unabhängig vom allgemeinen Rechtsmittel gegenüber Entscheiden der KESB ausgestaltet war (Bericht VE Erwachsenenschutz, 52). Im Vernehmlassungsentwurf von 2003 waren keine entsprechenden Bestimmungen enthalten, weil für das Verfahren ein separates Gesetz vorgesehen war. Nachdem dieses im Vernehmlassungsverfahren auf Ablehnung stiess, nahm der Bundesrat entsprechende Bestimmung wieder in den Entwurf auf. Diese wurden vom Parlament angenommen und sind nunmehr Gesetz. Das Parlament fügte nur in Abs. 5 die Frist ein (AmtlBull StR 2007, 841; AmtlBull NR 2008, 1539 f.; AmtlBull StR 2008, 882 f.; AmtlBull NR 2008, 1796 f.; vgl. N 37 ff.).

Die Bestimmung übernimmt im Wesentlichen die Verfahrensgrundsätze, welche in den früheren aArt. 397d–397f vorgesehen waren, soweit sie sich auf das gerichtliche Verfahren bezogen und nicht schon ohnehin für die Beschwerden gegen Entscheide der KESB gelten. Entsprechend kann auch weitgehend die bisherige Lehre und Rechtsprechung für die Auslegung herangezogen werden. **3**

2. Zweck der Norm

Mit Blick auf die neue Organisation des Erwachsenschutzes regelte der Gesetzgeber die Rechtsmittel möglichst einheitlich. Weil die Entscheide der KESB ohnehin der gerichtlichen Anfechtung unterliegen, ist es im geltenden Recht nicht mehr notwendig, einen besonderen Rechtsbehelf für die Entscheide der Behörde bei der FU vorzusehen. Allerdings bestehen dennoch gewisse Besonderheiten des Verfahrens, denen Art. 450e Rechnung trägt. Sie finden ihre Begründung in der besonderen Art des Eingriffs bei der FU. Die Umsetzung der Massnahme ist in aller Regel dringlich und verlangt die unmittelbare Mitwirkung der betroffenen Person in der einen oder anderen Weise, womit es sich regelmässig um einen Eingriff in einem besonders sensiblen Bereich handelt (Botschaft Erwachsenenschutz, 7087). **4**

Für die gerichtliche Beurteilung von Anordnungen anderer Stellen als der KESB regelt Art. 439 das Rechtsmittel an das Gericht. Art. 450e enthält im Wesentlichen die gleichen Verfahrensgrundsätze wie Art. 439. Er bringt damit im Bereich der FU die Verfahren weitgehend zur Deckung. **5**

3. Anwendungsbereich

Die systematische Einordnung der Norm zeigt dass sie **nur auf Beschwerden gegen Entscheide der KESB** anwendbar ist. Soweit ein Entscheid auf dem Gebiet der FU von einem Arzt (Art. 429), von der ärztlichen Leitung einer Einrichtung (vgl. Art. 427 N 12 und Art. 428 N 8 f.), vom Chefarzt der Abteilung (vgl. Art. 434/435 N 32 ff.), vom behandelnden Arzt in der Einrichtung (vgl. Art. 434/435 N 35) oder einer nach kantonalem Recht in einer Einrichtung für die Anordnung einer die Bewegungsfreiheit einschränkenden Massnahme als zuständig bezeichneten Person (vgl. Art. 438 N 8) der gerichtlichen Beurteilung unterzogen werden soll, gilt nicht Art. 450e, sondern Art. 439 (Botschaft Erwachsenenschutz, 7087). **6**

Die KESB wird auf dem Gebiet der FU immer nur als erste Instanz Entscheide fällen. Soweit eine andere Stelle überhaupt für solche Entscheide zuständig ist (vgl. N 6), kann gegen freiheitsbeschränkende Anordnungen direkt das Gericht angerufen werden und andere Entscheide sind nicht anfechtbar. Verzichtet der zuständige Arzt oder die andere zuständige Stelle auf die Anordnung einer FU, auf eine Behandlung oder auf eine die Freiheit einschränkende Massnahme, können zwar nahestehende Personen ohne Weiteres an die KESB mit dem Antrag treten, angemessene Massnahmen anzuordnen. Es handelt sich dabei aber nicht um ein förmliches Rechtsmittel. Entsprechend beurteilt die KESB dann als erste Instanz die Sache, auch wenn diese eine Vorgeschichte hat. Soweit das kantonale Recht ein Gericht als KESB einsetzt, kann dieses auch Rechtsmittelinstanz nach Art. 439 sein. Dann behandelt dieses Gericht die Rekurse aber nicht als KESB, sondern als gerichtliche Beschwerdeinstanz. Auch hier wirkt somit nicht die KESB als Beschwerdeinstanz. **7**

Art. 450e betrifft ausschliesslich **Entscheide auf dem Gebiet der FU**. Erfasst werden damit die Unterbringungs- und Entlassungsentscheide nach Art. 426/428. Wohl auch erfasst **8** werden Entscheide, welche die KESB trifft, wenn sie bei Massnahmen zur Einschränkung der Bewegungsfreiheit nach Art. 438 einschreitet (vgl. Art. 438 N 10).

9 Fraglich erscheint, ob – wie bei Art. 439 – nur anordnende, aber nicht auch abweisende Entscheide den Sonderregeln unterliegen (Art. 439 N 5). Die unterschiedlichen Formulierungen in Art. 439 und 450e deuten jedoch in die umgekehrte Richtung (so SCHMID, Art. 450e N 2). Von der Sache her besteht aber kein Grund für eine solche Regelung. Wohl kann das Beschleunigungsgebot auch dann sinnvoll sein, wenn die KESB eine notwendige Unterbringung abgelehnt oder ungerechtfertigt eine Entlassung angeordnet hat. Warum aber in diesen Fällen zur Beschwerde legitimierte nahestehende Personen einschliesslich der Einrichtung und des behandelnden Arztes die Beschwerde nicht begründen sollen, lässt sich schwerlich sehen. Auch das Fehlen der aufschiebenden Wirkung ist in diesen Fällen nicht nötig. Wurde die Einweisung abgelehnt, bewirkt der Entzug der aufschiebenden Wirkung auch keine Unterbringung. Soweit es um eine nicht gerechtfertigte Entlassung geht, kann die Beschwerde führende Person vorsorgliche Massnahmen vom Gericht verlangen, so dass ein Schaden für die betroffene Person vermieden werden kann. Es macht auch kaum Sinn, dass in jedem Fall ein Gutachten einer sachverständigen Person angeordnet werden muss, wenn die KESB den Betroffenen aus der Anstalt entlassen oder eine FU abgewiesen hat. Zu beachten ist allerdings, dass das Gericht unter Umständen reformatorisch in Gutheissung einer Beschwerde eine FU anordnet oder eine Entlassung aufhebt. Dann muss es die in Art. 450e enthaltenen Verfahrensgarantien einhalten.

II. Die besonderen Verfahrensvorschriften

1. Anforderungen an die Beschwerde (Abs. 1)

10 Wie bei der Anrufung des Gerichts nach Art. 439 (Art. 439 N 36) hat auch die Beschwerde schriftlich zu erfolgen (Art. 450 Abs. 3). Der Bundesgesetzgeber hat aber insofern das Verfahren erleichtert, als keine Begründung notwendig ist. Es muss folglich das schriftliche Begehren um gerichtliche Beurteilung des Entscheides der KESB genügen. Ein formeller Antrag ist aber nicht notwendig (STECK, in: Rosch/Büchler/Jakob, Art. 450e N 4). Das gilt auch, wenn die betroffene Person anwaltlich vertreten ist (BGE 133 III 353). Im Übrigen bestimmt das kantonale Recht die Anforderungen an die Beschwerde.

11 Die **Formerleichterung gilt nur für die Beschwerde an die erste gerichtliche Instanz**. Demgegenüber bestimmt sich die Form des Rechtsmittels an eine zweite gerichtliche Instanz nach dem kantonalen Recht. Die Verpflichtung eines solchen zweistufigen Verfahrens kann sich aus Art. 75 Abs. 2 BGG ergeben. Diese Bestimmung sieht vor, dass die Kantone in beschwerdefähigen Angelegenheiten ein oberes Gericht als Beschwerdeinstanz einsetzen müssen. Handelt es sich beim Gericht nach Art. 450 ff. um ein unteres Gericht, muss folglich der Kanton ein Rechtsmittel an eine obere Instanz gewähren. Es widerspricht aber Art. 450e nicht, wenn im Rechtsmittelverfahren vor zweiter kantonaler Instanz ein Schriftenwechsel verlangt wird (BGE 122 I 31 ff.). Der Weiterzug des letzten kantonalen Entscheides an das Bundesgericht richtet sich nach dem BGG. Die Beschwerde an das Bundesgericht hat ein Rechtsbegehren, eine Begründung mit Angabe der Beweismittel und die Unterschrift zu enthalten (Art. 42 BGG).

2. Fehlende aufschiebende Wirkung (Abs. 2)

12 Währende die Beschwerden gegen die KESB grundsätzlich aufschiebende Wirkung haben, kommt den Beschwerden im Bereich der FU diese Wirkung von Gesetzes wegen nicht zu. Die anordnende KESB wie auch das angerufene Gericht können aber im Einzelfall dem Begehren die aufschiebende Wirkung verleihen. Die Regelung entspricht jener für die Begehren um gerichtliche Beurteilung bei einer ärztlichen Unterbringung (Art. 429/430 N 31 ff.).

Mit dem Entzug der aufschiebenden Wirkung von Bundesrechts wegen wollte der Gesetzgeber sicherstellen, dass die nötige persönliche Fürsorge bei Bedarf sofort gewährt werden kann. Der Entscheid ist zwar noch nicht formell rechtskräftig, wohl aber vollstreckbar. Mit Blick auf die schweren Folgen einer ungerechtfertigten FU für die betroffene Person und ggf. auch mit Blick auf die Haftung des Kantons hat die einweisende KESB **immer sorgfältig zu prüfen, ob die aufschiebende Wirkung nicht zu erteilen ist**. Ein Gesuch um aufschiebende Wirkung muss nicht gestellt werden. Diese wird ggf. von Amtes wegen erteilt. Sobald ein **Rechtsmittel eingereicht** ist, liegt die Verantwortung für die entsprechende Prüfung bei der Rechtsmittelinstanz. Mit Blick auf die Sachkompetenz der unteren Instanz, die sich mit dem Fall bereits eingehend befasst hat, und mit Blick auf das Erfordernis eines raschen und einfachen Verfahrens bedeutet aber die Einreichung eines Rechtsmittels nicht, dass die Vorinstanz nicht mehr von sich aus die aufschiebende Wirkung gewähren könnte (vgl. Art. 450c N 7). 13

Die aufschiebende Wirkung ist immer zu gewähren, wenn die **Unterbringung nicht dringlich** ist (vgl. Art. 429/430 N 32 f.). Dabei ist zu beachten, dass die Beschwerdefrist in diesen Angelegenheiten auf 10 Tage verkürzt ist (Art. 450b Abs. 2) und das Gericht i.d.R. innert 5 Tagen zu entscheiden hat (Abs. 5). Die aufschiebende Wirkung ist somit in jedem Fall zu gewähren, wenn mit der Unterbringung 15 Tage zugewartet werden kann. 14

Art. 450e Abs. 2 bezieht sich nur auf den materiellen Entscheid. Bezüglich der **Kosten** kommt einem Rechtsmittel aufschiebende Wirkung zu (zur gleichen Frage bei der Gegendarstellung s. BGE 117 II 210 E. 1c). 15

Die Regel, dass ein Rechtsmittel keine aufschiebende Wirkung hat, gilt nicht nur für die Beschwerde gegen den Entscheid der KESB, sondern auch für den Weiterzug des gerichtlichen **Beschwerdeentscheides an eine zweite Gerichtsinstanz** nach kantonalem Recht. Andernfalls würde der Zweck der Regelung, nämlich die von der Vorinstanz als notwendig erachtete und häufig dringliche Anordnung vollziehen zu können, vereitelt. Dass der Beschwerde ans Bundesgericht keine aufschiebende Wirkung zukommt, ergibt sich bereits aus Art. 103 BGG. 16

3. Gutachten bei psychischen Störungen (Abs. 3)

Das Gesetz schreibt ausdrücklich vor, dass das Gericht aufgrund eines Gutachtens entscheiden muss, wenn die betroffene Person an einer psychischen Störung leidet. Die Bestimmung kommt bei der Anrufung des Gerichts nach Art. 439 in gleicher Weise zur Anwendung. Es kann folglich auf die Kommentierung dieser Bestimmung verwiesen werden (Art. 439 N 48 ff.). 17

Der Beizug einer sachverständigen Person ist nur notwendig, wenn eine **psychische Störung** vorliegt (zum Begriff vgl. Art. 426 N 15), nicht aber bei einer geistigen Behinderung oder einer schweren Verwahrlosung. Bei diesen Sachverhalten ist das Gericht vielmehr frei, je nach den Besonderheiten des konkreten Falls einen Gutachter beizuziehen oder nicht. Der **Gutachter** muss nicht zwingend ein Facharzt sein, aber über eine medizinische Ausbildung und den notwendigen Sachverstand verfügen (BGE 137 III 292; 119 II 320 ff.; 128 III 15). Der Beizug eines Psychologen oder Sozialarbeiters genügt nicht (vgl. vorn Art. 439 N 48). Der Gutachter darf überdies nicht dem Spruchkörper angehören und muss unabhängig sein (Botschaft Erwachsenenschutz, 7087 f.; HAUSHEER/GEISER/AEBI-MÜL- 18

LER, Das neue Erwachsenenschutzrecht, Rz 2.185; STECK, in: Rosch/Büchler/Jakob, Art. 450e N 9; Art. 439 N 49).

19 Fraglich erscheint, ob es sich um ein **innerhalb des Gerichtsverfahrens für dieses erstelltes Gutachten** handeln muss, oder ob ein bereits früher in einem anderen Zusammenhang erstelltes Gutachten verwendet werden kann. Einer Verwendung eines in anderem Zusammenhang erstellten Gutachtens sind allerdings schon deshalb enge Grenzen gesetzt, weil sich der Gutachter zur Frage äussern muss, welche sich im Rahmen des gerichtlichen Verfahrens stellt und sich nicht nur auf allgemeine Feststellungen zum Krankheitszustand der Person beschränken darf. Zudem muss das Gutachten aktuell sein. Von daher werden regelmässig Gutachten, welche für die IV oder eine andere Versicherung erstellt worden sind, ausser Betracht fallen. Die Frage stellt sich im geltenden Recht anders als im früheren, weil das geltende Recht nur verlangt, dass «gestützt auf das Gutachten einer sachverständigen Person entschieden» wird, während nach dem alten Recht «nur unter Beizug von Sachverständigen» entschieden werden durfte (aArt. 397e Ziff. 5). Der Sachverhalt lässt sich auch nicht vollständig mit der gerichtlichen Beurteilung nach Art. 439 vergleichen. Dort wird die anordnende Stelle (Arzt, Klinikleitung etc.) für ihre eigene Entscheidfindung nie ein Gutachten von einem aussenstehenden Sachverständigen anfertigen lassen. Es wird damit auch nicht bereits ein von der Vorinstanz angefordertes Gutachten vorliegen. Es ist aber nicht einzusehen, warum sich das Gericht nicht auf ein Gutachten stützen können soll, welches die KESB im Rahmen ihrer eigenen Entscheidfindung erstellen liess. Entsprechend braucht das Gericht kein neues Gutachten erstellen zu lassen, wenn bereits im Verfahren vor der KESB ein solches erstellt worden und schlüssig ist (Botschaft Erwachsenenschutz, 7087). Die Unabhängigkeit gebietet selbstverständlich, dass es sich bei der sachverständigen Person nicht um ein Mitglied der KESB handelt und sie sich nicht im gleichen Verfahren bereits früher über den Gesundheitszustand der betroffenen Person geäussert hat (BGE 137 III 292; Art. 439 N 49).

20 Auch eine **zweite kantonale Gerichtsinstanz** darf nur aufgrund eines Gutachtens entscheiden. Demgegenüber wird das Gutachten vor Bundesgericht meistens keine Rolle spielen, weil das Bundesgericht grundsätzlich an die Sachverhaltsfeststellungen im angefochtenen Entscheid gebunden ist (Art. 105 BGG). Die zweite kantonale Instanz muss i.d.R. kein neues Gutachten erstellen lassen, sondern wird sich häufig auf das für die erste Instanz erstellte abstützen können. Allerdings kann sich das für die erste Instanz erstellte Gutachten als ungenügend erweisen, weil dieses wegen des Beschleunigungsgebotes (vgl. N 37 ff.) in wenigen Tagen erstellt werden musste.

4. Anhörung der betroffenen Person (Abs. 4 erster Satz)

21 Wie die KESB (Art. 447 Abs. 2) hat auch das Gericht die betroffene Person anzuhören. Die Regel ist dem früheren Recht entnommen (aArt. 397f Abs. 3) und geht über den sich aus Art. 29 Abs. 2 BV ergebenden Anspruch auf rechtliches Gehör hinaus (so schon für das alte Recht: BBl 1977 III 40; BGE 115 II 134; DESCHENAUX/STEINAUER, Personnes, Rz 1213). Sie dient nicht nur diesem, sondern stellt gleichzeitig eine **Beweisvorschrift** dar. Das Gericht hat sich durch eigene Wahrnehmung davon zu überzeugen, dass die Voraussetzungen für eine FU gegeben sind.

22 Art. 450e Abs. 4 sieht die mündliche Einvernahme der von der Massnahme **betroffenen Person** vor. Eine Vertretung ist bei der Einvernahme nicht möglich. Die betroffene Person muss *persönlich* einvernommen werden. Die Einvernahme hat überdies **mündlich** zu erfolgen. Die betroffene Person muss Gelegenheit haben, sich *selber* dem Gericht gegenüber zur Massnahme und zu allen Umständen zu äussern, welche eine FU rechtfertigen

oder als unnötig erscheinen lassen können. Art. 29 Abs. 2 BV liesse demgegenüber auch eine bloss schriftliche Äusserungsmöglichkeit zu. Eine mündliche Äusserung setzt aber nicht mehr zwingend voraus, dass sich die betroffene Person im Gerichtssaal befindet. Es ist sehr wohl möglich, mit einer Videoübertragung die Anhörung ortsungebunden durchzuführen.

Handelt es sich um ein Kollegialgericht, hat i.d.R. die **Anhörung durch den gesamten Spruchkörper** zu erfolgen. Dieser Grundsatz hatte das Bundesgericht bereits für das frühere Recht festgehalten (BGE 133 III 353; 131 III 412; 115 II 130 ff.). Die Anhörung durch eine blosse Gerichtsdelegation oder gar durch den Gerichtsschreiber genügt nicht. **23**

Die Anhörung ist nicht in jedem Fall möglich und sinnvoll. Aus diesem Grund schreibt das Gesetz sie nur **«in der Regel»** vor. Die Ausnahme ist restriktiv auszulegen. Nur wenn die **Anhörung unmöglich** ist, weil bspw. die betroffene Person jede Aussage verweigert, kann – und muss – aufgrund der Akten entschieden werden (BGE 116 II 406; DESCHENAUX/STEINAUER, Personnes, Rz 1213). Nur selten wird sich eine Anhörung bloss durch eine Delegation statt durch den ganzen Spruchkörper rechtfertigen. Terminprobleme oder der Umstand, dass die betroffene Person nicht zum Gericht gebracht werden kann, sondern die Anhörung in einer Klinik stattfinden muss, rechtfertigen ein solches Vorgehen jedenfalls nicht. **24**

Der Anspruch auf mündliche Anhörung besteht nur vor der **ersten gerichtlichen Instanz**. Im daran anschliessenden Rechtsmittelverfahren vor zweiter gerichtlicher Instanz ist nur noch das rechtliche Gehör zu gewähren, wie dies Art. 29 Abs. 2 BV vorschreibt. Anders verhält es sich allerdings, wenn die zweite gerichtliche Instanz im Rechtsmittelverfahren selber eine Massnahme anordnen will und nicht nur eine von der Vorinstanz bereits angeordnete Massnahme bestätigt. **25**

Wegen des Beschleunigungsgebotes darf die **Verletzung des Anspruchs auf mündliche Anhörung** durch die erste gerichtliche Instanz allerdings nicht zur Folge haben, dass der entsprechende Entscheid im Rechtsmittelverfahren aufzuheben und die Sache an die Vorinstanz zurückzuweisen ist. Vielmehr hat die Rechtsmittelinstanz diesfalls das Versäumte selber nachzuholen (zum alten Recht vgl. BGE 131 III 412, E. 4.4.1.; 117 II 134 ff.). Um den Mangel zu heilen, muss aber die mündliche Anhörung der betroffenen Person in Gegenwart des ganzen Spruchkörpers der Rechtsmittelinstanz erfolgen. **26**

5. Verbeiständung (Abs. 4 zweiter Satz)

Anders als für das Verfahren vor der ESB (Art. 449a) sieht das Bundesrecht keine generelle Bestimmung für die Verbeiständung im gerichtlichen Beschwerdeverfahren vor. Ob und unter welchen Voraussetzungen eine solche anzuordnen ist, richtet sich vielmehr nach der Bundesverfassung und dem kantonalen Prozessrecht. Wie bereits im früheren Recht (aArt. 397f Abs. 2), gilt demgegenüber für gerichtliche Verfahren im Bereich der FU etwas anderes. Obgleich das Verfahren vom Untersuchungsgrundsatz beherrscht wird, das Gericht das Recht von Amtes wegen anzuwenden hat und das Verfahren einfach ausgestaltet sein muss, bereitet die Geltendmachung der Rechte vor Gericht der betroffenen Person möglicherwiese Schwierigkeiten. Es kann sich deshalb als angemessen erweisen, ihr einen **Rechtsbeistand** zu bestellen. Der Anspruch besteht ggf. von Anbeginn des gerichtlichen Verfahrens an. Ist ein Kollegialgericht zuständig, muss somit dem Vorsitzenden oder instruierenden Richter die Zuständigkeit zukommen, über die Rechtsverbeiständung zu entscheiden (vgl. zum früheren Recht: ZK-SPIRIG, aArt. 397f ZGB N 69). **27**

Der Anspruch nach Art. 450e Abs. 4 zweiter Satz steht nur der **betroffenen Person** zu. Damit ist die in eine Einrichtung eingewiesene oder dort zurückbehaltene Person gemeint. **28**

Nahestehende können sich, wenn sie gerichtliche Beurteilung verlangt haben, für ihre Rechtsverbeiständung nicht auf diese Bestimmung berufen (zum früheren Recht: ZK-Spirig, aArt. 397f ZGB N 76).

29 Der Rechtsbeistand soll nur bestellt werden, **wenn** dies **nötig** ist. Auf eine obligatorische Vertretung, wie sie der Vorentwurf noch vorsah, verzichtete bereits der bundesrätliche Entwurf, weil der Vorschlag – wie bereits bei Erlass der früheren Bestimmungen zur FFE (AmtlBull NR 1978, 765 ff.) – mit Blick auf die Vielzahl der Fälle auf Ablehnung stiess. Mit Blick auf die Möglichkeit, eine Vertrauensperson nach Art. 432 zu bezeichnen, dürfte auch das Bedürfnis nach einer Verbeiständung geringer sein als im alten Recht (Botschaft Erwachsenenschutz, 7088). Der Rechtsbeistand erweist sich aber immer als notwendig, wenn sich aufgrund der konkreten Umstände des zu beurteilenden Falles herausstellt, dass der Betroffene nicht in der Lage ist oder sein wird, seine Interessen vor Gericht sachgerecht zu vertreten. Der Umstand, dass die FU tief in die Rechte des Betroffenen eingreift und dieser an einem geistigen Gebrechen leidet, genügt für sich allein noch nicht, um eine Rechtsverbeiständung als notwendig erscheinen zu lassen (zum alten Recht: BGE 107 II 316 f.). Dass die Recht suchende Person an einem geistigen Gebrechen leidet oder wenigstens ein psychisch stark abweichendes Verhalten an den Tag legt, liegt bei diesen Verfahren in der Natur der Sache. Es zeigt sich aber immer wieder, dass auch von solchen Behinderungen betroffene Personen ihre Rechte im Zusammenhang mit Anstaltseinweisungen ausreichend selber wahrnehmen können (vgl. ZK-Spirig, aArt. 397f ZGB N 81).

30 Eine Verbeiständung ist in jedem Fall nötig, wenn die Person als **urteilsunfähig** angesehen werden muss, weil es ihr diesfalls an der Postulationsfähigkeit fehlt. Für die Führung des Verfahrens und das Stellen des Begehrens um gerichtliche Beurteilung muss die Frage der Urteilsfähigkeit nicht notwendigerweise gleich beurteilt werden. Es kann sehr wohl eine gültige Beschwerde vorliegen und gleichzeitig am nötigen Verstand für die Prozessführung fehlen.

31 Art. 450e Abs. 4 zweiter Satz bedeutet in erster Linie, dass das kantonale Recht die Vertretung im gerichtlichen Verfahren **nicht beschränken oder ausschliessen** darf. Jede betroffene Person hat das Recht, wenn sie dies wünscht, selber einen Rechtsbeistand zu bestimmen. Das Gesetz hält zudem fest, dass es sich um eine in fürsorgerischen und rechtlichen Fragen erfahrene Person handeln muss. Das kantonale Recht kann die Anforderungen näher umschreiben. Dabei ist es – anders als bei Art. 449a (Rosch, in: Rosch/Büchler/Jakob, Art. 449a N 3) – dem Kanton nicht verboten, das für gerichtliche Verfahren bestehende Anwaltsmonopol für die Vertretung vor Gericht auch hier anzuwenden. Aus Art. 450e Abs. 4 zweiter Satz kann grundsätzlich kein Anspruch abgeleitet werden, sich durch jemand anderen als einen patentierten und nach dem kantonalen Recht zugelassenen Anwalt vertreten zu lassen. Der Vertreter muss aber auch über Kenntnisse in fürsorgerischen Fragen verfügen, so dass nicht jeder Rechtsanwalt genügen wird. Eine Ausnahme bezüglich des Anwaltsmonopols ergibt sich allerdings aus Art. 432. Der Betroffene kann eine beliebige Person als Vertrauensperson bezeichnen (vorn Art. 432 N 6). Diese muss nicht nur selber zur Beschwerde legitimiert sein (Art. 432 N 12), sondern muss die betroffene Person auch in einem Beschwerdeverfahren vertreten können, falls die betroffene Person dies ausdrücklich wünscht.

32 Das Gebot der materiellen Wahrheit bedeutet, dass die Bestimmung nicht nur der betroffenen Person einen Anspruch auf einen Rechtsbeistand einräumt, sondern dem Gericht auch das Recht gibt, einen solchen **gegen den Willen der betroffenen Person** zu bestellen. Dies darf allerdings die Postulationsfähigkeit der betroffenen Person nicht einschränken.

Sie hat einen bundesrechtlichen Anspruch, *selber* gerichtliche Beschwerde führen zu können.

Art. 450e Abs. 4 zweiter Satz besagt nichts darüber, wer für die Kosten der Verbeiständung aufzukommen hat (zur ähnlichen Frage bei Art. 439, vgl. Art. 439 N 15). Die Bestimmung betrifft nicht den Anspruch auf **unentgeltliche** Rechtspflege (BGE 113 II 393). Ob der Rechtsbeistand durch das Gemeinwesen zu honorieren ist, beurteilt sich ausschliesslich nach Art. 29 Abs. 3 BV bzw. nach dem ggf. weitergehenden kantonalen Prozessrecht und für das Verfahren vor Bundesgericht nach Art. 64 BGG. Die unentgeltliche Rechtspflege muss nur gewährt werden, wenn neben der Notwendigkeit eines Beistandes die betroffene Person bedürftig ist und sich der Rechtsstreit nicht als aussichtslos erweist (vgl. zum früheren Recht: BGE 124 I 306). Letzteres bedeutet, dass das Armenrecht bspw. verweigert werden kann, wenn jemand wiederholt in kurzen Abständen Entlassungsgesuche stellt und anschliessend gerichtliche Beurteilung verlangt. **33**

Das **Rechtsverhältnis** zwischen der betroffenen Person und dem Rechtsbeistand gestaltet sich unterschiedlich, je nachdem, wie dieser bestellt worden ist: Wählt die von der FU betroffene Person selber einen Rechtsbeistand, so findet Art. 450e Abs. 4 keine Anwendung (zum alten Recht: BGer, ZVW 1988, 112 f.). Es handelt sich um ein privatrechtliches Auftragsverhältnis. Wird der Beistand vom Gericht bestellt, richtet sich das Verhältnis nach dem kantonalen Prozessrecht (zum alten Recht: ZK-Spirig, aArt. 397f ZGB N 72). **34**

Der Anspruch auf einen Rechtsbeistand bedeutet **nicht**, dass dieser auch bei **allen Beweiserhebungen anwesend sein muss**. Namentlich kann für die Begutachtung der betroffenen Person die Anwesenheit des Rechtsbeistandes ausgeschlossen werden, wenn dieser nachträglich in das Gutachten Einblick und zu den Schlussfolgerungen Stellung nehmen kann (BGE 119 Ia 260 ff.). **35**

Der Anspruch nach Art. 450e Abs. 4 besteht auch in einem Rechtsmittelverfahren **vor einer zweiten kantonalen Gerichtsinstanz** und vor Bundesgericht. Mit **Beschwerde in Zivilsachen** ist auch die Verletzung von Art. 450e Abs. 4 zu rügen. Eine gleichlautende Bestimmung des kantonalen Einführungsrechts zum ZGB hat keine selbständige Bedeutung, so dass eine Verletzung eine Bundesgesetzes geltend gemacht werden kann (BGE 107 II 315). **36**

6. Beschleunigungsgebot (Abs. 5)

Während das frühere Recht ein einfaches und rasches Verfahren vorschrieb (aArt. 397f Abs. 1), setzt das geltende Recht nur noch eine Frist, innert derer das Gericht zu entscheiden hat. Der Entwurf des Bundesrates hatte noch vorgeschrieben, dass das Gericht «ohne Verzug» entscheide. Erst im Nationalrat wurde die Frist von fünf Tagen eingefügt (AmtlBull NR 2008, 1539 f.) und in der Differenzenbereinigung dann noch mit den Wörtern «in der Regel» abgeschwächt (AmtlBull StR 2008, 882 f.; AmtlBull NR 2008, 1796 f.). Das Gebot eines einfachen Verfahrens schien dem Bundesrat schon durch die Bestimmung über die Anforderungen an die Beschwerde (Art. 450e Abs. 1) und den Untersuchungsgrundsatz (Art. 446) ausreichend sichergestellt (Botschaft Erwachsenenschutz, 7088). **37**

Das Gericht hat seinen Entscheid **innert fünf Arbeitstagen** zu fällen. Die Frist beginnt am Tag, nachdem die Beschwerde eingegangen ist, zu laufen und endet fünf Tage später um Mitternacht, wobei Samstage, Sonntage und kantonale Feiertage sowie der 1. August nicht mitzuzählen sind. Das Gericht muss vor Ablauf der Frist seinen Entscheid gefällt haben. Die Eröffnung kann dann am nächsten Tag oder, wenn dies kein Arbeitstag ist, am nächsten Arbeitstag erfolgen. Heisst allerdings das Gericht eine Beschwerde gut und **38** hebt damit eine freiheitsbeschränkende Massnahme auf, ist der Entscheid sofort zu eröffnen, nötigenfalls auch an einem Arbeitsfreien Tag.

39 Die in Art. 450e Abs. 5 festgehaltene Frist gilt für das erstinstanzliche Gericht, **nicht auch** für eine **zweite kantonale Instanz** und für das Bundesgericht. Die oberen Gerichte haben die entsprechenden Rechtsmittel aber mit Blick auf die Bedeutung dieser Verfahren für die betroffenen Personen ohne Verzug zu behandeln. Auch wenn das Gesetz dies nicht ausdrücklich vorsieht, ergibt sich aus der Natur der Sache und der Schwere des Eingriffs in die Rechtsstellung der betroffenen Person, der mit einer Anordnung im Bereich der FU verbunden sein kann, dass die Kantone ein einfaches und rasches Verfahren vorsehen müssen. Das in Art. 5 Ziff. 4 EMRK verankerte Gebot der Raschheit des Verfahrens gilt nicht nur für das erstinstanzliche gerichtliche, sondern auch für **Rechtsmittelverfahren**, wo solche vorgesehen sind (ZK-Spirig, aArt. 397f ZGB N 30). Insofern gelten die Grundsätze des früheren Rechts weiter (vgl. N 43 ff.).

40 Die gesetzliche Frist ist nur **«in der Regel»** einzuhalten. Die Bestimmung gilt folglich nicht als verletzt, wenn im konkreten Fall ein früherer Entscheid vernünftigerweise nicht möglich war (ZK-Spirig, aArt. 397f ZGB N 33). Zudem ist die Art des angefochtenen Entscheides zu berücksichtigen. Eine Verzögerung kann sich namentlich aus der Komplexität der sich stellenden Fragen ergeben. Namentlich, wenn auf eine FU nur verzichtet werden kann oder eine Entlassung nur möglich ist, wenn das Umfeld gewisse Betreuungsaufgaben übernimmt, können sich Abklärungen als notwendig erweisen, die nicht in fünf Tagen vorgenommen werden können. Demgegenüber kann eine Verzögerung nicht mit organisatorischen Problemen des Gerichts, wie Überlastung oder Terminprobleme, Ferien von Gerichtspersonen und Gutachtern etc. gerechtfertigt werden. Die Kantone haben die zuständigen Gerichte vielmehr mit Blick auf die gesetzliche Frist zu organisieren und mit Personal und Hilfsmitteln auszustatten.

41 Die **kurze Frist bedeutet**, dass das Gericht in dieser Zeit eine Stellungnahme der KESB und das Gutachten des Sachverständigen erhält und eine Verhandlung durchführt, an der die betroffene Person angehört werden kann. Sowohl die Stellungnahme der KESB wie auch das Gutachten des Sachverständigen können auch mündlich an der Verhandlung vorgetragen werden. Die KESB kann selbstverständlich auf eine Stellungnahme verzichten. Aber auch das muss dem Gericht innert der Frist mitgeteilt werden. Zudem kann es sich aus Sicht des Gerichts als notwendig erweisen, dass die KESB zu einzelnen Punkten Stellung nimmt. Dann sollte aber unter Umständen auch zwingend ein Vertreter der KESB an der Verhandlung teilnehmen. Nötigenfalls sind die zuständigen Personen der KESB und die sachverständige Person telefonisch zuzuschalten. Mit der modernen Technologie ist das ohne Weiteres in einer rechtsstaatlich unbedenklichen Weise möglich, z.B. über Raumlautsprecher.

42 Das Gesetz sieht **keine Sanktion** vor, wenn das Gericht nicht rechtzeitig entscheidet. Namentlich fällt dann der angefochtene Entscheid nicht einfach dahin. Es liegt dann aber eine Rechtsverzögerung vor, welche bei der nächsten Instanz gerügt werden kann. Entsteht der betroffenen Person aus der Verzögerung ein Schaden, haftet der Kanton (Art. 454 f.).

43 Wie ausgeführt, bedeutet die Bestimmung auch, dass über die Einhaltung der Frist hinaus, die Kantone ein **einfaches und rasches Verfahren** auch für das **weitere Rechtsmittelverfahren** vorsehen müssen. Mit Blick auf die Bedeutung, welche die FU für den Betroffenen hat, kommt der **materiellen** gegenüber der formellen **Wahrheit** entscheidende Bedeutung zu (Imhof, 162). Die materiell richtige Entscheidung darf nicht an prozessualen Hürden scheitern. Zudem muss die gerichtliche Beurteilung auch in der Rechtsmittelinstanz rasch erfolgen. Die Bedeutung des Entscheides erfordert es, dass die betroffene Person schnell weiss, ob die Freiheitsentziehung angebracht ist oder nicht. Wird die aufschiebende Wirkung nicht erteilt (vgl. N 12 ff.) oder ist die Abweisung eines Entlassungsgesuches zu beurteilen, dauert die möglicherweise nicht angebrachte Massnahme überdies regelmässig bis zum gerichtlichen Entscheid an. Ein rasches Verfahren ist deshalb bis zur Rechtskraft des Entscheides wichtig.

Für die Anforderungen an ein **einfaches und rasches Verfahren** kann auf die Rechtsprechung zum früheren Recht zurückgegriffen werden. Das Bundeszivilrecht kannte ein solches für die Kantone – teilweise unter anderer Bezeichnung – in einer Vielzahl von Rechtsgebieten (namentlich in den aArt. 281 Abs. 3, aArt. 280 Abs. 1, aArt. 329 Abs. 3 ZGB, aArt. 274d Abs. 1 und aArt. 343 Abs. 2 OR sowie aArt. 13 UWG). **44**

Das Bundesrecht schreibt den Kantonen nicht vor, ob diese einen **Einzelrichter oder ein Kollegialgericht** für den Entscheid als zuständig bezeichnen sollen (gl.M. IMHOF, 180). Mit einem einfachen und raschen Verfahren sind beide Lösungen vereinbar (BGE 115 II 133; BBl 1977 III 39). Es muss aber in jedem Fall sichergestellt sein, dass das Gericht ohne Verzug für den Entscheid zusammentreten kann. Das spricht jedenfalls bei nebenamtlicher Tätigkeit der Mitglieder für einen kleinen Spruchkörper. **45**

Mit Art. 397 f. Abs. 1 unvereinbar ist es, der gerichtlichen Beurteilung ein **Sühneverfahren** vorausgehen zu lassen (ZK-SPIRIG, aArt. 397f ZGB N 24, 53; IMHOF, 169). Damit würde das Verfahren unnötig verzögert und der Zugang zum Gericht erschwert. **46**

Das kantonale Rechtsmittel an eine obere Instanz muss **reformatorisch** sein (ZK-SPIRIG, aArt. 397f ZGB N 7). Es widerspräche dem Gebot, raschmöglichst zu einem rechtskräftigen Entscheid zu gelangen, wenn die oberen Instanzen den fehlerhaften Entscheid nur kassieren könnten und ein weiteres Verfahren vor der unteren Instanz notwendig würde. **47**

Das Beschleunigungsgebot verlangt insb., dass das Gericht das Rechtsmittel **ausserhalb der Reihenfolge** behandelt (ZK-SPIRIG, aArt. 397f ZGB N 50) und **Gerichtsferien** sowie **Rechtsstillstand** nicht gelten (ZK-SPIRIG, aArt. 397f ZGB N 56). Soweit das kantonale Recht irgendwelche **Minimalfristen** für Vorladungen, Stellungnahmen usw. vorsieht, können diese von Bundesrechts wegen **abgekürzt** werden. **48**

Dritter Unterabschnitt: Gemeinsame Bestimmung

Art. 450f

Im Übrigen sind die Bestimmungen der Zivilprozessordnung sinngemäss anwendbar, soweit die Kantone nichts anderes bestimmen.

En outre, si les cantons n'en disposent pas autrement, les dispositions de la procédure civile s'appliquent par analogie.

Per il resto si applicano per analogia le disposizioni del diritto processuale civile, salvo che il diritto cantonale disponga altrimenti.

Inhaltsübersicht

Literatur

Vgl. die Literaturhinweise zu Art. 443.

Materialien

Art. 13, 21 VE VKE 2003; VE VKE/Vernehmlassungen, 47 ff. und 59; Botschaft Erwachsenenschutz, 7088 und 7166 f.; Prot. RK-S vom 27./28.8.2007, 32; AmtlBull StR 2007, 840 f.; Prot. RK-N vom 24./25.4.2008, 43; AmtlBull NR 2008, 1540 f..

I. Allgemeines

1 Die Vorschrift ist überschrieben mit «gemeinsame Bestimmung». Es handelt sich um die einzige Norm dieses Abschnitts, weshalb eine rein systematische Betrachtungsweise den Schluss nahelegen würde, dass nur Art. 450f sowohl im Verfahren vor der KESB als auch im Rechtsmittelverfahren zur Anwendung gelangt. Eine weniger an der Systematik verhaftete Auslegung macht jedoch deutlich, dass auch zahlreiche andere Regeln, etwa jene von Art. 446, sowohl im Verfahren vor der KESB als auch im Rechtsmittelverfahren anwendbar sind (vgl. auch Art. 446 N 1).

2 Art. 450f verweist auf die ZPO als ergänzend anwendbare Verfahrensordnung. Die ZPO kommt allerdings nur **subsidiär** zur Anwendung, **soweit die Kantone nichts anderes vorsehen**. Das materielle Kindes- und Erwachsenenschutzrecht wird daher – anders als das materielle Recht der streitigen Zivilsachen oder das materielle Strafrecht – nicht von einem umfassenden gesamtschweizerischen Verfahrensrecht begleitet. Vielmehr gilt in jedem Kanton eine eigenständige, aus mehreren Rechtsquellen zusammengesetzte Verfahrensordnung, welche die Vorgehensweisen der mit Vollzugsaufgaben befassten Akteure – KESB, Beistände, Ärzteschaft nach Art. 429, Einrichtungen, Aufsichtsbehörden, externe Stellen nach Art. 446 Abs. 2, gerichtliche Beschwerdeinstanz – bestimmt. Es wird daher auch in Zukunft Unterschiede im Vollzug des Bundesrechts geben, deren Ursachen nicht in der unterschiedlichen Behördenorganisation, sondern im heterogenen Verfahrensrecht liegen. Allerdings sind nunmehr die **grundlegenden Verfahrensfragen**, welche im Interesse der Verwirklichung des materiellen Rechts einer einheitlichen Regelung bedürfen, im ZGB verankert. Diese Verfahrensbestimmungen bilden insoweit einen bundesrechtlich vereinheitlichten gesamtschweizerischen Standard (Botschaft Erwachsenenschutz, 7022). Dazu kommen die für die Rechtsanwendung ohnehin verbindlichen Verfahrensprinzipien mit Verfassungsrang und die dazu ergangene höchstrichterliche Rechtsprechung. So gesehen ist das Feld für divergierende kantonale Verfahrensregeln nicht mehr allzu weit.

3 Die verfassungsrechtliche Kompetenzordnung hätte es dem Bund erlaubt, selbst eine **umfassende Verfahrensordnung** für den Vollzug des materiellen Kindes- und Erwachsenenschutzrechts zu erlassen (Auer, Bundeskompetenzen, 201 f.; **a.M.** Marti, 249 FN 66, wonach dem Bund aufgrund des Umstands, dass auch Verwaltungsbehörden als zuständige Fachbehörden eingesetzt werden können, die nötige Gesetzgebungskompetenz für eine umfassende Bundesregelung des Verfahrens fehlt). Ein entsprechender Vorentwurf war denn auch im Rahmen der Vorarbeiten zur ZGB-Revision von Daniel Steck und weiteren Experten erarbeitet worden (vgl. die Hinweise auf den VE VKE 2003 in der Botschaft Erwachsenenschutz, 7010 f.). Da er aber in der Vernehmlassung unterschiedlich aufgenommen worden war, beschränkte sich der Bundesrat darauf, dem Parlament die Integration der wichtigsten Verfahrensgrundsätze in das ZGB vorzuschlagen und vom Erlass eines speziellen und umfassenden Verfahrensgesetzes abzusehen. Mitgespielt bei diesem Entscheid hat auch die mehrheitliche Ablehnung des im Vernehmlassungsentwurf vorgesehenen interdisziplinären Fachgerichts. Sie bewog den Bund dazu, den Entscheid über die Ausgestaltung der KESB als Gericht oder Exekutivfachbehörde den Kantonen zu

überlassen (Botschaft Erwachsenenschutz, 7073). Damit relativierte sich die Notwendigkeit einer umfassenden gesamtschweizerischen Verfahrensordnung.

II. System von Art. 450f

Art. 450f verankert folgende **kaskadenartige Ordnung**: Die wichtigsten Verfahrensregeln finden sich im ZGB (z.B. Art. 385, 419, 430, 433, 434, 439, 443–450f, 450g, 453; für den Kindesschutz 314–314b). Enthält das ZGB zu einer bestimmten Verfahrensfrage keine Regelung, so sind die Kantone befugt, ergänzende Verfahrensvorschriften zu erlassen. Sie können von dieser Regelungskompetenz unterschiedlich Gebrauch machen: 4

- durch den Erlass spezifischer ergänzender Vorschriften in ihrer Einführungsgesetzgebung,
- durch einen Verweis auf ihre Verwaltungsverfahrensordnung,
- durch einen Verweis auf eine andere bereits existierende Verfahrensordnung (z.B. bereits bestehende Verfahrensvorschriften im EG ZGB),
- durch *punktuelle* Verweise auf *spezifische* Vorschriften der ZPO oder
- durch eine Kombination einzelner oder mehrerer dieser Möglichkeiten.

Machen die Kantone von ihrer Regelungskompetenz nicht oder nur teilweise Gebrauch, so gelten ergänzend und sinngemäss die Vorschriften der ZPO. Diese kommen somit immer dann zur Anwendung, wenn ein Verfahrensaspekt weder im ZGB noch in der vom Kanton als ergänzendes Recht deklarierten Verfahrensordnung geregelt ist.

Der Subsidiärverweis auf die ZPO ist je nach gewählter Behördenorganisation keine ideale Lösung. Das Kindes- und Erwachsenenschutzrecht wird grösstenteils der **freiwilligen Gerichtsbarkeit** zugerechnet (AUER, Bundeskompetenzen, 192 f.; zur streitigen Gerichtsbarkeit gehört wohl einzig die Regelung des Besuchsrechts uneiniger Eltern nach Art. 315b Abs. 2). Die ZPO regelt aber nebst den streitigen Zivilsachen nur die *gerichtlichen* Anordnungen der freiwilligen Gerichtsbarkeit (Art. 1 lit. a und b ZPO). Nicht von ihr erfasst sind die *Administrativ*verfahren der freiwilligen Gerichtsbarkeit. Art. 450f verweist daher auf ein Prozessrecht, das gar nicht auf Eingriffsverfügungen von Exekutivfachbehörden und anderen Trägern öffentlicher Aufgaben (Ärzten, Einrichtungen usw.) zugeschnitten ist. Eine ergänzende Anwendung der ZPO führt insofern nur zu bedingt adäquaten Lösungen (vgl. auch die Vorbehalte bei STECK, in: Rosch/Büchler/Jakob, Art. 450f N 7 f.; eine Auflistung jener ZPO-Vorschriften, die sich als subsidiäres Verwaltungsprozessrecht eignen und jener, die tendenziell ungeeignet sind, findet sich bei MARTI, 271 f.). Freilich sollten die Unterschiede zwischen der ZPO und einer im Grundsatz besser passenden Verwaltungsverfahrensordnung auch nicht überbewertet werden (N 11). – Eine weitere Schwierigkeit des generellen Subsidiärverweises von Art. 450f besteht darin, dass die ZPO unterschiedliche Verfahrensarten mit je eigenständigen Sonderregeln enthält und der Verweis nicht näher konkretisiert, welche dieser Verfahrensarten und Sonderregeln im konkreten Fall gemeint sind. Das dürfte denn auch einer der Gründe dafür sein, dass die meisten Kantone vom «Angebot» des Bundesgesetzgebers, auf die ZPO zurückzugreifen, keinen Gebrauch gemacht, sondern stattdessen eigene spezifische Verfahrensbestimmungen erlassen und ergänzend ihre kantonale Verwaltungsverfahrensordnung als anwendbar erklärt haben (N 10). Das im Subsidiärverweis auf die ZPO liegende Potential einer Rechtsvereinheitlichung auch in den Nebenpunkten des Verfahrens hat sich daher nicht verwirklicht. 5

Offen gelassen – und somit **den Kantonen zur allfälligen Regelung übertragen** – hat das ZGB folgende Verfahrensaspekte: Rechtshängigkeit, Ausstandsgründe, Fristenlauf und Fristberechnung einschliesslich Fristenstillstand (Gerichtsferien), Verfahrensleitung und Verfahrensinstruktion, Vereinigung und Trennung von Verfahren, Sistierung, Art und 6

Weise der Sachverhaltserhebung (z.B. Delegation von Abklärungen an externe Stellen, Kompetenz zur Zeugeneinvernahme, Einzelaspekte bei der Einholung von Sachverständigengutachten), Aktenführung, Art und Weise der Entscheidfindung (z.B. Zulässigkeit des Zirkulationsverfahrens), Art des Geschäftsverkehrs zwischen den Behörden und den Verfahrensbeteiligten (mündlich, schriftlich, elektronisch), allfällige prozessuale Besonderheiten bei verfahrensleitenden Verfügungen und Zwischenverfügungen, Verfahrenskosten, Parteikostenentschädigung, unentgeltliche Rechtspflege, Ausgestaltung des Rechtsverhältnisses zum amtlichen Verfahrensbeistand nach Art. 449a, Zustellung, Form der Entscheide usw. (vgl. auch SCHMID, Art. 450f N 3). In all diesen Punkten ist es Sache der Kantone zu entscheiden, ob – und falls ja, auf welche Art und Weise (N 4) – sie den vom Bundesgesetzgeber nicht beanspruchten Legiferierungsspielraum nutzen.

7 Abgesehen von den im ZGB offenkundig nicht geregelten Verfahrensaspekten (N 6) ist die Frage, ob eine kantonale Regelungskompetenz besteht, nicht immer einfach zu beantworten: Wo das ZGB einen bestimmten Verfahrensaspekt regelt, kann unklar sein, ob die **Bundesregelung abschliessend** ist, so dass allfällige Interpretationsspielräume auf dem Weg der Rechtsanwendung und -fortbildung wahrzunehmen sind, oder ob die Kantone in Ergänzung zur ZGB-Norm legiferieren dürfen. **Im Zweifelsfall** ist davon auszugehen, dass eine nicht offenkundig unvollständige **ZGB-Regelung abschliessend** ist, wenn ihr mittels Auslegung eine Antwort auf die sich stellende Verfahrensfrage entnommen werden kann. Das lässt sich auch daraus ableiten, dass der Bundesgesetzgeber die Kantone in gewissen Bereichen ausdrücklich ermächtigt hat, einzelne Fragen einer an sich bundesrechtlich normierten Materie ergänzend zu regeln (z.B. Art. 454 Abs. 4: Verweis auf kantonales Recht zur Regelung des Rückgriffs im bundesrechtlich normierten Haftungsrecht; Art. 443 Abs. 2: Ermächtigung der Kantone zur Anordnung weiterer Meldepflichten neben der bundesrechtlich normierten Meldepflicht für staatliche Angestellte). Die (im Zweifelsfall vorzuziehende) Qualifikation einer ZGB-Norm als abschliessend fördert im Übrigen die Rechtsvereinheitlichung, da auf diese Weise letztendlich das Bundesgericht den Gehalt der Regelung für die ganze Schweiz verbindlich festlegt.

8 Auch dort, wo eine ZGB-Verfahrensvorschrift abschliessender Natur ist, kann es u.U. angezeigt sein, die Regelung **im kantonalen Einführungsrecht zu wiederholen** und sie gegebenenfalls näher auszuführen (z.B. Auflistung der zentralen Mitwirkungspflichten i.S.v. Art. 448 Abs. 1 ZGB, vgl. Art. 50 Abs. 1 KESG BE). Eine solche Art der Gesetzgebung ist geeignet, den rechtsanwendenden Behörden die Arbeit zu erleichtern, da sie den Überblick über die unterschiedlichen einschlägigen Rechtsquellen vereinfacht. Das ändert freilich nichts daran, dass das Bundesrecht dort, wo es abschliessend ist, allein massgebend ist und verbindlich den Rahmen für die kantonale Regelung absteckt.

III. Ergänzende Verfahrensbestimmungen der Kantone

9 Von der in Art. 450f erwähnten **Regelungskompetenz** – es handelt sich um einen *echten* Vorbehalt zu Gunsten des kantonalen Rechts, da der Bund an sich zur Regelung befugt wäre (N 3) – haben die meisten Kantone Gebrauch gemacht. Dabei haben sie i.d.R. spezifische zusätzliche Verfahrensvorschriften in ihren Einführungsgesetzen erlassen und darüber hinaus eine bestehende Rechtspflegeordnung für jene Fälle als subsidiär und ergänzend anwendbar erklärt, in denen die jeweilige Verfahrensfrage weder durch das ZGB noch das spezifische Einführungsrecht beantwortet wird.

10 Bei der Wahl des subsidiär und ergänzend anwendbaren Verfahrensrechts sind die Kantone unterschiedlich vorgegangen. Für das Verfahren vor der KESB hat die **Mehrheit** ihre jeweilige **Verwaltungsverfahrensordnung** als ergänzend anwendbar erklärt (z.B.

§ 47 Abs. 1 EG ZGB LU; § 36a EG ZGB SZ; Art. 72 KESG BE; Art. 10 EG KES SG; Art. 5 Abs. 1 EG ZGB VS). Eine **Minderheit** verweist für spezifische Verfahrensvorschriften ergänzend auf die **ZPO** oder bestimmte Teile davon (z.B. Art. 56 EG ZGB GR; § 42 Abs. 1 EG ZGB TG; § 11 LVPAE VD). In der Regel ist die Wahl der einen oder anderen Prozessordnung Folge der gewählten Behördenorganisation: Wo die KESB ein Gericht ist, gilt i.d.R. ergänzend die ZPO; wo es sich um eine Verwaltungsbehörde handelt, gilt oftmals ergänzend die kantonale Verwaltungsverfahrensordnung. Nicht in dieses Schema ordnen lässt sich der Kanton Zürich, dessen interkommunal organisierte Fachbehörden ergänzend zum ZGB und zum EG KESR die ZPO anwenden.

Der Entscheid des kantonalen Gesetzgebers für die eine oder andere denkbare Ergänzungsordnung (ZPO oder kantonales Verwaltungsverfahrensgesetz) sollte **nicht überbewertet** werden. Zum einen findet aufgrund der Rechtsprechung des Bundesgerichts zu den verfassungsmässigen Verfahrensprinzipien seit Jahren eine punktuelle Annäherung der verschiedenen Prozessordnungen statt. Zum anderen decken die kantonalen Verwaltungsrechtspflegeordnungen oftmals nicht sämtliche Verfahrensaspekte ab, sondern verweisen für gewisse Fragen ihrerseits auf die eidgenössische ZPO (so z.B. für das Beweisrecht, die Folgen der Verletzung von Ausstandsvorschriften, Partei- und Prozessfähigkeit, Rechtsnachfolge, Vorladung, unentgeltliche Rechtspflege; vgl. dazu auch Marti, 248 und 267 f.). Im Ergebnis kommt daher bei gewissen Fragen am Ende auch dort die ZPO zur Anwendung, wo der Kanton seine Verwaltungsverfahrensordnung als ergänzendes Verfahrensrecht vorgesehen hat. 11

Art. 450f ist auch im **Verfahren vor der gerichtlichen Beschwerdeinstanz** anwendbar (N 1). Es gelten somit dieselben Regeln wie im Verfahren vor der KESB (Kaskadenordnung, Regelungsbefugnisse der Kantone usw.). Das hindert nicht daran, die kantonalen Legiferierungsspielräume unterschiedlich wahrzunehmen. Einige Kantone sehen daher für die Verfahren vor den Rechtsmittelbehörden andere ergänzende Verfahrensvorschriften vor als für die Verfahren vor der erstinstanzlichen KESB. Zuweilen stellen sie darauf ab, ob es sich bei der Rechtsmittelinstanz um eine Verwaltungsrekursbehörde oder eine zivile Beschwerdeinstanz handelt (so z.B. St. Gallen, wonach gem. Art. 11 EG KES vor der Verwaltungsrekurskommission ergänzend die einschlägigen Bestimmungen des VRP SG und vor dem Kantonsgericht die Bestimmungen der ZPO gelten). Teilweise wird auch für ein oberinstanzliches Zivilgericht die Verwaltungsrechtspflegeordnung als anwendbar erklärt (z.B. Art. 72 KESG BE). 12

IV. «Sinngemässe» Geltung der ZPO

Soweit die Kantone nichts anderes vorsehen, gelten die Vorschriften der ZPO **«sinngemäss»**. Mit dieser Relativierung hat der Bundesgesetzgeber zum Ausdruck gebracht, dass die Regeln der ZPO nicht in jedem Fall strikt anzuwenden sind. Vielmehr ist stets der besonderen Natur des materiellen Rechts und der zu seiner Verwirklichung vorgesehenen Verfahrensgrundsätze (Untersuchungsgrundsatz, Offizialmaxime usw.) Rechnung zu tragen. Die Anwendung von ZPO-Vorschriften auf die Verfahren vor der KESB und der gerichtlichen Beschwerdeinstanz darf nicht zu einer Erschwerung oder Verhinderung der Verwirklichung dieser Grundsätze und des materiellen Rechts führen. Es kann daher je nach Situation notwendig sein, die ZPO-Normen «cum grano salis» anzuwenden bzw. gegebenenfalls davon abzuweichen. Ausserdem ist aus dem Prinzip der sinngemässen Anwendung zu folgern, dass von mehreren nicht deckungsgleichen ZPO-Regeln jene massgebend ist, die der Natur des Verfahrens und dem mit dem materiellen Recht verfolgten Zweck am besten entspricht (vgl. auch Schmid, Art. 450f N 2). 13

Vierter Unterabschnitt: Vollstreckung

Art. 450g

1 Die Erwachsenenschutzbehörde vollstreckt die Entscheide auf Antrag oder von Amtes wegen.

2 Hat die Erwachsenenschutzbehörde oder die gerichtliche Beschwerdeinstanz im Entscheid bereits Vollstreckungsmassnahmen angeordnet, so kann dieser direkt vollstreckt werden.

3 Die mit der Vollstreckung betraute Person kann nötigenfalls polizeiliche Hilfe beanspruchen. Unmittelbare Zwangsmassnahmen sind in der Regel vorgängig anzudrohen.

1 L'autorité de protection de l'adulte exécute les décisions sur demande ou d'office.

2 Si l'autorité de protection de l'adulte ou l'instance judiciaire de recours ont déjà ordonné les mesures d'exécution dans la décision, celle-ci est exécutable immédiatement.

3 La personne chargée de l'exécution peut, en cas de nécessité, demander le concours de la police. Les mesures de contrainte directes doivent, en règle générale, faire l'objet d'un avertissement.

1 L'autorità di protezione degli adulti esegue le decisioni su domanda o d'ufficio.

2 Se l'autorità di protezione degli adulti o l'autorità giudiziaria di reclamo ha già ordinato misure di esecuzione nella decisione, la stessa può essere eseguita direttamente.

3 Se necessario, la persona incaricata dell'esecuzione può chiedere l'intervento della polizia. Di regola, le misure coercitive dirette vanno previamente comminate.

Inhaltsübersicht

Literatur

Affolter, Unfähige Beistände, unfähige Eltern oder untaugliche Massnahmen?, ZVW 2010, 404 ff.; Auer, Bundeskompetenzen in Verfahren vor vormundschaftlichen Behörden, ZVW 2003, 188–206 (zit. Bundeskompetenzen); Auer/Müller/Schindler, Kommentar zum Bundesgesetz über das Verwaltungsverfahren (VwVG), Zürich 2008 (zit. VwVG Komm-Autor); Breitschmid, Zuständigkeit zur Anordnung von Kindesschutzmassnahmen im zivilprozessualen Vollstreckungsverfahren (Art. 275, 315, 315a ZGB), ZVW 1991, 139 ff.; Hegnauer, Vormundschaftsbehörde und persönlicher Verkehr. Ein Überblick, ZVW 1998, 169 ff.; ders., Darf die fürsorgerische Freiheitsentziehung zur Vertreibung auswärtiger Drogenabhängiger angeordnet werden?, ZVW 1994, 124 ff.; Koller; Das Bundesgericht und die Sieben-Tage-Regel zum Zweiten ..., Jusletter vom 17.5.2010; Kölz/Bosshart/Röhl, Kommentar zum Verwaltungsrechtspflegegesetz des Kantons Zürich, 2. Aufl., Zürich 1999; Maier, Aktuelles zu Eheschutzmassnahmen, Scheidungsgründen und Kinderbelangen anhand der Praxis der erst- und zweitinstanzlichen Gerichte des Kantons Zürich, AJP 2008, 72 ff.; Maissen, Die Zwangsvollstreckung nach Art. 343 ZPO, ZZZ 2010, 37 ff.; Marti, Die Vereinheitlichung des Zivil- und Strafprozessrechts, die Revision des Vormundschaftsrechts und das öffentliche Recht, ZBl 2007, 237–275; Meier, Compétences matérielles du juge matrimonial et des autorités de tutelle – Considérations théoriques et quelques cas partiques, ZVW 2007, 109 ff.; Merkli/Aeschlimann/Herzog, Kommentar zum Gesetz über die Verwaltungsrechtspflege im Kanton Bern, Bern 1997; Moor, Droit administratif, Vol. II: Les actes administratifs et leurs contrôle, 2. Aufl., Bern 2002; Rhinow/Koller/Kiss/Thurnherr/Brühl-Moser, Öffentliches Prozessrecht, 2. Aufl., Basel 2010; Spühler/Dolge/Gehri, Schweizerisches Zivilprozessrecht und Grundzüge des internationalen Zivilprozessrechts, 9. Aufl., Bern 2010; Staehelin/Bachofner, Vollstreckung im Niemandsland, in: Jusletter 16. April 2012; s. zudem die Literaturhinweise zu Art. 405 und Art. 450f.

Materialien

Art. 57 VE VKE 2003; VE VKE/Vernehmlassungen, 123 f.; Botschaft Erwachsenenschutz, 7089 und 7167; Prot. RK-S vom 27./28.8.2007, 32; AmtlBull StR 2007, 840 f.; Prot. RK-N vom 24./25.4.2008, 44; AmtlBull NR 2008, 1540 f.

I. Die Vollstreckungsordnung des zivilrechtlichen Kindes- und Erwachsenenschutzes

1. Minimalstandards des ZGB

Obwohl der Bund aufgrund der Justizreform 2000 die Kompetenz hätte, zum Kindes- und Erwachsenenschutz eine einheitliche Verfahrensordnung zu erlassen (Auer, ZVW 2003, 201 f.; **a.M.** Marti, 249 FN 66; Art. 450f N 3), hat er sich darauf beschränkt, nur soweit Verfahrensbestimmungen zu erlassen, als es der Verwirklichung des materiellen Rechts dringend einer einheitlichen bundesrechtlichen Regelung bedarf (Botschaft Erwachsenenschutz, 7088). Das gilt insb. auch für die **Vollstreckungsordnung** des zivilrechtlichen Kindes- und Erwachsenenschutzes. Die ins ZGB aufgenommene Regelung 1

- beschränkt sich auf die Zuweisung der *sachlichen Vollstreckungszuständigkeit* an die KESB (Abs. 1) und stellt damit klar, dass für die Vollstreckung behördlicher Verfügungen im Kindes- und Erwachsenenschutz auch dann nicht das Gericht zuständig ist, wenn für das Verfahren nach kantonalem Recht (Art. 450f ZGB) die ZPO massgeblich ist (Art. 335 ff. ZPO); 2
- ermöglicht die Vollstreckung nicht nur auf Antrag hin, wie dies dem Zivilprozess eigen ist, sondern auch von Amtes wegen, wie es das öffentliche Recht kennt; 3
- ermöglicht der KESB die *direkte Vollstreckung*, wenn die KESB oder die gerichtliche Beschwerdeinstanz mit dem Sachentscheid bereits Vollstreckungsmassnahmen angeordnet hat (Abs. 2), was mit Art. 337 Abs. 1 ZPO übereinstimmt; 4

5 – ermächtigt die mit der Vollstreckung beauftragte Person, *polizeiliche Hilfe* in Anspruch zu nehmen (Abs. 3), was sinngemäss Art. 343 Abs. 3 ZPO entspricht und nicht ausschliesst, dass auch die Behörde solche Hilfe anrufen kann (z.B. zur Vorführung eines geladenen Zeugen nach kantonalem Verfahrensrecht oder Art. 170 ZPO, SPÜHLER/DOLGE/GEHRI, § 46 Rz 176; vgl. N 65);

6 – verlangt i.d.R., dass *unmittelbare Zwangsmassnahmen* vorgängig anzudrohen sind (Abs. 3).

2. Zivilgerichtliche und behördliche Abgrenzung in Kinderbelangen

7 Aufgrund der **Doppelzuständigkeit von KESB und Gericht** bezüglich der Regelung von **Kinderbelangen** (Art. 133 und 134, 275, 315a und 315b) können sich in der Praxis nicht nur in der Anordnung eines Sachentscheides Abgrenzungsprobleme ergeben (MEIER, ZVW 2007, 109; BSK ZGB I-BREITSCHMID, Art. 315–315b N 8 f.; FamKomm Scheidung-BÜCHLER/WIRZ, Art. 134 i.V.m. Art. 315a/b N 32, 33a), sondern auch in der vorläufigen Einstellung oder Sistierung von getroffenen Regelungen (HEGNAUER, ZVW 1998, 179; BK-HEGNAUER, Art. 275 ZGB N 57) sowie bei der Vollstreckung der Entscheide.

8 Wenn das Gericht Kindesschutzmassnahmen anordnet und deren **Vollzug** gem. Art. 315a Abs. 1 i.f. der KESB überträgt (z.B. Wahl des geeigneten Pflegeplatzes nach Obhutsentzug, Regelung des Pflegevertrages des behördlich platzierten Kindes, Festlegen von Vollzugsmodalitäten zu einem Besuchsrecht, Ernennung eines Beistandes gem. Art. 308 oder eines Vormundes gem. Art. 327a und Aufsicht über deren Mandatsführung), ist die **KESB** gestützt auf Art. 450g auch für die Vollstreckung der von ihr verfügten Vollzugsmassnahmen zuständig, soweit sie einer Vollstreckung überhaupt zugänglich sind (N 42; MEIER, ZVW 2007, 115; BREITSCHMID, ZVW 1991, 140).

9 Das **Gericht** bleibt dagegen im Bereich der Kinderbelange für die Vollstreckung von Urteilen zuständig, welche wie die *Regelung des persönlichen Verkehrs* wegen ihres rechtsgestaltenden Charakters direkt wirksam sind und keines behördlichen Vollzugs bedürfen (BGer vom 25.2.2010, 5A_64/2010, E. 1.2). Dazu muss die Anordnung allerdings die für eine Vollstreckung erforderliche Bestimmtheit aufweisen (BK-BÜHLER/SPÜHLER, aArt. 156 ZGB N 351; BREITSCHMID, ZVW 1991, 140). Die gerichtliche Zuständigkeit gilt selbst dann, wenn zur Überwachung des Besuchsrechts eine Beistandschaft gem. Art. 308 Abs. 2 angeordnet worden ist. Solche Kindesschutzmassnahmen sind zwar durchaus auch als *mittelbare* Vollstreckungshilfen zu verstehen (BREITSCHMID, ZVW 1991, 144), der Beistand ist aber kein Vollstreckungsorgan zur Durchsetzung von Besuchsrechtsansprüchen (AFFOLTER, ZKE 2010, 407; BGer vom 7.6.2011, 5A_101/2011, ZKE 2011, 500 ÜR 94–11). Besuchsrechtsbelastete, welche sich der Realisierung eines *gerichtlich* festgelegten Besuchsrechts widersetzen und auch durch die Vermittlung eines Beistandes nicht zur Einhaltung ihrer Verpflichtungen angehalten werden können, sind daher gestützt auf Art. 343 ZPO durch das Gericht in die Pflicht zu nehmen (N 28; HEGNAUER, ZVW 1998, 177, 252 [Korrigendum]; BK-HEGNAUER, Art. 275 N ZGB 171; ZVW 1984, 75 ff. Nr. 4), wogegen die Vollstreckung der durch die KSB angeordneten Besuchsrechtsregelungen der KESB obliegt (Art. 450g).

3. Die ZPO als ergänzendes Recht

10 Systematisch ist die Vollstreckungsordnung von Art. 450g der Verweisungsnorm von Art. 450f nachgeordnet. Trotzdem gilt auch für die Vollstreckung, dass **ergänzend die ZPO Anwendung findet**, wenn die Kantone nichts anderes bestimmt haben (Botschaft

Erwachsenenschutz, 7089). Das bedeutet, dass für das Vollstreckungsverfahren zunächst immer auf die kantonalen Einführungsgesetze zurückzugreifen ist. Nur wenn diese

- keine eigenen Bestimmungen zur Vollstreckung enthalten, oder
- keinen Verweis auf ergänzendes kantonales Verwaltungsverfahrensrecht vornehmen, oder
- als ergänzendes Recht auf die schweizerische ZPO verweisen, oder aber
- das ergänzende kantonale Verwaltungsverfahrensrecht seinerseits bezüglich einzelner Regelungen auf die ZPO verweist (z.B. § 145 EG ZGB SO; Art. 9 Abs. 5, Art. 10 Abs. 2, Art. 13 Abs. 1, Art. 19 Abs. 2, Art. 44 Abs. 4, Art. 112 Abs. 2 VRPG BE),

sind die Bestimmungen der Art. 335 ff. ZPO für die Vollstreckung von Entscheiden der KESB – allerdings nur sinngemäss – anwendbar (z.B. im Kanton AG: Botschaft des Regierungsrats des Kantons AG an den Grossen Rat vom 27.4.2011, 22; Art. 1 EG ZGB GL). Sinngemäss bedeutet, dass nur Bestimmungen anwendbar sind, die im Kontext des Kindes- und Erwachsenenschutzes eine sachgerechte Lösung ergeben. Die auf das streitige Zweiparteienverfahren ausgelegten Vorschriften der Art. 335–352 ZPO sind nicht auf den Verwaltungsprozess zugeschnitten, welcher für die Anordnung und Vollstreckung öffentlichrechtlicher Entscheide (wozu solche des Kindes- und Erwachsenenschutzes gezählt werden, BGE 137 III 67 E. 3.5) grundsätzlich massgeblich ist (Art. 450f N 5; Marti, ZBl 2007, 272). Mit Art. 450g ZGB erhalten diese zivilprozessualen Bestimmungen im Bereich der Vollstreckung eine begrenzte und soweit von der Natur des Kindes- und Erwachsenenschutzes her erforderliche Anpassung an das Verwaltungsverfahren (N 12–20, 59).

4. Kantonale Verfahrensordnungen

Kantonales Verfahrensrecht gilt namentlich auch dann für die Vollstreckung, wenn die Kantone nicht ausdrücklich die Vollstreckung regeln, sondern generell «für die Verfahren vor der Kindes- und Erwachsenenschutzbehörde» ergänzend kantonales Recht als anwendbar erklären (z.B. Art. 72 KESG BE; Art. 56 EG ZGB GR; § 47 EG ZGB LU; § 36a EG ZGB SZ; § 145 EG ZGB SO; Art. 12 KESG SG; § 19 KESG BS bezüglich des gerichtlichen Verfahrens. ZH verweist in § 41 des EG KESR auf die Bestimmungen jenes Gesetzes, auf das Gerichtsorganisationsgesetz und subsidiär auf die ZPO). Weil Art. 450g Abs. 1 ZGB die sachliche Vollstreckungszuständigkeit generell der KESB zuweist (N 56), soweit es nicht um die Vollstreckung gerichtlicher Entscheide geht, N 27–29), handelt es sich auch bei den Vollstreckungsverfahren im Kindes- und Erwachsenenschutz immer um «Verfahren vor den Kindes- und Erwachsenenschutzbehörden». 11

Soweit die ZPO anwendbar ist, weil die Kantone nichts Abweichendes geregelt haben oder weil sie ausdrücklich darauf verweisen, gelten 12

- für die **Vollstreckbarkeit** eines Entscheides Art. 336 ZPO; 13
- für die Vollstreckung **vorsorglicher Massnahmen** Art. 435 und 445 Abs. 1 und 2 i.V.m. Art. 450g und 450c ZGB, wogegen Art. 315 ZPO auf die vorsorglichen Massnahmen, welche dringend nötige Hilfe sicherstellen wollen, keine Anwendung findet (Gasser/Rickli, Art. 315 ZPO N 6); 14
- bezüglich Voraussetzung der **direkten Vollstreckung** Art. 450g Abs. 2 ZGB; 15
- bezüglich **Einleitung eines Vollstreckungsverfahrens** und **Anforderungen an ein Vollstreckungsgesuch** Art. 338 ZPO, mit der Ausnahme, dass das Gesuch nicht an das Vollstreckungsgericht, sondern an die KESB zu richten ist (Art. 450g Abs. 1 ZGB); 16
- bezüglich der sachlichen und örtlichen **Zuständigkeit der Vollstreckungsbehörde** generell Art. 450g Abs. 1 ZGB; 17

18 – bezüglich **Ablauf des Vollstreckungsverfahrens** nach der hier vertretenen Auffassung Art. 443–449b ZGB sowie sinngemäss Art. 341–343 ZPO. Ist zwischen dem Zeitpunkt des Sachentscheides und jenem des Vollstreckungsentscheides ein massgeblicher Zeitraum verstrichen oder haben sich seither die Verhältnisse verändert, muss je nach Streitgegenstand auch eine nochmalige persönliche Anhörung (Art. 447 ZGB) in Betracht gezogen werden, soweit das rechtliche Gehör i.S.v. Art. 341 Abs. 2 ZPO der Sache nicht gerecht werden kann (N 61). Art. 339 ZPO (mit Ausnahme von Abs. 1 lit. c) ist dagegen weder hinsichtlich der örtlichen Zuständigkeit noch des vorgesehenen Summarverfahrens (das dem Kindes- und Erwachsenenschutzverfahren fremd ist) auf das Kindes- und Erwachsenenschutzverfahren zugeschnitten und deshalb unvereinbar mit den Bestimmungen des ZGB (N 59);

19 – bezüglich **sichernder Massnahmen** der KESG Art. 445 ZGB sowie Art. 340 und 343 ZPO;

20 – bezüglich **Rechtsmitteln** gegen die Vollstreckungsverfügung Art. 439 ZGB (u.a. bei ärztlicher fürsorgerischer Unterbringung) und Art. 450 ZGB (bezüglich aller anderen Entscheide der KESB). Für Dritte stünde gem. Art. 346 i.V.m. Art. 319 ff. ZPO ausserdem die gegenüber der Berufung (Art. 308 ff. ZPO) subsidiäre Beschwerde zur Verfügung, wofür allerdings kein erkennbarer Bedarf besteht, weil «Personen, die ein rechtlich geschütztes Interesse an der Aufhebung oder Änderung des angefochtenen Entscheides haben», die (mit umfassender Kognition ausgestaltete) Beschwerde nach Art. 450 Abs. 2 Ziff. 3 ZGB zur Verfügung steht.

21 Die **Rückführung entführter Kinder** richtet sich nach Art. 3 ff. und die Vollstreckung von Rückführungsentscheiden nach Art. 12 BG-KKE (SR 211.222.32). Demnach ist für die Behandlung von Rückführungsgesuchen als einzige Instanz das obere Gericht des Kantons, in dem sich das Kind im Zeitpunkt der Einreichung des Gesuchs aufhält, zuständig, während für die Vollstreckung die vom Kanton bezeichneten einzigen Behörden zuständig sind (eine Übersicht über die kantonalen Behörden findet sich unter ‹http://www.bj.admin.ch/content/dam/data/gesellschaft/internationaler_kinderschutz/adressliste-zentralbehoerde-d.pdf› (besucht 20.4.2012).

II. Begriff und Anwendungsbereich der Vollstreckung

1. Begriff

22 Mit der Vollstreckung werden verbindliche, autoritativ erlassene behördliche Entscheidungen, welche zu einem Tun, Unterlassen oder Dulden verpflichten (vgl. N 33), im Falle der nicht freiwilligen Erfüllung **zwangsweise mit den Machtmitteln des Staates** durchgesetzt. Terminologisch wird deshalb auch von *Zwangsvollstreckung* gesprochen. Das Ziel besteht in der Verwirklichung einer Sachlage, welche durch die vollstreckbare Entscheidung angestrebt wird. Erst mit einer einwandfreien Vollstreckungsordnung ist die Rechtsverwirklichung gewährleistet (SPÜHLER/DOLGE/GEHRI, § 59 Rz 1).

23 Zu unterscheiden sind exekutorische und repressive Zwangsmittel (KÖLZ/HÄNER, Rz 383). Erstere dienen der *unmittelbaren* Durchsetzung, Letztere der Prävention und Sühne, wobei gewisse repressive Mittel wie die Ordnungsbusse (Art. 343 Abs. 1 lit. b und c ZPO) oder die Ungehorsamsstrafe (Art. 292 StGB) aus dem Grenzbereich zwischen Straf- und Verwaltungsrecht durchaus auch der Durchsetzung dienen, wenn auch bloss mittelbar (KÖLZ/HÄNER, Rz 383; RHINOW/KOLLER/KISS/THURNHERR/BRÜHL-MOSER, Rz 1274 f.). Als **exekutorische** Zwangsmittel stehen im Bereich des Kindes- und Erwachsenenschutzes die *Ersatzvornahme* auf Kosten des Verpflichteten (z.B. Erstellen einer Abrechnung zulasten

eines säumigen Beistandes, N 67; BGE 137 III 637 E. 1.2; BGer vom 8.7.2011, 5D_62/2011, E. 1.1) und *unmittelbarer Zwang* gegen die Person oder an ihren Sachen (z.B. Zuführung an einen Pflegeplatz, Zwangseinweisung in eine Klinik oder ein Heim, Kontosperre) im Vordergrund. Als **repressives** Zwangsmittel bieten sich namentlich die Androhung der Ungehorsamsstrafe nach Art. 292 StGB und die Ordnungsbusse nach Art. 343 Abs. 1 lit. b und c ZPO an, soweit als ergänzendes Recht die ZPO und nicht kantonales Verfahrensrecht anwendbar ist (Art. 450f ZGB).

Von der Vollstreckung behördlicher Entscheide sind Begehren um die Durchsetzung **gesetzlicher Ansprüche** (z.B. elterliche Sorge) zu unterscheiden. Diese werden von Art. 450g nicht erfasst. Eine unverheiratete Mutter beispielsweise, welcher ihr Kind durch den nicht sorgeberechtigten Vater vorenthalten wird und welche im zivilrechtlichen Befehlsverfahren um Durchsetzung ihrer Sorge (Art. 298 Abs. 1) ersucht, wird auf ein im weitesten Sinne als Kindesschutzverfahren zu verstehendes Befehlsverfahren vor den KSB verwiesen, welche unter dem zentralen Aspekt des Kindeswohls und gestützt auf die Offizialmaxime und den Untersuchungsgrundsatz über das Gesuch zu entscheiden hat. Für ein *zivilgerichtliches* Befehlsverfahren fehlt mithin in solchen Fällen die sachliche Zuständigkeit (BezGer ZH vom 12.4.2011, FamPra.ch 2011, 777 mit einem Kommentar von D. STECK). **24**

2. Anwendungsbereich

Die Vollstreckung bezieht sich auf **Entscheide der KESB**. Diese werden aufgrund der kantonalen Behördenorganisation (Art. 440 Abs. 1) entweder durch administrative oder gerichtliche Behörden erlassen und betreffen Angelegenheiten aus dem zivilrechtlichen Bereich des Kindes- und Erwachsenenschutzes (zur Rechtsnatur vgl. BGer vom 3.11.2011, 5A_582/2011, E. 3.2. [in der amtlichen Publikation von BGE 137 III 531 nicht enthalten]). Es kann sich dabei **25**
- um Entscheide der KESB bezüglich der Einschränkungen der Bewegungsfreiheit durch Wohn- und Pflegeeinrichtungen (Art. 385);
- um *verfahrensleitende Verfügungen* der KESB;
- um von der KESB angeordnete *vorsorgliche Massnahmen*;
- um *erstinstanzliche* Entscheide der KESB;
- um *Beschwerdeentscheide* der KESB in ihrer Funktion als Instanz zur Behandlung von Beschwerden gegen Handlungen der Beistände (Art. 419), oder
- um *Rechtsmittelentscheide* der gerichtlichen Beschwerdeinstanz handeln (Botschaft Erwachsenenschtz, 7089; SCHMID, Art. 450g N 4).

Ausgenommen sind Entscheide, welche Verfahrenskosten, Parteientschädigungen und Mandatsentschädigungen sowie Spesenersatz an den Beistand (Art. 404) betreffend. Diese unterliegen der Vollstreckung nach den Bestimmungen des SchKG (Art. 335 Abs. 2 ZPO; vgl. N 43 und 69). **26**

Die Vollstreckung von *Entscheiden des Bundesgerichts* richtet sich, soweit sie zur Zahlung einer Geldsumme oder zur Sicherheitsleistung in Geld verpflichten, gem. Art. 69 BGG (SR 173.110) nach dem SchKG (SR 281.1). Entscheide aus dem Bereich des Kindes- und Erwachsenenschutzes (Art. 72 Abs. 2 lit. b Ziff. 6 BGG) sind von den Kantonen in gleicher Weise zu vollstrecken wie die rechtskräftigen Urteile ihrer Gerichte (Art. 70 BGG). Damit obliegt den KESB auch der Vollzug bundesgerichtlicher Urteile, wenn sie (oder im Falle einer FU ein Arzt) und nicht ein eherechtliches Gericht (bezüglich Kinderbelangen) erstinstanzlich involviert waren. **27**

Soweit in **eherechtlichen Verfahren** das Gericht die KESB mit dem Vollzug von Kindesschutzmassnahmen betraut (Art. 315a Abs. 1 ZGB), obliegt der KESB auch die Vollstre- **28** ckung von Gerichtsurteilen (Schmid, Art. 450g N 4; KUKO ZGB-Steck, Art. 450g N 3). Dagegen ist es nicht Sache der KESB, die Parteien direkt verpflichtende gerichtliche Urteile (z.B. Besuchsrechtsregelungen) zu vollstrecken. Die diesbezügliche Zuständigkeit verbleibt beim Gericht bzw. der gerichtlichen Rechtsmittelinstanz (Art. 267, 315 Abs. 2 und 5, 325 Abs. 2, 339 ZPO). Die KESB vollstreckt nur von ihr verfügte Regelungen (z.B. Besuchsrechtsregelungen gestützt auf Art. 275 oder 134 Abs. 4 i.V.m. Art. 315b Abs. 2 ZGB) oder ergänzende Anordnungen zu Gerichtsurteilen, zu deren Erlass sie vom Gericht beauftragt worden ist (Hegnauer, ZVW 1998, 177, 252 [Korrigendum]; BK-Hegnauer, Art. 275 ZGB N 171; Breitschmid, 1991, 140; ZVW 1984, 75 ff.).

29 Die Vollstreckung von Urteilen des Bundesgerichts, welche *auf Klage hin* entschieden wurden – das betraf nach altem Recht namentlich **negative Kompetenzkonflikte** unter den Behörden verschiedener Kantone gem. Art. 189 Abs. 1 lit. d BV und Art. 120 Abs. 1 lit. b BGG (BGer vom 24.10.2011, 5E_1/2011; vom 17.5.2005, 1P.670/2004, ZVW 2005, 281, ÜR 76–05; BGE 129 I 419; ZVW 2003, 460 ff. Nr. 3) – richtete sich gem. Art. 70 Abs. 3 BGG nach den Bestimmungen der Art. 74–78 BZP (SR 273). Sie ist mit dem revidierten Verfahrensrecht im Kindes- und Erwachsenenschutz nicht mehr von Relevanz. Nach nun geltendem Recht werden negative Kompetenzkonflikte durch die Verfahrensregelung von Art. 444 Abs. 4 bestimmt: Zur Beilegung von Meinungsunterschieden zwischen Kantonen über die örtliche Zuständigkeit bedarf es nicht mehr des umständlichen Weges über die bundesrechtliche Klage gem. Art. 120 Abs. 1 lit. b BGG. Vielmehr hat die gerichtliche Beschwerdeinstanz der erstbefassten Behörde diesbezüglich einen Entscheid zu treffen, welcher mittels zivilrechtlicher Beschwerde (Art. 72 Abs. 2 lit. b Ziff. 6) beim Bundesgericht angefochten werden kann (Botschaft Erwachsenenschutz, 7076 f.). Dessen Entscheid ist dann wiederum nach Art. 70 BGG i.V.m. Art. 450g ZGB durch die erstbefasste KESB zu vollziehen.

30 **Keiner Vollstreckung** zugänglich sind ihrer Natur nach *feststellende* oder *rechtsgestaltende* Akte (Kölz/Bosshart/Röhl, vor §§ 29–31 N 1). Das trifft auf eine Mehrzahl von Entscheiden der KESB zu: Validierte Vorsorgeaufträge vermitteln dem Beauftragten die nötige Handlungsmacht, angeordnete Beistandschaften bedürfen nicht der Vollstreckung, weil der rechtskräftig eingesetzte Beistand kraft seiner Ernennung seines Amtes walten kann, die Einschränkung oder der Entzug der Handlungsfähigkeit oder die Übertragung der elterlichen Sorge wirken unmittelbar ohne Vollstreckungsbedarf. Daher beschränken sich die Vollstreckungsverfügungen der KESB vor allem auf repressive Massnahmen gegen Verweigerungshaltungen bei der Ausübung des persönlichen Verkehrs, allenfalls auf die Wegnahme eines gefährdeten Kindes, auf die Unterbringung Minderjähriger und Erwachsener gestützt auf eine FU sowie auf Massnahmen zur Inventarerstellung und Inbesitznahme von zu verwalteten Vermögen.

31 Ohne Anspruch auf Vollständigkeit sind keiner Vollstreckung zugänglich:

- Übertragung der gemeinsamen elterlichen Sorge (Art. 298a Abs. 1) oder deren Neuzuteilung (Art. 298a Abs. 2);
- Übertragung der elterlichen Sorge an den Vater (Art. 298 Abs. 2) oder an einen andern Elternteil (Art. 298 Abs. 3);
- Anordnung eines Verfahrensbeistandes (Art. 314a^{bis} und 449a ZGB, Art. 6 Abs. 2 und 9 Abs. 3 BG-KKE);
- Anordnung einer Vormundschaft für Minderjährige (Art. 298 Abs. 2, Art. 327a–c);
- Anordnung einer Beistandschaft für Minderjährige unter Einschluss des parziellen Entzugs der elterlichen Sorge (Art. 306 Abs. 2, Art. 308, 309, 325, Art. 17 BG-HAÜ);
- Einschränkungen der Kindesvermögensverwaltungsbefugnisse der Eltern (Art. 318 Abs 3, 324);

- Instruktion des Vorsorgebeauftragten und Ausstellung einer Ernennungsurkunde (Art. 363 Abs. 3);
- Auslegung und/oder Ergänzung eines Vorsorgeauftrages (Art. 364);
- Auslegung einer Patientenverfügung und Anordnung entsprechender Massnahmen (Art. 373);
- Zustimmung zu ausserordentlichen Vermögensverwaltungshandlungen des Ehegatten oder eingetragenen Partners Urteilsunfähiger (Art. 374 Abs. 3);
- Ausstellen von Vertretungsvollmachten an Ehegatten oder eingetragene Partner Urteilsunfähiger (Art 376);
- Bestimmung einer vertretungsberechtigten Person für Urteilsunfähige bei medizinischen Massnahmen (Art. 381 Abs. 2);
- Zustimmung zu Rechtsgeschäften, Auftrag an eine Drittperson, Bezeichnung einer Aufsichtsperson oder andere Vorkehrungen zur Vermeidung einer Beistandschaft (Art. 392);
- Anordnung einer Beistandschaft für Erwachsene (Art. 393–398, 403);
- parzielle Einschränkung der Handlungsfähigkeit (Art. 394 Abs. 2);
- Genehmigung von Rechtsgeschäften von Verbeiständeten (Art. 416 f.);
- Entgegennahme des Inventars (Art. 405 Abs. 2);
- Genehmigung von Rechnung und Bericht (Art. 415 i.V.m. 410, 411) oder Befreiung von der Rechnungs- und Berichtsablage (Art. 420);
- Entlassung aus dem Amt (Art. 422, 423);
- Entlassung aus der FU (Art. 426 Abs. 3 und 4 i.V.m. Art. 428).

Haben das Gericht oder die KESB Anordnungen über den persönlichen Verkehr (Besuchs-, Feiertags- und Ferienrecht, übrige Kontaktregelungen) getroffen, so bildet nicht der persönliche Verkehr an sich Gegenstand der Vollstreckung, sondern **das für dessen Realisierung nötige Verhalten** der Verkehrsbelasteten oder -berechtigten (BK-Hegnauer, Art. 275 ZGB N 151, 157; Hegnauer, ZVW 1998, 177). 32

Vollstreckungsfähig und -bedürftig ist ein Entscheid nur, wenn er zu einem **Tun, Dulden oder Unterlassen** verpflichtet und der pflichtigen Person im Einzelfall klar, verlässlich und definitiv darüber Aufschluss gibt, wie sie sich zu verhalten habe (BGer vom 25.6.2003, 5C.105/2003, E. 2.2.; VwVG Komm-Gächter/Egli, Art. 39 N 14; Kölz/Bosshart/Röhl, vor §§ 29–31 N 1; Merkli/Aeschlimann/Herzog, Art. 117 N 2; BK-Hegnauer, Art. 275 ZGB N 151). Im Bereich des Kindes- und Erwachsenenschutzes findet die Vollstreckung, namentlich der **unmittelbare Zwang**, selbst da, wo er von der Sache her möglich ist, nur zurückhaltend Gebrauch, weil die Entscheide der KESB grundsätzlich nicht gegen die schutzbedürftige Person gerichtet sind, sondern ihrem Wohl dienen. Nur wenn Dritte den Schutz vereiteln oder sich die Person ihrem wohlverstandenen und unverzichtbaren Schutz entzieht, muss und soll ausnahmsweise auf unmittelbaren Zwang zurückgegriffen werden (Hegnauer, ZVW 1998, 178). In der Praxis kann sich insb. in folgenden Fällen ein Bedarf nach Anordnung einer Zwangsvollstreckung und nach dem Einsatz repressiver oder exekutorischer Mittel ergeben: 33

- Verpflichtungen an die **besuchsbelastete Person**, ein Kind der besuchsberechtigten Person zur Verfügung zu halten oder zuzuführen (vgl. N 9, 27, 28, 51, 53–55). In der Regel beschränken sich die Vollstreckungsmassnahmen auf psychischen Zwang, namentlich die Androhung der Ungehorsamsstrafe gem. Art. 292 StGB oder im Falle der Anwendbarkeit der ZPO Ordnungsbussen gem. Art. 343 Abs. 1 lit. b und c ZPO (BGer vom 25.2.2010, 5A_64/2010; vgl. im Einzelnen BK-Hegnauer, Art. 275 ZGB N 158 ff.). In ausgesprochenen Ausnahmefällen kann auch bei einer Besuchsrechtsverweigerung unmittelbarer (polizeilicher) Zwang zur Anwendung gelangen, was aber nur dann denkbar ist, wenn dadurch den Anliegen eines Kindes entsprochen wird, denn die 34

Schranken der Vollstreckung werden durch das Wohl des Kindes und dessen Persönlichkeitsrechte beschränkt (MEIER/STETTLER, Rz 770–772; HEGNAUER, ZVW 1998, 177);

35 – **Ermahnungen oder Weisungen an Eltern, Pflegeeltern oder Kind** gem. Art. 307 Abs. 3 oder Art. 273 Abs. 2 zu einem bestimmten Tun oder Unterlassen, namentlich das Kind unter festgelegten Konditionen in die *Krippe* oder einen *Hort* in Tages- oder Teilzeitbetreuung zu geben, es *medizinischer (somatischer oder psychiatrischer) Pflege, psychologischer Betreuung* oder *zusätzlicher schulischer Unterstützung* zuzuführen, Weisung an die Eltern, sich einer *Mediation bzw. Gesprächstherapie* zu unterziehen (BGer vom 20.2.2012, 5A_852/2011, E. 6; vom 9.12.2009, 5A_457/2009, E. 4.3) oder sich in eine *PAS-Therapie* zu begeben (BGer vom 11.6.2010, 5A_140/2010, E. 3.2) oder Weisungen anderer Natur, welche *sämtliche Bereiche elterlichen Handeln* betreffend können (BGE 136 III 353 E. 3.3). Als Zwangsmittel bieten sich auch hier in erster Linie der psychologische Zwang an (Androhung der Ungehorsamsstrafe gem. Art. 292 StGB oder im Falle der Anwendbarkeit der ZPO Ordnungsbussen gem. Art. 343 Abs. 1 lit. b und c ZPO);

36 – Vorführung eines ordentlich geladenen, aber nicht erschienenen **Zeugen** nach kantonalem Verfahrensrecht oder Art. 170 ZPO (SPÜHLER/DOLGE/GEHRI, § 46 Rz 176). Als Zwangsmittel bieten sich sowohl der psychologische Zwang als auch die polizeiliche Zuführung an, sofern dies verhältnismässig erscheint (Art. 5 und 36 BV);

37 – Vorführung von **Verfahrensbetroffenen** zur Anhörung und Auskunftserteilung nach den Regeln der Untersuchungsmaxime (Art. 448 Abs. 1; BGer vom 29.6.2011, 5A_150/2011, E. 3.5.1, wonach die KESB in der Offizialmaxime unterliegenden Verfahren auch auf unübliche Art Beweise erheben kann). Die Zwangsmittel werden hier insb. mit Rücksicht auf das verfolgte Betreuungsziel sehr sorgfältig auszuwählen sein, wobei nicht nur die Frage der Verhältnismässigkeit (Art. 5 und 36 BV), sondern auch der längerfristigen Vertrauensbildung in Betracht zu ziehen ist. Im Erwachsenen- wie im Kindesschutz müssen die Interventionen auf das Wohl und den Schutz der Person ausgerichtet sein (Art. 388, 307), was immer eine sorgfältige Abwägung zwischen behördlichem Durchsetzungsbedarf einerseits, Belastbarkeit, Schutzbedarf und Verletzlichkeit der Adressaten andererseits bedingt. Es wäre unzulässig, ein als Rettungsdampfer konzipiertes Institut zu einem getarnten Kanonenboot umzufunktionieren (HEGNAUER, ZVW 1994, 127.

38 – **Zuführung eines Minderjährigen** an den Pflegeplatz, an die Klinik oder Einrichtung nach erfolgtem Obhutsentzug, wenn es von den bisher Obhutsberechtigten nicht überbracht wird oder sich selbst der gestützt auf Art. 310 oder 314b verfügten Platzierung entzieht. Wenn alles pädagogische Geschick nicht greift, bedarf es hier der sprichwörtlichen «Zwangsbeglückung» manu militari, wenn dadurch das Kindeswohl nicht verletzt wird (AFFOLTER, ZVW 2003, 397 f.; GUMPINGER, 11 ff.; TROTTER, 121 ff.; BK-HEGNAUER, Art. 275 ZGB N 161; HEGNAUER, ZVW 1998, 178);

39 – **fürsorgerische Unterbringung einer volljährigen Person** zur Behandlung in der Klinik (Art. 426, 429) oder zur **Begutachtung** (Art. 449). Vgl. hiezu auch N 37 und 38;

40 – Informationsbeschaffung anlässlich der **Inventaraufnahme** (Art. 405 Abs. 4; Art. 405 N 37);

41 – Anordnungen der KESB im Rahmen ihrer **Aufsichtspflicht** (Art. 419), namentlich vorsorgliche Massnahmen (Art. 445) im Rahmen eines Entlassungsverfahrens gegen einen Beistand (Art. 423) oder bei Ausbleiben einer Schlussrechnung (Art. 425) und Übergabe der Vermögen an die Berechtigten.

Gewisse Massnahmen des Kindes- und Erwachsenenschutzes bleiben von der Natur der Sache her **nur durch mittelbaren Zwang** oder **real gar nicht** durchsetzbar. Es sind Anordnungen, welche auf die Beeinflussung «innere Vorgänge» bei den Verfügungsadressaten abzielen und welche nur von den Adressaten selbst umgesetzt werden können. Zu denken ist an die generelle Weisung einer KESB gem. Art. 419 gegenüber dem Mandatsträger, vertrauensbildende Betreuungsmassnahmen zu treffen (Art. 406 Abs. 2), oder Ermahnungen gem. Art. 307 an Eltern, ihren Kindern gegenüber den nötigen Respekt, die nötige Aufmerksamkeit und Priorität einzuräumen (Art. 301 und 302), oder die Ermahnung eines Besuchsberechtigten gem. Art. 273 Abs. 2, die Besuchszeiten mit altersadäquaten Aktivitäten zu gestalten. Die Missachtung solcher Weisungen oder Ermahnungen hat nicht die Zwangsvollstreckung zur Folge, sondern führt bestenfalls zu einer Anpassung oder Umgestaltung der Rechtsbeziehungen (z.B. Entlassung des Beistandes gem. Art. 423, Anordnung zusätzlicher Kindesschutzmassnahmen wie eine sozialpädagogische Familienbegleitung [Art. 307 Abs. 3], eine Erziehungsbeistandschaft [Art. 308], Entzug der Obhut nach Art. 310 oder Einschränkung, Entzug bzw. Verweigerung des Besuchsrechts gem. Art. 274 Abs. 2). Auch eine gestützt auf Art. 273 Abs. 2 erlassene Ermahnung an die gesetzliche Pflicht gem. Art. 274 Abs. 1, alles zu unterlassen, was das Verhältnis des Kindes zum andern Elternteil beeinträchtigt oder die Aufgabe der erziehenden Person erschwert, kann nur der Verfügungsadressat alleine «vollstrecken» und ist ausschliesslich von dessen Einsicht, Kompetenz und Gehorsam abhängig. Weisungen, welche auf ein bestimmtes Beziehungsverhalten abzielen oder eine bestimmte Haltung (Respekt) oder gar innere Beziehungsgestaltung (z.B. Zuneigung) anstreben, finden deshalb ihre Grenzen am Willen, Wollen und Können der Betroffenen und sind direkter staatlicher Vollstreckung entzogen. Diesen Tatsachen ist bei der Wahl der Vollstreckungsmittel im Rahmen der **Verhältnismässigkeitsprüfung** Rechnung zu tragen (BGer vom 19.12.2007, 5A_547/2007, ZVW 2008, 229, ÜR 16–08). Gegebenenfalls muss das Fallieren einer Vollstreckung Anlass bieten, die Interventionsstrategie zu überdenken. **42**

Soweit die KESB einen **Kostenentscheid** fällt (Festlegen von Verfahrensgebühren, Verteilung der Verfahrenskosten) oder eine **Entschädigung** an den Beistand gem. Art. 404 festlegt, erfolgt die Vollstreckung nach Massgabe des SchKG und nicht gestützt auf Art. 450g (Art. 335 Abs. 2 ZPO i.V.m. Art. 450f ZGB, Art. 69 BGG). Der Kostenentscheid stellt einen definitiven Rechtsöffnungstitel i.S.v. Art. 80 SchKG dar, wenn der Kostenbetrag beziffert worden ist (BSK SchKG I-Staehelin, Art. 80 N 116). Die im Entscheid der KESB dem Beistand oder Kindesvormund gestützt auf Art. 404 (aArt. 416 und 417 Abs. 2) zugesprochene Entschädigung gilt dann als definitiver Rechtsöffnungstitel, wenn sie sich auf die Mandatsaufwendungen bezieht (BGE 113 II 393; BSK ZGB I-Geiser, aArt. 416 N 10; BSK SchKG I-Staehelin, Art. 80 N 116; OGer AG, ZVW 1998, 106 ff.). Wenn der Beistand darüber hinaus aufgrund besonderer Ermächtigung berufsspezifische Dienstleistungen verrichtet, so erfolgt seine Entschädigung nicht mehr gestützt auf Art. 404, sondern im Rahmen des Auftragsrechts (Art. 394 Abs. 3, 402 OR), weshalb dieser Teil der Entschädigung nicht mehr einseitig von der KESB verfügt werden kann und dementsprechend auch keinen definitiven Rechtsöffnungstitel darstellt. Im Streitfall muss eine solche Entschädigung vom Gericht beurteilt werden (OGer AG, ZVW 1998, 109 f.). **43**

III. Voraussetzungen der Vollstreckung

1. Gesetzliche Grundlage

Es ist in der Lehre umstritten, wieweit die Anwendung von Zwang einer besondern gesetzlichen Grundlage bedarf. Nach Moor (Vol. II, 100 f.) bedürfen Sanktionen, welche eine **44**

Verpflichtung darstellen, die anstelle derjenigen tritt, die vom Pflichtigen nicht erfüllt wird (z.B. die Ersatzvornahme), keiner speziellen gesetzlichen Grundlage. Vielmehr genüge, dass der Sachentscheid auf einer hinreichenden Rechtsgrundlage beruhe. Andere Autoren differenzieren nach der Eingriffsintensität in die Rechtssphäre des Zwangsadressaten (vgl. die Quellenhinweise auf OGG, KNAPP, GRISEL und TSCHANNEN/ZIMMERLI/MÜLLER in HÄFELIN/MÜLLER/UHLMANN, Rz 1167). Unbestritten ist, dass staatlicher Zwang – soweit er über den Sachentscheid hinaus in die Rechtsposition der Betroffenen eingreift oder darüber hinausgeht, was zur Herstellung des gesetzlichen Zustandes notwendig ist (namentlich repressive Sanktionen) – einer ausdrücklichen **gesetzlichen Grundlage** bedarf (HÄFELIN/MÜLLER/UHLMANN, Rz 1144; KÖLZ/BOSSHART/RÖHL, § 30 N 8). Die Bestimmungen in Art. 450g ZGB, Art. 335 ff. ZPO und Art. 292 StGB stellen für die Durchsetzung von Entscheiden der KESB eine hinreichende gesetzliche Grundlage dar. Soweit die Kantone in ihren Verfahrensbestimmungen die Vollstreckung nicht ausdrücklich geregelt haben, sind die Bestimmungen von Art. 335 ff. ZPO (mit Einschränkungen, vgl. N 10, 12–20, 59) ergänzend anwendbar (Art. 450f).

2. Entscheid

45 Die Vollstreckung bezieht sich auf eine behördlich beurteilte Sachlage und daraus folgende Verpflichtungen eines Verfügungsadressaten. Bei einem vollstreckbaren Entscheid handelt es sich dementsprechend um eine von der zuständigen Behörde ergangene **verfahrensleitende Verfügung** (z.B. Vorführungsbefehl oder Augenscheinsduldungspflicht, MERKLI/AESCHLIMANN/HERZOG, Art. 10 N 5), eine **vorsorgliche Massnahmen** (BGE 137 III 475 E. 4.1–4.4 bezüglich des analogen gerichtlichen Verfahrens) oder einen verfahrensabschliessenden **Sachentscheid** der KESB, der gerichtlichen Aufsichtsbehörde oder des Bundesgerichts (vgl. N 27 f.). Der Entscheid muss im Rahmen eines rechtsstaatlichen Verfahrens (für die KESB Art. 443–449c, 450f, für die gerichtliche Beschwerdeinstanz Art. 450–450f) ergangen und den Adressaten rechtsgenügend **eröffnet** worden sein (BGE 129 I 361), soweit nicht infolge Gefahr im Verzug (unmittelbare Gefahr für Leib und Leben oder Vermögen) oder wegen der Gefahr der Vereitelung des Schutzzweckes (drohende Gegenhandlung) superprovisorisch verfügt und vollzogen werden muss. Dies lässt sich allerdings nur dann rechtfertigen, wenn ohne die zu erlassende Anordnung und Vollstreckung Nachteile erwachsen würden, welche später voraussichtlich nicht mehr zu beheben sind und besonders schützenswerte Rechtsgüter betreffen. Solche Entscheide sind bei erster sich bietender Gelegenheit durch ordentliche Verfügungen zu ersetzen (BGer vom 7.1.2009, 5A_812/2008; vom 8.1.2008, 5A_678/2007, ZVW 2008, 232 ÜR 23–08).

46 Auch **rechtsfehlerhafte Entscheide** können vollstreckt werden, wenn der Mangel infolge Ablauf der Beschwerdefrist geheilt ist und keine Nichtigkeit vorliegt (zur Anforderung an einen nichtigen Entscheid vgl. BGer vom 25.3.2009, 5A_837/2008, E. 9.2 und 9.3).

3. Formelle Rechtskraft

47 Damit ein Entscheid vollstreckt werden kann, muss er **formell rechtskräftig** sein, d.h. mit keinem ordentlichen Rechtsmittel mehr angefochten werden können (Art. 336 ZPO). Als **formell rechtskräftig** und damit vollstreckbar gelten zunächst erstinstanzliche sowie Beschwerdeentscheide, welche mit keinem ordentlichen Rechtsmittel mehr angefochten werden können, auf deren Anfechtung verzichtet wurde oder deren Anfechtung zurückgezogen wurde (MERKLI/AESCHLIMANN/HERZOG, Art. 114 N 3). Vollstreckbar sind aber auch Entscheide, welche zwar mit einem Rechtsmittel angefochten werden können, des-

sen Einlegung aber **keine aufschiebende Wirkung** erzeugt (Art. 430 Abs. 3, 450e Abs. 2) oder dessen **Suspensivwirkung** in der Entscheidung selbst oder durch die Rekursinstanz **entzogen** worden ist (Art. 450c). Kommt einem Rechtsmittel keine aufschiebende Wirkung zu, kann der Vollzug nur durch eine vorsorgliche Anordnung der Rechtsmittelinstanz verhindert werden (STAEHELIN/BACHOFNER, Jusletter 16. April 2012, 4).

Der Entzug der aufschiebenden Wirkung einer Beschwerde *durch die verfügende Instanz* findet vor allem Anwendung in dringlichen Fällen (z.B. Platzierung eines schwer gefährdeten Kindes, unmittelbare Lebensgefahr für eine schutzbedürftige Person, unmittelbare Gefährdung von Vermögen) und allgemein, soweit das Wohl der schutzbedürftigen Person dies gebietet (Art. 273 Abs. 2, Art. 274 Abs. 2, Art. 307, 388, 389). **48**

Damit ein Entscheid formell in Rechtskraft erwachsen kann, muss er gehörig eröffnet worden sein. Zur **Eröffnung** und **Zustellfiktion** vgl. BGer vom 17.3.2010, 5A_2/2010 mit einer Kommentierung von KOLLER, Jusletter vom 17.5.2010, sowie BGer vom 1.12.2009, 5A_693/2009, E. 2.2 und vom 10.11.2010, 9C_791/2010. **49**

4. Fehlender Vollzug

Vollstreckungsmassnahmen rechtfertigen sich nur, wenn die den Adressaten auferlegten Verpflichtungen **nicht befolgt worden** sind oder wenn die Gefahr besteht, dass die verpflichtete Partei ihren Pflichten in Zukunft **nicht nachkommen wird** (KÖLZ/BOSSHART/RÖHL, vor §§ 29–31 N 1; RHINOW/KOLLER/KISS/THURNHERR/BRÜHL-MOSER, Rz 1273, 2055). **50**

5. Mahnung

Die Anwendung *unmittelbaren* Zwangs soll – von gewissen Ausnahmen abgesehen – **vorher angedroht** werden (Art. 450g Abs. 3 i.f.). Damit verbunden ist die Einräumung einer angemessenen Erfüllungsfrist, soweit die zu erbringende Leistung oder das geforderte Verhalten terminlich nicht gebunden sind (wie z.B. bei der Gewährleistung eines klar fixierten Besuchsrechts). Von einer Mahnung kann namentlich dann abgesehen werden, wenn der der Massnahme zugrunde liegende Schutzzweck dadurch vereitelt würde (Botschaft Erwachsenenschutz, 7089; RHINOW/KOLLER/KISS/THURNHERR/BRÜHL-MOSER, Rz 1273). **51**

6. Verzicht und zeitlicher Teilverzicht

Die Vollstreckung einer behördlichen Anordnung kann ausnahmsweise abgelehnt werden, wenn das Begehren aus besonderen Gründen als rechtsmissbräuchlich erscheint (BK-BÜHLER/SPÜHLER, aArt. 156 ZGB N 352). Die zwangsweise Durchsetzung persönlichkeitsbezogener Rechte wie der **persönliche Verkehr** findet zudem ihre Grenzen am Persönlichkeitsschutz der Betroffenen, am Wohl des Kindes, am Grundsatz der Verhältnismässigkeit (Art. 5 Abs. 2 und 36 Abs. 3 BV) und nicht zuletzt an den realen Durchsetzungsmöglichkeiten. **52**

Der persönliche Verkehr dient dem Aufbau und der Pflege der inneren Verbundenheit zwischen den Eltern und dem unmündigen Kind, weshalb allgemein anerkannt ist, dass zu dessen Durchsetzung auf direkten **Zwang gegen das Kind** möglichst verzichtet werden soll (MAIER, AJP 2008, 88; HEGNAUER, ZVW 1998, 177 f.; BGE 107 II 301; ZR 1997 Nr. 106; ZR 2004 Nr. 35). Abzulehnen ist die Vollstreckung in jedem Fall, wenn sich das urteilsfähige Kind, ohne beeinflusst zu werden, weigert, den Anordnungen des Obhutsin- **53** habers über den persönlichen Verkehr zu folgen (BK-Hegnauer, Art. 275 ZGB N 167). Gemäss bundesgerichtlicher Praxis kann bereits die Anordnung eines Besuchsrechts gegen den Willen eines 13-Jährigen das Persönlichkeitsrecht des Kindes verletzen (BGer vom 3.1.2006, 5C.250/2005), was erst recht auf die Vollstreckung zutrifft. Eine Vollstreckung ist allgemein zu verweigern, wenn dadurch das Kindeswohl ernstlich gefährdet würde (Meier/Stettler, Rz 770–772; Breitschmid, ZVW 1991, 144; BK-Hegnauer, Art. 275 ZGB N 155 ff.; hierzu ausführlich ZR 2004 Nr. 35 im Zusammenhang mit sog. «PAS» [Parental Alienation Syndrom]). Dazu zählen schwerwiegende gesundheitliche Gründe, die allerdings durch ein ärztliches Zeugnis zu belegen sind. Die Voraussetzungen einer ernstlichen Kindeswohlgefährdung sind z.B. dann nicht erfüllt, wenn die obhutsberechtigte Mutter dem zehnjährigen Kind zu verstehen gibt, sie überlasse es ihm, ob es die Ferien mit dem Vater verbringen wolle oder nicht (OGer ZH vom 29.5.2006, I. Zivilkammer, Nr. LQ060005; Maier, AJP 2008, 88).

54 Der Verzicht auf die Vollstreckung einer Regelung über den persönlichen Verkehr setzt generell einen eindeutig **zweckwidrigen Zustand** voraus, der auch durch eine zumutbare besondere Ausgestaltung des Besuchsrechts nicht behoben werden kann (Breitschmid, ZVW 1991, 140).

55 Liegen besondere Umstände vor, so kann die Vollstreckungsbehörde auch eine zeitlich begrenzte **teilweise Vollstreckung** anordnen, wenn diese geeignet ist, darauf hinzuwirken, den fraglichen Sachentscheid einer späteren Realisierung zuzuführen. Das gilt namentlich wiederum bei Besuchsrechtskontakten, welche über längere Zeit unterbrochen waren und durch die Schaffung eines geeigneten Beziehungsklimas auf pädagogisch und psychologisch gebotene Weise sorgfältig wieder aufgebaut werden sollen (BGer vom 22.8.2008, 5A_388/2008, E. 3; vom 19.12.2007, 5A_547/2007, E. 5.1 und 5.2; Breitschmid, ZVW 1991, 141, 144).

IV. Zuständigkeiten

56 Die Bestimmung von Art. 450g folgt dem Grundsatz, dass **jede Behörde** die von ihr getroffenen Anordnungen **selbst vollstreckt**. Es ist damit ausgeschlossen, dass das kantonale Recht (Art. 450f i.f.) die Vollstreckung einer untergeordneten oder andern Behörde überträgt (Merkli/Aeschlimann/Herzog, Art. 115 N 1–3, sowie für den Kt. ZH § 29 VRG). Dagegen vollstreckt die erstinstanzliche KESB auch Entscheide, welche auf dem Rechtsmittelweg an die gerichtliche Beschwerdeinstanz (Art. 439 Abs. 1 Ziff. 3 und Art. 450) gezogen worden sind oder aufgrund einer Beschwerde in Zivilsachen (Art. 72 Abs. 2 lit. b Ziff. 6 BGG) vom Bundesgericht zu entscheiden waren (N 25, 27).

57 Wenn es sich bei der KESB aufgrund der kantonalen Behördenorganisation (Art. 440 Abs. 1) nicht um ein **Gericht** handelt, sondern um eine **Administrativbehörde**, stellt sie kein Vollstreckungsgericht i.S.v. Art. 338 Abs. 1 ZPO dar (Meier/Lukic, Rz 142 FN 128). Ihre Vollstreckungszuständigkeit fliesst direkt aus Art. 450g ZGB, weshalb ein Gesuch um Anordnung einer Vollstreckungsverfügung immer an die **KESB** zu richten ist, und zwar auch dann, wenn der Kanton dies in seiner Vollzugsgesetzgebung (Art. 450f) nicht ausdrücklich vorsieht (Schmid, Art. 450g N 5).

58 Liegt die Zuständigkeit zur Anordnung einer Massnahme im Zuständigkeitsbereich der **Ärzte** oder einer **Einrichtung** (Art. 427, 429 und 430 im Erwachsenenschutz sowie Art. 314b für den Bereich des Kindesschutzes), so können sie in sinngemässer Anwendung von Art. 450g Abs. 2 auch die direkte Vollstreckung anordnen, was der Regelfall ist. Ein im Nachgang zum Massnahmenentscheid getrennt durchzuführendes Vollstreckungsverfahren ist dagegen immer bei der KESB anhängig zu machen (**a.M.** mutmasslich OFK-ZGB-Fassbind, Art. 450g N 1). Die praktische Bedeutung ist gering, weil eine FU von Gesetzes wegen sofort vollstreckbar ist (Botschaft Erwachsenenschutz, 7086), eine dagegen erhobene Beschwerde gem. Art. 450e ZGB keine aufschiebende Wirkung hat, es sei denn, die KESB oder die gerichtliche Beschwerdeinstanz verfügen dies anders, und der Vollzug der FU in aller Regel auch sofort erfolgt, weil ihm Dringlichkeit zugrunde liegt. Für die Zurückbehaltung ergibt sich der Bedarf nach Vollzug nur ausnahmsweise bei Flucht bzw. nicht autorisiertem Verlassen der Einrichtung.

Hinsichtlich der **örtlichen Zuständigkeit** steht Art. 450g ZGB in Konkurrenz mit Art. 339 ZPO, welcher drei alternative Möglichkeiten anbietet: 59
- Wohnsitz oder Sitz der unterlegenen Partei,
- Ort, wo die Massnahmen zu treffen sind, oder
- Ort, wo der zu vollstreckende Entscheid gefällt worden ist.

Dem strengen Wortlaut nach schliesst Art. 450g ZGB als lex specialis die ersten zwei Optionen aus, zumal es in kindes- und erwachsenenschutzrechtlichen Verfahren mit Ausnahme strittiger Besuchsrechtsregelungen keine Zweiparteienverfahren und damit auch keine unterlegene Partei gibt und der Ort, wo die Massnahmen zu treffen sind, mit dem Ort, wo der zu vollstreckende Entscheid gefällt wird, in aller Regel übereinstimmt (Art. 442). Zum gleichen Schluss führen auch Praktikabilitätsgründe und prozessökonomische Überlegungen. **Die Behörde, welche den Sachentscheid gefällt** hat und mit den Eigenheiten des Falles vertraut ist, ist auch prädestiniert, die Vollstreckung anzuordnen. Sie kann es im Sachentscheid selbst oder, wenn sich erst später dafür ein Bedarf ergibt, in einem separaten nachfolgenden Vollstreckungsverfahren. Der Wohnsitzwechsel der betroffenen Person oder Personen ändert an dieser Vollstreckungszuständigkeit nichts. Auch wenn im kantonalen Verfahren die ZPO anwendbar ist, sind demnach aufgrund der massgeblichen Zuständigkeitsnorm von Art. 450g ZGB Vollstreckungsgesuche ausschliesslich an die Behörde zu richten, welche den zu vollstreckenden Entscheid gefällt hat, und das ist entweder die Wohnsitzbehörde (Art. 442 Abs. 1), die Aufenthaltsbehörde (Art. 442 Abs. 2), die Behörde am Ort des gelegenen oder zugefallenen Vermögens (Art. 442 Abs. 3) oder die allenfalls nach kantonalem Recht zuständige Burgergemeinde (Art. 442 Abs. 4).

V. Vorgehen

1. Direkte Vollstreckung

Die KESB und die gerichtliche Beschwerdeinstanz haben die Möglichkeit, bereits im Massnahmenentscheid auch Vollstreckungsmassnahmen anzuordnen (Art. 450g Abs. 2; zum gerichtlichen Verfahren vgl. Art. 236 Abs. 3 und 337 ZPO, zum Kindesrückführungsverfahren vgl. BG-KKE, 11). In diesen Fällen ist der Entscheid **direkt vollstreckbar** (Meier/Lukic, Rz 143; Spühler/Dolge/Gehri, § 59 Rz 22). Der Erlass eines Vollstreckungsbefehls – sei es im Rahmen des Sachentscheides oder eines nachträglichen Befehlsverfahrens – setzt eine Gefahr voraus, dass die verpflichtete Partei ihren Pflichten in Zukunft nicht nachkommen wird (BGer vom 12. 6. 2007, 5A_276/2007; N 50). 60

2. Vollstreckungsverfügung

Enthält der Massnahmenentscheid keine Vollstreckungsmassnahmen, so prüft die KESB von Amtes wegen oder auf Antrag die Vollstreckbarkeit und erlässt eine Vollstreckungsverfügung (Botschaft Erwachsenenschutz, 7089). Für das Verfahren zur Anordnung einer Vollstreckungsverfügung gelten die Bestimmungen von Art. 446, 449b und sinngemäss 61

Art. 335 ff. ZPO (vorbehältlich Art. 339, vgl. N 10, 12–20, 44, 59), soweit die Kantone hiezu keine eigenen Bestimmungen erlassen haben (Art. 450f). Das bedeutet, dass der verpflichteten Partei eine kurze Frist zur Stellungnahme anzusetzen ist (Art. 341 Abs. 2 ZPO). Ob im Einzelfall auch das Kind anzuhören ist, um die Vollstreckung besser am Massstab des Kindeswohls ausrichten zu können, muss im Einzelfall entschieden werden und hängt davon ab, ob das Kind im bisherigen Verfahrensverlauf seinen Standpunkt darlegen konnte und seither kein Zeitraum verstrichen ist, der an der Aktualität der Anhörungsergebnisse zweifeln lässt (N 18, zur Bedeutung der Kindesanhörung im Besuchsrechtsverfahren BGer vom 5.11.2010, 5A_471/2010 und vom 5.11.2010, 5A_472/2010, E. 2.4 m.w.H.). Soweit sichernde Massnahmen anzuordnen sind, kann dies auch ohne Anhörung der Parteien erfolgen (Art. 340 ZPO, Art. 445 Abs. 2 ZGB).

62 Materiell kann die verpflichtete Partei einwenden, dass seit Eröffnung des Entscheids Tatsachen eingetreten sind, welche der Vollstreckung entgegenstehen (Art. 341 Abs. 3 ZPO). Dagegen darf im Rahmen des Vollstreckungsverfahrens der zu vollstreckende Entscheid nicht materiell überprüft werden, auch nicht indirekt dadurch, dass die Vollstreckung auf Dauer verweigert wird (vgl. BGE 107 II 301, 305 E. 7; 120 Ia 369, 373 E. 2). Im Bereich des Kindesschutzes oder von Kinderbelangen wie der Regelung des persönlichen Verkehrs können allerdings während des Zeitraums zwischen Erlass des Entscheides und dem Vollstreckungsgesuch Entwicklungen eingetreten sein, welche für die Beziehungsgestaltung massgebend sind und in materieller Hinsicht aus Gründen des Kindeswohls keinen unbesehenen Vollzug mehr gestatten. Diesfalls muss das Kind nochmals angehört werden, soweit sein Alter oder andere wichtige Gründe nicht dagegen sprechen (Art. 314a Abs. 1). Es kann sich rechtfertigen, eine Vollstreckungsverfügung mit Auflagen, Bedingungen oder Einschränkungen zu verbinden, welche – immer im Interesse des Kindeswohls – ausnahmsweise inhaltlich und zeitlich begrenzt einer materiellen Änderung des Sachentscheides gleichkommen können (BGer vom 22.8.2008, 5A_388/2008, E. 3 und vom 19.12.2007, 5A_547/2007, E. 5.1 und 5.2; vgl. N 55). Erweist sich eine materielle Entscheidung dagegen aufgrund der Vollstreckungsbemühungen als nicht tragfähig oder nicht realisierbar, steht die Frage einer materiellen Änderung aufgrund veränderter Verhältnisse (Art. 134, 313 ZGB) im Vordergrund.

63 Wenn der Entscheid eine **bedingte oder von einer Gegenleistung abhängige Leistung** beinhaltet, kann die KESB die Vollstreckung erst anordnen, wenn sie abgeklärt und festgestellt hat, dass die Bedingung eingetreten ist oder die Gegenleistung gehörig angeboten, erbracht oder sichergestellt worden ist (Art. 342 ZPO). Bedeutung kann dies namentlich erlangen beim Vollzug eines Besuchsrechts, welcher mit Auflagen bezüglich räumlicher oder einrichtungsmässiger Voraussetzungen (z.B. Vorhandensein eines eigenen Zimmers und eigener Schlafgelegenheit für das Kind) verbunden wurde.

64 **Massgebliche Kriterien** bei der Prüfung der Frage, ob im Rahmen des Sachentscheides bereits Vollstreckungsmassnahmen oder ob und welche Vollstreckungsmassnahmen nachträglich anzuordnen sind, bilden das Wohl und das Schutzbedürfnis der betroffenen Person (N 37 f.; Art. 273 Abs. 2, Art. 274 Abs. 2, Art. 307, 388 und 389; KUKO ZGB-Steck, Art. 450g N 4; Meier Lukic, Rz 143).

65 Der Einsatz **unmittelbaren Zwangs** erfolgt manu militari (Schmid, Art. 450g N 9), d.h. mit den äusseren Machtmitteln des Staates. So kann die mit der Vollstreckung beauftragte Person nötigenfalls polizeiliche Hilfe beanspruchen. Dasselbe gilt auch für die Behörde selbst (Vorführung eines geladenen Zeugen nach kantonalem Verfahrensrecht oder Art. 170 ZPO, Spühler/Dolge/Gehri, ZPO, § 46 Rz 176; Durchsetzung eines Vorführungsbefehls oder einer Augenscheinsduldungspflicht, Merkli/Aeschlimann/Herzog,

Art. 10 N 5; zum polizeilichen Zwang gegenüber einem Kind zur Durchsetzung des Besuchsrechts N 34, 53—55).

3. Anfechtbarkeit der Vollstreckungsverfügung

Im Rahmen des Vollstreckungsverfahrens ist der Sachentscheid selbst nicht mehr anfecht- und damit auch nicht überprüfbar (BGE 107 II 301, 305 E. 7; 120 Ia 369, 373 E. 2). Anfechtbar ist dagegen die Vollstreckungsverfügung, und zwar sowohl durch die Parteien selbst als auch durch in ihren rechtlich geschützten Interessen betroffene Dritte. Das zur Verfügung stehende **Rechtsmittel** gegen die Vollstreckungsverfügung richtet sich bei ärztlich angeordneter fürsorgerischer Unterbringung, Zurückbehaltung durch die Einrichtung, Abweisung eines Entlassungsgesuchs durch die Einrichtung, Behandlung einer psychischen Störung ohne Zustimmung und bei Massnahmen zur Einschränkung der Bewegungsfreiheit nach Art. 439 ZGB (mit einer 10-tägigen Frist). Bei allen anderen Entscheiden der KESB steht die Beschwerde nach Art. 450 ZGB (mit einer 30-tägigen Frist) zur Verfügung. Für die bei Anwendbarkeit der ZPO sowohl den Parteien als auch Dritten gegenüber der Berufung (Art. 308 ff. ZPO) subsidiär zur Verfügung stehende Beschwerde gem. Art. 346 i.V.m. Art. 319 ff. ZPO (Gasser/Rickli, Art. 346 N 1 und 2) besteht kein erkennbarer Bedarf, weil «Personen, die ein rechtlich geschütztes Interesse an der Aufhebung oder Änderung des angefochtenen Entscheides haben», die gerichtliche Beschwerdeinstanz mit der (mit umfassender Kognition ausgestalteten) Beschwerde nach Art. 450 Abs. 2 Ziff. 3 ZGB anrufen können (vgl. N 20). **66**

Richtet sich die Beschwerde gegen eine Ersatzvornahme auf Kosten des Beistandes, und liegen ihr vornehmlich wirtschaftliche Interesse zugrunde, so steht – wenn der nötige Streitwert (Art. 74 Abs. 1 lit. b BGG) nicht erreicht wird und keine Rechtsfrage von grundsätzlicher Bedeutung zu entscheiden ist – entgegen dem im Kindes- und Erwachsenenschutzverfahren sonst Üblichen bloss die subsidiäre Verfassungsbeschwerde (Art. 113 BGG) zur Verfügung (BGer vom 1.12.2011, 5A_596/2011, E. 1.1 [in BGE 137 III 637 nicht mitveröffentlicht]; vom 8.7.2011, 5D_62/2011, E. 1.1). **67**

Materiell kann die Beschwerde gegen die Vollstreckungsverfügung nur noch damit begründet werden, es fehlten die Voraussetzungen der Vollstreckung oder die angeordneten Vollstreckungsmassnahmen seien unangemessen oder ungeeignet (zum Ausnahmefall des Einflusses einer differenzierten Vollstreckungsverfügung auf den materiellen Sachentscheid vgl. N 55 und 62, BGer vom 22.8.2008, 5A_388/2008, E. 3 und vom 19.12.2007, 5A_547/2007, E. 5.1 und 5.2 in Zusammenhang mit dem Vollzug eines Besuchsrechts). **68**

4. Ergänzende Vollstreckungsordnungen

Die Vollstreckungsordnung von Art. 450g ZGB ist nicht abschliessend. So richtet sich die Vollstreckung ihrer Kosten- und Entschädigungsentscheide nach dem **SchKG** (N 26, 43; Art. 335 Abs. 2 ZPO i.V.m. Art. 450f ZGB; Merkli/Aeschlimann/Herzog, Art. 117 N 2; Häfelin/Müller/Uhlmann, Rz 1152 f.), während zwar nicht die Anordnung, wohl aber die Sanktionierung von missachteten repressiven Vollstreckungsmassnahmen wie die Strafverfolgung wegen Nötigung (Art. 181 StGB), Entführung (Art. 183 StGB; BGE 119 IV 216), Entziehens von Unmündigen (Art. 220 StGB; BGE 128 IV 154; 125 IV 14), Ungehorsams gegen amtliche Verfügungen (Art. 292 StGB) dem **Strafprozessverfahren** (StPO) unterstehen. **69**

Dritter Abschnitt: Verhältnis zu Dritten und Zusammenarbeitspflicht

Art. 451

A. Verschwiegenheitspflicht und Auskunft

[1] Die Erwachsenenschutzbehörde ist zur Verschwiegenheit verpflichtet, soweit nicht überwiegende Interessen entgegenstehen.

[2] Wer ein Interesse glaubhaft macht, kann von der Erwachsenenschutzbehörde Auskunft über das Vorliegen und die Wirkungen einer Massnahme des Erwachsenenschutzes verlangen.

A. Secret et information

[1] L'autorité de protection de l'adulte est tenue au secret, à moins que des intérêts prépondérants ne s'y opposent.

[2] Toute personne dont l'intérêt est rendu vraisemblable peut exiger de l'autorité de protection de l'adulte qu'elle lui indique si une personne déterminée fait l'objet d'une mesure de protection et quels en sont les effets.

A. Obbligo di discrezione e informazione

[1] L'autorità di protezione degli adulti è tenuta alla discrezione, salvo che interessi preponderanti vi si oppongano.

[2] Chi rende verosimile un interesse può chiedere all'autorità di protezione degli adulti se sussiste una misura di protezione degli adulti e quali ne siano gli effetti.

Inhaltsübersicht

Literatur

BREITENSTEIN, Zur Verschwiegenheitspflicht der Verwaltungsbehörden, ZVW 1978, 98 f.; GEISER, Amtsgeheimnis und Verantwortlichkeit (Art. 448–455 VE), ZSR 2003, Nr. 3, 385–406; HÄFELI, Inhalt und Stellenwert der persönlichen Betreuung im Vormundschaftsrecht, ZVW 1989, 58 ff. (zit. ZVW 1989); MEIER, Protection des données, Berne 2011 (zit. Protection des données).

Materialien

Art. 448 und 450 VE Erwachsenenschutz 2003; VE Erwachsenenschutz/Vernehmlassungen, 414 ff. und 418 ff.; Botschaft Erwachsenenschutz, 7018 f., 7089 f. und 7167; Prot. RK-S vom 27./28.8.2007, 32; AmtlBull StR 2007, 840 f.; Prot. RK-N vom 24./25.4.2008, 44; AmtlBull NR 2008, 1540 f.

I. Allgemeines

1. Verhältnis zum bisherigen Recht und Entstehungsgeschichte

Das frühere Recht regelte das Vormundschaftsgeheimnis nicht ausdrücklich. In der Lehre 1 war aber unbestritten, dass die Behörden und Amtsträger im Rahmen ihrer vormundschaftlichen Tätigkeit eine **umfassende bundesrechtliche Schweigepflicht** trifft (BSK ZGB I-LANGENEGGER, aArt. 360 N 11 ff.; BK-SCHNYDER/MURER, aArt. 360 ZGB N 144 ff.; BREITENSTEIN, ZVW 1978, 98 f.; HÄFELI, ZVW 1989, 58; ELSENER, 179 ff.; DESCHENAUS/STEINAUER, Personnes, Rz 832a). Diese wurde auch aus dem in Art. 8 Abs. 1 EMRK verankerten Anspruch auf Schutz des Privat- und Familienlebens und aus dem in Art. 13 Abs. 2 BV vorgesehenen Schutz vor Missbrauch der persönlichen Daten abgeleitet (BSK ZGB I-LANGENEGGER, aArt. 360 N 11 ff.; ELSENER, 186 f.; vgl. auch MEIER, Jusletter 17.11.2008, Rz 15). Überdies ergab sich eine kantonal- oder kommunalrechtliche Geheimhaltungspflicht für die Behördenmitglieder schon aus ihrer öffentlichen Funktion aufgrund ihrer amtlichen Stellung. Die ausdrückliche Verankerung des Geheimnisses im Gesetz hat materiell kaum etwas geändert. Sie dient aber der Klarheit.

Bereits der Vernehmlassungsentwurf regelte die Verschwiegenheitspflicht. Allerdings 2 fand sich die Geheimhaltungspflicht und der Auskunftsanspruch in zwei getrennten Bestimmungen (vgl. Bericht VE Erwachsenenschutz, 82 f.). Die Bestimmung regelte allerdings nicht nur die Geheimhaltungspflicht der Behörde, sondern aller mit der Durchführung des Erwachsenenschutzrechts betrauten Personen). Bezüglich der Einschränkungen der Geheimhaltungspflicht wies der Vorentwurf der ESB die Zuständigkeit zu, im Einzelfall Abweichungen anzuordnen. Der Bundesrat schlug im Entwurf sodann die nunmehr Gesetz gewordene Fassung vor, welche das Parlament diskussionslos übernahm.

2. Zweck der Norm

Damit die ESB ihrer Aufgabe nachkommen kann, nämlich die Interessen der betroffenen 3 Person zu schützen, muss sie über eine Vielzahl von zum Teil hochsensiblen Informationen verfügen. Diese betreffen sowohl die zu schützende Person wie auch ihre Umgebung. Die Interessen der betroffenen Person erfordern aber auch, dass die ESB mit diesen Informationen sorgfältig umgeht. Eine umfassende Geheimhaltungspflicht der Behörde lässt sich dreifach begründen:

- Zum einen gilt es für den Bereich des Erwachsenenschutzrechts den Anspruch auf Schutz des informationellen Selbstbestimmungsrechts gem. Art. 13 Abs. 2 BV und Art. 8 Abs. 1 EMRK zu konkretisieren. Die ESB greift hoheitlich in die persönlichen

Verhältnisse der betroffenen Person ein. Sie ist somit an die Grundrechte gebunden, ohne dass auf eine Drittwirkung zurückgegriffen werden müsste.

- Zum andern setzt eine erspriessliche behördliche Hilfe in jedem Fall ein Mindestmass an Vertrauen voraus. Dieses kann aber in so sensiblen Bereichen wie beim Erwachsenenschutz nur erreicht werden, wenn auch Sicherheit besteht, dass die heiklen Informationen vertraulich behandelt werden.
- Schliesslich werden meist die Informationen überhaupt nur beschafft werden können, wenn sich die Informanten auf die Vertraulichkeit verlassen können. Da die Informationen nicht nur bei der betroffenen Person selber, sondern auch bei Dritten erhoben werden müssen, hat das Auswirkungen auf die Ausgestaltung der Verschwiegenheitspflicht.

4 Der Zweck des Erwachsenenschutzes bildet auch die **Grundlage für die Einschränkungen der Vertraulichkeitspflicht**. Die Abklärungen, welche für den Erlass, die Führung und die Aufhebung einer Schutzmassnahme notwendig sind, setzen die Erhebung von Informationen bei Dritten voraus. Diese Erhebungen setzen regelmässig voraus, dass die Behörde ihrerseits Dritten gewisse Informationen liefert. Überdies müssen gewisse Mitteilungen zum Schutze der betroffenen Person und Dritter erfolgen.

3. Systematische Einordnung

5 Art. 451 konkretisiert, wie dargelegt, Art. 13 Abs. 2 BV und Art. 8 Abs. 1 EMRK. Der Umgang mit den Daten richtet sich allerdings nicht nur nach dieser Bestimmung. Vielmehr ist die Bestimmung im **Lichte der Regeln des allgemeinen Persönlichkeitsschutzes** zu sehen (Art. 28 ff.; BSK ZGB I-Langenegger, aArt. 360 N 13). Das DSG ist demgegenüber nicht anwendbar, weil es sich bei der ESB um einen Teil der kantonalen bzw. der kommunalen Verwaltung handelt, so dass die kantonalen Datenschutzgesetze anwendbar sind (Elsener, 109; BSK ZGB I-Langenegger, aArt. 360 N 15). Zu beachten ist aber, dass es sich bei den Daten aus dem Bereich des Erwachsenenschutzrechts um besonders schützenswerte Personendaten handelt (Art. 3 lit. c DSG), was namentlich im Zusammenhang mit der Weitergabe der Daten an dem DSG unterstehende Private oder Bundesbehörden von Bedeutung sein kann.

6 Die Bestimmung steht im Titel über die Organisation des Erwachsenenschutzes zusammen mit den Normen über die Wirkung der Massnahmen im Rechtsverkehr und die Zusammenarbeit mit anderen Behörden und Stellen. Art. 451 Abs. 1 hält den Grundsatz fest, der dann nicht nur durch den in Abs. 2 enthaltenen Auskunftsanspruch, sondern auch durch die sich aus **Art. 452 und 453** ergebenden Auskunftsansprüche und -pflichten eingeschränkt werden. Diese Bestimmungen sind **lex specialis im Verhältnis zu Art. 451 Abs. 1**. Die Einordnung in einem eigenen Abschnitt neben den Verfahrensbestimmungen zeigt, dass es hier nicht um das Akteneinsichtsrecht innerhalb eines Verfahrens geht. Dieses ist vielmehr durch die jeweiligen meist kantonalen Verfahrensbestimmungen geregelt. Art. 451 betrifft das Verhalten der Behörden ausserhalb und den Zugang zu den Daten unabhängig eines konkreten Verfahrens.

7 Die ESB ist eine Behörde i.S.v. Art. 320 StGB. Ihre Mitglieder unterliegen deshalb auch dem strafrechtlich geschützten **Amtsgeheimnis** (BSK ZGB I-Langenegger, aArt. 360 N 14; vgl. auch BGE 121 IV 220 f.). In Art. 451 Abs. 1 eine besondere Geheimhaltungspflicht der Mitglieder einer ESB zu verankern macht dennoch Sinn, weil die Schutzobjekte sich nicht decken. Die erwachsenenschutzrechtliche Verschwiegenheitspflicht schützt die betroffene Person. Demgegenüber dient das strafrechtliche Amtsgeheimnis ebenso dem reibungslosen Funktionieren der Verwaltung und der Rechtspflege und damit

öffentlichen Interessen (BSK StGB II-OBERHOLZER, Art. 320 N 4). Geheimnisherr beim Amtsgeheimnis ist das Gemeinwesen (BSK StGB II-OBERHOLZER, Art. 320 N 12), beim Erwachsenenschutzgeheimnis die betroffene Person.

Soweit die Art. 451 ff. die Mitglieder der ESB oder ihre Hilfspersonen zur Bekanntgabe bestimmter Tatsachen ermächtigen, liegt darin ein **Rechtfertigungsgrund nach Art. 14 StGB** für die Durchbrechung des Amtsgeheimnisses nach Art. 320 StGB (Botschaft Erwachsenenschutz, 7090). **8**

4. Anwendungsbereich

Inhaltlich gilt die Bestimmung für die **gesamte Tätigkeit der ESB** als solche, nicht nur für die behördlichen Massnahmen. Mutatis mutandis muss die Bestimmung auch auf die Kindesschutzbehörde zur Anwendung gelangen. Häufig werden sich die Informationen ohnehin in der Praxis nicht der einen oder anderen Tätigkeit zuordnen lassen, wenn die gleiche Behörde für beide Bereiche zuständig ist. **9**

Die Bestimmung richtet sich in erster Linie an die **Behördenmitglieder**. Normadressaten sind aber auch das gesamte Personal der Behörde und ihre Hilfspersonen. Entscheidend ist, ob die entsprechenden Personen aufgrund ihrer Tätigkeit für diese Behörde Informationen erhalten, welche sie ohne diese Tätigkeit nicht erhielten. Nicht erfasst werden demgegenüber die Beistände, weil deren Geheimhaltungspflicht durch eine eigene Norm geregelt wird (Art. 413). Ebenfalls anderen Regeln bezüglich der Geheimhaltung unterstehen die Gerichte. Auch Ärzte und Spitäler bzw. deren Personal fallen nicht in den Anwendungsbereich dieser Norm, selbst wenn es um den Vollzug von Erwachsenenschutzmassnahmen geht (ROSCH, in: Rosch/Büchler/Jakob, Art. 451 N 1). Demgegenüber handelt es sich bei ihnen um unter den Anwendungsbereich von Art. 451 fallende Hilfspersonen der ESB, soweit sie dieser Auskünfte erteilen oder bei Abklärungen helfen. **10**

II. Verschwiegenheitspflicht (Abs. 1)

1. Voraussetzungen und Umfang

Das Gesetz umschreibt den Gegenstand der Verschwiegenheitspflicht nicht ausdrücklich. Aus dem Zweck des Erwachsenenschutzgeheimnisses (vgl. N 3) ergibt sich aber, dass alles geheim zu halten ist, was **die ESB aufgrund ihrer Tätigkeit an persönlichen Informationen über die von einer Massnahme betroffenen Person und ihre Umgebung** erfährt. Dabei kommt es nicht darauf an, ob eine Massnahme angeordnet oder darauf verzichtet worden ist, ob die Behörde ein Verfahren bereits formell eröffnet hat oder erst in Vorabklärungen ist. Ohne Bedeutung ist auch, ob die Informationen im Zusammenhang mit einer behördlichen Massnahme oder der privaten Vorsorge, namentlich einem Vorsorgeauftrag oder der Vertretung von Gesetzes wegen stehen. **11**

Woher die Behörde ihre Informationen erhält, ist für die Geheimhaltungspflicht ohne Bedeutung. Es sind nicht nur die Daten geheim zu halten, welche durch hoheitlichen Zwang erhoben worden sind. Selbst allgemein zugängliche Daten unterliegen der Geheimhaltung, soweit aus dem Umstand, dass die Behörde Kenntnis der entsprechenden Information hat, irgendwelche Rückschlüsse bezüglich des Erwachsenenschutzes gezogen werden können. **12**

Das Erwachsenenschutzgeheimnis verbietet die Offenbarung der geschützten Informationen **gegenüber jeder Person**, die nicht selber Mitglied oder Hilfsperson der entsprechenden Behörde ist. Selbst zwischen den einzelnen Mitgliedern der Behörde (und den Hilfs- **13** personen) kann ausnahmsweise die Geheimhaltungspflicht bestehen, wenn bspw. ein Mitglied im Ausstand ist oder aus anderen Gründen in einem konkreten Fall nicht mitwirkt und besondere Interessen eine Geheimhaltung rechtfertigen. Demgegenüber besteht das Erwachsenenschutzgeheimnis nicht gegenüber der betroffenen Person selber. Sie hat Anspruch auf Einsicht in die sie betreffenden Daten, was sich regelmässig auch aus den kantonalen Datenschutzgesetzen ergeben wird (vgl. SCHMID, Art. 451 N 3 und zur Akteneinsicht im Verfahren Art. 449b). Einschränkungen können sich selbstverständlich aus dem Zweck des Erwachsenenschutzrechts und aus überwiegenden Interessen Dritter ergeben.

2. Berechtigte Person

14 Das Erwachsenenschutzgeheimnis dient dem Schutz der **von der Massnahme betroffenen Person**. Sie ist somit auch als Geheimnisherr zu betrachten. Soweit ihre Urteilsfähigkeit reicht, kann sie deshalb die Geheimnisträger auch von der Geheimhaltungspflicht entbinden (ROSCH, in: Rosch/Büchler/Jakob, Art. 451 N 3). Allerdings wird sie häufig mit Blick auf den Massnahmengrund nicht in der Lage sein, die Tragweite einer **Einwilligung in die Geheimnisverletzung** zu erkennen und deshalb zu einer rechtsgültigen Entbindung nicht in der Lage sein. Weil es sich bei der betroffenen Person um den Geheimnisherr handelt, kann sich die ESB ihr gegenüber nicht für die Verweigerung einer Auskunft auf Art. 451 Abs. 1 berufen (vgl. hinten N 31; anders im alten Recht: vgl. BK-SCHYDER/MURER, aArt. 360 ZGB N 172 f.). Verbieten Interessen Dritter eine Information der betroffenen Person, muss sich die Geheimhaltung auf eine andere Rechtsgrundlage stützen.

15 Die Ausübung der Rechte aus dem **Anspruch auf Geheimhaltung ist höchstpersönlich**. Das Recht zur Entbindung von der Geheimhaltungspflicht kann deshalb nicht von einem Vertreter ausgeübt werden. Ist die betroffene Person diesbezüglich nicht urteilsfähig, entfällt die Möglichkeit einer rechtsgeschäftlichen Entbindung. Die Offenbarung erfordert deshalb einen anderen Rechtfertigungsgrund, der namentlich in höherwertigen Interessen Dritter bestehen kann. Der Anspruch auf Geheimhaltung ist auch nicht übertragbar oder vererblich. Allerdings können die Angehörigen ein eigenes Recht auf Geheimhaltung haben und gegebenenfalls auch Ansprüche aus einer Verletzung der Verschwiegenheit erben.

16 In der Literatur wird auch der Staat als Geheimnisherr aufgeführt (ROSCH, in: Rosch/Büchler/Jakob, Art. 451 N 2; ELSENER, 192 f.). Richtig ist, dass die Verschwiegenheit Voraussetzung für das gute Funktionieren des Erwachsenenschutzes ist und insofern auch ein öffentliches Interesse an der Geheimhaltung besteht. Geschützt wird dieses Interesse aber bereits durch das Amtsgeheimnis (Art. 320 StGB), so dass dafür nicht mehr auf das Erwachsenenschutzgeheimnis zurückgegriffen werden muss. Die Frage ist im Zusammenhang mit der Verfügungsberechtigung über den Inhalt des Geheimnisses von Bedeutung (vgl. N 31).

3. Überwiegende Interessen als Grenze

17 Das Gesetz verpflichtet nur insoweit zur Verschwiegenheit, als nicht überwiegende Interessen entgegenstehen. Die Behörde hat **insoweit eine Interessenabwägung im Einzelfall** vorzunehmen. Dem Geheimhaltungsinteresse der betroffenen Person können überwiegende Interessen dieser oder Dritter entgegenstehen. Demgegenüber kann die Behörde grundsätzlich keine eigenen Interessen für die Verletzung der Geheimhaltungspflicht geltend machen. Eine Ausnahme besteht nur, soweit die Behörde als Ganzes oder einzelne

Mitglieder Dritte als Rechtsvertreter oder Experten beiziehen müssen, um sich in Verantwortlichkeitsprozessen und Ähnlichem zu verteidigen.

Die **Wirksamkeit und die Durchführung der Massnahme** setzen häufig voraus, dass sie Dritten bekannt gegeben wird. Die Vertretung kann regelmässig nur erfolgen, wenn der Dritte die Massnahme kennt. Die Behörde muss dem Beistand zuhanden Dritter eine Urkunde ausstellen, mit der er sich als vertretungsberechtigt ausweisen kann. Damit wird immer auch die Massnahme als solche bekannt gegeben. Soweit das Umfeld einer Person in die Betreuung einzubeziehen ist, werden auch weitere Informationen diesen Personen bekannt gegeben werden müssen. Ein überwiegendes Interesse kann sich auch aus dem **Schutzbedürfnis Dritter** ergeben, wenn bestimmte Gefahren von der betroffenen Person ausgehen. Diese können physischer, moralischer oder auch wirtschaftlicher Art sein. Soweit es um wirtschaftliche Interessen Dritter geht, ist allerdings Zurückhaltung geboten, da die Persönlichkeitsrechte grundsätzlich höher zu werten sind als blosse wirtschaftliche Rechte (vgl. aber BGE 136 III 406 ff.; 136 III 416). 18

Ein für die Vermögensverwaltung zuständiger Beistand oder ein Vorsorgebeauftragter kann seine Aufgabe nur wahrnehmen, wenn Betreibungen gegen die betroffene Person bekannt werden. Entsprechend sieht Art. 68d Abs. 1 SchKG vor, dass das Betreibungsamt Betreibungsurkunden dem Beistand bzw. dem Vorsorgebeauftragten zustellt. Ist die betroffene Person urteilsfähig, was allerdings nur bei einer Beistandschaft, nicht auch bei einem Vorsorgeauftrag möglich ist, so sind die Betreibungsurkunden zusätzlich der betroffenen Person zuzustellen (Art. 68 Abs. 2 SchKG). Damit diese Interessenwahrung möglich ist, muss der Beistand bzw. der Vorsorgebeauftragte dem **Betreibungsamt die Errichtung der Massnahme mitteilen**, sofern die Gefahr von Betreibungen besteht. Die Mitteilung kann auch durch die ESB erfolgen. Sie kann dies aber ohne weiteres auch dem Mandatsträger bzw. dem Vorsorgebeauftragten überlassen, was immer dann sinnvoll ist, wenn nicht von vornherein mit Betreibungen zu rechnen ist. 19

4. Auskunftsansprüche und Mitteilungspflichten als Schranken

An verschiedenen Stellen sieht das **Gesetz** zudem ausdrücklich einen **Datenaustausch** vor (vgl. insb. Art. 453). Diese Bestimmungen konkretisieren das überwiegende Interesse für eine Durchbrechung des Erwachsenenschutzgeheimnisses. Entsprechend stellen sie zwar einen Rechtfertigungsgrund für die Offenbarung geheim zu haltender Tatsachen dar. Sie entbinden aber nicht von einer Interessenabwägung im Einzelfall (so auch Rosch, in: Rosch/Büchler/Jakob, Art. 451 N 3). Der Eingriff in das informationelle Selbstbestimmungsrecht als Grundrecht (Art. 13 Abs. 2 BV) setzt nicht nur eine Rechtsgrundlage voraus. Vielmehr muss auch die Verhältnismässigkeit gegeben sein (Art. 36 Abs. 3 BV), was eine Interessenabwägung notwendig macht (vgl. BGE 132 I 62 ff.). Zu beachten ist schliesslich, dass das Gebot der Verhältnismässigkeit nicht nur für Grundrechtseingriffe, sondern für jedes staatliche Handeln gilt (Art. 5 Abs. 2 BV). Weil die rechtsanwendende Behörde ihr Ermessen an den Wertentscheidungen des Gesetzgebers auszurichten hat, sind der Interessenabwägung im Einzelfall die Wertungen zugrunde zu legen, welche der Gesetzgeber mit der Norm verfolgt hat, welche eine Offenbarungspflicht vorsieht. Weil es sich beim Erwachsenenschutzrecht um Bundesrecht handelt, ist die Behörde weit weniger an die in kantonalen Gesetzen eingeflossenen Wertentscheidungen als bei Bundesgesetzen gebunden. Entsprechend kann und muss sie sich über kantonale Anzeigepflichten hinwegsetzen, wenn diese als unverhältnismässig erscheinen. 20

III. Auskunftsrecht (Abs. 2)

1. Voraussetzungen

a) Zweck der Auskunft

21 Das geltende Recht sieht, im Gegensatz zum früheren, keine Publikation der Massnahmen mehr vor und lässt sie dennoch Dritten gegenüber wirken, auch wenn diese gutgläubig sind. Als schonender für die betroffene Person und gleichzeitig wirksamer im Geschäftsverkehr sieht das neue Recht einen Auskunftsanspruch Dritter vor, wenn diese ein Interesse glaubhaft machen.

b) Glaubhaftmachung eines Interesses

22 Wer Auskunft will, muss ein Interesse glaubhaft machen. Welcher Art dieses Interesse sein muss, präzisiert das Gesetz nicht. Da auch hier für das staatliche Handeln der Grundsatz der Verhältnismässigkeit gilt (Art. 5 Abs. 2 BV), muss es sich um ein **schützenswertes Interesse** handeln, welches jenes der betroffenen Person an der Geheimhaltung überwiegt. Im Begleitbericht zum Vernehmlassungsentwurf wurde auf die entsprechende Regel für das Grundbuch in aArt. 970 Abs. 2 verwiesen (Bericht ExpK Erwachsenenschutz 2003, 83). Die Botschaft enthält diesen Verweis nicht mehr. Inzwischen hatte auch Art. 970 eine neue Fassung erhalten. Eine Analogie ist nunmehr mit Abs. 1 und nicht mit Abs. 2 von Art. 970 angebracht. Zur Auslegung kann auch Art. 8a SchKG herangezogen werden, der ebenfalls ein Einsichtsrecht kennt, wenn ein Interesse glaubhaft gemacht wurde. Es bedarf keines rechtlich geschützten, sondern nur **eines tatsächlichen Interesses** (ROSCH, in: Rosch/Büchler/Jakob, Art. 451 N 5). Dieses kann ohne weiteres – und wird auch regelmässig – **wirtschaftlicher Natur** sein.

23 Das geltend gemachte tatsächliche Interesse muss einen **funktionellen Zusammenhang** mit dem Erwachsenenschutz haben (vgl. BSK ZGB II-SCHMID, Art. 970 N 15). Es muss überdies eine **qualifizierte Bezugsnähe** mit dem Gegenstand der Auskunft, nämlich der Einschränkung der Handlungsfähigkeit, haben (vgl. BSK ZGB II-SCHMID, Art. 970 N 15). Ein solcher Zusammenhang mit qualifizierter Nähe besteht, wenn die Auskunft ersuchende Person in rechtsgeschäftlichem Verkehr mit dem Betroffenen steht oder einen solchen aufnehmen will, wenn das Gesuch mit dem Abschluss oder Abwicklung eines Vertrages begründet wird (zur Einsicht in das Betreibungsregister s. BGE 135 III 504). Kein genügendes Interesse wird demgegenüber vorliegen, wenn jemand bloss wissen will, ob sich die ESB um eine Person mit auffälligem Verhalten kümmert, oder allgemeine Informationen über eine Person einholen will. Entsprechend lässt sich ein Auskunftsgesuch nicht mit der Aufnahme einer bloss privaten Beziehung begründen, auch wenn bei einer privaten Beziehung häufig kleine Rechtsgeschäfte, wie Abmachungen über das gemeinsame Bezahlen von Gastwirtschaftsrechnungen usw., abgeschlossen werden. Ebenfalls nicht als genügend muss das Interesse angesehen werden, wenn es nur darum geht, zu vermeiden, dass Personen für Rechtsgeschäfte beworben werden, die sie gar nicht selber abschliessen können. Wird dann aber das Geschäft konkret, besteht ein genügendes Interesse, auch jener Peron, welche das Geschäft nur vermittelt und nicht selber abschliesst, wie bspw. ein Handelsreisender oder ein Agent.

24 Die Auskunft ersuchende Person muss das **Interesse nicht nachweisen, sondern nur glaubhaft machen**. Damit will der Gesetzgeber die Hürde bewusst tief setzen, um dem Umstand Rechnung zu tragen, dass es weder ein öffentliches Register der Massnahmen gibt, noch deren Errichtung publiziert wird. Was unter Glaubhaftmachung zu verstehen ist, definiert das Gesetz nicht und ist auch in Rechtsprechung und Lehre wenig geklärt

(BSK ZPO-Sprecher, Art. 261 N 52). Grundsätzlich handelt es sich um den Nachweis der Wahrscheinlichkeit des Vorliegens einer Tatsache. Es ist mehr als behaupten, aber weniger als beweisen und es wird darunter ein prima-facie-Beweis verstanden (ZR 1978 Nr. 9). Entscheidend ist, dass die vorgelegten Beweismittel nicht zur Überzeugung der Behörde ausreichen müssen. Es dürfen Zweifel an der Richtigkeit verbleiben. Die Behörde muss bloss zur Überzeugung kommen, dass eine gewisse Wahrscheinlichkeit besteht, dass die Behauptungen richtig sind (BGE 103 II 287; 120 II 398). Heikel ist dann aber die Frage, **wie hoch die Wahrscheinlichkeit** der Richtigkeit sein muss. Massgebend ist der Zweck des Auskunftsanspruchs, nämlich die Gewährung des Rechtsverkehrs. Es muss von daher vermieden werden, dass umfangreiche Beweise erbracht werden müssen und dass dem Auskunftsgesuch bereits ein erheblicher Transaktionsaufwand vorangegangen ist. Es kann deshalb auch nicht der Nachweis einer überwiegenden Wahrscheinlichkeit verlangt werden. Zu verlangen ist wohl, dass sich das Vorliegen der behaupteten Tatsachen als «einigermassen aussichtsreich» (BGE 120 II 398) erweist. Demgegenüber kann es nicht ausreichen, dass sich die Behauptungen bloss als «vertretbar» erweisen (so aber der gleiche BGE 120 II 398; vgl. auch 135 III 637). Sinnvollerweise lässt sich keine Prozentzahl für die geforderte Wahrscheinlichkeit nennen, weil sonst darüber Beweis geführt werden müsste.

Zu den Anforderungen des Nachweises im Einzelnen kann auf Art. 8a SchKG zurückgegriffen werden. Mit der Revision des SchKG von 1994 wurde das Einsichtsrecht in die Betreibungsregister insofern erleichtert, als nicht mehr der Nachweis eines Interesses, sondern eben nur noch die Glaubhaftmachung verlangt wird (vgl. BSK SchKG I-Peter, Art. 8a N 12 ff.). Die ESB kann verlangen, dass die Absicht, ein bestimmtes Rechtsgeschäft abzuschliessen, dargelegt wird. Die blosse abstrakte Möglichkeit, irgendwelche Geschäfte abzuschliessen, genügt nicht. Die konkrete Information über die Art des Geschäfts kann für die Behörde auch eine wichtige Information sein, wenn es darum geht, die Notwendigkeit einer Massnahme abzuklären. Dass der Abschluss eines konkreten Geschäfts beabsichtigt ist, kann grundsätzlich auf beliebige Weise glaubhaft gemacht werden. Insofern besteht **keine Beschränkung der Beweismittel**. Allerdings ist es ohne weiteres zulässig, wenn die Behörde aus Praktikabilitätsgründen grundsätzlich das Vorliegen einer Urkunde verlangt (vgl. BSK SchKG I-Peter, Art. 8a N 14). Allerdings muss sie auch andere Beweismittel akzeptieren, wenn der Gesuchsteller über keine Urkunden verfügt. **25**

Der Schutz der betroffenen Person und das Gebot der Verhältnismässigkeit erfordern es, dass die ESB **im Einzelfall eine Interessenabwägung** bezüglich der Berechtigung der Interessen vornimmt. Daneben hat sie selbstverständlich ebenfalls im Einzelfall zu prüfen, ob das Vorliegen des geltend gemachten Interesses genügend glaubhaft gemacht worden ist (zu Art. 8a SchKG: BGE 135 III 504 m.H. auf 95 III 2). **26**

c) Umfang des Anspruchs

Der Anspruch erfasst ausschliesslich Auskünfte über **das Vorliegen und die Wirkungen einer Massnahme**. Von der Ausrichtung des Auskunftsrechtsanspruchs auf den Rechtsverkehr ergibt sich die weitere Einschränkung, dass nur Massnahmen erfasst werden, welche die **Handlungsfähigkeit betreffen**. Ohne Bedeutung ist indessen, ob es sich dabei um behördliche Massnahmen oder solche der eigenen Vorsorge handelt (Schmid, Art. 451 N 9). Kaum je darunter werden medizinische Massnahmen und FU fallen. Dort sind i.d.R. Auskünfte nur gem. Abs. 1 zulässig, soweit die Mitteilung der Durchführung der Massnahme dient. **27**

Schon aus dem Wortlaut der Bestimmung ergibt sich, dass sich der Auskunftsanspruch nur auf **bestehende Massnahmen** bezieht. Über bereits beendete Massnahmen ist grund- **28** sätzlich keine Auskunft zu geben. Eine solche Auskunft bedarf einer anderen Rechtsgrundlage und damit i.d.R. eines vollen Beweises für ein überwiegendes Interesse. Die Rechtsgrundlage kann sich bspw. aus dem Prozessrecht ergeben, wenn es in einem Zivilprozess um die Gültigkeit eines Rechtsgeschäftes geht, das eine Person während der Dauer einer Massnahme abgeschlossen hat. Es besteht auch kein Anspruch auf Kenntnis, ob ein Verfahren von der ESB gegen eine Person eröffnet worden oder gar nur beabsichtigt ist, solange keine die Handlungsfähigkeit beschränkenden vorsorglichen Massnahmen (Art. 445) angeordnet worden sind.

29 Weil das geltende Recht massgeschneiderte Massnahmen kennt und nur eine sehr beschränkte Typisierung vorsieht, genügt es häufig nicht, nur die Bezeichnung der Massnahme bekannt zu geben. Vielmehr ist die **Wirkungsweise der Massnahme zu umschreiben und anzugeben, welche rechtsgeschäftlichen Handlungen von ihr in welcher Weise betroffen** sind. Es ist auch diesbezüglich die Verschwiegenheitspflicht gegen das Interesse an der Offenbarung im konkreten Fall abzuwägen, und die Informationen sind selektiv offenzulegen (Botschaft Erwachsenenschutz, 7089). Demgegenüber sind die Gründe, welche zur Anordnung der Massnahme geführt haben, ebenso wenig bekannt zu geben, wie weitere persönliche Informationen über den Betroffenen und seine Umgebung.

d) Form der Auskunft

30 Das Gesetz regelt nicht, in welcher Form die Auskunft zu erteilen ist. Grundsätzlich besteht aber ein Anspruch auf einen Beleg für die Auskunft. Diese hat folglich i.d.R. schriftlich oder mit einer E-Mail zu erfolgen. Die Behörde kann auch verlangen, dass die Anfrage schriftlich erfolgt.

2. Berechtigte

a) Betroffene Person

31 Der Anspruch nach Art. 451 Abs. 2 steht **nicht der betroffenen Person** zu. Ihr gegenüber besteht das Erwachsenenschutzgeheimnis nach Art. 451 Abs. 1 gar nicht (vgl. N 14). Ihr Anspruch auf Auskunft ergibt sich vielmehr aus einer Vielzahl anderer Grundsätze, namentlich aus dem Anspruch auf Akteneinsicht in einem laufenden Verfahren. Entsprechend besteht für sie auch nicht die Einschränkung bezüglich des Gegenstandes der Auskunft und sie muss kein Interesse glaubhaft machen.

b) Private Dritte

32 Der Anspruch dient in erster Linie privaten Dritten für den Rechtsverkehr. Darunter fallen einerseits Personen, welche **selber in eine Geschäftsbeziehung** mit der betroffenen Person treten wollen oder eine solche bereits aufgenommen haben. Andererseits können aber auch **Anwaltskanzleien, Treuhänder oder Auskunfteien**, welche für Private Kreditwürdigkeit und Geschäftsfähigkeit eines potentiellen Geschäftspartners klären, Auskunft verlangen. Sie machen dann die Interessen ihrer Klientschaft geltend.

33 Allerdings wird es im Rechtsverkehr regelmässig wesentlich einfacher sein, vom potenziellen Geschäftspartner zu verlangen, dass er selber den Nichtbestand einer Massnahme nachweist. Er kann ohne jeden besonderen Interessennachweis von der ESB an seinem Wohnsitz eine Bestätigung verlangen, dass keine Massnahme besteht. Entgegen einer teilweise von den Gemeinden geübten Praxis kann die Behörde allerdings nicht die Handlungsfähigkeit attestieren, da diese nicht nur das Fehlen einer die Handlungsfähigkeit be-

schränkenden Massnahme, sondern auch die Urteilsfähigkeit voraussetzt. Ob diese gegeben ist, wird die Behörde aber in aller Regel nicht beurteilen können.

c) Behörden

Das Auskunftsrecht der Behörden richtet sich in erster Linie nach **Art. 453 und einer Vielzahl besonderer Bestimmungen** in den einzelnen Gesetzen. Soweit es sich dabei um Bundesgesetze handelt, stellen diese Normen verbindliche Durchbrechungen der Geheimhaltungspflicht dar und die ESB hat die entsprechenden Auskünfte zu erteilen. Finden sich solche Normen in kantonalen Gesetzen, hat die ESB eine Interessenabwägung nach Art. 451 Ab. 1 vorzunehmen, bevor sie die Auskunft erteilt. Das kantonale Recht kann das bundesrechtlich verankerte Erwachsenenschutzgeheimnis nicht durchbrechen (vgl. N 20). **34**

Eine Berufung auf das Auskunftsrecht nach Abs. 2 ist einer Behörde **nur ausnahmsweise möglich**. Eine solche Ausnahme ist insb. zu machen, wenn die Behörde rechtsgeschäftlich wie ein Privater auftritt. **35**

IV. Sanktionen

1. Bei Verletzung der Verschwiegenheitspflicht

Das ZGB sieht **keine besonderen Sanktionen** für die Verletzung der Verschwiegenheitspflicht vor. Es ist diesbezüglich vielmehr auf die allgemeinen Regeln bei einer Rechtsverletzung durch die Behörden zurückzugreifen (Botschaft Erwachsenenschutz, 7055). Insbesondere ist an die Haftung des Kantons nach Art. 454 f. zu denken. Sie setzt allerdings voraus, dass entweder ein materieller Schaden entstanden ist oder die Schwere der Geheimnisverletzung eine Genugtuung rechtfertigt (Art. 454 Abs. 1). Zudem muss zwischen der Geheimnisverletzung und dem Schaden oder immateriellen Unbill ein adäquater Kausalzusammenhang bestehen (Geiser, Art. 454 N 13; BK-Brehm, Art. 41 OR N 38b). Überdies verstossen die Behördenmitglieder regelmässig mit der Verletzung ihrer Geheimhaltungspflicht gegen Art. 320 StGB und machen sich damit strafbar (Botschaft Erwachsenenschutz, 7055). Weil es sich bei der ESB um einen Teil der kantonalen bzw. kommunalen Verwaltung handelt, kann zudem das kantonale öffentliche Recht weitere Sanktionen vorsehen. **36**

2. Bei Verweigerung der Auskunft

Verweigert die Behörde ungerechtfertigterweise die Auskunft, wird sich der Auskunft Ersuchende in erster Linie mit einer Beschwerde an die gerichtliche Instanz gegen den Entscheid der ESB wehren (Art. 450 ff.). Gegen die von der letzten kantonalen Instanz verweigerte Auskunftserteilung ist die Beschwerde in Zivilsachen an das Bundesgericht zulässig (Art. 72 Abs. 2 lit. b Ziff. 6 BGG; BSK ZGB I-Steck, Art. 450 N 7). Die auskunftsberechtigte Person kann aufgrund der Verweigerung unter Umständen auch einen Schadenersatzanspruch haben. Dieser richtet sich allerdings nicht nach Art. 454, sondern nach dem kantonalen Verantwortlichkeitsrecht (Geiser, Art. 454 N 20). Die Haftungsbestimmungen des Erwachsenenschutzrechts schützen nicht die Dritten, sondern die von einer Massnahme betroffene Person (so schon zum alten Recht: BGE 115 III 17; Geiser, ZSR 2003, 404, Rz 3.46). **37**

Art. 452

B. Wirkung der Massnahmen gegenüber Dritten

1 Eine Massnahme des Erwachsenenschutzes kann Dritten, auch wenn sie gutgläubig sind, entgegengehalten werden.

2 Schränkt die Beistandschaft die Handlungsfähigkeit der betroffenen Person ein, so ist den Schuldnern mitzuteilen, dass ihre Leistung nur befreiende Wirkung hat, wenn sie diese dem Beistand oder der Beiständin erbringen. Vorher kann die Beistandschaft gutgläubigen Schuldnern nicht entgegengehalten werden.

3 Hat eine Person, für die eine Massnahme des Erwachsenenschutzes besteht, andere zur irrtümlichen Annahme ihrer Handlungsfähigkeit verleitet, so ist sie ihnen für den dadurch verursachten Schaden verantwortlich.

B. Effet des mesures à l'egard des tiers

1 L'existence d'une mesure de protection de l'adulte est opposable même aux tiers de bonne foi.

2 Lorsqu'une curatelle entraîne une limitation de l'exercice des droits civils de la personne concernée, elle doit être communiquée aux débiteurs de celle-ci, lesquels ne peuvent alors se libérer valablement qu'en mains du curateur. L'existence de la curatelle ne peut être opposée aux débiteurs de bonne foi qui n'en ont pas été informés.

3 La personne faisant l'objet d'une mesure de protection de l'adulte qui s'est faussement donnée pour capable répond envers les tiers du dommage qu'elle leur a causé.

B. Effetto delle misure nei confronti dei terzi

1 Le misure di protezione degli adulti sono opponibili anche ai terzi di buona fede.

2 Se la curatela limita l'esercizio dei diritti civili dell'interssato, ai debitori va comunicato che la loro prestazione ha effetto liberatorio soltanto se è fatta al curatore. Prima die tale comunicazione, la curatela non è opponibile ai debitori di buona fede.

3 Se una persona sottoposta a una misura di protezione degli adulti ha indotto altri a credere erroneamente che possiede l'esercizio dei diritti civili, essa risponde del danno che gli ha cagionato in tal modo.

Inhaltsübersicht

Literatur

Vgl. die Literaturhinweise bei Art. 451 sowie PH. MEIER, Le consentement des autorités de tutelle aux actes du tuteur, Diss. Freiburg 1994.

Materialien

Art. 449 VE Erwachsenenschutz 2003; VE Erwachsenenschutz/Vernehmlassungen, 416 ff.; Botschaft Erwachsenenschutz, 7090 f. und 7167; Prot. RK-S vom 27./28.8.2007, 32; AmtlBull StR 2007, 840 f.; Prot. RK-N vom 24./25.4.2008, 44; AmtlBull NR 2008, 1540 f.

I. Allgemeines

1. Verhältnis zum bisherigen Recht und Entstehungsgeschichte

1 Die Bestimmung übernimmt **zwei wesentliche Grundsätze des früheren Rechts**: In Abs. 1 wird festgehalten, dass der Entzug der Handlungsfähigkeit auch gutgläubigen Dritten entgegengehalten werden kann (aArt. 375 Abs. 3) und in Abs. 3 wird ein besonderer Haftungstatbestand der betroffenen Person für das Vortäuschen ihrer Handlungsfähigkeit festgehalten (aArt. 411 Abs. 2). Das neue Recht schützt aber neu mit Abs. 2 den Rechtsverkehr, in dem es den Schuldner, der im guten Glauben an den Verbeiständeten geleistet hat, vor einer nochmaligen Bezahlung seiner Schuld schützt. Diesen Schutz des Gutgläubigen kannte das bisherige Recht nicht. Entscheidend neu ist zudem, dass die Massnahmen nicht mehr veröffentlicht werden. Das frühere Recht sah vor, dass Vormundschaften grundsätzlich zu veröffentlichen waren, damit sie gegenüber Dritten wirksam werden konnten (aArt. 375).

2 Die Streichung der Veröffentlichung war bereits ein zentrales Anliegen des Vorentwurfs, wobei die Formulierung in einzelnen Punkten von der Gesetz gewordenen Fassung abwich (Art. 449 VE Juni 2003). Die Regelung wurde in der Vernehmlassung grundsätzlich positiv aufgenommen, wenn auch einzelne kritische Stimmen nicht ausgeblieben sind (vgl. VE Erwachsenenschutz/Vernehmlassungen, Ziff. 4.4.2.1.). Der Entwurf des Bundesrates enthielt sodann die nunmehr Gesetz gewordene Fassung. Das Parlament hatte den Bestimmungen diskussionslos zugestimmt (AmtlBull StR 2007, 841; AmtlBull NR 2008, 1541).

2. Zweck der Norm

3 Wie das frühere Recht kennt auch das geltende Massnahmen, bei denen einer Person die Handlungsfähigkeit entzogen wird, so dass ihre Willenserklärungen grundsätzlich keine rechtsgeschäftlichen Wirkungen entfalten. Der Gesetzgeber hatte somit zu entscheiden, wie im Rechtsverkehr damit umzugehen ist. Sollte die Wirksamkeit der Massnahme gefördert und die von ihr betroffene Person im Rechtsverkehr oder der gutgläubige Dritte, der von der Massnahme keine Kenntnis hat, geschützt werden? Das frühere Recht sah vor, dass der Entzug der Handlungsfähigkeit gutgläubigen Dritten nur – aber immerhin – entgegengehalten werden konnte, wenn die Massnahme veröffentlicht worden war (aArt. 375

Abs. 3 und für die Beistandschaften: aArt. 397). Die Praxis lehrte nun allerdings, dass diese Veröffentlichungen in einer immer mobileren Geschäftswelt nicht mehr sinnvoll sind (Geiser, ZSR 2003, 385 ff., Rz 2.10). Potenzielle Geschäftspartner erhielten regelmässig keinerlei Kenntnis von der Veröffentlichung in irgendeinem lokalen Amtsblatt. Bei einer langen Dauer der Massnahme lagen diese Publikationen auch weit zurück. Hatte eine bevormundete Person geheiratet, war damit unter Umständen sogar eine Namensänderung verbunden, so dass ein Auffinden der entsprechenden Veröffentlichung auch kaum mehr möglich war. Zudem sah das Gesetz selber erhebliche Ausnahmen von der Veröffentlichungspflicht vor. Für die betroffene Person und ihre Angehörigen wurde die Entmündigung oft als erniedrigend und verletzend empfunden. Gerade darin lag immer wieder ein Grund, bei von einer Altersdemenz betroffenen Person auf die Hilfe der Behörden zu verzichten. Sowohl die Praxis wie auch die Lehre wiesen deshalb darauf hin, dass ein Erwachsenenschutzrecht nur dann effizient sein kann, wenn auf Stigmatisierungen verzichtet wird. Das geltende Recht verzichtet deshalb auf jegliche Publikation der Massnahmen. Der Schutz des Rechtsverkehrs hat, soweit er gerechtfertigt ist, auf eine andere, effizientere Weise zu erfolgen. Er findet seinen Niederschlag einerseits im Auskunftsanspruch nach Art. 451 Abs. 2 und andererseits im Schutz des gutgläubigen Schuldners sowie der Haftung der betroffenen Person (Art. 452 Abs. 2).

3. Anwendungsbereich

4 Die Bestimmung ist von ihrem Zweck her im Zusammenhang mit dem Rechtsverkehr zu sehen. Sie gilt somit nur für die **Massnahmen**, welche die **Handlungsfähigkeit** und damit den Rechtsverkehr **betreffen**. Entsprechend bezieht sie sich weder auf die FU noch auf Massnahmen im medizinischen Bereich.

5 Die verschiedenen **Absätze umschreiben ihren Anwendungsbereich unterschiedlich**: Abs. 2 gilt ausdrücklich nur für Beistandschaften, während die Abs. 1 und 3 für alle (die Handlungsfähigkeit beschränkenden) Massnahmen des Erwachsenenschutzes gelten. Sie betreffen damit auch den Vorsorgeauftrag.

II. Wirkung gegenüber Dritten (Abs. 1)

1. Allgemeine Regeln der Handlungsfähigkeit

6 Die Handlungsfähigkeit setzt Urteilsfähigkeit und Volljährigkeit voraus (Art. 13). Fehlt auch nur eine dieser beiden Voraussetzungen oder steht die Person unter umfassender Beistandschaft, ist die Handlungsfähigkeit nicht gegeben (Art. 17). Allerdings ist das Ausmass der Handlungsunfähigkeit unterschiedlich, je nachdem, welches der beiden Elemente fehlt (Art. 19 ff. und vgl. dazu die Kommentierung in BSK ZGB I-Bigler-Eggenberger, Art. 17 ff.).

7 Ist die von einer Erwachsenenschutzmassnahme betroffene Person **urteilsunfähig**, fehlt es an jeglicher Handlungsfähigkeit. Sie kann keine rechtsgeschäftlichen Handlungen vornehmen. Diese sind grundsätzlich unwirksam, d.h. nichtig (BSK ZGB I-Bigler-Eggenberger, Art. 18 N 6 ff.). Die Verbeiständung kann insofern an der Handlungsfähigkeit gar nichts ändern. Das Bedürfnis des Rechtsverkehrs zu wissen, dass eine Erwachsenenschutzmassnahme errichtet worden ist, ist in diesen Fällen gering.

8 Anders ist die Rechtslage, wenn die **verbeiständete Person urteilsfähig** ist. Dann ist sie handlungsunfähig, nur weil und soweit die Erwachsenenschutzmassnahme die Hand-

lungsfähigkeit einschränkt. Weil aber im geltenden Recht die Massnahmen massgeschneidert sind, hat nicht jede Beistandschaft den gleichen Einfluss auf die Handlungsfähigkeit:
- Die Begleitbeistandschaft hat keinerlei Einfluss auf die Handlungsfähigkeit (Art. 393 Abs. 2).
- Nur bei der umfassenden Beistandschaft entfällt die Handlungsfähigkeit von Gesetzes wegen (Art. 398 Abs. 3).
- Alle anderen Beistandschaften (Art. 394–396) schränken die Handlungsfähigkeit nur im Rahmen der konkreten Anordnung ein.

Überdies ist danach zu differenzieren, ob die Einschränkung nur darin besteht, dass sich die verbeiständete Person die Handlungen des Beistandes zurechnen lassen muss, oder ob ihr die Möglichkeit entzogen ist, selbständig rechtsgeschäftlich in einem bestimmten Umfang zu handeln.

Schliesslich wird selbst durch eine umfassende Beistandschaft die **Handlungsfähigkeit nicht vollständig entzogen**. Die betroffene Person ist *beschränkt handlungsfähig* (BSK ZGB I-Bigler-Eggenberger, Art. 19 N 3). Die urteilfähige, verbeiständete Person kann rechtsgeschäftlich unentgeltliche Vorteile erlangen und geringfügige Angelegenheiten des täglichen Lebens besorgen (Art. 19 Abs. 2). Sie kann überdies Rechte ausüben, die ihr um ihrer Persönlichkeit willen zustehen (Art. 19c). Zudem sind alle ihre Rechtshandlungen gültig, wenn die Zustimmung des gesetzlichen Vertreters vorliegt (Art. 19a Abs. 1). Aus unerlaubter Handlung wird die urteilfähige, verbeiständete Person überdies schadenersatzpflichtig (Art. 19 Abs. 3). Die Beschränkung der Handlungsfähigkeit ist allein auf den Entscheid der ESB zurückzuführen, mit dem die Massnahme angeordnet worden ist. Entsprechend ist für eine sorgfältige Umsetzung der Massnahme erforderlich, dass die ESB deren Bestehen einzelnen Dritten mitteilt. Art. 451 Abs. 1 am Ende erlaubt ihr dies ausdrücklich (Art. 451 N 18). 9

Ein **Vorsorgeauftrag** hat keinen Einfluss auf die Handlungsfähigkeit der betroffenen Person. Er tritt in Kraft, wenn die Person urteilsunfähig geworden ist und entfällt auch wieder, wenn sie wieder urteilsfähig wird. Eines behördlichen Aktes bedarf es dafür nicht (Geiser, Art. 363 N 1 f.). Allerdings muss die Urteilsunfähigkeit von einer gewissen Dauer sein (Hausheer/Geiser/Aebi-Müller, Familienrecht, Rz 2.22). Beim Vorsorgeauftrag entfällt damit aber die Handlungsfähigkeit der betroffenen Person immer nur solange und insoweit, wie sie urteilsunfähig ist. Art. 19d erfasst deshalb nur die behördlichen Massnahmen. 10

2. Gutglaubensschutz

Einer Person ist nicht immer anzusehen, ob sie handlungsfähig ist oder nicht. Mit den Möglichkeiten, Rechtsgeschäfte auch ohne unmittelbaren persönlichen Kontakt einzugehen, hat sich diese Problematik verstärkt. Schliesst jemand ein Rechtsgeschäft mit einer handlungsunfähigen Person ab, ohne dies bemerkt zu haben, kann die Rechtsordnung entweder den Handlungsunfähigen vor den Folgen des Rechtsgeschäfts oder den gutgläubigen Partner in seinem Vertrauen auf dessen Gültigkeit schützen. Dabei wird der Schutz des Handlungsunfähigen vom Gesetz höher gewertet als die Rechtssicherheit (von Thur/Peter, 212). 11

Das Gesetz schützt das **Vertrauen auf die Urteilsfähigkeit** einer Person nicht. Hat eine urteilsunfähige Person ein Rechtsgeschäft abgeschlossen, ist dieses grundsätzlich nichtig, auch wenn der Partner keinerlei Möglichkeit hatte, die Urteilsunfähigkeit zu erkennen (BK-Schyder/Murer, Art. 375 ZGB N 29). Die Rechtsordnung sieht allerdings in einzel- 12 nen Rechtsbereichen eine Vielzahl von Ausnahmen vor (BK-Bucher, Art. 17/18 ZGB N 64 ff.). Zudem wird der Grundsatz der Nichtigkeit gemildert, indem diese nicht immer von Amtes wegen zu berücksichtigen ist und überdies die Geltendmachung rechtsmissbräuchlich sein kann (BK-Bucher, Art. 17/18 ZGB N 166 ff.; BGE 117 II 24). Schliesslich kann auch eine Deliktshaftung eines Urteilunfähigen gegeben sein (Art. 54 OR). Art. 54 OR ist bei rechtsgeschäftlich zugefügtem Schaden analog anwendbar (BGE 102 II 228 ff.). Einen allgemeinen Gutglaubensschutz gibt es indessen nicht (BK-Bucher, Art. 17/18 ZGB N 148 ff.). Erleidet der Dritte wegen eines entschuldbaren Irrtums über die Urteilfähigkeit seines Kontrahenten einen Schaden, kann er diesen höchstens in analoger Anwendung von Art. 54 OR ersetzt erhalten. Hingegen ist Art. 452 Abs. 3 ZGB bei Urteilsunfähigkeit nicht anwendbar (BGE 102 II 231; BK-Bucher, Art. 17/18 ZGB N 88; vgl. N 31).

13 Differenzierter ist die Rechtslage mit Bezug auf das **Vertrauen in die Mündigkeit** einer Person. Wer sich über das Alter einer Person irrt, hat die Folgen dieses Irrtums grundsätzlich selber zu tragen. Insoweit gibt es keinen Gutglaubensschutz (vgl. aber Art. 19b Abs. 2). Demgegenüber besteht ein gewisser Schutz, wenn sich der Dritte im internationalen Verhältnis über das auf das Mündigkeitsalter anwendbare Recht geirrt hat (BSK IPRG-Jametti Greiner/Geiser, Art. 36 N 5).

14 Während das frühere Recht bezüglich eines **behördlichen Entzuges der Handlungsfähigkeit** für den Gutglaubensschutz danach differenzierte, ob die Massnahme veröffentlicht worden war oder nicht (vgl. N 1 f. und BK-Schnyder/Murer, aArt. 375 ZGB N 24 ff.), gleicht das geltende Recht diesen Grund für die Einschränkung der Handlungsunfähigkeit der fehlenden Mündigkeit an: Auch wenn der Geschäftspartner die Massnahme nicht kannte und sie auch nicht kennen konnte, wird er nicht geschützt. Die **Massnahme wirkt auch uneingeschränkt gegenüber dem Gutgläubigen**. Allerdings wird die in Art. 19b Abs. 2 zum Schutze des Gutgläubigen aufgestellte Haftungsnorm in Art. 452 Abs. 3 ausdrücklich noch einmal bekräftigt (vgl. N 28 ff.). Selbst wenn jemand aufgrund einer falschen Auskunft nach Art. 451 Abs. 2 irrtümlicherweise an die Geschäftsfähigkeit seines Geschäftspartners geglaubt hat, wird er in seinem guten Glauben nicht geschützt. Diesfalls wird aber in aller Regel der Kanton oder die Gemeinde aufgrund des kantonalen Verantwortlichkeitsgesetzes für die Folgen der falschen Auskunft haften (vgl. vorn Art. 451 N 37; zum alten Recht vgl. Ph. Meier, 308 f.).

III. Schutz der Schuldner (Abs. 2)

1. Grundregel des Schuldnerschutzes

15 Ein Schuldner wird von seiner **Verpflichtung nur befreit, wenn er an den richtigen Gläubiger leistet** (vgl. von Thur/Escher, 17; ZK-Spirig, Art. 167 OR N 3). Leistet der Schuldner aus Irrtum an den Falschen, wird er zwar das Geleistete unter Umständen zurückverlangen können (Art. 62 ff. OR), die Forderung ist aber nicht untergegangen und der Gläubiger kann die Leistung nach wie vor mit Erfolg verlangen. Es gibt diesbezüglich **grundsätzlich keinen Schutz des guten Glaubens**. Hat der Schuldner Zweifel bezüglich der Person des Schuldners – womit er nicht mehr gutgläubig ist – gewährt ihm das Recht immerhin die Möglichkeit sich durch Hinterlegung von der Schuldpflicht zu befreien (Art. 96 und 168 OR; von Thur/Escher, 17; BK-Weber, Art. 96 OR N 9). Eine Einschränkung dieses Grundsatzes sieht das Gesetz aber im Zusammenhang mit der Zession vor. Der gutgläubige Schuldner kann mit befreiender Wirkung an den nicht mehr Berechtigten leisten, wenn dieser seine Forderung an einen Dritten abgetreten hat (Art. 167 OR). Der gute Glaube in die Berechtigung des ursprünglichen Gläubigers entfällt, wenn ihm die Zession mitgeteilt worden ist.

Die gültige Erfüllung setzt aber nicht nur voraus, dass an die richtige Person geleistet wird, sondern auch, dass diese die Leistung gültig entgegennehmen kann. Dafür muss sie aber i.d.R. **insoweit voll handlungsfähig** sein. Auch hier gilt der Grundsatz, dass die fehlende Handlungsfähigkeit nicht durch den guten Glauben des leistenden Schuldners ersetzt wird (von Thur/Escher, 8). Wer gutgläubig an den nicht handlungsfähigen Gläubiger geleistet hat, bleibt zur nochmaligen Leistung an den gesetzlichen Vertreter verpflichtet. Er kann aber seinen Anspruch auf Rückleistung aus ungerechtfertigter Bereicherung mit seiner Schuld verrechnen, soweit die Leistung beim Gläubiger noch vorhanden ist (von Tuhr/Escher, 8). Diese allgemeinen Regeln schränkt Art. 452 Abs. 2 zu Gunsten des Schuldner und damit des Rechtsverkehrs ein. **16**

2. Die Regelung im Einzelnen

a) Voraussetzungen

Die Bestimmung erfasst nur die **Anordnungen von Beistandschaften mit Beschränkung der Handlungsfähigkeit**. Nicht erfasst werden die anderen Massnahmen des Erwachsenenschutzrechts, namentlich der Vorsorgeauftrag. Von den Rechtsfolgen her ergibt sich zudem, dass es ausschliesslich um die Entgegennahme von geschuldeten Leistungen geht. Die Einschränkung der Handlungsfähigkeit muss sich somit auf diese Rechtsgeschäfte beziehen. Dies trifft bei einer umfassenden Beistandschaft immer zu (Art. 398), sofern die Handlungsfähigkeit nicht schon mangels Urteilsfähigkeit entfallen ist. Bei den anderen Beistandschaften ist auf die jeweilige genaue Umschreibung der Massnahme zu achten. **17**

Die Bestimmung gelangt unabhängig davon zur Anwendung, ob es sich um die **erstmalige Errichtung einer Massnahme** für die betroffene Person handelt oder bei einer bereits bestehenden Massnahme die **Handlungsfähigkeit durch eine Abänderung weiter eingeschränkt** wird. Sie bezieht sich aber nur auf die Rechtshandlungen der betroffenen Person, nicht auch auf die Vertretungsmacht des Beistandes. Entsprechend kommt Art. 452 Abs. 2 nicht auch bei der Aufhebung einer Massnahme zur Anwendung (vgl. N 26). **18**

b) Mitteilung

Um die gültige Leistung an die betroffene Person zu verhindern, muss die **ESB den Schuldnern die Massnahme mitteilen**. Art. 451 Abs. 1 ist aber auch hier zu beachten: Die Behörde hat zu prüfen, ob eine Mitteilung aufgrund der konkreten Umstände des Einzelfalls sinnvoll ist oder ob die Geheimhaltungsinteressen der betroffenen Person überwiegen. Letzteres wird bspw. zutreffen, wenn Rückzahlungen einer Schuld aufgrund der bisherigen Geschäftsbeziehungen ohnehin nur auf ein bestimmtes Bankkonto erfolgen werden, über dies die betroffene Person sowieso nicht mehr verfügen kann. **19**

Zur Mitteilung verpflichtet ist grundsätzlich **die ESB** (Schmid, Art. 452 N 2). Sie kann diese Aufgabe aber auch dem Beistand delegieren. Dieser hat sich auch zu vergewissern, dass die notwendigen Mitteilungen erfolgt sind, da er meist schneller einen Überblick über die ausstehenden Forderungen haben wird als die Behörde. **20**

Das Gesetz bestimmt nicht, in welcher **Form die Mitteilung** zu erfolgen hat. Aus dem Zusammenhang mit der Aufhebung der Publikation ergibt sich aber, dass die **Mitteilung nur individuell und nicht durch eine Publikation** erfolgen kann. Sie wird in aller Regel schriftlich, durch einen persönlich adressierten Brief erfolgen. Genügend ist ohne Zweifel auch eine E-Mail. Eine mündliche Mitteilung ist aber ohne weiteres auch möglich, z.B. **21** wenn der Schuldner selber in irgendeiner Weise im Verfahren vor der ESB involviert ist. Die Frage der Form ist indessen ohne praktische Bedeutung, weil eine wie auch immer geartete tatsächliche Kenntnisnahme den guten Glauben zerstört, so dass der Schuldnerschutz schon aus diesem Grund entfällt. Der Schuldner kann in jedem Fall zudem die Rechte nach Art. 451 Abs. 2 geltend machen. Weil die Zustellung individuell zu erfolgen hat, muss die ESB bzw. der Beistand ein Verzeichnis der Schuldner aufnehmen (Mösch Payot, in: Rosch/Büchler/Jakob, Art. 452 N 5).

22 Mit Blick auf ihre rechtsgeschäftliche Wirkung und ihre Verankerung im Bundesrecht gelangen die **allgemeinen Grundsätze für eine rechtsgeschäftliche Mitteilung** zur Anwendung. Die Mitteilung ist empfangsbedürftig. Der Adressat muss handlungsfähig sein, um sie entgegennehmen zu können. Ein Stellvertreter muss über eine entsprechende Vertretungsmacht verfügen. Wird der Empfang vereitelt, gelten die entsprechenden Zustellungssurrogate, wie bei der Zustellung anderer rechtsgeschäftlicher Erklärungen. Nicht zur Anwendung gelangen die Regeln für die Eröffnung nicht zustellbarer Verfügungen von Behörden.

c) Gutglaubensschutz

23 Solange keine individuelle Mitteilung erfolgt ist, kann der gutgläubige Schuldner nach wie vor gültig dem urteilsfähigen, verbeiständeten Gläubiger leisten. Dies folgt als Umkehrschluss aus dem ersten Satz von Art. 452 Abs. 2. Dies verdeutlicht der zu weit formulierte zweite Satz. Aus diesem darf nicht auf einen allgemeinen Gutglaubensschutz geschlossen werden. Der blosse Umstand, dass jemand der betroffenen Person etwas schuldet, führt nicht dazu, dass sein guter Glaube in die Handlungsfähigkeit allgemein geschützt wird. Dies widerspräche dem in Art. 452 Abs. 1 festgelegten Grundsatz und liesse sich als Ungleichbehandlung mit anderen Teilnehmern am Rechtsverkehr nicht rechtfertigen. Bezüglich aller rechtsgeschäftlichen Handlungen, ausser der Erbringung der Schuld, muss sich auch ein gutgläubiger Schuldner die Massnahme entgegenhalten lassen. Insbesondere sind rechtsgeschäftliche Erklärungen, wie bspw. Kündigungen, gegenüber dem Verbeiständeten nichtig, wenn diesem insoweit durch die Massnahme die Handlungsfähigkeit entzogen worden ist.

24 Damit der Schutz greift, muss der Schuldner **gutgläubig** sein. Er muss darauf vertraut haben, dass die Handlungsfähigkeit der betroffenen Person nicht durch die Anordnung einer Beistandschaft aufgehoben worden ist. Darauf berufen kann er sich aber nur, wenn er bei Anwendung der gebührenden Sorgfalt von der Massnahme nicht hätte Kenntnis erlangen können. An der nötigen Sorgfalt hat es bspw. jemand fehlen lassen, der von einem Verfahren bei der ESB Kenntnis hat und sich nicht erkundigt, ob nun eine Massnahme angeordnet worden ist oder nicht. Demgegenüber kann nicht verlangt werden, dass jemand, bevor er eine Leistung erbringt, eine Auskunft gem. Art. 451 Abs. 2 bei der ESB einholt. Die Gutgläubigkeit wird vermutet (Art. 3 Abs. 1).

25 Weil Art. 452 Abs. 2 nur auf Einschränkungen der Handlungsfähigkeit aufgrund einer Beistandschaft anwendbar ist (N 17), **greift** dieser **Schutz** des gutgläubigen Schuldners **nicht**, wenn er an eine **urteilsunfähige Person** leistet. Er läuft vielmehr Gefahr, ein zweites Mal leisten zu müssen, wobei er seine Schuld mit dem Rückforderungsanspruch verrechnen kann, soweit das Geleistete noch beim Gläubiger vorhanden ist (vgl. N 16). Dies gilt auch, wenn zwar eine Beistandschaft mit die Handlungsfähigkeit beschränkender Wirkung angeordnet worden ist, die Handlungsfähigkeit aber schon wegen der Urteilsunfähigkeit entfallen ist. Gleichfalls Bedeutung hat diese Einschränkung des Schutzes beim Vorsorgeauftrag. Dieser ist immer nur wirksam, wenn und solange die betroffene Person urteilsunfähig ist.

d) Schutz nach Aufhebung der Massnahme

Ist der Beistand aufgrund der Umschreibung seiner Aufgabe ermächtigt, mit befreiender Wirkung die von Dritten geschuldeten Leistungen für die betroffene Person entgegenzunehmen (Art. 408 Abs. 2 Ziff. 1), so stellt sich die Frage des Gutglaubensschutzes auch, wenn die Massnahme aufgehoben worden ist. Das **Amt des Beistandes endet mit dem Ende der Beistandschaft** (Art. 421 Ziff. 2). Art. 452 Abs. 2 ist auf diesen Fall nicht anwendbar (vgl. N 18). Aus der Verpflichtung, nicht aufschiebbare Geschäfte auch nach Beendigung des Amtes weiterzuführen (Art. 424), ergibt sich auch das Recht, gegebenenfalls rechtsgültig Leistungen für die betroffene Person entgegenzunehmen. Insofern ist der an Bestand der Massnahme glaubende Schuldner vor einer Doppelleistung geschützt. Die Interessen der betroffenen Person können dadurch nicht verletzt werden. Verbraucht der Beistand das Erhaltene in ungerechtfertigter Weise, haftet der Kanton der verbeiständeten Person für den Schaden. 26

Der **Vorsorgeauftrag** verliert seine Wirksamkeit von Gesetzes wegen, wenn die betroffene Person wieder urteilsfähig wird (Art. 369 Abs. 3). Es bedarf keines behördlichen Aktes, der mitgeteilt werden könnte. Art. 369 Abs. 3 verschiebt bezüglich des Vertretungsrechts den Zeitpunkt des Entfallens der Vertretungsmacht zum Schutze Dritter für den Fall, dass die vorsorgebeauftragte Person von dieser Änderung nichts erfahren hat. Vom Schutz erfasst wird nicht nur die Erfüllung an den nicht mehr ermächtigten Vertreter, sondern dessen ganzes rechtsgeschäftliches Handeln. Die Bestimmung ist **Art. 37 OR nachgebildet**. Es fällt allerdings auf, dass eine Beschränkung auf den Schutz gutgläubiger Dritter analog Art. 37 Abs. 2 OR fehlt. Darin ist ein gesetzgeberisches Versehen und nicht eine absichtliche Abweichung von den Regeln der Vollmacht zu erblicken (vgl. Botschaft Erwachsenenschutz, 7030). Eine entsprechende Unstimmigkeit besteht bereits zwischen Art. 37 und 406 OR (Geiser Art. 369 N 8). 27

IV. Haftung für Täuschung (Abs. 3)

1. Einordnung und Anwendungsbereich

Die Bestimmung ist praktisch wörtlich dem früheren Recht entnommen. Der Gesetzgeber hat aber diese Haftung insofern generalisiert, als er in Art. 19b Abs. 2 eine entsprechende Bestimmung **für alle urteilsfähigen, handlungsunfähigen Personen** aufgenommen hat (zum früheren Recht vgl. BK-Bucher, aArt. 19 ZGB N 410). Die beiden Normen stimmen mit wenigen bloss sprachlichen Unterschieden überein. Art. 452 Abs. 3 hat insofern keinerlei eigenständige normative Bedeutung und könnte ohne weiteres gestrichen werden. Sie ist entsprechend im Lichte von Art. 19 Abs. 2 auszulegen. 28

Die Bestimmung begründet eine **persönliche Haftung der verbeiständeten Person**, nicht des Kantons oder gar der Mitglieder ESB oder des Beistandes (BGE 115 II 17; BSK ZGB I-Leuba, aArt. 411 N 13; Meier, Consentement, 307). Die Bestimmung begrenzt ihren Anwendungsbereich nicht auf behördliche Massnahmen und kommt damit auch beim Vorsorgeauftrag zur Anwendung. Es braucht dafür nicht auf Art. 19b Abs. 2 zurückgegriffen werden (bezüglich Urteilsunfähigkeit vgl. aber N 34). 29

Die Haftung spielt insb. im Zusammenhang mit der Anbahnung von Verträgen, welche dann mangels Handlungsfähigkeit nicht gültig zustande kommen, eine Rolle. Solche Vertragsanbahnungen können aber auch ausserhalb der Schweiz erfolgen. Dann stellt sich die **Frage des anwendbaren Rechts**. Wie im früheren Recht (BGE 113 II 477 ff.) ist die Haftung als deliktische zu qualifizieren, so dass Art. 133 IPRG anwendbar ist. 30

2. Voraussetzungen

31 Art. 452 Abs. 3 setzt voraus, dass eine **Massnahme des Erwachsenenschutzrechts** zur Einschränkung der Handlungsfähigkeit geführt hat. Dies kann praktisch nur eine behördliche Massnahme sein, weil der Vorsorgeauftrag die Handlungsfähigkeit nicht über die Urteilunfähigkeit hinaus einschränkt. Zu beachten ist allerdings, dass bei anderen Gründen für eine beschränkte Handlungsunfähigkeit Art. 19b Abs. 2 die gleiche Haftung vorsieht.

32 Nach dem Wortlaut der Bestimmung setzt die Haftung eine **Täuschung über die Handlungsfähigkeit** voraus. Die Täuschung kann sich auf den Bestand einer Massnahme oder auf deren Umfang und Wirkung beziehen. Die Formulierung ist zudem zu eng. Wie im früheren Recht (BSK ZGB I-Leuba, aArt. 411 N 13; BK-Bucher aArt. 19 ZGB N 409; Ph. Meier, 306) gelangt die Bestimmung auch zur Anwendung, wenn über das Vorliegen der Zustimmung des Beistandes zum entsprechenden Rechtsgeschäft getäuscht worden ist.

33 Als **Täuschungshandlung** genügt ein bloss passives Verhalten gegenüber einem Irrtum der Gegenpartei nicht. Vielmehr ist ein aktives Verleiten zur irrtümlichen Annahme der Handlungsfähigkeit notwendig (BGE 113 II 480; 79 II 361). Diese ist eher anzunehmen, wenn die Initiative zum Vertragsschluss vom Verbeiständeten ausgegangen ist (BK-Bucher, Art. 19 ZGB N 415). Von einer allgemeinen Pflicht des Verbeiständeten, ungefragt über die Massnahme aufzuklären, kann jedoch nicht ausgegangen werden. Vielmehr ist über eine solche Pflicht aufgrund der konkreten Art der Vertragsvorbereitung zu entscheiden. Das blosse Geschehenlassen auf Seiten des Verbeiständeten und Eingehen auf die von der anderen Seite geführten Vertragsanbahnungen erfüllen die geforderte Tathandlung nicht (BGE 113 II 481). Daraus ist wohl zu folgern, dass in allen jenen Fällen, in denen sich der Vertragspartner um die Frage der Handlungsfähigkeit gar nicht kümmert, der Tatbestand nicht erfüllt ist (BK-Bucher, Art. 19 ZGB N 416). Eine Haftung ist namentlich abzulehnen, wenn es um Massengeschäfte geht, bei denen die Vertragsparteien nicht einmal in persönlichen Kontakt getreten sind und keinerlei weitere Fragen zur Person gestellt haben. Eine Täuschung im Sinne des Gesetzes liegt demgegenüber vor, wenn der Verbeiständete dem Geschäftspartner eine gefälschte oder veraltete Bescheinigung der Behörde über das Nichtvorliegen einer Massnahme vorlegt.

34 Die Haftung setzt die **Urteilsfähigkeit** des Verbeiständeten voraus. Ein Urteilsunfähiger kann nicht jemand anderen «verleiten». Über dies steht die Parallelbestimmung im Personenrecht (Art. 19b Abs. 2) systematisch ausdrücklich im Zusammenhang mit urteilsfähigen, handlungsunfähigen Personen (vgl. den Randtitel zu Art. 19). Schliesslich ist Art. 452 Abs. 2 eine Deliktshaftung und setzt damit auch die Deliktsfähigkeit voraus, welche ihrerseits Urteilsfähigkeit verlangt (Art. 19 Abs. 3; BK-Bucher, aArt. 19 ZGB N 362).

35 In engem Zusammenhang mit dem Erfordernis der Urteilsfähigkeit steht auch das **Verschulden** (BK-Bucher, aArt. 19 ZGB N 413 ff.). Das Verleiten muss absichtlich oder fahrlässig erfolgt sein. Das setzt in jedem Fall voraus, dass der Irrtum des Geschäftspartners über die Handlungsfähigkeit dem Verbeiständeten bekannt sein musste oder er diesen bei der gebührenden Sorgfalt wenigstens hätte erkennen können. Zudem muss er erkannt haben, dass durch seine bloss beschränkte Handlungsfähigkeit Schwierigkeiten in der Abwicklung des Rechtsgeschäftes entstehen können. Das kann fraglich sein, wenn mit der Anordnung der Massnahme die Einschränkung der Handlungsfähigkeit ungenau umschrieben worden ist. Schliesslich bedarf es eines Minimums von **Unrechtsbewusstsein**.

36 Im Übrigen müssen die allgemeinen haftpflichtrechtlichen Voraussetzungen gegeben sein. Es muss ein **Schaden** vorliegen, der die **adäquat kausale Folge der Tathandlung** ist.

Letzteres trifft namentlich dann nicht zu, wenn der Geschäftspartner den Vertrag auch in Kenntnis der Einschränkung der Handlungsfähigkeit abgeschlossen hätte oder der Vertrag auch aus einem anderen Grund nicht zustande gekommen ist oder nicht erfüllt werden konnte. Am Kausalzusammenhang fehlt es, wenn der Geschäftspartner den Vertrag trotz Kenntnis der Beschränkung der Handlungsfähigkeit geschlossen hat (BSK ZGB I-Leuba, aArt. 411 N 15). Insofern kann sich nur der gutgläubige Geschäftspartner auf die Haftung berufen. Kein Schaden ist eingetreten, wenn der Vertrag trotz Ungültigkeit erfüllt wird (BK-Bucher, aArt. 19 ZGB N 412).

3. Rechtsfolgen

Art. 452 Abs. 3 führt nicht zur Gültigkeit des Rechtsgeschäfts. Der Geschäftspartner hat bloss **Anspruch auf Schadenersatz**. Geschuldet ist das **negative Vertragsinteresse** (BK-Bucher, Art. 19 ZGB N 418; BSK ZGB I-Leuba, aArt. 411 N 16). Der Verbeiständete hat den Geschäftspartner so zu stellen, wie wenn dieser das Geschäft nicht abgeschlossen hätte. Die Transaktionskosten sind allerdings nur soweit bei der Schadensberechnung zu berücksichtigen, als sie nach der Täuschung entstanden sind. Nicht geltend gemacht werden kann das Erfüllungsinteresse. 37

Der Verbeiständete **haftet** für den Schaden mit seinem **ganzen Vermögen**. Das gilt auch dann, wenn ihm die Verwaltung und Verfügung über einen Teil des Vermögens durch die Massnahme entzogen worden ist. 38

Nach den allgemeinen Grundsätzen des Haftpflichtrechts haftet der Verbeiständete nicht nur für den materiellen Schaden. Vielmehr kann auch eine **Genugtuung** geschuldet sein, wenn die Voraussetzungen für diese (Art. 49 OR) erfüllt sind. In aller Regel werden die entsprechenden Voraussetzungen nicht gegeben sein, in dem keine Verletzung in der Persönlichkeit vorliegt und – falls dies ausnahmsweise doch zutreffen sollte – es an der nötigen Schwere der Verletzung fehlt. 39

4. Geltendmachung und Verjährung

Beim Anspruch aus Art. 452 Abs. 3 handelt es sich um eine Zivilforderung, welche nötigenfalls in einem **Zivilprozess** geltend zu machen ist. Je nach Streitwert ist der Streit im ordentlichen (Art. 219 ff. ZPO) oder im vereinfachten Verfahren auszutragen (Art. 243 ff. ZPO). Dem Entscheidverfahren hat grundsätzlich ein Schlichtungsversuch vor der Schlichtungsbehörde vorauszugehen (Art. 197 ZPO). Beklagte Partei ist die verbeiständete Person, vertreten durch den Beistand, sofern dieser in diesem Bereich über die gesetzliche Vertretung verfügt. An einer entsprechenden Vertretungsmacht fehlt es bspw. bei einer Mitwirkungsbeistandschaft (Art. 396). Soweit der Verbeiständete nur zusammen mit dem Beistand handeln kann, muss eine Kopie der Klage auch dem Beistand zukommen. Jede prozessuale Handlung – und damit auch die Einlassung (BSK ZPO-Tenchio-Kuzmic, Art. 67 N 12; Fischer, Stämpflis Handkommentar zur ZPO, Bern 2010, Art. 67 ZPO N 7) – erfordert dessen Mitwirkung. 40

Wer eine Haftung nach Art. 452 Abs. 3 geltend machen will, hat deren Voraussetzung nachzuweisen. Dazu gehören insb. der **Nachweis** des täuschenden Verhaltens, des Verschuldens und des Schadens. Ebenfalls muss er den Kausalzusammenhang zwischen dem Schaden und der Täuschung beweisen. 41

Fraglich erscheint, ob die einjährige Verjährungsfrist nach Art. 60 OR (so Deschenaux/ 42
Steinauer, Personnes, Rz 258b; BSK ZGB I-Leuba, Art. 411 N 19) oder die zehnjährige

vertragliche gilt (so BK-BUCHER Art. 19 ZGB N 419). Für die Antwort entscheidend ist der Ausgangspunkt für die Verjährungsfrist. Gemäss Art. 60 Abs. 1 OR beginnt die einjährige Verjährungsfrist erst mit Kenntnis des Schadens und der haftenden Person zu laufen. Leistet der Vertragspartner im Vertrauen auf die Gültigkeit des Rechtsgeschäfts und versucht er im Vertrauen auf die Verjährungsfrist für vertragliche Verpflichtungen erst über ein Jahr später die Gegenleistung zu erhalten, ist seine Forderung nach Art. 60 OR noch nicht verjährt, wenn er erst nun von der Ungültigkeit des Rechtsgeschäfts erfährt. Es kann von ihm aber sehr wohl verlangt werden, dass er innert Jahresfrist seit Kenntnis der Ungültigkeit seinen Schadenersatzanspruch geltend macht. Von daher rechtfertigt es sich, die deliktische Verjährungsfrist anzuwenden.

5. Verhältnis zu Art. 41 ff. OR

43 Es ist selbstverständlich möglich, dass der Verbeiständete dem Dritten auch nach Art. 41 ff. OR haftet. Die **Rechtswidrigkeit** des Verhaltens muss sich dann aber **aus einem anderen Grund** als dem Vortäuschen seiner Handlungsfähigkeit ergeben. Ist der Verbeiständete urteilsunfähig, fehlt es ihm an der Deliktsfähigkeit (Art. 19 Abs. 3 e contrario). Möglich ist aber eine Billigkeitshaftung nach Art. 54 OR (vgl. dazu BK-BUCHER, Art. 17/18 ZGB N 82 ff.). Die für eine solche Haftung grundsätzlich notwendige Widerrechtlichkeit (BK-BREHM, Art. 54 OR N 12) kann sich auch aus Art. 452 Abs. 3 ergeben, auch wenn der Urteilsunfähige nicht im eigentlichen Sinn den Geschäftspartner «verleiten» kann. Diesfalls ist ausschliesslich auf den äusseren Anschein eines Verleitens abzustellen (BGE 102 II 226 ff.).

Art. 453

C. Zusammenarbeitspflicht

[1] Besteht die ernsthafte Gefahr, dass eine hilfsbedürftige Person sich selbst gefährdet oder ein Verbrechen oder Vergehen begeht, mit dem sie jemanden körperlich, seelisch oder materiell schwer schädigt, so arbeiten die Erwachsenenschutzbehörde die betroffenen Stellen und die Polizei zusammen.

[2] Personen, die dem Amts- oder Berufsgeheimnis unterstehen, sind in einem solchen Fall berechtigt, der Erwachsenschutzbehörde Mitteilung zu machen.

C. Obligation de collaborer

[1] S'il existe un réel danger qu'une personne ayant besoin d'aide mette en danger sa vie ou son intégrité corporelle ou commette un crime ou un délit qui cause un grave dommage corporel, moral ou matériel à autrui, l'autorité de protection de l'adulte, les services concernés et la police sont tenus de collaborer.

[2] Dans un tel cas, les personnes liées par le secret de fonction ou le secret professionnel sont autorisées à communiquer les informations nécessaires à l'autorité de protection de l'adulte.

C. Obbligo di collaborazione

[1] Se una persona bisognosa d'aiuto rischia seriamente di esporre sé stessa a pericolo o di commettere un crimine o un delitto cagionando ad altri un grave danno fisico, morale o materiale, l'autorità di protezione degli adulti, i servizi interessati e la polizia si prestano reciproca collaborazione.

[2] In tal caso le persone tenute al segreto d'ufficio o al segreto professionale hanno diritto di informare l'autorità di protezione degli adulti.

Inhaltsübersicht

Literatur

Vgl. die Literaturhinweise bei Art. 451.

Materialien

Art. 447 VE Erwachsenenschutz 2003; VE Erwachsenenschutz/Vernehmlassungen, 410 ff.; Botschaft Erwachsenenschutz, 7091 und 7167 f.; Prot. RK-S vom 27./28.8.2007, 32; AmtlBull StR 2007, 840 f.; Prot. RK-N vom 24./25.4.2008, 44; AmtlBull NR 2008, 1540 f.

I. Allgemeines

1. Ausgangslage und Zweck der Norm

In der Praxis haben sich immer wieder tragische Fälle ereignet, bei denen jemand Dritte oder sich selber schädigte und **niemand rechtzeitig eingriff**, weil die verschiedenen mit dem Dritt- oder Eigenschutz betrauten Behörden nicht zusammenarbeiteten. Deshalb wurde im geltenden Recht neu eine ausdrückliche Verpflichtung zur Zusammenarbeit aufgenommen (HAUSHEER/GEISER/AEBI-MÜLLER, Familienrecht, Rz 1.98). Die Schwierigkeit für den Gesetzgeber bestand allerdings darin, einerseits eine möglichst breite Zusammenarbeit zu gebieten, aber andererseits auch die Geheimhaltungsinteressen der betroffenen Person sicherzustellen (vgl. dazu vorn Art. 451 N 11 ff.). Nur durch eine Zusammenarbeit verschiedener Stellen ist in einer Gefährdungssituation ein koordiniertes Vorgehen möglich, was insb. widersprüchliche Massnahmen und Eingriffe vermeidet, was auch im direkten Interesse der hilfsbedürftigen Person liegt (Botschaft Erwachsenenschutz, 7091). Die genannte Schwierigkeit hat der Gesetzgeber allerdings nur sehr beschränkt gemeistert. Sinnvollerweise arbeiten die verschiedenen Behörden im Dienste einer hilfsbedürftigen Person in weit grösserem Masse zusammen, als in Art. 453 vorgesehen. Der Gesetzgeber wollte aber vermeiden, dass aus einer zu allgemein gefassten Bestimmung zur Zusammenarbeit Behörden übereilt die Geheimhaltungsinteressen der hilfsbedürftigen Person beiseiteschieben und damit stigmatisierend wirken, was hohe Hürden für den Zugang zur Hilfe durch den Erwachsenenschutz schafft. 1

Die Bestimmung ist Teil des Erwachsenenschutzrechts. Wie dieses **bezweckt** sie deshalb den **Schutz der hilfsbedürftigen Person**, ohne die Interessen deren Umgebung, namentlich auf Sicherheit, ausser Acht zu lassen. Daran hat sich auch das Ausmass und die Art der Zusammenarbeit zu richten. Neben der optimalen Wahrung der Interessen der hilfsbedürftigen Person bezweckt die Norm auch präventiv die öffentliche Sicherheit zu fördern (MÖSCH PAYOT, in: Rosch/Büchler/Jakob, Art. 452 N 1). Sie verfolgt insofern auch ein öffentliches Interesse. 2

2. Anwendungsbereich

3 Die Bestimmung gilt für die **gesamte Tätigkeit der ESB** aufgrund ihrer bundesrechtlichen Aufgaben. Insofern hat sie auch nötigenfalls mit den genannten Stellen und Behörden zusammenzuarbeiten, wenn es um die Abklärungen im Zusammenhang mit einem Vorsorgeauftrag oder medizinischen Massnahmen geht.

4 Es handelt sich aber nicht um die einzige Bestimmung, welche die Zusammenarbeit mit anderen Behörden regelt. Vielmehr ergeben sich Zusammenarbeitspflichten und -rechte aus einer Vielzahl von Normen. Zum einen wird die Behörde in den meisten Verfahren Informationen einholen und damit auch weitergeben müssen. Auch darin liegt eine Zusammenarbeit. Auch im Rahmen der Durchführung der Massnahmen ist die Zusammenarbeit mit allen möglichen Institutionen unvermeidlich, einschliesslich der Steuerbehörden. Wie weit dabei auch Informationen ausgetauscht werden dürfen, richtet sich nach Art. 451. Soweit es um gerichtliche Verfahren geht, richtet sich die Mitwirkungspflicht der Behörden in aller Regel nach dem Prozessrecht. Sodann enthalten auch andere Gesetze Meldepflichten sowohl gegenüber den Erwachsenen- und Kindesschutzbehörden als auch in der umgekehrten Richtung (vgl. MÖSCH PAYOT, in: Rosch/Büchler/Jakob, Art. 452 N 9).

5 Nicht von dieser Bestimmung geregelt ist die Frage, in welchem Ausmass die ESB und der Beistand mit anderen Behörden **zusammenarbeiten dürfen und müssen, um ein rechtmässiges Verhalten** sicherzustellen. Die Frage betrifft insb. die Zusammenarbeit mit den **Fiskalbehörden** im weiten Sinne (Steuerbehörden, Sozialversicherungsbehörden, Sozialämter), um Fiskaldelikte (Steuerhinterziehung und Missbrauch von Sozialleistungen) durch die hilfsbedürftige Person und ihre Umgebung zu vermeiden. Hier lassen sich Mitteilungsrechte und -pflichten aber aus dem allgemeinen Gebot eines rechtskonformen Handelns staatlicher Organe ableiten. Entsprechend wird die Behörde bzw. der Beistand regelmässig in Zusammenarbeit mit den entsprechenden Fiskalbehörden den Zustand bereinigen müssen.

3. Normadressat und Normgehalt

6 Normadressat ist in erster Linie die **ESB**. Diese kann die Zusammenarbeit aber auch an die Beistände oder an Mitarbeitende delegieren (Botschaft Erwachsenenschutz, 7091; MÖSCH PAYOT, in: Rosch/Büchler/Jakob, Art. 452 N 3). Demgegenüber werden Vorsorgebeauftragte und nahestehende Personen mit gesetzlichen Vertretungsbefugnissen von der Bestimmung nicht betroffen (Botschaft Erwachsenenschutz, 7091). Ihre Verpflichtungen zur Zusammenarbeit ergeben sich vielmehr aus anderen Bestimmungen.

7 Da aber niemand mit sich selber zusammenarbeiten kann, sondern das Wesen der Zusammenarbeit im gegenseitigen Austausch liegt, richtet sich die Bestimmung auch an die **betroffenen Stellen und die Polizei**. Die Umschreibung ist bewusst offen und umfasst alle möglichen beteiligten, öffentlichen und privaten Einrichtungen, wie etwa die Sozial- und Psychiatriedienste, Opferhilfestellen, Spitex, Spitäler und ihre Sozialdienste, Schuldenberatungsstellen, Sozialversicherungsträger, Gerichte, Strafverfolgung- und Strafvollzugsbehörden usw. (Botschaft Erwachsenenschutz, 7091; MÖSCH PAYOT, in: Rosch/Büchler/Jakob, Art. 452 N 3). In der Norm bezüglich dieser Stellen und Behörden – im Gegensatz zum Normgehalt gegenüber der ESB – nur einen appellatorischen Aufruf zu sehen (so MÖSCH PAYOT, in: Rosch/Büchler/Jakob, Art. 452 N 3), rechtfertigt sich nicht. Zur Verwirklichung des Bundeszivilrechts kann der Bundesgesetzgeber sehr wohl auch kantonalen Behörden und sowieso auch Privaten bestimmte Aufgaben auferlegen.

8 Weil sich einerseits ein Recht und eine Pflicht zur Zusammenarbeit aus einer Vielzahl anderer Bestimmungen ergeben und das Ausmass dieses Austausches sich nach Art. 451 richtet, kommt der Bestimmung kaum ein selbständiger Normgehalt zu. Aus Art. 453 kann weder eine über die allgemeinen Normen hinausgehende Pflicht noch ein entsprechendes Recht der ESB zur Zusammenarbeit abgeleitet werden. Insofern hat Art. 453 Abs. 1 ZGB **keinen selbständigen Normgehalt**. Sie ist aber zweifellos sowohl als Appell an die ESB, die Zusammenarbeitsmöglichkeiten ernst zu nehmen, wie auch als Legitimation dieser gegenüber anderen Behörden und Stellen, von diesen Informationen zu erhalten und soweit sachdienlich auch in den Entscheidungsprozess einbezogen zu werden, sinnvoll und nützlich.

9 Demgegenüber kommt **Art. 453 Abs. 2** insofern **normative Bedeutung** zu, als er eine Ausnahme von den strafrechtlichen Geheimhaltungspflichten stipuliert (vgl. N 17).

10 Art. 453 Abs. 1 bildet **keine Rechtsgrundlage für eine Schadenersatzforderung**, wenn mangels Zusammenarbeit einer hilfsbedürftigen Person oder einem Dritten ein Schaden entstanden ist. Soweit die hilfsbedürftige Person durch ein Nichthandeln oder ein falsches Handeln der ESB einen Schaden erlitten hat, der bei einer sinnvollen Zusammenarbeit hätte vermieden werden können, stützt sich die Widerrechtlichkeit nach Art. 454 auf die Verletzung allgemeiner Sorgfaltsregeln. Soweit Dritte geschädigt worden sind, richtet sich die Haftung der Behörde bzw. des Staates regelmässig nach dem kantonalen Staatshaftungsrecht und die regelmässig dafür erforderliche Widerrechtlichkeit muss sich aus einer anderen Bestimmung ableiten.

II. Voraussetzungen für die Zusammenarbeit

1. Allgemeine Voraussetzungen

11 Weil das gesamte staatliche Handeln dem Grundsatz der Verhältnismässigkeit untersteht (Art. 5 Abs. 2 BV), haben die Geheimnisträger auch hier bezüglich der Zusammenarbeit eine Interessenabwägung vorzunehmen und namentlich zu klären, ob das angestrebte Ziel nicht auch mit einer für die betroffene Person weniger belastenden Massnahme erreicht werden kann. Bei dieser Interessenabwägung ist vom Zweck der Norm auszugehen, nämlich dem Schutz der hilfsbedürftigen Person und dem Schutz der öffentlichen Sicherheit. Damit unterscheidet sie sich aber nicht von der Interessenabwägung, die auch nach Art. 451 Abs. 1 vorzunehmen ist (vgl. Art. 451 N 17 ff.).

12 Zur Verhältnismässigkeit gehört auch das **Erfordernis der Eignung**. Eine staatliche Handlung die nicht geeignet ist, den angestrebten Zweck zu erreichen, ist nicht verhältnismässig und damit unzulässig (BVK-HANGARTNER, Art. 5 BV N 37). Entsprechend fällt eine Zusammenarbeit nach Art. 453 nur in Betracht, wenn dadurch die Interessen der hilfsbedürftigen Person geschützt oder ein Verbrechen oder Vergehen mit der Gefahr einer schweren Schädigung Dritter vermieden werden kann.

2. Besondere Gefährdung

13 Die Zusammenarbeit und die Befreiung vom Berufs- und Amtsgeheimnis nach Art. 453 setzt neben der Verhältnismässigkeit eine besondere Gefährdung voraus. Diese muss «ernsthaft» («réel»; «seriamente») sein. «Ernsthaft» ist eine Gefahr, wenn ihr **Eintritt eine hohe Wahrscheinlichkeit** aufweist. Demgegenüber ist keine Dringlichkeit erforderlich, insofern handelt es sich auch nicht um einen eigentlichen Notstandstatbestand (**a.M.** MÖSCH PAYOT, in: Rosch/Büchler/Jakob, Art. 452 N 2). Inhaltlich umschreibt das Gesetz

den Gefährdungstatbestand mit zwei Varianten: Die eine bezieht sich auf eine Selbstgefährdung der hilfsbedürftigen Person, die andere auf eine Drittgefährdung.

14 Welcher Art die Selbstgefährdung sein muss, umschreiben der deutsche und der italienischsprachige Gesetzestext nicht näher. Demgegenüber präzisiert der französische Text, dass sich die Selbstgefährdung auf «sa vie ou son intégrité corporelle» beziehen muss. Ausser **Betracht fallen damit von vornherein Gefährdungen des Vermögens**. Bezüglich der wirtschaftlichen Interessen richtet sich die Zusammenarbeit nach den allgemeinen Sorgfaltspflichten, namentlich nach Art. 408 Abs. 1 (vgl. auch N 5). Das Gesetz enthält keine weitere Konkretisierung des erforderlichen Ausmasses der Selbstgefährdung. Aus dem Erfordernis der Ernstlichkeit der Gefahr ergibt sich aber, dass auch die drohende Schädigung erheblich sein muss (Mösch Payot, in: Rosch/Büchler/Jakob, Art. 452 N 2).

15 Bezüglich der **Fremdgefährdung** hat der Gesetzgeber eine erheblich andere Wertung vorgenommen. Zum einen werden im Gegensatz zur Wertung bei der Selbstgefährdung (N 14) auch **wirtschaftliche** Interessen einbezogen. Es geht um körperliche, seelische oder materielle Schädigungen. Diese Unterscheidung lässt sich nur damit rechtfertigen, dass sich die Zusammenarbeit zum Schutze der wirtschaftlichen Interessen der hilfsbedürftigen Person auf andere Normen stützen kann. Zum andern wird aber die Anforderung an die Schwere der drohenden Verletzung beim Schutze Dritter wesentlich höher gesetzt als bei der Selbstgefährdung. Das Gesetz verlangt, dass ein Verbrechen oder Vergehen droht. Darunter sind Straftatbestände zu verstehen, die mit Freiheitsstrafe bedroht sind (Art. 10 StGB). Die Gefahr einer blossen Übertretung, d.h. einer Straftat, welche ausschliesslich mit einer Geldstrafe bedroht ist, genügt somit nicht. Die Strafbarkeit der Handlung ist aber nicht ausreichend. Vielmehr muss die drohende strafbare Handlung die Gefahr einer schweren Schädigung des Dritten in sich bergen. Was darunter zu verstehen ist, muss im Einzelfall beurteilt werden. Entscheidend ist dabei die Wirkung für den betroffenen Dritten. Weil die Norm als Nebenzweck auch den Schutz der Öffentlichkeit, d.h. Dritter verfolgt, kann nicht erforderlich sein, dass die hilfsbedürftige Person tatsächlich strafbar wäre, wenn sie die Tat beginge. Die Voraussetzungen nach Art. 453 Abs. 1 sind vielmehr auch gegeben, wenn die Person, von der die Gefahr ausgeht, schuldunfähig ist. Für die Einordnung als Verbrechen oder Vergehen ist ausschliesslich die objektive Handlung massgeblich. Das wird allerdings nicht bei allen Straftatbeständen möglich sein.

III. Bedeutung der Zusammenarbeit

16 Eine Zusammenarbeit bedeutet in erster Linie, bei der **Entscheidungsfindung** die jeweils **andere Behörde einzubeziehen** und den eigenen Entscheid mit den Entscheidungen der anderen Behörde abzustimmen. Dies setzt zwingend in einem frühen Verfahrensstadium die Aufnahme von Kontakten mit anderen Behörden und den gegenseitigen Informationsaustausch voraus. Die Behörden haben im gegenseitigen Einvernehmen abzugrenzen, wer welche Hilfeleistungen und Massnahmen ergreift. Eines der Hauptziele der Bestimmung ist es, diesen **Informationsaustausch zu fördern und zu erleichtern**.

17 Abs. 2 bildet nun die Rechtsgrundlage dafür, dass ein solcher Informationsaustausch erfolgen kann, ohne dass die entsprechenden Behörden und Stellen sich von der Geheimhaltungspflicht durch die vorgesetzte Behörde oder Aufsichtsbehörde (oder der betroffenen Person) schriftlich entbinden lassen muss (Botschaft Erwachsenenschutz, 7091). Art. 453 Abs. 2 **schränkt insoweit die Art. 320 Abs. 2 und Art. 321 Abs. 2 StGB ein**.

Vierter Abschnitt: Verantwortlichkeit

Art. 454

A. Grundsatz

1 Wer im Rahmen der behördlichen Massnahmen des Erwachsenenschutzes durch widerrechtliches Handeln oder Unterlassen verletzt wird, hat Anspruch auf Schadenersatz und, sofern die Schwere der Verletzung es rechtfertigt, auf Genugtuung.

2 Der gleiche Anspruch besteht, wenn sich die Erwachsenenschutzbehörde oder die Aufsichtsbehörde in den anderen Bereichen des Erwachsenenschutzes widerrechtlich verhalten hat.

3 Haftbar ist der Kanton; gegen die Person, die den Schaden verursacht hat, steht der geschädigten Person kein Ersatzanspruch zu.

4 Für den Rückgriff des Kantons auf die Person, die den Schaden verursacht hat, ist das kantonale Recht massgebend.

A. Principe

1 Toute personne qui, dans le cadre de mesures prises par l'autorité de protection de l'adulte, est lésée par un acte ou une omission illicites a droit à des dommages-intérêts et, pour autant que la gravité de l'atteinte le justifie, à une somme d'argent à titre de réparation morale.

2 Les mêmes droits appartiennent au lésé lorsque l'autorité de protection de l'adulte ou l'autorité de surveillance ont agi de manière illicite dans les autres domaines de la protection de l'adulte.

3 La responsabilité incombe au canton; la personne lésée n'a aucun droit à réparation envers l'auteur du dommage.

4 L'action récursoire contre l'auteur du dommage est régie par le droit cantonal.

A. Principio

1 Chiunque è leso da atti od omissioni illeciti nell'ambito di una misura ufficiale di protezione degli adulti ha diritto al risarcimento del danno e, sempre che la gravità della lesione lo giustifichi, alla riparazione morale.

2 Lo stesso diritto sussiste allorquando l'autorità di protezione degli adulti o l'autorità di vigilanza ha agito illecitamente negli altri settori della protezione degli adulti.

3 Il Cantone è responsabile; la persona lesa non ha diritto al risarcimento nei confronti della persona che ha cagionato il danno.

4 Il regresso del Cantone contro la persona che ha cagionato il danno è retto dal diritto cantonale.

Literatur

AEPLI, Die Verantwortlichkeit der vormundschaftlichen Organe, Diss. Freiburg 1980; BREITSCHMID/VOGELSANG, Die Sorgfaltspflicht und Haftung des Beistandes und der Erwachsenenschutzbehörde, Tagungsunterlagen «Kinder- und Erwachsenenschutzrecht», HSG 30. Juni 2011; GEISER, Amtsgeheimnis und Verantwortlichkeit (Art. 448–455 VE), ZSR 2003, 385 ff. (zit. ZSR 2003); DERS., Verantwortlichkeit, in: Büchler/Häfeli/Leuba/Stettler (Hrsg.), FamKomm Erwachsenenschutz, Bern 2012 (erscheint Ende 2012) (zit. FamKomm); MATTMANN, Die Verantwortlichkeit bei der fürsorgerischen Freiheitsentziehung (Art. 429a ZGB), Diss., Freiburg i.Ü. 1988; MERZ, Die Widerrechtlichkeit gemäss Art. 41 OR als Rechtsquellenproblem im schweizerischen Recht, ZBJV 1955, 301 ff.; MINGER, Die Haftung der Erwachsenenschutzorgane nach dem neuen Erwachsenenschutzrecht, ZKE 2010, 21 ff.; ROBERTO, Schweizerisches Haftpflichtrecht, Zürich 2002; SPIRO, Die Begrenzung privater Rechte durch Verjährungs-, Verwirkungs- und Fatalfristen, Bern 1975.

Materialien

Art. 451–453 VE Erwachsenenschutz 2003; VE Erwachsenenschutz/Vernehmlassungen, 420 ff.; Botschaft Erwachsenenschutz, 7091 ff. und 7168; Prot. RK-S vom 27./28.8.2007, 32 f.; AmtlBull StR 2007, 841; Prot. RK-N vom 24./25.4.2008, 44; AmtlBull NR 2008, 1540 f.

Inhaltsübersicht

I. Von der Kaskadenhaftung auf Verschuldensbasis zur zivilrechtlichen Kausalhaftung

1. Die bisherige Verantwortlichkeit der vormundschaftlichen Organe nach aArt. 426–429

1 Die ursprüngliche Regelung der Verantwortlichkeit der vormundschaftlichen Organe in **aArt. 426–429** galt bis zum Inkrafttreten des neuen Erwachsenenschutzrechts am 1.1.2013 unverändert. Hinzugekommen ist mit dem BG über die fürsorgerische Freiheitsentziehung vom 6.10.1978, das am 1.1.1981 in Kraft getreten ist, ein **neuer Art. 429a**. Er ist zwar inzwischen auch zu aArt. 429a geworden. Diese auf die Verantwortlichkeit im Rahmen des FFE beschränkte Gesetzesbestimmung führte aber zu einem markanten Systemwechsel.

2 aArt. 426–429 sahen eine **stufenweise persönliche Haftung** innerhalb der vormundschaftlichen Organe (Mandatsträger wie Vormund, Beistand und Beirat sowie vormundschaftliche Behörden) vor. Massgebend war der Gesichtspunkt der unmittelbaren Verantwortung des Handelns für den von der vormundschaftlichen Massnahme Betroffenen und für den bei diesem eingetretenen Schaden. Letzterer musste zudem pflichtwidrig, d.h. unter Verletzung der gebotenen Sorgfalt **schuldhaft herbeigeführt** sein (BGE 135 III 198). Vorab waren somit Vormund, Beistand oder Beirat als Mandatsträger ins Recht zu fassen. Nur soweit der Schaden ungedeckt blieb, hatten dafür die Mitglieder der vormundschaftlichen Behörden (und zwar in der Reihenfolge Vormundschafts- und Aufsichtsbe-

hörde: aArt. 429 Abs. 1 und 2) aufzukommen und zwar einzeln für den eigenen Anteil und gemäss den persönlichen Verhältnissen. Diese Stufenfolge galt auch bei gleichzeitiger Haftbarkeit mit dem Mandatsträger z.B. aufgrund behördlicher Weisungen an den Mandatsträger oder zufolge Genehmigung eines durch diesen getätigten Rechtsgeschäfts. Die Haftung blieb somit auch bei gleichzeitigem schadensverursachendem Handeln/Unterlassen **subsidiär und nicht solidarisch**. Bei weiterhin verbleibendem **Ausfall** sah aArt. 427 die **Haftung des Gemeinwesens** vor (zum Ganzen statt vieler BSK ZGB I-Forni/Piatti, aArt. 426–429 N 8 ff. und jüngst BGE 135 III 198 als instruktives Anschauungsbeispiel für die mit dieser Haftungsregelung verbundenen Anwendungsschwierigkeiten: dazu die Besprechung durch Wolf/Schmid, ZBJV 2010, 933 ff.).

2. Die Haftung nach aArt. 429a beim fürsorgerischen Freiheitsentzug

Im Zeitpunkt der Einfügung der aArt. 397a ff. betreffend den FFE im letzten Viertel des vergangenen Jahrhunderts kannten alle Kantone die direkte Staatshaftung für hoheitliches, schadensstiftendes Handeln. Das war beim Inkrafttreten des ZGB noch nicht der Fall. aArt. 429a erklärte den Kanton als direkt haftbar für **widerrechtlich herbeigeführten Schaden** zufolge und hinsichtlich eines **behördlich angeordneten Freiheitsentzugs** (d.h. der Anstaltseinweisung). Ausgeschlossen blieb der Schaden zufolge eines Eingriffs in die physische und psychische Integrität nach der Anstaltseinweisung bzw. im Zusammenhang mit der medizinischen Behandlung in der Anstalt (BGE 118 II 254 E. 6b). Diese für die Kantone durch das Bundesprivatrecht verbindlich vorgesehene direkte Staatshaftung mit beschränktem Anwendungsbereich (vgl. BGE 121 III 204) setzte somit **kein Verschulden** des Schädigers voraus (vgl. u.a. BGE 116 II 480 zu Art. 16 KHG). Allerdings eröffnete aArt. 429a Abs. 2 den Regress für den Fall von Absicht und grober Fahrlässigkeit auf die Person, die den Schaden verursacht hatte. 3

3. Die Regelung der zivilrechtlichen Verantwortlichkeit im neuen Erwachsenen- und Kindesschutzrecht

Art. 454 ff. ersetzen aArt. 426–429a. Sie knüpfen dabei an der **direkten Staatshaftung** im Zusammenhang mit dem FFE an. Und dies nun insofern in einem umfassenden Sinn, als es um die *Anordnung und* die *Durchführung oder* die *Unterlassung* irgendeiner erforderlichen Erwachsenen- oder Kindesschutzmassnahme durch einen Mandatsträger oder die zuständige Behörde geht. Im Vordergrund steht dabei eine **behördliche Massnahme** i.S.v. Art. 454 Abs. 1, d.h. eine Massnahme im Rahmen des elften Titels des Zivilgesetzbuches (Art. 388–439). Die mit dieser Regelung vom Gesetzgeber verfolgte Absicht lässt sich so umschreiben: Wer durch eine behördlich angeordnete oder unterlassene Massnahme, die durch die Gesetzgebung zu seinem Schutz gedacht ist oder gedacht wäre, Schaden erleidet, soll den Schaden vom Kanton ersetzt bekommen, wenn widerrechtliches bzw. pflichtwidriges Verhalten (dazu nachfolgend N 13 ff.) seitens der für die Massnahme oder deren Unterlassen verantwortliche Behörde (bzw. bei mehrstufiger Verantwortlichkeit seitens der verantwortlichen Behörden) oder aber seitens eines behördlich mit der Durchführung einer solchen Massnahme Beauftragten (d.h. ein Beistand oder ein nach Art. 392 Beauftragter bzw. ein mit der Durchführung einer FU Beauftragter) Schaden stiftet (statt vieler: Minger, 25). 4

Im Zusammenhang mit den im zehnten Titel des Zivilgesetzbuches geregelten **Tatbeständen der eigenen Vorsorge oder der Massnahmen von Gesetzes wegen im Hinblick** auf den Fall der Hilfsbedürftigkeit zufolge Urteilsunfähigkeit kommen den Behörden ebenfalls hoheitliche Aufgaben in einem weiteren Sinn zu. So hat die KESB bspw. bei der 5

Kenntnisnahme des Eintritts einer Urteilsunfähigkeit nach Art. 363 das Vorliegen eines **Vorsorgeauftrages** abzuklären. Bejahendenfalls ist nicht nur die Gültigkeit dieses Auftrages zu überprüfen, sondern es bleiben auch die Voraussetzungen der Wirksamkeit des Vorsorgeauftrags und die Geeignetheit des Beauftragten zur zuverlässigen Erfüllung des Auftrages abzuklären. In diesem Zusammenhang kann der KESB sodann die Aufgabe zufallen, den Vorsorgeauftrag näher auszulegen und dem Beauftragten u.a. allfällige Weisungen zu erteilen, wenn nicht weitergehende Massnahme anzuordnen sind (Art. 368). In ähnlicher Weise kann gestützt auf Art. 373 die KESB angegangen werden, weil eine wirksam gewordene **Patientenverfügung** den aktuellen Interessen des urteilsunfähigen Patienten widerspricht oder vom Beauftragen missachtet wird. Im Zusammenhang mit der **gesetzlich vorgesehenen Vertretung** im Falle der Urteilsunfähigkeit durch den Ehegatten oder einen eingetragenen Partner hat die KESB nach Art. 376 im Zweifelsfall die Voraussetzungen der konkreten Vertretung zu überprüfen. Ähnliches gilt im Falle der Vertretung bei medizinischen Massnahmen (Art. 377 ff., insb. 381). Gemäss Art. 385 (allenfalls i.V. mit Art. 387) kann die KESB schliesslich im Zusammenhang mit einem Betreuungsvertrag in einer Wohn- oder Pflegeeinrichtung gegen eine gesetzwidrige Beschränkung der Bewegungsfreiheit angerufen werden. Das erfordert eine entsprechende Überprüfung der Verhältnisse und allfällige Schutzmassnahmen. In all diesen – keineswegs abschliessend aufgezählten Fällen rechtsgeschäftlicher oder gesetzlicher Beauftragung geht es zwar um **behördliches Handeln oder Unterlassen, aber nicht** um eine **behördliche Massnahme im eigentlichen oder engeren Sinn** im Rahmen des elften Titels des Zivilgesetzbuches.

6 Angesichts der rechtsgeschäftlichen Beauftragung durch den Urteilungsfähigen für den Fall seiner künftigen Hilfsbedürftigkeit ist nicht vom gleichen Massstab der behördlichen Verantwortung auszugehen wie im Zusammenhang mit behördlichen Massnahmen i.e.S. Daher tritt eine personen- bzw. verantwortlichkeitsbezogene **Spaltung der Haftung** zwischen den Behörden im Bereiche des Erwachsenen- und Kindesschutzes und den Beauftragten ein:

- Das behördliche Verhalten unterliegt der Staatshaftung in der Umschreibung von Art. 454 Abs. 2, während
- die rechtsgeschäftlich Beauftragten bzw. von Gesetzes wegen Vertretungsberechtigten gem. Art. 456 grundsätzlich für Pflichtwidrigkeit gemäss Auftragsrecht des OR einzustehen haben.

Vorzubehalten ist allerdings der Fall, dass eine Vorsorgehandlung oder eine medizinische Massnahme durch den behördlich bestellten Beistand angeordnet oder unterlassen wird. Diesbezüglich gelten die Haftungsgrundsätze für behördliche Massnahmen gem. Art. 454 Abs. 1. Unterscheidungskriterium für die Haftungsart ist somit grundsätzlich die «amtliche Tätigkeit», wie sie auch in Art. 46, 955 und Art. 5 ff. SchKG als Haftungsgrundlage vorgesehen ist (statt vieler SCHMID, Art. 454 N 1). Dabei ist die **amtsgebundene Tätigkeit** insofern weit auszulegen, als auch bei Verzicht auf eine Beistandschaft gem. **Art. 392** der Kanton nicht nur für Handlungen der KESB, sondern auch für einen ersatzweise zum Zug kommenden besonderen Beauftragten einzustehen hat (SCHMID, Art. 454 N 4 und wohl auch GEISER, FamKomm, Art. 454 N 6). Gleiches sollte für die FU und das Handeln der Verantwortlichen in der entsprechenden Einrichtung gelten.

7 Die (bundeszivilrechtliche) **Haftung des Kantons** ist insofern **ausschliesslich**, als sie einer konkurrierenden Haftung des unmittelbaren Schadensverursachers gestützt auf Art. 41 ff. OR entgegensteht. Vorbehalten bleibt indessen eine strafrechtliche und/oder disziplinarische Verantwortlichkeit nach kantonalem Dienstrecht. Denkbar ist eine konkurrierende Verantwortlichkeit aus kantonalem öffentlichem Recht (so FASSBIND, Art. 454 N 1). Zur Konkurrenz zwischen Art. 454 einerseits und Art. 456 andererseits s. Art. 456 N 9 ff.

Die Staatshaftung enthebt den Geschädigten von der Suche nach der letztlich intern verantwortlichen Person. Das gilt auch im Falle der Übertragung des Amtes auf mehrere Personen gestützt auf Art. 402. Vor die Frage der internen und geteilten Verantwortlichkeit kann sich indessen der Kanton im Rahmen eines allfälligen **Regresses** gestützt auf Abs. 4 von Art. 454 gestellt sehen (dazu auch N 28 und 38 sowie Art. 402 N 23). **8**

Die Haftung für behördliche Massnahmen erstreckt sich auch auf die **KSB**, nachdem Art. 440 Abs. 3 der ESB auch die Aufgaben der KSB zuweist (Botschaft Erwachsenenschutz, 7092). **9**

II. Die Haftungsvoraussetzungen gem. Art. 454 Abs. 1 und 2

1. Die allgemeinen Haftungsvoraussetzungen gem. Art. 454 Abs. 1 und 2

Bei der zivilrechtlichen Staatshaftung des Art. 454 handelt es sich um eine **Kausalhaftung** auf der Grundlage von **Sorgfaltspflichten**, wie sie auch im Rahmen von Art. 41 ff. OR Ausgangspunkt verschiedener besonderer Haftungstatbestände sind. **10**

Angeknüpft wird in Abs. 1 – wie dargelegt – bei der **behördlich angeordneten Schutzmassnahme** i.S. des elften Titels des ZGB: somit einerseits bei den **Beistandschaften** (Art. 390–425 ff., somit einschliesslich der eine Beistandschaft ersetzende Direktmassnahme gestützt auf Art. 392 Ziff. 2) und andererseits bei der **FU** gestützt auf die Art. 426–439. Aufgrund von Art. 433–435 wird vom Bundesprivatrecht im Zusammenhang mit der Letzteren neu auch die medizinische Behandlung psychischer Störungen unter Einschluss der sog. medizinischen Behandlung ohne Zustimmung i.S.v. Art. 434 erfasst (Botschaft Erwachsenenschutz, 7092). Was die Beistandschaften betrifft, ist zu beachten, dass diese unter neuem Recht grundsätzlich individuell auf die besonderen Bedürfnisse des Hilfsbedürftigen hin zu umschreiben sind. Insofern wird das behördliche Handeln des Mandatsträgers auch durch das konkrete Vertrauensverhältnis zwischen diesem und dem Verbeiständeten mitbestimmt und bezieht sich nicht ausschliesslich auf gesetzlich allgemein umschriebene Betreuungspflichten. Abgrenzungsschwierigkeiten zum unentgeltlichen rein privatrechtlichen Auftrag sind daher nicht ganz auszuschliessen (GEISER, FamKomm, Art. 454 N 6).

Im Falle von Abs. 2 von Art. 454 handelt es sich um die im Rahmen des zehnten Titels des Zivilgesetzbuches den verschiedenen Behörden des Erwachsenenschutzes übertragenen **weiteren behördlichen Überwachungs- und Eingriffsmassnahmen**, wie sie in N 5 – freilich nicht abschliessend – umschrieben worden sind. Ausgeschlossen von der Staatshaftung bleibt hier das Handeln der nicht behördlich bestellten Mandatsträger, aber auch das Handeln von behördlich bestellten Mandatsträgern ausserhalb der ihnen behördlich übertragenen Aufgaben: die Verantwortlichkeit für das Handeln im Rahmen rechtsgeschäftlicher oder gesetzlicher Vertretung ist Gegenstand von Art. 456.

Im Unterschied zu den Haftungstatbeständen von Art. 55 f. OR sieht die Haftung nach Art. 454 ZGB **keine Entlastungsgründe** vor. Nachzuweisen sind somit allein **11**
- der **Schaden** im Rahmen einer behördlich angeordneten oder begleiteten (überwachten) Schutzmassnahme,
- die **Widerrechtlichkeit** (Pflichtwidrigkeit) und
- der (adäquate) **Kausalzusammenhang** zwischen dem widerrechtlichen bzw. pflichtwidrigen Verhalten der Behörden (in einem weiteren Sinn, d.h. einschliesslich der Sekretariate und Hilfsdienste, die als Erwachsenenschutzorgane zu bezeichnen sind) und behördlich bestellten (aber das Mandat nicht notwendigerweise beruflich ausübende) Mandatsträgern i.w.S., nämlich einschliesslich der ärztlichen Einweisung und des Verhaltens der davon betroffenen Einrichtung.

a) Der Schaden

12 Die Umschreibung des Schadens als **unfreiwillige Vermögenseinbusse** (i.S. einer Verminderung des Reinvermögens, berechnet als Differenz zwischen dem Vermögensstand nach dem schädigenden Ereignis und jenem ohne das letztere) unterscheidet sich in nichts von den Tatbeständen des Art. 41 ff. OR (dazu statt vieler die Rechtsprechungsübersicht im Präjudizienbuch OR von GAUCH/AEPLI/STÖCKLI, Art. 41 OR N 16). Der Schaden kann in einer Verminderung der Aktiven bestehen, bspw. beim Vermögensverlust zufolge allzu riskanter Vermögensanlage. Denkbar ist aber auch eine Vermehrung der Passiven (u.a. durch zusätzliche Kosten zufolge einer Fehlbehandlung oder Folgekosten einer mangels hinreichender Überwachung eingetretenen Selbstverstümmelung im Zusammenhang mit einer FU). Entgangener Gewinn kann in Frage stehen, wo kein marktüblicher Ertrag nutzbarer Güter erwirtschaftet wird.

b) Die Widerrechtlichkeit

13 Auch hinsichtlich der Widerrechtlichkeit kann auf die Umschreibung des entsprechenden Schlüsselbegriffs in Art. 41 OR zurückgegriffen werden: es geht um den Verstoss gegen eine durch die Rechtsordnung umschriebene Verhaltenspflicht (des Bundesrechts, der EMRK oder des kantonalen Rechts). Nach konstanter bundesgerichtlicher Rechtsprechung ist grundsätzlich von der objektiven Widerrechtlichkeitstheorie auszugehen. Danach ist eine Schadenzufügung widerrechtlich, wenn sie auf einen Verstoss gegen eine allgemeine gesetzliche Pflicht zurückzuführen ist, d.h. entweder auf eine nicht gerechtfertigte Verletzung eines absoluten Rechtsguts des Geschädigten (sog. Erfolgsunrecht: dazu u.a. BK-BREHM, Art. 41 OR N 35 ff.) oder – im Falle eines reines Vermögensschadens – auf die Verletzung einer einschlägigen Schutznorm (sog. Handlungs- oder Verhaltensunrecht: BK-Brehm, Art. 41 OR N 38b): so u.a. BGE 134 III 529 E. 3.1 m.w.H. (zu den praktischen – teilweise überschätzten – Auswirkungen der objektiven bzw. subjektiven Widerrechtlichkeit s. BGE 115 II 15 E. 3a). Daran ändert auch der Umstand nichts, dass die Haftung nach Art. 454 in der Nachfolge von aArt. 426 ff. bei **«hoheitlichem» Handeln** anknüpft und somit grundsätzlich **Amtswidrigkeit** voraussetzt (SCHMID, Art. 454 N 9). Schädigungen im Zusammenhang mit nichtamtlicher Tätigkeit eines Behördenverantwortlichen werden von der Staatshaftung nicht erfasst.

14 Eine einschlägige Schutzvorschrift, die nach ihrem Zweck vor dem geltend gemachten Schaden bewahren soll, kann auch ein **Unterlassen** mit umfassen, wenn sie zum hoheitlichen Handeln verpflichtet oder eine Unterlassung ausdrücklich sanktioniert (s.u.a. BGer vom 19. 10. 2010, 2C_834/2009, E. 2.2).

15 Bei der FU nach Art. 426 ff. und der damit verbundenen medizinischen Behandlung psychischer Störungen steht die Verletzung **absoluter Rechtsgüter** im Vordergrund, insb. die körperliche und psychische Unversehrtheit sowie die Bewegungsfreiheit. Im Zusammenhang mit den verschiedenen Formen der Beistandschaft schützt insb. die durch die Mandatsträger und die Behörden zu beachtende Verschwiegenheitspflicht (Art. 413 Abs. 2 sowie Art. 451) absolute Rechtsgüter des Hilfsbedürftigen, deren Verletzung zu Schadenersatz und/oder Genugtuung führen können. Vorbehalten bleibt aber insb. eine allfällige Informationspflicht unter verschiedenen Behörden, wo eine ernsthafte Selbst- oder Drittgefährdung besteht (Art. 453). Der Beistand muss nach Art. 413 Abs. 3 aber auch Dritte über die Beistandschaft orientieren, soweit dies zur gehörigen Erfüllung der Aufgaben erforderlich ist. Zudem ist Art. 451 Abs. 2 zu berücksichtigen.

Bei der Vermögensverwaltung im Rahmen einer Beistandschaft geht es demgegenüber in erster Linie um Verhaltensunrecht zufolge Missachtung der **erforderlichen Sorgfalt**. Ob die Schutznorm auf **Bundesrecht** (einschliesslich der EMRK und weiterer Staatsverträge) beruht **oder** im **kantonalen Recht** verankert ist, wie dies auf allfällige kantonale Vorschriften betreffend eine «mündelsichere» Vermögensverwaltung zutrifft, macht keinen Unterschied.

c) Der Kausalzusammenhang

Der zu ersetzende Schaden muss (in Übereinstimmung mit den allgemeinen Haftungsregeln) die **adäquate Folge der widerrechtlichen Handlung** oder Unterlassung sein. Parallel verlaufende adäquat kausale Schadensursachen sind dort denkbar, wo zur Unterlassung eines Mandatsträgers die Unterlassung weiterer behördlicher Massnahmen hinzukommt (BGE 135 III 198 E. 8). Zur allfälligen Konkurrenz der rechtsgeschäftlichen bzw. gesetzlichen Vertretung mit behördlichem Fehlverhalten s. Art. 456 N 28 und N 9. **16**

d) Verschuldensunabhängigkeit

Im Unterschied zum bisherigen Recht verzichtet das neue Erwachsenen- und Kindesschutzrecht auf die Verschuldensvoraussetzung. Neu gilt eine **Kausalhaftung auf** der (ausschliesslichen) **Grundlage der Sorgfaltswidrigkeit**. Im Unterschied zu den Tatbeständen von Art. 55 ff. OR lässt Art. 454 ZGB keine Entlastungsbeweise zu. **17**

2. Die Sorgfaltspflicht im Besonderen

a) Handeln und Unterlassen im Rahmen behördlicher Massnahmen (Art. 454 Abs. 1)

Bei den behördlichen Schutzmassnahmen stehen die vier (auf die konkreten individuellen Verhältnisse abzustimmenden) **Beistandschaften** im Vordergrund (Art. 390 ff.). Hinzukommt die **FU**, einschliesslich einer damit verbundenen medizinischen Behandlung psychischer Störungen (Art. 426 ff. und 433 ff.). Widerrechtlich ist hier gleichbedeutend mit **Unsorgfalt**. Das Mass der Sorgfalt bestimmt sich dabei nach der im Einzelfall zu erfüllenden Aufgabe. **18**

Anordnungen im Rahmen beider Massnahmenbereiche liegen in der alleinigen Verantwortung der **Erwachsenen- bzw. Kindesschutzbehörden** (KESB) bzw. der vom Kanton vorgesehenen Stelle betreffend die ärztliche Zuständigkeit (Art. 429). Die KESB ist gem. Art. 440 eine **Fachbehörde**. Entsprechend hat sie hinsichtlich Aus- und Weiterbildung über den erforderlichen Sachverstand zu verfügen. Sie ist als **Kollegium** betreffend Arbeitsabläufe zweckmässig und sowohl sachlich wie örtlich so zu organisieren, dass die erforderliche **Professionalität** und Erfahrung garantiert ist. **19**

Auch die **Aufsichtsbehörde** hat als Bestandteil der kantonalen Zentralverwaltung oder der Justiz den entsprechenden professionellen Qualitätsanforderungen zu genügen und kann sich im Einfall nicht auf professionelle Unerfahrenheit berufen.

Inhaltlich geht es vorab um das Erfüllen der **hoheitlichen Aufgaben der KESB** bezüglich der situativ erforderlichen Schutzmassnahmen und deren Überwachung im Vollzug. Denkbar ist aber auch ein pflichtwidriges **Unterlassen**. Zwar ist der in **Art. 376 VE** vorgesehene Anspruch auf rechtzeitige Anordnung und Durchführung der erforderlichen Schutzmassnahmen nicht Gesetz geworden. Daraus kann indessen nicht der Schluss gezogen werden, dass ein Hilfsbedürftiger nicht eine auch zeitgerechte Schutzmassnahme erwarten darf, sobald die Behörde von der Hilfsbedürftigkeit Kenntnis erhalten hat (vgl. BGE 135 III 198 E. 6 und 136 III 113 E. 3, dazu u.a. BREITSCHMID, D. b). **20**

21 Beim hoheitlichen Handeln der Behörden geht es – abgesehen von der Festlegung der erforderlichen Massnahme – insb. um die richtige **Auswahl, Instruktion und Überwachung von Mandatsträgern**. Mit der Durchführung der behördlich angeordneten Schutzmassnahmen sind Mandatsträger zu betrauen, die ihrer Aufgabe gewachsen sind. Sie sind mit den erforderlichen Informationen zur Erfüllung des Mandats zu versehen, aber darüber hinaus auch mit den zur Durchführung der Schutzmassnahme erforderlichen Hilfsmitteln bzw. mit der (insb. bei der sog. «erwünschten» Beistandschaft) nötigen behördlichen Unterstützung (Art. 400 Abs. 3).

22 Der **Beistand** hat gem. Art. 413 Abs. 1 im Rahmen des behördlichen Auftrags die Sorgfalt eines nach Obligationenrecht Beauftragten zu beachten. Massgebend ist somit die in **Art. 398 OR** umschriebene Sorgfalt. Sie ist – im Unterschied zu aArt. 426 – verschuldensunabhängig nach objektiven Kriterien festzulegen (vgl. u.a. die Zusammenstellung der Rechtsprechung zu Art. 398 OR in BK-Fellmann, und in Gauch/Aeppli/Stöckli). Zu berücksichtigen sind die Anforderungen an die Umschreibung des konkreten Mandats einerseits, aber – vorab hinsichtlich einer allfälligen Einwilligung oder bezüglich besonderer Wünsche (dazu nachfolgend N 23) – auch die Tatsache der Hilfsbedürftigkeit der verbeiständeten Person andererseits (BGer vom 4.12.2009, 5A_342/2009, ZKE 2/2010, 115 ff. mit Anmerkungen von Rosch).

Auch für den Beistand (auch wenn er privat bestellt sein sollte) gilt grundsätzlich der Massstab der **professionellen Auftragserfüllung** (nicht mehr massgebend ist somit BGE 52 II 319 mit Bezugnahme auf den bonus pater familias). Diesen Massstab haben die staatlichen Erwachsenen- und Kindesschutzorgane an sich sowohl bei der Mandatsübertragung als auch bei der Mandatsüberwachung sicherzustellen. Entsprechend sieht Art. 414 – einmal abgesehen von der Aufnahme eines **Inventars** nach Art. 405 (dazu BGE 135 III 198 E. 6) und der ordentlichen, periodischen **Berichterstattung** gem. Art. 411 – eine **Meldepflicht** des Beistands bezüglich der Umstände vor, welche eine Änderung oder gar Aufhebung der Beistandschaft erfordern. Sodann verlangt Art. 423 die **Entlassung** eines Beistandes wegen (nachträglicher) fehlender Eignung. Insofern haben die Behörden – vergleichbar der Geschäftsherrenhaftung i.S.v. Art. 55 OR – für die Qualitätssicherung der Durchführung des konkreten Mandates im Rahmen von Art. 398 OR einzustehen. Zu beachten bleibt indessen, dass man von einem privaten Beistand mit Bürgerpflicht nach Art. 400 Abs. 2 – bspw. für den Beistand eines Kindes, der dessen Eltern vertritt –, nicht eine eigentliche Berufsausbildung verlangen kann, wie bei einem Berufsbeistand. Entsprechend dürfte ein Privatbeistand nur für «einfachere» Aufgaben in Frage stehen, die von jedermann mit Lebenserfahrung zu erfüllen sind. Die Verantwortung der Behörden verlagert sich somit vor allem auf die Auswahl des Mandatierten.

23 Zwischen der **Personensorge**, der persönlichen Betreuung einerseits und der **Vermögenssorge** (Vermögensverwaltung) andererseits ist nur insofern zu unterscheiden, als andere professionelle Anforderungskriterien zu beachten sind. In beiden Fällen ist der konkreten Hilfsbedürftigkeit Rechnung zu tragen.

Davon hängt im Zusammenhang mit der **persönlichen Betreuung** u.a. die Inanspruchnahme bzw. Vermittlung des erforderlichen psychologischen und medizinischen Sachverstands ab.

Für die **Vermögensverwaltung** bedeutet das nicht bloss eine Rücksichtnahme auf die Bedeutung des in Frage stehenden Vermögens im Sinne einer risikogerechten Anlage und Bewirtschaftung, sondern gegebenenfalls auch Widerstand gegen gegenläufige Wünsche des Verbeiständeten. Entsprechend kann dem Vorwurf der Unsorgfalt nicht schon allein damit begegnet werden, dass die verbeiständete Person eingewilligt oder gar entsprechende Wünsche geäussert habe: so BGer vom 4.12.2009, 5A_342/2009 (dazu auch N 22) im Zusammenhang mit einer aufwendigen Lebenshaltung und spekulativen Vermögensgeschäften.

b) Handeln und Unterlassen im Rahmen von Art. 454 Abs. 2

Anwendungsbereich und Sorgfaltspflicht: Der zweite Abs. von Art. 454 erfasst behördliches Handeln (oder Unterlassen) ausserhalb der behördlich angeordneten Beistandschaften und der fürsogerischen Unterbringung. Infrage stehen hier – wie dargelegt – insb. die behördliche Mitwirkung und/oder Aufsicht im Zusammenhang mit der eigenen Vorsorge im Hinblick auf eine allfällige künftige Hilfsbedürftigkeit (Urteilsunfähigkeit): so beim **Vorsorgeauftrag** (Art. 360–369) und der **Patientenverfügung** (Art. 370–373) sowie im Rahmen von gesetzlichen Massnahmen, d.h. bei der Vertretung durch den Ehegatten oder den eingetragenen Partner (Art. 374–376), bei der Vertretung bei medizinischen Massnahmen (Art. 377–381) und – freilich nur beschränkt auf Art. 385 – bei Personen in Wohn- und Pflegeheimen (Art. 382–387). Zur Haftung kann aber auch die Entbindung von Pflichten Angehöriger i.S.v. Art. 420 führen, wobei sich allerdings die Frage stellt, ob hier nicht Abs. 1 von Art. 454 in Frage steht, nachdem die Entbindungsmassnahme eine Beistandschaft vorgesetzt. Letzteres dürfte tatsächlich zu bejahen sein. 24

Dieser Anwendungsbereich ist dadurch gekennzeichnet, dass – bis auf die Entbindung Angehöriger von bestimmten gesetzlichen Pflichten – die zuständigen Behörden nicht in eigener Veranwortung Schutzmassnahmen anordnen und deren Durchführung grundsätzlich ständig überwachen. Vielmehr kommen die fraglichen (Schutz-)Massnahmen **auf eigene Vorsorge hin oder** aufgrund eines bestimmten **Gesetzestatbestands** zur Anwendung. Die behördlichen Verhaltenspflichten sowohl der KESB als auch der Aufsichtsbehörden beschränken sich je nach Tatbestand auf die Überprüfung der Tatstandsvoraussetzungen der Schutzmassnahme, der Geeignetheit der Beauftragten und allfälliger Unzweckmässigkeiten der möglicherweise vor langer Zeit auf den Zeitpunkt einer späteren Hilfsbedürftigkeit hin angeordneten (Schutz-)Massnahmen. Entsprechend unterschiedlich ist die zur Haftung führende behördliche Unsorgfalt – in Analogie zur Konkretisierung von Art. 388 f. – insb. gestützt auf die Art. 363, 368, 373, 376, 381 und 385 (vgl. Botschaft Erwachsenenschutz, 7092 f.). Im Zusammenhang mit der Anwendung dieser Gesetzesbestimmungen können ausnahmsweise Verfahrensverfahrensvorschriften gem. Art. 443 ff. in Frage stehen. Die Unsorgfalt bewegt sich im allgemeinen Rahmen der Pflichtvergessenheit gegenüber den gesetzlichen Aufgaben und mangelnder Aufsicht, wo die Behörde von einer möglichen Gefährdung Kenntnis erlangt hat. Ein gänzlicher Ausschluss der Staatshaftung im Zusammenhang mit der Patientenverfügung und dem Aufenthalt in Wohn- und Pflegeeinrichtungen, wovon u.a. MINGER (ZKE 2010, 32 f.) auszugehen scheint, verträgt sich nicht mit der behördlichen Pflicht zum Einschreiten gem. Art. 373 und 385 (so zu Recht FASSBIND, Art. 454 N 3).

Art. 363 knüpft für den Vorsorgeauftrag bspw. bei der Kenntnisnahme einer konkreten Urteilsunfähigkleit an und veranlasst die KESB zu Abklärungen über das Vorhandensein eines Vorsorgeauftrags (Art. 363 Abs. 1). Liegt ein solcher Vorsorgeauftrag tatsächlich vor, sind nach den Abs. 2 und 3 dieser Gesetzesbestimmungen verschiedene Überprüfungen sowie allfällige Ergänzungen und Instruktionen vorzunehmen. Darüber hinaus besteht zwar keine Pflicht zur kontinuierlichen Aufsicht, wie dies für die Beistandschaften der Fall ist, indessen verlangt Art. 368 ein Eingreifen bei Kenntnisnahme späterer Gefährdungen. Diesbezüglich sieht u.a. Art. 365 eine Meldepflicht des Vorsorgebeauftragten vor. Die Missachtung dieser Meldepflicht kann zwar zu einer Haftung des Beauftragten nach Art. 456 führen, die Staatshaftung nach Art. 454 Abs. 2 steht indessen zusätzlich dann in 25

Frage, wenn die Behörde von der Gefährdung auch auf anderem Weg hätte Kenntnis nehmen können und müssen (zur allfälligen Haftungskonkurrenz s. N 7 und nachfolgend N 28 sowie Art. 456 N 9).

26 Nach **Art. 376** hat die KESB im Falle der gesetzlichen Vertretung durch einen Ehegatten oder eingetragenen Partner nur bei Zweifeln über den Vertretungstatbestand tätig zu werden, immer aber (von Amtes wegen) bei Kenntisnahme einer konkreten Gefährdung. Dies beschränkt den behördlichen Handlungsauftrag, nicht aber die Sorgfaltsanforderungen im Falle des gesetzlich gebotenen Handelns (s. auch BREITSCHMID, D. f).

Analog verhält es sich im Zusammenhang mit der Vertretung bei **medizinischen Massnahmen**.

27 Gemäss **Art. 420** können Angehörige, die als Beistände ernannt werden, von gewissen gesetzlichen Pflichten entlastet werden. Unsorgfalt liegt hier u.a. in der unzureichenden Abklärung der Verhältnisse.

28 Die Staatshaftung beschränkt sich auf die behördlichen Pflichten – und zwar in einem weiteren Sinn, d.h. einschliesslich der Aufgaben der Einrichtung im Rahmen der FU, die Haftung der rechtsgeschäftlich oder von Gesetzes wegen **beauftragten Personen** richtet sich nach **Art. 456**.

Auch wenn wegen Unsorgfalt die Staatshaftung zum Zug kommt, bleibt zu prüfen, ob nicht die Konkurrenz der Haftungen nach Art. 454 Abs. 2 einerseits und jener gestützt auf Art. 456 in Frage steht. Denkbar ist eine **differenzierte Solidarität** analog zur aktienrechtlichen Verantwortlichkeitsklage (Art. 759 Abs. 1 OR: dazu BGE 127 III 453 E. 8) bspw. im Falle der Verletzung der Meldepflicht gem. Art. 365 durch den Vorsorgebauftragen mit entsprechenden Schadensfolgen und eine erst nachträgliche Amtspflichtverletzung durch die ihrerseits zu spät handelnde KESB nach der Kenntnisnahme der schadensstiftenden Gefährdung (wohl **a.M.** MINGER, ZKE 2010, 32 ff.). Volle (unechte) Solidarität auch für die Pflichtwidrigkeit der Behörden dürfte insb. für den Beauftragten regelmässig unverhältnismässig sein, wo insb. in zeitlicher Hinsicht kein pflichtwidriges Parallel-Fehlverhalten des privaten bzw. gesetzlichen Vertreters und der Behörden vorliegt.

Eine **Übertragung** des Amtes auf **mehrere Personen** gestützt auf Art. 402 wirkt sich auf die Haftung des Kantons nicht aus, sie bleibt allein eine Frage des Regresses (dazu N 8 und nachfolgend N 38 sowie Art. 402 N 23).

29 Die Aufsicht über die Wohn- und Pflegeeinrichtungen nach **Art. 387** richtet sich nach kantonalem Recht. Daran ändert auch der Umstand nichts, dass ein Kanton diese Aufsicht der KESB überträgt (GEISER, FamKomm, Art. 454 N 23). Das schliesst indessen nicht aus, dass die Staatshaftung im Zusammenhang mit dem Aufenthalt in einer Wohn- und Pflegeeinrichtung aufgrund von **Art. 385** zum Zuge kommt. Die Haftung der Einrichtung richtet sich je nach Trägerschaft nach den Vorschriften des Obligationenrechts oder nach kantonalem öffentlichem Recht.

3. Schadenersatz

30 Für den Schadensbegriff gelten die allgemeinen Grundsätze von **Art. 41 ff. OR** (dazu schon N 12). Gleiches gilt auch für den Nachweis des Schadens, so dass **Art. 42 Abs. 2 OR** zur Anwendung kommt, wo der konkrete Schaden nur schätzungsweise bestimmt werden kann. Diese Gesetzesbestimmung bezieht sich sowohl auf den Bestand als auch auf den Umfang des geltend gemachten Schadens. Nachzuweisen bleiben indessen alle Elemente des Schadens, die nachweisbar sind, eine Beschränkung auf eine blosse Schadensmöglichkeit vermag den Beweisanforderungen nicht zu genügen (BGE 133 III 462 E. 4.4.2).

Zur – nicht unproblematischen – Auswirkung einer öffentlich-rechtlichen Verfahrensausgestaltung auf die **Schadensbemessung** s. N 39.

4. Genugtuung

Art. 454 Abs. 1 sieht neben dem Schadenersatz auch eine Genugtuung vor, «sofern die Schwere der Verletzung es rechtfertigt». Damit wird insb. auf Art. 49 OR, verwiesen, der eine Persönlichkeitsverletzung von nachhaltiger Tragweite voraussetzt, nicht mehr aber ein besonders schweres Verschulden wie aArt. 49 OR. Insoweit die Staatshaftung der Geschäftsherrenhaftung in Art. 55 OR nachgebildet ist (dazu N 22), ist zum Vornherein von einem Verschulden abzusehen (BGE 120 II 97 E. 2c m.H. auf BK-Brehm, Art. 49 OR N 6). Gleiches gilt auch im Rahmen von **Art. 47 OR**, wenn es bspw. im Zusammenhang mit einer FU zur medizinischen Behandlung gestützt auf Art. 426 ff., insb. 433 ff. zu einer Körperverletzung oder gar Tötung kommt bzw. ein entsprechender Tatbestand im Rahmen von Art. 373 oder 381 vorliegt. **31**

Im Falle der pflichtwidrigen FU verzichtet **Art. 5 Abs. 5 EMRK** auf die **Schwere der Verletzung** als Genugtuungsvoraussetzung. BGE 118 II 254 E. 2c liess offen, ob zwischen dieser Bestimmung der Menschenrechtskonvention und aArt. 429a von Anspruchskonkurrenz auszugehen war und äusserte sich nicht zur Tragweite der fehlenden Schwere. Das Gericht wird anhand der konkreten Umstände unter Berücksichtigung der europäischen Rechtsprechung zu Art. 5 EMRK entscheiden (BSK ZGB I-Forni/Patti, aArt. 429a N 5).

III. Anspruchsberechtigte

Anspruchsberechtigt im Sinne der Staatshaftung nach Art. 454 sind vorab die von der behördlichen Pflichtverletzung (von der Amtswidrigkeit beim Handeln oder Unterlassen) **massnahmemässig direkt Betroffenen**. **32**

Angehörige mit unmittelbaren Interessen im Zusammenhang mit dem Kindes- bzw. Erwachsenenschutz, insb. als unterstützungsberechtigte und unterstützungverpflichtete Verwandte, sind nach der ständigen Rechtsprechung des Bundesgerichts zum bisherigen Vormundschaftsrecht (vgl. u.a. BGE 115 II 15 und BSK ZGB I-Forni/Piatti, aArt. 426–429 N 3 m.w.H.) als anspruchsberechtigt angesehen worden (s. BGE 115 II 15 E. 2 und BGer vom 23. 11. 2004, 2P.230/2003 sowie BSK ZGB I-Forni/Piatti, aArt. 429a N 8). Sodann sind im Rahmen der bisherigen Staatshaftung gestützt auf aArt. 429a (FFE) nahestehende Personen als aktivlegitimiert bezeichnet worden. Diese Betrachtungsweise war in der Überlegung begründet, dass die **vormundschaftlichen Massnahmen** nicht nur den Betroffenen selber und dessen Vermögen zu schützen haben, sondern auch als Schutznormen zugunsten des näheren Familienverbandes anzusehen sind (diesbezüglich besonders aussagekräftig aArt. 370). **33**

Soweit ersichtlich äussern sich die Materialien nicht näher zur Frage, ob mit dem neuen Erwachsenschutzrecht diesbezüglich eine Änderung der Rechtslage eintreten oder die bisherige Betrachtungsweise beibehalten werden soll. Es wird die Aufgabe der **künftigen Rechtsprechung** sein, anhand des konkreten Schadensfalls und seine vermögensrechtliche Auswirkung auf die nächsten Familienangehörigen zu prüfen, inwiefern von einer Schutzwirkung des neuen Erwachsenenschutzrechts zu deren Gunsten auszugehen ist:

von der Kontinuität der bisherigen Rechtslage geht u.a. FASSBIND, Art. 454 N 4 aus; eindeutig zurückhaltender äussert sich dagegen GEISER, FamKomm, Art. 454 N 19 m.H. auf eine generell verminderte Bedeutung der Verarmungsgefahr als Grund für eine Erwachsenenschutzmassnahme. Die künftige Entwicklung der Verhältnisse bzw. der konkrete Rechtsschutzbedarf aufgrund der gegebenen Rechtslage wird entscheiden.

34 **Dritte**: Durch Handlungen oder Unterlassungen der Erwachsenenschutzorgane oder der mit dem Vollzug von entsprechenden Massnahmen betrauten Personen geschädigte Dritte können sich – im Lichte des bisherigen Rechts besehen – nicht auf Art. 454 Abs. 1 und 2 berufen (zum alten Recht s. BGE 115 II 15). Als Dritte gelten auch Familienangehörige oder nahestehende Personen, welche sich nicht auf *unmittelbar* mit dem Erwachsenenschutz zusammenhängende Interessen berufen können. Soweit das Erwachsenenschutzrecht – bspw. in Art. 413 Abs. 3 und 452 Abs. 2 bezüglich der Beschränkung der Handlungsfähigkeit – Orientierungspflichten der Mandatsträger gegenüber Dritten vorsieht, handelt es sich so betrachtet um Schutznormen, die seitens vermögensgeschädigter Dritter nur im Rahmen des **kantonalen Verantwortlichkeitsrechts** (das regelmässig im Zusammenhang mit Behördenmitgliedern und mit Amtsbeiständen zur Anwendung gelangt) oder der **Art. 41 ff. OR** geltend zu machen sind (so GEISER, FamKomm, Art. 454 N 20 und FASSBIND, Art. 454 N 4, vgl. sodann MÖSCH PAYOT/ROSCH, in: Rosch/Büchler/Jakob, Art. 454–456 N 7). Dieser nicht weiter hinterfragten Kontinuität des bisherigen Rechts gegenüber bleibt allerdings der klare Wortlaut von Art. 454 ZGB zu beachten, der mit dem «Wer ...» nicht ohne weiteres weiterhin auf einen Ausschluss Dritter hinweist (so wohl auch MÖSCH PAYOT/ROSCH, in: Rosch/Büchler/Jakob, Art. 454–456 N 6 m.w.H.). Sollte weiterhin von einem solchen Ausschluss auszugehen sein, wäre sodann aufgrund der neueren Rechtsentwicklung auch ein Vertrauenshaftungstatbestand gestützt auf Art. 2 denkbar und dies mit Wirkung über den Vertrag und das Delikt hinaus.

Im Übrigen ist im Zusammenhang mit der Führung einer Beistandschaft gemäss bisheriger bundesgerichtlicher Rechtsprechung zur Vormundschaft auf jeden Fall nur von einer **beschränkten Garantenstellung** des vormundschaftlichen/jetzt erwachsenenschutzrechtlichen Mandatsträgers **gegenüber** dem durch den Verbeiständeten (bisher Bevormundeten) geschädigten **Dritten** auszugehen (BGE 115 II 15 E. 3b und 4a). Zu berücksichtigen bleibt unter neuem Recht allerdings u.a. der Umstand, dass die Publikation der Einschränkung der Handlungsfähigkeit im konkreten Fall nicht mehr vorgesehen ist, was sich auf den Schutzbedarf Dritter auswirkt (so wohl auch FASSBIND, Art. 454 N 4).

So oder so steht aber gegebenenfalls ein **eigenständiger Anspruch** von **Angehörigen** aus Persönlichkeitsverletzung mit Schadenersatz- und Genugtuungsfolgen in Frage.

35 Die **Vererblichkeit** der Schadenersatz- und Genugtuungsansprüche richtet sich nach dem allgemeinen Haftpflichtrecht. Während Schadenersatzansprüche generell vererblich sind (BGE 135 III 198 E. 2.2), sind die grundsätzlich höchstpersönlichen Genutuungsansprüche vom Geschädigten noch zu Lebzeiten geltend zu machen, damit sie auf dessen Erben übergehen (BGE 118 II 404 E. 3a). Einer Kumulation mit eigenen Schadenersatz- und Genugtuungsansprüchen (vgl. N 34) steht grundsätzlich nichts entgegen (BGE 118 II 404 E. 3a).

IV. Haftungssubjekt und Regress

1. Kanton als Haftungssubjekt

36 Dem Geschädigten ist nicht zuzumuten, innerhalb der kantonalen Behördenorganisation nach dem im Einzelfall (hoheitlich) pflichtwidrig Handelnden oder Untätigen zu forschen.

Art. 454 Abs. 3 erklärt daher den **Kanton** für haftbar. Das würde auch für den Fall gelten, dass der Letztere neben der von Bundesrechts wegen vorgeschriebenen Haftung des Kantons eine Haftung der Gemeinden vorsehen sollte, sofern der Erwachsenenschutz auf der Grundlage der Gemeinden organisiert wird (so GEISER, FamKomm, Art. 454 N 31). Eine solche Vorgehensweise, die sich wohl kaum auf besonders grosse Gemeinden beschränken liesse, widerspräche indessen der Absicht des Gesetzgebers, mit dem neuen Recht eine verstärkte Professionlisierung herbeizuführen. Auf jeden Fall könnte der Geschädigte frei wählen, ob er den Kanton oder nach kantonalem Recht die Gemeinde ins Recht fassen will. Die Kantonshaftung bleibt in jedem Fall zwingend.

Im Rahmen der unterschiedlichen, **konkurrierenden örtlichen Zuständigkeiten** von Art. 442 kann es – insb. im Zusammenhang mit Unterlassungen – zur Haftung mehrerer Kantone kommen. Indessen haftet jeder zuständige Kanton selbständig und ausschliesslich (d.h. ohne solidarische Verantwortlichkeit) für das ihm zuzurechnende widerrechtliche Verhalten. Dass auch ein anderer Kanton hätte handeln müssen, kann nicht zur Befreiung von der Haftung eingewendet werden, denn die konkurrierende Zuständigkeit hat einen verstärkten Schutz des Hilfsbedürftigen zum Ziel (GEISER, FamKomm, Art. 454 N 29). **37**

2. Ausschluss der Haftung des Fehlbaren

Der pflichtwidrig Handelnde oder Untätige geniesst im Rahmen der (bundesprivatrechtlichen) **direkten Staatshaftung** gestützt auf Art. 454 Abs. 1 und 2 – nach dem Vorbild von aArt. 429a – insofern ein **Haftungsprivileg**, als er vom Anspruchsberechtigten nicht direkt belangt werden kann (Art. 454 Abs. 3). Diese Ordnung gilt jedoch nicht für die Haftungsansprüche Dritter, es sei denn, das kantonale Recht sehe seinerseits ein Haftungsprivileg vor, was für Behördenmitglieder und beamtete Mandatsträger regelmässig zutreffen dürfte (s. N 34). **38**

3. Der Regress nach Art. 454 Abs. 4

Das Bundesprivatrecht regelt nur das **Aussenverhältnis** der direkten Staatshaftung. Das **Innenverhältnis** verbleibt (nach dem Vorbild von Art. 5 Abs. 3 SchKG) beim kantonalen Recht. Aus der Sicht des Bundesprivatrechts wird indessen eine gewisse Beschränkung des Regresses (regelmässig auf Absicht und grobe Fahrlässigkeit) insofern erwartet, als sich die Regressordnung auch auf das Verhalten der Behörden und der behördlich bestellten Mandatsträger hinsichtlich der Anordnung und Durchführung von Schutzmassnahmen auswirkt. Zur Frage des Regresses im Falle der Übertragung des Amtes auf mehrere Personen gestützt auf Art. 402 ZGB s. N 8 und 28 sowie Art. 402 N 23. **39**

4. Verfahren

Beim Haftungsanspruch gestützt auf Art. 454 Abs. 1 und 2 handelt es sich zwar um eine **Forderung des Bundeszivilrechts**, die indessen ihrer Natur nach als öffentlichrechtlich bzw. dem öffentlichen Recht ähnlich zu qualifizieren ist. Das Verfahren richtet sich daher nach der einen (wohl herrschenden) Auffassung nach dem kantonalen öffentlichen Recht (SCHMID, Art. 454 N 16, MÖSCH PAYOT/ROSCH, in: Rosch/Büchler/Jakob, Art. 454–456 N 9 [zur Schadensbemessung] und FASSBIND, Art. 454 N 1, teilweise m.w.H.). Ernsthafte Gründe lassen sich indessen für die Gegenmeinung anführen, wonach die zivilrechtliche Forderung in einem Verfahren vor den Zivilgerichten auf der Grundlage der neuen Zivilprozessordnung des Bundes geltend zu machen ist (so GEISER, FamKomm, Art. 454 N 33). Vom Verfahren hängt insb. das (unterschiedliche) Beweisrecht ab. Sodann beein- **40** flusst das Verfahren den Massstab der Sorgfaltspflicht im Sinne einer Beschränkung auf *wesentliche* Amtspflichtverletzungen (vgl. BGE 123 II 577 E. 4d/dd; 120 IB 248 E. 2b sowie BGer vom 19.10.2010, 2C_834/2009, E. 2.2 m.w.H.; kritisch dazu zu Recht GROSS, Staatshaftungsrecht, 2. Aufl. 2001, 163 ff.). Schliesslich beeinflusst die fragliche Qualifikation auch die – den Art. 455 – ergänzenden Gesetzesbestimmungen zur Verjährung (vgl. u.a. MÖSCH PAYOT/ROSCH, in: Rosch/Büchler/Jakob, Art. 454–456 N 10).

Art. 455

B. Verjährung

[1] Der Anspruch auf Schadenersatz oder Genugtuung verjährt ein Jahr nach dem Tag, an dem die geschädigte Person Kenntnis vom Schaden erhalten hat, jedenfalls aber zehn Jahre nach dem Tag der schädigenden Handlung.

[2] Wird der Anspruch aus einer strafbaren Handlung hergeleitet, für die das Strafrecht eine längere Verjährungsfrist vorschreibt, so gilt diese Frist.

[3] Beruht die Verletzung auf der Anordnung oder Durchführung einer Dauermassnahme, so beginnt die Verjährung des Anspruchs gegenüber dem Kanton nicht vor dem Wegfall der Dauermassnahme oder ihrer Weiterführung durch einen anderen Kanton.

B. Prescription

[1] L'action en dommages-intérêts ou en paiement d'une somme d'argent à titre de réparation morale se prescrit par une année à compter du jour où la personne lésée a eu connaissance du dommage et, dans tous les cas, par dix ans à compter du jour où le fait dommageable s'est produit.

[2] Si l'action dérive d'un acte punissable soumis par les lois pénales à une prescription de plus longue durée, cette prescription s'applique à la présente action.

[3] Lorsque la personne a été lésée du fait qu'une mesure à caractère durable a été ordonnée ou exécutée, la prescription de l'action contre le canton ne court pas avant que la mesure n'ait pris fin ou qu'elle n'ait été transférée à un autre canton.

B. Prescrizione

[1] Il diritto al risarcimento del danno o alla riparazione morale si prescrive in un anno dal giorno nel quale la persona lesa ha avuto conoscenza del danno, ma in ogni caso in dieci anni dal giorno nel quale il fatto dannoso è stato commesso.

[2] Se il diritto al risarcimento del danno o alla riparazione morale deriva da un atto punibile a riguardo del quale il diritto penale prevede un termine di prescrizione più lungo, si applica questo termine.

[3] Se la lesione risulta dall'emanazione o dall'esecuzione di una misura permanente, la prescrizione del diritto nei confronti del Cantone non comincia prima che la misura stessa decada o sia continuata da un altro Cantone.

Inhaltsübersicht

Literatur

Vgl. die Literaturhinweise zu Art. 454.

Materialien

Art. 454 VE Erwachsenenschutz 2003; VE Erwachsenenschutz/Vernehmlassungen, 426 f.; Botschaft Erwachsenenschutz, 7093 f. und 7168; Prot. RK-S vom 27./28.8.2007, 33; AmtlBull StR 2007, 841; Prot. RK-N vom 24./25.4.2008, 44; AmtlBull NR 2008, 1540 f.

I. Anwendungsbereich

1 Schon das bisherige Recht sah in **aArt. 454 f.** für die Verantwortlichkeitsklage gegen den Vormund und die vormundschaftlichen Behörden eine eigene Verjährungsregelung vor. Die an sich auf die Verantwortlichkeitstatbestände gem. aArt. 426–429 beschränkte Regelung wurde **gestützt auf aArt. 367 Abs. 3** auch auf die Beistandschaft und Beiratschaft angewandt. Nach der Aufnahme der FFE **(aArt. 397a ff.)** ins Bundesprivatrecht hat die bundesgerichtliche Rechtsprechung in BGE 116 II 407 E. 2c ff. die aArt. 454 f. hier analogieweise zur Anwendung gebracht. Die Verantwortlichkeit für das Unterlassen einer Vormundschaft beurteilte sich jedoch nach kantonalem Recht bzw. nach Art. 41 ff. OR und unterstand somit nicht dem Vormundschaftsrecht (Schnyder, ZVW 1999, 102 ff.).

2 Wie sich aus der Gesetzessystematik ergibt, erstreckt sich die neue Regelung von **Art. 455** auf den ganzen Verantwortlichkeitsbereich von **Art. 454 Abs. 1 und 2**, mithin auf das amtliche Handeln und Unterlassen insgesamt, für das der Kanton haftbar ist.

Ausgeschlossen bleiben damit Verantwortlichkeitsansprüche gestützt auf **Art. 456**. Der Verweis in dieser Gesetzesbestimmung auf die Haftung nach den Bestimmungen des Obligationenrechts über den Auftrag erstreckt sich nicht nur auf den Haftungsmassstab, sondern auch auf die Verjährung dieser Verantwortlichkeitsansprüche nach Art. 127 ff. OR (Geiser, FamKomm, Art. 455 N 2).

3 Nach **kantonalem Recht** beurteilt sich die Verjährung des **Regressanspruchs** gestützt auf **Art. 454 Abs. 4**, nachdem das Innenverhältnis zwischen dem gem. Art. 454 haftbaren Kanton und der fehlbaren Person (entgegen dem bundesrätlichen Gesetzesentwurf) im kantonalen Recht zu regeln ist.

II. Die Verjährungstatbestände

4 Art. 455 sieht (im Übereinstimmung mit Art. 7 SchKG für die Staatshaftungstatbestände gem. Art. 5 SchKG) in Anlehnung an die Regelung der ausservertraglichen Haftung des Obligationenrechts (Art. 60 f. OR) **drei** verschiedene **Verjährungsfristen** vor: eine **relative**, eine **absolute** und eine **strafrechtlich verlängerte**.

5 **Formulierungsunterschieden** in Art. 455 ZGB gegenüber Art. 60 f. OR kommt grundsätzlich keine materiellrechtliche Bedeutung zu. Sie sind entweder auf das sich verändernde Sprachempfinden oder die Tatsache der direkten Staatshaftung zurückzuführen, aufgrund von welcher das Haftungssubjekt, nämlich der Kanton, zum Vornherein feststeht. Das entbindet den Geschädigten indessen nicht davon, eine widerrechtlich, d.h. amtspflichtwidrig handelnde oder nichthandelnde Behörde oder eine Pflichtwidrigkeit einer von dieser Letzteren oder durch das Gesetz mandatierte Person i.w.S. (nämlich einschliesslich der ärztlichen FU) nachzuweisen, für die dem Geschädigten der Kanton einzustehen hat. Im Falle der Haftungskonkurrenz mehrerer Kantone (dazu Art. 454 N 36)

bedarf es auch der Kenntnis des Haftpflichtigen. Gleiches kann für die Verantwortlichkeit bei Mehrfachbeistandschaft gelten (dazu N 28 und 38 sowie Art. 402 N 23).

Kein Unterschied zu **Art. 60 f. OR** ist sodann bezüglich der **Berechnung der Verjährungsfristen** auszumachen.

1. Beginn der Verjährungsfrist

6 – Die **relative Verjährungsfrist** knüpft bei der hinreichend gesicherten (dazu BGer vom 16.4.2003, 5C.230/2002, E. 3.1) **Kenntnis** des adäquat kausal herbeigeführten **Schadens** (und seines Umfangs) **durch** eine dem **Kanton zurechenbare Handlung oder Unterlassung** an (BGE 131 III 61 E. 3.1).
– Die **absolute Verjährungsfrist** beginnt nicht mit der Kenntnis des Schadens, sondern mit dem fraglichen Schadenseintritt als solchem.
– Sowohl die relative wie auch die absolute Verjährungsfrist beginnen gem. Art. 455 Abs. 3 **nicht vor** dem **Wegfall** einer **Dauermassnahme**.
– Bei der **Übertragung** der **Dauermassnahme** an die KESB eines **andern Kantons** beginnt die Verjährung grundsätzlich mit der Eröffnung des genehmigten Schlussberichts durch die bisher zuständige Behörde. Für den Fall, dass die nachfolgende KESB den eingetretenen Schaden nicht im Zeitpunkt der Übernahme geltend macht, beginnt eine neue relative und absolute Verjährungsfrist mit dem Ende der weitergeführten Massnahme durch den andern Kanton (Botschaft Erwachsenenschutz, 7093). Entsprechend verlängert wird auch die Archivierungspflicht der die Schutzmassnahme übertragenden KESB.
– Liegt nicht eine Übertragung einer Dauermassnahme an einen andern Kanton vor, sondern geht es um die **Ablösung** einer in einem Kanton abgeschlossenen Massnahme durch eine neue Dauermassnahme in einem andern Kanton, dürfte die Letztere nur einen **Stillstand** der abgeschlossenen Massnahme bewirken, sodass nur noch deren Restverjährungsfrist mit dem Ende der neuen Dauermassnahme zu laufen beginnt (so GEISER, FamKomm, Art. 455 N 19 unter Hinweis auf Art. 134 Abs. 1 Ziff. 2 OR).

2. Dauer der Verjährungsfrist

7 – Die relative – analog zu Art. 77 Abs. 1 Ziff. 3 i.V. mit Art. 132 OR berechnete – Verjährungsfrist dauert ein **Jahr**, es sei denn sie werde **strafrechtlich verlängert** aufgrund einer strafbaren Handlung einer von Art. 454 Abs. 1 oder 2 erfassten Person (so BGE 131 III 61 E. 3.1. m.w.H. und die wohl h.L., dazu u.a. GEISER, FamKomm, Art. 455 N 10 m.w.H.). Für den Fristenlauf massgebend ist somit der Tag nach der erforderlichen Kenntnisnahme.
– Die absolute Verjährungsfrist dauert **zehn oder mehr Jahre** aufgrund der strafrechtlichen Verlängerung. Diese beginnt gem. Art. 98 StGB ihrerseits ab dem Tag der Tatbegehung (s.u.a. BGE 100 II 339 E. 1 und 105 IV 12 f., je zu aArt. 71 StGB) und zwar auch im Falle des Antragsdelikts, für das die Strafantragsfrist nach Art. 31 StGB unbenutzt verstrichen ist (BGE 134 III 591 E. 5.3). Nach einer zivilrechtlichen Unterbrechung i.S.v. Art. 135 OR beginnt nach Art. 137 OR wiederum eine neue Verjährungsfrist mit der ursprünglichen strafrechtlichen Dauer zu laufen (BGE 127 III 538 E. 4c). Wird die zivilrechtliche Verjährungsfrist jedoch erst unterbrochen, nachdem die (absolute) strafrechtliche Verfolgungsverjährung schon eingetreten ist, bewirkt die zivilrechtliche Unterbrechung nur eine neue zivilrechtliche relative (somit einjährige) Verjährungsfrist, nicht dagegen eine strafrechtliche Verlängerung (BGE 131 III 430).

3. Fristwahrung, Stillstand und Unterbrechung unabhängig von Art. 455 Abs. 3

Die Fristwahrung erfolgt nach den Regeln des **Art. 135 OR**. Steht der Stillstand oder die Unterbrechung der Verjährungsfristen gem. Art. 455 nicht im Zusammenhang mit dem Tatbestand von Abs. 3 dieser Gesetzesbestimmung, gelten die allgemeinen Vorschriften des Obligationenrechts, d.h. **Art. 130 ff. OR**. **8**

Art. 456

C. Haftung nach Auftragsrecht

Die Haftung der vorsorgebeauftragten Person sowie diejenige des Ehegatten, der eingetragenen Partnerin oder des eingetragenen Partners einer urteilsunfähigen Person oder des Vertreters oder der Vertreterin bei medizinischen Massnahmen, soweit es sich nicht um den Beistand oder die Beiständin handelt, richtet sich nach den Bestimmungen des Obligationenrechts über den Auftrag.

C. Responsabilité selon les règles du mandat

La responsabilité du mandataire pour cause d'inaptitude, de l'époux ou du partenaire enregistré de la personne incapable de discernement ou de la personne habilitée à la représenter dans le domaine médical, lorsqu'ils n'agissent pas en qualité de curateurs, se détermine selon les dispositions du code des obligations applicables au mandat.

C. Responsabilità secondo le norme sul mandato

La responsabilità del mandatario designato con mandato precauzionale, nonché quella del coniuge o del partner registrato di una persona incapace di discernimento ovvero quella del rappresentante in caso di provvedimenti medici è retta dalle disposizioni del Codice delle obbligazioni sul mandato, sempre che gli stessi non siano investiti di una curatela.

Inhaltsübersicht

Literatur

Vgl. die Literaturhinweise zu Art. 454.

Materialien

Art. 455 VE Erwachsenenschutz 2003; VE Erwachsenenschutz/Vernehmlassungen, 427 f.; Botschaft Erwachsenenschutz, 7094 und 7168; Prot. RK-S vom 27./28. 8. 2007, 33; AmtlBull StR 2007, 841; Prot. RK-N vom 24./25. 4. 2008, 44; AmtlBull NR 2008, 1540 f.

I. Verhältnis zum bisherigen Recht

Die bisherige private Vorsorge für den Fall der eigenen Urteilsunfähigkeit und zwar sowohl im Bereiche der medizinischen Personensorge als auch der Vermögenssorge stand **1** ausserhalb des Vormundschaftsrechts. Massgebend war somit das **allgemeine Vertragsrecht**, insb. das Auftragsrecht.

II. Anwendungsbereich

2 Art. 456 erfasst die im **zehnten Titel des Zivilgesetzbuches** geregelten Tatbestände der eigenen Vorsorge oder der Massnahmen von Gesetzes wegen (dazu schon Art. 454 N 5): in Frage stehen somit die in einem Vorsorgeauftrag Beauftragten (Art. 360 ff.), die in einer Patientenverfügung zur Vertretung befugt erklärten Personen (Art. 370 ff. und 378 Abs. 1 Ziff. 1, 3–7), die in Art. 374–376 von Gesetzes wegen zur Vertretung einer urteilsunfähigen Person bezeichneten Ehegatten und Partner, sowie die gesetzlich vorgesehenen Vertreter bei medizinischen Massnahmen (Art. 370 Abs. 2 und 377 ff.).

Generell **ausgenommen** sind indessen die **Beistände**, sollten sie in den genannten Bereichen tätig sein.

An sich keine rechtsgeschäftliche oder gesetzliche Vertretungsverhältnisse sind für den **Aufenthalt in Wohn- und Pflegeeinrichtungen** (Art. 382 ff.) vorgesehen, die von Art. 456 erfasst werden könnten. Immerhin bleibt Art. 382 Abs. 3 zu beachten, wonach die für die Vertretung bei medizinischen Massnahmen zuständigen Personen auch für den Abschluss des Betreuungsvertrags zuständig sind. Für diese Vertretungshandlung sollte Art. 456 zur Anwendung kommen.

3 Art. 456 erfasst **nur** die im Zusammenhang mit dem zehnten Titel des Zivilgesetzbuches geregelten **Vertretungsverhältnisse als solche**. Weitere Personen, die im Rahmen der konkreten Umsetzung der Eigenvorsorge oder der Massnahmen von Gesetzes wegen tätig werden, fallen nicht unter den Anwendungsbereich dieser Gesetzesbestimmung. Zwar kann mit der Umsetzung einer Patientenverfügung befasstes Medizinalpersonal auch in einem Auftragsverhältnis des Obligationenrechts zur hilfsbedürftigen Person oder deren gesetzlichen Vertreter stehen. Dies indessen nicht aufgrund der Verweisung in Art. 456. Sodann kann die medizinische Versorgung auch gestützt auf eine andere bundesprivatrechtliche oder öffentlich-rechtliche Rechtsgrundlage vorzunehmen sein und zu einer anderen Haftung als nach Art. 398 ff. OR führen.

4 Eine nicht auf Art. 456 abgestützte Haftung zugunsten eines Hilfsbedürftigen kann schliesslich auch deshalb eintreten, weil dieser bspw. eine **privatrechtliche Vorsorge** im Rahmen eines Bankkontos getroffen hat, das nicht im Anwendungsbereich des Erwachsenenschutzrechtes liegt. Diese Haftung kann allerdings ihrerseits ebenfalls dem Auftragsrecht unterstehen.

III. Haftungsvoraussetzungen

1. Rechtsinstitut des Erwachsenenschutzes

5 Die eigene Vorsorge (Art. 360 ff.) und die Vorsorgemassnahmen von Gesetzes wegen (Art. 377 ff.) führen **bezüglich** des **Vertretungsbefugten** zu einem **Rechtsverhältnis sui generis** (Art. 360 N 18). Sie bilden die Grundlage für den Verweis auf den **Sorgfaltsmassstab gem. Art. 398 OR**. Ob weitere Bestimmungen des Auftragsrechts zur analogen Anwendung kommen, ergibt sich aus der Auslegung dieser im Erwachsenenschutzrecht geregelten Rechtsinstitute. Der mit der Eigenvorsorge oder vom Gesetzgeber jeweils verfolgte Zweck entscheidet bspw. darüber, ob eine Substitution gem. Art. 399 OR zulässig ist oder nicht. Letzteres ist bei den gesetzlichen Vertretungsverhältnissen nicht anzunehmen. Gleiches gilt auch bezüglich der Möglichkeit bzw. Unmöglichkeit, den Haf-

tungsmassstab von Art. 498 OR rechtsgeschäftlich abzuändern. Eine Haftungsmilderung für das (hier allein in Frage stehende) Vertretungsverhältnis müsste dem vom Gesetz angestrebten Schutzgedanken im Falle der Urteilsunfähigkeit widersprechen. Eine Erfolgshaftung nach der Art des Werkvertrages stünde umgekehrt wohl regelmässig im Widerspruch zum Vorsorgeauftrag (GEISER, FamKomm, Art. 456 N 8). Nur eine beschränkte, aber immerhin eine haftungsrelevante Gestaltungsfreiheit eröffnen die in Art. 360 Abs. 2 vorgesehenen Weisungen.

2. Die weiteren Haftungsvoraussetzungen

Die übrigen Haftungsvoraussetzungen unterscheiden sich abgesehen vom durch den Vertretungsbefugten zu beachtenden konkreten Sorgfaltsmassstab und vom – allerdings gem. Art. 97 Abs. 1 OR zu vermutenden – Verschulden nicht von jenen, die auch im Rahmen von Art. 454 ZGB zur Anwendung gelangen: es ist ein **Schaden** nachzuweisen, der **adäquat kausal auf** eine **Sorgfaltswidrigkeit** i.S.v. Art. 398 OR **zurückzuführen** ist. **6**

3. Haftungssubjekt

Das Haftungssubjekt ist durch den rechtsgeschäftlichen Vorsorgeauftrag und die **Bezeichnung eines Vertreters** in der Patientenverfügung einerseits sowie die gesetzliche Vertretung im Zusammenhang mit den Massnahmen von Gesetzes wegen andererseits bestimmt. **7**

IV. Verjährung und Verfahren

Die Haftung ist auf den **Zivilweg** geltend zu machen. **8**

Für die **Verjährung** gelten die Bestimmungen des Obligationenrechts (Art. 127 ff. OR). Während der Dauer des Vorsorgeauftrags und des Bestandes der Massnahme von Gesetzes wegen ist – allerdings unter Vorbehalt der Vertretung bei medizinischen Massnahmen – von einem Aufschub des Verjährungsbeginns bzw. einem Rechtsstillstand auszugehen (Art. 134 Abs. 1 Ziff. 2,3 und 3bis OR).

V. Haftungskonkurrenz

Eine **Konkurrenz mit** der direkten Staatshaftung für die Erwachsenschutzorgane gestützt auf **Art. 454 Abs. 1 und 2** ist – wie schon Art. 454 N 28 vermerkt – denkbar. Ob im konkreten Fall von einer unechten Solidarität i.S.v. Art. 51 OR oder von einer differenzierten Solidarität analog zu Art. 759 Abs. 1 OR auszugehen ist, beurteilt sich nach den Umständen des Einzelfalles. **9**

Ein allfälliger **Regress** richtet sich – freilich unter Beachtung von **Art. 6 ZGB** – nach **kantonalem Recht**, nachdem die Haftung von Art. 454 nur das Aussenverhältnis zwischen dem Geschädigten und dem Kanton beschlägt (dazu Art. 454 N 38). Grundsätzlich ist die Haftungsregelung im Rahmen des zehnten Titels des Zivilgesetzbuches als abschliessend zu betrachten. **10**

Ohne weiteres denkbar ist eine **Haftungskonkurrenz mit weiteren Haftungssubjekten**, die nicht der Haftung von Art. 456 unterstehen, als nicht Vertretungsbefugte aber dennoch an der Umsetzung des Auftrages der gem. Erwachsenenschutzrecht Vertretungsbefugten teilhaben (dazu Art. 456 N 3). **11**

Schlusstitel: Anwendungs- und Einführungsbestimmungen

Art. 14 SchlT

V. Erwachsenenschutz

1. Bestehende Massnahmen

[1] Für den Erwachsenenschutz gilt das neue Recht, sobald die Änderung vom 19. Dezember 2008 in Kraft getreten ist.

[2] Personen, die nach bisherigem Recht entmündigt worden sind, stehen mit dem Inkrafttreten des neuen Rechts unter umfassender Beistandschaft. Die Erwachsenenschutzbehörde nimmt von Amtes wegen so bald wie möglich die erforderlichen Anpassungen an das neue Recht vor. So lange die Behörde im Fall erstreckter elterlicher Sorge nicht anders entschieden hat, sind die Eltern von der Inventarpflicht, der Pflicht zur periodischen Berichterstattung und Rechnungsablage und der Pflicht, für bestimmte Geschäfte die Zustimmung einzuholen, befreit.

[3] Die übrigen nach bisherigem Recht angeordneten Massnahmen fallen spätestens drei Jahre nach dem Inkrafttreten der Änderung vom 19. Dezember 2008 dahin, sofern die Erwachsenenschutzbehörde sie nicht in eine Massnahme des neuen Rechts überführt hat.

[4] Hat ein Arzt gestützt auf Artikel 397b Absatz 2 in der Fassung vom 1. Januar 1981 für eine psychisch kranke Person eine unbefristete fürsorgerische Freiheitsentziehung angeordnet, so bleibt diese Massnahme bestehen. Die Einrichtung teilt der Erwachsenenschutzbehörde spätestens sechs Monate nach dem Inkrafttreten des neuen Rechts mit, ob sie die Voraussetzungen der Unterbringung weiterhin für erfüllt erachtet. Die Erwachsenenschutzbehörde nimmt nach den Bestimmungen über die periodische Überprüfung die erforderlichen Abklärungen vor und bestätigt gegebenenfalls den Unterbringungsentscheid.

V. Protection de l'adulte

1. Mesures existantes

[1] La protection de l'adulte est régie par le nouveau droit dès l'entrée en vigueur de la révision du 19 décembre 2008.

[2] Les personnes privées de l'exercice des droits civils par une mesure ordonnée sous l'ancien droit sont réputées être sous curatelle de portée générale à l'entrée en vigueur du nouveau droit. L'autorité de protection de l'adulte procède d'office et dès que possible aux adaptations nécessaires. En matière d'autorité parentale prorogée, les parents sont dispensés de l'obligation de remettre un inventaire, d'établir des rapports et des comptes périodiques et de requérir son consentement pour certains actes aussi longtemps que l'autorité de protection de l'adulte n'en a pas décidé autrement.

[3] Les autres mesures ordonnées sous l'ancien droit sont caduques au plus tard trois ans après l'entrée en vigueur de la révision du 19 décembre 2008 si l'autorité de protection de l'adulte ne les a pas transformées en mesures relevant du nouveau droit.

[4] Lorsqu'un médecin, sur la base de l'art. 397*b*, al. 2, dans la version du 1er janvier 1981, a soumis une personne atteinte d'une maladie psychique à une privation de liberté à des fins d'assistance pour une durée illimitée, cette mesure subsiste. L'institution indique à l'autorité de protection de l'adulte six mois au plus après l'entrée en vigueur du nouveau droit si elle estime que

les conditions du placement sont encore remplies. L'autorité de protection de l'adulte procède aux éclaircissements nécessaires selon les dispositions sur l'examen périodique et, le cas échéant, confirme la décision de placement.

V. Protezione degli adulti

1. Misure sussistenti

[1] La protezione degli adulti è retta dal nuovo diritto non appena la modifica del 19 dicembre 2008 entra in vigore.

[2] Con l'entrata in vigore della legge nuova, le persone interdette secondo il diritto anteriore sono sottoposte a curatela generale. Non appena possibile, l'autorità di protezione degli adulti provvede d'ufficio ai necessari adeguamenti al nuovo diritto. In caso di autorità parentale protratta, i genitori sono dispensati dagli obblighi di compilare un inventario, di presentare periodicamente un rapporto e i conti e di ottenere il consenso per determinati atti o negozi, finché l'autorità di protezione degli adulti non decida altrimenti.

[3] Le altre misure ordinate secondo il diritto anteriore decadono al più tardi tre anni dopo l'entrata in vigore della modifica del 19 dicembre 2008, eccetto che l'autorità di protezione degli adulti le abbia convertite in una misura prevista dal nuovo diritto.

[4] Sono mantenute le misure di privazione della libertà a scopo d'assistenza che un medico ha ordinato per una durata illimitata, in virtù dell'articolo 397*b* capoverso 2 nel tenore del 1° gennaio 1981, per una persona affetta da malattia psichica. Al più tardi sei mesi dopo l'entrata in vigore della legge nuova, l'istituto comunica all'autorità di protezione degli adulti se considera che permangono adempite le condizioni del ricovero. L'autorità di protezione degli adulti procede agli accertamenti necessari secondo le disposizioni sulla verifica periodica e, se del caso, conferma la decisione di ricovero.

Inhaltsübersicht

Materialien

Art. 14 VE SchlT Erwachsenenschutz 2003 und Art. 59 VE VKE 2003; VE Erwachsenenschutz/Vernehmlassungen, 442 f. und VE VKE/Vernehmlassungen, 126 f.; Botschaft Erwachsenenschutz, 7107 f. und 7179; Prot. RK-S vom 27./28.8.2007, 43; AmtlBull StR 2007, 843; Prot. RK-N vom 24./25.4.2008, 50; AmtlBull NR 2008, 1543.

I. Entstehungsgeschichte

Art. 14 Abs. 1 SchlT entspricht mit einer kleinen redaktionellen Änderung Art. 14 Abs. 1 VE SchlT 2003. In Abs. 2 wurde nach dem Vernehmlassungsverfahren im ersten Satz klargestellt, dass es um die Entmündigung und nicht um die Verbeiratung geht. Der VE hatte statt von der Entmündigung vom Entzug der Handlungsfähigkeit gesprochen. Im zweiten Satz wurde zudem die Maximalfrist von drei Jahren gestrichen. Der Gesetzestext beschränkt sich somit darauf, die ESB zu verpflichten, die nötigen Anpassungen sobald wie möglich vorzunehmen. Zudem wurde im dritten Satz präzisiert, dass die erstreckte elterliche Sorge ebenfalls in eine umfassende Beistandschaft umgewandelt wird, dass aber von Gesetzes wegen die Ausnahmeregelung von Art. 420 gilt, solange die ESB nicht etwas anderes verfügt. Abs. 3 übernimmt Art. 14 Abs. 3 VE SchlT 2003 materiell unverändert. 1

Wie die **ärztlich angeordnete FFE** intertemporalrechtlich behandelt wird, war nicht im VE Erwachsenenschutz 2003, sondern in Art. 59 Abs. 2 und 3 VE VKE 2003 geregelt. Nachdem der Bundesrat gestützt auf das Vernehmlassungsverfahren entschieden hatte, auf ein besonderes Verfahrensgesetz zu verzichten, wurde Art. 14 SchlT um einen Abs. 4 erweitert. Im Gegensatz zum Vernehmlassungsentwurf (Art. 59 Abs. 2 VE VKE 2003) beschränkt sich das Gesetz nicht darauf festzustellen, dass unbefristete ärztliche Einweisungen für psychisch kranke Personen (aArt. 397b Abs. 2) gültig bleiben, sondern hält zusätzlich im Sinne des erläuternden Berichts zum Vernehmlassungsentwurf VKE (S. 38) nun ausdrücklich fest, dass die ESB spätestens nach sechs Monaten seit dem Inkrafttreten des neuen Rechts aufgrund eines Berichts der Einrichtung gem. den Bestimmungen über die periodische Überprüfung (Art. 431) die erforderlichen Abklärungen vornehmen und gegebenenfalls den Unterbringungsentscheid bestätigen muss. Im Übrigen sah Art. 59 Abs. 3 VE VKE 2003 vor, dass ärztliche Einweisungen, die nach kantonalem Recht befristet waren, nach Ablauf dieser Frist dahinfallen, wenn sie nicht durch die KESB bestätigt werden. Auf diese Bestimmung wurde verzichtet, da sie eine selbstverständliche Regel enthielt. Auch Art. 59 Abs. 1 VE VKE 2003, wonach die Akten über bestehende Massnahmen mit dem Inkrafttreten des neuen Rechts unverzüglich der KESB zu übergeben sind, wurde nicht ins Gesetz übernommen. Das Parlament stimmte dem bundesrätlichen Entwurf ohne Diskussion zu. 2

II. Intertemporales Recht zu Rechtsänderungen ausserhalb des Erwachsenenschutzes

1. Neue intertemporalrechtliche Spezialvorschriften nur für den Erwachsenenschutz

Die neuen Art. 14 und 14a SchlT, welche die Herrschaftsbereiche des bisherigen und des neuen Rechts voneinander abgrenzen, stehen unter dem Hauptrandtitel «Erwachsenenschutz». Mit dem Bundesgesetz vom 19.12.2008 sind aber **zahlreiche weitere Bestimmungen des ZGB und viele andere Gesetze punktuell geändert** worden. Für diese punktuellen Revisionen braucht es indessen **keine besonderen Übergangsvorschriften**. Es ist unbestritten, dass die allgemeinen Vorschriften des Schlusstitels (Art. 1–4), wonach ab Inkrafttreten grundsätzlich neues Recht anzuwenden und eine Rückwirkung verboten ist, die 3

Auffassung des Bundesgesetzgebers über das intertemporale Recht schlechthin zum Ausdruck bringen (BGE 127 II 69 E. 5b; 116 II 209 E. 2b) und quasi Verfassungsrang haben (BSK ZGB II-VISCHER, Art. 1 SchlT N 2). Sie werden deshalb zur Auslegung (BGE 116 II 63 E. 3a) und zur Lückenfüllung (BGE 135 III 14 E. 5.5.1; 133 III 105 E. 2.1; 126 III 421 E. 3c.aa) sowohl im Privatrecht wie auch im öffentlichen Recht überall dort herangezogen, wo der Gesetzgeber nicht spezielle übergangsrechtliche Vorschriften vorsieht. Zudem gilt der Grundsatz, dass bisherige intertemporalrechtliche Spezialvorschriften auch bei späteren Revisionen Anwendung finden. Im Kontext des ZGB sind insb. die Art. 5, 12 und 16 Abs. 3 SchlT zu beachten (Botschaft Erwachsenenschutz, 7107).

2. Hängige Kindesschutz- und andere kindesrechtliche Verfahren

4 Das neue Erwachsenenschutzrecht enthält neben den materiellen Bestimmungen, denen intertemporalrechtlich Art. 14 SchlT Rechnung trägt, neu wichtige organisatorische Vorgaben, indem die **bisherigen vormundschaftlichen Behörden (aArt. 361) von den KESB und den gerichtlichen Beschwerdeinstanzen** abgelöst (Art. 440 und 450) und sämtliche Kompetenzen in der Hand dieser Behörden konzentriert werden. Zudem findet sich im revidierten Zivilgesetzbuch eine stattliche Anzahl **grundlegender Verfahrensvorschriften** sowohl für die erste wie für die Rechtsmittelinstanz (Art. 443 ff.). Die neuen sachlichen Zuständigkeiten und die neuen Verfahrensbestimmungen gelten nicht nur für das Erwachsenenschutz-, sondern auch für das Kindesrecht, das in den Art. 314 ff. noch besondere kindesrechtliche Verfahrensvorschriften vorsieht. Deshalb kommt **Art. 14a SchlT**, der aus intertemporalrechtlicher Sicht die formelle Seite, d.h. die sachliche Zuständigkeit und das anwendbare Verfahrensrecht bei hängigen erwachsenenschutzrechtlichen Verfahren regelt, **zusammen mit Art. 12 Abs. 1 SchlT auch bei hängigen kindesrechtlichen Verfahren** analog zur Anwendung. Insbesondere die bei den Vormundschaftsbehörden oder bei den vormundschaftlichen Aufsichtsbehörden (Art. 311) erstinstanzlich hängigen Besuchs- und Massnahmeverfahren (Art. 275, 307 ff. und 324 f.) sind von der KSB weiterzuführen. Dabei ist das neue Verfahrensrecht anzuwenden (Art. 314 ff. und 444 ff.). Hängige kantonale Rechtsmittelverfahren sind der gerichtlichen Beschwerdeinstanz (Art. 450 ff.) zu überweisen, sofern das Verfahren nicht bei der vom kantonalen Recht bestimmten unteren administrativen Aufsichtsbehörde hängig ist (s. dazu Art. 14a SchlT N 13). Auch die gerichtliche Beschwerdeinstanz wendet das neue Verfahren an.

Unterhaltsverträge sind statt durch die Vormundschaftsbehörde (Art. 287 Abs. 1 und Art. 134 Abs. 3 Satz 1) bzw. die vormundschaftliche Aufsichtsbehörde (Art. 287 Abs. 2 und Art. 288 Abs. 2) **durch die KSB zu genehmigen**. In einem hängigen Prozess auf Abänderung der elterlichen Sorge (Art. 134 Abs. 1) wird die Antrag stellende Vormundschaftsbehörde durch die KSB ersetzt. Für die Vollstreckungshilfe i.S.v. Art. 131 und 290 sind ab 1.1.2013 die neuen KSB zuständig, sofern das kantonale Recht nicht eine andere Zuständigkeit vorsieht.

Bei einer hängigen FFE gegenüber einem Minderjährigen (Art. 310 i.V.m. aArt. 314a) beurteilen sich die Voraussetzungen nach dem Inkrafttreten des neuen Rechts nach Art. 310 i.V.m. Art. 314b Abs. 1 (Allg. Vorbem. vor Art. 360 N 78; **a.M.** vor Art. 426–439 N 7). Auch das urteilsfähige Kind, das noch nicht 16 Jahre alt ist (Art. 314b Abs. 2; vgl. aArt. 314a Abs. 2), kann neu das Gericht anrufen (Art. 314b Abs. 1 i.V.m Art. 439 und 450 ff.). Ist die Rechtsmittelfrist von 10 Tagen seit Mitteilung des Entscheids am 1.1.2013 noch nicht abgelaufen, so beginnt die Beschwerdefrist mit dem Inkrafttreten für das noch nicht 16 Jahre alte Kind neu zu laufen (vgl. Art. 49 Abs. 2 SchlT). Das Gleiche gilt sinngemäss für Entlassungsverfahren, bei denen die Rechtsmittelfrist noch nicht verwirkt ist.

3. Unmündige unter Vormundschaft (aArt. 368), Beistandschaft oder in FEE

5 Ist ein Unmündiger nach aArt. 368 unter Vormundschaft gestellt worden, so sind mit dem Inkrafttreten des neuen Rechts die **Art. 327b ff., ergänzt durch insb. Art. 400 ff. und 405 ff., anwendbar (Art. 12 Abs. 1 i.V.m. Art. 14 Abs. 1 SchlT)**. Die KSB hat entsprechend Art. 400 Abs. 1 einen allfälligen Tuteur général sobald wie möglich durch einen Vormund abzulösen, der die Aufgaben selber wahrnimmt (Art. 400 N 29). Der Inhalt der Vormundschaft und die Aufgaben des Vormundes ändern sich durch diesen Rechtswechsel nicht. Aber die Amtsführung und die Mitwirkung der KSB erfolgt nach neuem Recht. Insbesondere die zustimmungsbedürftigen Rechtsgeschäfte richten sich nach Art. 416. Für die Beendigung des Amtes ist Art. 421 massgebend. Für Schäden, die nach dem 1.1.2013 angerichtet werden, wird nach Art. 454 f. gehaftet (N 37 ff.). Für die Rechtsmittel sind die Art. 419 und 450 massgebend. Sinngemäss das Gleiche gilt für einen Beistand nach Art. 308, 309 oder 325.

Eine FFE, die zu einer FU wird, ist mit dem Inkrafttreten des neuen Rechts von der KSB insb. periodisch zu überprüfen und auf eine ärztlich auf unbestimmte Zeit angeordnete Unterbringung kommt Art. 14 Abs. 4 SchlT sinngemäss zur Anwendung (Art. 314b Abs. 1).

4. Beistandschaften für Unmündige nach aArt. 392 Ziff. 2 und 3

6 Gemäss aArt. 392 Ziff. 2 war eine Beistandschaft anzuordnen, wenn der gesetzliche Vertreter einer unmündigen Person in einer Angelegenheit Interessen hatte, die denen des Vertretenen widersprachen. Zudem war eine Beistandschaft nach aArt. 392 Ziff. 3 zu errichten, wenn der gesetzliche Vertreter eines Unmündigen an der Vertretung verhindert war. Das Nachfolgeinstitut zu diesen Beistandschaften ist in Art. 306 Abs. 2 und 3 vorgesehen, wenn der Unmündige unter elterlicher Sorge steht und der Interessenkonflikt oder die Verhinderung somit die Eltern betrifft. Sowohl voraussetzungsmässig wie auch wirkungsmässig stimmt die Beistandschaft nach aArt. 392 Ziff. 2 und 3 mit der Beistandschaft nach dem neuen Art. 306 Abs. 2 und 3 überein; nur die Rechtsgrundlage ändert sich. Entsprechend dem Grundprinzip des intertemporalen Kindesrechts von **Art. 12 Abs. 1 SchlT**, das mit Art. 2 und 3 SchlT übereinstimmt, ist deshalb mit dem 1.1.2013 sofort **das neue Recht anwendbar**: die Beistandschaft nach aArt. 392 Ziff. 2 und 3 wird zu einer Beistandschaft nach Art. 306 Abs. 2 und 3. Für die Ausübung des Amtes sind die Art. 405 ff. massgebend unter Berücksichtigung des Umstandes, dass es sich bei der betroffenen Person um einen Unmündigen handelt. Ein allfälliger Tuteur général, der das Amt des Beistandes ausübt, ist sobald wie möglich durch einen Beistand i.S.v. Art. 400 Abs. 1 zu ersetzen (Art. 400 N 29), wenn die Beistandschaft nach dem Inkrafttreten des neuen Rechts voraussichtlich noch einige Zeit andauern wird.

7 Betrifft die Interessenkollision oder die Verhinderung den Vormund eines Unmündigen, so richtet sich die Vormundschaft ab dem 1.1.2013 nach Art. 327b ff. (Art. 12 Abs. 1 SchlT). Über den Verweis von Art. 327c Abs. 2 kommt **Art. 403 über den Ersatzbeistand** zum Zuge (Art. 403 N 9 m.V. auf a.M.). Die Beistandschaft nach aArt. 392 Ziff. 2 oder 3 wird somit zu einer solchen nach Art. 403. Am Aufgabenbereich des Beistandes ändert sich nichts. Der Beistand hat bei der Ausübung seines Amtes die Art. 405 ff. zu beachten. Sinngemäss das Gleiche gilt, wenn das Kind einen Beistand nach Art. 308 oder 325 hat und wegen Verhinderung oder Interessenkollision für bestimmte Geschäfte ein Ersatzbeistand ernannt werden musste.

5. Beistandschaft für das ungeborene Kind nach aArt. 393 Ziff. 3

8 An die Stelle der Beistandschaft für das ungeborene Kind nach aArt. 393 Ziff. 3 tritt im neuen Recht die Beistandschaft nach Art. 544 Abs. 1bis (neu) (Art. 12 Abs. 1 SchlT).

6. Beistandschaft für Sammelvermögen nach aArt. 393 Ziff. 5

9 Nach aArt. 393 Ziff. 5 war für Sammelvermögen eine Beistandschaft zu errichten, solange für die Verwaltung und Verwendung nicht gesorgt war. Diese Bestimmung wird mit dem Inkrafttreten des neuen Rechts durch Art. 89b und 89c ersetzt. Gemäss Art. 89b Abs. 2 hat die zuständige Behörde statt eines vormundschaftsrechtlichen Beistandes einen Sachwalter zu ernennen, sofern sie nicht entscheidet, das Geld einem Verein oder einer Stiftung mit einem möglichst gleichartigen Zweck zuzuwenden. In sinngemässer Anwendung von Art. 2 und 14 Abs. 3 SchlT sowie Art. 424 ist der Beistand mit Inkrafttreten des neuen Rechts nicht sofort seines Amtes enthoben, sondern hat die Vermögensverwaltung weiterhin zu besorgen. Die Vormundschaftsbehörde hat indessen die **Akten unverzüglich der vom kantonalen Recht bezeichneten zuständigen Behörde** (Art. 89b Abs. 1 und Art. 89c) **zu überweisen**, welche das Nötige anordnen muss. Sie kann insb. den bisherigen **Beistand als Sachwalter** einsetzen oder das Geld einem Verein oder einer Stiftung mit möglichst gleichartigem Zweck zuwenden.

III. Anwendung des neuen Erwachsenenschutzrechts als allgemeiner Grundsatz (Art. 14 Abs. 1 SchlT)

10 **Art. 14 Abs. 1 SchlT** entspricht aArt. 14 Abs. 1 des intertemporalen Rechts von 1907. Inhaltlich konkretisiert die Bestimmung für den Bereich des Erwachsenenschutzes, was sich aus den allgemeinen Vorschriften des Schlusstitels (Art. 1–4) bereits ergibt: Rechtsverhältnisse, deren Inhalt unabhängig vom Willen der Beteiligten durch das Gesetz umschrieben werden, sind nach dem Inkrafttreten eines neuen Rechts nach diesem zu beurteilen, auch wenn sie vor diesem Zeitpunkt begründet worden sind **(Art. 3 SchlT)**. Zudem sind alle Vorschriften, die um der öffentlichen Ordnung und Sittlichkeit willen aufgestellt worden sind, nach Art. 2 SchlT sofort anwendbar, soweit das Gesetz nicht Ausnahmen vorsieht Das Vormundschaftsrecht fällt unter diese beiden Bestimmungen (BK-Schnyder/Murer, Syst. Teil, N 379; Hausheer/Geiser/Aebi-Müller, Rz 3.14).

11 Der **Grundsatz** von Art. 14 Abs. 1 SchlT, **dass mit dem Inkrafttreten das neue Erwachsenenschutzrecht sofort anwendbar ist**, steht zwar im Hinblick auf die Abs. 2–4 unter dem Randtitel «Bestehende Massnahmen», **gilt** aber – wie der parallele Art. 12 Abs. 1 erster Satzteil SchlT – **in einem umfassenden Sinne**, soweit das Gesetz nicht Ausnahmen vorsieht, die sich aus Art. 14 Abs. 2–4 SchlT oder aus den allgemeinen Vorschriften des Schlusstitels ergeben können (s. N 37 ff.). Aus der Bestimmung lässt sich insb. Folgendes ableiten:

- Mit dem Inkrafttreten des neuen Erwachsenenschutzrechts wird das bisherige Vormundschaftsrecht durch das Erwachsenenschutzrecht abgelöst. Soweit nicht eine Ausnahme vorgesehen ist (Art. 14 Abs. 3 und 4 SchlT), werden auch bereits angeordnete Massnahmen vom neuen Recht beherrscht (Hausheer/Geiser/Aebi-Müller, Rz 3.14; zur FFE s. N 22 ff.).
- Das neue Erwachsenenschutzrecht entfaltet keine Rück- und grundsätzlich keine Vorwirkung (s. aber N 30), sondern ist materiell erst ab dem 1.1.2013 wirksam. Es geht darum, das Erwachsenenschutzrecht für die Gegenwart und Zukunft anders bzw. besser zu regeln.

- Die Amtstätigkeit der bisherigen vormundschaftlichen Behörden oder anderer nach Vormundschaftsrecht zuständiger Behörden endet mit dem Inkrafttreten des Erwachsenenschutzrechts. An deren Stelle treten die ESB (Art. 440) und die kantonale gerichtliche Beschwerdeinstanz (Art. 450). Die administrative Aufsicht übt die vom Kanton nach Art. 441 Abs. 1 bezeichnete Behörde aus.
- Mit dem Inkrafttreten des neuen Rechts dürfen keine Massnahmen des bisherigen Vormundschaftsrechts mehr angeordnet werden. Voraussetzungen und Wirkungen der Massnahmen richten sich immer nach dem Erwachsenenschutzrecht. Auch die Veröffentlichung einer Massnahme (vgl. aArt. 375, 377 Abs. 3, 397 Abs. 2 und 3) ist unzulässig. Eine nach bisherigem Recht rechtskräftig angeordnete, aber noch nicht veröffentlichte Massnahme ist nicht mehr zu publizieren.
- Hängige Verfahren sind materiell nach neuem Recht zu beurteilen (Art. 14 Abs. 1 SchlT; die formelle Seite, d.h. die Zuständigkeit und das anwendbare Verfahren regelt Art. 14a SchlT).
- Bisherige Massnahmen, die es als solche nicht mehr gibt, sind soweit möglich ins neue Recht zu überführen (Abs. 2; N 13 ff.).
- Soweit amtsgebundene Massnahmen des bisherigen Rechts auch nach dem Inkrafttreten befristet bestehen bleiben (Abs. 3), richten sich der Umfang des Auftrags des Amtsträgers und die Wirkungen der Massnahme auf die betroffene Person zwar nach bisherigem Recht. Aber entsprechend dem Grundsatz, das neue Recht soweit wie möglich zur Anwendung zu bringen, bestimmt dieses sowohl die Amtsführung und die Rechtsmittel (Art. 405 ff., 415 ff., 419, 421 ff. sowie Art. 443 ff. und 450 ff.; Botschaft Erwachsenenschutz, 7107; Steck, in: Rosch/Büchler/Jakob, Art. 14 SchlT N 5) wie auch die Haftpflicht (s. N 37 ff.).
- Für das Ende einer amtsgebundenen Massnahme gilt immer Art. 399, sofern die Massnahme nicht von Gesetzes wegen durch Tod oder Verschollenerklärung der betroffenen Person endet (Art. 399 N 1 f. und 3).
- Eine FFE nach bisherigem Recht (aArt. 397a ff.), die am 1.1.2013 rechtskräftig angeordnet ist, bleibt nach dem Inkrafttreten des neuen Rechts als FU gültig (Art. 14 Abs. 1 SchlT). Das gilt auch für FFE, die aus der Sicht des neuen Rechts von einer unzuständigen Stelle angeordnet worden sind, doch müssen diese Massnahmen aufgrund eines Berichts der Einrichtung durch die ESB überprüft werden (Art. 14 Abs. 4 SchlT; N 22 ff. und 26 ff.).
- Ein Vorsorgeauftrag (Art. 360 ff.) kann erst ab dem 1.1.2013 seine Wirkungen entfalten (im Einzelnen N 30 f.).
- Eine Patientenverfügung ist bis und mit dem 31.12.2012 nach einschlägigem kantonalem bzw. nach allgemeinem Bundesrecht zu beurteilen (N 32). Nachher untersteht sie den Art. 370 ff.
- Ab dem 1.1.2013 sind Ehegatten, eingetragene Partner (N 33) und weitere Angehörige zur Vertretung eines Urteilsunfähigen von Gesetzes wegen i.S.v. Art. 374 ff. und Art. 377 ff. berechtigt. Die Bestimmungen in den kantonalen Gesundheitsgesetzen, welche die medizinische Behandlung einer urteilsunfähigen Person regeln, entfallen, soweit sie mit Art. 377 ff. nicht vereinbar sind (N 34).
- Für eine urteilsunfähige Person in einer Wohn- oder Pflegeeinrichtung muss mit dem Inkrafttreten des neuen Rechts gem. Art. 382 so bald wie möglich ein schriftlicher Betreuungsvertrag abgeschlossen werden, wenn ein solcher noch nicht vorliegt (im Einzelnen N 35).
- Die Einschränkung der Bewegungsfreiheit einer urteilsunfähigen Person in einer Wohn- oder Pflegeeinrichtung richtet sich ab 1.1.2013 immer nach Art. 383 ff. (s.a. N 36).
- Ab dem Inkrafttreten des neuen Rechts hat die Einrichtung die Persönlichkeit einer urteilsunfähigen Person i.S.v. Art. 386 aktiv zu schützen (Art. 386 N 6 ff., 9 ff. und 12 ff.).

– Ab dem 1.1.2013 sind Einrichtungen, die urteilsunfähige Personen betreuen, durch die Kantone zu beaufsichtigen (Art. 387).

12 Spätestens mit dem Inkrafttreten des neuen Rechts am 1.1.2013 haben die vormundschaftlichen Behörden, die nach aArt. 373 Abs. 1 für die Entmündigung und Verbeiratung zuständigen Behörden sowie andere vom kantonalen Recht bestimmte Behörden, die Geschäfte wahrgenommen haben, die neu in den Zuständigkeitsbereich der ESB fallen, ihre **Akten** zu den in diesem Zeitpunkt noch bestehenden Massnahmen und Geschäften, die nicht abgeschlossen sind, **unverzüglich der ESB** (Art. 440) **zu übermitteln** (vgl. Art. 448 Abs. 4), sofern die ESB nicht einfach die Infrastruktur der bisher zuständigen Behörde übernimmt. Der Kanton oder die kantonale Aufsichtsbehörde kann für die Aktenübermittlung Vorschriften erlassen. Sinnvoll ist es, mit der Aktenübermittlung schon vor dem Inkrafttreten des neuen Rechts zu beginnen, sobald die ESB eingesetzt und funktionsfähig ist. Indessen muss gewährleistet bleiben, dass die Vormundschaftsbehörde in dringlichen Fällen bis und mit 31.12.2012 die erforderlichen (vorsorglichen) Massnahmen erlassen kann.

IV. Umwandlung einer Entmündigung in eine umfassende Beistandschaft (Art. 14 Abs. 2 SchlT)

1. Bevormundung

13 Nach dem **intertemporalen Recht zum ZGB von 1907** behielten Bevormundungen nach kantonalem Recht ihre Gültigkeit, waren aber durch die vormundschaftlichen Behörden mit dem neuen Recht in Einklang zu bringen (aArt. 14 Abs. 2 SchlT). Auch kantonalrechtliche Bevormundungen, die unter dem neuen Recht nicht zulässig waren, blieben mit dem Inkrafttreten des ZGB gültig, waren indessen durch die Behörde aufzuheben (aArt. 14 Abs. 3 SchlT) oder allenfalls durch eine andere Massnahme zu ersetzen. Die Art. 14 Abs. 2 und 3 SchlT lehnen sich an diese Grundsätze an.

14 Die **Umwandlung** einer Massnahme des bisherigen Rechts in eine Massnahme des neuen Rechts kann **von Gesetzes wegen** nur erfolgen, **wenn sie sich inhaltlich entsprechen**. Im Gegensatz zum Vormundschaftsrecht von 1907 sieht das neue Recht grundsätzlich nur noch Massnahmen nach Mass in der Form der Beistandschaft vor (Art. 390 ff.). Lediglich die umfassende Beistandschaft i.S.v. Art. 398 ist eine typisierte Massnahme, die sich von Gesetzes wegen – wie die Vormundschaft (vgl. aArt. 367 Abs. 1 und aArt. 398 ff.) bzw. die elterliche Sorge (vgl. Art. 301, 304 ff. und 318 ff.) – auf alle Angelegenheiten der Personsorge, der Vermögenssorge und des Rechtsverkehrs bezieht (Art. 398 Abs. 2) und die Handlungsfähigkeit von Gesetzes wegen entfallen lässt (Art. 398 Abs. 3). Es handelt sich somit um das Nachfolgeinstitut zur bisherigen Entmündigung gem. aArt. 369 ff. (Botschaft Erwachsenenschutz, 7048). Personen, die nach bisherigem Recht **entmündigt** worden sind, stehen deshalb gem. Art. 14 Abs. 2 SchlT mit dem Inkrafttreten des neuen Rechts **unter umfassender Beistandschaft** und aus dem bisherigen Vormund wird automatisch ein neurechtlicher Beistand, der – allerdings in Anwendung der **Vorschriften des neuen Rechts (Art. 405 ff.)** – die gleichen Aufgaben erfüllt wie bisher. Indessen muss er nur noch für die in Art. 416 aufgezählten Rechtsgeschäfte die Zustimmung der ESB einholen. Soweit die Vormundschaftsbehörde für die Rechnungslegung und Berichterstattung (aArt. 413 Abs. 2 und aArt. 423) nicht eine besondere Frist festgelegt hat, gilt die Frist von zwei Jahren, die dem neuen Recht entspricht (Art. 410 Abs. 1 und Art. 411 Abs. 1), weiter, solange die ESB nichts anderes verfügt. Zu beachten ist schliesslich, dass die Amtszeit nach bisherigem Recht i.d.R. zwei Jahre betrug (aArt. 415 Abs. 1), so dass nach Ablauf dieser Dauer eine Bestätigung im Amt erforderlich war (aArt. 415 Abs. 2).

Bei der Bestätigung hat die ESB die Amtszeit für die Zukunft festzulegen (Art. 421 Ziff. 1). Erst nach insgesamt vier Jahren Amtsdauer hatte der Vormund Anspruch auf Entlassung (aArt. 415 Abs. 3). Diese Frist entspricht dem neuen Recht (Art. 422 Abs. 1). Der frühere Vormund, der mit dem 1.1.2013 zum Beistand wird, darf deshalb erst nach vier Jahren Amtsdauer auf Wunsch entlassen werden. Die Zeit, die unter bisherigem Recht abgelaufen ist, wird angerechnet.

2. Erstreckte elterliche Sorge

Gemäss bisherigem Recht hatte die Vormundschaftsbehörde nach einer Entmündigung die Möglichkeit, statt einen Vormund zu ernennen die erstreckte elterliche Sorge anzuordnen (aArt. 385 Abs. 3). Das hiess materiell insb., dass gewisse Aufsichtsrechte der vormundschaftlichen Behörden wie bei den Eltern Unmündiger entfielen (Inventarpflicht, Pflicht zur Rechnungsablage und Berichterstattung, Pflicht für bestimmte Geschäfte die Zustimmung der vormundschaftlichen Behörde einzuholen, soweit die Vormundschaftsbehörde nicht etwas anderes anordnete [BK-SCHNYDER/MURER, aArt. 385 ZGB N 54 und 55]). Machte die Vormundschaftsbehörde von der **erstreckten elterlichen Sorge** Gebrauch, so **hindert** dies gem. Art. 14 Abs. 2 SchlT **die Umwandlung der altrechtlichen Entmündigung in eine neurechtliche umfassende Beistandschaft nicht** (Botschaft Erwachsenenschutz, 7107). Der oder die Inhaber der elterlichen Sorge werden damit – analog zum Vormund – automatisch zu Beiständen gemäss den Bestimmungen des neuen Rechts, da dieses die erstreckte elterliche Sorge nicht mehr kennt (Botschaft Erwachsenenschutz, 7017 f. und 7059 f.). Sind beide Eltern der betroffenen erwachsenen Person Inhaber der elterlichen Sorge, so besteht fortan von Gesetzes wegen eine Gemeinschaft von zwei Beiständen i.S.v. Art. 400 Abs. 1 Satz 2. Die beiden Beistände üben das Amt gemeinsam aus (Art. 402 Abs. 1), wie dies der elterlichen Sorge entsprochen hat (Art. 297 Abs. 1, Art. 133 Abs. 3 und Art. 298a Abs. 1). Von Gesetzes wegen sind die Eltern zudem von der Inventarpflicht, der Pflicht zur periodischen Rechnungsstellung und Berichterstattung sowie der Pflicht, für bestimmte Geschäfte die Zustimmung der ESB einzuholen, befreit (Art. 14 Abs. 2 Satz 3 SchlT und Art. 420). Damit erfährt die **Rechtsstellung der Eltern keine entscheidende Änderung** ausser der Tatsache, dass sie nicht mehr als Inhaber der elterlichen Sorge, sondern als Beistand für ihr erwachsenes Kind sorgen. Der ESB steht es aber frei, die Situation zu überprüfen und nötigenfalls in einer begründeten Verfügung die in Art. 420 erwähnten aufsichtsrechtlichen Massnahmen ganz oder teilweise anzuordnen. Die Amtsdauer der Eltern, die als Beistand eingesetzt sind, ist von Gesetzes wegen unbefristet (vgl. Art. 421 Ziff. 1; Botschaft Erwachsenenschutz, 7060; Art. 421–422 N 3). Die ESB kann aber eine Befristung vorsehen. 15

3. Anpassung an das neue Recht

Die Voraussetzungen der Entmündigung richteten sich nach aArt. 369 ff., die allerdings in der jüngeren Praxis strenger interpretiert wurden als früher. Trotzdem unterliegt die Anordnung einer umfassenden Beistandschaft engeren Voraussetzungen als die bisherige Entmündigung: Nur wer insb. wegen dauernder Urteilsunfähigkeit besonders hilfsbedürftig ist, soll unter umfassende Beistandschaft gestellt werden (Art. 398 Abs. 1), soweit kein Vorsorgeauftrag vorliegt (Art. 360 ff.) und die Vertretung von Gesetzes wegen nicht genügt (Art. 374 ff.). In den übrigen Fällen ist für eine hilfsbedürftige Person nach Möglichkeit eine **Massnahme nach Mass** anzuordnen. Das setzt aber die **Prüfung des Einzelfalls** voraus, denn nur so kann bestimmt werden, welche Aufgaben der Beistand für den Hilfsbedürftigen zu erfüllen hat (Art. 391 Abs. 1). Für den Gesetzgeber war deshalb im Hinblick 16 auf das intertemporale Recht klar, dass er einerseits die hilfsbedürftige Person nicht einfach schutzlos lassen konnte, indem er die Entmündigung mit Inkrafttreten des neuen Rechts beendete. Andererseits wird die umfassende Beistandschaft lange nicht allen Fällen gerecht, so dass sie entsprechend den Grundgedanken des neuen Rechts nur im Sinne einer Übergangslösung in Frage kommen kann. Art. 14 Abs. 2 Satz 2 SchlT bestimmt deshalb, dass die ESB von Amtes wegen und sobald wie möglich die erforderlichen Anpassungen an das neue Recht vorzunehmen hat. Das heisst, dass die ESB in jedem Einzelfall prüfen muss, ob es **anstelle der umfassenden Beistandschaft eine weniger einschneidende Alternative** gibt, welche dem Schutzbedürfnis der betroffenen Person entspricht. Die Alternative kann in der Anordnung einer Beistandschaft gem. Art. 393–397 liegen. Sie kann aber auch in einem Vorsorgeauftrag (Art. 360 ff.) oder in der Vertretung von Gesetze wegen (Art. 374 ff.) bestehen, so dass die behördliche Massnahme – mit Blick auf Art. 389 Abs. 1 Ziff. 2 – allenfalls ganz oder teilweise aufzuheben ist.

17 Eine **Maximalfrist** von drei Jahren ist für diese Prüfung – anders als noch im Vernehmlassungsentwurf (N 1) – **nicht mehr vorgesehen**. Die Streichung heisst nicht, dass die Maximalfrist verlängert worden ist. Vielmehr trägt die Streichung dem Umstand Rechnung, dass Maximalfristen dazu verleiten, sie auszuschöpfen, und die umfassende Beistandschaft einen schwerwiegenden Eingriff in die persönliche Freiheit darstellt, der aus rechtsstaatlichen Gründen möglichst bald aufzuheben ist, wenn die Verhältnisse dies erlauben. Die Verpflichtung der ESB ist klar: sie muss die Prüfung sobald wie möglich, d.h. im Rahmen ihrer zeitlichen Möglichkeiten ohne Verzug vornehmen. Sie muss deshalb ihr Prüfprogramm von Amtes wegen organisieren. Auf jeden Fall hat sie den neurechtlichen Massnahmebedarf immer abzuklären, sobald sie sich – aus welchem Grund auch immer – mit einer übergangsrechtlichen umfassenden Beistandschaft befassen muss. Das kann bspw. anlässlich eines Beschwerdeverfahrens gem. Art. 419 oder spätestens anlässlich der Rechnungsablage und der Berichterstattung des Beistandes sein, die gem. Art. 410 und 411 mindestens alle zwei Jahre erfolgen müssen. Denn in diesem Zeitpunkt ist die ESB ohnehin gem. Art. 415 Abs. 3 verpflichtet, die allenfalls nötigen Anpassungen der Massnahme vorzunehmen. Unterlässt sie dies, begeht sie eine Pflichtverletzung. Freilich unterliegen die Eltern, die bisher die elterliche Sorge innehatten und zu Beiständen wurden, von Gesetzes wegen keiner Berichterstattungs- und Rechnungsablagepflicht (Art. 14 Abs. 2 SchlT). Im Sinne einer Gleichbehandlung darf sich die ESB aber höchstens zwei Jahre Zeit einräumen, bis sie die umfassende Beistandschaft überprüft. Die Behörde kann im Übrigen die Überprüfung schon vor dem Inkrafttreten des neuen Rechts vornehmen, sofern sie über die entsprechenden Akten verfügt, und Abänderungen auf den 1.1.2013 hin vorbereiten (Botschaft Erwachsenenschutz, 7108; Steck, in: Rosch/Büchler/Jakob, Art. 14 SchlT N 6; Schmid, Art. 14 SchlT N 3). Das setzt voraus, dass die ESB ihre Tätigkeit nach kantonalem Recht im Hinblick auf Vorarbeiten bereits vor dem Inkrafttreten aufnimmt. Einen verbindlichen Entscheid darf die ESB aber erst ab dem 1.1.2013 fällen. Schliesslich ist zu beachten, dass die Behörde nicht nur von Amtes wegen, sondern in direkter oder sinngemässer Anwendung von Art. 399 Abs. 2 auch auf Antrag der betroffenen oder einer nahestehenden Person die Aufhebung oder Anpassung der Massnahme prüfen muss.

V. Weiterbestand der bisherigen Beistandschaften und Beiratschaften (Art. 14 Abs. 3 SchlT)

18 Für die bisherigen Beistandschaften (aArt. 392–394), welche die Handlungsfähigkeit der betroffenen Person unberührt liessen (aArt. 417), und für die Beiratschaften (aArt. 395 Abs. 1 und 2) finden sich im neuen Recht sowohl voraussetzungsmässig (Art. 390 Abs. 1 und 2) wie wirkungsmässig durchaus **parallele Massnahmen**:

- Die Vertretungsbeistandschaft nach aArt. 392 Ziff. 1 entspricht einer Vertretungsbeistandschaft nach Art. 394, bei der die Handlungsfähigkeit nicht eingeschränkt wird.
- Die Beistandschaft nach aArt. 392 Ziff. 2 und 3 für eine erwachsene Person mit einem gesetzlichen Vertreter entspricht der Ersatzbeistandschaft bei Verhinderung und Interessenkollision gem. Art. 403. Wie im bisherigen Recht entfällt bei Interessenkollision von Gesetzes wegen die Vertretungsmacht des gesetzlichen Vertreters (Art. 403 N 2; für Unmündige s. oben N 6 f.).
- Nachfolgeinstitut der Vermögensverwaltungsbeistandschaft nach aArt. 393 Ziff. 1 und 2 ist die Vermögensverwaltungsbeistandschaft gem. Art. 395, wenn die Handlungsfähigkeit nicht eingeschränkt wird.
- Die Vermögensverwaltungsbeistandschaft gem. aArt. 393 Ziff. 3 für Erben, von denen man nicht weiss, wo sie sind und ob sie noch leben (BK-Schnyder/Murer, aArt. 393 ZGB N 47 ff.), entspricht der Vermögensverwaltungsbeistandschaft gem. Art. 395.
- Zur Beistandschaft für das ungeborene Kind gem. aArt. 393 Ziff. 3 s. oben N 8.
- Zur Beistandschaft nach aArt. 393 Ziff. 5 s. oben N 9.
- Anstelle der Beistandschaft auf eigenes Begehren (aArt. 394) kann im Einzelfall je nach Hilfsbedürftigkeit der betroffenen Person irgendeine Beistandschaft des neuen Rechts in Frage kommen. In erster Linie ist die Begleitbeistandschaft nach Art. 393 in Erwägung zu ziehen.
- Die Mitwirkungsbeiratschaft nach aArt. 395 Abs. 1 wird zur Mitwirkungsbeistandschaft gem. Art. 396, wenn die ESB die Aufgaben des Beistandes gleich umschreibt wie aArt. 395 Abs. 1.
- Die Vermögensverwaltungsbeiratschaft (aArt. 395 Abs. 2) kann einer Vermögensverwaltungsbeistandschaft (Art. 395) mit Beschränkung der Handlungsfähigkeit entsprechen.
- Der Grundidee einer kombinierten altrechtlichen Beistandschaft (aArt. 392 i.V.m. aArt. 393) trägt Art. 397 Rechnung.

Indessen ist das neue Recht bedeutend flexibler als das bisherige Recht, indem die ESB ausgehend vom Prinzip der Massnahmen nach Mass immer abgestimmt auf den konkreten Einzelfall die Aufgaben des Beistandes umschreiben muss (Art. 391 Abs. 1 und 2) und eine punktuelle Einschränkung der Handlungsfähigkeit anordnen kann. Mit Ausnahme der umfassenden Beistandschaft gibt es deshalb keine Beistandschaft, bei der sich die Aufgaben des Beistandes direkt dem Gesetz entnehmen lassen. Deshalb können die Beistandschaften und Beiratschaften des bisherigen Rechts grundsätzlich auch nicht einfach von Gesetzes wegen in eine bestimmte Beistandschaft des neuen Rechts umgewandelt werden, obwohl es theoretisch denkbar gewesen wäre, das bisherige Pflichtenheft des Beistandes oder Beirates an die Stelle der Umschreibung der Aufgabenbereiche durch die ESB nach Art. 391 treten und bei der früheren Beiratschaft die Einschränkung der Handlungsfähigkeit neurechtlich im Umfang des bisherigen Rechts fortbestehen zu lassen. Eine solche Lösung wäre aber kompliziert und unübersichtlich geworden. Nach dem Willen des Gesetzgebers soll deshalb **die bisherige Beistandschaft oder Beiratschaft erst durch eine neurechtliche Beistandschaft abgelöst werden, wenn im Einzelfall sorgfältig abgeklärt ist, welche Massnahme nach Sinn und Geist des neuen Rechts angemessen ist**. Art. 14 Abs. 3 SchlT bestimmt dementsprechend, dass die «übrigen nach bisherigem Recht angeordneten Massnahmen», d.h. die altrechtlichen Beistandschaften und Beiratschaften gem. Art. 392 ff. mit dem Inkrafttreten des neuen Rechts nicht dahinfallen, sondern weitergelten (Botschaft Erwachsenenschutz, 7107). Die altrechtliche Massnahme als solche dauert also über das Inkrafttreten hinaus und für die Wirkungen auf die betroffene Person sowie den Aufgabenbereich des Beistandes gilt weiterhin das bisherige Recht. Entsprechend dem Grundsatz von Art. 14 Abs. 1 SchlT richten sich dagegen die Amtsfüh- 19 rung des Beistandes oder des Beirates, der ab dem 1.1.2013 unter der Aufsicht der ESB steht, und die Rechtsmittel nach neuem Recht (Botschaft Erwachsenenschutz, 7107; SCHMID, Art. 14 SchlT N 3; STECK, in: Rosch/Büchler/Jakob, Art. 14 N 5; MEIER/LUKIC, Rz 178). Massgebend sind somit die Art. 405 ff., auch wenn es sich um einen altrechtlichen Beistand oder Beirat handelt. Wie weit die ESB mitzuwirken hat, bestimmen nicht mehr die aArt. 420 ff., sondern die neuen Art. 415 ff. Eine Beschwerde gegen Handlungen des Beistandes oder Beirates ist nicht mehr nach aArt. 420, sondern nach Art. 419 zu erheben. Für die Beendigung des Amtes sind die neuen Art. 421 ff. massgebend. Der Anspruch des Amtsträgers auf Entlassung besteht wie im bisherigen Recht frühestens nach vier Jahren (Art. 422 Abs. 1, aArt. 415 Abs. 3); die Zeit, die vor dem Inkrafttreten abgelaufen ist, ist auf die vier Jahre selbstverständlich anzurechnen. Gehaftet wird ab dem 1.1.2013 nach den neuen Art. 454 f. (N 37 ff.). Ein allfälliger Tuteur général ist sobald wie möglich durch einen Amtsträger i.S.v. Art. 400 Abs. 1 zu ersetzen.

20 Die **Weitergeltung der bisherigen Massnahmen** ist aber gem. Art. 14 Abs. 3 SchlT auf **maximal drei Jahre** beschränkt. Nach Ablauf dieser Frist entfällt die altrechtliche Massnahme von Gesetzes wegen ersatzlos, sofern die ESB sie nicht rechtzeitig, d.h. vor dem 1.1.2016 nach den Bestimmungen des neuen Rechts mit rechtskräftigem Entscheid in eine Beistandschaft gem. Art. 389 ff. überführt hat. Selbstverständlich steht es der ESB aber frei, nach Ablauf der Gültigkeitsdauer der bisherigen Beistandschaft oder Beiratschaft ein neurechtliches ordentliches Massnahmeverfahren gem. Art. 443 ff. einzuleiten, sofern die Voraussetzungen hiefür erfüllt sind.

21 Die Frist von drei Jahren ist eine Maximalfrist. Die ESB hat von Amtes wegen die Überprüfung der Massnahme einzuleiten, sobald sie dafür Zeit hat (vgl. N 17). Sie verletzt ihre Sorgfaltspflichten, wenn sie, sobald sie sich mit einer altrechtlichen Beistandschaft oder Beiratschaft aus welchem Anlass auch immer zu befassen hat, die Gelegenheit ohne wichtigen Grund nicht wahrnimmt, um die Massnahme zu überprüfen und allenfalls ins neue Recht zu überführen. Zu entsprechenden **Abklärungen** ist sie auf jeden Fall im Hinblick auf Art. 415 Abs. 3 **anlässlich der periodischen Prüfung der Rechnung und des Berichts des Beistandes oder des Beirates** verpflichtet, die mindestens alle zwei Jahre zu erfolgen hat (Art. 410 und 411). Zudem hat die ESB eine Massnahme gem. Art. 399 Abs. 2 aufzuheben, sobald für die Fortdauer kein Grund mehr besteht. Im Übrigen kann die betroffene wie auch jede nahestehende Person die Anpassung an das neue Recht oder die Aufhebung einer Massnahme bei der ESB in direkter oder sinngemässer Anwendung von Art. 399 Abs. 2 verlangen.

VI. Fürsorgerische Freiheitsentziehung

1. Grundsatz (Art. 14 Abs. 1 SchlT)

22 Das **intertemporale Recht zur FFE** (aArt. 397a ff.), das am 1.1.1981 in Kraft trat, unterstellte sämtliche bisherige Anstaltseinweisungen dem neuen Recht (aArt. 14a Abs. 1 SchlT in der Fassung vom 6.10.1978). Wer sich zu diesem Zeitpunkt in einer Anstalt befand, musste über sein Recht, den Richter anzurufen, binnen eines Monats unterrichtet werden (aArt. 14a Abs. 2 SchlT). Bei Massnahmen, die mit dem neuen Recht nicht mehr vereinbar waren, musste von Amtes wegen sofort die Entlassung angeordnet werden (Botschaft FFE, BBl 1977 III 48).

23 Die fürsorgerische Freiheitsentziehung (FFE) heisst mit dem Inkrafttreten des neuen Erwachsenenschutzrechts fürsorgerische Unterbringung (FU). **Trotz dieses Namenswechsels handelt es sich aber nicht um eine neue, sondern grundsätzlich um die gleiche**

Massnahme wie bisher, so dass sich ein echtes intertemporalrechtliches Problem wie bei der Beistandschaft und der Beiratschaft gar nicht stellt (so auch der Begleitbericht der Expertenkommission zum Vernehmlassungsentwurf Erwachsenenschutz 2003, 107: «Die Voraussetzungen der FFE entsprechen grundsätzlich denjenigen der fürsorgerischen Unterbringung. Besondere intertemporale Vorschriften braucht es nicht.»). Mit der Revision wurden lediglich Lücken geschlossen und der Rechtsschutz für die betroffenen Personen verbessert (Botschaft Erwachsenenschutz, 7019). Die Voraussetzungen der Massnahme sind – unter Vorbehalt der Zurückbehaltung (Art. 427) – mit gewissen redaktionellen Modernisierungen die gleichen geblieben (vgl. aArt. 397a Abs. 1 und 2 mit Art. 426 Abs. 1 und 2; Botschaft Erwachsenenschutz, 7062 und 7108; Schmid, Art. 14 SchlT N 4). Wirkungsmässig geht es im bisherigen und im neuen Recht grundsätzlich darum, eine erwachsene Person zu verpflichten, an einem bestimmten Ort zu leben. Es steht deshalb nichts im Wege, entsprechend dem Grundsatz von Art. 14 Abs. 1 SchlT, der mit aArt. 14a Abs. 1 SchlT übereinstimmt, **ab Inkrafttreten auf die FFE, die zu einer FU umgetauft wird, sofort das neue Recht anzuwenden**. Es wäre ein gesetzgeberischer Widerspruch, wenn beim Rechtswechsel von 1981 (N 21) der Gesetzgeber mit aArt. 14a Abs. 1 SchlT vollumfänglich das neue Bundesrecht auf die bisherigen weitgehend kantonalrechtlichen Massnahmen für anwendbar erklärte, während der Gesetzgeber von 2008 nun die FFE für eine bestimmte Übergangszeit im Sinne der «übrigen nach bisherigem Recht angeordneten Massnahmen» (Art. 14 Abs. 3 SchlT) als altrechtliche Massnahme bestehen liesse und eine Frist von drei Jahren einräumte (was viel zu lang ist), um sie von der ESB ins neue Recht überführen zu lassen, obwohl die Massnahme des bisherigen und diejenige des neuen Rechts praktisch identisch sind. Auch die Botschaft (S. 7107) spricht in den Erläuterungen zu Art. 14 Abs. 3 SchlT nur von den Beistandschaften und Beiratschaften.

Die **FFE** bleibt somit **mit dem Inkrafttreten des neuen Rechts rechtsgültig** und untersteht fortan als FU dem neuen Recht (Art. 14 Abs. 1 SchlT), gleichgültig, ob die vormundschaftlichen Behörden oder eine andere geeignete Stelle (aArt. 397b Abs. 1 und 2) sie angeordnet hat (für die unbefristete Freiheitsentziehung durch eine Stelle s. Art. 14 Abs. 4 SchlT und N 26 ff.). Die – meist auf die Zeit von Gefahr im Verzuge – befristete Unterbringung durch eine Stelle fällt spätestens mit dem Ablauf der Befristung dahin, wenn die ESB die Massnahme nicht durch eine nach neuem Recht angeordnete FU weiterführt (Art. 429 Abs. 2). Die bisher zuständigen vormundschaftlichen Behörden (aArt. 397b Abs. 1) haben ihre Akten zu laufenden Massnahmen von Amtes wegen der ESB (Art. 428 Abs. 1) zu überweisen. Die Entlassung richtet sich nach Art. 426 Abs. 3 und 4 i.V.m. Art. 428 und 429 Abs. 3. Auch die nach bisherigem Recht erfolgte Zurückbehaltung in einer Einrichtung (aArt. 397a Abs. 1) bleibt bestehen, obwohl sie mit den Voraussetzungen von Art. 427 nicht in Einklang steht. Die Grundidee dieser Bestimmung, dass jede Person, die freiwillig in eine Einrichtung eintritt, diese grundsätzlich auch wieder verlassen darf, verliert übergangsrechtlich ihre Bedeutung. Nach bisherigem Recht mussten bei einer Zurückbehaltung die Voraussetzungen des FFE gem. aArt. 397a Abs. 1 und 2 erfüllt sein, der im neuen Recht Art. 426 Abs. 1 und 2 entspricht. 24

In sinngemässer Anwendung von Art. 431 muss die ESB **spätestens sechs Monate nach Inkrafttreten des neuen Rechts von Amtes wegen** die Massnahme überprüfen (Art. 431 Abs. 1, N 3–5 dazu), soweit nicht bereits nach früherem kantonalem Recht regelmässig Überprüfungen erfolgten. Im letzteren Fall dürfte eine jährliche Überprüfung genügen (Art. 431 Abs. 2). Dabei geht es neben der Frage, ob allenfalls eine Entlassung möglich ist, auch um die Frage, ob die Einrichtung für die betreffende Person weiterhin geeignet ist (Botschaft Erwachsenenschutz, 7067). Die Behandlung einer psychischen Störung richtet sich mit dem Inkrafttreten des Erwachsenenschutzrechts sofort nach den Art. 433 ff. Jede eingewiesene Person hat das Recht, eine Vertrauensperson beizuziehen 25

(Art. 432). Einschränkungen der Bewegungsfreiheit müssen ab dem 1.1.2013 die Voraussetzungen von Art. 438 i.V.m. Art. 383 f. erfüllen. Die Anrufung des Gerichts regelt Art. 439.

2. *Die von einem Arzt oder einer anderen geeigneten Stelle angeordnete unbefristete fürsorgerische Freiheitsentziehung (Art. 14 Abs. 4 SchlT)*

26 aArt. 397b Abs. 2 erlaubte den Kantonen, für die Fälle, in denen Gefahr im Verzuge lag oder die Person psychisch krank war, neben den vormundschaftlichen Behörden eine andere geeignete Stelle für zuständig zu erklären. In der Regel statteten die Kantone die praxisberechtigten Ärzte mit dieser Kompetenz aus und zwar häufig – aber nicht immer – beschränkt auf dringliche Fälle. Vereinzelt, insb. im Kanton ZH, konnten die zuständigen Ärzte jedoch für eine psychisch kranke Person eine Einweisung auf unbestimmte Zeit verfügen. Das ist mit dem neuen Recht nicht mehr vereinbar (Art. 429 Abs. 1 und 2). Die Kantone können die ärztliche Zuständigkeit nur noch für höchstens sechs Wochen vorsehen. Trotzdem bleiben gem. Art. 14 Abs. 4 SchlT **auch unbefristete ärztliche Einweisungen rechtsgültig** und unterstehen entsprechend Art. 14 Abs. 1 SchlT dem neuen Recht. Indessen kann die neu zuständige ESB nicht von Amtes wegen eine Überprüfung i.S.v. Art. 431 vornehmen (vgl. N 25), weil sie von diesen Fällen grundsätzlich keine Kenntnis hat, da bei den vormundschaftlichen Behörden keine Akten darüber bestehen, die ihr übermittelt werden. Art. 14 Abs. 1 SchlT verpflichtet deshalb die Einrichtung, spätestens sechs Monate nach dem Inkrafttreten des neuen Rechts der ESB mitzuteilen, «ob sie die Voraussetzungen der Unterbringung weiterhin für erfüllt erachtet». Ob es sich bei der Einrichtung um ein psychiatrisches Spital, ein Alters- oder Pflegeheim, eine Wohngemeinschaft oder irgendeine andere Einrichtung handelt, ist unerheblich für die Mitteilungspflicht. Aber nur wenn eine Massnahme weiterzuführen ist, muss die Einrichtung eine Mitteilung machen. In den anderen Fällen kann sie nämlich die betroffene Person von sich aus entlassen (Art. 429 Abs. 3 und aArt. 397b Abs. 3 Satz 2). Damit entfällt die Mitteilungspflicht. Der Gesetzestext ist insofern nicht optimal formuliert. Ist für die Einrichtung klar, dass bspw. bei einer hochbetagten dementen Person eine Entlassung nicht in Frage kommen kann, so empfiehlt es sich, die ESB so rasch wie möglich zu informieren und nicht mehrere Monate zuzuwarten. Erhält die ESB eine – begründete – Mitteilung der Einrichtung, so hat sie nach den Bestimmungen über die periodische Überprüfung (Art. 431, insb. N 16 ff. dazu) die erforderlichen Abklärungen vornehmen. Sie muss somit feststellen, ob auch aus ihrer Sicht die Voraussetzungen für eine FU weiterhin erfüllt sind, und wenn ja, ob die Einrichtung weiterhin geeignet ist. Gegebenenfalls ist die Unterbringung zu bestätigen. Da es sich dabei aus neurechtlicher Sicht um eine FU i.S.v. Art. 429 Abs. 2 handelt, ist insb. die Verfahrensgarantie von Art. 447 zu beachten, wonach die ESB die betroffene Person als Kollegium anzuhören hat. Die Bestätigung der Unterbringung erfolgt in einem Entscheid, der nach Art. 450 ff. bei der gerichtlichen Beschwerdeinstanz angefochten werden kann.

27 Das gleiche Vorgehen muss sinngemäss gelten, wenn ein Arzt eine **befristete Einweisung** für eine Zeit verfügt haben sollte, **die sechs Monate** (Frist für die Mitteilung i.S.v. Art. 14 Abs. 4 Satz 2 SchlT) **übersteigt**, was allerdings kaum wahrscheinlich sein dürfte. Art. 14 Abs. 4 SchlT findet zudem Anwendung, wenn ausnahmsweise statt eines Arztes eine andere vom Kanton für zuständig erklärte Stelle i.S.v. aArt. 397b Abs. 2 für eine psychisch kranke Person eine unbefristete Einweisung oder eine Einweisung für mehr als sechs Monate verfügt haben sollte, auch wenn der Gesetzestext nur von der ärztlich angeordneten FFE spricht.

28 Selbstverständlich kann die betroffene und jede nahestehende Person gem. Art. 426 i.V.m. Art. 429 Abs. 3 **jederzeit** bei der Einrichtung die **Entlassung beantragen** (Botschaft Erwachsenenschutz, 7108; Steck, in: Rosch/Büchler/Jakob, Art. 14 SchlT N 8). Lehnt die Einrichtung dies ab und wird dagegen bei dem nach Art. 439 zuständigen Gericht innerhalb von sechs Monaten seit Inkrafttreten des neuen Rechts Beschwerde eingelegt, so entfällt das in Art. 14 Abs. 4 SchlT vorgesehene Überprüfungsverfahren. Die Überprüfung der Notwendigkeit der Unterbringung erfolgt in diesem Fall statt durch die ESB durch die Rechtsmittelbehörde. Bestätigt das Gericht die Unterbringung, muss es eine Kopie seines rechtskräftigen Entscheids von Amtes wegen der ESB zustellen, da sie fortan für die periodischen Überprüfungen gem. Art. 431 und für die Entlassung nach Art. 428 zuständig ist. Die Frist von sechs Monaten für die erste periodische Überprüfung (Art. 431 Abs. 1) berechnet sich seit Rechtskraft des Gerichtsentscheids.

Keine eigentliche ärztliche unbefristete FFE liegt vor, wenn unter bisherigem Recht das **Gericht** (aArt. 397d) oder das Bundesgericht angerufen wurde und dieses die von einem Arzt angeordnete **unbefristete Freiheitsentziehung bestätigte**. Trotzdem muss die Einrichtung i.S.v. Art. 14 Abs. 4 SchlT die ESB benachrichtigen, wenn sie die Unterbringung weiterhin für notwendig erachtet, da diese Behörde fortan gem. Art. 428 für die Entlassung zuständig ist und die periodischen Überprüfungen (Art. 431) vornehmen muss. 29

VII. Vorsorgeauftrag und Patientenverfügung

Entsprechend dem **Grundsatz der Nichtrückwirkung des neuen Rechts** (Art. 14 Abs. 1 SchlT) kann ein Vorsorgeauftrag erst mit dem Inkrafttreten des neuen Rechts wirksam werden (Art. 360 ff.). Eine andere Frage ist dagegen, ob eine urteilsfähige Person im Hinblick auf das neue Bundesrecht bereits vor dessen Inkrafttreten einen Vorsorgeauftrag errichten konnte, der seine Wirksamkeit aber erst nach dem 1.1.2013 entfaltet. Diese Frage ist zu bejahen, auch wenn das intertemporale Recht – anders als das Übergangsrecht zum ehelichen Güterrecht – sich nicht dazu äussert. Bei Art. 10d SchlT ging es aber um eine Formerleichterung, so dass aus dem Stillschweigen des Gesetzgebers keine negativen Schlüsse gezogen werden dürfen. Nichts spricht dagegen, dass eine Person vor dem 1.1.2013 in Kenntnis des neuen Rechts einen **suspensiv bedingten Vorsorgeauftrag** errichtet, wenn sie die Formvorschriften einhält (s. Art. 360 N 13). Auch unter neuem Recht ist es ohne Weiteres zulässig, einen Vorsorgeauftrag einer suspensiven Bedingung zu unterstellen, bspw. dass er erst wirksam wird, wenn die gesetzliche Vertretung des Urteilsunfähigen durch den Ehegatten nicht mehr genügt. Erst ab dem 1.1.2013 kann aber die Anmerkung in der zentralen Datenbank des Zivilstandswesens gem. Art. 361 Abs. 3 verlangt werden. Das Zivilstandsamt ist nicht verpflichtet, Gesuche um Eintragung bereits vorher entgegenzunehmen. 30

Hat eine Person einen **Vorsorgeauftrag errichtet und** ist sie **bereits vor dem Inkrafttreten des neuen Rechts urteilsunfähig geworden**, so kann der Vorsorgeauftrag mit dem Inkrafttreten des neuen Rechts grundsätzlich keine Wirkungen entfalten, wenn die zuständige Behörde eine Beistandschaft oder eine Entmündigung nach bisherigem Recht angeordnet hat (s. N 13 ff. und 18 ff.) und der Amtsträger für alle Geschäfte, die im Vorsorgeauftrag umschrieben sind, zuständig ist. Sobald die ESB vom Vorliegen des Vorsorgeauftrags Kenntnis erhält, hat sie aber von Amtes wegen oder auf Antrag (Art. 399 Abs. 2) zu prüfen, ob die behördliche Massnahme nicht ganz oder teilweise aufzuheben und der Vorsorgeauftrag für wirksam zu erklären ist (Art. 389 Abs. 1 Ziff. 2). Erfasst der Vorsorgeauftrag nur einen Teil der Aufgaben des Beistandes, so können Vorsorgeauftrag und Beistandschaft nebeneinander bestehen. 31

Anders als der Vorsorgeauftrag ist die **Patientenverfügung** ein Rechtsinstitut, das schon unter bisherigem Recht Verbreitung gefunden hat. Auch die SAMW hat sich in ihren me- 32 dizinisch-ethischen Grundsätzen vom 24.11.2005 zum Recht der Patientinnen und Patienten auf Selbstbestimmung geäussert. Ist eine Patientenverfügung vor dem 1.1.2013 errichtet worden und entspricht sie in Form und Inhalt dem neuen Recht (Art. 370 ff.), so gilt sie weiter. Ihre Wirkungen richten sich nach dem neuen Bundesrecht (Art. 14 Abs. 1 SchlT). Die kantonalrechtlichen Bestimmungen über Patientenverfügungen sind, soweit sie mit dem neuen Bundesrecht nicht vereinbar sind, aufgehoben. Eine Patientenverfügung, welche bezüglich Form oder Inhalt mit dem neuen Recht nicht übereinstimmt, entfällt. Sie muss gestützt auf Art. 370 ff. «erneuert» werden.

VIII. Vertretung einer urteilsunfähigen Person von Gesetzes wegen

33 Entsprechend Art. 14 Abs. 1 SchlT gelten die Art. 374 ff. über die Vertretung durch den Ehegatten oder den eingetragenen Partner erst ab dem 1.1.2013. Rechtshandlungen, die der Ehegatte oder der eingetragene Partner vorher vorgenommen hat, sind entsprechend dem **Verbot der Rückwirkung** (Art. 1 und 14 Abs. 1 SchlT) nach bisherigem Recht zu beurteilen. Hat dem Ehegatten oder dem eingetragenen Partner die Vertretungsmacht gefehlt, so heilt das Inkrafttreten des neuen Rechts den Mangel nicht. Es ist aber nicht ausgeschlossen, dass der Ehegatte oder der eingetragene Partner nach Inkrafttreten des neuen Rechts als gesetzlicher Vertreter des Urteilsunfähigen den Vertrag in Anwendung von Art. 38 OR genehmigt, sofern das Geschäft in seinen Kompetenzbereich gem. Art. 374 Abs. 2 oder 3 fällt und die Art des Geschäftes eine Genehmigung zulässt. Bei Geschäften, welche zur ausserordentlichen Vermögensverwaltung gehören, ist allerdings die Zustimmung der ESB erforderlich.

34 Die Vertretung einer urteilsunfähigen Person bei medizinischen Massnahmen war nach bisherigem Recht unterschiedlich geordnet (Allg. Vorbem. vor Art. 360 N 48 und Art. 377 N 4). Konnte der Arzt für einen Urteilsunfähigen entscheiden, so ist mit dem Inkrafttreten des Erwachsenenschutzrechts die Regelung von Art. 377 ff. zwingend anwendbar. Der Arzt behandelt seinen Patienten aufgrund eines **Auftrages**. Er kann deshalb ausserhalb einer Notfallsituation nicht einerseits als Vertragspartner der urteilsunfähigen Person auftreten und andererseits diese gleich noch selber vertreten. Haben unter bisherigem Recht dagegen Angehörige die Zustimmung für eine bestimmte längerdauernde Behandlung erteilt, die unter neuem Recht fortgesetzt wird, so ist in sinngemässer Anwendung von Art. 14 Abs. 2 und 3 SchlT sobald wie möglich die allenfalls erforderliche Anpassung an Art. 377 ff. vorzunehmen.

IX. Urteilsunfähige Personen in Wohn- und Pflegeeinrichtungen

35 Wohn- und Pflegeeinrichtungen (zum Begriff Art. 382 N 12 ff.), die für längere Zeit (Art. 382 N 11) urteilsunfähige Personen betreuen, unterstehen gem. Art. 14 Abs. 1 SchlT mit dem Inkrafttreten des neuen Rechts den Art. 382–387 (s. N 11). Wird eine urteilsunfähige Person neu für unbestimmte oder längere Zeit in die Einrichtung aufgenommen, so muss **zwingend** ein **schriftlicher Betreuungsvertrag** gem. Art. 382 abgeschlossen werden. Für die bisherigen urteilsunfähigen Insassen ist der Abschluss eines Betreuungsvershy;trages *so bald wie möglich* nachzuholen, wenn ein solcher nicht bereits vorliegt. Das ergibt sich aus einer sinngemässen Anwendung von Art. 14 Abs. 2 SchlT (s. vor Art. 382 N 11).

36 Im Hinblick auf das Inkrafttreten des neuen Rechts ist die Einrichtung verpflichtet, in einem **internen Reglement** die Person oder die Personen zu bestimmen, welche eine Einschränkung der Bewegungsfreiheit anordnen dürfen. Bei öffentlichrechtlichen Einrichtungen ist es auch denkbar, dass diese Kompetenz in einem kantonalen Erlass festgelegt wird.

Einschränkungen der Bewegungsfreiheit, die nach dem Inkrafttreten des neuen Rechts angeordnet werden, haben immer den Art. 383 ff. zu entsprechen. Bisherige Einschränkungen der Bewegungsfreiheit, die sich auf eine kantonale Rechtsgrundlage stützten, sind in sinngemässer Anwendung von Art. 14 Abs. 2 *so bald wie möglich* dem neuen Recht anzupassen. Die Voraussetzungen sind zu überprüfen und die betroffene Person anzuhören (Art. 383 Abs. 2). Sofern nicht bereits erfolgt, muss die Massnahme protokolliert (Art. 384 Abs. 1) und die zur Vertretung bei medizinischen Massnahmen berechtigte Person muss informiert werden (Art. 384 Abs. 2). Dagegen fallen allfällige bewegungseinschränkende Massnahmen ohne Rechtsgrundlage mit dem Inkrafttreten des Erwachsenenschutzrechts dahin; im Verfahren nach Art. 383 f. sind sie nötigenfalls neu anzuordnen.

X. Haftung

Das bisherige Vormundschaftsrecht sah – mit Ausnahme der FFE (aArt. 429a) – keine direkte Staatshaftung vor. Mit Inkrafttreten des neuen Rechts wird indessen die primäre Haftpflicht der handelnden Person gem. aArt. 426 ff. aufgehoben und durch die **direkte Haftung des Kantons** i.S.v. Art. 454 Abs. 3 ersetzt. Gegen die Person, welche den Schaden verursacht hat, steht dem Geschädigten kein Ersatzanspruch zu. Das gilt auch für die Eltern, welche Inhaber der erstreckten elterlichen Sorge waren, und mit dem Inkrafttreten des neuen Rechts zum Beistand ihres Kindes werden (N 15): An die Stelle der Haftung nach Auftragsrecht (Art. 327) tritt die Haftung nach Art. 454 f. 37

Intertemporalrechtlich richtet sich das Haftpflichtrecht nach den Grundsätzen von Art. 1 SchlT. Ist ein schädigendes Ereignis vor dem Inkrafttreten des neuen Rechts eingetreten und abgeschlossen, so bestimmt sich die Haftung nach bisherigem Recht (aArt. 426 ff.). Wann der Anspruch geltend gemacht wird, spielt keine Rolle (Art. 1 Abs. 2 SchlT). Auch für die Verjährung ist das bisherige Recht massgebend (aArt. 454 f. ZGB i.V.m. aArt. 134 Abs. 1 Ziff. 2 OR). 38

Liegt das schädigende Ereignis nach Inkrafttreten des neuen Rechts, so ist selbstverständlich dieses (Art. 454 f.) anwendbar (Art. 1 Abs. 3 SchlT). Das gilt auch dann, wenn eine altrechtliche Massnahme i.S.v. Art. 14 Abs. 3 SchlT nach dem Inkrafttreten noch befristet weitergeführt wird. Denn auch für die Amtsführung des Mandatsträgers, die Aufsicht und die Rechtsmittel ist das neue Recht anwendbar (N 19). 39

Hat das schädigende Verhalten unter bisherigem Recht begonnen und setzt es sich unter neuem Recht fort, so spricht die **Interessenabwägung** für die Anwendung des neuen und günstigeren Rechts während der ganzen Zeitdauer. Zwei völlig unterschiedliche Haftungsordnungen nebeneinander zur Anwendung zu bringen, ist kaum möglich. Auch die Verjährung richtet sich in diesem Fall nach dem neuen Art. 455. 40

Art. 14a SchlT

2. Hängige Verfahren

[1] **Hängige Verfahren werden mit dem Inkrafttreten der Änderung vom 19. Dezember 2008 von der neu zuständigen Behörde weitergeführt.**

[2] **Das neue Verfahrensrecht findet Anwendung.**

[3] **Die Behörde entscheidet darüber, ob und wieweit das bisherige Verfahren ergänzt werden muss.**

2. Procédures pendantes

[1] Les procédures pendantes à l'entrée en vigueur de la modification du 19 décembre 2008 relèvent des autorités compétentes en vertu du nouveau droit.

[2] Elles sont soumises au nouveau droit de procédure.

[3] L'autorité décide si la procédure doit être complétée.

2. Procedimenti pendenti

[1] Con l'entrata in vigore della modifica del 19 dicembre 2008, i procedimenti pendenti sono continuati dalla nuova autorità competente.

[2] Si applica il nuovo diritto di procedura.

[3] L'autorità decide se e in quale misura il procedimento di cui si tratta debba essere completato.

Inhaltsübersicht

Materialien

Art. 58 VE VKE 2003; VE VKE/Vernehmlassungen, 124 ff.; Botschaft Erwachsenenschutz, 7107 f. und 7180; Prot. RK-S vom 27./28.8.2007, 43; AmtlBull StR 2007, 843; Prot. RK-N vom 24./25.4.2008, 50; AmtlBull NR 2008, 1543.

I. Entstehungsgeschichte

1 **Art. 14a entspricht** – abgesehen von redaktionellen Änderungen – **Art. 58 VE VKE 2003**. Der bisherige Art. 14a SchlT in der Fassung von 1978 betreffend die FFE wurde – weil gegenstandslos geworden (BSK ZGB II-Geiser, aArt. 14/14a SchlT N 1) – aufgehoben. Stattdessen regeln die neuen Abs. 1 und 4 von Art. 14 SchlT (s. Art. 14 SchlT N 22 ff.) sowie Art. 14a SchlT den Übergang von der FFE zur FU.

II. Neue sachliche Zuständigkeit (Art. 14a Abs. 1 SchlT)

1. Erstinstanzlich hängige behördliche Massnahmeverfahren

2 Gemäss Art. 14 Abs. 1 SchlT gilt für den Erwachsenenschutz das neue Recht, sobald dieses am 1.1.2013 in Kraft tritt (für Ausnahmen s. Art. 14 Abs. 3 SchlT). Ab dem gleichen Zeitpunkt nehmen die ESB, die Fachbehörden sind (Art. 440), formell ihre Tätigkeit auf und es dürfen nur noch Massnahmen des neuen Rechts angeordnet werden (Art. 14 SchlT N 11). Demzufolge müssen auch hängige Massnahmeverfahren materiell nach neuem

Recht beurteilt werden. Im Hinblick darauf ist es konsequent, dass es die neuen **Fachbehörden** sind, die ab dem 1.1.2013 umfassend das neue Recht anwenden und **hängige Verfahren weiterführen** (Art. 14a Abs. 1 SchlT). Es wäre keine überzeugende Lösung, wenn die bisher sachlich zuständigen Behörden hängige Verfahren noch fertig behandeln würden, dabei aber das ihnen unvertraute neue Recht anwenden müssten, mit dem sie fortan i.d.R. nichts mehr zu tun haben. Zudem sollen auch Personen, deren Verfahren noch nicht abgeschlossen sind, in den Genuss der neuen organisatorischen Verbesserungen kommen, denn die Vorgaben des neuen Rechts für die ESB (Art. 440) und die Rechtsmittelinstanz (Art. 450 Abs. 1 und Art. 439) dienen der Qualitätssteigerung des behördlichen Handelns.

Im Einzelnen gilt insb. Folgendes: 3

- Ein **hängiges Verfahren** auf Entmündigung (aArt. 369 ff.), Verbeiratung (aArt. 395) oder Verbeiständung (aArt. 392–394) ist als **neurechtliches Verfahren auf Anordnung einer Beistandschaft gem. Art. 390 ff. weiterzuführen**. Bei einer urteilsunfähigen Person hat die ESB insb. zu prüfen, ob die Vertretung von Gesetzes wegen durch den Ehegatten oder den eingetragenen Partner nicht genügt und ob allenfalls ein suspensiv bedingter Vorsorgeauftrag errichtet worden ist (Art. 14 SchlT N 30 f.), der mit dem Inkrafttreten des neuen Rechts seine Wirksamkeit entfalten kann (Art. 389 Abs. 1 Ziff. 2).
- Ist ein **Entmündigungsverfahren** unter bisherigem Recht von der nach aArt. 373 zuständigen kantonalen Behörde zwar **abgeschlossen** worden, ist aber der **Entscheid über die Ernennung eines Vormundes oder die Erstreckung der elterlichen Sorge noch nicht rechtskräftig gefällt**, so wandelt sich die Entmündigung mit dem Inkrafttreten des neuen Rechts von Gesetzes wegen in eine umfassende Beistandschaft nach Art. 398 um (Art. 14 Abs. 2 SchlT). Sobald die ESB die Akten erhält oder zur Vernehmlassung eingeladen wird (Art. 450d), hat sie von Amtes wegen zu prüfen, ob sich Anpassungen an das neue Recht aufdrängen, d.h. statt einer umfassenden Beistandschaft eine andere Beistandschaft genügt (Art. 14 Abs. 2 Satz 2 SchlT, N 16 dazu). Anschliessend hat sie gem. Art. 400 ff. den Beistand zu bestellen.
- Ist eine **Beiratschaft** (aArt. 395) zwar rechtskräftig errichtet, die Ernennung des Beirats aber noch hängig, so hat die ESB die Gelegenheit zu benutzen, die Massnahme in eine solche des neuen Rechts zu überführen (Art. 14 Abs. 3 SchlT, N 18 ff. dazu). Anschliessend ist der Beistand nach Art. 400 ff. zu ernennen.
- Für die Errichtung einer **Beistandschaft gem. aArt. 392–394** war von Bundesrechts wegen die Vormundschaftsbehörde zuständig, die in aller Regel in einem Verfahrensschritt die Beistandschaft anordnete und den Beistand ernannte. Ein verfahrensmässiges Auseinanderfallen der Anordnung der Massnahme und der Ernennung des Amtsträgers sollte hier grundsätzlich nicht vorkommen. Andernfalls gilt das für die Verbeiratung Ausgeführte sinngemäss auch hier: Die ESB hat die Anpassung an das neue Massnahmerecht vorzunehmen, bevor sie den Beistand ernennt.
- Ist ausnahmsweise die bisher zuständige Behörde mit der neuen ESB identisch, so steht nichts im Wege, dass sie bereits **vor dem Inkrafttreten eine Massnahme des neuen Rechts prüft** und dann nach dem Inkrafttreten anordnet. Eigentliche Vorwirkungen des neuen Rechts sind dagegen ausgeschlossen. Das Gleiche gilt, wenn die ESB vor Inkrafttreten die Arbeit aufnimmt und die vormundschaftliche Behörde ihr die Akten zu einem hängigen Geschäft bereits überweist, weil evident ist, dass das Verfahren vor dem Inkrafttreten nicht abgeschlossen werden kann.
- Eine **hängige FFE** (aArt. 397a ff.) ist von der ESB nach den neuen Bestimmungen über die FU (Art. 426 ff.) zu beurteilen (vgl. Art. 14 SchlT N 22 ff.). Insbesondere ist zu beachten, dass die Voraussetzungen für die Zurückbehaltung einer freiwillig eingetretenen Person bedeutend zurückhaltender formuliert sind als bisher (Art. 427).

4 Art. 14a Abs. 1 SchlT gilt aber nicht nur für hängige Verfahren auf Anordnung einer Massnahme, sondern auch für **Verfahren auf Aufhebung oder Änderung einer Massnahme**. Auch diese Verfahren sind von der ESB weiterzuführen und nach den Verfahrensbestimmungen des neuen Rechts (Art. 14a Abs. 2 und 3 SchlT) zu beurteilen. Zu den Sorgfaltspflichten der ESB gehört es, Verfahren, die nicht zur Aufhebung der Massnahme führen, zu benutzen, um die erforderlichen Anpassungen an das neue Recht vorzunehmen (vgl. Art. 14 Abs. 2 und 3 SchlT).

2. Andere vormundschaftsrechtliche Verfahren

5 Wie **Art. 14 Abs. 1 SchlT** hat auch Art. 14a Abs. 1 SchlT **allgemeine Bedeutung**. Die Bestimmung findet deshalb **nicht nur bei hängigen Massnahmeverfahren** Anwendung, **sondern auch bei allen anderen vormundschaftsrechtlichen Verfahren**, bspw. bei Zustimmungsverfahren nach aArt. 421/422. Die entsprechenden, am 1.1.2013 noch hängigen erstinstanzlichen Verfahren sind von der ESB fortzuführen und grundsätzlich nach den Bestimmungen des neuen Rechts zu beurteilen (Art. 14 Abs. 1 SchlT). Das Beschwerdeverfahren nach aArt. 420 und nArt. 419 unterscheidet sich kaum. Schon nach bisherigem Recht war Anfechtungsgegenstand nicht nur eine Handlung, sondern auch ein Unterlassen des Amtsträgers (Botschaft Erwachsenenschutz, 7059), was der Gesetzeswortlaut nun präzisiert. Wer beschwerdelegitimiert war, bleibt es auch unter neuem Recht. Richtet sich die Beschwerde indessen gegen eine abgeschlossene Handlung eines Amtsträgers, die dieser vor dem Inkrafttreten des neuen Rechts vornahm, so beurteilt sie sich entsprechend dem Grundprinzip von Art. 1 SchlT materiell nach bisherigem Recht.

6 Bei hängigen Zustimmungsverfahren gem. aArt. 421/422 ist zu beachten, dass das neue Recht in Art. 416 **bestimmte Geschäfte nicht mehr für zustimmungsbedürftig** erklärt (Botschaft Erwachsenenschutz, 7056). Es handelt sich um folgende Fälle:

- Der **Ehevertrag** (Art. 183 Abs. 2 neu; aArt. 410 i.V.m. aArt. 421 Ziff. 9). Unter neuem Recht genügt die Zustimmung des Beistandes, weil die urteilsfähige betroffene Person den Vertrag selber abschliessen muss (BSK ZGB I-Hausheer/Aebi-Müller, Art. 183 N 2). Der Ehevertrag, der unter bisherigem Recht unter Mitwirkung des gesetzlichen Vertreters (Art. 184) beurkundet, aber noch nicht von der Vormundschaftsbehörde genehmigt worden ist, wird mit dem Inkrafttreten des neuen Rechts aber nicht automatisch gültig. Vielmehr muss der gesetzliche Vertreter das hinkende Rechtsgeschäft (aArt. 424) unter neuem Recht in Kenntnis davon, dass der Ehevertrag damit definitiv gültig wird, noch einmal ausdrücklich bestätigen. Denn vorher konnte er der Vormundschaftsbehörde die Nichtgenehmigung beantragen, wenn er inzwischen seine Meinung änderte. Die Bestätigung ist nicht öffentlich zu beurkunden, sollte aber aus Beweisgründen schriftlich erfolgen. Die ESB beurteilt den Ehevertrag höchstens in einem Beschwerdeverfahren nach Art. 419.
- **Erwerb und Verzicht des Bürgerrechts** (aArt. 422 Ziff. 2). Das bei den zuständigen Behörden hängige Verfahren ist ohne Genehmigung der ESB fortzuführen.
- Statt einem **Wohnsitzwechsel** einer bevormundeten Person, die ab dem 1.1.2013 unter umfassender Beistandschaft steht (Art. 398), zuzustimmen (aArt. 421 Ziff. 14), hat die ESB der am neuen Ort zuständigen Behörde zu beantragen, die Massnahme zu übernehmen (Art. 26 neu und Art. 442 Abs. 1). Der Wohnsitzwechsel tritt erst ein, wenn die neue Behörde die Massnahme übernommen hat.
- Ein bei der Vormundschaftsbehörde hängiges Verfahren auf Ermächtigung eines Entmündigten zum **selbständigen Betrieb eines Berufes oder Gewerbes** (aArt. 421 Ziff. 7) hat die ESB zum Anlass zu nehmen, um gegebenenfalls die umfassende Beistandschaft durch eine Beistandschaft nach Mass abzulösen, welche der betroffenen

Person auf jeden Fall im Rahmen ihrer Berufs- oder Gewerbetätigkeit die Handlungsfähigkeit belässt.
- Ein hängiges Verfahren auf Zustimmung zum **Abschluss eines Lehrvertrages** i.S.v. Art. 344 OR (aArt. 421 Ziff. 12) ist abzuschreiben. Der Beistand eines Mündigen hat den Lehrvertrag aber ausdrücklich zu bestätigen.

Ist es der Vormundschaftsbehörde nicht möglich, den **periodischen Bericht und die Rechnung des Vormundes, Beirates oder Beistandes** vor dem 1.1.2013 zu prüfen und zu genehmigen (aArt. 423), so sind die entsprechenden hängigen Verfahren auf das Inkrafttreten des neuen Rechts hin der ESB zu überweisen, welche das Verfahren nach Art. 415 fortsetzt. **7**

3. Rechtshängigkeit

Art. 14 SchlT findet auf *hängige* Verfahren Anwendung. Soweit nicht das kantonale Recht den **Eintritt der Rechtshängigkeit** eines vormundschaftsrechtlichen (oder kindesrechtlichen) Verfahrens regelt, ist davon auszugehen, dass ein Verfahren mit Einreichung eines Begehrens (vgl. aArt. 372 und 394), einer Beschwerde (aArt. 420), eines Antrags (vgl. z.B. aArt. 392) oder einer Meldung, die nicht offensichtlich unbegründet ist, hängig wird. Ein Verfahren darf zudem als von Amtes wegen eröffnet gelten, wenn die zuständige Behörde der betroffenen Person eine entsprechende Mitteilung macht oder andere Vorkehren trifft, die sich nach aussen manifestieren (vgl. Art. 23 Abs. 1 und 2 VE VKE 2003; die ZPO kann zur Frage der Rechtshängigkeit nicht sinngemäss herangezogen werden). Eine Gefährdungsmeldung, die von den bisher zuständigen Behörden noch nicht abgeklärt ist, ist deshalb der ESB zu überweisen. **8**

Die **Hängigkeit entfällt mit Eintritt der Rechtskraft des Entscheids**, gleichgültig, ob erstinstanzlich oder im Rechtsmittelverfahren entschieden worden ist. **9**

Ist ein Entscheid vor Inkrafttreten des neuen Rechts gefällt worden, läuft aber die **Rechtsmittelfrist** (dazu N 27 ff.) erst nach dem 1.1.2013 **unbenutzt** ab, so gilt das Verfahren nicht mehr als hängig i.S.v. Art. 14a Abs. 1 SchlT. Nach Art. 14 SchlT bestimmt sich, wie eine altrechtlich angeordnete Massnahme unter neuem Recht zu beurteilen ist. **10**

Ist ein erstinstanzlicher Entscheid vor Inkrafttreten des neuen Rechts nach bisherigem Recht gefällt worden, wird er aber – innerhalb der Rechtsmittelfrist – **erst nach dem 1.1.2013 angefochten**, so muss die Anfechtung bei der der **gerichtlichen Beschwerdeinstanz** (Art. 439 und 450) erfolgen. Das Gleiche gilt, wenn die untere vormundschaftliche Aufsichtsbehörde (aArt. 361 Abs. 2) einen Entscheid der Vormundschaftsbehörde überprüft hat, das Ergebnis aber erst unter neuem Recht angefochten wird. Wird die Beschwerde bei der falschen Instanz eingereicht, so hat von Amtes wegen eine Übermittlung an die zuständige Behörde zu erfolgen. **11**

4. Hängige Verfahren vor den kantonalen Rechtsmittelinstanzen

Auch die kantonalen Rechtsmittelinstanzen haben gem. Art. 14 Abs. 1 SchlT auf hängige Verfahren grundsätzlich das neue Recht anzuwenden. Folgerichtig ist es deshalb auch hier, dass die **sachliche Zuständigkeit von der bisherigen Rechtsmittelinstanz auf die neue gerichtliche Rechtsmittelinstanz (Art. 439 und 450) übergeht**, soweit es sich dabei um eine andere Behörde handelt (Art. 14a Abs. 1 SchlT). Nach dem einschlägigen Verfahrensrecht (vgl. Art. 450f) beurteilt sich dann, ob die gerichtliche Rechtsmittelinstanz die Sache zur Ergänzung und Neubeurteilung an die ESB zurückweisen kann. **12**

13 Sahen die Kantone allerdings für die **Vormundschaftsbeschwerde** nach aArt. 420 zwei Rechtsmittelinstanzen, d.h. die untere und die obere vormundschaftliche Aufsichtsbehörde vor (aArt. 361 Abs. 2), so konnte die untere eine **Administrativbehörde** sein, während die obere Aufsichtsbehörde im Hinblick auf Art. 6 EMRK (vgl. BGE 118 Ia 473 E. 5–7) und Art. 75 Abs. 2 BGG ein Gericht sein musste. In diesem Fall dürfte es sinnvoll sein, wenn die administrative Aufsichtsbehörde die bei ihr hängigen Verfahren nicht der gerichtlichen Beschwerdeinstanz (Art. 450), sondern der ESB überweist, damit sie in einem neurechtlichen Verfahren den Entscheid der Vormundschaftsbehörde überprüft und die allenfalls nötigen Ergänzungen des Verfahrens vornimmt (vgl. Art. 450d Abs. 2; STECK, in: Rosch/Büchler/Jakob, Art. 14a SchlT N 9).

14 Die **Entscheide, die vor der Rechtsmittelinstanz hängig sind**, betreffen nicht nur Endentscheide, die das Verfahren vor der ersten Instanz abschliessen, sondern auch beschwerdefähige verfahrensleitende Verfügungen, Zwischenentscheide und Entscheide über vorsorgliche Massnahmen. Auch diese Entscheide sind grundsätzlich nach neuem Recht zu beurteilen (vorbehalten bleiben Verfahren, die unter Art. 1 SchlT fallen).

5. Aktenübermittlung

15 Die Vormundschaftsbehörden (aArt. 361), die für die Entmündigung oder Verbeiratung zuständigen Behörden (aArt. 373), die nach kantonalem Recht für die FFE zuständigen vormundschaftlichen Aufsichtsbehörden (aArt. 397b) und allenfalls weitere nach kantonalem Recht bezeichneten Behörden wie auch die Rechtsmittelinstanzen haben die **Akten zu hängigen Verfahren – entsprechend gekennzeichnet und geordnet – spätestens mit dem Inkrafttreten des neuen Rechts unverzüglich der neu zuständigen Behörde zu überweisen**, sofern sachlich nicht ausnahmsweise die gleiche Behörde – unter neuem Namen – zuständig bleibt (zur örtlichen Zuständigkeit N 22). Eine besondere Übermittlung der Akten erübrigt sich ferner, wenn die bisher zuständige Behörde in neuer Zusammensetzung, aber unter Beibehaltung der Infrastruktur, die Funktion der ESB übernimmt. Die Kantone können für die Übermittlung der Akten Vorschriften erlassen.

16 Die Zuständigkeit der neuen ESB ist umfassend. Sie ist als Kollektivbehörde – übergangsrechtlich unter Vorbehalt von Art. 429 – für den Vollzug des ganzen Erwachsenenschutzes zuständig, soweit das kantonale Recht nicht gestützt auf Art. 440 Abs. 2 Satz 2 für einfachere Fragen die Zuständigkeit eines Mitglieds der ESB allein vorsieht. Ob innerhalb der ESB ein Geschäft in den Kompetenzbereich der **Kollektivbehörde oder eines einzelnen Mitglieds der Behörde** fällt, entscheidet diese selber anhand des kantonalen Rechts. Es genügt deshalb, wenn die Akten von den bisher zuständigen Behörden an die ESB adressiert werden.

17 Auch die **gerichtliche Beschwerdeinstanz** gem. Art. 450 ist **umfassend, d.h. für alle Beschwerden gegen die erste Instanz zuständig**. Vorbehalten bleibt allenfalls eine nach kantonalem Recht vorgesehene besondere gerichtliche Zuständigkeit nach Art. 439, was zwar aus der Sicht des Bundesrechts zulässig ist, allerdings wenig Sinn macht.

6. Hängige Verfahren vor Bundesgericht

18 Da – anders als beim Scheidungsrecht, Art. 7b Abs. 1 und 3 SchlT – in Art. 14 Abs. 1 und 14a SchlT für hängige Verfahren keine Einschränkung vorgesehen ist, sind **Rechtsänderungen auch noch vor Bundesgericht** (Art. 72 Abs. 2 lit. b Ziff. 5–7 BGG in der Fassung vom 17.6.2005) möglich (HAUSHEER/GEISER/AEBI-MÜLLER, Erwachsenenschutz, Rz 3.17; STECK, in: Rosch/Büchler/Jakob, Art. 14a SchlT N 6). Dass das Bundesgericht

bei der Anordnung oder der Änderung von Massnahmen das neue Recht von sich aus anwendet, dürfte nur in liquiden Fällen vorkommen (z.B. umfassende Beistandschaft statt Bevormundung, FU statt FFE). Häufig, d.h. insb. im Hinblick auf die neurechtlichen Beistandschaften nach Mass (Art. 388 ff.), die i.d.R. zusätzliche Abklärungen erforderlich machen, wird das Bundesgericht die Sache zur Neubeurteilung an die Vorinstanz oder allenfalls sogar an die ESB zurückweisen (vgl. Art. 107 Abs. 2 BGG).

7. Bei Ärzten oder anderen geeigneten Stellen hängige fürsorgerische Freiheitsentziehungen

Nach seinem Wortlaut findet Art. 14a Abs. 1 SchlT nur auf behördliche Verfahren Anwendung. Die **Bestimmung muss aber sinngemäss auch für ärztliche FFE** (aArt. 397b Abs. 2) **gelten** (STECK, in: Rosch/Büchler/Jakob, Art. 14a SchlT N 3). Umschreibt das kantonale Recht die Zuständigkeit allenfalls enger als bisher, so ist dies bei der Bestellung der Notfallärzte in der Nacht vom 31.12.2012 auf den 1.1.2013 zu beachten. Ab Mitternacht darf nur noch ein Arzt, der die neuen kantonalrechtlichen Anforderungen erfüllt, eine FU vornehmen, die Art. 426 ff. zu entsprechen hat. Dabei hat er das Verfahren gem. Art. 430 einzuhalten (Art. 14a Abs. 2 SchlT). 19

Rechtsmittelbelehrungen, die in den letzten zehn Tagen vor Inkrafttreten des neuen Rechts erteilt werden (vgl. aArt. 397d und Art. 439 Abs. 2, Art. 450b Abs. 2), haben zu berücksichtigen, dass **ab dem 1.1.2013 eine Anfechtung bei dem nach Art. 439 oder 450 zuständigen Gericht** zu erfolgen hat (zur Rechtsmittelfrist N 27 ff.). 20

Die **Zuständigkeit anderer geeigneter Stellen**, die allenfalls vom kantonalen Recht bezeichnet wurden (aArt. 397b Abs. 2), **entfällt**. Ein bei einer geeigneten nichtärztlichen Stelle hängiges Verfahren ist von einem Arzt oder – in nicht dringlichen Fällen – von der ESB fortzuführen. 21

8. Örtliche Zuständigkeit

Gemäss Art. 442 Abs. 1 Satz 2 bleibt bei einem rechtshängigen Verfahren die Zuständigkeit bis zu dessen Abschluss auf jeden Fall erhalten. Dieser Grundsatz gilt auch im intertemporalen Recht. Die **örtliche Zuständigkeit** bleibt deshalb mit dem Inkrafttreten des neuen Rechts **unverändert**. 22

III. Verfahren (Art. 14a Abs. 2 und 3 SchlT)

Nicht nur das materielle, sondern auch das Verfahrensrecht ist für den Rechtsschutz der Betroffenen wichtig. Die nach neuem Recht für hängige Verfahren zuständigen Behörden, soweit es sich um die ersten Instanzen oder die kantonalen Rechtsmittelinstanzen handelt, wenden deshalb das neue Verfahrensrecht an (Art. 14a Abs. 2 SchlT). **Massgebend sind somit bei einem Verfahren vor der ESB die Art. 444 ff.**, ergänzt je nachdem durch die ZPO oder das vom kantonalen Recht bestimmte Verfahrensrecht (Art. 450f). Das gilt auch dann, wenn die ESB eine Beschwerde gegen das Handeln oder Unterlassen eines Amtsträgers i.S.v. aArt. 420 bzw. Art. 419 zu beurteilen hat (Botschaft Erwachsenenschutz, 7083, 4. Abschnitt) oder die administrative vormundschaftliche Aufsichtsbehörde ein Beschwerdeverfahren an die ESB überwiesen hat (N 13). 23

Die bei der **gerichtlichen Beschwerdeinstanz** hängigen Verfahren werden nach Art. 450 ff. weiterbehandelt. Auch hier kommt ergänzend Art. 450f zur Anwendung. Die Beschwerde ist ein devolutives, d.h. die Zuständigkeit überwälzendes Rechtsmittel. Die Beschwerde- 24 instanz beurteilt den Sachverhalt in Anwendung der Untersuchungs- und Offizialmaxime (Art. 446) und des **Grundsatzes, dass das neue Recht von Amtes wegen anzuwenden ist**, in rechtlicher und tatsächlicher Sicht umfassend (vgl. Botschaft Erwachsenenschutz, 7083).

25 Die neu zuständige Behörde hat **im Einzelfall zu entscheiden, wie weit das bisherige Verfahren zu ergänzen ist** (Art. 14a Abs. 3 SchlT). Namentlich im Hinblick auf die Anordnung einer Beistandschaft nach Mass müssen i.d.R. neue Beweismittel erhoben werden. Die betroffene Person hat im Übrigen Anspruch darauf, dass sich die Mitglieder der ESB bzw. der Rechtsmittelinstanz ein eigenes Bild der Situation machen. Soweit dies nicht als unverhältnismässig erscheint, muss deshalb die betroffene Person nach den Vorgaben von Art. 447 persönlich angehört werden.

26 **Vorsorgliche Massnahmen**, welche die bisher zuständige Behörde oder die Vormundschaftsbehörde (aArt. 386) angeordnet hat, **bleiben in Kraft**. Das gilt auch für eine vorsorgliche Entmündigung, die mit dem Inkrafttreten zu einer umfassenden Beistandschaft wird (Art. 14 Abs. 2 SchlT), oder eine vorsorgliche Verbeiratung oder Verbeiständung (aArt. 386 Abs. 2), die rechtsgültig bleiben (Art. 14 Abs. 3 SchlT), bis die neu zuständige Behörde die vorsorgliche Massnahme dem neuen Recht anpasst oder das Verfahren gemäss dem neuen Recht abschliesst.

IV. Rechtsmittelfrist

27 Die Rechtsmittelfrist für die Beschwerde gegen Beschlüsse der Vormundschaftsbehörde betrug nach aArt. 420 Abs. 2 zehn Tage. Die gleiche Frist galt bei der Anfechtung der Wahl des Vormundes, Beirates oder Beistandes (aArt. 388) und bei der FFE (aArt. 397d). Im Übrigen bestimmte das kantonale Recht insb. bei der Entmündigung und bei der Verbeiratung die Rechtsmittelfrist. **Im neuen Recht** ist die Frist für die Anrufung der gerichtlichen Beschwerdeinstanz – abgesehen von Art. 439 Abs. 2, Art. 445 Abs. 3 und Art. 450b Abs. 2 – **einheitlich bei dreissig Tagen** seit Mitteilung des Entscheids festgelegt worden (Art. 450b Abs. 1).

28 Ist die Beschwerdefrist des bisherigen Rechts vor Inkrafttreten des neuen Rechts abgelaufen, so ist das Beschwerderecht verwirkt. Tritt dagegen das neue Recht vor Ablauf der bisherigen Beschwerdefrist in Kraft, so ist für die Einhaltung der Frist Art. 49 SchlT massgebend (BSK ZGB II-Berti, Art. 49 SchlT N 3). Nach Abs. 2 dieser Bestimmung laufen neue Fristen von weniger als fünf Jahren erst von dessen Inkrafttreten an. **Die Beschwerdefrist von dreissig Tagen, die eine andere Beschwerdefrist ablöst, beginnt somit am 1.1.2013**, gleichgültig, wie viel Zeit vor dem Inkrafttreten verstrichen ist (BSK ZGB II-Berti, Art. 49 SchlT N 8). Das gilt nicht nur für den Betroffenen, sondern auch für die nahestehenden Personen (Art. 450b Abs. 1), bei denen die Rechtsmittelfrist von zehn Tagen nach der Doktrin zu aArt. 420 (BSK ZGB I-Geiser, aArt. 420 N 39; s.a. aArt. 388 Abs. 2) erst mit der Kenntnisnahme des Entscheids begann (Art. 450b N 2 und 22).

29 Die Bestimmungen über die **FFE** sind – abgesehen von der systematischen Einordnung und der Füllung von Lücken – nur punktuell revidiert worden. Die Voraussetzungen für eine FU (Art. 426 Abs. 1 und 2) lehnen sich eng an das bisherige Recht an, während die Voraussetzungen für eine Entlassung etwas zurückhaltender formuliert sind als bisher (Art. 426 Abs. 3; Botschaft Erwachsenenschutz, 7026 f.). Das Recht, gegen die Einweisung in eine Einrichtung oder die Abweisung eines Entlassungsgesuches das Gericht anzurufen, wie auch die Beschwerdelegitimation sind unverändert geblieben. Die bisherige Rechtsmittelfrist von zehn Tagen (aArt. 397d bzw. Art. 439 Abs. 1 Ziff. 1 und 3 i.V.m.

Abs. 2 oder Art. 450b Abs. 2) beginnt deshalb mit dem Inkrafttreten des neuen Rechts für die betroffene Person nicht i.S.v. Art. 49 Abs. 2 SchlT neu zu laufen (für nahestehende Personen s. N 30), zumal jederzeit die Entlassung verlangt werden darf (Art. 426 Abs. 4 i.V.m. Art. 428 und 429 Abs. 3), bei deren Ablehnung wiederum das Gericht angerufen werden kann (Art. 439 und 450/450b Abs. 2). Anders als die Einweisung ist die Zurückbehaltung in einer Einrichtung nach einem freiwilligen Eintritt mit Art. 427 grundlegend neu geregelt worden (Botschaft Erwachsenenschutz, 7064). Sie ist nur noch in engen Grenzen zulässig. Trotzdem bleibt auch hier die zehntägige Beschwerdefrist unverändert, da es sich nicht um eine neue Frist handelt.

Offen ist, ob die zehntägige Rechtsmittelfrist bei der FU (Art. 439 Abs. 2 und 450b Abs. 2) für die nahestehenden Personen wie bisher erst mit Kenntnisnahme des Entscheids (so Art. 439 N 33) oder i.S.v. Art. 450b Abs. 1 neu mit Mitteilung des Entscheids beginnt (so Art. 450b N 26). Trifft Letzteres zu, so handelt es sich um eine neue Frist. Ist deshalb die Frist für die nahestehenden Personen unter bisherigem Recht noch nicht verwirkt, so beginnt die zehntägige Frist mit dem Inkrafttreten des neuen Rechts zu laufen (Art. 49 Abs. 2 SchlT). 30

Gegen die **Behandlung einer psychischen Störung** oder einer Massnahme zur **Einschränkung der Bewegungsfreiheit** kann gem. Art. 439 nur das Gericht angerufen werden, wenn die Massnahme am 1. 1. 2013 oder später angeordnet worden ist (Art. 14 Abs. 1 SchlT). 31

V. Vollstreckung

Auch für die Vollstreckung gilt ab 1. 1. 2013 das neue Recht (Art. 14 Abs. 1 und Art. 14a Abs. 2 SchlT). Hängige Vollstreckungsbegehren sind der **ESB** zu überweisen (Art. 14a Abs. 1 SchlT), die gestützt auf Art. 450g ergänzt durch die ZPO oder kantonales Verfahrensrecht (Art. 450f) für die **Vollstreckung** auch **von altrechtlichen Entscheiden** zu sorgen hat. 32

Sachregister

B

M

W